第三册

册府元龜

中華書局影印

册府元龜第三册目錄

僭僞部

列國君部

儲宮部

巡按福建監察御史臣李嗣京　訂正
知長樂縣事臣夏允彝叅閱
知建陽縣事臣黄國琦較釋

閏位部　一百八十二

總序

仲尼有言化合神者稱皇德合天者稱帝德合仁義者稱王斯並穹昊有命厤數在躬大庇生民奄宅區宇者也其或真人未應中夏多難本非靈心之所眷暫爲人望之攸屬或紹承於大統或專據於一方雖

復置宗祊改正朔建官以治嚮明以朝然與受河雒之符應龍馬之紀者殊矣故載籍譬之閏餘明其非正焉昔庖犧氏繼天而王德始於木其後三正五運迭相紹襲而共工氏雖伯九州自謂水德居犧農木火之間非其序也故不載於易不見於書兹閏之始也降及嬴秦雖并六國亦自謂水德復在周漢水火之間又非其序也故高祖弗之繼班氏謂之伯此亦共工氏之比也其後建安失御三國分峙魏文受山陽之禪都天地之中謂之正統得其宜矣劉先主僻處梁益孫大帝遠據江吳自竊尊名靡有神器誠非共工之匹然亦異於正統故同爲閏焉劉氏雖爲孝景之後有季漢之稱蓋以赤伏之數已盡黄星之兆又彰不足據矣及晉元南遷五胡迭盛瞻烏之嘆生於中原餘分之基傳於江左汔夫典午陵替靈寶篡逆故宋武撥亂而起焉及元徽兇惡天王肆逆故齊高專政而代焉暨東昏奢淫蕭懿被殺故梁武興兵而取焉逮江陵不守貞陽被廢故陳武假名而興焉雖則自謂水火木土之運然而都邑居於下國聲教隔於中州永初始基不能混一長城失德歸於夷滅城郭蕪而無餘宗祀倏而俱滅隋氏早已受宇文之

禪應炎上之德則此與夫爲虞賓助周祭者殊矣故亦謂之閏焉其後唐氏衰微朱梁凌奪雖則稱金行宅天邑然而莊宗以長安之屬籍總大鹵之兵咸自是中興殄兹仇敵首藏於大社家靡於遺統斯亦不得爲正矣故繼之于閏共工之迹書史無聞然秦氏而下凡八朝焉以其聲名文物憲章禮樂方册所紀咸有可觀至於昏弱之迹凌夷之政亦可爲鑒戒代厥盤盂令並著之于篇若夫王莽桓玄之類皆不終其身自取其斃唐末諸方鎮或功德無聞或封疆至小並存別部不得預於斯焉凡七十八門

氏號　誕生　名諱

氏號

自秦盜周鼎二世而滅赤伏之末孫劉並起江表四代介于南紀東魏析派高齊遏禪逮于朱梁遂移唐祚率非五行更代之序乃當紫色餘分之目其於命族之本系享年之修促號謚之稱傳襲之數咸用討於史牘類例比次蓋有條而不紊披文而可見也

秦始皇姓嬴氏其先帝顓頊之苗裔孫曰女脩女脩織玄鳥隕卵女脩吞之生子大業大業取少典之子曰女華生大費與禹平水土已成帝錫玄圭禹受曰

非予能成亦大費為輔帝舜曰咨爾費贊禹功其錫爾皁旒爾後嗣將大出乃妻之姚姓之玉女（謂錫之玄玉妻以姚姓之女也）大費拜受佐舜調馴鳥獸多馴服是為栢翳舜賜姓嬴氏大費生子二人一曰大廉實為裕氏二曰若木實為費氏其玄孫曰費昌子孫或在中國或在夷狄費昌當夏桀之時去夏歸商為湯御以敗桀於鳴條大廉玄孫曰孟戲中衍鳥身人言帝大戊聞而卜之使御吉遂致使御而妻之自大戊以下中衍之後遂世有功以佐殷國故嬴姓多顯遂為諸侯其玄孫曰中潏（一作渴）生蜚廉蜚廉生惡來父子俱以材力事紂蜚廉復有子曰季勝季勝等孟增幸於周成王是為宅皐狼皐狼生衡父衡父生造父徐偃王作亂（臨淮有徐縣古徐國）造父為繆王御長驅歸周以救亂繆王以趙城封造父（趙城在河東永安縣）造父族繇此為趙氏自蜚廉生季勝已下五世至造父別居趙趙衰其後也惡來革者蜚廉子也早死有子曰女防女防生旁皐旁皐生大几大几生大駱大駱生非子以造父之寵皆蒙趙城姓趙氏非子居大丘（今槐里也）孝王召使主馬于汧渭之間孝王欲以非子為大駱適嗣而大駱娶申侯之女生子成為適乃分土為附庸邑之秦（今天水隴西縣

秦亭）復使續嬴氏祀號曰秦嬴秦嬴生秦侯秦侯生公伯公伯生秦仲秦仲立三年周厲王無道諸侯咸叛之西戎反王室滅大丘大駱之族周宣王即位（秦仲之十八年也）乃以秦仲為大夫誅西戎西戎殺秦仲秦仲立二十二年死於戎有子五人其長者曰莊公周宣王乃召莊公昆弟五人與兵七千人使伐西戎破之於是復予秦仲後及其先大駱地大丘并有之為西垂大夫莊公居其故西大丘生三人其長男世父曰戎殺我大父仲我非殺戎王則不敢入邑遂將擊戎讓其弟為太子莊公立四十年卒太子代立是為襄公

襄公七年周幽王爲犬戎所殺襄公將兵救周戰甚力有功又以兵送平王東遷平王封襄公爲諸侯賜之以其西之地曰戎無道侵奪我岐豐之地秦能攻逐戎卽有其地與誓封爵之襄公十二年卒文公立四十八年文公天子卒謚爲竫公竫公之長子爲太子是文公孫也五十年文公卒竫公子立是爲寧公寧公立十二年卒有子三人長男武公爲太子武公弟德公同母魯姬子生出子寧公卒太庶長弗忌威壘三公廢太子而立出子爲君出子六年三父等復殺出子立故太子武公二十年武公卒立其弟德公

德公立二年卒生子三人長子宣公中子成公少子繆公宣公立十二年卒生子九人莫立立其弟成公成公立四年卒子七人莫立立其弟繆公繆公立三十七年用繇余謀伐戎王益國十二開地千里遂霸西戎三十九年繆公卒有子四十人其太子罃代立是爲康公康公立十二年卒子共公立共公五年卒子桓公立桓公二十七年卒子景公立景公四十年卒子哀公立哀公三十六年卒太子夷公蚤死立夷公子爲惠公惠公立十年卒子悼公立悼公十二年卒子厲共公立厲共公三十四年卒子躁公立躁公十四年卒立其弟懷公懷公四年自殺太子昭子蚤死大臣乃立昭子之子是爲靈公靈公十年卒子獻公不得立立靈公季父悼子是爲簡公簡公十六年卒子惠公立惠公三年卒出子立出子二年庶長迎靈公子獻公于河西而立之獻公二十四年卒子孝公立孝公二十四年卒子惠文君立是爲惠王惠王十四年更爲元年至十四年卒子武王立武王四年卒無子立異母弟是爲昭襄王昭襄王五十六年卒子孝文王立孝文王元年卒子莊襄王立莊襄王二年卒子政立是爲秦始皇帝在位三十七年子胡亥

立是爲二世皇帝二世三年諸侯並起叛秦趙高殺二世立子嬰子嬰立月餘諸侯誅之遂滅秦

蜀先主姓劉氏涿郡人漢景帝子中山靖王勝之後勝子貞元狩六年封涿縣陸城亭侯坐酎金失侯因家焉先主祖雄父弘世仕州郡雄舉孝廉官至東郡范令建安二十六年四月先主卽皇帝位於成都武擔之南在位三年太子禪立是爲後主母曰甘皇后在位四十年降於魏封安樂公至太始七年薨於雒陽

吳大帝姓孫氏名權吳郡富春人蓋孫武之後父堅

爲後漢破虜將軍領豫州刺史獻帝初平三年袁術使堅征荆州爲黃祖軍士所射殺興平元年術以堅部曲還其子策爲折衝較尉行殄冠將軍平定江東策自領會稽太守術既僭號策以書絕之魏太祖表策爲討虜將軍封爲吳侯建安五年爲吳郡太守許貢客所殺創甚乃呼權以印綬授之黃初元年魏受漢禪二年封權爲吳王其年魏遣曹休等圍南郡權遂改年黃武臨江拒守九年四月權卽皇帝位母曰吳皇后在位二十四年年七十一太子亮嗣位是爲廢帝母曰皇后潘氏在位七年大將軍孫綝廢爲會

稽王時年十六綝迎權第六子瑯琊王休紹位是爲景帝母曰敬懷皇后王氏在位七年年三十薨諡曰景皇帝兄子皓紹位是爲歸命侯皓廢太子和之子權之孫也母曰昭獻皇后何氏在位十七年降於晉賜號歸命侯死於雒陽年四十二

宋高祖武帝姓劉氏彭城縣綏里人漢高帝弟楚元王交二十一世交生紅懿侯富富生宗正辟彊辟彊生陽城繆侯德德生陽城節侯安民安民生陽城釐侯慶忌慶忌生陽城肅侯岑岑生宗丘年年生東武城令令生東萊大守景景生明經洽洽生博士弘弘生瑯琊都尉悝悝生魏定襄太守某（史失其名）生邪城令亮亮生晉北平太守膺膺生相國掾熙熙生封令旭孫旭孫生混始過江居晉陵郡丹徒縣之京口里官至武原令混生東安太守靖靖生郡功曹翹翹生帝晉元熙二年四月以宋王受禪卽皇帝位于建康宮太極殿母曰穆皇后趙氏在位三年年六十七太子義紹位是爲少帝母曰張夫人在位三年撫軍將軍謝晦司空錄尚書事徐羨之等宣太后令廢帝爲滎陽王又使中書舍人邢安泰害之年十九羨之等迎武帝第三子宜都王義隆紹位是爲文帝母曰胡

婕妤在位三十年年四十七爲太子劭所弒第三子駿紹位爲孝武帝母曰路叔媛在位十一年年三十五太子子業紹位是爲前廢帝母曰王皇后在位二年爲湘東王彧所廢年十七彧遂紹位是爲明帝母曰沈婕妤在位八年年三十太子昱紹位是爲後廢帝母曰陳貴妃在位六年年十五爲齊王蕭道成所廢以明帝第三子安成王準紹位是爲順帝母曰陳昭華（明帝晚年痿疾不能御內諸弟姬有懷孕者取入宮乃生男與六宮所愛者養之而殺其母順帝卽桂陽王休範子也母不知何氏而以昭華爲母）在位三年年十三禪于齊

南齊太祖高皇帝姓蕭氏漢相國何二十四世孫何

子齊定侯延生侍中彪彪生公府掾章章生皓皓生
仰仰生御史大夫望之望之生光祿大夫育育生御
史中丞紹紹生光祿勳閎閎生濟陰太守闡闡生吳
郡太守永永生中山相苞苞生博士周周生蛇丘長
矯矯生州從事逵逵生孝廉休休生廣陵郡承豹豹
生太中太夫裔裔生淮陰令整整生卽丘令儁儁生
輔國參軍樂子樂子生右軍承之承之生帝初何居
沛何孫彪免官居東海蘭陵縣中都里晉元康年分
東海爲蘭陵郡中朝亂淮陰令整過江晉陵武進縣
僑置本土加以南名於是爲南蘭陵人也帝以宋順

帝昇明三年四月遂受禪卽皇帝位母曰孝皇后陳
氏在位四年年五十六太子賾紹位是爲武帝母曰
劉皇后在位十二年年五十四皇太孫昭業紹位是
爲鬱林王母曰皇太子妃王氏在位二年年二十二
爲高帝族兄始安王道生之子西昌侯鸞所殞迎新
安王昭文紹位是爲海陵王在位一年亦爲西昌侯
鸞所殺年十五鸞紹位是爲明帝母曰懿后在位五
年年四十七太子寶卷紹位是爲東昏侯母曰明敬
劉皇后在位四年雍州刺史蕭衍舉義奉明帝第八
子荆州刺史南康王寶融卽位於江陵是爲和帝舉

兵向闕寇軍將軍王珍國侍中張稷率兵入殿殞之
年十九和帝在位二年禪于梁爲梁所殞年十五
梁高祖武帝姓蕭氏蘭陵中都里人漢相國何之後
何生酇定侯延延生侍中彪彪生公府掾章章生皓
皓生太子傅望之望之生光祿大夫育育生御史中
丞紹紹生光祿勳閎閎生濟陰太守闡闡生吳郡太
守永永生中山相苞苞生博士周周生蛇丘長矯矯
生州從事逵逵生孝廉休休生廣陵郡丞豹豹生太
中大夫裔裔生淮陰令整整生濟陰太守鎋鎋生州
治中副副生南臺治書道賜道賜生順之齊高帝族

弟也參預佐命封臨湘縣侯歷官侍中衛尉太子詹
事領軍將軍丹陽尹贈鎭北將軍順之生帝齊中興
二年四月梁王受禪卽皇帝位母曰獻皇后張氏帝
在位四十九年年八十六太子綱紹位是爲簡文帝
母曰穆太后丁氏在位三年爲景侯所廢年四十九
武帝第七子荆州刺史持節都督荆雍湘司郢寧梁
南北秦九州諸軍事湘東王繹卽位于江陵是爲孝
元帝母曰文宣太后阮氏在位三年江陵爲西魏所
陷帝遂遇害帝第九子晉安王方智立是爲敬帝母
日夏太后在位二年禪于陳帝薨於外邸年十六

後梁宣帝武帝之孫昭明太子統之第三子中大通三年封岳陽郡王歷官宣惠將軍知石頭戍事瑯琊彭城二郡太守東陽州刺史及江陵陷爲周太祖所立稱皇帝於其國在位八年年三十四太子巋立是爲明帝在位二十三載年四十四太子琮立二年隋文帝徵入朝因留不遣

陳高祖武帝姓陳氏吳興長城下若里人漢太丘長寔之後世居潁川寔玄孫准晉太尉准生康康生達永嘉南遷爲丞相掾歷太子洗馬出爲長城令悅其山水遂家焉達生康康生盱眙太守英英生尚書郎

公弼公弼生步兵校尉鼎鼎生散騎常侍高高生懷安令詠詠生安安生太守猛猛生太常卿道巨道巨生文讚文讚生帝梁敬帝太平二年十月以陳王受禪卽皇帝位母曰董氏安皇后帝在位三年年五十七兄子臨川郡王蒨紹位是爲文帝在位八年太子伯宗紹位是爲廢帝母曰沈皇后在位二年太皇太皇后令降爲臨海郡王以始興昭烈王第二子太尉安成王頊紹位是爲孝宣帝在位十四年年五十三太子叔寶紹位母曰柳皇后在位八年貞明三年正月爲隋所滅遂降于隋至仁壽四年薨於雒陽年五十二

東魏孝靜帝姓元氏后魏孝文帝之曾孫清河王亶之孫嗣清河王亶之世子母曰胡妃孝武帝永熙三年八月拜開府儀同三司孝武入關大將軍勃海王高歡與百官會議推帝以奉明帝之后時年十一在位十七年禪于北齊明年薨于中山國年二十八

北齊顯祖文宣帝姓高氏渤海蓨人七世祖隱晉玄菟太守隱生慶慶生泰泰生湖三世仕慕容氏及慕容寶敗國亂湖率亂衆歸魏爲右將軍湖生四子第三子謐仕魏位至侍御史坐法徙居懷朔鎮謐生樹

樹生歡仕東魏爲丞相歡薨長子澄嗣遇害帝以母弟嗣位天平八年六月以丞相齊王受禪卽皇帝位母曰婁太后在位十年年三十一太子殷紹位是爲廢帝母曰李皇后在位一年年十七文宣母弟常山王演立是爲孝昭帝在位一年年二十七母弟長廣王湛立是爲武成帝在位五年禪位於太子緯是爲后主武成年二十一後主母曰胡皇后在位十二年爲後周所滅年二十二

梁太祖神武元聖孝皇帝姓朱氏宋州碭山人其先舜司徒虎之後高祖黯曾祖茂琳祖信父誠帝卽誠

之第三子母曰文惠王皇后唐哀帝天祐四年四月以相國梁王受禪卽皇帝位在位八年年六十一明年第四子東京留守均王友貞平庶人友珪紹位是爲末帝母曰元貞張皇后在位十一年爲后唐所滅

誕生

夫天命所佑運歷攸歸有開必先休應斯見故其生也必有禎符之朕神靈之紀以啓其祚焉非獨秉五勝而起繼三微而王者有是徵也至於居餘分之次擅一方之地者亦復嘉祥貫象兆於厥初斯蓋上稽靈心雖殊於天序下觀人事亦異於甞民表神道之

玄遠成史氏而昭著者矣

秦始皇以昭王四十八年正月生於邯鄲及生名爲政 以正月旦生曰

吳武烈帝堅母懷娠夢腸出繞吳昌門寤而懼之以告鄰母鄰母曰安知非吉徵也

太帝母吳氏孕而夢月入其懷既而生策及帝在孕又夢日入其懷以告堅曰昔娠策夢月入我懷今也又夢日入我懷何也堅曰日月者陰陽之精極貴之象吾子孫其興乎

廢帝亮以赤烏七年三月生於內殿

宋高祖以晉哀帝興寧元年歲次癸亥三月壬寅夜生神光照室盡明是夕甘露降於墓樹

少帝以晉義熙二年生於京口高祖年踰不惑尚未有男及帝生甚悅

文帝以晉義熙三年生於京口

孝武帝以文帝元嘉七年八月庚午夜生有光照室

前廢帝以元嘉二十六年正月甲申生

明帝以元嘉十六年十月戊寅生

後廢帝以大明七年正月辛丑生於衛尉府

順帝太始五年癸丑生

南齊高祖以宋元嘉四年丁卯生

武帝以元嘉二十七年六月巳未生於建康縣之清溪宅其夜陳孝后 高帝母 劉昭后 帝母 同夢龍據屋上

梁高祖以宋孝武大明八年甲辰歲生於秣陵縣同夏里三橋宅初帝母張后甞夢抱日已而有娠其後忽見庭前昌蒲花光釆非常遂取吞之是月生帝將產之夕有異光后見庭內若有衣冠陪列焉故小字龍兒

簡文帝以天監二年十月丁未生于顯陽殿

孝元帝母阮脩容夢龍罩其床 一云夢月墮懷中 天監七年

八月丁巳生帝于後宮舉室中非常香有紫胞之異
陳高祖以梁天監二年癸未歲生於吳興長城下若里
廢帝以梁承聖三年五月庚寅生
宣帝以梁大通二年七月辛酉生有赤光滿堂室
後主以梁承聖二年十一月戊寅生於江陵
北齊文宣帝母婁太后既孕每夜有赤光照室私常怪之及産名之曰侯尼鮮卑言有相子也初婁太后有孕六男二女皆感夢孕文襄則夢一斷龍文宣則夢一大龍首尾屬天地張口動目勢狀驚人孝昭則

夢蠕龍於地武成則夢龍浴於海
後主母胡后夢於海上坐玉盆日入裙下遂有娠天保七年五月五日生於并州邸
幼主母穆皇后武平元年六月生於鄴
梁太祖以唐太中六年壬申歲十月二十一日生於碭山縣午溝里是夕所居廬舍之上有赤氣上騰里人望之皆驚奔來曰朱家火發矣及則廬舍儼然既而鄰人以誕孩告衆咸異之
開平元年五月辛巳有司奏以降誕之日爲大明節休假前後各一日十月庚午大明節内外臣寮各獻奇貨良馬上壽故事内殿開宴召釋道二教對御談論宣旨罷之命閤門使以香合賜宰臣佛寺行香
二年十月己未大明節諸道節度刺史各進獻鞍馬銀器綾帛以祝壽宰臣百官設齋於相國寺
三年十月癸未大明節帝御文明殿設齋僧道召宰臣翰林學士預之諸道節度刺史及内外諸司使咸有進獻臣欽若等曰梁太祖實錄自開平四年後不書誕節
末帝以唐文德元年戊申歲九月十二日生於東京
乾化二年三月文武百官上言請以九月十二日帝降誕日爲明聖節休假三日

名諱

名以制義所以著象類之號諱不偏下所以申臣子之情是知名諱之來古今通道而餘分之在位亦偏方之所奉雖本以嘉稱期於象德或求諸義訓契彼未然蓋成敗之有端若符應之素定然則稽之人事察彼天道諒盛衰之在德豈名稱之足云乎
秦始皇帝名政以昭王四十八年正月生於邯鄲一云名正以正月旦生故也
二世皇帝名胡亥始皇時燕人盧生奏周書緯亡秦者胡也始皇不知此爲人名反備北胡

蜀先主名備字玄德
後主名禪字公嗣譙周曰春秋傳著晉穆侯名太子曰仇弟曰成師師服曰異哉君之名子也嘉耦曰妃怨耦曰仇今君名太子曰仇弟曰成師始兆亂矣兄其替乎其後果如服言及漢靈帝名二子曰史侯董侯既立爲帝後皆免爲諸侯備言具也禪言授也若言漢巳具矣當授與人也意者甚於穆侯靈帝之名蜀既亡咸以周言爲驗
吳大帝名權字仲謀
廢帝名亮字子明

景帝名休字子烈
後主名皓字元景一名彭宗字皓宗
宋高祖名裕字德輿小字寄奴（孔子河雒讖曰空宂無主奇人中女子獨立又爲雙）
少帝名義符小字車兵
文帝諱義隆小字車兒
孝武帝諱駿字休龍小字道人
前廢帝諱子業小字法師
明帝諱彧字體景小字榮期
後廢帝諱昱字德融小字慧震初明帝諸子在孕皆以周易筮之卽以所得之卦爲小字故帝字慧震其餘皇子亦如之
順帝諱準字仲謀小字知觀
南齊太祖諱道成字紹伯小字鬬將王子年歌曰欲知其姓草肅肅穀中最細低頭熟穀中精細者稻卽道也熟猶成也孝經鉤命決曰誰者起視將皆帝之符應（事具閏位徵應門）
武帝諱賾字宣遠小字龍兒
鬱林王諱昭業字元尚小字法身
海陵王諱昭文字季尚

明帝諱鸞字景栖小字玄度
東昏侯諱寶卷字智藏本名賢明帝輔政後改焉（論者曰名以行義往賢垂範備而之禪術士識之東昏巳卷矣藏以終之其兆先徵蓋天所命矣）
和帝諱寶融字知耶
梁高祖諱衍字叔達小字練兒帝初爲梁王將受齊禪沈約言於帝曰讖之行中水作天子此乃歷數在記
簡文帝諱綱字世纘小字六通
元帝諱繹字世誠小字七符
敬宗諱方智字惠相小字法真

後梁宣帝諱詧字理孫
明帝諱巋字仁遠
召國公諱琮字温文
陳高祖諱霸先字興國小字法生
文帝諱蒨字子華
廢帝諱伯宗字奉業小字藥王
宣帝諱頊字紹世小字師利
後主諱叔寶字元秀小字黄奴初文帝謂宣帝曰我諸子皆以伯爲名汝諸子宜用叔爲稱宣帝因以訪毛喜喜卽條自古名賢杜叔英虞叔卿等二十餘人

以啓之文帝稱善或言後主名叔寶反語爲少福敗亡之徵也
東魏孝静帝諱善見
北齊文宣帝諱洋字子進母武明太后以生帝於晉陽樂其後童謡曰一束藁兩頭然河邊羖攊飛上天藁然兩頭於文爲高字河邊羖攊爲水邊羊指帝名也
廢帝諱殷字正道初文宣命邢邵爲帝名字從而尤之曰殷家弟及正字一止吾身後兒不得也邵懼請改爲文宣不許曰天也
孝昭帝諱演字延安
武成帝諱湛
後主諱緯字仁綱初清河末武帝夢大蛸攻破鄴城故索境内蛸膏以厭之識者以後主名聲與蛸相協亡齊徵也
梁太祖諱晃初名温唐僖宗中和三年授宣武軍節度使賜名全忠天祐四年受禪下令曰王者創業典邦立名傳世必難知而示訓從易避以便人或稽其符命應彼開基之義垂諸象德之言爰考簡書求於往代周王昌發之號漢帝詢衍之文或崇一德以徵

稱或爲二名而更易先王令典布在縑緗寡人本名兼於二字且異帝王之稱仍兼避易之難郡職縣官多須改换况宗廟不遷之業憲章百世之規事叶典儀豈憚華易寡人今改名晃是以天意雅符於明德日光顯契於瑞文昭融萬邦理斯在是庶順玄穹之意永臻康濟之期宜令有司分告天地宗廟其舊名中外章疏不得更有迴避
末帝諱瑱初名友貞卽位下制曰朕仰膺天睠近雪家讐旋開將相之謀請紹祖宗之業群情見迫三讓莫從祗受推崇懼不負荷方欲烝嘗寢廟禋類郊丘

合徵定體之辭用表事神之敬其或於文尚淺在理未周亦冀隨時别啚制義雖臣子行孝重更名於已孤而君父稱尊貴難知而易避令則虔遵古典詳考前聞允諧龜筮之占庶合帝王之道載惟京德尤愧嘉名中外群僚當體朕意宜改名鍠貞明中又改爲瑱或解云瑱字一十一十月一八果以一十一年十月九日亡

冊府元龜　閏位部　名諱　卷之一百八十二　二十一

冊府元龜

冊府元龜

巡按福建監察御史臣李嗣京　訂正
知閩縣事臣曹𦔳臣參閱
知建陽縣事臣黃國琦較釋

閏位部二

勳業

自秦承六世之餘烈并吞宇內武功震耀遂建大號玄德馮宗室之緒仲謀藉父兄之業遭值世亂分據勢勝奄宅吳蜀是爲鼎國宋齊梁陳迭王南紀東魏北齊剏都於鄴莫不因敭敭之資糾桓桓之旅或扶

義慷慨或乘機奮發解紛排難夷兇禁暴威懷兼濟以成厥功咸能驅策賢智而任其謀訓練驍果而盡其力勤身征伐以清外侮積日累勞以稔民聽然後謳訟咸集晉欲將至端委揖讓南面而君民者焉

秦始皇帝莊襄王之子（臣欽若等曰自莊襄王已上事具列國君部諸門）年十三代莊襄王立爲秦王當是時秦地已并巴蜀漢中越宛有郢置南郡北收上郡以東有河東太原上黨郡東至滎陽滅二周置三川郡呂不韋爲相招致賓客游士欲以并天下李斯爲舍人（主廄內少吏官名也或曰侍從賓客謂之舍人也）蒙驁王齮（一作齕）麃公爲將軍（麃秦邑）王年少初即位委國事大臣元年晉陽反蒙驁擊定之二年麃公將軍攻卷斬首三萬三年蒙驁攻韓取十三城又攻魏氏暘有詭四年拔之五年攻魏定酸棗（陳留有酸棗縣）燕虛長平（平一作干故南有長平縣）雍丘山陽（陳留有雍丘縣河內有山陽縣）皆拔之取二十城六年韓魏趙衛楚共擊秦取壽陵秦出兵五國兵罷拔衛迫東郡其君角率其支屬徙居野王阻其山保魏之河內七年蒙驁死以攻龍孤慶都（慶一作麃）還兵攻汲八年王弟長安君成蟜將軍擊趙九年攻魏垣蒲陽十一年將軍王翦桓齮楊端和攻鄴取九城王翦攻閼與橑楊（在并州）十三年桓齮攻

趙平陽殺趙將扈輒斬首十萬十四年攻趙軍於平陽取宜安破之殺其將軍定平陽武城十五年大興兵一軍至鄴一軍至太原取狼孟（屬太原）十六年發卒受地韓南陽假守騰魏獻地於秦秦置麗邑十七年內史騰攻韓得韓王安盡納其地十八年大興兵攻趙王翦將上地（蓋咸陽西爲上地也）下井陘（山名）端和將河內圍邯鄲城羌瘣伐趙十九年瘣與王翦盡定取趙地東陽得趙王引兵欲攻燕屯中山趙公子嘉率其宗數百人之代自立爲代王東與燕合兵軍上谷二十年使王翦辛勝攻燕燕代發兵擊秦軍秦軍破燕易水

之西二十一年王賁攻薊乃益發卒詣王翦軍遂破燕軍取燕薊城得太子丹之首二十二年王賁攻魏引河溝灌大梁城壞其王請降盡取其地二十三年王翦擊荆取陳以南至平輿（縣名在汝南）虜荆王三十五年大興兵使王賁將攻燕遼東得燕王喜還攻代虜代王嘉王翦定荆江南地降越君二十六年齊王建與其相后勝發兵守其西界不通秦秦使王賁從燕南攻齊得齊王建遂并天下爲始皇帝

蜀先主涿郡涿縣人祖雄父弘世仕州郡（臣欽若等曰自弘已上事具閏位氏號門吳及宋齊已下放此）先主少孤好交結豪俠年少爭

附之中山大商張世平蘇雙等貲累千金乃多與之金財先主繇是得用合徒衆後漢靈帝末黃巾起先主率其屬從較尉鄒靖討賊有功除安喜尉（縣名屬中山）督郵以公事到縣先主求謁不通直入縛督郵杖二百解綬繫其頸著馬下棄官亡命頃之大將軍何進遣都尉毋丘毅詣丹陽募兵先主與俱行至下邳遇賊力戰有功除爲下密丞後去官後爲高唐尉遷令爲賊所破往奔中郎將公孫瓚瓚表爲別部司馬使與青州刺史田楷拒冀州牧袁紹數有戰功試守平原令後領平原相郡民劉平素輕先主耻爲之下使客刺之客不忍刺語之而去袁紹攻公孫瓚先主與田楷東屯齊曹公征徐州徐州牧陶謙遣使告急於田楷楷與先主俱救之時先主自有兵千餘人及幽州烏丸雜胡騎又畧得饑民數千人既到陶謙以丹陽兵四千益先主先主遂去楷歸謙謙表爲豫州刺史屯小沛謙病篤謂別駕糜竺曰非劉備不能安此州也謙死竺率州人迎先主先主未敢當下邳陳登謂先主曰今漢室陵遲海内傾覆立功立事在於今日彼州殷富戸口百萬欲屈使君撫臨州事先主曰袁公路近在壽春此君四世五公海内所歸君可以州與

之登曰公路驕豪非治亂之主今欲爲使君合步騎十萬上可以安主濟民成五霸之業下可以割地守境書功於竹帛若使君不見聽許登亦未敢聽使君也北海相孔融謂先主曰袁公路豈憂國忘家者邪冢中枯骨何足介意今日之事百姓與能天與不取悔不可追先主遂領徐州（時陳登等遣使詣袁紹曰天降災沴禍臻鄙州州將殂殞生民無主恐懼姦雄一旦承隙以貽盟主日昃之憂輒共奉故平原相劉備府君以爲宗主永使百姓知有依歸方今寇難縱橫不遑釋甲謹遣下吏奔告于執事紹答曰劉玄德弘雅有信義今徐州樂戴之誠副所望也）袁術來攻先主拒之於盱眙淮陰曹公表先主爲鎮東將軍封宜城亭侯是歲建安元年也先主

與術相持經月呂布乘虛襲下邳下邳守將曹豹反間迎布布虜先主妻子先主轉軍於海西楊奉韓暹寇徐楊間先主邀擊盡斬之先主求和於呂布布還其妻子先主遣關羽守下邳遂還小沛復合兵得萬餘人呂布惡之自出兵攻先主先主敗走歸曹公曹公厚遇之以爲豫州牧將至沛收散卒給其軍粮益與兵使東擊布布遣高順攻之曹公遣夏侯惇往不能救爲順所敗復虜先主妻子送布曹公自出東征助先主圍布於下邳生禽布先主復得妻子從曹公還許表先主爲左將軍禮之愈重出則同輿坐則同

席袁術欲經徐州北就袁紹曹公遣先主督朱靈路招要擊術未至術病死先主未出時獻帝舅車騎將軍董承辭受帝衣帶中密詔當誅曹公先主未發是時曹公從容謂先主曰今天下英雄惟使君與操耳本初之徒不足數也先主方食失匕箸時正當雷震先主謂曹公曰聖人云迅雷風烈必變良有以也一震之威乃可至於此遂與承及長水校尉种輯將軍吳子蘭王子服等同謀會見使未發事覺承等皆伏誅時承等與先主謀未發而備出承謂服曰郭多有數百兵壞李傕數萬人但足下與吾同義耳昔呂不韋之門須子楚而後高今吾與子猶是也服曰惶懼不敢當且兵又少承曰舉事訖得曹公成兵顧不足邪服曰今京師豈有所任乎承曰長水校尉种輯議郎吳碩是吾腹心辦事者遂定計先主據下邳靈等還先主乃殺徐州刺史車冑留關羽守下邳而身還小沛東海昌霸反郡縣多叛曹公爲先主衆數萬人遣孫乾與袁紹連和曹公遣劉岱王忠擊之不克五年曹公東征先主先主敗績曹公盡收其衆虜先主妻子并禽羽以歸先主走青州青州刺史袁譚先主故茂才也將步騎迎先主先主隨譚到平原譚馳使白紹紹遣人將騎道路奉迎身去鄴二百里與先主相見駐月餘日所失亡士卒稍來集曹公與袁紹相拒於官渡汝南黃巾劉辟等叛曹公應紹紹遣先主將兵與辟等畧許下關羽亡歸

先主曹公遣曹仁將兵擊先主先主還紹軍陰欲離紹乃說紹南連荆州牧劉表紹遣先主將本兵復至汝南與賊龔都等合衆數千人曹公遣蔡陽擊之爲先主所殺曹公既破紹自南擊先主先主遣麋竺孫乾與劉表相聞表自郊迎以上賓禮待之益其兵使屯新野荆州豪傑歸先主者日益多表疑其心陰禦之先主既荆州數年嘗於表坐起至厠見髀裏肉生慨然流涕還坐表怪問備曰平嘗身不離鞍髀肉皆消今不復騎髀裏肉生日月若馳老將至矣而功業不建是以悲耳表使先主拒夏侯惇于禁等於博望

久之先主設伏兵一旦自燒屯僞遯惇等追之爲伏
兵所破十一年曹公北征烏丸先主說表襲許表不
能用曹公南征會表病篤託國於先主曰我兒不才
而諸將並零落我死之後卿便攝荆州先主曰諸子
自賢君其憂病或勸先主宜從表言先主曰此人待
我厚今從其言人必以我爲薄所不忍也表卒其子
琮代立遣使乞降曹公不告先主先主亦不知久之
乃覺遣所親問琮琮令宋忠詣先主宣旨是時曹公
在宛先主大驚駭謂忠曰卿諸人作事如此不早相
語今禍至方告我不亦太劇乎引刀向忠曰今斷卿

頭不足以解忿亦恥大丈夫臨別復殺卿輩遣忠去
乃呼部曲議或勸先主劫將琮及荆州吏士徑南到
江陵先主答曰劉荆州臨亡託我以孤遺背信自濟
吾所不爲死何面目以見劉荆州乎乃駐馬呼琮琮
懼不能起琮左右及荆州人多歸先主先主過辭表
墓涕泣而去比到當陽衆十餘萬輜重數千兩日行
百餘里別遣關羽乘船數百艘使會江陵或謂先主
曰宜速行保江陵今雖擁大衆被甲者少若曹公兵
至何以拒之先主曰夫濟大事必以人爲本今人歸
吾吾何忍棄去曹公以江陵有軍實恐先主據之乃
釋輜重輕軍到襄陽聞先主已過曹公將精騎五千
急追之一日一夜行三百餘里及於當陽之長坂先
主棄妻子與諸葛亮張飛趙雲等數十騎走曹公大
獲其人衆輜重先主斜趣漢津適與羽船會得濟沔
遇表長子江夏太守琦衆萬餘人與俱到夏口先主
遣諸葛亮自結於孫權權遣周瑜程普等水軍數萬
與先主并力與曹公戰於赤壁大破之焚其舟船先
主與吳軍水陸并進追到南郡時又疾疫北軍多死
曹公引歸先主表琦爲荆州刺史又南征四郡武陵
太守金旋長沙太守韓玄桂陽太守趙範零陵太守

劉度皆降廬江雷緒率部曲數萬口稽顙琦病死羣
下推先主爲荆州牧治公安（江表傳曰備立營於油口改名爲公安）權
稍畏之進妹固好先主至京見權綢繆恩紀十六年
益州牧劉璋遙聞曹公將遣鍾繇等向漢中討張魯
內懷恐懼別駕從事蜀郡張松說璋曰曹公兵强無
敵於天下若因張魯之資以取蜀楚誰能禁之者乎
璋曰吾固憂之而未有計松曰劉豫州使君之宗室
而曹公深讎也善用兵若使之討魯魯必破魯破則
益州强曹公雖來無能爲也璋然之遣法正將四千
人迎先主前後賂遺以巨億計正因陳益州可取之

策先主前見張松後得法正皆厚以恩意接納盡其殷勤之歡因問蜀中闊狹兵器府庫人馬衆寡及諸要害道里遠近松等具言之又畫地圖山川處所繇是盡知益州虛實也先主留諸葛亮關羽等據荊州將步卒數萬人入益州至涪璋自出迎相見甚歡張松令法正白先主及謀臣龐統進說便可於會所襲璋先主曰此大事也不可倉卒璋推先主行大司馬領司隷校尉先主亦推璋行鎮西大將軍領益州牧璋增先主兵使擊張魯又令督白水軍先主并三軍萬餘人車甲器械資貨甚盛是歲璋還成都先主北到葭萌未即討魯厚樹恩德以收衆心明年曹公征孫權權呼先主自救先主遣使告

璋曰曹公征吴吴憂危急孫氏與孤本爲脣齒又樂進在青泥與關羽相拒今不往救羽進必大克轉侵州界其憂有甚於魯魯自守之賊不足慮也乃從璋求萬兵及資寶欲以東行璋但許兵四千其餘皆給半先主激怒其衆曰吾爲益州征彊敵師徒勤瘁不遑寧居今積帑藏之財而恡於賞功望士大夫爲出死力戰其可得乎張松書與先主及法正曰今大事垂可立如何釋此去乎松兄廣漢太守肅懼禍逮已自璋發其謀於是璋收斬松嫌隙始構矣璋勑關戍諸將文書勿復關通先主先主大怒召璋白水軍督

楊懷責以無禮斬之乃使黄忠卓膺勒兵向璋先主徑至關中質諸將并士卒妻子引兵與忠膺等進到涪據其城璋遣劉璝冷苞張任鄧貴等拒先主於涪皆破敗退保綿竹璋復遣李嚴督綿竹諸軍嚴率衆降先主軍益彊分遣諸將平下屬縣諸葛亮張飛趙雲等將兵泝流定白帝江州江陽惟關羽留鎮荊州先主進軍圍雒時璋子循守城被攻且一年十九年夏雒城破進圍城都數十日璋出降時璋遣帳下司馬張裔詣先主先主許以禮其君而安其人也裔還城門乃開先主以裔爲巴郡太守蜀中殷盛豐樂先主置酒大饗士卒取蜀城中金銀分賜將士還其

穀帛先主復令益州牧諸葛亮爲股肱法正爲謀主關羽張飛馬超爲爪牙許靖麋竺簡雍爲賓友二十年孫權以先主已得益州使使報欲得荊州先主言須得涼州當以荊州相與權忿之乃遣吕蒙襲奪長沙零陵桂陽三郡先主引兵五萬下公安令關羽入益陽是歲曹公定漢中張魯遯走巴西先主聞之與權連和分荊州江夏長沙桂陽東屬南郡零陵武陵西屬引軍還江州今蘷州也遣黄權將兵迎張魯張魯已降曹公曹公使夏侯淵張郃屯漢中數數犯暴巴界先主令張飛進兵宕渠與郃等戰於瓦口破郃等收

兵還南鄭先主亦還成都二十三年先主率諸將進兵漢中分遣將軍吳蘭雷銅等入武都皆爲曹公所没先主次于陽平關與淵郃等相拒二十四年春自陽平南渡沔水緣山稍前因定軍山勢作營淵將兵來爭其地先主命黄忠乘高鼓譟攻之大破淵軍斬淵郃及曹公所署益州刺史趙顒等曹公自長安舉衆南征積月不拔亡者日多乃引軍還先主遂有漢中遣劉封孟達李平等攻申眈於上庸是秋羣下上先主爲漢中王表於漢帝於是還治成都時關羽攻曹公將曹仁禽于禁於樊俄而孫權襲殺羽取荆州

二十五年魏文帝稱尊號改年日黄初或傳聞漢帝見害乃發喪制服追謚曰孝愍皇帝是後在所並言衆瑞日月相屬群臣上尊號即皇帝位於成都武檐之南

吳孫堅吳郡富春人少爲縣吏年十七與父共載船至錢唐擊殺海賊胡玉等繇是顯聞府召署假尉會稽妖賊許昌起於句章自稱陽明皇帝與其子韶扇動諸縣衆以萬數堅以郡司馬募召精勇得千餘人與州郡合討破之是歲熹平元年刺史臧旻列上功狀詔書除堅鹽瀆丞數歲徙盱眙丞又徙下邳丞歷三縣所在有稱吏民親附中平元年黄巾賊帥張角起於魏郡託有神靈遣八使以善道教化天下而潛相連結自稱黄天泰平三月甲子三十六萬一旦俱發天下響應燔燒郡縣殺害長吏（角稱天公將軍角弟寶稱地公將軍寶弟梁稱人公將軍）漢遣車騎將軍皇甫嵩中郎將朱儁將兵討擊之儁表請堅爲佐軍司馬鄉里少年隨在下邳者皆願從堅又募諸商旅及淮泗精兵合千許人與儁并力奪擊所向無前（一云堅乘勝深入於西華失利堅被創墮馬臥草中軍衆分散不知堅所在堅騎驄馬馳還營掊地呼鳴將士隨馬於草中得堅堅還營十數日創少愈乃復出戰）汝潁賊困迫走保宛城堅身當一面登城先入衆乃

蟻附遂大破之儁具以狀聞上拜堅別部司馬邊章韓遂作亂凉州中郎將董卓拒討無功中平三年遣司空張温行車騎將軍西討章等温表請堅與參軍事尋拜議郎中時長沙賊區星自稱將軍衆萬餘人攻圍城邑乃以堅爲長沙太守到郡親率衆士施設方略旬月之間克破星等（堅到郡郡中震服任用良吏勑吏曰謹遇良善治官曹文書必循治以盜賊付太守）周朝郭石亦帥徒衆起於零桂與星相應遂越境尋討三郡肅然（堅爲長沙太守是時廬江太守延康從子作宜春長爲賊所攻遣使求救於堅堅整嚴救之主簿進諫堅荅曰太守無文德以征伐爲功越界攻討以全異國以此獲罪何愧海内乎乃進兵往救賊聞而走之）漢朝録前後功封堅烏

程侯董卓擅朝政横恣京城諸州郡並興義兵欲以
討卓堅亦舉兵荆州刺史王叡素遇堅無禮堅過殺
之比至南陽衆數萬人南陽太守張咨聞軍至晏然
自若堅以牛酒禮咨咨明日亦答詣堅酒酣長沙主
簿入白堅前移南陽而道路不治軍資不具請收主
簿推問意故咨大懼欲去兵陳四周不得出有頃主
簿復入白堅南陽太守稽停義兵使賊不時討請收
出案軍法從事便牽咨於軍門斬之郡中震慄無求
不獲一云南陽太守張咨既不給軍糧又不肯見堅堅欲進兵恐自後患乃詐得疾舉軍震惶迎呼巫醫禱祀山川遣所親人入説咨言病因欲以兵付咨咨聞之心利其兵卽將步騎五六百人詣營省堅

堅臥與相見無何卒然而起牽劍罵咨遂執斬之前到魯陽與袁術相見術
表堅行破虜將軍領豫州刺史遂治兵於魯陽城當
進軍討董卓遣長史公孫稱將兵從事還州督促軍
糧施幔於城東門外祖道送稱官屬並會卓遣步騎
數萬人逆堅輕騎數十先到堅方行酒談笑勑部曲
整頓行陣無得妄動後騎漸益堅徐罷坐導引入城
乃謂左右曰向堅所以不卽起者恐兵相蹈藉諸君
不得入耳卓兵見堅士衆甚整不敢攻城乃引還堅
移屯梁東大爲卓軍所攻堅與數十騎潰圍而出復
相收兵合戰於陽人大破卓軍梟其都督華雄等是

時或間堅於袁術術還疑不運軍糧陽人去魯陽百
餘里堅夜馳見術術踧踖卽調發軍糧堅還屯卓憚
堅猛將乃遣將軍李傕等來求和親令堅列疏子弟
任刺史郡守者許表用之堅曰卓逆天無道蕩覆王
室今不夷汝三族縣示四海則吾死不瞑目豈將與
乃和親邪復進軍大谷距雒九十里卓自出與堅戰
於諸陵墓間卓敗走却屯黽池聚兵於陝堅進雒陽
宣陽城門更擊呂布復破走堅乃掃除宗廟平塞諸
陵分兵出函谷關至新安黽池間以截卓後卓謂長
史劉艾曰關東諸將數敗矣無能爲也惟孫堅小戇

諸將軍宜愼之是時關東州郡務相兼幷以自彊大
袁紹遣會稽周喁爲豫州刺史來襲取州堅慨然歎
曰同舉義兵將救社稷逆賊垂破而各若此吾當誰
與戮力乎言發涕下初平三年袁術使堅征荆州劉
表表遣黄祖逆於樊鄧之間堅擊破之追渡漢水遂
圍襄陽單馬行峴山爲祖軍士所射殺一云堅悉其衆攻表表閉門夜遣將黄祖潛出發兵祖將兵欲還堅逆與戰祖敗走竄峴山中堅乘勝夜追祖祖部兵從竹木間暗射堅殺之時年三十七又云劉表將呂公將兵緣山向堅堅輕騎尋山討公公兵下石中堅頭應時腦出
兄子賁帥將士衆就術術表賁爲豫州刺史權旣稱
尊號諡堅曰武烈皇帝

策堅之長子初輿義兵策將母徙居舒與周瑜相友收合士大夫江淮間人咸向之堅薨還葬曲阿已乃渡江居江都徐州牧陶謙深忌策策舅吳景時爲丹陽太守策乃載母徙曲阿與呂範孫河俱就景因緣召募約數百人時張紘有母喪策數詣紘咨以世務日方今漢祚中微天下擾攘英雄儁傑各擁衆營私未有能扶危濟亂者也先君與袁氏共破董卓功業未遂卒爲黃祖所害策雖暗稚竊有微志欲從袁陽州求先君餘兵就舅氏於丹陽收合流散東據吳會報讎雪恥爲朝廷外藩君以爲何如紘荅曰既素空

劣方君縗經之中無以奉贊盛略策曰君高名播越遠近懷歸今日事計決之於君何得不紆慮啓告副其高山之望若微志得展血讎得報此乃君之勳力策心所望也因涕泣橫流顏色不變紘見策忠壯內發辭令慷慨感其志意乃荅曰昔周道陵遲齊晉並興王室已寧諸侯貢職今君紹先侯之軌有驍武之名若投丹陽收兵吳會則荊揚可一讎敵可報據長江奮威德誅除群穢佐輔漢室功業侔於桓文豈徒外藩而已哉方今世亂多難若功成事立當與同好俱南濟也策曰一與君同符合契同有永固之分今便行矣以老母弱弟委付於君策無復回顧之憂策徑到壽春見袁術涕泣而言曰亡父昔從長沙入討董卓與明使君會於南陽同盟結好不幸遇難勳業不終策感惟先人舊恩欲自憑結願明使君垂察其誠術甚貴異之然未肯還其父兵術謂策曰孤始用貴舅爲丹陽太守賢從伯陽爲都尉彼精兵之地可還依召募策遂詣丹陽依舅得數百人而爲涇縣大帥祖郎所襲幾至危殆於是復往見術術以堅餘兵千餘人還策太傅馬日磾仗節安集關東在壽春以禮辟策表拜懷義校尉策騎士有罪逃入術營隱於

內廄策指使人就斬之訖詣術謝術曰兵人好叛當共疾之何爲謝也繇是軍中益畏憚之術欲攻徐州從廬江太守陸康求米三萬斛康不與術遣策攻康拔之先是劉繇爲楊州刺史州舊治壽春壽春術已據之繇乃渡江治曲阿時吳景尚在丹陽策從兄賁又爲丹陽都尉繇至皆迫逐之景賁退舍歷陽繇遣樊能于麋陳橫屯江津張英屯當利口以距術術自用故吏琅邪惠衢爲楊州刺史更以景爲督軍中郎將與賁共將兵擊英等連年不克策乃說術乞助景等平定江東（策說術云家有舊恩在東願助舅討橫江橫江拔因投本土召募可得三萬兵）

以佐明使君經濟漢室（術知其恨而以劉繇據曲阿王郎在會稽謂策未必能定故許之）術表策爲折衝校尉行殄寇將軍兵財千餘騎數十匹賓客願從者數百人比至歷陽衆五六千策母先自曲阿徙於歷陽策又徙母阜陵渡江轉鬭所向皆破莫敢當其鋒而軍令整肅百姓懷之策年少雖有位號而士民皆呼爲孫郎百姓聞孫郎至皆失魂魄長吏委城郭竄伏山草及至軍士奉令不敢虜略鷄犬菜茹一無所犯民乃大悅競以牛酒詣軍劉繇既走策入曲阿勞賜將士遣將陳寶詣阜陵迎母及弟發恩布令告諸縣笮融等故鄉部曲來降首者一無所問樂

從軍者一身行復除門戶不樂者勿彊也旬日之間四面雲集得見兵二萬餘人馬千餘匹威震江東形勢轉盛吳人嚴白虎等衆合萬餘人處處屯聚吳景等欲先擊破虎等乃至會稽策曰虎等群盜非有大志此成禽耳遂引兵渡浙江據會稽屠東治白虎高壘堅守使其弟輿請和許之輿請獨與策會面約既會策引白刃斫席輿體動策笑曰聞卿能坐躍勦捷不常聊戲卿耳輿曰我見刃乃然策知其無能也乃以手戟投之立死輿有勇力白虎衆以其死也甚懼進攻破之盡更置長吏策自領會稽太守復以吳景爲丹陽太守以孫賁爲豫章太守分豫章爲廬陵郡以賁弟輔爲廬陵太守丹陽朱治爲吳郡太守彭城張昭廣陵張紘秦松陳端等爲謀主時袁術僭號策以書諫曰董卓無道陵虐王室禍加太后暴及弘農天子播越宮廟焚毀是以豪傑發憤沛然俱起元惡既斃幼主東顧乃使王人奉命宣明朝恩偃武修文與之更始然而河北異謀於黑山曹操毒被於東徐劉表僭亂於荆南公孫叛逆於朔北正禮阻兵玄德爭盟是以未獲從命櫜弓戢戈當謂使君與國同規而舍是弗恤宛然有自取之志懼非海內企望之意

也成湯討桀稱有夏多罪武王伐紂曰殷有重罰此二王者雖有聖德假使時無失道之過無緣逼而取也今主上非有惡於天下徒以幼小脅於彊臣異於湯武之時也又聞幼主明智聰敏有夙成之德天下雖未被其恩咸歸心焉若輔而興之則旦奭之美率土所望也使君五世相承爲漢宰輔榮寵之盛莫與爲比宜效忠守節以報王室時人多惑圖緯之言妄牽非類之文苟以悅主爲美不顧成敗之計古今所愼可不熟慮忠言逆耳駁義致憎苟有益於尊名無所敢辭術不納策遂絕之曹公表策爲討逆將軍封

爲吳侯一云建安二年夏漢朝遣議郎王輔奉戊辰詔書曰董卓逆亂凶國害民先將軍堅念在平討雅意未遂厥美著聞策尊善道求福不回今以策爲騎都尉襲爵烏程侯領會稽太守策上表謝曰臣以固陋孤特邊垂陛下廣播高澤不遺細節以臣襲爵兼典名郡仰惟榮顧非所克堪興平二年十二月二十日於吳郡曲阿得袁術所呈表以臣行殄寇軍將至被詔書乃知詐擅雖輒捐廢循用悚悸臣年七十喪失所怙懼有不任堂構之鄙以忝析薪之戒誠無去病十八建功世祖列將弱冠佐命臣初領兵未年弱冠雖駑懦不武然思竭微命惟術狂惑爲惡深重臣馮威靈奉辭伐罪庶必獻捷以報所受袁術死長史楊弘大將張勳等將其衆欲就策廬江太守劉勳要擊悉虜之收其珍寶以歸策聞之僞與勳好盟勳新得術衆時豫章上繚宗民萬餘家在江東策勸攻勳取之勳既行策輕軍晨夜襲拔廬江勳衆

盡降勳獨與麾下數百人自歸曹公江表傳曰策被詔勑與司空曹公衛將軍董承益州牧劉璋等協力討袁術劉表軍嚴當進會術死術從弟胤女壻黃猗等畏懼曹公不敢守壽春乃共舁術棺柩扶其妻子及部曲男女就劉勳於皖城勳糧食少無以相振乃遣從弟偕告糴於豫州太守華歆歆郡素少穀遣吏將偕就海昏上繚使諸宗帥共出三萬斛米以與偕偕住曆月纔得數千斛偕乃復勳具說形狀使勳來襲誅之勳得偕書便潛軍到海昏邑下宗帥知之空壁逃匿勳了無所得時策西討黃祖行及石城聞勳輕身詣海昏便分遣從兄賁輔率八千人於彭澤待勳自與周瑜率二萬人步襲皖城即克之得術百工及鼓吹部曲三萬餘人并術勳妻子上用汝南李術爲廬江太守給兵三千人以守皖皆徙所得人東詣吳賁輔又於彭澤破勳勳求入楚江從尋陽步上到置馬亭聞策等已克皖乃投西塞至沂築壘自守告急於劉表求救於黃祖祖遣太子射船軍五千人助勳策復就攻大破勳勳與偕北歸曹公射亦遁走策收得勳兵三千餘人船千艘遂前進夏口攻黃祖時劉表遣從子虎南陽韓晞將長矛五千來爲黃祖前鋒策與戰大破之吳錄載策表曰臣討黃祖以十二月八日到祖所屯沙羨縣劉表遣將助祖並來趣臣臣以十一日平旦部所領江夏太守行建威中郎將周瑜領桂陽太守行征虜中郎將呂範領零陵太守行蕩寇中郎將程普兼奉業校尉孫權行先登校尉韓當行武鋒校尉黃蓋等當時俱進身跨馬櫟陳手擊急鼓以齊戰勢吏士奮擊踊躍百倍心精意果各競用命越渡重塹迅疾若飛火放上風兵激煙下弓弩並發流矢雨集日加辰時祖乃潰爛鋒刃所截猋火所焚前無生寇惟祖逆走獲其妻息男女七人斬虎狼韓晞以下三萬餘級其赴水溺者二萬餘口船六千餘艘財物山積雖表未禽祖宿狡猾爲表腹心出作爪牙表之鴟張以祖氣息而祖家屬部曲掃地無餘表孤特之虜成鬼行尸誠皆聖朝神武遠振臣討有罪得效微勤是時袁紹方強而策并江東曹公力未能逞且欲撫之乃以弟女配策小弟匡又爲子章取賁女皆禮辟策弟權翊又命楊州刺

史嚴象舉權茂才建安五年曹公與袁紹相拒於官渡策陰欲襲許迎漢帝密治兵部署諸將未發會爲故吳郡太守許貢客所殺先是策殺貢貢小子與客亡匿江邊策單騎出卒與客遇客擊傷策陳登爲廣陵太守治射陽登即瑀之從兄子也孫策前西征登陰復遣閒使以印綬與嚴白虎餘黨圖爲後害以報瑀見破之辱策歸復討登軍到丹徒須待運糧策好獵將步騎數出策驅馳逐鹿所乘馬精駿從騎絕不能及初吳郡太守許貢上表於漢帝曰孫策驍雄與項籍相似宜加貴寵召還京邑若被詔不得不還若放於外必作後患策候吏得貢表以示策請貢相見以責讓貢貢辭無表策即令武士絞殺之貢奴客潛民閒欲爲貢報讐獵日卒有三人即貢客也策問爾等何人荅曰是韓當兵在此射鹿耳策曰當兵吾皆識之未嘗見汝等因射一人應弦而倒餘二人怖急便舉弓射策中頰後騎尋至皆刺殺之創甚請張長

史貽等謂曰中國方亂夫以吳越之衆三江之固足
以觀成敗公等善相吾弟呼權佩以印綬謂曰舉江
東之衆決機於兩陣之間與天下爭衡卿不如我舉
賢任能各盡其心以保江東我不如卿至夜卒時年
二十六權稱尊號追謚策曰長沙桓王
權策之弟策既定諸郡時權年十五以爲陽羨長郡
察孝廉州舉茂才行奉義校尉建安四年從策征廬
江太守劉勳勳破進討黄祖於沙羨五年策薨以事
授權哭未及息策長史張昭謂權曰孝廉此寧哭時
邪乃改易權服扶令上馬使出巡軍曹公表權爲討

虜將軍領會稽太守屯吳使丞之郡行文書事待張
昭以師傅之禮而周瑜程普呂範等爲將帥招延俊
秀聘求名士魯肅諸葛瑾等始爲賓客分部諸將鎮
撫山越討不從命初孫策表用李術爲廬江太守策
亡之後術不肯事權而多納其亡叛權移書求索術
報曰有德見歸無德見叛不應復還權大怒乃以狀
白曹公曰嚴刺史昔爲公所用又是州舉將而李術
凶惡輕犯漢制殘害州司肆其無道宜速誅滅以懲
醜類今欲討之進爲國朝掃除鯨鯢退爲舉將報塞
怨讐此天下達義夙夜所甘心術必懼誅復詭說求

救明公所居阿衡之任海內相瞻願勑執事勿復聽
受是歲舉兵攻術於皖城閉門自守求救於曹公曹
公不救糧食乏盡婦女或丸土而吞之遂屠其城梟
術首徙其部曲三萬餘人八年權西伐黄祖破其舟
軍惟城未克而山寇復動還過豫章使呂範平鄱陽
會稽程普討安樂太史慈領海昏韓當周泰呂蒙等
爲劇縣令長十年權使賀齊討上饒分爲建平縣十
二年西征黄祖虜其人民而還十三年春權復征黄
祖祖先遣舟兵拒軍都尉呂蒙破其前鋒而凌統董
襲等盡銳攻之遂屠其城祖挺身亡走馮則追梟其

首虜其男女數萬口荆州牧劉表死權將魯肅乞奉
命弔表二子且以觀變肅未到而曹公已臨其境表
子琮舉衆以降劉備欲南濟江肅與相見因傳權旨
爲陳成敗備進住夏口使諸葛亮詣權權遣周瑜程
普等行是時曹公新得表衆形勢甚盛諸議者皆望
風畏懼多勸權迎之（曹公與權書曰近者奉辭伐罪旄麾南指劉琮束手今治水軍八十萬衆方與將軍會獵於吳權得書以示群臣莫不嚮震失色）惟瑜肅執拒之議
意與權同瑜普爲左右督各領萬人與備俱進遇於
赤壁大破曹公曹軍燒其餘船引退士卒饑疫死者
大半備瑜等復追至南郡曹公遂北還留曹仁徐晃

於江陵使樂進守襄陽權自率衆圍合肥使張昭攻九江之當塗昭兵不利權攻城踰月不能下曹公自荊州還遣張喜將騎赴合肥未至權退十四年瑜仁相守歲餘所殺傷甚衆任委城走權以瑜爲南郡太守劉備表權行車騎將軍領徐州牧備領荊州牧屯公安十六年權徙治秣陵十七年城石頭作濡須塢十八年正月曹公攻濡須權與相拒月餘曹公望權軍歎其齊肅乃退曹公出濡須作油船夜渡州上權以水軍圍取得三千餘人其沒溺者亦數千人權數挑戰公堅守不出權乃自來乘輕船從濡須口入公軍諸將皆以爲是挑戰者欲擊之公曰此必孫權欲身見吾軍部伍也勑軍中皆精嚴弓弩不得妄發權行五六里迴還作鼓吹公見舟船

器仗軍伍整肅喟然歎曰生子當如孫仲謀劉景升兒子若豚犬耳十九年五月權征皖城閏月克之獲廬江太守朱光及參軍董和男女數萬口是歲劉備定蜀權以備已得益州令諸葛瑾從求荊州諸郡備不許曰吾方圖涼州涼州定乃盡以荊州與吳耳權曰此假而不反而欲以虛辭引歲遂置南三郡長吏關羽盡逐之權大怒遣呂蒙督鮮于丹徐忠孫規等兵三萬取長沙零陵桂陽三郡使魯肅以萬人屯巴丘巴丘今日巴陵以禦關羽權任陸口爲諸郡節度蒙到二郡皆服惟零陵太守郝普未下會備到公安使關羽將三萬兵至益陽權乃召蒙等使還助肅蒙使人誘普普降盡得三郡將守因引軍還與孫皎潘璋并魯肅兵並進拒羽於益陽未戰會曹公入漢中備懼失益州使使求和權令諸葛瑾報更尋盟好遂分荊州長沙江夏桂陽以東屬權南郡零陵武陵以西屬備備歸而曹公已還權反自陸口遂征合肥合肥未下徹軍還兵皆就路權與淩統甘寧等在津北爲魏將張遼所襲統等以死扞權權乘駿馬越津橋得去二十一年冬曹公次于居巢遂攻濡須二十二年春權令都尉徐詳詣曹公請降公報使修好誓重結婚二十四年關羽圍曹仁於襄陽曹公

遣左將軍于禁救之會漢水暴起羽以舟兵盡虜禁等精騎三萬送江陵惟城未拔權內憚羽外欲以爲己功牋與曹公乞以討羽自效曹公且欲使羽與權相持以鬬之驛傳權書使曹仁以弩射示羽羽猶豫不能去閏月權征羽先遣呂蒙襲公安獲將軍士仁蒙到南郡南郡太守麋芳以城降蒙據江陵撫其老弱釋于禁之囚陸遜別取宜都獲秭歸枝江夷道還屯夷陵守峽口以備蜀關羽還當陽西討麥城權使誘之羽僞降立幡旗爲象人於城上因遁走兵皆解散尚十餘騎權先使朱然潘璋斷其徑路十二月璋

司馬馬忠獲羽及其子平都督趙累等於章鄉遂定荆州曹公表權爲驃騎將軍假節領荆州牧封南昌侯二十五年正月曹公薨太子丕代爲丞相魏王是年冬魏受漢禪明年四月劉備稱帝於蜀權自公安都鄂魏文帝策封權爲吳王加九錫又明年正月權遣陸遜部將軍宋謙等攻蜀五屯皆破之所斬及投兵降者數萬人劉備奔走僅以身免初權外託事魏而誠心不疑魏欲遣侍中辛毗尚書桓揩與權盟誓幷徵任子權辭讓不受魏乃命曹休張遼臧霸出洞口曹仁出濡須曹眞夏侯尚張郃徐晃圍南郡權遣

呂範等督五軍拒之權遂改元黄武臨江拒守使大中大夫鄭全聘劉備於白帝然猶與魏文帝相往來至後年乃絶八年春公卿百司皆勸權正尊號四月丙申遂即皇帝位

巡按福建監察御史臣李嗣京　訂正

知甌寧縣事臣孫以敬叅閱

知建陽縣事臣黄國琦較釋

閏位部三

勳業第二

宋高祖武皇帝漢高帝弟楚元王交二十一世孫初爲晉冠軍孫無終司馬安帝隆安三年十一月妖賊孫恩作亂於會稽衛將軍謝琰前將軍劉牢之東討平之請帝參府軍事十二月牢之至吳而賊緣道屯

結牢之命帝與數十人覘賊遠近會遇賊至衆數千人高祖便進與戰所將人多死而帝意方厲手奮長刀所殺傷甚衆牢之子敬宣疑高祖淹久恐爲賊所困乃輕騎尋之既而衆騎並至賊乃奔退斬獲千餘人推鋒而進平山陰恩尋還入海四年五月恩復入會稽殺衛將軍謝琰十月劉牢之復率衆東征恩退走牢之屯上虞使帝戍句章城既卑小戰士不盈數百帝常被堅執鋭爲士卒先每戰輒摧鋒陷陣賊乃退還陜口時東伐諸帥御軍無律士卒暴掠甚爲百姓所苦唯帝法令明整所至莫不親賴焉五年春孫恩頻攻句章帝屢摧破之恩復走入海三月北出海鹽帝追而翼之築城於海鹽故治賊日來攻城城內兵力甚弱帝屢出破之（臣欽若等曰事具閏位謀畧門）五月孫恩破滬瀆殺吳國內史袁崧死者四千人是月帝復破賊於婁縣六月恩乘勝浮海奄至丹徒戰士十餘萬劉牢之猶屯山陰京邑震動帝倍道兼行與賊俱至於時衆力既寡加以步遠疲勞而丹徒守軍莫有鬬志恩率衆數萬鼓譟登蒜山居民皆荷楯而立帝率領數百奔擊大破之投巘赴水死者甚衆恩以鼓自排載僅得還船雖被摧破猶恃其衆力徑向京師樓船

高大值風不得進旬日乃至白石尋知劉牢之已還朝廷有備遂走向爵洲八月以帝爲建武將軍下邳太守領水軍追討至爵洲復大破恩恩南走十一月帝追恩於滬瀆及海鹽又破之三戰並大獲俘馘以萬數恩自是饑饉疾疫死者大半自陜口奔臨海元興元年驃騎將軍司馬元顯西伐荊州刺史桓玄玄亦率荊楚大衆下討元顯遣鎮北將軍劉牢之拒之帝參共軍事次漂洲玄至帝請擊之不許將遣子敬宣詣玄請和帝與牢之甥東海何無忌並固請不從遂遣敬宣詣玄玄克京邑殺元顯以牢之爲會稽內

史懼而告帝曰便奪我兵禍其至矣今當北就高雅於廣陵興事卿能從我去乎答曰將軍以勁卒數萬望風降服彼新得志威震天下三軍人情都已去矣廣陵豈可得至耶吾當反復還京口耳牢之叛走自縊死何無忌謂帝曰我將何之帝曰鎮北去必不免卿可隨我還京口桓玄必不能守節北面我當與卿圖之今方是玄矯情任筭之日必將用我輩也桓玄從兄修以撫軍鎮丹徒以帝為中兵參軍孫恩自奔敗之後徒旅漸散懼生見獲乃於臨海投水死餘衆推恩妹夫盧循為主桓玄欲且緝寧東土以循為永

嘉大守循雖受命而肆暴不已五月玄復遣帝東征時循自臨海入東陽二年正月玄復遣帝破循於東陽循奔永嘉復追破之斬其大帥張士道追討至於晉安循浮海南走六月加帝彭城内史十二月桓玄篡立帝從桓修入朝玄見帝謂司徒王謐曰昨見劉裕風骨不常蓋人傑也每遊集輒引接慇懃贈賜甚厚帝愈惡之或說玄曰劉裕龍行虎步視瞻不凡恐不為人下宜早為之所玄曰我方欲平蕩中原非劉裕莫可付以大事關隴平定然後當別議之耳玄乃下詔曰劉裕以寡制衆屢摧妖鋒汎海窮追十殄其

八諸將力戰多被重瘡自元帥以下至於將士並宜論賞以敘勳烈先是帝東征盧循何無忌隨至山陰勸於會稽舉義帝以為玄未據極位且會稽遥遠濟事為難俟其篡逆事著徐於京口圖之不憂不克至是桓修還京帝託以金創疾動不堪步從乃與無忌同船共還建興復之計於是與弟道規沛郡劉毅平昌孟昶任城魏詠之高平檀憑之琅耶諸葛長民大原王元德隴西辛扈興東莞童厚之並同義謀時桓修弟弘為征虜將軍青州刺史鎮廣陵道規為弘中兵參軍昶為州主簿乃令毅潛往就昶聚徒於江北

謀起兵殺弘長民為豫州刺史刁逵左軍府參軍謀據歷陽相應元德厚之謀於京邑聚衆攻玄并剋期齊發三年二月己丑朔乙卯帝託以遊獵與無忌等收集義徒凡同謀何無忌魏詠之詠之弟欣之順之檀憑之從子韶弟祗隆與叔道濟道濟從兄範之帝弟道憐沛郡劉藩河内向彌平昌孟懷玉管義之陳留周安穆臨淮劉蔚從弟珪之東莞臧喜從弟寶符從子穆生童茂宗陳郡周道民源陽田演譙國范青等二十七人願從者百餘人丙辰詰旦城開無忌服傳詔服稱詔居前義衆馳入齊聲大呼吏士驚散莫

敢動即斬桓修以徇帝哭甚慟厚加殯歛孟昶勸弘其日出獵未明開門出獵人昶道規毅等率壯士五六十人因開門直入弘方噉粥即斬之因收衆濟江義軍初尅京城修司馬刁弘率文武佐吏來赴帝登城謂之曰郭江州已奉乘輿反正於尋陽我等並被密詔誅除逆黨同會今日賊玄之首已當梟於大航矣諸君非大晉之臣乎今來欲何爲弘信之收衆而退毅既至帝命誅弘衆推帝爲盟主先移檄於京邑曰夫治亂相因理不常泰狡焉肆虐或値聖明自我大晉陽九屢構隆安已來難結皇室忠臣碎於虎口

貞良弊於豺狼逆臣桓玄陵虐人鬼阻兵荆郢肆暴都邑天未亡難匃力繁興踰年之間遂傾皇祚主上播越流幸非所神器沉淪七廟毁墜夏后之羅浞豷有漢之遭莽卓方之於玄未足爲喻自玄篡逆於今歷年亢旱彌時民無生氣加以庶士疲於轉輸文武困於造築父子乖離室家分散豈唯大東有杼軸之悲摽梅有傾筐之慨而已哉仰觀天文俯察人事此而能久孰有可亡凡在有心誰不扼腕裕等所以叩心泣血不遑啓處者也是故晝寐宵興援獎忠烈潛構崎嶇險過履虎輔國將軍劉毅廣武將軍何無忌鎮北主簿孟昶兗州主簿魏詠之寧遠將軍劉道規龍驤將軍劉藩振威將軍檀憑之等忠烈斷金精貫白日荷戈奮袂志在畢命益州刺史毛璩萬里齊契埽定荆楚江州刺史郭昶之奉迎主上宫於尋陽鎮北參軍王元德等並率部曲保據石頭揚武將軍諸葛長民收集義士已據歷陽征虜參軍庾賾之等潛相連結以爲内應同力協規所在蜂起即日斬偽徐州刺史安城王修青州刺史弘首義衆既集文武爭先咸謂不有一統則事無以輯裕辭不獲已遂總軍要庶上憑祖宗之靈下罄義夫之力翦馘逋逆蕩清

京輦公侯諸軍或世樹忠貞或身荷爵寵而並俛眉猾豎自効莫蹊顧瞻周道寧不弔乎今日之舉良其會也裕以虚薄才非古人勢接於已踐之機受任於既頹之運丹誠未宣感慨憤躍望霄漢以永懷眄山川以增厲授檄之日神馳賊庭帝乃以孟昶爲長史總攝後事檀憑之爲司馬百姓願從者千餘人三月戊午朔遇吳甫之於江乘甫之玄驍將也其兵甚鋭帝躬執長刀大呼以衝之衆皆披靡即斬甫之進至羅落橋皇甫敷率數千人逆戰寧遠將軍檀憑之與帝各御一隊憑之戰敗見殺其衆退散帝進戰彌厲前

後奮擊應時摧破即斬敷首玄聞敷等並没愈懼使
桓謙屯東陵口卞範之屯覆舟山西衆合二萬巳未
旦義軍食畢棄其餘粮進至覆舟山東使張旗幟於
山上以爲疑兵玄又遣武騎將軍庾禕之配以精手
利器助謙等帝躬先士卒以奔之將士皆殊死戰無
不一當百呼聲動天地時東北風急因命縱火煙焰
張天誠譟之音震京邑謙等諸軍一時奔潰玄始雖
遣軍距陣而走意已央別使領軍將軍殷仲文具舟
於石頭仍將子姪浮江南走庚申帝鎮石頭城立留
臺官焚桓溫神主於宣陽門外造晉新主立於大廟

遣諸將帥追玄尚書王謐率百官奉迎乘輿司徒王
謐與衆議推帝領揚州固辭乃以謐爲録尚書事領
揚州刺史以帝爲使持節都督揚徐兗豫青冀幽并
八州諸軍事領軍將軍徐州刺史先是朝廷承晉氏
亂政百司縱弛桓玄雖欲釐整而衆莫從之帝以身
範物先威禁内外百官皆肅然奉職二三日間風俗
頓改時諸葛長民失期不發刁逵執送之未至而玄
敗玄經尋陽江州刺史郭昶之備乘輿法物資之玄
收畧得二千餘人挾天子走江陵冠軍將軍劉毅輔
國將軍何無忌振武將軍劉道規率諸軍追討四月

奉武陵王遵爲大將軍承制大赦天下唯桓玄一祖
後不在赦例玄子韶又聚衆向歷陽高祖命輔國將
軍諸葛長民擊走之無忌道規破玄大將鄭鈴等於
桑落州衆軍進據尋陽加高祖都督江州諸軍事玄
既還荆郢大聚兵衆召水軍造樓船器械率衆二萬
挾天子發江陵浮江東下與冠軍將軍劉毅等相遇
於崢嶸州衆軍大破之玄棄衆復挾天子還復江陵
玄黨殷仲文奉晉二皇后還京師玄至江陵因西走
南郡太守王騰之荆州別駕王康産奉天子入南郡
府初征虜將軍益州刺史毛據遣從孫祐之與參軍

費括送弟喪下有衆二百璩弟子循之時爲玄屯騎
較尉誘玄以入蜀至枚回州括與祐之迎射之益州
都護馮遷斬玄首傳京師又斬玄子昇於江陵市初
玄敗於崢嶸州義軍以爲大事已定追躡不速玄死
幾一旬衆軍猶不至玄從子振逃於華容之浦中招
聚逆黨數千人晨襲江陵城居民競出赴之玄從兄
謙先匿於沮川亦聚衆以應振爲玄舉哀立喪庭謙
乃率衆官奉璽綬於安帝無忌道規既至江陵與桓
振戰於盡浮玄黨馮該又設伏于楊林義軍奔敗退
還尋陽兗州刺史辛禺懷貳會北青州刺史劉該反

禹求征該次淮陰又反禹長史羊穆之斬禹傳首十月帝領青州刺史甲仗百人入殿劉毅諸軍復進至夏口毅攻魯城道規攻偃月壘皆拔之十二月諸軍進平巴陵義熙元年正月毅等至江津破桓振江陵平天子至自江陵以帝爲侍中車騎將軍都督中外諸軍事使持節徐青二州刺史帝固讓加録尚書事又不受屢請歸藩天子不許遣百僚敦勸又親幸帝第帝惶懼詣闕陳請天子不能奪是月旋鎮丹徒天子重遣大使都勸又不受乃改授都督荊司梁益寧雍涼七州并前十六州諸軍事盧循浮海破廣州二

年三月督交廣二州十月帝上言曰昔天禍皇室巨狡縱篡臣等義惟舊隷豫蒙國恩仰契信順之符俯厲人臣之憤雖社稷之靈抑亦事繇衆濟其翼獎忠勤之佐文武畢力之士孰執在己之謙用虧國體之大輙申攝衆軍先上同謀起義始平京口廣陵二城臣及撫軍將軍毅等二百七十二人并後起義出都緣道大戰所餘一千五百六十六人又輔國將軍長民故給事中王元德等十人合一千八百四十八人乞正其西征衆軍須論集續上於是尚書奏封習謀主鎮軍將軍裕豫章郡公食邑萬戶賜絹二萬疋其餘封賞各有差鎮軍府佐吏降故太傅謝安府一等十一月天子重申前令加帝侍中進號車騎將軍開府儀同三司固讓詔遣百僚敦勸三年二月帝還京師將詣廷尉天子先詔獄官不得受詣闕陳讓乃見聽旋於丹徒四年正月天子徵帝入輔授侍中車騎將軍開府儀同三司揚州刺史録尚書徐兗二州刺史如故帝表解兗州先是遣冠軍劉敬宣伐蜀賊譙縱無功而返九月以敬宣挫退遜位不許乃降爲中軍將軍五年二月南燕鮮卑慕容超大掠淮北執陽平太守劉千載濟南太守趙元驅畧千餘家三月帝

抗表北討以丹陽尹孟昶監中軍留府事四月舟師發京都泊淮入泗五月至下邳留船艦輜重步軍進琅邪所過皆築城留守鮮卑梁父莒城二戍並奔走六月慕容超遣五樓及廣寧王賀賴先據臨朐城既聞大軍至留羸老守廣固乃悉出臨朐有巨蔑水去城四十里超告五樓曰急往據之晉軍得水則難擊也五樓馳進龍驤將軍孟龍符領騎居前奔往爭之五樓乃退衆軍步進有車四千兩分車爲兩翼方軌徐行車悉張幔御者執矟又以輕騎爲游軍軍令嚴肅行伍齊整未及臨朐數里賊鐵騎萬餘前後交至

帝命兗州刺史劉藩弟并州刺史道憐諸議參軍劉
敬宣陶延壽參軍劉懷玉愼仲道素邈等齊力擊之
遣諮議參軍檀韶直趨臨朐韶尅臨朐悉虜超輜重
超聞臨朐已拔引衆走帝親鼓之賊乃大奔超遁還
廣固獲超馬僞輦玉璽豹尾等送於京師斬其大將
段暉等十餘人其餘斬千餘計明日進軍廣固即屠
大城超退保小城於是設長圍守之圍高三丈外穿
三重塹停江淮轉輸館穀於齊土撫納降附華戎歡
悅援才授爵因而任之七月詔加帝北青冀二州刺
史超大將桓遵遵弟苗並率衆歸順帝方治攻具城

上人曰汝不得張綱何能爲也綱者超僞尚書郎其
人有巧思會超遣綱稱藩於姚興乞師請救興僞許
之而實憚帝不敢遣綱從長安還泰山太守申宣執
送之乃升綱於樓上以示城內城內莫不失色於是
使綱大治攻具超求救不獲綱反見虜轉憂懼乃請
稱藩求割大峴爲界獻馬千匹不聽圍之轉急河北
居民荷戈負糧至者日以千數九月進帝太尉中書
監固讓十月張綱治攻具成設諸奇巧飛樓木幔之
屬莫不畢備城上火石弓矢無所用之六年二月丁
亥屠廣固超踰城走征虜賊曹喬胥獲之殺其王公
以下納口萬餘馬二千匹送超京師斬於建康市帝
之北伐也徐道覆至番禺說盧循及循率衆過嶺寇
南康廬陵豫章諸郡守皆委任奔走於時平齊問未
至即馳使徵帝帝之初尅齊也欲停鎭下邳清盪河
雒既而被徵使至即日班師鎭南將軍何無忌與徐
道覆戰於豫章敗績無忌被害內外震駭朝廷欲奉
乘輿北走就帝尋知賊衆未至人情小安帝至下邳
以船運輜重自率精銳步歸至山陽聞無忌被害則
慮京邑失守乃卷甲兼行與數十人至淮上問行旅
以朝廷消息人曰賊尚未至劉公若還便無所憂也

帝大喜單船過江還至京口衆乃大安四月癸未帝
至京師解嚴息甲循之初下也使道覆向尋陽自寇
湘中諸郡荆州刺史道規遣軍至長沙爲循所敗循
還至巴陵與道覆連旗而下帝以南藩覆没表送章
綬詔不聽五月劉毅敗績於桑落州問至內外恟擾
時北師始還多創痍疾病京師戰士不盈數千賊既
破江豫二鎭戰士十餘萬舟車百里不絕奔敗還者
並聲其雄盛孟昶諸葛長民懼寇漸逼欲擁天子過
江帝不聽昶固請不止帝曰今重鎭外傾強寇內逼
人情危駭莫有固志若一旦遷動便自瓦解江北亦

豈可得至設令得至不過延日月耳今兵士雖少自足以一戰若其尅濟則臣主同休苟厄運必至我當以死衛社稷横尸廟門遂其夙來以身許國之志不能遠竄於草間求活也我計决矣卿勿復言於是開賞募投身赴義者一同登京城之上科發居民治石頭城建牙誠嚴帝率劉毅諸葛長民北出拒之七月庚申群賊自蔡州南走還屯尋陽遣輔國將軍王仲德廣川太守劉鍾河間太守蒯恩追之帝還東府大治水軍皆大艦重樓高者十餘丈十月率兗州刺史劉藩寧朔將軍檀韶等舟師南伐以後將軍劉毅監

太尉留守府後事皆委焉是月徐道覆率衆三萬寇江陵荆州刺史道規又大破之斬首萬餘級道覆走還湓口初帝之遣素邈也邈在道爲賊所斷道覆敗後方達自循東下江陵斷絶京邑之間傳者皆云已沒及邈至方知循走循初自蔡州南走留其親黨范崇民五千人高艦百餘戍南陵王仲德等聞大軍且至乃進攻之十一月大破崇民軍焚其舟艦收其散卒循廣州守兵不以海道爲防是月建威將軍孫季高乘海奄至而城池峻整兵猶數千季高焚賊舟艦悉力而上四面攻之卽日屠其城循又以輕舟奔始興季高撫其舊民戮其親黨勒兵謹守初帝之遣季高也衆咸以海道艱遠必至爲難且分撤見力二三非要帝不從勑季高曰大軍十二月之交必破妖虜卿今時當至廣州傾其巢窟令賊奔走之日無所歸投季高受命而行如期尅捷循方治兵艦設諸攻備帝欲御以長筭乃屯軍雷池賊揚聲不攻雷池當乘流逕下帝知其欲戰且慮賊敗或於京口入海遣王仲德以水艦三百於吉陽下斷之十二月循道覆率衆數萬方艦而下前後相抗莫見舳艫之際帝悉出輕利鬬艦躬提幡鼓命衆軍齊力擊之又上步騎埋

伏西岸右軍參軍庾樂生乘艦不進斬而徇之於是衆軍並踴騰爭先軍中多萬鈞神弩所至莫不摧陷帝中流慶之因風水勢賊艦悉泊西岸上軍先備火具乃投火焚之煙焰張天賊衆大敗追奔至夜乃歸循等還尋陽初分遣步軍莫不疑怪及燒賊艦衆乃悅服召王仲德請還爲前驅留輔國將軍孟懷玉守雷池循聞大軍上欲走向豫章乃悉立柵斷左里帝攻柵而進循兵雖殊死戰弗能禁諸軍乘勝奔之循單舸走所殺及投水死凡萬餘人循收散卒尚有數十人逕還廣州帝旋自左里天子遣侍中黄門勞師

於行所七年正月振旅於京師改授大將軍楊州牧
二月盧循於番禺爲孫季高所破收餘衆南走劉藩
孟懷玉斬徐道覆於始興交州刺史杜慧度斬盧循
傳首京師八年四月以後將軍劉毅爲荆州刺史毅
與帝俱舉大義興復晋室既有雄才大志厚自矜許
與尚書僕射謝琨相結帝知毅不能居下終爲異端
密圖之毅表求從弟兖州刺史藩以爲副貳九月藩
入朝帝收藩及琨並於獄賜死自表討毅壬午發自
京師遣參軍王鎮惡襲江陵十月尅之毅及黨與皆
伏誅十一月帝以西陽太守朱齡石爲益州刺史率

衆伐蜀進帝大傅楊州牧九年二月乙丑至自江陵
初諸葛長民貪淫驕横爲士民所患劉毅既誅將謀
作亂帝密命左右壯士丁旿等自幔後出於坐拉殺
之死於牀側輿尸付廷尉并誅其弟黎民七月朱齡
石平蜀斬僞王譙縱傳首京師十年荆州刺史司馬
修之宗室之重又得江漢人心帝疑其有異志而修
之子譙王文思在京師招集輕俠帝執文思送還修
之令自爲其所修之表廢文思十一年正月帝收修
之子文寶次子文祖并於獄賜死率衆軍西討三月
軍次江陵修之奔襄陽四月帝復率衆進討至襄陽

修之奔姚興八月甲子至自江陵十二年三月加中
外大都督初帝平齊乃有定關雒之意值盧循侵逼
故其事不諧荆雍既平方謀外畧會姚興死子泓立
兄弟相殺關中擾亂帝乃戒嚴北討加領征西將軍
司豫二州刺史又加北雍州刺史九月次于彭城加
領徐州刺史先是遣冠軍將軍檀道濟龍驤將軍王
鎮惡步向許雒羌緣道屯守皆望風降服僞兖州刺
史韋華先據倉垣亦率衆歸順帝又遣北兖州刺史
王仲德先以水軍入河仲德破索虜於東郡京城進
平滑臺十月衆軍至雒陽圍金墉泓弟僞平南將軍

洸請降送于京師修復晋五陵置守衛天子以帝爲
相國封宋公加九錫十三年正月帝以舟師進討二
月檀道濟等次潼關三月庚辰大軍入河後魏步騎
十萬營於河津帝命諸軍濟河擊破之帝至雒陽七
月至陝城龍驤將軍王鎮惡伐木爲舟自河浮渭八
月扶風太守沈田子大破姚泓於藍田王鎮惡尅長
安生禽泓九月帝至長安長安豐稔帑藏盈積帝先
收其彝器渾儀土圭之屬獻於京師其餘珍寶珠玉
以班賜將帥執送姚泓斬於建康市十月進爵爲王
十四年正月還京固讓進爵六月受相國宋公九錫

之命十二月晉大司馬琅邪王即位元熙元年徵公
入輔又申前命進爵爲王七月乃受命二年四月徵
王入輔六月至京師晉帝禪位於宋遂即帝位
孝武帝文帝第三子元嘉十二年立爲武陵王十六
年爲湘州刺史十七年遷南豫州刺史並領石頭戍
至二十八年爲江州刺史四郡諸軍事時緣江蠻爲
寇文帝遣太子步兵較尉沈慶之等伐之使帝總統
衆軍三十年正月帝出次西陽之五州會元兇劭弒
逆以帝爲征南將軍帝率衆入討荊州刺史南譙王
義宣雍州刺史臧質並舉義兵四月辛酉次溧陽癸

亥冠軍將軍柳元景前鋒至新亭脩建營壘甲子賊
劭親率衆攻元景大敗退走丙寅帝次江寧丁卯大
將軍江夏王義恭來奔表上尊號戊辰至於新亭已
巳即皇帝位五月甲戌輔國將軍申垣克京城乙亥
輔國將軍朱脩之克東府丙申克定京邑劭及始興
王濬諸同逆並伏誅庚辰解嚴
南齊太祖高皇帝宋右軍將軍南泰山太守承之之
子年十三治禮及左氏春秋宋元嘉十七年大將軍
彭城王義康出鎮豫章承之領兵防守帝捨業南行
十九年竟陵蠻動文帝遣帝領偏軍討沔北蠻二十
一年伐魏至兵檻山並破走二十三年雍州刺史蕭
思話鎮襄陽啓帝自隨戍沔北討樊鄧諸山蠻破其
聚落初爲右軍中兵參軍二十七年魏軍圍汝南戍
主陳憲臺遣寧朔將軍臧質安蠻司馬劉康祖救之
文帝使帝宣旨授節度聞魏太武向彭城質等迴軍
救援至盱眙帝與質別軍主胡宗之等五軍步騎數
千人前驅魏主已潛過淮卒相遇於莞山下合戰敗
績緣淮奔退宗之等皆陷沒帝還就質固守爲虜所
攻圍甚急事寧還京師二十九年領偏軍征仇池
梁州西界舊有武興戍晉隆安中沒屬氏武興西北

有蘭皐戍去仇池二百里帝擊二壘皆破之遂從谷
口入關未至長安八十里梁州刺史劉秀之遣司馬
馬汪助帝攻談堤城拔之虜僞河間公奔走虜救兵
至帝軍力疲少乃燒城還南鄭襲爵晉興縣五等男
孝建初除江夏王大司馬參軍隨府轉太宰遷員外
直閤中書舍人西陵王撫軍參軍建康令新安王子
鸞有盛寵簡選僚佐爲北軍中郎中兵參軍毋陳氏
憂起爲武烈將軍復爲建康令中兵如故景和中除
後軍將軍值明帝立爲右軍時四方反叛會稽太守
尋陽王子房及東諸郡皆起兵加輔國將軍率衆東

討至晋陽與賊前鋒將程桿孫曇瓘等戰一日破賊十二壘分軍定諸縣晋陵太守袁標棄城走東境諸城相繼奔散徐州刺史薛安都反彭城遣從子索兒冦淮陰山陽太守程天祚舉城叛徐州刺史申令孫又降徵帝討之時帝平東賊還又將南討出次新亭前軍巳發而索兒自睢陵渡淮馬步萬餘人擊殺臺軍王孫耿縱兵逼前軍張永營告急明帝聞賊渡遣追帝往救之屯破釜索兒向鍾離永遣寧朔將軍王寛據盱眙遏其歸路索兒擊破臺軍王高走之於不驚將西歸王寛與軍主任農夫先據白鵠澗張永遣

帝馳督寛索兒東要擊帝使不得前帝整行結陣直入寛壘索兒望見不敢發經數日索兒引軍頓石梁帝追之至葛冢候騎還云賊至帝乃頓軍引管分兩馬軍夾營外以待之俄頃馬步奄至又推火車數道攻戰相持移日乃出輕兵攻賊西使馬軍合擊其後賊衆大敗追奔獲其器仗進屯石梁澗北索兒夜遣千人來斫營營中驚帝臥不起宜令左右案部不得動須臾賊散帝議欲於石梁西南高地築壘通南道斷賊走路索兒果來爭之帝率軍擊破之賊馬自相踐藉死索兒走向鍾離帝追至黯黙而還除驍騎將

軍封西陽縣侯邑六百戶遷巴陵王衛軍司馬鎮會稽江州刺史晋安王子勛遣臨川内史張淹自鄱陽嶠道入三吳臺軍主沈思仁與僞龍驤將軍任皇鎮西參軍劉越緒各據險相守明帝遣帝領三千人討之夜舉火進軍賊望見恐懼未戰而走還除桂陽王征北司馬東海太守行南徐州事初明帝遣張永沈攸之以衆喻降薛安都安都引魏軍敗沈攸之於彭城淮南孤弱以帝爲假冠軍將軍持節都督北討前鋒諸軍事鎮淮陰泰始三年沈攸之吳喜北敗於睢口諸城戍大小悉奔歸虜遂退至淮北圍角城戍主

賈法度力弱不敵諸將勸帝渡岸救之帝不許遣軍主高道慶將數百張弩浮艦淮中遥射城外虜弩一發數百箭俱去虜騎相引避之乃命進戰城圍即解還督南兗徐二州諸軍事南兗州刺史五年進督兗青冀三州刺史六年除黃門侍郎領越騎校尉不拜復授冠軍將軍留本任明帝嘗嫌帝非人臣相而民間流言云蕭道成當爲天子明帝愈以爲疑遣冠軍將軍吳喜以三千人北使令喜留軍破釜自持銀壺酒封賜帝帝戎服出門迎卽酌飲之喜還明帝意乃悅七年徵還京師部下勸勿就徵帝曰諸卿闇於見

事主上自誅諸弟爲太子稚弱作萬歲後計何關他族唯應速發事緩必見疑今骨肉相害非靈長之運禍難將興方與卿等戮力耳拜散騎常侍太子左衛率時帝世子以功當別封贛縣帝以一門二封固辭不受詔許之加邑三百戸明帝遣詔爲右衛將軍領衛尉加兵五百人與尚書令袁粲護軍褚淵領軍劉勔共掌機事又別領東北選事尋解衛尉加侍中領石頭戍軍事初明帝誅戮蕃戚江州刺史桂陽王休範以人馬獲全及蒼梧王立更有窺窬之望密與左右閻人於後堂習馳馬招聚亡命元徽二年五月與

兵於尋陽收略官民數日便辦衆二萬人騎五百匹發盆口悉乘商旅船舫大雷戍主杜道欣鵲頭戍主劉譬期告變朝廷遑駭帝與護軍褚淵征北張永領軍劉勔僕射劉秉游擊將軍戴明寶驍將軍阮佃夫右軍將軍王道隆中書舍人孫千齡員外郎楊運長集中書省計議莫有言者帝曰昔上流謀逆皆因淹緩至於覆敗休範必懲前失悉下乘我無備今應變之術不宜念遠若偏師失律則大沮衆心宜頓新亭白下堅守宮掖東府石頭以待賊千里孤軍後無委積求戰不得自然瓦解我請頓新亭以當其鋒征北可以見甲守白下中堂舊是置兵地領軍宜頓宣陽門爲諸軍節度諸貴安坐殿中左將軍諸人不須競出我自前驅破賊必矣因索筆下議並注同孫千齡與休範有密契獨曰宜依舊遣軍據梁山魯顯間右衛若不出白下則應進頓南州帝正色曰賊今已近梁山豈可得至新亭即是兵衝所以欲死報國耳常乃可屈曲相從今不得也坐起帝顧謂劉勔曰領軍已同鄙議不可改易乃單車白服出新亭加帝使持節都督征討諸軍平南將軍加鼓吹一部治新亭城壘未畢賊前軍已至帝方解衣高臥以安衆心乃索

白虎幡登西垣使寧朔將軍高道慶羽林監陳顯達員外郎王敬則浮舸與賊水戰自新林至赤岸大破之燒其船艦死傷甚衆賊步上新林帝馳使報劉勔悉開大小桁撥淮中船舫悉渡北岸休範乘肩輿率衆至壘上遣寧朔將軍黃回馬軍主周盤龍將步騎出壘對陣休範分兵攻壘東短兵接戰自巳至午衆皆失色帝曰賊雖多而亂尋破也楊運長領三齊射手七百人引強命中故賊不得逼城未時張敬兒斬休範首帝遣隊主陳靈寶送首還臺靈寶路中遇賊軍埋首道側臺軍不見休範首愈疑賊衆亦不知休

範已死別率杜墨蠡急攻壘東司空主簿蕭惠朗數百人突入東門叫噪至堂下城上守門兵披退帝挺身上馬率數百人出戰賊皆推楯而前相去數丈分兵橫射帝引蒲將發左右將戴仲緒舉楯扞之箭應手飲羽傷百餘人賊死不能當乃却衆軍復得保城與蠡拒戰自晡達明旦矢石不息其夜大雨鼓叫不復相聞將士積日不得寢食軍馬夜驚城内亂走帝秉燭正坐厲聲呵止之如是者數四賊帥丁文豪設伏破臺軍於皂莢橋直至朱雀桁劉勔欲開桁王道隆不從勔及道隆並戰沒賊進至杜姥宅車騎典籤

茅恬開東府納賊冠軍將軍沈懷明於石頭奔散張永於白下宫内傳新亭亦陷太后執蒼梧王手泣曰天下敗矣帝遣軍主陳顯達任農夫張敬兒周盤龍等從石頭濟淮間道從承明門入衛宫闕休範既死典籤許公輿詐稱休範在新亭士庶惶惑詣壘投名者千數帝隨得輒燒之乃列兵登城北謂曰劉休範父子先昨皆已即戮屍在南岡下身是蕭平南諸軍善見官軍等名皆已焚除勿有懼也臺分遣衆軍擊杜姥宅宣陽門諸賊皆破平之帝振旅凱入百姓緣道聚觀曰全國者此公也帝與袁粲褚淵劉秉引各解職不許遷散騎常侍中領軍都督南兗徐青冀五州諸軍事鎮軍將軍南兗州刺史持節如故進爵公增邑二千戶帝固讓又與褚淵袁粲書述讓意淵粲答書固勸乃受命帝欲分其功請益粲等戶四年加尚書左僕射本官如故休範平後蒼梧王漸行凶暴南徐州刺史建平王景素少有令譽朝野歸心景素亦潛爲自全之計布欵誠於帝帝拒而不納七月羽林監袁祗奔景素使舉兵帝出屯玄武湖遣衆軍北討事平乃還帝威名既重蒼梧深相猜忌幾加大禍陳太妃罵之曰蕭道成有功於國今若害之後誰復

爲汝著力者乃止帝密謀廢立五年七月戊子楊玉夫陳奉伯等二十五人殺蒼梧王持首送帝帝夜開承明門乘常所騎馬走入殿中殿中驚怖既知蒼梧王死咸稱萬歲己丑帝戎服出殿召袁粲褚淵劉秉等議迎立順帝甲午帝移鎮東府與粲等各甲仗五十人入殿丙申進位侍中司空錄尚書事驃騎大將軍封竟陵郡公邑五千戶給油幢輅車班劍三十人帝固辭上台即驃騎大將軍開府儀同三司庚戌進督南徐州刺史封楊玉夫等二十五人爵邑各有差十月戊辰又進督豫司二州初荆州刺史沈攸之與

帝同直殿省申以歡好帝以長女妻攸之第三子文和帝既廢立攸之舉兵東下京師恐懼是歲十二月乙卯帝入居朝堂命諸將西討前湘州刺史王蘊太后兄子遭母喪罷任還至巴陵停舟一月與攸之密相交搆還至東府期帝出弔帝既不出外謀愈固司徒袁粲尚書令劉秉見帝威權稍盛慮不自安與蘊相結舉事帝遣諸將攻石頭並禽斬之帝屯閲武堂馳結軍旅閏月辛丑詔假黄鉞率大衆出屯新亭中興堂治嚴築壘二年正月攸之攻郢城不克衆潰自經死傳首京邑丙子帝旋鎮東府二月癸未加太尉增封三千戶都

督南徐南兗徐兗青冀司豫荆雍湘郢梁益廣越十六州諸軍事帝解驃騎辭都督不許乃表送黄鉞三月巳酉增班劒爲四十人甲伏百人入殿丙子加羽葆鼓吹辛卯封帝爲齊公備九錫之禮加璽紱遠遊冠位在諸王公上加相國緑綟綬其驃騎大將軍揚州牧南徐州刺史如故三讓公卿敦勸固請乃受甲寅策相國齊公曰天地變通莫大乎炎凉懸象著明莫崇乎日月嚴冬播氣貞松之操自高光景晴昏若華之暎彌顯是故英睿當亂而不回忠賢臨危而盡節自景和昏虐王綱弛紊太宗受命紹開中興運屬屯難四郊多壘肅將軍威寔資義烈康國濟民於是乎在朕以不造夙罹閔凶嗣君失德書契未絶威侮五行虔劉九縣神靈歇肆海水群飛彝器已塵宗禋誰主綴旒之殆未足爲譬豈直小宛興刺黍離作歌而已哉天贊皇宋實啓明宰爰登寡昧纂兹大業鴻緒再維宏基重造高勳至德振古絶倫昔保衡翼殷博陸佐漢方斯蔑如也今將授公典禮其敬朕命乃者袁鄧搆禍臣欽若等曰袁顗鄧琬舉兵向闕實繁有徒子房不臣臣欽若等曰尋陽王子房舉兵反齊公東討平之稱兵恊亂跨蹈五湖憑陵吳越浮侵虧辰沉氣晦景桴鼓振於王畿鋒鏑交乎

天邑顧瞻宫掖將成茂草言念邦國翦爲仇讐當此之時人無固志公投袂殉難超然奮發執金板而先馳登寅車而戒路軍政端嚴卒乘輯睦麾鉞一臨凶黨氷泮此則霸業之基勤王之始也安都背叛臣欽若等日薛安都爲徐州刺史引魏軍侵叛竊據徐方敢率犬羊陵虐淮濟索兒愚悖臣欽若等日索兒安都從子也攻淮陰齊公破走之同惡相濟天祚無勇背順歸逆北鄙黔黎奄墜塗炭均人糜職邊師告警公授命宗祊精貫朝日擁節私門氣踰霄漢破釜之捷斬馘蔽野石梁之戰禽其渠帥保境全民江陽卽序此又公之功也張淹迷昧臣欽若等日晉安王子節遣臨川内史張

淹自鄱陽入三吳齊公討之 弗顧本朝爰自南區志圖東夏潛軍間入竊覬不虞於時江服未夷皇塗荐阻而忠誠慷慨在險彌亮深識九變妙察五色以寡制衆所向風偃朝廷無東顧之憂閩越有來蘇之慶此又公之功也匈奴野心侵掠疆埸前師失律王旅摧撓灑血成川伏尸千里醜羯倂張勢振彭泗 臣欽若等曰羯言魏軍也 乘勝長驅窺覦京甸冠帶之軌將湮被髮之容行及公奉辭伐罪戒旦晨征兵車始交氛祲蕩滌弔死撫傷弘宣皇澤俾我淮淝沾此盛化此又公之功也自茲厥後獫狁孔熾封豕長蛇重窺上國而世故相仍師出

日老戰士無臨陣之心戎卒有懷歸之思是以下邳精甲望風振恐甬城高壘指日淪陷公眷言王事發憤忘食躬擐甲冑親險若夷短兵纔接巨猾鳥散分疆畫界開創青兗此又公之功也泰始之末入參禁旅任兼軍國事同顧命桂陽負衆 臣欽若等曰桂陽王休範爲江州刺史舉兵向闕 輕問九鼎裂冠毀冕拔本塞原揮戈萬乘之國頓戰象魏之下烈火焚於王城飛矢集於君幄機變倏忽終古莫二群后憂惶元戎無主公按劍凝神則奇謀貫世秉旄指麾則懦夫成勇曾不崇朝新亭獻捷信宿之間宣陽底定雲霧廓清區宇康乂此又公之功也皇室多難釁起戚藩荆晉應韓翻爲讐敵建平失圖 臣欽若等曰建平王景素爲南徐州刺史舉兵爲自全之計 興兵內侮公又指授六師義形乎色役未踰旬朱方寧晏此又公之功也蒼梧肆虐 臣欽若等曰蒼梧王即後廢帝也 諸夏糜沸淫刑以逞誰則無罪火炎崑崗玉石俱焚黔首相悲朝不謀夕高祖之業已淪文明之軌誰嗣公遠稽殷漢之儀近遵魏晉之典假以耿躬入奉宗祐七廟淸謐九區反正此又公之功也袁粲無質劉秉攜貳 臣欽若等曰司徒袁粲尚書令劉秉爲黃回內應 韞述相扇成此亂階 臣欽若等曰領軍劉韞秉弟也述簡未獲 醜圖潛構危機竊發據有石頭志犯應路

公神謨內運霜鋒外舉妖沴載澄國塗悅穆此又公之功也沈攸之包藏禍釁 臣欽若等曰攸之爲荆州刺史舉兵攻郢城 歲月茲彰蜂目豺聲阻兵安忍哀彼荆漢獨爲匪民乃眷西顧緬同異域而經綸維始九伐未申長惡不悛遂逞凶逆驅合奸回勢過虓虎朝野憂疑三軍沮氣公秉鉞出關凝威江甸正情與皦日同亮明畧與秋雲競爽至義所感人百其心蕺鼓一麾黔首寧謐雲梯未舉曾山尅定積年逋誅一朝顯戮沮浦安流章臺從軌此又公之功也公有濟天下之勳重之以明哲道庇生民志扶宇宙戮力一心劬勞王室自東徂

西靡有寧宴險阻艱難備嘗之矣若乃締構宗社之勤造物資始之澤雲布霧散光被六幽弼予一人永清四海是以秬草騰芳於郊囿景星垂暉於清漢遐方款闕而慕義荒服重譯而來庭遐哉邈乎無得而名焉朕聞疇庸表德前王盛典崇樹侯伯有國攸同所以文命成功玄珪顯錫姬旦秉哲曲阜啓藩或改玉以弘風或祚土以宣化禮絕常班寵冠群辟爰逮桓文車服異數惟公勳業超於先烈而褒賞闕於舊章古今之道何其爽歟靜言欽歎良有鈌然今進授相國以青州之齊郡徐州之梁郡南徐州之蘭陵魯

郡琅邪東海晉陵義興揚州之吳郡會稽凡十郡封公爲齊公錫茲玄土苴以白茅定爾邦家用建冢社斯實尚父故藩世作盟主紀綱侯甸率繇舊則往者周召建國師保兼任毛畢執珪入作卿士內外之寄同規在昔可命使持節兼太尉侍中中書監司空衛將軍雩都縣開國侯淵（淵即褚淵也）授相國印綬齊公璽紱持節兼司空副守尚書令僧虔（僧虔王僧虔也）授齊公茅土金虎符第一至第五左竹使符第一至第十相國位總百辟秩踰三鉉職以禮移號隨事革其以相國總百辟去錄尚書之稱送所假節侍中貂蟬中外都督太

傅太尉印綬竟陵公印策其驃騎大將軍揚州牧南徐州刺史如故又加公九錫其敬聽後命以公秉禮弘律儀刑區宇遐邇一體民無異業是用錫公大輅各一玄牡二駟公崇脩南畝所寶唯穀王府充實百姓繁阜是峙錫公衮冕之服赤舄副焉公造物以義鎔鈞庶品罔不和悅是用錫公軒縣之樂六佾之舞公翼贊王猷聲教遠洽蠻夷竭款回首內附是用錫公朱戶以居公明鑒人倫澄辨涇渭官方與能英乂克舉是用錫公納陛以登公保佑皇朝厲身化下杜漸防萌含生寅式是用錫公虎賁之士三百人公禦

宄以刑禦姦以德君親無將將而必誅是用錫公鈇鉞各一公鳳舉四維龍驤八表威靈所振異域同文是用錫公彤弓一彤矢百旅弓十旅矢千公明發載懷肅恭禋祀孝敬之重義感靈祗是用錫公秬鬯一卣珪瓚副焉齊國置丞相以下一遵舊式往欽哉其祗聽朕命經緯乾坤宏亮洪業安卹爾大德闡揚我高祖之休命又詔齊公十郡之外隨宜除用齊國初建給錢五百萬布五千疋絹千疋四月癸酉詔進齊公爵爲王九月丙午進位假黃鉞都督中外諸軍事太傅領揚州牧劍履上殿入朝不趨贊拜不名置左

右長史司馬從事中郎掾屬各四人使持節太尉驃騎大將軍録尚書南徐州刺史如故固辭詔遣敦勸乃受黄鉞辭殊禮甲寅給三望車三年正月丁巳命太傅府依舊辟召丁卯給甲仗五百人出入殿省甲午重申前命劒履上殿入朝不趨贊拜不名三月甲辰增封陳郡潁川陳留南兗州之盱眙山陽秦郡廣陵南沛十郡改立王社丙戌命齊王冕十有二旒建天子旌旗出警入蹕乘金根車駕六馬備五時副車置旄頭雲罕樂舞八佾設鍾簴宮縣王世子爲太子王女孫爵命一如舊儀辛卯宋帝禪位甲午遂即皇

帝位

世祖武皇帝高帝長子初仕宋爲尋陽國侍郎辟州西曹書佐出爲贛令江州刺史晉安王子勛反帝不從命南康相沈肅之縶帝於郡獄族人蕭欣祖門客桓康等破獄迎出帝肅之率將吏數百人追擊帝與左右拒戰生獲肅之斬首百餘級遂率部曲百餘人舉義兵始興相殷孚將萬兵赴子勛於尋陽或勸帝擊之帝以衆寡不敵避屯揭陽山中聚衆至三千人子勛遣其將戴凱之爲南陽相及軍主張宗之千餘人助之帝引兵向郡擊凱之别軍主程超數百人於南康口又進擊宗之破斬之遂圍郡城凱之以數千人固守帝親率將士盡日攻之城陷凱之奔走殺僞贑令陶冲之帝即據郡城遣軍主張應期鄧惠貞三千人襲豫章子勛遣軍主談秀之等七千人與應期相拒於西昌築營壘交戰不能决鬬帝將自下秀之等退散事平徵爲尚書庫部郎征北中兵參軍元徽四年累遷晉熙王鎮西長史江夏内史行郢州事順帝立徵晉熙王爕爲撫軍楊州刺史以帝爲左衛將軍輔爕俱下沈攸之事起未得朝廷處分帝以中流可以待敵即據盆口城爲戰守之備高帝聞之喜曰

此真我子也帝表求西討不許乃遣偏軍援郢平西將軍黄回等皆受帝節度加冠軍將軍持節昇明二年事平轉散騎常侍都督江州豫州之新蔡晉熙二郡軍事任虜將軍江州刺史封聞喜縣侯二千户其年徵侍中領軍將軍尋加督京畿諸軍事三年加尚書僕射中軍大將軍開府儀同三司進爵爲公給班劒二十人齊國建爲世子高帝即位爲皇太子建元四年三月即皇帝位

册府元龜

巡按福建監察御史臣李嗣京 訂正

新建縣舉人臣戴國士叅閲

知建陽縣事臣黄國琦較釋

閏位部 四

勳業第三

梁高祖武皇帝南齊丹陽尹順之子博學多通好籌畧有文武才幹時流名輩咸推許之起家巴陵王南中郎法曹行叅軍遷衛軍王儉東閤祭酒竟陵王子良開西邸招文學帝與沈約等號爲八友累遷隨王

鎮西諮議叅軍時順之征魚復侯子響於射堂縊殺之後齊武旣憶子響順之慙懼感病遂以憂卒及鬱林王失德齊明帝作輔將爲廢立計帝欲助齊明傾齊武之嗣以雪先恥齊明亦知之每與帝謀時齊明將追隨王恐不從又以王敬則在會稽恐爲變以問帝帝曰隨王雖有美名其實庸劣旣無智謀之士爪牙唯仗司馬垣歷生武陵太守下白龍耳此輩唯利是與若啗以顯職無不載馳隨王止須折簡耳敬則志安江東窮其富貴宜選美女以娱其心齊明曰亦吾意也即徵歷生爲太子左衛率白龍游擊將軍並至續召隨王至都賜自盡豫州刺史崔慧景卽齊武舊臣不自安齊明憂之乃起帝爲寧朔將軍鎮壽陽外聲備魏實防慧景師次長瀨慧景待罪白服來迎帝撫而宥之將軍房伯玉徐玄慶並曰慧景反跡旣彰實是見賊我曹武將譬如韝上鷹將軍一言見命便卽制之帝笑曰其如掌內嬰兒殺之不武於是曲意和釋之慧景遂安隆昌元年歷太子庶子中書黄門侍郎入直殿省建武二年後魏遣劉昶王肅率衆寇司州以帝爲冠軍將軍軍主隸江州刺史王廣之爲援距義陽百餘里衆以魏軍盛莫敢前帝欲大振

威畧謂諸將曰今屯下梁州城塞鑿峴之險守雉脚之路據賢首之山以通西關以臨賊壘三方犄角出其不備破賊必矣廣之等不從後遣徐玄慶進據賢首山魏絶其糧道衆懼莫敢援唯帝獨奮請先進於是廣之益帝精甲啣枚夜前失道望見如持兩炬者隨之果得道徑上賢首山廣之軍因得前魏軍來脇帝堅壁不進時王肅自攻城二鼓而退劉昶有疑心帝因與書間成其隙一旦有風從西北起陣雲隨之來當肅營尋而風迴雲轉向西北帝曰此所謂歸氣魏師遁矣令軍中曰望麾而進聽鼓而動肅乃傾壁

十萬陣水北帝揚麾鼓譟響振山谷效死之士執短兵先登長戟翼之城中見援至因出軍攻魏柵軍表裏受敵因大敗肅祖單馬走斬獲千計流血絳野得肅祖巾箱中魏帝勑曰聞蕭衍善用兵勿與爭鋒待吾至若能擒此人則江東吾有也軍罷以帝爲右軍晉安王司馬淮海大守遷太子中庶子領羽林監頃之出鎭石頭四年魏帝自率大衆寇雍州明帝令帝赴援十一月至襄陽詔又遣左民尚書崔慧景總督諸軍帝及雍州刺史曹武等並受節度五年三月慧景與帝進行鄧城魏主率十萬餘騎奄至慧景失色

欲引退帝固止之不從乃狼狽自拔魏騎乘之於是大敗帝獨率衆距戰殺數千百人魏騎稍却因得結陣斷後至夕得下船慧景軍死傷略盡唯帝全師歸旣以帝行雍州事十月授持節都督雍梁南北秦四州郢州之竟陵司州之隨郡諸軍事輔國將軍雍州刺史其年東昏卽位揚州刺史始安王遙光尚書令徐孝嗣尚書右僕射江祏侍中江祀衛尉劉暄更直内省分日帖勑帝聞之謂從舅張弘策曰政出多門亂其階矣詩云一國三公吾誰適從況今有六而可得乎嫌隙若成方相誅滅當今避禍唯有此地勤行仁義可坐作西伯諸弟在都恐罹世患須與益州圖之耳時帝長兄懿罷益州還仍行郢州事乃使張弘策詣郢陳計於懿曰昔晉惠庸主諸王爭權遂内難九興外寇三入今六貴爭權人握王憲制主畫勑各欲專威睚眦成憾屢相屠滅且嗣主在東宮本無令譽媟近左右蜂目忍人一總萬機恣其所欲豈肯虛坐主諾委政朝臣積相嫌貳必大誅戮始安欲爲趙倫形迹已見蹇人上天信無此理且性甚猜狹徒取亂基所可當輔唯有江劉而已祏怯而無斷暄弱而不才折鼎覆餗趄足可待蕭坦胸懷猜忌動言相傷徐

孝嗣才非柱石聽人穿鼻若隙開釁起必中外土分今得守外藩幸圖身計智者見機不俟終日及今猜防未生宜召諸弟以時聚集後相防疑投足無路郢州控帶荆湘西注漢沔雍州士馬呼吸數萬獸視其間以觀天下世治則竭誠本朝世亂則爲國剪暴可得與時進退此蓋萬全之策如不早圖悔無及矣懿聞之變色心未之許弘策還帝乃啓迎弟偉及憺是歲至襄陽於是潛造器械多伐竹木沈於檀溪密爲舟裝之備永元二年冬懿被害信至帝密召長史王茂中兵呂僧珍別駕柳慶遠功曹史吉士瞻等謀之

旣定以十一月乙巳僚佐集於廳事謂曰昔武王會孟津皆曰紂可伐今昏主惡稔窮虐極暴誅戮朝賢罕有遺育生民塗炭天命殛之卿等同心疾惡共興義舉公侯將相良在今日各盡勳効我不食言是日建牙於是收得甲士萬人馬千匹船三千艘出檀溪竹木裝艦先是東昏以劉山陽爲巴陵太守配精兵三千使過荆州就行州事蕭穎胄以襲襄陽帝知其謀乃遣叅軍王天獸龐慶國詣江陵徧與州府人書及山陽西上帝謂諸將曰荆州本畏襄陽人如脣亡齒寒自有傷弦之急寧不闇同邪我若總荆雍之兵

掃定江夏韓白重出不能爲計況以無筭之昏主役御應勑之徒哉我能使山陽至荆便卽授首諸君試觀何如及山陽至巴陵帝復令天獸齎書與穎胄兄弟去後帝謂張弘策曰夫用兵之道攻心爲上攻城次之心戰爲上兵戰次之今日是也前遣天獸征州府人皆有書今段乘驛甚急只有二封與行事兄弟云天獸口具及問天獸而口無所說行事不得相聞不容妄有所道天獸是行事心膂彼聞必謂行事與天獸共隱其事必人人生疑山陽惑於衆口判相嫌貳則行事進退無以明必漏吾謀是馳兩空函定一州矣山陽至江安聞果疑不上穎胄大懼乃斬天獸送首山陽信之將數十人馳入穎胄伏甲斬之送首於帝仍以南康王尊號之議來告且曰時月未利當須來年二月據便進兵恐非廟筭帝答曰今坐甲十萬糧用自竭況所籍義心一時驍鋭事事相接猶恐疑怠頓兵十旬必生悔吝兒童立異便大事不成今太白出西方仗義而動天時人謀有何不利處分巳定安可中息昔武王伐紂行逆太歲復須待年月乎竟陵太守曹景宗遣杜思冲勸帝迎南康都襄陽待正尊號然後進軍帝不從王懋又私於張弘策曰我

奉事節下義無進退今者以南康置人手中彼便挾天子以令諸侯而節下前去爲人所使此豈歲寒之計弘策言之帝曰若使前途大事不捷故自蘭艾同焚若功業克建威讋四方號令天下誰敢不從豈是碌碌受人處分至石城當面曉王茂曹景宗也於沔南立新野郡以集新附二年二月南康王爲相國以帝爲征東將軍給鼓吹一部戊申帝發襄陽留弟偉守襄陽城總州府事憺守壘城府司馬莊丘黑守樊城功曹吏吉士詢兼長史白馬戍主黄嗣祖兼司馬郡令杜永兼别駕少府錄事郭儼知轉漕移檄京邑

日夫道不常夷世無永治險泰相沿晦明非一皆因屯困而後亨資多難以啓聖故昌邑悖德孝宣聿興海西亂政簡文升歷並拓緒開基紹隆保命理驗前經事昭往策獨夫擾亂天常毀棄君德姦回淫縱歲月滋甚挺虐於鬢剪之年植險於髫丱之日猜忌匈毒觸途而著暴戾昏荒與事而發自大行告漸喜容見前梓宮在殯靦無哀色懽娛遊宴有過平常奇服異衣更極夸麗至於選採妃嬪姊妹無別招侍巾櫛姑姪莫辨掖庭有禪敗之名姬姜被于殳之服至乃形體宣露褻衣顛倒斬斮其間以爲懽笑騁肆淫放

驅屏郊邑老弱波流士女塗炭行產盈路輿尸竟道母不及抱子不遑哭劫掠剽虜以日繼夜晝伏宵遊曾無休息沉湎酗醟縱歌壚邸寵恣愚豎亂惑妖孽梅虫兒茹法珍臧獲斯小專制威柄誅剪忠良屠滅卿宰劉鎮軍舅氏之尊盡忠報國江僕射外戚之重竭誠事上蕭領軍葭莩之宗志存柱石徐司空沈僕射縉紳冠冕民望攸歸或渭陽餘感或勳庸允穆或誠著艱難或勤勞王室並受遺託同參顧命送往事居俱竭心力宜其慶溢當年祚隆後裔而一朝齏粉孩稚無遺人神怨結行路嗟憤蕭令公幹世之才識貫幽顯往年寇賊遊魂南鄭危逼援亦飛泉孤城獨振及中流逆命憑陵京邑謀猷禁省指授羣帥尅剪鯨鯢清我王度崔慧景奇鋒迅駭兵交象魏武士喪魂義夫奪膽投名送款比屋交馳負粮景從愚智競赴後誓旅江甸奮不顧身獎厲義徒電掩強敵克殲大憝以固皇基功出桓文道過伊呂而勞謙自已事昭心迹功遂身退不祈榮滿敦賞未聞禍酷遄及預禀精靈孰不冤痛而羣孽放命蜂蠆懷毒乃遣劉山陽驅扇逋逃招逼亡命潛圖密構規見掩襲蕭右軍夏侯征虜忠斷夙舉義形於色奇謀宏振應手梟懸

天道禍淫罪不容戮悖禮違教傷化虐民射天彈路比之猶善刳胎斮脛方之非酷盡寓縣之竹未足紀其過窮山澤之兎不能書其罪自草昧以來圖牒所紀昏君暴后未有若斯之甚者也既人神乏主宗社阽危海内沸騰士庶波蕩百姓懍懍如摧厥角蒼生喁喁投足無地幕府荷眷前朝義均休戚上懷委付之重下惟在原之痛豈可臥薪引火坐觀傾覆至尊體自高宗特鍾慈寵明並日月粹照神靈祥啓元龜符驗當璧作鎮侯潘化流西夏謳歌攸奉萬有樂推右將軍穎胄征虜將軍夏侯祥並同心翼戴即宮舊

楚三靈再卽九縣更新升平之運此焉復始康哉之
盛在乎茲日然帝德雖彰區宇大定元惡未黜天邑
猶梗仰稟宸規率前啓路卽日遣冠軍將軍竟陵內
史曹景宗等率二十軍主長槊五萬驥騄爲群鶚視
爭先龍驤竝驅步出橫江直指朱雀長史冠軍將軍
襄陽太守王茂等率三十軍主戈船七萬乘流電激
推鋒拒險斜趣白城南中郎諮議參軍蕭偉等三十
九軍主巨艦迅檝衝波噎水旗鼓八萬焱集石頭南
中郎諮議參軍軍主蕭憺等四十二軍主熊羆之士
甲楯十萬沿波馳艓掩據新亭益州刺史劉季連梁

州刺史柳惔司州刺史王僧景魏太守裴師仁上庸
太守韋叡新城太守崔僧季肅奉明詔恭行天討屬
漢果銳沿流而下淮汝勁勇望波遄騖幕府總率貔
貅驍勇百萬繕甲燕弧屯兵冀馬撫金拂地鳴鞞聒
天霜鋒曜日朱旗絳寓方舟千里絡繹繼進蕭右軍
訏謨上才兼資文武英略峻遠執鈞輔世擁荊南之
衆董四方之師宣讚中權奉衛輿輦旌旄所指威稜
無外龍驤獸步並集建業黜放愚狡均扎海昏廓清
神甸掃定京宇譬猶崔太山而注熛爐豈有不殄滅
者哉今資斧所加止虽兒法珍而巳諸君或世胄羽
儀書勳王府皆俛眉姦黨受制匈威若能因變立功
轉禍爲福並誓河岳永紆青紫若執迷不悛無迎王
師大衆一臨刑茲罔赦所謂火烈高原芝蘭同泯勉
求多福無貽後悔賞罰之科有如白水帝至竟陵命
長史王茂與太守曹景宗爲前軍中兵參軍張法安
守景陵城茂等至漢口輕兵濟江逼郢城其刺史張
冲置陣據石橋浦義師與戰不利軍主朱僧起死之
諸將議欲併軍圍郢分兵襲西陽武昌帝曰漢不闊
一里箭道交至房僧寄以重兵固守爲郢城犄角若
悉衆前進賊必絶軍後一朝爲阻則悔無及今欲遣

王曹諸軍濟江與荊州軍相併以逼賊壘吾自後圍
曾山以逼沔漢應城竟陵間乘方舟而下江陵湘中
之兵連旗接办資糧旣廣士衆稍多圍守兩城不攻
自拔天下之事臥取之耳諸將皆曰善乃命王茂曹
景宗帥衆濟岸進頓九里其日張冲出軍迎戰茂等
邀擊大破之皆棄甲奔走荊州遣冠軍將軍鄧元起
軍主王世興田安等數千人會大軍於夏首帝築漢
口城以守魯山令水軍主張惠紹朱思遠等遊遏中
江絶郢曾二城三月乃命元起進軍南堂西渚田安
之頓城非王世興頓曲水故城是月南康王卽帝位

於江陵改元爲中興元年遥廢東昏爲涪陵王以帝爲尚書左僕射加征東將軍都督征討諸軍事假黄鉞西臺又遣冠軍將軍蕭穎達領兵會於軍四月帝出沔命王茂蕭穎達等進軍逼郢城元嗣屢戰頻北因不敢出諸將議欲攻之帝不許五月東昏遣寧朔將軍吴子陽軍主光子衿等三十軍救郢州進據巴口六月西臺遣衛尉席闡文勞軍齎蕭穎胄等議謂帝曰今頓兵兩岸不併軍圍郢定西陽武昌取江州此機已失莫若請救於魏與連和猶爲上策帝謂闡文曰漢口路通荆雍控引秦梁粮運資儲聽此氣息

所以兵壓漢口連給數州今日併軍圍城又分兵前進魯山必阻沔路所謂搤喉若粮運不通自然離散何謂持久鄧元起近欲以三千兵往定尋陽彼若權然悟機一酈生亦足脫拒王師故非三千能下進退無據未見其可西陽武昌取便得耳取得便應鎮守守兩城不減萬人粮儲稱是卒無所出脫賊軍有上者萬人攻一城兩城勢不能相救若我分軍應援則首尾俱弱如其不遣孤城必陷一城既没諸城相次土分天下大事於是去矣若郢州既被席卷沿江西陽武昌自然風靡何遽分兵散衆自貽其憂且丈夫舉動言静天步况擁數州之兵以誅群竪懸河注火奚有不滅豈容北面請救以自示弱彼未必能信徒貽我醜聲此之下計何謂上策卿爲我白鎮軍前途攻取但以見付事在目中無患不捷借鎮軍靖鎮之耳吴子陽等進軍武昌帝乃命軍主梁天惠蔡道祐據漁湖城唐循期劉道曼屯陽壘夾兩岸而待之子陽又進據加湖去郢城三十里傍山帶水築壘柵以自固魯山城主房僧寄死其衆復推助防張樂祖代之七月帝命王茂帥軍主曹仲宗康絢武會超等潛師襲加湖將逼子陽水涸不通艦其夜暴長衆軍乘

流齊進鼓噪之賊俄而大潰子陽等竄走衆盡溺於江王茂虜其餘而旋於是郢魯二城相視奪氣先是東昏遣冠軍將軍陳伯之鎮江州爲子陽等聲援帝乃謂諸將曰夫征討未必須實力所聽威聲耳今加湖之敗誰不弭服陳虎牙乃伯之子狼狽奔歸彼門人情理當恟懼我謂九江傳檄可定也因命搜所獲俘囚得伯之軍主蘇隆之厚加賞賜使致命焉魯山城主張樂祖郢城主程若薛元嗣相繼請降初郢城之間將佐文武男女口十餘萬人疾疫流腫死者十七八及城開帝並加隱恤其死者命棺櫬先是汝南

人胡文超起義於尋陽求討義陽安陸等郡以自効帝又遣軍主唐循期攻隨郡並克之司州刺史王僧景遣子貞孫入質司部悉平陳伯之遣蘇隆反命求便進軍帝曰伯之此言意懷首鼠及其猶豫急往逼之計無所出勢不得異乃命鄧元起帥衆即日泝流討之八月天子遣兼黄門郎蘇因勞軍帝至鄧州命諸軍以次進路留上庸太守韋叡守郢城行州事鄧元起至尋陽陳伯之猶猜懼乃收兵退保湖口留其子虎牙守湓城及帝至乃束甲請罪九月天子詔帝平定東夏並以便宜從事是月留府長史鄭紹叔守

江州前軍次蕪湖南豫州刺史申冑棄姑熟走大軍追據之仍遣曹景宗蕭穎達領馬步進頓江寧東昏遣征虜將軍李居士帥步軍迎戰景宗擊走之於是王茂鄧元起吕僧珍進據赤鼻邏曹景宗陳伯之爲遊兵是日新亭城主江道林率兵出戰衆軍擒之於陣大軍次新林命王茂據越城景宗據皂莢橋鄧元起據道士墩陳伯之據籬門道林餘衆退屯航南議軍迫之因復散走退保朱雀憑淮以自固時李居士猶據新亭壘請東昏燒南岸邑屋以開戰場自大江以西新亭以北蕩矣十月東昏石頭軍主朱僧勇率水軍二千人歸降東昏又遣征虜將軍王珍國帥軍主胡虎牙等列陣於航南大路悉配精手利器尚十餘萬人閹人王倀子持白虎幡督帥諸軍又開航背水以絶歸路王茂曹景宗等犄角奔之將士皆殊死戰無不一當百皷噪震天地珍國之衆一時土分投淮死者積尸與航等後至者乘之以濟於是朱雀諸軍望之皆潰散義軍追至宣陽門李居士以新亭壘徐元瑜以東府城降石頭白下諸軍並宵潰壬午帝鎮石頭命衆軍圍六門東昏悉焚燒門内驅逼營署官府並入城有衆二十萬青州刺史相和詒東昏出

戰因以其衆來降帝命諸軍築長圍初義師之逼東昏遣軍主左僧慶鎮京口常僧景鎮廣陵李叔獻屯爪步及申冑自姑熟奔歸又使屯破墩以爲東北聲援至是帝遣使曉喻並率衆降乃遣弟輔國將軍秀鎮京口輔國將軍恢屯破墩從弟寧朔將軍景鎮廣陵吳郡太守蔡寅棄郡赴義十二月丙寅旦兼衛尉張稷北徐州刺史王珍國斬東昏送義師帝命吕僧珍勒兵封府庫及圖籍收嬖妾潘妃及凶黨王咺之以下四十八人屬吏誅之宣德皇后令追廢涪陵王爲東昏侯依漢海昏侯故事授帝中書監都督楊南

徐二州諸軍事大司馬錄尚書驃騎大將軍揚州刺史封建安郡開國公邑萬戸給班劒四十人依晉武陵王遵承制故事百僚致敬二年正月壬寅詔進大司馬都督中外諸軍事劒履上殿入朝不趨贊拜不名加前後部羽葆鼓吹置左右長史司馬從事中郎掾屬各四人并依舊辟士餘並如故甲寅詔大司馬進位相國總百揆揚州牧封十郡爲梁公詔曰夫日月麗天高明所以表德山岳紀地柔博所以成功故能庶物出而資始河海振而不洩二象貞觀代之者人是以七輔四叔致無爲於軒昊韋彭齊晉靖襄亂

於殷周大司馬有縱自天體兹齊聖文治九功武包七德欽惟厥始徽猷早樹誠著艱難功參帷幕錫賦開壤式表厥庸建武升曆邊隙屢啓公釋書輟講經營四方司豫懸切樊漢危始覆強冠於馮濱僵胡馬於鄧汭永元肇號難結群醜專威擅虐被毒含靈溥天惴惴命懸晷刻否終有期神謨載挺首建大策惟新鼎祚投袂勤王沿流電舉魯城雲撤夏首霧披加湖羣豎一鼓殄拔姑熟連旌條馬氷泮取新壘其如拾撲朱雀其猶掃霆雷外駭省闥內傾餘醜纖蠹蜓蝝必盡援彼已溺解此倒懸塗歎里忭自近及遠幾

甸夷穆方外肅寧解兹虐網被以寬政積弊窮昏一朝載廓聲教遐漸無思不被雖伊尹之執兹一德姬旦之光於四海方斯蔑如也昔呂望翼佐聖君猶享四履之命文侯立功平后尚荷二弓之錫況於盛德元勳超邁自古黔首惵惵待以爲命救其已焚拯其方溺式閭表墓未或能比而大輅渠門輟而莫授眷言前訓無忘終始便宜敬升大典式允羣望其進位相國總百揆揚州牧封十郡爲梁公備九錫之禮加璽紱遠遊冠位在諸王上加相國綠盭綬其驃騎大將軍如故依舊置梁百司策曰二儀寂寞由寒暑而

化行三才並用資立人以爲實故能流行品物代彼天工允兹元輔應期挺秀裁成天地之功幽協神明之德撥亂反正濟世寧民盛烈光於有區茂勳振於無外雖伊陟之保乂王家姬公之有此丕訓方之篾如也今將授公典策其敬聽朕命上天不造難鍾皇室世祖以休明早世世宗以仁德不嗣高宗襲統宸居弗維夙夜勤勞而隆平不洽嗣君昏暴書契弗覩朝權國柄委之群孽勦戮忠賢誅殘台輔含冤抱痛噍類靡餘實繁非一並專國命嚬笑致災睚眦及禍嚴科毒賦載離比屋溥天熬熬寘身無所冤頸引决

道樹相望無近無遠號天靡告公籍昏明之期因兆民之願援帥聖后剏成中興宗社之危已固天人之望允塞此實公紐我絶綱大造皇家者也永明季年邊隙大啓荆河連牵招引戎荒江淮擾逼勢同履虎公受言本朝輕兵赴襲靡以長筭制之環中排危冒險疆柔遁用坦然一方還成藩服此又公之功也在昔隆昌洪基已謝高宗慮深社稷將行權道公定策帷帳激揚大節廢帝立王謀猷深著此又公之功也建武闢業厥猷雖遠戎狄内侵憑凌關塞司部危逼淪陷指期公治兵遠討卷甲長騖拒於交綏電激風

掃摧堅覆鋭咽水塗原執俘象魏獻馘海渚焚廬毀帳號哭言歸此又公之功也樊漢阽切羽書續至公星言鞠旅稟命徂征而軍機戎統事非已出善策嘉謀抑而莫允鄧城之役胡馬卒至元帥潛及不相報告棄甲捐師餌之虎口公南收散卒北禦雕騎令衆方軌案路徐歸拯我邊危重獲安堵此又公之功也漢南廻弱咫尺勍寇兵糧蓋闕棄甲靡遺公作藩爰始因資靡託治兵訓卒蒐狩有序俾我危城翻爲疆鎮此又公之功也永元紀號瞻烏已及雖廢昏有典而伊霍稱難公首建大策爰立明聖義踰邑綸勳高

代入易亂以治俾昏作明此又公之功也文王之功雖被江漢京邑蠢蠢漂爲洪流句吴於越巢幕匪喻公投袂萬里事惟拯溺義聲所覃無思不韙此又公之功也魯城夏汭梗據中流乘山置壘縈川自固公御此烏集凌茲地險頓兵坐甲寒往暑移我行永久士忘歸願經以遠圖御以長策費無遺矢戰未窮兵踐華之固相望俱拔此又公之功也惟此羣公同志相濟緣江負險蟻聚加湖水陸盤據規援夏首桴會一臨應時褫潰此又公之功也姦孽震惶復懷舉斧蓄兵九派用擬勤王公稜威直指勢踰風電旌號未

臨全州稽服此又公之功也姑熟衝要密邇京畿句徒熾聚斷塞津路公偏師啓塗排方繼及兵威所震望旗自駭焚舟委壁卷甲宵遁此又公之功也羣豎猖狂志在借一（左傳云背城借一借以一戰也）豕突淮涘武騎如雲公爰命英勇圖機騁鋭氣冠版泉勢踰洹水追奔逐北奄有通津熊耳比峻未足云擬雖水不流曷其能匹此又公之功也琅琊石首襟帶岨固親壘東庸金湯是埒憑險作守兵食兼資風激電駭莫不震壘城復于隍於是乎在此又公之功也獨夫昏很憑城靡懼鼓鍾鏜鞳慠若有餘狎是邪孽忌斯冠冕匃役因

之將逞孥戮公奇謨密運盛畧潛迴忠勇之徒得申厥效白旗宣室未之或比此又公之功也公有拯億兆之勳重之以明德爰初勵志服道儒門濯纓來仕清猷映世時運艱難宗稷危殆崑崗巳燎玉石同焚驅率貔貅抑揚霆電義等南巢功齊牧野若夫禹功寂寞微管誰嗣拯其將魚驅其被髮解茲亂網理此棼絲復禮衽席返樂河海永平故事聞之者難息司執舊章見之者隕涕請我民命還之斗極憫憫搢紳重荷戴天之慶哀哀黔首復蒙履地之恩德踰嵩岱功隣造物超哉邈矣無得而言焉朕又聞之疇庸命

德建侯作屏咸用克固四維永隆萬業是以二南流化九伯斯征王道淳洽刑措罔用霸政弗興歷之永久如皦既及晉鄭靡依惟公經綸天地寧濟區夏道冠乎伊稷賞薄於桓文豈所以憲章齊曾長懋宇宙敬惟前烈朕甚懼焉今進授相國改揚州刺史爲牧以豫州之梁郡歷陽南徐州之義興揚州之淮南宣城吳興會稽新安東陽十郡封公爲梁公錫茲白土苴以白茅爰定爾邦建茲冢社在昔旦奭入居保佐逮於畢毛亦作卿士任兼內外禮實宜之今命使持節兼太尉王亮授相國揚州牧印綬梁公璽紱使持節兼司空王志授梁公茅土金虎符等第一至第五左竹使符第一至第十左相國位冠羣后任總百司常典彝數宜與事華其以相國總百揆去錄尚書之號上所假節侍中貂蟬中書監印中外都督大司馬印綬建安公印策驃騎大將軍如故又加公九錫其敬聽後命以公禮律兼脩刑德備舉哀矜折獄罔不用情是用錫公大輅各一玄牡二駟公勞心稼穡念在民天丕崇務本惟穀是寶是用錫公袞冕之服赤舃副焉公鎔均所被變風以雅易俗陶民載和邦國是用錫公軒懸之樂六佾之舞公文德廣覃義聲遠

洽椎髻髽首夷歌請吏是用錫公朱戶以居公揚清抑濁官方有序多士聿興棫樸流詠是用錫公納陛以登公正色御下以身範物式遏不虞折衝惟遠是用錫公虎賁之士三百人公威同夏日志清姦宄方命圮族刑茲罔赦是用錫公鈇鉞各一公跨躡嵩溟凌厲區宇辟諸日月容光必至是用錫公彤弓一彤矢百旅弓十旅矢千公永言惟孝至誠通神恭嚴祀典祭有餘敬是用錫公秬鬯一卣圭瓚副焉梁國置丞相以下一遵舊式欽哉其敬循往策祇服大禮對揚天眷用膺多福以弘我太祖之休命梁公固辭府

僚勸請乃受二月丙戌詔曰嵩高惟嶽配天所以流
稱大啓南陽霸德所以光闡忠誠簡帝眷君膺上爵
之尊勤勞王室姬公增附庸之地前王令典布諸方
策長世字氓罔不繇此相國梁公體茲上哲齊聖廣
淵文教內洽武功外暢推轂作藩則威懷被於殊俗
治兵教戰則雷霆赫於萬里道喪時昏邪說孔熾豈
徒宗社如綴神器莫主而已哉至於兆庶殲亡衣冠
殄滅餘類殘喘指命崇朝舍生業業投足無所遂乃
山川反覆草木塗地與夫仁被行葦之時信及豚魚
之日何其遼夐相去之遠歟公命師鞠旅指景長騖

而本朝危切樊鄧遐遠凶徒盤據水陸相望爰自姑
熟届於夏首嚴城勁卒憑川爲固泝漢浮江電激風
掃舟徒水覆地險雲傾藉茲義勇前無強陣拯危京
邑清我帝畿撲既燎於原火免將誅於比屋悠悠兆
庶命不在天茫茫六合咸受其賜易俗正本民不失
職仁信並行禮樂同暢伊周未足方軌桓文遠有慚
德而爵後藩牧地約秦楚非所以式酬茂烈允答元
勳實繇公履謙爲本形於造次加數未申晦朔增佇
便宜崇斯禮秩允副遐邇之望可進梁公爵爲王以
豫州之南譙廬江江州之尋陽郢州之武昌西陽南

徐州之南琅琊南東海晉陵揚州之臨海永嘉十郡
益梁國并前爲二十郡其相國揚州牧驃騎大將軍
如故公固辭有詔斷表相國左長史王瑩等率百僚
敦請三月丙午命王冕十有二旒建天子旌旗出警
入蹕乘金根車駕六馬備五時副車置旄頭雲罕樂
舞八佾設鍾虡宮懸王妃子王女爵命之號一依舊
儀四月丙寅遂受齊禪卽皇帝位

世祖元皇帝武帝第七子天監十三年封湘東王邑
二千戶初爲會稽太守入爲侍中宣威將軍丹陽尹
普通七年出爲使持節都督荊湘郢益寧南梁六州

諸軍事西中郎將荊州刺史大通四年進號平西將
軍大同元年進號安西將軍三年進號鎭西將軍五
年入爲護軍將軍領石頭戍軍事六年出爲使持節
都督江州諸軍事鎭南將軍江州刺史大淸元年徙
爲使持節都督荊雍湘司郢寧梁南北秦九州諸軍
事鎭西將軍荊州刺史三年三月侯景寇沒京師四
月太子舍人蕭顒至江陵軍密詔以帝爲侍中假黃
鉞大都督中外諸軍事司徒承制是月帝徵兵於湘
州刺史河東王譽憚所遣七月丙午遣世子方等帥
衆討譽方等戰敗死又遣鎭兵將軍鮑泉代之九月

乙卯雍州刺史岳陽王詧舉兵反來寇江陵帝嬰城拒守乙丑詧將杜崱與其兄弟及楊混各率其衆來降丙寅詧遁走鮑泉攻湘州不克又遣左衛將軍王僧辯代將四年（臣欽若等曰是歲簡文即位改元大寶而元帝循稱大清）五月辛未僧辯克湘州斬河東王譽湘州平六月江夏王大款山陽王大成宜都王大封自信安間道來奔九月辛酉以前郢州刺史南平王恪爲中衛將軍王僧辯爲領軍是月侯景將任約寇西陽武昌遣左衛將軍徐文盛右衛將軍陰子春太子右衛率蕭慧正巂州刺史席文獻等下武昌拒約以南平王恪爲荊州刺

史鎮武陵十一月甲子恪及大欵大成等府州國一千人奉牋上帝相國總百揆帝下令不許十二月壬辰以定州刺史蕭勃爲鎮南將軍廣州刺史遣護軍將軍尹悅巴州刺史王恂定州刺史杜多安帥衆下武昌助徐文盛五年三月侯景悉兵西上會任約軍閏四月丙午約與宋子仙襲郢州執方諸戊申徐文盛陰子春等奔歸王恂尹悅杜多安並降賊庚戌領軍將軍王僧辯帥衆屯巴陵甲子景進寇巴陵五月癸未帝遣遊擊將軍胡僧祐信州刺史陸法和帥衆下秣陵任約敗景遂遁走拜王僧辯爲征東將軍開府儀同三司尚書令胡僧祐爲領軍陸法和爲護軍將軍仍令僧辯率衆追景所至皆捷八月僧辯下次湓城九月以僧辯爲荊州刺史是月僧辯等奉表勸請不許賊司空東南道大行臺劉神茂率儀同劉歸義劉冀赴義奉表請降六年二月僧辯衆軍發自尋陽帝馳檄告四方曰夫剥極生災乃及龍戰師貞終吉方制猾豕豈不以侵陵蕩薄源之者亂階奄定艱難成之者忠義故羿浞滅於前莽卓誅於後是故使桓文之勳復興於周代温陶之績彌盛於金行粤若梁興五十餘載平一寓内德惠悠長仁育蒼生義征

不服左伊右瀍咸皆仰化濁涇清渭靡不向風建翠鳳之旗則六龍驤首擊靈鼉之鼓則百辟警肅風牧方邵之賢衛霍辛趙之將羽林黄頭之士猷賁緹騎之夫叱咤則風雲興起鼓動則嵩華倒拔自桐栢以北孤竹以南碣石之前流沙之後延頸舉踵交臂屈膝胡人不敢牧馬秦士不敢彎弓叶和萬邦平章百姓十堯九舜曷足云也賊臣侯景匈奴叛臣鳴鏑餘噍懸瓠空城本非國寶壽春幾要賞不踰月開海陵之倉賑嘗平之米撤九府之費錫三宫之錢月于貨賄不知紀極敢興逆亂梗我王畿賊臣正德阻兵安

忍日者結怨江芉遠適單于簡牘屢彰彭生之魂未弭聚歛無度景卿之誚已及爲獸傅翼遠相招致虔劉我生民離散我弟兄我是以董率皐貔躬擐甲冑霜戈焰日則震雖奪暉龍騎薇野則平原掩色信與江水同流氣與寒風俱憤凶醜畏威委命下吏乞活淮汜苟存徐兗澳汗既行絲綸爰被我是以班師凱歸休牛息馬賊猶不悛遂復矢流王屋兵纏象魏總章之觀非復聽訟之堂甘泉之宮永乖避暑之地坐召憲司臥制朝宰矯託天命僞作符書重增賦歛肆意棓尅生者逃竄死者暴尸道路以目庶僚鉗口刑

戮失衷爵賞踰心老弱波流士女塗炭藏獲之人五宗及賞縉紳之士三族見誅穀粟騰踊自相吞噬喋喋黔首路有喞索之哀蠢蠢黎民家隕崖山之泣傴師南望無復儲胥露寒河陽北臨或有穹廬氊帳南山之竹未足言其愆西山之兎不足書其罪外監陳瑩之伏承先帝登遐宮車晏駕奉諱驚號五內摧裂煩兇荼毒無地容身景阻饑既甚民且狼顧遂侵軼我彭蠡憑陵我郢邑竊據我江夏掩襲我巴丘是以義勇爭先忠貞盡力斬馘兇渠不可稱算泓同赤岸水似鉾河任約泥首於安南化仁面縛於漢口子先乞活於鄢郢希勞敗績於柴桑侯景爭竄十竄爭穴郭默淸夷晉熈附義計窮力屈反殺生人畢原鄷郇並離禍患凡蔣邢茅皆伏鈇鑽是可恐也孰不可容幕府據有上流實惟分陝投袂荷戈志在畢命昔周依晉鄭漢有虛牟彼惟末屬猶能如此況聯華日月天下不能爲臣爲子兼國兼家哉咸以義旗既建宜須總一共推幕府實用主盟粤以不佞謬董連率遠惟國艱不遑寧處中權後勁龔行天罰提戈蒙險隕越以之天馬千羣長戟百萬驅貢獲之士資智勇之力大楚踰荊山浚源度彭蠡觸艫汎水以掎其南轄

軿委輸以衞其北華夷百濮羸粮景從雷震風駭直指建鄴挍劍而叱江水爲之逆流抽戈而揮皎日爲之還舍方駕長驅百道俱入夷水殆谷克原薇野挾輈曳牛之侶拔距礫石之夫騎則逐日追風弓則吟猿落鴈棒崑崙而壓卵傾渤海而灌熒如驅馬之載鴻毛若奔牛之觸魯縞以此衆戰誰能禁之曉復蜂蠆有毒獸窮則鬬謂山蓋高則四郊多壘謂地蓋遠則三千弗違如彼怒蛙譬諸騷鼠豈費萬鈞無勞百縊加以日臨黃道兵起絳宮三門既啓五將咸發齊正正之旗掃亭亭之氣故以臨機密運非賊所解奉

義而誅何罪不服今遣使持節大都督征東將軍開
府儀同三司江州刺史尚書令長寧縣開國侯王僧
辯率衆十萬直指金陵鳴鼓聒天縱金震地朱旗夕
建如赤城之霞起戈船夜動若滄海之奔流計其同
惡不盈一旅君子在野小人在位朋黨比周何較滅
耳匪朝伊夕春長狄之喉繫郅支之頸今司寇明罰
鈇鑕所誅止侯景而已黎元何辜一無所問諸君或
世樹忠貞身荷寵爵羽儀鼎族書勳王府僞眉猾竪
無懸自効豈不下慙泉壤上愧皇天失忠與義難以
自立想誠南風廻聰西顧因變立功轉禍爲福有能

縛侯景及送首者封萬戸開國公絹布五萬疋有能
率勤義衆以應官軍保全城邑不爲賊用上賞方伯
下賞部符並裂山河以紆青紫昔繇余入秦禮同卿
佐日磾降漢且珥金貂必有其才何恤無位若執迷
不反拒逆王師大軍一臨刑茲罔赦孟諸焚燎芝艾
俱盡宣房河决玉石同沈信賞之科有如皎日黜陟
之制事均白水檄布遠近咸使知聞三月王僧辯等
平侯景傳其首於江陵戊子以賊平告明堂大社己
丑僧辯等又奉表勸進不許五月庚午司空平南王
恪及宗室王侯大都督王僧辯等復拜表上尊號帝
固讓不受庚辰以恪爲鎭東將軍揚州刺史僧辯爲
司徒鎭東將軍乙酉斬賊左僕射王偉尚書呂季略
少卿周石珍舍人嚴亶於江陵市十月四方征鎭王
公卿士復勸帝卽尊號表三上從之十一月丙子卽
皇帝位

冊府元龜

冊府元龜

巡按福建監察御史臣李嗣京 訂正
分守建南道左布政使臣胡維霖 叅閱
知建陽縣事臣黃國琦較釋

閏位部五

勳業第四

陳高祖武帝少俶儻有大志不治生產既長讀兵書多武藝明達果斷爲當時所推服梁大同初新喻侯蕭映爲廣州刺史以帝爲中直兵參軍隨府之鎮映令帝招集士馬衆至千人仍命帝監宋隆郡安化二

縣不賓帝討平之尋監西江督護高要郡守先是武林侯蕭諮爲州刺史以掊克失衆心土人李賁連結數州豪傑同時反臺遣高州刺史孫冏新州刺史盧子雄將兵擊之冏等不時進皆於廣州伏誅子雄弟子略與冏子姓及其主帥杜天合杜僧明共舉兵執南江督護沈覬進冦廣州晝夜苦攻州中震恐帝率精兵三千捲甲兼行以救之頻戰屢捷天合中流矢死賊衆大潰僧明降梁武帝深歎異焉授直閤將軍封新安食邑三百戶仍遣畫工圖帝容貌而觀之其年冬蕭映卒帝送喪還都至大庾嶺會有詔以帝爲交州司馬領武平太守與刺史楊瞟南討帝益招勇敢器械精利瞟喜曰能克賊者必陳司武也委以經畧帝與衆軍發自番禺是時蕭勃爲定州刺史於西江相會勃知軍士憚役陰購誘之因詭說瞟瞟集諸將問計於帝對曰交阯叛渙罪繇宗室遂使僭亂數州彌歷年稔定州復欲昧利目前不顧大計節下奉辭伐罪故當生死以之豈可畏憚宗室輕於國憲今若奪人沮衆何必交州討賊問罪之師即廻有所指矣於是勒兵鼓行而進十一年六月軍至交州賁衆數萬於蘇歷江口立城柵以拒官軍瞟推帝爲前鋒

所向摧陷賁於屈獠界立砦大造船艦充塞湖中衆軍憚之頓湖口不敢進帝謂諸將曰我師已老將士疲勞歷歲相持恐非良計且孤軍無援入人心腹若一戰不捷豈望生全今藉其屢奔人情未固夷獠烏合易爲摧殄正當共出百死決力取之無故停留時事去矣諸將皆默然莫有應者是夜江水暴起七丈注湖中奔流迅激帝勒所部兵乘流先進衆軍鼓譟俱前賊衆大潰賁竄入屈獠洞中屈獠斬賁傳首京師是歲太清元年也賁兄天寶遁入九真刼帥李紹隆收餘兵二萬殺德州刺史陳文武進圍愛州帝率

衆討平之除扼遠將軍西江督護高要太守督七郡諸軍事二年冬侯景寇京師帝將帥兵赴援廣州刺史元景仲陰有異志將圖帝帝知其計與成州刺史王懷明行臺選郎殷外臣等密議戒嚴三年七月集兵於南海馳檄以討景仲景仲窮蹙縊于閤下帝迎蕭勃鎮廣州是時臨賀内史歐陽頠監衡州蘭裕蘭京禮扇誘始興十郡共舉兵攻頠頠請援於勃勃令帝率衆救之悉擒裕等仍監始興郡十一月帝遣杜僧明胡頴將二千人頓于嶺山并厚結始興豪傑同謀義舉侯安都張偲等率千餘人來附蕭勃聞之

遣鍾休悅說帝曰侯景驍雄天下無敵前者援軍十萬士馬精强然而莫敢當鋒遂令羯賊得志君以區區之衆欲何所之如聞嶺北王侯又皆鼎沸河東桂陽相次屠戮邵陵開建親尋干戈李遷仕託身當陽便奪馬仗以君疎外何自暗投若且住始興遥張聲勢保此泰山自求多福帝泣謂休悅曰僕本庸虛蒙國成造往聞侯景渡江卽欲赴援遭値元蘭梗我中道今京都覆没主上蒙塵君辱臣死誰敢愛命君侯體則皇枝任董方嶽不能摧鋒萬里雪此宽痛見遣一軍猶賢乎已若降後旨使人慨然僕行計決矣憑爲披述乃遣間道往江陵禀承軍期節度時蔡路養起兵據南康勃遣腹心譚世爲曲江令與路養相結同遏義軍大寶元年正月帝發自始興次大庾路養出軍頓南野依山水立四城以拒帝帝與戰大破之路養脫身竄走帝進頓南康湘東王承制授帝員外散騎常侍持節明威將軍交州刺史改封南野縣伯六月帝修嶂頭古城徙居焉高州刺史李遷仕據大皐遣主帥平虜率千人入灨石魚梁命周文育將兵擊走遷仕奔寧都承制授帝通直散騎常侍使持節信威將軍豫州刺史豫章内史改封長城縣侯尋授

散騎常侍持節都督六郡諸軍事軍師將軍南江州刺史餘如故時寧都人劉藹等資遷仕舟艦兵仗將襲南康帝遣杜僧明等率二萬人據白口築城以禦之遷仕亦立城以相對二年三月僧明等攻拔其城生擒遷仕送南康帝斬之承制命帝進兵定江州仍授江州刺史餘如故六月帝發自南康是時承制遣東將軍王僧辯督衆軍討侯景八月僧辯軍次湓城帝率杜僧明等衆軍及南川豪帥合三萬人將會焉時西軍乏食帝先貯軍糧五十萬石至是分三十萬以資之仍頓巴丘會侯景廢簡文帝立豫章嗣王棟

帝遣兼長史沈炘奉表于江陵勸進十一月承制授
帝使持節都督會稽東陽新安臨海永嘉五郡諸軍
事平東將軍揚州刺史領會稽太守豫章内史餘如
故三年正月帝率甲士三萬人强弩五千張舟艦三
千乘發自豫章二月次桑落州遣中記室參軍江元
禮以事表江陵承制加帝鼓吹一部是時僧辯已發
湓城會帝于白茅灣乃登岸結壇刑牲約盟進軍次
蕪湖侯景城主張黑棄城走帝與諸軍進克姑熟仍
次蔡州侯景以舟艦貯石沉塞淮口緣淮作城自石
頭迄青溪十餘里中樓雉相接諸將未有所決僧辯

遣杜崱問計于帝帝曰前柳仲禮數十萬兵隔水而
坐韋粲之在青溪竟不渡岸賊乃登高望之表裏俱
盡肆其兇虐覆我王師今圍石頭須渡北岸諸將若
不能當鋒請先往立栅帝即於石頭横隴築栅衆軍
次連八城直出東北賊恐西州路斷亦於東北果林
作五城以遏大路景率衆萬人鐵騎八百餘匹結陣
而進帝曰軍志有之善用兵者如常山之蛇首尾相
應今我師既衆賊徒甚寡應分賊兵勢以弱制强何
故聚其鋒鋭令必死於我乃命諸將分處置兵賊直
衝王僧志僧志小縮帝遣徐度領弩手二千横截其

後賊乃去帝與王琳杜龕等以鐵騎悉力乘之賊退
據其栅景儀同盧輝畧開石頭北門來降盪主戴晃
曹宣等攻援果林一城衆軍又克其四城賊復還殊
死戰又盡奪所得城栅帝大怒親率攻之士卒騰栅
而入賊復散走景與百餘騎棄矟執刀左右衝陣不
動景衆大潰逐北至西明門景至闕下不敢入臺遣
腹心取其二子而遁帝率衆出廣陵應接景將郭元
建會元建奔齊帝納其部曲三千人而僧辯啓帝鎮
京口五月北齊遣將辛術圍嚴超達於秦郡帝命徐
度領兵助其固守齊衆七萬塡塹起土山穿道地攻

之甚急帝乃自率萬人解其圍縱兵四面擊齊軍弓
弩亂發齊平秦王中流矢死斬首數百級齊人收兵
而退帝振旅南歸遣記室參軍劉本獻捷于江陵承
制授帝使持節散騎常侍都督南徐州諸軍事征北
大將軍開府儀同三司南徐州刺史及王僧辯率衆
征陸納於湘州承制命帝代鎮揚州梁元帝承聖二
年旋鎮京口三年三月進位司空十一月西魏攻陷
江陵帝與僧辯等進啓江州請晉安王以太宰承制
又遣長史謝哲奉牋勸進十二月晉安王至自尋陽
入居朝堂給帝班劒二十人四年五月北齊送貞陽

侯蕭淵明還主社稷僧辯納之即位改元天成以晉安王爲皇太子九月壬寅帝召徐度侯安都周文育等討僧辯甲辰帝步軍至石頭前進遣勇士自城北踰入擒僧辯及子頠縊殺之丙午貞陽侯遜位百僚奉晉安王上表勸進十月己酉即位改元紹泰元年以帝爲侍中大都督中外諸軍事車騎將軍陽南徐州刺史甲仗百人出入殿省宸州刺史杜龕僧辯之壻也據吳興與義興太守韋載同舉兵反帝命周文育率衆攻戰于義興龕遣其從弟杜北叟將兵拒戰敗歸義興辛未帝表自東討留高州刺史侯安都石

州刺史杜稜宿衛臺省甲戌軍至自義興丙子拔其水柵秦州刺史徐嗣徽據其城以入齊又要南豫州刺史任約共舉兵應龕戴齊人資其食嗣徽等以京師空虛率精兵五千奄至闕下侯安都領驍勇五百人出戰嗣徽等退據石頭丁丑戴及北叟來降帝撫而釋之以嗣徽寇逼捲甲還都命周文育進討杜龕十一月己卯北齊遣兵五千濟渡據姑熟帝命台州刺史徐度於冶城等立柵南抵淮渚齊又遣安州刺史翟子崇楚州刺史劉仕榮淮州刺史柳達摩領兵萬人於胡野渡米粟三萬石馬千匹入于石頭癸未帝遣侯安都領水軍夜襲胡野燒齊船千餘艘周鐵武率舟師斷齊運輸擒其北徐州刺史張領州獲運舫米數千石仍遣韋載於野航築城使杜稜據守齊人又於金門水南立二柵以拒官軍甲辰嗣徽等攻冶城柵帝領鐵騎精甲出自西明門襲擊之賊衆大潰嗣徽留柳達摩等守城自率親屬腹心往南州采石以迎齊援十二月癸丑帝遣侯安都領舟師襲嗣徽家口于泰州俘獲數百人官運連艦塞淮口斷賊水路丙辰帝盡命衆軍分部甲卒對冶航渡兵攻其水南二柵柳達摩等渡淮置陣帝督兵疾戰縱火燒

柵烟塵漲天賊潰爭舟排擠溺死者以千數府百姓夾淮觀戰呼聲震天地軍士乘勢無不一當百盡取其船艦賊軍懾氣是日嗣徽約等領齊兵水步萬餘人還石頭帝遣兵往江寧據要險以斷賊水步不敢進頓江寧浦口帝遣侯安都領水軍襲破之嗣徽等乘單舸脫走丁巳拔石頭南岸柵移度北岸起柵以絕其汲路又堙塞東門故城中諸井齊所據城中無水水一斗貿米一升米一升貿絹一疋或炒米食之達摩謂衆曰聞在此童謡云石頭擣兩襠擣青復擣黄侯景服青身倒於此今吾徒衣黄豈謡言驗耶輿

申達摩遣使侯子欽劉仁榮等潛來請和帝許之乃
於城門外刑牲盟約其將士部曲一無所問從其南
北辛酉帝出石頭南門陳兵數萬送齊人歸北者壬
戌和州長史烏九遠自南州奔還歷陽江寧令陳嗣
黃門侍郎曹郎據姑熟反帝命侯安都徐度等討平
之斬首數千級聚爲京觀石頭採石南州悉收其馬
仗船米不可勝計是月杜龕以城降三年正月癸未
誅杜龕于吳興龕從弟北叟司馬沈孝敦竝賜死二
月庚申帝遣侯安都周鐵虎率舸艦備江州仍頓梁
山起柵甲子勅司空有軍旅之事可騎馬出入城内

三月戊戌北齊遣水軍儀同蕭軌等率衆十萬出柵
口向梁山帝遣侯安都及定州刺史沈泰吳郡太守
吳就共據梁山以禦之五月乙亥帝率宗室王侯及
朝臣將帥於大司馬門外白獸闕下刑牲告天以齊
人背約發言慷慨涕泗交流同盟皆莫能仰視士卒
觀者益奮丙申齊兵至秣陵故治六月丙子至玄武
湖己卯帝率帳内麾下衆軍首尾齊舉臨水大戰破
之帝表解南徐州以授安都七月丙子詔授帝中書
監司徒揚州刺史進爵爲公增邑幷前五千戶食安
吉武康二縣侍中使持節都督諸軍事乘給碧幢皁
輪車是月侯瑱以江州入附遣侯安都鎮上流定南
中諸郡九月壬寅改年曰太平元年進帝位丞相錄
尚書事鎮衛大將軍改刺史爲牧進封義興郡公二
年二月庚午蕭勃舉兵自廣州度嶺頓南康遣將歐
陽頠傅泰及其子孜爲前軍至于豫章分屯要嶮南
江州刺史余孝頃起兵應勃帝命周文育侯安都率
衆討平之八月甲午進位太傅加黃鉞王欽若等曰自此以後褒寵竝具閏位錫命門是月湘州刺史王琳擁兵不應命帝遣周
文育侯安都率衆討之九月辛丑詔曰肇昔元台剖
判太素氤氳崇建人皇必憑洪宰故賢哲之后牧伯

征于四方神武之君太監治乎萬國又有一匡九合
渠門之錫以隆戮帶圍溫行宮之寵斯茂時危所以
貞固運泰所以光熙斯乃千載同風百王不刊之道
也太傅義興公允文允武迺聖迺神固天生德康濟
黔首昔在休期早隆朝寄遠踰滄海大極交越皇運
不造書契未聞中國其亡兵凶摠至哀哀噍類譬彼
窮牢悠悠上天莫云斯極否終泰始元輔應期將此
方摧援兹已溺乘舟履輦架險浮深經略中途畢殲
羣醜洎乎石頭姑熟流髓履腸一朝指撝六合清宴
是用先朝下武翼亮中都雪三后之勁讐夷三靈之

巨慝堯台禹佐未始能階殷相周師固非云擬重之以屯剥餘象荆楚大摧天地無心乘輿委御五胡薦食競謀諸夏八方甚跱莫有裨救彊臣放命黜我冲人顧影於蔡孺之䰟甘心於甯卿之辱却按下髻求哀之路莫從竄伏逃債容身之地無所公神兵奄至不日清澄惟是彛蒙再膺天祿斯又巍巍蕩蕩無得所稱焉加以伏玆忠義屠彼祆逆震部夷氛稽山罷祲番禺蠡澤北鄙西郊殲厥凶徒罄無遺種斯則兆民之命倚短所懸率土之基興亡是賴於是刑禮兼訓沿革有章中外咸平遐邇寧一用能使陽光合魄

曜象呈暉棲閣游庭抱仁含信宏勳該於厚地大道格於玄天羲農炎昊以來卷領垂衣之世聖人濟物未有如斯者也夫備物典策桓文是膺助理陰陽蕭曹不讓未有功高於寓縣而賞薄於伊周凡厥人祇固懷延佇實繇公謙撝自牧降損爲懷嘉數遲回永言增歎豈可申玆雅尚久廢朝猷宜戒司勳敬昇鴻典且重華大聖嬀汭惟賢盛德之祀無忘公侯之門必復是以殷嘉亶父繼后稷之官堯命羲和纂重黎之位況其本枝攸建宜誓山河者乎其進公位相國揔百揆封十郡爲陳公備九錫之禮加璽垂紱遠遊冠綏綬位在諸侯王上其鎭衛大將軍揚州牧如故策曰大哉乾元資日月以貞觀至哉坤元憑山川以載物故惟天爲大陟配者欽明惟王建國翼輔者齊聖是以文武之佐磻磎蘊其玉璜堯舜之臣滎河鏤其金版況乎體得一之鴻姿寧陽九之危厄極橫流于碣石撲燎火於崑岑驅馭於韋彭跨躡於齊晉神功行而靡用聖道運而無名者乎今將授公典策其敬聽朕命日者昊天不吊鍾亂於我國家綱漏吞舟彊胡内鼎茫茫宇宙喋喋黎元方足圓顱萬不遺一大清否亢橋山之痛已深大寶屯如平陽之禍相繼

上宰膺運康救兆民鞠旅於潰池之南揚旌於桂嶺之北懸三光於既墜謐四海於羣飛屠猰窳於中原斮鯨鯢於濛汜蕩寧上國光啓中興此則公之大造於皇家者也既而天未悔禍夷醜薦臻南夏沸騰西京蕩覆羣胡孔熾藉亂乘間推納藩枝盜假神器冢司昏曉旁引寇讎既見貶於桐宮方謀危於漢閣皇運已殆何殊贅旒中國摇然非徒如綫公赫然投袂將救本朝復君齊都平我王室朕所以還膺寶曆重履宸居挹建武之風歆歌宣王之雅頌此又公之再造於皇家者也公應務之初登庸惟始二州五嶺蕈

不窺臨銀洞珠宮所在寧謐孫盧肇釁越猶爲羣番
郡阽危勢將淪殄公赤旗所指祆壘洞開白羽纔搖
兇徒粉潰非其神武久喪南藩此又公之功也大同
之末邊政不脩李賁狂迷竊我交愛敢稱大號驕蹇
甚於尉陀據有連州雄豪熾於梁碩公英謩雄等雷
掃風行馳樂樓船直跨滄海新昌盡徹備履艱難經
歷嘉寧盡爲京觀三山獠洞八角蠻陬逖矣水寓之
鄉悠哉火山之國馬援之所不届陶璜之所未聞莫
不懼我王靈爭朝邊候歸琛天府獻狀鴻臚此又公
之功也自冠虜陵江宮闈幽辱公枕戈嘗膽提劒拊

心氣湧清霄神飛紫閣而番禺連率本自諸夷言得
其朋是懷同惡公仗此忠誠乘機勦定執沛公而釁
鼓平新野而據鞍此又公之功也世道初艱方隅多
難勳門桀黠作亂衡嶷兵切池隍衆兼夷獠公以圍
盜邊境知無不爲恤是同盟誅其醜類莫不魚驚鳥
散函縛頭懸南士黔黎重保蘇息此又公之功也長
驅嶺嶠夢想京畿緣道酋豪遞爲榛梗路養渠率全
據大都畜聚逋逃方謀阻亂百樓不戰雲梯之所未
窺萬弩齊張高翰之所非敵公能驟虎步嘯叱風雲
山靡堅城野無彊陣清祆氛於瀨石滅沴氣於雩都

此又公之功也遷仕凶慝屯據大皐（王欽若等曰遷仕姓李爲高州刺史據大皐叛攻南康）乞活類馬騰之軍流民多杜弢之衆推
鋒轉鬭自北徂南頓歲稽誅實惟勍虜公坐揮三略
遥制六奇義勇同心貔貅勠力風驅電擊谷靜山空
列郡無犬吠之驚叢祠罷狐鳴之盜此又公之功也
王師討虜次届淪波兵乏兼儲士有饑色公迴麾蠡
澤積谷巴丘億庾之詠斯豐壺漿之迎是衆軍民轉
漕會無砥柱之難艫舳相望如運敖倉之粟犀渠貝
冑頓菼雷霆高艦層樓俯捫霄漢故三軍勇鋭百戰
無前承此兵糧遂誅兇逆此又公之功也若夫英圖

邁俗義旅如雲溢壘猜携用淹戎略公志唯同獎師
克在和鵠塞北虞鴻門是會若晉侯之誓白水如蕭
王之推赤心屈禮交盟人祇感咽故能使舟師並路
遠邇同心此又公之功也姑熟禁要崤函憑麥冦擄
據其關梁大盜負其扃鐍公一較載擒三雄並奮左
賢右谷（音祿）沙潰土分木甲燼於中原璽裘赴於江水
佗佗藉藉萬計千羣鄂坂之隘斯開夷庚之進無塞
此又公之功也義軍大衆俱奮帝京逆豎兇徒猶屯
皇邑若夫表裏山河金湯崤固疏龍首以抗殿剪華
嶽以爲城雜虜憑焉强兵自若公廻玆地軸抗此天

羅曾不祟朝俾無遺噍軍容甚穆國政方脩物重覩於衣冠民還瞻於禮樂楚人蕭道爭覩於葉公漢老咖悲俱歡於司隸此又公之功也內難初靜諸侯出關外郡傳烽鮮甲犯塞莫非且渠當戶中貴名王冀馬列於淮南胡笳動於徐北公舟師步甲亘野橫江殲厥羣羝遂殫封豕莫不絓木而止戎車靡遺遇濘而旋歸驂畫殪此又公之功也公克平禍難劬勞皇室而孫甯之黨爨啓狄心伊雒之間咸爲虜境雖金陵佳氣石壘天嚴荆門戎塵夜喧胡鼓公三籌既畫八陣斯張截舉靈鉦未抽金撲咸俘醜類悉反高墉

異李廣之皆誅同龎元之盡赦此又公之功也任約叛涣梟聲不悛戎羯貪婪狄心無改公左甄右落箕張翼舒掃是攙搶驅其飲犹僬狄之長埋於國門椎髻之酋烹於軍市投秦坑而盡沸噎睢水而不流此又公之功也一相居中自安爇呙五湖小守妄懷同惡公夙駕兼道衣甲仗戈玉斧將揮金鉦且戒祇畣震慴遽請灰釘爇櫬以表其含弘焚書以安其反側此又公之功也賊龕凶横凌虐具區（王欽若等曰賊龕卽震州刺史杜龕舉兵據吳興叛也）阻兵安忍憑災怙亂自古蟲言鳥迹渾沌洪荒人或虔劉未此殘酷公雖宗居汝穎世寓東南育聖誕賢之鄉含章挺生之地眷言桑梓公私憤切卓爾英猷承規奉算戮此大憝如烹小鮮此又公之功也亂離永久羣盜孔多浙左羣渠連兵搆逺豈止千兵五較自淮以來而已哉公以中軍無帥選是親賢姦寇途窮灌然氷泮刑澹之所文命動其大威雷門之間勾踐行其嚴戮英規聖迹異代同風此又公之功也同姓有扈頑兇不賓憑藉宗盟圖危社稷觀其匪澤勢震京師驅率南蠻已爲東帝公論兵於廟堂之上決勝於樽俎之間寇賈樊滕浮江下瀨一朝翦撲無待旬師萬里澄清非勞新息此又公之功

也豫章祆寇依憑山澤繕甲完聚多歷歲時結縱連橫爰洎交廣呂嘉既獲吳濞已縱命我還師征其不恪連營盡拔僞黨斯擒曜聖武於廬山廻神姓於蠡派此又公之功也自八紘九野瓜割豆分竊帝偷王連州比縣公武靈已暢大德又宣折簡馳書風猷斯遠至於蒼蒼洛日杳杳無雷北洎幽都南踰冊徼莫不屈膝膜拜來吏款關此又公之功也京師禍亂孔亟積瞷雙闕低昂九門寥豁寧秦宮之可顧豈曾殿之猶存五郡簪弁百僚卿士胡服縵纓咸爲戎俗高冠厚履非復華風宋微子麥穟之刺周大夫黍離之

歎方之於斯未足爲悲矣公求衣昧旦反席高春興
搆宮闈具瞻遐邇郊庠宗稷之典六符十算之章還
聞太始之高風重覩永平之遺事此又公之功也公
有濟世之動重之以凝神體道合德符天用百姓以
爲心隨萬機以自務恥一物非唐虞之民歸含靈於
仁壽之域上德不德無爲以爲夏長春生顯仁藏用
忠信爲寶風雨弗愆仁惠爲基馬牛勿踐功成治定
樂奏咸雲安上治民禮兼文質物色丘園衣秘里巷
朝多君子野無遺賢菽粟同水火之饒工商富倚頓
之旅是以天無蘊寶地有呈祥濟露卿雲朝團曉映

山車澤馬服駁登閑既炳煥於圖書方葳蕤於史牒
高勳踰於象緯積德冠於高華固無得而稱者矣朕
又聞之前王宰世茂賞尊賢式樹藩長總征群伯二
南崇絕四履遐曠泱泱表海胙土維齊巖巖泰山俾
侯于魯抑又勤王及鄭夾輔遷周呂伯之命斯隆河
陽之禮咸備況復經營宇宙豈唯斷鼇足之功弘濟
蒼生非直鑿龍門之險而疇庸報德寂爾無聞朕所
以垂拱當中載懷慙悸者也今授公相國以南豫州
之陳留南丹陽宣城楊州之吳興東陽新安寧國南
徐州之義興江州之鄱陽臨川十郡封公爲陳公錫
之青土苴以白茅爰定爾邦用建冢社昔旦奭分陝
俱爲保師晉鄭諸侯咸作卿士兼其內外禮實攸宜
今命持節兼太尉王通授相國印綬陳公璽紱使持
節兼司空王瑒授陳公茅土金虎符第一至第五左
竹使符第一至第十相國秩踰三鉉任總百司位絕
朝班禮絕事華其以相國總百揆除錄尚書之號上
所假節侍中貂蟬中書監印章中外都督太傅印綬
義興公印策其鎮衛大將軍楊州牧如故又加公九
錫其敬聽後命以公體爲楨幹律等衡策四維皆舉
八柄有章是用錫公大輅戎車各一玄牡二駟以公

賤寶崇穀疏爵待農室富京坻民知榮辱是用錫公
袞冕之服赤舄副焉以公調理陰陽燮諧風雅三靈
允降萬國同和是用錫公軒懸之樂六佾之舞以公
宣導英猷弘闡風教光景所炤鞮象必通是用錫公
朱戶以居以公抑揚清濁褒德進賢髦士盈朝幽人
虛谷是用錫公納陛以登以公巍然廊廟爲世鎔範
持衡四表臨御八荒是用錫公虎賁之士三百人以
公執玆明罰期在刑措象恭無赦干紀必誅是用錫
公斧鉞各一以公英猷遠量跨厲嵩溟包一車書括
囊寰宇是用錫公彤弓一彤矢百盧弓十盧矢千以

公天經地義貫徹幽明春露秋霜尨恭粢盛是用錫公秬鬯一卣圭瓚副焉陳國置丞相已下一遵舊式往欽哉其恭循朕命克相皇天弘建邦家佐興洪業以光我高祖之休命十月戊辰進陳公爵爲王以楊州之會稽臨清永嘉建安南徐州之晉陵信義江州之尋陽豫州安成廬陵幷前二十郡益封陳國其相國楊州牧鎮衛大將軍竝如故又命陳王冕十有二旒建天子旌旗出警入蹕乘金根車駕六馬備五時副車置旄頭雲罕樂舞八佾設鐘虡宮懸王妃王子王女爵命之號陳臺百官一依舊典是月辛未遂受

梁禪

世祖文帝始興昭烈王之子少沈敏有識量留意經史舉動方雅造次必遵禮法高祖甚愛之侯景之亂鄉人多依山湖寇抄帝獨保家無所犯時亂日甚乃避地臨安及高祖舉義兵侯景使收帝及衡陽王獻王帝乃密褁小刀兾因入見而害景至便屬吏故其事不行高祖大軍圍石頭景欲加害者數矣會景敗乃得出起家吳興太守時宜城刧帥紀磯郝仲等各聚衆千餘人侵掠郡境帝討平之梁承聖二年授信武將軍監南徐州三年高祖北往廣陵使帝爲前軍每戰克捷高祖之討王僧辯也先召帝與謀時僧辯女婿杜龕據吳興兵衆甚盛高祖令帝還長城立柵以備龕帝收兵纔數百人戰備又少龕遣其將杜泰領精兵五千乘虛奄至將士相視失色而帝言笑自若部分益明於是衆心乃定泰知柵内人少日夜苦攻帝激勵將士身當矢石相持數旬泰乃退走高祖遣周文育率兵討龕龕兵尚衆斷據要衝水步連陣相結帝命將軍劉澄蔣元舉率衆攻龕龕軍大敗窘急因請降東楊州刺史張彪起兵圍臨海太守懷振振遣使求救帝與周文育輕兵往會稽以掩彪彪將

沈泰開門納帝帝盡收其部曲家累彪至又破走若耶村民斬彪傳其首以功授持節都督會稽等十郡諸軍事宣毅將軍會稽太守山越深險皆不賓附帝分命討擊悉平之威惠大振高祖即位封爲臨川郡王邑二千户拜侍中安東將軍及周文育侯安都敗於沌口詔帝入衛軍儲戎備皆以委焉尋命率兵城南院永定三年六月即帝位

北齊高祖神武皇帝渤海蓨人高樹之子素家貧自隊主轉輪爲函使與懷朔省事雲中司馬子如及秀容人劉貴中山人賈顯智爲奔走之友懷朔户曹史

孫騰外兵使侯景亦相友結柔玄鎭人杜雒周反於上谷帝與同志從之醜其行事私與尉景段榮蔡儁圖之不果而迯奔葛榮又亡歸爾朱榮以帝爲信都都督時後魏孝明遇鄭儼徐紇逼靈太后未敢制私使榮舉兵內向榮以帝爲前鋒至雒會孝莊立以定策勳封爲銅鞮伯及爾朱榮擊葛榮令帝諭下賊別稱王者七人後與行臺于暉破羊侃于太山又與元天穆破邢杲于濟南累遷帝三鎭人酋長晉州刺史於是大聚斂因劉貴貨榮下要人盡得其意及孝莊誅榮其從子兆自晉陽舉兵入雒執孝莊立長廣王

曄改元建明封帝爲平陽郡公及貴也頭紇豆陵步藩入秀容逼晉陽兆徵帝帝將往賀拔允過見請緩行以備之帝乃往逗遛辭以河無橋不得渡步藩軍盛兆敗走初孝莊之誅爾朱榮知其黨必有逆謀乃密勑步藩令襲其後步藩既敗兆等以兵勢日盛兆又請救於帝帝內圖兆復慮步藩後之難除乃與兆悉力破之藩死兆深德於帝誓爲兄弟時爾朱榮從弟度律從父弟世隆及彥伯共執朝政（從祖兄子仲遠據東郡）天光據關右兆據幷州各擁兵爲暴天下苦之葛榮衆流入幷肆者二十餘萬爲契胡陵暴皆不聊生大小二十六反誅夷者半猶草竊不止兆患之問計於帝帝曰六鎭反賊不可盡殺宜選王素腹心者私使統焉若有反者直罪其帥則所罪者寡兆曰善誰可行也賀拔允時在坐帝拳毆之折其一齒曰生平天柱時（王欽若等曰爾朱榮爲天柱大將軍）奴輩伏處分如鷹犬今日天下安置在王而阿鞠泥敢誣下罔上請殺之兆以帝爲誠遂以委焉帝以兆醉恐醒後或致疑貳遂出宣言受委統州鎭兵可集汾東受令乃建牙陽曲川陳部分有款軍門者絳巾袍自稱梗陽驛子願厠左右訪之則以力聞甞於幷州市格殺人者乃署爲親信

兵士素惡兆而樂神武於是莫不皆至居無何又使劉貴請兆以幷肆頻歲霜旱降戶掘黃鼠而食之皆面無穀色徒汚人國土請令就食山東待溫飽而處分之兆從其議其長史慕容紹宗諫曰不可今四方擾擾人懷異望況高公雄畧又握大兵將不可爲兆曰香火誓重何所慮也紹宗曰親兄弟尚難可信何論香火時兆左右已受帝金卽譖紹宗與帝舊有隙兆乃禁紹宗而催帝帝乃自晉陽出滏口路逢爾朱榮妻鄉郡長公主自雒陽來馬三百匹盡奪易之兆聞乃釋紹宗而問焉紹宗曰猶掌握中物也於是自

追帝至襄洹會漳水暴長橋壞帝隔水拜曰所以借
公主馬非有他故備山東盜耳王受讒言自來賜追
今渡河而死不辭此衆更叛兆乃陳無此意因輕馬
渡與帝坐幕下陳謝遂授刀引頭使帝斫巳帝大哭
曰自天柱甍背賀六渾（王欽若等曰賀六渾神武字也）更何所仰願
大家千萬歲以申力用今傍人搆間至此大家何忍
復出此言兆投刀於地遂刑白馬而盟誓爲兄弟留
宿夜飲尉景伏壯士欲執兆帝齧臂止之曰今殺之
其黨必奔歸聚結兵饑馬瘦不可相支若英雄崛起
則爲害滋甚不如且置之兆雖勁捷而兇狡無謀不

足圖也旦日兆歸營又召帝將上馬詣之孫騰牽衣
乃止隔水肆罵馳還晉陽兆心腹念賢領帝戶家累
別爲營帝僞與之善觀其佩刀因取之以殺其從者
盡散於是士衆咸悅倍願附從旣出滏口倍加約束
纖毫之物不聽侵犯將過麥地帝輒步牽馬遠近聞
之皆稱高儀同將兵整肅益歸心焉遂前行屯鄴求
糧於相州刺史劉誕誕不供有車營租米帝自取之
魏普泰元年二月神武自軍次信都高乾封隆之開
門以待遂據冀州是月爾朱度律廢長廣王而立節
閔封帝爲渤海王四月又加東道大行臺第一鎮人

酋長龎蒼鷹自太原來奔帝以爲行臺郎尋以爲安
州刺史神武自向山東養士繕甲禁侵掠百姓歸心
乃詐爲書爾朱兆將以六鎮人配契胡爲部曲衆皆
愁又爲并州符徵兵討步落稽發萬人將遣之孫騰
尉景爲請留如此者再帝親送之郊雪涕執別人皆
號慟哭聲動地帝乃喻之曰與爾俱殊鄉客義同一
家不意在上乃爾徵召直向西巳當死後軍期又當
死配國人又當死奈何衆曰唯有反耳帝曰反是急
計須推一人爲王衆曰願奉帝曰爾鄉里難制不見葛
榮乎雖百萬衆無刑法終自灰滅今以吾爲王當與

前異不得欺漢兒不得犯軍令生死任吾則可不爾
不能爲取笑天下衆皆頓顙死生唯命帝曰若不得
巳明日椎牛饗士諭以討爾朱之意封隆之進曰千
載一時普天幸甚帝曰討賊大順也拯時大業也吾
雖不武以死繼之何敢讓爲六月庚子建義於信都
尚未顯背爾朱氏及李元忠與高乾平殷州斬爾朱
羽生首來謁帝撫膺曰今者反决矣乃以元忠爲殷
州刺史是時兵威旣振乃抗表罪狀爾朱世隆等秘
表不通八月爾朱兆攻陷殷州李元忠來奔孫騰以
爲朝廷隔絶不權立天子則衆望無所係十月壬寅

奉章武王融子渤海太守王郎爲皇帝年號中興是
爲廢帝時爾朱度律仲遠軍次雒陽爾朱兆會之帝
用竇泰策縱反間度律仲遠不戰而還帝乃敗兆於
廣阿十一月攻鄴相州刺史劉誕嬰城固守帝起土
山爲地道往往建大柱一時焚之城陷入地麻祥時
爲場陽令帝呼之曰麻都祥慚而死永熙元年正月
壬午拔鄴城據之廢帝進帝大丞相柱國大將軍太
師是時青州建義大都督崔靈珍大都督耿翔皆遣
使歸附行汾州事劉貴棄城來降閏三月爾朱天光
自長安兆自并州度律自雒陽仲遠自東郡同會鄴

衆號二十萬挾洹水而軍節閔以長孫承業爲大行
臺摠督焉帝令封隆之守鄴自出頓紫陌時馬不滿
二千步兵不至三萬衆寡不敵乃於胡陵爲圓陣連
牛驢以塞歸道於是將士皆爲死志四面赴擊之爾
朱兆責帝以背巳帝曰本戮力者共輔王室今帝何
在兆曰永安枉害天柱我報讎耳帝曰我昔日親聞
天柱計汝在戶前立豈得言不反耶且以君殺臣何
報之有今日義絶矣乃合戰大敗之爾朱兆對慕容
紹宗叩心曰不用公言以至於此將輕走紹宗反旗
鳴角收聚散卒成軍容而西上高李式以七騎追奔

度野馬崗與兆遇高昂望之不見哭曰喪吾弟矣夜
久李式還槊血滿袖斛斯椿倍道先據河橋四月斛
斯椿執天光度律以送雒陽長孫承業遣都督賈顯
智張歡入雒陽執世隆彥伯斬之兆奔并州仲遠奔
梁州遂死焉時匈蠹旣除朝廷慶悅帝至雒陽廢節
閔及中興王而立孝武孝武卽位以帝爲天柱大將
軍太師世襲定州刺史增封并五十萬戶帝自滏口
入爾朱兆大掠晉陽北保秀容并州平帝以晉陽四
塞乃建大丞相府而定居焉兆旣至秀容分兵守險
出入寇抄帝揚聲討之師出止者數四兆意怠帝揣

其歲首當宴會遣竇泰以精騎馳之一日一夜行三
百里帝以大軍繼之二年正月竇泰奄至爾朱兆庭
軍人因宴休惰忽見泰驚走追破之於赤洪嶺兆自
縊帝親臨厚葬之初帝之入雒也爾朱仲遠部下都
督喬寧張子期自滑臺歸命帝以其助亂且數反覆
皆斬之斛斯椿由是内不自安乃與南陽王寶炬及
武衛將軍元毗魏光王思政搆帝於孝武舍人元士
弼又奏帝受勑大不敬故孝武心貳於賀拔岳時司
空高乾密啓帝言孝武之貳帝封呈孝武殺之天光
元年二月封隆之與孫騰私言隆之喪妻孝武欲妻

以姝騰亦未之信隆之泄其言於斛斯椿以白孝武又孫騰帶仗入省擅殺御史竝亡來奔稱孝武撾舍人梁續於前光祿少卿元子幹攘臂擊之騰曰爾高王元家兒拳正如此領軍婁昭辭疾歸晉陽魏帝於是以斛斯椿兼領軍分置督將及河間關西諸刺史華山王鷙在徐州帝使邸珍奪其管籥建州刺史韓賢濟州刺史蔡儁皆帝同義魏帝忌之故省建州以去賢使御史中尉綦儁罪以開府賈顯智爲濟州儁拒之魏帝愈怒五月下詔云將征句吳發河南諸州兵增宿衛守河橋六月丁巳密詔帝曰宇文黑獺自

平破秦隴多求非分脫有變非事資經畧但表啓未全背戾進討事涉忿忿遂召羣臣議其可否僉言假稱南伐內外戒嚴一則防豫不虞二則以威吳楚時魏帝將伐帝部恐帝部將帥慮疑故有此詔帝乃表曰荆州綰接蠻左密邇畿服關隴恃遠將有逆圖臣今潛勒兵馬三萬擬從河東而渡又遣鎮州刺史庫狄干瀛州刺史郭瓊汾州刺史斛律金前武衛將軍彭樂擬兵四萬從其來遠津渡遣領軍將軍婁昭相州刺史竇泰前燕州刺史堯雄幷州刺史高隆之擬兵五萬以討荆州遣冀州刺史尉景前冀州刺史高敖曹濟州刺史蔡儁前侍中封隆之擬山東兵七萬突騎五萬以征江左皆約勒所部伏聽處分魏帝知覺其變乃出帝表命羣伯議之欲止帝諸軍帝乃集在幷州僚佐令其博議還以表聞仍以信誓自明忠款曰爲嬖佞所間陛下一旦賜疑令猖狂之罪爾朱時討臣若不盡誠竭節敢負陛下則使身受天殃子孫殄絕陛下若垂信赤心使干戈不動佞臣一二人願斟量廢黜辛未魏帝復錄在京文武議意以答帝使舍人溫子昇草勑子昇逡巡未敢作魏帝據胡床拔劒作色子昇乃爲勑曰前持心血遠以示王深冀

彼此共相體悉而不良之徒坐生間貳近孫騰倉卒向彼致使聞者疑有異謀故遣御史中尉綦儁具申朕懷今得王啓言誓懇惻反覆思之猶所未解以朕眇身遇王武略不勞尺刃坐爲天子所謂生我者父母貴我者高王今若無事背王親相攻討則使身及子孫還如王誓皇天后土實聞此言近慮宇文爲亂賀拔勝應之故纂嚴欲與王俱爲聲援宇文今日使者相望觀其所爲更無異迹賀拔在南開擴邊境爲國立功念無可責君若欲分討何以爲詞東南不賓爲日已久先朝已來置之度外今天下戶口減半未

宜窮兵極武朕既闇昧不知佞人是誰可列其姓名
令朕知也如聞庫狄千語王云本欲取儒弱者爲主
王無事立此長君使其不可駕御今但作十五日自
可廢之更立餘者如此議論自是王間勳人豈出佞
臣之口去歲封隆之背叛今年孫騰逃走不送誰不
怪王騰既爲禍胎曾無愧懼若事君盡誠何不斬送
二首王雖啓圖西去而四道俱進或欲南度雒陽或
欲東臨江左言之者猶怪聞之者寧能不疑王若守
誠不貳晏然居北在此雖有百萬之衆終無圖彼之
心王脫信邪忘義舉旗南指縱無匹馬隻輪猶欲奮

空拳而爭死朕本寡德王立之百姓無知或謂實可
若爲他所圖則彰朕之惡假令還爲王殺幽辱虀粉
了無遺恨向者王既以德見推以義見舉一朝背德
舍義便是過有所歸本望君臣一體若合符契不圖
今日分疎到此古語云越人射我笑而道之吾兄射
我泣而道之朕既親王情如兄弟所以投筆拊膺不
覺歔欷初帝自京師將北以爲雒陽久經喪亂王室
衰盡雖有山河之固土地褊狹不如鄴請遷都魏帝
曰高祖定鼎河雒爲永永之基經營制度至世宗乃
畢王既功在社稷宜遵太和舊事帝奉詔至是復謀

爲遣三千騎鎭建興益河東及濟州兵於白溝虜船
不敢向雒諸州和糴粟運入鄴城魏帝又勑帝曰王
若厭伏人情杜絕物議唯有歸河東之兵罷建興之
戍送相州之粟追濟州之軍令蔡儁受代使邸珍出
徐止戈散馬各事家業脫須糧廪別遣轉輸則讒人
結舌疑悔不生王高枕太原朕垂拱京雒終不舉足
渡河以干戈相指王若馬首南向問鼎輕重朕雖無
武欲止不能必爲社稷宗廟出萬死之策決在於王
非朕能定爲山止簣相爲惜之魏帝時以任祥爲兼
尚書左僕射加開府祥棄官走至河北據郡待帝魏

帝乃勑文武官北來者任去留下詔罪狀帝爲北伐
經營帝亦勒馬宣告曰孤遇爾朱擅權舉大義四海
奉戴主元武怒幽明横爲斛斯椿讒搆以誠節爲逆
首昔趙鞅興晉陽之甲誅君側惡人今者南邁誅椿
而已以高昂爲前鋒曰若用司空言豈有今日之舉
司馬子如答帝曰本欲立小者正爲此耳魏帝徵兵
關右召賀拔勝赴行在所遣大行臺長孫承業大都
督潁川王斌之斛斯椿共鎭武牢汝陽王暹鎭石濟
行臺長孫子彥帥前弘農太守元洪畧鎭陝賈顯智
豫州刺史斛斯元壽伐蔡儁帝使竇泰與左相大都

督莫多婁貸文逆顥智韓賢逆享元素軍降泰貸文
與顥智遇於長壽津顥智陰約降引軍退軍司元玄
覺之馳還請益師魏帝遣大都督侯幾紹赴之戰於
滑臺東顥智以軍降紹死之七月魏帝躬率大衆屯
河橋帝至河北十餘里再遣口申誠款魏帝不報乃
引軍渡河魏帝問計於羣臣或云南依賀拔勝或云
西就關中或云守雒口死戰未決而元斌之與斛斯
椿爭權不睦斌之棄椿逕還紿魏帝云帝兵至卽日
魏帝遜於長安已酉帝入雒陽停永寧寺八月甲寅
召集百官謂曰爲臣奉主拯救危亂若處不諫諍出

不陪隨緩則耽寵爭榮急便逃竄臣節安在遂收開
府儀同三司叱列延慶兼尚書左僕射辛雄兼吏部
尚書崔孝芬都官尚書劉廞兼度支尚書楊機散騎
常侍侍中元士弼並殺之誅其貳也士弼籍沒家口
帝以萬幾不可曠廢乃與百僚議以清河王亶爲大
司馬居尚書下舍而承制決事焉王稱警蹕帝尋至
弘農遂西克潼關執毛洪賓進軍長城龍門都督薛
崇禮降帝退舍河東命行臺尚書長史薛瑜守潼關
大都督庫狄温守封陵於蒲津西岸築城守華州以
薛紹宗爲刺史高昂行豫州事帝自發晉陽至此凡
四十啓魏帝皆不荅九月庚寅帝還至雒陽乃遣僧
道榮奉表關中又不荅乃集百僚沙門耆老議所推
立以爲自孝昌衰亂國統中絶神主靡依昭穆失序
永安以孝文爲伯考永熙遷孝明於夾室業喪祚短
職此之繇議立清河王世子善見是爲孝靜帝魏於
是始分爲二帝以孝武旣西恐逼崤陜雒陽復在河
外接近梁境如向晉陽形勢不能相接依議遷鄴護
軍祖瑩贊焉詔下三日車駕便發戶四十萬狼狽就
道帝留雒陽部分事畢還晉陽自是軍國政務皆歸
相府二年正月西魏渭州刺史爾朱渾道元擁衆內

屬帝迎納之壬戌帝襲擊山胡劉蠡升大破之是月
孝靜褒詔以帝爲相國假黃鉞劍履上殿入朝不趨
帝固辭三月帝欲以女妻蠡升太子候其不設備辛
酉潛師襲之其北部王斬蠡升首以送其衆復立其
子南海王帝進擊之又獲南海王及其弟西海王北
海王皇后公卿以下四百餘人胡魏五萬戶三年正
月甲子帝帥庫狄千等萬騎圍西魏夏州身不火食
四日而至縛矟爲梯夜入其城於是生擒費也頭斛
拔俄彌突因而用之留都督張瓊以鎭守遷其部落
五千戶以歸西魏靈州刺史曹泥與其壻涼州刺史

劉豐遣使請內屬周太祖圍泥水灌其城不没者四
尺帝命阿羅至發騎三萬徑度靈州統山西後獲馬
五十匹西師乃退帝率騎迎泥豐生拔其遺戶五千
以歸復泥官爵孝靜詔加帝九錫固讓乃止二月帝
令阿羅至逼西魏秦州刺史建忠王萬俟普撥帝以
衆應之三月普撥與其子太宰壽會于幽蒲津以氷
薄不得赴救乃班師是月高昂克上雒十一月壬辰
帝西討自蒲津濟衆二十萬周太祖軍於沙苑帝以
地阨少却西人鼓噪而進軍大亂棄器甲十有八萬
帝跨橐駝候船以歸元象元年三月辛酉帝固請解

丞相孝靜許之七月壬午行臺侯景司徒高昂圍西
魏將獨孤信於金墉西魏帝及周太祖並來赴救大
都督庫狄干帥諸將前驅帝摠衆繼進八月辛卯戰
於河陰大破西魏軍俘獲數萬司徒高昂大都督李
猛宗顯死之西師之敗獨孤信先入關周太祖留其
都督長孫子彥守金墉遂燒營以遁帝遣兵追奔至
崤不及而還初帝知西師來侵自晉陽率衆馳赴至
孟津未濟而軍有勝負既而帝渡河子彥亦棄城走
帝遂毁金墉而還十一月庚午朝京師十二月壬辰
還晉陽興和元年七月丁丑孝靜進帝爲相國錄尚

書事固讓乃止十二月乙丑帝以新宮成朝於鄴辭
渤海王及都督中外諸軍事詔不許四年五月辛巳
朝鄴六月甲辰還晉陽九月帝西征十月己亥圍西
魏儀同三司王思政於玉壁城欲以挑敵西師不敢
出武定元年二月壬申北豫州刺史高慎據虎牢西
叛三月壬辰周太祖率衆援高慎圍河橋南城戊申
帝大敗之於芒山擒西魏督將已下四百餘人俘斬
六萬計是時軍士有盜殺驢者軍令應死帝弗殺將
至并州決之明日復戰奔西軍告帝所在西師盡銳
來攻衆潰帝失馬赫連陽順下馬以授帝與蒼頭馮

文雒扶上俱走西魏大帥賀拔勝以十三騎逐帝河
州刺史劉洪徽射中其二勝稍將中帝段先橫射勝
馬殪遂免豫雒二州平帝使劉豐追奔至弘農還八
月孝靜詔帝爲相國錄尚書事固辭乃止十二月己
卯朝京師庚辰還晉陽二年三月癸巳帝巡行冀定
二州因朝京師四月丙辰還晉陽十一月帝討山胡
破平之俘獲一萬餘戶口分配諸州三年正月甲午
開府儀同三司爾朱文暢開府司馬任胄都督鄭仲
禮中府主簿李世林前開府參軍房子遠等謀弒帝
因十五夜打簇懷刃而入其黨薛季孝以告並伏誅

三月乙未帝朝鄴丙午還晉陽四年八月帝將西伐
自鄴會兵於晉陽九月圍玉壁以挑西師不敢應西
魏晉州刺史韋孝寬守玉壁城中出鐵面帝使元盜
射之每中其目北天險也乃起土山鑿十道又於東
面鑿二十道以攻之城中無水汲於汾帝使移汾一
夜而畢孝寬奪據土山頓軍五旬城不拔死者七萬
人聚爲一冢是月帝有疾十一月庚子輿疾班師以
無功表解都督中外諸軍事五年正月丙午終於晉
陽天保初文宣卽位追崇爲獻武帝廟號太祖
世祖文襄皇帝神武長子魏中興元年爲渤海王世

子二年加侍中開府儀同三司尚孝静帝妹馮翊長
公主天平元年加使持節尚書令大行臺幷州刺史
三年入朝輔政加領左右京畿大都督興和二年加
大將軍領中書監武定四年十一月神武西討不豫
班師帝馳赴軍所侍衛還晉陽五年正月神武晏駕
七月魏帝詔以帝爲使持節大丞相都督中外諸軍
錄尚書事大行臺渤海王八月戊辰文襄啓申神武
遺令請減國邑分封將督各有差辛未朝鄴固辭丞
相魏帝詔曰既朝野攸憑安危所繫不得令遂本懷
須有權奪可復前大將軍餘如故七年七月辛卯遇
盜而終文宣受禪追謚爲文襄皇帝廟號太宗
顯宗文宣皇帝神武第二子時太平二年授散騎常
侍驃騎大將軍儀同三司左光祿大夫太原郡開國
公武定元年加侍中二年轉尚書左僕射領軍將軍
五年授尚書令中書監京畿大都督武定七年七月
文襄遇害帝乃走晉陽親揔庶政十一月梁齊州刺
史茅靈斌德州刺史劉領隊南豫州刺史皇甫慎等
並以州內屬八年正月魏帝詔進帝位使持節丞相
都督中外諸軍錄尚書事大行臺齊郡王食邑一萬
戶三月進封齊王五月進相國揔百揆封冀州之渤

海長樂安德武邑瀛州之河間高陽之章武定州之
中山常山博陵十郡邑二十萬戶加九錫殊禮齊王
如故遣兼太尉彭城王韶司空潘相樂冊命曰於戲
敬聽朕命夫唯天爲大列星宿而垂象謂地蓋厚流
川嶽以阜物所以四時代序萬類騁羅庶品得性群
形不彫然則皇王統曆深視高居拱默垂衣寄成師
相此則夏伯殷尹竭其股肱周成漢昭無爲而治也
往者天下多難國命如流則我太廟之業將墜於地
齊獻武王奮迅風雲大齊區域援翼朕躬國爲再造
經營庶土以至憂勤及文襄承構愈廣前業康邦夷

難道格穹蒼王縱德應期千齡一出唯幾唯深乃神乃睿大崇覇德實廣相猷雖寘功妙實藐絶言象標聲示迹典禮宜宣令中後命其敬虔受王摶風初舉建旟上地庇民立政時雨滂流下識廉恥仁加水陸移風易俗自齊變魯此王之功也仍攝天臺摠枲戎律策出若神威行朔土引弓竄跡松塞無烟此又王之功也逮先統前緒掎衛夂合華戎混一風海調夷日月光華天地清晏聲接響隨無思不偃此又王之功也逖矣炎方逋違正朔懷文曜武授略申規淮楚連城灌然桑落此又王之功也關峴襟帶跨躡蕭蔣

腸胃之地嶽壬鴟跱偏師纔指渙同氷散此又王之功也晉熙之所險薄江雷逈隔聲教迷方未改命將鞠旅覆其巢穴威略風騰傾懾南海此又王之功也搴蠻跋扈世絶南疆搖蕩邊陲亟爲塵梗懷德畏威向風請順傾陬盡落其至如雲此又王之功也胡人別種延蔓山谷酋渠萬族廣袤千里憑險不恭恣其狌黠有樂淳風相攜叩款粟帛之調王府充積此又王之功也茫茫渋海世敵諸華風行鳥逝倏來忽往既飲醇醪附同膠漆黿裘委物奇獸銜尾此又王之功也泰川尚阻作我仇讎爰把椒蘭飛書請好天動

其衆辭甲禮厚區宇又寧遐邇畢至此又王之功也江陰告禍民無適歸蕭宗子弟尚想投庇如鳥還山猶川赴海荆江十部俄而獻割乘此會也將混朱方此又王之功也天平地成率土咸茂禎符顯見史不停筆旣連百木兼呈九尾素鵲秦雀蒼比周烏此又王之功也捜揚管庫衣冠獲序禮云樂云銷沉俱振輕徭撤賦矜獄寬刑大信外彰深仁遠洽此又王之功也王有安天下之大勳加以表光明之盛德宜贊洪猷以左右朕言昔旦奭外分毛畢入佐出内之任王宜摠之人謀鬼謀兩儀協契錫命之行義申公道

以王踐律蹈禮軌物蒼生圓首安志率心歸道是以錫王大輅戎輅各一玄牡二駟王深重民天唯本是務衣食之用榮辱所繇是用錫王衮冕之服赤舄副焉王深廣惠和易調風化神祇且格功德可象是用錫王軒懸之樂六佾之舞王風聲振赫九域咸綏遠人率俾奔走委畫是用錫王朱戸以居王求賢選衆草萊以盡陳力就列罔非其人是用錫王納陛以登王英圖猛槩抑揚千品毅然之節肅是非違是用錫王虎賁之士三百人王興亡所繫制極幽顯糾行天討罪人斯得是用錫王鈇鉞各一王鷹揚豹變實扶

下土很顧鴟張罔不彈射是用錫王彤弓一彤矢百盧弓十盧矢千王孝弟之至通於神明率民興行感遠區宇是用錫王秬鬯一卣珪瓚副焉往欽哉其祇順往冊保彌皇家用終爾休德對揚我太祖之顯命又詔以齊國大妃爲王太后戊子遂授魏帝禪

冊府元龜

冊府元龜　　卷之一百八十六　　三十九

巡按福建監察御史臣李嗣京　訂正
知長樂縣事臣夏允彝　參閲
知建陽縣事臣黄國琦　較釋

閏位部六

勳業第五

梁太祖神武元聖孝皇帝宋州碭山縣人也未冠而孤母王氏攜養寄於蕭縣人劉崇之家帝既壯以雄勇自負唐僖宗乾符中關東薦饑羣賊嘯聚黄巢因之起於曹濮饑民願附者凡數萬帝乃辭崇家與仲

兄存俱入巢軍以力戰屢捷得補爲隊長唐廣明元年十二月甲申黄巢陷長安遣帝領兵屯於東渭橋是時夏州節度使諸葛爽率所部屯于櫟陽巢命帝招諭爽爽遂降於巢中和二年二月巢以帝爲東南面行營先鋒使令攻南陽下之六月帝歸長安巢親勞於灞上七月巢遣帝西拒邠岐鄜夏之師於興平所至皆立功二年二月巢以帝爲同州防禦使使自攻取帝乃自丹州南行以擊左馮拔之遂據其郡時河中節度使王重榮屯兵數萬糾合諸侯以圖興復帝時與之鄰封屢爲重榮所敗遂請濟師於巢表章十上爲僞軍使孟楷所蔽不達又聞巢軍勢蹙諸較離心帝知其必敗九月帝遂與左右定計斬僞監軍使嚴實舉郡降於重榮重榮即日飛章上奏時僖宗在蜀覽表而喜曰是天賜予也乃詔授帝左金吾衛大將軍充河中行營副招討使仍賜名全忠自是帥所部與河中兵士偕行所向無不克捷三年三月僖宗制授帝宣武軍節度使依前充河中行營副招討使仍令俟收復京闕即得赴鎮四月巢軍自藍關南走帝與諸侯之師俱收長安乃率部下一旅之衆仗節東下七月丁卯入於梁苑是時帝年三十有二時

蔡州刺史秦宗權與黄巢餘孽合從肆虐共圍陳州乂之僖宗乃命帝爲東北面都招討使時汴宋連年阻饑公私俱困帑廪皆虚外爲大敵所攻内則驕軍難制交鋒接戰日甚一日人皆危之惟帝鋭氣益振是歲十二月帝領兵於鹿邑與巢衆相遇縱兵擊之斬首二千餘級乃引兵入亳州因是兼有譙郡之地四年春帝與許州田從異下諸軍同收瓦子寨殺賊數萬衆是時陳州四面賊寨相望驅虜編氓殺以充食號爲舂磨寨帝分兵翦撲大小凡四十戰四月丁巳收西華寨賊將黄鄴單騎奔陳帝乘勝追之鼓譟

而進會黄巢遁去遂入陳州刺史趙犨迎於馬前俄聞巢黨尚在陳北故陽壘帝遂逕歸大梁是時河東節度使李克用奉僖宗詔統騎軍數千同謀破賊與帝合勢於中牟北邀擊之賊衆大敗於王蒲渡多束手來降時賊將霍存葛從周張歸厚張歸霸皆匍匐於馬前悉宥而納之遂逐殘寇東至於寃句五月甲戌帝與晉軍振旅歸汴館克用於上源驛既而備犒宴之禮克用乘醉任氣帝不平之是夜命甲士圍而攻之會大雨雷電克用因得於電光中踰垣遁去惟殺其部下數百人而已六月陳人感解圍之惠爲帝

建生祠堂於其郡是歲黄巢雖没而蔡州秦宗權繼爲巨孽有衆數萬攻陷鄰郡殺掠吏民屠害之酷更甚巢賊帝患之七月遂與陳人共攻蔡賊於溵水殺數千人九月己未僖宗就加帝檢校司徒同平章事封沛郡侯食邑千戸光啓元年春蔡賊掠亳頴二郡帝帥師以救之遂東至於焦夷敗賊衆數千生擒賊將殷鐵林梟首以徇于軍而還三月僖宗自蜀還長安改元光啓四月戊辰就加帝檢校太保增食邑千五百戸十二月河中太原之師逼長安觀軍容使田令孜奉僖宗出幸鳳翔二年春蔡賊益熾時唐室微弱諸道州兵不爲王室所用故宗權得以縱毒連陷汝洛懷孟唐鄧許鄭圜幅數千里殆絶人煙惟宋亳滑頴僅能閉壘而已帝累出兵與之交戰然或勝或負人甚危之三月庚辰僖宗降制就封帝爲沛郡王是月僖宗移幸興元五年嗣襄王温僭即帝位於長安改元爲建貞遣使齎僞詔至汴帝命焚之于庭未幾襄王果敗七月蔡人逼司州節度使鹿宴弘使來求救帝遣葛從周等率師赴援師未至而城陷宴弘爲蔡賊所害十一月滑州節度使安師儒以怠於軍政爲部下所殺帝聞之乃遣朱珍李唐賓襲而取之

由是遂有滑臺之地十二月僖宗降制就加帝檢校太傅改封吳興郡王食邑三千戸是歲鄭州爲蔡賊所陷刺史李璠單騎來奔帝宥而納之以爲行軍司馬宗權既得鄭益驕帝遣裨將邏於金隄驛與賊相遇因擊之賊衆大敗追至武陽橋斬首千餘級帝每與蔡人戰於四郊既以少擊衆常出奇以制之但患師少未快其旨宗權又以己衆十倍於帝恥於頻敗乃誓衆堅決以攻夷門既而獲蔡之諜者備知其事遂謀濟師焉三年春二月乙巳承制以朱珍爲淄州刺史俾募兵於東道且慮蔡人暴其麥苗期以夏首

回歸珍既至淄棣旬日之內應募者萬餘人又潛襲
青州獲馬千匹鎧甲稱是乃鼓行而歸四月辛亥達
於夷門帝喜曰吾事濟矣是時賊將張晊屯於北郊
秦賢屯於版橋各有衆數萬樹柵相連二十餘里其
勢甚盛帝謂諸將曰此賊方今息師蓄銳俟其時必
來攻我況宗權度吾兵少又未知珍來謂吾畏懼止
於堅守而已今出不意不如先擊之乃親引兵攻秦
賢寨將士踊躍爭先賊果不備連拔四寨斬首萬餘
級時賊衆以爲神助庚午賊將盧瑭領萬餘人於圃
田北萬勝戍夾汴水爲營跨河爲梁以扼運路帝擇

精銳以襲之是日昏霧四合兵及賊壘方覺遂突入
掩殺赴水死者甚衆盧瑭自投于河河南諸賊連敗
不敢復駐皆併在張晊寨自是蔡寇皆懷震讋往往
軍中自相驚亂帝旋師休息大行犒賞繇是軍士各
懷憤激毎遇敵無不奮勇五月丙子出酸棗門自卯
至未短兵相接賊衆大敗追斬二十餘里僵仆相枕
宗權恥敗益縱其虐乃自鄭州親領突將數人徑入
張晊寨其日晚大星隕於賊壘有聲如雷辛巳兖鄆
滑軍士皆來赴援乃陳兵於汴水之上旌旗器甲甚
盛蔡人望之不敢出寨翼日分布諸軍齊攻賊寨自

寅至申斬首二萬餘級會夜收軍獲牛馬輜重生口
器甲不可勝計是夜宗權晊遁去遲明追之至陽武
橋而還宗權至鄭州乃盡焚其廬舍屠其郡人而去
始蔡人分兵寇陝雒孟懷許汝皆先據之因是敗也
賊衆恐懼咸棄之而遁帝乃慎選將佐俾完緝壁壘
爲戰守之備於是遠近流亡復歸者衆矣是時揚州
節度使高駢爲裨將畢師鐸所害復有孫儒楊行密
互相攻伐朝廷不能制乃就加帝簡較大尉兼領淮
南節度使九月亳州裨將謝殷逐刺史宋袞自據其
郡帝親領軍屯於太清宮遣霍存討平之帝之禦蔡

寇也鄆州朱瑄兖州朱瑾皆領兵來援及宗權既敗
帝以瑄瑾宗人也又有力於巳皆厚禮以歸之瑄瑾
以帝軍士勇悍私心愛之乃密於曹濮界上懸金帛
以誘之帝軍利其貨而赴者甚衆帝乃移檄以讓之
自朱瑄來詞不遜乃命朱珍侵曹伐濮以懲其姦未
幾珍伐曹州執刺史丘禮以獻遂移兵圍濮兖鄆之
釁自茲而始矣十月僖宗命水部郎中王贊撰紀功
碑以賜帝是月帝親騎數千巡師於濮上因破朱瑄
援軍於范縣丁未攻陷濮州刺史朱裕單騎奔鄆請
爲鄆人所敗踰月乃還十二月僖宗遣使賜帝鐵券

又命翰林承旨劉崇望撰德政碑以賜帝閏月甲寅帝請行軍司馬李璠權知淮南留後乃遣大將郭言領兵援送以赴楊州文德元年正月帝率師東赴淮海行次宋州聞楊行密已拔揚州遂還是時李璠郭言行至淮上爲徐戎所扼不克進而還帝怒遂謀伐徐二月丙戌僖宗制以帝爲蔡州四面行營都統繇是諸鎮之師皆受帝之制度三月庚子昭宗卽位是月蔡人石璠領萬衆以剽陳亳帝遣朱珍率精騎數千擒璠以獻四月戊辰魏博樂彥禎失律其子從訓出奔相州使來乞師帝遣朱珍領上軍濟河連收黎

陽臨河二邑既而魏軍推小校羅弘信爲帥弘信既立遣使送款於汴帝優而納之遂命班師是月河南尹張全義襲李罕之於河陽充之罕之單騎出奔因乞師於大原李克用爲發萬騎以援之罕之遂收其餘衆與晉軍合勢急攻河陽全義危急遣使求救於汴帝遣丁會牛存節葛從周領兵赴之大戰於溫縣晉人與罕之俱敗於是河橋解圍全義歸於河陽因以丁會爲河陽留後五月己亥昭宗制以帝簡較侍中增食邑三千戶戊辰詔改帝鄉曰衣錦鄉里曰沛王里是月帝以兼有洛孟之地無西顧之患將大整師徒畢力誅蔡會蔡人趙德諲舉漢南之地以歸於朝廷且遣使送款於帝仍誓戮力同討宗權帝表其事朝廷因以德諲爲蔡州四面副都統又以河陽保義義昌三節度爲帝行軍司馬兼糧科應接使至是帝領諸侯之師會德諲以伐蔡敗蔡賊於汝水之上遂傳其城五日之內樹二十八寨以環之蓋象列宿之數也時帝親臨矢石一日飛矢中其左腋血漬單衣顧謂左右曰勿洩九月以糧運不繼遂班師是時帝知宗權殘孽不足爲患遂移兵以伐徐十月先遣朱珍領兵與時溥戰於吳康鎮徐人大敗連收豐蕭二

邑溥携散騎馳入彭門帝命分兵以攻宿州刺史張友携符印以降既而徐人閉壁堅守遂命龐師古屯兵守之而還是月蔡賊孫儒攻陷揚州自稱淮南節度使龍紀元年正月龐師古攻下宿遷縣進軍於呂梁時溥領軍二萬晨壓師古之軍而陣師古促戰敗之斬首二千餘級溥復入於彭門二月蔡將申叢遣使來告縛秦宗權於帳下折其足而囚之矣帝卽日承制以叢爲淮西留後未幾叢復爲都將郭璠所殺是月璠執宗權來獻帝遣行軍司馬李璠牙較朱克讓檻進於長安既至昭宗御延喜樓受俘卽斬宗權

於獨柳樹下蔡州平昭宗詔加帝食實封一百戶賜莊宅各一區三月又加帝簡較大尉兼中書令進封東平王賞平蔡之功也大順元年四月丙辰宿州小將張筠逐刺史張紹光擁衆以朋時溥帝率親軍討之殺千餘人筠遂堅守乙卯時溥出兵碭山縣帝遣朱友裕以兵襲之敗徐軍三千餘衆獲沙陁援軍右君和等三十人斬於宿州城下六月辛酉淮南孫儒遣使脩好於帝帝表其事請以淮南節度授于儒爲辛未昭宗命帝爲宣義軍節度使充河東東面行營招討使時朝廷宰臣張濬將兵討太原故也八月甲寅

昭義都將馮霸殺沙陁所署節度使李克恭來降帝請河陽節度使朱崇節爲潞州留後戊辰李克用自率蕃漢步騎數萬以圍潞州帝遣葛從周率驍勇之士夜中啣枚犯圍而入於潞九月壬寅帝至河陽遣都將李讜引軍趨澤潞行至馬牢川爲晉人所敗帝又遣朱友裕張全義率精兵至澤州北以爲應援既而崇節從周棄潞來歸戊申帝廷責諸將敗軍之罪斬李讜李重裔以徇遂班師焉十月乙酉帝自河陽赴滑臺時奉詔將討太原先遣使假道于魏魏人不從先是帝遣行人雷鄴告糴于魏旣而爲牙軍所殺羅弘信懼故不敢從命遂通好於太原十二月辛丑帝遣丁會葛從周率衆渡河取黎陽臨河又令龎師古霍存下淇門衛縣帝徐以大軍繼其後二年春正月魏軍屯於內黃丙辰帝與之接戰自內黃至永定橋魏軍五敗斬首萬餘級羅弘信懼遣使持厚幣請和帝命止其焚掠而歸其俘弘信繇是感悅而聽命焉乃收軍屯於河上八月巳丑帝遣丁會急攻宿州刺史張筠堅守其壁會乃率衆於州東築堰壅汴水以浸其城十月壬午筠遂降宿州平十一月丁未曹州裨將郭紹賓殺刺史郭饒舉郡來降是月徐將劉

知俊率衆二千來降自是徐軍不振十二月兗州朱瑾領軍三萬寇單父帝遣丁會領大軍襲之敗於金鄉界殺二萬餘衆瑾單馬遁去景福元年正月遣丁會於兗州界徙其民數千戶於許州二月戊寅帝親征鄆先遣朱友裕屯軍於斗門甲申次衛南有飛鳥止於峻堞之上鳴噪甚厲副使李璠曰將有不如意之事是夜鄆州朱瑄率步騎萬人襲朱友裕於斗門友裕拔軍南去乙酉帝晨救斗門不知友裕之退前至斗門者皆爲鄆人所殺帝追襲鄆至瓠河不及遂領兵於村落間時朱瑄尚在濮州丁亥遇朱瑄率兵

將歸於鄆遂來衝擊帝策馬南馳爲賊所追甚急前有浚溝躍馬而過張歸厚援矟力戰於其後乃免時李璠與都將數人皆爲鄆軍所殺五月丙午遣朱克讓率衆暴兗鄆之麥十一月遣朱友裕率兵攻濮州下之擒刺史邵儒以獻濮州平遂命移軍伐徐州二年八月帝遣龐師古移兵攻兗駐於曲阜與朱瑾屢戰皆敗之十二月師古遣先鋒葛從周引軍以攻齊州刺史朱威告急于兗鄆既而朱瑄以援兵至遂圍其壘乾寧元年二月帝親領大軍發鄆州東路北次於魚山朱瑄覘知即以兵徑至且圖速戰帝整軍出

寨時瑄瑾已陣於前須臾東南風大起帝軍旌旗失次甚懼失色帝即令騎士揚鞭呼嘯俄而西北風驟發時兩軍皆在草莽中帝因令縱火而煙燄亘天乘勢以攻賊陣瑄瑾大敗殺萬餘人餘衆擁入清河因築京觀於魚山之下駐軍數日而還二年正月癸亥遣朱友恭帥師復伐兗遂塹而圍之未幾朱瑄自鄆率步騎援糧欲入于兗友恭設伏以敗之盡奪其餉於高吳因擒蕃將安福順安福慶二月己酉帝領親軍屯於單父以爲友恭之援四月濠壽二州復爲楊行密所陷是時太原遣將朱嚴兒李承嗣以萬騎馳入於鄆朱友恭遂歸於汴八月帝領親軍伐鄆至大仇遣前軍挑戰設伏於梁山以待之既而獲蕃將史完府奪馬數百匹朱瑄脫身遁去復入於鄆十月帝駐軍於鄆齊州刺史朱瓊遣使請降瓊即瑾之從父兄也帝因移軍至兗瓊果來降未幾瓊爲朱瑾所紿掠而殺之帝即以其弟玭爲齊州防禦使十一月朱瑄復遣將賀瓌柳存及蕃將何懷寶等萬餘人以襲曹州庶解兗州之圍也帝知之自兗領軍策馬先路至鉅野南追而敗之殺戮將盡生擒賀瓌柳存何懷寶及賊黨三千餘人是日申時狂風暴起塵沙沸湧

帝曰此乃殺人未足耳遂下令盡殺所獲囚俘風亦止焉翼日縶賀瓌等以示于兗帝素知瓌名乃釋之惟斬何懷寶於兗城之下乃班師十二月葛從周領兵復伐兗既至與朱瑾戰於壘下殺千餘衆擒其將孫漢筠已下二十人遂旋師三年正月河東李克用既破邠州欲謀爭霸乃遣蕃將張汚落以萬騎寨於河北之莘縣聲言欲救兗鄆魏博節度使羅弘信患之使來求援四月辛酉河東泛漲將壞滑城帝令決隄岸以分其勢爲二河夾滑城而東爲害滋甚是月帝遣許州刺史朱友恭領兵萬人渡淮以便宜從事

時洪鄂二州累遣使求援故有是行五月命葛從周統軍屯于洹水以備蕃軍六月李克用帥蕃漢諸軍營于斥丘遣其男落落將鐵林小兒三千騎薄於洹水從周與戰大敗之生擒落落以獻克用悲駭請修舊好以贖其子帝不許遂執落落送于羅弘信斬之越七日我軍還屯湯留以伐鄆八月復壁於洹水是時昭宗幸華州遣使就加帝簡較太師守中書令四年正月帝以洹水之師大舉伐鄆辛卯營于濟水之次龐師古令諸將撤木爲橋乙未夜師古以中軍先濟聲振于鄆朱瑄聞之棄壁夜走葛從周逐之至中

都北擒瑄幷其妻男以獻尋斬汴橋下鄆州平乙亥帝入於鄆以朱友裕爲鄆州兵馬留後時帝聞朱瑾與朱儼兒在豐沛間搜索糧餽惟留康懷英以守兖州帝因乘勝遣葛從周以大軍襲兖懷英聞鄆失守俄又我軍大至乃出降朱瑾朱儼兒遂奔淮南兖海沂密等州幷平乃以葛從周爲兖州留後八月陜州節度使王珙遣使來乞師是時珙弟琦實爲蒲帥迭相憤怒日尋干戈而珙兵寡故來求援帝遣張存敬楊師厚等領兵赴陜既而與蒲人戰于猗氏大敗之九月帝以兖鄆既平將士雄勇遂大舉南征命龐師古以徐宿宋滑之師直趨清口葛從周以兖鄆曹濮之衆徑赴安豐淮人遣朱瑾領兵以拒師古因決水以浸軍遂爲淮人所敗師古歿焉葛從周行及濠梁聞師古之敗亦命班師光化元年正月帝遣葛從周統諸將畧地於山東遂次于邢洺三月昭宗以帝兼領天平軍節度使餘如故四月滄州節度使盧廷彦爲燕軍所攻棄城奔于魏魏人送于汴是月帝以大軍至鉅鹿屯於城下敗晋軍萬餘衆於青山口俘馬千餘匹丁卯遣從周分兵攻洺州斬刺史邢善益擒將五十餘人五月巳巳邢州刺史馬師素棄城遁去

辛未惠州刺史袁奉滔自剄而死五日之内連下三州因以葛從周兼邢州昭義軍節度留後帝遂班師是時襄州節度使趙凝聞帝軍有清口之敗密附於淮夷七月帝遣氏叔琮率師伐之未幾其泌州刺史趙璠越墉來降隨州刺史趙琳臨陣就擒二年正月淮南楊行密舉全吳之衆精甲五萬以伐徐州帝領大軍禦之行密聞帝親征乃收軍而退時幽州節度使劉仁恭大舉蕃漢兵號十萬以伐魏遂攻陷貝州州民萬餘戶無少長悉屠之進攻魏州魏人來乞師帝遣朱友倫張存敬李思安等先屯于內黄帝遂親

征三月與燕軍戰于内黄北燕軍大敗殺二萬餘衆奪馬二千餘匹擒都將單無敵已下七十餘人是月葛從周自山東領其部衆馳以救魏翼日乘勝諸將張存敬已下連破八寨遂逐燕軍北至於臨清擁其殘寇於御河溺死者甚衆仁恭奔於滄州六月帝表丁會爲潞州節度使以李罕之疾亟故也又遣葛從周躡固鎮路入于潞州以援丁會七月壬辰朔海陳瀆寶擁所部三千奔于淮南戊戌晉人陷澤州帝遣召葛從周於潞留賀德倫以守之未幾德倫爲晉人所逼遂棄潞而歸繇是潞州復爲晉人所有十一月

陝州都將朱簡殺留後李璠自稱留後送款于帝三年四月遣葛從周以兖鄆滑魏之師伐滄州五月庚寅攻德州拔之梟刺史傅公和於城上巳亥進攻浮陽六月燕師劉仁恭大舉來援從周與諸將逆戰于乾寧軍老鴉隄大破之殺萬餘衆俘其將佐馬愼交已下百餘人旣而以連雨遂班師八月河東遣李進通襲滔洛州執刺史朱紹宗帝遣葛從周自鄴縣渡漳水屯于黄龍鎮親領中軍涉洛而寨晉人懼而宵遁洛州復平九月帝以仁恭進通之入寇也皆繇鎮定爲其囊橐卽以葛從周爲上將以伐鎮州遂攻下臨城渡滹沱以環其城帝領親軍繼至鎮帥王鎔懼納質請盟仍獻文繒二十萬以犒戎士帝許之十月晉人以帝宿兵於趙遂南下大行急攻河陽留後侯言與都將閻寶力戰固守僅而獲全十一月以張存敬爲上將自甘陵發軍北侵幽薊連拔瀛莫二郡遂移軍以攻中山定帥王郜以精甲二萬戰于懷德亭盡殪之郜懼奔于太原暹明大軍集于城下郜季父處直持印鑰乞降亦以繒帛三十萬爲獻帝卽以處直代郜領其鎮焉是月燕人劉守光赴援中山寨于易水之上繼爲康懷英張存敬等所敗斬獲甚衆繇是

河朔知懼皆弭伏焉是歲唐佐軍中尉劉季述幽昭宗於東宮内立皇子德王裕爲帝仍遣其養子希度來言願以唐之神器輸於帝時帝方在河朔聞之遽還于汴大計未決會李振自長安使廻因言於帝曰夫豎刁伊戾之亂所以資霸者之事也今閹豎幽辱天子王不能討無以令諸侯帝悟因請振復使于長安與時宰潛謀反正天復元年正月乙酉朔唐宰相崔裔潛使人以帝密旨告於侍衛軍將孫德昭已下令誅左右中尉劉季述王仲先等卽時迎昭宗於東内御樓反正癸巳降制進封帝爲梁王酬反正之功

也昭宗之廢也汴之邸吏程巖牽昭宗衣下殿帝聞之召巖至汴折其足送于長安杖殺之是時河中節度使王珂結援於太原帝怒遣大將張存敬率將泝河縈含山路鼓行而進戊申攻下絳州壬子晉州刺史張漢瑜舉郡來降帝即以大將侯言權領晉州何絪權領絳州晉絳平己未大軍至河中存敬命繚其垣而攻之壬戌蒲人颺素幡以請降庚午帝至河中以張存敬權領河中軍府事河中平帝乃東還是月李克用遣牙將張特來聘請尋舊好帝亦遣使報命三月癸未朔帝歸自河中是月遣大將賀德倫氏叔琮

領大軍以伐太原叔琮等自大行路入魏博都將張文恭自磁州新口入葛從周以兗鄆之衆自土門路入洺州刺史張歸厚以本軍自馬嶺入定州刺史以本軍自飛狐入晉州侯言自陰地入澤州刺史李存璋棄郡奔歸太原叔琮引軍逼潞州節度使孟遷乞降河東屯將李審建王周領步軍一萬騎二千詣叔琮歸命乃進軍趨太原四月乙卯大軍出石會關營於洞渦驛都將白奉國自井陘入收承天軍張歸厚引兵至遼州刺史張鄂迎降氏叔琮日與諸軍至陽城下城中雖時出精騎來戰然危蹙至甚將謀遁矣會叔琮

以芻糧不給遂班師五月癸卯昭宗以帝兼領護國軍節度使河中尹六月庚申帝發自大梁丁卯視事於河中七月甲寅帝東還梁邸十月戊戌奉密詔赴長安是時朝廷既誅劉季述以韓全誨張弘彥爲兩軍中尉袁易簡周敬容爲樞密使是時軍國大政事委宰相崔胤每事裁抑宦官宦官側目崔一日於便殿奏欲盡去之全誨等屬垣聞之訾於昭宗前祈哀自訴自是昭宗勅崔每有密奏令進囊封全誨等乃訪京城美婦人十數以進使求宮中陰事昭宗不悟崔謀漸泄中官視崔皆裂以重賂甘言誘藩臣以爲

城社時因讌聚則相向流涕時崔掌三司貨泉全誨等教禁兵伺崔出聚而呼譟訴以冬衣減損又於昭宗前訴之昭宗不得已罷崔知政事崔怒急召帝請以兵入輔故有是行戊申行次河中同州留後司馬鄴華之幕吏也舉郡來降辛亥駐軍於渭濱華帥韓建遣使奉牋納款又以銀三萬兩助軍是日行次零口癸丑聞長安亂昭宗爲閹官韓全誨等劫遷西幸鳳翔蓋避帝之兵鋒也翼日遂命旋師夕次于赤水乙卯大軍集于華州下城韓建惶駭失措即以城降丙辰帝表建權知忠武軍事促令赴任同華二州平是時唐

太子太師盧知猷等二百六十三人列狀請帝速請
迎奉己未遂帥諸軍發自赤水壬戌次于咸陽偵者
云天子晡暮至岐山旦日宋文通扈蹕入其闕矣是
時岐人遣大將符道昭領兵萬人屯於武功以拒帝
帝遣唐懷英敗之虜甲士六千餘衆乙丑次于岐山
文帝遣使奉書自陳其失請帝入覲丙辰及岐闕文
通諭約閉壁不獲通復次于岐山是時昭宗累遣使
齎朱書御札賜帝遣帝收軍速還本道帝診之曰此
必文通全誨之謀也皆不奉詔癸酉飛章奉辭且移
軍北伐乙亥至邠州節度使李繼徽舉城降繼徽因

請去文通所賜李姓復本宗楊氏又請納其帑以爲
質帝皆從之仍易其名曰崇本邠州平己丑唐丞相
崔胤京兆尹鄭元規至華州以速迎奉爲請許之二
年正月帝復次於武功岐人堅壁不下乃廻軍於河
中二月聞晉軍大舉南下聲言來援鳳翔帝遣朱友
寧帥師會晉州刺史氏叔琮以禦之帝以大軍繼其
後三月友寧叔琮與晉軍戰于晉州之北大敗之生
擒克用男廷鸞帝喜謂左右曰此岐人之所恃也今
既如此岐之變不久矣四月岐人遣符道昭領大軍
屯于虢縣康懷帥驍騎敗之丁酉唐丞相崔胤自華
來謁帝屢述艱運危急事不可緩又慮羣閹擁昭宗
幸蜀且告帝爲之動容崔將辭啓宴于府署帝舉酒
崔情激於衷因自持樂版聲曲以侑酒帝甚悅座中
以良馬珍玩賚之既行命諸將繕戎具五月丁巳帝
復西征六月丁丑次於虢縣癸未與岐軍大戰自辰
至午殺萬餘衆擒其將校數百人乘勝遂逼其壘七
月丙午岐軍復出求戰帝軍不利是月遣孔勍帥師
取鳳隴城三州皆下之是時岐人相率結寨於諸山
以避帝軍帝分兵以討之浹旬之內並平之九月甲
戌帝以岐軍諸寨聯結稍盛因親統千騎登高診之

是時帝以岐人堅壁不戰且慮師老思欲旋旆以歸
河中因密召上將數人語其事時親從指揮使高季
昌獨前出抗言曰天下雄傑窺此舉者一歲矣今岐
人已困願少俟之帝嘉其言因曰兵法以正理以奇
勝奇者詐也乘機集事必由是乎乃命季昌密募人
入岐以紿之尋有騎士馬景堅願應命且曰是行也
必無生理願錄其孥帝悽然止其行景固請乃許之
明日軍出諸寨屏匿如無人景因躍馬西走直叩岐
闉詐以軍怨東遁爲告且言列寨尚留萬餘人俟夕
將遁矣宜速擒之李茂貞信其言遽啓二扉悉衆來

寇時諸軍已介馬待之中軍一鼓百營俱進又分遣數騎以據其闕岐人進不能駐其趾退不能入其壘殺戮蹂踐不知其數茂貞繇是喪膽但閉壁而已十一月癸卯鄜帥李周彝統兵萬餘人屯于岐之北原與城中舉烽以相應翼日帝以周彝既離本部鄜畤必無守備因命孔勍乘虛襲下之甲寅鄜州平周彝聞之收軍而遁茂貞既失鄜州之援愕然有乞解之懼繇是議還警蹕誅閹寺以自贖焉三年正月甲寅岐人啓壁昭宗降使宣問慰勞兼傳密旨尋又命翰林學士韓渥趙國夫人寵顏齎詔押賜帝紫金酒器

御衣玉帶丙辰華州留後李存審遣飛騎來告青州節度使王師範遣牙將張厚輦甲冑弓槊詐言來獻欲盜據州城事覺已擒之矣是日師範又遣其將劉鄩盜據兗州丁巳昭宗遣中使押送軍容使韓全誨已下三十餘人首級以示帝甲子昭宗發離鳳翔幸左劒寨權駐蹕帝營帝素服待罪昭宗命學士傳宣免之帝即入見稱罪拜伏者數四既而促召升殿密邇御座且曰宗廟社稷是卿再造朕與親屬是卿再生因解所御玉帶面以賜帝亦以玉鞍勒馬金器紋錦御饌酒果等躬自拜進焉及翠華東行帝匹馬前導十餘里宣令止之己巳昭宗至長安謁太廟御長樂樓禮畢謂帝曰朕生入舊京是卿之力也自古救君之危曾無有如是者況今日再及清廟得親奉觴酒奠於先皇帝室前卿之德朕知不能報矣即召帝執手聲淚俱發者久之翼日誅宦官第五可範等五百餘人于內侍省三月庚辰制以帝爲守太尉兼中書令宣武宣義天平護國等軍節度使諸道兵馬副元帥加食邑三千戶實封四百戶仍賜回天再造竭忠守正功臣戊戌帝建旆東還昭宗御延喜樓送之既醉遣內臣賜帝御製楊柳詞五首三月戊午至大梁

時以青州未平命軍士休澣以俟東征四月丙子帝巡師於臨朐亟命逼其城與青州戰于城下大敗之是夕淮將王景仁以所部援軍宵遁帝遣楊師厚追及輔唐殺千人乘勝攻下密州八月戊辰以伐叛之柄委于楊師厚帝乃東還九月癸卯師厚率大軍與王師範戰于臨朐青軍大敗殺萬餘人并擒師範弟既克卯時徙寨以逼其城辛亥偏將劉重霸擒棣州刺史邵播來獻播師範之謀主也帝命斃之戊午師範舉城請降青州平翼日分命將較畧地於登萊淄棣等州皆下之繇是東漸至海皆爲梁土也帝復命

師範權知青州軍州事師範乃請以錢二十萬貢犒軍帝許之十月辛巳護駕都指揮使朱友倫因擊鞠墮馬卒于長安節至帝大怒以爲唐室大臣欲謀叛已致友倫暴死十一月丁酉青將劉鄩舉兗州來降鄩王師範之將也師範令竊據兗州久之及聞師範降鄩乃歸命帝以鄩善事其主待之甚優尋署爲元帥府都押牙權知鄜州留後天祐元年正月己酉帝發自大梁西赴河中京師聞之爲之震懼是時將議迎駕東幸洛陽慮唐室大臣異議帝乃密令護駕都指揮使朱友諒矯昭宗命收宰相崔胤京兆尹鄭元

規等殺之時又邠岐兵士侵逼京畿帝因是上表堅請昭宗幸洛昭宗不得已而從之帝乃率諸道丁匠財力同構洛陽宫不數月而成二月乙亥昭宗駐蹕於陝帝自河中來覲謁見行營因灑涕而言曰李茂貞等竊謀禍亂將迫乘輿老臣無狀請陛下東遷爲社稷大計也昭宗延命於寢室見何皇后面賜酒器及衣物何后謂帝曰此後大家大婦委身於全忠矣因歔欷泣下後數日帝開宴於陝之私第請駕臨幸翼日帝辭歸洛陽昭宗開内宴時有宫人與昭宗附耳而語韓建躡帝之足帝遽出以爲圖己因連上章請車駕幸洛三月丁未昭宗制以帝兼判左右神策及六軍諸衛事是時昭宗累遣中使及内夫人傳宣謂帝曰皇后方在草蓐未任就路欲以十月幸洛帝以陝州小藩非萬乘久留之地時以四月内東幸閏月丁酉昭宗發自陝郡壬寅次于穀水是時昭宗左右唯小黄門及打毬供奉内園小兒共二百餘人帝猶忌之是日密令醫官許昭遠告變乃設饌於別幄召而盡殺之皆坑于幕下先是選二百餘人形貌大小一如内園人物之狀至是使一人擒二人縊於坑所即蒙其衣及戎具自飾昭宗初不能辨久而方察

自是昭宗左右前後皆梁人矣甲辰車駕至洛都帝與宰相百官導駕入宫乙卯昭宗以帝爲宣武宣義護國忠武四鎮節度使時帝請以鄆州授張全義故有此命五月丙寅昭宗宴羣臣曰昨來御樓前一夜亡失赦書賴梁王收得副本不然誤事宰執不得無過矣是日宴次昭宗入内召帝於内殿曲宴帝不測其事不敢奉詔又曰鄆不欲來即令敬翔入來帝密遣翔出乃止己巳奉辭東歸乙亥至大梁六月帝遣都將朱友裕率師討邠州節度使楊崇本叛故也癸丑帝西征遂朝於洛陽七月甲子昭宗宴帝於文思

蹴塲乙丑帝發東都壬申至河中八月壬寅昭宗遇弒於大內遺制以輝王祝爲嗣乙巳帝自河中引軍而西癸丑次於永壽邠軍不出九月辛未班師十月癸巳至洛陽詣西內臨於梓宫前畢祗見于嗣君辛丑制以帝至自西征十一月辛酉光州遣使來求援時光州歸款於帝尋爲淮人所攻故來乞師戊寅帝南征度淮次于霍丘大掠廬壽之境淮人乃棄光州而去二年正月庚申進攻壽州壽人堅壁不出丁亥帝自霍丘班師二月辛卯帝至自南征甲午青州節度使王師範至大梁帝待以賓禮尋表授河陽節度

七月辛酉天子賜帝迎鑾紀功碑樹于洛陽庚午遣大將軍楊師厚率前軍討趙凝于襄州辛未帝南征表趙凝罪狀請削奪官爵八月楊師厚進收唐鄧復郢隨均房等七州帝駐軍漢江北自循江干經度濟師之所九月甲子師厚於陰谷江口造梁以濟師趙凝率兵二萬振于江濱師厚麾兵進擊襄人大敗殺萬餘衆乙丑趙凝焚其州率親軍載輕舸泝漢而遁丙寅帝濟江至中流舟壞將沒者數四比及岸舟沉是日入襄城帝因周視府署其帑藏悉空惟於西廡下有一亭窓戶儼然扃鎖甚密遂令破鑰啓扉中有一大匱緘鐍甚至又令破其匱內有金銀數百鋌帝因歎曰亂兵旣入公私財貨固無孑遺矣此帑當有陰物主之不令嘗人所得俟我以有之耶遂以百餘鋌賜楊師厚襄荆州留後趙明弁城上峽奔蜀荆襄二州平帝以都將賀瓌權領荆州楊師厚權領襄州即表其事十月丙戌朔天子以帝爲諸道兵馬元帥辛卯帝自襄州引軍由光州路趨淮南將發敬翔切諫請班師以全軍勢帝不聽壬辰次於棗陽遇大雨頗阻師行之勢軍至壽春壽人堅壁淸野以待帝帝乃退舍於正陽十一月丙辰大軍北濟帝至汝陰深

悔淮南之行躁撓尤甚丁卯帝至自南征辛巳天子命帝爲相國總百揆以宣武宣義天子護國天雄武順佑國河陽義武昭義保義昭武定泰寧平盧章國武寧忠義荆南等二十一道爲魏國進封帝爲魏王入朝不趨劒履上殿讚拜不名兼備九錫之命癸未唐中書門下奏中書印已送相國中書公事權用中書省印甲申中書門下奏天下州縣名與相國魏王家諱同者請易之十二月乙酉朔帝讓相國魏王九錫之命丙戌京百司各差官齋本司須知孔目並印赴魏國送納甲午天子以帝堅讓九錫之命乃命宰

相椰璨來使且述揖讓之意焉丁酉帝又讓九錫之命詔畧曰但以鴻名難掩懿實須彰宜且徇於奏陳未便行於典冊又改諸道兵馬元帥爲天下兵馬元帥是時帝以唐朝百官服飾多闕乃製造逐色衣服請朝廷等第賜之其所給俸錢仍請自來年正月全支三年正月幽滄稱兵將寇于魏魏人來乞師且以牙軍驕悍謀欲誅之遣親吏臧延範密告于帝帝陰許之乙丑北征先是帝之愛女適羅氏是月卒於鄴城因以兵伏數千事實於槖中遣客將馬嗣勳領長直軍千人雜以工匠丁夫肩其槖而入于魏聲言爲

帝女以設祭魏人信而不疑庚午夜嗣勳率其衆與羅紹威親軍數百人同攻牙軍遲明盡殺之死者七千餘人洎于嬰孺亦無留者是日帝次于内黄聞之馳騎至魏時魏之大軍方與帝軍同伐滄州聞牙軍之死即時奔還帝之軍追及歷亭殺賊幾千餘衆乃擁大將史仁遇保于高唐帝遣兵圍之是月天子詔河南尹張全義部署修制相國魏王法物三月甲寅天子命帝摠判鹽鐵度支戶部等三司事帝冊上章切讓之乃止四月癸未攻下高唐軍民無少長皆殺之生擒逆首史仁遇以獻命支解之未幾又攻下澶

博貝衛等州皆謂魏軍殘黨所據故也是時晉人圍邢州刺史牛存節堅壁固守帝遣符道昭帥師救之晉人乃遁去五月帝畧地于洺州既而復入于魏七月巳未自魏班師是日收復相州自是魏境悉平壬申帝歸自魏八月甲辰以滄州未平復命北征九月丁卯營于長蘆一夕帝夢白龍附于兩肩左右瞻顧可畏悅然驚悟十月辛巳邠州楊崇本以鳳翔邠寧涇鄜秦隴之衆合五六萬來寇屯于美原列十五寨其勢甚盛帝命同州節度使劉知俊都將康懷英帥師禦之知俊等大破邠寇殺二萬餘衆奪馬三千餘

匹擒其列校百餘人楊崇本胡章僅以身免十一月庚戌康懷英乘勝進軍遂收鄜州十二月乙丑帝以文武常參官每月一五九日赴朝奏請備廊飡詔從之閏月晉人燕人同攻潞帥丁會舉城降于太原帝聞之遂自長蘆班師以寨内糗糧山積帝命焚之滄帥劉守文以城中絶食因致書于帝乞留餘糧以救饑民帝爲留十餘囷以與之四年正月丁亥帝廻自長蘆次于魏州節度使羅紹威以帝廻軍慮有不測之患由是供億甚至因密以天人之望切陳之帝雖拒而不納然心德之壬寅帝至自長蘆甲辰天子遣

御史大夫薛貽矩來傳禪代之意貽矩謁帝陳北面之禮帝揖之升階貽矩曰殿下功德及人三靈所卜已定皇帝方議裁詔行舜禹之事臣安敢違旣而拜伏於砌下帝側躬以避之四月内出傳國寶玉冊受禪寶及文物儀仗朝于梁國改元開平

冊府元龜

冊府元龜　閏位部　勲業五　卷之一百八十七　二十九

冊府元龜

巡按福建監察御史臣李嗣京　訂正
知閩縣事臣曹[illegible]臣參閱
知建陽縣事臣黃國琦較釋

閏位部七

紹位　年號

紹位

夫易著繼明之義傳有世及之文皆所以紹祖考而保成基也其或叔世艱虞庶邦離析或專制寓內或奄據一隅端委纂戎傳世承祀或正位儲副用禮而

陞或入繼大宗以恩而立或克平多難嗣守家邦或始因顧託潛圖篡奪何嘗不蹈道者逢吉長惡者終凶斯以見天無嘗親民無嘗心鬼神饗於有德億兆歸於至仁者矣

秦二世皇帝胡亥始皇帝之少子（王欽若等曰始皇事迹悉具閏位勳業門蜀吳以下皆倣此）始皇三十七年十月行出遊會稽并海上北抵瑯琊丞相李斯中軍府令趙高兼行符璽令事皆從始皇有二十餘子長子扶蘇以數直諫始皇始皇使監兵上郡蒙恬為將唯胡亥愛請從始皇許之餘子莫從（辯上隱姓名遺秦將章邯書曰李斯為秦王死廢十七兄而立今王然則二世是始皇第十八子也）其年七月始皇帝至沙丘病甚令趙高為書賜公子扶蘇曰以兵屬蒙恬與喪會咸陽而葬書已封未授使者書及璽皆在趙高所獨子胡亥丞相李斯趙高及幸宦者五六人知餘羣臣皆莫知也李斯以為始皇在外崩無真太子故秘之置始皇居轀輬車中（一作轀車）百官奏事上食如故宦者輒從轀輬車中可諸奏事趙高因留所賜扶蘇璽書與丞相李斯謀詐為受始皇詔丞相立子胡亥為太子更為書賜扶蘇死至咸陽發喪太子立為二世皇帝

子嬰二世之兄子趙高殺二世而立子嬰為秦王

蜀後主禪先主子章武元年立為太子三年四月先主殂於永安宮五月後主襲位於成都時年十七

吳廢帝會稽王亮大帝之子赤烏十三年立為太子太元二年大帝寢疾大將軍諸葛恪為太子太傅會稽太守滕胤為大常並受詔輔太子明年四月帝薨太子即尊號

景帝休太帝第六子太元二年封琅琊王居虎林後徙會稽太平三年九月戊午休從弟大將軍綝以兵召大臣會宮門黜亮為會稽王使宗正孫楷與中書郎董朝迎休十月戊寅及布塞亭武衛將軍孫恩行

丞相率百僚以乘輿法駕迎於永昌亭築宮以武帳爲便殿止住使孫楷先見恩行楷還休乘輦進羣臣再拜稱臣休升殿謙不即御坐正東廂戶曹尚書前即階下讚丞相奉璽符休三讓羣臣三請休曰將相諸侯咸推寡人寡人敢不承受璽符羣臣以次奉引休就乘輿百官陪位綝以兵千人迎於半野拜於道側休下車答拜即日御正殿

後主晧大帝孫廢太子和之子初封烏程侯就國永安七年七月景帝休殂是時蜀初亡而交阯攜叛國內震懼貪得長君左典軍萬彧昔爲烏程令與晧相善

稱晧才識明斷是長沙桓王之疇也又加之好學奉遵法度屢言之于丞相濮陽興左將軍張布說休妃太后朱氏欲以晧爲嗣朱曰我寡婦人安知社稷之慮苟吳國無隕宗廟有賴可矣於是遂迎立晧時年二十三

宋少帝義符武帝長子永初元年武帝受禪立爲皇太子三年五月癸亥武帝晏駕是日太子即皇帝位

文帝義隆武帝第三子永初元年封宜都王景平二年五月江州刺史檀道濟揚州刺史王弘入朝乙酉宣太后令廢少帝爲滎陽王立義隆令曰宜都王仁明孝弟著自幼辰德業冲粹識心明允宜纂洪統光臨億兆王者詳依典故以時奉迎未亡人嬰此百罹雖存若殞永悼情事撫心摧塞是日檀道濟入守朝堂六月傅亮率行臺迎義隆於江陵八月丁酉於中堂即皇帝位以徐羨之爲司徒傅亮爲尚書令時有司奏車駕依舊臨華林園聽訟詔曰政刑多所未悉可先二公推訊元嘉二年羨之與亮上表歸政曰臣聞元首司契運樞成務臣道代終事盡宜翼晃旒之道理絕於上皇拱己之事不行於中古故高宗不言以三齡爲斷冢宰聽政以再朞爲節百王以降罔或

不然陛下聖德紹興負荷洪業億兆顒顒思陶盛化而聖旨謙挹委成羣司自大禮告終鑽燧三改大明佇照遠邇傾屬臣等雖率誠屢聞未能仰感敢藉品物之情謹因蒼生之志伏願陛下遠存周文日昃之道近思皇室締構之艱時覽萬機躬親朝政廣闢四聰博詢庶業則雍熙可臻有生幸甚帝未許羨之等重曰近陳寫下情言爲心聲奉被還詔覽許未廻豈惟愚臣秉心有在詢之朝野人無異議何者形風四方實繫王德一國之事本之一人雖世代不同時殊風異至於王運臣贊古今一揆未有渾心委任而休

明可期此之非宜布自遐邇臣等荷遇二世休戚以均情爲國至豈容順默重披丹心昌昧以請帝猶辭美之等又固諫曰此表披陳辭誠俱盡詔旨冲遠未垂聽納三復屛營伏增憂歎臣聞克隆先構幹蠱之盛業昧旦丕顯帝王之高義自皇宋創運英聖有造殷憂未闋艱患仍纏賴天命有底聖明承業時屯國故猶在民心太山之安未易可保昏明隆替繫在聖躬斯誠周詩夙興之辰殷王待旦之日豈得無爲拱己復玄古之風逡巡虛挹詢匹夫之事伏願以宗廟爲重百姓爲心弘大業以嗣先軌隆聖道以增前烈

愚瞽所獻情盡於此乃許之

孝武皇帝駿文帝第三子元嘉十二年封武陵王累遷都督江州荆州之江夏豫州之西陽晋熙新蔡四郡諸軍事三十年元凶劭弒逆帝率衆入討荆州刺史南譙王義宣雍州刺史臧質並舉義兵四月丙寅次江寧丁卯大將軍江夏王義恭來奔奉表上尊號戊辰至于新亭己巳卽皇帝位改新亭爲中興亭五月甲戌輔國將軍申坦克京城乙亥輔國將軍朱脩之克東府丙申克定京邑劭及始興王濬諸同逆並伏誅

前廢帝子業武帝長子孝建元年立爲皇太子八年閏五月庚申卽皇帝位年十三以太宰江夏王義恭錄尚書事

明帝彧文帝第十一子元嘉二十五年封淮陽王二十九年改封湘東王永光元年出爲豫州刺史都督南豫豫司江西州揚州之宣城諸軍事景和末入朝被留時廢帝疑畏諸父將加禍害帝與腹心阮佃夫李道兒等密謀弒廢帝於後堂升西堂登御座召見諸大臣雖未卽位凡衆事悉稱令書施行十二月丙寅卽皇帝位

後廢帝昱明帝長子泰始二年立爲皇太子泰豫元年四月庚子卽皇帝位

順帝準明帝第三子泰始七年封安成王爲撫軍將軍前廢帝卽位初爲揚州刺史元徽二年加車騎將軍都督揚南豫二州諸軍事四年進號驃騎大將軍開府儀同三司班劍三十五人是年七月戊子夜後廢帝殂奉迎入居朝堂壬辰卽皇帝位

南齊武帝賾太祖長子建元元年立爲皇太子四年三月壬戌卽皇帝位

鬱林王昭業武帝子文惠太子長懋之長子也永明

十一年正月長懋薨四月立爲皇太孫居東宮七月戊寅即皇帝位

海陵王昭文鬱林王弟也永明四年封臨汝公十一年封新安王隆昌元年七月丁酉明帝爲大將軍廢鬱林王立昭文爲帝宣皇太后令曰新安王體自文皇叡哲天秀宜入嗣鴻業永寧四海即以禮奉迎是日即皇帝位以明帝爲大將軍錄尚書事

明帝鸞太祖兄始安王道生之子永明十一年七月武帝遺詔爲侍中尚書令隆昌元年加鎮軍大將軍太傅宣城王是年七月廢鬱林王立海陵王十月又

廢之宣皇太后令曰太傅宣城王遺體宣皇鍾慈太祖識冠生民功高造物符表夙著謳頌有在宜入承寶命式寧宗祏癸亥即皇帝位

東昏侯寶卷明帝第二子建武元年立爲皇太子永泰元年七月乙酉即位

和帝寶融明帝第八子建武元年封隋郡王永元元年改封南康王持節督荆雍益寧梁南北秦七州軍事西中郎將荆州刺史二年十一月甲寅長史蕭穎冑殺輔國將軍巴西梓潼二郡太守劉山陽奉雍州刺史蕭衍舉義兵以衍爲持節都督前鋒諸軍事左將軍穎冑爲右將軍都督行臺諸軍事十二月壬辰驍騎將軍夏侯亶自京師至江陵稱宣德太后令曰西中郎將南康王宜纂承皇祚光臨億兆方俟清宮未即大號可且封宣城南瑯琊南東海東陽臨安新安尋陽南郡竟陵宜都十郡爲宣城王相國荆州牧加黄鉞置僚屬選百官西中郎將南康國並如故須軍次近路主者詳依舊典法駕奉迎三年正月建牙于城南二月群僚上尊號立宗廟及南北郊三月乙巳即皇帝位十二月丙寅雍州刺史王國珍侍中張稷廢東昏侯建康城平封東昏侯爲涪陵王

梁簡文帝綱高祖第三子昭明太子統母弟天監五年封晉安王大通三年立爲皇太子太清三年五月辛巳即皇帝位

元帝繹高祖第七子天監十三年封湘東王太清元年爲荆州刺史都督荆雍九州諸軍事三年三月侯景寇建業高祖密詔帝爲侍中假黄鉞都督中外諸軍事司徒承制徵兵討景是年簡文帝爲景立明年改元大寶又明年逼禪於豫章王棟改元天正而帝在江陵只稱太清五年又明年三月王僧辯等平侯景傳其首至江陵十一月丙子即帝位

敬帝方智元帝第九子承聖二年以晉安王出爲江
州刺史三年十一月江陵爲西魏所陷太尉楊州刺
史王僧辨司空南徐州刺史陳霸先等定議以帝爲
太宰承制奉迎還京師四年二月入居朝堂三月北
齊遣其上黨王高渙送貞陽侯蕭淵明來主梁嗣至
東關吳興太守裴之橫與戰敗績僧辨率衆出屯姑
熟七月辛丑僧辨納淵明自採石濟江甲辰入於京
師以帝爲皇太子九月甲辰霸先舉義襲殺僧辨黜
淵明丙午卽皇帝位陳高祖紀云初北齊之請納貞陽也高祖以爲不可遣使詣僧辨苦爭之反復數四僧辨竟不從高祖居常憤歎密謂所親日武皇雖磐石之宗遠布四海至於克雪讎

冊府元龜　閏位部 紹位　卷之一百八十八　九

恥寧濟艱難惟孝元而已功業之盛前代未聞我與
王公俱受重寄語未絕音聲猶在耳豈期一旦乃有
異圖嗣王高祖之孫元皇之子海內屬目天下宅心
竟有何辜坐致廢黜遠求夷狄假立非次觀其此情
亦可知矣乃密賜其袍數千領及錦綵金銀以爲賞
賜之具九月壬寅高祖詔徐度侯安都周文育等謀
之仍部署將士分賞金銀綵帛水陸俱進是夜發南
徐州討王僧辨甲辰高祖衆軍至石頭前遣勇士自
城北踰入時僧辨方視事外白有兵俄而兵自內出
僧辨遽走與其第三子頠相遇俱出閤右尚數十人
苦戰高祖大兵尋至僧辨衆寡不敵走登城南門樓
高祖因風縱火僧辨窮迫乃就擒是夜縊僧辨及頠
丙午貞陽遜位百寮奉晉安王
上表勸進十月己酉晉安卽位

後梁宣帝詧昭明太子統第三子中大通三年封岳
陽郡王大同元年出爲雍州刺史太清三年高祖以
詧兄江東王譽爲湘州刺史徙湘州刺史張纘爲雍
州以代詧屬侯景寇建業詧不受代西魏恭帝元年
後周太祖輔政令柱國于謹平江陵立詧爲梁主居
江陵東城資以江陵一州之地其襄陽所統東歸于
魏詧稱皇帝於其國

孝明帝巋宣帝太子詧殂太子嗣位

後王琮明帝巋之子初封東陽王尋立爲太子巋殂
太子嗣位後歸於隋

陳世祖文帝蒨高祖兄始興昭烈王之長子永定初
封臨川郡王三年率兵城南皖是年六月丙午高祖
遺詔徵入纂位甲寅至自南皖入居中書省皇后令

冊府元龜　閏位部 紹位　卷之一百八十八　十

日昊天不弔上玄降禍大行皇帝奄捐萬國率土哀
號普天如喪窮酷煩冤無所迨及諸孤藐爾反國無
期須立長主以寧寓縣侍中安東將軍臨川王蒨體
自景皇屬惟猶子建殊功於牧野敷盛業於戡黎納
麓時敘之辰負扆乘機之日並佐時雍是同草創祧
祏所繫遐邇宅心宜奉天宗嗣膺寶籙使七廟有奉
兆民寧晏未亡人假延餘息嬰此百罹尋經纏綿興
言感絕帝固讓至于再三羣公卿士固請其日卽皇
帝位於太極前殿

廢帝伯宗文帝嫡長子永定元年立爲臨川王世子

文帝嗣位立爲皇太子天康元年四月癸酉即皇帝
位於太極前殿詔曰上天降禍大行皇帝奄捐萬國
攀號靡及五内摧殞朕以寡德嗣膺寶命煢煢在疚
懼其綴旒方賴宰輔救其不逮其令内外文武各復
其職遠方悉停奔赴
高宗皇帝頊始興昭烈王第二子文帝嗣位封安城
王廢帝光大二年累加太傅領司徒十一月甲寅慈
訓太后令降廢帝爲臨海郡王以帝入纂令曰太傅
安成王固天生德齊聖廣淵二后鍾心三靈佇眷自
前朝不悆任總邦家威惠相宣刑禮兼設指揮嘯叱

湘郢廓清闢地開疆荆益風靡若太戊之承殷曆中
宗之奉漢嗣較以功名曾何髣髴且地彰玉璽天表
長彗（王欽若等曰是歲五月帝爲太傅獻玉璽六月彗星見）布新除舊禎祥咸
顯文皇知子之監事甚帝堯傳弟之懷又符大伯今
可還申曩志崇立賢君方固宗祧載貞辰象中外宜
依舊典奉迎輿駕未亡人不幸屬此殷憂不有崇替
容危社稷何以拜祠高寢歸附武園攬筆潸然兼懷
悲慶三年正月甲午即皇帝位於太極前殿
後主叔寶宣帝嫡長子天嘉三年封成安王大建元
年立爲皇太子十四年正月丁巳即皇帝位于太極
前殿
東魏孝靜帝清河王亶世子永熙三年八月孝武帝
既入關十月大將軍高歡乃與百寮會議推帝以奉
明帝之後即皇帝位于雒城是月東北遷于鄴
北齊廢帝殷文宣帝長子天保元年立爲皇太子十
年十月癸卯即帝位於晉陽宣德殿
孝昭帝演字延安文宣母弟也天保元年封常山王
十年十一月廢帝嗣位乃即朝班除太傅錄尚書事
朝政皆決於帝月餘乃居藩邸自是詔勑多不關帝
客或言於帝曰鷙鳥捨巢必有探卵之患今日之地

何宜屢出乾明元年從廢帝赴鄴居于領軍府時楊
愔燕子獻爾朱渾天和宋欽道鄭子默等以帝望既
重内懼權逼請以帝爲太師司牧錄尚書事長廣王
湛爲大司馬錄并省尚書事解京畿大都督帝以尊
親而見猜斥乃與長廣王期獵謀之于野三月甲戌
帝初上省旦發領軍府大風暴起壞所御車幔帝甚
惡之及至省朝士咸集坐定酒數行于坐執尚書令
楊愔右僕射燕子獻領軍爾朱渾天和侍中宋欽道
等於座帝戎服與平原王段韶平秦王高歸彥領軍
劉洪嶽入自雲龍門於中書省前遇散騎常侍鄭子

黙又執之同斬于御府之内帝至東閣門都督成休寧抽刃呵帝帝令高歸彥喻之休寧厲聲大呼不從歸彥既爲領軍素爲兵士所服悉皆弛仗休寧方歎息而罷帝入至昭陽殿幼主太皇太后皇太后並出臨御坐帝奏愔等罪求伏專擅之罪時庭中及兩廊下衛内二千餘人皆披甲待詔武衛娥永樂武力絶倫被文宣重遇撫刃思効廢帝性吃訥兼倉卒不知所言太皇太后又爲皇太后誓言帝無異志唯去逼而已高歸彥宣勑勞衛士解嚴永樂乃内刀而泣帝乃令歸彥引侍衛之士向華林園以京畿軍入守門閤

斬娥永樂于園詔以帝爲大丞相都督中外諸軍錄尚書事帝尋入晉陽有詔軍國大政咸諮決焉帝既當大位知無不爲乾明元年八月壬午宣太后令降廢帝爲濟南王是日即位於晉陽宣德殿

武成帝湛孝昭帝母弟天保元年封長廣王皇建元年爲右丞相孝昭幸晉陽留帝守鄴二年十一月甲辰孝昭詔曰朕嬰此暴疾奄忽無逮令嗣子冲眇未閑政術社稷業重理歸上德右丞相長廣王研幾測化體道居宗人雄之望海内瞻仰同胞共氣家國所馮可遣尚書左僕射趙郡王叡喻旨徵王統兹大寳手書云宜將吾妻子置一好處勿學前人也帝乃自鄴至晉陽宮發喪於崇德殿皇太后令所司宣遺詔左丞相斛律金率百僚敦勸三奏乃許之癸丑即皇帝位於南宮

後主緯武成帝長子大寧二年立爲皇太子河清四年四月太史奏天文有變其占當有易主丙子乃使太宰段韶兼太尉持節奉皇帝璽綬傳位於皇太子於是羣公上尊號爲太上皇帝軍國大事咸以奏聞初將傳政使内參乘子尚乘驛送詔書于鄴子尚出晉陽城見子騎隨後忽失之子尚未至鄴而其言已布矣

梁末帝瑱太祖第四子開平元年封均王四年出爲東京馬步軍都指揮使乾化二年六月三日庶人友珪爲逆遂即僞位明年改元鳳歷是年二月侍衛親軍使袁象先引禁兵誅友珪遣趙巖賚傳國寶至東京請帝即位於雒陽帝報之曰夷門太祖創業之地公等如堅推戴冊禮宜在東京賊平之日即謁雒陽陵廟是月帝即位於東京乃去鳳曆之號復稱乾化三年

年號

自漢武紀元立號而後代因之逮於偶國以至江左

亦皆建正朔備制度或標瑞應之日或取休美之稱
或宣紀德化或章明功烈紀年須曆於是乎在今考
於舊史洎東魏北齊以及朱梁條次比敘咸可見矣
蜀先主以後漢建安二十六年四月卽皇帝位於成
都是歲魏黃初三年先主猶稱建安大赦改元章武盡三年四月
後主以章武三年四月卽位改元建興盡二十年
延熙元年正月大赦改元盡二十年
景耀元年史官言景星見於是大赦改元盡六年夏
炎興元年夏大赦改元其年降於晉王欽若等曰自此以下不書月者皆史闕文
吳大帝初爲吳王以魏黃初三年九月改元黃武盡七

年二月
黃龍元年四月夏口武昌並言黃龍鳳凰見丙申南
郊卽皇帝位大赦改元盡三年
嘉和元年黃龍三年十月會稽南始平言嘉禾生十二月丁卯大赦改元盡七年七月
赤烏元年八月武昌言麒麟見有司奏言麒麟者太
平之應宜改年號詔曰間者赤烏集於前殿朕親見
若神靈以爲嘉祥者改年宜以赤烏爲元群臣奏曰
昔武王伐紂有赤烏之祥君臣觀之遂有天下聖人
書策載述最祥者以爲近事旣嘉親見文明也於是
改元盡十二年四月

太元元年五月立皇后潘氏大赦改元盡明年正月
神鳳元年二月大赦改元盡其年三月
廢帝亮以神鳳元年四月卽位大赦改元建興盡二年
五鳳元年建興二年十一月有大鳥五見于春申明年改元盡三年十月
太平元年十一月巳酉大赦改元盡三年九月
景帝以太平三年九月卽位大赦改元永安盡七年七月
後主以永安七年七月卽位大赦改元元興盡其年
甘露元年四月蔣陵言甘露降於是大赦改元盡二年七
月
寶鼎元年八月所在言得大鼎於是大赦改元盡四年九

月
建衡元年八月大赦改元盡三年
鳳凰元年建衡三年西苑言鳳凰集改元盡三年
天冊元年吳郡言掘地得銀長一尺廣三分刻上有
年月字於是大赦改元盡其年
天璽元年吳郡言臨平湖自漢末草穢壅塞今更開
通長老相傳此湖塞天下亂此湖開天下平又於湖
邊得石函中有小石青白色長四寸廣二寸餘刻上
作皇帝字於是大赦改元盡其年
天紀元年鄱陽言歷陽山石文理成字又吳興陽羨

山有空石長十餘丈名曰石室所在表爲大瑞乃遣兼司徒董朝兼太常周處至陽羨縣封禪國山改元大赦以協石文盡四年三月降于晉

宋高祖以晉元熙二年六月受禪改元永初盡三年

少帝以永初三年五月即位明年正月巳亥朔大赦改元景平盡二年七月

文帝以景平二年七月自宜都王即位大赦改元元嘉盡三十年

孝武帝以元嘉三十年四月即位明年正月親祠南郊大赦改元孝建盡三年

冊府元龜 閏位部 年號 卷之一百八十八 十七

大明元年正月辛亥朔大赦改元盡八年

前廢帝以大明八年閏五月即位明年正月乙未朔大赦天下改元永光盡其年八月

景和元年八月誅太宰江夏王義恭等改元盡其年

明帝以景和九年十二月丙寅自湘東王即位大赦改元泰始盡七年

泰豫元年正月甲寅朔帝有疾不朝會以疾患未痊故改元泰豫盡其年

後廢帝以泰豫元年四月即位明年正月戊寅朔大赦改元元徽盡五年七月

順帝以元徽五年七月即位大赦改元昇明盡三年四月

南齊太祖以宋昇明三年四月受禪大赦改元建元盡四年二月

世祖武皇帝以建元四年三月即位改元永明盡十一年

鬱林王以永明十一年七月即位明年正月丁未大赦改元隆昌盡其年七月

海陵王以隆昌元年七月即位改元延興盡其年十月

明年以延興元年十月即位大赦改元建武盡四年

永泰元年四月甲寅赦三署囚改元盡其年

東昏侯以永泰元年七月即位明年正月大赦改元

冊府元龜 閏位部 年號 卷之一百八十八 十八

永元盡二年三月

和帝以永元三年三月即位于江陵大赦改元中興盡二年四月

梁高祖天監元年以齊中興二年四月受禪改元天監盡十八年

普通元年正月乙亥大赦改元盡七年

大通元年三月大赦改元盡二年

中大通元年十月巳酉大赦改元盡六年

大同元和正月戊申朔大赦改元盡十一年

中大同元年四月大赦改元盡其年

太清元年四月丁亥大赦改元盡三年
簡文帝以太清三年五月卽位明年正月辛亥朔大赦改元大寶盡二年七月侯景逼禪于豫章王改元天正
元帝以太清六年十一月卽位改元詔曰昔虞夏商周年無嘉號漢魏晉宋因循以久朕雖云撥亂自非創業思得上繫宗祧下惠億兆可改太清六年爲承聖元年盡三年
敬宗紹泰元年以承聖三年十一月元帝都江陵陷于長安陳霸先等定議以帝爲皇太子明年九月霸先襲殺王僧辯黜蕭淵明十月帝卽皇帝位大赦改

元盡二年八月
太平元年九月壬寅改元盡二年十月禪于陳
後梁宣帝以後魏恭帝元后爲后周太祖所立居江陵東城稱皇帝於其國年號大定盡八年
明帝以大定八年嗣位改元天保盡二十三年
後主以太子嗣位改元廣運盡二年歸于隋
陳高祖以梁太平二年十月受禪大赦改元永定盡三年
文帝以永定三年六月卽位明年正月癸丑大赦改元天嘉盡六年

天康元年三月大赦改元盡其年
廢帝以天康元年四月癸酉自太子卽位明年正月大赦改元光大盡二年
宣帝以光大二年十一月自太傅入纂位明年正月甲午卽位改元大建盡十四年
後主以大建十四年正月卽位明年正月壬寅大赦改元至德盡四年
禎明元年正月戊寅大赦改元盡三年正月爲隋所滅
東魏孝靜帝以後魏永熙三年十月爲高歡所立卽皇帝位於鄴城東北大赦改元天平盡四年

元象元年正月有巨象自至碭郡陂中南兗州獲送于鄴大赦改元盡其年
興和元年十月癸亥以鄴都新宮成大赦改元盡四年
武定元年正月壬戌朔大赦改元盡八年五月禪于北齊
北齊文宣以東魏武定八年五月受禪南郊禪畢大赦改元天保盡十年初帝改年識者曰天保之字一大人共十帝其不過十年乎
廢帝以天保十年十月卽位明年正月癸丑朔大赦改元乾明盡其年八月
孝昭帝以乾明元年八月卽位於晉陽宣德殿大赦改元皇建盡二年十月

武成帝以皇建二年十一月癸丑即位于南宫大赦改元大寧盡二年三月

河清九年四月以河濟清改元盡三年四月

後主以河清四年四月即位大赦改天統盡五年

武平元年正月乙酉朔大赦改元盡七年十月

隆化元年十二月丁巳大赦改元盡其年

少帝以隆化二年正月乙亥即位大赦改元

承光元年在位十八日以後俱奏青州爲後周所滅

梁太祖以唐天祐四年四月受禪改元開平盡五年四月

乾化元年五月甲申朔御朝元殿大赦改元盡六年六月

末帝以乾化三年二月即位於大梁五年十一月改元貞明盡七年四月先是乾化二年六月庶人友珪弑逆明年正月改元鳳曆是年二月誅友珪帝復稱乾化至是改焉

龍德元年五月丙戌朔改元盡三年十月爲後唐所滅

册府元龜

廵按福建監察御史臣李嗣京　訂正

知甌寧縣事臣孫以敬叅閲

知建陽縣事臣黃國奇較釋

閏位部一百八十九

孝德　奉先　尊親

孝德

夫孝德之本也故王者之德莫大於孝上所以寧宗廟下所以教人民導揚徽聲感勵風俗莫加於此焉若乃凌晨問安時刻靡失逾月侍疾衣帶不解躬昜

脂澤至於感慟親臨祭享罔不流涕所以雲物變采井泉湧發蓋天性之所感故明靈之攸答傳示後藝美莫大焉

宋高祖少時家貧有大志不治廉隅事繼母以孝謹稱及即大位春秋已高每旦入朝太后未嘗失時刻

梁高祖生知淳孝年六歲獻皇太后終水漿不入口三日哭泣哀苦有過成人內外親黨咸皆敬異及丁文皇帝憂時爲齊王諮議隨府在荆鎮髣髴奉問便投劍星馳不復寢食倍道就路憤風驚浪不蹔停止高祖形容本壯及還至京都銷毀骨立親表士友不復識焉望宅奉諱氣絶久之每哭輒嘔血數升服內不復嘗米唯資大麥日止二溢拜掃山陵涕淚所洒松草變色及居帝位即於鍾山造大愛敬寺青溪邊造智度寺又於臺內立至敬寺殿又立七廟堂月中再過設淨饌每至展拜嘗涕泗滂沱哀動左右

大同十年三月謁建寧陵有紫雲蔭陵上食頃乃散帝望陵流涕所霑草皆變色陵傍有枯泉至是而流水香潔辛丑哭于脩陵

簡文帝居穆貴嬪憂哀毀骨立晝夜號泣不絶聲所坐之席霑濕盡爛

後梁宣帝性不飲酒安於儉素事其母以孝聞

明帝孝悌慈仁有人君之量四時祭享未嘗不悲慕流涕

北齊孝昭帝性至孝太后不豫出居南宮帝行不正履容色貶悴衣不解帶殆將四旬殿去南宮五百餘步鷄鳴而去辰時方還來去徒行不乘輿太后所苦小增便即寢伏閤外食飲藥物皆躬親太后嘗心痛不自堪忍帝立侍帷前以爪掐手心血流出袖友愛諸弟無君臣之隔

梁太祖性孝愿奉太后未嘗小失色朝夕視膳爲士

君子之規範帝嚴察用法無纖毫假貸太后言之甞頗爲省刑

奉先

夫有國家者曷甞不宗祀以本仁作廟以觀德尊祖以致孝奉先以盡禮自秦遷周曷頗遵古制逺於吳蜀建號江左禪代莫不追加號謚充奉園邑增建廟貌聿脩時祭親執卣鬯躬謁松櫝載籍所記可得而詳也東魏北齊以及朱梁雖國祚運促日不暇給而崇薦尊稱肅祇甞事亦未曾闕焉

秦始皇二十六年初并天下采上古帝位號號曰皇帝追尊莊襄王爲太上皇

二十八年爲太極廟

二世元年下詔增始皇寢廟犧牲令羣臣議尊始皇廟羣臣皆頓首言曰古者天子七廟諸侯五大夫三雖萬世世不軼毁今始皇爲極廟四海之内皆獻貢職增犧牲禮咸備無以加先王廟或在西雍或在咸陽天子儀當獨奉酌祠始皇廟自襄公已下軼毁所置凡七廟羣臣以禮進祠以尊始皇廟爲帝者祖廟

蜀先主章武元年四月即皇帝位于成都立宗廟祫祭高皇帝以下（闕松之云先王雖云出自孝景而世數攸遠昭穆難明既紹漢祚不知以何帝爲元祖以立親廟于時英賢作輔儒生在宮宗廟制度必有憲章而載紀闕畧良可恨哉）

後主以章武三年五月襲位于成都是月先主梓宮自永安宮還成都謚曰昭烈皇帝追尊毋甘皇后曰昭烈皇后

吳大帝權黄龍元年四月即皇帝位追尊父破虜將軍烏程侯堅爲武烈皇帝廟曰始祖墓曰高陵毋吳氏爲武烈皇后（張紘以破虜有破走董卓扶持漢室之勳討逆平定江東建立大業宜有記頌以昭公美既成吳大帝省讀悲感曰君貪識孤家門閥閱也）

廢帝亮建興元年四月即位上大帝尊謚曰大皇帝墓曰蔣陵五鳳二年十二月作太廟太平元年正月

爲太帝立廟稱太祖廟

景帝即位遣使追尊毋王夫人曰敬懷皇后改葬敬陵

後主皓元興元年八月即位謚休曰景皇帝葬定陵九月追謚父和曰文皇帝（初尊和爲昭獻皇帝俄又改爲文皇帝）改葬明陵置園邑二百家令丞奉守

寶鼎元年十月分吳郡丹陽九縣爲吳興郡治烏程置太守四時奉祠文皇帝廟

二年有司奏言文皇帝宜立廟京邑是年七月使守大匠薛珝營立寢堂號曰清廟十二月遣守丞相孟

仁太常姚信等備官寮中軍步騎二千人以靈輿法駕東迎神於明陵皓引見仁親拜送于庭一云比孟仁還皓手詔日夜相繼奉問神靈起居動止巫覡言見和被服顏色如平生皓悲喜涕泗悉召公卿尚書詣闕門下受賜靈輿當至使丞相陸凱奉三牲祭於近郊皓於金城外露宿明日望於東門之外其翊日拜廟薦祭歔欷悲感又追尊和母王夫人曰大懿皇后

宋高祖初爲宋王立廟于彭城祭高祖以下四世

永初元年六月即位追尊皇考爲孝皇帝皇妣爲穆皇后七月戊申遷神主于太廟車駕親奉

少帝以永初三年五月即位上武帝謚曰武皇帝廟

號高祖葬初寧陵

九月有司奏武皇帝配南郊武敬皇后配北郊

文帝元嘉元年八月丁酉謁初寧陵還即位戊午拜太廟甲辰追尊所生胡婕妤爲皇太后謚曰章皇太后陵曰熈寧立廟於京師

四年二月乙卯行幸丹徒謁京陵

二十六年二月乙亥車駕陟道幸丹徒謁京陵

二十八年三月拜初寧陵

孝武帝以元嘉三十年四月即位于新亭崇改太祖文皇帝號謚初元凶劭弒逆上謚曰景皇帝廟號中宗至是改焉

五月甲午謁初寧陵

大明二年正月壬戌拜初寧陵

六年正月辛卯宗祀文皇帝于明堂以配上帝

八年正月辛巳宗祀文皇帝于明堂

前廢帝以大明八年閏五月即位上孝武皇帝尊謚廟號世祖

九月祔葬文穆皇太后于景寧陵

明帝太始元年十二月即位乙亥追尊所生沈婕妤曰宣皇太后陵號崇憲壬午車駕謁太廟

後廢帝以泰豫元年四月即位上明皇帝尊謚廟號太宗

順帝昇明元年七月壬辰即位癸卯車駕謁太廟

南齊太祖高皇帝建元元年四月即位追尊皇考曰宣帝皇妣爲孝皇后陵曰永安

六月庚辰法駕奉七廟主于太廟

十月己卯車駕殷祠太廟

武帝以建元四年三月即位上高皇帝尊謚廟號太祖

五月庚申以高皇帝配南郊高昭皇后配北郊

永明五年四月庚午車駕殷祠太廟
九月詔太廟四時祭宣皇帝薦麪餅鴨臛孝皇后薦笋鴨卵脯醬炙白肉高皇帝薦肉膾葅羹昭皇后薦茗粽炙魚並平生所嗜也
十年十月車駕殷祠太廟
鬱林王以永明十一年七月即位上武皇帝尊謚廟號世祖
九月辛酉追尊父文惠太子爲世宗文皇帝
隆昌元年正月戊午車駕拜崇安陵
明帝建武元年十月即位十一月追謚父始安貞王

道生爲景皇妃江氏爲懿皇后別立寢廟陵號脩安
四年八月追尊景皇所生王氏爲恭太后
東昏侯以永泰元年七月即位上高宗尊謚曰明皇帝
梁高祖武帝初封梁公立四親廟
天監元年四月即位追尊皇考爲文皇帝廟號太祖皇妣爲獻皇后陵號建寧
十一月己未立小廟
十二年六月癸巳新作太廟增基九尺
十五年六月丙申改作小廟畢
大同十年三月甲午輿駕幸蘭陵謁建陵至脩陵壬寅詔曰朕自違桑梓五十餘載乃眷東顧靡日不思今四方款關海外有截獄訟稍簡國務小閑始獲展敬園陵但增感慟帝嘗夢具朝服入太廟拜伏悲感旦於延務殿說所夢何敬容對曰臣聞孝悌之至通於神明陛下性與天通故感應斯夢上極然之便有拜陵之議
簡文帝以太清三年五月辛巳即位癸未追尊所生穆貴嬪爲穆皇太后
十一月上武皇帝尊謚廟號高祖陵號脩陵
元帝以承聖元年十一月即位於江陵追尊所生妣阮脩容爲文宣太后

後梁宣帝詧大定元年追尊其父統爲昭明皇帝廟號高宗統妃蔡氏爲昭德皇后
明帝巋以大定八年二月嗣位上宣皇帝尊謚廟號中宗改元天保
元年五月太皇太后龔氏薨謚曰元太后
九月所生母曹太妃薨謚曰孝皇太妃
二年皇太后王氏薨謚曰宣靜皇后
陳高祖武帝永定元年十月即位追尊皇考曰景皇帝廟號太祖陵曰瑞陵皇妣董太夫人曰安皇后依梁初園陵故事遷景皇帝神主祔於太廟

四月甲子親祠太廟

文帝以永定三年六月卽位上武皇帝尊謚廟號高祖

大嘉元年六月辛巳改謚皇祖妣景安皇后曰景文皇后甲午追策故始興昭烈王妃曰孝妃（始興王文帝父也）

二年十二月甲申立始興國廟於京師用王者之禮（帝自入嗣而皇考始興昭烈王廟在始興謂之東廟至是徙東廟神主祔于梁之小廟故日國廟祭用天子儀）

廢帝以天康元年四月卽位六月上文皇帝尊謚廟號顯祖

十月庚申親祠太廟

光大元年十月甲申親祠太廟

二年七月丙午親祠太廟

九月戊午親祠太廟

宣帝大建元年正月甲午卽位乙未謁太廟戊午親祠太廟

十月壬午親祠太廟

二年春正月丙午親祠太廟

閏四月戊申謁太廟

十月乙酉親祠太廟

三年十月甲申親祠太廟

四年正月庚午親祠太廟

十月乙酉親祠太廟

五年正月甲午親祠太廟

六年正月壬午親祠太廟

四月甲午親祠太廟

八年四月乙未親祠大廟

東魏孝靜帝以天平元年十月丙寅卽位壬申享太廟

四年四月辛未遷七帝神主入新廟

北齊文襄帝初爲魏相置王高祖秦州使君王曾祖太尉武貞公王祖太師文穆公王考相國獻武王凡四廟

文宣帝天保元年五月卽位己未追尊皇祖文穆王爲文穆皇帝皇祖妣爲文穆皇后皇考獻武王爲獻武皇帝亡兄文襄王爲文襄皇帝甲辰遷神主於太廟

三年正月乙丑有事于太廟

十月丁卯文襄皇帝神主入於太廟（文宣帝受禪置六廟日皇祖司空公廟皇祖吏部尚書廟皇祖秦州使君廟皇祖文穆皇帝廟太祖獻武皇帝廟世宗文襄皇帝廟爲太

廟獻武已下不毀已上則遞毀竝同廟而別室既而遷神主于太廟文襄文宣竝太祖之子文宣初疑其昭穆之次欲別立廟衆議不同至二年冬始祔太廟春祠夏禴秋嘗冬烝皆以孟月幷臘凡五祭禘祫始梁之制每祭室一太牢始以皇后配祭至河清定令四時祭廟禘祭及元日廟建竝設庭燎三所

廢帝乾明元年二月上文宣皇帝尊謚廟號高祖

孝昭帝皇建二年正月壬子禘于太廟

武成帝太寧元年十一月卽位上孝昭皇帝尊謚

河清元年正月壬午享太廟

五月祔葬武明皇后于義平陵

二年正月以武明皇后配祭北郊

後主天統元年十一月巳丑太上皇詔改太祖獻武

皇帝爲神武皇帝廟號高祖獻明皇后爲武明皇后其文宣謚號委有司議定

十二月庚午有司奏改高祖文宣皇帝爲威宗景烈皇帝

二年正月癸巳祫祭於太廟

四年十二月上太上皇尊謚曰成皇帝廟號世祖

武平元年十月改威宗景烈皇帝謚號顯宗宣皇帝

梁太祖初爲梁王以唐乾寧二年二月領親軍屯於單父會寒食帝乃親拜文穆皇帝陵於碭山縣午溝里

開平元年四月卽位追尊四代廟號高祖嬀州府君上謚曰宣元皇帝廟號肅祖太廟第一室陵號興極祖妣高平縣君范氏追謚宣僖皇后皇曾祖宣惠王上謚曰光獻皇帝廟號敬祖第二室陵號永安祖妣秦國夫人楊氏追謚光孝皇后皇祖武元王上謚曰昭武皇帝廟號憲祖第三室陵號光天祖妣吳國夫人劉氏追謚昭懿皇后皇考文明王上謚曰文穆皇帝廟號烈祖第四室陵號咸寧皇妣晉國太夫人王氏追謚文惠皇后

五月甲午詔天下管屬及州縣官名犯廟諱者各宜

改換城門郎改爲門局郎避曾祖諱茂州改爲汶州避烈考諱桂州慕化縣改爲歸化縣潘州茂名縣改爲越裳縣

癸卯司天監奏曰辰內有戊字請改爲武從之

六月巳亥帝御崇元殿內出追尊四廟上謚號玉冊寶共八副宰臣文武百官儀仗鼓吹導引至太廟行事

三年正月巳巳奉遷太廟四室神主赴西京太常儀仗鼓吹導引齊車文武百官奉辭於開明門外甲戌帝發東都巳卯至西都庚寅親享太廟

二月丙午宗正寺請脩興極永安光天咸寧陵竝合

添脩上下宮殿栽植松栢制可癸亥勅豐沛之基㩻園所在僾僾動關於情理充奉自繫於國章宜設陵臺兼升縣望其輝州碭山縣宜升爲赤縣仍以本縣令兼四陵臺令
七月丙寅命宰臣楊涉赴西都以孟秋享太廟
乾化元年十月有司以立冬太廟薦享上言詔丞相杜曉赴西都攝祭行事
二年正月丙戌有司以孟春太廟薦享上言命丞相杜曉攝祭行事
末帝即位追尊母賢妃張氏爲元貞皇太后祔葬宣

陵
貞明三年十二月幸雒陽遂幸伊闕拜宣陵

尊親

夫王者之政不可得而變革者尊尊也親親也所以宣孝愍之德崇教化之本況夫膺餘閏之數富霸王之資當創物之初暨繼明之始莫不秉有司之奏稽歷代之典緣禮經之大義傳春秋之深旨尊以懿號崇以宮名昭備物之章極奉親之意誠有國者之要道也雖云角立其可闕諸
蜀後主章武三年五月襲位于成都尊先主皇后曰皇太后
吳孫晧元興元年八月即位九月尊母何姬爲昭獻皇后稱升平宮月餘進爲皇太后
宋高祖永初元年即位六月尊王太后蕭氏爲皇太后有司奏曰臣聞道積者慶流德洽者禮備故祇敬表于崇高嘉號彰於盛典伏惟太后母儀之德於穆不已保翼之訓光被洪業雖幽明同慶稱謂未窮稽之前代禮有當準宜式遵舊章允副羣望臣等請上宋王太后號曰皇太后
少帝永初三年五月即位尊皇太后曰太皇太后

景平元年七月尊所生母張夫人爲皇太后有司奏曰臣聞嚴親敬始所因者本克孝之道繇中被外伏惟夫人德並坤元徽音光紹發祥兆慶誕啓聖明宜崇極徽號永備盛則從春秋母以子貴之義遵漢晉推愛之典謹上尊號爲皇太后宮曰永樂
孝武帝元嘉三十年四月即位尊所生路淑媛爲皇太后有司奏曰歷集周邦徽音克嗣氣淳漢國沙麓發祥昔在上代業隆祚遠未有不敷陰教以闡洪基膺淑慶以載聖哲者也伏惟淑媛柔明內服徽儀外範含靈初地則庶熙你耀弘訓蕃闈則家邦被德民

應惟和神屬推祉故能誕鍾睿躬用集大命固靈根於旣殞融勳烈乎中興載厚化深聲永詠緝宜式諧舊典恭享極號謹奉尊號曰皇太后宮曰崇憲

前廢帝大明八年閏五月卽位崇皇太后曰太皇太后皇后曰皇太后宮曰永訓

明帝泰始元年十二月卽位太皇太后復號崇獻皇太后後廢帝泰豫元年四月卽位七月尊皇后曰皇太后宮曰弘訓崇拜所生陳貴妃爲皇太妃有司奏曰臣聞河龍啓聖理映明神郊電基皇慶爍天地故資敬之道粹古爲風沿貴之誼恥代疑則伏惟貴妃

含和月晷表淑星樞徽音峻古柔光炤世聲華帝掖軌秀天嬪景發皇明祚昌睿命而備物之章未爕彝策遠酌前王允咨鴻典臣等參議謹上尊號曰皇太妃輿服一如晉孝武李太妃故事宮曰弘化

順帝卽位昇平元年崇拜帝所生陳昭華爲皇太后

南齊鬱林王卽位尊母文惠太子妃爲皇太后稱宣德宮

梁敬帝紹泰元年十月卽位尊所生夏貴妃爲皇太后

後梁宣帝詧爲周太祖所立居江陵東城稱皇帝於其國尊其所生母龔氏爲皇太后

明帝巋嗣位之元年尊其祖母龔太后曰太皇太后嫡母王皇后曰皇太后所生母曹貴嬪曰皇太妃

陳文帝永定三年六月卽位七月尊皇后章氏爲皇太后宮曰慈訓

廢帝天康元年四月卽位五月尊皇太后曰太皇太后皇后沈氏曰皇太后宮曰安德

後主大建十四年卽位尊皇后柳氏爲皇太后宮曰弘範

北齊文宣帝天保元年五月卽位尊皇太后婁氏爲

太皇后宮曰宣訓

廢帝天保十年十月卽位尊皇太后爲太皇太后皇后李氏爲皇太后

孝昭帝皇建元年八月卽位詔奉太皇太后還稱皇太后皇太后稱文宣皇后

後主天統四年十二月太上皇帝殂上太上皇后尊號爲皇太后

冊府元龜

巡按福建監察御史臣李嗣京 訂正

新建縣舉人臣戴國士參閲

知建陽縣事臣黄國琦較釋

閏位部 一百九十

姿表 智識 聰察 器度 才藝

姿表

洪範五事一曰貌貌曰恭是以八彩重瞳表唐堯虞舜之異龍顔日角彰漢高光武之奇大勲既恊於天人純粹必形於體貌自繼統之外代有其君至若姿

表端莊神明爽邁方頤大口龍顙鐘聲或貴兆已形致異人之默識或天光峻發使外國以仰觀亦有瞻顧非當眉目如畫挺神仙之骨格儼鸞鳳之儀容若加之以才智辯明器度雄遠皆可亞眞人之奇表紹有國之基扃也

秦始皇蜂準（蜂一作隆）長目鷙膺豺聲

蜀先主身長七尺五寸垂手下膝顧視見其耳

吳武烈帝孫堅容貌奇絶

大帝方頤大口紫髯長上短下漢末劉琬能相人見大帝兄弟曰孫氏兄弟雖各才智明達然祿祚不終唯中弟孝廉形貌奇偉骨體不常有大貴之表年又最壽爾試識之

宋高祖身長七尺六寸風骨奇特晋世桓玄篡位從兄撫軍將軍脩在京口以高祖爲中兵參軍從脩入朝至建業玄宿憚高祖威名又悅高祖之風儀姿貌謂司徒王謐曰昨見劉裕卿乃不得獨擅其清（或說玄曰劉裕龍行虎步瞻顧不凡恐不爲人下宜早爲其所玄曰我方欲平蕩中原非裕莫可付大事待關隴平定然後當別議之耳桓玄謂王謐曰昨見劉裕風骨不當蓋人傑也）

文帝年十四身長七尺五寸

孝武帝少機穎神明爽發

前廢帝蜂目鳥喙長頸鋭下

順帝姿貌端華眉目如畫見者以爲神人

南齊高帝姿表英異龍顙鐘聲長七尺五寸鱗文遍體

梁武帝狀貌殊特日角龍顔重嶽虎顧古文八字項有浮光身映無影兩髈駢骨項上隆起有文在右手曰武初爲司州刺史有沙門自稱僧惲謂帝曰君項有伏龍非人臣也復求莫知所之

簡文帝方頤豐下鬚鬢如畫直髮委地雙眉翠色項毛左旋連錢入背手執玉如意不相分辨眄睞則目

光燭人

元帝背生黒子巫媼見曰此大貴兆當不可言又云帝初生患眼高祖自下意治之遂盲一目

陳武帝身長七尺五寸日角龍顔垂手過膝

文帝美容儀擧動方雅造次必遵禮法

宣帝美容儀身長八尺三寸手垂過膝有勇力

北齊神武帝目有精光長頭高顴齒白如玉

文襄帝年十三神清雋爽便若成人

文宣帝黒色大頰兌下鱗身重踝

孝昭帝身長八尺腰帶十圍儀望風表迥然獨秀

武成帝儀表環傑神武爲帝聘蠕蠕太子菴羅辰女號隣和公主帝時年八歲冠服端嚴神情閑遠華戎歎異

後主美容儀

梁太帝山庭月角舜目堯眉鸞鳳之姿自然也

末帝美容儀

智識

眞人未興雄才間出雖統乎舊物尚閟於皇階而式遏横流頗關於讖象其式智參妙有識亮機先變而能通謀無遺謂稽成敗於度内權禍福於彀中燦書史而可觀騰風飆於無際豈惟人謀允協俾黎獻之宅心將亦天險未夷假雋賢而授手取其成算著之於篇

蜀先主與龐統從容宴語問曰卿爲周公瑾周瑜字功曹孤到吳聞此人密有白事勸仲謀孫權字相留有之乎在君爲君卿其無隱統對曰有之先主歎息曰孤時急危當有所求故不得不往殆不免周瑜之手天下智謀之士所見畧同耳時孔明諸葛亮字諫孤莫行其意獨然亦慮此也孤以仲謀所防在此當賴孤爲援故決意不疑此誠出於險途非萬全之計也

吳孫堅漢靈帝末爲別部司馬時邊章韓遂作亂涼州中郎將董卓拒討無功中平三年遣司空張温行車騎將軍西討章等温表請堅與參軍事屯長安温以詔書召卓卓良久乃詣温温責讓卓卓應對不順堅時在坐前耳語謂温曰卓不怖罪而鴟張大語宜以召不時至陳軍法斬之温曰卓素著威名於隴蜀之間今日殺之西行無依堅曰明公親率王兵威震天下何頼於卓觀卓所言不假明公輕上無禮一罪也章遂跋扈經年當以時進討而卓云未可沮軍疑衆二罪也卓受任無功應召稽留而軒昂自高三罪也

古之名將仗鉞臨衆未有不斷斬以示威者也是以穰苴斬莊賈魏絳戮楊干今明公垂意於卓不即加誅虧損威刑於是在矣温不忍發舉乃曰君且還卓將疑人堅因起出章遂聞大兵至黨衆離散皆乞降軍還議者以軍未臨敵不斷功賞然聞堅數卓三罪勸温斬之無不歎息拜堅議郎後靈帝晏駕卓擅朝政横恣堅聞之拊膺歎曰張公昔從吾言朝廷今無此難也

大帝父堅亡兄策起事大帝嘗隨從每參同計謀策甚奇之自以爲不及也劉備定蜀大帝以備已得益

州令諸葛瑾從求荆州諸郡備不許曰吾方圖涼州涼州定乃盡以荆州與吳耳大帝曰此假而不反而欲以虚辭引耶遂置三郡長史分荆州東西

嘉禾四年魏文帝遣使求雀頭香大貝明珠象牙犀角瑇瑁孔雀翡翠鬭鴨長鳴鷄羣臣奏曰荆楊二州貢有常典魏所求珍玩之物非禮也宜勿與大帝曰昔惠施尊齊爲王客難之曰公之學去尊今王齊何其倒也惠子曰有人於此欲擊其愛子之頭而石可以代之子頭所重而石所輕也以輕代重何爲不可乎方有事於西北江表元元恃主爲命非我愛子邪彼所求者於我瓦石耳孤何惜焉彼在諒闇之中而所求若此寧可與言禮哉皆具以與之

赤烏七年步騭朱然等上疏曰自蜀還者咸言欲背盟與魏交通多作舟船繕治城郭又蔣琬守漢中聞司馬懿南向不出兵乘虚以犄角之反委漢中還近成都事已彰灼無所復疑宜爲之備大帝揆其不然曰吾待蜀不薄聘享盟誓無所負之何以致此又司馬懿前來入舒旬日便退蜀在萬里何知緩急而便出兵乎昔魏欲入漢川此間始嚴亦未舉動會聞魏還而止蜀寧可復以此有疑邪又人家治國舟船城

郭何得不護今此間治軍寧復欲以禦蜀耶人言甚不可信朕爲諸君破家保之蜀竟自無謀如大帝所籌

朱異爲楊武將軍得魏將文欽詐降密書與異欲令自迎異表呈欽書因陳其僞不可便迎大帝詔曰方今北土未一欽云欲歸命宜且迎之若嫌其有譎者但當設計網以羅之盛重兵以防之耳乃遣呂據督二萬人與異并力至北界欽果不降

景帝時諸葛恪爲孫峻所殺後朝臣有乞爲恪立碑以銘其勳績者博士盛冲以爲不應帝曰盛夏出軍

士卒傷損無尺寸之功不可謂能王欽若等按諸葛恪傳違衆出軍無功而還受托孤之任死於豎子之手不可謂智冲議爲是遂寢

宋高祖時毛脩之父瓘爲梁州刺史爲譙縱所殺脩之西討不克後遣朱齡石伐蜀脩之固求行高祖慮脩之至蜀必多所誅殘土人既與毛氏有嫌亦當以死自固故不許

梁簡文帝年十一便能親庶務歷試藩政所在著美特爲高祖所愛焉

北齊神武帝以杜弼爲大行臺郎中弼以文武在位

罕有廉潔言之於帝帝曰弼來我語爾天下濁亂習俗已久今督將家屬多在關西黑獺常相招誘黑獺後周文帝也人情去留未定江東復有一吳兒老翁蕭衍者專事衣冠禮樂中原士大夫望之以爲正朔所在我若急作網法不相饒借恐督將盡投黑獺士子悉奔蕭衍則人物流散何以爲國爾宜少待吾不忘之

文襄帝爲渤海王世子時年十二神情儁爽便若成人神武試問以時事得失辨析無不中禮自是軍國籌策皆預之

文宣帝少有大度志識沈敏外柔内剛果敢能斷雅好吏事測始知終理劇處繁終日不倦初踐大位留心正術以法馭下公道爲先或有違犯憲章雖密戚舊勳必無容舍外内清淨莫不祇肅至於軍國幾務獨決懷抱規模宏遠有人君大略

廢帝爲皇太子時年六歲性敏慧初學反語於跡字下注云自反時侍者未達其故太子曰跡字足傍亦爲跡豈非自反耶嘗宴北宮獨令河間王勿入左右問其故太子曰世宗遇賊處河間王復何宜在此

孝昭帝自居臺留心政術閑明簿領吏所不逮及正位宸居彌所尅勵輕徭薄賦勤恤人隱内無私寵外

收人物雖后父位尊亦待遇無別日昃臨朝務知人之善惡

聰察

夫表微之鑒禮經實著於嘉猷辨惑之辭先聖嘗形於善答苟聰明之或爽將邪正以罔分是以南面之君嚮明而治必資睿哲以懋丕圖曆數或屯餘閏斯作遂觀敏識咸契言機知臣者有則哲之明擿伏者無非辜之舉雖謳謡獄訟顧實命之未融而博達聰明諒簡書而可抱

蜀先主定益州以李恢爲功曹書佐主簿後爲亡虜

所誣引恢謀及有司執送先主明其不然更遷恢爲別駕從事

吳大帝年少時兄策使呂範典主財計帝時私從有求範必關白不敢專許當時以此見望大帝守陽羡長有所私用策或料覆功曹周谷輒爲傳著簿書使無譴問大帝臨時悅之及後統事以範忠誠厚見信任以谷能欺更簿書不用也後範爲楊州牧性好威儀時人有白範與賀齊奢麗夸綺服飾僭擬王者大帝曰昔管仲踰禮桓公優而容之無損於霸今子衡公苗（子衡呂範字公苗賀齊字）身無夷吾之失但其器械精好舟

車嚴整耳此適足作軍容何損於治哉告者乃不敢復言

廢帝出西苑方食生梅使黃門至中藏取蜜漬梅蜜中有鼠矢召問藏吏藏吏叩頭帝問吏曰黃門從汝求蜜邪吏曰向求實不敢與黃門不服侍中刁玄張邠啓黃門藏吏辭語不同請付獄推盡帝曰此易知耳令破鼠矢矢裏燥帝大笑謂玄邠曰若矢先在蜜中中外當俱濕今外濕裏燥必是黃門所爲黃門首服左右莫不驚悚（一云廢帝使黃門以銀椀并蓋就中藏吏取交州所獻甘蔗餳黃門先恨藏吏以鼠矢投餳中啓言藏吏不謹帝呼吏持餳器入問曰此器既蓋之且有掩覆無緣有此黃門將有恨於汝邪吏叩頭曰嘗從某求宮中莞席宮席有數不敢與亮曰必是此也復問黃門具首伏即於目前加髡鞭斥付外署）

宋文帝時孟顗爲會稽太守謝靈運以侍中退居郡中頗輕顗所爲遂搆釁隙顗因靈運橫恣百姓驚擾乃表其異志發兵自防靈板上言靈運馳至京都詣闕上表帝知其見誣不罪也不欲使東歸以爲臨川內史加秩中二千石

孝武帝時王玄謨爲雍州刺史民間訛言玄謨欲反時柳元景當權元帝弟僧景爲新城太守以元景之勢制令南陽順陽上庸新城諸郡並發兵討玄謨玄

謨令內外晏然以解衆惑馳啓帝具陳本末帝知其虛馳遣主書吳喜公撫慰之

南齊太祖初爲齊公時四貴輔政員外郎卞彬謂太祖曰外間有童謠云可憐可念尸著服孝子不在日代哭列管暫鳴死滅族尸著服褚字邊衣也孝除子以日代者謂褚淵也列管簫也彬退太祖笑曰彬自作此

武帝永明元年謝超宗既賜死明年超宗門生王永先又告超宗子才卿死罪二十餘條世祖疑其虛妄以才卿付廷尉辨之不實見原永先於獄盡之

梁高祖時劉之亨爲湘東王行臺丞嘗督衆大致克復軍士有功皆錄唯之亨爲蘭欽所訟執政因而陷之故封賞不行但復本位而已久之帝讀陳湯傳恨其立功絕域而爲文吏所抵宦者强僧裔曰外聞論者竊謂劉之亨似之帝感悟乃封爲臨江子固辭不拜

北齊神武爲東魏大將軍時李密爲襄州刺史侯景外叛誘密執之授以官爵景敗歸朝帝以密從景非元心不之罪也

文襄帝爲東魏大將軍時宋遊道爲高隆之等所誣

冊府元龜　閏位部　聰察　卷之一百九十　十一

是時朝士皆忿謂游道不濟而帝聞其與隆之相抗之言謂楊遵彥曰此眞是鯁直大剛惡人遵彥曰譬之畜狗本取其吠今以數吠殺之恐將來無復吠狗詔付廷尉遊道坐除名帝使元景康謂曰卿忝逐我向幷州不爾他經略殺卿遊道從至晉陽以爲大行臺吏部

梁太祖開平中晉州汾西縣百姓蔡奉言論本州游奕將李建不法一十二事帝覽奏曰李建職司防察事亟重難若徇愛憎便罹刑網則何以委用邊吏因命奉言移貫內地

器度

夫所享厚者其量必大所圖廣者其志必遠况據偏方而鼎峙承間邑而瓜分建元改號開國承家故有英異之姿發於經綸之際宏遠之度存於聽斷之間不爲疑駭而變當不爲喜怒而改色使仇敵不能以計撓臣下不得以智闚厭服賢豪容畜民衆所以能成其基業者其繇是矣

蜀先主微時舍籬上有桑樹生高五丈餘遥望見童童如小車蓋先主與宗中諸小兒於樹下戲言吾必當乘此羽葆蓋車先主不甚樂讀書喜狗馬音樂喜

冊府元龜　閏位部　聰察　卷之一百九十　十二

怒不形於色好交結豪俠年少爭附之旣爲益州牧時馬超來降先主待之厚超嘗呼先主字關羽怒請殺之先主曰人窮來歸我卿等怒以呼我字故而殺之何以示於天下也張飛曰如是當示之以禮明日大會請超入羽飛並杖刀立超顧坐席不見羽飛見其立也乃大驚遂止不復呼字明日歎曰我今乃知其所以敗爲呼人主字幾爲關羽張飛所殺自後乃尊事先主

吳大帝性度弘朗仁而多斷好俠養士始有知名侔於父兄矣

南齊太祖少沈深有大量寬嚴清儉喜怒無色從諫
察謀以威嚴得重（一云少有大量喜怒不形於色深沈靜默常有四海之心）
梁簡文帝器宇寬弘未嘗見喜慍色
陳高祖少倜儻有大志不治生產既長讀書多武藝
明達果斷爲當時所推服
宣帝少器度弘厚有人君之量
北齊神武深沈有大度輕財重士爲豪俠所宗
文宣帝不好戲弄深沈有大度神武嘗試觀諸子意
識各使治亂絲帝獨抽刀斬之曰亂者須斬神武是
之又各配兵四出而使甲妓僞攻之文襄等怖撓帝

乃勒衆與彭樂敵樂免胄言情猶擒之以獻幼時師
事范陽盧景裕默識過人景裕不能測也神武爲東
魏相國既薨猶秘凶事衆情疑駭帝雖內嬰巨痛外
若平常人情頗安及文襄遇害事出倉卒內外震駭
帝神色不變指麾部分自若觀斬群賊而漆其頭徐
宣言曰奴反大將軍被傷無大苦也當時內外莫不
驚異焉乃赴晉陽親揔庶政務從寬厚有不便者咸
蠲省焉
孝昭帝聰敏有識度深沈能斷不可窺測
梁太祖多大略恢弘遠度合於霸王之道

才藝

夫以宣尼將聖之資不忘於鄙事姬旦事神之旨自
謂於多才挹遺籍之芳風亦先民之懿範矧或彌綸
百揆揔制萬機而能濬發清衷旁精曲藝雖人君之
度豈獨在茲然天縱之能蓋其餘力傳諸汗簡有助
徽音
宋高祖初不能書劉穆之謂曰但縱筆爲大字一字
徑尺無嫌大既足有所包且其名亦美高祖從之所
書一紙不過六七字
文帝善隸書

孝武帝雄決愛武長於騎射
後廢帝凡諸鄙事過目即能鍜金銀裁衣作帽莫不
精絕未嘗吹篪執管便韻
南齊太祖工草隸書奕棊第二品
鬱林王好隸書武帝特所鍾愛勑皇孫手書不得妄
出以貴之
梁高祖有文武才幹六藝備閑棊登逸品陰陽緯候
卜筮占決並悉稱善又撰金策三十卷草隸尺牘騎
射弓馬莫不奇妙
元帝於岐術無所不該嘗不得南信筮之遇剩之艮

日南信已至今當遣左右李心往看果如所說賓客咸驚其妙凡所占決皆然

後梁後主善弓馬遣人伏地著帖琮馳馬射之十發十中持帖者亦不懼

陳高祖涉獵史籍好讀兵書明緯候孤虛遁甲之術多武藝明達果斷爲當時所推服

宣帝有勇力善騎射

東魏孝静帝力能挾石獅子以踰墻射無不中

冊府元龜

冊府元龜 閏位部 才藝 卷之一百九十 十五

册府元龜

巡按福建監察御史臣李嗣京　訂正

分守建南道左布政使臣胡維霖　叅閱

知建陽縣事臣黄國琦　較釋

閏位部一百九十一

立法制　政令

立法制

夫有國家者曷嘗不制事典立軌度因時變而建民極者哉嬴秦之世多所改作洎南北迭王以訖于梁亦復損益前訓有所更創斟酌物宜於焉垂法蓋以

申畫一之文著惟行之令一統類而嚴紀律也史氏所記咸得而徵焉

秦始皇帝二十六年制曰朕聞太古有號毋謚中古有號死而以行爲謚如此則子議父臣議君也甚無謂朕弗取焉而今巳來除謚法朕爲始皇帝後世以計數二世三世至於萬世傳之無窮分天下以爲三十六郡郡置守尉監更名民曰黔首一法度衡石丈尺車同軌書同文

三十一年十二月更名臘曰嘉平太原真人茅盈内紀曰始皇三十一年九月庚子盈曾祖父濛乃於華山之中乘雲駕龍白日升天先是其邑謠歌曰神仙得者茅初成駕龍上升入太清時下玄洲戲赤城繼世而往在我盈帝若學之臘嘉平始皇聞謠歌而問其故父老具對此仙人之謠歌勸帝求長生之術於是始皇欣然乃有尋仙之志因改臘曰嘉平

吳大帝時令諸居任遭三年之喪皆須交代乃去然多犯者嘉禾六年使群臣議立制胡綜以爲宜定大辟之科又使代未至不得告告者抵罪顧雍等同綜議從之其後吳令孟仁聞喪輒去陸遜陳其素行減死一等自此遂絶

宋高祖永初元年七月辛酉詔曰反叛淫盗三犯補冶士本謂事三犯終無悛革主者頃多并數衆事合而爲三甚違立制之旨宜更申明

八月詔曰諸處冬使或遣或不事役宜省今可悉停唯元正大慶不得廢耳郡縣遣冬使詣州及都督府者亦宜同停

閏八月詔曰主者處按雖多所諮詳若衆官命議宜令明審自頃或總稱叅詳於文漫略自今有厝意者皆得指名其人所見不同依舊繼啓

三年三月制限荆州府置將不得過二千人吏不得過一萬人州置將不得過五百人吏不得過五千人兵士不在此限

孝武帝卽位初置殿門及上閤門

孝建元年江夏王義恭與驃騎大將軍竟陵王誕奏
曰臣聞佾懸有數等級異儀珮笏有制卑高殊序斯
蓋上哲之洪摹範世之明訓而踌至彌流物無不弊
僣侈踰俗軌度非古晉代東徙舊法淪落侯牧典章
稍與事曠名實一差難以卒變章服崇濫多歷年所
今樞機更造皇風載新耗弊未充百用思約空品備
式之律以定損益之條臣等地居枝昵位參台輔遵
正之首請以爵先致貶之端安從戚始輙因暇日共
參愚懷應加省易謹陳九事雖懼匪衷庶竭微款伏
願陛下聽覽之餘薄垂照納則上下相安表裏和穆

矣詔付外詳有司奏曰車服以庸虞書茂典名器慎
假春秋明誡是以上方所制漢有嚴律諸侯竊服雖
親必罪降於頃世下僭滋極器服裝飾樂舞音容通
於王公達於衆庶上下無辨民志靡一義恭所陳實
允禮度九條之格猶有未盡謹共附益凡二十四條
聽事不得南向坐施帳并幡國官正冬不得跣登國
殿及夾侍國師傳令及油戟公主王妃傳令不得朱
服轝不得重楣鄣扇不得雉尾劍不得鹿盧形槊毦
不得孔雀白氅夾轂隊不得絳襖平乘誕馬不得過
二匹胡伎不得綵衣舞伎正冬着袿衣不得裝面冬
會不得鐸舞杯柈舞長蹻透狹舒劒博山緣大橦升
五按自非正冬會奏舞曲不得舞諸妃主不得着緄
帶信幡非臺省官悉用絳郡縣內史相及封內官長
於其封君旣非在三罷官則不復追敬不合稱臣宜
從下官而已諸鎮嘗行車前後不得過六隊白直夾
轂不在其限刀不得過銀銅爲飾諸王女封縣主諸
王子孫襲封之王妃及封侯者夫人行並不得鹵簿
諸王子繼體爲王者婚葬吉凶悉依諸國公侯之禮
不得同皇弟皇子車非軺車不得油幢平乘舫皆下
兩頭作露平形不得擬象龍舟悉不得朱油帳鉤不

得作五花及豎笱形詔可
二年制中丞與尚書令分道雖丞郎下朝相值亦得
斷之餘內外衆官皆授停駐
大明元年三月制大臣加班劒者不得入宮城門
二年十二月諸王及妃主庶姓位從公者喪事聽設
凶門餘悉
六年九月制沙門致敬人主
七年四月詔曰自非臨軍戰陣一不得專殺其罪甚
重辟者皆如舊無上須報有司嚴加聽察犯者以殺
人罪論

五月詔曰自今刺史守宰動民興軍皆須手詔施行唯邊隅外警及姦釁內發變起倉卒者不從此例

長沙王道憐孫祗大明中爲中書郎太宰江夏王義恭領中書監服親不得相臨表求解職世祖詔曰昔二王兩謝俱至崇禮自今三臺五省悉同此例

沈統大明中爲著作佐郎先是五省官所給幹僮不得雜役太祖世坐以免官者前後數百人統役輕過差有司奏免世祖詔曰自頃幹僮多不祗給主可量聽行杖得行幹杖自此始也

明宗泰始元年詔諸將吏二千石以下遭三年喪聽

居終寧庶人復除徭役

三年制太子乘象輅

六年制太子元正朝賀服衮冕九章衣

南齊武帝永明七年十月詔曰三季澆浮舊章陵替吉凶奢靡動違矩則或裂錦繡以競車服之飾塗金鏤石以窮塋域之麗至班白不婚露棺累葉苟相姱衒罔顧大典可明爲條制嚴勒所在悉使畫一如復違犯依事糾奏永明中世祖以婚禮奢僭勑諸王納妃上御史六宮依禮正棗栗服脩加以香澤花粉其餘衣物皆停唯公主降嬪則止遺舅姑而已

明帝建武元年十一月華永明之制依晋宋舊典太子以師禮敬少傅

梁武帝天監三年都令使王謹之列自江左以來郊廟祭祀帝已入齋百姓尚哭以爲乖禮何佟之等奏按禮國門在臯門外今之籬門是也今古殊制若禁凶服不得入籬門爲太遠宜以六門爲斷詔曰六門之內士庶甚多四時蒸嘗俱斷其哭若有死者棺器須來既許其大而不許其細也致齊日去廟二百步斷哭

北齊文宣帝受禪詔曰頃者風俗流宕浮競日滋家有吉凶務求殊異婚姻葬喪之費車服飲食之華動

踰歲資以營日富又奴僕帶金銀婢妾衣羅綺始以剏出爲奇後以過前爲麗上下貴賤無復等差今運屬惟新思蠲往弊反朴還淳納民軌物可量事具立條式使儉而獲中

梁太祖開平元年四月詔在京百司及諸軍州縣印一例鑄換其篆文則各如舊

八月詔曰朝廷之儀封冊爲重用報勲烈以降隆榮固合親臨式光典禮彝章久缺自我復行今後每封冊大臣宜令有司備臨軒之禮稱朕意焉

九月勑以近年文武官諸道奉使皆於所在分外停

任踰年涉歲未聞歸闕非唯勞費州郡抑且侮慢國經臣節旣虧憲章安在自今後兩浙福建廣州南安邕容等道使到發許任一月湖南洪鄂黔桂許任二十日荆襄同雍鎭定青滄許任十日其餘側近不過三五日凡來往道路據遠近里數日行兩驛如遇疾患及江河阻隔委所在長吏具事由奏聞如或有違當行朝典命御史點簡糾察以儆慢官

二年七月帝曰車服以庸古之制也貴賤無別罪莫大焉應内外將相許以銀飾鞍勒其刺史都將内諸司使以降祗許用銅鐵定尊卑永爲條制仍令執法

官糾察之

八月兩浙錢鏐奏請重鑄換諸州新印

三年七月勑大内皇墻使諸門素來未得嚴謹將令整肅須示條章宜令控鶴指揮應於諸門各添差控鶴官兩人守帖把門其諸司使幷諸司諸色人竝勒於左右銀臺門外下馬不得將領行官一人輒入門裏其逐日諸道奏進客省使於千秋門外排當祗勒控鶴官舁擡至内門前準例令黄門殿直以下舁進輒不得令諸色一人到千秋門内其章善門仍令長官關鏁不用逐日開閉是日又勑皇墻大内本尚深嚴官禁諸門豈宜輕易未當條制交下因循茍出入之無掌且公私之不便須加鈐轄用戒門閭宜令宣徽院使等切准此處分

八月勑建國之初用兵之罷諸道章表皆繫軍機不欲滯留用防緩急其諸道所有軍事申奏宜令至右銀臺門委客省畫時引進諸道公事卽依前四方館准例收接

十月勑司門過所先是司門郎中員外郎出給今以寇盜未平恐漏姦詐令宰臣趙光逢專判凡諸給過所先具狀經中書點簡判下卽本判郎官據狀出給

四年正月勑公事難於稽遲居處悉皆遥遠其逐日當直中書舍人及吏部司封知印郎官少府監及篆印文兼書寫告身人吏等竝宜輪次於中書側近宿止

四月帝過朝邑見鎭將位在縣令上問左右或對日宿官秩高帝曰令長字人也鎭使捕盜耳且鎭將多是邑民柰何得居民父母上是無禮也至是勑天下鎭使官秩無高卑位在邑令下

九月勑魏博管内刺史比來州務竝委督郵遂使曹官擅其威權州牧同於閑冗俾循通制宜塞異端竝宜依河南諸州例刺史得以專達議者曰唐朝憲宗時烏重胤爲滄州

節度使嘗稱河朔六十年能抗拒朝命者以奪刺史格與縣令職而自作威福且若二千石各得其柄又有鎮兵雖安史挾姦豈能據一墉而判哉遂奏以所管德棣景三州各還刺史職分州兵卒隸收管是後雖幽鎮魏三州以河北舊風自相更襲在滄州一道獨稟命受代自重裔制置使然也則梁氏之更張正合其事矣

十一月乙巳詔曰關防者所以譏異服察異言也況天下未息兵民多姦改形易衣覘我戎事比者有諜皆以詐敗而未嘗罪所過地叛將逃卒竊其妻孥而影附使者亦未嘗詰其所經今海內未同而緩法弛禁非所以息姦詐止奔亡也應在京諸司不得擅給公驗如有出外須執憑繇者其司門過所先須經中

書門下點簡宜委宰臣趙光逢專判出給俾繇顯重冀絕姦源仍下兩京河陽及六軍諸衛御史臺各加鈐轄公私行李復不得帶挾家口向西其襄鄧鄜延等道並同處分

五年二月詔左右金吾大將軍待制官各奏事

乾化元年五月詔左右銀臺門朝叅諸司使庫使已下不得帶從入出入親王許一二人執條牀手簡餘悉止門外闌入者抵律閽守不禁與所犯同先時門通內無門籍且多勲戚車騎衆者尤不敢呵察至是有一客星凌犯上言者遂令止隔

末帝龍德元年春正月癸巳詔諸道入奏判官宜令御史臺點簡各從正衙退後便於中書門下公叅辭謝如有違越具名銜聞奏應面賜章服仍令各門使取本官狀申中書門下受勑後方可結入新銜

政令

漢高帝伐秦繼周以火承木說者謂秦爲閏位而蜀吳宋齊暨乎朱梁厥義均矣其立政其施令出於君而被於民者或適一時之宜或爲子孫之法載於方策亦有可觀然而史遷紀秦陳壽志吳蜀其事多畧宋齊而下乃章章焉古人有言非知之艱行之惟艱

若鬱林東昏之時雖有政令顧其治何如哉

秦始皇十六年九月初令男子書年

三十三年初縣禁不得祠

蜀後主建興二年春閉關息民

吳大帝黃武五年春令曰軍興日久民離農畔父子夫婦不能相卹孤甚憫之今北虜縮竄方外無事其下州郡有以寬息

嘉禾三年正月詔兵久不輟民困於役歲或不登其寬諸逋勿復督課

太元元年十二月詔省徭役減征賦除民所患苦

宋高祖永初元年六月卽位詔曰夫銘功紀勞有國之要典愼終追舊在心之所隆自大業創基十有七載世路迍邅戎車歲動自東徂西靡有寧日寔賴將帥竭心文武盡効寧內拓外迄用有成威靈遠著寇逆消蕩遂當揖讓之禮假享天人之祚念功簡勞無忘鑒寐凡厥誠勤宜同國慶其酬賞復除之科以時論舉戰亡之身厚加賻贈

七月丁亥詔原放刼賊餘口沒在臺府者諸徙家並聽還本土又運船不復下諸郡輸出悉委都水別量臺府所須皆別遣主帥與民和市卽時裨直不復更

責租民求辦又停廢虜車牛不得以官威假借又以市稅繁苦優量減降從征關雒殞身戰場幽沒不反者贍賜其家

二年正月丙寅詔斷金銀塗巳卯禁喪事用銅釘

四月巳卯朔詔曰淫祠惑民費財前典所絕可並下在所除諸房廟其先賢及以勲德立祠不在此例

文帝元嘉四年三月壬寅禁斷夏至日五絲命縷之屬富陽令諸葛闡之之議也

八年三月戊申詔曰頃軍役殷興國用增廣資儲不給百度尚繁宜存簡約以應事實內外可通共詳思務令節儉

十七年十一月詔曰州郡估稅所在市調多有煩刻山澤之利猶或禁斷役召之品遂及稚弱諸如此比傷治害民自今咸依法令務盡優免如有不便卽依事別言不得苟趣一時以乖隱卹之旨主者明知宣下稱朕意焉

孝武帝以元嘉三十年四月卽位七月辛丑詔曰百姓勞弊徭賦尚繁言念守文宜崇約損凡用非軍國宜悉停功可省細作并尚方雕文靡巧金銀塗飾事不關實嚴爲之禁供御服膳減除遊侈水陸捕採各

順時月官私交市務令優衆其江海田地公家規固者詳所開弛貴戚競利悉皆禁絕

孝建元年正月戊申詔曰首食尚農經邦本務貢士察行寧朝嘗道內難甫康正訓未洽衣食有仍耗之弊選造無覲國之美昔衞文勤民高宗恭默卒能收賢岳穴大殷季年朕每側席疚懷無忘鑒寐凡諸守莅親民之官可詳申舊條勤盡地利力田善畜者所在具以名聞褒甄之科精爲其格四方季秀非才勿舉獻荅允値卽就銓擢若止無可採猶賜除署若有不堪酬奉虛竊榮薦遣還田里加以禁錮尚書百官

之元本庶績之樞機丞郎列曹局司有在自項事無巨細悉歸令僕非所謂衆材成構群能濟業者也可更明體制咸責厥成糾覈勤惰嚴施賞罰

大明二年閏十二月庚子詔曰夫山處嵓居不以魚鼈爲禮項歲多虞軍調繁切違方設賦本濟一時而主者玩習遂爲常典杙榦瑤琨負土作貢積羽群輕終致深弊永言弘革無替朕心凡寰衛貢職山淵採捕皆當詳辨產殖考順歲時勿使牽課虛懸睽忤氣序庶簡約之風有孚於品性惠敏之訓無漏於幽仄

七年五月丙子詔曰自今刺史守宰動民興軍皆須

手詔施行唯邊隅外警及奸釁內發變起倉卒者不從此例

七月丙申詔曰江海田池與民共利歷歲未久浸以弛替名山大川往往占錮有司嚴加簡糾重明舊制

八年正月甲戌詔曰東境去歲不稔宜廣商貨遠近販鬻米者可停道中雜稅其以仗自防悉勿禁

前廢帝以大明八年閏五月即位六月辛未詔曰朕以眇身夙紹洪業敬御天威欽對靈命仰遵凝緒日鑒前圖寔可以拱默守成貽風長世而寶位告始萬寓改屬惟德弗明昧於大道思宣膚範弘茲簡恤可具詢執事詳訪民隱凡典令寄文繁而傷治關市僦稅事施一時而姦吏舞文妄興威福加以氛緯殊方偏頗滋甚宜其寬徭輕憲以救民切御府諸署事不須廣彫文篆刻無施於今悉宜并省以酬民願蕃王貿貨一皆禁斷外便具條以聞

明帝泰始元年八月丁酉詔曰古者衡虞置制蟝夭不收川澤產育登器充御所以繁阜民財養遂生德頃商販逐末競早爭新折未實之果收豪家之利籠非膳之翼爲戲童之資豈所以還風尚本損華務實宜循道布仁以華斯蠹自今鱗介羽毛肴核衆品非

時月可採器味所須可一皆禁斷嚴爲科制

六年十二月癸巳以邊難未息制父母陷異域悉使婚宦

南齊太祖建元元年四月詔曰自廬井毀制農桑易業鹽鐵妨民貨鬻傷治歷代成俗流蠹歲滋思拯遺弊革末反本使公不專利氓無失業二官諸王悉不得營立屯邸封略山湖太官池塞宜停稅入

五月辛未詔曰設募取將懸賞購士蓋出權宜非曰嘗制頃世道艱險浸以成俗且長逋逸開罪山湖是爲黥刑不辱亡竄無咎自今以後可斷衆募

二年四月詔曰婚禮下達人倫攸始周官有媒氏之職國風興及時之詠四爵内陳義不期侈三鼎外列事豈存奢晚俗浮麗歷兹永久每思懲革而民未知禁乃聞同牢之費華泰尤甚膳羞方丈有過王侯富者扇其驕風貧者恥躬不逮或以供帳未具動致推遷年不再來盛時忽往宜爲節文頒之士庶並可擬則公朝方樏供設合卺之禮無虧寧儉之儀斯在如故有違繩之以法

武帝永明七年詔曰春頒秋歛萬邦所以惟懷柔遠能邇兆民所以允殖鄭渾宰邑因姓立名王濬剖符

戶口殷盛今産子不育雖炳常禁比聞所在猶或有之誠復禮以貧殺抑亦情繇俗瀆宜節以嚴威敦以惠澤主者尋舊制詳覈卹之宜務存優卹

永明中勑親近不得輒有申薦人士免官寒人鞭一百

鬱林王隆昌元年正月辛亥詔詢訪獄市傳聽謠俗傷風損化各以條聞主者詳爲條格

海陵王即位詔曰周設媒官趣及時之制漢務輕徭在休息之典所以布德弘教寬俗阜民朕君制八紘志敷九惠而習俗之風爲弊未改靜言多愠無忘婚嫁宜嚴更申明必使禽幣以時摽梅息怨正厨諸役舊出州郡徵吏民以應其數公獲二旬私累數朔又廣陵年常遞出千人以助淮戍勞擾爲煩抑亦苞苴是有今並可長停別量所出諸使材長路都防城直縣爲劇尤深亦宜禁斷

延興元年八月乙卯申明織成金薄綵花錦綉履之禁

明帝建武元年詔曰頒職之吏多違舊典存私害公實興民蠹今商旅税石頭後渚及夫鹵借債一皆停息所在凡厥公宜可即符斷主曹詳爲其制憲司明

加聽察

十月詔曰自今雕文篆刻歲時先新可悉停省

十一月詔曰邑宰祿薄俸微不足代耕雖任土常貢亦爲勞費自今悉斷

東昏侯初即位詔辨括選序訪搜貧屈

永元元年詔研策秀孝考課百司

梁高祖初爲南齊大司馬錄尚書事下令曰永元之季乾維落紐政實多門有殊衛文之世權移於下事等曹公之時遂使閹尹有翁媼之稱高安有法堯之旨鬻獄販官固山護澤開塞之機奢成小醜直道正

義擁抑彌年懷愁抱理莫知誰訴姦吏因之筆削自
已豈直賈生流涕許伯哭泣而已哉今理運惟新政
刑得所矯革流弊實在兹日可通簡尚書衆曹東昏
時諸諍訟失理及主者淹停不時施行者精加訊辨
依事議奏
天監元年詔曰成務弘風肅厲内外寔繇設官分職
互相懲糾而頃者拘常准以見失方奏多容違惰莫
肯執咎憲綱日弛漸以爲俗今端右可以風聞奏依
元熙舊制
四年正月丙午省鳳皇御書伎

六年正月己卯詔曰夫有天下者義非爲已凶荒疾
厲兵革水火有一於斯責歸元首今祝史請禱繼諸
不善以朕身當之永使災害不及萬姓俾兹下民長
蒙寧息不得爲朕祈福以增其過時班遠邇咸令遵
奉
九年五月己亥詔曰朕遠聽思治無忘日昃而百司
群務其途不一隨時適用各有攸宜若非總會衆言
無以備兹親覽自今臺閣省府州縣鎮戍維有職僚
之所時共集議各陳損益具以奏聞
十五年正月己巳詔曰觀時設教王政所先兼而利
之寔惟務本移風致治咸繇此作頃因革之令隨事
必下而張弛之要未臻厥宜民瘼猶繁廉平尚寡所
以矜旒纊而載懷朝玉帛而興歎可申下四方政有
不便於民者所在具條以聞守宰若清絜可稱或侵
漁爲蠹分别奏上將行黜陟長吏勸課躬履隄防勿
有不循致妨農事關市之賦或有未允外時衆量優
減舊格
十七年正月丁巳朔詔曰夫樂所自生含識之常性
厚下安宅馭世之通規矜此庶民無忘待旦亟弘生
聚之畧每布寛恤之恩而編户未滋遷徙尚有輕去

故鄉豈其本志資業殆闕自返莫繇巢南之心亦何
能弭今開元發歲品物惟新思俾黔黎各安舊所使
居無曠土邑靡游民鷄犬相聞桑柘交畛凡天下之
民有流移他境在天監十七年正月一日以前可開
恩半歲悉聽還本蠲課三年其流寓過遠者量加程
日若有不樂還者郎使著籍爲民准舊課輸若流移
之後本鄉無復居宅者村司三老及於親屬郎爲詣
縣占請村内官地官宅令相容受使戀本者還有所
託凡坐市埭諸職割盗衰減應被籍者其田宅車牛
是民生之具不得悉以没入皆優量分留使得自止

其商賈富室不得頻相兼并逋叛之身罪無輕重並許首出還復民伍若有拘限自還本役爲之條格咸使知聞

普通三年五月詔四方民所疾苦咸卽以聞

大同五年三月巳未詔曰朕四聰旣闕五識多蔽畫可外牒或致紕繆凡有政事不便於民者州郡縣卽皆時言勿得欺隱使有怨訟當境任失而今而後以爲永準

六年八月辛未詔曰經國有體必詢諸朝所以尚書置令僕丞郎旦旦上朝以議時事前共籌懷然後奏

聞頃者不爾每有疑事倚立求決古人有云王非堯舜何得發言便是故放勛之聖猶咨四嶽重華之叡亦待多士豈朕寡薄所能獨斷自今尚書中有疑事前於朝堂參議然後啓聞不得習常其軍機要切前須詔審自依舊典

七年十二月壬寅詔曰古人云一物失所如納諸隍未是切言也朕寒心消志爲日久矣每當食投箸方眠撤枕獨坐懷憂憤慨申旦非爲一人萬姓故耳州牧多非良才守宰獸而傳翼揚阜以是憂憤賈誼所以流涕至於閻謀求取萬端或供廚帳或供廐庫或遣使命或待賓客皆無自費取給於民又復多遣遊軍稱爲防遏姦盜不止暴掠繁多或求供設或責脚步又行劫縱更相枉逼良人命盡富室財殫此爲怨酷非止一事亦頻勅禁斷猶自未已有司明加聽採隨事舉奏又復公私傳屯邸冶爰至僧尼當其地界止應依限守視乃至廣加封固越界分斷水陸採捕及以樵蘇遂致細民措手無所自今有越界禁斷者禁斷之身以軍法從事若是公家創內正不得輒自立屯與公競作以收私利至百姓樵採以供煙爨者悉不得禁及以採捕亦勿呵問若不遵承皆以死罪

結正

十一年三月庚辰詔曰皇王在昔澤風未遠故端居玄扈拱默喦廊大道旣淪澆波斯逝動競日滋情僞彌作朕負扆君臨百年將半宵漏未分躬勞政事白日西浮不遑飧飯退居猶被布素含咀匪過藜藿寧以萬乘爲貴四海爲富惟欲億兆康寧下民乂安雖復三思行事而百慮多失凡遠近分置內外條流四方所立屯傳邸冶市埭桁度津稅田園新舊守宰遊軍戍邏有不便於民者尚書州郡各速條上當隨言除省以舒民患

太清元年八月乙丑王師北伐以南豫州刺史蕭淵明爲大都督詔曰今汝南新復嵩潁載清瞻言遺黎有勞鑒寐宜覃寬惠與之更始緣邊初附諸州部内百姓先有負罪流亡逃叛入北一皆曠蕩不問往愆并不得挾以私讎而相報復若有犯者三加裁問

元帝承聖元年四月既平侯景下令曰軍容不入國國容不入軍雖子産獻捷戎服從事亞夫弗拜義止將兵今何醜殲夷逆徒殄潰九有既截四海乂安漢官威儀方陳盛禮衛多君子寄是瞻式便可解嚴以時宜勑

敬帝太平元年九月詔曰饑寒流移勒歸本土

陳文帝天嘉元年詔曰汚縛土皷誠則難追畫卵彫薪或可刪革梁氏末世奢麗已甚芻豢厭於胥史歌鍾列於管庫土木被朱丹之采車馬餙金玉之珍逐欲流流遷訛遂遠朕自諸生頗爲内足而家敦退素室靡浮華觀覽時俗嘗所扼腕今妄假時乘臨馭區極屬當淪季思聞治道菲食卑宫自安儉陋俾茲薄俗獲反淳風雕鏤淫餙非兵器及國容所須金銀珠玉衣服雜玩悉皆禁斷

六年詔曰梁室多故禍亂相尋兵甲紛紛十年不解不逞之徒厓流生氣無賴之屬暴及徂魂江左肇基王者攸宅金行水位之主木運火德之君時更四代歲逾二百若有經綸王業縉紳民望忠臣孝子何世無之而零落山丘變移陵谷咸皆剪伐莫不侵殘玉杯得於民間漆簡傳於世載無復五株之樹罕見千年之表自天祚光啓恭惟揖讓爰暨朕躬聿脩祖武雖復旂旗服色猶行杞宋之邦車駕巡遊恥瞻河雒之路故喬山之祀蘋藻弗虧驪山之墳松栢常守唯戚藩舊壟士子故塋掩殣未周樵牧猶衆或親屬流隸負土無期子孫冥滅手植何寄漢高祖留連於無

忌武帝惆悵於子房丘墓生哀性靈共惻者也朕所以興言永日思慰幽泉繼前王侯自古忠烈墳冢被發絶後宥可簡行脩治墓中樹木勿得樵採庶幽顯咸暢稱朕意焉

宣帝太建四年八月戊寅詔曰國之大事受脤與戎師出以律稟策於廟所以乂安九月尅成七德自頃掃滌群穢廓清諸夏乃貔貅之勠力亦帷帳之運籌雖左衽已戡干戈載戢呼韓來謁亭鄣無驚但不教民戰是謂棄之仁必有勇無忘武備磻溪之傳韜訣穀城之授神符文叔懸制戎規孟德頗言兵略朕既

慙晤昧良皆披覽兼昔經督戎備嘗行陳齊以七步肅之三鼓自得肓襟指掌可述並令條制凡十三科宜卽班宣以爲永準臣欽若等按毛喜傳喜宣帝初爲黄門侍郎帝將議北伐勅喜撰軍制凡十三條詔頒行天下

十一年五月乙巳詔曰昔軒轅命于風后力牧放勳咨爾稷契朱虎冕旒垂拱化致隆平爰逮漢列五曹周分六職設官理務各有攸司亦幾刑措十世彌永並賴群才用康庶績朕日昃劬勞思弘治要而機事尚擁政道未凝夕惕于懷罔知攸濟方欲伏兹舟楫委成股肱徵名責實取寧多士自今維尚曹府寺內

省監司文案局叅議分判其軍國興造徵發選序三獄等事前須詳討然後啓聞凡諸班次務令清乂約法守制較若畫一不得前後乖舛自相矛楯致有枉滯紆意儛文糾聽所知靡有攸赦

十二月巳巳詔曰昔堯舜在上茅屋土堦禹湯爲君藜杖韋帶至如甲帳珠絡華榱璧璫未能雍熙徒聞侈欲朕企仰前聖思求訟平政道多違澆風靡乂至今貴里豪家金鋪玉舄貧居陋巷蔬食牛衣稱物平施何其遼遠爟烽息役輿賦兼勞文吏姦貪妄動科格重以旗亭關市稅斂繁多不廣都內之錢非供水衡之費逼遏商賈營謀私蓄靜懷衆弊宜事改張弗弘王道安拯民蠹今可宜勒王衣尚方諸堂署等自非軍國資須不得繕造衆物後宮僚列若有游長掖廷啓奏卽皆量遣太子秘戲非會禮經樂府倡優不合雅正並可刪改市估津稅軍令國章更須詳定唯務平允別觀離宮郊閼野外非甞饗宴勿復脩治并勒內外文武車馬宅舍皆循儉約勿尚奢華違我嚴規抑有刑憲所縣具爲條格標榜宣示喻朕心焉

後主以太建十四年嗣位四月庚子詔曰朕臨御區宇撫育黔黎方欲康濟澆薄蠲省繁費奢僭乖衆實

宜防斷綵縷金銀薄及度物化生土木人綵花之屬及布帛幅尺短狹輕疎者並傷財廢業尤成蠹患又僧尼道士挾邪左道不依經律民間淫祀祆書諸珍怪事詳爲條制並皆禁絶

癸卯又詔曰中歲克定淮泗爰涉青徐彼土酋豪並歸欵譬誠分遣親戚爲質任今舊土淪陷復成異域南北阻遠在得會同念其分乖殊有愛戀夷狄吾民斯事一也何獨譏禁使彼離析外不卽簡任子館及東館并帶保任在外者並賜衣糧頒之酒食遂其鄉路所之阻遠便發遣船仗衛送必令安達若已預仕

官及別有事義不欲去者亦隨其意
東魏孝靜天平元年十月自雒遷都于鄴十二月詔日內外解嚴百司悉依舊章從容雅服不得以袴衫從事
北齊文宣帝天保元年六月詔曰自今以後諸有文啓論事並陳要略有司悉爲奏聞
武成帝太寧元年詔曰王者所用唯在賞罰賞貴適理罰在得情然理容進退事涉疑似盟府司勳或有開塞之路三尺律令未窮畫一之道思文王之官人念宣尼之止訟刑賞之宜思獲其所自今諸應賞罰

皆賞疑從重罰疑從輕
後主天統四年十二月詔細作之務及所在百工悉罷之
梁太祖開平元年六月癸亥詔以前朝官僚譴逐南荒積年未經昭雪其間有懷抱材器爲時所嫉者深負宛抑仍令錄其名姓盡復官資兼告諭諸道令津致赴闕如已亡殁並許歸葬以明恩蕩
十二月棣州蒲臺縣百姓王知嚴妹以亂離併失怙恃因舉哀追感自截兩指以祭父母帝以遺體之重不合毀傷言念村閭何知禮教自今後所在郡縣如有截指割股不用奏聞是年諸道多奏軍人百姓割股青齊河朔尤多帝曰此若因心亦足爲孝但苟免徭役自殘肌膚欲以庇身何能療疾並宜止絕
二年詔禁戢諸軍節級兵士及供奉官受旨殿直以下各脩禮敬
三年正月辛酉西京勅近年以風俗未泰兵革且繁正月燃燈廢停已久今屬創開鴻業初建雒都方在上春務達陽氣宜以正月十四十五十六日夜開坊市門一任公私燃燈祈福
八月勅所在長吏放雜差役兩稅外不得妄有科配自今後州縣府鎮凡使命經過若不執勅文券並不

得妄差人驢及取索一物已上又令歲秋田皆期大稔仰所在切如條流本分納稅及加耗外勿令更有科索切戒所繇人更不得於鄉村乞託擾人
九月制內外使臣復命未見便歸私第者朝廷命使臣下奉行唯於辭見之儀合守敬恭之道近者凡差出使往復皆越常規或已辭而尚在本家或未見而先歸私第但從已便莫稟王程在禮敬而殊乖置典章而私舉宜令御史臺別具條流事件具黜罰等奏聞
是月河中奏准宣詔使有銅牌者所至卽易騎以遣

十一月甲午祀南郊戊戌制曰夫嚴祀報本所以通神明流澤覃休所以惠黎庶斯蓋邦家不易之道皇王自昔之規敢數大猷茲惟古義粤朕受命于今三年何嘗不寅畏晨興焦勞夕惕師唐虞之典上則於乾功挹殷夏之源下涵於民極欲使萬方有裕六辨無愆然而志有所未孚理有所未達致姦宄作孽旱霾爲災驕將守邊擁牙旗而背義積憸馭氣陵王竭於責躬履薄臨淵冀昭於玄覽兢兢慄慄夙夜匪寧以千和載考休徵式昭至警朕是以仰高俯厚靡惜及夫動干戈而必契靈誅陳犧齋而克章善應茍非

天垂丕祐神贊殊休則安可致夷兇渠就不戰之功變沴戾氣作有年之慶況靈旗北指喪犬羊於亂轍之間飛騎西臨下鄜翟若走丸之易息一隅之煙燧復千里之封疆而又掃蕩左馮討除峴首故得外戎内憂益知天命之攸歸喙息跂行共識皇基之永固仰懷昭應欲報無階爰因南至之辰親展圜丘之禮茲惟大慶必及下民乃弘渙汗之私以錫疲羸之幸所冀漸臻蘇息亟致和平噫朕自臨御已來歲時尚爾氛昏未殄討伐猶頻甲兵須議於餽糧飛輓頻勞於編戸事非獲已慮若納隍宜所在長吏倍切撫綏明加勉諭每官中抽差徭役禁猾吏廣斂貪求免至流散靡依凋弊不濟宜令河南府開封府及諸道觀察使切加鈐轄刺史縣令不得因緣賦歛分外擾人凡關庶獄每尚輕刑只候幾罷用軍必當便議優給德音節文内有未該者宜令所司類例條件聞奏

四年五月甲辰詔曰奇邪亂正假僞奪真既刑典之不容宜犯違而勿赦應東西兩京及諸道州府制造假犀玉真珠腰帶璧珥并諸色售用等一切禁斷不得輒更造作如公私人家先已有者所在送納長吏對面毁棄如行敕後有人故違必當極法仍委所在

州府差人簡察收捕明行處斷是時兩京豪族至于賤隷必假犀玉之飾雖有嚴令亦不能禁止

六月己未朔詔軍鎮勿起土功

九月戊寅頒奪馬令先是王師擊賊獲馬皆令上獻至是乃止之蓋欲邀其奮擊之効也

五年正月庚寅制曰扈氏不恭固難去戰鬼方未服尚或勞師其蟻聚餘妖狐鳴醜類棄天常而拒命據地險以偷生言事討除將期戡定問罪止誅於元惡挻災可憫於遺黎每念傷痍良深愧歎應天兵所至之地宜令將帥節級嚴戒軍伍不得焚燒廬舍開發

丘壠毀廢農桑驅掠士女使其背叛之俗知予弔伐之心又制曰戎機方切國用未殷養兵須籍於賦租輓粟尚煩于力役所在長吏不得因緣徵發目務貪求苟有故違必行重典立法垂制詳刑定科傳之無窮守而勿失中書門下所奏新定格式律令已頒下中外各委所在長吏切務遵行盡革煩苛皆除枉濫用副哀矜之旨無違欽恤之言

乾化二年正月宣上元夜任諸寺及坊市各點影燈金吾不用禁夜近年以來以都下聚兵太廣未嘗令坊市點燈故也

册府元龜

巡按福建監察御史臣李嗣京　訂正
知長樂縣事　臣　夏允彝　叅閱
知建陽縣事　臣　黄國琦　較釋

閏位部

文學　好文　頌美

文學

夫文以成天下之化學以通聖人之業是故有國者知教所繇與文足昭也執之以爲要道行之以爲大政炳然煥乎信可觀矣自三國旣分六朝更王純粹

攸鍾賢明間作乃有耽玩墳史奮揚藻翰或賦詠傳於一時或著譔流於册府乃至慱通異學深究玄理專精靡懈成乎素業蓋江左文物之盛繇乎上之所好也其或溺彫蟲之巧眛經國之圖屑屑然緣情是勤屬詞以亟君臣相尚寖以成風波流穨靡宕而忘返斯其弊也東魏北齊頗有章句之學亦弁紀焉

吳大帝嘗謂呂蒙及蔣欽曰卿今並當塗掌事宜學問以自開益蒙曰在軍中嘗苦多務恐不容復讀書帝曰孤豈欲卿治經爲慱士邪但當令涉獵見往事耳卿言多務孰若孤孤少時歷詩書禮記左傳國語惟不讀易至統事以來省三史諸家兵書自以爲大有所益如卿二人意性朗悟學必得之寧當不爲乎宜急讀孫子六韜左傳國語及三史孔子言終日不食終夜不寢以思無益不如學也光武當兵馬之務手不釋卷孟德亦自謂老而好學不自勉勖邪

景帝休年十三從中書郎謝慈郎中盛冲受學休鋭意於典籍欲畢覽百家之言又好射雉春夏之閒嘗辰出夜還

宋文帝好儒雅慱涉經史善隸書

孝武帝少機頴神明爽發讀書七行俱下才藻甚美

前廢帝少好讀書頗識古事自造世祖誄及雜篇往往有辭采

明帝好讀書愛文義在藩時撰江左以來文章志又續衛瓘所注論語一卷行於世帝寛仁待物才學之士多蒙引進叅侍文籍應對左右於華林園含芳堂講周易嘗自臨聽又嘗造皇業頌通國風辭天符頌明德頌帝圖頌治兵大雅白紵篇大雅

南齊太祖年十三受業於雷次宗治禮及左氏春秋其後閔康之尤善左氏春秋帝爲領軍素好此學送春秋五經康之手自點定弁得論禮記十餘條帝甚

恍寶愛之在位所著文詔中書侍郎江淹撰次之又詔東觀學士撰史林三十篇魏文帝皇覽之流也

梁高祖文思欽明能事畢究少而篤學洞達儒玄雖萬機多務猶卷不輟手燃燭側光常至戊夜造制旨孝經義周易講疏及六十四卦二繫文言序卦等義樂社義毛詩春秋荅問尚書大義中庸講疏孔子正言老子講疏凡二百餘卷竝正先儒之迷開古聖之旨王侯朝臣皆奉表質疑帝皆爲解釋天監初勑何佟之賀瑒嚴植之明山賓等覆述制旨并撰吉凶賓軍嘉五禮凡一千餘卷帝稱制斷疑又造通史躬製

贊序凡六百卷天性睿敏下筆成章千賦百詩直疏便就皆文質彬彬超邁古今詔誥銘誄箴頌牋奏爰初在田洎登寶曆凡諸文集又百二十卷六藝備閑又撰金策三十卷草隸尺牘莫不奇妙

劉孺爲太子中書舍人嘗侍宴壽光殿詔群臣賦詩時孺與張率竝醉未及賦帝取孺手板題戲之曰張率東南美劉孺雒陽才攬筆便應就何事乆遲廻

簡文帝幼而敏睿識悟過人六歲便屬文高祖驚其早就弗之信也仍於御前面試辭采甚美高祖歎曰此子吾家之東阿讀書則十行俱下九流百氏經目必記章篇辭賦操筆立成傳綜群書善言玄理雅好題詩其序曰余七歲有詩癖長而不倦然傷於輕豔當時號曰宫體所著昭明太子傳五卷諸王傳三十卷禮大義二十卷老子義二十卷莊子義二十卷長春義記一百卷法寶連壁三百卷文集百卷竝傳於代太清中侯景謀反合州刺史鄱陽王範司州刺史羊鴉仁竝累有啓聞而中領軍朱异阿諛承旨以景孤立寄命必應不爾朝廷不爲之備及寇城門内外文武咸尤之太子制圍城賦其末云彼高冠及厚履竝鼎食而乘肥升紫霄之丹地排玉殿之金扉藐謀謨之啓沃宣政刑之福威四郊以之多壘萬邦以之

未綏問豺狼其何者訪虺蜴之爲誰蓋以指於异异因慙憤發病卒先是文士王融謝朓沈約文章始用四聲以爲新變至是轉拘聲韻彌尚麗靡復踰於往時帝初爲太子時與湘東王書論之曰吾輩亦無所游賞止是披閱性旣好文時復短詠雖是庸暗不能閣筆有慙伎癢更同故態比見京師文躰儒鈍殊常競學浮疎爭爲闡緩玄冬脩夜思所不得旣殊比興正背風騷若夫六典三禮所施則有所未聞吟情詠性反擬内則之篇操筆寫志更摹酒誥之作遲遲春

日謙學歸藏湛湛江水遂同大傳吾旣拙於文不敢輕有掎摭但以當世之作歷萬古之才人遠則楊馬曹王近則潘陸顏謝而觀其遺辭用心了不相似若以今文爲是則昔人爲非昔賢可稱則今體宜棄俱爲盡格則未之敢許又時有效謝康樂裴鴻臚文者亦頗有惑焉何者謝客吐言天拔出於自然時有不拘是其糟粕裴氏乃是良史之才了無篇什之美是謂學謝則不屆其精華但得其冗長師裴則蔑絕其所長唯得其所短謝故巧不可階裴亦質不宜慕故胷馳億斷之侶好名忘實之類方六駁於仁獸逞郤

克於邯鄲入鮑忘臭效尤致禍決羽謝生豈三千之可及伏膺裴氏懼兩唐之不傳故玉輝金鋭反爲拙目所嗤巴人下里更合郢中之聽陽春高而不和妙聲絕而不尋竟不精討錙銖覆量文質有異巧心終愧妍手是以握瑜懷玉之士瞻鄭邦而知退章甫翠履之人望閩鄉而歎息詩旣若此筆又如之徒以煙墨不言受其驅染紙札無情任其搖襞甚矣哉文之橫流一至於此如近謝眺沈約之詩任昉陸倕之筆斯實文章之冠冕述作之楷模張士簡之賦周外逸之辨亦成佳手難可復遇文章未墜必有英絕領袖之者非弟而誰每欲論之無可與語吾之子建一共商搉辨茲清濁使如涇渭論茲月旦類彼汝南釆句旣定雌黃有別使夫懷鼠知惡濫竽自耻譬斯袁紹畏見子將同彼盜牛遙羞王烈相思不見我勞如何

元帝聰悟俊朗天才英發年五歲高祖問汝讀何書對云能誦曲禮高祖曰汝試言之卽誦上篇左右莫不驚異帝好學博總群書下筆成章出言爲論才辯敏速冠絕一時著述詞章多行於世所著孝德傳三十卷忠臣傳三十卷丹陽尹傳十卷注漢書一百一十五卷周易講疏十卷內典博要一百卷連山三十

卷詞林三卷玉韜金樓子十卷老子講疏四卷全德志懷舊志江州記貢職圖古今同姓名錄各一卷筮經十二卷式贊三卷文集五十卷性愛書籍旣患目多不自執卷置讀書左右番次上直晝夜爲常略無休已雖睡卷猶不釋五人各伺一更常至達曉常眠熟大鼾左右又睡讀失次第或偷卷度紙帝必驚覺更令追讀加以夏楚雖戎略殷湊機務繁多軍書羽檄文章詔誥點毫便就殆不遊手常曰我韜於文士愧於武夫論者以爲得言初劉孝綽爲廷尉卿坐攜妾入官府免官時帝出爲荊州與孝綽書曰君屛居

多暇差得肆意典墳吟咏性情比復稀數古人不以委約而能不伎癢且虞卿史遷繇斯而作想摛屬之典益當不少雖地紙貴京師彼此一時何其盛也近在道務閑微得點翰雖紀行之作頗有懷舊之篇至此以來衆諸晉役小生之詆恐取辱於盧江遮道之姦慮興謀於從事方且褰帷自厲坐嗼不休筆墨之功曾何暇豫至於心乎愛矣未嘗有歇思樂惠音清風靡竟譬夫夢想溫玉饑得明珠雖愧卞隋猶爲好事新有所製想能示之忽等清慮徒虛其情無繇賞悉遣此代懷數路計行遲還芳禮遲音雉侍也孝綽荅曰

伏承自辭皇邑爰至荆臺未勞刺擧且摛高麗近雖預觀尺錦而不覩金玉昔臨淄詞賦悉與楊脩未殫寶笥頗慙先哲渚宮舊俗朝衣多故李固之薦二賢楊厚賀純也李固爲荆州聞厚純以病免歸薦於天子有詔徵用徐璆之奏五郡徐璆爲荆州奏五郡守有盛汚者案罪威懷之道兼而有之當欲使今石流功聦用翰墨垂迹雖乖知二偶達聖心爰有退居素里却扱窮閑類楊倫之不出譬張摯之杜門趙卿窮愁肆言得失漢臣鬱志廣叙盛衰彼此一時擬非其匹竊以文豹何辜以文爲罪繇此而談文何容易故韜翰吮墨多歷寒暑旣闕子幼南山之歌又微敬通渭水之賦無以自通獻笑少酬褒誘且才乖體物不擬作於玄根事殊宿諾寧貽懼於朱亥顧巳反躬載懷累息但瞻言漢廣邈若天涯區區一心分宵九逝殿下降情白屋存問相尋食椹懷奇冽伊人矣

後梁宣帝詧幼而好學善屬文篤好文義所著文集十五卷華嚴般若法華金光明義疏三十六卷遂行於世

明帝巋機辨有文學所著文集及孝經周易義記及大小乘幽微竝行於世

陳後主所製文筆卷軸甚多乃別寫一本付姚察有

疑悉令刊定後又善作詩及隋兵渡江猶作詩不輟及朝隋文帝東巡登芒山侍飮賦詩

東魏孝靜帝好文每嘉辰宴會多命群臣賦詩從容沉雅有孝文風

北齊廢帝爲太子時文宣召朝臣文學者及禮學官於宮宴會令以經義相質親自臨聽太子手筆措問在坐莫不嘆美

孝昭帝所覽文籍源其指歸而不好文緣篤志讀漢書

後主幼而念善及長頗學綴文置文林館引諸文上

焉

好文

夫率性異禀雅意好文服勤先聖之道潤色偏方之業聞諸國史真可尚也或加禮上庠廣集儒雅或會文華觀妙者聲詩偃素風於人上流徽猷於域中輿夫樂在畋遊勤於宴喜量德比義我無慙焉

吳後主建衡中薛瑩領太子少傅後主追歎瑩父綜遺文且命瑩繼作瑩獻四言詩三百餘言

宋文帝好儒雅命丹陽尹何尚之立玄素學著作郎何承天立史學司徒參軍謝元立文學各聚門徒多

就業者江左風俗於斯爲美後言政化稱元嘉焉

孝武孝建初擅超坐事徙梁州牧宣威府參軍帝聞超有文章勅還直東宮除驃騎參軍丘靈鞠爲員外郎孝武殷貴妃亡靈鞠獻挽歌詩三首云雲橫廣階闇霜深高殿寒帝擿句嗟賞

明僧暠僧紹之弟亦好學孝武見文吟誦其名時人以爲榮

明帝時丘巨源以文學爲時所知使參詔誥引在左右

南齊武帝時顧歡卒帝詔歡諸子撰歡文義三十卷

梁高祖即位引後進文學之士劉苞及從兄孝綽從弟沆吳郡陸倕張率並以文藻見知多預讌坐雖仕進有前後其賞賜不殊帝雅好辭賦時獻文於南闕者相望其藻麗可觀或見賞擢

袁峻天監初爲鄱陽王恢都曹參軍擬揚雄官箴奏之高祖嘉焉賜束帛除員外散騎侍郎直文德學士省奉勅與陸倕各製新闕銘

張率爲祕書丞天監四年三月禊飲光華殿其日河南國獻舞馬詔率賦之率時又與到洽周興嗣同奉詔爲賦高祖以率及興嗣爲工

周興嗣善屬文高祖革命奏休平賦其文甚美帝嘉之擢直文德壽光省是時帝以三橋舊宅爲光宅寺勅興嗣與陸倕各製寺碑及成俱奏帝用興嗣爲文每奏帝輒稱善

到洽與從弟沆齊名洽爲太子舍人高祖御幸華光殿詔洽及沆蕭琛任昉侍讌賦二十韻詩洽辭爲工賜絹二十疋高祖謂昉曰諸到可謂才子昉對曰臣嘗竊議宋得其武梁得其文

丘遲字希範高祖時待詔文德殿帝著連珠詔遲與群臣繼作者數十人

劉孝綽爲水部郎中高祖雅好蟲篆時因宴幸命沈約任昉等言志賦詩
到沆爲太子洗馬時文德殿置學士省召高才碩學者待詔其中使較墳史詔沆通籍焉
盧柔初爲後魏賀拔勝荆州大行臺郎中勝敗南奔于梁柔亦從之勝頻表梁求歸高祖覽表嘉其辭彩既知柔所製因遣舍人勞問弁遺縑錦
元帝時何遜文章與劉孝綽竝見重於世世謂之何劉帝著論之云詩多而能者沈約少而能者謝朓何遜

陳後主時姚察爲吏部尚書後主所製文筆卷軸甚多乃別寫一本付察有疑悉令刊定察亦雅心奉上事在無隱後主嘗從容謂朝士曰姚察達學洽聞手筆典裁求之於古猶難輩匹在於今世足爲師範且訪對不休聽之使人忘倦察每製文筆勑便索本嘗曰我姚察文章非唯玩味無已故是哲匠
北齊文宣帝天保八年三臺成帝曰臺成須有賦楊愔先以告魏收收上皇居新殿臺賦其文壯麗作者咸不逮焉
後主頗好諷詠幼稱時曾讀詩賦語人云終有解作此理否及長亦少留意初因畫屏風勑通直郎蘭陵蕭放及晉陵王孝武錄古名賢烈士及近代輕豔諸詩以充圖畫帝彌重之後復追齊州錄事參軍蕭慤趙州功曹參軍顏之推同入撰猶依霸朝謂之館客放及之推意欲更廣其事又祖珽輔政愛重之推又託鄧長顒漸說後主屬意斯文三年祖珽奏立文林館於是更召弘文學士謂之待詔文林館焉之推後爲黃門侍郎與中書侍郎李德林同判文林館事

頌美

夫善則稱君人臣之道也頌以揚德有司之職也自

王澤下流詩人攸作莫不述宣盛烈褒贊耿光使休德清英久而彌劭繇是道也秦氏以降迨于六朝或以威武旁暢或以遊巡博覽或景命之始集或嘉瑞之薦臻繇是群臣文士思揚懿範亦乃將順德美追蹤雅頌俾茂功徽烈清明不泯淑聲餘裕彬蔚可觀斯亦風雅之亞也是皆推愛君之分竭爲臣之忠拳拳而不能自已者焉
秦始皇二十八年東行郡縣上鄒嶧山鄒魯縣山在其北立石與魯諸儒生議刻石頌秦德議封禪望祭山川之事乃遂上泰山立石封祠祀增天之高歸功於天天高不可及於泰山上立

封禪而祭之冀近神靈也積土爲封謂負土於泰山上爲壇而祭之禪梁父禪闢廣土地也古者聖王封泰山禪云亭或梁父皆泰山下除地爲墠祭於梁父後改墠曰禪刻所立石其辭曰皇帝臨位作制明法臣下脩飭二十六年初并天下罔不賓服親巡遠方黎民登茲泰山周覽東極從臣思迹本原事業祇誦功德治道運行諸產得宜皆有法式大義休明垂于後世順承勿革皇帝躬聖既平天下不懈爲治夙興夜寐建設長吏專隆教誨訓經宣達遠近畢理咸承聖志貴賤分明男女禮順愼遵職事昭隔內外隔一作融靡不清淨施于後嗣化及無窮遵奉遺詔永承重戒於是乃並渤海以東過黃垂

窮成山登之罘立石頌秦焉而去南登瑯邪作瑯邪臺立石刻頌秦德明德意曰維二十六年皇帝作始端平法度萬物之紀以明人事合同父子聖智仁義顯白道理東撫東土以省卒士事已大畢乃臨于海皇帝之功勤勞本事上農除末黔首是富普天之下摶心揖志器械一量同書文字日月所炤舟車所載皆終其命莫不得意應時動事是維皇帝正飭異俗臨水經地憂恤黔首朝夕不懈除疑定法咸知所辟方伯分職諸治經易舉錯必當莫不如畫皇帝之明臨察四方尊卑貴賤不踰次行姦邪不容皆務忠貞細大盡力莫敢怠荒遠邇辟隱專務肅莊端直敦厲興利致福節事以時諸產繁殖黔首安寧不用兵革六親相保終無寇賊驩欣奉教盡知法式六合之內皇帝之土西涉流沙南盡北戶東有東海北過大夏人迹所至無不臣者功蓋五帝澤及牛馬莫不受德各安其宇維秦王兼有天下立名爲皇帝乃撫東土至于琅邪列侯武城侯王離列侯通武侯王賁倫侯建城侯趙亥倫侯武昌侯成倫侯武信侯馮毋擇丞相隗林丞相王綰卿李斯卿王戊五大夫楊摎從與議於海上曰古之帝者地不過千里諸侯各守其封

域或朝或否相侵暴亂殘伐不止猶刻金石以爲自紀古之五帝三王知教不同法度不明假威鬼神以欺遠方實不稱名故不久長其身未歿諸侯倍叛法令不行今皇帝並一海內以爲郡縣天下和平昭明宗廟體道行德尊號大成群臣相與誦皇帝功德刻于金石以爲表經

二十九年始皇東游登之罘刻石其辭曰維二十九年時在中春陽和方起皇帝東游巡登之罘臨炤于海從臣嘉觀原念休烈追誦本始大聖作治建定法度顯著綱紀外教諸侯光施文惠明以義理六國回

辟貪利無厭虐殺不已皇帝哀衆遂發討師奮揚武德義誅信行威燀旁達莫不賓服烹滅強暴振救黔首周定四極普施明法經緯天下永爲儀則大矣哉宇縣之中（宇宇宙縣赤縣）承順聖意群臣誦功請刻于石表垂于常式其東觀曰維二十九年皇帝春游覽省遠方逮于海隅遂登之罘昭明朝陽觀望廣麗從臣咸念原道至明聖法初興清理疆内外誅暴強武威旁暢振動四極擒滅六王闡并天下菑害絶息永偃戎兵皇帝明德經理宇内視聽不怠作立大義昭設備器咸有章旗職臣遵分各知所行事無嫌疑黔首改

化遠邇同度臨古絶尤常職既定後嗣循業長承聖治群臣嘉德祗誦聖烈請刻之罘

三十二年始皇之碣石刻碣石門其辭曰遂興師旅誅戮無道爲逆滅息武殄恭逆文復無罪（復一作優）庶心咸服惠論功勞賞及牛馬恩服土域皇帝奮威德并諸侯初一太平墮壞城郭决通川防夷去險阻地勢既定黎庶無繇天下咸撫男樂其疇女脩其業事各有序惠被諸産久並來田（久一作分）莫不安所群臣誦烈請刻此石垂著儀矩

三十四年始皇置酒咸陽宮僕射周青臣進頌曰他時秦地不過千里賴陛下神靈明聖定平海内放逐蠻夷日月所炤莫不賓服以諸侯爲郡縣人人自安樂無戰爭之患傳之萬世自上古不及陛下威德始皇悦

三十七年始皇上會稽立石刻頌秦德其文曰皇帝休烈平一宇内德惠脩長三十有七年親巡天下周覽遠方遂登會稽脩省習俗黔首齋莊群臣誦功本原事迹追首高明秦聖臨國詳定刑名顯陳舊章初平法式審别職任以立典常六王專倍貪戾慠猛率衆自強暴虐恣行負力而驕數動甲兵陰通閒使以

合衡縱爲辟方内飾詐謀外來侵邊境遂起禍殃義威誅之殄熄暴悖亂賊滅亡聖德廣密六合之中被澤無疆皇帝并宇兼聽萬事遠近必清運理群物考驗事實各載其名貴賤並通善否陳前靡有隱情飾省宣義（省一作弁）有子而嫁倍死不貞方隔内外禁止淫泆男女絜誠失爲寄假殺之無罪男秉義程妻爲逃嫁子不得母咸化廉清大治濯俗天下承風蒙被休經皆遵度軌和安敦勉莫不順令黔首脩絜人同樂利嘉保太平後敬奉法常治無極輿舟不傾從臣誦烈請刻此地光垂休銘

吳大帝黃武八年夏黃龍見遂稱尊號因瑞改元又作黃龍牙在中軍胡綜作賦上焉

宋文帝元嘉十八年八月庚午會稽山陰商世寶獲白鳩眼足並赤楊州刺史始興王濬以獻太子率更令何承天上表曰謹考尋先典稽之前志王德所覃物以應顯是以玄邑之鳳昭帝軒之鴻烈酆宮之雀徵姬文之徽祚伏惟陛下重光嗣服永言祖武洽惠和於地紛燭皇明於天區故能九服混心萬邦含愛負神降祥方祇薦裕休徵雜沓景瑞畢臻去七月上旬時在昧旦黃輝洞炤宇宙開朗徽風協律甘液泛

灑維朱火晃焜於運衡榮光圖靈於河紀篋以尚茲臣不量卑懵竊慕擊壤有作相析成謳近又預白鳩之觀目翫奇偉心歡盛烈謹獻頌一篇野思古拙意極庸陋不足發揮清英敷讚幽吉瞻前顧後亦若其志謹冒以聞其白鳩頌曰三極協清五靈會性理感宜符道實玄聖於赫有皇光天配命朝景升屢八維同暎休祥輻湊榮光載慶星辰炤爛日月光華陶山練澤是生柔嘉回龍表粹離穗合柯翻翻者鳩亦皎其暉理翮台嶺揚鮮帝畿匪仁莫集匪德莫歸裒從儀鳳栖閣麐闈蒸哉明后昧旦乾乾惟德之崇其峻如山惟澤之瞻其潤如淵禮樂四備頌聲遐宣窮髮納貢九譯尊言伊昔唐萌愛遂慶祚余生既辰而年之暮提止命耋式歌王度晨晞永風夕漱甘露思樂靈臺不遐有囿

二十四年七月嘉禾旅生華林園及景陽山園丞梅道念以聞太尉江夏王義恭上表曰臣聞天高聽卑上帝之功天且弗違聖王之德故能影響二儀甄陶萬有鑒觀今古採驗圖緯未有道闕化虧而禎物著明者也自皇運受終辰曜交和是以卉木表靈山淵効寶伏惟陛下躰乾統極休符襲逮若乃鳳儀西郊

龍見東邑海酋獻改緇之羽河祇開俟清之源三代象德不能過也有幽必闡無遠弗屆重譯歲至符瑞月臻前者躬藉南畝嘉穀仍植神明之應在斯允盛四海既穆五民樂業思述汾陽經始靈囿蘭林甫樹嘉露頻流版築初就祥穟如積太平之符於是乎在臣以寡立承乏槐鉉沐浴芳津預覩宸慶不勝抃舞之情謹上嘉禾甘露頌一篇不足稱揚美烈追用慚汗其頌曰二象攸分三靈樂主齊應合從在今猶古天道無親唯仁斯輔皇功帝績理冠區宇四民均極我后體茲惟機惟神敬昭文思九族既睦萬邦允釐

德以位敘道致雍熙於穆不已顯允東儲王知夙叡
嶽茂淵虛因心則哲令問弘敷繼徽下武儷景宸居
軒制合宮漢與未央矧伊聖朝九有已康率繇舊典
思燭前王乃造凌霄遂作景陽有藹景陽天淵之涘
清暑爽立雲堂時起動物斯生植類斯止極望江波
徧對岳峙化德惟達休瑞惟懋誕降嘉種呈祥初搆
甘露春凝禎穟秋秀含滋匪烈嗣歲仍富昔在放勳
歷莢數朝降及重華何扇清庖鑠矣皇慶比物競昭
倫攸典策被此風謠谷臣六蔽任兼兩司旣悉仲衮
又慙鄭緇豈忘衛淤樂道明時敢述休祉愧闕令辭

又中領軍吉陽縣侯沈演之奏上嘉禾頌曰煥炳禎
圖昭晰瑞典運傾方鬪時亨始顯絺狀旣章鳥文斯
辨於皇聖辟承物旣遠明兩辰麗昌輝天衍理妙位
崇事神業盛淵渥德澤虛寂道政協化安心調樂移
性玉衡徙體瑤光德正巨星垂采景雲立慶極仁所
被罔幽不擦至和所感靡旣弗彰鳳明丹穴鶵起西
湘白鹿踰海素鳥越江結響窮陰儀刑鍾陽治人奉
天乃勤乃格黛米似載高廩巳積嘉禾重穋甘露流
液擢秀辰畦揚穎角澤離穟合毫榮區蔭斥盈箱徵
殷貫桑表周今我大宋靈貺繆綢帝終撝謙繹思撈
休躬薦宗廟溫恭率繇降福以誠孝享虔羞頌祉推
功登徽叡詔恩覃隱賦賞延荒傲河順潹夷山華嶽
曜憬琮曼賁蒹澤委效日表地外改服請教茂對咸
時綏萬屢豐猒猒歸素秩秩大同上藏諸用下知化
工式我王度俯歌南風鴻名稱首永保無窮
九月白鳩又見中領軍沈演之上表曰臣聞貞祥之美
介於盛王休端之臻罔違哲后故鳴鳳表垂衣之化
翔鶴徵解網之仁陛下道德嗣基聖明纘世教清鳥
紀治昌雲官禮漸同川澤浹朱徽天嘉明懿民樂薰
風星辰以之炳煥日月以之光華神圖祕緯盈觀閱

序白質黑章充牣靈囿應感之符畢臻而因心之祥
未屬以素鳩自遠毨翰歸飛姿性閑淑羽貌鮮麗旣
聞之先說又親覩嘉祥不勝藻忭上頌一首辭不稽
典文乏采章愧不足式昭皇慶崇讚盛美蓋率輿誦
傳之篇末其頌曰有哲其儀時惟皓鳩性翮五教名
編素丘殷曆方昌婉翅來遊漢籙克韡爰降爰休於
顯盛烈叡慶遐傳聖皇在上道昭鴻軒稱施旣平孝
思永言人押於地神豫於天禮樂孔秩靈物咸昭白
雀集苞丹鳳棲郊文騶儷跡同穎擢苗灼灼縞羽從
化馴朝豈伊赴林必周之栩豈伊歸義必商之所惟

德是依惟仁是處育景陽嶽濯姿帝圍刑曆頌典理感迭通雉飛越裳鷺起西雍蒸然戾止賓兼斯客一茲民聽穆是王風

梁武帝天監元年既受齊禪周興嗣奏休平賦其文甚美

十二年改構太極殿功畢太子洗馬王規獻新殿賦其辭甚美

太通九年白雀集東宮太子率更劉孝威上頌其辭甚美

大同中嘗驟雨殿前往往有雜色寶珠帝觀之甚有

喜色宣城同左常侍虞寄上瑞雨頌後甘露降于士林館中諸脩獻甘露頌帝嘉之

太清元年四月神馬出皇太子獻寶馬頌

陳高祖永定二年幸大莊嚴寺其夜甘露降宣毅府錄事兼記室參軍顏光獻甘露頌辭義該典高祖甚奇之

册府元龜

第十頁十三行帝用興嗣下脫二十七字
所製者自是銅表銘柵塘碣北伐檄次韻王羲
之書千字文並使興嗣

廵按福建監察御史臣李嗣京　訂正
知閩縣事臣曹胄臣參閱
知建陽縣事臣黃國琦較釋

閏位部

崇祀　弭災

崇祀

古者天子祭天地禋六宗四方山川迨夫七祀凡有功及於物德施於下生民仰賴靈貺昭達苟非此族靡著于典故周禮之法所以馭神洪範之政厥用成教非鬼而祭謂之諂匱神乏祀必速禍聖人之制祭祀也不亦重乎雖嬴秦彊暴祠官罔廢八神致享稍異古制孫劉跨據舊章克舉宋齊而下咸有司存牢具珪幣隨時損益自非至誠明德或增慢黷者耳

秦始皇二十八年東巡郡縣祠騶嶧山（騶魯縣也嶧山在北）東游海上行禮祠名山川及八神八神將自古而有之或曰太公以來作齊所以爲齊以天齊也（謂其衆神異如天之復齊也）其祀絶莫知起時八神一曰天主祠天齊天齊淵水居臨菑南郊山下下者（下下爲最下也臨菑城南有天齊水五泉並出蓋謂此也）二曰地主祠泰山梁父蓋天好陰祠之必於高山之下畤命曰畤略（其祭處時也）地貴陽祭之必於澤中圜丘云三曰兵主祠蚩尤在東平陸監鄉齊之西境也（東平陸縣名監其縣之鄉名）四曰陰主祠三山（三山即下所謂三神山）五曰陽主祠之罘山（之罘山在東萊垂縣）六曰月主祠之萊山（萊山在東萊長廣）皆在齊北並渤海七曰日主祠盛山盛山斗入海（盛山在東萊不夜縣斗入海也）聚居齊東北陽以迎日出云八日四時主祠琅邪在齊東北蓋歲之所始（琅邪臺在勃海間謂臨海有山形如臺也）皆各用牢具祠而巫祝所損益圭幣雜異焉

諸秦記云犬戎敗幽王周東從雒邑秦襄公始封爲諸侯作西畤用事上帝僭端見矣禮曰天子祭天地諸侯祭其域內名山大川今秦雜戎翟之俗先暴戾後仁義位在藩臣而僭於郊祀君子懼焉

二十七年十一月出游行至雲夢望祀虞舜於九嶷山浮江下觀籍柯渡海渚過丹陽至錢塘臨浙江（江水至會稽山陰爲浙江）水波惡乃西百二十里從狹中渡（蓋在余杭也）上會稽祭大禹望于南海

二世襲位下詔增山川百祀之禮

蜀先主章武二年十月詔丞相諸葛亮營南北郊於成都

吳大帝始都武昌及建業不立郊祀至太元元年十一月始祭南郊其地今秣陵縣南十餘里郊中是也

宋高祖永初元年皇太子拜告南北郊

二年正月辛酉車駕祀南郊
少帝景平元年正月辛巳祠南郊
文帝元嘉一年正月車駕祠南郊
三年帝西征謝晦幣告南郊
四年正月辛巳車駕親祠南郊
六年正月辛丑車駕親祠南郊
十二年正月辛未車駕親祠南郊
十四年正月辛卯車駕親祠南郊
二十年正月辛亥祠南郊
二十六年正月辛巳車駕親祠南郊

孝武帝孝建元年正月巳亥朔車駕親祠南郊
六月癸巳八座奏劉義宣臧質干時犯順滔天作戾
戒嚴之日二郊廟祀皆巳遍陳其義宜以牲告南北
二郊詔可
二年正月有司奏今月十五日南郊詔可
三年正月車駕親祀南郊
大明二年正月車駕祀南郊
四年正月辛未車駕祀南郊
六年正月車駕親祀南郊是日又宗祀明堂
七年二月甲寅車駕巡南豫南兖二州丙辰詔曰江
漢楚望咸秩同禋禮九疑於盛唐祀蓬萊於渤海皆
前載流訓烈聖遺式霍山是日南嶽實維國鎮蘊雲
呈瑞群光宋道朕竚蹕止野有事岐陽瞻睇風雲徘
徊以想可遣使奠祭
明帝泰始二年十月辛酉詔令九服旣康百祀咸秩
宜遵前典郊謁上帝有司奏考擇十一月嘉吉詔可
四年正月巳未車駕親祀南郊
六年正月巳亥詔自今可間二年一祭南郊間一年
一祭明堂
後廢帝元徽三年正月辛巳車駕親祠南郊明堂

南齊太祖建元二年正月辛丑車駕親祀南郊
武帝永明元年正月辛亥車駕祀南郊
三年正月辛卯車駕祀南郊
二月辛丑祀北郊
九年正月辛丑車駕祀南郊
鬱林王隆昌元年正月辛亥車駕祀南郊二月辛卯
祀明堂
東昏侯永元元年正月辛卯車駕祀南郊
三年正月辛亥車駕祀南郊
梁高祖天監四年正月戊申詔曰夫禋郊饗帝至敬

攸在致誠盡慤猶懼有違而往代多令宮人縱觀茲禮帷宮廣設輜軿耀路非以仰處蒼昊昭感上靈屬車之閭見譏前世便可自今停止是月辛亥車駕親祀南郊

八年正月辛巳車駕親祀南郊

九年詔曰祭祀用洗匜中水盥仍又滌爵爵以禮神宜窮精絜而一器之内親用洗手外可詳議於是御臣及三公應盥及洗爵各用一匜

十年正月辛丑車駕親祀南郊

二月辛丑祀明堂

十二年正月辛卯車駕親祀南郊

十月丁亥詔曰明堂地勢卑濕未稱乃心外可量就埤起以盡誠敬

十四年正月辛亥車駕親祀南郊

十六年正月辛未車駕親祀南郊

十七年帝以靈威仰耀魄寶俱是天帝於壇則尊於下則卑南郊所祭天皇其五帝別有明堂之禮不煩重設又郊祀二十八宿而無十二辰神於義闕然於是南郊始除五帝祀加十二神座與二十八宿各於其方而爲壇（天監中太常丞王僧崇五祀位在北郊圓丘不宜重設帝曰五行之氣天地俱有故宜兩祀王僧崇又曰風伯雨師即箕畢矣而今南郊祀箕畢二星復祭風伯雨師恐乖祀典帝曰箕畢自是二十八宿之名風伯雨師自是箕畢下隸兩祭非嫌）

十八年正月辛卯車駕親祀南郊

普通二年正月辛巳車駕親祀南郊

二月辛丑親祀明堂四月改作南北郊

四年正月車駕親祀南郊丙午親祀明堂

六年正月辛亥車駕親祀南郊

大通元年正月辛未車駕親祀南郊

中大通元年正月辛酉車駕親祀南郊辛巳親祀明堂

三年正月辛巳車駕親祀南郊二月辛丑親祀明堂

五年正月辛卯車駕親祀南郊辛亥親祀明堂

大同元年正月辛巳車駕親祀明堂

三年正月辛丑車駕親祀南郊

五年正月辛未車駕親祀南郊

七年正月辛巳車駕親祀南郊辛丑親祀明堂

中大同元年二月辛巳車駕親祀明堂

太清元年正月辛酉祀南郊甲子祀明堂

陳高祖永定元年即位初車駕幸鍾山祀蔣帝廟

二年正月辛丑輿駕親祀南郊乙巳親祀北郊

文帝天嘉元年正月辛酉車駕親祀南郊辛未親祀
北郊
二年正月庚戌設帷宮於南郊幣告胡公以配天辛
亥車駕親祀南郊辛酉車駕親祀北郊
五年五月辛巳車駕親祀北郊
廢帝光大元年正月辛卯車駕親祀南郊
宣帝大建元年正月辛丑車駕親祀南郊
二年正月辛酉車駕親祀南郊
三年二月辛巳車駕親祀明堂
五年正月辛巳車駕親祀南郊二月辛丑親祀明堂

九年正月辛卯車駕親祀北郊
東魏孝靜帝天平二年十一月祀圜丘
武帝二年十一月祀圜丘
北齊文宣帝天保元年既受魏禪詔分遣使人致祭
於五岳四瀆其堯祠舜廟下及孔父老君等載於祀
典者咸秩罔遺
二年正月辛亥有事於圜丘以神武皇帝配
八年八月庚辰詔曰丘郊禘祫時祀皆仰市取少牢
不得刲割有司監視必令豐備農社先蠶酒肉而已
雩禖風雨司民司祿靈星雜祀果餅酒脯唯當務盡
誠敬義同如在
孝昭帝皇建二年正月辛亥祀圜丘
武成帝河清元年正月辛巳祀南郊
二年正月丁丑祭北郊
後主天統二年正月辛卯祀圜丘
武平二年正月己巳祀南郊
梁太祖天平元年九月兩浙錢鏐奏鎮東軍神祠頗有
靈驗救災祈福人民賴之特請封崇賜號爲崇福侯
十一月福建王審知奏閩縣界砧碕里古廟祈禱有
靈鄉閭父老皆有陳請望賜封崇遂名之曰昭福廟

二年正月宰臣上表請郊天謁太廟命有司擇日備
儀因先布告岳牧方伯於是太常禮院選用四月二
十四日有事于南郊壬寅應郊祀大禮儀仗車輅鹵
簿法物祭器樂懸各令所司脩餙以河南尹張宗奭
充都點集諸司法物使三月帝以魏博鎮定助脩西
都宮內工役方興禮容未備其郊天謁廟宜於秋冬
別選良日
七月詔曰祀典之禮有國之大事也如聞官吏慢於
展敬禮容牲餼有異精虔宜令御史疏其條件以聞
定詳禮儀使奏得太常禮院狀選用今年十一月己

丑冬至有事於南郊奏勅西都官内脩造尚未畢功過此一冬方當絶手宜令于來年正月内選日申奏十一月太常禮院奏選用來年正月二十四日辛卯親祭南郊可之詔以左千牛衛上將軍胡規充南郊儀仗使金吾衛將軍趙麓充車路法物使時以執儀仗將軍輅皆武士故分二將以董之是月冬至命宰臣祀昊天上帝于圜丘

三年正月乙酉詔曰初宅維都將行郊祀應嶽瀆名山大川及諸州有靈迹封崇神祠各宜差官吏精虔祭告是月禮儀使奏請皇帝宿齋三日庚寅親饗太

祖辛卯親祀昊天上帝於圜丘是月降雪盈尺及升壇而止

三月遣宰臣薛貽矩以孟夏雩祀昊天上帝宰臣于兢薦享太廟並赴西都甲戌車駕發西都庚辰至河中府分命群臣告祭山川靈迹

七月甲戌詔曰朕自膺眷佑勉副樂推三載于兹多難未弭但蒙靈貺每竊休徵致稼穡之有年乃陰陽之克叙昨者以災輿右地叛結左馮連邠鳳之兇狂據關河之險固王師纔進逆黨生擒寸刃未施重門盡啓以致元凶自遁道壘皆降賊除不出於浹旬兵罷匪踰於一月而况時當炎暑路涉惡山風迎馬以納凉雲隨車而不雨功因捷速而免滯留非耿質之敢當賴上玄之垂祐合申告謝用表精虔宜令所司擇日親拜郊祀

八月詔曰封岳告功前王重事祭天肆覲有國常規朕自以眇身恭臨大寶既功德未敷於天下而災祥互降於域中慮於告謝之儀有闕齋虔之禮宜脩昭報用契幽通宜令中書侍郎同平章事于兢往東嶽祭拜祝詑聞奏

九月詔曰秋冬之際陰雨相仍所司擇日拜郊或慮

臨時妨事宜令别更擇日聞奏是月禮儀使奏今據所司申奏畫日内十一月二日冬至祀昊天上帝于圜丘今參詳十月十七日已後入十一月節十一月二日冬至一陽生之辰宜行親告之禮從之

十一月癸巳朔帝齋於内殿不視朝甲午日長至五更一點自大内出於文明殿受宰臣已下起居自五鳳樓出南郊左右金吾太常兵部等司儀仗法駕鹵簿及左右内直控鶴等引從赴壇文武百官太保韓建已下班以候至帝升壇告謝是歳降制國之大事唯祀與戎祭法所摽禮經猶重其齊心必至備物精

臻方感召於神祇乃降通於福祐近者所司祠祭或聞官吏因循虛破支供動多虧闕致陰陽之失序仍火旱以爲災每一念思實多漂若宜加提舉用復敬恭須委元臣以專重事自今後應在京四時大小祀及諸色祭祀並委宰臣貽矩專判躬親點簡無令怠墮有失典常又詔以所率官僚俸錢修文宣王廟分一半修武明王廟

四年八月車駕西征次于陝命宰臣杜曉祭華岳并禱

九月丁亥朔車駕幸陝府命宰臣于兢赴西都祀昊

天上帝于圓丘

乾化元年北廵廻次孟州命散騎常侍孫騭右諫議大夫張衍光祿卿李翼各齋香合祝板告祭于孟津之望祠

二年正月庚辰有司以南郊上辛祈穀命丞相趙光逢攝太尉行事

弭災

夫天災流行國家代有而南面之君寅威靈命側身戒懼又曷嘗不消咎徵而道善氣者自孫吳崛起保界川險劉宋乘勢再王江左迨夫朱氏垂及千禩其或天象謫見五行愆度旱暵昏墊風霾蟲螽交作害物震驚下民而能虔恭夕惕克謹天戒脩補闕政申嚴祀典惠綏矜卹稽衆詢事斯亦往聖罪己之道春秋勤民之旨焉

吳大帝赤烏十一年二月地仍震詔曰朕以寡德過奉先祀莅事不聰獲譴靈祇夙夜祗戒若不終日群僚其各厲精思朕過失無有所諱

宋少帝景平元年以旱詔赦五歲以下罪人

文帝元嘉五年正月詔以陰陽愆序求讜言

八年三月大雩

六月旱故又大雩

閏六月遣使者省行獄訟簡省徭役

孝武帝大明七年八月詔曰昔匹婦含怨山燋北鄙孀妻懷慟臺傾東國良以誠之所動在微必著感之所震雖厚必摧朕臨察九野志深待旦弗能使爛然成章各如其節遂炎精損物陽偏不施歲云不稔咎寔朕繇太官供膳宜從貶徹近道刑獄當親科省其王畿內及神州所統可遣尚書與所在共詳畿外州委之刺史并詳省律令思存利民其考讁貿襲在大明七年以前一切勿治尤弊之家開倉賑給

後廢帝元徽元年京師旱詔曰比亢序愆度留熏耀有傷秋稼方貽民瘼朕以眇疾未弘政道囹圄尚繁枉滯猶積夕厲晨矜每惻于懷尚書令可與執法以下就訊衆獄使冤訟洗遂困弊昭蘇頒下州郡咸令無壅

南齊武帝即位詔曰水潦爲患星緯乖序京都囚繫可克日訊决諸遠獄委刺史以時察判

梁高祖大同十一年正月地震華林園光嚴殿重雲閣帝自貶拜謝上天累刻乃止

陳高祖永定三年夏久旱閏四月丙午幸鍾山祀蔣

帝廟是日降雨迄于月晦

宣帝大建十二年三月己卯以旱大雩壬午雨

梁高祖開平二年二月自去冬少雪春深農事方興久無時雨兼慮有災疾帝深軫下民遂命庶官遍祀于群望掩瘞暴露令近鎮案古法以禳祈旬日乃雨

五月己丑令下諸州去年有蝗虫下子處蓋前冬無雪今春亢陽致爲災沴實傷壠畝必慮今秋重困稼穡自知多在荒陂榛蕪之内所在長吏各項分配地界精加翦撲以絶根本壬辰夜火星犯月太史奏災分合在荆楚乃令設武備寛刑罰恤人禁暴以禳之

六月辛亥以亢陽慮時政之闕乃詔曰邇者下民爽禮法吏舞文銓衡旣失於選求州鎮又無其舉刺風俗未厚獄訟實繁職此之繇上貽天譴至是决遣囚徒及戒勵中外丙寅月犯角宿帝以其分野在兖州乃令長吏治戎事設武備省獄訟恤疲病祈福禳災以順天戒

三年六月己亥以久雨命官祈禱於神祠靈迹

八月甲午以秋稼將登霖雨特甚命宰臣已下禱於社稷諸祠

四年五月己丑朔以連雨不止至壬辰御文明殿命

宰臣分拜祠廟

八月車駕西征己巳次陝府是時憫雨且命宰臣從官分禱靈迹旣中而雨翌日止帝大悦

九月辛丑以久雨命宰臣薛貽矩鼎門趙光逢祠嵩岳

十一月戊戌詔曰自朔至今暴風未息諒惟不德致此咎徵皇天動威罔敢不懼宜徧命祈禱副朕意焉差官分往祠所止風

乾化元年正月丙戌朔日有蝕之帝素服避殿百官守司以恭天事明復而止庚寅制曰兩漢以求日蝕

地震百官各上封事指陳得失今玆謫見當有咎徵其令列辟群寮危言正諫

三月辛卯以久旱令宰臣分禱靈迹翌日大澍雨丙子復憫雨命宰臣分往嵩華祈禱

十一月宜宰臣各赴望祠禱雨故事皆以兩省無功職事爲之帝憂民重農猶以足食足兵爲念爰自御極每愍陽積陰多命丞相躬其事辛丑大雨雪宰臣及文武師長各奉表賀焉

十二月詔以時雪稍愆命丞相及三省官各於望祠祈禱

二年正月甲申以時雪稍愆命丞相及三省官群望祈禱

二月癸丑敕曰今載春寒頗甚雨澤仍愆司天監占以夏秋必多霖潦宜令所在郡縣告喻百姓備淫雨之患

三月丙午帝北巡次至濟源縣詔曰淑律將遷亢陽頗甚宜令魏州差官撓龍祈禱戊申詔曰雨澤愆期祈禱未應宜令宰臣各於魏州靈祠精加祈禱

四月甲寅夕月掩心大星丙辰敕近者星辰違度式在脩禳宜令兩京及宋魏州取此月至五月禁斷屠宰仍各於佛寺開建道場以迎福應

五月丁亥以彗星謫見詔兩京見禁囚徒大辟罪以下遞減一等限三日内疎理訖聞奏

辛卯詔曰亢陽滋甚農事已傷宜令宰臣于兢赴中嶽杜曉赴西嶽精切祈禱其近京靈廟宜委河南尹五帝壇風師雨師九宫真人委中書各差官祈之

册府元龜

冊府元龜

巡按福建監察御史臣李嗣京　訂正
知甌寧縣事臣孫以敬　叅閱
知建陽縣事臣黃國琦　較釋

閏位部

崇儒　崇釋老

崇儒

昔魯哀公聞仲尼之對終身不敢戲儒言加信行加義故以區區小國與周升降蓋能重聖人之教而保世延祚者也彼孫劉而下咸裂壤分王歷世縣久非

獨山川之阻甲兵之利誠亦典刑不忘風教可尚也至若崇建學館紹封聖緒增嚴祀奠申禁丘隴以至詳延國冑優其課試精選鴻儒職兹講授其或親臨閱聽推之宴賜皆所以敦尚素業潤色政典考之遺籍斯可舉矣

蜀先主初定成都于時喪亂歷紀學業衰廢乃鳩合典籍沙汰衆學以許慈胡潛竝爲博士與孟光求敏等典掌舊文

吳大帝權黃龍二年正月詔立都講祭酒以教諸子

景帝休永安元年十二月詔曰古者建國教學爲先所以道世治性爲時養器也自建興以來時事多故吏民可以目前趨務去本就末不循古道夫所尚不淳則傷化敗俗其按古置學官立五經博士核取應選加其寵祿科見吏之中及將吏子弟有志好者各令就業一歲課試差其品等加以位賞使見之者樂其榮聞之者羨其譽以敦王化以隆風俗

宋高祖初鎮京口與鎮南將軍藏燾書曰頃學尚廢弛後進頹業衡門之內清風輟響良繇戎車屢警禮樂中息濡夫恣志情與事染豈可不敷崇墳籍敦厲風尚此境人士子姪如林明發搜訪想聞令軌然荆

玉含寶要俟開瑩幽蘭懷馨事資扇發獨習寡悟義著周典今京師不遠而赴業無聞非唯志學者鮮或是勸誘未至耶想復弘之

永初三年正月詔曰古之建國教學爲先弘風訓世莫尚於此發蒙啓滯咸必繇之故爰自盛王迄於近代莫不敦崇學藝脩建庠序自昔多故戎馬在郊旍旗卷舒日不暇給遂令學校荒廢講誦蔑聞軍旅日陳俎豆藏器訓誘之風將墮于地後生大懼於牆面故老竊歎於子衿此國風所以永思小雅所以懷古今王畧遠届華域載清仰風之士日月以冀便宜博

延冑子陶奬童蒙遐脩儒官弘振國學主者考詳舊典以時施行

文帝元嘉十五年徵雷次宗至京師開館於雞籠山聚徒教授置生百餘人會稽朱膺之潁川庾蔚之竝以儒學監總諸生時國學未立帝留心藝術使丹陽何尚之立玄素學太子率更令何承天立史學司徒參軍謝元立文學凡四學竝建各聚門徒多就業者江左風俗於斯爲美後言政化稱元嘉焉又車駕數幸次宗學館資給甚厚

十九年正月詔曰夫所固者本聖哲之遠教本立化

成教學之爲貴故昭以三德崇以四術用能納諸義方致之軌度盛王聖世咸必繇之永初受命憲章弘遠將陶均庶品混一殊風有詔典司大啓庠序而頻遘屯夷未及脩建永瞻前猷思敷鴻烈今方隅乂寧戎夏慕嚮廣訓冑子實維時務便可式遵成規闡揚景業

十二月丙申詔曰冑子始集學業方興自微言泯絶逝將千祀感事思人意有慨然奉聖之後可速議繼襲於先廟地特爲營造依舊給祠直令四時饗祀闕里往經寇亂黌校殘毀并下魯郡脩學舍採召生徒昔之賢哲及一介之善猶或衛其丘壠禁其芻牧况尼父德表生民功被百代而墳塋荒蕪荆刺弗翦可蠲墓側數戶以掌灑掃魯郡上民孔景等五戶居近孔子墓側蠲其課役供給灑掃并種松栢六百株

二十三年九月車駕幸國子學策試諸生荅問凡五十九人十月詔曰庠序興立累載冑子肄業有成近親策試覩濟濟之美緬想洙泗永懷在昔諸生荅問多可採覽教授之官竝宜沾賚賜帛各有差

孝武帝孝建元年十月詔曰仲尼體天降德維周興漢經緯三極冠冕百王爰自前代咸加褒述典司失

人用闕宗祀先朝遠存遺範有詔繕立世故妨道事未克就國難頻深忠勇奮厲實憑聖義大教所敦永惟兼懷無忘待旦可開建廟制同諸侯之禮詳擇爽塏厚給祭秩

大明五年八月詔曰自靈命初基聖圖重遠藻正樂職感神明之應崇殖禮囿畜至德之光聲寔同和文以均節化調其俗物惟其情故臨經釋奠煥乎炳發道衰世屯學落年永獄訟微衰息之術百姓忘退素之方今息警夷嶂恬波河渚棧山航海嚮風慕義化民成俗茲焉時矣來歲可修葺庠序旌延國冑是歲

豫章王子尚領會稽太守帝使子尚上表立左學召生徒置儒林祭酒一人學生師敬位比州治中文學祭酒一人比西曹勸學從事二人比祭酒從事

明帝好讀書愛文義才學之士多蒙引進叅侍文集應對左右於華林園講周易嘗自臨聽

泰始六年九月立總明觀徵學士以充之置東觀祭酒訪舉名一人學士二十人分爲儒道文史陰陽五部學言五部陰陽者遂無其人

南齊太祖建元四年正月詔曰夫膠庠之典彝倫攸先所以招振才端啓發性緒弘字垊庶納之軌儀是

故五禮之迹可傳六樂之容不泯朕自膺曆受圖志闡經訓且有司群僚奏議咸集蓋以戎車時警文教未宣思樂泮宮永言多旣今關燧無虞時和歲稔遠邇同風華夷慕義便可式遵前准脩建學敎精選儒官廣延國胄時立國學置學生百五十人其有位樂入者五十生年十五以上二十以下選取王公以下至三將著作郎廷尉正太子舍人領護諸府司馬諮議經除敕者諸州别駕治中等見居官及罷散者子孫悉取家去都二千里爲限

武帝永明三年正月詔曰宜尼誕敷文德峻極自天發揮七代陶鈞萬品英風獨舉素王誰匹功隱於當年道深於日月感麟厭世緬邈千祀川竭谷虛丘夷淵塞非但洙泗湮淪至乃饗嘗乏主前王敬仰崇脩寢廟歲月亟流鞠爲茂草今學敎興立實禀洪規撫事懷人彌增欽屬可改築宗祊務在爽塏量給祭秩禮同諸侯奉聖之爵以時紹繼四年三月國子學講孝經車駕幸學賜祭酒博士助教絹各有差

七年正月詔春秋國語云生民之有學敎猶樹木之有枝葉果行育德咸必繇茲在昔開運光宅華夏方弘典謨克隆教義命彼有司崇建庠塾甫就經始乃罹屯故仰瞻徽猷歲月彌遠今遐邇一體車軌同文宜高選學官廣延胄子

明帝建武四年正月詔曰嘉肴停俎定芳旨於必甘良玉在攻表珪璋於旣就是以陶鈞萬品務本爲先經緯九區學敎爲大往因時康崇建庠序屯虞薦有權從省廢誳訟寂寥倏移年稔永言古昔無忘旰昃今華夏乂安要荒慕嚮締脩東序寔允適時便可式依舊章廣延國胄弘敷景業光被後昆

永泰元年三月詔曰仲尼明聖在躬允光上哲弘厥雅道大訓生民師範百王軌儀千載立人斯仰忠孝攸出玄功潛被至德彌闡雖春秋遐曠而禘薦靡闕時祭舊品秩比諸侯頃歲以來祀典陵替俎豆寂寥

牲奠莫舉豈所以克昭盛烈永隆風教者哉可式循舊典詳覆祭秩使牢餼備禮飲饗兼申

梁高祖天監四年六月立孔子廟又詔曰二漢登賢莫非經術服膺雅道名行立成魏晉浮蕩儒教淪歇風節罔樹戒此之繇朕日昃罷朝思聞俊異收士得人實惟酬獎可置五經博士各一人廣開館宇招納後進乃以平原明山賓吳興沈峻建平嚴植之會稽賀瑒補博士各主一館館有數百生給其餼廩其射策通明者即除爲吏十數年間懷經負笈者雲會京師又選遣學生如會稽雲門山受業於廬江何裔分

遣博士祭酒到州郡立學初裔退居東山帝以右光祿大夫徵之不就乃詔之曰頃者學業淪廢儒術將盡閭閻搢紳尠聞好事吾每思弘獎其風興言爲歎本欲屈卿暫出開導後生既屬廢業此懷未遂延佇之勞載盈夢想理舟虛席須候來秋所望賁然申其宿抱耳卿門徒中經明行脩厥數有幾且欲瞻彼堂堂寘此周行便可具名以聞副其勞望又曰比議學者殊爲寡少良繇無復聚徒故明經斯廢每一念之慨然卿居儒宗加以德素當敕後進有意向者就卿受業想深思誨誘使斯文載興於是遣裔子郎孔壽等六人於東山受學

七年正月詔曰建國君民立教爲首不學將落嘉植靡繇朕肇基明命光宅區宇雖耕耘雅業傍闡藝文而成器未廣志本猶闕非所以鎔範貴遊納諸軌度思欲式敦讓齒自家刑國今聲訓所漸戎夏同風宜大啓庠教博延胄子務彼十倫弘此三德使陶鈞遠被徽言載表（又云是年詔皇太子宗室王侯始就學受業武帝親輿駕奠於先師先聖申之以讌語勞之以束帛濟濟焉洋洋焉大道之行也如此）

九年三月車駕幸國子學臨講賜祭酒已下帛各有差

十二月再幸國子學策試胄子

大同七年十二月於宮城西立士林館領軍朱异太府卿賀琛舍人孔子袪等遞相講述皇太子宣城王亦於東宮宣猷堂及揚州廨開講於是四方郡國趨學向風雲集於京師

元帝初爲荊州刺史起州學宣尼廟嘗置儒林參軍一人勸學從事二人生三十人加稟餼帝工書善畫自圖宣尼像爲之贊而書之時人謂之三絶

敬帝太平二年正月詔曰夫子降靈體喆經仁緯義允光素業載闡玄功仰之者彌高誨之者不倦立忠

立孝德被蒸民制禮作樂道冠群后雖太山頹峻一
老不遺而泗水餘波千載猶在自國圖有阻祧薦不
脩奉聖之門嗣續殲滅敬神之寢簠簋寂寥永言聲
烈寔兼欽愴可搜舉魯國之族以爲奉聖侯并繕廟
堂備祀典四時薦秩一皆遵守
陳廢帝光大元年十二月以兼從事中郎孔英爲奉
聖亭侯奉孔子祀
後主至德二年十一月詔曰宣尼誕膺上哲體資至
聖祖述憲章之典並天地而合德樂正雅頌之奧與
日月而偕明垂後昆之訓範開生民之耳目而梁季

湮微靈寢忘處鞠爲茂草三十餘年敬仰如在永惟
愾息今雅道雍熙繇庚得所斷琴故履零落不追閼
筍開書無因脩復可詳之禮典改築舊廟蕳房桂棟
咸使維新芳蘩潔潦以時饗奠
十二月辛丑釋奠於先師禮畢設金石之樂會宴王
公卿士
東魏孝靜帝武定四年八月移雒陽漢魏石經于鄴
北齊文宣帝天保元年六月詔封崇聖侯邑一百戶
以奉孔子之祀并下魯郡以時脩治廟宇務盡褒崇
之至

八月詔郡國脩立黌序廣延髦雋敦述儒風其國子
學生亦仰依舊銓補服膺師說研習禮經往者文襄
皇帝所運蔡邕石經五十二板即宜移置學館依次
脩立
孝昭帝皇建元年八月詔國子寺可備立官屬依舊
置生講習經典歲時考試其文襄帝所運石經宜即
施立於學館外州太學亦仰典司勤加督課
梁太祖開平元年十月山南東道節度楊師厚進納
趙凝東第書籍先是收復襄漢帝閱其圖書至是命
師厚進焉

三年十二月國子監奏創造文宣王廟仍請率在朝
及天下見任官僚俸錢每貫每月尅一十五文充土
木之直允之是歲以所率官僚俸錢脩文宣王廟

崇釋老

司馬遷之序六家談大道之要其論詳矣自竺乾之
典流于中夏述苦空之旨顯悲濟之用奉其教者又
豈勝道哉江表之世崇尚斯篤乃至增建淨剎講求
梵譯度桑門之衆申血食之業營齋造像極其信向
而玄元之訓亦資演暢東魏北齊暨于朱氏何莫繇
斯也已其或寘符玄感神期朌合肹蠁之應非可度

思若乃殖衆德之本以濟於仁恕洞無爲之妙以臻于清淨斯固有助於治者也

吳大帝赤烏十年胡人康僧會入境置經行所朝夕禮念有司以聞帝曰昔漢明感夢金人使往西方求之得摩騰竺法蘭來中國立經行教今無乃是遺類乎因引見僧會具言佛教滅度已久唯有舍利可以求請遂於大内立壇結靜三七日得之帝崇佛道以是江東初有佛法

宋文帝元嘉十二年丹陽尹蕭摹之奏曰佛化被于中國已歷四代而自項以來更以奢競爲重請自今

以後有欲鑄銅像者悉詣臺自聞興造塔寺精舍皆先列言須許報然後就功詔可又沙汰沙門罷道者數百人

孝武帝孝建元年率群臣於中興寺八關齋中食會侍中袁愍孫（即袁粲舊名）與黄門郎張淹更進魚肉尚書令何尚之奉法素謹密以白帝帝使御史中丞王謙之糺奏並免官

大明二年有曇標道人與羌人高闍謀反帝因是下詔所在精加沙汰後有違犯嚴其誅坐於是設諸條禁自非戒行精苦並使還俗而諸寺尼出入宮掖交關妃后此制竟不能行

明帝以宅起湘宮寺費極奢侈以孝武帝莊嚴刹七層帝欲起十層不可分立爲兩刹各五層新安太守巢尚之罷郡還見帝曰卿至湘宮寺未我起此寺是大功德通直散騎侍郎虞愿在側曰陛下起此寺皆是百姓賣兒貼婦錢佛若有知當悲哭哀愍有何功德尚書令袁粲在坐爲之失色帝大怒使人驅下殿愿徐去無異容以舊恩俄復召入帝頗好玄理以周顒有辭義引入殿内親近宿直帝所爲慘毒之事顒不敢顯諫輒誦經中因緣罪福事帝亦爲之小止

南齊武帝府王奐爲將軍欲請車駕幸府帝晚信佛法御膳不宰牲使王晏謂奐曰吾前去年爲斷殺事不復幸詣大臣已判無容欻爾也

梁高祖天監十六年四月初去宗廟牲詔曰夫神無嘗饗饗于克誠所以西鄰禴祭寔受其福宗廟祭祀猶存牲牢無益至誠有累冥道自今四時烝嘗外可量代八座議以脯代一元大武八座又奏旣停宰殺無復省牲之事請立省饌儀其衆官陪列並同省牲帝從之

十月詔曰今雖無復牲腥猶有脯脩之類即之幽明

義爲未盡可更詳定悉薦時蔬左丞司馬筠等參議大餅代大脯餘悉用蔬菜帝從之又舍人朱异議二廟祀相承止有一餅羹蓋祭祀之禮應有兩羹相承止於一餅即禮爲乖請加熬油蓴羹一餅帝從之於是起至敬殿景陽臺立七廟座月中再設清淨饌自是訖於臺城諸廟遂不血食

中大通元年九月癸巳輿駕幸同泰寺設四部無遮大會上釋御服披法衣行清淨大捨以便省爲房素牀瓦器乘小車私人執役甲午升講堂法座爲四部大衆開涅槃經題

十月巳酉設四部無遮大會僧道五萬餘人會畢帝御金輅還宫

二年四月幸同泰寺設平等會

三年冬十月巳酉行幸同泰寺高祖升法座爲四部衆說大涅槃經義迄于乙卯

十一月乙未行幸同泰寺高祖升法座爲四部衆說摩訶般若波羅密經義迄于十二月辛丑

五年二月癸未幸同泰寺設四部大會升法座發金字般若經題迄于巳丑

大同元年三月丙寅幸同泰寺設無遮大會

四月幸同泰寺鑄十方銀像并設無碍會

二年三月戊寅幸同泰寺設平等法會

九月辛亥幸同泰寺設四部無碍法會

十月壬午幸同泰寺設無碍大會

三年五月癸未幸同泰寺鑄十方金像設無碍大會

八月辛卯輿駕幸阿育王寺大赦天下

四年五月癸亥詔以東治徒李喬之降如來真形舍利大赦天下

五年扶南國王遣使貢獻又言其國有佛髮長一丈二尺詔遣沙門釋雲寶隨使往迎之先是三年八月高祖改造阿育

王寺塔出舊塔下舍利及佛爪髮髮青紺色衆僧以手伸之隨手長短放之則旋屈爲蠡形按僧伽經云佛髮青而細猶如藕莖絲佛三時經云我昔在宫沐頭以尺量髮長一丈二尺故能右旋還成蠡文則與高祖所得同也阿育王即鐵輪王王閻浮提一天下佛滅度後一日一夜役鬼神造八萬四千塔此即其一也吳時有尼居其地爲小精舍孫綝尋毀除之塔亦同泯吳平後諸道人復於舊處建立焉晉中宗初渡江更脩飾之至簡文咸安中使沙門安法師程造小塔未及成而亡弟子僧顯繼而脩立至孝武太元九年上金相輪及承露其後西河離石縣有胡人劉薩何遇疾暴亡而心下猶暖其家未敢便殯經七日更蘇說云有兩吏見錄向西北行不測遠近至十八重地獄隨報重輕受諸楚毒見觀世音語云汝緣未盡若得活可作沙門雒下齊城丹陽會稽並有阿育王塔可往禮拜若壽終則不墮地獄語竟如墮高嵒忽然醒寤因此出家名惠達遊行禮塔次至丹陽未知塔處乃登越城四望見長干里有異氣色因就禮拜果是育王塔所屢放光明繇是定知必有舍利乃集衆就掘入一丈得三石碑並長六尺中有一碑有

鐵函函中又有銀函函中有金函盛三舍利及爪髮各一枝髮長數尺即遷舍利近北對簡文所造塔西造一層塔十六年又使沙門僧尚伽爲三層即高祖所開者也初穿土四尺得龍骨及昔人所捨金銀環釧釵鑷等諸雜寶物可深九尺許方至石磚磚下有石函函內有鐵壺以盛銀坩坩內有金鏤罌盛三舍利如粟粒大圓正光潔函內又有琉璃碗碗內得四舍利及髮爪爪有四枚並爲沉香色至其月二十七日高祖到寺禮拜設無遮大會大赦天下是日以金鉢盛水泛舍利其最小者隱鉢不出高祖禮數十拜舍利乃於鉢內放光旋迴久之乃當鉢中止高祖問大僧正惠令曰見不可思議事不惠令荅曰法身常住湛然不動高祖曰弟子欲請一舍利歸臺供養至九月五日又於寺設無遮大會遣皇太子王侯朝貴等奉迎是日風景明和京師傾矚觀者百數十萬人所設金銀供具等物並留寺供養并施錢一千萬爲寺基業至四年九月十五日高祖又至寺設無遮大會豎二舍利塔各以金罌次玉罌重盛舍利及爪髮內七寶塔中又以石函盛寶塔分下兩塔下及王侯妃主百姓富室所捨金銀釧等珍寶充積十一年十

一月二日寺僧又請高祖於寺發般若經題尒夕二塔俱放光明勑鎮東將軍邵陵王綸製寺大功德碑文先是二年改造會稽鄮縣塔開舊塔出舍利遣光宅寺釋敬脫等四僧及舍人孫賑蹔迎還臺高祖禮拜竟即送還縣入新塔下此縣塔亦是劉薩何所得也晉咸和中丹陽尹高悝行至張侯橋見浦中五色光長數尺不知何怪令人於光處掊視之得金像未有光趺悝乃下車載像還至長干巷首牛不肯進悝乃令馭人任牛所之牛竟牽車至寺悝因留像付寺僧每至中夜常放光明又聞空中有金石之響經一歲臨海漁人張係世於海口忽見有銅花趺浮出水上係世取送縣縣以送臺乃施像足宛然會合簡文咸安元年交州合浦人董宗之採珠沒水於底得佛光豔交州押送臺以施像又合焉自咸和中得像至咸安歷三十餘年光趺始具初高悝得像後有西域胡僧五人來詣悝曰昔於天竺得阿育王造像来至鄴下值胡亂埋像於河邊今尋覓失所在五人當其夜俱夢見像已出江東爲悝所得乃送此五僧至寺惠遂欲模寫像形寺主僧尚慮虧損金色謂惠遂曰若能令像放光迴身西向乃可相許惠遂便懇禱拜請其夜像即轉座放光迴身西向且便許模之邉趺光有外國書莫有識者後有三藏那求跋摩識之云是育王爲第四女所造也及大同中出舊塔舍利勑市寺側數百家以廣寺域造諸堂殿并瑞像周迴閣等窮於輪奐焉其圖諸經變並吳人張僧繇運手繇丹青之工一時冠絕

中大同元年三月庚戌法駕出同泰寺省講金字三會經

夏四月丙戌於同泰寺解講設會

太清元年三月庚子帝幸同泰寺設無遮大會帝升光嚴殿講堂坐師子座講金字三會經帝素歸心釋教每發誓願常云若有衆生應受諸苦悉讓身代當帝尤長釋典製涅槃大品淨名惠會諸義記復數百卷聽覽餘閑即於重雲殿及同泰寺講說名僧碩學

四部聽衆常萬餘人

元帝承聖三年九月辛卯於龍光殿述老子義尚書左僕射王褒爲執經

後梁宣帝詧好學善屬文猶長於佛義著內典華嚴般若法華金光明義疏三十六卷遂行於世初詧以岳陽王鎮荊州甄玄成爲詧中記室參軍掌書記頗參政事後以江陵甲兵殷盛遂懷二心密與元帝具申誠款或有得其書者送之於詧詧深信佛法常願不殺誦法華經人云玄成素誦法華遂以此獲免詧復見之常曰甄公得法華經力

陳高祖永定元年十月詔出佛牙於杜姥宅集四部設無遮大會高祖親出闕前禮拜初齊故僧統法獻於烏纏國得佛牙嘗在定林上寺梁天監末為攝山慶雲寺沙門惠興所得惠興將終以屬弟惠志及承聖末惠志密送于帝至是乃出

二年十月輿駕幸莊嚴寺發金光明經題

十二月甲子輿駕幸莊嚴寺設無遮大會捨乘輿法物群臣備法駕奉迎即日還宮

文帝天嘉四年四月設無遮大會於太極前殿

後主太建十四年九月丙午設無遮大會

東魏孝靜帝時杜弼為通直散騎常侍從高歡于晋陽歡命弼奉使詣闕帝見之於九龍殿曰朕始讀莊子便值秦名定是體道得真玄同齊物聞卿釋學聊有所問經中佛性法性為一為二弼對曰佛性法性止是一理詔又問曰佛性既非法性何得為一對曰性無不在故不說二詔又問曰說者皆言法性寬佛性慳寬慳既別非二而何弼又對曰在寬成寬在慳成慳若論性體非寬非慳詔又問曰既言成寬成慳何得非寬非慳若定是慳亦不能成寬對曰以非寬慳故能成寬慳所成雖異能成當一帝悅稱善乃引入經書連賜地持經一部帛一百匹後四月八日帝集名僧於顯陽殿講說佛理弼與吏部尚書楊愔中書令邢邵秘書監魏收等並侍法筵敕弼升師子座當眾敷演詔玄都僧達及僧道順並緇林之英問難鋒至往復數十番莫有能屈帝曰此賢若生孔門則何如之

興和二年春詔以鄴城舊宮為天下平寺世宗以來至武定末沙門知名者有惠猛惠辨惠深僧暹道銀僧獻道晞僧深惠光惠顯法宮道長並見重於當世自魏有天下至於禪讓佛經流通大集中國凡有四

百一十五部合一千九百一十九卷正光已後天下多虞工役猶甚於是所在編民相與入道假慕沙門實避調役猥濫之極自中興之有佛法未之有也略而計之僧尼大眾二百餘萬矣其寺三萬有餘

北齊文宣帝天保九年起大莊嚴寺

武成帝河清二年五月詔以城南雙堂之苑建造大總持寺

八月詔以三臺宮為大興聖寺

後主天統二年太上皇帝詔以三臺施興聖寺以赦降囚徒

五年正月詔以金鳳等三臺未入寺者施大興聖寺

四月詔以并州尚書省爲大基聖寺晉祠爲大崇皇寺

梁太祖開平元年五月廢雍州太清宮改西都太微宮亳州太清宮皆爲觀諸州紫極宮皆爲老君廟又泉州寺僧智宣自西域廻進辟支佛骨及梵甲經律此僧自壯歲西遊及還已耄矣旣遇新朝又傳佛教亦聖德之所感契

六月改耀州報恩禪院爲興國寺

九月浙西奏道門威儀鄭章道士夏隱言焚脩精志

妙達希夷推諸輩流實有道業鄭章宜賜號貞一大師仍名玄章隱言賜紫衣

二年六月邕州奏鎭鄉山僧法通道彌有道行各賜紫衣

八月兩浙錢鏐奏改管內紫極宮爲真聖觀

三年福建節度使王審知奏捨錢造寺一所請賜寺額勑名大梁萬歲之寺仍許度僧四十九人

四年正月賜湖南開元寺禪長老可復號惠光大師仍賜紫衣

五年二月泌州置善護寺

乾化元年六月詔脩天宮佛寺又湖南奏潭州僧法思桂州僧歸真並乞賜紫衣可之

二年夏文武官並詣佛寺爲皇帝設齋命閤門使李元持香合賜之又中書奏爲皇帝於長壽寺啓消災道場

末帝龍德初祠部員外郎李樞上言請禁天下私度僧尼及不許妄求師號紫衣如願出家受戒者皆須赴闕比試藝術施行願歸俗者一聽自便詔曰兩都左右街賜紫衣及師號僧委功德使具名奏聞今後有闕方得奏薦仍須道行精至夏臈高深方得補塡

每遇明聖節兩街各許官壇度七人諸道如要度僧亦仰就京官壇仍令祠部給牒今後只兩街置僧錄諸道僧正並廢

冊府元龜

巡按福建監察御史臣李嗣京　訂正
新建縣舉人臣戴國士叅閱
知建陽縣事臣黃國琦較釋

閏位部一十四

惠民　愛仁　恤征役

惠民

書稱先王之德曰保惠於庶民又曰子惠困窮又曰惠鮮鰥寡葢恤艱周急資無賑乏歷代之令典也漢道旣衰方國列峙咸能撫養萌庶救其窮絕發倉廩

之積弛山澤之禁給糧種以資其用廢林苑以還其主用能消弭災沴保集流徒使下無菜色而安於土著者由茲道也然而秦號富強蜀稱天府施惠齊衆史無其傳故今之詮次始於江左終於朱氏云

吳大帝赤烏三年十一月民饑詔開倉廩以賑貧窮

十三年八月丹陽句容及故鄣寧國諸山摧鴻水溢詔原逋債給貸種食

宋高祖永初三年三月秦雍流戶悉南入梁州送紵絹萬疋荆雍州運米委州刺史隨宜給賦

文帝元嘉五年正月京邑大火遣使巡慰賑賜

六月以京師大水遣使簡行賑贍

十二年六月丹陽淮南吳興義興大水京邑乘船以徐豫南兗三郡會稽宣城二郡米穀百萬斛賜五郡遭水民

十八年五月沂水汎濫六月戊申遣使巡行賑贍

十九年閏五月京邑雨水遣使巡行賑贍

二十年諸州郡水旱傷稼民大飢遣使開倉賑卹給賜糧種

二十一年正月大赦詔諸逋債在十九年以前一切原除去歲失収者疇量申減尤弊之處遣使就郡縣

隨宜賑恤凡欲附農而糧種匱乏者並加給貸

六月連雨水丁亥詔曰霖雨彌月水淹爲患百姓積儉致茲之匱二縣官長及營署部司各隨統簡實給其柴米必使周悉

二十五年正月詔曰比冰雪經旬薪粒踊貴貧弊之室多有窘罄可簡行京邑二縣及營署賜以柴米

二十九年正月詔曰經寇六州居業未立仍值災澇飢困薦臻可速符諸鎮優量救卹今農事行興務盡地利若須田種宜隨給之

六月以京邑雨水詔部司巡幸賜樵米給船

三十年正月青徐州饑二月壬子遣運部賑邮
孝武孝建二年八月癸酉以三吳民饑詔所在賑貸
丙子詔曰諸苑禁制綿遠有妨肄業可詳所開施假
與貧民
大明元年正月京邑雨水辛未遣使簡行賜以樵米
五月吳興義興大水民饑乙卯遣使開倉賑恤
二年正月詔曰去歲東土多經水災春務已及宜加
優課糧種所須以時貸給
二月詔曰政道未著俗弊尚深豪侈兼併貧弱困窘
存闕衣裳沒無斂構朕甚傷之其明勅守宰勤加存

恤賻贈之科速爲條品
八月襄陽大水遣使巡行賑贍
四年八月雍州水甲寅遣使運部賑恤
五年七月詔曰雨水猥降街衢泛溢可遣使巡行窮
弊之家賜以薪粟
七年八月以歲不稔詔尤弊之家開倉賜給
九月詔曰近炎精亢序苗稼多傷今三麥未晚甘澤
頻降可下東境郡其勤懇殖尤弊之家量貸麥種
十月南巡豫州詔曰雖秋澤頻降柰夏旱嬰弊可即
開倉竝加賑賜

八年二月詔曰去歲東境偏旱田畝失收使命來者
多至乏絕或下窮流冗頓伏街巷朕甚惻之可出倉
米付建康秣陵二縣隨宜贍恤若濟拯不時以至捐
棄者嚴加糾劾
前廢帝大明八年閏五月即位八月以京師雨水遣
御史與官長隨宜賑恤
明帝泰和二年六月京師雨水遣殿中將軍簡行賜
邮
三年閏正月京師大雨雪遣使巡行賑賜各有差
後廢帝以泰豫元年四月即位六月京師雨水詔賑

邮二縣貧民
元徽元年六月壽陽大水遣殿中將軍賑邮慰勞
三年三月以京師大水遣尚書郎官長簡行賑賜
四年正月躬耕籍田貸貧民種糧
南齊太祖建元二年二月遣大使巡慰淮肥徐豫邊
民尤貧遘難者刺史二千石量加賑邮
武帝以建元四年即位三月庚辰詔曰比來未稔貧
窮不少京師二岸多有其弊遣中書舍人優量賑邮
四月癸未詔曰頃水雨頻降潮流薦滿二岸居民多
所淹浸遣中書舍人與兩縣官長優量賑邮

永明五年正月詔曰朕昧爽丕顯思康民瘼雖年谷亟登而饑饉代有今履端肇運陽和告始宜協時休覃茲黎庶諸孤老貧病竝賜糧饟遣使親賑每存均普

六月詔曰比霖雨過度水潦洊溢京師居民多罹其弊遣中書舍人二縣官長等隨宜賑賜

八年八月詔曰京師霖雨旣過居民汎濫遣中書舍人二縣官長賑卹

十月丁丑詔吳興水潦過度開所在倉賑賜

十年十月詔曰頃來霖雨樵糧稍貴京邑居民多罹

其弊遣中書舍人二縣官長賑賜

十一年六月壬午詔霖雨旣過遣中書舍人二縣官長賑賜京邑居民

七年丁巳詔曰頃風水爲災二岸居民多罹其患加以貧病六疾孤老稚弱彌足矜念遣中書舍人履行沾卹

明帝建武元年十一月詔省新林苑先是民地悉以還主原責本直

東昏侯永元三年六月京邑雨水遣中書舍人二縣官長賑賜有差

梁高祖天監元年九月丁亥詔曰芻牧必任姬文垂則雉兔有刑姜宣致貶藪澤山林毓材是出斤斧之用比屋所資而頃世相承竝加封固豈所謂與民同利惠茲黔首凡公家諸屯戍世見封熂者可悉開甞禁

十六年正月南郊詔曰朕當扆思治政道未明昧旦劬勞亟移星紀今太皞御氣句芒首節升中就陽禋敬克展務承天休布茲利澤尤貧之家勿收今年之調其無田業者所在量宜賦給若民有產子卽依格優蠲孤老鰥寡不能自存咸加賑卹

普通元年正月乙亥改元大赦詔曰鰥寡孤獨竝加賑卹

陳高祖永定三年閏四月庚寅詔曰開廪贍絶育民之大惠巡方卹患前王之令典朕當斯季俗膺此樂推君德未孚民瘼猶甚重茲多壘彌疚納隍良繇四聽弗遠千里勿應傳施之仁何其有爽殘弊之軌致此未康吳州晉州去歲蝗旱郢田雖就鄭渠終涸室靡盈積之望家有塡壑之嗟百姓不足兆民何賴近已遣中書舍人江德藻銜命東陽與令長二千石問民疾苦仍以入臺倉見米分恤雖德非旣飽庶微慰

阻饑

東魏孝靜天平元年十月遷都於鄴出粟一百三十萬以賑貧人是時六坊之衆從武帝而西者不能萬人餘皆北從並給常廪春秋二時賜帛以供衣服之費

北齊神武爲東魏大將軍天平三年四月乙酉并肆汾建晉東雍南汾泰陝九州霜旱人饑流散請所在開倉賑給

廢帝乾明元年四月詔河南定冀趙瀛南膠光青九州往因蟲水頗傷時稼遣分途贍䘏

武成帝河清二年四月并汾景東雍南汾五州蟲旱傷稼遣使賑䘏

梁太祖開平四年十二月巳巳詔曰滑宋輝亳等州水潦敗傷人戸愁嘆朕爲民父母良用痛心其令本州各等級賑貸所在長吏監臨周給務令存濟壬辰賑貸東都畿內如宋滑制

仁愛

傳曰上思利民忠也書曰民罔常懷懷于有仁是知仁之爲德本乎惻隱恤患推恩齊衆誠在上者之所急也故有軫其札瘥之殃救其凶荒之沴夭窮是念道殣斯掩弛悼耄之憲釋兵騶之役優蠲孕育疏逮幽闕皆愛人之深旨爲邦之要道也至於禁燎原之暴罷竭澤之取閉居肆以順時訓逸鷙禽以育生物斯又惠逹於飛潛仁被於品物者矣蓋惻怛之愛好生之德聖人之所先載籍之攸述可不務乎

宋文帝元嘉四年五月京師疾疫遣使存問給衣藥死者若無家屬賜以棺器

十年正月大赦詔孤老六疾不能存者人賜穀五斛

二十四年六月京邑疾癘丙戌使郡縣及營署部司普加履行給以醫藥

二十六年三月行幸丹徒詔遣使廵行百姓問所疾苦孤老鰥寡六疾不能自存者人賜穀五斛

孝武大明四年詔曰都邑節氣未調疾癘猶衆言念民瘼情有矜傷可遣使存問并給醫藥其死亡者隨宜賑䘏

後廢帝元徽二年五月討平桂陽王休範詔建康秣陵二縣埋藏所殺賊屍

南齊太祖初爲齊公平袁燦等屯新亭中興堂教曰河南稱慈諒縣掩齒廣漢流仁實存殯朽近袁制茲營崇溝浚壍古墟曩隧時有煙移深松茂草或至刻薙

臨軒動懷巡壥增愴宜並爲收葬并設薄祀
建元元年六月乙亥詔曰宋末頻年戎寇兼災疾彫損或枯骸不收毀櫬莫掩宜速宣下埋藏營恤若標題猶存姓字可識可卽運載致還本鄉有司奏遣外監典事四人周行離門外三十五里爲限其餘班下州郡無棺器標題者所屬以臺錢供市
武帝永明二年八月甲子詔曰窆枯掩骸義重前誥卹老哀癃寔爲令典朕永思民瘼弗忘鑒寐聲惠未敷物多乖所京師二縣或有久壙毀廢可隨宜掩埋遺骸末櫬並加斂瘞病疾窮困不能自存者詳爲條格並加沾賚

四年閏正月辛丑籍田詔孤老窮貧賜穀十石
五年正月辛卯賜孤寡老疾各有差
六年八月詔吳興水潦被水之鄉賑賜痼疾篤癃口二斛老口一斛小口五斛
十年正月詔賜孤老六疾人穀五斛
鬱林王卽位詔曰近北掠餘口悉充軍實刑故無小罔或攸赦撫孤與仁事深睿範宜從蕩宥許以自新可一同放遣還復民籍已賞賜者亦皆爲贖
明帝建武二年正月辛未詔京師二縣有毀發墳壠隨宜脩埋
東昏侯永元九年七月丁亥京師大水死者衆詔賜死者棺器并賑卹
梁高祖初爲大司馬承制下令以朱雀之捷逆徒送死者特許家人殯葬若無親屬或有貧苦二縣長尉卽爲埋掩建康城内不達天命自取淪滅亦同此科
天監元年四月丙寅卽位詔曰宋氏以來並恣淫侈傾宮之富遂盈數千推算五都愁窮四海並嬰羅寃横拘逼不一撫紘命管良家不被蠲織室繡房幽危猶見役弊國傷和莫斯爲甚凡後宮樂府西廨暴室

諸如此例一皆放遣若衰老不能自存官給廩食
十一年正月壬辰詔曰夫刑法悼耄罪不收孥禮著明文史彰前事蓋所以申其哀矜故罰有弗及近代相因厥網彌峻髫年華髮同入坐諐雖懲惡勸善宜窮其制而老幼流離良亦可愍自今逋讁之家及罪應質作若年有老小可停將送
四月戊午詔曰去載朐山大殲醜類宜爲京觀用旌武功但伐罪弔民皇王盛軌掩骼埋胔仁者用心可下青州悉使藏殯
十二年二月丙寅詔曰掩骼埋胔義重周經槥櫝有

加事美漢策朕向隅載懷每勤造次收藏之命亟下哀矜而寓縣遼深遵奉未洽骼然路隅往往而有言愍沉枯彌勞傷惻可明示遠近各巡境界若委骼不葬或䘩衣莫改卽就收歛量給棺具庶夜哭之魂斯慰霑霜之骨有歸

十六年正月南郊詔民有產子依格優卹孤老鰥寡不能自存咸加賑卹

十七年八月詔以兵騶奴婢男年登六十六女年登六十免爲平民

普通二年正月南郊詔曰春司御氣虔恭報祀陶匏

克誠蒼壁禮備恩隨乾覆布茲亭育凡民有單孤老稚不能自存者郡縣咸加收養贍給衣食每令周足以終其身又於京師置孤獨園孤獨有歸華髮不匱若終年命厚加料理尤貧之家勿收租賦

四年正月詔經諸窮病咸加賑卹

大同七年十一月詔停在所役使女子丁

十年四月乙卯詔鰥寡孤獨尤貧者贍卹各有差

陳文帝天嘉元年正月大赦詔鰥寡孤獨不能自存者賜穀人五斛

三年三月詔侯景以來遭亂移在建安晉安義安郡並許還本土其被略爲奴婢者釋爲良民

宣帝大建五年四月癸亥詔北伐衆軍所殺齊兵並令埋掩

東魏孝靜天平二年三月以旱故詔京邑及諸州郡縣收瘞骸骨

二年五月賜瘝寡孤獨貧窮衣物各有差

四年六月詔尚書掩骸埋胔

北齊文宣帝天保七年五月以肉爲斷慈遂不復食

八年四月詔諸取蝦蟹蜆蛤之類悉令停斷唯聽捕魚又詔公私鷹鷂俱亦禁絕

九年三月己丑詔限仲冬一月燎野不得他時行火損昆虫草木

廢帝乾明元年詔諸良口配沒宮內及賜人者並免放

孝昭帝皇建元年八月乙酉詔宮奴婢年六十以上免爲庶人

武成帝河清元年正月詔並斷屠殺以順春令

後主天統四年十二月甲申詔掖廷晉陽中山宮人等及鄴下并州大清宮官口二處其年六十以上及有病患者仰所司簡放

五年二月乙丑詔應宮刑者竝免爲官口又詔禁網捕鷹鷂及畜養籠放之物

武平七年壬辰詔去秋已來水潦人饑不自立者所在付大寺及諸富戶濟其性命

梁太祖開平元年九月辛丑西京大内放出兩官内人及前朝宮人任其所適

十一月壬寅帝以征討未罷調補爲先遂命盡赦逃亡背役髡黥之人各許歸鄉里是髡黥也皆四方赤子二十年以來兵戈之地擒俘悉人爲將中子弟遂黥之以記軍號與絶其逋逸逮于年月寖遠倦于征役或懷鄉土遂多奔叛所在關防察而執之皆謂之背軍復送本所無不誅者近年尤多此色泊潛竄之後鄉里不容乃皆結

黨群集山藪之間以求生因之爲盜實州邑之大患今乃許歸鄉里無問從來各得安便營生故數之徒十去八九焉斯亦甚閑政化也

二年七月癸巳勑禁屠宰兩月

八月辛亥勑應有暴露骸骨各委差人埋瘞

乾化二年五月丁亥詔曰生育之人爰當暑月乳哺之愛方及薰風儻肆意於刲屠豈推恩於自養俾無殄暴以助發生宜令兩京及諸州府夏季内禁斷屠宰及採捕天民之窮諒田賦分國章所載亦務興仁所在鰥寡孤獨廢疾不濟者委長吏量加賑卹史載葬枯用彰軫惻禮稱掩骼將致和平應兵戈之地有暴露骸骨委所在長吏差人專功收瘞國殤之文尚標七祀良藥之郊亦載三醫用憐無告之人宜徵有嘉之術凡有疫之處委長吏簡尋醫方於要路曉示如有家無骨肉兼困窮不濟者即仰長吏差醫給藥救療之

恤征役

周公東山之詩所以閔征役之勞也故曰說以使民民忘其死其是之謂矣始於孫氏逮於朱梁屬正閏之迭興實金革之靡息人嗟于役之苦戶掩其空之詠繇是下寬大之詔敦休息之義惠澤洽於存沒仁

風動於邇遐斯所以得爲國之體叶養民之道也

吳大帝黄武五年春令曰軍興日久民離農畔父子夫婦不能相卹孤甚愍之今北虜縮竄方外無事其下州郡有以寬息

景帝永安元年詔曰諸吏家有五人三人兼重爲役父兄在都子弟給郡縣吏既出限米軍出又從至於家事無經護者朕甚愍之有五人三人爲役聽其父子所欲爾爲留一人除其米限軍出不從

宋高祖初爲晉太尉凡南北征伐戰亡者竝列上賻贈尸喪未及遣主帥迎接到還本土

永初元年七月詔從征關雒隕身戰場幽没不反者
贍賜其家
文帝元嘉四年二月行幸丹徒詔登城三戰及大將
家隨宜周䘏
二十六年三月幸丹徒詔登城三戰及大將戰亡墮
没之家老病單弱者並加贍䘏
孝武帝以元嘉三十年五月即位八月詔武皇帝舊
役軍身嘗在齋内人身猶存者並賜解戶又以新亭
戰亡者復同京城
大明三年八月詔曰近北討文武於軍亡没或殞身

矢石或屬疾死亡並勤盡王事而斂櫬卑薄可並更
賻給務令豐厚
明帝太始三年二月爲戰亡將士舉哀
後廢帝即位初詔緣戍兵老疾者悉聽還
元徽二年五月討平桂陽王休範詔建康秣陵二縣
收諸軍死者
南齊太祖建元四年詔曰比歲申威西北義勇爭先
殞氣沉場命盡王事戰亡蠲復雖有常典主者遵用
每傷簡薄建元以來戰亡賞蠲租布二十年雜役十
年其不得收屍主軍保押亦同此例

武帝時王奐爲鎮北將軍雍州刺史帝以行北諸戍
士卒多繿縷送袴褶三千具令奐分賦之
明帝建武元年十一月詔細作中署材官軍府凡諸
工可借開番假遞令休息
三年詔去歲索虜寇邊緣邊諸州郡將士有臨陣及
疾病死亡者並送還本土
東昏侯即位初詔雍州將士與虜戰死者復除其差
永元元年太尉陳顯達救幽州敗績於馬圈詔爲戰
亡將舉哀
梁高祖初爲大司馬承制下令以義師臨陣致命及

病疾死亡者並加葬斂收䘏遺孤
陳文帝天嘉四年詔贈討周廸將士死王事者
五年十二月曲赦建安晉安二郡討陳宝應將士死
王事者並給棺櫬送還本鄉並復其家瘡痍未瘳者
給其醫藥
少帝光大二年正月庚子詔討華皎軍人死王事者
並給棺櫬送還本鄉仍復其家
宣帝太建二年二月丙午詔曰自討周廸華皎以來
兵交之所有死亡者並令收斂并給棺櫬送還本鄉
瘡痍未瘳者各給醫藥

七年六月丙戌爲北討將士死王事者尅日舉哀

十年四月庚戌詔曰懋賞之言明於訓誥挾纊之美著在撫巡近歲薄伐廓清淮泗推鋒致果文武畢力櫛風沐雨寒暑亟離念功在茲無忘終食宜班榮貴用雠厥力其在軍者可竝賜爵三級竝加賚邮付選即便量處

北齊文宣帝天保二年九月壬申詔免諸伎作屯牧雜色役隷之徒爲白戶

孝昭帝即位詔軍人戰亡死王事者以時申聞當加榮贈

梁太祖開平元年十二月辛亥詔曰滛寇未平王師在野攻戰之勢難緩於彀圍飛輓之勤實勞於人力永言綏未深用軫懷宜令長吏丁寧布告期以兵罷之日給復賦租於是戶人聞之皆忘其倦

二年三月幸澤州下詔以去年六月後昭義行營陣殁都將吏卒死於王事追念忠赤乃錄其名氏各下本軍令給養妻孥三年內官給糧賜

三年七月乙丑勑行宮將士陣殁者咸令所在給櫘櫝津置歸鄉里戰卒聞之悉感涕

八月辛亥制諸郡如有陣殁將士仰逐郡安存家屬如有弟兄兒姪便給與衣糧充役

冊府元龜

冊府元龜

巡按福建監察御史臣李嗣京　訂正
分守建南道左布政使臣胡維霖　条閱
知建陽縣事臣　黃國琦較釋

閏位部一十五

建都　封建　勤政　誡勵

建都

先王之制封畿建都邑必即土中而爲民極自秦據勢勝宅於咸雍固河踐華遂吞六國蜀專西海之利而啓國成都吳孫石頭之固而定居建業宋齊四代

丕承晉緒南面君民載祀三百東魏遷鄴高齊是纘朱梁革命浚郊攸宅皆辨方正位經營卜筴作都制畿保姓傳祚至若孫氏之始肇基於武昌梁德之季改卜於荆渚亦著於篇云

秦始皇帝初爲秦王都咸陽（今京兆府是秦自孝公作爲咸陽築冀闕事具列國君部建國門）

二十六年徙天下豪富於咸陽十二萬戶諸廟及章臺上林皆在渭南秦每破諸侯寫於宮室作之咸陽北阪上（在長安西北漢武時別名渭城）南臨渭自雍門（在高陵縣）以東至涇渭殿屋複道周閣相屬所得諸侯美人鍾皷以充入之

二十七年作信宮渭南已更命信宮爲極廟象天極自極廟道通酈山作甘泉前殿築甬道（築垣墻如街巷）自咸陽屬之是歲賜爵一級治馳道（馳道天子道也若今之中道然漢書賈山傳曰秦爲馳道於天下東窮燕齊南極吳楚江湖之上濱海之觀畢至道廣五十步三丈而樹厚築其外隱以金椎樹以青松）

三十五年除道道九原（地理志五原郡有九原縣）抵雲陽（徐廣曰表云道九原通甘泉）塹山堙谷直通之始皇以爲咸陽人多先王之宮庭小吾聞周文王都豐武王都鎬豐鎬之間帝王之都也乃營作朝宮渭南上林苑中先作前殿阿

房東西五百步南北五十丈上可以坐萬人下可以建五丈旗周馳爲閣道自殿下直抵南山表南山之顛以爲闕爲複道自阿房渡渭屬之咸陽以象天極閣道絶漢抵營室也阿房宮未成欲更擇令名名之作宮阿房故天下謂之阿房宮隱宮徒刑者七十餘萬人乃作阿房宮或作酈山發北山石椁乃寫蜀荆地材皆至關中計宮三百關外四百餘於是立石東海上朐界中以爲秦東門因徙三萬家酈邑五萬家雲陽皆復不事十歲

二世元年十二月就阿房宮

蜀先主以漢獻帝建安十九年降劉璋於成都自領益州牧二十六年即皇帝位都成都先是諸葛亮謂先主曰荆州北據漢沔利盡南海東連吳會西通巴蜀此用武之國益州險塞沃野千里天府之土高祖因之以成帝業將軍既帝室之冑若跨有荆益保其巖阻西和諸戎南撫夷越結好孫權内脩政理天下有變則命一上將將荆州之軍以向宛雒將軍身率益州之衆出於秦川百姓孰敢不簞食壺漿以迎將軍者乎先主從之

吳大帝以後漢獻帝建安六年爲會稽太守屯吳使

丞相之郡十六年徙治秣陵初張紘謂帝曰秣陵楚武王所置名爲金陵地勢岡阜連石頭訪問故老云昔秦始皇東巡會稽經此縣望氣者云金陵地形有王者都邑之氣故掘斷連岡改名秣陵今處所具存地有其氣天之所命宜爲都邑帝善其議未能從也後劉備之東宿爲秣陵周觀地形亦勸都之帝曰智者意同遂都焉

十七年城石頭改秣陵爲建業

魏文帝黄初二年自公安都鄂改名武昌以武昌下雉尋陽陽新柴桑沙羨六縣爲武昌郡八月城武昌

黄武二年正月城江夏山

黄龍元年九月還都建業因故府不改館

赤烏八年遣校尉陳勳將屯田及作士三萬人鑿句容中道自小其至雲陽西城通會市作邸閣

十年三月改作太初宮諸將及州郡皆義作

後主甘露元年九月從西陵都步闡表徙都武昌御史大夫丁固右將軍諸葛靚鎮建業

寶鼎元年十二月還都建業衛將軍滕牧留鎮武昌

二年六月起顯明宮十二月移居之

宋高祖受晉禪都建業

文帝元嘉二十年正月於臺城東西作萬春千秋二門

二十五年四月乙巳新作閶闔廣莫二門改先廣莫門曰承明開陽門曰津陽

孝武帝孝建元年正月起正光殿

大明三年以揚州所統六郡爲王畿以東揚州爲揚州

四年四月以南琅邪隸王畿

五年初立馳道自閶闔至於朱雀門又自承明門至於玄武湖

六年新作大航門

前廢帝景和元年以石頭城爲長樂宮東府城爲未央宮罷東揚州并州以北邸爲建章宮南第爲長楊宮又以王畿諸郡爲揚州以揚州爲東揚州

南齊太祖受宋禪都於建業建元二年五月立六門都墻宋世外六門設竹籬帝即位有發白虎樽者言白門三重關竹籬穿不完帝感其言故立都墻王儉諫之帝曰吾欲令後世無以加也

梁高祖受齊禪都建業

天監六年九月改閱武堂爲德陽堂聽訟堂爲儀賢堂

七年正月作神龍仁獸闕於端門大司馬門外

二月新作國門於越城南

九年正月新作緣淮塘北岸起石頭迄東治南岸起後渚籬門迄三橋

十年作宮城門三重樓及開二道

十二年二月辛巳新作太極殿改爲十二間三月庚子太極殿成

元帝爲荊州刺史太清三年侯景陷建業承聖元年十一月即位於荊州

二年八月詔曰夫爰始居亳不廢先王之都受命於周無改舊邦之頌頃戎旆既息關柝無警去魯興歎有感宵分過沛殞涕實勞夢寐仍以瀟湘作梗庸蜀阻兵命將授律指期尅定令八表乂清四郊無壘宜從青蓋之典言歸白水之鄉江湘委輸方船連舳巴峽舟艦精甲百萬先次建業行實京師然後六軍遄征九旂揚旆拜謁園陵脩復宗社王者詳依舊典以時宣勒初帝以建業凋殘方須修葺江陵殷盛便欲安之又其故府臣僚皆楚人也並願即都荊郢嘗召羣臣議之領軍將軍胡僧祐吏部尚書宗懍太府卿黃羅漢御史中丞劉瑴等曰建業雖是舊都王氣已

盡且與北寇隣接止隔一江若有不虞悔無及矣臣等又嘗聞之荊南之地有天子氣今陛下龍飛纂業其應斯乎天時人事徵祥如此臣等所見遷徙非宜元帝深以爲然時左僕射王褒尚書周弘正咸侍坐乃顧謂褒等曰卿意以爲何如褒性謹慎知元帝多猜忌弗敢公言其非當時唯唯而已後因清閑密諫言辭甚切元帝頗納之然其意好荊楚已從僧祐等策明日乃於衆中謂褒曰卿昨日勸還建業不爲無理褒以宣室之言豈宜顯之於衆知其計之不用也於是不復言

敬帝太平元年十一月起雲龍神獸門
後梁宣帝初爲南雍州刺史稱藩於後魏時周太祖爲丞相命帝爲梁王帝乃於襄陽置百官承制封拜太祖令柱國于謹伐江陵帝以兵會之及江陵平太祖立帝爲梁王居江陵東城資以江陵一州之地其襄陽所統盡歸於魏帝乃稱皇帝於其國其慶賞刑政官方制度並同王者唯上疏則稱臣奉西魏正朔
陳高祖受梁禪都建業
永定二年七月起太極殿初侯景之平也火焚太極殿承聖中議欲營之獨闕一柱至是有樟木大十八

圍長四丈五尺流泊陶家後王監軍鄒子度以聞詔中書令沈衆兼起部尚書少府卿蔡儔兼將作大匠起太極殿
文帝天嘉五年九月城西城
六年九月新作大航
宣帝太建四年十二月丁卯詔曰梁氏之季兵火薦臻承華焚蕩頓無遺搆寶命惟新將迄二紀頻事戎旅未遑修繕今工役差閑椽櫨有擬來歲開肇創築東宮可權置起部尚書將作大匠用主監作
七年六月己酉改作雲龍神虎門
九年十二月戊申東宮成皇太子移於新宮
後主末年起齊雲宮國人歌曰齊雲宮觀來無際畔
東魏孝靜帝天平元年十月即位於鄴城之東是月車駕北遷於鄴詔齊獻武王高歡留後部分改司州爲雒州以尚書令元弼爲儀同三司雒州刺史鎮雒陽十一月車駕至鄴居北城相州之廨改相州刺史爲司州牧魏郡太守爲魏尹徙鄴舊徑百里以居新遷人分鄴置臨漳縣以魏郡林慮廣平陽丘汲郡黎陽東濮陽清河廣宗等郡爲皇畿起部郎中辛術奏曰今皇居徙御百度創始營搆一興必宜中制上則

憲章前代下則模寫雒京今鄴都雖舊基址毀滅又圖記參差事宜審定臣雖庸職司學不稽古國家大事非敢專之通直散騎常侍李業興碩學通儒博聞多識萬門千戶所宜放詢今求就之披圖按記考定是非參古雜今折中爲制召畫工并所須調度具造新圖申奏取定庶經始之日執事無疑詔從之
二年八月發衆七萬六千人營新宮
興和元年九月發畿內十萬人城鄴四十日方罷
北齊文宣帝受東魏禪都鄴
天保二年改顯陽殿爲昭陽殿起宣光建始嘉福仁

壽諸殿又脩廣三臺宮殿

七年詔造金華殿時高隆之爲尚書右僕射領營構大將軍京邑制造莫不關之增築南城周回二十五里以漳水近於帝城起長堤以防汎溢之患又鑿渠引漳水周流城郭造水治碾磑並有利於時

九年八月發丁匠三十餘萬營三臺於鄴下因其舊基而高博之大起宮室及游豫園至是三臺成改銅爵曰金鳳金獸曰聖應冰井曰崇光

後主天統三年十二月起晉陽大明殿

武平二年七月詔營邯鄲宮

梁太祖開平元年四月受唐禪都汴詔曰古者興王之地受命之邦集大勳有異庶方霑慶澤所宜加等故豐沛著起祚之美襄鄧有建都之榮用壯洪基且旌故里爰遵令典先示殊恩宜升汴州爲開封府建名東都其東都改爲西都仍廢京兆府爲雍州刺史佐國軍節度使是月制宮殿門及都門名額正殿爲崇元殿東殿爲玄德殿內殿爲金祥殿萬歲堂爲萬歲殿門如殿名大內正門爲元化門皇墻南門爲建國門滴漏門爲啓運門下馬門爲升龍門玄德殿前門爲崇明門正殿東門爲金烏門西門爲玉兔門正衙東門爲崇禮門東偏門爲銀臺門宴堂門爲德陽門天王門爲賓天門皇墻東門爲寬仁門浚儀門爲厚載門皇墻西門爲神獸門望京門爲金鳳門宋門爲觀化門尉氏門爲高明門鄭門爲開明門梁門爲乾象門酸棗門爲興和門封丘門爲含曜門曹門爲建陽門昇開封浚儀爲赤縣尉氏封丘雍丘陳留爲畿縣

五月改文思院爲乾文院同和院改爲佐鑾院以西都水北宅爲大昌宮

六月以西都徽安門北路逼近大內宮垣兼非民便

金移自榆林直趣端門之南

二年七月甲午以高明門外繁臺爲講武臺是臺西漢梁孝王之時嘗按歌閱樂於此當時因名曰吹臺其後有繁氏居於其側里人乃以姓呼之時代綿寖雖官吏亦從俗焉帝每登眺蒐乘訓戎宰臣以是事奏而名之

三年正月改西京貞觀殿爲文明殿含元殿爲朝元殿

二月改思政殿爲金鑾殿勅東都曰自昇州作府建邑爲都未廣邦畿頗虧國體其以滑州酸棗縣長垣

縣鄭州中牟縣陽武縣宋州襄邑縣曹州戴邑縣許州扶溝鄢陵縣陳州太康縣等九縣宜並割屬開封府仍昇爲畿縣

七月改章善門爲左右銀臺門其左右銀臺門却改爲左右典善門

十一月勅改乾文院爲文思院行從殿爲典宅殿毬塲爲安毬塲又改弓箭庫殿爲宣武殿

封建

草昧建侯羲易之教顯武成分土周書之制存皆所以懋德疇庸藩屏王室自運衰典午祚啓餘分何嘗

不錫壤開封報功懷遠梁承唐弊方夏不賓恩極於誓河寵踰於賜履務豐姑息之意非復選建之規名器假人於斯爲甚五等之爵蓋其常制繇是畧而勿論一字之封玆爲殊典聊用存而垂誡

宋順帝昇平二年立故武昌太守劉琨息頒爲南豐縣王

梁高祖普通六年正月魏徐州刺史元法僧以彭城來降授司空封始安郡王二月改封宋王時魏宗正卿元樹以爾朱榮亂歸國封爲鄴王

太清元年魏大將軍侯景降請元氏戚屬願奉爲王詔封元貞爲咸陽王以天子禮遣還北景敗而反

東魏孝清帝武定七年正月梁北徐州刺史蕭正表以鎮內附封蘭陵郡公吳郡王

北齊文宣帝天保元年卽位詔封功臣高隆之爲平原王庫狄干爲章武王斛律金爲咸陽王賀拔仁爲安定王韓軌爲安德王爾朱渾道元爲扶風王彭樂爲陳留王司空公潘相樂爲東平王

五年八月武衞將軍長樂郡公段韶降梁將東方白額執而斬之幷其諸弟等傳首京師江淮帖然民皆安輯帝嘉其功詔賞吳口七十人封平原郡王

七年正月封司空侯莫陳相爲白水郡王

十年正月太尉長樂郡公尉粲肆州刺史濮陽公婁仲遠並進爵爲王

孝昭帝皇建元年封瀛州刺史婁叡爲安東王

武成帝封婁定遠爲臨淮郡王

後主天統五年四月封開府城陽郡公慕容儼爲義安王

武平二年九月左丞相平原王段韶病篤詔封其子深濟北王以慰其意

梁太祖開平元年四月卽位制武安軍節度使馬殷

進封楚王

五月進封河南尹兼河陽節度使張全義爲魏王兩浙節度使錢鏐進封吳越王

二年五月封義昌軍節度使劉守文加中書令封大彭王盧龍軍節度使劉守光封河澗郡王許州節度使馮行襲封長樂王

三年三月進封朔方節度使潁川郡公韓遜爲潁川郡王

四月制易定節度使王處直進封北平王福建節度使王審知封閩王廣州節度使劉隱封南平王同州

節度使劉知俊封大彭郡王山南東道節度使楊師厚封弘農郡王

七月進封幽州節度使河澗郡王劉守光爲燕王

乾化元年五月制封延州節度使高萬興爲渤海郡王

七年封保義節度使王壇爲琅邪郡王

末帝以乾化三年二月即位尋以太子太師致仕葛從周爲潞州節度使封陳留郡王

三月制進封天雄軍節度使弘農郡王楊師厚爲鄴王夏州節度使李仁福封隴西郡王

貞明元年二月進封延州節度使渤海郡王高萬興爲渤海王六年四月進封延安王

勤政

夫君人者惟政是務爲政者惟勤是治故傳曰文王猶勤況寡德乎若乃據有疆宇抗行正統苟或逸豫靡戒憂勞是忘既法制之罔脩豈民心而可固則有鷄鳴聽寢日昃視朝量書有程投籤自警雖簿領之細躬加受奏獄訟之繁親爲臨決勞精靡倦總攬不遺故得下情上通庶事無壅保安之道諒在兹乎垂諸信書煥然可則

秦始皇在位天下之事無大小皆決於帝王以衡石量書石一百二十斤日夜有程不中程不得休息

吳大帝親斷諸縣倉庫及囚繫長丞皆見呂壹守吳丞處法應問甚稱帝意召署錄事

宋高祖永初元年十二月朔車駕臨延賢堂聽訟

二年四月又於華林園聽訟

五月己酉甲戌又幸華林園聽訟

六月壬寅又於華林園聽訟

八月壬辰又於華林園聽訟

十月癸卯於延賢堂聽訟

文帝元嘉三年五月丙午臨延賢堂聽訟
六月丙寅又於延賢堂聽訟丙子又聽訟
五年十月甲辰於延賢堂聽訟
八年三月甲申於延賢堂聽訟
孝武以元嘉三十年四月即位冬十月癸未車駕於閱武堂聽訟
孝建三年二月始制朔望臨西堂接群下受奏事
六月於華林園聽訟
大明元年五月癸酉於華林園聽訟自是非巡狩軍役則車駕歲三臨訊

八月壬寅於華林園聽訟
十月庚申詔曰旒纊之道有乎於結繩日昃之勤已切於姬始况世弊教殘歲月澆季朕雖戮力寓内未明求衣而識狹前王務廣昔代永言菲德其愧良深朝咨野怨自達者寡惠民利公所昧實衆自今百辟庶尹下民賤隸有懷誠抱志擁鬱衡閭失理負謗未聞朝聽者皆聽躬自申奏小大以聞朕因聽政之日親對覽焉
十二月戊戌於華林園聽訟
二年三月丁卯於華林園聽訟
九月癸卯於華林園聽訟
閏十二月庚申於華林園聽訟
三年四月癸卯於華林園聽訟
九月乙巳詔曰自今囚至辟具并即以聞朕當悉詳斷庶無留獄
十二月戊午於華林園聽訟
四年五月庚辰於華林園聽訟
九月甲申於華林園聽訟
十二月乙未於華林園聽訟
五年五月丙辰幸閱武堂聽訟

七年二月幸南豫州帝於行所訊溧陽永世丹陽縣囚
八月幸建康秣陵縣詳獄囚
九月車駕幸廷尉訊獄囚
十月行幸江寧縣訊獄囚
十一月車駕習水軍於梁山原放行獄徒繫
明帝泰始五年三月丙寅幸中堂聽訟
六年十月己酉幸東堂聽訟
後廢帝元徽三年四月丙戌車駕幸中堂聽訟
南齊太祖建元二年十二月乙巳車駕幸中堂聽訟

武帝永明二年六月癸卯車駕幸中堂聽訟
三年七月詔丹陽所領及餘二百里内見囚同集京師自此以外委州郡決斷
八月乙未車駕幸中堂聽訟
明帝建武二年四月己亥詔三百里内獄訟同集京師尅日聽覽
梁高祖微時知民疾苦逮踐皇極躬覽庶事日昃聽政求民之瘼乃命輶軒以省方俗置肺石以達窮民務加隱恤舒其急病每至冬月四更竟即張燭看事執筆觸寒手爲皸裂糺姦擿伏洞盡物情嘗有懷哀

矜泣涕然後可奏日止一食膳無鮮腴唯豆羹糲
陳高祖以永定元年十月即位其月戊寅輿駕幸華林園親覽詞訟臨赦囚徒
二年三月乙卯帝幸後堂聽訟
三年六月癸卯帝疾小瘳臨訊獄訟
陳文帝天嘉元年八月癸未臨景陽殿聽訟帝每有王者奏決妙識真僞一夜内刺閨取外事分判者前後相續每雞人伺漏傳更籤於殿中及刺送者必投籤於階石上令鎗然其聲云吾雖眠亦令人驚覺也
東魏孝靜帝天平四年六月己巳幸華林園理訟
元象元年六月壬辰帝幸華林園聽訟
武定元年三月帝親聽訟
北齊文宣天保六年三月戊戌臨昭陽殿聽獄決訟
七年二月辛未詔常山王演等於涼風殿讀尚書奏按論定得失帝親決之
廢帝乾明元年正月甲辰幸華林園親錄囚徒死罪以下降免各有差

誠勵

伊訓曰儆于有位洪範云是彝是訓自昔哲王曷嘗不誠勵厥俗俾克遵禮教言庶列闢或曠官蔫然令

猷布於簡冊自漢鼎既輕幅員分裂英雄崛起各據勢勝庇民主祀率先風教若夫繼體承業貞邦作翰葛藟固本閨門篤愛是必勗以道義責成寄任室其嗜好禁其驕縱至有肅奉軍志力扶義擧專宰牧之任叅刑法之重分職聯事交脩庶務莫不順考古訓申明誠誥以至臨遣諭旨督誨切至蓋御下之明畧垂世之隆範也
蜀先主遺詔後主曰勿以惡小而爲之勿以善小而不爲惟德能服於人汝父德薄勿效之可讀漢書禮記閑暇歷觀諸子及六韜商君書益人意智聞丞相

爲寫申韓管子六韜一通已畢未遑道之可自更求聞達

後主時來敏爲輔軍將軍坐事去職後爲大長秋又免後累遷光禄大夫復坐過黜前後數貶削皆以語言不節舉動違常也後以敏爲執慎將軍欲令以官重事自警戒也

吳大帝謂呂蒙及蔣欽曰卿今當塗掌事宜學問以自開益蒙曰在軍中常苦多務恐不容復讀書帝曰孤豈欲卿治經爲博士邪但當令涉獵見往事耳卿言多務孰若孤孤少時歷詩書禮記左傳國語惟不

讀易至統事以來省三史諸家兵書自以爲大有所益如卿二人意性朗悟學必得之寧當不爲乎宜急讀孫子六韜左傳國語及三史孔子言終日不食終夜不寢以思無益不如學也光武當兵戈之務手不釋卷孟德亦自謂老而好學卿何獨不自勉勗邪蒙始就學篤志不倦經其所覽舊儒不勝後魯肅上代周瑜過蒙言議常欲受屈肅拊蒙背曰吾謂大弟但有武畧耳至於今者學識英博非復吳下阿蒙蒙曰士别三日即便刮目相待大兄今論何一稱穰侯乎兄今代公瑾既難爲繼且與關羽爲隣斯人長而好學讀左傳畧皆上口梗亮有雄氣然性頗自負好陵人今與爲對當有單複以卿待之密爲肅陳三策肅敬受之秘而不宣帝嘗歎曰人長而進益如呂蒙蔣欽蓋不可及也富貴榮顯更能折節好學耽悅書傳輕財尚義所行可迹並作國士不亦休乎帝嘗下令諸將曰夫存不忘亡安必慮危古之善教昔雋不疑漢之名臣於安平之世而刀劍不離於身蓋君子之於武備不可以已況今處身疆畔豺狼交接而可輕脫不思變難哉頃聞諸將出入各尚謙約不從兵甚非備慮愛身之謂夫保身遺名以安君親孰與危辱

宜深警戒務崇其大副孤意焉

建昌侯慮有才名時丞相顧雍等請開府假節大帝乃詔曰朔運擾亂凶邪肆虐威罰有序干戈不戢以慮氣志休懿武畧夙昭必能爲國佐定大業故授以上將之位顯以殊特之榮寵以兵馬之勢委以偏方之任外欲威振敵虜厭難萬里内欲鎭撫遠近慰恤將士誠慮建功立事竭命之秋也慮其内脩文德外經武訓持盈若冲則滿而不溢敬慎乃心無忝所受

宋高祖微時有納布衫襖等衣皆是敬皇后手自作高祖既貴以此衣付長女會稽公主曰後世若有驕

奢不節者可以此表示之永初末高祖疾甚召太子戒之又爲手詔曰朝廷不須復有別府宰相帶揚州可置甲士千人若大臣中任要宜有爪牙以備不祥人者可以臺見隊給之有征討悉配以臺見軍隊行還復舊後世若有幼主朝事一委宰相母后不須臨朝伏既不入臺殿門要重人可許給班劒

文帝時劉道濟爲振武將軍益州刺史長史費謙別駕張熙參軍楊德年等並聚斂興利而道濟委任之傷政害民民皆怨毒帝聞之與道濟詔戒之曰聞卿在任未盡清省又頗殖貨若萬一有此必宜改之比

傳人情不甚緝諧當以法御下深思自警以副本望

衡山王義季爲荆州刺史素嗜酒自彭城王義康廢後爲長夜之飲畧少醒日文帝累加詰責義季引愆陳謝帝詔報之曰誰能無過改之爲貴耳此非唯傷事業亦自損性命世中比比皆汝所諳近長沙兄弟皆縁此致物故將軍蘇徽耽酒成疾旦夕待盡吾試禁斷并藥膳至今休然此自是可節之物但嗜者不能立志裁割耳晉元帝仁主尚能感王導之諫終身不復飲酒汝既有美尚加以吾意殷勤何至不能慨然深自勉勵乃復嚴相割截生諸紛紜然後少止者幸可不至此一門無此酣酒汝於何得之臨書歎塞義季雖奉此旨酣縱如初遂以成疾帝又詔之曰汝飲積食少而素羸多風常慮至此今果委頓縱不能以家國爲懷近不復顧性命之重可歎可恨豈復一條本望能以禮自屬未欲相苦耳今遣孫道裔就楊佛寺令晨夕視汝并進止湯食可開懷虛受慎勿隱避吾飽嘗見人斷酒無他慊返蓋是當時甘嗜罔已之意耳今者憂怛正在性命未暇及美業復何爲令吾煎毒至此耶義季終不改以至於終

江夏王義恭雖涉獵文義而驕奢不節既出鎮江陵

文帝戒之曰汝弱冠便親方任天下艱難國家事重雖曰守成實亦未易隆替安危在吾曹耳豈可不感尋王業大懼負荷今既分張言集無日無繇復得動相規誨宜深自砥礪思而後行開布誠心厝懷平當親禮國士友接佳流識別賢愚鑒察邪正然後能盡君子之心收小人之力汝神意爽悟有日新之美而進德脩業未有可稱吾所以恨之而不能已已者也汝性褊急袁太妃亦說如此性之所滯其欲必行意所不存從物回改此最弊事宜應慨然立志念自裁抑何至丈夫方欲贊世成名而無斷者哉今粗疏十

數事汝別時可省之遠大者豈可具言細碎復非筆可盡禮賢下士聖人垂訓驕後矜尚先哲所去豁達大度漢祖之德倩忌褊急魏武之累漢書稱衞青將軍遇士大夫以禮與小人有恩西門安於矯性齊美關羽張飛任偏同弊行己舉事深宜鑒此若事異今日嗣子幼蒙司徒便當周公之事臣欽若曰司徒即義恭兄弟彭城王義康也汝不可不盡祇順理苟有所懷自密書陳若形迹之間深宜慎護至於爾時安危天下決汝二人耳勿忘吾言今既進袁大妃供給計足充諸用此外一不須復有求耶近亦具此意唯脫應大餉致而當時

遇有所乏汝自可少多供奉耳汝一月日自用不可過三十萬若能省此益美西楚殷曠當宜早起接對賓侶勿使留滯判急務訖然後可入問訊既覩顏色審起居便應即出不須久停以廢庶事也下日及夜自有餘閑府舍任止園池臺觀畧所諳究計當無須改作司徒亦云爾若脫於左右之宜須小小回易當以始至一治為限不須紛紜日求新異凡訊獄多決當時難可逆慮此實為難汝復不習殊當有次第訊前一二日取訊簿密與劉湛輩共詳大不同也至訊日虛懷博盡慎無以喜怒加人能擇善者而從之美

自歸已不可專意自決以矜獨斷之明也萬一如此必有大刧非唯訊獄君子用心自不應爾刑獄不可擁滯一月可再訊凡事皆應慎密亦宜豫勑左右人有至誠所陳不可漏泄以負忠信之款也古人言君不密則失臣臣不密則失身或相譏構勿輕信受每有此事當善察之名器深宜慎惜不可妄以假人昵近爵賜尤應裁量吾於左右雖為少恩如聞外論不以為非也以貴凌物物不服以威加人人不厭此易達事耳聲樂嬉游不宜令過蒱酒漁獵一切勿為供用奉身皆有節度奇服異器不宜興長汝嬪侍左右

已有數人既始至西未可怱怱復有所納又戒之曰宜數引見佐史非唯臣主自應相見不數則彼我不親不親則無因得盡人人不盡復何繇知其衆事廣引視聽既益開博於言事者又差有地也乃以劉湛為撫軍長史行府州事義恭性甚狷隘年又漸長欲專政事每為湛所裁主佐之間嫌隙遂搆文帝聞之密遣使詰讓義恭并使深加諧緝義恭具陳湛無居下之禮又自以年長未得行意雖奉詔旨頗有怨言上友于素篤欲加酬順乃詔之曰事至於此甚為可歎當今之才委授已爾宜盡相彌縫取其可耳棄其

可棄汝號云泯然無際如此甚佳彼情不可令萬一覺也汝年已長漸更事物且羣情矚望不以幼昧相期行蹤故加十歲時動止諮問但當今所專必是小事耳亦恐量此輕重未必是得彼之疑怨兼或蹤此耶

南郡王義宣當爲荊州文帝以其人才素短不堪居上流而會稽公主每以爲言帝遲回久之元嘉二十一年乃以義宣都督荊雍益梁寧北秦等州諸軍事車騎將軍荊州刺史持節常侍如故先賜中詔曰師護以在西久比表求還出內左右自是經國常理亦

何必其應於一往今欲聽許以汝代之師護雖無殊績絜已節用通懷期物不恣羣下此信未湯非唯聲著西土朝野以爲美談在彼已有次第爲士庶所安論者乃謂未議遣之今之廻換更在欲爲汝耳汝與師護年時一輩各有其美萬物之議亦互有少劣若今向事脫一臧之者既於西夏交有巨撓遷代之譏必歸責於吾矣復當爲師護怨非但一誚而已也如此則公私俱損爲不可不先共善詳此事亦易勉耳無爲使人動生評論也師護義季小字也義宣至鎮勤自課厲政事脩理

孝武帝時太子子業幼而狷急在東宮每爲帝所責帝乃廵子業啓參承起居書迹不謹帝詰讓之子業啓事陳謝帝又荅曰書不長進此是一條耳聞汝素都懈怠狷戾日甚何以頑固乃爾耶

張永爲廷尉孝武謂之曰卿既與釋之同姓欲使天下須無寃民

明帝時永嘉王子仁爲湘州刺史帝遣主書趙扶公宣旨於子仁曰汝一家門戶不建幾覆社稷天未亡宋景命集我上流迷愚相扇四海同惡若非我修德御天下三祖基業一朝墜地汝輩便應淪於異族之

手我昔兄弟近二十人零落相繼存者無幾唯司徒年長令德作輔皇家臣欽若等曰司徒即明帝弟始安王休仁也門戶所憑唯我與司徒二人而已尚未能厭百姓姦心餘諸王亦未堪贊治我唯有太子一人司徒世子年又幼弱桂陽巴陵並未有繼體正賴汝輩兄弟相倚爲強庶使天下不敢闚覦王室汝輩始十餘歲裁知俛仰當今諸舍細弱殆不免人輕凌若非我爲王劉氏不辨今日汝諸兄弟忡恥爲羣凶所逼我遂與百姓還圖骨肉於汝在心不能無愧即日四海就寧恩化方始方今處汝湘洲汝年漸長足知善惡當每思剋厲

奉朝廷爲心爵秩自然與年俱進我垂翁子之情著
於萬物汝亦當知好憶我勑旨
南齊太祖時淮北四州起義帝使輔國將軍周山圖
自淮入清倍道應赴勑山圖曰卿當盡相師馭理每
存全重天下事唯同心力山岳可摧然用兵當使背
後無憂慮若後冷然無横來處閉目痛打無不摧碎
吾正應鑄金待卿成勳耳若不藉此平四州非丈夫
也努力自運勿令他人得上功會義衆已爲虜所没
山圖拔三百家還淮陰及武皇帝殘作轉黄門郎領
羽林四廂直衞山圖於新林立墅舍晨夜往還帝謂

之曰卿罷萬人都督而卿行郊外自今往墅可以仗
身自隨以備不虞
武帝時晉安王子懋爲征北將軍雍州剌史帝勑以
邊略曰吾比連得諸處啓所説不異及必無敢送死
理然爲其備不可暫懈今秋犬羊皆越逸者其亡滅
之徵吾今亦密行募集須有分明旨的便當處分令
普勑鎭守並部民丁有事卽便應接遲巳勑更遣想
行有至若汝共諸人量覓可使數人往南陽舞陰諸
要處祭覘糧食最爲根本更不要人仗嘗行視驛亭
馮不可有廢闕并約語彼諸州當其界皆爾不如法

卽問事又曰吾勑荆郢二鎭各作五千人陣本擬應
接彼耳賊若送死者卽便呼取之巳勑子眞魚繼宗
殷公愍至鎭可以公愍爲城主三千人配之便是汝
可好以階級在意勿得人求或超三五階級文章詩
筆乃是佳事然世務彌爲根本可嘗憶之汝所啓仗
此悉是吾左右御仗也云何得用之品格不可乖吾
自當優量覓送
梁高祖時劉孝綽爲太子舍人俄以本官兼尚書水
部郎奉啓陳謝手勑答曰美錦未可便製簿領亦宜
稍習頃之卽真

蕭子恪爲司徒左長史與弟子範等嘗因事入謝高
祖在文德殿引見之從客謂曰我與卿兄弟有言天
下之寶本是公器非可力得苟無期運雖有項籍之
力不能如何所以班彪王命論云所求不過一金然
終轉死溝壑卿不應不讀此書宋孝武性猜忌兄弟
粗有令名者無不因事鴆毒所遺唯景和其餘朝臣
之中中或疑有天命而致害者枉濫相繼然而被疑
或不知有天命而不疑者于時雖疑卿祖而不能如
何是疑而不得又有不疑者如宋明帝本爲庸嘗被
免豈疑而得全又復我于時巳年二歳彼豈知我應

有今日當知有天命者非人所害害亦不能得我初平建康城朝廷內外皆勸我云時代革異物心須一宜行處分我于時依此而得誰謂不可我正言江左以來代謝必相誅戮此是傷於和氣所以國祚例不靈長所謂殷鑒不遠在夏后之世此是一義二者齊梁雖曰革代義異往時我與卿之兄弟雖復絕服二世宗屬未遠卿勿言兄弟是親人家兄弟自有周旋者不周旋者何況五服之屬邪我與卿兄弟便是情同一家豈當都不念此作行路事此是二義我有今日非是本意所求且建武屠滅卿門致卿兄弟塗炭

我起義兵非唯自雪門耻亦是為卿兄弟報仇卿若能在建武永元之世撥亂反正我雖起樊鄧豈得不釋戈推奉其雖欲不已亦是師出無名我今為卿報仇且時代革異望卿兄弟盡節報我耳且藉喪亂代明帝家天下耳不耻卿家天下昔劉子輿自稱成帝子光武言假使成帝更生天下亦不復何況子輿乎梁初人勸我相誅滅者我荅之猶如向孝武時事彼若苟有天命非我能殺若其無運何急行此正足示無度量曹志親是魏武帝孫陳思之子事晉武能為晉室忠臣此卽卿事例卿是宗室情義異他亦坦然相期卿無復懷自外之意小待自當知我寸心又文獻王時內齊直帳閣人趙叔祖天監初入於臺齊帥在壽光省高祖呼叔祖曰我本識汝在北第以汝舊人故每驅使汝比見北第諸郎不叔祖奉荅云比多在直出外甚蹤假使暫出亦不能得往高祖曰若見北第諸郎道我此意我今日雖是革命情同一家但今盤石未立所以得用諸郎者非唯在我未宜亦是欲使諸郎得安耳但閉門高枕後自當見我心叔祖卽出外且宣勅語子恪尋出為永嘉太守

陳後主至德二年十月詔曰在事百官辨斷庶務必

取平允無得挾公害民為巳聲績妨紊政道

北齊文襄為東魏丞相時劉儒為睢州刺史文襄降書褒奬云以卿家世忠純奕代冠冕賢弟賢子並與吾共事懷抱相託亦自依然宜勗心力以副所委莫慮不富貴

文宣帝時清河王岳子勵除青州刺史帝戒之曰叔父前牧青州甚有遺惠故遣汝慰彼黎庶宜好用心無墜聲績勵流涕曰臣以蒙幼濫叨拔擢雖竭庸短懼忝先政帝曰汝既能有此言吾不慮也

梁太祖乾化二年五月詔曰共理庶民是資牧宰克

勤厥職必選端良償徇私以滅公則輿災而歛怨並
遵條教實盡風猷其所在長吏不得因緣差役分外
誅求律令所施典刑具在寧容殘忍合務哀矜宜令
所在長吏不得淫刑酷法須臻有道免致無辜

冊府元龜

巡按福建監察御史臣李嗣京　訂正
知長樂縣事臣夏允彝參閱
知建陽縣事臣黃國琦較釋

閏位部

朝會　宴會　慶賜　納貢獻

朝會

朝會者禮之經也嬴秦罷侯守不越境歲時班制又匪經見吳蜀而下時時閒作事之細者史或失傳至於聲名文物表著明數存諸類例此不復陳沿革在斯粗可綱舉儼於大國誠則多慙君彼一隅斯亦爲政云爾

吳景帝永安元年十二月戊辰臘百僚朝賀

宋文帝元嘉三年正月乙亥朔會群臣於大極前殿

明帝泰始二年正月己丑朔以軍事不朝會

南齊武帝永明六年十月庚申立冬初臨太極殿讀時令

梁太祖開平元年十月癸酉御史司憲薛廷珪奏請文武百官仍舊朝參先是帝欲親征北虜命朝臣先赴維都至是緩其期乃允所奏宰臣請每月初八閤

坐日延英聽政永爲常式

二年正月癸酉帝御金祥殿受宰臣文武百官及諸藩屏陪臣稱賀諸道貢舉一百五十七人見于崇元門

三年正月戊辰朔帝御金祥殿受宰臣翰林學士稱賀文武百官拜表於東上閤門

八月甲午勅朕以干戈尚熾華夏未寧宜循甲非之言用致雍熙之化起八月一日當朝不御金鑾崇勳兩殿只於便殿聽政

四年正月壬辰朔帝御朝元殿受百官稱賀用禮樂

也

十一月己亥日南至帝被袞冕御朝元殿列細仗奏樂於庭群臣稱賀

五年二月丙辰朔帝御文明殿群臣入閤

乾化元年九月辛巳朔帝御文明殿群臣入閤刑法待制官各奏事

十月乙未帝御朝元門以回鶻吐蕃二大國首領入覲故也

宴會

先王制合宴之禮著序賓之訓所以申飲賜之嘉好

勸羣臣之盡心詩之鹿鳴湛露所爲作也自贏秦劉蜀以迄江左魏齊傳禪逮于朱梁曷常不乘時展豫置酒高會或歷覽故邑或翱翔池籞班觴於讌禮之隙宿設於考室之際因嘉慶以合飲議勳賞而舍爵征行所次慰勞攸及於是厚陪鼎之數舉酬獎之制賦詩以導其意既醉以畢其歡皆以考經義而稽古推慈惠而逮下者也

秦始皇三十四年置酒咸陽宮博士七十人前爲壽

蜀先主初入蜀於涪大會置酒作樂

吳大帝初爲吳王歡宴之末自起行酒又嘗大會群

臣後蜀使至羣臣並會嘗於武昌臨釣臺飲酒又嘗宴飲於船樓也

後主每饗宴無不竟日

宋文帝元嘉四年三月宴丹徒宮帝鄉父老咸與焉

二十六年宴于丹徒宮

南齊太祖建元元年九月戊申幸宣武堂宴會詔諸王公以下賦詩

二年三月巳亥幸樂遊苑宴會王公以下賦詩

武帝永明二年七月詔曰夫樂所自生先哲垂誥禮不忘本積代同風是以漢明還迴於南陽魏文殷勤於譙國青溪宮體天含輝則地栖實光定靈源允集符命在昔期運初開經綸方遠緒業之勞我則未暇時流事在永惟哽咽朕以寡薄嗣奉鴻基思存締構式表王迹考星創制揆日興功子來告畢規模昭備宜申宴樂之禮以暢感慰之懷可尅日小會八月丙午車駕幸舊宮小會設金石樂在位者賦詩

四年正月以籍田禮畢幸閱武堂勞酒小會詔賜王公以下在位者帛有差

五年正月戊子幸芳林園禊飲戊申車駕幸芳林園宴

九月詔九日出商飈館登高宴群臣辛卯車駕幸商

飈館是館帝所立在孫陵崗世呼爲九日臺

十二月戊子太子長子鬱林王昭業冠于東宮崇政殿其日小會賜王公以下帛各有差

東昏侯永元二年六月庚寅車駕於樂遊苑內會如三元京邑女人放觀

和帝中興元年五月車駕幸竹林寺禪房宴群臣

梁高祖大同十年三月庚戌幸廻賓亭宴帝鄉故老及所經近縣奉迎候者少長數千人各賚錢二千

大清元年五月丁酉輿駕幸德陽堂宴群臣設絲竹樂

陳高祖永定二年十二月太極殿東堂宴群臣設金石之樂以路寢告成也

宣帝大建七年閏九月甘露降樂遊苑丁未車駕幸樂遊苑採甘露宴群臣詔於苑龍舟山立甘露亭

八年四月甲寅詔曰元戎凱旋群師振旅旌功策賞宜有饗宴今月十七日幸樂遊苑設絲竹之樂大會文武

後主至德元年十二月辛丑釋奠于先師禮畢設金石之樂會王公卿士

四年九月甲午輿駕幸玄武湖肆艫艦閱武宴群臣

賦詩

東魏孝靜帝天平三年正月癸卯朔饗群臣於前殿

北齊文宣帝天保元年七月詔曰古人鹿皮為衣書囊成帳有懷盛德風流可想其魏朝御府所有珎奇雜綵常所不給人者徒為畜積宜命悉出送內後園以供七日宴賜

九年十一月登三臺御乾象殿宴群臣並命賦詩

梁太祖開平元年五月丙申御玄德殿宴稿諸軍使劉捍符道昭已下賜物有差是月青州許州定州二鎮節度使請開內宴各賜方物

六月戊寅幸乾元院宴召宰臣學士及諸道入貢陪臣

二年三月幸澤州辛巳以同州節度使劉知俊為潞州行營招討使壬午宴扈駕群臣并勞知俊賜以金帶戰袍寶劍茶藥

四月丁未自澤州還至懷州宴宰臣文武百官

九月丁亥西幸陝州錫宴扈從官

十月乙巳御內殿宴宰臣扈從官共四十五人丙午御毬場殿宣夾馬都指揮使尹皓韓塘以下將士五百人賜酒食庚戌至西都御文思殿辛亥宰臣百寮

起居於殿前遂宣赴內宴賜方物有差丁巳至東都壬戌御宣和殿宴宰臣文武百官

十一月辛亥御宣和殿宴宰臣文武百官以大駕還京故也庚辰御宣和殿宴宰臣文武百官乙未又宴宰臣百官於宣和殿

三年正月甲午御文思殿宴群臣賜金帛有差

二月丁酉宴群臣於崇勳殿甲辰又宴羣臣於崇勳殿盖藩臣進賀勉而從之

三月丙辰朔御崇勳殿視朝遂宴群臣

四月車駕在河中府己亥御前殿宴宰臣及冀王友

謙扈從官甲寅宴宰臣及扈從官于内殿
五月乙丑朔視朝遂命宰臣及文武百官宴于内殿
巳卯車駕至西京癸未御崇勳殿宴宰臣及文武百官四品已上巳丑復御崇勳殿宴宰臣文武百官四品已上
九月甲午宴百官於崇勳殿丙辰御崇勳殿召韓建楊涉薛貽矩趙光逢杜曉河南尹張宗奭襄州節度使楊師厚宣州節度使王景仁等賜食賜宰臣銀鞍轡馬方物銀器細茶等庚辰御崇勳殿宴宰臣及文武百官

四年正月壬寅幸保寧毬場賜宴宰臣及文武百官
二月戊辰宴於金鑾殿甲戌以春時無事頻命宰臣及勳烈宴於河南府池亭辛巳楊師厚赴鎮于陜寒食假諸道節度使郡守勳臣競以春服賀又連清明宴以鞍轡馬及金銀器羅綿進者迨千萬乃御宣威殿宴宰臣及文武官四品已上
三月壬辰幸崇政院宴勳臣巳亥幸天驥院宴侍臣壬寅幸苹水亭宴宰臣勳烈翰林學士辛亥宴宰臣於内殿丙辰於興安毬場大饗六軍樂春時也
四月乙丑宴崇政院帝在藩及踐祚勵精求理深戒逸樂未嘗命堂上歌舞是日止令内妓昇階擊鼓弄曲甚懽至午而罷
七月壬子宴宰臣河南尹翰林學士兩街使于苹水亭丙辰宴羣臣於宣威殿
八月西征庚午次陜府辛未宴本府節度使楊師厚及扈從官于行宮賜師厚帛千匹仍授西路行營招討使丙子宴文武從官軍使巳下設龜茲樂
九月甲午至西京乙卯宴會羣臣于宣威殿
十月巳卯以新修天驥院開宴落成内外并獻馬而魏博進絹四萬疋爲驅價

壬午以冬設禁軍幸興安鞠場召文武百官宴
十一月辛卯宴文武四品已上于宣威殿庚戌幸左龍虎軍宴羣臣甲寅幸右龍虎軍宴群臣
十二月辛酉宴文武四品已上于宣威殿
五年三月丙申幸苹水亭召宰臣翰林學士尚書侍郎孔績巳下八人扈從宴樂甚歡戊戌幸右龍虎軍召文武官四品已上宴於新殿甲辰幸左龍虎軍新殿宴文武官四品已上
四月丁卯幸龍虎門召宰臣學士金吾上將軍大將軍侍宴廣化寺丁丑幸宣威殿宴文武官四品已上

及軍使蕃客已卯又幸左龍虎軍宴群臣
乾化元年五月甲申朔大赦改元宴於宣威殿壬辰宴河南尹翰林學士軍使於宣威殿
八月癸亥詔宰臣文武百寮宴於河南府
九月已丑宴群臣於興安殿
十月幸相州癸亥令諸軍指揮使及四番將軍賜食於行宮之外廡戊辰幸邑西之白龍潭潭水亘千許步南北五之一焉風瀾折岸遼然有江湖之狀潭之北立神祠前亭宇弘敞下枕波際帝登臨凝覽宸旨舒悦即命丞相與翰林太學士侍膳於方右又命魚

艋數十以釣網進觀獻焉
十一月甲申至衛陽縣乙酉命從官丞相已下宴於行次
二年二月庚戌中和節御崇勳殿召丞相太學士河南尹略封詑於萬春門外廡賜以酒食
是月庚申御宣威殿開宴丞相洎文武官屬咸被召列侍竟日而罷
三月北巡還至貝州辛卯詔丞相翰林太學士文武從官都招討使及諸軍統指揮使等賜食於行殿壬辰命以羊酒等各賜從官已未次黎陽縣東都留守官吏奉表起居賜丞相從官酒食有差已已至東都博王友文以新創食殿上言并進准備內安錢三千貫銀器一千五百兩辛未宴于食殿召丞相及文武從官等侍焉

慶賜

傳曰行慶施惠罔有不當孟軻有言曰推恩足以保四海古之令王何莫由兹道也自嬴氏力政并吞諸夏申詔爵之典弛羣飲之禁逮氣王南紀時更五代元魏之季高齊嗣興莫不因事以大賚昭德以行賞或進位以寵文武版授以尊耆艾恤民之隱則有穀

帛之賜與人同樂則有牛酒之惠至於善人女子亦以霑及逮夫朱梁率由是典其或折俎之宴有束帛之賚蓋伐木之詩所謂將其厚意者也

秦始皇二十五年五月天下大酺（周禮族師掌春秋祭酺爲人物災害之神陳留俗三月上巳臨水飲食爲酺）
二十六年更名民曰黔首（黔黎黑也）大酺
二十七年賜爵一級
三十一年十二月更名臘曰嘉平賜黔首里六石米二羊
三十六年徙民於北河榆中拜爵一級

呉大帝黄龍元年四月即皇帝位是日將吏皆進爵
加賞
景帝元永安年十一月紹位詔曰諸將吏奉迎陪位
在永昌亭者皆加位一級
宋高祖永初元年六月即位改元大赦賜民爵二級
鰥寡孤獨不能自存者人穀五斛
少帝景平元年正月巳亥朔大赦改元文武進位二
等
文帝即位初文武賜位二等
元嘉六年三月立皇太子劭爲皇子賜文武位一等

十四年南郊大赦文武賜位一等孤老六疾不能自
存者人賜穀五斛
十七年十月大赦天下文武賜爵一級
二十四年春大赦文武賜位一等繫降宥諸逋負寛
減各有差孤老六疾不能自存者賜穀五斛
是年以林邑所獲金銀寶物班賚各有差
二十六年幸丹徒詔二千石官長並勤勞王務宜有
沾錫
孝武孝建元年正月立皇子子業爲皇太子賜天下
爲父後者爵一級孝子順孫義夫節婦粟帛各有差

七月大赦賜文武爵一級
大明二年詔曰先帝靈命初興龍飛西楚歲紀浸遠
感往纏心奉迎文武情浮嘗隷思弘殊澤以申永懷
吏身可賜爵一級軍戶免爲平民
三年七月大赦孝子順孫義夫節婦賜帛各有差
四年車駕躬耕籍田大赦天下力田之民隨才叙用
孝悌義順賜爵一級孤老貧疾人穀十斛籍田職司
優沾重賚百姓之粮種隨宜貸給吏宣勸有章者詳
加褒進
六年正月祠南郊大赦天下孝子順孫義夫節婦賜

爵一級慈姑節婦及孤老六疾賜帛五疋穀十斛
七年二月車駕巡南豫南兗二州賜民爵一級女子
百戶牛酒刺守邑宰及民夫從蒐者普加沾賚又詔
蠲歷陽郡租輸三年遣使巡慰問民疾苦鰥寡孤老
六疾不能自存者厚賜粟帛
十月壬寅太子冠賜王公以下帛各有差
十二月行幸歷陽郡賜女子百戶牛酒高年孤疾賜
帛十疋
前廢帝永光元年八月誅太宰江夏王義恭等改元
景和文武賜位二等

景和元年皇子生少府劉勝之子也大赦天下賜爲父後者爵一級

明帝卽位初大赦天下改泰始元年賜民爵二級鰥寡孤獨不能自存者人穀五斛

二年旣討平江郢荆雍湘五州六軍解嚴大赦天下賜民爵一級

五年車駕躬耕籍田大赦天下賜力田爵一級

後廢帝元徽二年加元服大赦天下賜民男子爵一級爲父後及三老孝悌力田爵二級鰥寡孤獨篤癃不能自存者穀五斛年八十以上加帛一疋大酺五

日賜王公以下有差

是年江州刺使桂陽王休範舉兵反討平之詔京邑二縣埋藏所殺賊并戰亡者復同京城是日解嚴大赦天下文武賜位一等

四年正月車駕躬耕籍田大赦天下賜力田爵一級

順帝元徽五年七月卽位大赦天下賜文武位二等

南齊太祖建元元年四月受禪大赦賜民爵二級文武位二等鰥寡孤獨不能自存者人穀五斗

六月詔諸將及客勠力艱難盡勤直衛其從還宮者普賜位一階

武帝永明二年八月幸青宮領宮職司詳賜幣帛

四年閏正月辛亥籍田詔孝悌力田詳授爵位孤老貧窮賜穀十石甲寅幸閱武堂勞酒小會詔賜王公以下在位者帛有差

是年三月國子學講孝經車駕幸學賜國子祭酒博士助教絹各有差

五年十一月戊子皇孫冠於東宮崇政殿其日小會賜王公已下帛各有差

十一年四月立皇太孫詔賜天下爲父後者爵一級孝子順孫義夫節婦粟帛各有差

明帝建武元年立皇太子寶卷詔天下孝子順孫義夫節婦普加甄賜明揚表其衡閭賚以束帛

二年寢廟成詔監作長師可賜位一等役身遣假一年非役者蠲租同假

三年皇太子冠賜王公已下帛各有差爲父後者賜爵一級

四年四月改元永泰文武加位二等

普通元年正月改元賜文武勞位孝弟力田爵一級尤貧之家勿收常調鰥寡孤獨并加贍卹

三年八月辛酉作二郊及籍田并畢班賜工匠各有

差
四年二月乙亥籍田詔孝弟力田賜爵一級預耕之
司尅日勞酒三日
大通元年正月辛未詔孝悌力田賜爵一級
中大通元年正月辛酉輿駕親祠南郊大赦天下孝
悌力田賜爵一級
三年七月乙亥立晉安王綱爲皇太子大赦天下爲
父後者及出處忠孝文武清勤并賜爵一級
五年正月辛卯輿駕親祠南郊大赦天下孝悌力田
賜爵一級

六年二月癸亥輿駕親耕籍田大赦天下孝悌力田
賜爵一級
大同三年正月辛丑輿駕親祠南郊大赦天下孝悌
力田賜爵一級
五月正月辛未輿駕親祠南郊詔孝悌力田及州閭
鄉黨稱孝爲善人者各賜爵一級並勤所屬郎時膳
上
十年三月駕幸蘭陵謁建陵至修陵壬寅詔故鄉老
少接踵遠至情貌孜孜若歸於父宜有以慰其心此
并可賜位一階并加頒賚內外從官軍主左右錢米
各有差癸卯詔在園陵職司恭事勤劳并賜位一級
并加沾賚是月幸廻賓亭宴帝鄉故老及所經近縣
奉迎候者少長數千人各賚錢二千
中大通元年四月大赦改元孝悌力田爲父後者賜
爵一級賚宿衛文武各有差
大清元年四月丁亥輿駕自同泰寺還宮大赦改元
孝悌力田爲父後者賜爵一級在朝群臣宿衛文武
并加班賚
元帝承聖元年十月即位大赦改元內外文武賜位
一等

太平元年九月壬子改元孝悌力田賜爵一級
陳高祖永定元年十月禪授大赦改元賜民爵二級
文武二等鰥寡孤獨不能自存者人穀五斛
文帝永定三年六月即位詔文武內外量加爵叙孝
悌力田爲父後者賜爵一級
九月立皇太子伯宗王公已下賜帛各有差
天嘉元年正月癸丑大赦改元孝悌力田殊行異等
加爵一級辛丑輿駕祠南郊賜民爵一級
三年正月初祠南郊詔曰朕負荷寶國承廻星琯兢
兢業業庶幾治定而德化不孚俗弊玆甚永言念之

無忘日夜陽和布氣昭事上玄躬奉牲玉誠兼饗敬
思與黎元被斯寬惠可普賜民爵一級其孝悌力田
別加優恤
七月己丑皇太子納妃王氏在位文武賜布各有差
孝悌力田爲父後者賜爵二級
六年正月甲午皇太子加元服王公以下賜布各有
差孝悌力田爲父後者賜爵一級鰥寡孤獨不能自
存者人穀五斛
太康元年四月乙卯皇孫至澤生在位文武賜絹帛
各有差爲父後者賜爵一級

廢帝光大元年正月大赦改元孝悌力田賜爵一級
七月戊申立皇太子至澤爲皇太子賜天下爲父後
者爵一級王公已下賚帛各有差
宣帝太建元年正月甲午即位大赦改元在位文武
賜爵一階孝悌力田及爲父後者賜爵一級異等殊
才并加策序鰥寡孤獨不能自存者人賜穀五斛
七月辛卯皇太子納妃王公已下賜帛有差
五年二月己丑皇孫生詔曰皇孫載誕國祚方熙思
與群臣共同斯慶內外文武賜帛各有差爲父後者
賜爵一級

後主太建十四年正月丁巳即位大赦在位文武及
孝悌力田爲父後者并賜爵一級鰥寡孤老不能自
存者賜穀人五斛帛二疋
四月丙子立永康公爲皇太子賜天下爲父後者爵
一級王公已下賚帛各有差
至德二年七月壬午太子加元服在位文武賜帛各
有差孝悌力田爲父後者各賜爵一級鰥寡癃老不
能自存者人穀五斛
東魏孝靜帝太平三年五月賜鰥寡孤獨貧窮者衣
服各有差

興和元年十月以新宮成大赦改元年八十以上賜
綾帽及杖七十已上賜帛及有廢疾者各賜帛粟
二年正月徙新宮大赦內外百官普進一級營構主
將別優一階
北齊文宣帝天保元年五月受禪南郊禮畢大赦改
元百官進階男子賜爵鰥寡六疾義夫節婦旌賞有
差
九年十一月以新宮成丁酉大赦內外文武並進一
大級
廢帝天保十年十一月癸酉即位大赦內外百官普

加進級

孝昭帝皇建元年十一月立世子百年爲太子賜天下爲父後者爵一級

武成帝清河元年正月以子緯爲皇太子大赦内外百官幷加進級諸爲父後者賜爵一級

後主天統三年二月帝加元服大赦九州職人各進四級内外百官幷進二級

武平元年六月以皇子生大赦内外百官幷進二級九州職人幷進四級

梁太祖開平元年四月己未將受唐禪賜文武百官

一百六十八人本色衣一副丁卯大酺賞賜有差

二年十一月戊子賜文武百官帛

三年正月賜南郊行事官儀禮使趙光逢已下分物

甲午上御文思殿宴群臣賜金帛有差甲申賜文武官帛有差命宣徽使王殷押絹一萬疋幷茵褥圖幛二百六十件賜張宗奭

九月御崇勳殿宴群臣文武百官賜張宗奭楊師厚白綾各三百疋銀鞍轡馬丁酉上幸崇政院宴内臣賜院使敬翔直學士李珽等繒綵有差

四年正月壬寅幸保寧毬場宴宰臣及文武百官賜宰臣張宗奭已下分物有加賜廣王分物

七月丙辰宴群臣於宣威殿賜物有差

八月車駕西征次陝府丙子宴文武從官軍使已下設龜茲樂賜物有差

五年三月丙申幸甘水亭召宰臣翰林學士尚書侍郎孔績已下八人皆從宴樂上甚歡賜物有差

四月丁卯幸龍門召宰臣學士金吾上將軍大將軍侍宴于廣化寺賜物有差

乾化元年五月甲申朔大赦改元詔方伯州收近未加恩者幷遷爵秩復大賚軍旅溥宴于宣威殿賜帛

各有差

三年四月幸魏州之金波亭賜宰臣文武官及太學士羊酒有差

末帝龍德元年正月改元詔曰郊禋大禮舊有覃恩御殿改元比無賞給今則不循舊例别示特恩其行營將士賞賚已給付本家宜令招討使霍彥威副招討使王彥章陳州行營都指揮使張漢傑曉示諸軍知悉

納貢獻

天子制貢職所以均財用諸侯歸時事所以陳藝極

式明上下之序聿成經久之法昔漢室淪覆三國鼎峙孫劉而下據有江吳北齊朱梁奄宅中土而皆懋宣法式寵綏遐邇故藩服之長中外之臣莫不遵時會之文修任土之貢亦有獻瑞物而贄寶器者咸用論次焉

吳大帝漢建安末爲吳侯安遠將軍領交趾太守士燮每遣使致雜香細葛輙以千數明珠大貝琉璃翡翠玳瑁犀象之珍奇物異果蕉椰龍眼之屬無歲不至燮弟合浦太守一時貢馬凡數百匹帝輙爲書厚加寵賜以荅慰之

嘉禾元年十月魏遼東太守公孫淵遣使稱藩幷獻貂馬帝大悅加淵爵位

宋明帝泰始四年二月丙申豫章望蔡獲古銅鍾高一尺七寸太守張辯以獻

南齊武帝永明五年益州刺史始興王鑑獻龍角一枝長九尺三寸紅色有文

六年七月齊郡太守劉元寶於郡城塹得錢三十七萬徑一寸半以獻帝以爲瑞班賜公卿

崔惠景爲南郡内史梁南秦二州刺史又爲司州刺史惠景每罷州輙資獻奉動數百萬武帝以此嘉之

梁武帝大通初陶弘景獻二刀於高祖其一名嘉勝一名成勝幷爲佳寶

陳宣帝大建七年四月郢州獻瑞鍾

十二月南康郡獻瑞鍾

北齊文宣帝天保七年梁湘州刺史王琳獻馴象

梁太祖開平元年五月壬午保義軍節度使朱友謙進百官衣二百副其月廣州進奇寶名藥品類甚多河南尹張全義進開平元年已前羨餘錢十萬貫紬六千疋綿三十萬兩仍請每年上供定額每歲貢絹三萬疋以爲當式荆南高季昌進瑞橘數十顆質狀

百味倍勝常貢且橘當冬熟今方仲夏時人咸異其事因稱爲瑞

十月廣州進獻助軍錢二十萬又進龍腦腰帶珎珠枕玳瑁香藥等

十一月廣州進龍形通犀腰帶金托裏含稜玳瑁器百餘副香藥珎巧甚多

二年正月幽州劉守文進海東鷹鶻蕃馬氊罽方物

九月福州貢玳瑁琉璃犀象器幷珎玩香藥奇品海味色類良多價累千萬

十一月諸道節度刺史各進賀冬田器鞍馬綾羅等

三年四月幽州節度使劉守光進蕃中生興馬一匹鞍後毛長五寸名烏龍兩浙節度使錢鏐進睦州大茶三百一十籠洞牙弩百枝桐木槍二千條賜進奉使紀君武銀帛有差是年冬諸道節度使刺史咸貢鞍馬銀絹羅綺賀正

四年五月自朔旦至癸巳內外以午日奉獻巨萬計馬三千蹄餘稱是復相率助修內壘時南北征伐板籍未有定賦帑每議營造及節序無不咸獻而南方數鎮入相調外山澤魚鹽之利牢籍於縣官矣

七月福州貢方物獻桐皮扇廣州貢犀玉獻船上薔薇水

十月己卯新修天驥院帝開宴落成內外幷獻馬而魏博進絹四萬疋以爲驅價

乾化元年兩浙進大方茶二萬觔琢畫宮衣五百副廣州貢犀象奇珎及金銀等其估數千萬安南兩使留後曲美進筒中蕉五百疋龍腦鬱金各五瓶他海貨等有差又進南蠻通好金器六物銀器十二幷乾陁綾花緅越甡等雜織奇巧者各三十件福建進戶部多支榷課葛三萬五千疋

二年四月廣州獻金銀犀牙雜寶貨及名香等合估數千萬是月客省引進使韋堅使廣州廻以銀茶上獻其估凡五百餘萬福建進供御金花銀器一百件各五千兩是年天下郡國各貺郊天及賀正獻相次而至

冊府元龜

冊府元龜

巡按福建監察御史臣李嗣京　訂正

知閩縣事臣曹[illegible]臣參閱

知建陽縣事臣黃國琦較釋

閏位部一十七

耕籍　務農　節儉

耕籍

周禮有王籍之制以時入之上以供粢盛下以致蕃殖祈農務穡於是乎在而嬴氏并吞收大半之賦孫劉鼎峙定三分之業甸師所掌史策無聞故不可得

而論也若乃繇宋洎陳迭王江左北齊高氏建都鄴下皆親御耒耜率勸農功所謂國之大典民之大事于斯而已矣其或致誠齋祭草具禮儀除壇於國之震離卜月於春之孟仲隨時沿革亦載于篇

宋文帝元嘉二十年十二月詔曰古者從時胙土以訓農功躬耕帝籍敬供粢盛仰瞻前王思遵令典便可量處千畝考卜元辰朕當親率百辟致禮郊甸庶幾誠素將被斯民勑帝將親耕而其儀久廢使何承天撰定儀注時史學生山謙之已私鳩集因以奏聞於時斟酌衆條造定圖注先立春九日尚書宣攝內外各使隨局從事司空大農京尹令尉度宮之辰地八里之外整制千畝開阡陌立先農壇於中阡西陌南御耕種壇於中阡東陌北將耕宿設青幕於耕壇之上皇后帥六宮之人生穜稑之種付籍田令耕日太祝以一大牢告祠先農悉如祠帝社之儀孟春之月擇上辛後吉亥日御乘耕根三蓋車駕蒼駟青旂著通天冠青幘朝服青衮帶佩蒼玉藩王已下至六百石皆衣青惟三臺武衛不耕不改服章車駕出衆事如郊廟之儀車駕至籍田侍中跪奏導降車臨壇大司農跪奏先農已享請皇帝親耕大史令讚曰皇

帝親耕三推三反於是群臣以次耕王公五等開國諸侯五推五反孤卿大夫七推七反士九推九反籍田令率其屬耕竟畝灑種卽耰禮畢

孝武帝大明四年正月乙亥躬耕籍田

明帝大始五年正月癸亥躬耕籍田

後廢帝元徽四年正月己亥躬耕籍田

南齊武帝永明三年十二月詔曰九穀之重八財爲末是故潔粢豐盛祝史無愧於辭不籍千畝周宣所以貽諫昔期運初啓庶政草昧三推之典我則未暇朕嗣奉鴻基思隆先軌載耒躬親率繇舊式可以開

春發歲敬簡元辰鳴青鸞於東郊冕朱紘而莅事仰薦宗禋俯勗黔黎將使囷庾內充遺秉外牣旣富而教茲焉攸在

四年閏正月辛亥親耕籍田

梁高祖天監十三年二月丁亥親耕籍田先是籍田依宋齊以正月用事不齋不祭帝以爲啓蟄而耕則在二月節內書云以殷仲春理在建卯於是改用二月

十六年二月辛亥親耕籍田

普通二年四月丙辰詔曰夫欽若昊天歷象無違躬

執耒耜盡力致敬上協星鳥俯訓民時平秩東作義不在南前代因襲有乖禮制可以震方簡求沃野具茲千畝庶允舊章於是徙籍田於建康北岸築兆域大小列種梨柏便殿及齋宮省如南北郊別有望耕臺在壇東帝親耕畢登此臺以觀公卿之推代又有祈年殿云

四年二月乙亥躬耕籍田詔曰夫耕籍之義大矣哉粢盛繇之而興禮節因之以著古者哲王咸用此作眷言八政致茲千畝公卿百辟恪恭其儀九推禮畢馨香靡替兼以風雲叶律氣象光華屬覽休辰思加奬勸可班下遠近廣闢良疇公私畎畝務盡地利若欲附農而糧種有乏亦並加貸給每使優徧孝弟力田賜爵一級預耕之司尅日勞酒

中大通六年二月癸亥親耕籍田

大同元年二月丁亥躬耕籍田

二年二月乙亥躬耕籍田

三年二月丁亥親耕籍田

四年二月己亥親耕籍田

六年二月己亥親耕籍田

七年二月辛亥親耕籍田

大清元年二月丁亥躬耕籍田

陳宣帝大建元年二月乙亥親耕籍田

三年二月丁酉親耕籍田

六年二月辛亥親耕籍田

九年二月壬午親耕籍田

十一年二月癸亥親耕籍田

十三年二月乙亥親耕籍田

北齊文宣帝天保二年正月辛亥親耕籍田于東南其制千畝內種赤粱白穀大豆赤黍小豆黑穄麻子小麥色別一頃自餘一頃地中通阡陌作祠壇於陌

南阡西廣輪三十六尺高九尺四陛三壝四門又爲大營於外設御耕壇於阡東陌北每歲正月上辛後吉亥使公卿以大牢祠先農神農氏於壇上無配饗祭訖親耕先祠司農進穜稑之種六宫主之行事之官並齋設齋省於壇所列宫懸又置先農坐於壇上衆官朝服司空一獻不燎祠訖帝乃服通天冠清紗袍黑介幘佩蒼玉黄綬青帶袜舄備法駕乘木輅耕官青朝服從殿中監進御耒於壇南百官定列帝出便殿升耕壇南陛即御坐應耕者各進於列帝降自南陛至耕位釋劍執耒三推三反升壇即坐耕官一

品五推五反二品七推七反三品九推九反籍田令帥其屬以牛耕終千畝以青箱奉穜稑跪呈司農詣耕所灑之種訖司農省功奏事畢帝降之便殿更衣饗宴禮畢班賚而還

務農

夫四人之業農居其一焉蓋務穡播穀所以厚下而豐財授時勉人所以敦本而成務致國於富彊躋俗於仁壽未始不由兹道也嬴秦肆暴靡修稼政孫劉裂壤南北更政以迄于朱梁或勸課纖悉形於詔令或優恤浮篤著於條禁以至蠶月云及申其帛襄之刑耕事方急緩其鞫鍊之戮親臨畎畝形於獎誨然後餘糧委於南田游手緣於東作既富而教可以君國而未命也

蜀後主建興三年春詔務農植穀閉閼息民

吳大帝黄武五年陸遜以所在少穀表令諸將增廣農畝報曰甚善今孤父子親自受田車中八牛以爲四耦雖未及古人亦欲與衆均等其勞也

赤烏三年正月詔曰蓋君非民不立民非穀不生頃者以來民多征役歲又水旱年穀有損而吏民不良侵奪民時以致饑困自今以來督軍郡守其警察非

法當農桑時以役事擾民者舉正以聞

景帝永安二年三月詔曰朕以不德託于王公之上夙夜戰戰忘寢與食今欲偃武修文以崇大化推此之道當由士民士民之贍必須農桑管子有言倉廩實知禮節衣食足知榮辱夫一夫不耕有受其飢一婦不織有受其寒飢寒並至而民不爲非者未之有也自頃年以來州郡民吏及諸營兵多違此業皆浮長江賈作上下良田漸廢見穀日少欲求大定豈可得哉亦縣租入過重農人利薄使之然乎今欲廣開田業輕其賦税差科彊羸課其田畝務令優均官私

得所使家給戶贍足相供養則愛身重命不犯刑法然後刑罰不用風俗可整以群僚之忠賢若盡心於時雖大古盛化未可卒致漢文升平庶幾可及及之則臣主俱榮不及之則損削侵辱何可從容俯仰而諸卿尚書可共咨度務取便佳田桑已至不可後時事定施行稱朕意焉

宋文帝元嘉八年閏六月詔曰自頃農桑惰業遊食者衆荒萊不闢督課無聞一時水旱便有罄匱苟不深存務本豐給靡因郡守賦政方畿縣宰親民之主宜思獎訓導以良規咸使肆力地無遺利耕蠶樹藝

各盡其力若有力田殊衆歲竟條名列上

二十年十二月詔曰國以民爲本民以食爲天故一夫輟稼飢者必及倉廩既實禮節以興自頃所在貧罄家無宿積賦之暫偏則人懷愁墊歲或不稔而病至比室誠繇政德弗孚以臻斯弊抑亦耕桑未廣地利多遺宰守微化導之方萌庶忘勸分之義永言弘濟明發載懷雖制令亟下終莫懲勸而坐望滋殖庸可致乎有司其班宣舊條務盡敦課遊食之徒咸令附業考覈勤惰行其誅賞觀察能殿嚴加黜陟

二十一年七月詔曰比年穀稼傷損淫亢成災亦由播殖之宜尚有未盡南徐兗豫及揚州浙江西屬郡自今悉督種麥以助闕乏速運彭城下邳郡見種委刺史貸給徐豫土多稻田而民間專務陸作可符二鎮履行舊陂相率脩立并墾闢使及來年凡諸州郡皆令盡勤地利勸導播殖蠶桑麻紵各盡其方不得奉行公文而已

孝武帝大明二年三月以田農要月太官停殺牛

明帝泰始三年正月以農役將興太官停宰牛

南齊武帝永明三年正月詔曰守宰親民之要刺史案部所先宜嚴課農桑相土揆時必窮地利若耕蠶

殊衆足厲浮惰者所在即便列奏其違方矯務佚事妨農亦以名聞將明賞罰以勸勤怠較覈殿最以申黜陟

鬱林王隆昌元年正月詔曰執耕蹔戲懸罄比室秉機或惰無觸終年非怠非荒雖繇王道不根不秀實賴民和頃歲多稼無爽遺秉如積而三登之美未臻萬斯之基尚遠且風土異宜百姓殊務刑章治緒未必同源妨本害政事非一揆冕旒屬念無忘夙興可嚴下州郡務滋耕殖履畝闢疇廣開地利深樹國本克正天民

明帝建武二年正月詔曰食惟民天義高姬載蠶實生本教重軒經前哲盛範後王茂則布令審端咸必繇之朕肅扆巖廊思弘風訓深務八政永鑒在勤靜言日旲無忘寢興守宰親民之主牧伯調俗之司宜嚴課農桑罔或懈惰務景肆力必窮地利修固堤防考較殿最若耕蠶殊衆具以名聞游怠害業即便列奏主者詳爲條格

梁簡文大寶二年正月甲戌下令曰軍國多虞戎旃未靜青領雖熾黔首宜安時唯星鳥表年祥於東秩春紀宿龍歌歲取於南畯況三農務業尚看天檄數

水四人有令猶及落杏飛花化俗移風當在所急勸耕且戰彌須自許豈直燕垂寒谷積黍自溫寧可蹔此玄苗坐食紅粒不植鶗鴂空候蟬鳴可悉深耕概種安堵復業無棄民力並分地利班勒州郡咸使遵承

陳文帝天嘉元年三月詔守宰明加勸課務急農桑庶鼓腹含哺復在茲日

八月詔曰菽粟之貴重於珠玉自頃寇戎游手者衆民失分地之業士有佩犢之譏朕哀矜黔庶念康弊俗思俾阻饑方存富教麥之爲用要切斯甚今九秋在御萬實可收其班宣遠近並令播種守宰親臨勸課務在及時其有尤貧量給種子

後主大建十四年正月即位二月詔曰躬耕爲勸義顯前經力農見賞事昭往誥斯乃國儲是資民命攸屬豐儉隆替靡不繇之夫入賦自古輸藁惟舊沃饒貴于十金磽确至於三易腴塉既異盈縮不同詐僞日興簿書歲改稻田使者著自西京不實峻刑聞諸東漢老農懼於祛稅俗吏因以侮文輟耒成群游手爲伴永言妨蠹良可太息今陽和在節膏澤潤下宜展春耨以望秋坻其有新闢塍畝進墾蒿萊廣袤勿

得度量征租悉皆停免私業久廢咸許占作公田荒縱亦隨肆勤儻良守教耕淳民載酒有茲督課議以實權外可爲格班下稱朕意焉

北齊文宣帝天保元年八月詔諸牧民之官仰專意農桑勤心勸課廣收天地之利以備水旱之災

武成帝河清三年定令每歲春月各依鄉土早晚課人農桑自春及秋男子十五已上皆布田畝桑蠶之月婦女十五已上皆營蠶桑孟冬刺史聽審邦教之優劣定殿最之科品有人力無牛無人力有牛者須令相便皆得佃種使地無遺利人無游手焉

梁大祖開平三年八月己卯幸西苑觀稼

四年二月己丑出光政門至谷水觀麥

五年二月甲子幸曜村民舍閲農事

乾化元年五月癸巳觀稼于伊水

八月戊辰幸故上陽宫至榆林觀稼

節儉

夫節用愛人宣尼之教也去奢去泰玄元之旨也蓋有國有家者曷嘗不遵卑菲之訓申竒巧之禁厚生而務本克己以率下然後致民於富庶饗祚於悠久者也自江吳傳國逮於北齊朱梁亦嘗斥棄珎玩禁

止貢獻裁減玉食之制刋去輿服之餙戒風俗之踰侈化民德以歸厚或形於詔誥或著之行事亦有始勅清明憲章稽古中道而廢不終令聞傳所謂非知之艱行之惟艱又曰其身不正雖令不從雖復條教周悉亦何益於治乎

吳大帝赤烏五年四月禁進獻御減大官膳

十年三月改作太初宫諸將及州郡皆義作帝詔曰建業宫乃朕從京來所作將軍府寺耳材柱率細皆以腐朽常恐損壞今未復西可徙武昌宫材瓦更繕治之有司奏言曰武昌宫已二十八年恐不堪用宜下所在通更伐致帝曰大禹以卑宫爲美今軍事未已所在多賦若更通伐妨損農桑徙武昌材瓦自可用也

宋高祖清簡寡欲嚴整有法度未嘗視珠玉輿馬之御後庭無紈綺絲竹之音寧州嘗獻琥珀枕光色甚麗價盈百金時將北征以琥珀治金創帝大悦命擣碎分付諸軍平關中得姚興財帛皆在外府内無私藏宋臺既建有司奏東西堂施局脚牀銀塗釘帝不許使用直脚牀釘用鐵廣州嘗獻入筒細布一端百尺帝惡其精麗勞人即付有司彈太守以布還之并

制嶺南禁作此布帝素有熱病并患金創末年猶劇坐卧常須冷物後有獻大石牀寢之極以爲佳乃歎曰木牀且費而况石耶即令毁之制諸王出適遣送不過二十萬無錦綉金玉内外奉禁莫不節儉性尤簡易常着連齒木屐好出神虎門逍遥左右從者不過十餘人諸子旦問起居入閤脱公服止着裙如家人之禮孝武大明中壞帝所居陰室於其處起玉燭殿與羣臣觀之牀頭有土障壁上有葛燈籠麻繩拂侍中袁顗盛稱帝儉素之德孝武不答獨曰田舍翁得此已爲過矣

文帝元嘉八年三月詔曰項軍役殷興國用增廣貲儲不給百度尚繁宜存簡約以應事實内外可通共

計思務令節儉帝性存儉約不好奢侈車府令嘗以華䡡故請改易之又華席舊以烏皮緣故欲代以紫皮帝以竹䡡未至於壞紫色貴並不聽改其率素如此

孝武帝元嘉三十年四月即位五月詔曰典王立訓務弘治節輔臣佐時勤獻政要仰惟聖規每存玆道猥以眇躬屬承景業闡揚遺澤無廢厥心夫量入爲出邦有舊典而經給之宜多違當度兵役糜耗府藏散減外內重供未加損約非所以聿遵先旨敬奉遺命自今諸司薄已厚民去煩從簡悉宜施行以稱朕

意

七月辛酉詔崇儉約禁淫侈

大明四年四月詔曰昔弋衣御寓貶耳示節土簋臨人飭儉昭度朕綈帛之念無忘于懷雖屢詔有司抑浮務實而歲用兼積年量虛廣豈以捐豐從損允稱約心四時供限可詳減太半庶裘絺順典有偃民華纂組傷功無競廛市

明帝泰始元年十二月詔曰皇室多故糜費滋廣且久歲不登公私歉弊方刻意從儉弘濟時艱政道未孚慨愧兼積大官供膳可詳所減撤尚方御府雕文篆刻無益之物一皆蠲省務存簡約以稱朕心

二年十一月詔曰治崇簡易化嫉繁侈遠關隆替明著軌跡者也朕緣斯墜運屬此屯極仍之以彫耗因之以師旅而識昧前王務艱昔代舊賦既失爲費彌廣鑒寐庶務每思弘革方欲綏䘏優調愛民爲先有司詳加寬惠更立科品其方物職貢各順土宜來獻納貢敬依時令凡諸盡俗妨民之事趍末違本之業雕華靡麗奇器異技並嚴加裁斷務歸要實其尚方御府諸署供御制造盛存儉約庶淳風至教微遵太古阜財興讓少敦季俗

後廢帝元徽二年五月詔曰頃國賦多愆公儲罕給近治戎雖淺而軍費已多廩藏虛罄難用馭遠宜矯革淫長務在節儉供奉服御悉就減撤雕文靡麗廢而勿修凡游費一皆禁斷外可詳爲科格

三年閏三月詔曰頃民俗滋弊國度未殷歲時屢騫編戶不給且邊隅尚警供費彌繁永言夕惕寢興增疚思弘豐耗之制以惇約素之風庶在拯民以康法道大官珎膳御府麗服諸所供擬一皆減撤可詳爲其格務從簡衷

順帝昇明元年七月詔曰露臺息構義光漢德雉裘

焚制事因晉道故以簡奢執化敦儉馭俗頃甸服未静師旅連年委蓄屢空勞斃莫偃而丹雘之飾糜耗難訾實賂之費徵賦靡計今車服儀制寔宜約損使徽章有序勿得侈溢可罷省御府二署凡工麗雕鐫傷風毁治一皆禁斷庶永昭憲則弘兹治政

南齊太祖即位後身不御精細之物勑中書舍人桓景真曰主衣中似有玉介導此制始自大明末得泰始增光甚麗留此置主衣正是興長疾源可即時打碎凡復有異物皆宜隨例毁棄後宫器物欄檻以銅爲飾者皆改用鐵内殿施黄紗帳宫人著紫皮履華

蓋除金花爪用鐵迴釘每曰使我治天下十年當使黄金與土同價欲以身率天下移變風俗

武帝爲治總大體以富國爲先頗不喜遊宴雕綺之事言嘗恨之未能頓遣又詔凡諸遊費宜從休息自今遠近薦獻務存節儉不得出界營求相高奢麗金粟繒纊獘民已多珠玉玩好傷工尤重嚴加禁絶

明帝初封西昌侯王子侯舊乘緑帷車帝獨乘下帷車儀從如素士

建武元年十一月詔曰自今雕文篆刻歲時光新可悉停省藩牧守宰或有薦獻事非在一嚴加禁斷

二年十月詔曰執世去奢事殷哲后訓物以儉理鏡前王朕屬流獘之末襲澆浮之季雖恭己敷化刻意隆平而禮讓未興侈華猶競永鑒玄風兢言集愧思所以還淳改俗反古移民可罷東田毁興光樓并詔水衡量省御乘

二年三月詔車府乘輿有金銀飾校者皆剔除制御親幸自下肅清驅使寒人不得用四幅繖大存儉約罷武帝所起新林苑以地還百姓廢文惠太子所起東田斥賣之永明中輿輦舟乘悉剔取金銀還主衣庫以牙角代之嘗用皂莢訖授餘濼與左右曰此猶

堪明日用太官進御食有裹蒸帝曰我食此不盡可四片破之餘充晚食而武帝掖庭宫殿服御一無所改其儉約如此

梁高祖初仕齊錄尚書事下令曰在上化下草偃風從世之澆淳當繇此作自永元失德書契未紀窮凶極悖焉可勝言既而璇室外搆傾宫内積奇伎異服殫所未見上慢下暴淫侈競馳國命朝權政移近習販官鬻爵賄貨公行並甲第康衢漸臺廣室長袖低昂等和戎之賜珠蓋百品同伐氷之家愚民因之浸以成俗驕艶競爽夸麗相高至乃市井之家貂狐在

御工商之子緹繡是襲日人之次夜分未反眛爽之
朝期之清旦聖明肇運厲精惟始雖日纘戎殆同創
華且淫費之後繼以興師巨橋鹿臺彫甍不一孤忝
荷大罷務在澄清思所以仰述皇朝大帛之旨俯厲
徵躬鹿裘之義觧而更張斲雕爲樸自非可以奉粢
盛修紱冕習禮樂之容繕甲兵之備此外衆費一皆
禁絶御府中署量宜罷省掖廷備御妾之數太子絶
鄭衛之音其中有可以率先卿士隼的珉庶非食薄
衣請自孤始加群才並軌九官咸事若能人務退食
競存約已移風易俗庶朞月有成昔毛玠在朝士大

夫不敢靡衣媮食魏武嘆曰孤之法不如毛尚書孤
雖德謝往賢任重先達實望多士得其此心外可詳
爲條格及郎位身服浣濯之衣御府無文飾宮掖不
過綾綵無珠璣錦繡大官撤牢饌每日膳菜蔬按不
過三醆以儉先海内身衣布衣木綿皁帳一冠三載
一被二年嘗克儉於身凡皆此類五十外便斷房室
後宮職司貴妃已下六宮褘褕三翟之外皆衣不曳
地傍無錦綺不飲酒不聽音聲非宗廟祭祀大會饗
宴及諸法事未嘗作樂
陳高祖以儉素自率嘗膳不過數品私饗曲宴皆瓦
器蚌盤殺核庶羞裁令充足而不爲虛費初平侯景
及立紹泰（臣欽若等曰紹泰梁敬帝年號也）子女玉帛皆班將士其
充閨房者衣不重綵飾無金翠歌鐘女樂不列於前
及乎踐祚彌厲恭儉故隆功茂德光有天下焉
文帝天嘉元年八月詔曰汙樽土鼓誠則難追畫卵
雕薪或可易華梁氏之末奢麗已甚芻豢厭於胥史
歌鍾列於管庫土木被朱丹之釆車馬飾金玉之琛
逐欲澆流遷訛遂遠朕自諸生頗爲内足而家敦退
素室靡浮華觀覽時俗常所扼腕今妄假時乘臨馭
區極屬當淪季思聞治道靡食卑宮自安儉陋俾茲

薄俗獲反淳風往者雕鏤淫飾非兵器及國容所須
金銀珠玉衣服雜玩悉皆禁斷帝起自艱難知百姓
疾苦國家資用務從儉約嘗所謂全事不獲已者必
咨嗟改色若在諸身
宣帝太建七年四月監豫州陳桃根上織成羅紋錦
被表各二詔於雲龍門外焚之
十年四月詔曰惟堯葛衣鹿裘則天爲大伯禹襞衣
菲食夫子曰無間然故儉德之恭約失者鮮朕君臨
宇宙十變年籥卅日勿休乙夜忘寢跂予思治若濟
巨川念茲在茲懍同馭朽非貪四海之富非念黃屋

之尊導仁壽以寘群生寧勞役以奉諸己但承梁季亂離斯瘼宮室禾黍有名亡處雖輪奐未覩頗事經營去泰去甚猶爲勞費加以戎車屢出千金日損府帑未充民疲征賦百姓不足君孰與足輿言靜念夕惕懷抱垂訓立法良所多慙斲雕爲朴庶幾可慕雉頭之服旣焚弋綈之衣方襲損撤之制前自朕躬草偃風行冀以變俗往者御府堂署所營造禮樂儀服軍器之外其餘悉皆停息掖庭常供王侯妃主諸有奉卹並各量減

十三年十二月己巳詔非軍國所須多所減損歸于

儉約

北齊神武帝雅尚儉素刀劒鞍勒無金玉之飾少能劇飲自當大任不過三爵

文宣天保元年七月詔曰古人鹿皮爲衣書囊成帳有懷盛德風流可想其魏朝御府所有珍奇雜綵當所不給人者徒爲入蓄積宜命悉出送內後園以供七日宴賜

梁太祖開平二年六月詔曰敦尚儉素抑有前聞斥去浮華與臻至理如聞近日貢奉競務奢淫或奇巧蕩心或雕鐫溢目徒殫資用有費工庸此後應諸道進獻不得以金寶裝餙戈甲劒戟至於鞍勒不用塗金及雕刻龍鳳如有此色所司不得引進

冊府元龜

冊府元龜

巡按福建監察御史臣李嗣京　訂正
知甌寧縣事臣孫以敬叅閲
知建陽縣事臣黄國琦較釋

閏位部

命相　選將

命相

惟秦氏據有宇内孫劉三分天下宋蕭四代載祀三百東魏高齊遠於梁室莫不咨求賢英置之宰弼財成國務彌綸統紀至乃備物典策以優其命數委任

責成以寄其心膂費萬樞以賦政總百官以承式時惟棟幹之重允副陶甄之化得賢之盛何代無之其或縣動烈而踐衡石以恩幸而升公衮罹負乘之謗致鼎餗之傾者亦可以垂鑒者已

秦始皇帝初爲秦王以呂不韋爲相國封十萬戶號文信侯其後有相國昌平君昌文君史失其名及即皇帝號有丞相隗林丞相王綰丞相李斯

二世時去疾爲右丞相李斯爲左丞斯已死以趙高爲中丞相事無大小輒決於高

蜀先主章武元年四月即皇帝位策諸葛亮爲丞相錄尚書事曰朕遭家不造奉承大統兢兢業業不敢康寧思盡百姓懼未能綏於戲丞相亮其悉朕意無怠輔朕之闕副宣重光以昭明天下君其勗哉又以許靖爲司徒策曰朕獲奉洪業君臨萬國夙夜惶惶懼不能綏百姓不親五品不遜汝作司徒其敬敷五教五教在寬君其勗哉秉德無怠

後主建興八年詔策諸葛亮曰街亭之役咎繇馬謖而君引愆深自貶抑重違君意聽順所守前年燿師馘斬王雙今歲爰征郭淮遁走降集氐羌興復二郡威震凶暴功勳顯然今方天下騷擾元惡未梟君受

大任幹國之重而久自挹損非所以光揚洪烈矣今復君丞相君其勿辭

十二年八月丞相亮卒以丞相留府長史蔣琬爲尚書令總統國事亮密表後主曰臣若不幸後事宜付琬

十三年四月進蔣琬位爲大將軍錄尚書事以後軍師費禕爲尚書時戰國多事公務煩猥禕識悟過人每省讀書記舉目暫視已究其旨矣

延熙二年三月進蔣琬位爲大司馬

六年十一月以尚書令費禕爲大將軍錄尚書事

十年以偏將軍姜維與大將軍費禕共錄尚書事

十九年春進姜維位爲大將軍

吳大帝黄武元年以車騎長史孫邵爲丞相
四年六月以大嘗顧雍爲丞相
赤烏七年正月以上大將軍陸遜爲丞相詔曰朕以不德應期踐運王途未一姦宄充路夙夜戰懼不遑鑒寐惟君天資聰叡明德顯融統任上將佐國弭難夫有超世之功者必膺光大之寵懷文武之才者必荷社稷之重昔伊尹隆湯呂尚翼周内外之任君實兼之今以君爲丞相使持節守太嘗傅士授印綬君其茂昭明德修乃懿績敬服王命綏靖四方於乎總司三事以訓群僚可不敬與君其勗之其州牧都護

領武昌事如故
九年九月以驃騎將軍步隲爲丞相
十二年四月以驃騎將軍朱據領丞相
廢帝亮建興元年閏四月以太子太傅諸葛恪爲太傅太嘗勝胤爲衛將軍領尚書事
二年十月以武衛將軍孫峻爲丞相
景帝休永安元年十月以大將軍孫綝爲丞相
十一月詔曰大將軍掌中外諸軍事事統煩多其加衛將軍御史大夫恩侍中與大將軍分省諸事
五年十月以衛將軍濮陽興爲丞相
後主皓寶鼎元年八月以鎮西大將軍陸凱爲左丞相嘗侍萬彧爲右丞相
三年二月以左右御史丁固孟仁爲司徒司空
建衡三年詔曰武昌督范慎勳德俱茂朕所敬憑宜登上公以副衆望以爲太尉
天紀三年八月以軍師張悌爲丞相牛渚都督何植爲司徒執金吾滕循爲司空
宋高祖永初元年六月以相國諮議參軍王弘爲侍中錄尚書事
二年正月以尚書僕射徐羨之爲尚書令楊州刺史

三年正月以尚書令徐羨之爲司空錄尚書刺史如故
少帝即位初以尚書僕射傅亮爲中書監尚書令司空徐羨之領軍謝晦輔政
文帝元嘉元年八月進司空徐羨之爲司徒江州刺史王弘位司空尚書令傅亮左光祿大夫
三年正月以江州刺史王弘爲司徒録尚書事
九年三月進衛將軍王弘爲太保加江州刺史檀道濟爲司空
孝武帝大明三年八月以南兖州刺史沈慶之爲司

空（時王僧達爲中書令中失年月）
前廢帝景和元年八月以始興公沈慶之爲太尉
後廢帝卽位初以尚書令袁粲護軍將軍褚淵共輔
朝政
元徽二年九月以袁粲爲中書監領司徒褚淵爲尚
書令
順帝昇明元年七月卽位領軍將軍蕭道成出鎮東
城輔政（臣欽若等曰此後南齊太祖所進官爵並具閏位勳業門梁陳二祖亦同）以袁粲
爲中書監司徒
二年二月以褚淵爲中書監司空

南齊太祖建元元年正月以司空褚淵爲司徒
武帝卽位初以司徒褚淵錄尚書事尚書左僕射王
儉爲尚書令輔政
永明十一年正月以驃騎大將軍豫州刺史王敬則
爲司空
海陵王卽位初以車騎大將軍陳顯達爲司空前司
空王敬則爲太尉
明帝建武元年十月以司空陳顯達爲太尉
東昏侯卽位初內外衆事無大小委中書監徐孝嗣
右僕射江祏侍中江祀衛尉卿劉暄領軍蕭坦之始
安王遥光時呼六貴皆宰相也
永元元年八月以徐孝嗣爲司空
和帝中興元年十二月以征東大將軍蕭衍爲大司
馬錄尚書事驃騎將軍楊州刺史
梁高祖天監元年四月以相國左長史王瑩爲中書
監
二年六月以新除左光祿大夫謝朏爲司徒尚書令
九年正月以太常卿王亮爲中書令
十一年正月以驃騎將軍王茂爲司空
普通三年正月以尚書令袁昂爲中書監

中大通四年正月尚書令袁昂進位司空
大通五年十二月以吳郡太守謝舉爲中書監
元帝承聖三年三月以司徒王僧辯爲太尉（僧辯爲司徒時帝居王位承制除之）護將軍郢州刺史陸法和爲司徒
敬帝卽位初以太尉王僧辯爲中書監錄尚書事
太平元年七月以開府儀同三司侯瑱爲司空
後梁宣帝卽位以雍州刺史蔡大寶爲侍中尚書令
明帝嗣位以尚書令蔡大寶爲司空中書監郢州刺
史王操爲侍中尚書令
陳高祖永定元年卽位以梁州左氏尚書沈衆爲中

書令

二年正月以車騎將軍侯瑱爲司空（時尚書左僕射王通中書令謝哲並兼太宰史失年月）

文帝即位初以司空侯瑱爲太尉以南豫州刺史侯安都爲司空以南徐州刺史徐度爲侍中

廢帝即位初以中軍大將軍徐度爲司空

光大元年三月以尚書左僕射沈欽爲侍中尚書僕射

宣帝大建八年二月以開府儀同三司吳明徹爲司空（帝即位後章昭達爲司空王勵爲中書監史失年月）

後主時江總爲尚書令姚察沈文理爲侍中（史失年月）

東魏孝靜帝天平元年正月即位軍國政事皆歸於丞相高歡以開府儀同三司高盛爲司徒高昂爲司空

二年三月以司徒高盛爲太尉司空高昂爲司徒

三年二月以司徒大行臺竝州刺史高澄入輔朝政

興和元年正月以尚書令孫騰爲司徒

三年十一月以度支尚書胡僧敬爲司空

四年四月以尚書右僕射高隆之爲司空

武定元年五月以吏部尚書侯景爲司空

二年三月以開府儀同三司孫騰爲大保以高澄爲大將軍領中書監

十一月以前大司馬婁昭爲司徒

三年十二月以司空侯景爲司徒以中書令韓軌爲司空（軌爲中書令史失其年月）

五年五月以開府儀同三司庫狄千爲太師以錄尚書事孫騰爲太傅以汾州刺史賀拔仁爲太保以司空韓軌爲司徒以領軍將軍可朱渾道元爲司徒

六年三月以開府儀同三司高岳爲太尉

七年十月以開府儀同三司潘相樂爲司空

十二年以幷州刺史彭樂爲司徒

八年二月以尚書令高隆之爲太保

北齊文宣帝天保元年六月以太師庫狄千爲太宰司徒彭樂爲太尉司空潘相樂爲司徒開府儀同三司司馬子如爲司空

三年六月以前司空司馬子如爲太尉

五年八月以前司空尉粲爲司徒（粲爲司空史失年月）

八年四月以太師咸陽王斛律金爲右丞相前大將軍扶風王可朱渾道元爲太傅開府儀同三司賀拔仁爲太保

九年十二月以太傅可朱渾道元爲太師徒尉粲爲太尉冀州刺史段韶爲司徒

廢帝卽位初以右丞相斛律金爲左丞相司空段韶爲司徒

武成帝卽位初以太尉尉粲爲太保以豐州刺史婁叡爲司空

河清元年七月以大司馬段韶爲太傅以司空婁叡爲司徒以尚書令斛律金爲司空

三年三月以司空斛律光爲司徒

五年以前司徒婁叡爲太尉以太傅段韶爲太師

十二月以太師段韶爲太宰以司徒斛律光爲太尉

後主天統元年四月以太保賀拔仁爲太師太尉侯莫陳相爲太保瀛州刺史尉粲爲大尉

二年十二月以大保侯莫陳相爲大傅

三年八月太上皇詔以太宰大司馬婁叡爲太傅大將軍斛律光爲大保

四年三月以開府儀同三司徐顯秀爲司空

五年三月以司空徐顯秀爲大尉

十一月以太保斛律光爲太傅大司馬

武平元年二月以太傅斛律光爲右丞相

二年二月以錄尚書事趙彥深爲司空

十一月以右丞相斛律光爲左丞相

四年四月以開府儀同三司趙彥深爲司空

六年以錄尚書事高阿那肱爲司徒

十二月以司徒高阿那肱爲右丞相

六年閏八月以司空趙彥深爲司徒斛律光河列羅爲司空臣欽若等按北齊書後王時和士開唐邕魏休段孝言楊休之並爲中書監眦烈長叉崔季舒張彫唐爲侍中史失其年月

梁太祖開平元年五月以唐朝宰臣張文蔚楊涉並爲門下侍郎平章事以御史大夫薛貽矩爲中書侍郎平章事

是月以清州節度使韓建守司徒平章事帝以建有文武材且詳於稼穡利害軍旅之事籌度經費欲盡詢焉恩澤特異于時罕有比者隨拜爲上相賜賚甚厚

二年四月以吏部侍郎于兢爲中書侍郎平章事以翰林奉旨學士張策爲刑部侍郎平章事時帝在澤州拜二相於行在

三年九月太常卿趙光逢爲中書侍郎平章事翰林學士奉旨工部侍郎知制誥杜曉爲尚書戶部侍郎

平章事

十一月戊午御文明殿册太傅張宗奭爲太保韓建受册畢金吾仗引昇輅車儀仗導謁太廟訖赴尚書省上

末帝卽位初以御史大夫姚洎爲中書侍郎平章事

貞明二年八月以太子太保致仕趙光逢爲司空兼門下侍郎平章事弘文館大學士延資庫使充諸道鹽鐵轉運使

十月以中書侍郎兼吏部尚書同平章事敬翔爲右僕射兼門下侍郎平章事監修國史判度支以中書

侍郎同平章事鄭珏爲刑部尚書平章事集賢殿大學士判戶部 臣欽若等曰敬翔庶人友珪時僞署爲相鄭珏初相時史失其年月

四年四月以吏部侍郎蕭頃爲中書侍郎同平章事

六年四月以尚書左丞相李琪爲中書侍郎平章事

選將

夫廉閫餘之數王征伐之柄曷嘗不愼擇英傑爲之將領付以師旅之重委之討襲之事因之以夷勍敵剪通寇震揚武怒燀燿威靈而克昌於甚緒而咸寧其守宇焉若夫詩禮兼資是爲義府仁賢竝用叶于善經盖夫制中權握兵要爲王者之爪士乃生民之司命鑒門之舉善敗攸繫閫韡之思倚舃斯在固宜審其才致諒其誠心然後分之以注意之任責之以維揚之効者也

秦始皇初爲秦王既滅三晉走燕王而數破荆師秦將李信者少年壯勇嘗以兵數千逐燕太子丹至於衍水中卒破得丹始皇以爲賢勇於是始皇問李信吾欲攻取荆於將軍度用幾何人而足信曰不過用二十萬人始皇問王翦曰非六十萬人不可始皇曰王將軍老矣何怯也李將軍果勢壯勇其言是也遂使李信及蒙恬將二十萬南伐荆王翦言不用因謝

病歸老於頻陽李信攻平與蒙恬攻寢今因使寢兵大破荆軍信又攻鄢郢破之於是引兵而西與蒙恬會城父荆人因隨之三夜不宿舍大破李信軍入兩壁殺七都尉秦軍走始皇聞之大怒自馳如頻陽見謝王翦曰寡人以不用將軍計李信果辱秦軍今聞荆兵日進而西將軍雖病獨忍棄寡人乎王翦謝曰老臣罷病悖亂唯大王更擇賢將始皇謝曰已矣將軍勿復言王翦曰大王必不得已用臣非六十萬人不可始皇曰唯聽將軍計耳於是王翦大破荆軍平荆地爲郡縣

蜀先主初爲漢中王遷治成都當得重將以鎮漢川衆論以爲必在張飛飛亦以心自許先主乃拔牙門將軍魏延爲督漢中鎮遠將軍領漢中太守一軍盡驚先主大會羣臣問延曰今委卿以重任卿居之欲云何延對曰若曹操舉天下而來請爲大王拒之偏將十萬之衆至請爲大王呑之先主稱善衆咸壯其言

張飛爲車騎將軍領司隷校尉進封西鄉侯策曰朕承天序嗣奉洪業除殘靖亂未燭厥理今寇虜作害民被荼毒思漢之士延頸鶴望朕用怛然坐不安席

食不甘味整軍誥誓將行天罰以君忠毅侔蹤召虎宣功遐邇故特顯命高墉進爵監司于京其誕將天威柔服以德伐叛以刑稱朕意焉詩不云乎匪疚匪棘王國來極肇敏戎功用錫爾祉可不勉歟

馬超爲驃騎將軍領凉州牧進封斄鄉侯策曰朕以不德獲繼至尊奉承宗廟曹操父子世載其罪朕用慘怛疢如疾首海内怨憤歸正反本曁于氐羌率服獯鬻慕義以君信著北土威武並昭是以委任授君抗颺虓虎兼董萬里求民之瘼其明宣朝化懷保遠邇肅慎賞罰以篤漢祜以對于天下

吳大帝時偏將軍領尋陽呂蒙克皖還尋陽未幾而廬陵賊起諸將討擊不能擒大帝曰鷙鳥累百不如一鶚復命蒙討之蒙至誅其首惡餘皆釋放復爲平民

朱據字子範大帝咨嗟少卒發憤嘆息追思呂蒙張溫以爲據才兼文武可以繼之繇是拜建義校尉領兵屯湖熟

宋高祖初譙縱叛亂自稱成都王帝以西陽太守朱齡石爲益州刺史寧朔將軍臧熹下邳太守劉鍾蘭陵太守蒯恩等率衆二萬自江陵討縱初謀元帥僉

難其人齡石資名素淺帝違衆拔之授以麾下之半臧熹帝后弟也位出其右又隸焉及戰克捷衆咸服帝之知人又美齡石之善於其事

南齊太祖建元二年以柳世隆進號安南將軍是時魏寇壽陽帝勑世隆曰歷陽城大恐不可卒治安近斷隔之深爲保固處分百姓若不將家守城單身亦難可委信也尋又勑曰吾更歷陽外城若有賊至即勒百姓守之故應勝割棄也垣崇祖既破虜上欲罷併二豫勑世隆曰比思江西蕭索二豫兩辦爲難議者多云省一是一於事爲便吾謂非乃乖謬卿以爲

云何可共以聞
武帝永明二年江州蠻動劭寧朔將軍曹虎領軍戍尋陽除游擊將軍輔國軍主
蕭景先爲征虜將軍丹陽尹永明五年羌人桓天生引蠻虜於雍州界上司部以北人情騷動帝以景先諸究司土詔曰得雍州刺史張瓌啓事蠻虜相扇容或侵軼邊壘有警宐時剿動可遣征虜將軍丹陽尹景先總率步騎直指義陽可假節司州諸軍皆授節度景先至鎮屯軍城北百姓乃安牛酒來迎軍
明帝時陳顯達爲太尉侍中時虜頻寇雍州衆軍不

捷失沔北五郡永泰元年乃遣顯達北討詔曰晉氏中微宋祚綴謝藩臣外叛要荒內侮天未悔禍左衽亂華巢穴神州遂移年載朕嗣膺景業踵武前王靜言隆替思寧區夏但多難甫夷恩化肇洽興師擾衆非政所用思戢遠圖權緩北略冀戎夷知義懷我好音而凶醜剽狡專事侵掠驅扇異類而蟻聚西偏乘彼自來之資撫其天亡之會軍無再駕民不重勞傳檄以定三秦一麾而平禹跡在此舉矣且中原士庶久望皇威乞師請援結軌馳道信不可失時豈終朝宜分命方嶽因茲大號侍中顯達可暫輟槐陰指授羣率中死纂嚴加顯達使節向襄陽
梁高祖天監四年冬十月丙午北伐以中軍將軍揚州刺史臨川王宏都督北討諸軍事尚書右僕射柳惔爲副
普通二年秋七月丁酉假大匠卿裴邃節督衆軍北討
五年六月庚子以員外散騎常侍元樹爲平北將軍北青兗二州刺史率衆北伐
六年春正月詔曰廟謨以定王略方舉侍中領軍將軍西昌侯藻可便親戎以前啓行鎮北將軍南兗州

刺史豫章王綜董馭雄傑風馳電邁其餘衆軍計日差遣初中後師善得嚴辦朕當六軍雲動飛舟濟江
五月壬子遣中護軍夏侯亶督壽陽諸軍北伐
大通元年十二月乙卯以中護軍蕭淵藻爲北討都督征伐大將軍鎮渦陽
中大通六年冬十月丁卯以信武將軍元慶和爲鎮北將軍率衆北伐
孝元帝承聖二年十一月遣豫州刺史侯瑱據東關壘徵吳興太守裴之横師衆繼之
王僧辯爲車騎大將軍在揚州西魏相宇文泰遣兵

及岳陽王詧合五萬將襲江陵元帝遣主書李膺徵僧辯於建業爲大都督荆州刺史別勅僧辯云泰背盟忽便舉斧國家猛將多在下流荆峽之衆悉非勁勇公宜率衆鵝虎星言就路倍道兼行赴倒懸也僧辯因命豫州刺史侯瑱等爲前軍兗州刺史杜僧明等爲後軍處分旣畢乃謂膺云泰兵驍猛難與爭鋒衆軍若集吾便直指漢江截其後路凡千里匱糧尚有飢色况賊越數千里者乎此孫臏克龐涓時也

陳宣帝時朝議北伐帝謂左僕射徐陵曰朕意已決卿可擧元帥衆議咸以中權將軍淳于量位重共著

推之凌獨曰不然吳明徹家在淮左悉彼風俗將略人才當今亦無過者於是爭論纍日不能決都官尚書裴忌曰臣同徐僕射凌應聲曰非但明徹良將裴忌郎良副也是日詔明徹爲大都督令忌監軍事遂克淮南數十州之地

北齊文襄時高岳討侯景未克文襄欲遣潘相樂副散騎常侍陳元康曰相樂緩於機變不如慕容紹宗且先王有命稱其堪敵侯景公但推赤心於此人則侯景不足憂也是時紹宗在遠帝欲召見之恐其驚叛元康曰紹宗知元康特蒙有待新使人來餉金以致其誠款元康欲安其意故受之而厚答其書保無異也帝乃任紹宗遂以破景

梁太祖開平元年八月以潞州軍前屯師旅壁壘未收乃別議戎師於是以亳州刺史李思安克潞州行營都統

五年正月詔曰徵陝州鎮國軍節度使楊師厚至京見于崇勳殿帝指授方略依前克北面都招討使恩賚甚厚使督軍進發

冊府元龜

巡按福建監察御史臣李嗣京　訂正

新建縣舉人臣戴國士　參閱

知建陽縣事臣黄國琦　較釋

閏位部一十九

倚任

夫作朕心膂使如臂指其倚任之謂乎三正既往嬴氏獨立然強兵之重必委謀臣及梁益負阻江吳分據取威定霸得士者昌南北變風政俗有異賢哲是賴寵用彌篤蓋以其才畧明達優用謹飭將名依重

舊德斯茂亦以攀附自始勤勞夙夜凡所更事允合上意繇是小大之務中外迭處榮侍左右斯須罔離或疇咨機謀款密曲盡靡限資地專委要劇乃至總統政治或取論决形於付囑無所嫌間非夫忠信博厚之君子孰克荷於待遇者哉

秦始皇時蒙恬北逐戎狄收河南築長城威振匈奴始皇甚尊寵蒙氏信任賢之而親近恬弟毅位至上卿出則參乘入則御前恬任外事而毅常爲內謀名爲忠信故雖諸將莫敢與之爭焉

蜀先主病篤詔諸葛亮囑以後事又勑後主曰汝與丞相從事事之如父

龐統字士元蜀先主大器之以爲治中從事親待亞於諸葛亮遂與亮並爲軍師中郎將

董和字幼宰劉璋以爲益州太守先主定蜀徵和爲掌軍中郎將與軍師將軍諸葛亮並署左將軍大司馬府事獻可替否共爲歡交

後主建興元年封諸葛亮武鄉侯開府治事頃之又領益州牧政事無巨細咸決於亮

蔣琬後主時爲尚書令總統國事費禕爲大將軍錄尚書事自琬及禕雖自身在外慶賞威刑皆遙先諮斷然後乃行其推任如此

吳孫策以虞翻爲功曹策謂翻曰孤昔再至壽春見馬日磾及與中州士大夫會語我東方人多才耳但恨學問不博語議之間有所不及耳孤意猶謂未耳卿博學洽聞故前欲令卿一詣許交見朝士以折中國妄語兒卿不願行便使子綱恐子綱不能結兒輩舌也翻曰翻是明府家寶而以示人人儻留之則去明府良佐故前不行耳策笑曰然因曰孤有征討事未得還府卿復以功曹爲吾蕭何守會稽耳後三日便遣翻還郡

大帝以張紘爲會稽東部都尉時帝以承紘春秋方富大夫人以方外多難深懷憂勞數有優令辭謝付囑以輔助之義紘輙拜牋荅謝思惟補察每有異事密計及章表書記與四方交結常令紘與張昭草創撰作及帝討江夏以東部少事命紘居守遥領所職

甘寧字興霸以歸吳周瑜呂蒙共薦達帝加異同於舊臣寧乃陳計於帝宜先取黃祖西據楚關可漸窺巴蜀帝深納之張昭時在坐難曰吳下業業若軍果行恐必致亂寧謂昭曰國家以蕭何之任付君君居守而憂亂奚以希慕古人乎帝舉酒囑寧曰興霸今

年行討如此酒矣决以付卿但當勉建方畧令必克祖則卿之功何嫌張長史之言乎寧遂西果擒祖獲其士衆遂授寧兵屯當口

薛綜赤烏中爲太子少傅領選職綜以名儒居師傅之位仍兼選舉甚爲優重

陸遜爲荆州牧時劉備病亡子禪襲位諸葛亮秉政與大帝連和時事所宜帝輙令遜語亮幷刻帝印以置遜所帝每與禪亮書常過示遜輕重可否有所不安便令改定以印封行之遜嘗陳便宜勸以施德緩刑寬賦息調云忠讜之言不能極陳求容小臣數以利聞帝報曰夫法令之設欲以遏惡防邪儆戒未然也焉得不有刑罰以威小人乎此爲先令後誅不欲使有犯者耳君以爲太重者孤亦何利其然但不得已而爲之耳今承來意當重諮謀務求其可且近臣有盡規之諫親戚有補察之箴所以規君正主明忠信也書載予違汝弼汝無面從孤豈不樂忠信言以自裨補邪而云不敢極陳何得爲忠讜哉若小人之忠有可納用者寧得以人廢言而不採擇乎但諂媚取容雖闇亦有明識也至於發調者徒以天下未定事以衆濟若徒守江東修崇寛政兵自足用何用

多爲顧坐自守可陋耳若不豫調恐臨時未可便用也又孤與君分義特異榮戚實同來表云不敢隨衆容身苟免此實甘心所望於君也於是令有司盡寫科條使郎中褚逢賫以就遜其諸葛瑾意所不安令損益之

是儀字子羽漢末依劉繇避亂江東繇軍敗儀從會稽大帝承攝大業徵儀到見親任專典機密拜騎都尉後破曹休入闕省尚書事分總平諸官兼領辭訟又令教諸公子書學

朱桓爲前將軍領青州牧因事託狂發詣建業治病

大帝使子異攝領部曲令醫視護數月復遣還屯帝自出祖送謂曰今寇虜尚存王塗未一孤當與君共定天下欲令君督五萬人專當一面以圖進取想君疾未復發也桓曰天授陛下聖姿當君臨四海猥重任臣以除姦逆臣疾當自愈

呂範爲征虜中郎將征江夏還平鄱陽孫策薨奔喪於吳大帝復征江夏範與張昭留守又爲裨將軍領彭澤太守劉備詣京見帝範密請劉備後遷平南將軍屯柴桑帝討關羽過範館謂曰昔早從鄉言無此勞也今當上取之卿爲我守建業

宋高祖初謝景仁爲高祖鎮軍司馬尋遷吏部尚書時從兄混爲左僕射依制不得相臨高祖啓晉帝依僕射王彪之尚書王彧前例不解職

劉粹爲中軍諮議參軍盧循逼京邑京口任重高祖使粹奉文帝鎮京城轉游擊將軍

朱齡石爲左將軍高祖北伐配以兵力守衛殿省劉穆之甚加信仗內外諸事皆與謀焉

王鎮惡平長安高祖留第二子桂陽公義真爲安西將軍雍秦二州刺史鎮惡以征虜將軍領安西司馬馮翊太守委以扞禦之任

謝晦爲侍中轉領將軍散騎常侍依晉中羊祜故事入直殿省總統宿衛高祖不豫給班劍二十人與尚書令徐羨之中書令傅亮鎮北將軍檀道濟並侍醫藥高祖晏駕領軍同被顧命輔政

孟懷玉爲江州刺史督江州豫州之西陽新蔡汝南潁川司州之松滋六郡諸軍事南中郎將刺史如故時荆州刺史司馬休之居上流有異志故高祖授懷玉此任以防之

沈林子爲高祖參軍有功朝議欲授以一州八郡高祖器其才智不使出也故出任以來便管軍要自非

戎車所指未嘗外典焉後文帝出鎮荆州議以林子及謝晦爲左籓高祖曰吾不可頃刻無二人林子行則晦不宜出乃以林子爲中郎晦爲中兵

文帝時沈璞爲揚州刺史始興王濬主簿時順陽范曄爲長史行州事曄性頗疎帝詔璞謂曰王畿之政既不可不理濬以弱年臨州萬物皆屬耳目賞罰得失特宜詳慎范曄性疎必多不同卿腹心所寄當密以在意彼雖行其實委卿璞以任遇既深乃夙夜匪懈其有所懷輒以密啓每至施行必從中出曄正謂聖明留察故深更恭慎而莫見其際也

謝弘微文帝即位爲黄門侍郎與王華王曇首殷景仁劉湛等號曰五臣遷尚書吏部郎參預機密尋轉右衛將軍諸故吏臣並弘微選擬

沈演之爲右衛將軍范曄爲左衛將軍二人對掌禁旅同參機密演之又爲吏部尚書兼太子右衛率雖未爲宰相任寄不異也素有心氣疾病歴年文帝使臥疾治事

何尚之爲尚書左僕射致仕於方山著退居賦以見志詔書敦勸文帝又與江夏王義恭詔曰今朝賢無多且羊孟尚不得告謝（羊即羊玄保孟即孟顗）尚之任遇有殊

便未宜申許耶義恭荅曰尚書清志貞固歴事唯允雖年在懸車而體猶克壯未相申許下情所同尚之復攝職既還任事帝待之愈隆是時復遣軍北伐資給戎旅悉以安之

王弘爲侍中鎮江州時徐羨之等以廢殺之罪將見誅弘既非首謀弟曇首又爲文帝所親委事將發密使報弘羨之等誅徵弘爲侍中司徒揚州刺史録尚書給班劒三十人帝西征謝晦弘與驃騎彭城王義康居守入住中書下省引隊仗出入司徒府權置參軍

殷景仁爲侍中元嘉三年車駕征謝晦司徒王弘入居中書不省景仁張直共掌留任晦平代到彦之爲中領軍侍中

戴法興爲文帝征虜記室史補典籤帝即位法興與典籤戴明寶蔡閑累遷南臺侍御史兼中書通事舍人法興等專管內務權重當時轉給事中太子旅賁中郎將孝武親覽朝政不任大臣而腹心耳目不得無所委寄法興頗知今古素見親待雖出侍東宮而意任隆密魯郡巢尚之人士之秀元嘉中侍始與王濬讀書亦涉獵文史爲帝所知孝建初補東海國侍

郎仍兼中書凡選授遷轉誅賞處分帝皆與法興尚之參書

徐爰爲員外散騎侍郎文帝每出軍行師授兵略王玄謨等北伐配爰五十人隨軍向碻磝御中旨臨時宣示

沈慶之爲太子步兵校尉北伐屢有謀議文帝謂之曰河上處分皆合事宜惟恨不棄碻磝耳卿在左右又偏解我意正復違詔濟事亦無嫌也

孝帝即位何偃遷侍中領驍騎將軍親遇隆密有加舊臣劉廷孫孝武即位侍中累遷尚書右僕射大明

中爲鎭軍將軍南徐州刺史先是高祖遺詔京口要地去都邑密邇自非宗室近戚不得居之延孫與帝室雖同是彭城人別屬呂縣劉氏居彭城縣者又分爲三里帝室居綏輿里左將軍劉懷肅居安上里豫州刺史劉懷武居叢亭里三里及呂縣凡四劉雖同出楚元王繇來不序昭穆延孫於帝本非同宗不應有此授時司空竟陵王誕爲徐州孝武深相畏忌不欲居京口遷之於廣陵廣陵與京口對岸欲使腹心爲徐州據京口以訪誕故以南徐授延孫而與之合族使諸王序親

劉道隆爲龍驤將軍孝武分麾下以爲三幢道隆與中兵參軍王謙之馬文恭各領其一大明中歷黃門侍郎徐青冀三州刺史前廢帝景和中爲右衛將軍委以腹心之任

顏峻爲吏部尚書南郡王義宣臧質等反以峻兼領軍義宣質諸子藏匿建康秣陵湖孰江寧縣界孝武大怒免丹陽尹褚湛之官收四縣官長以峻爲丹陽尹加散騎常侍

顏師伯爲侍中親幸隆密群臣莫二遷吏部尚書右軍如故孝武不欲威柄在人親監庶務前後領選者唯奉行文書師伯專情獨斷奏無不可其後孝武遺詔江夏王義恭解尚書令加中書監柳元景領尚書令入住城內事無巨細悉關二公大事與沈慶之參斷若有軍旅征討悉委慶之總統尚書中書事委師伯外監所統委王玄謨

王玄謨爲金紫光祿大夫領大常及建明堂以本官領起部尚書又領北選與柳元景俱受孝武顧命以外監事委玄謨

明帝時沈攸之監豫州之西陽司州之義陽二郡軍事鎭號進軍將軍泰豫元年與蔡興宗同預顧命進

號安西將軍加散騎常侍給皷吹一部未拜會巴民李承明反執大守張澹蜀土騷擾時荊州刺史建平王景素被徵新除荊州刺史蔡興宗未之鎭乃遣攸之權行荊州事攸之既至會承明已平仍以攸之都督荊襄益梁寧南北秦八州諸軍事鎭西將軍荊州刺史持節常侍如故

王景文爲鎭南將軍江州刺史徵爲左僕射領吏部楊州刺史加太子詹事屢辭內授明帝手詔譬之曰尚書左僕射卿已經此任東宮詹事用人雖美職次正可比中書令耳庶姓作楊州徐干木王休元殷鐵

並處之不辭卿清令才望何媿休元毗贊中興豈謝干木綢繆相與何後殷鐵耶司徒以宰相不應帶神州遠遵先旨京口鄉基義重密邇畿内又不得不用驃騎陜西任要𨂰來用宗室驃騎既去巴陵理應居之中流雖曰閑地控帶二江通接荆郢經途之要𨂰來有重鎮如此則揚州既闕刺史卿若有辭更不知誰應處之此選大備與公卿疇懷非聊爾也

袁粲爲尚書令與左僕射褚淵中領軍劉勔並受明帝顧命加班劒三十人鼓吹一部又云蒼梧王立齊太祖於袁粲褚淵劉秉共掌機事更日入直决事號爲四貴秦時有穰侯華陽高陵涇陽君稱爲四貴至是乃復有焉

南齊張岱仕宋孝武時爲驃騎長史領廣陵太守新安王子鸞以盛寵爲南徐州刺史郡屬爲高選佐史帝召岱謂之曰卿美効夙着兼資宦已多今欲用卿爲子鸞佐總刺史之任無謂小屈終當大伸也

劉懷珍仕宋明帝時爲巴陵王景素征西右司馬寧朔將軍帝手詔懷珍曰卿性忠讜吾所委賴在彼與年少共事不可洋存受益景素乃隹但不能接物頗亦惰事卿每諫之懷珍奉旨帝寢疾又詔懷珍曰卿不應乃作景素佐才舊所寄今徵卿參二衛直後爲太祖太宰參軍時虜圍泗口懷珍將兵數千破之拜建武將軍樂陵河間二郡太守賜爵廣晉縣侯明年懷珍啓求還孝武答曰邊維須才未宜陳請

李安民仕宋明帝時爲寧朔將軍山陽太守三巴擾亂太守張濟棄涪城走以安民假節度都督討蜀軍事輔師將軍五獠亂漢中勑安民廻軍至魏興事寧還至夏口後廢帝元徽初除督司州軍事司州刺史領義陽太守假節度將軍如故別勑安民曰九江防邊備禦宜重今有此授以增鄖郢之勢無所致辭也

太祖時蘇偘爲太祖冠軍錄事參軍是時張永沈攸之敗後新失淮北始宋朝遣太祖北伐不滿千人每

歲秋冬間邊淮騷動常恐虜至太祖廣遣偵候安集荒餘又嘗繕城府在兵中久見疑於時太祖乃作塞客吟以喻志偘達帝此旨更自勤勵委以府事深見知待又沈昭略有剛氣昇明末爲相國西曹太祖賞之及卽位謂王儉曰南士中有沈昭略何職處之儉曰臣已有擬奏轉前軍將軍帝不欲遠可其奏尋遷爲中書郎爲桂武將軍桂陽王作難詔復以偘爲平南錄事領軍主從頓新亭使分金錢賜諸將事寧除步兵校尉又爲黃門郎領射聲校尉任以心膂

垣崇祖爲豫州刺史進號平西將軍太祖遣使入關

參虜消息還勑崇祖曰卿視吾是守江東而已耶所少者食卿但努力營田自然平殄殘醜勑崇祖修治芍陂田

江謐爲左民尚書諸皇子出閤用文武主帥皆以委謐太祖尋勑選曰江謐寒士誠當不得競等儕然甚有才幹堪爲委用可遷掌吏部謐才長刀筆所在事辦

劉懷慰初與帝善齊國建帝欲置齊郡於京邑議者以江右土沃流民所歸乃治瓜步以懷慰爲輔國將軍齊郡太守帝謂懷慰曰齊邦是王業所基吾方以

爲顯任經理之事一以委卿又手勑曰有文事者必有武備今賜卿玉環刀一口

劉善明爲右衛將軍太祖踐祚以善明勳臣欲與善明祿詔謂之曰淮南近畿國之形勝自非親賢不使居之卿爲我卧治也代明帝爲征虜將軍淮南宣城二郡太守遣使拜授封新塗伯邑五百户

桓康爲游擊將軍太祖謂康曰卿隨我日久未得方伯亦當未解我意正欲與卿先共滅虜耳魏軍既動遣康行假節濮陽太守驍騎將軍

陳顯達爲護衛將軍建元二年元魏冦壽陽淮南江北百姓騷動帝以顯達爲吏部侍郎持節散騎常侍都督南兗徐青冀兗五州諸軍事平北將軍南兗州刺史鎮之虜退帝勑顯達曰虜經破散後當無復犯關理但國家邊防自應過存備豫

宋元嘉二十七年後江夏王祚南兗徙鎮盱眙沈司空亦以孝武初鎮彼正當以淮上要於廣陵耳卿謂前代此處分云何今僉議皆云卿應據彼地吾未能決乃當以擾動文武爲勞若是公計不得憚之

柳世隆建元三年出爲使持節督南兗兗徐青冀五州軍事安北將軍南兗州刺史江北畏虜冦騷動不

安太祖勑世隆曰比有北信賊猶治兵在彭城年已垂盡或當未必送死然豺狼不可以理推或爲備不可懈彼郭既無關要用宜開除使去金城也此正佳耳發民治之無嫌若作三千人食者已有幾米可指牒付信還人間若有丁多而細口少者悉令成之非疑也又勑曰昨夜得北使啓鍾離間賊已渡淮既呼送死便當制加勦撲卿好叅候之有急令諸小戍還鎮不可賊至不覺也賊既過淮不容爾退散要應處送死者定攻壽陽吾當遣援軍也又遣軍助世隆竝給軍糧虜退帝欲上斷江北又勑世隆曰呂安國近在

西土斷郢司二境上雜民殆無驚恐近又令垣豫州斷其州内商得崇祖啓事已行竟近無云殊稱前代舊意卿視究部中可行此事不若無所擾者便就手也其見親委如此

荀伯玉爲輔國將軍武帝初在東宫用事不法任左右張景真多僭侈伯玉密啓太祖收景真殺之太祖嘉伯玉盡心愈見親信軍國密事多委使之時人爲之語曰十勑五令不如荀伯玉命太祖末年指伯玉謂武帝曰此人事我忠我身後人必爲其作口過汝勿信也可令往東宫長侍

武帝時曹虎爲廣陵太守帝勑虎曰廣陵須心腹非吾意可委者不可得處此任隨郡王子隆代邑巴東王子響爲荆州備軍容西上以虎爲輔國將軍鎮西司馬南平内史

王儉爲左僕射領選太子少傅衛將軍丹陽尹武帝深委仗之士流選用奏無不可五年即本號開府儀同三司固讓六年重申前命先是詔儉三日一還朝尚書令史出外諮事帝以往來煩數復詔儉尚書下省十日出外

蕭諶爲步兵較尉武帝齋内兵仗悉付之心膂密事皆使參掌除正員外郎轉左中郎將後軍將軍太守如故武帝卧疾延昌殿勑諶左右宿直鬱林即位深委信諶每請急須出帝通夕不寐諶還乃安

張欣泰累除尚書都官郎武帝與欣泰早經款遇及即位以爲直閤將軍領禁旅

蔡約爲宜都王冠軍長史淮南太守行府州事武帝謂約曰今用卿爲近藩上佐想副我所期約曰南豫密邇京師不治自理臣亦何人爝火不息

樂藹爲荆州刺史豫章王嶷主簿後爲大司馬中兵參軍轉署記室永明八年荆州刺史巴東王子響稱

兵反旣罷焚燒府舍官曹文書一時蕩盡武帝引見藹問以西事藹上對詳敏帝悅爲用爲荆州治中勑付以修復府州事藹還州繕修廨署數百區戢軍而後不及民荆郢以爲自晉王悅移鎮以來府舍未之有也

崔文仲爲徐州刺史時淮北義民桓磊磈於抱犢固與虜戰大破之文仲馳啓帝勑曰此間起義者衆深恐良會不再至卿善獎沛中人若能一時攘袂當遣一佳將直入也

明帝永泰元年遺詔曰徐孝嗣可重申八命中書監

本官悉如故沈文季可左僕射常侍護軍如故江祏
可右僕射江祀可侍中劉暄可衛尉卿軍政大事委
陳太尉内外衆事無大小委徐孝嗣遥光坦之江祏
其大事與沈文季江祀劉暄參懷心膂之任可委劉
悛蕭惠休崔惠景
沈文季爲護軍將軍王敬則反詔文季領兵屯湖頭
備京路隆昌元年復爲領軍侍中如故後豫廢鬱林
明帝欲以文帝爲江州遣左右單景雋宣旨文季口
自陳讓稱年老不願外出因問右執法有人未景雋
還具言之延興元年遷尚書右僕射後同受顧命因
冊府元龜 閏位部 倚任 卷之二百 十七
褚淵轉吏部尚書建安王休仁南討義嘉賊屯鵲尾
遣淵詣軍選將帥以下勳階得自專決又朝廷機事
多與諮謀每見從納禮遇甚重淵後爲吳郡太守明
帝寢疾危殆馳使召之欲託後事及至召入帝坐帳
中流涕曰吾疾篤故日召卿欲使著黃羅襹耳指牀
頭大函曰文書皆函内冀此函得不復開淵亦悲不
自勝黃羅襹乳母服也帝雖小間猶懷身後慮建安
王休仁人才美貌物情宗向帝與淵謀誅之淵以爲
不可帝怒曰卿癡不足與議事彦回懼而奉旨後爲
吏部尚書

梁高祖時韋叡初歸高祖大軍發郢謀留守將帝難
其人久之顧叡曰棄騏驥而不乘焉遑遑而更索即
日以爲冠軍將軍江夏太守行郢府事
柳慶遠爲侍中高祖初平建業城内嘗夜火禁中驚
懼高祖時居宮中悉斂諸鑰問柳侍中何在慶遠至
悉付之其見任如此
周捨爲尚書令吏部郎太子右衛將軍雖居職屢徙
而常直内罕得休暇國史詔誥儀體法律軍旅謀謨
皆兼掌之日夜侍上預機密二十年未嘗離左右
臧厥爲散騎常侍中書通事舍人兼司農卿卒官厥
冊府元龜 閏位部 倚任 卷之二百 十八
前後居職所掌之局大事及蘭臺廷尉所不能決者
勑並付決厥辯斷精詳咸得其理厥卒後有撾登聞
鼓訴者求付清直舍人高祖曰臧厥既亡此事便無
可付其見知如此
蕭介爲武陵王府長史高祖謂何敬容曰蕭介甚貧
可處以一郡敬容未對高祖曰始興郡頻無良守嶺
民頗不安可以介爲之繇是出爲始興太守介至任
宣布威德境内肅清
羊侃大通三年自魏歸梁隨大尉元法僧北討高祖
乃召侃問方略侃具陳進取之計侃曰臣拔跡還朝

曾思効命然寔未會願與法僧同行北人雖謂臣爲吳南人已呼臣爲虜今法僧同行還是辟貊相逐非止有乖素心正欲使匈奴輕漢高祖曰朝廷今日須要卿行乃詔以爲大軍司高祖謂偘曰軍司麋來已久故爲卿置之

賀琛每進見高祖與語嘗移晷刻故省中語曰上殿不下有賀琛容止閑雅故時人呼之散騎常侍參禮儀如故

郭祖深普通中爲南津較尉加雲騎將軍秩二千石使募部曲三千及南州公嚴清刻縣來王侯勢家出

入南津不忌憲網挾藏亡命祖深搜僃姧慝不避強禦動致刑辟奏江州刺史卲陵王太子詹事周捨贓罪遠近側足莫敢縱恣淮南太守畏之如上府

孔休源爲金紫光祿大夫監揚州每車駕巡幸嘗以軍國事委之昭明太子薨有勑夜召休源入宴居殿與羣公參定謀議立晉安王綱爲皇太子

元帝時徐文盛爲仁威將軍秦州刺史授以東討之略於是文盛督衆軍東下至武昌遇侯景將士任約遂與相持久之帝又命護軍將軍尹悅平東將軍杜幼安巴州刺史王珣等會之並受文盛節度擊任約於貝磯約大敗退保西陽

劉璠爲徐州刺史蕭循記室參軍後爲華陽太守屬侯景度江梁室大亂循以璠有才略甚親委之時寇難繁興未有所定璠乃喟然賦詩以見志其末章曰隨會平王室夷吾成霸功虛薄無所用徒然慕昔風循開府置佐史以璠爲諮議參軍仍領記室元帝承制授冠軍將軍鎮西府諮議參軍賜書曰鄧禹文學尚或執戈葛洪書生且云破賊前修無遠屬望良深

顏晃初爲卲陵王記室侯景之亂西奔荊州承聖初除中書侍郎杜龕爲吳興太守專好勇力其所部多

輕險少年元帝患之乃使晃管其書翰仍勑龕曰卿年時尚少習讀未曉顏晃文學之士使相毗佐造次之間必宜咨稟及龕誅晃歸帝以書記親遇甚篤

陳高祖時章昭達爲定州刺史是時留異擁兵據東陽私署守宰高祖患之乃使昭達爲長山縣令居其心腹

沈禮明爲通直散騎常侍初高祖嘗稱禮明宜居王佐軍國大政多預謀謨

周寶安爲吳興太守父文育爲熊曇朗所害徵寶安還起爲猛烈將軍領其舊兵仍令南討文帝即位濟

器重之寄以心膂精卒利兵多配焉

文帝時華皎爲左軍將軍時王琳東下皎隨侯瑱拒之琳平鎭湓城知江州事時南州守宰多鄉里酋豪不遵朝憲帝令皎以法馭之王琳奔散將卒多附於皎

韓子高天嘉元年爲右軍王琳至于柵口子高宿臺內及琳平子高所統益多將士依之者子高盡力論進文帝皆任焉

趙知禮爲定州刺史知禮沉靜有謀謨每軍國大事文帝輒令璽書問之

陸繕爲左僕射領揚州大中正別賜勑令與徐陵等七人參議政事

孔奐爲御史中丞深達治體每所敷奏帝未甞不稱善百司滯事皆付奐決之天嘉四年重除御史中丞尋爲五兵尚書常侍中正如故時文帝不豫臺閣衆事竝令僕射到仲舉共奐決之

吳明徹選鎭東將軍吳興太守及辭之郡文帝謂明徹曰吳興郡惟以帝鄉之重故以相授君其勉之

到仲舉爲左僕射時文帝積年寢疾不親御萬機尚書中事皆仲舉斷決

陸瓊爲殿中郎素有令名深爲帝所賞及討周廸陳寶應等都官符及諸大手筆竝中勑付瓊至德元年除度支尚書參選事掌詔誥竝判廷尉建康三獄事遷吏部尚書著作如故瓊詳練譜牒有雅鑒先是吏部尚書宗元饒卒右僕射袁憲舉瓊宣帝未之用也至是居之號爲稱職後主甚委任焉

宣帝時孫陽爲通直散騎常侍帝卽以陽功名素著深委任焉

袁憲爲右僕射宣帝不豫憲與吏部尚書毛喜俱受顧命始興王叔陵之肆逆也憲指麾部分預有力焉

後主被瘡病篤謂憲曰我兒尚幼後事委卿憲曰群情喁喁冀聖躬康復後事之旨未敢奉詔以功封建安縣伯邑四百戶領太子中庶子餘竝如故

後主時蔡徵爲中書舍人掌詔尋授左民尚書與僕射江總知撰五禮事尋加寧遠將軍帝器其才幹任寄日重遷吏部尚書安右將軍每十日一往東宮於太子前論述古今得喪及當時政務又勑以廷尉寺獄事無大小取徵議決俄有勑遣徵收募兵士自爲部曲徵善撫卹得物情旬月之間衆近一萬

北齊高祖時高乾初辭官歸鄉里後聞爾朱榮死乾

馳赴雒陽莊帝見之大喜時爾朱黨擁兵在外莊帝以乾爲金紫光祿大夫河北大使令招集鄉閭爲表裏形援乾垂涕奉詔弟昂援劍起舞請以死自効

封隆之魏平典初拜左光祿大夫吏部尚書爾朱榮等軍於廣阿高祖與戰大破之乃遣隆之持節爲北道大使高祖將擊爾朱榮等於韓陵留隆之鎭鄴城爾朱兆等走以隆之行冀州事仍領降俘三萬餘人分置諸州

杜弼初坐事左遷灌下鎭司馬魏元象初高祖徵弼爲大丞相府法曹行參軍署記室事轉大行臺郎中

尋加鎭南將軍高祖又引弼典掌機密甚是信待或有造次不及書教直付空紙即令宣讀

趙起性沉謹有幹高祖建義旗以段榮爲定州刺史起爲典籤除奉車都尉天平中徵爲相府騎曹累加中散大夫以文襄嗣事出爲建州刺史累遷侍中起於高祖世頻爲相府騎兵二局典知兵馬十有餘年至顯祖即祚之後起罷州還關雖歷位九卿侍中嘗以本官監兵馬出內驅使居心腹之寄

崔暹以趙郡公琛鎭定州辟爲開府諮議隨琛在晉陽高祖與語悅之兼丞相長史高祖舉兵將入雒留暹佐琛知後事謂之曰丈夫相知豈在新舊軍戎之事留守任之家弟年少未閑事宜凡百後事一以相屬握手殷勤至於三四

慕容紹宗爲高祖所恩禮初還都鄴庶事未周乃令紹宗與高隆之共知府軍圖籍諸事

朱愍初擁衆數千人赴高祖除湘州刺史令愍率本衆西還舊鎭高祖親送愍愍至鄉據馬鞍山依險爲壘徵糧集兵以爲聲勢爾朱兆出井陘高祖破兆於廣阿愍統其本衆屯故城以備爾朱兆相州既平命愍還鄴除西南道行臺都官尚書留守故城爾朱兆

等將至高祖徵愍參守鄴城

盧勇初起晉陽高祖署爲丞相主簿屬山西霜儉運山東租輸皆令載實違者治罪令勇典其事鄉郡公主虛僦千餘軍勇繩劾之公主訴於高祖而勇守法不屈高祖謂郭秀曰虜勇懍懍有不可犯之色真公人也方當委之大事豈直納租而已後爲揚州刺史鎭宜陽叛民韓木蘭陳州等嘗爲邊患勇啓求入朝高祖賜勇書曰吾委卿揚州唯安枕高卧無西南之慮矣但依朝廷所委耒啓宜停卿之妻子任在州任當使漢兒之中無在卿前者

陳元康爲開府司馬加輔國將軍所歷皆爲稱職高祖聞而徵焉稍被任使以爲相府功曹參軍掌内機密高祖經綸大業軍務煩廣元康承受意旨甚濟悉速性又柔謹通解世事文襄入輔京室崔暹崔季舒崔昂等竝被任使張亮張徽纂竝高祖所待遇然季任皆出元康之下時人語曰三崔二張不如一康季稚庶高祖幸代州爲開府長史平北將軍稚庶緝諧將士軍民樂悦高祖幸河東大相嗟賞轉爲文襄驃騎府長史諮以滲州控帶川陸接對梁使尤須得人文襄薦之除滲州儀同長史

張纂爲高祖行臺右丞事高祖二十餘歲傳通教令甚見親賞

張亮爲高祖丞相府參軍事漸見親待委以書記之任天平中爲文襄行臺郎中共七兵事雖爲臺郎而常在高祖左右遷行臺右丞後爲尚書右僕射亮性質直勤力强濟深爲高祖文襄所信委以腹心之任

皮景和少通敏善騎射初以親信事高祖後補親信副都督段韶高祖旣征玉壁會不豫攻城未下召集諸將共論進止之宜謂大司馬斛律金司徒韓軌左衛將軍劉豐等曰吾每與段孝先（段韶字也）論兵殊有英略若使此來用其謀亦可無今日之勞矣吾患勢危篤恐或不虞欲委孝先以鄴下之事何如金等咸曰知臣莫若君實無出孝先者仍謂韶曰吾昔與卿父冒涉險艱同獎王室建此大功今疾病如此殆將不濟宜善相翼佐克茲負荷卽令韶從文宣鎮鄴召文襄赴軍高祖疾甚顧命文襄曰段孝先忠亮仁厚智勇兼備親戚之中唯有此子軍旅大事宜共籌之明年侯景構亂文襄還鄴韶留守晉陽文襄還賜女樂十數人金十觔繒帛稱是封長樂郡公

文襄帝時崔讓字伯謙爲瀛州別駕帝以爲京畿司

馬帝將之晉陽謂讓曰卿騁足瀛部已著康歌督府務殷是用相授別駕又馬上曰執子之手與子偕老卿宜深體此情

唐邕爲尚書令封晉昌王錄尚書事旣在被遇意氣漸高其未經府寺陳訴超覽詞牒條數甚多俱爲憲臺及左丞彈糾竝御注放免

李繪字敬文爲高陽内史時文襄嗣業晉代山東諸郡其特降書徵者唯繪與清河太守辛術二人而已至輔大將軍從事中郎遷司馬文襄以前司徒侯景進賢冠賜繪曰卿但真心事孤當用卿爲三公莫學

侯景叛也及文宣嗣事仍爲丞相
尉瑾爲中書舍人文襄入朝因命瑾在鄴北宫共高德政典機密孝昭輔政累遷吏部尚書武成踐祚趙彦深王子如賓儀元文遥和士開竝帝鄉故舊共相薦達任遇彌重吏部銓衡所歸事多秘密蘇是朝之機事頗亦預聞尋兼右僕射攝選
盧潜文襄時引爲大將軍西閤祭酒轉中外府中參軍機事強濟爲文襄所知言其終可大用王思政見獲於潁川文襄重其才識潜曾從容白文襄云思政不能死節何足可重文襄謂左右曰我有盧潜便是

更得一王思政
封子繪爲大行臺吏部郎中後文襄以子繪爲渤海大守令馳驛赴任文襄親執其手曰誠知此郡未允勲望但時事未安須卿鎮撫但衣錦晝游古人所貴善加經略綏靜海陽不勞學習當太守向州參也仍聽收集部曲一千人未幾進秩一等加驃騎將軍後爲都官尚書時高歸彦叛逆召子繪入見昭陽殿帝親詔子繪曰冀州密邇京甸歸彦敢肆凶悖已勑大司馬平原王段孝先總勒重兵乘機電發司空東安王婁叡督率諸軍絡繹繼進卿世載名德恩畢彼州故遣參贊軍事隨便尉撫宜善加謀謨以稱所寄即以其日馳傳赴軍子繪祖父世爲本州百姓素所歸附既至巡城諭以禍福民吏降款日夜相繼賊中動靜小大必知賊平仍勑子繪權行州事
文宣帝時魏收爲散騎常侍文宣如晉陽令與黄門郎崔季舒高德政吏部郎中尉瑾於北第掌機密
崔昻文宣帝時累遷僕射昻有風調才識舊立堅正剛直之名然好探揣上意感激時主或列陰私罪失深爲顯祖所知賞發言奬護人莫之能毀儀曹律令京畿密獄及朝中之大事多委之

崔劼爲給事黄門侍郎直入内省典機密清儉勤愼甚爲文宣所知
趙彦深封安國縣伯文宣嗣位仍典機密進爵爲侯天保中累遷秘書監以爲忠謹每郊廟必兼太僕執御陪乘轉大司農帝或巡幸即輔贊太子知後事
辛術爲東南道行臺中書鎮下邳東徐州刺史郭志殺郡守文宣聞之勑術自今所統十餘州地諸有犯法者刺史先啓聽報以下先斷後表聞齊代行臺兼總人事自術始也
孝昭帝爲常山王時王睎爲王友及即位詔睎與尚

書楊休之鴻臚卿崔劼等三人每日本職務罷並入東廂共舉錄歷代廢禮墜樂職司廢置朝饗異同輿服增損或道德高儁久在沉淪或竊言眩俗妖邪害政爰及田市舟車徵稅通塞婚葬儀軌貴賤等衰有不便於時而古今行用不已者或自古利用而當今毀棄者悉令詳思以漸條奏未得須備遝憶續聞朝晡給與御食畢景聽還

武成帝時王峻徵拜祠部尚書詔詣晉陽簡較兵馬俄而還鄴轉太僕卿及車駕巡幸嘗與吏部尚書尉瑾輔皇太子諸親王同知後事仍賜食梁郡轉遷侍中除都官尚書及周師寇邊詔峻以本官與東安王婁叡武興王普等自鄴率衆赴河陽禦之車駕幸雒陽以懸瓠爲周人所據復詔峻爲南道行臺與婁叡率軍南討未至周師棄城走乃使尉輯承郢二州

册府元龜

巡按福建監察御史臣李嗣京　訂正
分守建南道左布政使臣胡維霖　叅閱
知建陽縣事臣黃國琦較釋

閏位部

祥瑞

善之者天乃降祥儋之應者物斯爲瑞其所繇來尚矣自建安之際寓内外裂江表傳祚高齊革命逮及梁室實分正閏而建邦立社創業敷政茍非膺神明之眷集玄黃之祐亦安能端委南面拱揖群后哉

故其穹旻之錫祉昭於懸象動植之效靈彰于品物寶藏攸發坤珍總萃斯皆稽篇章而可復列圖品而焯叙形於感召謂之休徵者焉

蜀後主景耀元年史官言景星見于是大赦改元

吳大帝以漢建安二十五年四月自公安都鄂改名武昌

是歲五月建業言甘露降臣欽若等曰此以下凡不書日並史臣闕

黃武元年三月鄱陽言黃龍見

二年五月曲阿言甘露降

四年六月皖口言木連理

五年七月蒼梧言鳳凰見

黃龍元年四月夏口武昌並言黃龍鳳凰見因改元黃龍

三年夏有野蠶成繭大如卵繇拳野稻自生改爲禾興縣

十月會稽南始平言嘉禾生

嘉禾五年三月武昌言甘露降于禮賓殿

赤烏元年三月零陵言甘露降

八月武昌言麒麟見有司奏言麒麟者太平之應宜改年號詔曰間有赤烏集于殿前朕所親見若神靈

以爲嘉祥者改年宜以赤烏爲元群臣奏曰昔武王伐紂有赤烏之祥群臣觀之遂有天下聖人書策載述最詳者以爲近事旣嘉親見又明也于是改年

二年三月零陵言甘露降

五年三月海鹽縣黃龍見

六年正月新都言白虎見

七年秋宛陵言嘉禾生

九年四月武昌言甘露降

十一年四月雲陽言黃龍見黃龍二又見武陵吳壽光色炫燿

五月鄱陽言白虎仁瑞應圖曰白虎仁者王者不暴虐則仁虎不害也
十二年六月戊戌寶鼎出臨平湖
八月癸丑白鳩見于章安
廢帝建興二年十一月大鳥五見春申
五鳳元年交阯稗草化爲稲
景帝永安三年三月西陵赤烏見是歲得大鼎于建
德縣
四年九月布山言白虎見
五年七月始新言黄龍見
六年四月泉陵言黄龍見

是歲青龍見於長沙白燕見於慈湖赤雀見于豫章
後主甘露元年四月蔣陵言甘露降于是改年大赦
寶鼎元年八月所在言得大鼎于是改元
四年正月西苑言鳳凰見
建衡三年西苑言鳳凰集改元明年爲鳳凰
天璽元年吳郡言掘地得銀一長尺廣三分上刻有
年月日字
宋高祖永初元年七月青龍見義興陽羡
八月癸巳白虎見枝江是月青龍二見南郡江陵
九月庚申甘露降丹徒峴山
十月庚午甘露降興寧永寧二陵彌冠百餘里
二年六月丁酉白烏見吳郡婁縣太守孟顗以獻
少帝景平元年五月癸未白麞見義興陽羨太守王
淮之獲以獻
十月白虎見桂陽耒陽
文帝初封宜都王景平二年六月將入奉大統白麞
見南郡江陽太守王華獻之以爲休祥
元嘉元年七月壬戌白燕集齊郡城遊翔庭宇經九
日乃去衆鷰隨從無數己巳白雀見齊郡昌國
二年五月北征長史廣陵太守范邈上言所領輿縣

前有大浦控引潮流水淤濁自此以來源流清潔纖
鱗呈形故老相傳以爲休瑞
十月嘉禾生潁川陽翟太守垣苗以聞
十一月甲辰白烏見山陽太守阮寶以聞
三年閏正月己丑甘露降吳興烏程太守王韶之以
聞
三月甲戌丹陽湖孰薛爽之獲白烏以獻
四年五月辛巳甘露降齊郡西安臨朐城
七月乙酉白雀見北海劇縣
十一月辛未朔甘露降初寧陵己丑甘露降南海縣

安廣州刺史江桓以聞
五年四月乙巳白麞見汝南武津太守鄭摠獲以聞
五月庚辰白雉見東莞莒縣太守劉玄以聞
七月庚戌白鹿見東莞莒縣峒峩山太守劉玄以聞
六年九月長廣昌陽淳于邈獲白兎青州刺史蕭思
話以獻
七年七月乙酉建寧康穎擔湖二蓮一蔕
八年四月乙亥東莞莒縣樹連理太守劉玄以聞
五月辛丑白雀集左衛府
是月甘露降南海番禺

閏六月丁亥司徒府白從伊生於淮南繁昌獲白兎
以獻
八月木連理生東安新泰縣
九年正月白鹿見南譙譙縣豫州刺史長沙王義欣
以獻
三月嘉禾生義陽豫州刺史長沙王義欣以獻
六月木連理生營陽冷道太守王展侯以聞
十一月壬子甘露降初寧陵
十年七月己丑華林天淵池芙蓉異花同蔕
八月嘉禾生汝南包信豫州刺史長沙王義欣以聞
十二月營城縣民成公會之于廣陵高郵界獲白麞
鹿以獻
十一年五月丁酉齊郡西安宗顯獲白雀青州刺史
段宏以獻
六月乙巳吳郡海鹽王悅獲白烏楊州刺史彭城王
義康以獻
八月甲辰甘露降費縣之沙里瑯琊太守呂綽以聞
是月嘉禾一莖九穗生北汝陰太守王玄謨以獻
是年臣欽若等曰此以下凡不書月並史臣闕朱草生蜀郡郫縣王之家
益州甄法崇以聞

十二年正月白麞見東萊黃縣青冀二州刺史王方
回以獻
二月丁卯南郡江陵庾和園甘樹連理荊州刺史臨
川王義慶以聞
是月馬頭濟陽柞樹連理豫州刺史長沙王義欣以
聞
是年衡陽湘鄉醴泉出縣庭荊州刺史臨川王義慶
以聞
十三年二月丁卯甘露降明巴山
是月甘露降吳縣武康董道蓋家園樹

三月戊辰義興陽羨令獲白烏太守以獻甲午甘露
降初寧陵
四月辛丑武昌縣章山水側自開出神鼎江州刺史
南譙王義宣以獻
七月甲戌濟南朝陽王道獲白兎青州刺史段宏以
獻
九月己酉會稽郡西南向晚忽天光明有青龍騰躍
凌雲久而後滅吳興諸處並以其日同見光景揚州
刺史彭城王義康以聞
十四年正月丙申白兎見山陽縣山陽太守劉懷之

以獻
二月宮內蠡斯室前梨樹連理豫州刺史長沙王義
欣以聞
五月甲午白雀集費縣員外散騎侍郎郭敬家獲以
獻
是年白雀二見荆州府客舘白鹿見文鄉白燕集荆
州府門刺史臨川王義慶以聞
十五年六月白雀見建康定陰里揚州刺史彭城王
義康以獻
七月壬申山陽師叅獲白兎南兖州刺史江夏王義
恭以獻
八月白雀見西陽江州刺史南譙王義宣以獻白雀
集延康都亭里揚州刺史彭城王義康以聞
十六年二月白雉見陳郡豫州刺史長沙王義欣以
聞
三月己卯甘露降廣州城北河揚州刺史陸徽以聞
七月壬申華林池雙蓮同幹
十七年四月丁丑甘露降廣陵永福里梁昌季家樹
南兖州刺史江夏王義恭以聞
五月甲午白鹿見南汝陰宋縣太守文道恩以獻壬

寅白雀二見荆州後園刺史衡陽王義季以聞
七月武昌崇讓鄉程僧愛家候楓木連里江州刺史
臨川王義慶以聞
十月尋陽弘農湖芙蓉連理義慶以聞
十一月乙酉甘露降樂遊苑
是年甘露降高平金鄉富民村方三十里中徐州刺
史趙伯符以聞
十八年二月癸丑白雉見南汝陰宋縣太守文道恩
以獻
五月甲申甘露降丹陽秣陵衛將軍臨川王義慶園

揚州刺史始興王濬以聞

六月白燕產丹徒縣南徐州刺史南譙王義宣以聞

甘露降廣陵孟玉季家樹南兗州刺史臨川王義慶以聞

七月吳郡鹽官于玄獲白雀太守劉禎以獻

八月庚午會稽山陰商世寶獲白鳩眼足並赤揚州刺史始興王濬以獻

十二月木連理生歷陽劉成之家南豫州刺史武陵王駿以聞

十九年四月戊申白龜見吳興餘杭太守文道恩以

獻

五月丁卯甘露降建康司徒參軍督護顧俊之宅竹柳乙亥甘露降馬頭濟陽宋慶之園樹太守荀顒以聞

是月山陽張林宗獲白麞海陵王文秀獲白烏南兗州刺史臨川王義慶以獻

七月白烏產晉陵暨陽僑民彭城劉元秀宅樹元秀以聞

八月壬子揚州後池二蓮合華州刺史始興王濬以聞

九月戊申廣陵肥如石梁澗中出石鍾九口大小行次引列南向南兗州刺史臨川王義慶以獻

十月白虎見弋陽期斯二縣南豫州刺史武陵王駿以聞

二十年四月辛卯白龜見吳興餘杭揚州刺史始興王濬以聞

五月丁丑白雀二見京都材官吏黃公歡軍人丁用夫各獲以獻廬陵郡池芙蓉二花一蔕太守王淵以聞白燕集南郡內史臧綽以聞

六月壬子華林天淵池芙蓉二花一蔕園丞陳襲祖

以聞

是月白雉見高平萬興縣徐州刺史臧質以獻嘉禾一莖九穗生上庸新安梁州刺史劉道以獻

七月吳興郡後池芙蓉二花一蔕太守孔士山以聞彭城劉原又獲白烏以獻盱眙考城縣柞梅二株連理南兗州刺史王義慶以聞

八月揚州後池芙蓉二花一蔕刺史始興王濬以獻白鹿見譙郡蘄縣太守斑以獻白麞見江夏安陸內史劉思考以獻

是月木連理生汝陰豫州刺史劉遵考以聞

是年夏永嘉郡後池芙蓉二花一蔕太守臧藝以聞
秣陵衛倚之獲白雀丹陽尹徐湛之以獻
二十一年三月白兔見東萊當利青州刺史杜冀以
聞
四月甘露頻降樂遊苑甘露降義陽平陽太守龐秀
之以聞甘露降彭城綏輿里徐州刺史臧質以聞
六月丙午華林苑天淵池二蓮同幹園丞陳襲祖以
聞
十月己丑永嘉永寧見黃龍自雲而下太守臧藝以
聞

十二月新陽獲古鼎于水側有篆書四十二字雍州
刺史蕭思話以聞
是年甘露降益州府内梨李樹刺史庾俊之以聞木
連理生晉陵無錫南徐州刺史南譙王義宣以聞
湘州刺史南平王鑠獻赤鸜鵒木連理生歷陽烏江
南豫州刺史武陵王諱以聞白燕見廣陵南兗州刺
史廣陵王誕以獻
是年嘉禾生新野鄧縣雍州刺史蕭思話以獻
二十二年二月白鹿見建康縣揚州刺史始興王濬
以聞又白麂見南康贑縣南康相劉興祖以獻

是月丙子白雀見東安郡徐州刺史臧質以獻
是月樂遊苑池二蓮同幹苑丞梅道念以聞
閏五月丙午白雀見華林園員外散騎侍郎長沙王
瑾獲以獻
六月丙子南彭城蕃縣時佛護獲白雀以獻
是月嘉禾生籍田一莖九穗
七月癸酉嘉禾生平虜陵徐州刺史臧質以獻辛巳
南頓櫟連理豫州刺史趙伯符以聞
是月東宮玄圃園池二蓮同幹内監殿守舍人宮勇
民以聞

九月木連理生建康建康令張永以聞嘉禾生揚州
東耕田刺史始興王濬以聞嘉禾生太尉府田太尉
江陵王義恭以聞
十一月辛巳甘露降南郡江陵方城里荊州刺史南
譙王義宣以聞
十二月丁酉甘露降長寧陵陵令包誕以聞
是年木連理生武昌江州刺史廬陵王紹以聞白鵲
見新野鄧縣雍州刺史蕭思話以聞豫章寧縣出銅
鐘江州刺史廬陵王紹以獻嘉禾生華林園百六十
穗園丞陳龍祖以聞嘉禾生潁川陽曲豫州刺史趙

伯符以聞
二十三年二月戊戌白鹿見兗州刺史檀和之以獻
丁未甘露降樂遊苑苑丞張寶以聞辛亥木連理生
商陰柔縣太守以聞
五月甲寅東宮隊白從陳超獲黑麞于肥如縣皇太
子以獻
六月辛丑太子西池二蓮同幹池統胡承祖以聞壬
寅華林天淵池芙蓉二花一蔕園丞陳襲祖以聞丙
辰白鹿見彭城縣征北將軍衡陽王義季獲以聞
七月乙丑嘉禾生籍田籍令褚熙白以聞庚午嘉禾

生丹陽秣唐里揚州刺史始興王濬以聞庚辰嘉禾
生醴湖屯屯主王世宗以聞
八月乙酉嘉禾生華林園園丞陳襲祖以聞魚邑三
周池二蓮同幹園丞徐道興以聞
九月庚辰嘉禾生沛郡蕭縣征北大將軍衡陽王義
季以聞丙子甘露降長寧陵陵令華林以聞
十月辛巳東宮將魏榮獲青麞于秣陵
十二月庚子甘露降襄陽郡治雍州刺史武陵王駿
以聞辛丑甘露頻降樂遊苑苑丞何道令以聞
是年吳郡嘉興鹽官縣野稲自生三十許種揚州刺
史始興王濬以聞
是年醴湖屯生嘉禾一莖九穗屯主王世宗以聞木
連理生淮南當塗揚州刺史始興王濬以聞嘉禾生
江夏汝南荆州刺史南譙王義宣以聞
二十四年二月壬午臨川王第梨樹連理臨川王燁
以聞戊戌河濟俱青龍驤將軍青兾二州刺史杜坦
以聞巳亥庚子甘露頻降景陽山山監張績以聞
又是月巳亥三月丙辰甘露降尋陽松滋江州刺史
廬陵王紹以聞
四月癸未甘露降陽松滋丙申又降江州城內桐樹

丁酉又降近城數里之中江州刺史廬陵王紹以聞
白雀產吳郡鹽官民家太守劉禎以獻
五月辛未白鸞集司徒府西園太尉江夏王義恭以
聞
六月巳亥白雀五集長沙廟長沙王瑾以聞
七月巳酉白兎見東莞太守趙球以獻壬子晉陵無
錫穀櫟樹連理南徐州刺史廣陵王誕以聞乙卯木
連理生會稽諸暨揚州刺史始興王濬以聞又會稽
太守羊玄保上吺連理所生處康亭村爲木連理臨
川王第梨樹連理臨川王燁以聞甘露降京師揚州

刺史始興王濬以聞丁巳白兎見兗州刺史徐瓊以
聞丁卯禾旅生華林園及景陽山園丞梅道念以聞
是月甘露降襄城治下無量寺雍州刺史武陵王駿
以聞
八月乙巳嘉禾生魚城內白烏見晉陵南徐州刺史
廣陵王誕以聞
九月白鳩見
十月甲午甘露降魏興郡內太守韋寧民以聞揚州
刺史始興王濬獲白龜以獻
二十五年二月乙丑白麞見淮南太守王休獲以獻

巳亥白虎見武昌武昌太守蔡興宗以聞
四月戊午白麞見南瑯琊太守王遠獲以獻戊辰木
連理生晉陵南徐州刺史廣陵王誕以聞
五月辛未朔華林園白麞生二子皆白園丞梅道念
以聞丁丑黑龍見玄武湖北苑丞王世宗以聞戊戌
黑龍見玄武湖東北隅揚州刺史張立之以聞
六月壬寅嘉禾旅生華林園十株七百穗園丞梅道
念以聞壬子嘉黍生籍田籍田令褚熙伯以聞
七月壬辰嘉禾生北海青冀二州刺史王坦以聞
八月丙午嘉禾生太尉江夏王義恭果園江夏國典

書令陳頴以聞辛亥黃龍見會稽太守孟顗以聞又
廣陵有龍自湖西升天百姓皆見壬子嘉禾生建康
化義里令丘珍孫以獻又白燕見廣陵城南兗州刺
史徐湛之以聞癸丑嘉禾生華林園園丞梅道念以
聞
十一月丁丑白虎見蜀郡二赤虎道前益州刺史陸
徽以聞庚辰甘露降南郡荊州刺史南譙王義宣以
聞乙未甘露降丹陽秣陵崗山
是月嘉禾生巴東荊州刺史南譙王義宣以聞
二十六年三月壬午甘露降景陽山華林園園丞梅

道念以聞戊寅白雉見東安沛郡各一徐兗二州刺
史武陵王駿獲以獻庚寅癸巳甘露頻降武昌江州刺
史廬陵王紹以聞
四月戊戌白虎見南瑯琊半陽山二虎隨從太守王
僧達以聞甲辰丙午戊申甘露頻降豫章南昌太守
劉思考以聞
五月癸酉白鵲見建康崇孝里揚州刺史始興王濬
以獻戊寅白燕產衡陽王墓亭郎中令朱曠之獲以
獻丙戌白麞見馬頭豫州刺史南平王鑠以獻
六月甲寅嘉禾生籍田籍田令褚熙伯以獻

七月嘉禾生巴東朐䏰荆州刺史南譙王義宣以聞
二十七年正月己丑白麞見濟陰徐州刺史武陵王駿以聞
三月壬辰白兔見竟陵荆州刺史南譙王義宣以獻
又白兔見濟陰徐州刺史武陵王駿以聞
四月癸丑華林園白麞生一白子園丞梅道念以聞
乙卯丙辰丁巳甘露頻降豫章南昌戊午午時天氣清明有絲雲映覆郡邑甘露降又白雲降太守劉思考以聞
五月甲戌甘露降南東海丹徒南徐州刺史始興王

濬以聞
六月壬辰白燕見秣陵丹陽尹徐湛之以獻丙午白虎見南汝陰豫州刺史南平王鑠以獻乙卯白雀見濟南郡薛榮以獻
十月乙丑嘉禾生北海青州刺史杜坦以聞
二十八年正月戊子木連理生尋陽柴桑又生州城内江州刺史建平王宏以聞
二月戊辰甘露降鍾山延賢寺楊州刺史廬陵王紹以聞壬午甘露降徽音殿前果樹
是月甘露降合殿後香花諸草

七月戊戌嘉禾生廣陵郡伯埭兖州刺史江夏王義恭以聞癸卯尋陽柴桑菽粟旅生彌漫原野江州刺史建平王宏以聞
八月己巳崇義軍人獲白雀一雙太子左率王錫以獻
二十九年四月癸丑白雀見會稽山陰太守東海王禕獲以獻
六月壬戌白麞見晉陵曁陽南徐州刺史始興王濬以獻
八月癸酉白鹿見鄱南中郎將義武陵王以獻

十月丁未木連理生南瑯琊太守劉成以聞
三十年十一月壬午白鹿見南瑯琊太守王僧虔以獻
十二月癸亥白鹿見武建郡雍州刺史朱循之以聞
八月癸酉白鹿見鄱陽南中郎將武陵王駿以獻
孝武帝孝建元年三月丙辰甘露降華林園
五月己亥臨沂縣魯尚明于城上獲赤雀太傅假黄鉞江夏王義恭以獻
二年正月庚戌白兔見淮南太守申坦以聞
三月己酉甘露降丹陽秣陵中里路輿之墓樹又木

連理生南郡江陵荆州刺史朱脩之以聞辛亥甘露降長寧陵松樹戊午甘露降丹陽秣陵尚書謝莊園竹林莊以聞

是月甘露降襄陽民家梨樹

六月丙子左衛軍獲白雀以獻庚寅玄武湖二蓮同幹癸巳嘉禾二株生江夏王義恭東田

七月癸丑黃龍見石頭城水濱中護軍湘東王以聞

是月木連理生歷陽太守袁敳以聞

九月己丑朔嘉禾異畝同穎生齊郡廣饒縣

三年二月乙丑白兔見原州獲以獻

三月庚子白鹿見臨川西豐縣壬子白虎見臨川西豐縣

閏三月辛酉黃門侍郎庾徽之家獲白雀以獻

四月丁亥臨川宜黃縣民田中得銅鐘七口內史傅徽以獻甲辰晉陵延陵得古鐘六口徐州刺史竟陵王誕以獻

五月己未龍見臨川郡江州刺史東海王以聞丁卯白雀見建康獲以獻木連理生北海都昌冀州刺史垣護之以聞

六月癸巳白麞見廣陵南兗州以獻

七月庚午嘉禾生吳興武康

九月甲戌細伏隊省井泉春夏深不盈尺忽至一丈有五色水清澄醴味汲引不窮

是月濟河清冀州刺史垣護之以聞

大明元年正月乙亥木連理生高平

二月己亥白麂見會稽諸暨縣獲以獻壬寅華林園雙橘樹連理

四月甲辰白鹿見南平白雀見南郡江陵癸卯甘露降華林園桐樹戊申白雀見尋陽

五月壬子紫氣從景陽樓上層出狀如烟廻薄良久

甲寅白雀二見渤海獲以獻戊午嘉禾一株五莖生清暑殿鴟尾中癸亥黑龍見晉陵古石村改村爲津里甲子白雀見建康獲以獻丁丑蒼烏見襄陽縣戊寅江乘縣民朱伯地中得玉璧徑五寸八分以獻

六月丁亥白雀見零陵祁陽獲以獻庚子白虎見即墨獲以獻

七月辛亥白雀見南陽苑獲以獻丁丑白麞見東萊曲城縣獲以獻

八月嘉禾生青州異根同穗

九月辛丑華林園梨樹連理

十月乙丑朔木連理生豫章南昌
二年正月壬戌白麞見山陽內史程天祚以聞
二月辛丑白麞見濟北太守殷孝祖以獻
三月壬子北汝陰樓煩平地出醴泉豫州刺史宗慤以聞巳巳白雉雌雄各一見海陵南兗刺史竟陵王誕以獻
四月甲申蒼烏見襄陽雍州刺史王玄謨以獻巳丑白鹿見桂楊郴縣湘州刺史山陽王休祐以獻辛丑木連理生汝南豫州刺史宗慤以聞
五月乙巳白燕產南郡江陵民家荊州刺史朱脩之

以獻丁未白雀見建康揚州刺史西陽王子尚以獻甲子白燕二產山陽縣舍南兗州刺史竟陵王誕以獻
六月甲戌白燕產吳郡城內太守王翼之以獻丁亥白雀見河東定襄縣荊州刺史朱脩之以聞
三年正月癸巳白鹿見南瑯琊江乘南徐州刺史劉延孫以獻丙申婆皇國獻赤白鸚鵡各一
三月巳卯甘露降樂遊苑梅樹戊子甘露降宣城郡舍太守張辨以聞戊子毛龜見宣城廣德太守張辨以獻辛卯白鹿見廣陵新市太守柳光宗以聞
四月庚戌白雀見秣陵丹陽尹劉秀之以獻
五月壬午太宰府崇義軍人獲白雀太宰江夏王義恭以獻甲申白燕產武陵臨沅民家郢州刺史孔靈符以聞
九月巳亥嘉禾生北海昌樂縣青州刺史顏師伯以聞甲午木連理生丹陽秣陵材官將軍范稅時以獻
四年正月壬辰甘露降初寧陵松樹
二月丙申甘露降丹陽秣陵龍山丹陽尹孔靈符以聞乙巳徐州刺史劉道隆于汴水得白玉戟以獻
三月丁亥木連理生華林園曜靈殿北

四月壬子木連理生華林園白觀臺北
五月辛巳白雀見廣陵侍中顏師伯以獻
六月戊戌木連理生會稽山陰揚州刺史西陽王子尚以聞壬寅車駕幸籍田白龜見于千畝尚書右僕射劉秀之以獻乙卯白燕見平昌青州刺史劉道隆以獻
五年正月丙子交州刺史垣閎献白孔雀
四月庚戌白雀見晉陵太守沈文淑以獻辛亥甘露降吳興安吉太守歷陽王子頊以聞乙卯甘露降吳興烏程太守歷陽王子頊以聞

五月丙寅白鹿見南東海丹徒南徐州刺史劉延孫以獻癸未白雀二見尋陽江州刺史桂陽王休範以獻癸未白雀二見齊南青州刺史劉道隆以獻嘉禾生建康蔣陵里丹陽尹王僧朗以獻

九月庚戌河濟俱清平原太守申纂以聞巳巳白麞見南陽雍州刺史永嘉王子仁以獻

閏九月木連理生邊城豫州刺史垣護之以聞

十二月戊寅淮南松木連理豫州刺史尋陽王子房以聞白雉見秦郡南兗州刺史晋安王子勛以獻

是年籍田芙蓉二花同蔕大司農蕭邃以獻

六年二月戊午甘露降建康靈輝寺及諸苑園及秣陵龍山至于婁湖

是月又降句容縣乙丑木連理生晋陵南徐州刺史新安王子鸞以聞

三月丙午青雀見華林園

四月戊辰木連理生營陽湘州刺史建安王休仁以聞又白麞見休仁以獻

六月乙丑白兔見青冀二州刺史劉道隆以獻

八月乙未木連理生彭城徐州刺史王玄謨以聞辛未嘉禾生樂陵青冀二州刺史劉道隆以聞乙巳白雀見齊郡道隆以獻

是月白兎見北海

七年正月庚寅白麞見南陽荊州刺史臨海王子頊以獻巳酉珊瑚連理生鬱林始安太守劉勔以聞

三月辛巳白鵲見汝南安陽太守申令孫以獻丙申甘露降尋陽松滋太守劉朦以聞

四月乙未白雀見廬陵王第廬陵王敬先以獻巳未甘露降荊州城内刺史臨海王子頊以聞乙丑白雀見歷陽太守建平王景素以獻

五月辛未白雀見汝陰豫州刺史垣護之以獻

六月巳未白麞見武陵臨沅太守劉衍以獻

是月白雀見寶城南豫州刺史尋陽王子房以獻

是月江夏滿圻獲銅漏鼓四面獨足郢州刺史安陸王子綏以聞

八月乙未毛龜見新安王子鸞第獲以獻

九月癸未白麞見南陽雍州刺史劉秀之以獻

十月丁卯白雀見建康丹陽尹永嘉王子仁以獻

十一月車駕幸南豫州習水軍于梁山有白雀二集華蓋有司奏改大明七年爲神爵元年詔不許

十二月辛丑湖甘露降吳興烏程令荀卞之以聞

六年八月甲子白鹿見衡陽郡湘州刺史江夏王世子伯禽以獻
八月丁卯白雉見南郡江陵荆州刺史臨海王子頊以獻
前廢帝永光元年正月丙午白雉見渤海青州刺史王玄謨以獻
三月甲午朔白雉見新蔡豫州刺史劉德願以獻
四月乙亥白雀見會稽東陽州刺史尋陽王子房以獻
六月丙子白雀見彭城徐州刺史義陽王昶以聞

冊府元龜

巡按福建監察御史臣李嗣京　訂正
知長樂縣事臣夏允彜參閱
知建陽縣事臣黃國琦較釋

閏位部

祥瑞

宋明帝泰始元年二月丙寅楊州淮水清潔有異于當州治中從事史張緒以聞乙亥白鹿見宣城宣城太守劉韞以聞己亥白鹿見長沙湘州刺史劉韞以獻

三月丙午黃紫雲從景陽樓出隨風廻久乃消華林園令臧延之以聞

四月乙未甘露降上林苑苑令徐承道以獻庚申甘露降華林園園令臧延之以獻

五月甲寅赭中獲石栢長三丈二尺廣三尺五寸揚州刺史建安王休仁以獻乙亥甘露降丹陽秣陵縣舍齋前丹陽尹王景文以獻

六月丁巳白烏見吳郡海鹽太守顧覬之以獻己卯日入後有黃白赤白氣東西竟天光明潤澤久乃消

是月白燕見靈陵獲以獻

七月戊子白雀見虎檻洲都督征討諸軍建安王休仁以聞己酉嘉禾生會稽永興太守巴陵王休若以聞

八月丙辰朔四眼龜見會稽會稽太守巴陵王休若以獻五城澳池二蓮同幹都水使者羅僧愍以獻戊午嘉禾生南豫州刺史山陽王休佑以獻己未豫州刺史山陽王休佑獻蓮二株一蔕丙寅六眼龜見東陽長山文如爻卦太守劉韞以獻

是月於赭圻城南得紫玉一段圍三尺二寸長一尺太宗攻爲二爵以獻武文二廟

九月庚寅青雀見京城内南徐州刺史桂陽王休範以獻壬寅白烏見吳興烏城太守郗顒以獻

十月己巳幸華林天淵池白魚躍入御舟

三年二月壬寅白鼠見樂安青州刺史沈文秀以獻

五月癸酉白麞見南東海丹徒南徐州刺史桂陽王休範以獻乙亥白鴿鵲見京兆雍州刺史巴陵王休若以獻乙卯白麞見北海都昌青州刺史沈文秀以獻

十一月乙卯盱眙獲石栢寧朔將軍段佛榮以獻庚申甘露降晉陽太守王蘊以聞癸亥甘露降南東海

丹徒建岡南徐州刺史桂陽王休範以聞
十二月壬午甘露降崇寧陵楊州刺史建安王休仁以聞
四年十一月辛未崇寧陵尚書言自大明八年至今
四年二月宣太后陵明堂前後有光及五色雲又芳香四滿又五絲雲在松下狀如車蓋
五年正月癸卯白麞見汝陰樓煩預州刺史劉劻以獻
五月壬戌豫章南昌獲古銅鼎容斛七斗江州刺史王景文以獻

六月甲子嘉蓮生湖熟南臺侍御史竺曾度以聞
十月庚辰郢州獲玄璧廣八寸五分安西將軍蔡興宗以獻
六年六月壬子嘉蓮生東宮
七月壬午白雀二見廬陵吉陽內史江孜以聞
九月己巳八眼龜見吳興故鄣太守褚淵以獻
十二月乙未白鹿見梁州刺史杜幼文以聞
十年四月戊申夜京邑崇虛館堂前有黃氣狀如寶蓋高十許丈漸有五色道士陸脩靜以聞
六月甲寅義陽郡獲銅鼎受一斛竝隱起鏤豫州刺史段佛榮以獻
泰豫元年四月己酉會稽山陰思義醴泉出太守蔡興宗以聞
六年辛丑白雀見廣州刺史孫超以聞
十月壬戌白麞見義興國山太守王蘊以獻義興陽羨縣獲毛龜太守王蘊以獻
後廢帝元徽元年正月甲午白麞見海陵海寧太守孫嗣之以獻
二年三月甲子白鹿見鬱州青冀二州刺史西海太守劉善明以獻

四年三月醴泉出昌國白鹿山其味甚甘
十一月乙巳甘露降吳興烏程太守蕭惠明以聞
五年四月己巳白雀二見尋陽柴桑江州刺史邵陵王友以獻
順帝昇平二年十一月甘露降南東海武進彭山太守謝頊以聞又甘露降長城下山太守王奐以聞
十二月甘露降建康禁中里
是年宣城山中生紫芝一株在所獲以獻
三年三月白虎見歷陽龍亢縣新昌村新昌嘉名也瑞應圖王者不暴白虎出白虎仁獸也

是年騶虞見東安縣五界山獅子頭虎身龍脚詩傳曰騶虞獸白虎黑文不食生物至德則出

高齊太祖建元元年正月拜皇太子日有慶雲在日邊又新蔡郡固始縣嘉禾一莖五穗

四月有司奏延陵令戴景度稱所領季子廟舊有涌井二所廟祝列云舊井北忽聞金石聲即掘深三尺得沸泉其東忽有聲錚錚又掘得泉沸湧若浪中得一銀木簡長一尺廣二寸上有隱起文曰廬山道人張陵再拜謁闕起居簡木堅白而字色黃謹按瑞應圖浪井不鑿自成者清静則仙人主之孔氏世錄云

叶精帝道孔書明巧當在張陵宋均註云張陵佐封禪一云陵仙人也

五月白烏見巴郡又木連理生安城新喻縣又生南梁陳縣郢州丁坡屯獲白雀一頭

閏月璿明殿外閣南槐樹連理

八月新蔡縣獲嘉禾二莖九穗一莖七穗盍官縣内村木連理又男子王幼獲白雀一頭

九月甘露降淮南郡桃李樹二株有司又奏甘露降汲縣王安世園樹秣陵縣獲白雀一頭

十月涪陵郡蠻民田健所住嵓間嘗留雲氣有聲響徹若龍吟求之積歲莫有見者去四月二十七日嵓數里夜忽有雙光至明往獲古鍾一枚又有一器名淳于蛋人以爲神物奉祠之

十一月固始縣獲嘉禾一莖九穗

是年（臣欽若等曰史臣不書月）郢州監利縣天井湖水色忽澄清出綿百姓採以爲纊

武帝永明二年正月冠軍將軍周晋孫於石頭北廂將堂見地有異光炤城堞往獲玉璽一鈕方七分文曰明玄君

四月白雀集郢州府齋又甘露降南郡桐樹

五月白雀見會稽永興縣

七月新治縣槐栗二木合生異根連理去地數尺中央小開上復爲一又烏程縣陳交則家權樹連理

九月有司奏上虞孫楓樹連理兩根相去九尺雙株均聳去地九尺合成一幹故鄣縣楓樹連理兩株相去七尺夾八圍去地一丈仍相合爲樹泯如一木山陽縣界若耶村有一槐木合爲連理淮陰縣建業寺木連理建康縣梨樹耀樤五圍連理六枝

十一月魏國民齊祥歸入靈丘關聞殷然有聲仰視之見山側有紫氣如雲衆鳥回翔其間祥往氣所獲

璽方寸四分獸鈕文曰坤維聖帝永昌送與魏太后師道人慧度欲獻魏主慧度覩其文竊謂嘗今衣冠正朔在于齊國遂附道人慧臧送京師因羽林監崔士亮獻之

是年江陵縣獲白鼠一頭又休安陵獲白龜一頭又彭澤縣獲白雉一頭又順陽丹光縣山下得古鼎一枝又護軍府門外桑樹一株並有蠶絲綿被枝莖漢光武時有野蠶成繭百姓得以衣服今則浮波幕樹其亦此之類乎又越州南高京任人海中網魚獲銅獸一頭銘曰作寶鼎齊臣萬年子孫承寶又彭澤縣

獲白雉一頭

三年正月安城縣榆樹二株連理

四月白雀見臨汝縣

七月安城王暠第獲白雀一頭又始興郡民龔玄宣去年二月忽有一道人乞中食因探懷中出篆書真經一卷六紙又表代極一紙又移付羅漢居士一紙云從兜率天宫下使上送天子因失道人所在玄宣又稱神人授皇帝璽龜形長五寸廣二寸厚二寸五分上有天子字中央蕭字下有萬世字

八月梁郡睢陽界野田中獲嘉禾一莖二十三穗

九月南郡江陵縣獲白雀一頭又句陽縣之穀山樵樹連理異根雙挺共抄爲一

十一月永寧左郡橘木連理是年華林園醴泉堂東忽有瑞雲周圍十許丈高下與景雲樓平五色藻密光彩映山徘徊良久轉南行過長船入華池大鳥集東陽郡太守沈約表云鳥身備五彩赤色居多案樂偉叶圖徵云焦明鳥質赤至則德之感也

四年二月甘露降臨湘縣李樹

三月甘露降南郡桐樹三足烏巢南安中陶縣庭中又秣陵縣喬天明園中李樹連理生高三尺五寸兩

枝別生復高三尺合爲一幹又白虎見安蠻虔化縣

四月甘露降睢陽縣桃樹

是年丹陽縣獲白兎一頭東昌縣山自此歲以來當發異響去二月十五日有一巖褫落縣民方元泰往視於巖下得古鐘一枚青龍見順陽郡清水縣平泉湖

五年正月秣陵縣華僧秀園中四樹連理

三月豫寧縣長崗山獲銅鍾一枚

四月甘露降荆州府中閤外桐樹

六年建城縣昌城田獲四目龜一頭腹下有萬齊字

八月延寧縣王惠獲六目龜一頭腹下有萬歡字弁有卦兆

九月莒縣獲嘉禾一株

是年山陰縣孔廣家園種樹十二層會稽太守隋王子隆獻之種芳林苑鳳光殿西成騎宰侍唐潛上青毛神龜一頭望蔡縣獲白鹿一頭南豫州刺史建安王子真表獻金色魚一頭又望蔡縣獲白鹿一頭

六年四月江寧縣北界賴鄉齊平里三城邏門外路東太宰蕭惠基園棂樹二株連理其高相去二尺南大北小小者傾柯南附合爲一枝葉繁茂圓密如蓋

是年白鼠見芳林園蒲濤縣亮野村獲白麞一頭甘露降芳林園故山堂桐樹

七年六月鹽官縣獲白雀一頭

是年黃龍見曲江縣黃池中一宿二日越州獻白珠自然作思惟佛像長三寸上越禪林寺置刹下江寧縣李樹二株連理兩根相去一丈五尺豐林獲白雉一頭荊州獲白麞一頭又吳郡太守江敩於錢塘縣獲蒼玉璧一枚以獻又齊興太守劉元寶治郡城於塹中獲錢數百萬形極大以獻臺爲瑞世祖班賜朝臣以下各有差又主書朱靈讓於浙江得靈石十人舉乃起在水深三尺而浮世祖親投于天淵池試之刻爲佛像豐林獲白雉一頭荊州獲白麞一頭

八年三月武陵白沙戍棂木連理相去五尺俱高三尺東西二枝合而通柯

四月陽羨縣獲白烏一頭

五月陽城縣獲紫芝一株

十二月紫桑縣陶委天家樹連理

是年餘干縣獲白麞一頭天門臨澧縣獲白雀一頭巴陵郡連理四株又天忽黃色照地衆莫能解司徒法曹王融上金天頌已是非金天所謂榮光武帝大悅始興郡昌樂村獲白鳩一頭又餘干縣獲白麞一

頭

九年五月長山縣獲神龜一頭腹有巽兌卦

七月吳郡錢塘縣獲白雀一頭

八月豫州獲白雀一頭甘露降上定林寺堂庭中天如雨遍地如雪其氣芳其味甘耀日彌風至晡乃止爾後頻降鍾山松樹四十餘日乃止

十月甘露降大安陵樹

十一月寧蜀廣漢縣田所墾地八尺四寸獲古鍾一枚形高三尺八寸圍四尺七寸懸柄長一尺二寸合

高五尺四面各九孔夜中於陶所殳閒見有白光窺尋無物自後夜夜輒復有光既經旬日村民張慶宣乃作屋又於屋閒見光炤内外慶宣疑之以告休光乃共發視獲玉璽一紐璧方八寸上有鼻文曰帝真又曲阿縣民黃慶宅左有園園東南廣袤四丈每種菜輒鮮異雖加採掇隨復更生夜中長有白光皎質屬天狀似懸絹慶疑非常請師卜筮道士傅德占使掘之深三尺獲玉印一紐文曰長承萬福

是年臨湘縣獲白鹿一頭義陽安昌縣獲白麞一頭秣陵縣鬬埸里安明寺有古樹衆僧改架屋宇伐以

爲薪剖樹木裹自然有法大德三字始興郡本無欓樹調味有闕世祖在郡堂屋後忽生一株臨湘縣獲白鹿一頭義陽安昌縣獲白麞一頭

十年五月齊郡獲白雀一頭

六月海陵齊昌縣獲嘉禾一莖六穗

是年青州獲白雉一頭司州清激戍獲白麞一頭蘭陵民齊伯生於六合山獲金璽一紐文曰年予王青州洰液戍獲白雉一頭司州清激戍獲白雉一頭

十一年九月睢陽縣里中獲嘉禾一株

是年廣陵海陵縣獲白麞一頭

鬱林王隆昌元年正月襄陽縣獲紫芝一莖四月陽羨縣獲白烏一頭

和帝中興二年正月暹將潘道蓋于山石穴中獲毛龜一頭

二月白虎見東平壽張安樂村

三月甘露降茅山彌漫數里

是年山上雲障四塞頃有玄黃五色如龍形長十餘丈從西北昇天

梁高祖天監元年七月癸卯鸞鳥見樂遊苑

四年四月自甲寅至壬戌甘露連降華林園

五月建康縣榭陰里生嘉禾一莖十二穗

八月庚子老人星見

五年四月丙申廬陵高昌之仁山獲銅劒二始豐縣獲八目龜一

八月戊戌老人星見

六年二月甲辰老人星見

六月新吳縣獲四目龜一

九月嘉禾一莖九穗生江陵縣

七年四月辛未秣陵縣獲靈龜一

八月甲戌老人星見

十一月辛巳鄣縣言甘露降
八年二月壬戌老人星見
八月戊午老人星見
九年七月己巳老人星見
十年二月戊申騶虞一見荆州華容縣五月癸酉安
豐縣獲一角玄龜乙酉嘉蓮一莖三花生樂遊苑
十二月癸酉山車見于臨成縣
十一年二月新昌濟陽二郡野蠶成繭
十三年二月丁亥老人星見
十四年二月戊戌老人星見

八月乙未老人星見
十五年八月老人星見
十六年二月庚戌老人星見
四月湖溝獲白雀
八月辛丑老人星見
十七年二月甲申老人星見
八月壬寅老人星見
十八年二月戊午老人星見
七月甲申老人星見
普通元年二月壬子老人星見

八月庚戌老人星見
二年七月甲寅老人星見
三年八月甲子老人星見
四年二月庚午老人星見
八月丁卯老人星見
五年二月丁丑老人星見
六年二月丁丑老人星見
八月壬午老人星見
七年二月丁亥老人星見
大通元年八月壬辰老人星見

二年二月甲子老人星見
中大通二年正月癸未老人星見
三年二月甲寅老人星見
八月癸巳老人星見
是歲吳興縣生野穀堪食
四年二月壬寅老人星見丙辰邵陵縣獲白鹿一
五年正月辛卯輿駕親祀南郊先是一日景夜南郊
令解滌之等到郊所履行忽聞空中有異香三隨風
至及將行事奏樂迎神畢有神光圓滿壇上朱紫白
黄雜色食頃方滅兼大宰武陵王紀等聞

二月已丑老人星見
八月庚申老人星見
大同元年三月巳卯老人星見
七月乙卯老人星見
二年二月丙戌老人星見
三年二月乙酉老人星見
八月甲申老人星見
六年二月奉郡獻白麞一
六月丁未平陽縣獻白鹿一
九月始平太守崔碩表獻嘉禾一莖十二穗

敬帝紹泰元年冬至二年三月甘露頻降于鍾山梅崗南㵎及京口江寧縣境或至三數升大如奕棋子陳高祖表以獻臺
二年二月前寧遠石城公外兵參軍王位于石頭沙際獲玉璽四陳高祖表以送臺
陳高祖永定元年十一月甘露降于鍾山松林彌漫巖谷庚子開善寺沙門採之以獻勑頒賜群臣
三年四月重雲殿東鴟尾有紫煙屬天
文帝天嘉元年正月辛未輿駕親祠北郊日有冠
廢帝光大二年五月丙辰大傅安成王獻玉璽一
宣帝太建二年閏四月乙卯儀同黄法𣰋獻瑞璧一
四年八月丁丑景雲見
十二月壬寅甘露降樂遊苑
五年五月癸丑景雲見
七年四月壬子郢州獻瑞鐘六
閏九月壬辰甘露頻降樂遊苑
十二月甲子南康郡獻瑞鐘一
八年正月庚辰西南有紫雲見
東魏孝靜天平二年二月員外散騎常侍穆禮得王板一廣三寸長五寸頭有兩孔以獻

四月臨水縣木連理
五月北豫州獻白雀
七月齊獻武王獲白烏以獻魏郡木連理
八月光州獻白兔
三年正月青州獻白雉
五月司州上言清河郡木連理
七月魏郡獻嘉禾京師獲白雀
四年二月青州獻白雉
四月西兗州獻白狐
六月廣平郡上言木連理

七月兗州獻白雀光州獻白兎又獻九尾狐

八月并州上言木連理又獻嘉禾京師又獲嘉禾虞
曹郎中司馬仲瑮又獻嘉禾一莖五穗

十二月梁州獻白雉

元象元年正月有巨象自至碭郡波中南兗州獲送
于鄴大赦改元

二月維州上言木連理

四月光州獻九尾狐

五月冀州獲白烏林慮縣上言木連理京師白雀徐
州獲白兎

六月京師獲白雀齊獻武王獲白兎以獻

濮陽郡獲白兎齊獻武王獲白鹿以獻

七月肆州獻白雀是月齊獻武王獲白雀以獻

八月東雍州獻嘉禾上黨郡言木連理西中府獻白
燕

興和元年正月魏郡繁陽縣獻白雉

二月光州獻九尾狐

三月甘露降于京師

四月京師獲三足烏

五月京師獲白雀

六月齊文襄王獲白雀以獻南兗州獲白雀

七月京師獲白雀

八月徐州表齊陰郡廳事前槐樹烏巢于上烏母死
有鵲㘅食哺烏兒不失其時並皆長大賞太守帛十
疋

九月有司奏西山採材司馬張神和上言司空谷木
連理

二年四月光州上言盧鄉縣木連理京師獲白雀徐
州獻白兎

閏月京師獻白雀

五月京師獲白雀又獲白燕

六月京師獲白兎光州獻白雀

七月京師獲白雀

三年二月東郡白馬縣民獻玉印一

五月司州獻九尾狐京師獲白雀

八月南青州獻嘉禾

十二月魏郡獻白狐

四年正月京獲白雀光州獲白兎

四月魏郡貴鄉縣獲白烏鶵瀛州獻白狐二

五月京師獲白烏陽夏郡獻白烏齊州獻蒼烏

六月京師獲白雀
七月瀛州獻蒼烏鄴縣民獻白玉一璞北豫州獻白
烏京師獲白雀
十月瀛州獻白雀
武定元年正月廣宗郡獻白雉兖州獻白雉
二月瀛州獻白兎青州獻白雉
四月兖州獻蒼烏
五月梁州獲白雀濟州獻蒼烏
六月兖州獻白鹿京師獲白雀東郡民獻白烏
七月京師獲白雀幽州獲白狐以獻

八月西襄州上言濟郡木連理
九月齊獻武王上言并州木連理汲郡獻白兎
十月兖州獻白雀
二年五月京師獲蒼烏
七月林慮縣獻白鵲
八月京師獲嘉禾
三年五月瀛州獻三足烏北豫州獻白烏廣宗郡獻
白烏潁州獻白烏梁州獻白雀
六月京師獲蒼烏滄州獻白烏京師又獲白雀北豫
州獻白燕

七月瀛州獻白狐二牡一牝光州獻蒼烏京師獲白
雀
八月并州獻嘉禾
九月西兖州獻白狐瀛州上言河間郡木連理
十月有司奏南兖州陳留郡民賈興達於家庭得毛
龜一兖州獻白雀
四年三月青州獻白雉
四月獻白烏潁州獻三足烏
五月濟州獻白烏潁州又獻三足烏
六月京師獲白雀

八月夏陽郡獻白烏
五年十月甘露降齊文襄王第門柳樹
十一月汾州上言木連理
六年三月甘露降於京師
四月大山郡上言甘露降
五月晉州上言木連理
六月京師獲白雀
十一月武平鎮獻白兎
七年七月瀛州獻白麞
八年四月青州上言齊郡木連理

北齊文宣帝以東魏武定八年五月受禪是日京師獲赤雀獻於南郊又光州獻九尾狐

武成帝河清元年四月青州刺史上言今月庚寅河濟清改大寧二年爲河清

梁太祖開平元年正月壬寅帝至自長蘆是日有五色雲覆于府署之上又丙辰慶雲見丁巳宋州刺史王皐進赤烏一

四月乙丑潁州刺史張實進白兎一戊辰宋州刺史王皐進兩岐麥陳州表象先進白兎一付史館編錄兼示百官

五月丙戌荆州高季昌進瑞橘七十顆是月宿州刺史王儒進白兎一濮州刺史圖嘉禾瑞麥以進

八月甲子平明前老人星見于南極壬申寄州進嘉禾又有合歡榆樹並畫形以獻是月隰州奏大寧縣至固鎮上下二百里

今月八日黄河清至十月如故

十一月廣南管内獲白鹿並圖形來獻耳有兩缺按符瑞圖鹿壽千歲變白耳一缺今驗此鹿耳有二缺其獸與色皆應金行實表嘉瑞

二年四月鄢陵居人程震以兩岐麥穗并畫圖來進

八月甲寅太史奏壽星見于南方甲子廣州上言白龍見圖形以進

三年八月司天臺奏今月二十七日平明前東南丙上去山高三尺以來老人星見測在弁宿十一度其色光明潤大

十一月司天臺奏冬至日自夜半後祥風微扇帝座澄明至曉黄雲捧日

四年四月丁卯宋州節度使衡王友諒進瑞麥一莖三穗

八月辛未老人星見

乾化元年八月癸亥老人星見

册府元龜

册府元龜

巡按福建監察御史臣李嗣京　訂正
知閩縣事臣曹[illegible]臣叅閱
知建陽縣事臣黄國琦較釋

閏位部

徵應

自古帝王世之季豪傑竝起雖雄視一方而靈徵不絶者蓋天意諄諄贊明群衆之所嚮也若夫肇自載育玄感特異寤茲吉夢神貺彌昭或應讖自許軌迹有開或物色紛紜符節斯合豈獨觀奇表命于元龜

而後知其享國保民也

蜀先主涿郡縣人也少孤與母販履織席爲業舍東南角籬上有桑樹生高五丈餘遥望見重重如小車蓋往來者皆怪此樹非凡或謂當出貴人先主少時與宗中諸小兒於樹下戲言吾必當乘此羽葆蓋車叔父子敬謂曰汝勿妄語滅吾門也又漢靈帝時董扶爲侍中私謂大常劉焉曰京師將亂益州分野有天子氣焉信之遂求出爲益州牧扶亦求爲蜀郡蜀國都尉其後先主稱天子於蜀皆如扶言

吳大帝權母吳夫人初孕而夢月入其懷旣而生策及權在孕又夢日入其懷以告其夫堅曰昔妊策夢月入懷今也又夢日入我懷何也堅曰日月者陰陽之精極貴之象吾子孫其興乎初堅世仕吳家于富春葬於城東冢上數有光怪雲氣五色上屬于天曼延數里衆皆往觀視父老相謂曰是非凡氣孫氏其興矣及母懷妊堅夢腸出繞盈昌門寤而懼之以告鄰母鄰母曰安知非吉徵也

廢帝亮母潘夫人旣得幸有娠夢有龍頭授已者已以蔽膝受之遂生亮

景帝休初封瑯琊王居會稽夢乘龍上天顧不見尾

覺而異之及亮廢帝休立七年薨孫皓悉誅其子

宋高祖生夕有甘露降于墓樹微時伐荻新洲見大蛇長數丈射之傷明日復至洲裏聞有杵臼之聲往覘之見童子數人皆青衣於榛中擣藥問其故答曰我王爲劉寄奴所射合散傅之（臣欽若等曰寄奴帝之字）帝曰王神何不殺之答曰寄奴王者不死不可殺帝叱之皆散乃收藥而反又遇一沙門于逆旅沙門言中原事故因云江表當喪亂高祖曰當有拯之者不沙門曰能拯之者其唯君乎其意甚至初帝先患手創積年未療沙門曰此瘡難治先有良藥當以相與因出懷

中黃散治瘡一傳而愈餘散寶錄之被金瘡輒用有驗又嘗遊京口竹林寺獨卧講堂前上有五色龍章衆僧見之驚以白帝帝獨喜曰上人無妄言帝皇考墓在丹徒之候山其地秦史所謂曲阿丹徒閒有天子氣者也時有孔恭者妙善占墓帝嘗與經墓問之曰此墓如何孔恭曰非常地也帝繇是益自負行止時見二小龍附翼樵漁山澤同侶或亦覩焉及貴龍形更大帝東征孫恩至會稽過孔季恭宅季恭正晝卧有神人衣服非常謂曰起天子在門旣而失之遽出適見武帝延入結交執手曰卿後當大顯貴願以身

爲託於是曲意禮接甚厚及將受晉禪大史令駱達陳天文符瑞數十條

文帝初爲荆州刺史廢帝景平中有龍見西方半天騰上廕五綵雲京都遠近聚觀大史奏曰西方有天子氣帝入奉大統帝及議者皆疑不敢下鎮西長史王曇首與到彥之從兄華固勸帝猶未許曇首又固陳并言天人符應帝乃下率府州文武嚴兵自衛臺所遣百官衆力不得近部伍中兵叅軍朱容子抱刃在平乘戶外不解帶者累旬旣下在道有黃龍出負上所乘舟左右皆失色帝謂曇首曰此乃夏禹所以受天命我何堪之

孝武帝初封武陵王爲北中郎將以顏峻爲府主簿沙門德合粗有學義謂顏峻曰貧道粗見讖記當有眞人應符名稱次第屬在殿下峻在彭城嘗向親人敘之以言遂宣布閒於太祖時元凶巫蠱事已發故帝不加推治

南齊太祖生二歲乳人乏乳皇妣孝皇后夢人以兩甌麻粥與之覺而乳大出異而說之帝舊宅在武進縣宅南有一桑樹高三丈横生四枝狀似華蓋帝年數歲好戲其下從兄敬宗曰此樹爲汝生也帝年十

七夢乘青龍西行逐日日將薄山乃止覺而恐懼家人問占者云至貴之象也蘇侃云青者木色日暮者宋氏末運也宋泰始二年明帝遣前淮南太守孫奉伯往淮陰監元會奉伯舊與帝款是行也帝與奉伯同室卧奉伯夢帝乘龍上天於下捉龍脚不得及覺敘夢因謂曰兗州當大庇生靈而弟不得與也奉伯竟卒於宋世帝在日陰治城得一錫趺大數尺下有篆文莫能識者紀僧眞曰何須辨此文字此自久遠之物九錫之徵也帝曰卿勿妄言又宋世芮國相希利貫解星筭數術通胡漢語嘗言南方有姓名齊者

其人當與又宋朝初議封帝爲梁公輔國主簿崔祖
忠啓帝曰讖書云金刀利刃齊刈之今宜稱齊實應
天命從之帝居武進彭山岡阜相屬數百里不絶其
上嘗有五色雲又有龍出焉帝時已貴矣明帝甚惡
之遣善占墓者高靈文往墓所占相靈文先結事太
祖還詭荅曰不過出方伯耳密白太祖曰貴不可言
明帝意猶不已遣人踐籍以左道厭之後於所樹華
表柱忽龍鳴震響山谷及明帝寢疾爲身後之慮多
翦功臣帝亦見疑每云蕭道成有不臣相帝鎮淮陰
每懷憂懼忽見神人謂帝曰無所憂子孫當昌盛元

徽四年太祖從南郊望相氣者陳安寶見太祖身上
黃紫氣屬天安寶謂親人王洪軌曰我少來未嘗見
君上有如此氣也又參軍崔靈建夢天謂巳蕭道成
是我第十九子我去年已使授其天子位考自三皇
五帝已降受命之次至帝爲十九也又所居武進縣
有一道相傳云天子路或謂秦皇所游或云孫氏舊
迹時訛言東城天子出其後建安王休仁鎮東府明
帝懼殺休仁而嘗閉東府不居明帝又屢幸以厭王
氣又使子安成王居之及蒼梧王敗安成王代立將
咸言爲驗術數者推之帝舊居武進東城村東城之

言其在此也昇明二年冬延陵縣季子庿沸井之北
忽聞金石聲疑其異鑿深三尺沸井奔湧若浪其地
又響郎復鑿之復得一井湧沸亦然井中得一木簡
長一尺廣二分上有隱起字曰廬山道士張陵再拜
詣闕起居簡大堅白字色乃黃會稽剡縣有山名刻
石父老相傳云山雖名刻石而不知名字所在昇明
末縣人倪襲祖行獵忽見石上有文字凡三處苔生
其上字不可識乃去苔視之其大石文曰此齊者黃
公之化氣也立石文曰黃天星姓蕭字道成得賢師
天下太平小石文曰刻石者紹會稽南山李斯刻秦

望之峯也河雒讖曰歷年七十水滅緒風雲俱起龍
鱗舉又曰肅草成道德盡僑宋水德也義熙元年宋
武帝王業之始至齊受命七十年又讖曰蕭爲一士
天下樂一士主字也郭文舉金雄記曰當後有作肅
入草也王子年歌曰金刀治世後遂苦帝王昏亂天
神怒災異屢見戒人主三分二叛失州土三王九江
一在吳餘悉邪小早少孤一國二主天所驅金刀劉
也三分二叛宋明帝世也三王九江孝武於九江興
晉安王子勛雖不終亦稱大號後世祖又於九江基
霸迹此三王也一在吳謂齊氏桑梓亦寄治南吳也

一國二主謂大祖符運潛興爲宋氏驅除寇難歌又曰三木慘慘林茂孳金刀利刃齊劃之金刀劉也劃剪也欲知其姓草肅肅穀中最細低頭熟鱗身甲體永興福穀中精細者稻也即道也熟猶成也孔子河雒讖曰竭河梁塞龍泉消除水災泄山川水即宋也宋氏爲災害故曰水災梁亦水也竭河梁則行路成矣路猶道也消除水災除宋氏之災害也河圖讖又曰上參南斗第一星下立草屋爲紫庭龍神之岡梧桐生鳳鳥戢翼朔旦鳴南斗吳分野也草屋者居上蕭字象也天子何在草中宿宿肅也又蕭管之器像

鳳鳥翼也又曰先是益州有山古老相傳曰齊后山昇明三年四月二十三日有沙門玄暢者於此山立精舍其日上登尊位其月二十四日崇陽郡人尹千於嵩山東南隅見兩石墜地石門有玉璽在其中璽方三寸文曰戊丁之輿道倶肅然入草應天符掃平河雒清魏郡又曰皇帝運興千奉璽詣雍州刺史蕭赤斧以獻又宋武帝於嵩高山得玉璧三十二枚神人云此是宋卜世之數三十二者二世也宋自受命至禪齊凡六十年然則帝之符應也

武帝小字龍兒以宋元嘉十七年六月巳未夜生於建康青溪宅其夜陳孝后劉昭后同夢龍據屋上故字帝焉又其夕無火舺吹灰而火燃年十三夢人以筆畫身左右爲兩翅又着孔雀羽衣裳空中飛舉體生毛髮長至足有人指上所踐地曰周文王之田又于所任堂內得璽一枚文曰皇帝行璽又得異錢文爲北斗星雙刀雙貝及有人形帶劒爲仕宋爲贑令江州刺史晉安王子勛反帝不從命南康相沈蕭之縶帝郡獄族人蕭欣祖門客桓康等破郡迎出帝帝逐率部曲百餘人起義避難揭陽山有白雀來集聞山中有清聲傳漏響又於山累石爲佛圖其側忽生

一樹狀若華蓋清翠扶疎有殊群木帝將討蕺凱之大饗士卒是日大熱帝各令折荆枝自蔽言未終雨有雲垂蔭正當會所會罷乃散及爲廣興相嶺南積旱連水阻涸商旅不通帝部伍旣至無雨而川流暴起遂得利涉後爲左衛將軍於盆城禦沈攸之盆城握塹得一大錢文曰太平百歲于時城內乏水欲引水入城始鑿城內遇伏泉涌出如此者九處用之不竭

和帝即泣於江陵建武中荆州大風雨龍入栢齋中挂壁上有爪足處刺史蕭遥欣恐畏不敢居之至是

以爲嘉福殿梁高祖母張皇后嘗於室内忽見庭前菖蒲生華光釆昭灼非世中所有后驚視謂侍者曰汝見不對曰不見后曰嘗聞見者富貴因遽取吞之又嘗夢抱日已而有娠遂産帝將産之夜后見庭内若有衣冠陪列焉生而頡異兩胯駢骨頂上隆起有文在右手曰武帝所居室嘗若雲氣人或過者體輒肅然嘗行經牛渚逢風入泊龍瀆有一老人謂帝曰君龍行虎步相不可言天下方亂安之者其在君乎問其名氏忽然不見陰智伯與帝隣居少相友善嘗入帝卧内見有異色成五色因握帝手曰公後必大貴非人臣也天下方亂安蒼生者在君乎帝曰幸勿多言於是情好轉密帝每有求索加外府焉

帝在襄陽任齊常有五色廻轉狀若磻龍其上紫雲騰起形如繖蓋初齊高帝夢履而登殿顧見武明二帝後一人手張地天圖而不識問之荅曰順子後及崔惠景之逼長沙宣武王入援至越城夢乘馬飛半天而墜帝所馭化爲赤龍騰虚獨上畤臺内有宿衞士爲覡嘗見大極殿有六龍各守一柱末忽失其二後在宣武王宅時宣武爲益州覡乃往蜀伏事及宣武在郢此覡還都乃見六龍俱在帝所寢齊遂去郢之雍中途遇病且死謂同侶曰蕭雍州必作天子具以前事語之推此而言蓋天命也齊中興二年正月始爲梁公南兗州隊主陳文典于恒城内鑿井得王鏤麒麟金鏤王璧水精環各二枚又建康令羊瞻解稱鳳凰見縣之桐下里齊宣德皇后稱美符瑞歸於相國府又延陵縣華陽邏主戴車牒稱去年十二月乙酉甘露降茅山彌漫數里正月己酉邏將潘道蓋于山石穴中得毛龜一二月辛酉邏將徐靈符又于山東見白麞一丙寅平旦山上有雲霧四合須臾有玄黃五色狀如龍形長十餘丈乍隱乍顯久乃從西北升天丁卯兗州刺史馬元和籤所領東平郡壽張縣見騶虞

元帝高祖第七子初高祖夢耿目僧執香爐稱托王宮既而帝母在釆女次侍始褰户幔有風廻裙高祖意感幸之釆女夢月墮懷中遂孕天監七年八月丁巳生帝舉室中非嘗香有紫胞之異高祖奇之因賜釆女姓阮進爲脩容帝在尋陽夢人曰天下將亂王必維之又背生黑子巫媼見曰此大貴不可言時賀革爲帝府諮議使講三禮革西上意甚不悦過別御史中丞江革江革告之曰吾嘗夢王上遍見諸子至湘東王脫帽授之此人後必當璧卿其行乎革領之大寶元年帝在江陵正月辛亥朔左衞將軍王僧辯

獲橘三十子共蔕以獻二月甲戌衡陽内史周孔直表言鳳凰見郡界二年十月辛丑朔有紫雲如車盖臨江陵城三年遂郎帝位

陳高祖漢大丘長寔之後世居潁川寔六世孫逵出爲長城令悅其山水遂家焉嘗謂所親曰此地山川秀麗當有王者興二百年後我子孫必鍾斯運嘗遊義興館於許氏夜夢天開數丈有四人朱衣捧日而至令帝開口納焉及覺腹中猶熱帝心獨負之梁大寶初侯景寇京師帝起義發兵自南康南康瀨石舊有二十四灘灘多巨石行旅者以爲難帝之發也水

暴起數丈二百里間巨石皆沒進軍頓西昌有龍見於水濱高五丈許文采鮮耀軍民觀者數萬人旣次蔡州侯景登石頭城觀望形勢意甚不悅謂左右曰此軍上有紫氣不易可當嘗夢梁武帝以寶刀授已又嘗獨坐胡床於閤下忽有神光滿閤廊廡之間並得相見趙知禮侍側怪而問帝帝笑不答

梁敬帝紹泰二年二月寧遠石城公外兵叅軍王位於石頭沙際獲玉璽四七月大府卿何敬新州刺史華志各上玉璽一高祖表以送臺紹歸之高祖太平元年九月中散大夫王彭牋稱今月五日平旦於御路見龍迹自太社至象闕亘三四里帝旣郎位于南郊柴燎告天先是氛霧晝夜晦冥至於是日景氣清晏識者知有天道焉

文帝徽時嘗詣劉仲舉時天陰雨仲舉獨坐齋内聞城外蕭鼓之聲俄而帝至仲舉異之乃深結託帝又嘗因飲夜宿仲舉帳中忽有神光五彩炤於室内繇是祇承益恭梁大清初夢兩日鬬一大一小大者光滅墜地色正黄其大如斗帝因而懷之

宣帝梁大通二年七月辛酉生有赤光滿堂室事梁元帝爲中書侍郎時有馬軍主李聰與帝有舊每同遊處帝嘗夜被酒張燈而寐聰適出尋友乃見帝身

是大龍

北齊神武帝皇考樹性通率不事家業居任白道南數有赤光紫氣之異鄰人以爲怪帝欲徙居以避之皇考曰安知非吉居之自若後神武自隊主轉輸爲亟使嘗乘驛過建興雲霧晝晦雷聲隨之半日乃絕若有神應者每行道路往來無風塵之色又嘗夢履衆星而行覺而内喜又與懷朔省事雲中司馬子如及秀容人劉貴中山人賈顯智爲奔走之友懷朔戸曹史孫騰外兵史侯景亦相友結劉貴嘗得一白鷹

與神武及尉景蔡儁司馬子如賈顯智等獵於沃野見一赤兎每搏輙逸遂至迴澤澤中有茅屋將奔入有狗自屋中出噬之鷹兎俱死神武怒以鳴鏑射之狗斃屋中有二人出持神武襟其母兩目盲曳杖謂其二子曰何故觸大家出甕中酒烹羊以飯客因言暗相諸人皆曰貴而指揮俱繇神武又曰子如歷位顯智不善終飯竟出行數里還更訪之則本無人居乃向非人也繇是諸人益加敬異後抵揚州邑人龐蒼鷹止團焦中每從外歸主人遥聞行響動地蒼鷹母數見團焦赤氣赫然屬天又蒼鷹嘗夜欲入有青

衣人拔刀叱曰何觸王言訖不見始以爲異竊覘之唯見赤虵蟠床上乃益驚異因殺牛分肉厚以相奉蒼鷹母求以神武爲義子及得志以其宅爲第號爲南宅雖門巷開廣堂宇崇麗其本所住團焦以石堊塗之留而不毁至文宣時遂爲宮初魏眞君中內學者奏言上黨有天子氣云在壺關大王山太武於是南巡以厭當之累石爲三封斬其北鳳凰山以毁其形後上黨人居晉陽者號上黨坊神武實居之晉泰初歲星熒惑鎮星太白聚於觜參色甚明太史占云當有王者興是時神武起於信都破爾朱兆等天平

元年二月永寧寺九層浮圖災既而人有從東萊至云及海上人咸見之於海中俄而霧起乃滅說者以爲天意若永寧見災魏不寧矣飛入東海渤海應矣三年六月壬申神武如天池獲瑞石隱起成文曰六王三川于時揚休之爲行臺郎中帝獨在帳中問之此文字何義對曰六者是大王之字王者當有天下此乃大王符瑞命之徵旣於天池中得此石可謂天意王命也吉不可言帝又問三川何義休之曰河雒伊爲三川亦謂涇渭雒爲三川河雒伊雒陽也涇渭雒若雍州也大王今受天命終應統有關右帝曰世

人無事嘗道我欲反今聞此更致紛紜愼莫妄言也初帝從父弟岳家于雒邑帝每奉使入雒岳母山氏當夜起見帝室中有光密往覘之乃無燈卽移帝於別室如前所見怪其神異詣卜筮之遇乾之大有占之曰吉稱飛龍在天大人造也飛龍九五大人之卦貴不可言山氏歸報帝後帝起兵於信都山氏聞之喜謂岳曰赤光之瑞今當驗矣汝可間行從之共圖大計岳遂往信都帝見之大悅

文襄帝高祖長子母婁太后初夢一 斷龍遂孕帝

文宣帝文襄母弟太后夢大 龍首尾屬天地張口動

目勢狀驚人因孕帝每夜有赤光炤室后私嘗怪之初神武之歸爾朱榮時經危亂家徒壁立后與親姻相對共憂寒餒帝時尚未能言欻然應曰得活太后及左右大驚而不敢言及長鱗身重踝不好戲美深沈有大度晉陽曾有沙門乍愚乍智時人不測呼爲阿秃師帝曾與諸童共見之歷問祿位至帝舉手再三指天而已口無所言見者異之

神武帝從諸子過鳳陽門有龍在上唯神武與帝見之後從文襄行過遼陽山獨見天門開餘人無見者東魏武定七年赴晉陽總庶政八年進封齊王自居

晉陽寢室夜有光如晝既爲王夢人以筆點已額旦以告舘客王曇哲曰吾其退乎曇哲再拜賀曰王上加點便成主字乃當進也乾明二年二月文襄終時訛言上黨出聖人帝聞之將徙一郡郡人張思進上言殿下生於南宮坊名上黨出聖人帝悅而止先是童謡曰一束藁兩頭然河邊羖䍽飛上天蒿然兩頭於文爲高河邊羖䍽爲水邊羊指帝名也於是徐之才盛陳宜受禪且讖云羊飲盟津角駐天盟津水也羊飲水王名也角駐天大位也又陽平郡界廻呈驛傍有大水土人常見群羊數百立卧其中就視不見事與讖合願王勿疑帝以問高德正德正又贊成之於是始夾乃使李密卜之遇大横曰大吉漢文帝之卦也帝乃鑄像以卜之一寫而成及將受禪是年四月夜禾生魏帝銅研旦長數寸有穗

孝昭帝文宣母弟太后夢蠕龍於地遂孕帝

武成帝孝昭母弟太后夢龍浴於海遂孕帝

後主武成帝長子母曰胡皇后夢於海上坐玉盆日入裙下遂有娠天保七年五月五日生帝於并州邸

梁太祖以唐大中六年歳在壬申十月二十一日夜生於碭山縣十溝里是夕所居廬舍之上有赤氣上

騰里人望之皆驚奔而來曰朱家火發矣及至則廬舍儼然既而隣人以誕孫告衆咸異之帝仲昆三人俱未冠而孤母王氏携養寄於蕭縣人劉崇之家帝既壯不事生業以雄勇自負里人多厭之崇以其慵惰每加譴杖唯崇母自幼憐之親爲櫛髮嘗戒家人曰朱三非常人也汝輩當善待之家人問其故荅曰我嘗見其熟寐之次爲一赤蛇然衆亦未之信也唐乾符中木星入南斗數夕不退諸道都統晉國公王鐸觀之問諸知星者吉凶安在咸曰金火土犯斗即爲災唯木當應爲福耳或亦然之時有術士邊岡者

洞曉天文傳通陰陽曆數之妙窮天下之奇秘有先見之明雖京房管輅不能過也鏻召而質之岡曰惟木爲福神當以帝王占之然則非福於今必當有驗於後未敢言之請他日證其所驗一日又密召岡因堅請語其詳至于三四岡辭不獲鏻乃屏去左右岡曰木星入斗帝王之兆也木在斗中朱字也以此觀之將來當有朱氏爲君者也天戒之矣且木之數三其禎也應在三紀之内乎鏻聞之不復有言及爲梁王迎駕於鳳翔天復二年九月甲辰帝以敵寨聯絡稍盛躬統千騎乘高詠之時秋空澄霽四絶纖靄望

者見龍旗上紫雲如織遠邇同矚或曰馬氣上騰往往若是或曰前後騎士屯集豈一二乎曷無是耶兹固奇瑞非常者所當也三年十月甲午有大聲出於梁邸之聽事帝甚驚駭占者曰當有大慶後封魏王天祐四年正月自河北還壬寅至梁是日有五彩雲覆于府署之上士庶靡不覩者又軍庫前有苦井嘗以備灑滌之用一旦其味忽變甘美若飴冠於他井今見在焉二月戊申朔家廟王者言廟之左棟產五色芝狀如芙蓉紫煙蒙護數日不散是日福建帥遣吏持箋幣通好仍以白鸚鵡一同至爾自旬朔之内諸州郡繼以白烏白雀白兎洎白蓮之並蔕者相次來獻上覩之謙畏彌極咸命具表歸天朝四月帝將受禪宋州刺史王皐進赤烏一雙又宰臣張文蔚正押傳國寶王册金寶及文武群官諸司儀仗法物及金吾左右三軍離鄭州丙辰達上源驛是日慶雲見

巡按福建監察御史臣李嗣京　訂正
知甌寧縣事臣孫以敬　叅閱
知建陽縣事臣黄國琦　較釋

閏位部

知子　知臣　念良臣

知子

夫知子莫若父知臣莫若君蓋父子之間否臧易辨齠齔之際性習已彰若能鑒其神明遺其外餙闚其好美之意觀以成人之風自邇察遐材將焉遁况夫

負英武之畧應偏閏之位固宜念家國之重審裔嗣之能建爲元良付大業而不墜委之國事被謗間以無疑叙諸簡編亦君人之懿德也

吴孫堅爲下邳丞時權始生兄策起事江東權嘗隨從性度弘朗仁而多斷好俠養士始有知名侔於父兄矣每參同計謀策甚奇之自以爲不及也每請會賓客常顧權曰此諸君汝之將也策臨終呼權佩以印綬謂曰舉江東之衆决機於兩陳之閒與天下爭衡卿不如我舉賢任能各盡其力保江東我不如卿

宋臨川王義慶高祖中弟道憐子也出繼叔父道規後義慶幼爲高祖所知嘗曰此我家豐城也

梁臨川王宏太祖第六子也齊明帝時爲桂陽王功曹吏衡陽王暢有美名爲始安王蕭遥光所接及遥光作亂逼暢入東府高祖在雍州嘗懼諸弟及禍謂南平王偉曰六弟明於事必先還臺及信至果如高祖策

南平王偉高祖之弟也幼清警好學齊世爲晉安王外兵時高祖爲雍州慮天下將亂求迎偉俄聞已入沔高祖欣然謂佐吏曰吾無憂矣

南康王子通理高祖孫也父死服闋見高祖悲泣不

自勝高祖謂左右曰此兒大必爲奇士

陳高祖母弟休先少倜儻有大志梁簡文之在東宮深被知遇大清中旣納侯景有事北方乃使休先召募得千餘人爲文帝主帥頊之卒高祖之有天下也每稱休先曰此弟若存河雒不足定也

文帝始興昭烈王長子也高祖甚愛之嘗稱此兒吾宗枝英秀也

北齊文宣帝高祖第二子世宗母弟也内雖明敏貌若不足世宗每嗤之曰此人亦得富貴相法亦何繇可解唯高祖異之謂薛琡曰此兒意識過吾

上黨剛肅王渙字敬壽神武第七子也天姿雄傑俶儻不群雖在童幼嘗以將畧自許神武壯而愛之曰此兒似我

馮翊王潤神武第十四子也幼時神武稱曰此吾家千里駒也爲定州刺史時監王開府王廻雒與六州大都督獨孤枚侵竊官田受納賄賂潤按舉事二人表言出送臺使登魏城文宣使元文遙就州宣勑曰馮翊王少小謹愼在州不爲非法朕信之熟矣登高遠望人之常情鼠輩欲輕相間搆曲生眉目於是廻雒決鞭二百獨孤決杖一百

北平王貞字仁堅武成第五子也沈審寬恕帝曰此兒我鳳毛

知臣

夫有國家者莫不急於選士務在官人詢之以計畫委之以事任故能創業垂統名與功偕傳世祚於後裔著話言於可乂者也自東漢之季吳蜀欻起莫不總覽豪傑保守封域當其君臣之分甫定疆埸之事日駭而能審其才用亮其誠明或委之以腹心或仗之以師旅雖譏間之言日至疑似之迹屢彰而任之如初不以屑意其或察其操履悉其素尚苟位未充量姑待以遠期若名浮於實前知其敗事傳所謂惟君知臣者蓋得之矣繇宋氏而下逮夫梁陳高齊咸奄據一方烝用髦士至於知人善任詔爵物官盡臣下之心悉忠讜之分亦皆可述焉

蜀先主初見諸葛亮因屏人語而稱善於是與亮情好日密關羽張飛悉不悅先主解之曰孤之有孔明猶魚之有水君勿復言亮後爲丞相

鄧芝爲郫邸閣督先主出至郫與語大奇之擢爲郫令遷廣漢太守所在淸嚴有治績

趙雲字子龍先主之敗有人言雲已北去者先主以

手戟擿之曰子龍不棄我走也頃之雲至後爲鎮軍將軍

劉巴字子初初先主辟爲左將軍西曹掾先主曰子初才智絶人如孤可任用之非孤者難獨任也

馬謖字幼常以荊州從事從先主入蜀除綿竹成都令越嶲太守才器過人好論軍計丞相諸葛亮深加器異先主嘗謂亮曰馬謖言過其實不可大用君其察之亮猶謂不然以謖爲參軍每引見談語自晝達夜後謖與張郃戰於街亭謖違亮節度爲郃所破亮殺謖以謝衆

張飛爲車騎將軍領司隸校尉爲其帳下將張達范彊所殺持其首順流而奔孫權飛營都督表報先主先主聞飛都督之有表也曰噫飛死矣

吳孫策初爲豫章太守得太史慈命往豫章安撫士衆左右皆曰慈必北去不還策曰子義捨我當復與誰餞送昌門把腕別曰何時能還答曰不過六十日果如期而反策初遣慈也議者紛紜謂慈未可信或云與華子魚州里恐留彼爲籌策或疑慈西托黃祖假路還北多言遣之非計策曰諸君語者非也孤斷之詳矣太史子義雖氣勇有膽烈然非縱橫之人其心有士模志經道義貴重然諾一以計語知己死亡不相負諸君勿復憂也慈從豫章還議者乃始服慈見策曰華子魚良德也然非籌畧才無他方規規自守而已又丹陽童芝自擅廬陵詐言許詔

書爲太守都陽氏帥別立宗部阻兵守界不受子魚所遣長史言我以別立郡須漢遣眞太守來當迎之耳子魚不但不能諸廬陵都陽近自海昏有上繚壁有五六千家相結聚作宗伍惟輸租布於郡耳發召一人遂不可得子魚亦覩視之而已策拊掌大笑乃有兼幷之志矣頃之遂定豫章

張昭初爲孫策長史昭每得北方士大夫書疏專歸美於昭昭欲默而不宜則懼有私宜之則恐非宜進退不安策聞之歡笑曰昔管子相齊一則仲父二則仲父而桓公爲覇者宗今子布昭字賢我能用之其功名獨不在我乎

大帝初移都建業大會將相文武特謂嚴畯曰孤昔歎魯子敬比鄧禹呂子衡方吳漢聞得卿諸人未平此論今定云何畯退席曰臣未解指趣謂肅范受饒褒歎過實大帝曰昔鄧仲華初見光武光武時受更始使撫河北行大司馬事耳未有定王志也禹勸之以復漢業是禹開初議之端矣子敬英爽有殊畧孤始與一語便及大計與禹相似故比之呂子衡忠篤亮直性雖如奢然以憂公爲先不足爲損避袁術自歸於兄兄作大將別領部曲故憂兄事乞爲都督辨護脩整加之恪勤與吳漢相類故方之皆有旨趣非孤私之也畯乃服

諸葛瑾代呂蒙領南郡太守任公安蜀先主東伐吳

吳王求和瑾與先主牋曰奄聞旗鼓來至白帝或恐議臣以吳王侵取此州危害關羽怨深禍大不宜答和此用心於小未留意於大者也試爲陛下論其輕重及其大小陛下若抑威損忿暫省瑾言者計可立决不復咨之於群后也陛下以關羽之親何如先帝荆州大小孰與海內俱應仇疾誰當先後若審此數易於反掌時或言瑾別遣親人與先主相聞大帝曰孤與子瑜有死生不易之誓子瑜之不負孤猶孤之不負子瑜也瑾之在南郡人有密譖瑾者此語頗流聞於外陸遜表保明瑾無此定以散其意大帝報曰子瑜與孤從事積年恩如骨肉深相明亮究其爲人非道不行非義不言玄德昔遣孔明至

吳孫嘗與子瑜曰卿與孔明同產且弟隨兄於義爲
順何以不留孔明孔明若留從卿者孤當以書解玄
德自隨人耳子瑜答孫言弟亮以失身於人委質定
分義無二心弟之不留猶瑾之不往也其言足貫神
明人豈當有此乎孫前得妄語文疏即封示子瑜并
手筆與子瑜即得其報論天下君臣大節一定之分
孤與子瑜可謂神交非外言所間也知
卿意至輒封來表以示子瑜使知卿意

魯肅初爲中護軍周瑜所薦才宜佐時大帝見肅甚悅之張昭非肅謙下不足頗訾毀之云肅年少麤疎未可用大帝不以爲介意益貴重之賜肅母衣服幃帳居處雜物富擬其舊

潘濬字承明爲大官時濬姨兄零陵蔣琬爲蜀大將軍或有間濬於武陵太守衛旍者云濬遣客使與琬

相聞有自托之計旍以啓大帝大帝曰承明不爲此也即封於表以示於濬而召於遜免官

是儀爲侍中時時有所進達未嘗言人之短事國數十年未嘗有過呂乙歷白將相大臣或一人以罪聞者數四獨無以白儀大帝歎曰使人盡如是儀當安用科法爲儀後爲尚書僕射儀事上勤與人恭不治產業不受施惠爲屋舍才足自容鄰家有起大宅者大帝出望見問起大室者誰左右對曰似是儀家也大帝曰儀儉必非也問果他家其見知信如此

宋高祖初爲晉大尉時或薦王鎮惡於高祖時鎮惡爲天門臨澧令即遣召之既至與語甚異焉因留宿明旦謂左右曰鎮惡王猛之孫所謂將門有將也即以爲青州治中從事史行參中軍大尉軍事署前部功曹

朱齡石爲寧遠將軍寧蠻護西陽太守高祖伐蜀將謀元帥而難其人乃舉齡石衆咸謂曰自古平蜀皆雄傑重將齡石資名尚輕慮不克辦諫者甚衆高祖不從乃分大軍之半猛將勁卒悉以配之臧熹敬皇后弟也資位在齡石之右亦令受其節度是行亦不淹時一戰克捷衆咸服高祖之知人又美齡石之善

於其事

徐羨初爲晉大司馬典軍從高祖北征微密有意理爲高祖所知蔡廓爲豫章太守徵爲吏部尚書廓曰我不能爲徐千木署紙尾羨之乃徙廓爲祠部尚書初高祖嘗云羊徽蔡廓可平世三公（千木徐羨之小字）

王曇首有識局智度喜慍不見於色太祖鎮江陵曇首自功曹爲長史隨府轉鎮西長史高祖甚知之謂太祖曰王曇首沈毅有器度宰相才也汝每事咨之

王智有高名高祖甚重之嘗云見王智使人思仲祖與劉穆之謀討劉毅而智在焉佗日穆之白高祖伐

國重事也公何乃使王智知高祖笑曰此人高簡豈聞此輩論議其見知如此

檀道濟爲護軍丹陽尹高祖不豫出爲鎭北將軍南兗州刺史高祖疾甚召太子戒之曰檀道濟雖有幹畧而無遠志非如兄部有難御之氣也徐羨之傅亮當無異圖謝晦數從征伐頗識機變若有同異必此人也可以會稽江州處之

孝武初爲徐兗二州刺史以崔道固爲從事固美形容善舉止便弓馬好武事孝武稍嘉之會青州刺史新除過彭城孝武謂之曰崔道固人身如此豈可爲

寒士至老乎而世人以其偏庶便相陵侮可爲嘆息

明帝時沈憲少有幹局爲駕部郎帝謂憲曰卿廣州刺史才也

南齊太祖初爲宋大將軍輔政以劉懷珍內資未多徵爲都官尚書領前軍以第四子寧朔將軍晃代爲豫州刺史或疑懷珍不受代太祖曰我布衣時懷珍便推懷投款況在今日寧當有異晃發經日而疑論不止乃遣軍主房靈民領百騎追送晃謂靈民曰論者謂懷珍必有異同我期之有素必不應爾卿是鄉里故遣卿行非唯衛新亦以迎故也懷珍還仍受相國右司馬

垣崇祖初爲宋義陽王道隆征北參軍道隆被誅薛安都反宋明帝遣沈攸之等討安都安都將裴祖隆引崇祖共拒戰衆敗與祖隆俱走彭城後魏陷徐州崇祖將部曲據朐山因遣使歸命時太祖在淮陰崇祖初見太祖便自比韓信白起咸不信唯太祖獨許之崇祖再拜奉旨後爲豫州刺史後魏遣馬步二十萬寇壽春崇祖堰肥水腳淹爲三面之險魏衆集堰南分軍內薄攻小城崇祖決埭水勢奔下魏攻城之衆人馬溺死數千大衆皆退走太祖謂朝臣曰崇祖

許爲我制虜果如其言嘗自擬韓白今眞其人也

劉繪父醜宋末權貴繪爲太祖太尉行參軍太祖見而嘆曰劉公爲不亡也

明帝時西江公遙欣齠齔中便嶷然帝謂江祐曰遙欣雖幼觀其神彩殊有局幹必成令器未知年命何如耳安陸昭王緬曰不患其兄弟不富貴但恐緬不及耳言之慘然而悲

裴叔業爲右軍將軍東中郎將諮議參軍明帝見而奇之謂之曰卿有如是中相何患不大富貴浮宜勉之

梁高祖爲太子中庶子時王約廢錮帝嘗謂約曰卿方富貴必不容久滯屈及帝作輔謂曰我嘗相卿當富貴不言卿今日富貴便當見縣歷侍中左戸尚書廷尉

沈約爲高祖驃騎司馬帝將革命令約草其事并諸選置帝初無所改後召范雲謂曰生平與沈休文群居不覺有異人處今日才智縱横可爲明識

王國珍爲大司馬中兵參軍高祖雅相知賞每歎曰晚代將家子弟有如國珍者少矣

王訓字懐範左僕射暕之子年十六召見文德殿應

對爽徹高祖目送久之謂朱异曰可謂相門有相矣後累遷侍中旣拜入見帝從容謂何敬容曰褚彦回年幾爲宰相對曰少過三十帝曰今之王訓無謝彦回

張纘字伯緒年十一尚武帝女富陽公主年十七身長七尺四寸眉目疎朗神采爽發高祖異之嘗謂張壯武云後八葉有逮吾者其此子乎

栁慶遠始高祖爲雍州慶遠爲別駕帝謂曰昔羊公語劉弘卿後當居吾處今相觀亦復如是曾未十年而慶遠督府議者以爲逾於魏詠之

元帝初爲湘東王鎮荆州以庾曼倩爲主簿遷中録事每出帝嘗目送之謂劉之遴曰荆南信多君子雖美歸田鳳清屬桓階賞德標奇未過此子

歐陽頠爲臨賀内史元帝承制以爲東衡州刺史侯景平元帝遍問朝臣今天下始定極須良才卿各擧所知群臣未有對者帝曰吾已得人侍中王褒進曰未審爲誰帝云歐陽頠公正有兼濟之才恐蕭廣州不爲致之乃授武州刺史

陳高祖初爲大將軍與諸將醼杜僧明周文育侯安都爲壽各稱功伐高祖曰卿等悉良將者也而並有

所短杜公志大而識暗狎於下而驕於尊矜其功不收其拙周侯交不擇人而推心過差居危履險猜防不設侯郎傲誕而無厭輕佻而肆志並無全身之道卒皆如言

毛喜爲西昌侯記室參軍高祖素知於喜及鎮京口命喜與高宗俱往江陵仍勅高宗曰汝至西朝可諮禀毛喜喜與高宗同謁梁元帝以高宗爲領直喜爲尚書侍郎

北齊神武爲東魏大丞相謂文襄曰庫狄干鮮卑老公斛律金勅勤老公並性純道直終不負汝爾朱渾

道元劉豐生遠來投我必無異心賀拔焉過我兒樸實無罪過濟樂本作道人而心和厚汝兄弟當得其力韓軌少戇宜寬借之彭相樂心腹難得宜防護之少堪敵侯景者惟有慕容紹宗我故不貴之留以與汝宜深加殊禮委以經略後紹宗爲徐州刺史侯景叛梁武遣其兄子淵明率衆十萬與景犄角紹宗大破之擒淵明及其將帥景遂奔遁

崔謙初爲齊神武相府功曹神武稱曰崔謙清直奉公眞良佐也

趙隱字彥深初爲神武大丞相功曹參軍神武與對

坐曾遣造軍令以手捫其額曰若天假卿年必大有所至每謂司徒孫騰曰彥深小心恭慎曠古絕倫

斛律金仕東魏爲冀州刺史神武重其古質每誡文襄曰爾所使多漢有讒此人者勿信之及文襄嗣事爲肆州刺史

宋遊道在東魏爲司州從事神武自太原來朝見之曰此人是遊道邪嘗聞其名今日始識其面遷遊道別駕後日神武之司州饗朝士舉觴屬遊道曰飲高歡手中酒者大丈夫卿之爲人合飲此酒及還晉陽百官辭于紫陌神武執遊道手曰甚知朝貴中有憎忌卿者但用心莫懼畏慮當使卿位與之相似

文宣嘗幸東宮九卿以上陪集帝指崔昂大尉瑾司馬子瑞謂太子曰此是國家柱石可宜記之未幾復侍醼金鳳臺帝歷數諸人咸有罪負至昂曰崔昂直臣魏收才士婦兄妹夫俱省罪過

念良臣

夫琴瑟是聽君子有志義之思卿佐或虧元首有股肱之痛君臣之道不亦重乎粤若天曆餘分鼎峙立國宋齊而下互專霸業必有良士勤宣令圖或經武以著能或緝俗而底績及夫守節死義先時物故竭

誠率職奄忽淪謝是用震悼上心悲涕斯集形於璽歎發乎言諭乃至撤去盛食具乃素服託浮辭於文誄攄哀與於風什躬設祖奠親臨弔祭易徽名而表行加異數以報功賜予便蕃追叙優渥諒非德侔咸一情敦終始者疇克以當之哉

蜀先主初爲荊州牧以漢建安十九年入蜀進圍雒縣軍師中郎將龐統率衆攻城爲流矢所中卒時年三十六先主痛惜言則流涕拜統父議郎遷諫議大夫諸葛亮親爲之拜追賜統爵關內侯諡曰靖侯

法正有智術先主甚信任之爲尚書令護軍將軍卒

時年四十五先主爲之流涕者累日謚曰翼侯賜子遺爵關内侯

霍峻爲梓潼太守裨將軍卒還葬成都先主甚悼惜乃詔諸葛亮曰峻旣佳士加有功於國欲行酹遂親率群寮臨會弔祭因留宿墓上

吳大帝初爲吳侯偏將軍南郡太守周瑜卒時年三十六大帝素服舉哀感慟左右喪當還吳又迎之流涕曰公瑾有王佐之資今忽短命孤何賴哉後大帝稱尊號謂公卿曰孤非周公瑾不帝矣

魯肅字子敬爲横江將軍旣卒後大帝稱尊號臨壇

顧謂公卿曰昔魯子敬嘗道此可謂明於事勢矣

凌統爲偏將軍在旅軍親賢接士輕財重義有國士之風卒時年四十九大帝聞之拊牀起坐哀不能自止數日減膳言及流涕使張承爲作銘誄二子烈封年各數歲大帝内養於宮愛待與諸子同賓客進見呼示之曰此吾虎子也及八九歲令葛光教之讀書十日一令乘馬追錄統功封烈亭侯還其故兵後烈有罪免封復襲爵領兵

呂範字子衡初爲揚州牧勤事奉法大帝統事以範忠誠厚見信任遷大司馬印綬未下疾卒及大帝還都建業過範墓呼曰子衡言及流涕祀以大牢

闞澤爲太子太傅領中書令諸官司有所患疾欲增重科房以簡御臣下澤每曰宜依禮律其和而有正皆此類也及卒大帝痛惜感悼食不進者數日

呂蒙以擒關羽之功爲南郡太守封孱陵侯卒大帝哀痛甚爲之降損蒙未死時所得金寶諸賜盡付府藏勑主者命絶之日皆上還喪事務約大帝聞之益以悲感

朱然爲大司馬右軍師氣候分明内行修絜其所文彩惟施軍器餘皆質素終日欽欽常在戰塲臨急膽

定尤過絶人年六十八赤烏十二年卒大帝素服舉哀爲之感慟

宋高祖初爲宋公時左僕射劉穆之以晉義熙十三年卒高祖在長安聞之驚動哀惋者數日及受禪拊牀歎之曰穆之不死當助我理天下可謂人之云亡邦國殄瘁光禄大夫范泰對曰聖主在上英彦蒲朝穆之雖功著艱難未聞便闕與毁帝笑曰卿不見驥騄乎貴日致千里耳帝後復曰穆之死人輕易我其見思如此以佐命元勳追封南康郡公謚曰文宣

謝景仁爲左僕射卒高祖親臨哭之甚慟與驃騎將

軍道遘書曰謝景仁殞逝悲痛摧割不能自勝汝聞
問恍愕亦不可懷其器體淹冲情寄實重方欲與之
共康時務一日至此痛惜兼深往矣柰何當復柰何
文帝時侍中殷景仁卒與荆州刺史衡陽王義季書
曰殷僕射疾患少日奄忽不救其識具經遠奉國竭
誠周遊繾綣情兼常痛民望國器遇之爲歎恍歎之
深不能已已汝亦同不可言往矣如何
王曇首爲侍中卒文帝爲之慟中書舍人周赳侍側
曰王家欲衰賢者先殞帝曰直是我家衰耳
孝武帝時司徒劉延孫卒將葬帝詔曰故司徒文穆

公延孫居身寒約家素貧虛每念清美良深悽歎葬
送資調固當闕乏可賜錢三十萬米千斛
何偃爲吏部尚書卒官孝武與顏峻詔曰何偃遂成
異世美志長往與之周旋重以姻媾臨哭傷恍良不
能已往矣如何宜贈散騎常侍金紫光祿大夫本官
如故謚曰靖
南齊武帝時征虜將軍假節督青冀二州刺史崔思
祖卒帝歎曰我方欲用思祖不幸可惜詔賻錢三萬
布五十疋
王儉爲中書監尨吏部尚書王晏啓及儉喪武帝答
曰儉年德富盛志用方隆豈意暴疾不展救護便爲
異世奄忽如此痛酷彌深其契闊艱運義重常懷每
言悲切不能自勝
柳世隆爲侍中卒武帝勅吏部尚書王晏曰世隆雖
抱疾積有歲年志氣未衰冀醫藥有効痊差可期不
謂一旦便爲異世慟怛之深此何可言
明帝即位初謂僕射徐孝嗣曰劉懷慰若在朝廷不
憂無清吏也先是懷慰爲齊郡太守太祖手勅褒賞
後出監東陽郡爲吏民所安
梁高祖爲梁公時給事黄門侍郎陶季直辭疾還鄉

里天監初就家拜大中大夫高祖曰梁有天下遂不
見此人
劉沆勤學善屬文爲人不自伐不論人長短高祖甚
愛其才以爲太子洗馬遷中書舍人又爲北中郎諮
議參軍天監五年卒官年三十高祖甚傷惜焉
任昉爲新安太守爲政清省吏民便之視事朞歲卒
於官舍時年四十九高祖聞問方食西苑緑沉瓜投
之於盤悲不自勝因屈指曰昉少時常恐不滿五十
今四十九可謂知命即日舉哀哭之甚慟
孔休源爲金紫光祿大夫監揚州中大通四年遘疾

卒高祖為之流涕顧謂謝舉曰孔休源奉職清忠當官亮直方欲共康治道以隆王化奄至殞没朕甚痛之舉曰此人清介彊直當今罕有臣竊為陛下惜之

鄭紹叔為左將軍散騎常侍卒後高祖嘗潸然謂朝臣曰鄭紹叔立志忠烈善則稱君過則歸已當今無比其見賞惜如此

元帝初為湘東王時都督雍梁等州軍事平北將軍張纘為杜岸所執送岳陽王詧詧敗為防人所害帝承制贈侍中衛將軍開府謚簡憲公纘有鑒識自見帝便推誠委結及帝即位追思之嘗為詩其序曰簡

憲之為人也不事王侯負才任氣見余則申達旦夕不能已已懷夫人之德何日忘之

後梁明帝天保十四年尚書令王操卒帝舉哀於朝堂流涕謂其群臣曰天不使吾平蕩江表何奪吾賢相之速也及塟親祖於毛棺門贈司空

陳高祖永定三年五月北江州刺史熊曇郎殺都督周文育舉兵反及文育之柩至自建昌高祖素服哭於朝堂甚哀

北齊高祖至冀州追憶故刺史封隆之顧謂冀州行事司馬子如曰封公積德履仁體通性達自出納軍國垂二十年契闊艱虞始終如一其忠信可憑方以後事託之何期報善無徵奄從物化言念忠賢良可痛惜為之流涕令參軍宋仲羨以太牢就祭焉

孫搴為散騎常侍司馬子如與高季式召搴飲酒醉甚而卒時年五十三高祖親臨之子如叩頭請罪帝曰折我右臂仰覓好替還我子如舉魏收季式舉陳元康以繼搴焉

武成帝天統初祕書監張耀奏事遇疾仆於御下臨視呼數聲不應帝泣曰豈失我良臣也旬日卒時年六十三詔稱耀忠貞平直溫恭廉慎贈開府儀同三

司尚書右僕射燕州刺史謚曰簡

梁太祖開平四年五月魏博節度使守太師兼中書令鄴王羅紹威薨帝哀慟曰天不使我一海內何奪忠臣之速也詔贈尚書令

第十八頁十九行後脱一條

臧厥爲散騎常侍中書通事舍人兼司農卿卒官厥前後居職所掌之局大事及蘭臺廷尉所不能决者勑並付厥厥辨斷精詳咸得其理厥卒後有撾登聞鼓訴者求付清直舍人高祖曰臧厥既亡此事便無可付其見知如此

冊府元龜

巡按福建監察御史臣李嗣京　訂正
新建縣舉人臣戴國士參閱
知建陽縣事臣黄國琦較釋

閏位部

巡幸　畋遊

巡幸

夫巡狩之儀載乎虞典遊豫之度存諸夏諺蓋所以覲群后省風俗鳴鑾案節清道而行卜日惟吉歸格藝祖慶賜浹洽衆庶歡康斯先生展義之道也若夫

秦政之幸回中登之罘駐彭城臨碣石致禱以出周鼎命使而求羨門侈心未窮海内稱亂固足爲後王之戒也洎吳蜀宋齊而下亦或舉時巡之制稽誥敎之義或脩謁陵寢或歷覽故宫或宴衎以示慈或肆赦而施惠以至耆艾加粟帛之賜孝悌有旌賞之命布在方册可舉而言矣

秦始皇二十七年巡隴西北地出雞頭山過回中（回中在北地臣欽若等曰自此以下不書月者皆史書闕文又云始皇巡河内自以武德定天下置武德縣）

二十八年東行郡縣上泰山封禪既畢於是乃並渤海以東過黄腄（東萊有黄縣腄縣）窮成山登之罘（罘山在腄縣）立石頌秦德焉而去南登琅琊大樂之留三月徙黔首三萬戶琅琊臺下（越王勾踐嘗治琅琊縣起臺館）復十二歲作琅琊臺立石刻頌秦德明得意曰維二十六年皇帝作始端平法度萬物之紀以明人事合同父子聖智仁義顯白道理東撫東山以省卒士事已大畢乃臨于海皇帝之功勤勞本事上農除末黔首是富普天之下摶心揖志器械一量同書文字日月所照舟輿所載皆終其命莫不得意應時動事是維皇帝匡飭異俗陵水經地憂恤黔首朝夕不懈除疑定法咸知所辟方伯分職諸治經易舉錯必當莫不如是皇帝之明

臨察四方尊卑貴賤不踰次行姦邪不容皆務貞良細大盡力莫敢怠荒遠邇辟隱專務肅莊端直敦忠事業有常皇帝之德存定四極誅亂除害興利致福節事以時諸產繁殖黔首安寧不用兵革六親相保終無寇賊驩欣奉敎盡知法式六合之内皇帝之土西涉流沙南盡北戶東有東海北過大夏人迹所至無不臣者功蓋五帝澤及牛馬莫不受德各安其宇維秦王兼有天下立名爲皇帝乃撫東土至于琅琊列侯武城侯王離列侯通武侯王賁倫侯建城侯趙亥倫侯昌武侯成（臣欽若等曰史失姓）倫侯武信侯馮毋擇丞

相隗林丞相王綰卿李斯卿王戊五大夫趙嬰五大夫楊樛從與議於海上曰古之帝者地不過千里諸侯各守其封域或朝或否相侵暴亂殘伐不止猶刻金石以自爲紀古之五帝三王知教不同法度不明假威鬼神以欺遠方實不稱名故不久長其身未歿諸侯背叛法令不行今皇帝并一海內以爲郡縣天下和平昭明宗廟體道行德尊號大成群臣相與誦皇帝功德刻于金石以爲表經還過彭城齋戒禱祠欲出周鼎泗水使千人沒水求之弗得乃西南渡淮水之衡山南郡浮江至湘山祠逢大風幾不得渡帝

問博士曰湘君何神博士對曰聞之堯女舜妻而葬此於是始皇大怒使刑徒三千人皆伐湘山樹赭其山帝自南郡繇武關歸（武關秦南關通南陽在析西北七十里弘農界）

二十九年東游至陽武博浪沙中（河南陽武縣有博浪沙）爲盜所驚求弗得乃令天下大索十日登之罘刻石其辭曰（臣欽若等曰此辭三句爲韻碣石會稽同）維二十九年時在中春陽和方起皇帝東游巡登之罘臨照于海從臣嘉觀原念休烈追誦本始大聖作治建定法度顯著綱紀外教諸侯光施文惠明以義理六國回辟貪戾無厭虐殺不巳皇帝哀衆遂發討師奮揚武德義誅信行威惲旁達莫不賓服烹滅彊暴振拔黔首周定四極普施明法經緯天下永爲儀則大矣哉宇縣之中（宇宇宙縣赤縣）承順聖意群臣誦功請刻于石表垂于常式其東觀曰維二十九年皇帝春遊覽省遠方逮于海隅遂登之罘昭臨朝陽觀望廣麗從臣咸念原道至明聖法初興清理疆內外誅暴彊武威旁暢振動四極會滅六王闡并天下菑害絕息永偃武兵皇帝明德經理宇內視聽不怠作立大義昭設備器咸有章旗職臣遵分各知所行事無嫌疑黔首改化遠邇同度臨固絕尤常職既定後嗣循業長承聖治群臣嘉德祗誦

聖烈請刻之罘旋遂之琅琊道上黨入（道從也）

三十二年之碣石使燕人盧生求羨門（古山人也）高誓刻碣石（一作盟）壞城郭決通隄防其辭曰遂興師旅誅戮無道爲逆滅息武殄暴逆文復無罪（復一作憂）庶心咸服惠論功勞賞及牛馬恩肥土城皇帝奮威德并諸侯初一泰平隨壞城郭決通川防夷去險阻地勢既定黎庶無繇天下咸撫男樂其疇女修其業事各有序惠被諸產久並來田（久一作分）莫不安所群臣誦烈請刻此石垂著儀矩因使韓終侯公石生求仙人不死之藥始皇巡北邊從上郡入

二十五年始皇欲游天下道九原直抵甘泉乃使蒙恬通道自九泉抵甘泉塹山堙谷千八百里

三十七年十月癸丑出游左丞相李斯從少子胡亥愛慕請從帝許之十一月行至雲夢望祀虞舜於九嶷山浮江下觀藉柯渡海渚過丹陽至錢塘臨浙江（江水至會稽山陰爲浙江）水波惡乃西二百十里從狹中渡上會稽祭大禹望于南海而立石刻頌秦德其文曰皇帝休烈平一宇內德惠修長三十有七年親巡天下周覽遠方遂登會稽宣省習俗黔首齋莊群臣誦功本原事迹追首高明（首一作道）秦聖臨國始定刑名顯陳舊

章初平法式審別職任以立于當六王專倍貪戾傲猛率衆自彊暴虐恣行負力而驕數動甲兵陰通間使以事合從行爲辟方內飾詐謀外來侵邊遂起禍殃義威誅之殄熄悖亂殘賊亂亡至德廣密六合之中被澤無疆皇帝并宇兼聽萬事遠近畢清運動群物考驗事實各載其名貴賤並通善否在前靡有隱情飾省宣義（省一作非）有子而嫁倍死不貞防隔內外禁止淫泆男女絜誠夫爲寄身殺之無罪男秉義程女爲逃嫁子不得母聖化廉清大治濯俗天下承風蒙被休經皆遵度軌和安敦勉莫不順令黔首修絜人樂同則嘉保太平後敬奉法常治無極輿舟不傾從臣誦烈請刻此石光垂休銘還過吳從江乘渡（丹陽有江乘縣）並海上北至琅邪

二世元年與趙高謀曰朕年少初即位黔首未集附先帝巡行郡縣以示彊威服海內今晏然不巡行即見弱毋以臣畜天下其年春二世東行郡縣李斯從到碣石並海南至會稽而盡刻始皇所立刻石傍著大臣從者名以彰先帝成功盛德焉皇帝曰金石刻盡始皇帝所爲也今襲號而金石刻辭不稱始皇帝其於久遠也如後嗣爲之者不稱成功盛德丞相臣

斯臣去疾（姓馬）御史大夫臣德（失姓）昧死言臣請具刻詔書刻石因明白矣臣昧死請制曰可遂至遼東而還

蜀後主建興十四年四月後主至湔登觀阪看汶水之流日還成都

吳後主孫皓寶鼎三年九月出東關

宋文帝元嘉四年二月乙卯行幸丹徒謁京陵三月丁亥還宮

二十六年二月己亥陸道幸丹徒謁京陵五月丙寅水路發丹徒壬午至京師

孝武帝大明五年九月丁卯行幸琅邪郡囚繫悉原

遣臣欽若等日本紀不書還宮
七年二月甲寅巡南豫南兗二州丁巳較獵于歷陽
之烏江縣未登烏江縣六合山壬申還宮
九月戊子詔曰昔周王驥跡寔第四溟漢帝鸞軨夙
遍五嶽皆以上對幽靈下理民土自天昌華馭臨宮
創圖禮代天體世貿興毁皇家造宋日月重光璇幾
得序五星順命而戎車歲動陳詩義闕朕聿奉三無
奄一天下思盡賓戒之規以塞謀危之路當時省方
覲察風俗外詳考舊典以副側席之懷

十月戊申巡南豫州乃下詔曰朕巡幸所經先見百
年者乃孤寡老疾並賜粟帛獄繫刑罪並親聽訟其
士庶或怨鬱危滯受抑吏司或隱約絜立負擯州里
皆聽進朕前面自陳訴若忠信孝義力田殖穀一介
之能一藝之美悉加旌賞雖秋凖頻降而夏旱嬰獘
可即開倉并加賑賜癸丑行幸江寧縣丙寅詔曰賞
慶刑威奄國彝軌黜幽升明關寓嘗憲故採言聆風
式觀侈質貶爵加地於是乎在今類帝宜社親巡江
甸因覲嶽守躬求民瘼思弘明試之典以申考績之
義行幸所經莅民之職功宜於聽即加甄賞若廢務
亂民隨舋議罰二者詳察以聞

十二月丙午行幸歷陽癸亥至自歷陽
前廢帝景和元年九月癸巳幸湖熟奏皷吹戊戌還
宮
南齊武帝永明七年六月丁亥幸琅琊
梁高祖大同十年三月甲午幸蘭陵謁建陵至修陵
巳酉幸京口城北固樓改名北顧庚戌幸迴賓亭宴
帝鄉故老及所經近縣奉迎候數千人各賚錢二千
陳高祖永定二年五月辛酉幸大莊嚴寺
宣帝太建四年十二月甲辰幸樂遊苑
後主至德三年十一月辛巳幸長千寺

北齊文宣帝天保元年二月庚午如晉陽拜辭山陵
是日皇太子入景凉風臺監摠國寧十月巳卯備法
駕御金輅入晉陽宮朝皇太后於内殿十二月辛丑
至自晉陽二年正月甲戌帝汎舟於東城
九月癸巳帝如趙定二州因如晉陽
三年六月丁未至自晉陽乙卯如晉陽
九月辛卯自并州幸離石十二月壬子還宮戊午如
晉陽
四年四月戊戌帝還宮
五年八月丁丑帝幸晉陽十二月庚申北巡至達速

嶺覽山川險要將起長城
六年三月丙申至自晉陽
四月庚申帝如晉陽五月庚寅至自晉陽
六月丁卯如晉陽壬申親討茹茹七月壬辰還晉陽
九月乙卯至自晉陽
十月辛亥如晉陽
七年正月甲辰至自晉陽於鄴城西馬射大集衆而觀之
八月庚申如晉陽
九年三月丁酉至自晉陽

六月乙丑自晉陽北巡巳巳至祁連池戊寅還晉陽
八月乙丑至自晉陽甲戌如晉陽十一月甲午至自晉陽
十年正月甲寅如遼陽甘露寺三月丙辰至自遼陽
九月己巳如晉陽十月晏駕于晉陽臺
武成帝河清元年十月癸亥行幸晉陽十二月丙辰至自晉陽
四年正月行幸晉陽四月傳位於皇太子改元天統稱太上皇
十一月至自晉陽

後主天統元年十二月壬戌太上皇帝幸晉陽丁卯帝至自晉陽
二年正月庚子行幸晉陽二月庚戌太上皇帝至自晉陽
八月太上皇帝幸晉陽
三年正月壬辰太上皇帝至自晉陽
九月丁巳太上皇帝幸晉陽十一月癸未至自晉陽
四年四月辛巳太上皇帝幸晉陽五月壬戌至自晉陽
五年三月行幸晉陽四月乙丑至自晉陽

武平元年八月辛卯行幸晉陽十二月丁亥至自晉陽
二年八月己亥行幸晉陽十月己亥至自晉陽
三年八月癸巳行幸晉陽臣欽若等曰本紀不書至字
四年二月丁巳行幸晉陽三月庚辰至自晉陽
十月癸卯行幸晉陽
五年二月乙未至自晉陽辛丑行幸晉陽丁未至自晉陽
八月癸卯行幸晉陽
六年正月乙亥至自晉陽

七月甲戌行幸晉陽

十年正月癸卯至自晉陽

梁太祖開平元年十月帝以用軍未暇西幸文武百官等久居東京漸及凝冱令就便各許歸安只留宰臣韓建薛貽矩翰林學士張策韋郊杜曉中書舍人封舜卿張袞幷左右御史司天監宗正寺兼要當諸司節級外其宰臣張文蔚已下文武百官並先於西京祇候

二年二月帝以上黨未收因議撫巡便往西都赴郊禋之禮乃下令曉告中外取三月一日離東京以宰

臣韓建權判建昌宮事兵部侍郎姚洎爲鹵簿使開封尹博王友文爲東都留守三月壬申帝親統六軍巡幸澤潞是日寅時車駕西幸宰臣弁要切司局皆扈從晚次中牟丙申招討使劉知俊上章請車駕還東京蓋小郡湫隘非久駐蹕之所達覽帝允其請四月丙午車駕離澤州丁未駐蹕於懷州宴宰臣文武百官辛亥至鄭州壬子幸東京丙寅車駕幸繁臺觀稼

七月甲戌大霖雨陂澤泛溢頗傷稼穡帝幸右天武軍河亭觀水

九月丙子太原軍（臣欽若等曰即後唐大宗也）出陰地關南收隰掠郡縣晉絳有備帝慮諸將翫寇乃下詔親議巡幸命有司備行丁丑率華西狩宰臣翰林學士崇政院使金吾仗及諸司要切官皆扈從餘文武百官並在東京壬午達雒陽

帝御文思殿受朝參許汝孟懷牧守來朝澤州刺史劉重霸面陳破敵之策癸未西幸宿新安丙戌至陝州駐蹕蒲雍同華牧守皆進鎧甲騎馬戈稍食味方物丁亥錫宴扈從官戊子延州賊軍（臣欽若等曰即祖跋思恭也）寇上平關又太原軍攻平陽烽火羽書晝夜繼至乙

丑六軍統軍牛存節黃文靖各領所部將士赴行在甲午太原步騎數萬攻逼晉絳踰旬不克知天軍至乃自焚其寨至夕而遁十月庚戌至西都丁巳至東都

三年正月甲戌發東都百官扈從次中牟縣乙亥次鄭州丙子次汜水縣河南尹張宗奭河陽節度使張歸霸並來朝戊寅次偃師縣己卯備法駕六軍儀仗入西都是日御文明殿受朝賀三月辛未詔曰同州邉隅繼有士衆歸化暫思巡撫兼要指揮今宰蒲陝取九日進發甲戌車駕發西都百官奉辭于師子門

外丁丑次陝州己卯次解縣河中節度使冀王友謙
來奉迎庚辰至河中府四月丙申朔駐蹕河中壬寅
辰時駕迴于朝邑縣界焦黎店冀王友謙及崇政內
諸司使扈從至申時迴五月癸酉駕三更一點發河
中己卯至西京庚戌同州節度使劉知俊據本郡反
辛亥駕幸蒲陝夜半發大內七月癸酉駕幸陝乙亥
至自陝文武百官於新安縣奉迎
閏八月己卯幸西苑觀稼
十一月辛丑幸穀水
四年二月乙丑幸芇水亭己丑出光政門至穀水觀

麥
四月丙戌幸建春門閱新樓至七里屯觀麥召從官
食于樓河南張昌孫及蒲同主事吏賜物各有差
十一月丁亥朔幸廣王第作樂
五年二月壬戌詔曰東京舊邦久不巡幸宜以今月
九日幸東都扈從文武官委中書門下量閑劇處分
宰臣上言曰龍興天府久望法駕但陛下始康愈未
安涉寒願少留清蹕從之甲子幸曜村民舍閱農事
庚午幸白馬坡
四月丁卯幸龍門召宰臣學士金吾上將軍侍宴于
廣化寺
乾化五年五月癸巳觀稼于伊水登建春門幸會節
坊張宗奭私第臨亭皐視物色賞賜甚厚
七月帝不豫稍獻秋暑自辛丑幸會節坊張宗奭私
第宰臣視事於歸仁亭子崇政使內諸司及翰林院
並止於河南令廨署至甲辰復歸大內
八月戊辰幸故上陽宮至于榆林觀稼
九月庚子親御六師次于河陽臣欽若等曰事具閏位親征門甲辰
至于衛州乙巳至于宜溝幸民劉逵墅丙午至湘州
十月辛亥朔駐蹕于湘州宰臣洎文武從官並詣行

官起居戶部郎中孔昌序齎留都百官冬朔起居表
至自西京諸道節度使刺史諸藩府留後各以冬朔
起居表來上制以郢王友珪充控鶴指揮使諸軍都
虞候閻寶爲御營使甲寅將以其夕幸魏縣命閤門
使李郁報宰臣兼勑內外丙寅夜車駕發軔于都署
乙卯次洹水丙辰至魏縣戊辰幸邑西之白龍潭潭
水亘千許涉南北五之一爲風濤岸舟邃然有江湖
之狀潭之北立神祠前亭弘敞下植波際帝登臨凝
覽宸旨舒悅即命丞相與翰林六學士侍膳于左右
又命漁艇數士以釣網進觀其漁焉俄頃間洪纖尾

黨所得無美復有得大白魚長六七尺者來獻珠眸雪鱗厥狀甚異帝諦視已乃命近貴復之中流名其潭曰萬歲漁人等咸優錫遣之

十一月辛巳朔上駐蹕魏縣從官自丞相而下竝詣行宮起居留都文武百官及諸道節度使防禦使刺史諸藩府留後各奉表起居壬午帝以邊事稍息宣命還京師車駕發自行闕夕次洹水縣癸未内黃縣甲申至黎陽縣乙酉命從官丞相而下宴于行次丁亥次衛州戊子晨次新鄉夕止獲嘉己丑次武陟庚寅次温縣辛卯次孟州留都文武官左僕射楊涉洎

孟州守李周彝等皆匍匐東郊迎拜其文武官竝令先還壬辰詰旦離孟州晚至都六軍以天兵御仗分列前導煌煌焉濟濟焉昔所未覩也都人士女洎耆老等歡噪阡陌太祖御五鳳樓受百辟稱賀畢還宫

二年二月壬戌帝將廵按北境中外戒嚴詔以河南尹守中書令判六軍事張宗奭爲大内留守中書門下奏差定文武官領務尤切宜扈駕者三十八人詔工部尚書李皎左散騎常侍孫騭左諫議大夫張衍兵部侍郎劉邈兵部郎中張雋光祿少卿盧秉彝竝令扈蹕甲子發自雒師夕次河陽乙丑次温縣丙寅次武陟懷州刺史段明遠迎拜于境上其内外所備咸豐霈焉丁卯次獲嘉戊辰次衛州之新鄉己巳晨衛州夕止淇門内衙十將使以十指揮兵士至于行在辛未駐蹕黎陽癸酉發自黎陽夕次内黃縣甲戌次昌樂縣丁丑次于永濟縣青州節度使賀德倫奏統領兵士赴歷亭軍前戊寅至貝州命四丞相及學士李珙盧文度知制誥竇賞等十五人扈從其左常侍常戩等二十三人止焉己卯發自貝州夕駐于野落三月庚辰朔次于棗彊縣之西縣丙戌鎮定諸軍招討使楊師厚奏下棗彊縣車駕即日疾馳南還丁

亥復至貝州庚寅楊師厚與副招討李周彝等准詔來朝乙巳發貝州夕次臨清縣丙午次永濟縣丁未至魏州四月己酉幸魏州金波亭賜宴宰臣文武官及六學士丁巳發魏州夕次昌樂戊午次内黃縣己未次黎陽駐馬乙丑發自黎陽夕次滑州將吏耆老竝於州之南津歡噪迎拜本州節度使進馬十匹銀器一千兩備宴錢二千貫丙寅離滑州夕次胥樂頓丁卯次長垣縣戊辰次封丘縣己巳至東京開封尹博王友文總留都文武奉迎于北郊帝入自含耀門綵繡連延照耀阡陌都人士女闐咽歡呼是月戊寅

車駕發自東京夕次中牟縣五月己卯朔從官文武自丞相而下並詣行殿起居親王及諸道藩帥咸奉表來上庚辰鄭自鄭州至滎陽縣河南尹魏王宗奭望塵迎拜河陽留後邵贊懷州刺史段明遠等邐迤來迎夕次汜水縣帝召魏王宗奭入對便於御前賜食數刻乃退壬午駐蹕于汜水宰臣河南尹六學士並於內殿起居勑以建昌宮事委宰臣于兢領之癸未帝發自汜水宣令邵贊段明遠各歸所理午憩任村頓夕次孝義宮留都文武禮部尚書孔續而下道左迎拜次偃師甲申至都文武官奉迎於東郊

畋遊

王者蒐狩以時所以除田害講武事也故易著三驅之旨禮有五戒之習焉雖復餘閏亦存憲度其或順肅殺之令脩弋獵之事不失乎禮故可尚也乃有射猛虎以為樂眷胡雉而縱心暴殄是期盤游靡戒以至乎荒志驕氣移其龜玉者不為不幸也

吳大帝初為吳侯親乘馬射虎於庱亭馬為虎所傷帝投以雙戟虎却廢常從張世擊以弋獲之帝每畋獵常乘馬射虎虎常突前攀持馬鞍張昭為軍師變色而言曰將軍何所當爾夫為人君者謂能駕御英雄驅使群賢豈謂馳逐於原野較勇於猛獸者乎如有一旦之患柰天下笑何帝謝昭曰年少慮事不遠以此慙君然猶不能已乃作射虎車為方目間不置蓋一人為御自於中射之時有逸群之獸輒復犯車而帝每手擊以為樂又帝數射雉少府藩濬諫由是遂絕

景帝好射雉春夏之間嘗晨出夜還

宋文帝元嘉二十五年閏二月大蒐于宣武場三月較獵

孝武帝大明七年二月南巡丁巳較獵于歷陽之烏

江十月巡南豫已巳較獵於姑熟

明帝泰始七年二月於巖山射雉帝嘗射雉至日中無所得甚羞召問侍臣吾旦來如皐遂空行可笑座者莫答褚炫獨曰今節候雖適而雲霧尚凝故草暈之禽驕心未警但待神駕首豫群情便可載雕帝意解乃於雉場置酒又云有雉不肯入場日暮將反令晉平王休祐射之語曰不得雉勿歸休祐從在黃麾內使馳帝遣左右數人隨之因遣壽隆之等追及過使休祐

南齊武帝永明末將射雉竟陵王子良諫之見宗室忠諫門
東昏侯在位置射雉場二百九十六處
陳後主禎明二年十月幸莫府山大較獵
東魏孝靜興和三年十月癸亥狩于西山十一月戊
寅還宮
武定元年正月巳巳蒐于西山癸酉還宮
十一月甲午狩于西山乙巳還宮
北齊文宣帝大保四年正月丙子山胡圍離石戊寅
帝討之未至胡已逃竄因循三雉大狩而歸
五月庚午較獵于林慮山戊子還宮

後主天統元年十二月庚戌太上皇狩于北郊壬子
狩于南郊乙卯狩于西郊
武平四年九月較獵于鄴東
七年十月太狩于祁連池
梁太祖開平二年十二月癸丑獵畋于含耀門外
三年十一月丙申畋于上東門外
十二月乙丑臘較獵于甘泉驛
四年十一月巳亥畋于伊水
乾化元年十二月癸酉臘假詔諸王與河南尹左右
金吾六統軍等較獵于近苑

冊府元龜

巡按福建監察御史臣李嗣京 訂正
分守建南道左布政使臣胡維霖 參閱
知建陽縣事臣 黃國琦較釋

閏位部 二十五

禮賢 好善 奬善 養老

禮賢

古之王者歲三月聘名士禮賢者故書云任官惟賢材又云野無遺賢蓋賢者霸王之器邦國之寶也自秦逮梁宋雖運居偏閏而皆建邦啓土制敵庇民乃

有豐玉帛之數備弓旌之禮博求遺逸物色儁良至或同篚而命食枉駕而降顧異厥體貌厚其廩賜或高蹈辭聘挂組長往則惠以書問贈之風什故人盡其用士獻其謀白駒無空谷之悲鳴鶴絶在陰之嘆克裨其國用康厥政何莫繇斯道焉

秦始皇帝初爲秦王見尉繚亢禮衣服食飲與繚同繚曰秦王爲人蜂準（蜂一作隆）長目摯鳥膺豺聲少恩而虎狼心居約易出人下得志亦輕食人我布衣然見我嘗身自下我誠使秦王得志於天下天下皆爲虜矣不可與久游乃亡去秦王覺因止以爲秦國尉卒用其計策

蜀先主初爲平原相時郡民劉平結客刺先主先主不知而待客甚厚客以狀語之而去是時人民饑饉屯聚鈔暴先主外禦寇難內豐財施士之下者必與同席而坐同簋而食無所簡擇衆多歸焉

諸葛亮字孔明隱居南陽時先主初屯新野徐庶謂之曰諸葛亮孔明者卧龍也將軍豈願見之乎先主曰君與俱來庶曰此人可就見不可屈致也將軍宜枉駕顧之繇是先主詣亮凡三往乃見以上客禮之

龎統爲耒陽令免官諸葛亮言之於先主先主見與

譚大器之以爲治中從事親待亞於亮遂與亮並爲軍師中郎將

吳大帝時張紘爲會稽東部東尉大帝於羣臣多呼其字唯呼張昭曰張公紘曰東部所以重二人也

張温字惠恕允之子也少脩節操容貌奇偉大帝聞之以問公卿曰温當今與誰爲比大司農劉基曰可與全琮爲輩太常顧雍曰基未詳其爲人也温當今無輩大帝曰如是張允不死也徵到延見文辭占對觀者傾竦大帝改容加禮

潘濬初爲劉備從事留典荆州及大帝得荆土辭吏

悉皆歸附而濬獨稱疾不見大帝遣人以牀就家輿致之濬伏面著牀席不起涕泣交橫哀哽不能自勝大帝慰勞與語呼其字曰承明觀丁父鄀倅也武王以爲軍師彭仲爽申倅也文王以爲令尹此二人卿荆國之先賢也初雖見囚後皆擢用爲楚名臣卿獨不然莫肯降意將以異故人之量邪使親近以手巾拭其面濬起下地拜謝以爲治中

是儀爲侍中服不精細食不重膳賑贍貧困家無儲畜大帝聞之幸儀舍求視蔬飯親嘗之對之嘆息即增俸賜益田宅儀累辭讓以恩爲戚

朱桓領青州牧卒家無餘財大帝賜鹽五千斛以周喪事子異嗣

宋高祖即位初召周續之於廬山續之盡室俱下帝爲開館東郭外招集生徒乘輿降幸并見諸生問續之禮記傲不可長與我九齡射於矍圃三義辯析精輿稱爲名通

孔季恭爲左光祿大夫辭官東歸高祖餞之戲馬臺百僚咸賦詩以述其美

文帝元嘉初徵戴顒爲散騎常侍不就帝每欲見之謂黄門侍郎張敷曰吾東巡之日當讌戴公山池以其好音長給正聲伎一部及卒後文帝起景陽山成歎曰恨不得使戴顒觀之

何尚之爲尚書左僕射致仕於方山著退居賦以見志詔書敦勸文帝又與江夏王義恭詔曰今朝賢無多且羊孟尚不得告謝（臣欽若等曰羊玄保孟顗）尚之任遇有殊便未宜申許耶義恭答曰尚之清忠貞固歷事唯允雖年在懸車而體獨克壯未能申許下情所同尚之復攝職

沈道處　范泰　王恢之　雷次宗　謝超宗

顧歡　褚伯玉（此七事附在卷末判）

武帝時裴昭明爲始安内史及還甚貧罄帝曰裴昭明罷郡還遂無宅我不諳書不知故人中誰比還射聲校尉

張緒爲常侍中書令緒善言素望甚重高帝時深加敬異車駕幸莊嚴寺聽僧達道人講座遠不聞緒言帝難移緒乃遷僧達以近之（永明中爲給事中太子）詹事每朝見武帝目送之謂王儉曰緒以位尊我我以德貴緒也

明帝初爲豫州刺史別駕夏侯詳歷事八將州部稱之帝雅相器遇

顧暠之與王思遠友善少孤好學有義行初學舉秀才歷官府闢永明末爲太子中書舍人兼尚書左丞隆昌初爲安西諮議兼著作與思遠並屬文章建武初以疾歸家明帝手詔與思遠曰此人殊可惜就拜中散大夫

梁高祖天監元年詔曰中散大夫范述曾昔在齊世忠直奉主往莅永嘉治身廉約宜加禮秩以厲清操可太中大夫賜絹二十疋述曾初仕齊永嘉太守以中散大夫還鄉里高祖踐祚乃輕舟出詣闕仍辭還東故有是命

岑之敬爲奉車郎年十八預重雲殿法會時高祖親行香熟視之敬曰未幾見今寀而弁今即日除太學限內博士

簡文帝初爲晉安王時孔休源爲王府長史南蘭陵太守別勅專行南徐州事休源累佐名藩甚得名譽王深相倚仗軍民機務動止詢謀嘗於中齋別施一榻云此是孔長史坐人莫能預其見禮如此

劉慧斐先明釋典工篆隸簡文臨江州遺以几杖論者云自遠法師沒後將二百年始有張劉之盛矣張孝秀爲建安別駕去職歸山居東林寺專精釋典簡文書與慧斐書述其貞白云

元帝初爲湘東王時以庾承先彊記敏識板法曹參軍不就因承先講老子帝親命駕臨聽論議終日深自相賞接留連月餘日乃還山王親祖道并贈篇什隱者美之又表薦顧恊曰臣聞貢玉之士歸之潤山論珠之人出於枯岸是以芻蕘之言擇於廊廟者臣府兼記室參軍吳郡顧恊行稱鄉閭學兼文義服膺道素雅量邃遠安貧守靜奉公抗直傍觀知已志不自嘗年方六十室無妻子臣欲言於官人申其屈滯恊必苦執其貞退立志難奪謂東南之遺寶矣伏惟陛下未明求衣思賢如渴爰發明詔各舉所知臣識

非許郭雖無知人之鑒若等無言懼貽蔽賢之咎昔孔愉表韓績之才庾亮薦翟湯之德臣雖未齒二臣恊實無慚兩士即召拜通直散騎侍郎兼中書通事舍人

周弘正爲國子博士侯景之亂陷於臺城王僧辯得之甚喜即日啓元帝帝手書與弘正曰儁醜逆亂寒暑亟離海內相識零落略盡韓非之智不免秦獄劉歆之學猶弊亡新音塵不嗣每以耿灼當訪東山而尋子雲望關西而求伯起遇有今信力附相聞遲此來郗慰其延佇仍遣使迎之謂朝士曰晉氏平吳喜

獲二陸今我破賊亦得兩周今古二時足爲連類及弘正至禮數甚優朝臣無可與比者授黃門侍郎直侍中省初弘正弟弘直爲衡陽内史帝在江陵遣弘直書曰適有都信賢兄博士平安但京師搢紳無不附逆王克已爲家臣陸緬身充卒伍唯有周生確乎不拔言及西軍潺湲掩淚嘗思吾志如望歲焉松栢後凋一人而已

陳文帝即位尊重特進左光禄大夫王冲嘗從幸司空徐度宅宴延之帝賜以几杖其見重如此

虞寄爲陳寶應所獲寶應誅文帝勑都督章昭達以

禮發遣令寄還朝及至日引見謂寄曰管寧無恙其慰勞之懷若此

虞荔爲太子中庶子領大著作以母卒臺城陷情禮不申終身蔬食布衣有疾文帝數往臨視令將家口入省荔以禁中非私居之所乞停城外帝不許乃令任於蘭臺乘輿再三臨問手詔中使相望於道又以荔蔬食積久非羸疾所堪乃勑曰能敦布素乃當爲高卿年事已多氣力稍減方欲仗委良須克壯今給卿魚肉不得固從所執也荔終不從

宣帝時司馬暠初仕梁爲太子庶子江陵陷入周大建八年自周還朝帝特降殊禮賞錫有加除宜都王府諮議參軍事

後主時姚察爲太子僕射先是察父僧坦入于長安察蔬食布衣不聽音樂至是凶問因聘使致江南時察母韋氏喪制始除帝以察羸瘠慮加毀頓乃遣中書舍人司馬申就宅發哀仍勑申專加譬抑爾後又遣申宣旨誡諭曰知哀毀過禮甚用爲憂卿煢然一身宗奠是寄毀而滅性聖教所不許宜微自遣割以存禮制憂懷既深故有此及尋以忠毅將軍起兼東宮通事舍人察志在終喪頻有陳讓並抑而不許俄

勑知著作郎服闋除給事黃門侍郎領著作察既累憂服兼齋素日久自免憂後因加氣疾帝嘗别召見察柴瘠過甚爲之動容乃謂察曰朝廷惜卿卿宜自惜既蔬非歲久可停持長齋又遣度支尚書王瑗宣旨重加慰之令從晚食手勑曰卿羸瘠如此齋非累年不宜一飯有乖將攝若從所示甚爲佳也察雖奉此勑而猶敦宿誓

北齊高祖爲東魏丞相天平初遷鄴是時詔下三日戶四十萬狼狽就道收百官馬尚書丞郎已下非陪從者盡乘驢高祖以黃門侍郎崔累清貧特給車牛

四乘妻孥方得達鄴

高昂爲軍司大都督統七十六都督高祖每申令三軍常鮮卑語昂若在列則爲華言昂嘗詣相府掌門者不聽昂怒卧引射之高祖知而不責

好賢

夫君人者勤於求賢逸於得人故游放之才絶而縶維之詠作矣所以稽五常之本成百官之務若乃招致英雋物色隱淪疇咨之旨惟勤登顯之用靡懈故有體貌尤異恩寵隆渥參對則喜見顔色言議則事必從允故可以風起飈至猶有四方之傑矣重器斯

在國柄必治故史云得士則重失士則輕用斯道者其有功歟

蜀先主東征敗績猇亭之西太守閻芝發諸縣兵五千人以補遺闕遣漢昌長史馬忠送往先主已還永安見忠與語謂尚書令劉巴曰雖亡黃權復得狐篤此爲世不乏賢也忠少養外家姓狐名篤後乃復姓馬改名忠

吳大帝赤烏中顧譚爲左節度雅性亮高不修意氣或以此望之然權鑒其能見待甚隆數蒙獎賜特見召請

宋文帝元嘉初徵戴顒爲通直郎散騎常侍皆不赴帝每欲見之嘗謂黄門侍郎張敷曰吾東巡之日當讌戴公山也戴公居黄鵠山

明帝既即位才學之士多蒙引進參侍文籍應對左右

順帝昇明初以司空長史謝朏衛軍長史江斆中書侍郎褚炫武陵王文學劉俁入直省參侍文義號爲四友

南齊太祖霸府初開賓客輻輳帝留意簡接虞玩之與樂安任遐俱以應對有席上之美齊名見遇

張融爲中書郎太祖爲太尉特奇愛融與融欵接見

融常笑曰此人不可無一不可有二即位後手詔賜融衣曰見卿衣服已故誠乃素懷有本交爾藍縷亦虧朝望今送一通故衣意謂雖故乃勝新是吾所著已令裁減稱卿之體并履一量

宋高祖天監初到沆爲征虜主簿帝初臨天下收拔賢俊甚愛其才

徐勉仕齊爲領軍長史初與長沙宣武王遊高祖深器賞之及義兵至京邑勉於新林謁見高祖甚加恩禮使管書記高祖踐阼拜中書侍郎

周興嗣爲給事中興嗣兩手先患風疽是年又染癘

疾左目言高祖撫其手嗟曰斯人也而有斯疾手疏治疸方以賜之其見惜如此

簡文帝初臨南徐州時陶弘景居積金東澗帝欽其風素召至後堂與談論數日而去甚敬異之

元帝初爲湘東王蕭介爲吴令聞介名思共遊處表請爲諮議參軍又與裴子野劉顯蕭子雲張續及當時才秀爲布衣之交帝嘗曰余於諸僧重招提琰法師隱士重華陽陶貞白士大夫重汝南周弘正其於義理清轉無窮亦一時之名士也

後梁明帝好周易集朝臣於清暑殿講詔伏曼容執

經曼容素著風采帝嘗以方稽叔夜使吴人陸探微畫叔夜像以賜之

陳高祖遣文帝平會稽張彪之先是虞荔爲中書舍人領大著作侯景陷臺城逃歸鄉里彪平荔時在焉高祖遣荔書曰喪亂已來賢哲彫散君才用有美聲聞許雒當今朝廷惟新廣求英雋豈可棲遲東土獨善其身今令兒子將接出都想必副朝廷虚遲也文帝又以書曰君東南有美聲譽洽聞自應翺飛京許共康時弊研刻迹丘園保兹獨善豈使稱空谷之望也必願便爾俶裝且爲出計唯遲披覲在於茲日追切之不得已乃應命至都

宣帝輔政時大著作許亨初爲王僧辯從事僧辯死亨抗表請葬之帝以亨貞正有古人之風甚相欽重嘗以師禮事之

後主時司徒左西掾兼東宫學士陸從典丁父憂去職尋起爲德教學士固辭不就後主勅留一員以待從典

北齊文宣時顔之推自東來奔帝見而悦之即除奉朝請於内館中侍從左右頗被顧眄

獎善

周書曰人之有技若已有之人之彦聖其心好之斯樂善之謂也自吳國三分江表建號受終傳繼歷載三百曷嘗不欽尚豪英推獎孝秀崇德以宣教賞儁以獎善敦尚文雅周旋褒異至於碁奕之工筆札之妙亦皆稱焉斯固菁莪育材之旨砥石礪世之行將使學文之士研精而不匱執藝之流服勤而競勸蓋興化美俗之要道歟

吳大帝時朱異爲揚武將軍帝與論攻戰辭對稱意帝謂異從父驃騎將軍據曰本知季文（異之字）快定見之復過所聞

顧譚赤烏中代諸葛恪爲左節度譚初蹤官府上疏陳事大帝輟食稱善以爲過於徐詳

顧承丞相雍之孫也嘉禾中與舅陸瑁俱以禮徵大帝賜雍書曰貴孫子直（子直承字也）令聞休休至與相見過於所聞爲君嘉之拜爲騎都尉領羽林兵

宋文帝嘗云天下有五絶而皆出錢唐謂杜道鞠彈棊范悅詩褚欣遠模書褚胤圍棊徐道度療疾也

桓護之隨到彦之北伐彦之將廻師護之爲書諫不納文帝聞而善之以輔江夏王義恭征北行參軍北高平太守

孝武時謝超宗爲新安王子鸞國常侍王毋殷淑儀卒超宗作誄奏之帝大嗟賞曰超宗殊有鳳毛恐靈運復出

南齊太祖時劉善明爲冠軍將軍沈攸之及善明料其必敗事平太祖召善明還都謂之曰卿策沈攸之雖復張良陳平適如此耳

武帝時王廣之爲前將軍帝見廣之子珍國謂廣之曰珍國應不堪事卿可謂老蚌廣之曰不敢辭

梁武帝時劉孝綽爲廷尉卿坐攜妾入官府免職後帝數使僕射徐勉宣旨慰撫之每朝宴嘗引焉及帝爲籍田詩又使勉先示孝綽時奉詔作者數十人帝以孝綽尤工即日有勑起爲西中郎湘東王諮議後爲水部郎帝雅好蟲篆時因宴幸命沈約任昉等言志賦詩孝綽亦見引嘗侍宴於坐賦詩七首帝覽其文篇篇嗟賞繇是朝論改觀焉

張率爲司徒掾直文德嘗作待詔賦奏之武帝甚見稱賞手勑答曰省賦殊佳相如工而不敏枚臯速而不工卿可謂兼二子於金馬矣又侍宴賦詩帝乃勑賜率詩曰東南有才子故能服官政余雖慙古昔得人今爲盛率奉詔往返數首

蕭介博涉經史善屬文初武帝招延後進二十餘人置酒賦詩臧盾以詩不成罰酒一斗盾飲盡顏色不變自若介染翰便成文無加點帝兩美之曰臧盾之飲蕭介之文卽席之美也

到蓋左民尚書溉之孫歷尚書殿中郎嘗從武帝幸京口登北顧樓賦詩蓋受詔便就帝覽以示溉曰蓋是才子翻恐卿從來文章假手於蓋因賜溉連珠曰研磨墨以騰文筆飛豪以書信如飛蛾之赴火豈焚身之可吝必耄年其已及可假之於少蓋

賀琛爲臨川王祭酒從事史琛始出都武帝聞其學

衔召見文德殿與語悦之謂僕射徐勉曰琛殊有世業仍補王國郎俄並太學博士

蕭子雲與其子特俱善草隸武帝嘗謂子雲曰子敬之書不及逸少近見特迹遂逼於卿

江子一起家王國侍郎請啓求觀書秘閣武帝許之有勅直華林省

羊侃爲北伐大將軍武帝製武宴詩四十韻以示侃即席應詔帝覽曰吾聞仁者有勇今見勇者有仁可謂鄒魯遺風英賢不絶

江紑幼有孝性年十三父蒨患眼紑侍疾將朞月衣

不解帶夜夢一僧云患眼者飲慧眼水必差及覺說之莫能解者紑第三叔禄與草堂寺智者法師善往訪之智者曰無量壽經云慧眼見眞能渡彼岸蒨乃因智者啓捨同夏縣界牛屯里舍爲寺乞賜嘉名勅答云純臣孝子往往感應晉世顏含遂見冥中送藥近見智者知卿第二息感夢云慧眼水慧眼則是五眼之一號若欲造寺可以慧眼爲名及就創造泄故井井水清冽異於常泉依夢取水洗眼及煮藥稍覺有瘳因此遂差時人謂之孝感

王子雲太原人及江夏費昶並爲閭里才子昶善爲樂府又作鼓吹曲武帝重之勅曰才意新拔有足嘉異昔郎惲傳物下蘭巧辭束帛之賜寔惟勸善可賜絹十疋

司馬暠父子產武帝外兄暠年十二丁内艱毁瘠骨立服闋以姻戚子弟預入問訊帝見暠羸瘦歎息良久謂其父子產曰昨見羅兒尚奇顦顇使人惻然便是不墜家風爲有子矣羅兒即暠小字也

江揔爲尚書殿中郎中武帝撰正言始畢製述懷詩揔預同此作帝覽揔詩深降嗟賞

虞寄起家宣城王國左常侍大同中嘗驟雨殿前往

往有雜色寶珠武帝觀之甚有喜色寄因上瑞雨頌帝謂寄兄荔曰此頌典裁清拔卿之士龍也

元帝時徐陵子儉爲尚書金部郎中嘗侍宴賦詩帝歎賞曰徐氏之子復有文焉

陳宣帝時徐孝克爲通直散騎常侍兼國子祭酒孝克每侍宴無所食噉至席散嘗見其前膳損減帝密記以問中書舍人管斌斌不能對自是斌以意伺之見孝克取珍果内紳帶中斌當時莫識其意後更尋訪方知還以遺母斌以實啓帝帝嗟嘆良久乃勅所司自今宴享孝克前饌並遺將還以餉其母時論美

之
後主時姚察爲吏部尚書後主所製文筆卷軸甚多乃別寫一本付察有疑悉令刊定察亦推心奉主事無所隱後主嘗從容謂朝士曰姚察達學洽聞手筆典裁求之於古猶難輩匹在於今世足爲師範且訪對不休聽之使人忘倦察每製文筆勅便索本嘗曰我于姚察文章非唯翫味無已故是哲匠

養老

養老之道三王以前尚矣自皇綱解紐餘分閏位雖乞言孝弟之義不行於庠序而訓恭加惠之典尚及

於鄉黨其間以兵威相熾禮用遼敻至於因事存問以時優給假之爵秩異其服玩亦有國之令猷也

宋孝武帝大明七年二月車駕巡南豫南兗二州詔歷陽郡高年加以羊酒十二月行幸歷陽郡賜高年帛

南齊武帝永明七年正月詔曰諸大夫年秩隆重祿力殊薄豈所謂下車惟舊趨橋敬老可增俸詳給見役

明帝建武元年十二月詔曰日者百司耆齒許以自陳東西二省猶沾微俸辭事私庭榮祿兼謝興言愛老寔有矜懷自今縉紳年及可一遵永明七年以前銓叙之科先是永明中御史中丞沈淵表百官年登七十者皆令致仕並窮困私門故有是詔

東魏孝靜帝天平三年十二月遣使者板假老人官百歲已下各有差

北齊文宣帝天保九年七月給京畿老人劉奴等九百四十三人版職及杖帽各有差

孝昭帝皇建元年八月即位大赦改元諸郡國老人各受版職賜黃帽几杖

文帝元嘉初沈道慶吳興武康人仁愛好老易郡州

府十二命皆不就文帝聞之遣使存問賜錢米

范泰元嘉中爲侍中領江夏王師文帝以泰先朝舊臣恩禮甚重以有脚疾起居艱難宴見之日特聽乘輿到坐累陳時事每優游之

王悅之爲黃門郎御史中丞明帝以其廉介賜良田五頃

後廢帝元徽中徵廬山隱居雷次宗至京授給事不就而還其後復詔散騎侍郎徵詣京邑爲築室於鍾山西巖下謂之招隱館使爲皇太子諸王講喪服經次宗不入公門乃使自華林東門入延賢堂就學

南齊太祖初爲領軍時謝超宗爲義興太守坐公事免詣東府門自通其日風寒慘厲帝謂四坐日此客至使人不衣自煖矣超宗既坐飲酒數甌詞氣横出太祖對之甚歡拔爲諮議

顧歡少有高行太祖初徵詣京師及東歸賜以麈尾素琴

褚伯玉隱居剡之瀑布山三十餘年隔絶人物不就徵聘太祖卽位手詔吳會二郡以禮迎遣又辭疾帝不欲違其志勑於剡中立太平館以居之

冊府元龜

巡按福建監察御史臣李嗣京　訂正
知長樂縣事臣夏允彝　參閱
知建陽縣事臣黃國琦　較釋

閏位部

二十六

恩宥

書曰文王作罰刑茲無赦故有國者哀其下民觸法抵禁乃有赦焉蓋與人更始而開自新之路也自吳蜀創國江左建號或易姓革命之始出師飲至之辰

日蝕地震之變立後封子之慶莫不推恩肆眚以流惠澤乃有一歲至于再三者此又數而失中非御民之術也諸葛武侯有云劉景升季玉父子歲歲赦宥何益於治斯實鉅賢嘉話可垂世而爲戒矣

蜀先主章武元年四月丙午卽皇帝位於成都武擔之南是月大赦改元

後主建興元年五月襲位於成都大赦改元

延熙元年正月立皇后張氏大赦改元

六年十一月大赦臣欽若等曰自此已下不書降赦因依者史氏闕文

九年秋大赦臣欽若等曰自此已下不書月者史氏闕文

十二年四月大赦

十四年冬大赦

十七年正月大赦

十九年元子璿爲新平王大赦

二十年大赦

景耀元年史官言景星見於是大赦改元

四年十月大赦

炎興元年夏大赦改元

吳大帝權黃武三年八月赦死罪

黃龍元年四月丙申南郊卽皇帝位是日大赦改元

三年十二月丁卯大赦改明年元爲嘉禾

嘉禾二年正月詔曰朕不以德肇受元命夙夜兢兢不遑假寢思平世難救濟黎庶上答神祇下慰民望是以眷眷勤求俊傑將與戮力共定海內苟在用心與之偕老今使持節督幽州領青州牧遼東太守燕王公孫淵也久脅賊虜隔在一方雖乃心於國其路靡緣今因天命遠遣二使欵誠顯露章表殷勤朕之得此何幸如之雖湯遇伊尹周獲呂望世祖未定而得河右方之今日豈復是過普天一統於是定矣書不云乎一人有慶兆民賴之其大赦天下與之更始其明

下州郡咸使聞知特下燕國奉宣詔恩令普天率土

備聞斯慶

赤烏三年四月大赦

五年正月立子和爲太子大赦

八年八月大赦

十年十月赦死罪

大元元年五月立皇后潘氏大赦十一月大赦

神鳳元年二月大赦改元

廢帝亮建興元年四月即尊號大赦改元

二年十月大饗武衛將軍孫峻伏兵殺大將軍諸葛

恪於殿堂大赦

太平元年十一月巳酉大赦改元

二年四月臨正殿大赦始親政事

九月甲申大赦時呉侯基在内盜乘御馬收伏獄亮

問侍中刁玄曰盜乘御馬如何玄對曰科應死然魯

王早終惟陛下哀原之亮曰法者天下所共何得阿

以親親故耶當思惟可以釋此者奈何以情相迫乎

玄曰舊赦有大小或天下亦有千里五百里赦隨意

所及亮曰解人不當爾耶乃赦宫中基以得免

景帝休永安元年十月即位初御正殿大赦改元

五年八月戊子立子𩅦爲太子大赦

七年正月大赦七月壬午大赦

後主皓元興元年七月嗣位大赦改元

甘露元年四月蔣陵言甘露降於是改年大赦

寶鼎元年八月所在言得大鼎於是改年大赦

二年春大赦

建衡元年十月大赦

二年大赦

三年監軍虞汜蒼梧太守陶璜破交阯擒殺晉所置

守將九貞日南皆還屬大赦

鳳皇元年八月樂鄉都督陸抗平西陵取步闡大赦

二年九月改封淮陽爲魯東平爲齊又封陳留等九

王凡十一王大赦

天冊元年呉郡言掘地得銀長一尺廣三分刻上有

年月字於是大赦改元

天璽元年呉郡言臨平湖自漢末草穢壅塞今更開

通長老相傳此湖塞天下亂此湖開天下平又於湖

邊得石函中有小石青白色長四寸廣二寸餘刻上

作皇帝字於是改元大赦

天紀二年七月立成紀等十一王大赦

四年春立中山代等十一王大赦
宋高祖永初元年六月旣受晉禪設壇于南郊告天禮畢備法駕幸建康宮臨太極前殿詔曰夫世代迭興承天統極雖遭遇異途因革殊事若乃功濟區宇道振生民興廢所階異世一揆朕以寡薄屬當艱運藉否終之期因士民之力用獲拯溺救世撥亂寧民業未半古功參曩烈晉氏以多難仍遘歷運已移欽若前王憲章令軌用集大命于朕躬惟德匪嗣辭不獲申遂祗順三靈饗玆景祚燔柴于南郊受終于文祖猥當與能之期爰集樂推之運嘉祚肇開隆慶惟

始思俾休嘉惠玆兆庶其大赦天下改晉元熙二年爲永初元年賜民爵二級鰥寡孤獨不能自存者人穀五斛逋租宿債勿復收其有犯鄉論清議贓汙淫盜一皆蕩滌洗除與之更始長徒之身特皆原遣亡官失爵禁錮奪勞一依舊準
八月立王太子義符爲皇太子詔曰朕承曆受終猥饗大命荷積善之祚藉士民之力七廟備文率繇令範先後祗嚴獲遂宣訓烝嘗肇建情敬無違加以儲宮備禮皇基彌固國慶家禮爰集旬日豈予一人獨荷玆慶其見刑罪無輕重可悉原赦限百日以今爲始先因軍事所發奴僮各還本主若死亡及勳勞破免亦依限還直
二年正月辛酉親祠南郊大赦天下
三年正月甲辰朔制罪無輕重悉皆原降四月己未帝以疾瘳大赦天下
少帝以永初三年五月癸卯即位大赦
景平元年正月己亥朔大赦改元文武進位二等七月以旱詔赦五歲以下罪人
文帝元嘉元年八月丁酉於中堂即皇帝位大赦改元文武賜位二等逋租宿債勿復收

二年正月丙寅親祠南郊大赦天下
三年正月荆州刺史謝晦反帝親率六師西征大赦天下閏正月丙戌皇子劭生二月乙卯繫囚見徒一皆原赦
四年正月乙亥朔曲赦都邑百里內二月行幸丹徒三月丙子詔丹徒五歲刑以下皆悉原遣
六年三月丁巳立皇子劭爲皇太子戊午大赦天下賜文武位一等
八年六月乙丑大赦天下
十年正月己未大赦天下孤老六疾不能自存者人

賜穀五斛七月曲赦益梁秦三州
十一年四月梁秦二州刺史蕭思和破氐楊難當梁州平五月丁卯曲赦梁南秦二州劒閣北
十二年正月辛酉大赦天下
十三年三月巳未司空江州刺史檀道濟有罪伏誅庚申大赦天下
十四年正月辛卯親祠南郊大赦天下文武賜位一等孤老六疾不能自存者人賜穀五斛
十六年十二月乙亥皇太子冠大赦天下
十七年十月戊子前丹陽尹劉湛有罪伏誅大赦天

下文武賜爵一級
十九年四月甲戌帝以久疾始奉祠祀大赦天下
二十一年正月巳亥大赦天下詔諸逋債在十九年以前一切原除去歲失收者疇量申減尤弊之處遣使就郡縣隨宜賑卹凡欲附農而糧種匱乏者並加給貸
二十三年四月丁未大赦天下
二十四年正月甲戌大赦天下文武賜位一等四繫降宥逋負寬減各有差孤老六疾不能自存者人賜穀五斛

二十六年二月車駕幸丹徒謁京陵二月丁巳詔日朕違北京二十餘載雖云密邇瞻塋莫從今因四表無塵時和歲稔復獲拜奉舊塋展罔極之恩饗讌故老申追遠之懷固以義兼於桑梓情加於還沛永言慷慨感慰實深宜聿仁惠畢被率土其大赦天下復丹徒縣僑舊今歲租布之半所經縣蠲田租半年二千石官長並勤劳王務宜有霑錫登城三戰及大將戰亡之家老病單弱者普加贍卹遣使巡行百姓問所疾苦孤老鰥寡六疾不能自存者人賜穀五斛
二十七年十一月丁未以魏軍來侵大赦天下

二十八年十一月壬寅曲赦二兗徐豫青冀六州
孝武帝以元嘉三十年正月自武陵王舉兵向闕誅元凶劭四月巳巳卽位於新亭大赦天下文武賜爵一等從軍者二等賦汙清議悉皆蕩除高年鰥寡孤幼六疾不能自存者人賜穀五斛逋租宿債勿復收長徒之身優重降宥五月克定京邑元凶劭及諸同逆伏誅甲午曲赦京邑二百里內並蠲今年租稅
孝建元年正月巳亥朔親祠南郊改元大赦天下七月丙申朔日蝕丙辰大赦天下文武賜爵一級逋租宿債勿復收

二年六月甲子以國哀除釋大赦天下

九月詔曰國道再屯艱虞畢集朕雖寡德終膺鴻慶惟新之祉實賴百王而惠宥之令未殊曾渥永言動慮寤寐載懷在朕受命之前凡以罪徙放悉聽還本犯黨之門尚有存者子弟可隨才署吏

三年正月壬子立皇太子妃何氏甲寅大赦天下

大明元年正月辛亥朔改元大赦天下賜高年孤疾粟帛各有差

二年六月丙申詔曰往因師旅多有逋亡或連山染逆懼致軍憲或辭役憚勞茍免刑罰雖約法從簡務

恩弘宥恩令驟下而逃伏猶多豈習愚爲性狃惡難反將在所長吏宣導乖方可普加寛申咸與更始

三年七月己巳克廣陵斬竟陵王誕辛未大赦天下臣欽若等曰誕爲司空南兗州刺史有罪貶爵誕不受命據廣陵城反至是誅之

四年正月乙亥躬耕籍田大赦天下尚方繫囚及逋租宿債大明元年以前一皆原除力田之民隨才敘用孝弟義順賜爵一級孤老貧疾人穀十斛籍田司優加霑賚百姓糧種隨宜貸給下二月辛巳幸廷尉寺凡囚繫咸悉原遣丁未幸建康縣原放獄囚

五年二月癸巳閱武詔曰頃化弗能孚而民未知禁逭役遣調起觸刑網凡諸逃亡在昧爽以前悉皆原散巳滯囹圄者釋還本役逃籍新制在所承用殊謬寔多可普更符下聽以今爲始若先巳犯制亦同蕩然

七月曲赦雍州九月行幸琅邪郡囚繫悉原遣

六年正月辛卯親祠南郊是日又宗祀明堂大赦天下

七年二月帝廵南豫南兗二州壬戌詔曰朕受天慶命十一年於茲矣憑七廟之靈獲上帝之力禮橫四海威震八荒方廵三湘而奠衡嶽祀九河而箾云岱

今俶覽功成省風載表觀臺六合蒐較長州騰砂飛礫振嶽盪海星烏合序攝提協節入獻邑典盛歎項郊敘舉王公之觴廣納士民之壽八風循通卿雲叢聚盛天罄瑞率宇竭歡思散太極之泉以福無方之外可大赦天下

十一月帝在南豫州丙子赦本州殊死以下廵幸所經詳減今歲田租

十二月丙午行幸歷陽甲寅大赦天下南豫州別署敕繫長徒一切原散其兵期考襲讁戍悉停臣欽若等曰考謂考課襲謂襲爵也

前廢帝以大明八年閏五月庚申即位大赦天下
永光元年正月乙未朔改元大赦天下
景和元年九月親討徐州刺史義陽王昶昶奔於魏
十月癸亥曲赦徐州而還
十一月壬寅立皇后路氏四廟奉樂赦揚南徐二州
丁未皇子生少府劉勝之子也大赦天下贓汙淫盜悉皆原除賜爲父後者爵一級
明帝泰始元年十二月丙寅即皇帝位詔曰高祖武皇帝德洞四瀛化綿九服太祖文皇帝以大明定基世祖孝武皇帝以下武寧亂日月所炤梯山航海風

雨所均削衽襲帶所以業固盛漢聲溢隆周子業凶嚚自天恐悖成性（子業即廢帝也）人面獸心見於髫日反道敗德著自比年其狎侮五常怠棄三正矯誣上天毒流下國開闢所未有書契所未聞昇羅過客而無一日之哀齊斬在躬方浡兆里之樂虎兕難押馮河必彰遂誅戕上宰躬釁逆之酷虐害國輔宄孥戮之刑予鸞同生以昔憾放殄敵猷兄弟以睚眦殲夷徵逼義陽將加屠膾陵辱戚藩檟楚妃主奪立左右竊予置儲肆醜于朝宣淫于國事穢東陵行汙飛表積釁罔極日月滋浮比遂圖犯玄宫志窺題奏將肆梟獍之禍觸商頊之心又欲鴆毒崇憲虐加諸父事均宫閫聲遍國都而鴟梟小豎莫不寵暱朝廷忠誠必也戮挫收掩之旨號虎結轍掠奪之使白及相望百寮危氣首領無有全地萬姓擢心妻子不復相保所以鬼哭山鳴星鉤血降神器殆於馭索景祚危於綴旒朕假寐凝憂泣血待旦慮太宗之基於焉而泯武王之業將墜于淵賴七廟之靈籍八代之慶巨滑斯殄鴻沴將褰皇綱絶而復紐天綿缺而更張猥以寡薄屬承乾統上緝三光之重俯顧庶民之難業業矜矜若履氷谷思與億兆同此維新可大赦天下改景和

元年爲泰始元年賜民爵二級鰥寡孤獨不能自存者穀人五斛逋租宿債勿復收犯鄉論清議贓汙淫盜竝悉洗除長徒之身特賜原遣亡官失爵禁錮舊勞一依舊典其昏制謬封竝皆刊削
二年正月吳郡太守顧琛吳興太守王曇生義興太守劉延與晉陵太守袁標山陽太守程天祚竝舉兵及二月曲赦吳郡吳興義興晉陵四郡晉陵平癸未曲赦浙江東五郡
三月癸丑曲赦揚南徐二州囚繫凡逋亡一無所問
四月丁酉曲赦豫州

八月建安王休仁討江郢荆雍湘等五州平定之晉安王子勛等並賜死同黨皆伏誅九月乙酉曲赦江郢荆雍湘五州守宰不得離職癸丑六軍戒嚴大赦天下賜民爵一級

十月戊寅立皇太子昱爲皇太子曲赦揚徐二州

十二月乙丑詔曰近衆藩稱亂多染衅科或誠係本朝事緣逼迫混同證錮良以悵然夫天道尚仁德刑並用雷霆時至雲雨必解朕眷言靜念思弘風澤凡應禁削皆從原蕩其文武堪能隨才銓用

三年正月癸卯曲赦豫州南豫二州二月丙申曲赦

青冀二州

八月癸卯詔曰法網之用期世而行寛惠之道因時而布光朕尚德撥亂依仁馭俗是宜每就弘簡以隆至治而頻羅兵革繇賦未休軍民巧僞輿事甚多蹈刑入憲諒非一科至乃假名戎伍竊爵私庭因戰散十託懼逃役且往者淪逼雖經累宥逋竄之黨猶爲寔繁宵言永懷良兼矜歎思所以重播至澤覃被區宇可大赦天下九月庚午曲赦徐兗青冀四州

四年正月己未親祠南郊大赦天下三月妖賊攻廣州龍驤將軍陳伯詔討平之五月乙丑曲赦廣州

五年五月躬耕籍田大赦天下賜力田爵一級

六年二月癸丑皇太子納妃甲寅大赦天下巧注（巧注謂乃僞注名軍中以免徭役也）從軍不在赦例

七年四月辛丑詔減天下死罪一等凡劫繫悉遣之

八月庚寅帝以疾愈大赦天下

後廢帝以泰豫元年四月己亥卽位大赦天下

元徽元年正月戊寅朔改元大赦天下壬寅詔曰夫緩法昭恩裁風茂典蠲憲伏眚訓俗彝義朕臨馭宸極柅寅制塬寓式存寛簡思孚矜惠今開元肆宥萬品惟新凡兹遷斥宜均弘洗自元年以前貽罪徙放

者悉聽還本

二年五月江州刺史桂陽王休範舉兵反討平之丁酉詔京邑二縣埋藏所殺並賊戰亡者復同京城是日解嚴大赦天下文武賜位一等

十一月帝加元服大赦天下賜民男子爵一級爲父後及三老孝悌力田者爵二級鰥寡孤獨篤癃不能自存者穀人五斛年八十以上加帛一疋大酺五日賜王公以下各有差

四年正月己亥躬耕籍田大赦天下賜力田爵一級貸貧民糧種七月南徐州刺史建平王景素據京師

反乙未克京城斬景素其日解嚴丙申大赦天下封賞各有差原放京邑縣元年以前逋調
五年六月甲戌誅司徒左長史沈勃等大赦天下臣欽若等曰勃多實貨帝往刼而誅之事具閏位部暴虐門
順帝昇明元年七月壬辰即位改元大赦天下賜文武位二等十二月荆州刺史沈攸之等舉兵反司徒袁粲據石頭尚書令劉秉赴之甲戌大赦天下
二年二月沈攸之平曲赦荆州十一月壬寅立皇后謝氏減死罪一等五歲刑以下悉原
南齊太祖建元元年四月甲午受禪南郊禮畢大駕

還宮臨太極前殿詔曰五德更紹帝迹所以代昌三正迭隆王度所以改耀世有質文時或因革其資元膺歷經道振民固以異術同揆殊流共貫者矣朕以寡昧屬值艱季推肆勤之誠籍樂治之數賢能悉心士民致力用獲拯溺龕略一正天下業未參古功殆侔昔宋氏以陵夷有徵曆數攸及思弘樂推永鑒崇替爰集天祿于朕躬惟志菲薄辭弗獲命遂欽從爾之曆數式昭景命祗受正于文祖升禋󰃌于上帝天以寡德光宅四海纂革代之蹤託王公之上若涉猥氷罔知所濟實祚初啓洪慶惟新思俾利澤宣被溯億兆可大赦天下改宋昇明三年爲建元元年賜民爵二級文武位二等鰥寡孤獨不能自存者人穀五斛逋租宿債勿復收有犯鄉論清議贓汙盜淫一皆蕩滌除先注與之更新長徒敕繫之囚特皆原遣亡官失爵禁錮舊勞一依舊典又詔曰宸運肇創實命惟新宜弘慶宥廣敷蠲貸刼賊餘口沒在臺府者悉原放諸負釁流徙竝聽還本
六月甲申立皇太子見刑入重者降一等竝申前赦恩百日七月詔曰交阯比景獨隔書朔斯乃前運方季負海不朝因迷遂往歸款莫由曲赦交州部內李

叔獻一人即撫南土文武詳才選用竝遣大使宣揚朝恩以試守功武平太守行交州府事李叔獻爲交州刺史
二年正月戊戌朔大赦天下六月癸未詔昔歲水旱曲赦丹陽二吳義興四郡遭水尤及之縣元年以前三調未克虛歷已畢官長局吏應供償備外詳所除宥
三年六月壬子大赦時豫章王嶷發江陵有疾至京師未瘳帝憂慮爲之大赦
四年二月帝不豫庚辰詔原京師囚繫有差

世祖武帝以建元四年三月壬戌卽位大赦
六月甲申立皇太子長懋詔申癸酉赦恩百日
永明元年正月辛亥祠南郊大赦改元三月丙申詔
曰朕自丁荼毒奄更周忌瞻言負荷若墜淵壑而遠
圖尚蔽政刑未洽星緯失序陰陽愆度思播光澤蕪
酬天眚可申辛亥赦恩五十日以期訖爲始京師囚
繫悉皆原宥三署徒優量降遣都邑鰥寡尤貧詳加
賑䘏戊寅詔曰方見囚罪無輕重及劫賊餘口長徒
勑繫悉皆原赦六月丙寅詔凡坐事應復治者在建
元四年三月以前皆原

二年八月丙午詔申京師獄及三署見徒量所降宥
三年正月辛卯祠南郊大赦都邑三百里內罪應入
重者降一等餘依勑制劾繫之身降遣有差賑䘏二
縣貧民
四年閏正月辛亥躬耕籍田詔曰思俾休和覃兹黔
首見刑罪殊死以下悉原宥
五年四月殷祀太廟詔繫囚見徒四歲刑以下悉原
遣五年減爲三歲京邑罪身應入量降一等
六年正月壬午詔二百里內獄同集京師克日聽覽
自此以外委州郡訊察三署徒隸詳所原釋
七年正月辛亥祠南郊大赦京邑貧民普加賑賜
八年七月癸卯詔曰陰陽舛和緯象愆度儲官嬰患
淹歷旬晷思仰祗天戒俯紓民瘼可大赦天下
九年正月辛丑祠南郊詔京師見繫囚詳量原遣
十一年正月癸丑詔京師見繫囚詳所原遣
鬱林王隆昌元年正月丁未改元大赦
海陵王延興元年七月丁酉卽帝位詔曰太祖高皇
帝英謨光大受命作齊世祖武皇帝宏略冠世繼暉
下武世宗文皇帝清明懿鑠四海宅心竝德漏下泉
功昭上象聲敎所覃無思不洽洪基式固景祚方融

而天步多阻運鍾否剝嗣君昏忍暴戾滋多侮棄天
經悖滅人紀朝野重足遐邇側視民怨神恫宗祧如
綴賴忠謨肅舉霄漢廓清俾三后之業絕而更紐七
百之慶危而復安猥以冲人入纂乾緒載懷馭朽若
墜諸淵思與黎元共綏戩福大赦改元文武賜位一
等
明帝建武元年十月癸亥卽帝位詔曰皇齊受終建
極握鏡臨宸神敎重輝欽明懿鑠七百攸長盛石斯
固而王度中愆天階薦阻嗣命多違藩釁孔棘宏圖
景曆將墜諸淵宣德皇后遠鑒崇替憲章舊典疇咨

台揆允定璽榮用集寶命命予一人猥以虛薄纘戎
大業仰繫鴻丕顧瞻億兆永懷先構若履春氷寅憂
夕惕罔識攸濟思與萬國播此惟新大赦天下改元
宿衛者普轉一階其餘文武賜位二等逋租宿債換
負官物在建武元年以前悉皆除放刼八餘口在臺
府者可悉原放負釁流徒並還本鄉
二年正月辛未詔京師繫囚殊死可降爲五歲刑三
署見徒五歲以下悉原放十月納皇太子妃褚氏大
赦
四年正月庚午大赦

永泰元年正月癸未溯大赦逋租宿債在四年之前
皆悉原除四月甲寅改元赦三署囚繫原除各有差
文武賜位二等
東昏侯永元元年正月改元大赦四月乙巳立皇太
子大赦賜民爲父後爵一級八月丙辰振州刺史始
安王遙先據東府反曲詔京邑九月壬戌以頻誅大
臣大赦天下臣欽若等曰大臣謂侯射江祏侍中江祀也
二年四月平西將軍崔慧景於廣陵舉兵襲京師江
夏王寶玄以京城納之豫州刺史蕭懿斬惠景詔曲
赦京邑南徐兗二州
三年正月辛亥祀南郊大赦天下三月戊子曲赦江
州安城廬陵二郡爲蕭穎孚起兵廬陵七月癸巳曲赦荊雍二
州
和帝初封南康王爲荊州刺史永元二年十一月南
雍州刺史蕭衍奉王舉義於江陵乃下教曰吾躬率
晉陽翦此凶孽戎事方勤宜覃惠澤所領繫囚見徒
罪無輕重殊死以下皆原遣先有位署即復本職將
吏轉一級從征身有家口停鎮給廩食諸雜役見在
諸軍帶甲之身克定之後悉免爲民其功効賞報別
有科條

三年正月乙巳王受宣德太后命爲宣王相國大赦
唯梅虫兒茹法珍等不在赦例
中興元年三月即帝位于江陵改元大赦

册府元龜

冊府元龜

巡按福建監察御史臣李嗣京 訂正
分守建南道左布政使臣胡維霖 參閱
知建陽縣事臣黃國琦 較釋

閏位部 二十七

恩宥第二

梁高祖初平東昏爲大司馬錄尚書事入屯閱武堂下詔曰皇家不造遘此昏凶禍延動植虐被人鬼社廟之危蠢焉如綴吾身藉皇宗曲荷先顧受任邊疆推轂萬里眷言瞻烏痛心在目故率其尊主之情屬

其忘生之志雖寶曆重升明命有詔而獨夫醜縱方煽京邑投袂援戈克殄多難虐政横流爲日既久同惡相濟諒非一族仰稟朝命任在專征思播皇澤被之率土凡厥負釁咸與惟新可大赦天下唯王咺之等四十一人不在赦例又令曰夫樹以司牧非役物以養生視民如傷豈肆上以縱虐廢王棄常自絕宗廟窮凶極悖書契未有征賦不一苛酷滋章緹繡土木菽粟犬馬徵發閭左以充繕築流離寒暑繼以疫癘轉死溝渠曾莫收恤朽肉枯骸烏鳶厭食加以天災人禍屢焚宮掖宮府臺寺尺椽無遺悲甚黍離痛兼麥秀遂使億兆離心疆徼侵弱斯民何辜離此塗炭今明昏違運大道公行思治之氓來蘇茲日猥以寡薄屬當大寵雖運距中興難同草昧思闡皇休與之更始凡昏制謬賦淫刑濫役外可詳簡前源悉皆除蕩其主守散失諸所損耗精立科條咸從原例及爲梁王又下令曰孤以虛昧任執國鈞雖宿夜勤止念在興治而育德振民邈然尚遠聖朝永言舊式隆此眷命俟伯盛典方軌首烈嘉錫隆被禮數昭崇徒守愿節終隔體諒羣后百司重茲敦獎勉斯厚顏當此休祚望昆彭以長想欽桓文而歎息思弘政塗莫

知津濟邦甸初啓藩宇惟新思覃嘉慶被之下國國內殊死以下今月十五日昧爽以前一皆原放鰥寡孤獨不能自存者賜穀五斛府州所統亦同蠲蕩

天監元年四月丙寅即皇帝位于南郊禮畢備法駕即建康宮臨太極殿前詔曰五精遞襲皇王所以受命四海樂推殷周所以改物雖禪代相升遘會異時而微明迭用其流遠矣莫不振民育德光被黎元朕以寡闇命不先後寧濟之功屬當期運乘此時來因心萬物遂振厥施維天造區夏永言前蹤義均慙德蕭氏以代終有徵曆數云改欽若前載集大命于朕

朕顧惟菲德辭不獲命寅畏上靈用膺景業執禋柴之禮當與能之祚繼迹百王君臨四海若涉大川罔知攸濟洪基初兆萬品權輿思俾慶澤覃被率土可大赦天下改齊中興二年爲天監元年賜民爵一級文武位二等深寡孤獨不能自存者人穀五斛逋布口錢宿債勿復收其有犯鄉論清議贓汙淫盜一皆蕩滌洗除前注與之更始又詔曰大運肇升加慶惟始劫賊餘口沒在臺府者悉可蠲放諸流徒之家並聽還本鄉

二年五月乙丑益州刺史鄧元起剋成都曲赦益州

三年六月癸未大赦天下

四年正月辛亥新祠南郊赦天下二月壬辰交州刺史李凱據州反長史李叟討平之曲赦交州

五年十一月乙丑以師出淹時大赦天下

六年八月戊子赦天下

七年四月乙卯皇太子納妃赦大辟以下頒賜朝臣及近侍各有差八月丁巳赦大辟以下未結正者

八年正月辛巳親祠南郊赦天下內外文武各賜勞一年

十年正月辛丑親祠南郊大赦天下居局治事賜勞

十一年三月丁巳曲赦揚州徐州

十二年正月辛卯親祠南郊赦大辟以下

十三年二月丁亥親畊籍田赦天下孝弟力田賜爵一級

十四年正月乙巳朔皇太子冠赦大下賜爲父後者爵一級

十五年九月壬辰赦天下十一月丁卯交州刺史李叟斬交州反者阮宗孝傳首京師曲赦交州

十七年二月甲辰大赦天下

十八年四月丁巳大赦天下

普通元年正月乙亥朔改元大赦天下賜文武勞位孝弟力田爵一級尤貧之家勿收常調鰥寡孤獨並加贍卹

二年正月辛巳親祠南郊戊子大赦天下

三年三月壬辰朔日有食之既癸巳赦天下四方民所疾苦咸郎以聞

四年正月辛卯親祠南郊大赦天下經諸窮病咸加賑卹

六年正月辛亥親祠南郊大赦天下三月丙午見南斗賜親附民長復除詿誤罪失一無所問七月

壬戌大赦天下
七年正月辛丑朔赦殊死以下十一月庚辰大赦天下
大通元年正月辛未親祠南郊詔曰欽奉時事虔薦蒼璧思承天德惠此下民凡因事去土流移他境者竝聽復宅業蠲役五年尤貧之家勿收三調孝弟力田賜爵一級三月己未幸同泰寺甲戌還宮赦天下改元
中大通元年正月辛酉親祠南郊大赦天下孝弟力田賜爵二級六月壬午大赦天下九月癸巳幸大同

寺設四部無遮大會十月己酉還宮大赦改元
三年正月辛巳親祠南郊大赦天下孝弟力田賜爵一級十月乙亥立晉安王綱爲皇太子大赦天下賜爲父後者及出處忠孝文武清勤並賜爵一級
五年正月辛卯親祠南郊赦天下孝弟力田賜爵一級
六年二月癸亥親耕籍田大赦天下孝弟力田賜爵一級
大同元年正月戊申朔改元大赦
三年正月辛丑親祠南郊大赦天下孝弟力田賜爵一級八月辛卯幸阿育王寺赦天下
四年七月癸亥詔以東冶徒李裔之家降如來形舍利大赦八月甲辰詔南兗北徐東徐青冀南北青武仁潼睢等十三州旣經饑饉曲赦逋租宿債勿收今年二調
六年正月庚戌朔曲赦司豫徐兗四州八月戊午赦天下十一月己卯曲赦京邑
七年正月辛巳親祠南郊赦天下其有流移及失桑梓者各還田宅蠲課五年十一月丁丑詔曰民之多幸國之不幸恩澤屢加彌長姦盜朕亦知此之爲病

矣如不優弘非仁人之心凡厥愆釁逋負起今七年十一月九日昧爽以前在民間無問多少言上尚書督所未入者皆赦除之
十年九月己丑詔曰今茲遠近雨澤調適其穫已及冀必萬箱宜使百姓因斯安樂凡天下罪無輕重已發覺未發覺討捕未禽者皆赦宥之侵割耗散官物無問多少亦悉原除田者荒廢水旱不作無當時變刈應追稅者幷作田不登公格並停各備臺州以文最逋殿罪悉從原
中大同元年三月乙巳大赦天下凡主守割盜放散

官物及以軍糧器甲凡是赦所不原者起大同十一年正月以前皆悉從恩十一年正月以後悉原加責其或爲事逃叛流移因饑亡鄉失土可聽復業蠲課五年停其徭役其被拘之身各還本部舊業若在皆悉還之四月丙戌於同泰寺講解設會大赦改元孝弟力田爲父後者賜爵一級

太清元年正月辛酉親祠南郊詔曰天行彌綸覆幬之功溥乾道變化資始之德成朕沐浴齋宮虔恭上帝祇承槱燎高熛太一大禮克遂感慶兼懷思與億兆同其福惠可大赦天下尤窮者無出郎年租調清

議禁錮並皆宥釋所討逋叛巧籍隱年闇丁匿口開恩百日各令自守不問往罪流移他鄉聽復宅業蠲課五年孝弟力田賜爵一級居局治事賞勞三年三月庚子幸同泰寺設無遮大會四月丁亥還宮大赦天下改元孝弟力田爲父後者賜爵一級

二年五月辛亥曲赦交愛德三州八月甲辰邵陵王綸督衆軍討侯景曲赦南豫州

簡文帝大寶元年正月辛亥朔詔曰蓋天下者至公之神器在昔三五不獲已而臨莅之故帝王之功聖人之餘事軒冕之華儻來之一物太祖文皇帝含光大之量啓西伯之基高祖武皇帝道洽二儀知周萬物屬齊季薦瘥彝倫剥喪同氣離不測之禍元首懷無厭之欲乃眷樂推之運因億兆之心拯彼推角雪茲讐恥大慈之業普薰汾陽之詔屢下于茲四紀無得而稱朕以寡昧哀煢孔棘生靈已盡志不圖全亟勉視陰企承鴻緒王道未直天步猶艱式憑宰輔以弘庶政履端建號抑維舊章可大赦天下改大清四年爲大寶元年

孝元帝紹爲湘東王大寶三年在江陵猶稱太清六年五月令曰君子赦過著在周禮聖人解網聞之湯

令自獯狁孔熾長蛇薦食赤縣阽危黔黎塗炭終宵不寐志在雪恥元惡稽誅本屬侯景王偉是其心膂周石珍棄背恩義今並烹諸鼎鑊肆之市朝但此寇擾爲歲已積亥寇舊貴被逼偷生猛士勲豪和光苟免凡諸惡侶諒非一族今特闓以王澤削其刑書自太清六年五月二十日昧爽以前咸使維新

承聖元年十一月丙午即皇帝位於江陵詔曰夫樹之以君司牧黔首帝堯之心豈貴黃屋誠弗獲已而臨莅之朕皇祖太祖文皇帝積德岐梁化行江漢道映在田具瞻斯屬皇考高祖武皇帝明並日月功格

區宇應天從人惟睿作聖太宗簡文皇帝地侔啓誦方符文景鴉寇憑凌時難孔棘朕大拯橫流剋復宗社羣公卿士百辟庶僚咸以皇靈眷命歸運斯及天命不可以久淹宸極不可以久曠粤若前載憲章令範畏天之威纂隆寶曆用集神器于予一人昔虞夏商周年無嘉號漢魏晉宋因循以久朕雖云撥亂自非創業思得上繫宗祧下惠億兆可改太清六年爲承聖元年逋租宿債並許弘貸孝子從孫可悉賜爵臣欽若等曰梁武帝父名順之故曰從孫長徒鏁士特加原宥禁錮奪勞一皆曠蕩

敬帝紹泰元年九月丙午即帝位十月己巳詔曰王室不造嬰罹禍釁西都失守朝廷淪覆先帝梓宮播越非所王基傾弛率土罔戴朕以荒幼仍屬艱難泣血枕戈志復讎逆大恥未雪夙宵鯁憤羣公卿尹勉以大義越登寡闇嗣奉洪業顧惟夙心念不至此庶仰憑先靈傍賚將相剋清元惡謝寃陵寢令墜命載新宗祊更祀慶流億兆豈予一人可改承聖四年爲紹泰元年大赦天下內外文武賜位一等

太平元年正月戊寅以南豫州刺史任約譙秦二州刺史徐嗣徽舉兵反討平之大赦天下其與任約徐嗣徽才契同謀一無所問癸未以震州刺史杜龕降曲赦吳興郡罷震州一月丙辰以東揚州刺史張彪叛斬首傳京師曲赦東揚州六月乙卯司空陳霸先大破齊軍大赦天下軍士身殞戰場悉遣斂祭其無家屬即爲瘞埋

二年四月癸酉以廣州刺史蕭勃反平之曲赦江廣衡三州并督內爲賊所拘逼者並皆不問

陳高祖永定元年十月受梁禪即皇帝位於南郊柴燎禮畢還宮臨太極前殿詔曰五德更運帝王所以御天三正相因夏殷所以宰世雖色分驊翰時異文

質揖讓征伐迭用參差而育德振民義與一揆朕以寡昧時屬艱危國步屢屯夫惟三紀肆勤先后拯厥橫流籍將帥之功乘猛士之力一正天下再造黔黎梁氏以天祿永終曆數攸在遵與能之典集大命于菲德辭不獲亮式從天睠俯協民心受終文祖升禋上帝繼統百王君臨萬宇若涉淵水罔知攸濟寶業初建皇祚惟新思俾惠澤覃被億兆可大赦天下改梁太平二年爲永定元年賜民爵一級文武二等鰥寡孤獨不能自存者人穀五斛逋租宿債皆勿復收其有犯鄉里清議賍汙淫盜者皆洗除先注與之更

始長徒勑繫特皆原之亡官失爵禁錮奪勞一依舊
典
二年正月辛丑親祠南郊詔曰朕受命君臨初移星
琯孟陬嘉月備禮泰壇景候韶華人祇尤慶思令億
兆咸與維新且徃代祆氛于今猶梗軍機未息徵賦
咸繁事不獲已久知下弊言念黔黎無忘寢食夫罪
無輕重已發覺未發覺在今昧爽以前皆赦除之西
寇自王琳以下並許還迷一無所問也臣欽若等曰琳本梁之時陳高祖既立敬帝琳奉永嘉王莊纂梁祚於湘中莊以琳爲丞相錄尚書事故云西寇近所募
義軍本擬西寇並相解遣留家附業蠲訂軍資未送

者並停元年軍糧逋餘者原其半州郡縣軍戍並不
得輙遣使民間務存優養若有侵擾嚴爲法制
世祖文帝以永定三年六月丙午卽位於大極前殿
詔曰上天降禍奄集邦家大行皇帝背離萬國率土
摧心若喪考妣龍圖寶曆眇屬朕躬運鍾擾攘事功
機務南面須主西讓禮輕今便式膺景命光宅四海
可大赦天下罪無輕重悉皆蕩滌逋租宿債吏民愆
負可勿復收文武內外量加爵敘孝弟力田爲父後
者賜爵一級其有犯鄉里清議贓汚淫盜者皆洗除
先注與之更始長徒勑繫特皆原之亡官失爵禁錮
奪勞一依舊典
天嘉元年正月癸丑詔曰朕以寡昧嗣纂洪業哀惸
在疚治道弗昭仰惟前德幽顯遐暢恭已不言庶幾
無改雖宏圖懋軌日月方弘而清廟庥然聖靈浸遠
敢尋永徃瞻言罔極今四象運周三元造獻華夷胥
洎玉帛駿奔思覃遺澤播之億兆其大赦天下改永
定四年爲天嘉元年鰥寡孤獨不能自存者賜穀人
五斛孝弟力田殊行異等加爵一級三月戊戌詔曰
夫五運遞來三靈眷命皇王因之改創殷周所以樂
推朕統曆承基丕隆鼎運期理攸屬數祚斯在豈僥

倖所至寧卜祝可求故神器之重必在荷命是以逐
鹿貽譏斷蛇定業亂臣賊子異世同尤王琳識暗挈
缾智慚衛足干紀亂常自貽顚沛而縉紳君子多被
繫維雖涇渭合流蘭鮑同肆求之厥理或有脅從今
九罭旣設八紘斯掩天網恢恢吞舟是漏至如伏波
遊說永作漢藩廷壽脫歸終於魏守器改秦虞材通
晉楚行藏用捨亦豈有嘗宜加寬仁以彰奮作其衣
冠士族預在凶黨悉皆原宥將帥戰兵亦同肆眚並
隨才銓引庶收力用六月辛丑以國哀周忌臨于太
極前殿百僚陪哭赦京師殊死以下

二年正月庚戌大赦天下三月庚寅以湘州城主殷
亮降曲赦湘州諸郡
三年閏巳月甲申大赦天下四月癸卯曲赦東陽郡
四年九月癸亥曲赦京師十二月丙申大赦天下
五年七月丁丑詔曰朕以寡昧屬當負重星籥亟改
冕旒弗曠不能仰叶璿衡用調玉燭傍慰蒼生以安
黔首兵無寧歲民乏有年移風之道未弘習俗之患
猶丞致令民多觸網吏繁筆削獄犴滋彰雖恧物犯
囹圄淹滯亦或有冤念俾納隍載勞負扆加以膚腠
不適攝衛有虧比徵獲痊思覃寬惠可曲赦京師十

二月甲子曲赦建安晉安二郡
六年十二月癸亥詔曰朕自居民牧之上託在王公
之上顧其寡昧鬱于治道加以屢虧聽覽事多壅積
冤滯靡申幽枉弗鑒念茲罪隸有甚納隍而惠澤未
流愆陽累月今歲序云暮元正向肇欲使幽圄之內
同被時和曲赦京師
天康元年二月丙子詔曰朕以寡德纂承洪緒日昃
劬勞思弘景業而政道多昧黎庶未康兼疢患淹時
亢陽累月百姓何咎是縈朕躬念茲在茲痛如疾首
可大赦天下改天嘉七年為天康元年

廢帝以天康元年四月癸酉即位於太極前殿詔曰
上天降禍大行皇帝奄棄萬國攀號靡及五內摧殞
朕以寡德嗣膺寶命煢煢在疚懼甚綴旒方賴宰輔
救其不逮可大赦天下詔內外文武各復其職遠方
悉停奔越
光大元年正月乙亥詔曰昔昊天成命降集寶圖二
君重光九區咸乂閔余沖眇王道未昭荷茲神器如
涉靈海庶親賢竝建牧伯惟良天下雍熙編同刑措
今三元改曆萬國充庭清廟無追具僚斯在瞻事宁
位觸感推心思播遺恩俾覃黎獻可大赦天下改天

康二年為光大元年孝弟力田賜爵一級十月辛巳
赦湘巴二郡為華皎所詿誤者（臣欽若等曰皎為湘州刺史遣子玄響質于後梁請兵伐陳為陳所敗乃奔于梁）
宣帝太建元年正月甲午即位詔曰夫聖人受命王
者中興竝繇懿德方作元后高祖武皇帝揖拜堯圖
經綸禹跡配天之業光辰象而利貞格地之功侔川
岳而長遠世祖文皇帝體上聖之姿當下武之運築
宮示儉所務唯德定鼎初基厥謀斯在朕以寡薄才
非聖賢夙荷前規方傳景祚雖復親承訓誨志守藩
維詠季子之高風思陽城之遠託自元儲紹國正位

君臨無導非幾佇閲刑措豈圖五室不造頻搆亂階天步艱難將傾寶曆仰惟嘉命爰集朕躬我心貞確空誓蒼昊而羣辟啓請相謟渭橋文毋尊嚴懸心長樂對揚璽紱非止殷湯之三辭履步春氷何但代王之五讓今便肅奉天策欽承介圭若據滄溟愈增兢業思所以雲行雨施品物咸亨當與黔黎普同斯慶可改光大三年爲太建元年大赦天下在位文武賜位一階孝弟力田及爲父後者賜爵一級異等殊才並加策序鰥寡孤獨不能自存者仍賜穀五斛

三年三月丙午以新除左衛將軍歐陽紇據廣州反

儀同章昭達討平之曲赦廣衛二州丁未大赦天下

三年三月丁丑大赦天下自天康元年訖太建元年逋餘軍糧祿秩有調未入者悉原之又詔犯逆子弟及屬逃亡異境者悉聽歸有縶繫者諒可散釋其有居宅並追還

四年九月庚子朔日有食之辛亥大赦天下

六年正月壬戌朔詔曰王者以四海爲家萬姓爲子一物乖方夕惕猶厲六合未混旰食彌憂朕嗣纂鴻基思弘經畧上符景宿下叶人謀命將興師大拯淪溺灰琯未周凱捷相繼拓地數千連城將百蠢彼餘黎毒茲異境江淮年少猶有剽掠鄉閭無賴摘出陰私將帥軍人罔顧刑典使符法蠲除仁聲載路且肇元告慶邊服來荒始覩皇風宜覃曲澤可赦江右淮北南司定霍光建朔合豫北徐仁北兖青冀南譙南兖十三州郢洲之齊安西陽江洲之齊昌新蔡嵩唐南豫洲歷陽臨江郡士民罪無輕重悉皆原宥將帥職司軍人犯法自依常科

十年三月乙酉大赦天下

十一年十一月辛卯詔曰晝寇弗犯華此澆風孥戮是蹈化于薄俗朕肅膺寶命迨將一紀思經邦濟治

憂國愛民日昃劬勞夜分輟寢而還淳返樸其道靡階雍熙盛美莫云能致遂乃鞫訊之牒盈于聽覽春欽之人傾于牢犴周成刑措漢文斷獄杼軸空勞邈然旣遠加以蕞爾醜徒軼我彭汴淮汝氓庶企踵王畧治兵誓旅義存拯救飛芻輓粟征賦頗煩暑雨祁寒寧忘咨怨兼宿度支舛次舍違方若日之誠責歸元首愧心斯積馭朽非懼即建子令月微陽初動應此嘉辰宜播嘉澤可大赦天下

後主以大建十四年正月丁巳即帝位于太極前殿詔曰上天降禍大行皇帝奄棄萬國攀號擗踊無所

逮以朕以哀𤱶調膺寶曆若涉巨川罔知攸濟方賴羣公用裨寡薄恩播遺德覃被億兆凡厥遐邇咸與維新可大赦天下在位文武及孝弟力田爲父後者並賜爵一級孤老鰥寡不能自存者賜穀人五斛帛二疋七月辛未大赦天下

九月丙午設無遮大會於太極殿捨身及乘輿御服大赦天下

至德九年正月壬寅詔曰朕以寡薄嗣守鴻基哀惸切慮疚恙纏織訓俗少方臨下靡竿懼甚踐冰慄同馭朽而四氣易流三九遄至緩纓引陛王帛充庭具

物匪新節序疑舊緬思前德永慕昔辰對軒闥而哽心顧晨遊而咽氣思所以仰遵遺搆俯勵薄躬陶鑄九流休息百姓用弘寬簡取叶陽和可大赦天下改大建十五年爲至德元年

二年正月癸巳大赦天下十一月丙寅大赦天下

三年十一月辛巳幸長干寺大赦天下

四年十一月己卯詔曰惟刑止暴惟德成物三才是資百王不改而世無拉角時解犯鱗渭橋驚馬弗聞廷爭桃林逸牛未見其旨雖剽悍輕侮理從鈇鑕愚拄黠宜肆含弘政乏良哉明慙則哲求諸解網安可得乎是用屬寤寐以軫懷負黼扆而於邑復茲合璧輪鈌連珠運舛黄鍾獻呂和氣始萌玄英告中麗長在御因時宥過抑乃斯得可大赦天下

禎明元年正月戊寅詔曰栖皇大庭鼓滈和于曩日姬王嬴后被澆風於末載刑書已鑄善化匪融禮義既生姦宄斯作何其淳樸不反浮華競扇者與朕居中御物納隍在懷怬怬天網屢絶三邊元元黔庶終罹五辟盖乃康哉寡薄抑爲法令滋彰是用當宁弗怡矜此向隅之意今三元其序萬國朝晨靈芝獻于始陽膏露凝于聿歲從春施令仰乾布德思與九有

惟新七政可大赦天下改至德五年爲禎明元年九月甲午以江陵蕭瓛所置安平王蕭巖降大赦天下

梁末帝禎明六年四月己亥詔曰應天下見禁罪人犯大辟合抵極刑者宜示好生特令減死除准格律常赦不原外徒流以下遞減一等左降官未經量移者與量移已量移者更與復資

册府元龜

廵按福建監察御史臣李嗣京　訂正

知甌寧縣事臣　孫以敬　參閱

知建陽縣事　臣　黄國琦　較釋

閏位部

欽恤　念功　寛恕　宥過　悔過

欽恤

明慎之文見之於羲易欽恤之戒著之於虞書故君子之所以盡心者益刑之謂矣昔劉氏閏位宅彼江介惟梁暨陳維守其國乃有勵精政治軫念黎庶下

寛大之詔開疏闊之網革去苛法逮用中典雖未臻夫至化亦可見其休德者焉

宋高祖永初二年六月壬寅詔曰杖罰雖有舊科然職務殷碎推坐相尋若皆有其實則體所不堪文行而已又非設罰之意可籌量粗爲中否之格

十月丁酉詔曰兵刑峻重務在得宜役身死叛輒考傍親流遷彌廣未見其極遂令冠帶之倫淪陷非所宜華以弘泰去其密科自今犯罪充軍合舉戶從役者便付營押領其科戶絶及讁止一身者一不得復侵濫服親以相連染

少帝即位初詔曰平理獄訟政道所先朕哀荒在疚未堪親覽司空尚書令可率衆官月二決獄

孝武帝大明三年八月甲子詔曰昔姬道方凝刑罰斯厝漢德初明犴圄用簡良繇上一其道下淳其性今民澆俗薄誠淺僞浮重以寡德弗能心化故知方者尠趣辟寔繁向因巡覽見二尚方徒隸纓金屨較旣有矜復加以國慶民和獨隔凱澤益以慙焉可詳所原宥

九月己巳詔曰夫五辟三刺自古所難巧法浮文在季彌甚故沿情察訟魯師致捷市獄勿擾漢史飛聲

廷尉遠邇疑讞平決攸歸而一蹈幽圄動逾時歲民嬰其困吏容其私自今囚至辭具並即以聞朕當悉詳斷庶無留獄若繁文滯劾證逮遐廣必須親察以盡情狀自後依舊聽訟

五年十一月詔曰王畿內奉京師外表衆夏民殷務廣宜思簡惠可遣尚書就加詳簡並與縣宰平治庶獄其有疑滯具以狀聞

南齊武帝永明二年四月詔揚南兗二州統內諸獄荆豫江三州府見囚江州潯陽新蔡兩郡繫獄並郡送還臺須候克日斷在並録江遠郡及諸州委刺史

詳察訊鞫

明帝建武二年四月巳亥朔詔三百里内獄訟同集京師克日聽覽此外委州訊察三署徒隸原遣有差

梁高祖天監二年正月甲寅朔詔曰三訊五聽著自聖典哀矜折獄義重前誥蓋所以明愼用刑浮戒疑枉成功致治罔不繇兹自昔藩部嘗躬訊録求理得情洪細必盡未運弛網斯政又闕牢犴沉壅申祈靡從朕屬當期運君臨億兆雖復齋居宣室留心聽斷而九牧遐荒無因臨覽浮擢懷冤就鞫匪唯一方可申勑諸司月一臨訊傳詢擇善務在確實

五年四月甲寅詔曰朕昧旦齋居惟刑之恤三辟五聽寢興載懷故陳肺石於都街增官司於詔獄殷勤親覽小大以情而明愼未洽囹圄尚壅永言納隍在予興愧凡犴獄之所可遣法官近侍遞錄囚徒如有枉滯以時奏聞

十六年正月詔班下四方諸州郡縣時理獄訟勿使寃滯並若親覽

陳文帝天嘉元年十二月詔曰古者春夏二氣不決重罪蓋以陽和布澤天秩是弘寛網省刑義符含育前王所以則天象地懸法番訓者也朕屬當澆季思求民瘼哀矜惻隱念甚納隍欲遵舊軌用長風化自今孟春訖于夏首罪人伏辟事巳疑者宜且申停

後主禎明二年十一月丁卯詔曰夫議獄緩刑皇王之所垂範勝殘去殺仁人之所同心自畫冠既息刻吏斯起法令滋彰手足無措朕君臨區宇屬當澆末輕重之典在政未康小大之情興言多媿眷兹狴犴有軫哀矜可克日於大政殿訊獄

念功

非賢罔治實著於昌言惟帝念功式敷於光宅君臣之際今古共然自皇階未夷世道多梗合離之期有

數雄俊之才遂興雖讖緯之符未參於命歷然經綸之業咸闡於茂勳觀其感召風雲招延心膂爪牙之用苟有補於當時帶礪之盟乃仰同於前典至於顧待終始感槩存亡必舊人而是圖雖小忿而無廢豈唯忠藎之節類王臣而匪躬抑亦沮勸之方俾懦夫而增氣

蜀向朗字巨達領丞相諸葛亮長史後免官歸成都數年爲光祿勳亮卒後徙左將軍後主追論舊功封顯明亭侯位特進

吳周瑜字公瑾兄子峻亦以瑜元功爲偏將軍領吏

士千人峻卒全琮表峻子護爲將大帝曰昔走曹操
拊有荆州皆是公瑾嘗不忘之初聞峻亡仍欲用護
聞護性行危險用之適爲作禍故便止之孤念公瑾
豈有已乎
周裔瑜之子封都鄉侯後以罪徙廬陵郡赤烏二年
諸葛瑾步隲連名上疏曰故將軍周瑜子裔昔蒙粉
餙受封爲將不能養之以福思立功效以至縱情欲
招速罪辟臣竊以瑜昔見寵任入作心膂出爲爪牙
御命出征身當矢石盡節用命視死如歸故能摧曹
操於烏林走曹仁於郢都揚國威德華夏是震蠡爾

欒荆莫不賓服雖周之方叔漢之信布誠無以尚也
夫折衝扞難之臣自古帝王莫不貴重故漢高帝封
爵之誓曰使黃河如帶太山如礪國以永存爰及苗
裔申以丹書重以盟詛藏于宗廟傳於無窮欲使功
臣之後世世相踵非徒子孫乃關苗裔報德明功勤
勤懇懇如此之念欲勸戒後人用命之臣死而無悔
也況於瑜身沒而未久而其子降爲匹夫益可悼傷
竊惟陛下欽明稽古隆於典繼爲裔歸訴乞匄餘罪
還兵復爵使失旦之鷄復得一鳴抱罪之臣展其後
效大帝答曰腹心舊勳與孤協事公瑾有之誠所不
忘昔裔年少初無功勞橫受精兵爵以侯將蓋念公
瑾以及於裔也而裔恃此酗淫自恣前後告諭曾無
悛改孤於公瑾義猶二君樂裔成就豈有已哉迫裔
非惡未宐便還且欲苦之使自知之今二君勤勤援
引漢高河山之誓孤用恧然雖得非其疇猶欲庶幾
事亦如爾故未順旨以公瑾之子而二君在中間苟
使得改亦何患乎瑾隲表比上朱然及全琮亦俱陳
乞大帝乃許之
潘章爲右將軍性奢泰數不奉法監司舉奏大帝惜
其功而輒原不問嘉禾三年卒子平以無行徙會稽

璋妻居建業賜田宅復客五十家
顧譚代祖父雍平尚書事後有司奏譚誣罔大不敬
罪應大辟大帝以雍故不致法皆徙之
宋檀韶初以佐命功爲江州刺史嗜酒貪橫所莅無
績高祖嘉其合門從義弟道濟又有大功既免官故
特見寵授加邑至千五百戶
傅亮少帝景帝二年率行臺至江陵奉迎文帝後帝
將誅亮至廣莫門帝遣中書舍人以詔書示亮並謂
曰以公江陵之誠當使諸子無恙
謝靈運爲臨川內史在郡遊放司徒遣使隨州錄事

鄭望生收之靈運執望生興兵叛逸廷尉論正斬刑文帝愛其才欲免官而已彭城王義康堅執謂不宜恕乃詔曰靈運罪釁累仍誠合盡法但謝玄勳參微管宜宥及後嗣可降死一等徙付廣州

張茂度爲益州刺史時文帝討荆州刺史謝晦詔益州遣軍襲江陵晦已平而軍始至白帝茂度與晦素善議者疑其出軍遲留時茂度弟邵爲湘州刺史起兵應大駕帝以邵誠節故不加罪被代還京師累遷太常以脚疾出爲義興太守從容謂曰勿以西蜀介懷對曰臣不遭陛下之明墓木拱矣

劉康祖襲父虔之封轉員外散騎常侍以浮蕩蒱酒爲事前後屢被劾文帝以勳臣子每原貸之

王華爲護軍侍中卒年四十三追贈散騎常侍衛將軍元嘉九年文帝思誅徐羨之功追封新建縣侯食邑千戶謚曰宣侯

王曇首爲侍中元嘉七年卒九年文帝以豫誅徐羨之等謀追封豫寧縣侯邑千戶謚曰文侯

南齊王敬則爲南兗州刺史進號安北將軍魏人侵淮泗敬則恐委鎮還都百姓皆驚散奔走太祖以其功臣不問以爲都官尚書撫軍又進號征東將軍宋廣州刺史王翌之子妾路氏酷暴殺婢翌之子法朗告敬則敬則付山陰獄殺之路氏家訟爲有司所奏山陰令劉岱坐棄市刑敬則入朝太祖謂敬則曰人命至重是誰下意殺之何不啓聞敬則曰是臣愚意臣知何物科法見背後有節便言應得殺人劉岱亦引罪太祖乃赦之敬則免官以公領郡

梁曹景宗爲平西將軍郢州刺史魏軍攻司州圍刺史蔡道恭城中負阪而汲景宗望門不出但耀軍遊獵而已及司州城陷爲御史中丞任昉所奏高祖以功寢而不治徵爲護軍將軍既至復拜散騎常侍右

衛將軍

北齊薛脩義高祖時爲齊州刺史以黷貨除名追其前守晉州功復其官爵

慕容紹宗爲開府累有戰功卒贈太尉尚書令後其長子士肅爲散騎常侍尋以謀反伏誅文襄以紹宗之故罪止肅身

高愼爲豫州刺史遂據武牢降西魏愼先入關周文帝率衆東出高祖破之於邙山愼妻子將西度於路盡擒之高祖以其勳家啓愼一房配沒而已

庫狄干從神武起兵破四胡於韓陵封廣平縣公尋

進郡公河陰之役諸將大捷唯干兵退神武以其舊功竟不責黜尋轉太子太傅

晉華温琪仕梁爲晉州節度使温琪在任違法籍民家財入己其家訟于朝制使劾之伏罪末帝以先朝草昧之臣不忍加法左拾遺李愚堅案其罪帝詔曰朕若不與鞫窮謂予不念赤子若遂行典憲謂予不念功臣爲子君者不亦難乎其華温琪所受贓宜官給代還所訟之家

寬恕

史臣稱漢祖寬明而仁恕又聖人之言曰寬則得衆

是知有國之君受天之命何嘗不收覽群心開創王業而況閏位之主書軌不同勍敵牙其爭伐豪傑得以顧望儻非體臣浸之納汚同山藪之藏疾則何以立彼宗祏傳之子孫故有奔亡陵國待妻子以加初交鬬外域宥且弟而勿坐至於念世祿重時名慰羇孤之心安反側之意屈彼彝憲從於輕典或不奪其爵土或復賓於官棠本乎原情繇之得衆雖刑故無小或失爲邦之訓而御下以寛亦見君人之度矣

蜀先主時黄權爲鎮北將軍督江北軍以防魏師先主自江南及吳將軍陸議乘流斷圍南軍敗績先主引退而道隔絶權不得還故率將所領降魏有司執法白收權妻子先主曰孤負黄權權不負孤待之如初

吳大帝嘉禾六年丞相顧雍奏在官奔喪自從大辟其後吳令孟宗喪母奔赴已而自拘於武昌以聽刑陸遜陳其素行因爲之請帝乃减宗一等後不得以爲比因此遂絶

宋少帝時王玄謨爲謝晦荆州南蠻行叅軍武昌太守晦敗以非大帥見原

徐湛之爲丹陽尹范曄等謀逆湛之始與之同後發

其事所陳多不盡爲曄等疑辭所連乃詣廷尉歸罪帝慰遣令還郡湛之上表曰賊臣范曄孔熈先等連結謀逆與法靜凡宜分往還與大將軍臣義康共相唇齒備於鞫對伏尋仲承祖始達熈先等意便極言姦狀而臣兒女近情不識大體上聞之初不務指斥紙翰所載猶復漫略者實以凶計既表逆事歸露又仰緣聖慈不欲窮盡故言勢依違未敢縷陳情旨無隱以昭天監及群凶收擒各有所列曄等口辭多見誣謗丞相覼言紛紜特甚乃云臣與義康宿有密契在省之言期以爲定潛通姦意報示天文未云熈先

懸指必同以詐於曄或以智勇見稱或以愚懦爲目旣美其信懷可覆該其動止必啓凡諸詭妄還自違伐多舉事端不究原統齋傳之信無有主名所徵之人又已死沒首尾乖舛自爲矛盾卽臣誘引之辭以爲始謀之證御臣糾告並見怨咎縱肆往言必規禍陷伏自探省亦復有緣昔義康南出之始勅臣入相伏慰晨夕覲對經踰旬日逆圖成謀雖無顯然愍咎異意頗形言旨遣臣利及期以際會臣苦相諫譬深加距塞以爲怨憤所至不足爲慮便以關啓懼成虛妄思量反覆實經愚心非爲納受曲相蔽匿又令申

情范曄釋中間之憾致懷蕭思話恨婚意未申謂此僥倖亦不宜達陛下敦惜天倫彰於四海蕃禁優簡親理咸通又昔蒙眷顧不容自絕音翰信命時相往來或言少意多旨深文淺辭色之間往往難測臣每懼異聞皆略而不答惟心無邪悖故不稍以自嫌縷縷丹誠實具如此故至於法靜所傳及熙先等謀知實不早見關之日便卽以聞雖晨光幽燭曲昭窮款裁以正義無所逃刑束骸北闕請罪司寇乾施舍宥未加治考中旨頻降制使還往仰荷恩私哀惶失守臣殃積罪深丁罹酷罰久應屛棄永謝人理况姦謀所棄忠孝頓闕智防愚淺闇於禍萌士人未明其心群庶謂之同惡朝野側目衆議沸騰專信讐隙之辭不復稍相申體臣雖駑下情非木石豈不知醜黠難要伏劍爲易而靦然視息忍此餘生實非苟吝微命假延漏刻誠以負戾灰滅貽惡方來貪及規息少自披訴冀幽誠丹款儻或昭然雖復身膏草木九泉無恨顯居官次垢穢朝班厚顏何地可以自處乞蒙壅放伏待鈇鑕優詔不許

孔靈符爲會稽太守加豫章王撫軍長史靈符家本豐富產業甚廣又於永興立墅周廻三十三里水陸

地二百六十五頃含帶二山又有果園九處爲有司所糾詔原之

王僧達爲太子舍人坐屬疾而於楊烈橋觀鬬鴨爲有司所糾原不問

謝靈運爲侍中自以名輩應參時政被徵召便以此自許旣至太祖唯接以文義而王曇首等名位素不之踰並見任遇靈運意不平多稱疾不朝直出郭遊行經旬不歸旣無表聞又不請急帝不欲傷大臣諷旨令自解靈運乃上表陳疾賜假東歸

孝武帝時孔覬爲御史中丞鞭令史爲有司所糾原

不問

南齊太祖時卞彬初仕宋爲員外郎齊臺初建彬曰誰謂宋員外予望之大祖聞之不加罪也

王玄邈仕宋爲青州刺史太祖鎮淮陰玄邈啓宋明帝稱太祖有異謀太祖不恨也昇明中太祖引爲驃騎司馬玄邈甚懼太祖待之如初

謝朏爲宋侍中太祖受禪日朏當解璽朏陽不知日有何公事傳詔曰解璽授齊王朏曰齊自應有侍中乃枕卧傳詔懼乃使稱疾朏曰我無疾何所道遂朝服出東掖門乃得車還宅是日遂以王儉爲侍中解

璽旣而武帝請誅朏太祖曰殺之則成其名正應容之度外

武帝時張敬兒坐遣使與蠻中交關伏誅弟恭兒官至員外郎在襄陽聞敬兒敗將數十騎走入蠻中收補不得後首出帝原其罪

梁高祖舉義兵至京師州牧郡守皆望風降款吳興太守袁昂獨拒境不受命及建康城平昂束身詣闕高祖宥之不問也天監二年以爲後軍臨川王參軍事昂奉啓謝曰恩降絶望之辰慶集寒心之日焰灰非喻荑枯未擬搉衣聚足顛懼不勝臣遍歷三墳備詳六典巡較賞罰之科調撿生死之律莫不嚴五辟於明君之朝峻三章於聖明之世是以塗山始會致防風之誅酆邑方構有崇侯之伐未有緩憲於斮戮之人肴刑於耐罪之族出萬死入一生如臣者也推恩反罪在臣實大披心瀝血敢乞言之臣東國賤人學行何取旣殊鳴鳳豈木故無結綬彈冠徒藉羽儀易農就仕往年濫職守秩東隅仰屬龔行風馳電掩當其時也負鼎國者日至執玉帛者相望獨生在愚臣頓昏大義殉鴻毛之輕忘同德之重但三吳險薄五湖交通屢起田儋之變每懼殷通之禍空慕君魚

保境遂失師涓抱器後至者斬臣甘斯戮明刑殉衆誰曰不然幸蒙約法之弘承解網羅之宥猶當降等薪粲遂乃頓釋鉗赭斂骨吹魂還編黔庶濯疪蕩穢入楚遊陳天波旣洗雲油遽沐古人有言非死之難處死之難臣之所荷曠古不書臣之死所未知何地

高祖答曰朕遺卿卿無自外

江蒨初爲齊建康内史視事朞月義師下次江州遣寧朔將軍劉諓之爲郡蒨帥吏民據郡拒之及建康城平蒨坐禁錮俄被原起爲後軍臨川王外兵參軍

劉季連爲益州刺史舉兵叛後降旣至詣闕謝高祖

引見之季連自東掖門入數步一稽顙以至高祖前笑謂曰卿欲慕劉備而曾不及公孫述豈無卧龍之臣乎季連復稽顙謝赦爲庶人

陳伯之初叛入魏後於壽陽擁衆八千復歸旣至以爲使持節都督西豫州刺史永新縣侯邑千戶未之任復以爲通直散騎常侍驍騎將軍

謝覽爲侍中頗樂酒因讌席與散騎常侍蕭琛相詆毀爲有司所奏高祖以覽年少直出爲中權長史

張欣泰爲武陵内史坐贓私殺人被糾見原還復爲直閣步兵較尉領羽林監

元帝時劉孝勝初爲安西武陵王紀長史蜀都太守高祖太清中侯景陷京師紀僭號於蜀以孝勝爲尚書僕射承聖中隨紀出峽口兵敗被執下獄帝尋宥之起爲司徒右長史

陳高祖初侯瑱爲江州刺史鎭豫章討余孝頃留妻子於豫章令從弟瀹知後事瀹與其部下侯方兒不恊方兒怒率所部攻瀹虜掠瑱軍妓妾金玉歸於高祖瑱旣失根本兵衆皆潰徑歸豫章人拒之乃趍湓城投其將焦僧度勸瑱以高祖有大量必能容巳乃詣闕請罪高祖復其爵位

歐陽頠隨高祖討侯景有功梁元帝以爲忠武將軍衡州刺史進封始興縣侯時蕭勃在廣州兵疆位重元帝深患之遣王琳代刺史琳巳至小桂領勃遣其將孫瑒監州盡率部下至始興避琳兵鋒頠別據一城不往謁勃閉門高壘亦不拒戰勃怒遣兵襲頠盡收其貲財馬仗尋赦之還復其所復與結盟荊州陷委質於勃及勃渡嶺出南康以頠爲前軍都督頓豫章之苦竹灘周文育擊破之擒送于高祖釋之深加接待

徐陵初自北齊還太尉王僧辯接待其禮甚厚以陵

爲尚書吏部郎掌詔誥其年高祖率兵誅僧辯仍進討韋載時任約徐嗣徽承虛襲石頭陵感僧辯舊恩乃往赴約及約等平高祖釋陵尋以爲貞威將軍尚書左丞

文帝時華皎之叛也同逆皆誅之唯章昭裕昭達之弟劉廣業廣德之弟曹宣高祖舊臣任蠻奴嘗有密啓於朝廷南是並獲有王琳據土流周文昭以州從之及高祖踐祚琳遣其將曹慶等攻周廸仍使周文昭將兵犄角之進爲侯安都所敗擒以送都文帝釋之授戎威將軍定州刺史帶西陽武昌二郡太守

謝嘏在梁爲建安太守侯景之亂嘏之廣州依蕭勃
承聖中元帝徵爲五兵尚書辭以道阻轉授智武將
軍蕭勃鎮南長史南海太守勃敗還至臨川爲周廸
所留久之又度嶺之晉安依陳寶應世祖前後頻召
之嘏崎嶇寇虜不能自拔及寶應平嘏方詣闕爲御
史中丞江德藻所舉劾文帝不加罪責以爲給事黄
門侍郎

張種爲都官尚書賜無錫嘉興縣秩嘗於無錫見重
囚在獄天寒呼出曝日遂失之大笑而不深責

宣帝初殷不佞爲東官通事舍人廢帝嗣立帝爲太

傅録尚書輔政甚爲朝望所歸不佞素以名節自立
又受委東宮乃與僕射到仲舉中書舍人劉師知尚
書左丞王暹等謀矯詔出高宗衆人猶豫未敢先發
不佞乃馳詣相府面宣勑令相王還第及事發仲舉
等皆伏誅高宗雅重不佞特赦之免其官而已

北齊高祖爲東魏丞相相府法曹辛子炎諮事云須
取署子炎讀署爲樹高祖大怒曰小人都不知避人
家諱（高祖父名樹）伏之爲前行臺郎中杜弼進曰禮二名
不偏諱孔子曰言徵不言在言在不言徵子炎之罪
理或可恕高祖罵之曰眼看人瞋乃復牽經引禮叱
令出去彌行十步呼還子炎亦蒙釋宥

王則爲荆襄六州都督渭曲之役則爲西師圍逼遂
棄城奔梁梁放還高祖恕而不責

爾朱文略其妹魏孝莊皇后高祖納之文略以兄文
羅卒無後襲梁王以兄文暢事當從坐高祖特寛貸

文襄帝時司馬世雲太尉子如之兄子爲潁川刺史
侯景反世雲舉州從之時母弟在鄴便傾心附景無
復顧望諸將圍景於潁川世雲臨城遍對諸將言甚
不遜帝猶以子如以恩舊免其諸弟亦罪從於北邊

梁太祖開平二年五月王師敗於潞州壬辰軍前行

營都將康懷英孫海金以下主將四十三人於左銀
臺門進狀待罪帝以去年發軍之日不利有違兵法
竝釋放無各賜分物酒食勞問

乾化元年八月戊寅幸典安鞠場大教閲帝自指麾
無不踊抃坐作進退聲振宮掖立神武統軍丁審衢
對御以紅帛囊劍擬乘輿物帝曰宿將也恕之以劉
重霸代其任

二年命供奉官朱嶠於河南府宣取先收禁定州進
奉官崔騰竝傔從一十四人竝釋放仍命押領漢送
全具

滕唐戸部侍郎絜之子也廣明喪亂客于北諸侯爲定州節度使王處存所辟去載領貢獻至闕未幾其師稱兵遂繫之至是帝念賓介之來又已出境特命縱而歸焉

宥過

夫閏以定位割據與邦舍小過舉賢才是其權也雖譬若射鉤惡如盜馬叛國亡命犯禁抵刑猶然宥之況其小者哉所以感彼衆志得其衆力保全宗祀聲振隣敵能用權也與夫吹毛刺骨棄瑜錄瑕者不侔矣

吳景帝初嗣位詔曰丹陽太守李衡以往事之嫌

自拘有司夫射鉤斬袪在君爲君遣衡還郡勿令自疑衡爲丹陽太守時景帝在郡治衡數以法繩之衡妻習氏每諫衡衡不從會帝立衡憂懼謂妻曰不用卿言以至如此遂欲奔魏妻曰不可君本庶人耳先帝相拔過重旣數作無禮而復逆自猜嫌逃叛求活以此北歸何面見中國人乎衡曰計何所出妻曰琅邪王素好慕名方欲自顯于天下終不以私嫌殺君明矣可自囚詣獄表列前失顯求受罪如此乃當逆見優饒非但直活而已衡從之果得無患又加威遠將軍授以棨戟

宋高祖初表毛修之爲龍驤將軍及劉毅鎭江陵以修之爲軍司馬輔國將軍修之雖爲毅將佐而深自結于高祖高祖討毅先遣王鎭惡襲取江陵修之與諮議參軍任集之等竝爲毅力戰高祖宥之

文帝時垣護之爲江夏王義恭征北行參軍北高平太守以載禁物繫尚方久之蒙宥

明帝初在藩以戴明寶爲典籖甚爲所任及事平坐參掌戎務多納貨賄削所封爵繫尚方尋被宥復爲安陸太守

太始初王敬則爲直閣將軍坐捉刀入殿啓事繫尚方十餘日乃復直閣

劉係宗爲竟陵王誕子景粹侍書誕舉兵廣陵城内皆夷勑沈慶之赦係宗以爲東宮侍書

南齊武帝時虞悰爲散騎常侍太子右率永明八年

大水百官戎服救太廟悰朱衣乘車鹵簿於宣陽門外行馬内驅打人爲有司所奏特見原

柳世隆爲湘州刺史在州立邸治爲中丞庾杲之所奏詔原不問

東昏侯永元元年陳顯達爲侍中太尉北伐敗衄御史中丞范岫奏免顯達官朝議優詔答曰昔衛霍出塞往往無功馮鄧入關有時虧喪況公規謨肅舉朝寄蕭深見可知雖無損威略方振遠圖廓清朔土雖執憲有常非所得議顯達表解職不許降號又不許以顯達爲都督江州軍事江州刺史鎭湓城持節本

官如故
梁高祖天監三年丘遲爲永嘉太守在郡不稱職爲
有司所糾高祖愛其才寢其奏
蕭穎達爲太子左衛率啓乞魚軍稅御史中丞任昉
奏請以見事免穎達所居官以侯還第高祖詔原之
陳高祖初受禪梁國子博士領步兵校尉沈文阿輒
棄官還武康高祖大怒發使往誅之時文阿宗人沈
恪爲郡請使者寬其死即面縛鎖致於高祖高祖視
而笑曰腐儒復何爲者遂赦之
永定元年十一月西討都督周文育侯安都於郢州

敗績四于王琳二年二月安都等於王琳所逃歸自
劾廷尉即日引見竝宥之戊寅詔復文育等本官
二年二月南豫州刺史沈泰奔於齊三月甲午詔曰
罰不及嗣自古通典罪疑惟輕布在方策沈泰反覆
無行遐邇所知昔有微功仍荷朝寄剖符名郡推轂
累藩漢口班師還居方岳良田有踰於四百食客不
止於三千富貴顯榮正當如此鬼害其盈天奪其魄
無故猖狂自投獯醜雖復知人則哲惟帝其難光武
有蔽於龐萌魏武不知於于禁但令朝廷無我負人
其部曲妻兒各令復業所在及軍人若有恐脅侵掠
者皆以劫論若有男女口爲人所藏竝許詣臺申訴
若樂隨臨川王及節將立功者悉皆聽許
文帝天嘉元年王琳反奉蕭莊爲王及兵敗俱奔於
齊文帝乃詔蕭莊僞署文武官屬還朝者量加錄序
宣帝時任忠爲豫寧太守衡陽內史華皎之舉兵也
忠豫其謀及皎平帝以忠先有密啓於朝釋而不問
後主時魯廣達爲中領軍隋將韓擒虎之濟江也廣
達長子世貞在新蔡乃與其弟世雄及所部奔擒虎
遣使致書以招廣達時屯兵京師乃自劾廷尉請罪
後主謂之曰世貞雖異路中大夫公國之重臣吾所

恃賴豈得自同嫌疑之閒乎加賜黃金即日還營
北齊高祖義旗初起李義深爲龍驤將軍歸高祖於
信都以爲大行臺郎中中興初除平南將軍鴻臚少
卿義深見爾朱兆兵盛遂叛高祖奔之兆平高祖恕
其罪以爲大丞相府記室參軍
陳元康爲相府功曹參軍時高仲密之叛高祖知其
繇崔暹故也將殺暹世宗匿而爲之諫請高祖曰我
爲捨其命須與苦手世宗乃出暹而謂元康曰卿若
使崔得杖無相見也暹在廷解衣將受罰元康趨入
歷階而陞且言大王方以天下付大將軍有一崔暹

不能容恐耶高祖從而宥焉
文宣帝天保中盧潛爲左民郎中坐譏議魏書與王松年李庶等俱被禁止會清河王岳將兵救江陵特含潛以爲岳行臺郎還遷中書侍郎
武成帝時王則爲徐州刺史梁遣貞陽侯淵明堰水灌城則固守歷時而取受狼藉鏁送晉陽帝恕其罪

悔過

古人有言曰改過不吝蓋所以懲往者之失杜將來之非也自卯金絶紐吳蜀爭雄洎宋齊以還南北競爽至於典戎創業勵明央政謀有失策事或過舉乃

至暴怒中發斥棄仁賢率意肆刑外失群望而能深引前咎勿憚改作雖有發矢不追之機噬臍無及之悔然亦來者之可圖也爲人君者能保其國鮮不繇斯而已矣
蜀先主初入蜀於涪大會置酒作樂謂龐統曰今日之會可謂樂矣統曰伐人之國而以爲歡非仁者之兵也先主醉怒曰武王伐紂前歌後舞非仁者耶卿言不當宜速起出於是統逡巡引退先主尋悔請還統復故位初不顧謝飲酒自若先主謂曰向者之論阿誰爲失統對曰君臣俱失先主大笑宴樂如初
章武元年先主將伐吳黃權諫曰吳人悍戰又水軍順流進易退難臣請爲先驅以嘗寇陛下宜爲後鎮先主不從以權爲鎮北將軍督江北軍以防魏師先主自在江南及先主軍敗引退而道隔絶權不得還故率所將領降于魏有司執法白收權妻子先主曰孤負黃權權不負孤也待之如初
吳大帝初爲吳王黃武中騎都尉虞翻性疏直權積怒非一遂徙交州翻雖在徙棄心不忘國常憂五谿宜討以遼東海絶聽人使來屬尚不足取今去人財以求馬既非國利又恐無獲欲諫不敢作表以示呂

岱岱不報爲愛憎所白復徙蒼梧猛陵後權遣將士至遼東於海中遭風多沒失權悔之乃令曰昔趙簡子稱諸君之唯唯不如周舍之諤諤虞翻亮直善於盡言國之周舍也前使翻在此此役不成促下問交州翻若尚存者給其人船發遣還都若以亡者送喪還本郡使兒子仕宦會翻已終歸葬舊墓妻子乃得還
嘉禾元年十月魏遼東太守公孫淵遣使稱藩於權權遣張彌許晏至遼東拜公孫淵爲燕王婁侯張昭切諫權卒遣之昭忿言之不用稱疾不朝權恨之土

塞其門昭又於內以土封之淵果殺彌晏權數慰謝昭昭固不起權因出過其門呼昭昭辭疾篤權燒其門欲以恐之昭更閉戶權使人滅火任門良久昭諸子共扶昭起權載以復還宫深自克責

吳呂壹嘉禾中爲較事權信任之壹性苛慘用法深刻太子登數諫權不納大臣繇是莫敢言後壹姦罪發露伏誅權引責躬一云典較呂壹竊弄權柄擅作威福大將軍陸遜與太常潘濬同心憂之言至流涕後權誅壹深以自責

陸遜赤烏中爲荊州牧太子有不安之議遜上疏陳太子正統宜有金石之固魯王藩臣當使寵秩有差

彼此得所上下獲安謹叩頭流血以聞書三四上及帝諮都欲口論適庶之分既不聽許而遜外甥顧譚顧承姚信並以親附太子枉見流徙太子太傅吾粲坐數與遜交書下獄死權遣中使責讓遜遜憤恚致卒後遜子抗爲中郎將屯柴桑太元元年就都治病病瘥當還權涕泣與別謂曰吾前聽用讒言與汝父大義不篤以此負汝前後所問一焚滅之莫令人見也

宋文帝元嘉二十七年十二月魏太武率大衆至瓜步聲欲渡江都下震懼咸荷擔而立始議北侵朝士多有不同至是帝登烽火樓極望不悅謂江湛曰北伐之計同議者少今日士庶勞怨不得無慙貽大夫之憂在予過矣

明帝泰始二年正月徐州刺史薛安都既降魏後遣使歸順帝遣張永率軍迎之尚書右僕射蔡興宗曰安都遣使歸順此誠不虛今宜撫之以和即安所莅不過須單使及咫尺書耳若以重兵迎之勢必疑懼或能招引北虜爲患不測時張永已行不見從安都聞大軍過淮嬰城自守要取後魏永戰大敗又值寒雪死者十八九遂失淮北四州永敗問至帝在乾明

殿先召司徒建安王休仁又召興宗謂休仁曰吾慙蔡僕射以敗書示興宗曰我愧卿

南齊武帝永明元年五月誅車騎將軍張敬兒初敬兒妻謂敬兒曰昔時夢手熱如火而君得南陽郡元徽中夢半身熱而君得本州今復夢擧體熱矣有閹人聞其言說之事達帝敬兒又遣與蠻中交關帝疑其有異志敕朝臣華林八關齋於坐收敬兒誅之後數年帝與豫章王嶷三日曲水內晏舫艋船流至御坐前覆沒帝繇是言及敬兒悔殺之

孫惠素武帝時爲少府卿敕市銅官碧青一千二百

勑供御畫用錢六十五萬有譏惠素納利武帝怒勑尚書評價貴二十八萬餘有司奏伏誅妖後家徒四壁帝後知無罪甚悔恨之

時元帝承聖中以荆湘疑上命領軍將軍王僧辯及鮑泉討之僧辯謂泉曰非精兵一萬不足以制之我竟陵甲士已遣召之帝性嚴忌微聞其言以爲遷延不肯去稍已含怒及僧辯將入謂泉曰我先發言君可見係泉又許之及見帝帝迎問曰卿已辦乎何日當發僧辯具對如向所言帝大怒案劒厲聲曰卿憚行耶因起入內泉震怖失色竟不敢言須臾遣左右

數十人收僧辯旣至謂曰卿拒命不行是欲同賊今唯有死耳僧辯對曰僧辯食祿旣深憂責實重今日就戮豈敢懷恨但恨不見老母帝因斫之中其左髀音脾流血至地僧辯悶絶久之方蘇即送付廷尉竝收其子姪竝皆繫之會岳陽王軍襲江陵人情搔擾未知其備帝遣左右在獄問計於僧辯僧辯具陳方略帝即赦爲城內都督

後梁宣帝初爲岳陽王鎮襄陽與西魏柱國于謹伐江陵平之帝將尹德毅說帝請于謹等爲歡豫伏武士因而斃之分命果毅掩其營壘斬馘遺醜帝不從謂德毅曰卿之此策非不善也然魏人待我甚厚豈可背德若遽爲卿計則鄧祁侯所謂人將不食吾餘也旣而闔城長幼被虜入關又失襄陽之地帝乃追悔曰恨不用尹德毅之言以至於是

陳宣帝大建中問五兵尚書毛喜曰我欲進兵彭汴於卿意如何喜對以不若安民保境寢兵復約帝不從後呉明徹陷周帝深悔之謂袁憲曰不用毛喜計遂令至此朕之過也

初呉明徹北伐克捷帝以爲河南可定通事舍人蔡景歷諫稱師老將驕不宜過窮遠略帝惡其沮衆大

怒出爲豫章內史徙會稽及明徹敗帝追憶景歷前言即日追還復以爲征南鄱陽王諮議參軍數日遷員外散騎常侍兼御史中丞復本封爵

北齊神武將圖關右與鎮北將軍段榮容謀榮盛稱未可及渭曲失利神武悔之曰吾不用段榮之言以至於此

陳元康爲尚書右丞初從神武破周大祖於邙山大會諸將議進退策咸以爲野無青草人馬疲瘦不可遠追元康曰兩雄交爭歲月已久今得大捷便是天授時不可失必須乘勝追之神武曰若遇伏兵孤何

以滲元康曰王前涉茫還軍彼尚無伏今奔敗若此
何能遠謀若捨而不追必成後患神武竟不從及疾
篤謂文襄曰邙山之戰不用元康之言方貽汝患以
此爲恨死不瞑目
文宣帝天保初中書舍人元文遥忽有中旨幽執竟
不知所繇如此積年帝後自幸禁獄執手愧謝親解
所着金帶及御服賜之即日起爲尚書祠部郎中
梁太祖初爲梁王唐天祐二年十月自襄州引軍繇
光州路趨淮南將發判官敬翔切諫請班師以全軍
勢帝不聽及次于棗陽遇大雨頗阻師行之勢軍至

壽春壽人堅壁清野以待帝軍帝乃退舍於正陽十
一月大軍北濟帝至汝陰深悔淮南之行

冊府元龜

巡按福建監察御史臣李嗣京　訂正
分守建南道左布政使臣胡維霖　參閱
知建陽縣事臣黃國琦　較釋

閏位部

旌表　明賞　延賞

旌表

周書云表厥宅里樹之風聲葢所以彰德而揚善也自古令王率行兹道若乃雄視區宇裂疆鼎峙餘分僭厯希古崇教何嘗不旌别懿行敦厲風俗其有先

賢餘俗拱木斯存忠臣英烈碎首不屈孝感發乎誠性義讓與於閭里固守儉行高避世紛慱施以周急居身以挺操者莫不嚴其祠祀申之聘禮臨弔加謚稟給賜爵優錫與等給復累世故雖匹夫之特其敢忽諸

秦始皇時巴蜀寡婦清其先得丹穴（涪陵出丹）而擅其利數世家亦不貲清能守其業用財自衛不見侵犯帝以爲貞婦而客之爲築女懷清臺

宋高祖初爲宋公北征軍次留城經張良廟令曰夫盛德不泯義在祀典微管之歎撫事彌深張子房道亞黄中炤鄰殆庶風雲玄感蔚爲帝師大拯横流蕭頃定漢固以參軌伊望冠德如仁若乃神交圯上道契商雒顯默之間窈然難究源流淵浩莫測其端矣塗次舊沛佇駕留城靈廟荒殘遺像陳昧撫迹懷人慨然永歎過大梁者或佇想於夷門遊九原者亦流連於隨會可改搆棟梠脩飾丹青蘋蘩行潦以時致薦以紓懷古之情存不刊之烈

永初元年追封王鎮惡爲龍陽縣侯食邑千五百戸初鎮惡爲沈田子所害高祖表於天子曰故安西司馬征虜將軍王鎮惡志節亮直機畧明舉自策名州

府屢著成績荆南遘釁勢據上流難興彊蕃憂無內侮鎮惡輕舟先邁神兵電臨旰食之虞一朝霧散及王師西伐有事中原長驅雒陽肅清湖陝入渭之捷指麾無前遂廓定咸陽俘執僞主克城之效莫與爲疇實干城所寄國之方召也近北虜遊魂寇掠渭北統率衆軍曜威撲討賊旣遠奔還次涇上故龍驤將軍沈田子忽發狂易奄加刃害忠勳未究受禍不圖痛惜兼至惋悼無已伏惟聖懷爲之傷惻田子狂悖即已備憲鎮惡誠著艱難勳參前列殊績未酬宜蒙追寵顧勑有司議其褒贈於是追贈左將軍青州刺

史至是帝受命又追封焉
文帝初卽位詔曰乃者權臣陵縱兆亂基禍故吉陽
令張約之抗疏矢言至誠慷慨遂事屈羣醜殞命遐
疆志節不申感悼無至昔闕老奏書見紀漢策闢墓
獻規荷榮晉代考其忠槩參近前蹤宜加旌顯式揚
義烈可贈以一郡賜錢十萬布百疋
元嘉三年贈會稽諸暨人頁恩天水郡顯親縣左尉
恩母卞居喪過禮未葬爲隣火所逼恩及妻柏氏號
哭奔救隣近赴助棺櫬得免恩及柏俱見燒死有司
奏改其里爲孝義里蠲租布三世孫是追贈

四年改吳興人晉綜所居之里爲純孝里蠲租布三
世綜孫恩亂與父俱逃父老不能去謂綜速去無竝
死綜不忍迎賊叩頭曰父年老乞賜生命賊義而舍
之故有是命
是年勅牓表會稽永興人郭世道閭門蠲其租調改
所居獨楓里爲孝行里又牓會稽山陰人嚴世期門
曰義行嚴氏之閭復其身徭役蠲租稅十年世期少
有孝行毋卞負土成墳仁厚之風行於鄉里大小莫
敢呼其名者會遣大使巡行天下散騎常侍袁愉表
其淳行帝嘉之故有是命世期好施慕善出自天然
同里張邁兄弟三人妻各產子時歲饑歉慮不相存
欲棄而不舉世期聞之馳往極救分食解衣以贍其
之三子並得成長同縣俞陽妻莊年九十莊女蘭七
十並各老病單孤無所依世期衣服之二十餘年死
並殯葬宗親嚴弘鄉人潘伯等十五人荒年並饑死
露骸不收世期買棺哭殯埋存育孩幼山陰令何曼
之表言之故有是命
八年詔曰故綏遠將軍晉壽太守郭啓玄往銜命虜
庭秉意不屈受任白水盡勤靡懈公奉私儉纖毫弗
納布衣蔬食餉躬惟儉故超受顯邦以甄蕪績而介

誠苦節始終匪貳身死之日妻子凍餒志操殊俗良
可哀悼可賜其家穀五百斛
二十五年幸江寧經劉穆之墓詔曰故侍中司徒南
康文宣公穆之秉德佐命翼亮景業謀猷經遠元勳
克茂功銘鼎彝義彰典策故已嗣徽前哲宜風後代
者矣近因遊踐瞻其塋域九原之想情深悼歎可致
祭墓所以申永懷
二十六年幸丹徒遣使祭晉故司空忠肅公何無忌
之墓
孝武帝卽位初詔曰日者逆豎犯蹕釁變卒起廣威

將軍關中侯卜天興提戈赴難挺身奮節斬殪凶黨而旋受乃勇冠當時義侔古烈興言追悼傷痛予心宜加甄贈以旌忠節贈龍驤將軍益州刺史謚曰壯侯帝親臨哭給天興家長稟初天興爲廣威將軍領左細伏兼帶營禄元凶劭入弑事變倉卒舊將羅訓徐罕皆望風屈附天興不暇被甲執刀持弓疾呼左右出戰徐罕曰殿下入汝欲何爲天興罵曰殿下常來云何即時方作此語只汝是賊手射劭於東堂幾中逆徒擊之臂斷倒地乃見殺其隊將張泓之朱道欽陳滿與天興同出拒戰並死故有是命又詔曰徐

湛之江湛王僧綽（湛之等以議廢立事爲元凶劭所害）門户荼酷遺孤流寓言念既往感痛兼深可令歸居本宅厚加卹賜於是三家長給稟又詔曰司徒故左長史張敷正心簡立幼樹風規居哀毀滅孝道淳至宜在追甄於以報美可追贈侍中仍改其所居稱爲孝張里敷吳興人父卒成服凡十餘日始進水漿葬畢不進蔬菜遂毀瘠成疾伯父茂度每譬止之敷益更感慟絕而復續茂度曰我冀譬汝有益但更甚耳自是不復往來未朞年而卒又詔曰夫輕道重義亟開其教世弊國危希遇其人自非達義之至識正之深者孰能抗禦衛主遺身固節者哉故太子左衛率袁淑文辯優洽秉忠貞懿當要逼之切意色不撓厲辭道逆氣震兇黨害及交至取斃不移古之懷忠殞難未有出其右者興言嗟悼無廢乎心宜在加禮永旌宋有臣焉可贈侍中太尉謚曰忠憲公淑爲元凶劭所殺故有是命

大明二年改晉陵人余齊民所居之里爲孝義里齊民爲邑書吏父殖在家病亡家人以父病報之信未至齊民謂人曰比者内痛心煩有若割截居常遑駭必有異故信尋至便歸四百餘里其日而至門方知

父喪號踊慟絕良久乃蘇問母父所遺言母曰汝父臨終恨不見汝曰相見何難於是號叫殞所須臾便絕州郡上言有司奏曰收賢旌善萬代無殊心至自天古今豈異齊民至性繇中情非外感淳精凝至深心天徹跪訊遺旨一慟殞亡雖迹異參柴而誠均丘趙方今化淳以禮治本惟孝璽祥歸應其道先彰齊民越自坻隸行貫生品旌閭表墓允出在茲改其里爲孝義里蠲租布錫其母穀百斛從之

五年行幸經殷景仁墓詔曰故司空文成公景仁德量淹正風識明允徽績忠謨夙達光焰惠政茂舉寔

留民屬近瞻丘墳感往興悼可遣使致祭又經王弘等墓下詔曰故侍中中書監大保録尚書事揚州刺史華容文昭公弘德猷光邵鑒識明遠故散騎常侍左光録大夫太子詹事豫章文侯曇首風尚恬素理心身正並綢繆先眷契闊屯夷内亮王道外流徽譽以國圖令勳民思茂惠朕薄巡都外瞻覽墳塋永言想慨良深于懷便可遣使致祭墓所

七年車駕幸南豫州詔遣祭晉大司馬桓溫征西將軍毛璩墓明帝即位初以殷元景爲前廢帝所害詔曰故侍中尚書令驃騎大將軍巴東郡開國公新除

開府儀同三司南豫州刺史元景風度弘簡體屬深沉正義亮時恭素範物幽明道盡則首贊孝圖盛運開曆則毗燮皇化方任乎漢輔業懋殷衡而夆狄肆濫顯加禍毒冤動勳烈悲深朝貫朕承七廟之靈纂臨寶業情典旣申痛悼彌軫宜崇賁徽册以旌忠懿可追贈侯持節都督南豫江徐三州諸軍事太尉侍中刺史公如故給班劍三十人羽葆鼓吹一部謚曰忠烈公又以故侍中太尉沈慶之爲廢帝所害追贈侍中司空謚曰襄公

泰始三年徐州刺史薛安都反遣信要引魏魏遣尉遅苟人等救之安都降魏初安都起兵長史蘭陵繳容欲圖之見殺安都未向桑乾前軍裴祖隆謀殺苟人舉彭城歸順事洩見誅負外散騎侍郎孫耿之往安都從子索肥戰敗及劉彌之張靈慶皆戰敗見殺並爲帝所哀追贈假光禄勳祖隆寧朔將軍兗州刺史耿之羽林監彌之輔國將軍青州刺史靈慶寧朔將軍輿州刺史

南齊太祖建元三年遣無散騎常侍虞炎等十二部使行天下表列公孫僧遠等二十三人詔並表門閭蠲租稅公孫僧遠會稽剡人事父母以孝聞弟亡無

以葬身販貼與鄰里共斂送之贊兄妹未婚嫁乃自賈爲之成禮

華寶晉陵無錫人父豪義熙末戍長安寶年八歲臨别謂寶曰須我還當爲汝上頭及長安陷歿寶年至七十不婚冠或問之者輒號慟彌日不忍答也薛天生劉懷喬亦晉陵人天生母遭艱菜食天生亦菜食母未免喪而死天生終身不食魚肉與弟有恩義懷喬與弟懷則年十歲遭父喪不絮帛不食鹽菜吳欣之晉陵利城人宋元嘉末弟尉之爲武進縣戍隨王誕起義太祖遣軍主華欽討之吏民皆散尉之獨留

見執將死欣之請欽乞代弟命辭度哀切兄弟皆見
原吳逵之義與人婊亡無以葬自賣爲十夫客以營
冢槨從祖弟敬伯夫妻荒年被略賣江北逵之有田
十畝貨以贖之與之同財共宅郡命爲主簿因以讓
兄又讓世業舊田與弟弟亦不受田遂閑廢韓係伯
以桑枝蔭妨他地遷界上開數尺鄰畔隨復侵之係
伯輒更改種久之鄰人慙愧還所侵地躬往謝之
孫淡太原人僑居長沙事母孝母疾不眠食以差爲
期母哀之後有疾不使知也
蔣雋之妻黃氏義與人夫亡不重嫁家道之欲赴水

自殺乃止
封延伯者僑居東海三世同財爲北州所宗附義與
陳玄子四世一百七口同居武陵郡榮與文獻叔八
世同居東海徐生武陵范安祖李聖伯范道眼五世
同居零陵譚弘寶衡陽何弘華陽楊黑頭疎從四世
同居竝共衣食
柳世隆以母憂去職太祖踐阼起爲平南將軍南豫
州刺史進爵爲公帝手詔與司徒褚淵曰向見世隆
毀瘠過甚殆欲不可復職非直使人惻然實亦世珍
國賓也淵答曰世隆至性而深哀過乎禮事陛下在
危盡忠喪親居憂杖而後起立人之本二天同極彌
榮增寵足以厲俗敦風
張褒爲吳興太守褒以祿有國秩不取郡俸太祖勑
上庫別藏其俸以表其清
武帝永明元年詔曰魏矜袁紹恩洽丘墳晉亮兩王
榮覃餘裔二代弘義前載美談袁粲劉秉竝與先朝
同獎宋室沈攸之於景和之世特有乃心雖末節不
終而始誠可錄歲月彌往宜沾優隆粲秉前年改葬
塋兆未修材鄉可爲經理粗令周禮攸之及其諸子
喪柩在西者可符荊州送迓舊墓在所爲塋葬事親

是年又詔會稽永興兒翼之母丁表門閭蠲租稅丁
少喪夫性仁愛遭年荒分衣食以飴里中饑餓者鄰
里求借未嘗違之同里陳穰父母死孤單無親戚丁
收養之及長爲營婚娶又同里王禮妻徐荒年客死
山陰丁爲買棺器自往斂葬元徽末大雪商旅斷村
里比屋饑丁自出鹽米計口分賦同里左僑家露四
喪無以葬丁爲辦塚槨有三調不登者代爲輸送丁
長子婦王氏守寡執志不再醮州郡上言有詔蠲表
五年詔曰龍驤將軍安西中兵參軍松滋令蕭叡明
愛敬淳深色養盡禮喪過乎哀遂致毀滅雖未達名

敎而一至可愍宜加榮命以旌善人可贈中書郎敻
明少有至性奉親謹篤母疾躬禱夕不假寐及亡不
勝哀而卒故有是贈
鬱林王卽位初吳興太守孔琇之表曰故鄣人王文
殊性挺五常心符三敎以父沒獯庭懷絶身之痛專
席嘗居御罔極之卹服紵縞以經年餌蔬菽以俟命
婚義滅於天情官序空於素抱儻降甄異之恩牓其
閭里有詔牓門改所居爲孝行里
明帝建武三年蜀郡王續祖華陽郝道福並累世同
爨詔表門閭蠲調役又吳興乘公濟妻姚氏生二男

而公濟及兄公願乾伯並卒各有一子欣之天保姚
養育之賣田宅爲取婦自與二男寄止鄰家詔其爲
二子婚仍加蠲詔時司徒東閤祭酒廬陵王主簿江
豬居父憂以孝聞廬于墓側帝勑遣杖二十人防墓
所王虛之廬江人十三喪母二十三喪父二十五年
鹽酢不入口庭中楊梅隆冬三實每夜所居有光如
燭承明中詔牓門蠲其三世
和帝中興三年以故侍中中書監徐孝嗣誅廢東昏
未决並子演況遇害贈太尉侍中中書監如故二年
孝嗣改葬宣德大后詔贈班劒四十人加羽葆鼓吹
諡文忠改封餘干縣公贈子演侍中諡簡世子況散
騎侍郎
梁高祖初爲雍州刺史州人韋愛遭母憂廬于墓側
負土起墳帝聞之親往臨吊
天監元年陸璉奉使巡行風俗表言豫章南昌人滕
曇恭母卒水漿不入口晝夜哀慟曇恭有子三人皆
有行業又長沙臨湘人徐普濟居喪未及葬而鄰家
火延其舍普濟號慟伏棺上以身蔽火鄰人往救之
焚炙已悶絶累日方蘇
宣城宛陵有女子與母同牀寢母爲猛獸所搏女號

叫拏獸獸毛盡落行十數里獸乃棄之女抱母還猶
有氣經時乃絶太守蕭琛騁爲表言其狀並有詔旌
其門閭
大通四年詔门旌善表行前王所敦新野庾詵荆山
珠玉江陵杞梓靜疾南渡固有名德獨身苦節孤芳
素履奄隨運往惻愴于懷宜諡貞節處士以顯高烈
帝少與詵善雅重之起義署爲平西府記室詵逌中
徵爲中書侍郎皆稱疾不起及卒遂有是詔
周捨爲太子詹事時南津獲武陵太守白渦書許遺
捨錢百萬津司以聞雖書自外入猶爲有司所奏免

官既卒贈侍中高祖詔曰故侍中獲國簡子捨義該玄儒博窮文史奉親能孝事君盡忠歷掌機密清身自居食不重味服靡兼衣淪亡之日內無妻妾外無田宅兩兒單貧有過古烈往者南司白涓之劾恐外議謂朕有私致此黜免追愧若人一介之善可量加褒異以旌善人

荀匠丁父兄服歷四年不出戶哭泣目皆爛郎縣以狀言高祖詔遣中書舍人爲其除服擢爲豫章王國左常侍匠雖即吉毀悴逾甚外祖孫謙誡之曰主上以孝治天下汝行過古人故發明詔擢汝此職非唯

君父之命難拒故亦揚名後世所顯豈獨汝身哉匠於是乃拜

沈崇傃吳興武康人母卒廬於墓側自以家貧初行喪禮不備復以葬後更治服三年久食麥屑不噉鹽酢坐臥於單薦因虛腫不能起郡縣舉其至孝高祖聞之即遣中書舍人慰勉之乃下詔曰前軍後軍沈崇傃少有志行居喪踰禮齊制不終未得大葬自行乞淹年哀典多闕方欲以永墓之辰更爲再朞之禮鄰郎情可矜而禮有明斷可更令除釋擢補太子洗馬旌彼門閭啟茲風教崇傃奉詔釋服而涕泣如居喪固辭而受官皆自陳讓

甄恬江陵人喪父廬于墓側州將始興王憺表其行狀高祖詔曰朕虛已欽賢寤寐盈想茚彼髀岳務盡搜揚恬既孝行殊異聲著邦壤敦風厲俗弘益茲多牧守騰聞義同親覽可旌表室閭加以爵位

臧盾有孝性隨父宿直於廷尉母劉氏在宅夜暴亡左右手中指忽痛不得寢及曉宅信果報凶問其感通如此服制未終父又卒盾居喪五年不出廬戶形骸枯瘁家人不復識鄉人王端以狀聞高祖嘉之勅累遣抑譬服闋除丹陽尹丞

元帝承聖初追贈故吳興太守張嵊侍中中衛將軍開府儀同三司謚曰忠貞子初太清二年侯景圍臺城嵊遣弟伊率郡兵千人赴援景遣侯于鑒率精兵二萬擊嵊爲賊所害賊平乃有是命

陳宣帝時改王知玄所居清若里爲孝家里知玄太原人僑居于會稽剡縣居家以孝聞及丁父憂哀毀而卒故有是命

後主至德元年詔曰李陵矢竭不免請降于禁水漲猶且生獲固知用兵上術世罕有人故侍中司空南平郡公明徹（明徹吳明徹也）爰初躡足迄畱元戎百戰百勝

之寄決機決死之勇斯亦作於古焉及招定淮淝長
驅彭汴覆勍寇如舉毛掃鋭師同沃雪風威慴於殊
俗功効著於同文乃欲息駕陰山觧鞍瀚海旣而歸
出已老駿亦終奇不就結纓之捐無辭入祊之屈望
封崤之爲易與平津之非難雖志在屈伸而奄中霜
露埋恨絶域堪可嗟傷斯事已往累逢肆赦凡厥罪
戾皆蒙洒濯獨此孤魂未霑寛惠遂使爵土湮沒釁
醜無王蘖瑕錄用宜在茲辰可追封邵陵縣開國侯
食邑一千戶以其息惠覺爲嗣朋徹爲隋師所執卒
於長安故有是命

東魏靜帝武定末高貞與弟謐俱至孝父亡治喪墓
次井露白雉降集焉有司以聞詔標閭里
北齊神武爲東魏丞相時尉興敬爲帳內都督神武
敗周文於邙山興敬爲流矢所中卒贈涇岐幽三軍
事爵爲公謚曰閔莊神武哀惜之親臨弔賜其妻子
祿如興敬存焉
文宣帝受禪初詔故太傅孫騰故太保尉景故大司
馬婁昭故司徒高昂故尚書左僕射慕容紹宗故領
軍萬俟于故定州刺史段榮故御史中尉劉貴故御
史中尉竇泰故殷州刺史劉豐故濟州刺史蔡儁等
並左右先帝經贊皇基或不幸早徂或殞身王事可
遣使者就墓致祭並撫問妻子慰逮存亡
天保元年祭告故贈太尉竇泰之墓泰初從神武西
討爲周文所襲自殺妻武平妻后妹也泰雖以親見
幸而功名自建
陸彥師字雲房初仕後魏爲襄城王元旭參軍以父
艱去職哀毀殆不勝喪與兄卬廬於墓次負土成墳
公卿重之多就墓側存問晦朔之際車馬不絶文宣
聞而加歎旌表門閭號其所住爲孝終里
武成帝以清河王岳顯祖時爲高歸彥讒搆憂悸而

薨後歸彥反世祖知其所譖曰清河忠烈盡力皇家
而歸彥毀之聞吾骨肉籍沒歸彥以良賤百口賜岳
家又後思岳之功重贈太師太保
梁太祖開平元年十二月詔故荆南節度使守中書
令上谷王周汭贈太師故武昌軍節度使兼中書令
西平王杜洪贈太傅先是鄂渚再爲淮夷所侵攻圍
甚急杜洪以兵食將盡繼來乞師帝料其隔越大江
難以赴援兼以荆州據上游多戰艦去江夏甚邇因
命周汭舉舟師沿流以救之汭於是引兵東下纔及
鄂界遇朗州背盟作亂乘江陵之虛縱兵襲破之俘

掠且盡旣而汭士卒知之皆顧其家咸無鬬志遂爲淮寇所敗將卒潰散汭忿恚自投于江汭之本姓犯文穆皇帝廟諱臣欽若等曰汭本姓成至是因追贈以其系出周文故賜姓周氏及汭兵敗之後武昌以重圍經年糧盡力困救援不至訖爲淮寇所陷載洪以送淮賜遂殺之此二鎮也皆以忠節殁於王事帝每言諸藩屏豫經綸之業必有首膺汭洪之甏至是追贈之伋渥加軫悼各以其子孫宗屬録用焉

三年八月贈故山東道節度使留後王班太保贈故同州觀察判官盧匪躬工部尚書班故河陽將累以

華功爲郡守主留事於襄陽爲小將王求所殺匪皆爲劉知俊判官知俊反不偕行爲亂兵所害

是年贈牢牆使梁祖諱誠故日牢牆王仁嗣司空故同州押衙史華右僕射押衙王彥洪高漢詮丘奉言仇瓊並刑部尚書王筠御史司憲初知俊將叛謀會諸將詢所宜仁嗣等持正不撓悉罹其酷至是褒贈之

明賞

夫爵以報德賞以報功蓋百王不易之令典也而況閏位之君臨御非廣鄰有疆國下覽群心儻非示彼寬仁厚其褒賞則何以致文武之輸誠破衆庶之爲服所以當旋凱而振旅也則行飲至策勳之禮或拓宇而開邑也則施疏爵疇庸之典故使忠義激於肝膓華寵浹於家族捨此道也其可涿乎

秦始皇初爲秦王二十年燕太子丹使荊軻獻督亢之地圖軻旣取圖奏之秦王發圖圖窮而匕首見荊軻逐秦王秦王環柱而走群臣皆愕卒起不意盡失其度而秦法群臣侍殿上不得持尺寸之兵軻乃逐秦王而卒惶急無以擊軻而以手共搏之是時侍醫夏無且以其所奉藥囊提荊軻也左右旣前殺軻秦王不怡者良久已而論功賞群臣及當坐者各有差

而賜夏無且黃金二百鎰曰無且愛我乃以藥囊提荊軻也

蜀先主定益州賜諸葛亮法正張飛關羽金各五百觔銀千觔錢五千萬錦千匹其餘班賜各有差西蜀圖成都劉璋出降蜀中殷盛先主置酒大饗士卒取蜀中金銀分賜將士還其穀帛

吳大帝黃武五年攻石碭孫奐爲揚武將軍領江夏太守以地主使所部將軍鮮于丹帥五千人先斷淮道自帥吳碩張梁五千人爲軍前鋒降高城得三將大軍引還大帝詔使在前住駕過其軍見奐軍陣整肅帝歎曰初吾憂其遲鈍今治軍諸將少能及者吾

無憂矣拜揚武將軍封沙羨侯呉碩張梁皆俾將軍賜爵關內侯

景帝初封琅邪王廢帝廢孫綝使宗正孫楷中書郎董朝迎帝即位永安元年十月壬午詔曰夫褒德賞功古今通義其以大將軍綝爲丞相荊州牧增食五縣武衛將軍恩爲御史大夫衛將軍中軍督封縣侯威遠將軍授爲右將軍縣侯偏將軍幹雜號將軍亭侯長水校尉張布輔道勤勞以布爲輔義將軍封永康侯董朝親迎封爲鄉侯

十一月帝聞孫綝逆謀陰與張布圖計十二月誅綝

巳巳詔以左將軍張布討姦臣加布爲中軍督封布弟惇爲都亭侯給兵三百人惇弟恂爲校尉

後主大帝孫和子也初封烏程侯景帝薨丞相濮陽興左將軍張布迎立之元興元年八月以上大將軍施績大將軍丁奉爲左右大司馬張布爲驃騎將軍加侍中諸增位班賞一皆如舊

宋高祖踐祚思佐命之功詔曰散騎常侍尚書僕射鎮軍將軍丹陽尹徐羨之監江州豫州之西陽新蔡諸軍事撫軍將軍江州刺史華容侯王弘散騎常侍護軍將軍作唐男檀道濟中書令領太子詹事傅亮侍中中領軍謝晦前左將軍江州刺史亙陽侯檀韶使持節雍梁南北秦四州荊州之河北諸軍事後將軍雍州刺史關中侯趙倫之使持節督北徐兗青三州諸軍事征虜將軍北徐州刺史南城男劉懷慎散騎常侍領太子左衛率新淦侯王仲德前冠軍北青州刺史安南男向彌左衛將軍灄陽男劉粹使持節南蠻校尉佷山子劉彥之西中郎司馬南郡亙陽侯張邵參西中郎軍事建威將軍河東太守資中侯沈林子等或忠規遠謀扶贊洪業或肆勤樹績弘濟艱難經始圖終勳烈惟茂並宜與國同休饗茲大賚羨

之可封南昌縣公弘可華容縣公道濟可改封永脩縣公亮可建城縣公晦可武昌縣公食邑各二千戶韶可更增邑二千五百戶仲德可增邑二千二百戶懷慎彥之各進爵爲侯粹改封建安縣侯並增邑千戶倫之可封霄城縣侯食邑千戶邵可封臨沮縣伯林子可封漢壽縣伯食邑六百戶開國之制率循舊章羨之遷尚書令揚州刺史加散騎常侍進位司空錄尚書事常侍刺史如故

明帝初即位下詔曰夫良圖宣國賞崇彝命殊績顯朝榮勤王府安南將軍江州刺史王景文風宇淹粹

理授清暢體無望實誠備夷岨贊曆方啓密贊義機
妖徒于紀豫毗廟畧冝發茅社永傳厥祚朕澄氛寧
極實資多士疏爵疇庸寔膺徽烈尚書左僕射領衛
尉蔡興宗識懷詳正思局通敏吏部尚書領太子左
衛率褚淵器情閑茂風業昭遠並謀參軍政績亮時
艱拓宇開邑寔允勳典景文可封江安縣侯食邑八
百戶興宗可始昌縣伯淵可南城縣伯食邑五伯戶
景文固讓不許乃受五百戶
南齊太祖建元元年四月即位五月詔封佐命文武
功臣新除司徒褚淵等三十一人進爵增戶各有差

明帝建武末王敬則叛逆旣敗封左興盛新吳縣男
崔恭祖遂興縣男劉山陽湘陰縣男胡松沙陽縣男
各四百戶賞平敬則也
梁太祖開平二年十月以行營左廂步軍指揮使賀
瓌爲左龍虎統軍以左天武軍夾馬指揮使尹皓爲
輝州刺史以右天武都頭韓塘爲神捷指揮使左天
武第三都頭胡賞爲右神捷指揮使仍賜帛有差以
解晉州圍之功也
三年六月同州節度使劉知俊據郡叛知俊第內直
右保勝指揮使知浣自雒奔至潼關右龍虎軍十將
張溫以上二十二人於潼關擒獲劉知浣送至行在
勑知浣逆黨之中最爲頭角龍虎軍親兵之內實冠
爪牙昨者攻取潼關率先用命尋則擒獲知浣最上
立功頗壯軍威將除國難所懸賞格便可支分許賜
官階固須除授但昨捉獲劉知浣是張溫等二十二
人一時向前共立功効其賞錢一千貫文數內一百
貫文與最先打倒劉知浣衙官李倜四十三貫文與
十將張溫二十人各與錢四十二貫八百五十文立
功勑救命便授郡府亦緣同時立功人數不少所除
刺史難議偏頗宜令逐月共支給正刺史料錢二百

貫文數內十將張溫一人每月與十貫文餘二十一
人每月每人各分九貫文仍起七月一日以後支給
人與轉官職仍勘名御分析申奏當與施行
乾化元年九月帝駐相州賞左親騎指揮使張仙布
雲騎指揮使宋鐸嘗身先陷陣各賜帛
二年三月勑以攻下棗疆縣有功將較杜暉等一十
一人並超加簡較官衙官宋彥等一十五人並超授
軍職

延賞

夫念功不忘延賞及後邦家之治所以有成人臣之

心於是知勸雖商周之盛典墳所載未嘗易此也而
光當艱危之際有戰伐之事或分據於一方或抗衡
於中國必在總攬豪傑網羅英俊顯忠遂良育才樂
善而已其有同德之臣一心之士生著功烈沒樹風
聲思有以答彼忠誠昭斯國典則有軫遺孤卹宗黨
或錫以土宇或授之冠冕或接於姻婭或修乎廢絶
蓋惻隱之至仁不朽之盛德也以至推流根之澤須
錫壤之恩又足以慰罔極之悲成不匱之孝焉

蜀先主時龎統爲軍師中郎將從入蜀進爲圍雒陽
統率衆攻城爲流矢所中卒先主痛惜言則流涕拜

統父議郎遷諫議大夫

法正爲尚書令卒先主爲之流涕賜子邈爵關內侯

董允爲大將軍卒後主痛惜賜子粲爵關內侯

吳大帝時陳武爲偏將軍奮命戰歿帝哀之武子修
有武風建安末追錄功臣後封都亭侯

凌操爲破賊較尉從大帝討夏口先登破其前鋒中
流矢死于統年十五左右多稱述者帝亦以操死國
事拜統別部司馬行破賊都尉使攝父兵

凌統爲偏將軍病卒二子烈封年各數歲帝內養於
宮愛待與子同及八九歲追錄統功封烈亭侯還其
故兵後烈有罪免封復襲爵領兵

蔣欽爲津右護軍大帝討關羽欽督水軍入沔道病
卒帝素服舉哀以蕪湖民二百戶田二百頃給欽妻
子子壹封宣城侯

黄蓋領武陵太守加偏將軍大帝踐祚追論其功賜
子柄爵關內侯

孫皎爲征虜將軍建安二十四年卒大帝追錄其功
封子胤爲丹陽侯

程普爲盪寇將軍卒及大帝稱尊號追論普功封子
咨爲亭侯

顧雍爲丞相初疾微時大帝令醫趙泉視拜其少子
濟爲騎都尉雍聞悲曰泉善別死生吾必不起故帝
欲及吾目見濟拜也濟襲爵無後絶景帝永安元年
詔曰故丞相雍至德忠賢輔國以禮而侯統廢絶朕
甚愍之其以雍次子裕襲爵爲醴陵侯以明著舊勳

朱據爲驃騎將軍賜死後二子熊損復爲全公主所
譖皆死永安中追錄前功以熊子宣襲爵雲陽侯尚
公主

後主即位詔曰故僕射屈晃志扶社稷忠諫志身封
晃子緒爲東陽亭侯弟幹恭爲立義都尉緒亦至尚

書僕射晃大嘗時爲尚書僕射帝時廢太子和晃固諫斥還鄉里至是追其功封其子弟爲

宋高祖時初劉鍾從帝爲行參軍征廣固以功封永新縣男食邑五百戸後平蜀有功應封四百戸男以先有封爵減戸賜以次子敬順高昌縣男食邑百戸

沈慶之爲侍中太尉義陽王昶反慶之從帝渡江總領衆軍少子文耀年十餘歲善騎帝愛之又封永陽侯食邑千戸

謝弘微繼從叔峻後襲爵建昌侯晉世名家身有國封者起家多拜員外散騎侍郎弘微亦拜員外散騎侍郎王大司馬參軍

沈文季字仲達吳興武康人父慶之爲司空孝建三年文季起家辟州主簿遷秘書郎以慶之勳重大明五年封文季山陽縣五等伯

南齊武帝時王敬則爲右衛將軍又封敬則子元遷爲東鄉侯食邑二百七十戸

梁高祖時江淹爲金紫光祿大夫醴陵侯卒子爲襲封自丹陽丞爲長城令有罪削爵晉通四年帝追念淹功復封爲吳昌伯邑如先

楊公則爲中衛軍寧都侯卒子瞟嗣有罪國除高祖以公則勳臣特詔聽庶長子眺嗣固讓歷年乃受

北齊孝昭帝時詔九州勳人有重封者聽分授子弟以廣骨肉之恩

武成時張雕爲國子祭酒待詔文林館子德冲謙謹善於人倫聰敏好學頗涉文史以帝師之子早見旌擢歷員外散騎侍郎太師府掾入中書舍人隨例待詔

梁太祖開平元年九月魏博羅紹威二男廷望廷矩年在幼稚皆有材器帝以其藩屏勳臣之胄宜受非次之用皆擢爲郎恩命既行之後二子亦就班列紹威乃上章以齒幼未任公事乞免玉印宿直從之

四年四月壬戌詔曰追養以祿王者推歸厚之恩欲靜而風人子抱終身之感其以刑部尚書致仕張策及三品四品嘗參官二十二人先正各追贈一等

五年五月甲申朔制曰諸道節度使錢鏐張宗奭馬殷王審知劉隱各賜一子六品正員官高季昌賜一子八品正員官賀德倫賜一子九品正員官

廵按福建監察御史臣李嗣京 訂正
分守建南道左布政使臣胡維霖 參閱
知建陽縣事臣黄國琦較釋

閏位部 二百一十一

求舊 繼絶

求舊

周書曰人惟求舊傳曰禮不忘其本蓋云仁厚之至也自孫劉並起南北建號以暨于梁室咸君臨其國施命興化至乃追念疇曩深懷雅固篤其恩意推之

禮遇或屈法以申宥或歎逝而思賢以至廵省維桑周爰顧慕優其賜予加之爵復須爵州閭之耆艾延寵藩國之僚佐人用胥悅俗以歸厚夫如是則澤雖渥而非偏賞雖豐而不僭矣

蜀先主初領荆牧以廖立為長沙太守會吳將呂蒙奄襲南三郡立脫身走自歸先主先主素識待之不深責也以為巴郡太守

後主為太子時來敏為家令後主即位為光禄大夫坐過黜免後主以敏東宮舊臣特加優等故廢而復起以為執慎將軍

吳孫策與周瑜同年友善瑜自壽春還吳策親自迎瑜授瑜建威中郎將策又給瑜鼓吹為治館舍贈賜莫與為比策令曰周公瑾英儁異才與孤有總角之好骨肉之分如前在丹陽發兵衆及船糧以濟大事論德酬功此未足以報者也

大帝嘗與朱然同書學結恩愛至統事以然為餘姚長累遷左司馬右軍師總為大督及寢疾帝晝為減膳夜為不寐中使醫藥口食之物相望於道自創業功臣疾病帝意之所鍾及卒素服舉哀為之感慟

騰裔父胄善屬文大帝待以賓禮軍國書疏常令損

益潤色之亦不幸短命帝為王追録舊恩封裔都亭侯

景帝初為琅邪王居會稽時太守濮陽興深與相結及即位徵興為太常衛將軍平軍國事封外黄侯

宋高祖時謝景仁初為桓玄黄門侍郎時高祖為桓脩撫軍中兵參軍嘗詣景仁諮事景仁與語悅之因留高祖共食食未辦而景仁為玄所召玄性促急俄頃之間騎詔續至高祖屢求去景仁不許曰主上見待要應有方我欲與客共食豈當不得待竟安坐飽食然後應召高祖甚感之嘗謂景仁是太傅安孫及

平京邑入鎮石頭景仁與百僚同見高祖高祖目之曰此名公孫也謂景仁曰承制府須記室參軍今當相屈以爲大將軍武陵王遵記室參軍仍爲從事郎中雅相推重申以婚姻廬陵王義真妃景仁女也

永初元年詔曰彭沛下邳三郡首事所基情義繾綣事由情獎古今所同彭城桑梓本鄉加隆攸在優復之制宜同豐沛可復租布三十年

文帝初爲冠軍將軍以丘淵之爲長史及即位以舊恩歷顯官侍中都官尚書吳郡太守

元嘉四年三月丙子詔曰丹徒桑梓綢繆大業攸始

踐境永懷觸感罔極昔漢章南巡加恩元氏况情義二三有兼曩日思播遺澤酬慰士民其蠲此縣今年租布

二十六年三月幸丹徒申南北沛下邳三郡復又詔曰京口肇祥自古著符近代衿帶江山表裏華甸經塗四達利盡淮海城邑高明土風淳壹苞總形勝實唯名都故能光宅靈心克昌帝業頃年岳牧遷迴軍民徙散廛里廬宇不建徃日皇基舊鄉地兼蕃重宜令殷阜式崇形望可募諸州樂移者數千家給以田宅并蠲復五月丙寅又詔曰吾生於此城及盧循肆亂害流茲境先帝以桑梓根本寔同休戚以復棠稚猥同艱難情義繾綣夷險兼備舊物遺蹤猶存心目歲月不居逝踰三紀時人故老與運零落眷惟旣徃倍深感嘆可搜訪于時士庶文武今尚存者具以名聞人身已亡而子孫見在優量賜賚之

孝武帝初爲都督江州刺史時江蠻爲寇文帝遣太子步兵校尉沈慶之伐之慶之以王國令史吳喜自隨使命去來喜爲帝所知賞帝於巴口建義喜遇病不堪隨慶之下事平帝以喜爲主書稍見親遇擢爲諸王學官

王景文爲宣城太守元凶劭以爲黃侍郎未及就孝武帝入討景文遣間使歸疑以父在都邑不獲致身及事平頗見嫌責猶以舊恩除南平王鑠司空長史不拜出爲東陽太守

大明二年詔曰先帝靈命初興龍飛西楚歲紀浸遠感往纏心奉迎文武情深嘗棣思弘殊澤以申永懷吏身可賜爵一級軍戶免爲平民

七年三月廵南豫南兗二州詔曰朕弱年操製出牧阿維承政宣風歲歷年紀國步中阻治戎江甸艱夷情義寔繫于懷今或講練蒐訓涉茲境閭故邑耆舊

在目罕存年世未遠藏亡大半撫迹惟事傾慨燕著太宗譙故晉陽治恩世祖流仁齊畿暢澤永言徃猷恩廣前賚可錫歷陽郡租輸三年遣使巡慰問民疾若鰥寡孤老六疾不能自存者厚賜粟帛年高加以羊酒凡一介之善隨才銓貫前國臣及府州佐吏量所沾錫人身已徃施及子孫

十二月幸歷陽追思在藩之舊下詔曰故光祿勳前征虜長史鄧之裔體局沈隱累任著績朕昔當藩重首先佐務心力欵盡弗忘于懷徃歲息瓊凶悖自取誅剪忩恩及琬特免釁戮今可擢爲給事黃門侍郎

以旌裔宿誠明帝初爲湘東王時虞愿爲國常侍轉尋陽王府墨曹參軍及帝立以愿儒史學涉兼藩國舊恩意遇甚厚除太常丞

江謐字令和爲于湖令明帝爲南豫州謐輕身奉之爲帝所親待卽位以爲驃騎參軍轉尚書度支郎俄遷右丞兼比部郎

南齊太祖初爲宋相國沈昭略爲西曹椽甚賞之及卽位謂王儉曰南士中有沈略何職處之儉擬以前軍將軍帝不欲遣乃可其奏尋爲中書郎累遷侍中

崇慧景宋末爲長水較尉自結太祖昇明三年豫章王爲荊州豫章王遣慧景奉表稱慶還京師太祖召見加意勞接轉平西府慧景留爲鎭西司馬兼諮議太祖受禪封安樂縣子三百戶司馬南郡內史

垣閎宋昇明初爲散騎常侍領長水較尉與豫章王對直殿省遷右衞將軍太祖卽位以有心誠封爵如舊加給事中領驍騎將軍

武帝少年與蕭景先共車行泥路車久故壞至領軍府西門車轅拆狼狽景先謂帝曰兩人脫作領軍亦不得忘今日艱辛及武帝踐祚詔以景先爲兼領軍將軍拜日羽儀甚盛傾朝觀矚拜還未至府門中詔

相聞領軍今日故當無折轅事邪景先奉謝景先事上盡心故恩寵特密初西還帝坐景陽樓召景先語故舊唯豫章王一人在席而已

王宴初爲西安王簿武帝時爲長史與宴相遇後轉鎭西板宴記室鎭湓城晏專心奉事軍旅書翰皆委焉及武帝卽位累遷常侍丹陽尹宴位任親重朝夕進見言論朝事自豫章王嶷尚書令王儉皆降意以接之而晏每以疎漏被帝阿責連稱疾久之帝以晏須祿養轉爲江州刺史晏固辭不願外出見許留爲吏部尚書領太子右率終以舊恩見寵張欣泰爲尚

書都官郎武帝與欣泰早經款遇及卽位以爲直閤將軍領禁旅

沈冲字景綽爲武帝征虜長史尋陽太守甚見委遇世祖還都使冲行府州縣太子中庶子帝在東宮待以恩舊及卽位轉御史中丞虞悰初爲宋黄門郎武帝始從官家貧薄悰推國士之眷數相分與每行必呼帝同載帝甚德之昇明中世祖爲中軍引悰爲諮議參軍遺吏部江謐持手書謂悰曰今因江吏部有白以君情顧意欲相屈建元初轉太子庶子帝卽位以悰布衣之舊從容謂悰曰我當令卿復祖業轉侍

中朝廷咸驚其美臣欽若等曰按晉書虞肅父孝武帝時爲侍中郎悰祖也

劉悛初爲宋桂陽王征北中兵參軍與武帝同直殿内爲明帝親待繇是與世祖款好還通直散騎侍郎及武帝鎭湓城後悛出爲廣州刺史武帝自尋陽還遇悛於舟渚間歎宴敘舊停十餘日乃下遣文惠太子及竟陵王子良攝衣履修父友之敬帝旣卽位累遷長兼侍中車駕數幸悛宅宅盛治山池造甕牖世祖著鹿皮冠被悛菟皮衾於牖中宴樂以冠賜悛至夜乃去後從駕登蔣科山帝數歎曰貧賤之交不可忘糟糠之妻不下堂顧謂悛曰此况卿也世言富貴好改其素情吾雖有四海今日與卿盡布衣之適悛起拜謝

周山圖初爲輔國將軍及武帝踐祚遷竟陵王鎭北司馬帶南昌太守將軍如故以湓城之舊出入殿省甚見親信

王諶永明初遷豫章王太尉司馬武帝與諶相遇於宋明之世故委任爲輔國將軍

到撝爲黄門郎解職武帝卽位遷太子中庶子不拜又除長沙王中軍長史司徒左長史先是宋世帝數遊會撝家同從明帝射雉郊野渴倦撝得早青瓜與

帝對剖食之帝懷其舊德意眄良厚至是一歲三遷

海陵王初爲新安王及卽帝位詔曰新安國五品以上悉與滿敍自此以下皆聽解遣其欲仕者適所樂

明帝初爲宣城王卽位詔宣城國五品以上悉與滿敍自此以下皆聽解遣其欲仕者適所樂

梁高祖初開霸府以齊司徒右長史任昉爲驃騎記室參軍始高祖與昉遇竟陵王西邸從容謂昉曰我登三府當以卿爲記室昉亦戲高祖曰我若登三事當以卿爲騎兵謂高祖善騎也至是故引昉符昔言焉昉奉箋曰伏承以今月令辰肅膺典策德顯功高

光副四海含生之倫庇身有地況昉受教君子將二十三年咳唾爲恩眄睞成飾小人懷惠顧知死所昔承清宴屬有緒言提挈之旨形乎善謔豈非多幸斯言不渝雖情謬先覺而迹淪驕餌湯沐具而非弔大廈構而相驩明公道貫三儀勳遂古將使伊周奉轡桓文扶轂神功無紀化物何稱府朝初建俊賢驤首惟此魚目唐突璵璠顧已循涯寔知塵黍千載一逢再造難答雖則殞越且知所報

天監元年復南蘭陵武進縣依前代之科

大同十年三月帝幸蘭陵謁建陵至脩陵詔曰故鄉

老少接踵遠至情兒孜孜若歸于父宜有以慰其此心並可錫位一階并加頒賚所經縣邑無出今年租賦蠲所責民逋復二年普賚內從軍官主左右錢各有差因作還舊鄉詩癸卯詔園陵職司恭事勤勞并賜位一階并加沾賚是月幸廻賓亭宴帝鄉故老及所經郡縣奉迎候者少長數千人各賚錢二千

蕭琛爲侍中高祖在西邸早與琛狎每朝讌接以舊恩呼爲宗老琛亦奉陳昔恩以早蒞中陽夙忝同閈門迷典運猶荷洪慈帝答曰雖云早契闊乃自非同志忽談興運且異狂奴

陶弘景齊末義師平建康聞議禪代弘景援引圖讖數處皆成梁字令弟子進之高祖既早與之遊及即位後恩禮逾篤書問不絕冠蓋相望

何點與高祖有舊及踐祚手詔曰昔因多暇得訪逸軌坐修竹臨清池忘今語古何其樂也暫別丘園十有四載人事艱阻亦何可言自應運在天每思相見密求物色勞甚山阿嚴光排九重踐九等談天人敍故舊有所不臣何傷於高文先以皮弁謁子桓伯況以穀綃見文叔（文先陽彪字子桓魏文帝字伯況周黨字文叔光武字）求之往策不無前例今賜鹿皮巾等後數日望能入也點

以巾褐引入華林園高祖甚悅賦詩置酒恩禮如舊仍下詔曰前徵士何點高尚其道志安容膝脫落形骸棲志窅冥朕日昃思治尚想前哲況親得同時而不與爲政喉脣任切必俟邦良誠望賁然屈以獻替可否徵爲侍中辭疾不起乃復詔曰徵士何點居身物表縱心塵外夷坦之風率繇自遠往因素志頗申讌言眷彼子陵情兼惟舊昔仲虞邁俗受俸漢朝安道逸志不辭晉祿此蓋前代盛軌往賢所同可詳加資給並出在所日費所須大官別給既入高曜卿故事同垣下（袁渙字曜卿魏太祖賜垣下穀）天監三年卒時年六十八

詔曰新除侍中何點棲遲衡泌白首不渝奄至殞喪
倍懷傷惻可給第一品材一具賻錢二萬布五十疋
喪事所須內監經理又勑點弟胤曰賢兄徵君弱冠
拂衣華首一操心遊物表不滯近跡脫落形骸寄之
幽遠理情勝致遇興彌高文會酒德撫際逾遠朕膺
籙受圖思長聲教朝多君子旣貴成雅俗野有外臣
宜弘此難進方賴清徽式隆大業昔在布衣情期早
著資以仲虞之秩待以子陵之禮聽覽暇日角巾引
見窅然汾射茲焉有記一旦萬古良懷傷悼鄉友于
淳至親從彫亡偕老之願致使反奪纏綿永恨伊何

可任永矣柰何
曹景宗爲領軍將軍高祖數讌見功臣共道故舊景
宗醉後謬忌或誤稱下官高祖故縱之以爲笑樂
范雲爲吏部尚書嘗侍讌高祖爲臨川王宏鄱陽王
恢曰我與尚書少親善申四海之敬今爲天下主此
禮旣革汝宜代我呼范爲兄二王下席拜與雲同車
還尚書下省時人榮之
王珍國嘗以明鏡獻誠於高祖高祖斷金以報之後
因侍宴帝問曰卿明鏡尚存昔金何在珍國答曰黃
金在臣肘不敢失墜復爲右衛將軍加給事中遷左
衛將軍加散騎常侍天監初封灄陽縣侯邑千戶
元帝初鎮荊州顏協爲記室及卒甚歎惜之爲懷舊
詩以傷之其一章曰弘都多雅度信乃含忠實鴋漸
殊未昇上材淹下秩
宗懔初爲元帝記室後爲別駕江陵令及帝卽位擢
爲尚書侍郎又手詔曰昔扶柳開國尚曰故人西鄉
作土本繇賓客况事涉勳庸而無爵賞尚書侍郎宗
懔極有帷幄之謀誠深股肱之任從我於邁多歷歲
事可封信安縣侯食邑一千戶
王褒爲安成郡太守侯景度江建業擾亂文帝承制

轉智武將軍南平內史及嗣位於江陵欲待褒以不
次之位褒時猶在郡勑王僧辯以禮發遣褒乃將家
西上元帝欲褒有舊相得甚歡拜侍中累遷吏部尚
書左僕射
陳高祖卽位以左光祿大夫王冲前代舊臣特申長
幼之敬
沈恪吳興武康人也在梁爲新喻侯高祖與恪同郡
情好甚暱蕭暎卒後高祖南討李賁仍遣妻子附恪
還尋補東宮直
文帝梁末避地臨安子駱牙母覩帝儀表知非常人

待之甚厚及即位牙爲越州刺史初牙母之卒也于時饑饉兵荒至是始葬詔贈牙母嘗安國太夫人諡曰恭遷牙爲貞威將軍晉陵太守

華皎梁代爲尚書比部令史侯景之亂事景黨王偉高祖南下文帝爲景所囚皎遇帝甚厚景平文帝爲吳興太守以皎爲都尉録軍府穀帛多以委之皎聰惠勤於簿領及文帝即位除開遠將軍右衛將軍天嘉元年封懷仁縣伯邑四百戶

北齊高祖少與司馬子如相結託分義甚深及入雒除右僕射與侍中高岳侍中孫騰右僕射高隆之等

共知朝政甚見信重高祖鎮晉陽子如時往謁見待之甚厚並坐同食從旦達暮及其當還高祖及武明后俱有賚遺率以爲嘗

劉貴爲御史中尉雖非佐命元功然與高祖布衣之舊特見親重

段長仕東魏爲懷朔鎮將嘗見高祖甚異之謂高祖云君子康世之才終不徒然也請以子孫爲託興和中啓贈司空公子寧相府從事郎中

崔陵仕東魏爲左光禄大夫仍鎮黄門尋以貪汚爲御史所劾因還鄉里遇赦始出高祖以陵本豫義旗復其黄門

文宣帝天寶初陳留太守徐遠爲御史所劾遇赦免沈廢二年帝以遠勤舊特用爲領軍府長史

武成帝居藩曾病文宣令齊州刺史崔季舒療之備盡心力太寧初追還引見慰勉累拜度支尚書開府儀同三司張離爲平原太守坐贓賄失官武城即位以舊恩除通直散騎侍郎

魏收爲中書監兼右僕射開府坐罪除名河清三年起除清都尹尋遣黄門郎元文遙勅收曰卿舊人事我家最久前者之罪情在可恕比令卿爲尹非爲美

授但初起卿斟酌如此朕豈可用卿之才而忘卿身待至十月當還卿開府

梁太祖唐天復元年正月兼河中節度至府出東郊以素服拜于故節度使王重榮之壠以申夙分又辟其少子瓚爲節度判官又請故宰相張濬爲重榮神道碑曰帝頃自左馮來歸蒲坂而重榮識在田之奇狀有附翼之深期劉宣威坐席之言形于昔日喬太尉英雄之許感極茲辰帝追思之深故恩禮若是開平二年四月以戶部尚書致仕裴廸復爲右僕射廸敏事慎爲遠吏治明籌筭帝初建節旄於夷門廸一

謁見如故知乃辟爲從事自是之後歷三十年委四鎭租賦兵籍帑廩官吏獄訟賞罰經費運漕事無巨細皆得專之帝每出師卽知軍州事逮于二紀不出梁之閫閾甚有裨贊之道禪代之歲命爲太常卿屬年已耆耋視聽昏塞不任朝謁遂請老許之朞月復起師長庶官焉

三年以蒲州肇迹之地且因經略鄜延於是巡幸數月暇日遊豫至焦梨店傾迹前事念王重榮舊功下詔褒獎而封崇之

劉崇太祖微時嘗傭力崇家及卽位召崇用之歷殿

中監商州刺史崇之毋撫梁祖有恩梁氏號爲國婆徐宋之民謂崇家爲豢龍劉家子冉起家爲大理評事

繼絶

夫繼絶之禮王者所以歸民置後之文聖人所以勸善況餘分建歷大德未融固宜昭興滅之仁豐延世之賞俾神明之後不廢於蒸嘗公侯之家克紹於圭組用能率勵勳德懷服烝黎者焉

宋高祖永初元年四月卽位詔曰夫微禹之感歎深後昆感德必祀道隆百世晉氏封爵當隨運改至於德參微管勳濟蒼生愛人懷樹猶或勿剪雖在異代義無泯絶降殺之宜一依前典可降始興公封始興縣公廬陵公封柴桑縣公千戶始安公封荔蒲縣侯長沙公封醴陵縣侯康樂公可卽封縣公各五百戶以奉晉故丞相王導太傅謝安大將軍溫嶠大司馬陶侃車騎將軍謝玄之祀

是月封晉臨川王司馬寶爲西豐縣侯食邑千戶

南齊太祖建元元年四月卽位詔曰繼世象賢列代盛典疇庸嗣美前載令圖宋氏通侯乃宜隨運省替但欽德懷義尚表墳閭況功濟區夏道先民俗者哉

降差之典宜遵往制南康縣公華容縣公可爲侯萍鄉縣侯可爲伯減戶有差以繼劉穆之王弘何無忌後

梁高祖天監元年四月巴陵王殂（南齊和帝）以謝沭縣公蕭寶義爲巴陵王以奉齊祀

是年詔曰褒隆往代義炳彝則朕當此樂推恩弘前典齊豫章王元琳故巴陵王昭胄子周齊氏宗國高武嫡嗣宜祚井邑以傳世祀降封新塗縣侯五百戶

敬帝太平元年十二月以前昌平令劉督爲汝陰王前鎭西法曹行參軍蕭紘爲巴陵王奉宋齊二代後

陳高祖永定三年四月江陰王殂梁敬帝以梁武林侯
蕭諮子季卿嗣爲江陰王
宣帝太建三年六月江陰王蕭季卿以罪免封東中
郎長沙王府諮議參軍蕭彝爲江陰王
是年追封侯安都爲陳集縣侯邑五百戶子亶爲嗣安都於文帝天嘉四年坐事賜死至是追封
北齊孝昭皇帝皇建元年八月即位詔自高祖創業
已來諸在佐命功臣子孫絕滅國統不傳者有司搜
訪近親以名聞當量爲立後又詔曰昔武王克商先
封兩代漢魏二晉無廢典及元氏統歷不率舊章朕

纂承大業思弘古典但二王三恪舊說不同可議定
是非列名條奏其禮儀體式亦仰議之
梁太祖開平二年三月以鴻臚卿李從唐室宗屬封
萊國公爲二王後有司奏萊國公李從合留三廟於
西都選地位建立廟宇以備四仲祀祭命度支供給
以遵彝典
十二月立二王三恪南郊禮儀使狀狀以詩稱有客
載虞賓實因禪代之初必行興繼之命俾之助祭式
表推恩兼垂恪敬之文別示優崇之典徵於歷代襲
用舊章謹案唐朝以後魏元氏子孫韓國公爲三恪
以周宇文氏子孫爲介國公隋朝楊氏子孫爲酅國
公爲二王後今伏以國家受禪封唐朝子孫李從爲
萊國公今參詳合以介國公爲三恪酅國公萊國公
爲二王後

冊府元龜

冊府元龜

巡按福建監察御史臣李嗣京訂正
知長樂縣事臣夏允彝參閱
知建陽縣事臣黄國琦較釋

閏位部三十一

招諫　納諫　聽諫　推誠

招諫

古之令王曷嘗不謀及黄髮詢于芻蕘晝日以詢問命官而箴闕然後臻夫治也自大運中否羣雄擅命瓜剖雋峙分霸區城吳蜀而下逮乎朱梁或克己悔

過疇咨善訓或災譎著見樂聞過咎或遵述古道以廣言路或延訪幽遠以詢闕政莫不發明詔布德音勤勤懇懇而敷求讜議者已若乃納諫有如流之速從善有轉規之易斯固彌縫其闕馴致於道其如聞義不從垂之空言者亦可愿歟

吳大帝權初信任較事呂壹壹後姦罪發露伏誅帝引咎責躬乃使中書郎袁禮告謝諸大將因問時事所當損益禮還復有詔責數諸葛瑾步隲朱然呂岱等曰袁禮還云與子瑜(諸葛瑾字)子山(步隲字)義封(朱然字)定公(呂岱字)相見並已時事當有所先後各自以不掌民事不肯便有所陳悉推之伯言(陸遜字)承明(潘濬字)伯言承明見禮泣涕懇惻辭旨辛苦至乃懷執危怖有不自安之心聞此悵然深自刻怪何者夫惟聖人能無過行明者能自見耳人之舉措何能悉中獨當已有以傷拒衆意忽不自覺故諸君有嫌難耳不爾何縁乃至於此乎自孤興軍五十年所役賦凡百皆出於民天下未定孽類猶存士民勤苦誠所貫知然勞百姓事不得已與諸君從事自少至長髮有二色以謂表裏足以明露公私分計足用相保盡言直諫所望諸君拾遺補闕孤亦望之昔衞武公年過志壯勤求

輔弼每獨歎責且布衣韋帶相與交結分戍好合尚汚垢不異今日諸君與孤從事雖君臣義存猶謂骨肉不復是過榮福喜戚相與共之忠不匿情智無遺計事統是非諸君豈得從容而已哉同船濟水將誰與易齊桓公諸侯之霸者耳有善管子未嘗不歎有過未嘗不諫諫而不得終諫不止今孤自省無桓公之德而諸君諫諍未出於口仍執嫌難以此言之孤於齊桓良優未知諸君於管子何如耳久不相見因事當笑共定大業整齊天下當復有誰凡百事要所當損益樂聞異計救所不逮

赤烏十一年二月地仍震詔羣僚各属精思朕過失無有所諱

宋文帝元嘉五年詔曰朕承洪業臨饗四海風化未弘治道多昧求之人事鑒寢惟憂加頃陰陽違序旱疫成患仰惟災戒責深在予思所以側身克念讞獄詳刑上答天譴下恤民瘼羣后百司其各讞讜言指陳得失勿有所諱

孝武帝卽位詔曰世道未夷惟憂在國夫使羣善畢舉固非一才所議況以寡德屬衰薄之期夙宵寅想永懷待旦王公卿士凡有嘉謀善政可以移風訓俗

咸達乃誠無或依隱

明帝泰始二年詔曰夫秉機詢政立教之攸本舉賢聘逸弘化之所基故負鼎進策殷代以康釋釣作輔周祚斯乂朕甫承大業訓道未敷雖側忠規竚夢巖築而良圖莫薦奇士弗聞永鑒通古無忘宵寢今藩隅克晏敷化維始屢懷存治寔望箴闕王公卿士羣僚庶官其有嘉謀直獻拯俗濟時成切事陳奏無或依隱

南齊太祖建元三年詔曰王公卿士薦讜言

武帝永明元年詔内外羣僚各舉朕違肆心規諫

鬱林王隆昌元年正月詔百僚極諫得失

明帝建武二年詔王公卿士内外羣僚各舉朕違肆心極諫

東昏侯永元三年正月詔百官陳讜言

梁武帝天監元年卽位詔曰齊俗甫多遺風尚熾下不上達繇來遠矣外中馭索增其懍然可於公車府謗木肺石旁各置一函若肉食莫言山阿欲有横議投謗木函若從我江漢功在可策犀兕徒弊龍蛇方懸其次身高才妙擯壓莫通懷傳呂之術抱屈賈之嘆理有皦然受困包匭夫大政侵小豪門陵賤四民

已窮九重莫達若欲自申並可投肺石函六年正月詔曰徑寸之寶或隱沙泥以人廢言君子斯戒朕聽朝宴罷思聞政術雖百辟卿士有懷必聞而蓄響幽遐未臻魏闕或屈以貧陋或間以山川頓足延首無因奏達豈所謂浮沉靡漏遠近兼得者乎四方士民若有欲陳言刑政益國利民淪礙幽遠不能自通者可各詮條以懷於刺史二千石有可申採大小以聞十年七月詔曰昔公卿面陳載在前史令僕陛奏列代明文所以釐彼庶績成茲羣務晉氏陵替虚誕爲風自此相因其失彌遠遂使武帳空勞無汲公之奏

丹墀徒闕闕鄉生之履三槐八座殆有務之官宜有所論可入陳啓庶藉周爰少裨寡薄

普通三年五月赦詔公卿百僚各上封事

大同二年三月詔曰政在養民德存被物上令如風民應如草朕以寡德運屬時來撥亂反正條焉三紀不能使重門不閉守在海外疆埸多阻車書未一民疲轉輸士勞邊防撤田爲糧未得頓止治道不明政用多僻百辟無沃心之言四聰闕飛耳之聽州輟刺舉郡忘共治致使失理負謗無由聞達侮文弄法因事生奸肺石空陳懸鍾徒設書不云乎股肱惟人良

臣惟聖寔賴賢佐救其不及凡厥在朝各獻讜言政治不便於民者可悉陳之若在四遠刺史二千石長史並以奏聞細民有言事者咸爲申達朕將親覽以紓其過文武在位舉爾所知公侯將相隨才擢用拾遺補闕勿有所隱

陳後主太建十四年二月詔曰昔睿后宰民哲王御寓雖德稱汪濊明能普燭猶復虛巳乞言降情該通高咨嶽牧下聽輿臺故能政若神明事無悔吝朕纂承丕緒思隆大業嘗懼九重已邃四聰未廣欲聽昌言不疲痺足若逢廷折無憚批鱗而口柔之辭儻聞於在位腹誹之意或隱於具僚非所以弘理至公緝熙帝載者也內外卿士文武衆司若智周政術心練治體救民俗之疾苦辨禁網之疎密者各進忠讜無所隱諱朕將虛巳聽受擇言而行庶深鑒物情貞我王度

至德四年正月詔曰堯施諫鼓禹拜昌言求之異等久著前冊擧以淹滯復聞昔典斯乃治道之深規帝王之切務朕以寡昧丕承鴻緒未明虛巳日旰興懷萬機多紊四聰弗達思聞謇諤採其黙語王公以下各薦所知傍詢管庫爰及輿皁一介有能片言可用

朕親加聽覽俾茲啓沃

北齊文宣帝卽位詔曰有能直言正諫不避罪辜謇謇若朱雲諤諤若周舍開朕意沃朕心弼予一人利兼百姓者必當寵以榮祿待以不次

孝昭帝卽位詔謇正之士並聽進見陳事

梁太祖乾化元年正月朔日有食之庚寅制曰兩漢巳來日蝕地震百官各上封事指陳得失蓋欲周知時病盡達物情用緝國章以奉天誠朕每思逆耳罔忌觸鱗將洽政經庶開言路況茲謫見當有咎徵其在列辟群臣危言正諫極萬邦之利害致六合之殷

昌毗予一人永建皇極

二年詔曰謗木求規集囊貢事將裨理道豈限側言應內外文武百官及草澤並許上封事極言得失

納諫

書曰惟木從繩則正后從諫則聖則知君以虛受爲德臣以盡節爲忠有國之謀猷立身之模範何莫繇斯者也觀夫閏位之君容納直言信用正諫或有寵而必棄或臨事而不行或營構而休工或畋遊而罷意得順流轉規之旨獲享國永年之運垂於世也不亦美乎

秦始皇爲秦王九年齊人茅焦說秦王曰秦方以天下爲事而大王有遷母太后之心恐諸侯聞之繇此背秦也秦王乃迎太后於雍而入咸陽（說苑曰秦始皇立茅焦爲傅又爵之上卿太后大喜曰天下元直使敗復成安秦社稷使妾母子相見者茅焦之力也）後居甘泉宮（咸陽宮西宮也）

吳大帝以建安二十年征合肥率輕騎將吐突敵長史張紘諫曰此乃偏將之任願抑賁育之勇懷霸王之計帝納紘言而止明年將復出軍紘又諫於是遂止不行

薛綜爲尚書僕射嘉禾中公孫淵降吳而復叛帝盛怒欲自親征綜上疏諫時羣臣多諫帝遂不行（又選曹尚書陸瑁上疏諫帝覽瑁書嘉其詞理端切遂不行）又大將軍陸遜上疏諫帝納用焉

張休爲右弼都尉帝常遊獵迨暮乃歸休上疏諫戒帝大善之潘濬爲少府帝數射雉濬諫帝曰相與別後時時蹔出耳不復如往日之時也濬曰天下未定萬機務多射雉非急弦絕括破皆能爲害乞特爲臣故惜置之濬出見雉翳故在乃手自撤壞之帝由是自絕不復射雉

劉基爲大農帝歡宴之末自起行酒虞翻伏地陽醉

帝去翻起坐帝於是大怒手劍欲擊之時坐者莫不遑遽唯基起抱帝諫曰大王以三爵後殺善士雖翻有罪天下孰知之帝曰曹孟德尚殺孔文舉孤於虞翻何有哉基曰孟德輕害士人天下非之今太王躬行德義欲與堯舜比隆何自喻於彼乎翻由是得免帝因勑左右自今酒後言殺者皆不得殺

宋高祖初平關中得姚興從女有盛寵以之廢事謝誨諫卽時遣出

文帝時雍州刺史張邵以黷貨下廷尉將致大辟左衛將軍謝述上表陳邵先朝舊勳宜蒙優貸帝手詔

酬納焉述語子綜曰主矜卲夙誠特加曲恕吾所謬會故特見酬納耳若此迹宜布則爲侵奪主恩不可之大者也使綜對前焚之太祖後謂卲曰卿之獲免謝述有力焉

何尚之爲尚書右僕射時文帝行幸還多侵夕尚之表諫優詔納之

南齊太祖建元初王僧虔爲丹陽尹郡縣獄相承有上湯去声殺囚僧虔上疏言之帝納其言

武帝幸方山曰朕經始北山之南復爲離宮之所故應有邁靈丘山湖新林苑也太子詹事徐孝嗣答曰

繞黃山款牛首乃盛漢之事今江南土曠民亦勞止願陛下少更留神帝竟無所修立竟陵王子良永明末武帝將射雉子良上書諫雖不盡納而深見寵愛

梁高祖初爲梁公納齊東昏侯余妃頗妨政事侍中范雲嘗以爲言未之納也後與范雲同入卧內雲又諫曰昔漢高祖居山東貪財好色及入關定秦財帛無所取婦女無所幸范增以爲其志大故也今明公始定天下海內想望風聲柰何襲昏亂之蹤以女德爲累王茂因起拜曰范雲言是公必以天下爲念無宜留情高祖默然雲便疏令以余氏賚茂高祖賢其意而許之明日賜雲茂錢各百萬及在位敦睦九族優借朝士有犯罪者皆諷群下屈法申之百姓有罪皆案之以法緣坐則老幼不免一人亡逃則舉家質作人既窮悉姦宄益深後帝親祠南郊秣陵老人遮帝曰陛下爲法急於黎庶緩於權貴非長久之術誠能反是天下幸甚於是思有以寬之

江子四爲尚書右丞大同二年上封事極言治政得失高祖詔曰古人有言屋漏在上知之在下朕所種過不能自覺江子四等封事如尚書可時加簡較於有竊患者便即勒停宜速詳啓勿致淹緩

北齊孝昭帝每訪問左右冀獲直言曾問舍人裴澤在外議論得失澤率爾對曰陛下聰明至公自可遠侔古昔而有識之士咸言傷細帝王之度頗爲未弘帝笑曰如卿所言朕初慮萬不周悉故致爾耳此事度可久行恐後又踈漏澤因被寵遇其樂聞過如此

趙郡王叡小名須拔與庫狄顯安侍坐於孝昭帝帝曰須拔我同堂弟顯安我親姑子今序家人禮除君臣之敬可言我之不逮顯安曰陛下多妄言曰若何對曰陛下昔見文宣以馬鞭撻人常以爲非而今行之非妄言邪帝握其手謝之又使直言對曰陛下太

細天子更似吏帝曰朕其知之然無法來久將整之
以至無爲耳又問王晞晞答如顯安皆從容受納
王晞爲太子太傅孝昭帝斬人於前問晞曰此人合
死不晞曰罪實合死但恨其不得死地臣聞刑人於
市與衆棄之殿廷非殺戮之所帝改容曰自今當爲
王公改之
武成帝先患氣因飲輒大發動右僕射和士開每諫
不從屬帝氣疾發又欲飲士開淚下歔欷不能言帝
曰卿此是不言之諫因不復飲

聽納

傳曰從善如登書曰有言逆於汝心必求諸道斯亦
君人者聽納之難也自咸泰以迄江表逮於北齊莫
不擁萬乘之勢居兆民之上兵力雄盛威權獨運亦
能垂采嘉話延納讜議講求策略優容亮直已然之
失改而不吝惟機之務謀無過舉用能克濟於勳業
惟和於政典通下情而無壅撫百志而咸乂雖芻蕘
之徼咸獻其說在牧圉之賤並竭其誠而況於在廷
師師之臣在位濟濟之士孰不盡忠而効智哉
秦李斯初入秦拜爲客卿會韓人鄭國來間秦以作
涇漑渠已而覺秦宗室大臣皆言秦王曰諸侯人來
事秦者大抵爲其主游說間於秦耳請一切逐客李
斯亦在逐中乃上書秦王乃除逐客之令
吳大帝初爲吳侯建安五年立十三年九月曹公入
荆州劉琮舉衆降曹公得其水軍船步兵數十萬將
士聞之皆恐帝延見羣下問以計策議者咸曰曹公
豺虎也然託名漢相挾天子以征四方動以朝廷爲
辭今日拒之事更不順且將軍大勢可以拒操者長
江也今操得荆州奄有其地劉表治水軍蒙衝鬬艦
乃以千數操悉浮以沿江兼有步兵水陸齊下此爲
長江之險已與我共之矣而勢力衆寡又不可論愚

謂大計不如迎之周瑜曰不然操雖託名漢相其實
漢賊也將軍以神武雄才兼仗父兄之烈割據江東
地方數千里兵精足用英雄樂業尚當橫行天下爲
漢家除殘去穢況操自送死而可迎之邪請爲將軍
籌之今使北土已安操無內憂能曠日持久來爭疆
埸又能與我交勝負於船楫可乎今北土旣未平安
加馬超韓遂尚在關西爲操後患且舍鞍馬仗舟楫
與吳越爭衡本非中國所長又今盛寒馬無槀草驅
中國士衆遠涉江湖之間不習水土必生疾病此數
四者用兵之患也而操皆冒行之將軍禽操宜在今

日瑜請得精兵三萬人進住夏口保爲將軍破之帝曰老賊欲廢漢自立久矣徒忌二袁呂布劉表與孤耳今數雄已滅惟孤尚存孤與老賊勢不兩立君言當擊甚與孤合此天以君受孤也帝拔刀斫前奏案曰諸將吏敢復有言當迎操者與此案同及會罷之夜瑜請見曰諸人徒見操書言水步八十萬而各恐懾不復料其虛實便開此議甚無謂也今以實較之彼所將中國人不過十五六萬且軍已久疲所得表衆亦極七八萬耳尚懷狐疑夫以疲病之卒御狐疑之衆衆數雖甚多未足畏得精兵五萬自足制之願將

軍勿慮帝撫背曰公瑾卿言至此甚合孤心子布元表諸人各顧妻子挾持私慮深失所望獨卿與子敬程公便在前發孤當續發人衆多載資糧爲卿後援卿能辯之者誠決邂逅不如意便還就孤孤當與孟德決之後遂破曹公於赤壁

陸遜爲將時荊州士人新還仕進或未得所遜上疏曰昔漢高受命招延英異光武中興羣俊畢至苟可以熙隆道教者未必遠近今荊州始定人物未達臣愚慺慺乞普加覆載抽拔之恩令並獲自進然後四海延頸思歸大化帝敬納其言

甘寧爲周瑜呂蒙所薦達於帝帝加異同於舊臣寧陳計曰今漢祚日微曹操彌憍終爲篡盜南荊之地山陵形便江川流通誠是國之西勢也寧已觀劉表慮既不遠兒子又劣非能承業傳基者也至尊當早規之不可後操圖之圖之之計宜先取黃祖祖今年老昏耄已甚財穀並乏左右欺弄務於貨利侵求吏士吏士心怨舟船戰具頓廢不修怠於耕戍軍無法伍至尊今往其破可必一破祖軍鼓行而西西據楚關大勢彌廣即可漸規巴蜀帝深納之

呂蒙拜右護軍虎威將軍魯肅卒蒙西屯陸口肅軍

馬萬餘盡以屬蒙與關羽分上接境知羽驍雄有并兼心且居國上流其勢難久初魯肅等以爲曹公尚存禍難始構宜相輔協與之同仇不可失也蒙乃密陳計策曰今征虜守南郡潘璋住白帝蔣欽將游兵萬人循江上下應敵所在蒙爲國家前據襄陽如此何憂於操何賴於羽且羽君臣矜其詐力所在反覆不可以腹心待也今羽所以未便東向者以至尊聖明蒙等尚存也今不於彊壯時圖之一旦僵仆欲復陳力其可得邪帝深納其策又聊復與論取徐州意蒙對曰今操遠在河北新破諸袁撫集幽冀未暇東

顧徐土守兵聞不足言徃自可克然地勢陸通驍騎所騁至尊今日得徐州操後旬必來爭雖以七八萬人守之猶當懷憂不如取羽全據長江形勢益張帝尤以此言爲當蒙竟襲破羽

張梁爲揚武中郎將領江夏太守孫奐裨將帝在武昌欲還都建業而慮水道泝流二千里一旦有警不相赴及以此懷疑及至夏口於塢中大會百官議之詔曰諸將吏勿拘位任其有計者爲國言之諸將或陳宜立柵夏口或言宜重設鐵鎖者帝皆以爲非計時梁爲小將未有知名乃越席而進曰臣聞香餌引

泉魚重幣購勇士今宜明樹賞罰之信遣將入沔與敵爭利形勢旣成彼不敢干也使武昌有精兵萬人付智畧者任將輙使嚴整一旦有警應聲相赴作甘水城輕艦數十諸所宜用皆使備具如此開門延敵敵自不來矣帝以梁計爲最得卽超增梁位後稍以功進至沔中督

宋武帝聞咸陽淪没欲復北伐從事中郎謝晦諫以士馬疲怠乃止

南齊太祖初徵顧歡爲揚州主簿歡至稱山谷臣上表曰臣聞舉網提綱振裘持領綱領旣理毛目自張然則道德綱也物勢目也上理其綱則萬機時序下張其目則庶官不曠是以湯武得勢師道則祚延泰項忽道任勢則身戮夫天門開闔自古有之四氣相新絺裘代進今火澤易位三靈改憲天樹明德對時育物搜揚仄陋野無伏言是以窮谷愚夫敢露偏管謹刪撰老氏獻治綱一卷伏願稽古百王不以芻蕘棄言不以人微廢道率土之賜也微臣之幸也幸賜一覽則上下交泰雖不求民而民悅不祈天而天應應天悅民則皇基固矣臣志盡幽深無定榮勢自足雲霞不須祿養陛下旣遠見尋求敢不盡言言旣盡

矣請從此退時員外郎散騎劉思效又表陳讜言曰宋自大明已來漸見彫弊徵賦有增於徃天府尤貧於昔兼軍警屢興傷夷不復戍役殘丁儲無半菽小民嗷嗷無樂生之色貴勢之流貨室之族陳服伎樂爭相奢麗亭池第宅競趣高華至於山澤之人不敢採飲其水草貧富相輝損源尚末陛下宜發明詔吐德音布惠澤禁邪僞薄賦斂省徭役絶奇麗之賂塞鄭衛之倡變曆運之化應質文之用不亦大哉又彰汴有鴟梟之巢青丘爲狐兔之窟害虐踰絶殘暴日滋鬼泣舊泉人悲故壤童孺視編髮而慚生耆老看

左衽而耻没陛下宜仰答天人引領之望下弔沉黎
傾首之勤授鉞衛霍之將遺策蕭張之師萬道俱前
窮山蕩谷此卽嘗山不足指而傾渤海不足飲而竭
豈徒殘寇塵滅而已哉帝詔曰朕夙旦惟寅思弘治
道紓夢巖濵垂精管庫旰食在懷其勤至矣吴郡顧
歡散騎郎劉思效或至自丘園或越在冗位並能獻
書金門薦辭鳳闕辨彰治體有恊朕心今出鎮外可
詳擇所宜以時敷奏歡近已加旌責思效可付選銓
序以顯讜言
劉繪爲南康相郡事之暇專意講說太祖左右陳洪

請假南還問繪在郡何以旣而聞之日南康是三州
喉舌應須治幹豈可以年少講學處之邪徵還爲安
陸王護軍司馬
劉善明太祖初爲淮南宣城二郡太守陳事十一條
又陳起宣陽門表陳宜明守宰賞罰立學較制齋祀
廣開賓舘以接荒民帝答曰具卿忠讜之懷夫賞罰
以懲守宰飾舘以待遐荒皆古之善政吾所宜勉更
撰齊祀或非易制國學之美已勑公卿宣陽門今勑
停寡德多闕思復有聞
明帝卽位諮議參軍裴忻泰上書陳便宜二十條其

一條言宜毀廢塔寺帝並優詔報答
梁高祖時朱异詣都上書言建康宜置獄司比廷尉
勑付上書詳議從之舊制年二十五方得釋褐時异
適二十一特勑擢爲揚州議曹從事史
鍾鏘南齊永元末除司徒行參軍天監初制度雖革
而日不暇給嶸乃言曰永元肇亂坐弄天爵勳非卽
戎官以賄就揮一金而取九列寄片札以招六較騎
都塞市郎將填街服旣纓組尚爲臧獲之事職惟黄
散躬履𦐂徒之役名實淆紊茲焉莫甚臣愚謂永元
諸軍官是素族士人自有清貫而因斯受爵一宜削

除以懲僥倖若吏姓寒人聽其門品不當因軍遂濫
清級若僑雜傖楚應在綏撫正宜嚴斷禄力絶其訪
正直乞虛號而已謹竭愚忠不恤衆口勑付尚書行
之
扗齊神武時高仲密之叛神武知其孫暹將殺之
文襄匿暹爲之請神武曰我爲爾不殺然須與苦手
文襄出暹而謂陳元康曰暹若得杖不須見我及暹
見神武將解衣受罰元康趣入止之因歷階升曰王
方以天下付世子有一崔暹不能免其杖父子尚爾
況世間人邪神武意解曰不孫元康崔暹得一百乃

捨之

陽休之爲度支尚書孝昭帝留心政道每訪休之治術休之荅以明賞罰愼官方禁淫侈恤民患爲致治之先帝深納之

推誠

夫知人則哲蓋王者之攸難任賢勿貳乃臨下之懿範所以當開創之期濟經綸之業自非開寛明之懷納義烈之士察其心腑鑒彼邪正則何以聞讒間之辭不以介意觧就擒之虜咨以良策得訛言而撫慰用逆黨之才能盡上能以誠信而自持下則感待遇

之過望爲之禦侮罔避艱難雖不能混一區宇大庇蒼黔而君臣之際亦可詠矣

蜀先主初見諸葛亮與亮情好日密關羽張飛等不悅先主觧之曰孤有孔明猶魚之有水也願諸君勿復言羽飛乃止

關羽河東觧人亡命奔涿郡先主於鄉里合徒衆羽與張飛爲之禦侮先主爲平原相以羽飛爲別部司馬分統部曲先主與二人寢則同牀恩若兄弟而稠人廣坐侍立終日隨先主周旋不避艱難

吳孫策與太史慈於神亭戰慈敗爲策所執策素聞其名卽觧縛請見咨問進取之術慈荅曰破軍之將不足與論事策曰昔韓信定計於廣武今策決疑於仁者君何辭焉慈曰州軍新破士卒離心若儻分散難復合聚欲出宣恩安集恐不合尊意策長跪荅曰誠本心所望也策又謂慈曰聞卿昔爲太守刼州章赴文舉詣玄德皆有烈義天下智士也但所託未得其人耳射鉤斬袪古人不嫌孤是卿知已勿憂不如意也出教曰龍欲騰翥先階尺木者也策又曰劉牧往責吾爲袁氏攻廬江其意頗猥理恕不足何者先君手下兵數千餘人盡在公路許孤志在立事不得

不屈意於公路求索故兵再往纔得千余人耳仍令孤攻廬江爾時事勢不得不爲行但其後不遵臣節自棄作邪僭事諫之不從丈夫義交苟有大故不得不離孤交求公路及絶之本末如此今劉繇喪亡恨不及其生時與相論辨今兒子豫章不知華子魚待遇何如其故部曲復依隨之否卿則州昔又從事寧能往視其兒子並宣孤意於其部曲部曲樂來便與俱來不樂來者且安尉之並觀察子魚所以牧禦方規似廬陵鄱陽人民親附之否卿手下兵宜將多少自隨意慈曰慈有不赦之罪將軍量同桓文待遇過

望古人報生以死期於盡節没而後已今並息兵兵不宜多將數十人自足以往還也策曰明日中望君來還諸將皆疑策曰太史子義（子義慈字）青名士以信義爲先終不欺策明日大請諸將預設酒食立竿視影日中而慈至

張昭爲孫策長史撫軍中郎將昭每得北齊士大夫書疏專歸美於昭昭欲嘿而不宣則懼有私宣之則恐非宜進退不安策聞之歎笑曰昔管子相齊一則仲父二則仲父而桓公爲覇者宗今子布賢我能用之其功名獨不在我乎

大帝以張紘爲會稽東部都尉遣之部或以紘本受北任嫌其志趣不止於此帝不以介意

宋高祖以太子詹事中書令傅亮任總國權聽於省見客神虎門外每旦車嘗數百輛

劉粹毅族兄也粹盡心高祖不與毅同高祖欲謀毅衆並疑粹在夏口高祖屢信之及大軍至粹竭其誠力事平封灄縣男食邑五百戶

孝武帝時王玄謨嘗討南郡王義宣人言玄謨在梁山與義宣通謀帝不能明後爲雍州刺史聞訛言玄謨欲反帝知其虛馳使撫慰之又曰梁山風塵初不介意君臣之際過足相保聊復爲笑伴卿眉頭玄謨性嚴未嘗妄笑人言玄謨眉頭未曾伸故帝以此戲之

南齊太祖初鎮淮陰爲宋帝所疑遣書結青州刺史王玄邈玄邈不相答和及罷州還太祖以經途又要之玄邈雖許旣而嚴軍直過還都啓帝稱太祖有異謀太祖不恨也昇明中太祖引爲驃騎司馬冠軍將軍太山太守玄邈甚懼而太祖待之如初陳顯達爲護軍將軍太祖卽位後御膳不宰牲顯達上熊烝一盤帝卽以充飯

梁高祖初舉義師時馬仙琕爲齊寧朔將軍高祖使其故人姚仲賓說之仙琕於軍斬仲賓以徇義師至新林仙琕猶持兵於江西日抄運建康城陷仙琕號哭經宿乃解兵歸罪高祖勞之曰射鉤斬袪昔人弗忘卿勿以殺使斷運苟自嫌絶也仙琕謝曰小人如失主犬後主飼之便復爲用高祖笑而美之

陳高祖初爲廣州中直兵參軍監江西督護梁大同中盧安興爲廣州南江督護杜僧明與兄天合俱行安興死僧明復副其丁子雄子雄討交州土豪李賁不免賜死子雄弟子略子烈與僧明天合周文育同

謀攻廣州高祖時在高要率衆來討大破之殺天合
生禽僧明及文育等高祖並釋之引爲主帥高祖征
交阯討元景仲僧明文育並有功
葦載爲義興太守高祖誅王僧辯遣周文育襲載載
嬰城自守相持數旬高祖聞文育軍不利乃自將征
之克水柵仍遣載族弟翽齎書喻載以誅王僧辯意
并奉梁敬帝勅載得書乃以其衆降于高祖高祖厚
加撫慰即以翽監義興郡所部將帥並隨才任使引
載嘗置左右與之謀議
文帝初爲臨川王拒王琳於南皖時荀朗從帝會高

祖宴駕宣太后與舍人蔡景歷秘不發喪朗弟曉在
都知之乃謀率其家兵襲臺事覺景歷殺曉仍擊其
兄弟帝即位並釋之因厚撫慰朗令與侯安都共拒
王琳琳平遷使持節安北將軍散騎常侍都督霍晉
合三州諸軍事三州刺史
陸子隆少慷慨有志功名起家東宮直後侯景之亂
於鄉里聚徒是時張彪爲吳郡太守引爲將帥彪徙
鎭會稽子隆隨之及文帝討彪彪將沈泰吳寶眞申
縉等皆降而子隆力戰敗績文帝義之復使領其部
曲拔爲中兵參軍

後主末曾廣達爲中領軍隋將韓擒虎之過江也達
長子世眞在新蔡乃與其弟世雄及所部奔擒虎遣
使致書以招廣達廣達時屯兵京師乃自劾廷尉請
罪後主謂之曰世眞雖異路中大夫公國之重臣吾
所恃賴豈得自同嫌疑之間手賜黃金即日還營
北齊神武爲東魏丞相孝靜帝興和中高李式鎭永
安戍高愼以武牢叛遣信報李式李式得書驚懼即
狼狽奔告神武神武昭其至誠待之如舊
文襄帝輔政時清河王岳初與神武經綸天下家有
私兵并蓄戎器儲甲千餘領至是岳以四海無事表

納之帝敦至親之重推心相任云叔屬居肺腑職在
維城所有之甲本資國用叔何疑而納之文宣之世
亦頻請納又固不許

冊府元龜

巡按福建監察御史臣李嗣京　訂正
知閩縣事臣曹冏臣參閱
知建陽縣事臣黃國琦較釋

閏位部　三十二

求賢　命使

求賢

古之為邦令聞長世者曷嘗不諮訪幽仄詳求髦彥以熙工齊俗者哉自南紀建國迄于高齊朱梁莫不延釆逋逸綱羅俊乂俾有位以論薦命輶軒而詢察

舫勤懇懇形於詔令皆所以踐聖哲之風軌隆政教之元本收一代之材濟當世之務者也

宋文帝元嘉十二年詔曰周宗以寧寔繇多士漢室之隆亦資得人朕寢寤樂賢為日已久而則哲難偕明揚莫効用令遺才在野管庫虛朝永懷前載慙德深矣夫舉爾所知宣尼之彝訓貢士任官先代之成准便可宣勑內外各有薦舉當依方銓引以觀厥用

孝武帝大明六年詔下四方旌賞茂異其有懷真抱素志行清白恬退自守不交當世或識通古今才經軍國奉公廉直高譽在民者具以名奏

前廢帝景和元年八月既誅太宰江夏王義恭等詔曰昔舜神佇逸潛溪讚道湛慮思才傅巖叱化朕位御三極風澄萬寓資鈇電斷正郊斯戮思所以仰宣遺烈俯弘景祚每結夢庖鼎贍言板築有劬日昃無怠昧旦可甄訪郡國揖聘閭部其有孝性忠節幽居遁棲信誠義行廉正表俗文敏博識幹事治民務加旌舉隨才引擢庶官方克順彝倫咸敘主者精加詳括稱朕意焉

明帝泰始二年詔曰林澤貞栖丘園耿潔博洽古今敦崇孝讓四方在任可明盡搜揚具即以聞隨就褒

立

五年九月巳未詔曰夫箕潁之操振古所貴冲素之風哲王攸重朕屬橫流之會接難晦之辰龜暴蔿亂日不暇給今雖關梁蕩靄區縣澄氛偃武修文於是乎在思崇廉恥用靜馳薄固已物色載懷寢興祈歎其有貞栖隱約息事衡樊鑿坏遺榮負釣辭聘志恬江海行高塵俗者在所精加搜括特以名聞將責園矜德茂昭厥禮羣司各舉所知以時授爵

後廢帝即位初詔曰夫寢夢期賢往誥垂美物色求良前書稱盛朕以冲昧嗣膺寶業思欲仰述聖猷勉

弘政道興言多士當想得人可普下牧守廣加搜採其有孝友門族義讓光閭或匿名屠釣隱耒耕牧足以整厲澆風扶益淳化者凡厥一善咸無遺逸虛輪佇帛俟聞嘉薦

順帝昇明元年詔曰昔聖王既沒淳風已衰龜書永湮龍圖長秘故三代之末德刑相擾世淪物競道詖人諛然猶正士比轂奇才接軫朕襲運金樞纂靈瑶極負扆莅政日晏忘疲永言興替望古盈慮姬夏前載猶傳訓謨漢魏餘文布在方册故元封興茂才之制地節創獨行之品振維務本存乎得人今可宣下

州郡搜揚幽仄標採鄉邑隨名薦上朕將親覽甄其茂異庶野無遺彦永激遐芬

南齊武帝永明元年詔王公卿士各舉所知隨方登敘

八年詔公卿以下各舉所知隨才授職進得其人受登賢之賞薦非其才獲濫舉之罰

鬱林王隆昌元年正月詔王公以下各舉所知

明帝建武二年詔王公以下各舉所知

梁高祖天監元年四月詔遣内侍周省四方訪賢舉滯若懷寶迷邦蘊奇待價蓄響藏真不求聞達並依名騰奏罔或遺隱使輶軒所届如朕親覽

五年正月丁卯朔詔曰在昔周漢取士方國頃代彫訛幽仄罕被人孤地絶用隔聽覽士操淪胥因兹靡勸豈其岳瀆縱靈偏有厚薄寔由知與不知用與不用耳朕以菲德君此兆民而兼明廣照屈於堂户飛耳長目不及四方永言愧懷無忘旦夕凡諸郡國舊邦族内無在朝位者選官搜括使郡有一人

十四年正月南郊詔曰朕躬祇明祀昭事上靈臨行宮而登泰壇服衮冕而奉蒼璧柴望既升誠敬克展思所以對越乾元弘宣德教而缺于治道政法多昧

實佇羣才用康庶績可班下遠近博採英異若有確然鄉黨獨行州閭肥遯丘園不求聞達藏器待時未加收採或賢才方正孝悌力田並即騰奏具以名上當擢彼周行試以邦邑庶百司咸事兆民無隱

普通三年五月詔連帥郡國舉賢良方正直言之士

七年四月詔在位羣臣各舉所知凡是清吏咸使薦聞州年舉二人大郡一人

太清元年正月詔可班下遠近博採英異或德茂州閭道行鄉邑或獨行丘壑聞達不求咸使上言以時招聘

二年正月詔在位各舉所知
四年詔在朝及州郡各舉清人任治民者皆以禮送
京師
五月詔曰爲國在於多士寧下寄於得人朕暗於行
事尤闕治道孤立在上如臨深谷凡爾在朝咸思規
救獻可替否用相啓沃班下方岳旁求俊乂窮其屠
釣盡其巖穴以時奏聞
敬帝太平元年九月詔殊才異行所在奏聞
陳文帝天嘉元年詔曰朕以眇身屬當大寶負荷至
重憂責實深而庶績未康胥怨猶結延佇賢良發於

夢想每有一言入聽片言可求何嘗不襃奬抽揚緘
書紳帶而傳巖虛徃空谷尚淹蒲幣空陳旌弓不至
豈當有乖則哲使華滓遺才將時運澆流今不逮古
側食嘗懷寤興增歎新安太守陸山才有啓薦梁前
征西從事中郎蕭策梁前尚書中兵部王暹並世胄
清華羽儀著族或文史足用或孝德可稱並宜登之
朝序擢以不次王公已下其各進舉賢良申薦淪屈
庶衆才必舉大廈可成使棫樸載歌由庚在詠
宣帝大建四年秋九月辛亥大赦天下詔曰與善從
諫在上之明規進賢謁言爲臣之令範朕以寡德嗣
守寶位雖世襲隆平治非寧一辨方分職旰食早衣
旁闕爭臣下無貢士何其闕爾鮮能抗直豈余獨運
匪薦讜言置鼓公車罕論得失施石象魏莫陳可否
朱雲摧檻良所不逢禽息觸楹又爲難值至如衣褐
以見捲蝥以遊或耆艾絶倫或妙年異等于時而不
偶左右莫之譽黑貂故敝黃金且殫終其滯淹可爲
太息又貴爲百辟賤有十品三捴並驚勤沮莫分衢
謡徒擁廷議斯闕寔朕之弗明而時無獻替永言至
治何廼爽與外可通示文武凡厥在位風化乖舛朝
廷紕蠹正色直辭有犯無隱兼各舉所知隨才明試

其莅政廉穢在職能否分別矢言俟茲黜陟
後主卽位初詔曰夫體國經野長世子民雖因華儻
殊弛張或異至於旁求俊乂爰逮側微用適和羹是
隆大廈上智中主咸繇此術朕以寡薄嗣膺景祚雖
哀疚在躬情慮昏舛而宗社任重黎庶務殷無繇暫
安拱默敢忘康濟思所以登顯髦彥式備周行但勞
宵夢屬勤史卜五就莫來五能不至是用申旦凝慮
景夜捐懷豈以食玉炊桂無因自達將懷寶迷邦咸
思獨善應內外衆官九品以上可各薦一人以會彙
征之旨且取備實難舉長或易小大之用明言所施

勿使南箕北斗名而非實其有負能杖氣擯壓當時著賓戲以自憐草客嘲以慰志人生一世逢遇誠難亦宜去此幽谷翔兹天路趣銅駞以觀國望金馬而來廷便當隨彼方員訪之矩矱

北齊孝昭皇帝皇建二年詔内外執事之官從五品已上及三府主簿録事參軍諸王文學侍御史廷尉三官尚書舍人每二年之内各舉一人

後主天統三年太上皇帝詔京師執事散官三品已上舉三人五品已上各舉二人稱事七品已上及殿中侍御史尚書都簡較御史主書及門下録事各舉

一人

武平三年詔文武官五品以上各舉一人

梁太祖開平元年初受禪求理尤切委宰臣搜訪賢良或有在下位抱負器業久不得伸者特加擢用有明政理得失之道規救時病者可陳章疏當親鑒擇利害施行然後賞以爵秩有晦跡丘園不求聞達者令彼長吏備禮邀致冀無遺逸之恨

二年七月癸巳以禪代已來思求賢哲乃下令搜訪牢籠之期以好爵待以優榮各隨其材咸使登用宜令所在長吏切加搜訪每得其人則疏姓名以聞如在下位不能自振者有司薦導之如任使後顯立功勞别如遷陟

三年制自開創已來凡有赦書德音節文内皆委諸道搜訪賢良尚慮所在長吏未切薦揚其有卓犖不羈沉潛用晦負王霸之業蘊經濟之謀究古今刑政之源達禮樂質文之奥機籌可以制變經術可以辨疑一事軼羣一才拔俗並令招聘旋具奏聞然後試其所長待其不次所貴牢籠俊傑採摭英翹

四年九月下詔曰朕聞歷代帝王首推堯舜爲人父母孰比禹湯虞謀高出於古先聖德普聞於天下尚

或卑躬待士屈已求賢俯仰星雲慮一民之遺逸網羅巖穴恐片善之韜藏延爵禄以徵求設丹青而訪召使其爲政樂在進賢蓋緣國有萬機朝稱百揆非才不治得士則昌自朕光宅中區迄今三載宵分輟寐日旰忘食思共力於廟謀庶永清於王道而乃朝廷之内或未盡於目言軍旅之間亦罕聞於奇策眷言方岳下及山林豈無英奇副我延佇諸道都督觀察防禦使等或勳高翊世或才號知人必於塗巷之賢備察蒭蕘之士詔到可精搜郡邑博訪賢良喻之以千載一時約之以高官美秩諒無求備唯在得人

如有卓犖不羈沉潛自負通覇王之上畧達文武之大綱究古今刑政之源識禮樂質文之變朕則待之不次委以非常用佐經綸豈勞階級如或一言拔俗一事出羣亦當捨短從長隨才授任大小方圓之器寧限九流温良恭儉之人難誣十室勉思薦舉勿至因循俟爾發揚慰予翹渴仍從別勑處分

命使

周官有瑞節之制小雅著皇華之詠至於四方安車之適八月輶軒之舉皆命使之謂也自建康數代以汔于魏齊朱梁曷嘗不順考古道疇咨今典濬發明

詔臨遣使臣宣布德澤班示政令糾吏治之得失訪民垠之疾苦賑災荒以施惠索亡叛以詰姦觀省風俗搜揚通遯察獄犴以盡欽恤之旨勞屯戍以申賜賚之命是皆古先令王明達其視聽兢業於機微之意也斯爲邦之要道昭德之丕訓者歟

吳景帝永安四年八月遣光祿大夫周奕石偉巡行風俗察將吏清濁民所疾苦爲黜陟之詔

後主鳳皇三年七月遣使者二十五人分至州郡科出亡叛

宋高祖永初元年六月丁卯即位丁丑詔曰古之王者巡狩省方躬覽民物搜揚幽隱拯災卹患用能風澤遐被遠至邇安朕以寡闇道謝前哲因受終之期託兆庶之上鑒寐屬慮思求民瘼才弱事艱若無津濟夕惕永念心馳遐域可遣大使分行四方旌賢舉善問所疾苦其有獄訟虧濫政刑乖愆傷化擾治未允民聽者皆當具以事聞方事之宜無失厥中暢朝廷乃眷之旨宣下民壅隔之情

文帝元嘉三年正月誅司徒徐羨之等分遣大使巡行天下通直散騎常侍袁渝司徒左西椽孔邈使揚州尚書三公郎陸子真起部郎甄法崇使荆州員外

散騎常侍范雍司徒主簿麗遵使南兖州前尚書右丞孔默使南北二豫州撫軍參軍王歆之使徐州兖從僕射車宗使青兖州國子博士裴松之使湘州尚書殿中郎阮長之使雍州前竟陵太守殷道鸞使益州員外散騎常侍李鮑之使廣州郎中殷斌使梁州南秦州前員外散騎侍郎阮園容使交州駙馬都尉奉朝請潘思先使寧州並兼散騎常侍班宣詔書曰昔王者巡功羣后述職不然則有存省之禮聘規之規所以觀民立政命事考績上下偕通遐邇咸被故能功昭長世道歷遠年朕以寡暗屬承洪業寅畏在

位眛于治道夕惕惟憂如臨深谷懼國俗夌頹民風
凋僞眚厲違和水旱傷業雖躬勤庶事思弘攸宜而
機務惟殷顧循多闕政刑乖謬未獲具聞豈誠素弗
孚使羣心莫盡納隍之愧在予一人以歲時多難王
道未一卜征之禮廢而未脩眷彼氓庶無忘攸恤今
使兼散騎常侍渝等申命四方周行邦邑親見刺史
二千石官長申述至誠廣詢治要觀察吏政訪求民
隱旌舉操行存問所疾禮俗得失一依周典每各爲
書還具條奏俾朕昭然若親覽焉大夫君子其各悉
心敬事無隳乃力其有咨謀遠圖讜言中誠陳之使

者無或隱遺方將敬納良規以補其闕勉哉勗之稱
朕意焉

五月乙巳詔曰夫哲王宰世廣達四聰猶巡嶽省方
採風觀政所以情僞必審幽遐罔滯王澤無擁九臯
有聞者也朕以寡薄猥纂洪緒雖永念治道志存昧
旦願言傳巖發寐宵昧而丘園之秀藏器未臻物情
民隱尚隔親聽乃眷區域輟寢忘食今氛祲袪蕩宇
內寧晏旌賢弘化於是乎始可遣大使巡行四方其
宰守稱職之良圭蓽一介之善悉須列奏勿或有遺
若刑獄不卹政治乖謬傷民害教者具以事聞其高
年鰥寡幼孤六疾不能自存者可與郡縣優量賑給
博採輿誦廣納嘉謀務盡銜命之旨俾若朕親覽焉

八年閏六月楊州旱乙巳遣侍御史省獄訟申調役

九年六月詔曰益梁交廣境域幽遐治宜物情或多
偏擁可更遣大使巡求民瘼

十二年東諸郡大水人民饑饉吳義興及吳郡之錢
塘升光三百以司徒左西掾州治中從事史沈演之
及尚書祠部郎江邃並兼散騎常侍巡行拯恤許以
便宜從事

孝武以元嘉三十年四月即位五月庚辰詔曰天步

艱難國道用否雖基構永固而氣數時愆朕以眇身
奄承皇業奉尋曆命鑒寐震懷萬邦風政人治之本
感念夌替若疢在心可分遣大使巡省方俗

閏六月遣兼散騎常侍樂詢等十五人巡行風俗

明帝泰始元年十二月即位詔曰朕龕亂寧民屬膺
景祚鴻製初造華道維新而國故頻罹仁澤偏壅每
鑒昧疚心罔識攸濟巡方問俗弘政所先可分遣大
使廣求民瘼考守宰之良採衡閭之善若獄犴淹枉
傷民害教者具以事聞鰥寡孤獨癃殘六疾不能自
存者郡縣優量賑給貞婦孝子高行力田詳悉條奏

博詢輿誦廣納嘉謀每盡皇華之旨俾若朕親覽焉
三年八月丙午遣吏部尚書褚淵慰勞緣淮將帥隨
宜量賜
後廢帝以泰豫元年四月即位六月壬辰詔曰夫輿
王經制寔先民隱方求廣教刑於四維朕以眇耿夙
膺寶曆永言民政未接聽覽眷言乃顧無忘鑒寢可
遣大使分行四方觀採風謠問其疾苦今民間有法
不便俗者悉各條奏若守宰威惠可紀廉勤允著依
事騰聞如獄訟誣枉職事紕繆情公存私害民利已
者無或隱昧廣納芻輿之議博求獻藝之規廵省之

道務令精治滌簡行識俾若朕親覽焉
元徽元年九月壬午詔曰國賦我稅蓋有嘗品往屬
戎難務先軍實徵課之宜或乖往昔淮湘江州糧運
偏積調役既繁庶徒彌揭因循權政容有未華民單
力弊歲月逾甚永言矜歎情兼宵寢可遣使到所明
加詳察其輸違舊令役非公限者並即蠲改具條以
聞
南齊大祖建元元年四月即位五月丙辰詔遣大使
分行四方遣兼散騎常侍十二人廵行四方以交寧
道遠不遣使

二年二月遣大使巡慰淮泗徐豫邊民尤貧遭難者
刺史二千石量加賑卹又遣右衛將軍給事中呂安
國出司州案集民戶詔曰郢司之間流雜繁廣宜並
加區判定其隸屬叅詳兩州事無專任安國可蹔往
經理
三年十二月命散騎常侍虞炎等十二人巡行諸州
郡觀省風俗焉
海陵王以延興元年七月丁酉即位八月甲辰詔遣
大使巡行風俗
梁高祖天建元年四月即位詔曰觀風省俗哲后弘

規狩岳巡方明王盛軌所以重華在上五品聿修文
命肇基四載斯履故能物色幽微耳目屠釣致王道
於緝熙被淳風於遐邇朕以寡薄昧于治方藉代終
之運當握符之重取鑒前古懷若馭朽思所以振民
育德去殺勝殘解綱更張置之仁壽而明慙昭遠智
不周物兼以歲之不易未遑卜征興言夕惕無忘鑒
寐可分遣內侍周省四方觀政聽謠訪賢舉滯其有
田野不闢獄訟無章忘公徇私侵漁是務者悉隨事
以聞若懷寶迷邦蘊奇待價蓄響藏真不求聞達並
依名騰奏罔或遺隱使輶軒所届如朕親覽焉

三年六月詔曰昔哲王之宰世也每歲下征躬事巡省民俗政刑罔不畢達末代風彫久曠茲典雖欲肆遠忌勞寃臨幽仄而居今行古事未易從所以日晏踟躕情同再撫總攬九州遠近人庶或川路幽遐或貧羸老疾懷寃抱理莫錄自申所以東海匹婦致災邦國西土孤魂登樓請訴念此于懷中夜太息可分將命巡行州郡其有深寃鉅害抑鬱無歸聽詣使者依原自列庶以矜隱之念昭被四方遏聽遠聞事均親覽

敬帝太平元年二月以東土經杜龕張彪抄暴遣大

使巡省

陳武帝永定元年十月乙亥卽位己卯分遣大使宣勞四方下璽書勑州郡曰夫四王革代商周所以應天五勝相推軒羲所以當運梁德不造喪亂積年東夏沸騰西都蕩覆蕭勃干紀非惟趙倫侯景滔天踰於劉載貞陽反篡賊約連兵江左累屬於鮮卑金陵久非於梁國自有氤氳混沌之世龍圖鳳紀之前東漢興平之初西朝永嘉之亂天下分離未能若於梁朝者也朕以虛薄屬當興運自昔登庸首清諸越降間浪汨靡不征行浮海乘山所在戡定冒總風塵驟馳師旅六延梁祀十剪強寇豈曰人謀皆縣天啓梁氏以天祿斯改期運永終欽若唐虞推其鼎玉朕東西退讓拜手陳辭避舜子於箕山之陽求支伯於滄洲之野而公卿敦逼率土翹惶天命難稽遂享嘉祚今月乙亥升禮太壇言念遷桐但有慙德自梁氏將末頻月亢陽大運斯終秋霖奄降翌日成禮圜丘宿設埃雰晩霽尾象夜張朝景重輪泣三危之膏露晨光合璧帶五色之卿雲顧惟寡薄彌慙休祉昧旦丕顯方思至治卿等擁旄方岳相任股肱剖符名守方寄恤隱玉曆惟新命有所慶想深求民瘼務在廉平

慶惠以撫孤貧威刑以禦狡猾若有萑蒲之盜或犯戎商山谷之首擅強幽險皆從肆赦咸使知聞如或迷途俾在無貸今遣使人具宣往旨念思善政副此虛懷時熊曇朗在豫章周迪在臨川留異在東陽陳寶應在晉安共相連結閩中豪帥互相自保帝患之令黃門侍郎蕭乾往諭之謂曰陸賈南征趙佗歸順隨何奉使黥布來臣追想清風髣髴在目卿宜勉建功名不須更勞師旅乾至示以逆順所在歸附

文帝天嘉元年正月分遣使者宣勞四方

二月遣使者齎璽書宣勞四方

宣帝太建元年正月分命大使巡行四方觀省風俗

二年六月分遣大使巡行州郡省理寃屈

六年四月詔曰戢情懷善有國之令圖拯弊救危聖範之通訓近命師薄伐義在濟民青齊舊隷膠光部落久患內戕爭歸有道弃彼農桑忘其衣食而大軍未接中途止憇胸山黄郭車營布滿扶老携幼遷流草抜旣喪其本業咸事遊手饑饉病疾不免流離可遣大使精加慰撫仍出陽平倉穀拯其懸罄并充糧種勸課士女隨近耕種石鼈等屯適意修墾

後主至德二年正月分遣大使巡省風俗

東魏孝静帝天平元年十二月遣侍中封隆之等五人爲大使巡諭天下

三年十一月詔遣使巡簡河北移饑人

興和元年六月以尚書左僕射司馬子如爲山東黜陟大使

北齊文宣帝天保元年五月戊午卽位辛未遣大使於四方觀察風俗問民疾苦嚴勑長吏厲以廉平興利除害務存安静若法有不便於時政有未盡於事者具條得失還以聞奏（遣李樊等八人充大使巡省方俗問民疾苦）

廢帝以天保十年十月卽位十一月分命使者巡省四方求政得失省察風俗問民疾苦

孝昭帝以皇建元年八月壬午卽位壬辰詔分遣大使巡省四方觀察風俗問民疾苦考求得失搜訪賢良

武成帝以太寧元年十一月卽位詔大使巡行天下求政善惡問人疾苦擢進賢良

河清三年九月詔遣十二使巡行水潦免其租調

後主天統五年七月詔使巡省河北諸州無雨處境內偏旱者優免租調

梁太祖乾化元年十二月命大理卿王鄯使于安南左散騎常侍吴藹使于朗州皆以旌節官告錫之也又命將作少監姜弘道爲朗州旌節官告使副

冊府元龜

巡按福建監察御史臣李嗣京　訂正

知甌寧縣事臣孫以敬參閱

知建陽縣事臣黃國琦較釋

閏位部三十三

權略　訓兵

權略

夫濟多難建大業安反側集事機蓋有任夫權謀者焉故其智不足以仲尼之所非以奇用兵老氏之攸述而况天保未定世故糾紛專據一方抗衡上國或經綸伊始戰鬭未寧或維御方物統制斯在乃有反乎常道奮乎英畧理絕於倖揣事等於符契終能成經世之務申除惡之志應變之術良可稱焉雖復捨正從譎受譏於春秋其於反權合道有濟乎當世易之見幾而作傳之好謀而成者皆是之謂矣

蜀先主初在吳時益州牧劉璋綱維頹弛周瑜甘寧並勸孫權取蜀權以洛先主先主內欲自規乃僞報曰備與璋託爲宗室冀憑英靈以輔漢朝今璋得罪左右備獨竦懼非所敢聞願加寬貸若不獲請備當放髮歸於山林後先主西圖璋留關羽守權曰猾虜乃敢挾詐（初魏太祖始征柳城先主說劉表使襲許表不從及太祖還表謂先主曰不用君言故失此大會也先主曰今天下分裂日尋干戈事會之來豈有終極乎若能應之於後者則此未足爲恨也）先主既得成都曹公自長安舉衆南征先主遙策之曰曹雖來無能爲也我必有漢川矣及曹公至先主斂衆拒險終不交鋒積月不拔亡者日多夏曹公果引軍還先主遂有漢中

吳大帝初爲吳侯漢建安十八年正月曹公出濡須作油船夜渡洲上權以水軍圍取得三千餘人其沒溺者亦數千人權數挑戰公堅守不出權乃自來乘輕船從濡須口入公軍諸將皆以爲是挑戰者欲擊之公曰此必孫權欲身見吾軍部伍耳勅軍中皆嚴精弓弩不得妄發權行五六里廻還作鼓吹公見舟船器伏軍伍整肅喟然嘆曰生子當如孫仲謀劉景升兒子若豚犬耳

二十四年劉備將關羽圍樊襄陽偏將軍全琮上疏陳羽可討之計權時已與呂蒙陰議襲之恐事泄故寢琮表不答及擒羽權置酒公安顧謂琮曰君前陳此孤雖不相答今日之捷抑亦君之功也於是封陽華亭侯二十五年魏文帝受漢禪權聞魏受禪而劉備稱帝乃呼問知星者已分野中星氣何如遂有僭

意而以位次尚少無以威衆又欲先卑而後踞之爲
卑則可以假寵後踞則必致討然後可以怒衆衆怒
然後可以自大故深絶蜀而專事魏魏封權爲吴王
羣臣議以爲宜稱上將軍九州伯不應受魏封權曰
九州伯於古未聞也昔沛公亦受項羽拜漢王此蓋
時宜耳復何損耶遂受之又魏欲遣侍中辛毗尚書
桓楷徃與盟誓并徵任子權辭讓不受魏以命曹休
張遼臧霸出洞口曹仁出濡須曹真夏侯尚張郃徐
晃圍南郡權遣吕範等督五軍以舟軍拒休等諸葛
瑾潘璋楊粲救南郡朱桓以濡須督拒仁時楊越蠻

夷多未平集内難未弭故權卑辭上書求自改厲若
罪在難除必不見置當奉還土地民人乞寄命交州
以終餘年魏文帝報曰君生於擾攘之際本有從横
之志降身奉國以享兹祚自君策名以來貢獻盈路
討備之功國朝仰成埋而掘之古人之所恥國語云狸埋之
狸掘之是以無成功朕之與君大義已定豈樂勞師遠臨江漢
廊廟之議王者所不得專三公上君過失皆有本末
朕以不明雖以曾母投杼之疑猶冀言者不信以爲
國福故先遣使者犒勞又遣尚書侍中踐修前言以
定任子君遂設辭不欲使進議者怪之又前都尉浩

周勸君遣子仍實朝臣交謀以此卜君君果有辭外
引隗囂遣子不終内喻竇融守忠而已世殊時異人
各有心浩周之還口陳指麾益令議者發明衆嫌終
始之本無所據杖故遂俛仰從郡臣令省議上事款
誠深至心用慨然悽愴動容卽日下詔勅諸君但深
溝高壘不得妄進若君必効忠節以解疑議登身朝
到夕召兵還此言之誠有如大江魏畧曰浩周字孔異上黨人建安中
仕爲蕭令至徐州刺史後領護于禁軍軍没爲關羽所得權襲羽并得周甚禮之及文帝卽王位權乃遣
周爲牋魏王曰昔討關羽獲于將軍卽白先王當發遣之此乃奉款之心不言而發先王未深留意而謂
權中間復有異圖愚情悽悽用未果决遂値先王委離國祚殿下承統下情始通公私契濶未獲備舉是

令本誓未卽昭顯梁寓傳命委曲周至深知殿下以爲意望權之赤心不敢有他願垂明恕保權所執謹
遣浩周東里袞至情至實皆周等所具又曰權本性空薄文武不昭昔承父兄成君之緒得爲先王所見
奬飾遂因國恩綏撫東土而中間寡慮庶事不明畏威忘德所取重戾先王恩仁不忍遐棄旣釋其宿罪
且明關信雖致命虜庭梟獲關羽功効淺薄未報萬一事業未究先王卽世陛下踐祚威仁流邁私懷情
願未蒙昭察梁寓來到具知陛下不遂疏遠必欲撫録追本先緒權之得此欣然踊躍心開目明不勝其
慶權世受寵遇分義深篤今日之事永執一心推察悽悽重垂含覆又曰先王以權推誠已驗軍當永遠
故除合肥之守著南北之信令權長驅不復後顧近得守將周泰全琮等白事過月六日有馬步七百徑
到横江又篤將馬和復將四百人進到君巢琮等聞有兵馬渡江視之爲兵馬所擊臨時交鋒大相殺傷
卒得此問情用恐懼權實在遠不預聞知約勅無素敢謝其罪又聞張征東朱横海今復還合肥先王盟
要繇來未久且權自度未獲罪釁不審今者何以發兵卒軍遠次事業未訖甫當爲國討除賊備重聞斯

問滐使失圖凡逹人所侍在於明信願殿下克卒前
分開示坦然使權誓命得卒本規凡所願言周等所
當傳也初東里袞爲于禁軍司馬前與周俱没又俱
還到有詔皆見之帝問周等周以爲權必臣服而東
里袞謂其不可必服帝悅周言以爲有以知之是歲
冬魏王受漢禪遣使以權爲吳王詔使周與使者俱
往周旣致詔命時與權私宴謂權曰陛下未信王遣
子入侍也周以闔門百口明之權因謂周曰浩孔異
卿乃以舉家百口保我我當何言耶遂流涕沾襟及
與周別又指天爲誓周還之後權不遣子而設辭帝
乃久留其使到八月權上書謝又與周書曰自道路
開通不忘修意旣新奉國命加知起居假歸河北故
使情問不獲果至望想之勞曷云其已孤以空闇分
信不昭中間招罪以取棄絶幸蒙國恩復見赦宥喜
乎與君克卒本圖傳不云乎雖不能始善終可也又
曰昔君之來欲令遣子入侍于時傾心歡以承命徒
以登年幼欲假年歲之間耳而赤心未蒙昭信遂見
討責常用慙怖自頃國恩復加開導忘其前愆取其
後效喜得因此尋竟本誓前以有表具說遣子之意
想君假還已知之也又曰今子當入侍而未有其耦

昔君念之以爲可上連綴宗室若夏侯氏雖中間自
棄嘗奉戴在心當垂宿念爲之先後使獲攀龍附翼
永自固定其爲分惠豈有量哉如是欲遣孫長緒與
小兒俱入奉行禮聘成之在君又曰小兒年弱如教
訓不足念當與別爲之緬然父子恩情豈有已耶又
欲遣張子布追輔護之孤性無餘凡所欲爲今盡宜
布惟恐赤心不克暢達是以俱爲君就之宜明所以
於是詔曰權前對浩周自陳不敢自遠樂于委質長
爲外臣又前後辭旨頭尾擊地鼠子自知不能保爾
許地也又今與周書請以十二月遣子復欲遣孫長
緒張子布隨子俱來彼二人皆權股肱心腹也又欲
爲子於京師求婦此權無異心之明效也帝旣信權
甘言且謂周爲得其眞而權但華僞竟無遣子意權
自是之後帝旣彰權罪周亦見疎遠終身不用
遂改年臨江拒守黄武二年八月魏文帝在廣陵吳
人大駭權乃臨江爲疑城自石頭至于江乘車以木
槙衣以葦席加采飾焉一夕而成魏人自江西望甚
憚之遂退軍
孫休永安元年大將軍孫綝秉政一門五侯皆典禁
兵權傾人主有所陳述敬而不違於是益恣休恐其
有變數加賞賜十一月丙申詔曰大將軍忠款內發
首建大計以安社稷卿士內外咸贊其議並有勳勞
昔霍光定計百寮同心無復是過亟案前日與議定
等告廟人各依故事應加爵位者促施行之戊戌詔
曰大將軍掌中外諸軍事事統多煩其加衛將軍御
史大夫恩侍中與大將軍分省諸事恩者綝之弟塡之休
聞綝逆謀陰與張布圖計十二月戊辰臘百寮朝賀

公卿升殿詔武士縛綝卽伏誅
宋高祖武帝初叅劉牢之軍事孫恩頻攻句章帝屢
摧破之恩復走入海三月恩北出海鹽帝追而翼之
築城于海鹽故治賊日來攻城城內兵力甚弱帝乃
選敢死之士百人咸脫甲冑執短兵並鼓譟而出賊
震懼奪氣因其懼而奔之並棄甲散走斬其大帥姚
盛雖連戰剋勝然衆寡不敵帝深獨慮之一夜偃旗
匿衆若已遁者明晨開門使羸疾數人登城賊遥問
劉裕所在日夜已走矣賊信之乃率衆大上帝乘其
懈怠奮擊大破之恩知城不可下乃進向滬瀆帝復

棄城追之海鹽令鮑陋遣子嗣之以吳兵一千請爲前驅帝曰賊兵甚精以吳人不習戰若前驅失利必破我軍可在後爲聲援不從是夜裕多設伏兵兼置旗鼓然一處不過數人明日賊率衆萬餘迎戰前驅既交諸伏皆出舉旗鳴鼓賊謂四面有軍乃退嗣之追奔爲賊所沒帝且戰且退賊盛所領死傷且盡帝慮不免至向伏兵處乃止令左右脫取死人衣賊謂當走反停疑猶有伏帝因呼更戰氣色甚猛賊衆以爲然乃引軍去帝徐歸然後散兵稍集

南齊太祖初迎立順帝平西將軍郢州刺史黃回與

司徒袁粲相結舉事粲據石頭回頓新亭聞石頭鼓噪率兵來赴之朱雀航有戍軍受節度不聽夜過會石頭已平因稱救援太祖知而不言撫之甚厚遣回西上流涕告别後終誅之回弟駟及從弟馬兒子奴亡逸太祖與征虜將軍王廣之書曰黃回雖有微勳而罪過轉不可容近遂啓請御大小二輿爲刺史服飾吾乃不惜爲啓聞正恐得輿復求畫輪車此外罪不可勝數弟自悉之今啓依法令廣之於江西搜捕駟等

薛淵爲冠軍將軍魏遣薛道標寇壽春帝以道標淵之親近勅齊郡太守劉懷慰曰聞道標兒婦並在都與諸弟無復同生者凡此類可多方誤之縱不全信足使豺狼疑惑令爲淵書與道標示購之意魏得書果追道標遣他將代之

武帝不豫時後魏侵邊帝慮朝野憂惶乃力疾召樂府奏正聲伎

梁高祖義師起陳伯之爲齊冠軍據尋陽以距義師及衆軍次尋陽然後歸附與衆俱下伯之頻離門尋進西明門建康城未平每降人出伯之輒喚與耳語高祖恐其後懷翻覆密語伯之曰聞城中甚忿卿舉

江州降欲遣刺客中卿宜以爲慮伯之未之信會東昏將鄭伯倫降高祖使伯倫過伯之謂曰城中甚忿卿欲遣信誘卿以封賞須卿復降當生割卿手脚卿若不降復遣刺客殺卿宜深爲備伯之懼自是無異志矢力戰有功

呂僧珍爲前軍將軍直殿省孫文川等作亂進燒尚書省及閣道雲龍僧珍師羽林兵邀擊不能却高祖戎服御前殿謂僧珍曰賊夜來是衆少曉則走矣命打五鼓賊謂已曉乃散官軍捕文川斬于東市

北齊神武性深密高岸終日儼然人不能測機權之

際變化若神至於軍國大略獨運懷抱文武將吏罕有諫之諸將出討奉行方略罔不克捷違失指晝多致奔亡初高祖雖内有遠圖而外迹未見爾朱羽生爲殷州刺史高祖密遣李元忠舉兵逼其城令乾率衆僞往救之乾遂輕騎入見羽生與指晝軍計羽生與乾俱出因擒之遂平殷州

文襄東魏孝靖帝武定中爲大將軍時侯景據河南反令韓軌討之不克文襄欲間景於梁又與景書而謬其辭云本使景陽叛欲與圖西西人知之故景更以圖南爲事漏其書於梁梁人亦不之信

朱梁太祖乾寧中急攻兖鄆朱瑄求援於太原將李克用遣大將李存信率師赴之假道於魏屯於莘縣存信御軍無法稍侵魏之芻牧羅弘信不平之太祖因遣使謂弘信曰太原志吞河朔廻戈之日貴道堪憂弘信懼乃歸欵於太祖仍出師三萬攻李存信敗之未幾李克用領兵攻魏營於觀音門外屬邑多拔太祖遣葛從周援之戰於洹水擒克用男落落以獻太祖令送於弘信斬之晉軍乃退是時太祖方圖兖鄆慮弘信離貳每歲時賂遺必卑辭厚禮弘信每有答貺太祖必對魏使北面拜而受之曰六兄比予有倍年之長兄弟之國安得以常隣遇之故弘信以爲厚已

開平五年二月以蔡州順化軍指揮使王存儼權知軍州事蔡人士晝叛逆刺史張慎思又裒斂無狀帝追慎思至京而久未命代右廂指揮使劉行琮乘虚作亂因縱火驅掠爲度淮計存儼誅行琮而撫遏其衆都將鄭遵與其下奉存儼爲主而以衆情馳奏時東京留守博王友文不先請遂討其亂兵至鄢陵上聞之曰誅行琮功也然存儼方懼若臨之以兵蔡必速飛矣遂馳使還軍而擢授存儼蔡人安之

乾化元年以權知輝州事前鄆州支使簡較金部郎中段知新爲輝州刺史仍進階超至銀青光祿大夫進官超至簡較工部尚書武威郡開國男食邑三百戸帝英果迅邁顧事之鄙于司存者皆逶迤不速意甚惡之况肇樹丕搆方以肥養生物恐一赤縣爲念故戎將之超寵異數咸宜發宸旨靡繇宰司用之以激諸勇毅冀夫悉效亦王者之權道也

末帝貞明初租庸使趙巖租庸判官邵贊獻議於帝曰魏博六州精兵數萬蠹害唐室百有餘年羅紹威前恭後倨太祖每深含怒太祖口未屬纊師厚卽肆

陰謀蓋以地廣兵彊得肆其志不如分削使如身使臂卽無不從也陛下不以此時制之寧知後之人不爲師厚邪若分割相魏爲兩鎮則朝廷無北顧之患矣帝曰善詔以平盧軍節度使賀德倫爲天雄軍節度使遣劉鄩率兵六萬屯河朔詔曰分疆裂土雖賞勳勞建節屯師亦從機便比者魏博一鎮延屬六州爲河朔之大藩實國家之巨屏所分憂寄允爲重難將叶事機須期通濟但緣鎮定賊境寖爲魏博親隣其次相衛兩州皆控澤潞山口兩道並連於并晉分頭常寇於魏封旣須日有枝梧未若俱分節制免勞

兵力困奔命於兩途稍泰人心俾安居於終日其相州宜建節爲昭德軍以澶衛兩州爲屬郡以張筠爲相州節度使

訓兵

傳曰春蒐夏苗秋獮冬狩皆於農隙以講武事周禮大司馬之職掌仲春教振旅皆所以訓戎政而簡軍實也自江左建國以逮夫宋梁莫不循經武之制舉治之典或考禮於前代或寓令於游畋或閱水戰之備或叅華戎之選至　迺躬秉武節以明乎申律近處禁圍聿勤於肄習繇是少長有攸卒乘競勸允符申儆之義以成式遏之業故仲尼有言曰以不教民戰是謂棄之斯可監也已

吳廢帝亮始親政事時孫綝事政亮乃取兵子弟年十八已下十五已上得三千餘人選大將子弟年少有勇力者爲之將帥亮曰吾立此軍欲與之俱長日於苑中習焉

宋太祖在位依故事肄習衆軍兼用漢魏之禮其後講武於宣武堂

文帝元嘉五年正月臨玄武館閱武

十六年正月戊寅於北郊閱武

二十年二月於白下閱武

二十五年二月詔曰安不忘危經世之所同治兵教戰有國之常典故服訓明恥然後少長知禁頃戎政雖修而號令未審今宣武場始成便可克日大習衆軍當因郊獮肄武講事

閏二月大蒐於宣武場主者奉詔列奏申攝克日畋獵百官備辦設行宮殿便坐於武帳内設王公百官便坐幔省如常儀設南北左右四行旌門建獲旗以表獲車殿中郎一人典獲車主者二人收禽吏二十四人配獲車十二兩輓獵之官着袴褶有帶武冠者

脘冠者上纓二品以上擁刀備槊麾幡三品以下帶
刀皆騎乘將領部曲先獵一日遣屯布同領軍將軍
一人督右甄護軍將軍一人督左甄大司馬一人居
中廻董正諸軍悉受節度殿中郎率獲車部曲在司
馬之後尚書僕射都官尚書五兵尚書左右丞都官
諸曹郎令史都官諸曹令史幹蘭臺治書侍御史曹
令史諸曹令史幹督攝糾司輭獵非違至日會於宣
武場列爲重圍設留守鎮衛位於雲龍門外內官道
南以西爲上設從官位於雲龍門內大官階北小官
階南以西爲上設先置官位於行止車門外官道東

以北爲上設先置官還位於廣莫門外道之東西以
南爲上輭獵日平旦正直侍中奏中嚴上水一刻奏
搥一皷爲一嚴上水二刻奏搥二皷爲再嚴殿中侍
御史奏聞東中華雲龍門引仗爲木駕鹵簿百官非
輭獵之官著朱服集列廣莫門外應還省者還省留
守塡街後部從官就位前部從官依鹵簿先置官先
行上水三刻奏搥三皷爲三嚴上水四刻奏外辦正
次直侍中散騎常侍給事黃門侍郎軍輭劍履進夾
上閤正直侍郎負璽通事令史帶龜印中書之印上
水五刻皇帝出著黑介幘單衣乘輦正直侍中負璽
陪乘不帶劍殿中侍御史督攝黃麾以內次直侍中
中次直黃門侍郎護駕在前又次直侍中佩信璽與
正直黃門侍郎從護駕在後不鳴皷角不得諠譁以
次引出警蹕如常儀車駕出贊陛者再拜皇太子入
守車駕將至威儀唱引先置前部從官就位再拜車
駕至行殿前廻輦正直侍中跪奏降輦次直侍中再
拜制曰可正直侍中俛伏起皇帝降輦登御座侍臣
升殿直衛鞁戟虎賁毛頭文衣鶡尾以次列階正直
侍中奏解嚴先置從駕百官還便坐幔省帝若躬親
射禽變御戎服內外從官以及虎賁悉變服如輭獵

儀鞁戟枚鞴以備武衛黃麾內外從入圍裏列置部
典廣張甄圍旗皷相望銜枚而進甄周圍會督甄令
史奔騎號法施令春禽懷孕蒐而不射鳥獸之肉不
登於俎不射皮革齒牙骨角毛羽不登於器不射甄
會大司馬鳴皷麾圍衆軍皷譟警角至武場止大司
馬屯旌門二甄帥屯左右旌門殿中中郎率護軍部
曲入次北旌門內之右皇帝從南旌門入射禽謁者
以護車收載還陳於獲旗北王公以下以次射禽各
送詣獲旗下付收禽主者事畢大司馬鳴皷解圍復
屯殿中郎率其屬收禽以實獲車充庖廚列言統曹

正廚置樽酒俎肉于中逵以犒饗較獵衆軍再嚮正直侍中奏嚴從官還著朱服鞾戟復鞘再嚴先置官先還三嚴後二刻正直侍中奏外辦皇帝著黑介幘單衣正次直侍中散騎常侍給事黄門侍郎軍較進夾御正直侍中跪奏還宮次直侍郎稱制曰可正直侍中俛伏起乘輿登輦還衛從如常儀大司馬鳴鼓散屯以次就舍車駕將至威儀唱引留守填街先置前部從官就位再拜車駕至殿前廻輦正直侍中跪奏降輦次直侍中稱制曰可正直侍中俛伏起乘輿降入正直次直侍中散騎常侍給事黄門侍郎散騎

侍郎軍較從至閤亦如常儀正直侍郎奏解嚴

孝武孝建二年九月丁亥於宣武塲閱武

大明五年二月閱武詔曰昔人稱人道何先於兵爲首雖淹紀勿用忘之必危朕以聽覽餘閒因時講事坐作有儀進退無爽軍幢以下普量班錫

七年正月詔曰春蒐之禮著自周令講事之語書于魯史所以昭宣德度示民軌則今歲稔氣榮中外寧晏當因農隙葺是舊章可克日於玄武湖大閱水師幷巡江右講武較獵十月戊申幸南豫州癸巳習水軍於梁山

南齊武帝永明二年八月幸玄湖講武

四月正月幸宣武堂講武詔曰今親閱六師少長有禮領馭羣帥可量班賜

六年九月幸瑯邪城講武習水步軍

九年九月幸瑯邪城講武觀者傾都普頒酒肉

十年十月幸玄武湖講武

梁武帝大同四年九月閱武于樂遊苑

陳文帝天嘉元年八月幸正陽堂閱武

宣帝大建十一年八月丁卯幸大壯觀大閱武命都督任忠領步騎十萬陳於玄武湖都督陳景領樓艦

五百出于瓜步江帝登玄武門歡宴羣臣以觀之因幸樂遊苑仍重幸大壯觀集衆軍振旅而還戊寅還宮

後主至德四年九月甲午幸玄武湖肄艫艦閱武

北齊文宣帝受魏禪多所創革六坊之内從者更加簡練每一人必當百人任其臨陣必死然後取之謂之百保鮮甲又簡華人之勇力絶倫者謂之勇士以備邊要

梁太祖開平元年十月幸繁臺因農隙以講武事

二年三月幸澤州甲申登東北隅逍遥樓蒐閱騎乘

旌甲蒲野
七月幸高僧臺閱禁衛六軍
十一月出開明門登高僧臺閱兵
三年三月幸右軍舊杏園講武
十一月幸榆林坡閱兵教諸都馬步兵
四年正月帝出師子門至榆林坡下閱教
二月帝出師子門幸榆林東北坡教諸軍兵事
十月幸開化閣大閱軍實
十二月親閱禁軍命格鬭于教馬亭
乾化元年八月庚申幸保寧殿閱天興控鶴兵事軍

使將較各有賜丙子閱四番將軍及親衛兵士於天津橋南至龍門廣化寺戊寅幸興安鞠場大教閱帝自指麾無不踊抃坐作進退聲振宮掖
十月帝北征駐蹕相州癸丑閱武於州闉之南樓丙子帝御城東教場閱兵諸軍都指揮北面招討使太尉楊師厚總領鐵馬步甲十萬廣亘十數里陳馬士卒之雄銳部隊之嚴肅旌旗之雜遝戈甲之炤曜屹若山嶽勢動天地帝甚悅焉卽命丞相洎文武從臣列侍賜食逮晚方歸
二年三月甲午幸貝州之東闉閱武乙未帝復幸東

閱閱騎軍

冊府元龜

巡按福建監察御史臣李嗣京　訂正
新建縣舉人臣戴國士叅閱
知建陽縣事臣黃國琦較釋

閏位部三十四

招懷　和好　抑貢獻

招懷

傳曰招攜以禮懷遠以德是知有國者務輯寧於初附將誘致於來者而外示其優禮而内彰乎大度俾危疑者得自安之地翔引者無失所之嗟誠接物之

宏猷經遠之大略也自漢氏之末羣雄並起玄德奮於庸蜀孫氏據有江東其餘趑趄陸梁往往而在莫不懷去就之分審廢興之命跨州連郡以待所歸於是折珪以尉其心遣使以達其意或委質以從命或脩貢以稱藩故能撫有其民人恢拓乎疆宇鼎峙之業雄視二隅繇宋齊以還南北分壤逮夫高齊至於梁氏疆埸之事一彼一此反側之子改過自新咸用接納存邮俾其安集斯誠君國者之永圖哉

蜀先主初圍劉璋於成都時偏將軍馬超領其父騰部曲依張魯魯不與計事內懷於邑密書請降先主遣人迎超超將兵徑到城下城中震怖璋即稽首又云先主使李恢至漢中交好馬超超遂從命

黃權爲劉璋廣漢長及先主襲取益州將帥下郡縣郡縣望風景附權閉城堅守劉璋稽服而詣降先主假權偏將軍

吳大帝初爲吳侯建安十五年遣步騭爲交州刺史時士燮爲綏南中郎將董督七郡領交阯太守騭到燮率兄弟奉承節度帝加燮爲左將軍建安末年燮遣子廞入質帝以爲武昌太守諸子在南者皆拜中郎將又誘導益州豪姓雍闓等率郡人民使遙東附

帝益嘉之遷衛將軍弟合浦太守壹時貢馬凡數百疋帝輒爲書厚加寵賜以答尉之

嘉禾元年十月魏遼東太守公孫淵遣校尉宿舒閬中令孫綜稱藩於大帝并獻貂馬帝大悅加淵爵位二年春正月詔以幽青二州十七郡七十縣封爲燕王

宋高祖初爲晉太尉垣遵與其弟苗並爲南燕慕容超委任遵爲尚書苗爲京兆太守帝圍廣固遵苗踰城歸降並以爲太尉行叅軍

孝武大明中黟歙二縣有亡命數千人攻破縣邑殺

害官長豫章王子尚爲楊州刺史在會稽遣主帥領
三千人水陸討伐再徃失利帝遣殿中侍御史吳喜
數十人至二縣誘說群賊賊卽日歸降
明帝卽位初南雍州刺史袁顗與晉安王子勛同反
帝使朝士遺顗書曰夫夷陂相因興華遞數或多難
而固其國或殷憂而啓聖明此既著於前史亦彰於
聞見王室不造昏凶肆虐神鼎將淪宗稷幾泯幸天
未亡宋乾曆有歸主上体自聖文繼明作睿而屢均
牖里屯逾夏臺既天地俱憤義勇同奮克殄鯨鯢三
靈更造應天順民爰集寶命四海屬息肩之歡庶民

見來蘇之泰吾等獲免刀鋸僅全首領復身奉惟新
命承亨運綏帶談笑擊褒聖世汝雖劬勞于外迹阻
京師然心期所寄江漢何遠自九江告變皆歸鄧氏
狂惑此日國言藉藉頗壓吾于道路之議豈其或然
聞此之日能無駭惋凶人反道敗德日夜滋深昵近
佞慝取謀豺虎非惟毒流外物惡積中朝乃欲毀陵
邑雪崇憲燒宗廟鹵御物然後蕩覆京都必使蘭稽
俱盡自非聖上廟筭靈圖俛首遜避維持内外權衡
臣下則赤縣爲戎百姓其魚矣此之事理寧可熟念
既天道輔順百姓謳歌有奉高祖之孫文皇之子德

同九幽功貫三曜輔拯安國提毓黔首若不子民南
面將使神器何歸而羣小搆慝妄懷窺覬成軫惑燕
貫高亂趙讒人罔極自古有之汝京中冠冕儒雅世
襲多見前載縣鑒忠邪何遠遺郎中之清軌近忘太
尉之純槩相與或羣從舅甥或姻婭同款一旦胡越
能無慢恨若疑詿所至邪詖無窮汝當誓衆奮戈翦
此朝食若自延過聽迷塗未遠聖上臨物以仁接下
以愛豈直計宥跡屈丹誠未亮邪跂予南服寤寐延
首若反擢公流歸誠鳳闕錫珪開寓非爾而誰吾等
並過荷曲慈俱叨非服紆金拖玉跂觀蓬門入奉舜

禹之渥出見羲唐之化雍容揄揚信自駒空谷之時
也柰何毀榭先基自蹈凶戾山門蕭瑟松庭誰歸言
念楚路豈不思父母之邦幸納惡石以蠲美疹裁書
表意爾其圖之時尚書右僕射蔡興宗是顗舅領軍
將軍袁粲是顗從父弟故書云羣從舅甥也後又使
覬舊門生徐碩奉手詔譬顗曰卿歷觀古今險之與
強何嘗可恃自朕踐祚塗路梗塞卿先縣奉表未經
爲臣今追蹤竇融猶未爲晚也
沈文秀爲青州刺史與晉安王子勛同反泰始二年
八月子勛平帝遣文秀弟文炳詔文秀曰皇帝問前

督青州徐州之東莞東安二郡諸軍事建威將軍青州刺史朕去歲撥亂功振普天於卿一日特有殊澤卿等延命至今誰之力邪何故背國負恩遠同逆豎今天下已定四海寧一卿獨守窮城何所歸奉且卿百口在都兼有墳墓想情非木石猶或顧懷故指遣文炳具相宣示凡諸逆節親爲戎首一不加罪文炳所具卿獨何人而能自立便可速率部曲同到軍門別詔有司一無所問如其不爾人有常刑非唯戮及弟息亦當夷卿墳墓旣以謝齊土百姓亦以勞將士之心故有今詔三年二月文秀歸命請罪即安本任

崔道固爲二州刺史與沈文秀同逆會四方平定明帝遣使宣慰道固奉詔歸順

殷琰爲建武將軍豫州刺史亦同子勛反叛其將留胡敗走尋陽平定明帝遣琰參軍杜叔寶之從父弟季文至琰城下與叔寶語說四方已定勸令時降叔寶曰我乃信汝恐爲人所言耳叔寶閉絕子勛敗問有傳者即殺之時琰子邈東征京邑擊建康帝送邈與琰令說南賊已平之聞自建康出便防送就道議者以爲宜聽邈與伯父瑗私相見不爾無以解城內之惑不從邈至叔寶等果疑守備方固後帝以南賊降者送琰城下令與城內交言繇是人情沮喪琰遂降

韋珍奇爲汝南郡司馬同殷琰反琰降珍奇據城招魏留勔與珍奇書勸令反魏珍奇乃與子超越羽林監垣式寶於譙殺魏子都贊拔等凡三千餘人勔馳驛以聞明帝大喜以珍奇爲使持節都督司北豫二州諸軍事平北將軍司州刺史汝南新蔡縣侯食邑千戶

蕭惠開爲平西將軍都督益寧二州晉安王子勛反惠開乃集將佐謂之曰湘東太祖之昭晉安世祖之

穆其於當璧並無不可但景和雖昏本是世祖之嗣不任社稷其次猶多吾奉武文之靈兼荷世祖之眷今便當投袂萬里推奉九江乃遣巴郡太守費欣壽領二千人東下爲巴東人任叔兒起義所邀欣壽敗沒峽口道不復通更遣州治中程法度領三千人步出梁州又爲氐賊楊僧嗣所斷先是惠開爲治多任刑誅蜀士咸懷猜怨及聞欣壽沒法度又不得前晉原一郡遂反於是諸郡悉用之並來圍城城內東兵不過二千凡蜀人惠開疑之皆悉出之子勛尋平蜀人並欲屠城以望厚賞惠開每遣軍出戰未嘗不捷

前後所摧破傷不可勝計外衆逾合勝兵者十餘萬
人時天下已平明帝以蜀土險遠赦其誅責遣惠開
之弟惠基步道使蜀具宣朝旨惠基旣至涪而蜀人
志在克城不使王命得達遏留惠基不聽進惠基率
部曲破其渠帥馬興日等然後得前惠開奉旨歸順
城圍得解及還都明帝待之益厚時帝遣惠開宗人
寶首水路慰勞益州寶首欲以平蜀爲功更奬説蜀
人於是處處蜂起凡諸離散者一時還合渠帥趙燕
何文章等與寶首屯軍於上去成都六十里衆號二
十萬惠開欲遣擊之將佐咸曰攻破蜀賊誠不爲難

但慰勞使至未獲奉受而遣兵相距何以自明本心
惠開曰今水陸四斷表啓路絶寶首或相誣謗我不
奉朝旨我之欲戰本在通使若得通則誠心達矣乃
作啓事具陳事情使腹心二人帶啓戒之曰須賊破
路開使躍馬馳出遣永寧太守蕭惠訓别駕費欣業
分兵並進與戰大破之生擒寶首囚於成都縣獄遣
使至帝令執送寶首除惠開晉平王長史南郡太守
後廢帝元徽中遣武衛將軍王世武使河南是歲隨
拾寅使來獻詔答曰皇帝敬問使持節散騎常侍都
督西秦河沙三州諸軍事車騎大將軍開府儀同三

司領護羌校尉西秦河二州刺史新除驃騎大將軍
河南三寶命華授爰集朕躬猥當大業祗惕兼懷憂
中增感王世武至德元徽五年五月二十一日表聞
之深熱想比平安又卿乃誠遙著保寶遐疆命詔升
徽號以酬忠款遣王世武銜命拜授又仍使王世武
等往芮芮想即資遣使得時達又奏所上馬等物悉
至今往别牒錦綿紫碧緑黃青等各十疋

南齊太祖建元元年詔曰交阯比景獨隔書朔斯乃
前運方季負海不朝因迷徃昔歸款莫繇曲赦交州
部李叔獻一人即撫南土文武詳才選用并遣大使

宣揚朝恩以試守武平太守行交州府事李叔獻爲
交州刺史

東昏侯永元三年後魏東徐州刺史沈陵降以爲北
徐州刺史

梁高祖天監十三年後魏太常博士崔靈恩歸國高
祖以其儒術擢拜員外散騎常侍

元願達魏支庶也天監中爲後魏司州刺史因大軍
北伐攻義陽願達舉州獻款詔封樂平公侍中

王神念太原郡人天監中以後魏潁川守據郡歸欵
封南城侯青冀二州刺史

元法僧爲後魏鎮東將軍徐州刺史普通六年以彭城内附授司空封始安王法僧魏氏支屬鎮彭城是時魏室亂遂據鎮稱帝魏討之乃歸欵請爲附庸高祖遣奉朝請陳慶之與胡龍牙成景雋率諸軍應接及還朝甚加優寵時方事招携賜法僧甲第女樂金帛遷太尉

元樹字君立後魏近屬也仕魏爲宗正卿爾朱榮亂歸國封爲鄴王鎮北將軍

羊侃爲魏征東大將軍大通三年歸國詔授安北將軍徐州刺史并其兄默及三弟忱元皆拜爲刺史

胡僧祐爲魏銀青光祿大夫大通三年避爾朱氏之難南歸頻上封事武帝器之拜主帥使之送魏北海王元顥入雒陽僧祐又南歸除南天水天門二郡太守

侯景爲魏司徒太清元年求以豫廣潁雒陽西揚東荊北荊襄東豫南兗齊等十三州内屬高祖以景爲大將軍封南河王大行臺承制如鄧禹故事遣同州刺史羊鴉仁兗州刺史桓和仁州刺史湛海珍等應接之

孝元帝時湘州刺史王琳以平侯景之勳第一縱暴於建業王僧辯啓請誅之琳令長史陸納率部曲前赴湘州身輕上江陵陳謝帝以琳下吏使廷尉卿黃羅漢大舟卿張載宣諭琳軍納等及軍人繫羅漢殺載帝遣僧辯討納是時湘州未平武陵王兵下又甚盛江陵公私恐懼人有異圖納啓申琳無罪請復本位求爲奴婢帝乃鎖琳送僧辯時納出兵方戰會琳至僧辯升樓車以示之納等投戈俱拜舉軍皆哭曰乞王郎入城郎出放琳入納等乃降湘州平仍復琳本位

陳高祖永定元年以晉安太守陳寶應爲持節散騎

常侍信武將軍閩州刺史領會稽太守寶應梁末爲晉安太守時東西嶺路寇賊擁隔寶應自海道趣于會稽貢獻故有是命

二年三月梁湘州刺史王琳立永嘉王蕭莊于郢州六月詔侯瑱討之又遣吏部尚書謝哲諭琳琳請還鎮湘州詔追衆軍緩其伐

魯悉達梁末以侯景之亂糾率鄉人保新蔡及晉熙等五郡及王琳據有上流琳授悉達鎮北將軍高祖等遣趙知禮授征西將軍江州刺史各送鼓吹女樂悉達兩受之遷延顧望皆不欲降高祖遣安西將軍

沈泰潛師襲之不能克濟齊遣行臺慕容紹宗以衆三萬來攻鬱口諸鎮兵甲甚盛悉達與戰敗齊軍紹宗僅以身免王琳欲圖東下以悉達制其中流恐爲己患頻遣使招誘悉達終不從琳不得下乃速擊於齊共爲表裏齊遣清河王高岳助之相持歲餘會裨將梅天養等懼罪乃引齊軍入城悉達勒麾下數千人濟江而歸高祖高祖見之甚喜曰來何遲也悉達對曰臣鎮撫下流願爲藩屏陛下授臣以官恩至厚矣沈泰襲臣成以深矣然臣所以自歸於陛下者以陛下豁達大度同符漢祖故也高祖笑曰卿言得之

矣授平南將軍散騎常侍北江州刺史封彭澤縣侯

宣帝大建十二年八月周使持節上柱國卭州總管滎陽郡公司馬消難以鄖隨溫應士沔儇岳等九州魯山甑山沌陽應城平靖武陽上明涢水等八鎮內附詔以消難爲使持節侍中大都督總督安隨等九州八鎮諸軍事車騎將軍司空封隨郡公給鼓吹女樂各一部

東魏孝靜帝興和二年五月西魏行臺宮延和峽州刺史元慶率戶內屬置之河北新附賑廩各有差

武定七年正月梁北徐州刺史湘山侯蕭正表以鎮內附封蘭陵郡公吳郡王

比齊神武爲東魏大將軍爾朱榮都督齊州刺史張瓊因爾朱兆敗歸神武用爲汾州刺史

堯雄初仕後魏爲燕州刺史隨爾朱兆敗於廣阿遂率所部據定州以歸神武時雄從兄傑爾朱兆用爲滄州刺史至瀛州知兆敗亦遣使歸降神武以其兄弟俱有誠欵便留傑行瀛州事尋以雄爲車騎大將軍瀛州刺史以代傑

王則初隸爾朱仲遠爲征虜將軍仲遠敗始歸神武加征南將軍金紫光祿大夫

慕容紹宗初爲爾朱兆長史神武從鄴討兆於晉陽兆窘急走赤𣴎嶺自縊而死紹宗行到馬突城見神武追至遂攜榮妻子及兆餘衆自歸神武仍加恩禮所有官爵並如故軍謀兵畧時參預焉

可朱渾元後魏末爲渭州刺史侯莫陳悅之殺賀拔兵也周文帝率賀拔岳所部還共圖悅元時助悅走元收其歸衆入據秦州爲周攻圍苦戰結盟而罷元既早爲神武知遇兼其母兄在東嘗有思歸之志嘗遣表疏與神武陰相往來周文攻圖忌元智勇知元懷貳發兵攻之元乃率所部發自渭州西北烏蘭津

周文頻遣兵邀元之戰必催之引軍歷河源二州境乃得東出靈州刺史曹渥女婿劉豐與元深相交結元因説豐以神武英武非常克成大業豐自此便有委質之心遂資遣元從靈州東北入雲州神武聞其來也遣平陽守高嵩持璟一枚以賜元并運資糧遠遣候接元至晉陽引見執手賜帛千匹并奴婢田宅兄弟四人先在并州者進官爵元所部督將皆賞以爵邑封元縣公除車騎大將軍

任延敬廣寧人初從葛榮爲賊榮署爲王甚見委任榮敗延敬擁所部先降拜鎮遠將軍廣寧太守

文襄初爲東魏大將軍封渤海王時侯景據河南反令韓軌等討之不克議者咸云侯景猶有北望之心但信命不至耳又景將蔡遵道北歸稱景有悔過之心王以爲信然謂可誘而致乃遺景書曰先王與司徒契闊夷險孤子相依偏所眷屬義貫終始情存歲寒自爲國士者乃立漆身之節饋以一餐者便致扶輪之效況其重於此乎嘗以故舊之義欲將子孫相託方爲秦晉之匹共成劉范之親況聞負杖行歌便以狼顧反噬不蹈忠臣之路乃陷叛人之地力不足以自強勢不足以自保率烏合之衆爲累卵之危西取救於宇文南請援於蕭氏以狐疑之心爲首鼠之事入秦則秦人不容歸吳則吳人不信當是不遑之人曲爲無端之説遂懷市虎之疑乃致投杼之惑昔來舉止事已可見人相疑誤想自覺知闔門大小悉在司寇意謂李氏未滅猶言少卿可扶孤子無狀招禍丁天酷罰但禮緣權奪志在忘私聊遣偏裨前驅致討南兗揚州應時克復即欲乘機席卷縣瓠屬以炎暑欲爲後圖且令還師待時更舉今寒膠向折白露將團方憑國靈龔行天罰器械精新士馬強盛內外感恩上下戮力三令五申可赴湯火使旗鼓相望

埃塵相接勢如渥雪事等注螢夫明者去危就安智者轉禍爲福寧人負我我不負人當開從善之途使有改迷之路若能卷甲來朝垂橐還闕者當即授豫州必使終君身世所部文武更不追攝進得保其祿位退則不喪功名今王思政等皆孤軍偏將遠來深入然其性命若在掌握脱能刺之想有餘力即相加授永保疆埸君門眷屬可以無恙寵妻愛子亦送相還仍爲通家共成親好君今不能東封函谷南面稱孤授制於人威名頓盡得地不欲自守聚衆不以爲強空使身有背叛之名家有惡逆之禍覆宗絕嗣

自貽伊戚戴天履地能無愧乎孫子今日不應遣此但見蔡遵道云司徒本無西歸之心深有悔過之意不知此語爲虛爲實吉凶之理想自圖之景報書曰僕鄉曲布衣本乘藝用出身爲國綿歷一紀犯危履難豈避風霜遂得富貴當年榮華身世一旦舉旗旆援鼓抱北面相抗者何哉實以畏懼危亡恐招禍害故耳往年之暮尊王構疾神不祐善祈禱莫瘳遂使嬖倖弄權心腹離二妻子在宅無事見圍及廻歸長社希自陳狀簡書未遣鈇鉞已臨旣旌旗相對咫尺不遠飛書每奏冀申鄙情而羣帥持雄耿然弗顧運戟推鋒專欲屠滅樞圍偃水僅存三版舉目相看命懸漏刻不恐死亡出戰城下句奏送地豈樂爲之但禽獸惡死人倫好生僕實不幸桓莊何罪且尊王平昔見於比肩戮力同心共奬帝室雖復權勢參差寒暑八禩丞相司徒雁行而已福祿有榮自是天爵劳而復授理不相干欲求呑炭何其謬也然竊人之財猶謂之盜祿去公室抑謂不取今魏德雖衰天命未改拜思私

第何足関言賜喧不能東封函谷授制於人當以教僕賢蔡仲而哀季氏無主之國在禮未聞動而不法將何以訓竊以分財養幼事歸令格舍定存孤誰云隙末復聞聚衆不足以自強身之陷危如累卵案億兆夷人卒降十亂紂之百克終自無後潁川之戰卽是般鑒輕重繇人非畏在德苟能忠信雖弱必強殷憂啓聖處危何若况今梁道邕熙招携以禮被我虎文麋之好爵方欲苑五岳而池四海掃氛䘐以拯黎元東羈甌越西通汧隴吳越悍勁帶甲千羣秦兵冀馬控弦十萬大風一捲枯幹必摧疑霜暫落秋蔕自殞此而爲弱誰足稱雄又見誣兩端受疑二國斟酌物情一何太甚昔陳平背楚歸漢則強百里出虞入秦斯霸皆昏明繇主用舍在人奉禮而行神其吐邪言稱士馬精心尅日齊舉誇張形勢必欲相滅切以寒膠白露節候乃同秋風揚塵馬首何異徒知北方之力爭未識南面之合從苟欲徇意于前塗不覺坑穽在其側去危就安今歸正朔轉禍爲福已脫網羅彼常嗤僕之愚迷此亦笑君之晦昧今引二邦揚旌北討熊虎齊奮克復中原荊襄廣潁已屬關右須城縣張亦奉江南幸自取之何劳見援然權變非一理有萬塗爲君計者莫若割地而和三分鼎峙燕魏趙晉足相俸祿齊曹宋魯悉歸大梁使僕得輸力南朝北敦姻好束帛自行戎車不假僕立當世之功君卒父禰之業各保疆壘𢌿享歲時百姓乂寧四方安堵孰若驅農夫於隴畝抗勍敵於三方避干戈於首尾當鋒鏑於心腹縱太公爲將不能獲存歸之高明何以克濟來書曰妻子老幼悉在司寇以此見要庶其可反當是見疑偏心未識昔王陵附漢母在不歸太公囚楚乞羹自若矧伊妻子而可介意脫謂誅之有益欲止之不能殺之無損徒復阬戮家累在君何關僕也而遵道所說頗亦非虛故重陳辭更諭款曲所望良圖時惠報音然昔與盟主事等琴瑟讒人間之翻爲仇敵撫弦搦矢不覺傷懷裂帛還書知何能述

文宣帝天保六年梁司徒都督郢州刺史陸法和舉州來降帝以法和爲大都督十州諸軍事太尉公以西南都督五州諸軍事荆州刺史安湘郡公宋莅爲

郢州刺史義興縣公梁將造爲散騎嘗侍儀同三司湘州刺史義興縣公梁將侯瑱來逼江夏齊軍棄城而退法和與宋莅兄弟入朝帝問其奇術虛心相見之備三公鹵簿於城南十三里供帳以待之法和遥見鄴城下馬禹步卒術謂曰公旣萬里歸城主上虛心相待何作此術法和手持香爐步從路車至於舘明日引見給通幰油絡網車伏身百人詣闕通名不稱官爵不稱臣但云荆州刺史文宣宴法和及其徒屬於昭陽殿賜法和錢百萬物千段甲第一區田一百頃奴婢二百人生資什物稱是宋莅千段其餘儀

同刺史以下各差等

梁太祖開平二年九月帝西幸至於陝幽州都將康君紹等十人自蕃賊寨内來投又幽州騎將高彥章八十人騎先在并州乃於晉州軍前來降至是到行在皆賜分物衣服放歸本道以示懷服

三年二月同州節度使劉知俊奏延州都指揮使高萬興部領節級家累三十八人來降三月以萬興館較司徒爲丹延等州安撫招誘等使又八月制左憑背叛元惡遁逃如聞相濟之徒多是脅從之輩若能廻心向國轉禍全身當與加恩必不問罪仍令同華

雍等州切加招諭如能梟斬溫韜或以鎮寨歸化必加厚賞仍奬官班兼委本界招復人戶切加安存

閏八月襄陽叛將李佚差小將進表帝示以含弘特賜勅書慰諭

四年二月賜潞州投歸軍馬張行恭錦服銀帶并食

五年二月武安軍節度使馬殷進呈虔州刺史盧延昌牋表虔州北支郡也兵甚銳自得韶州益強大昇爲百勝軍使始洪州之陷盧光稠願收復使府立功自効上因兼授江西觀察留後光稠卒復命延昌領州事方伯亦頗慰薦揚渭遣人爲署爵秩延昌佯受官牒禮遣其使因胡南自表其事曰郡小寇迫欲發其姦謀且開導貢路非敢貳也以其爲制來自陳上覽奏曰我方有北事不可不爾甚加撫卹尋兼授鎮南將軍節度使觀察留後命使慰勞

乾化元年六月乙卯命北面都招討使鎮國軍節度使楊師厚出屯邢雒丁巳鎮定鈔我蕩陰詔曰常山背義易水傚尤誘其蕃戎動我邊鄙南侵相魏東出邢雒是用遣將徂征爲人除害但初頒赦令不欲食言宥而伐之諒非獲已况聞謀始不自帥臣致此厲階並繇姦佞密通人使潛結犬戎旣懼罪誅乃生離

叛今雖行討伐已舉師徒亦開詔諭之門不阻歸降之路矧又王鎔處置未曾削爵除名若翻然改圖不遠而復必仍舊貫當保前功如有率衆向明拔州效順亦行殊賞冀徇來情免令受弊於疲氓用示惟新於汙俗宜令行營都招討使及陳暉軍前准此勑文散加招諭將安衆懼特舉明恩鎮州只罪李弘規一人其餘一切不問

末帝貞明元年三月邠州留後李保衡以城歸順保衡楊崇本養子崇本又李茂貞養子任邠州二十餘年去歲爲其子彥魯所毒彥魯權知州事五十餘日

保衡殺彦魯送欵於帝卽以保衡爲華州節度使以
河陽留後霍彦威爲邠州節度使

和好

自三代之季天統棄絶皇綱不振豪傑並立干矛日尋禹迹幅裂互專我疆桀犬晝吠各是其主勢未服德民思息肩則必奉春秋之盟以修隣好達往來之使申其聘禮用和爲貴無言不酬惠養疲甿保守封略力穡以茲其調度通商以便其有無至於天災流行交相救卹顧謀靈命質諸鬼神蓋以隨時之大義弭兵之良術也

蜀先主之得成都也吳孫權使使報欲得荆州先主言須得凉州當以荆州相與權忿之乃遣呂蒙襲長沙零陵桂陽三郡先主引兵五萬下公安令關羽入益陽會曹公定漢中張魯遁走巴西先主聞之與權連和分荆州江夏長沙桂陽東屬南郡零陵武陵西屬引兵還江州權使大中大夫鄭泉來聘因謂其羣臣曰近得玄德書玄德先主字已深引咎求復舊好前所以名西爲蜀者以漢帝尚存故耳今漢已廢自可名爲漢中王也

章武二年先主侵吳爲吳所敗先主駐白帝大帝甚懼遣使請和先主許之遣大中大夫宗瑋報命

後主建興元年吳遣信都尉馮熙來聘且弔喪也是歲南中諸郡並皆叛亂丞相諸葛亮以新遭大喪故未便加兵遣尚書郎鄧芝固好於吳致馬二百匹錦千段及方物

二年夏吳遣輔義中郎將張溫來聘亦致方土所出以荅厚意遂爲與國是年後主又遣鄧芝聘於吳重結盟好權謂芝曰山民作亂邊守兵多輙慮曹丕乘空弄態而反求和議者以爲內有不暇幸來求和於我有利宜當與通以自辨定恐西州不能明孤赤心

用致嫌疑孤土地邊外間隙萬端而長江巨海皆當防守丕觀釁而動惟不見便寧得志此復有他圖芝再使吳帝數與芝相聞饋遺優渥

七年吳大帝稱尊號其羣臣以並尊二帝來告議者咸以爲交之無益而名躰弗順宜顯名正義絶其盟好丞相諸葛亮曰吳有僭逆之心久矣國家所以略其釁情者求犄角之援也今若加顯絶讎我必深便當移兵東戍與之角力須并其土乃議中原彼賢才尚多將相輯睦未可一朝定也頓兵相持坐而須老使北賊得計非筭之上者昔孝文卑辭匈奴先帝優

與吳盟皆應權通變弘思遠益非丈夫之爲忿者也今議者咸以權利在鼎足不能并力且志望已滿無上岸之情推此皆似是而非也何者其智力不侔故限江自保權之不能越江猶魏賊之不能渡漢非力有餘而利不取也若大軍致討彼高當分裂其地以爲後規下當略民廣境示武於内非端坐者也若就其不動而睦於我我之北伐無東顧之憂河南之衆不得盡西北之爲利亦已深矣權僭之罪未宜明也乃遣衛尉陳震慶權正號震到武昌大帝與震升壇歃盟交分天下以徐豫幽青屬吳并凉冀兗屬漢其

司州之土以函谷關爲界造爲盟曰天降喪亂皇綱失敍逆臣承衅劫奪國柄始於董卓終於曹操窮凶極惡以覆四海至今九州幅裂普天無統民神痛怨靡所戾止及操子丕桀逆遺醜荐作姦回偷取天位而叡么麽尋丕凶蹟阻兵盜土未伏厥誅昔共工亂象而高辛行師三苗干度而虞舜征焉今日滅叡禽其徒黨非漢與吳將復誰在夫討惡翦暴必聲其罪宜先分裂奪其土地使士民之心各知所歸是以春秋晉侯伐衛先分其田以畀宋人斯其義也且古建大事必先盟誓故在周禮有司盟之官尚書有告誓之文漢之與吳雖信由中然分土裂境宜有盟約諸葛亮丞相德威遠著翼戴本國典戎在外信感陰陽誠動天地重復結盟廣誠約誓使東西士民咸共聞知故立壇殺牲昭告神明再歃加書副之天府天高聽下靈威棐諶司愼司盟羣臣羣祀莫不臨之自今日漢吳既盟之後戮力一心同討魏賊救危卹患分災共慶好惡齊之無或攜貳若有害漢則吳伐之若有害吳則漢伐之各守分土無相侵犯傳之後葉克終若始凡百之約皆如載書信言不豔實居于好有渝此盟創禍先亂違貳不協慆慢天命明神上帝是

討是督山川百神是糾是殛俾墜其師無克祚國于自大吳神明鑒之是歲吳黃龍元年也

吳大帝初爲吳王黃武元年以使聘魏具破蜀軍獲印綬及首級所得土地并表將吏功勤宜加爵賞之恩文帝報使致鼲子裘明光鎧騑馬又以素書所作典論及詩賦與權詔曰老虜邊窟越險深入曠日持久内迫罷弊外困智力故見身於雞頭分兵擬西陵其計不過謂可轉足前迹以搖動江東根未著地摧折其支雖未刳備五臟使身首分離其所降誅亦足使虜部衆兇懼昔吳漢先燒荆門後發夷陵而子陽

無所逆其死來歙始襲略陽文叔喜之而知隗囂無所施其巧今討北虜正似其事將軍勉建方略務全獨克

景帝永安六年十月蜀以伐魏來告使大將軍丁奉督諸軍向魏壽春將軍留平別詣施績於南郡議兵所向將軍丁封孫異如沔中皆救蜀蜀主降魏問至然後罷

後主元興元年晉司馬昭爲魏相國遣昔吳壽春城降將相國參軍徐紹散騎常侍水曹屬孫彧齎書諭皓以平蜀之事致馬錦等物以示威懷書曰聖人稱

有君臣然後有上下禮義是故大必事小小必事大然後上下安服羣生獲所逮至末塗純德既毀勦民之命以爭強於天下違禮順之至理則仁者弗繇也方今主上聖明覆燾無外僕備位宰輔屬當國重唯華夏乖殊方隅圮裂六十餘載金革亟動無年不戰暴骸喪元困悴罔定每用悼心坐以待旦將欲止戈興仁爲百姓請命故分命偏師平定蜀漢役未經年全軍獨克于時猛將謀夫朝臣庶士咸以奉天時之宜就既征之軍籍吞敵之勢宜遂回旗東指以臨吳境舟師泛江順流而下陸軍南轅徑取四郡兼成都之械漕巴漢之粟然後以中軍整旅三方雲會未及浹辰可使江表底平南夏順軌然國朝深惟伐蜀之舉雖有靜難之功亦悼蜀民獨罹其害戰於緜竹者自元帥以下並受斬戮伏尸蔽地血流丹野一之於前猶追恨不忍況重之於後乎是故旋師案甲思與南邦共全百姓之命夫料力忖勢度資量險遠考古昔廢興之理近鑒西蜀安危之效隆德保祚去危即順屈已以寧四海者仁哲之高致也履危偷安隕德覆祚而不稱於後世者非智者之所居今朝廷徐紹孫彧獻書喻懷若書御於前必少留意回慮革筭結

歡弭兵共爲一家惠矜吳會於及中土豈不泰哉此昭心之大願也敢不承受若不獲命則普天率土期於大同雖重干戈固不獲已也

甘露元年三月皓遣使隨紹彧報書曰知以高世之才處宰輔之任漸導之功勤亦至矣孤以不德階承統緒思與賢良共濟世道而以壅隔未有所緣嘉意久著深用依依今遣光祿大夫紀陟五官中郎將弘璆宣明至德（江表傳載皓書兩言白稱名言而不著姓）陟璆至雒遇晉王相國薨乃遣還

寶鼎元年正月遣大鴻臚張儼五官中郎將丁忠弔

叅晉王相國
宋高祖大明四年十二月後魏遣通和
明帝太始五年十一月魏人來聘
七年三月魏人來聘
後廢帝元徽元年正月魏人來聘
三年六月魏人來聘
南齊武帝永明元年八月魏人來聘十月使驍將軍劉纘聘于魏
二年十二月魏人來聘
三年三月使輔國將軍劉纘聘于魏十一月魏人來聘

四年二月使通直郎裴昭明聘于魏
七年九月魏人來聘十一月詔平南參軍顏明聘于魏
八年六月魏人來聘
九年正月詔射聲校尉裴昭明聘于魏五月魏人來聘八月使司徒參軍蕭琛聘于魏十月魏人來聘
十年二月使司徒參軍蕭琛聘于魏
十一年四月魏人來聘
廢帝以永明十一年七月即位十一月魏人來聘
隆昌元年正月使司徒叅軍劉斆聘于魏
海陵王延興元年八月魏人來聘
梁高祖普通七年十月放魏揚州刺史李憲還北
大通二年六月魏臨淮王元彧求還本國許之十月以魏北海王元顥爲魏主遣東宫直閣將軍陳慶之衛送還北魏
中大通元年正月魏汝南王元悅求還本國許之
二年六月遣魏太保汝南王元悅還北爲魏王八月庚戌輿駕幸德陽堂設絲竹會祖送魏王元悅
四年正月以太子左率衛薛法護爲平北將軍司州牧衛送元悅入雒二月以新除太尉元法僧還北爲魏主

大同二年十二月東魏請通和許之
三年七月東魏遣使來聘九月使兼散騎常侍張皐聘于東魏
四年五月東魏遣使來聘七月使兼散騎常侍劉孝儀聘于東魏
五年十一月東魏遣使來聘十二月使兼散騎常侍柳豹聘于東魏
六年七月東魏遣使來聘是月遣兼散騎常侍陸晏

于報聘
七年四月東魏遣使來聘是年遣兼散騎常侍明少遐報聘十一月東魏又遣使來聘是月遣兼散騎常侍來狎報聘
十一年四月東魏遣使來聘
太清元年十二月遣太子舍人元貞還北爲東魏王
二年七月使兼散騎常侍謝珽聘于東魏結和
元帝太清五年簡文太寶二年也時帝承制于江陵猶稱太清年號二月魏遣使來聘
承聖元年五月魏遣來賀平侯景

敬帝太平元年二月齊人來聘使侍中王廓報聘
二年四月齊遣使請和太平元年三月後齊軍豨至陳霸先皆大敗之至是通和
陳文帝天嘉二年六月齊人通好
三年四月齊遣使來聘
五年四月周遣使來聘五月周齊並遣使來聘十二月齊遣使來聘
六年四月一作六月周遣使來聘十月齊遣使來聘
廢帝天康四月即位十一月周人來弔國哀
宣帝太建元年五月齊遣使來聘
二年五月齊遣使來弔
三年四月齊遣使來聘五月周遣使來聘
四年八月周遣使來聘
五年五月周遣使來聘
六年正月周遣使來聘
七年八月周遣使來聘
東魏孝靜帝天平四年七月遣使散騎常侍李諧使于梁十二月梁武遣使來
元象元年十月梁武遣使來十二月遣陸操使于梁
興和元年六月梁武遣使來八月遣兼散騎常侍王元景使于梁

二年三月梁武遣使來五月遣兼散騎常侍李象使于梁十月梁武遣使來十二月遣兼散騎常侍崔讌使于梁
三年六月梁武遣使來八月遣兼散騎常侍李騫使于梁
四年正月梁武遣使來四月遣散騎常侍李繪使于梁十月梁武遣使來十二月遣兼散騎常侍楊裴使于梁
武定元年六月梁武遣使來八月遣兼散騎常侍李渾使于梁

二年三月梁武遣使來五月遣兼散騎常侍魏李景使于梁十一月梁武遣使來
三年正月帝遣兼散騎常侍李奬使于梁七月梁武遣使來十月遣中書舍人尉瑾使于梁
四年五月梁武遣使來七月遣兼散騎常侍元廓使于梁
五年正月梁武遣使來四月帝遣兼散騎常侍李緯使于梁
六年九月梁武遣使來
七年二月遣兼散騎常侍鄭伯猷使于梁時魏收爲

散騎常侍兼中書舍人自魏梁和好書下紙每云想彼境内寧静此率土安和梁後使其書乃去彼字自稱猶著此欲示無外之意收定報書云想境内清晏今萬國安和梁人復書依以爲禮
北齊文宣帝天保元年十一月梁湘東王蕭繹遣使朝貢
二年正月梁湘東王蕭繹遣使朝貢四月十日又遣使朝貢
三年十一月梁王蕭繹即帝位於江陵是爲元帝遣使來聘
四年閏十一月梁元帝遣使來聘
五年十月西魏伐梁元帝於江陵詔清河王岳等率衆救之未至而江陵陷梁元帝爲西魏將于謹所殺梁將王僧辯在建康共推晉安王蕭方智爲太宰都督中外諸軍事承制置百官
六年正月清河王岳以衆軍渡江剋夏首送梁郢州刺史陸法和詔以梁散騎常侍貞陽侯蕭明爲梁王遣尚書左僕射上黨王渙率衆送之五月蕭明入于建鄴（按梁書云七月入于京師）六月詔曰梁國遘禍主喪臣離遏彼炎方盡生荆棘興亡繼絶義在於我納以長君拯

其危弊比送梁主已入金陵藩禮既修分義方篤越鳥之思豈忘南枝凡是梁民宜聽反國以禮發遣是月梁主蕭明遣其子章兼侍中表泌兼散騎常侍楊裕奉表朝貢初明在梁爲豫州刺史（明梁武兄子）兵敗爲魏擒之世宗（高澄）禮明甚重謂之曰先王與梁王和十有餘年聞彼禮佛文當云奉爲魏主并及先王此甚是梁王厚意不謂一朝失信致此紛擾自出師薄伐無戰不克無城不陷今日欲和非是力屈境上之事知非梁主本心當是侯景違命扇動耳朕可遣使諮論若猶存先王分義重成通和者吾不敢違先王之

旨侯及諸人並即放還於是使人以明書告梁主梁主乃致書以慰世宗是歲梁元帝爲西魏所戕顯祖詔立明爲梁主前所獲梁將湛海珍等皆聽從明歸令上黨王渙率衆以送是時梁太尉王僧辯司空陳霸先在建康推晉安王方智爲丞相顯祖賜僧辯霸先璽書僧辯未奉詔上黨王進軍明又與僧辯書往復再三陳禍福僧辯初不納既而上黨王破東關斬裴之横江表危懼僧辯乃啓上黨王求納明遣舟艦迎接上黨王饗梁朝將士及與明刑牲歃血載書而盟於梁與東魏齊師比及侍中裴英起衞送門入建

康遂稱尊號以方智爲太子是冬霸先襲殺僧辯復立方智以明爲太傅明疽發背殂

八年十月陳高祖武帝立遣使稱藩朝賀

十年三月梁主蕭莊至郢州遣使朝貢九月使鄭懷則陸仁惠使於蕭莊莊在梁爲永嘉王蕭明殂帝以莊主梁祀自盜賊城濟江即位于郢州莊爲陳人所敗入朝封侯朝廷許以興復竟不果

武成帝河清元年正月詔散騎常侍崔瞻聘於陳十月陳人來聘十一月詔兼散騎常侍封李琰使於陳十二月陳人來聘

三年四月詔兼散騎常侍皇甫亮使於陳六月歸宇文媪于周九月歸閻媪于周陳人來聘

四年四月陳人來聘

後主天統元年六月太上皇帝詔兼散騎常侍王季高使於陳

二年三月陳人來聘六月太上皇帝詔兼散騎常侍韋道儒聘於陳十二月陳人來聘

三年四月太上皇帝詔兼散騎常侍司馬幼之使於陳

九年周人來通和太上皇帝詔侍中斛斯文略報聘

于周十一月太上皇帝詔兼散騎常侍李諧使于陳

五年二月詔侍中比烈長文使於周

武平元年正月詔兼散騎常侍裴讞之聘于陳

二年正月詔兼散騎常侍劉環儁使於陳四月陳遣使連和謀反周朝議弗許九月陳人來聘十一月詔侍中赫連子悅使於周

三年三月周人來聘八月使領軍封輔相聘于周九月陳人來聘

四年正月詔兼散騎常侍崔象使於周二月周人來聘四月又來聘六月詔開府王師使於周

却貢獻

古者貢獻之制有藝有極苟非其道庸可取乎觀夫宋齊而下逮於梁室雖眷命攸屬而運歷非正乃有恭已脩德稽古發號不寶遠方之物不納非時之貢志存抑損道符簡易斯亦一時之美足垂於後焉

宋高祖永初中廣州甞獻入筒細布一端八丈惡其精麗勞人即付有司彈太守以布還之并制嶺南禁作此布帝素有熱病并患金創末年尤劇坐卧常須冷物後有人獻石牀寢之極以爲佳乃嘆曰木牀甚費而況石耶即令毁之

南齊太祖建元元年四月即位斷四方上慶禮

明帝建武元年四月即位詔斷遠近上禮又詔蕃牧守宰或有薦獻事非任土嚴加禁斷十一月立皇太子詔東宮肇建遠近或有慶禮可悉斷之

二年十月皇太子納妃褚氏斷慶禮

三年閏十二月皇太子冠斷遠近上禮

梁高祖天監元年四月即位斷遠近上慶禮八月交州獻能歌鸚鵡詔不納

二年五月斷諸郡縣獻奉二宮唯諸州及會稽職惟嶽牧許薦任土若非地産亦不得貢

十四年正月加皇太子冠停遠近上慶禮

陳宣帝大建七年四月監豫州陳桃根於所部得青牛獻之詔遣還民

梁太祖乾化二年以丁審衢爲陳州而審衢厚以鞍馬金帛爲謝恩之獻帝慮其漁民復其獻而停之

冊府元龜

册府元龜

巡按福建監察御史臣李嗣京 訂正
分守建南道左布政使臣胡維霖 叅閲
知建陽縣事臣黄國琦較釋

閏位部 三十五

征伐

秦始皇元年晋陽反將軍蒙驁擊走之
二年麃公將卒攻卷斬首三萬
三年蒙驁攻韓取十三城十月攻魏氏暘有詭
四年拔暘有詭

五年將軍蒙驁攻魏定酸棗燕虛長平雍丘山陽城皆拔之取二十城
六年韓魏趙衛楚共擊秦取壽陵秦出兵五國罷拔衛迫東郡其君角率其支屬徙居野王阻其山以保魏之河内
七年將軍蒙驁死以攻龍孤慶都（慶一作麃）還兵攻汲
八年始皇弟長安君成蟜將軍擊趙
九年攻魏垣蒲陽
十一年王翦桓齮楊端和攻鄴取九城王翦攻閼與潦楊（在并州）皆竝爲一軍翦將十八日軍歸斗食以下（百石以下有斗食佐史之秩）什推二人從軍取鄴安陽桓齮將
十三年桓齮攻趙平陽殺趙將扈輒斬首十萬
十四年桓齮攻趙軍於平陽取宜安破之殺其將軍桓齮定平陽武城
十五年大興兵一軍至鄴一軍至太原取狼孟（太原有狼孟縣）
十七年内史騰攻韓得韓王安盡納其地以其地爲郡命曰潁川
十八年大興兵攻趙王翦將上地下井陘（山名在常山今爲縣）端和將河内羌瘣伐趙端和圍邯鄲城

十九年王翦羌瘣盡定取趙地東陽得趙王引兵欲攻燕屯中山趙公子嘉率其宗數百人之代自立爲代王東與燕合兵軍上谷
二十年燕太子丹患秦兵至國恐使荆軻刺秦王秦王覺之體解軻以徇而使王翦辛勝攻燕燕代發兵擊秦軍秦軍破燕易水之西
二十一年王賁攻薊乃益發卒詣王翦軍隨破燕太子軍取燕薊城得太子丹之首燕王東收遼東而王之
二十二年王賁攻魏引河溝灌大梁大梁城壞其王

請降盡取其地
二十三年復召王翦強起之使將擊荆取陳以南至平輿（汝南有平輿縣）虜荆王秦王游至郢陳荆將項燕立昌平君爲荆王反秦於淮南（淮一作江）
二十四年王翦蒙武攻荆破荆軍昌平君死項燕遂自殺
二十五年大興兵使王賁將攻燕遼東得燕王喜還攻代虜代王嘉王翦遂定江南地降越君置會稽郡
二十六年齊王建與其相后勝發兵守其西界不通秦秦使將軍王賁從燕南攻齊得齊王建

三十三年發諸嘗逋亡人贅壻（贅謂窮有子使就其婦家爲贅壻）賈人略取陸梁地爲桂林（今鬱林是）象郡（今日南）南海以適遣戍（五十萬人守五嶺）
二世元年七月戍卒陳勝等反故荆地爲張楚（張大楚國也）勝自立爲楚王周文自言習兵勝與之將軍印西擊秦行收兵至關車千乘卒十萬至戲軍馬（戲水名在新豐東）秦令少府章邯免驪山徒人奴產子（奴產子猶今人云家生奴也）悉發以擊楚軍大敗之周文走出關止屯曹陽（曹水之陽也其水出陝縣西南峴頭山西北流入河今謂之好陽澗在陝縣西四十五里）二月餘章邯追敗之復走澠池十餘日章邯擊破之周文自剄

軍遂不戰
蜀先主章武三年三月漢嘉太守黃元以先主疾舉兵攻臨邛縣遣將軍陳曶討元元軍敗順流下江爲其親兵所縛生致成都斬之
後主建興元年夏牂牁太守朱褒擁郡反先是益州郡有大姓雍闓反流太守張裔於吳據郡不賓越嶲夷王高定亦皆叛
三年三月丞相諸葛亮南征四郡皆平
七年春丞相諸葛亮遣陳式攻武都陰平遂克定二郡

吳大帝黃武二年戲口守將晉宗殺將王直以衆叛如魏魏以爲蘄春太守數犯邊境帝令將軍賀齊糜芳劉邵等襲蘄春郡等生虜宗
嘉禾三年八月以諸葛恪爲丹陽太守討山越
四年夏遣呂岱討廬陵賊李桓等（赤烏元年春破之）
六年二月以陸遜討鄱陽賊彭旦等其年皆殺之
赤烏二年十月將軍蔣祕南討夷賊祕所領都督廖式殺臨賀太守嚴綱等自稱平南將軍與弟潛共攻零陵桂陽及搖動交州蒼梧鬱林諸郡衆數萬人遣將軍呂岱唐咨討之歲餘皆破

廢帝太平二年八月會稽南郡反殺都尉鄱陽新都
民爲亂廷尉丁客步兵較尉鄭曹將軍鍾離牧率軍
討之
後主寶鼎元年十月永安山賊施但等聚衆數千人
（永安今武康縣）劫後主庶弟永安侯謙屯烏程北至建業衆
萬餘人丁固諸葛靚逆之於牛屯大戰但等敗走
天紀三年夏合浦太守修允部曲督郭馬與部曲將
何典王族吳述殷興等攻殺廣州督虞授馬自號都
督交廣二州諸軍事興廣州刺史述南海太守典攻
蒼梧族攻始興八月以執金吾滕循（循一作修）假節領廣

州牧率萬人從東道討馬與族遇於始興未得前馬
殺南海太守劉略逐廣州刺史徐旗又遣徐陵督陶
濬將七千人從西道命交州牧陶璜部伍所領及合
浦鬱林諸郡兵當與東西軍共擊馬（未克而吳降晉循師遂還）
宋文帝元嘉三年正月遣中領將軍到彥之征北將
軍檀道濟討荊州刺史謝晦擒之
孝武帝孝建元年二月豫州刺史魯爽車騎將軍江
州刺史臧質丞相荊州刺史南郡王義宣襄州刺史
徐遺寶舉兵反遣佐衛將軍王玄謨大破之薛安都
時爲左軍將軍爽反帝遣安都及宂從僕射胡子反
龍驤將軍宗越率步騎據歷陽爽遣將鄭德玄戍大
峴德玄使前鋒楊胡與輕兵向歷陽安都遣宗越及
歷陽太守程天祚逆擊破之斬胡與及其軍副德玄
復使其司馬梁嚴屯峴東安都幢主周文恭長征偵
候因而襲之悉擒賊也敢進世祖詔安都留三百人
守歷陽度還采石還輔國將軍竟陵内史四月魯爽
使弟瑜率三千人據小峴爽尋以大衆阻大峴又遣
安都步騎八千度江與歷陽太守張幼緒等討爽安
都副建武將軍譚金率數十騎挑戰斬其偏帥幼緒
恇怯輒引軍退還安都復還歷陽臧質久不至世祖

復遣沈慶之濟江督統諸軍爽軍食少引退慶之使
安都率數騎追之四月丙戌及爽於小峴爽自與腹
心壯騎斷後譚金先薄之不能入安都望見爽便躍
大呼直往刺之應手而倒左右范雙斬爽首爽累世
梟猛生習戰陣咸云萬人敵安都獨單騎直入斬之
而反時人皆云關羽之斬顏良不是過也
大明三年四月司空南兗州刺史竟陵王誕據廣陵
反以沈慶之爲車騎大將軍開府儀同三司南兗州
刺史討之八月巳巳克廣陵城斬誕（初慶之至廣陵誕遣客慶之宗人沈道愍齎書說慶之餉以王環刀慶之遣道愍反數以罪惡慶之至城下誕登樓謂之曰沈君白首之

年何爲來此慶之曰朝廷以君任愚不足勞少壯故
使僕來爾誕又謂慶之伱提挈者百餘人出自北門
慶之不開悉焚之誕於城上投函表倩慶之爲送慶
之曰我奉詔討賊不得爲汝送表汝必歸死朝廷自
應開門遣使吾爲汝送護之
自四月至七月乃屠城斬誕
明帝即位四方反叛遣龍驤將軍張興世領水軍拒
南賊於赭圻築二城於胡口僞龍驤將軍陳慶領舸
於前爲遊擊軍興世率龍驤將軍佼長生董凱之攻
克二城因擊慶慶戰大敗投水死者數十人時臺軍
據赭圻南賊屯鵲尾相持久不決興世欲率所領直
取大雷而軍旅未集示不足分張會薛索兒平定帝
使張永以步騎五千留戍盱眙餘衆三萬人悉遣南

討山陽又尋平徵阮佃夫所領諸軍悉還南伐衆軍
大集乃分戰士七千配興世興世乃令輕舸泝流而
上旋復廻還一二日中輒復如此使賊不爲之備劉
胡聞興世欲上笑之曰我尚不敢越彼下取揚州張
興世何人欲輕據我上興世謂沈攸之等曰上流唯
有錢谿可據地既險要江又甚狹去大衆不遠應副
無難江有洄洑船下必來泊岸有橫浦可以藏船舸
二三爲宜乃夜渡湖口至鵲頭因復廻下以疑之其
夜四更值風便舉帆直前賊亦遣胡靈秀諸軍於東
岸相翼而上興世夕住景江浦宿賊亦不進夜潛遣
黃道標領七十舸徑據錢谿營立城砦明旦興世與
軍齊集停一宿劉胡自領水步二十六軍平旦來攻
將士欲迎擊之興世禁之曰賊來尚遠而氣盛矢驟
驟既力盡盛亦易衰此曹劌之所以破齊也將士卒
不得妄動治城如故俄而賊來轉近舫如洄洑興世
乃命壽寂之任農夫率壯士數百擊之乃與衆軍相
繼進胡於是敗走斬級數百投水者甚衆胡收軍而
下時興世城壘未固司徒建安王休仁慮賊并力攻
錢谿欲分其形勢命沈攸之吳喜佼長生劉靈遺等
以皮艦二十攻賊濃湖苦戰連日斬獲千數是日劉

胡果率衆軍欲更攻興世未至錢谿數十里袁顗以
濃湖之急遽追之錢谿城砦繇此得立賊連戰轉敗
興世又遏其糧道尋陽遣運至南陵不敢下賊衆漸
飢劉胡乃遣顗安北府司馬爲右軍沈仲玉領千人
步取南陵迎接糧運仲玉至南陵領米二萬斛錢布
數十舫豎榜爲城規欲突通行至貴口不敢進遣間
信報胡令遣重軍援接興世壽寂之任農夫李安民
等三千人至貴口擊之與仲玉相持交戰盡日仲玉
走還顗營悉虜其資實賊衆大震胡棄軍遁走袁顗
仍亦奔散

泰始元年十月冬晉安王子勛僭位於尋陽城帝遣
散騎常侍領軍將軍王玄謨領水軍南討吳興太守
張永爲其後繼又遣寧朔將軍尋陽内史沈攸之寧
朔將軍江方興龍驤將軍劉靈貴率衆屯虎檻時東
賊甚盛張永江方興迴軍東討尚書下符曰夫晦明
遞運崇替相沿帝造之基懋業維永聖祖重光氤氳
上業徂昏承祀國難以荼毒流九縣纂讖三靈縉紳
褻辱黔庶塗炭人神同憤朝野泣血聖上明睿在躬
膺符握曆眷懷家國夙夜劬勞俱社稷湮蕪彝倫左
衽天威電發氛沴氷消殄凶焦門不俟鳴條之旅藏

垂牧野無勞孟津之鉞華夷即晏晷緯還光鑿鐍問
於管絃翱翔被於冠冕同軌仰化異域懷風劉子勛
昏世稱兵義同翦惡明朝不戢罔識邪正窺覦畿甸
逼過兩江陵上無君暴於遐邇王赫斯怒興言討逆
命彼上將治兵薄伐今遣寧朔將軍尋陽内史沈攸
之輕鋭七萬飛舟先邁龍驤將軍劉靈遺羽林虎旅
連鋒繼進假節督南討前鋒諸軍事冠軍將軍兖州
刺史殷孝祖驅濟河涇卒電擊雷動使持節車騎將
軍江州刺史曲江縣開國侯王玄謨烝徒五萬董統
前師使持節侍中司徒揚州刺史建安王休仁擁神
州之衆總督群師龍驤將軍劉郵寧朔將軍劉懷珍
步騎五千亘指大雷寧朔將軍柳倫司州刺史龐孟
虯淮潁突騎邪趣西陽使持節驃騎大將軍豫州刺
史山陽王休祐總勒步師連旗百萬河舟代馬遄騖
江漬越棘吳鉤交曜鐵服笳鼓動坤維金甲震雲漢
犄角相望水陸俱發冠軍將軍武念率擁司之鋭已
據樊沔徐州刺史申令孫提彭宋剽勇陵塗炎奮皇
上當親馭六師降臨江服旌旆掩雲舳艫咽海昔吳
楚連衡燕淮勁悍塵擾區内聲沸秦中霧散埃滅豈
非先鑒而嬰彼孤城以代該天之網追此烏合以抗

絡寓之師雲羅四掩霜鋒交集猶勁飈之拂細草烈
火之埽寒原燋卷之形昭然已著朝廷惻愍我僚吏
哀矜我士民並亦何辜拘誤迷黨故加宣示令得自
新如其淪惑不改抵冒王威同焚既至雖悔奚補奉
詔以四王幼弱不幸陷難交兵之日不得妄加侵犯
若有遏損誅翦無貸左右主帥嚴相衛奉詿誤之罪
一無所問二年八月討平之
二年正月吳郡太守顧琛吳興太守王曇生義興太
守劉延熙晉陵太守袁標山陽太守程天祚並舉兵
反遣鎮軍巴陵王休若統軍東討二月討平之

後廢帝元徽二年五月江州刺史桂陽王休範舉兵反以中領軍劉勔右衛將軍蕭道成前鋒南討出屯新亭征北將軍張永屯白下前南兗州刺史沈懷明戍石頭

南齊武帝永明八年八月荆州刺史巴東王子響反遣丹陽尹蕭順之討之子響伏誅

海陵王延興元年九月晉安王子懋起兵遣中護軍王玄邈討誅之

明帝永泰元年四月大司馬會稽太守王敬則舉兵反五月遣輔國將軍劉山陽率軍討斬之

東昏侯永元元年八月丙辰揚州刺史安王始遥光據東府反遣領軍將軍蕭坦之致討尚書符遥光曰逆徒數敗皎然有徵于紀亂常刑玆罔赦蕭遥光宗室凷庸才行鄙薄緒莫可望天路何階受遇自昔恩加猶子禮絶帝體寵越皇季旗章車服窮千乘之尊闈隍爽塏踰百雉之制及聖后在天親受顧託話言在耳德音猶存侮蔑天明罔畏不義無君之心履霜有日遂乃稱兵内犯竊發京畿自古巨釁莫斯爲甚今便分命六師弘宣九伐皇上當親御戎軒弘此廟略信賞必罰有如大江戊午斬遥光傳首

十一月太尉江州刺史陳顯達舉兵反於尋陽加護軍將軍崔慧景平南將軍督衆南討斬之

二年正月詔討豫州刺史裴叔業二月以衛尉蕭懿爲豫州刺史征壽春叔業病死

梁高祖天監元年五月戊子江州刺史陳伯之舉兵反以領軍將軍王茂爲征南將軍江州刺史率衆討之

十年三月劉晣以朐山引魏軍遣振遠將軍馬仙琕討之是月魏徐州刺史盧昶率衆赴朐山十二月仙琕大破魏軍復克朐山城

中大通二年八月山賊聚結寇會稽郡所部縣九月假超武將軍湛海珍節以討之

大同十年妖賊王勤宗起于巴山郡以威遠將軍陳斯爲宣猛將軍假節討平之

太清二年八月大將軍侯景舉兵反攻馬頭木栅荆山等戍以前將軍開府儀同三司邵陵王綸都督衆軍討景

元帝大寶元年九月侯景僞將任約寇西陽武昌遣左衛將軍徐文盛右衛將軍陰子春太子右衛率蕭慧正巂州刺史席大獻等下武昌拒約

二年五月帝遣遊擊將軍胡僧祐信州刺史陸法和率衆下秣陵任約敗景遂遁走以王僧辯爲征東將軍開府儀同三司尚書令胡僧祐爲領軍陸法和爲護軍將軍仍令僧辯率衆追景所至皆捷僧辯爲鎮衛將軍侍中尚書令時湘州賊陸納等攻破衡州刺史丁道貴於淥口盡收其軍實李洪雅又自零陵率衆出空靈灘稱助討納朝廷未達其心深以爲慮乃遣中書舍人羅重歡徵僧辯上就拜驃騎將軍宜豐侯循南征僧辯因督杜崱率衆軍發於建業師次巴陵詔僧辯爲都督東上諸軍事驃騎覇先讓都督於僧辯不受故世祖分爲東西都督而俱南討焉時納等下據車輪夾岸爲城前斷水勢士卒驍猛皆百戰之餘僧辯懼之不與輕進於是稍作連城以逼賊賊見不敢交鋒並懷懈怠僧辯因其無備命諸軍水步攻之親執旗鼓以誡進止於是諸軍競出大戰於車輪與驃騎循並力苦攻陷其二城賊大敗走步歸保長沙驅逼

居民入城拒守僧辯追躡乃命築壘圍之悉令諸軍廣建圍柵僧辯出坐壟上而自臨視賊望識僧辯知不設備賊黨吳藏李賢明等乃率鋭卒千人開門掩出象楯並進遥趍僧辯時杜崱杜龕並侍左右帶甲衛者皆百餘人因下遣人與賊人交戰李賢明乘鎧馬從者十騎大呼衝突僧辯尚據胡牀不爲之動於是指揮勇敢遂獲賢明而因斬之賊乃退歸城内初陸納阻兵内逆以王琳爲辭云朝廷若殺王琳納等自當降伏於是衆軍並進未之許也而武陵王擁衆上流内外駭懼世祖乃遣琳和解之至是湘州平

陳武帝永定二年十月遣鎮南將軍開府儀同三司周文育都督衆軍出討余孝勱

文帝天嘉二年十一月東陽太守留異叛舉兵戍下淮及建德帝乃下詔曰昔四罪難弘大嫣之所無赦九黎亂德少昊之所必誅自古皇王不貪征伐苟爲特蠹事非獲已逆賊留異數應亡滅繕甲完聚豁來積年進謝群龍自躍於千里退懷首鼠嘗特於百心中歲密契番禺既弘天網賜以名爵敦以國姻儻望懷音猶能革面王琳竊據中流翻相應接控引南川之嶺路專爲東道之主人結附凶渠唯欣禍亂既妖氛盪定氣沮心孤類傷鳥之驚弦等窮獸之謀觸籬復遣家入質子陽之態轉道侍子還朝愧覺之心方熾陰志相成養不計疵瑕披襟解帶數逾殷勤蜂目彌彰梟聲無改遂置軍江口嚴戍下淮顯然反叛非可容匿且晉邦膏腴稽南殷曠永割王賦長壅國民

竹箭良材絶望京輦萑苻小盜共肆貪殘念彼餘甿兼其慨息西戎屈膝自款重關秦國依風並輸侵地三邊已乂四表咸寧唯此微妖正宜靖殄可遣使持節都督南徐州諸軍事征北將軍司空南徐州刺史桂陽郡開國公侯安都指揮在擒戮罪止異身餘無所問先是晉安太守陳寶應娶留異女爲妻侯安都之討異也寶應遣兵助之又資周廸兵糧出寇臨川及都督章昭達於東興南城破廸帝因命昭達都督衆軍繇建安南道渡嶺又命益州刺史領信義太守余孝頃都督會稽東陽臨海永嘉諸軍自東道會之

以討寳應竝郡宗正絶其屬籍於是尚書下符曰告
晉安士庶昔隴西旅拒漢不稽誅遼東叛渙魏申宏
略若夫無諸漢之棄勲有扈夏之同姓至於納吳濞
之子致横海之師違姒啓之命有甘誓之討况廼族
不繫於宗盟名無紀於蔵器而顯成三叛釁深四罪
者乎案閩寇陳寳應父子卉服支孽本迷愛敬梁季
喪亂閩隅阻絶父旣豪俠扇動蠻陬椎髻箕坐自爲
渠帥無聞訓義所資姦諂爰肆蜂豺俄而解印炎行
方謝綱漏吞舟日月居諸棄之度外自東南王氣寔
表聖基斗牛聚星允符王迹梯山航海雖若款誠檀

割懷徠競致職貢朝廷遵養含弘寵靈隆赫起家臨
郡纂畫繡之榮裂地置州假藩麾之盛即封戶牖仍
邑櫟陽乘華轂者十人保樊盧而萬石又以盛漢君
臨推恩婁敬降周朝會廼長滕侯爵是紫泥青紙遠
賁恩澤鄉亭龜組頒及嬰孩自谷遷喬就復爲旋而
包藏鴆毒敢行狼戾連結留異表裏周迪盟歃婚姻
自爲脣齒屈彊山谷推移歲時及我發騎防山定秦
望之西部戈船下瀨克匯澤之南川遂敢舉斧竝助
凶孽莫不應弦摧衂盡殪醜徒每以罪在酋渠憫茲
驅逼所收俘馘竝勅矜放仍遣中使爰降詔書天網

恢弘猶許改易異旣走險廼又逃刑誑侮王人爲之
川藪遂使袁熙請席遼歎頭行馬援覩蛙猶安井底
至如遏絶九賦剽掠四民闔境資財盡室封奪凡厥
蒼頭皆略黔首蕃賊相扇叶契連縱乃復踰越瀛溟
寇擾浹口侵軼嶺嶠掩襲述城縛掠吏民焚燒官寺
此而可縱孰不可容今遣沙州刺史俞文冏明威將
軍程文季假節宣猛將軍成州刺史甘他假節雲旗
將軍譚瑱假節宣猛將軍前監臨海郡陳思慶前軍
將軍徐智遠明毅將軍宜黄縣開國侯慧紀開遠將
軍新除晉安太守趙彖持節通直散騎常侍壯武將

軍定州刺史康樂縣開國侯林馮假節信威將軍都
督東討諸軍事益州刺史余孝頃率羽林二萬蒙衝
蓋海乘跨滄波掃蕩巢窟此皆明耻教戰濡須鞠旅
累從楊僕亟走孫恩斬蛟中流命馮夷而鳴鼓黿鼉
爲駕轊方壺而建旗義安太守張紹賓忠誠款到累
使永軍南康内史裴忌新除輕車將軍劉峰東衡州
刺史錢道戢竝即遣人仗與紹同行故司空歐陽公
昔有表奏請宣薄伐遥途意合若伏波之論兵長游
遺誠同子顔之匆赦征南甍謝上策無忘周南餘恨
嗣子弗忝廣州刺史歐陽紇克符家聲聿遵廣略舟

師步卒二萬分趍水拖長鯨陸掣封豕董率偽廣之
師會稽六軍潼州刺史李賭明州刺史戴晃新州刺
史區白獸壯武將軍脩行師陳留太守張遂前安成
内史闕愼前廬陵太守陸子隆前豫寧太守任蠻奴
巴山太守黃法慈戎昭將軍湘東公世子徐敬成吳
州刺史魯廣達前吳州刺史遂興縣開國侯許使持
節都督征討諸軍事散騎常侍護軍將軍昭達率鋌
騎五千組甲二萬直度邵武仍頓進安案轡揚旗夷
山湮谷指期犄角以制飛走前宣武太守錢肅臨川
太守駱牙太子左衞率胡諒尋陽太守莫景隆豫章

太守劉廣德竝隨機鎭遏絡驛在路使持節散騎常
侍鎭南將軍開府儀同三司江州刺史新建縣開國
侯法𣰰戒嚴中流以爲後殿斧鉞所臨罪唯元惡及
晉異父子其黨王帥雖有請泥函谷相背淮陰若能
翻然改圖因機立効非止肆眚乃加賞擢其建晉士
民久被驅迫者大軍明加撫慰各安樂業流寓失鄉
郎還本土其餘立功立事已具賞格若遂迷不改同
惡趍趄斧鉞一臨罔知所赦昭達已克周迪踰東興
嶺頓於建安余孝頃又自臨海道襲子晉安寶應據
建安之湖際逆拒王師水陸爲柵昭達深溝高壘不
與戰但命軍士伐木爲簰儀而水盛乘流放之突其
水柵仍水步薄之寶應亂身奔山草間窮而就執竝
其子弟二十人送都斬于建康市初晉異據擁東陽安都奉詔率衆討之異本謂臺軍躡錢塘江而上安都乃步躡會稽之諸暨出永康異大恐奔桃枝嶺處岩谷間於壘豎柵以拒王師安都作連城攻異躬自接戰爲流矢所中血流至足安都乘輿麾軍容止不變因其山隴之勢壅而爲堰天嘉三年夏潦水漲滿安都引船入堰起樓艦與異城等放拋碎其樓雉異與第二子忠臣脫身奔晉安虜其妻子盡收其人馬甲服振旅而歸
廢帝光大元年四月乙未安南將軍湘州刺史華皎
謀反以中撫大將軍淳于量爲使持節征南大將軍
總率舟師以討之

宣帝太建元年十月新除左衞將軍歐陽紇據廣州
舉兵反遣車騎將軍開府儀同三司章昭達率衆討
之二年二月擒斬之
東魏孝靜帝天平元年閏十二月梁高祖以元慶和
爲魏王入據平瀨鄉遣尚書右僕射元晏爲東南道
行臺破走之
武定二年二月徐州人劉烏黑聚衆反遣行臺慕容
紹宗討平之
五年二月司徒河南大行臺侯景降于梁以尚書左
僕射慕容紹宗爲東南道行臺與大都督高嶽潘相

樂大破之

北齊武成帝河清元年七月太祖冀州刺史平秦王歸彦據州反詔大司馬段韶司空婁叡討擒之斬歸彦并其二子及黨與二十人于都市

梁太祖開平二年六月壬戌岳州爲淮寇所據上以此郡五嶺三湘水派會合之地委輸商賈靡錯於斯遂令荊襄湖南皆舉舟師悉力攻討王師既集淮夷毀壁焚俘郭而遁

三年六月庚戌同州節度使劉知俊據本郡反制令削奪劉知俊在身官爵仍徵發諸軍速令進討如有

軍前將士懷忠烈以知機賊内朋徒憤惰從而識變便能梟夷逆豎擒獲兇渠務立殊功當行厚賞活捉得劉知俊者賞錢一萬貫文便授忠武軍節度使並賜莊宅各一所如活捉得劉知浣者賞錢一萬貫文便與除刺史有官者超轉三階無官者特授兵部尚書如活得劉知俊骨肉及近上都將並梟送闕廷者賞賜有差（是月知俊奔于鳳翔同州平）

十一月靈州奏鳳翔賊將劉知俊率邠岐秦涇之師侵迫州城帝遣陝州康懷英華州寇彦卿率兵攻迫邠郊寧以緩朔方之急

四年四月鎮海軍節度使錢鏐擊高澧於湖州大敗之梟夷擒殺萬人拔其郡湖州平先是澧以州叛入淮南故詔鏐討之也

七月劉知俊攻逼夏州以宣化軍留後李思安爲東北面行營都指揮使陝州節度使楊師厚爲兩路行營招討使九月乙巳王師敗蕃寇於夏州初劉知俊誘沙陁振武賊帥周德威涇原賊帥李繼鸞合步騎五萬大舉欲併拾夏臺節度使李仁福兵力俱乏以急來告先是供奉官張漢玫宣諭在壁國禮使杜廷隱賜奠于夏及石堡寨聞賊至以防卒三百人馳入

州既而大兵圍合廷隱漢玫與指揮使蔡初李君用率州民防卒與仁福部分固守晝夜戮力踰月及鄜延援至天軍奪擊敗之河東邠岐賊分路逃遁夏州圍解丙午詔曰劉知俊貴爲方伯尊極郡王而乃背誕朝恩寬投賊壘因人神之共怒誅天地所不容維命討除尚稽擒戮宜懸爵賞以大功名必有忠貞感思憤發有生擒劉知俊者賞錢千萬授節度使首級次之得孟審澄者錢百萬除刺史得將孫坑卓瓌劉儒張鄰等賞有差

十一月以寧國軍節度使王景仁充北面行營都招

討使潞州副招討使韓勍爲副湘州刺史李思安爲先鋒使時鎮州王鎔定州王處直叛結連晉人故遣將討之

冊府元龜

冊府元龜　閏位部　卷之二百一十六

征伐　　　　　　　　　　　　　　　二十一

冊府元龜

巡按福建監察御史臣李嗣京 訂正

分知長樂縣事臣 夏允彝 叅閱

知建陽縣事臣 黃國琦 較釋

閏位部 三十六

交侵

春秋傳曰疆場之事一彼一此何嘗之有當鼎國分據暨南北更王迄於朱梁咸務兵戰用寧守宇至乃略地以闢國攻城以拓土爭要害之形勢騁變詐之機略金革亟舉熢燧日熾飛輓相望汚萊罔治士衆

疲於轉鬪邊城患於驛騷而復勝敗相尋虛亢更伺或知難而退獲免於數奔或允當而歸克遵於善志抑兵者不祥之器蓋不得已而用之若乃爭尋嘗以盡其民恃疆大而好於戰曷嘗不治失律之咎而貽自焚之釁哉

蜀先主章武元年七月帥諸軍伐吳其未即位前交侵事具勳業門忿其襲殺關羽也吳王遣書請和先主盛怒不許吳將陸議李異劉阿等屯巫秭歸將軍吳班馮習自巫攻破異等軍次秭歸五溪蠻夷遣使請兵

二年正月先主軍還秭歸吳班陳式水軍屯夷陵夾江東西岸五溪蠻夷咸相響應鎮北將軍黃權督江北諸軍與吳軍相拒於夷陵道夏六月爲陸議所破將軍馮習張南等皆沒先主自猇亭猇音許交切還秭歸收合離散兵遂棄船舫繇步道還魚復今萬州是吳將李異劉阿等踵躡先主軍屯駐南山八月乃收兵還巫十月吳王聞先主住白帝甚懼遣使請和先主許之遣大中大夫宗瑋報命

後主建興五年春丞相諸葛亮出屯漢中營沔北陽平石馬三日下詔曰朕聞天地之道福仁而禍淫善積者昌惡積者喪古今常數也是以湯武之修德而

王桀紂極暴而亡曩者漢祚中微網漏凶慝董卓造難震蕩京畿曹操階禍竊執天衡殘剝海內懷無君之心子丕孤豎敢尋亂階盗據神器更姓改物世濟其凶當此之時皇極幽昧天下無主則我帝命隕越于下昭烈皇帝體明睿之德光演文武應乾坤之運出身平難經營四方人鬼同謀百姓與能兆民欣戴奉順符讖建位易號丕承天序補弊興衰存復祖業膺誕皇綱不墜於地萬國未靜早世遐殂朕以幼冲繼統鴻基未習保傅之訓而嬰祖宗之重六合壅否社稷不建永惟所以念在扶救光載前緒未有攸濟

朕甚懼焉是以夙興夜寐不敢自逸每崇菲薄以益
國用勸分務穡以阜民財受方任能以衆其聽斷私
降意以養將士欲奮劍長驅指討凶逆朱旗未舉而
丕復隕喪斯所謂不燃我薪而自焚也殘類餘醜又
支天禍恣睢河雒阻兵未弭諸葛亮丞相弘毅忠壯
忘身憂國先帝託以天下以勗朕躬今授之以旄鉞
之重付之以專命之權統領步騎二十萬衆董督元
戎龔行天罰除患寧亂克復舊都在此行也昔項籍
總一彊衆跨州兼土所務者大然卒敗垓下死於東
城宗族如焚爲笑千載皆以不義陵上虐下故也今

賊效尤天人所怨奉時宜速庶憑炎精祖宗威靈相
助之福所向必克吳王孫權同恤災患潛軍合謀犄
角其後涼州諸國王各遣月支康居胡侯富康植等
二十餘人詣授節度大軍北出便欲率將兵馬奮戈
先驅天命既集人事又至師貞勢并必無敵矣夫王
者之兵有征無戰尊而且義莫敢抗也故鳴條之役
軍不血刃牧野之師商人倒戈今旄麾首路其所經
至亦不欲窮兵極武有能棄邪從正簞食壺漿以迎
王師者國有常典封寵大小各有品限及魏之宗族
支葉中外有能規利害審逆順之數來詣降者皆原
除之昔輔果絕親於智氏而蒙全宗之福微子去殷
項伯歸漢皆受茅土之慶此前世之明驗也若其迷
沉不反將助亂人不式王命戮及妻孥罔有攸赦廣
宣恩威貸其元帥弔其殘民他如詔書律令丞相其
露布天下使稱朕意焉

六年春亮出攻祁山不克冬復出散關圍陳倉糧盡
退魏將王雙率軍追亮亮與戰破之斬雙還漢中

七年春亮遣陳式攻武都陰平遂克定二郡

八年征西大將軍魏延破魏雍州刺史郭淮於陽谿

九年二月亮復出軍圍祁山魏將司馬宣王張郃救

祁山六月亮糧盡退軍郃追至青封與亮交戰郃被
箭射死

延熙十二年秋衛將軍姜維攻魏雍州不克而還

十三年姜維復出西平不克而還

十六年四月姜維復率衆圍南安不克而還

十七年正月姜維還成都六月維三率衆出隴西冬
拔狄道河間臨洮三縣民居于縣竹繁縣

十八年春姜維還成都夏姜維率諸軍出狄道與魏
雍州刺史王經戰于洮西大破之退保狄道城維却
住鍾題

十九年春姜維進位大將軍督戎馬與鎮西將軍胡濟期會上邽濟失誓不至

二十年姜維率衆出駱谷至芒水

景耀五年姜維復率衆出侯和爲鄧艾所破還住沓中

吳大帝初爲吳王（未封王以前交侵事具勲業門）蜀先主帥軍來伐（蜀章武元年也）至巫山秭歸使使乃道武陵蠻夷五溪民皆反爲蜀帝以陸遜爲督督朱然潘璋等以拒之

黄武元年（蜀章武二年也）正月陸遜部將軍宋謙等攻蜀五屯皆破之斬其將蜀軍分據險地前後五十餘營遜

隨輕重以兵應拒自正月至閏月大破之臨陣所斬及投兵降首數萬人先主奔走僅以身免

九月魏乃命曹休張遼臧霸出洞口曹仁出濡須曹真夏侯尚張郃徐晃圍南郡大帝遣呂範等督五軍以舟軍拒休等諸葛瑾潘璋楊粲救南郡朱桓以濡須督拒仁十一月大風範等溺死者數千人軍還江南曹休使臧霸以輕船五百敢死萬人襲攻徐陵燒攻城三殺略數百人將軍全琮徐盛追斬魏將尹盧殺獲數百

二年正月曹真分兵據江陵中州三月曹仁遣將軍常彫等以兵五千乘油船晨渡濡須中州仁子泰因引軍急攻朱桓桓兵拒之遣將軍嚴圭等擊破彫等是月魏軍皆退

六月令將軍賀齊督麋芳劉邵等襲蘄春虜太守晋宗先是宗爲戲口守將殺其將王直以衆叛如魏魏以爲蘄春太守數犯邊境至是虜之

五年七月帝聞魏明帝初立征江夏圍石陽不克而還

七年五月鄱陽太守周魴僞叛誘魏將曹休八月帝至皖口使將軍陸遜督諸將大破休於石亭

黄龍三年夏中郎將孫布詐降以誘魏將王淩淩以軍迎布十月帝以大兵潛伏於阜陵俟之淩見而走

嘉禾元年三月遣將軍周賀校尉裴潛乘海之遼東九月魏將田豫要擊斬賀於成山

二年帝向合肥新城遣將軍全琮征六安皆不克還

三年五月遣陸遜諸葛瑾等屯江夏沔口孫韶張承等向廣陵淮陽帝率大衆圍合肥新城是時蜀相諸葛亮出武功帝謂魏明帝不能遠出而明帝遣兵助司馬宣王拒亮自率水軍東征未至壽春遂還孫韶亦罷

六年十月遣衞將全琮襲六安不克
赤烏二年三月遣使者羊衜鄭胄將軍孫怡之遼東擊魏守將張持高慮等虜得男女
四年四月遣衞將軍全琮略淮南决芍陂燒安城邸閣收其人民威北將軍諸葛恪攻六安琮與魏將王淩戰于芍陂中郎將秦晃等千餘人戰歿車騎將軍朱然圍樊大將軍諸葛瑾取柤中
六年春諸葛恪征六安破魏將謝順營收其人民
是歲魏司馬宣王率軍入舒
九年二月車騎將軍朱然征魏柤中斬獲千餘

十年遣諸葛壹僞叛以誘諸葛誕誕以步騎一萬迎壹於高山大帝出涂中遂至高山潛軍以待之誕覺而還
十三年十二月魏大將軍王昶圖南郡荆州刺史王基攻西陵遣將軍戴烈陸凱往拒之皆引還
廢帝會稽王建興元年十二月魏使將軍諸葛誕胡遵等步騎七萬圍東興將軍王昶攻南郡毌丘儉向武昌甲寅太傅諸葛恪以大兵赴敵戊午兵及東興交戰大破魏軍殺將軍韓綜桓嘉等
二年三月諸葛恪率軍伐魏四月圍新城大疫兵卒死者大半八月恪引軍還
五鳳二年正月魏鎮東將軍毌丘儉前將軍文欽以淮南之衆西入戰于樂嘉閏月壬辰丞相孫峻及驃騎將軍呂據左將軍留贊率兵襲壽春軍及東興聞欽等敗壬寅兵進于槖皋欽詣峻降淮南餘衆數萬口來奔魏諸葛誕入壽春峻引軍還
二月孫峻及魏將軍曹珍遇于高亭交戰珍敗績留贊爲誕別將蔣班所敗於菰陂贊及將軍孫楞蔣修等皆遇害

三月使鎮南將軍朱異襲安豐不克
太平元年二月孫峻用征北大將軍文欽計將征魏八月先遣欽及驃騎呂據車騎劉纂鎮南朱異前將軍唐咨軍自江都入淮泗
後主建衡元年十一月遣監軍虞汜威南將軍薛珝蒼梧太守陶璜田荆州監軍李勗督軍徐存從建安海道皆就合浦擊交阯
宋文帝元嘉元年後魏明元帝自率衆至方城遣鄭兵將軍達奚斤吳兵將軍公孫表二萬人於滑臺司州刺史毛德祖時戍虎牢遣步騎三千拒之魏勉滑

臺并力乘勝遂至虎牢魏主自率大衆至鄭鄭兵旣克金墉還向虎牢又遣楚兵將軍涉歸東擊青州所向城邑皆奔走明元自遣兵益虎牢增圍急攻德祖大敗魏主領楚兵諸軍自滑臺西就兵共攻虎牢虎牢被圍二百日遂克虎牢武帝未受禪已前事并入功業門

五年十月淮北鎮將軍王仲德遣步騎二千餘人侵後魏濟陽陳留閏月又遣將王玄謨兗州刺史竺靈秀步騎二千人攻滎陽將襲虎牢

七年三月遣右將軍到彦之統舟師入河諸軍各有所向先遣殿中將軍由奇使魏言河南舊是宋土爲

彼所侵今當修復舊境不關河北魏大武大怒謂奇曰我生頭髮未燥便聞河南是我家地爾豈可得若必進軍今權當歛戍相避須火行地淨河水氷合自更取之七月後將軍長沙王義欣出鎮彭城總統羣帥彦之進軍魏碻磝及滑臺諸戍竝棄城走以尹冲爲司州刺史戍虎牢十一月魏衆南渡河彦之敗退洛陽滑臺虎牢諸城復爲魏所陷尹冲死之是歲魏神嘉三年也魏書云八月宋將到彦之自清水入河泝流西行帝以河南兵少詔攝四鎮乃治兵將西討丙寅到彦之遣將渡河攻治反叛冠軍將軍安頡督諸軍破之斬首五百餘級投水死者甚衆　月庚申到彦之王仲德沿河置守還保東平乙亥冠軍安頡濟河攻洛陽丙子拔之擒宋將二十人斬首五千級時河北諸軍會於七女津彦之恐軍南渡遣將王蟠龍泝流欲盜官船征南大將軍杜超等擊破斬之辛巳安頡虎牢宋司州刺史尹冲墜城死甲午壽光侯叔孫建汝陰公長孫道生濟河到彦之王仲德從淸入濟東走青州宋兗州刺史竺靈秀棄須昌南奔湖陸戊戌叔孫建大破竺靈秀於湖陸殺獲五千餘人辛丑冠軍安頡率諸軍攻滑臺瑯邪王司馬楚之破宋將于長社四年正月丙申宋將檀道濟王仲德從淸水救滑臺丹陽王叔孫汝陰公長孫道生拒之道濟等不敢進二月辛酉安頡司馬楚之平滑臺擒宋將朱循之李元德及東郡太守申謨二月宋將檀道濟王仲德東走諸將追之至歷城而還三月庚戌冠軍將軍安頡獻宋俘萬餘人甲兵三萬

八年正月征南大將軍檀道濟破魏軍於東壽張二月滑臺爲魏所陷道濟引軍還

二十年二月仇池爲索虜所沒

二十三年三月魏軍寇豫青冀刺史申恬破之

二十七年二月魏攻汝南諸郡陳頴二郡太守鄭琨汝陽頴川二郡太守郭道隱委守走魏軍攻懸瓠城行汝南郡事陳憲拒之七月遣寧朔將軍王玄謨北伐太尉江夏王義恭出次彭城總統諸軍魏碻磝戍委城走閏月癸亥玄謨攻滑臺不克爲魏軍所敗退還碻磝辛未雍州刺史隨王誕遣軍攻弘農城克之丙戌又克關城十一月戊子魏軍陷鄒山魯陽平二郡太守崔邪利沒甲午隨王誕所遣軍又攻陝城克之癸卯左軍將軍劉康祖於壽陽尉武戍與魏軍戰

敗見殺十二月戊午內外戒嚴乙丑冗從僕射胡崇之太子積弩將軍臧澄之建威將軍毛熙祚于盱眙與魏軍戰敗并見殺庚午魏主率大衆至瓜步

二十八年正月丁亥魏軍自瓜步退走丁酉攻圍盱眙城是月寧朔將軍王玄謨自碻磝退還歷下二月丙辰魏軍自盱眙奔走時南平王鑠爲豫州刺史遣中兵參軍胡盛之出汝南上蔡向長社戍主魯爽棄城奔走皎克長社遣幢主王陽兒張畧等進據小索魏豫州刺史僕蘭於大索率步騎二千攻陽兒陽兒擊大破之坦之等進向大索勞楊氏鄭德玄張和各

起義以應坦之僕蘭奔虎牢會王陽兒等至郎據大索因向虎牢鑠又遣安蠻司馬劉康祖繼坦之魏永昌王宜勒仁庫貢救虎牢坦之敗走魏軍乘勝遙追於尉氏津逢康祖康祖戰敗見殺進脅壽陽因東過與魏主會於江上魏荊州刺史魯爽及弟秀等率部曲詣鑠歸順是時魏主雖不克懸瓠而虜略甚多與帝書云往索真珠璫怯不相與今所馘截髑髏可當幾許珠璫也彼往日北通芮芮西結赫連蒙遜吐谷東連馮弘高麗凡此數國皆我滅之以此而觀彼豈能獨立我今北征先除有足之寇彼若不從命來秋當復往取以彼無足不先致討諸方已定不復相釋我往之日彼作何方計爲塹城以自守爲築垣以自障也

二十九年六月撫軍將軍蕭思話率衆北伐十月癸亥司州刺史魯爽攻虎牢不拔退還

孝武帝大明元年二月魏軍侵兗州

明帝泰始三年二月魏軍侵汝陰太守張景遠擊破之八月以中領軍沈攸之南行兗州刺史率衆北討是歲魏獻文皇興元年也 魏紀云閏正月宋青州刺史沈文秀冀州刺史崔道固並遣使請舉州內屬詔平東將軍長孫陵平南將軍疾窮奇赴援之二月詔征南大將軍慕容白曜督

騎五萬次於碻磝爲東道後援宋東平太守申纂戍無鹽遏絕王使詔白曜討之三月文秀道固復叛歸宋白曜回師討之拔宋肥城垣苗糜溝三戍四月白曜攻沭城八月攻歷城二年二月道固及宋梁鄒戍主平原太守劉林賓舉城降三月白曜進圍東陽

四年十月發諸軍州兵北伐

五年正月乙丑魏克青州執刺史沈文秀以歸

七年十月遣將垣崇祖率衆二萬自郁州侵魏東兗州屯于南城爲刺史于雒侯所敗崇祖還郁州

後廢帝元徽二年七月遣將侵魏緣淮諸鎮爲魏徐州刺史尉元擊敗之

順帝昇明元年十月葭蘆戍主楊文度遣弟鼠襲陷

魏仇池

七月又遣將伐魏仇池爲魏陰平太守楊廣香所擊走之

南齊高帝建元二年正月魏軍侵淮泗遣衆軍北伐內外戒嚴二月魏軍侵壽陽豫州刺史垣崇祖破走之是月西境獻捷解嚴是歲魏孝文太和四年也魏紀云齊徐州刺史崔文仲遣淮北陷茬眉戍二月遣尚書游明根率二千騎南討八月梁州刺史崔惠景遣長史裴叔寶率衆寇武興關城氐帥楊鼠擊破之叔寶還南鄭莊音士留反

三年正月領軍將軍李安民左將軍孫文顯與魏軍戰於淮陽大敗之初魏軍至緣淮驅略江北居民驚

走不可禁乃於梁山置二軍南置三軍慈姥置一軍洌州置二軍三山置二軍白沙州置一軍蔡州置五軍自慈姥以下皆江南地名屬今昇州長蘆置三軍旒浦置二軍徐浦置一軍長蘆已下州渚屬揚州魏昌黎王馮莎向司州荒人桓天生說莎云諸蠻皆響應莎至蠻竟不動莎大怒於淮邊獵而去魏紀云南征諸軍擊破齊游擊將軍桓康於淮陽齊豫州刺史崇祖寇下蔡昌黎王馮熙擊破之假寧郡王嘉大破齊軍俘獲三萬餘口

武帝永明六年四月遣將陳顯達攻陷醴陽魏左僕射長樂王穆亮率騎一萬討之

十一年七月魏軍侵邊遣江州刺史李顯達鎮雍州樊城

明帝建武二年正月魏軍攻豫司徐梁四州遣鎮南將軍王廣之督司州征討右衛將軍蕭坦之督徐州征討尚書右僕射沈文秀督豫州征討二月魏軍攻鍾離徐州刺史蕭惠休破之詔太尉陳顯達使持節都督西北征討諸軍事內外戒嚴三月司州刺史誕與衆軍擊魏魏軍破之自壽春退走是月解嚴四月魏軍圍漢中梁州刺史蕭懿拒退之是歲魏太和十九年也魏紀云大和十八年十二月車駕南征至懸瓠十九年正月講武於汝水之西二月巡淮而東至鍾離是月班師

三年四月魏軍侵司州戍兵擊破之

四年魏侵沔北十月又侵司州遣太子中庶子梁王右軍司馬張稷討之是歲魏太和二十一年魏書事備帝王親征門十二月丁丑遣度支尚書崔慧景率衆救雍州

永泰元年正月沔北諸郡爲魏所侵相繼敗沒遣太尉陳顯達持節救雍州二月遣左衛將軍蕭惠休假節援壽陽豫州刺史裴叔業擊魏軍於淮北破之

東昏侯永元二年正月詔討豫州刺史裴叔業時頻誅大臣叔業俱而降魏以衛尉蕭懿爲豫州刺史征壽春叔業病死兄子植以壽春降魏三月遣平西將軍崔惠景率

衆軍伐壽春魏書云宣武景明元年二月南齊豫州刺史裴叔業以壽春内屬二月齊將胡松李居士率衆萬餘屯宛陳伯之水軍泝淮而上以逼壽春四月彭城王勰車騎將軍王肅大破之斬首萬數七月齊又遣陳伯之冦淮南八月彭城王勰破伯之於肥口

梁高祖天監元年五月魏揚州小峴戍主黨法宗襲破大峴戍

二年八月魏將元英攻義陽陷冦軍將軍蔡靈恩等十餘將

三年二月魏陷梁州八月陷司州是歲魏宣武正始元年也魏紀云正始元年一月梁將姜慶真襲陷壽春外郭州軍擊走之閏十二月梁行梁州事夏侯道遷據漢中來降假尚書邢巒鎮西將軍率衆以赴之二年四月巒遣統軍王足西伐頻破梁軍遂

入劒閣六月梁將李畎等置營始平郡東涪水之北王足逆擊敗之梁將魯方達攻竹亭足又破之方達屯戍新城足又遣統軍盧祖遷等擊敗之七月足又逼涪城梁巴西太守庾域統軍主李畎等逆戰足擊破之八月詔中山王英南討襄沔十一月足圍涪城益州諸郡戍降者十二三遂引軍而退

四年十月大舉侵魏以中書將軍揚州刺史臨川王宏都督北討諸軍事尚書右僕射柳惔為副

五年二月輔國將軍劉思效破魏青州刺史元繫於膠水是月魏將陳伯之自壽陽率衆歸降五月太子左衛率張惠之克魏宿預城臨川王宏前軍克梁城豫州刺史韋叡克合肥城盧江太守裴邃克羊石城又克霍丘城六月青冀二州刺史桓和前軍克朐山城十一月魏軍冦鍾離遣右將軍曹景宗率衆赴援魏書云宣武王正始三年正月梁冀州刺史桓和入冦南青州軍擊走之二月平南將軍陳伯之破梁徐州刺史昌義之於梁城是月梁將蕭眪率衆五萬冦淮陽以中山王英為征南將軍都督楊徐二道諸軍事指授邊將五月梁張惠紹入冦陷宿豫蕭容陷梁城韋叡陷合肥城又陷羊石霍丘二城六月又陷小峴戍是月假平南將軍奚康生破梁將張惠紹斬其徐州刺史宋黑詔發定冀瀛相竝肆六州十萬人以濟南軍又詔平南將軍安樂王詮督後發諸軍以赴淮南九月中山王英大破梁軍於淮南梁中軍大將軍臨川王蕭宏尚書右僕射柳惔徐州刺史昌義之等棄梁城沿淮東走追奔次於馬頭梁冠軍將軍戍王朱思遠棄城宵遁擒送梁四千餘人斬獲士卒五萬有餘英遂攻鍾離

六年四月曹景宗韋叡等破魏軍於邵陽洲斬數萬計魏書云鍾離大水中山王英敗績而還

七年十月詔大舉北伐以護軍將軍始興王儋為平北將軍率衆入清車騎將軍王茂率衆向宿豫是月魏懸瓠鎮軍主白卓生魏書云豫州白早生豫州刺史胡遜以城内屬是歲魏永平元年也魏書云豫州城人白早生殺刺史司馬悅據城南叛梁遣將齊苟仁等四將以助之詔尚書邢巒行豫州事督將軍崔暹率騎討之是月邢巒大破卓生及苟仁軍於魚口十二月又克懸瓠斬白卓生擒齊苟仁等俘梁卒二千餘人分賜王公已下

八年正月魏鎮東參軍成景雋斬宿豫城主嚴仲賓以城内屬魏書云正月梁遣王神念冦南兗詔輔國將軍長孫稚假平南將軍為都督率統軍邴虬等五軍以討之

十年三月盜殺東莞瑯琊二郡太守劉晣以朐山引

魏軍追振遠將軍馬仙琕討之是月魏徐州刺史率衆赴朐山十二月仙琕大破魏軍斬馘十萬餘復克朐山城魏書云四月梁遣其鎮北將軍張稷及馬仙琕寇朐山部盧昶率兵赴之十一月朐山城陷昶大敗而還

十四年魏降人王足陳計求堰淮水以灌壽陽帝率徐陽人二十萬戶取五丁以築之四月堰將合淮水漂疾復决潰魏書云三月梁於浮山堰淮規爲楊徐之害詔平南將軍楊大眼討又以冀州刺史蕭寶寅爲鎮東將軍央淮堰寶寅東昏侯弟卞歸于魏也

九月遣將趙祖悅襲據硤石

十五年二月硤石爲魏鎮南將軍崔亮鎮軍大將軍

李平所克

五月衛州刺史張齊侵益州爲魏將傅豎眼所敗是魏孝明熙平元年也

普通二年六月茂州刺史文僧明以州叛入於魏假大將軍裴邃節督衆軍北討

五年六月以員外散騎常侍元樹爲平北將軍北青冀二州刺史率衆北伐八月徐州刺史戎景儁克魏童城九月又克雎陵城北兗州刺史趙景悅圍荆山宣毅將軍裴邃襲壽陽入羅城弗克十月樹遂攻建陵城破之樹又破曲木掃虜將軍彭寶孫克瑯琊父克檀丘城遂破狄又克甓城遂進屯黎時定遠將軍曹世宗破曲城又克秦墟魏郿潘溪守悉棄城走東海太守帛敬欣以司吾城降十一月寶孫克東莞城遂攻壽陽之安城克之馬頭安城竝來降十二月荆山城降武勇將軍李國興攻平靜關克之信威長史陽法乾攻武陽關又攻峴關竝克之

六年正月雍州前軍克新蔡郡又克鄭城二月趙景悅下龍亢城五月遣中護軍夏侯亶督壽陽諸軍北伐六月豫章王綜奔于魏魏復據彭城

七年十一月夏侯亶胡龍牙元樹曹世宗等衆軍克

壽陽城

大通元年正月司州刺史夏侯夔進軍三關所至皆克五月成景儁克魏臨潼竹邑十月魏東豫州刺史元慶和以渦陽内屬

十一月以中護軍蕭深藻爲北討都督征北大將軍鎮渦陽

二年四月魏郢州刺史元願達以義陽内附時魏大亂其北海王元顥汝南王元悅竝來降十一月以元顥爲魏王以東宮直閤將軍陳慶之衛送還北

中大通元年四月陳慶之攻魏梁城拔之進屠考城

擒齊陰王元暉業五月克大梁又克虎牢城魏莊帝棄鑾陽走河北元顥遂入洛陽尋爲爾朱榮所殺
二年六月遣魏汝南王元悅還北爲魏主以魏尚書右僕射范遵爲安北將軍司州牧隨元悅北討
大同元年十月北梁州刺史蘭欽攻魏漢中克之
二年十月乙亥詔大舉北伐十一月班師是歲東魏天平二年也
太清元年二月魏司徒侯景求以豫廣潁鑾陽西揚東荆北荆襄東豫南兗西兗齊等十三州内屬三月追司州刺史楊鵶仁兗州刺史桓和仁州刺史湛海

珍等應接北豫六月以鄱陽王範爲征北將軍總督漢北征討諸軍七月鵶仁入懸瓠城八月王師北伐以南豫州刺史蕭深明爲大都督十一月魏遣大將軍慕容紹宗等至寒山丙午大戰貞陽侯深明敗績及北兗州刺史胡貴孫等竝陷魏紹宗進圍潼州
二年正月魏陷渦陽
簡文大寶二年五月魏遣大師潘鑾辛等寇秦郡王僧辯遣杜崱帥衆拒之
孝元帝承聖二年正月西魏遣大將軍尉遲迥襲益州五月進逼巴西潼州刺史楊虔運以城降迥六月迥圍陷益州九月西魏遣郭元建治舟師於合肥又遣大將軍杲遠步六年薩東方老成率衆會之
四年三月北齊遣其上黨王高渙送貞陽侯蕭深明來主梁嗣至東關遣吳興太守裴之横與戰敗績之横死太尉王僧辯率衆出屯姑孰
敬帝太平元年三月齊遣大將蕭軌出柵口向梁山司空陳霸先軍主黄菆音鄒逆擊大破之軌退保蕪湖遣周文育侯安都率衆據梁山拒之四月侯安都輕兵襲齊行臺司恭於歷陽大破之五月庚寅齊軍水步入丹陽縣景申至秣陵故治勑周文育還頓方正

徐度頓馬牧杜陵頓大桁癸卯齊軍進據兒塘輿駕出頓趙建故籬門内外戒嚴六月甲辰齊潛軍至蔣山龍尾斜趙莫府山北至玄武湖西北乙卯司空陳霸先授衆軍節度與齊軍交戰大破之斬齊北兗州刺史杜方慶及徐嗣徽弟嗣宗生擒徐嗣産蕭軌東方老王敬寶李希光裴英起劉歸義等皆誅之辛酉解嚴
二年二月庚午遣領軍將軍徐度入東關戊子至合肥燒齊船三千艘
後梁明帝天保五年陳湘州刺史華皎邕州刺史戴

僧朔來附皎遂其子玄嚮爲質於梁仍率諸軍伐陳明帝上言其狀周高祖詔衛公直督荆州總管權景宣大將軍元定等赴之明帝亦遣其柱國王操率水軍二萬會皎於巴陵既而與陳將吳明徹等戰沌口直軍不利元定遂没梁大將軍李廣等亦爲陳人所虜長沙巴陵並陷於陳衛公直乃歸罪梁之柱國殷亮明帝雖以退敗不獨在亮然不敢違命遂誅之吳明徹乘勝攻克梁河東郡獲其守將許孝敬明徹進寇江陵引江水灌城明帝出頓紀南以避其鋭江陵副總管高琳與其尚書僕射王操拒守梁軍主馬武

吉維等擊明徹退保公安明帝乃還江陵明帝之八年陳又遣其司空章昭達寇江陵總管陸騰及梁之將士擊走之昭達又寇竟陵之青泥明帝令其大將軍許世武赴援大爲昭達所破初華皎戴僧朔從衛公直與陳人戰敗率其麾下數百人歸於明帝明帝以皎爲司空封江夏郡公以僧朔爲車騎將軍封吳興縣侯明帝之十年皎將來朝至襄陽請衛公直曰梁主既失江南諸郡民少國貧朝廷興亡繼絶理宜資贍豈使齊桓楚莊獨擅救衛復陳之美望借數州以俾梁國直然之乃遣使言狀周高祖許之詔以基平鄀三州歸之於梁

陳高祖永定二年二月詔車騎將軍司空侯瑱總督水步軍以遏齊寇

文帝天嘉元年周將賀若敦獨孤盛等來攻巴湘以司空侯瑱爲西討都督大敗盛軍將餘衆自揚桑洲潜遁二年七月敦自拔遁歸人畜死者十七八

宣帝大建五年三月分命衆軍北伐以鎮西將軍開府儀同三司吳明徹都督諸軍事

四月癸卯前巴州刺史魯廣達克齊大峴城辛亥吳明徹克秦州水栅庚申齊兵十萬援歷陽儀同黄法

氍破之辛酉齊軍救秦州吳明徹又破之甲子南譙太守徐槾克石梁城

五月乙巳瓦梁城降癸酉陽平郡城降甲戌徐槾克廬江郡城景子黄法氍克歷陽城己卯北高塘郡城降景戌廬陵內史任忠軍次東關克其東西二城進克蘄城戊子又克譙郡城秦州城降癸巳瓜步胡墅以城降

六月庚子鄭州刺史李綜克灊口城乙巳任忠克合州外城庚戌淮陽沭陽郡並棄城走癸丑豫章內史程文季克經州城乙卯宣毅司馬湛施克新蔡城癸

卯黃法𣰰克合州城吳明徹師次仁州甲子克其州
城
七月戊辰齊遣衆二萬援高昌西陽太守周某名犯太宗
諱擊破之己巳吳明徹軍次峽口克其北岸城南岸守
者棄城走周某克巴州城淮北絳城及穀陽士民並
誅其渠帥以城降庚戌吳明徹克壽陽外城
八月乙未山陽城降壬寅盱眙城降壬子戎昭將軍
徐敬辯克海安城青州東海城降壬申高唐太守沈
善慶克馬頭城甲戌齊安城降丙子左衛將軍樊毅
克廣陵楚子城丁亥前鄱陽內史魯天念克黃城小

城齊軍退保大城壬辰黃城大城降
十月甲午郭默城降乙巳吳明徹克壽陽城丁未齊
兵萬人至潁口樊毅擊走之辛亥齊遣兵援蒼陵又
破之戊午湛陁克齊昌城
十一月淮陽城降庚辰威虜將軍劉桃根克朐山城
辛巳樊毅克濟陰城己丑魯廣達等克北徐州壬午
任忠克霍州城
六年正月甲申廣陵金城降
七年正月乙亥左衛將軍樊毅克潼州城
三月戊申樊毅克下邳高山等六城

閏九月都督吳明徹大破齊軍於呂梁
九年十月戊午司空吳明徹破周將梁士彥衆數萬
于呂梁
十年二月甲子北討衆軍敗績於呂梁司空吳明徹
及將卒以下並爲周軍所獲
十一年十一月周遣柱國梁士彥率衆至肥口戊戌
周軍進圍壽陽辛丑前豐州刺史章文奏率步騎三
千趣陽平郡癸卯任忠率步騎七千趣秦郡景午新
除仁威將軍右衛將軍魯廣達遣卒衆入淮是日樊
毅領水軍二萬自東關入焦湖武毅將軍蕭摩訶率

步騎趣歷陽戊申豫州陷辛亥霍州又陷
十二月乙丑南北兗晉三州及盱眙軍山陽陽平馬
頭秦歷陽沛北譙南梁等九州並自拔還京師譙北
徐州又陷自是淮南之地盡沒於周矣
十二年八月庚申詔鎮西將軍樊毅進督沔漢諸軍
事遣平南將軍南豫州刺史任忠率衆趣歷陽通直
散騎常侍趣武將軍陳慧紀爲前軍都督趣南兗州
庚午通直散騎常侍淳于陵克臨江郡癸酉智武將
軍魯廣達克郭默城景子淳于陵克祐州城
九月丁亥周將王延貴率衆援歷陽任忠擊破之生

擒延貴等
東魏孝靜帝天平二年二月梁司州刺史陳慶之寇豫州刺史堯雄擊走之六月梁魏王元慶和寇南頓堯雄大破之十月梁將抑仲禮寇荆州刺史王元擊破之
三年九月以定州刺史侯景兼尚書右僕射南道行臺節度諸軍南討十一月景攻克梁楚州獲刺史桓和是歲與梁通好
四年十月西魏行臺宮景壽都指揮楊白駒寇雒州大都督韓賢大破之西魏又遣其子大行臺元季海

大都督獨孤信逼雒州刺史廣陽王湛棄城歸闕季海信遂據金墉
元象元年八月大破西魏之衆于河陰
武定五年九月梁武遣貞陽侯蕭明寇徐州堰泗水於寒山灌彭城以應侯景十一月以尚書左僕射慕容紹宗爲東南道行臺與大都督高岳潘相樂大破擒之及其二子瑀遁十二月蕭明至闕帝御閶闔門讓而宥之岳等廻師討侯景
六年四月太尉高岳司徒韓軌大都督劉豐等討西魏王思政於潁川引洧水灌其城
七年五月大將軍高澄帥師赴潁川六月克之獲大將軍王思政等
北齊文宣天保元年十一月周文帝率衆至陝城分騎北渡至建州帝親戎出次城東周文帝聞帝軍容嚴盛嘆曰高歡不死矣遂退師
二年五月景戌合朔州刺史斛斯顯攻克梁歷陽鎮
七月癸酉行營邢景遠破梁龍安戍獲鎮城李雉文
三年三月以司州牧清河王岳爲使持節西道大都督司徒潘相樂爲使持節東道大都督及行臺辛術率衆南伐

六年正月壬寅清河王以衆軍渡江克夏首二月甲戌上黨王渙克譙郡
三月景戌上黨王渙克東關斬梁將梁之橫俘斬數千
七年三月丁酉大都督蕭軌等率衆濟江六月乙卯蕭軌等與梁師戰于鍾山之西遇霖雨失利軌及都督李希光王敬寶東方老軍司裴英起竝沒士卒散還者十二三
武城河清二年十二月己酉周將楊忠率突厥阿史那木可汗等二十餘萬人自鎮州分爲三道殺掠吏

人已未周軍逼幷州又遣大將軍達奚武帥衆數萬東雍及晉州與突厥相應
三年正月周軍至城下而陳戰於城南周軍及突厥大敗人馬飢者相枕數百里不絶
七月周軍三道竝出使其將尉遲迥寇雒陽楊標入軹關權景宣趣懸瓠
十一月甲午周將尉遲迥等圍雒陽甲辰太尉婁叡大破周軍於軹關擒楊標
十二月豫州刺史王士良以城降周將權景宣壬戌太師段韶大破尉遲迥等解雒陽圍

梁太祖開平二年四月甲寅淮寇侵軹潭岳邊境欲援朗州以戰艦百餘艘揚航西上泊鬥卩湖南馬殷遣水軍都將黃璠率樓船邀擊之賊衆泝流宵遁追至鹿角鎮
五月丁丑王師圍潞州將及二年李進通窮危旦夕不俟攻擊當自降太原李存勗以厚幣誘結北蕃諸部竝其境內丁壯悉驅南征決戰以救上黨之急部落帳族馳馬甲兵數路齊進於銅鞮樹寨旗壘相望
是月癸未淮賊寇荆州石首縣襄陽舉舟師泝滄港襲敗之

六月丙辰卯岐來寇雍西編戶因于逃避且芟害禾稼結營自固踰月同州劉知俊領所部兵擊退襲至幕谷大破之俘斬千計收其生器甲宋文通僅以身免
是月壬戌岳州爲淮賊所據帝以北郡五領三湘水陸會合之地委輸商賈靡不繇斯遂令荆湘湖南北舉舟師同力致討王師集淮夷毁壁焚郛郭而遁
十月己亥上在陝兩浙節度使奏於嘗州東洲鎮殺淮賊萬餘人獲戰船一百二隻
末帝乾元三年五月乙巳天雄軍節度使楊師厚及

劉守奇率魏博邢洺徐兖鄆滑之衆十萬討鎮州庚戌營於鎮之南門外壬子晉將史達瑭自趙州領騎五百人入於鎮州師厚知其有備自九月移軍於下博劉守奇以一軍自貝州掠冀州衡水阜城陷下博師厚自弓高渡御河迫滄州張萬進懼送款于師厚師厚表請以萬進爲青州節度使以劉守奇爲滄州節度使
七月晉王率師自黃澤嶺東下寇邢洺魏博節度使楊師厚軍於漳水之東晉將曹進金來奔晉軍遂退
貞明元年四月卯州留後李保衡以城歸順是月鳳

朔李茂貞遣偽署涇州節度使劉知俊率師攻邠州以李保衡歸順故也自是凡攻圍十四日節度使霍彥威諸軍都指揮使黄貴堅等捍寇會救軍至岐人乃還

六月庚寅晉王入魏州以賀德倫爲大同軍節度使舉族遷於晉陽是月晉人陷德州秋七月又陷澶州刺史王彥章棄城來奔是月劉鄩自洹水潛師繇黄澤路西趣晉陽至樂平縣値霖雨積旬乃班師還次宗城遂至貝州軍於堂邑遇晉軍轉戰數十里晉軍稍還

二年二月命許州節度使王檀河陽節度使謝彥章鄭州防禦使王彥章率師自陰地關抵晉陽急攻其壘不克而旋

三月劉鄩率師與晉王大戰於元城鄩軍敗績先是鄩軍駐於莘帝以河朔危急師老於外餉饋不克遣使賜鄩詔微以責讓鄩奏以寇勢方盛未可輕動帝又問鄩決勝之策鄩奏曰人給糧十斛盡則破敵帝不悅復遣促戰鄩召諸將會議諸將皆欲戰鄩默然一日鄩引軍攻鎮定之營彼衆大駭上下騰亂俘斬甚衆時帝遣偏將楊延直領軍萬餘人屯檀州以應鄩旣而晉王詐言歸大原劉鄩以爲信是月詔楊延直會於魏城下鄩自莘率軍亦至與延直會旣而晉王自貝州至鄩引軍漸退至故元城西與晉人決戰大爲所敗追至河上軍士赴水死者甚衆鄩自黎陽濟河奔滑州

四年二月遣將謝彥章帥衆數百迫楊劉城甲子晉王來援楊劉彥之軍不利而退

八月晉王率師次楊劉口遂軍於麻家渡北面招討使賀瓌以兵屯濮州北行臺村對壘百餘日晉王以輕騎來覘許州節度使謝彥章發伏兵掩擊圍之數

重會救軍至僅以身免

十二月庚子朔晉王領軍迫行臺寨十里距碁結營而止二十二日晉王次臨濮賀瓌王彥章自行臺寨軍躡之二十四日至胡柳陂晉王領軍出戰瓌軍已成列晉王以騎突之王彥章一軍先敗彥章走濮陽晉人輜重在陳西瓌之領軍薄之晉人大奔自相蹈籍死者不可勝計晉大將軍周德威歿於陣瓌軍登七山列陣於山之下晉王復領軍來戰瓌軍遂敗翼日晉人攻濮陽陷之京師戒嚴

五年春正月晉人城德勝夾河爲柵

四月賀瓌攻德勝南城以艨艟戰艦橫於河以扼津濟之路晉人斷其艨艟濟軍以援南城瓌等退軍

十二月戊戌晉王領軍追河南寨王瓚率師禦之獲晉將石家才既而瓚軍不利瓚退保楊村寨

六年六月遣兖州節度使溫昭圖莊宅使段凝領軍攻同州先是河中朱友謙襲陷同州節度使程全暉單騎奔京師友謙以其子令德爲同州留後表求節旄不允既而帝慮友謙怨望遂命兼鎮同州制命將下而友謙已叛遣使求援於晉故命將討之九月庚寅以供奉官郎公遠充契丹歡好使晉王遣都將李

嗣昭李存審王建及率師來援同州戰於城下我師敗績諸將以餘衆退保華州

龍德元年春正月戴思遠率師襲魏州時晉方攻鎮州故思遠乘虛以襲之陷城安而還遂悉攻德勝北城晉將李存審極力拒守

二月晉王以兵至思遠收軍而退復保楊村

八月段凝張朗攻衛州下之獲刺史李存儒以獻戴思遠又下淇門共城新鄉等三縣自是澶州之西湘州之南皆爲梁有晉人失軍儲三分之一焉

三年五月以滑州節度使王彥章爲北面行營招討使辛酉王彥章率舟師自村寨浮河而下斷德勝之浮梁攻南城下之殺數千人唐帝棄德勝之北城併軍保楊劉己巳王彥章圍楊劉城

六月乙亥唐帝引軍援楊劉潛軍至博州築壘於河東岸戊子王彥章杜晏球率兵悉攻博州之新壘不克遂退保于鄒口

七月丁未唐帝引軍沿河而南王彥章棄鄒口復至楊劉己未自楊劉援營退保楊村寨

八月以段凝代王彥章爲北面行營招討使戊子段凝營於王村引軍自高陵渡河略臨河而還董璋攻

澤州下之庚寅命滑州節度使王彥章率兵屯守鄆之東境九月戊辰彥章以衆渡汶與唐軍於遞坊鎮彥章軍不利退保中都

册府元龜

巡按福建監察御史臣李嗣京　訂正
知閩縣事臣曹冑臣叅閲
知建陽縣事臣黄國琦較釋

閏位部三十七

失政　疑忌　惡直

失政

夫布嘗無藝亂政亟行用茲爲國何以永世自秦嬴宰制事或非允吳蜀分據政則殊俗宋齊相襲梁陳繼軌至於出令制命不厭於衆心阿諛近習匪率乎

彞則賞罰淆亂賢愚混同典禮無章用度靡紀而猶驕心方熾自謂永圖遠於高齊咸有斯弊今取其梗槩著之于編云

秦始皇二十六年丞相綰等言諸侯初破燕齊荆地遠不爲置王毋以填之（填音竹刃切）請立諸子唯上幸許始皇下其議於群臣群臣皆以爲便廷尉李斯議曰周文王所封子弟同姓甚衆然后屬疏遠相攻擊如仇讐諸侯更相誅伐周天子弗能禁止今海内賴陛下神靈一統皆爲郡縣諸子功臣以公賦税重賞賜之甚足易制天下無異意則安寧之術也置諸侯不便始皇曰天下共苦戰鬬不休以有侯王賴宗廟天下初定又復立國是樹兵也而求其寧息豈不難哉廷尉議是分天下爲三十六郡（三十六郡謂河南上中地三川河東南陽南郡九江鄣郡會稽潁川碭郡泗水一郡東郡琅邪齊上谷漁陽右北平遼西遼東代郡會鹿邯鄲上黨平原雲中太原鴈門上郡隴西北平中巴郡蜀郡）郡置守尉監（秦郡守掌治其郡有丞尉掌佐守典武職軍卒監御史掌監郡）更名民曰黔首（黔亦黎黑也）三十四年丞相李斯言古者天下散亂莫相一是以諸侯竝作語皆道古以害今飾虛言以亂實人善其所私學以非上所建立今皇帝竝有天下辨白黑而定一尊私學相與非法教人制聞令下即各以其學議之入則

心非出則巷議非主以爲名異趣以爲高率群下以造謗如此不禁則主勢降乎上黨與成乎下禁之便臣請諸有文學詩書百家語者蠲除去之令到滿三十日弗去黥爲城旦所不去者醫藥卜筮種樹之書若有欲學者以吏爲師始皇可其議收去詩書百家之語以愚百姓使天下無以古非今

蜀後主即位未踰月而改元者緣臣子心不忍一年而有二君也今可謂亟而不知禮矣又國不置史注記無官是以行事多遺災異靡書景曜元年宦人黄皓始專國政

吳大帝嘉禾中信任校事呂壹壹性苛慘用法深刻太子登數諫帝不納大臣繇是莫敢言

景帝永安中以丞相濮陽興及佐將軍張布有舊恩委之以事布典宮省興關軍國帝欲與祭酒韋曜博士盛冲講論道藝曜冲素皆切直布恐入侍發其陰失因妄飾說以拒遏之帝初爲王時布爲左右將督素見信愛及至踐祚厚加寵待專擅國勢多行無禮自嫌瑕短懼曜冲言之故尤患忌帝雖解此一日心不能悅更恐其疑懼竟如布意廢其講業復使冲等入

後主寶鼎中更營新宮制度弘廣飾以珠玉所費甚多是時盛夏興功農守並廢天紀中岑昬險諛貴幸致位九列好興工役衆所患苦以上下離心莫爲后主盡力蓋積惡已極不復堪命故也

宋前廢帝即位凶悖日甚誅殺相繼百司不保首領元凱以下皆被毆捶牽曳內外危懼殿省騷然

明帝好鬼神多忌諱言語文書有禍敗凶喪疑似之言應迴避者犯即加戮以南苑借張永云且給三百年期盡更請阮佃夫楊運長王道隆皆擅威權言爲詔勑郡守令長一缺十除內外混然官以賄命王阮家富於公家及泰始泰豫之際左右失言往往有劇討繼戮禁中懍懍若蹈刀劍軍旅不息府藏空虛百官並繼祿俸在朝皆市井傭販之子每所造制必爲正御三十副御三十須一物輒造九十枚天下騷然民不堪命

南齊鬱林王即位極意賞賜動百數十萬每見錢曰昔時思汝一個不得今日將用汝未期年之間世祖齋庫儲錢數億垂盡

東昏侯永元二年八月後宮遺火之後更起仙華神佛玉壽諸殿刻畫雕彩青葩金口帶麝香塗壁錦幔

珠簾窮極綺麗縶役工匠自夜達曉猶不副速乃剔取諸寺佛刹殿藻井仙人騎獸以充足之世祖興仙樓上施青漆世謂之青樓帝曰武帝不巧何不純用琉璃是歲十二月梁武起兵於襄陽三年正月丙申朔日有食之時加寅漏上八刻率官人於閱武堂元會皇后正位閹人行儀帝戎服臨視自永元已後魏每來伐繼以內難揚州南徐州人丁三人取兩以此爲率遠郡悉令上米一人五十斛輸米既畢就役如故又東境皆役多注籍詐病或以積年皆攝充役又追責病者租布隨其年歲多少御命之人皆給貨賂

隨意縱捨又横調徵求梁武兵至輿御刀右左及六官於華光殿立軍壘以金玉爲鎧仗親自臨陣詐被鎗勢以板榻將去以此猒勝又臺城外有伏兵乃燒城傍諸府署六門之内皆盡城中閤道西掖門内相聚爲市販炙牛馬肉猶惜金錢不肯賞賜茹法珍叩頭請之帝曰賊來獨取我耶何爲就我求物後堂儲數百具榜啓爲城防帝云擬作殿竟不與城防巧手悉令作殿晝夜不休

梁武帝末年委事群倖中領軍朱异之徒作福作威挾朋樹黨政以賄成服冕乘軒申其掌握是以朝綱

混亂賞罰無章小人道長抑此之謂也初侯景謀反合州刺史鄱陽王範司州刺史羊鴉仁並累有啓聞朱异以景孤立寄命必不應爾乃謂使者曰鄱陽王遂不許國家有一客並抑而不奏故朝廷不爲之備及寇至城文武咸尤之异慙忿而卒高祖惜之方議贈事左右有善异者乃啓曰异忝歷雖多然平生所懷願得執法高祖因其宿志贈其侍中尚書右僕射

陳後主嗣位躭於酒色不恤刑政左右嬖倖珥貂者五十人婦人美貌麗服巧態以從者千餘人帝日酣飲從夕達旦以此爲常而盛修宮室無時休止稅江稅市徵取百端刑罰酷濫牢獄常滿諸軍臨江後主曰王氣在此齊兵三來周兵再至無不摧没今必自敗其臣孔範亦言無渡江理但奏妓縱酒作詩不輟

北齊後主時韓鳳爲侍中領軍總知內省機密祖珽曾與鳳於後主前論事珽與鳳云強弓長矛無容相謝軍國謀策何繇得爭鳳答云各出意豈在文武優劣封昌黎王息寶仁尚公主在晉陽賜第一區其公主生男滿月駕幸鳳宅宴會盡日每日一參先被勑喚顧訪出後方引奏事官若不視事內省外頭悉速

者附奏閒軍國要密無不經手東西巡及山水遊戲財獵多獨在御傍與高阿那肱穆提婆共處衡軸號曰三貴損國害政日日滋甚天統中毀東宮造修文偃武隆基嬪嬙院起玳瑁樓又於遊豫園穿池周以列館中起三山構臺以象滄海並伏修佛寺勞役鉅萬計財用不給乃減朝士之祿斷諸曹糧膳及九州軍人常賜併之

是時有穆提婆母陸令萱後主乳保也提婆本姓駱父超以謀叛伏誅令萱没入掖廷後主襁褓之中令其鞠養謂之乾阿奶遂大爲胡后所昵愛令萱姦巧

多機辨取媚百端宮掖之中獨擅威福後主紹位又侵媚穆昭儀養之爲母是以提婆改姓穆氏及穆后立令萱號曰太姬此即齊朝皇后母氏之位號也視第一品班在長公主之上自武平之後令萱母子勢傾內外矣庸劣之徒皆重跡屏氣焉自外殺生予奪不可盡焉

疑忌

夫觀感而化道乃大明小信未孚民猶弗與况乎忌克爲量包藏在心片言或譬則寘之城府危機一發則酷於荼毒以此與物難以濟矣若夫晉文之誓白

水嫌吝以安世祖之推赤心反仄乃定是知至誠能化疑事無功以餘閏之小邦挾猜忌之凶德民之無援亡於何有維荷無患不其嗌哉

孫策既定江東時有高岱隱於餘姚策命出使會稽丞陸昭逆之策虛己而候焉聞其善左傳乃自玩讀欲學其論講或謂之曰高岱以將軍英武而已無文學之才若與論傳而或云不知者則其言符矣又謂岱曰孫將軍爲人惡勝已者若每問當言不知乃合意耳如皆辨義此必危殆岱以爲然及與論傳或答不知策果怒以爲輕已乃囚之知友及時人皆露坐爲請策登樓望見數里中塡滿策惡其收衆心遂殺之

大帝初以禮聘沈友友至論王霸之略當時之務當欽容敬焉陳荊州宜并之計納之友正色立朝清議峻厲爲庸臣所譖誣以謀反帝亦以終不爲已用大帝大會官寮云友有所是非令人扶出謂曰人言卿欲反友知不得脫乃曰主上在許有無君之心者可謂非反乎遂殺之

後主使徐紹使魏行至濡須召還殺之徙其家屬建安始有白紹稱美中國者故也

張尚爲侍郎以言語辯捷見知擢爲侍中中書令後主使尚鼓琴尚對曰素不能勅使學之後宴言次說琴之精妙尚因道晉平公使師曠作清角曠言吾君德薄不足以聽之後主意謂尚以斯喻已不說後積他事下獄皆追以此爲詰（後主嘗問尚詩云汎汎柏舟推柏中舟乎尚對曰詩言檜楫松舟則松亦中舟也又問鳥之大者惟鶴小者惟雀乎尚對曰大者有禿鶖小者有鷦鷯皓性忌勝已而尚談論每出其表積以致恨後問孤飲酒以方誰尚對曰陛下有百觚之量皓曰尚知孔丘之不王而以孤方之因此發怒收尚尚書岑昏率公卿以下百餘人詣宮叩頭請尚罪得減死）送建安作船久之又就加誅

宋文帝時朱循之戍滑臺爲後魏所陷大武寵之初

北人去來言循之勸誘大武侵邊並教大武以中國
體制文帝甚疑責之循之後得還具相申理帝意乃
釋
孝武帝初與竟陵王誕同舉兵討元凶有奔牛之捷
明年討南郡王義宣又有殊勳帝性多猜頗疑憚而
誕造立第舍窮極乃工園池之美冠於一時多聚才
力之士實之第内精甲利器莫非上品帝意愈不平
建平二年乃出爲使持節都督南徐兗二州諸軍
事太子大傅南徐州刺史侍中如故帝以京口去都
密邇猶疑之大明元年秋又出爲都督南兗南徐兗

青冀幽六州諸軍事南兗州刺史
沈懷文孝武時爲侍中孝武每宴集諸在坐者咸令
沈醉懷文素不飲酒又不好戲調帝謂故欲異己謝
莊嘗誡懷文曰卿每與人異亦何久懷文曰吾少來
如此豈可一朝而變非欲異物性所得耳五年乃出
爲晉安王子勛征虜長史廣陵太守
明帝初封湘東王虞愿爲國常侍帝立以藩國舊恩
意遇甚厚累遷通直散騎郎帝性猜忌體肥憎風夏
月常着皮小衣拜左右二人爲司風令史風起方面
轉先啓聞星文災變不信太史不聽外奏勑靈臺知
星二人給愿常直内省有異先啓以相簡察
吳喜爲驍騎將軍嘗對賓客言漢高魏武本是何人
明帝聞之益不悅其後誅壽寂之喜内懼因啓乞中
散大夫帝猶疑駭至是會帝有疾爲身後之慮以喜
素得人情疑其將來不能事幼主乃賜死
王景文爲中書監領揚州時明帝太子及諸皇子並
小帝稍爲身後之計諸將帥吳喜壽寂之徒並殺之
而景文外戚貴盛張永累經軍旅又疑其將來難信
乃自謂謡言曰一士不可親弓長射殺人一士王字
也弓長張字也及帝既有疾而諸弟並已見殺唯桂

陽王休範人才本劣不見疑出爲江州刺史慮一旦
不諱皇后臨朝則景文自然成宰相門族強盛籍元
舅之重歲暮不爲純臣泰豫元年春帝疾篤乃遣使
送藥賜景文死手詔曰與卿周旋欲全卿門戶故有
此處分死時年六十帝性猜疑多慮故亟行誅戮南出則唱云西行東遊則唱云北
幸簡于出入竟不南郊又云帝末年好鬼神多忌諱
言語文書有禍敗凶喪及疑似之言應迴避者數百千
品有犯必加誅戮改騧馬邊爪亦以騧字近禍故也
以南苑借張永云且給三百年期訖更啓其事類皆
如此宣陽門民間謂之白門其名不祥甚諱之尚書
右丞江謐嘗誤犯帝變色曰白汝家門謐稽顙謝之
久方釋太后停屍漆床先出東宮帝嘗幸宮見之怒
甚免中庶子宮職局以坐者數十人内外常慮犯觸
人不自保宮内禁忌猶甚移床治壁必先
祭土神使文士爲文詞祝策如大祭饗

南齊鬱林王初爲太孫武帝不豫詔竟陵王子良入侍醫藥日夜在殿內太孫間日入參承帝暴漸物議疑立子良俄傾而蘇問太孫所在遺詔子良輔政大孫少養於子良妃袁氏甚着慈愛旣懼前不得立自此深忌子良大行出太極殿子良居中書省帝使虎賁中郎將潘敞領二百人屯伏太極西階之下成服後諸王皆出子良乞停至山陵不許

蒼梧王時豫章王嶷居清溪宅蒼梧夜中微行欲掩襲宅內嶷左右舞刀戟於中庭蒼梧從墻間窺見以爲有備乃去

明帝建武中劉季連爲平西蕭遙欣長史南郡太守時帝諸子幼弱內親則仗遙欣兄弟外親倚后弟劉暄內弟江祐遙欣之鎮江陵也意寄甚隆而遇欣至州多招賓自封植帝甚惡之季連族甥琅邪王會爲遙欣諮議參軍美容貌頗事辯遙欣遇之甚厚會多慢忽於公座與遙欣競侮季連憾之乃密表帝稱遙欣有異跡帝納焉乃以遙欣爲雍州刺史帝心德季連以爲輔國將軍益州刺史令據遙欣上流

陳顯達爲太尉侍中明帝欲悉除高武諸孫微言問顯達答曰此等豈足介慮帝乃止

梁武帝時劉顯爲國子博士有沙門訟田帝大署曰貞有司未辯遍問莫知顯曰貞字文爲與上人帝因忌其能出之後爲雲麾邵陵王長史尋陽太守魏使李諧至聞之恨不相識嘆曰梁德衰矣善人國之紀也而出之無乃不可乎

劉峻字孝標爲荊州刺史安成王户曹參軍初武帝每集文士策經史事時范雲沈約之徒皆引短推長帝乃悅加其賞賚會策錦被事言已罄帝試呼問峻峻時貧悴冗散忽請紙筆疏十餘事坐客皆驚帝不覺失色自是惡之不復見及峻類苑成凡一百二十卷帝即命諸學士撰華林遍略以高之竟不見用乃著辯命論以寄其懷

元帝初爲湘東王時蕭賁爲法曹參軍得一府歡心及亂帝爲檄賁讀至偃師南望無復儲胥露寒河陽北臨或有穹廬氊帳乃曰聖製此句非爲過似如體自朝廷非關序賊帝聞之大怒收付獄遂以餓終又追戮賁尸乃著懷舊傳以謗之極言誣毀忠壯世子方等毋徐妃以嫉妬失寵方等意不自安元帝聞之又忌方等益懼故書論以申其志焉論具儲宮文學

王琳爲衡州刺史時元帝性多忌以琳所部甚衆又

得衆心故出之嶺外又授都督廣州刺史其友人王書李膺帝所任遇琳告之曰琳蒙拔擢甞欲畢命以報國恩今天下未平遷琳嶺外如有萬一不虞安得琳力忖官正疑琳耳琳分望有限可得與官爭爲帝乎何不以琳爲雍州刺史使鎮武寧琳自放兵作田爲國禦捍若驚懸動靜相知孰若遠棄嶺南相去萬里一日有變將欲如何琳非願長坐荊南正以國計如此耳膺然其言而不敢啓遂率其衆鎮嶺南

陸法和爲都督郢州刺史法和善爲攻戰具在江夏大聚兵艦欲襲襄陽而入武關元帝使止之法和曰

是求佛之人尚不希釋梵天王坐處豈規王位但於空王佛所與主上有香火因緣見主上應有報至故救援耳今既被疑是業定不可改也

梁樂良王大圜簡文子也元帝初徙封晉熙王瑯邪鼓城二郡太守帝既有克復之功而大圜兄汝南王大封猶未通謁帝性忌刻甚恨望之乃謂大圜曰汝兩兄久不出汝可以意召之大圜即日曉諭兩兄相繼出謁帝乃安

陳高祖以杜稜監義興瑯邪二郡帝誅王僧辯引稜與侯安都等共議稜難之帝懼其泄己乃以手巾絞稜悶絕于地因閉于別室軍發召與同行

後主既即位鄱陽王伯山長子君範爲貞威將軍晉陵太守隋師至是時宗室王侯在者百餘人後主恐其爲變乃並召入令屯朝堂使豫章王叔英總督之而又陰爲之備及六軍敗績相率出降

樊猛爲忠武將軍南豫州刺史隋將韓擒虎濟江猛在京師第六子巡攝行事擒虎進軍攻陷之巡及家口並見執時猛與左衛將軍蔣元遜領青龍八十艘爲水軍於白下遊弈以禦隋六合兵後主知猛妻子在隋軍懼其有異志欲使任忠代之又重傷其意乃

止

北齊後主時蘭陵王長恭爲荊州刺史芒山之戰長恭爲中軍率五百騎再入周師後主謂長恭曰入陣大深失利悔無所及對曰家事親切不覺遂然帝嫌其稱家事遂忌之後帝使飲以毒藥薨

斛律光爲右丞相率步騎五萬克復秦姚襄白亭城戍又取周建安等四戍而還軍未至鄴勑令便放兵散光以爲軍人多有勳功未得慰勞若即便散恩澤不施乃密通表請使宣旨軍仍且進朝廷發使遲留軍還將至紫陌光仍駐營待使後主聞光軍營已逼

心甚惡之懸令舍人追光入見然後宣勞散兵拜光
右丞相又别封清河郡公
北平王貞武成第五子也位司州牧京畿大都督兼
尚書令錄尚書事武成行幸總留臺事種年後主以
貞長大漸忌之阿那肱承旨令馮士幹劾繫貞于獄
奪其留後權
梁太祖時劉知俊威望益隆帝雄猜日甚會佑國軍
節度使王重師無罪見誅知俊居不自安乃據同州
叛送欵於李茂貞又分兵以襲雍華雍州節度使劉
捍被擒送鳳翔害之華州蔡敬思被傷獲免帝聞知

俊叛遣近臣諭之曰朕待卿甚厚何相負耶知俊報
曰臣非背德但畏死耳王重師不負陛下而致族滅
帝復遣使謂知俊曰朕料卿爲此非重師得罪蓋劉
捍言陰結邠鳳終不爲國家用我今雖知枉濫悔不
可追致卿如斯我心恨恨蓋劉捍悞予事也捍死固
未塞責知俊不報遂分兵以守潼關帝命劉鄩率兵
進討攻潼關下之時知俊弟知浣爲親衛指揮使聞
知俊叛自雒奔至潼關爲鄩所擒害之尋而王師繼
至知俊乃舉族奔於鳳翔
庶人友珪以敬翔天下之望命翔爲宰相友貞請宣

學士無召諫臣言陰陽序理之端人事調和之本又
嚴修祀典精事神祇宜令有司依奏處分所云進忠
良而退不肖除寇盜而恤惸嫠雖責在朕躬亦資于
調燮刑法舒條宜令大理寺御史臺明慎詳讞勿至
冤誣選賢退愚宜令三銓選部精覈慎選所與得人
新舊制勑令御史臺與三司官員詳擇以聞
周馮道初仕後唐明帝時平章事長興初帝御中興
殿對道奏曰陛下宮中無事遊幸近郊則可矣然則
御馬涉歷山險萬一馬足差跌則貽臣下之憂臣聞
千金之子坐不垂堂百金之子立不倚衡彼千金百

金之微細尚猶惜其身保其產而况富有四海貴爲
天子自輕於彼千金百金之子哉願陛下居安慮危
動存戒愼上歛容謝之退令小黄門至中書勑道錄
奏所對垂堂語道因注其說以聞四年帝對宰臣曰
諸州鎭數上言有蝝蝗民力尚貧將來何以得濟道
奏曰天灾流行古今當所不免自陛下臨御八年七
年豐稔今操戈子逼主篡位故乃羈旅萬里糾合士
衆將以討賊今大敵未克而先自立恐人心疑惑昔
高祖與楚約先破秦者王及屠咸陽獲子嬰猶懷推
讓况今殿下未出門庭便欲自立邪愚臣恐不爲殿

下取也孫是忤旨左遷部永昌從事

惡直

闕文

吳大帝初爲吳侯辟陸績爲曹掾以直道見憚出爲鬱林太守虞翻爲騎都尉翻數犯顏諫爭大帝不能悅又性不協俗多見謗毀坐徙丹陽涇縣翻性疏直數有酒失大帝與張昭論及神仙翻指昭曰彼皆死人而語神仙世豈有神仙也大帝積怒非一遂徙翻交州

屈晃爲尚書僕射大帝欲廢太子和立亮晃固諫不

止大帝大怒牽晃入殿杖一百

後主時王蕃爲散騎常侍體氣高亮不能承顏順旨時或逆意積以見責甘露二年後主大會群臣蕃沉醉頓伏後主大怒呼左右于殿下斬之衛將軍滕牧征西將軍留平請不能得

樓玄以大農爲宮下鎮禁中候主殿中事玄從九卿持刀侍衛正身率下奉法而行應對切直數逆後主意漸見責怒後人誣白玄與賀邵相逢駐共耳語大笑謗訕政事遂被詔責送付廣州後主疾玄名聲復徙玄及子據付交阯將張奕使以戰自劾陰別勑奕令殺之

賀邵爲中書令領太子大傅後主兇暴驕矜政事日弊邵上疏切諫書奏後主深恨之後竟見殺

韋曜爲侍中嘗領左國史時在所承旨數言瑞應後主以問曜曜答曰此人家筐篋中物耳又後主欲爲父和作紀曜執以和不登帝位宜名爲傳如是者非一漸見責怒後主於酒後使侍臣難折公卿以嘲弄侵克發摘私短以爲歡時有愆過或誤犯後主諱輒見收縛至於誅戮曜以爲外相毀傷內長尤恨使不濟濟非佳事也故但使難問經義言論而已後主以

爲不承用詔命意不忠盡遂積前後嫌忿收曜付獄誅之徙其家零陵

華覈爲東觀令領右國史上疏諫後主後主不納後以微譴免數年而卒

宋文帝時符全育爲龍驤將軍元嘉中彭城王義康出鎮豫章全育上表諫曰陛下若蕩以平聽屏此猜情速召義康返于京甸兄弟協和則四海之望塞讒說之道消矣表奏即收付建康獄賜死

孝武帝時沈懷文爲侍中懷文與顏峻周朗素善峻以失旨見誅朗亦忤意得罪帝謂懷文曰峻若知我

殺之亦當不敢如此懷文嘿然嘗以歲夕與謝莊王景文顔師伯被勑入省未及進景文因言次稱峻朗人才之美懷文與相酬和師伯後因語次白帝敘景文等此言懷文屢經犯忤至此帝倍不悦

蔡興宗爲侍中時孝武拜陵興宗負璽陪乘及還帝欲因以射雉興宗正色曰今致虔園陵情敬兼重從禽從猶有餘日請待他辰帝大怒遣令下車繇是失旨

廢帝時王玄謨爲領軍將軍朝政多門玄謨以嚴直不容徙青冀二州刺史

明帝時虞愿爲通直散騎侍郎初帝以宅起湘宮寺立佛刹各五層新安太守巢尚之罷郡還見帝曰卿至湘宮寺來我起此寺是大功德愿在側曰陛下起此寺皆是百姓賣兒貼婦錢有何功德帝大怒使人驅下殿

梁高祖時江子四爲右丞左民郎沈禮明少府丞顧璵奏事不允高祖厲色呵責之子四乃趍前代禮明等對言甚激切高祖怒呼縛之子四據地不受高祖怒亦殆乃釋之猶坐免職

陳後主時毛喜爲侍中後主爲始興王所傷及瘡愈而自慶置酒于後殿引江總以下展樂賦詩醉而命喜于時山陵初畢未及踰年喜見之不懌欲諫而後主已醉升階陽爲心疾仆于階下移出省中後主醒而疑之謂江總曰我悔召毛喜知其無疾但欲阻我歡宴非我所爲故姦詐耳乃與司馬申謀曰此人負氣吾欲將乞鄱陽兄弟聽其報讐可乎對曰終不爲官用願如聖旨傅縡爭之曰不然若許報讐欲置先皇何地後主曰當乞一小州勿令見人事乃除永嘉內史

蔡凝爲黄門侍郎後主嘗置酒會群臣歡甚將移醼

於弘範宮衆人咸從唯凝與袁憲不行後主曰卿何爲者凝對曰長樂尊嚴非酒後所過臣不敢奉詔衆人失色後主曰卿醉矣令引出後主謂吏部尚書蔡徵曰蔡凝負地矜才無所用也尋遷晉熙長史

章華爲大市令禎明初上書極諫後主大怒即日命斬之

北齊文宣帝時高德政爲尚書右僕射兼侍中文宣末年縱酒酣醉所爲不法德政屢進忠言帝不悦

李集爲御史丞文宣肆行淫暴凡所殺害多令支解集面諫帝比於桀紂帝令縛置漳流中沈沒久之後

遂腰斬
李雅廉爲大原郡守文宣嘗召見問以治方語及政行寬猛帝意深文峻法雅廉固以爲非帝意不悦語及楊愔悞稱爲楊公以應對失宜除濟陰郡守帶西兖州長史
孝昭帝初爲嘗山王文宣昏亂日甚帝承間苦諫遂至忤旨文宣使力士按伏白刃注頸罵曰小子何知欲以吏才非我是誰教汝帝曰天下噤口除臣誰敢有言文宣催遣捶楚亂杖扶數十命醉卧得解
崔劼爲五兵尚書武成將禪後主先以問劼劼諫以

爲不可繇是忤旨出爲南兖州刺史

册府元龜

巡按福建監察御史臣李嗣京　訂正
知甌寧縣事臣孫以敬參閱
知建陽縣事臣黃國琦較釋

僭僞部

總序

夫餘分爲閏既異夫居正之統王綱失紐或有乎僭命之號斯蓋豪傑竊起以蓄乎覬覦强弱相凌分據乎土宇雖政令之自出非運序之所繫自魏武徙氐羌之種雜處秦州晉氏之興厥類彌熾罔徇名臣之

議失於長世之御亂華之暴乘間而作故劉淵以五部之衆起於離石石勒因晉陽之甲據乎襄國屬僭之搆乃蹶於此而李特以流徙之隸奄宅益部而爲蜀慕容廆因封建之舊保界遼碣而爲燕羣雄競起宇内分裂河西之區張軌攸領因而稱制是稱前涼自此晉綱絶紐中原震蕩龜玉南徙遂荒江介其後符洪自冀州之廣川建三晉之號入寇關輔居長安而爲秦李暠跨敦煌之地雄西夏而稱西涼慕容垂守中山之國蹈兩河而爲後燕乞伏國仁憑河湟之奥而爲西秦呂光按酒泉之富而爲後涼姚萇乘符氏之業而爲後秦馮跋踐昌黎之域而爲北燕禿髮烏孤負西平之阻而號南涼慕容德依廣固之險而爲南燕沮渠蒙遜保張掖而爲北涼赫連勃勃連朔方而稱夏凡十有六國焉俱僭大號各建正朔或稱王爵並專誅賞傳世垂祚歷歲彌久而率多戎虜之種或出氐羌之類始愆制馭終以彊大分宰諸夏專制民命吞并相繼兵難不絶家國殊政百有餘年洎宋祖之奮威及元魏之雄視芟夷掃蕩剪焉靡餘以至唐室之季王度支衰禮樂征伐不出於朝廷山河彊理遂分於土壤王審知跨據山海裂五郡而爲閩

王建憑恃巖險包三川而爲蜀楊行密宅淮海之壤擅魚鹽之富建號而稱吳劉陟擁百越之衆通珠貝之利開國而爲漢其後孟知祥因同光之難憑二劍之固僭尊名而爲後蜀李昪承吳人之業保重江之阻冒舊服而爲唐劉崇以漢室之亡托於宗胄仍厥位號保於太原而吳唐二蜀繼守其宇七閩之亂厥土三分顯德之世尚餘四國皇朝受命始平井絡旋殄五嶺後克江表三晉遺孽弭駕而服混一區内以致太平今自西晉之後洎唐宋諸國論次其事類以爲僭僞部凡三十七門

姓系　年號

姓系

夫胙土命氏事存於魯史別生分類義載於虞書蓋所以辨族類而定嫌疑厚人倫而正宗祀也若夫傑黠之流乘時射利割據州壤負阻山河或保聚方隅或饕竊大號雖遊魂假息寧亂紀於帝圖然瓜割豆分咸編名於惇史源流所自祚裔攸存廣記備言旣可徵於舊史洽聞殫見將有助於方來爰用討論咸從編次

前凉張軌字士彥安定烏氏人漢甞山景王耳十七

册府元龜　僭僞部　姓系　卷之二百一十九　三

世孫也家世孝廉以儒學顯父溫爲太官令軌晉惠帝時爲散騎常侍征西軍司馬永寧初出爲護羌校尉凉州刺史愍帝時進位司空固讓又拜侍中大尉凉州牧丙午公軌又固辭在州十三年表立子寔爲世子卒年六十謚曰武公州人推寔攝父位寔字安孫愍帝因下策書授持節都督凉州諸軍事西中郎將凉州刺史領護羌校尉西平公在位六年爲帳下閻沙所害私謚曰昭公元帝賜謚曰元子駿年幼弟茂攝事州人推茂爲大都督大尉凉州牧茂不從但授使持節平西將軍凉州牧在位五年卒私謚曰成

茂無子寔子駿嗣位駿字公庭在位二十二年卒私謚曰文公穆帝追謚曰忠成公第二子重華嗣位自稱持節大都督太尉護羌校尉凉州牧西平公假凉王重華字泰臨在位十一年卒私謚曰昭公後改曰桓公穆帝賜謚曰敬烈子耀靈年十歲嗣事稱大司馬校尉刺史西平公在位一年爲伯父祚所害私謚曰哀公祚字太伯自稱大都督大將軍凉州牧永和十年祚僭稱帝位篡立三年爲其下張瓘等所殺立耀靈庶弟玄靚爲大都督大將軍校尉凉州牧西平公玄靚字元安在位九年爲駿少子天錫所害私謚

册府元龜　僭僞部　姓系　卷之二百一十九　四

曰冲公孝武帝賜謚曰敬悼公天錫自號大將軍校尉凉州牧西平公在位十三年降于苻堅（自軌爲凉州至天錫凡九世七十六年）

西凉李暠字玄盛小字長生隴西成紀人漢前將軍廣之十六世孫也廣曾祖仲翔漢初爲將軍討叛羌於素昌素昌卽狄道也衆寡不敵死之仲翔子伯考奔喪因葬於狄道之東川遂家焉世爲西州右姓高祖雍曾祖柔仕晉並歷位郡守祖弇仕張軌爲武衛將軍安世亭侯父昶幼有令名早卒遺腹生暠呂光末段業所署沙州刺史孟敏署暠效穀令敏卒護軍

郭謙治中索儁等推玄盛爲敦煌太守稱藩於業晉安帝隆安四年晉昌太守唐瑤推玄盛爲大都督將軍凉公領秦凉二州牧護羌校尉在位十八年年六十四私謚曰武昭王子歆嗣歆字士業小字桐椎在位四年爲沮渠蒙遜所滅弟敦煌太守恂爲郡人宋承等所推爲凉州刺史二年又爲蒙遜所滅始暠以安帝隆安四年僭位凡三世二十四年

前趙劉淵字元海新興匈奴人冒頓之後也初漢高祖以宗女爲公主以妻冒頓約爲兄弟故其子孫遂冒姓劉氏後漢建武初烏珠留若鞮單于子右奥鞬

日逐王比自立爲南單于入居西河美稷今離石左國城郎單于所徙庭也中平中單于羌渠使子於扶羅將兵助漢討平黄巾會羌渠爲國人所殺於扶羅以其衆留漢自尊爲單于屬董卓之亂寇掠大原河東屯於河内於扶羅死弟呼厨泉立以於扶羅子豹爲左賢王卽元海之父也魏武分其衆爲五部以豹爲左部帥其餘部師皆以劉氏爲之大康中改置都尉左部居大原茲氏右部居祁南部居蒲子北部居新興中部居大陵劉氏雖分居五部然皆家于晉陽汾澗之濱豹生元海晉惠帝時爲成都王穎所拜北單于永興元年僭稱漢王永嘉二年僭卽皇帝位在位六年僞謚光文皇帝太子和立和字玄泰嗣僞位爲弟聰所害聰字玄明一名載元海第四子以永嘉四年僭卽皇帝位在位九年僞謚曰昭武皇帝子粲嗣僞位粲字士光在位一年爲靳準所殺元海族子曜自長安赴難至於赤壁僞太保呼延宴等迎立之以大興元年僭卽皇帝位曜字永明在位十年爲石勒所殺元海自懷帝永興元年僭位至曜三世凡二十有七年

後趙石勒字世龍初名匐上黨武鄉羯人也其匈奴別部羌渠之胄祖耶奕於父周朱一名乞翼加並爲

部落小率勒仕劉元海爲平東大將軍封親漢王晉元帝大興二年僞稱趙王成帝咸和五年僭號趙天王行皇帝事尋僭卽皇帝位在位十五年年六十子弘嗣僞位弘字大雅在位二年年二十二爲勒從子虎所廢尋殺之虎字季龍稱居攝趙天王咸康三年僭稱大趙天王穆帝永和五年僭卽皇帝位六年季龍死在位十五年子世立凡三十三日爲兄遵所廢遵立一百八十三日爲冉閔所殺立石鑒鑒在位一百三日爲閔所殺始勒以成帝咸和三年僭立二主四子凡二十三年閔字永曾小字棘奴季龍之養孫也父瞻字弘武本姓冉名

良魏郡內黄人也其先漢黎陽騎都督累世牙門勒破陳午獲瞻時年十二命季龍之子驍猛多力攻戰無前歷位左積射將軍西華侯閔幼而果銳季龍撫之如孫永和六年殺石鑒自立僭位二年爲慕容雋所滅

前燕慕容廆字奕雒瓌昌黎棘城鮮卑人也其先有熊氏之苗裔世居北夷邑於紫蒙之野號曰東胡其後與匈奴並盛控弦之士二十餘萬風俗官號與匈奴畧同秦漢之際爲匈奴所敗分保鮮卑山因以爲號曾祖莫護跋魏初率其諸部入居遼西從宣帝伐

公孫氏有功拜率義王始建國於棘城之北時燕代多冠步摇冠莫護跋見而好之乃斂髮襲冠諸部因呼之爲步摇及後音訛遂爲慕容或云慕二儀之德繼三光之容遂以慕容爲氏祖木延左賢王父涉歸以全柳城之功進拜鮮卑單于遷邑於遼東北於是漸慕諸夏之風矣廆晉武帝太康中爲鮮卑都督累轉遼東公持節都督幽州諸軍事車騎將軍平州牧大單于在位四十九年年六十五成帝遣使者策贈大將軍開府儀同三司諡曰襄第三子皝嗣位皝字元眞帝遣謁者拜鎮軍大將軍平州剌史大單于遼東公咸康三年僭即天王位在位十五年年五十二第二子雋立雋字宣英穆帝永和五年僭即燕王位八年僭即皇帝位在位十一年年四十二子暐嗣僞位暐字景茂在位一十一年爲符堅所滅始廆以武帝太康六年稱公至暐四世凡八十五年

前秦苻洪字廣世畧陽臨渭氐人也其先蓋有扈之苗裔爲西戎酋長始其家池中蒲生長五丈五節如竹形時咸謂之蒲家因以爲氏焉父懷歸部落小帥洪仕石季龍累有戰功封西平郡公穆帝永和六年季龍死洪自稱大將軍大單于三秦王改姓符氏是

年洪死年六十六子健嗣位去秦王之號七年僭稱天王大單于八年僭即皇帝位健字建業在位四年年三十九子生嗣僞位生字長生在位二年年二十三爲符堅所殺堅字永固一名文王洪季子雄之子也以升平元年僭稱大秦天王在位二十七年年四十八孝武太元十年爲姚萇所滅堅庶長子丕僭即皇帝位於晉陽丕字永叙在位二年爲慕容永所敗堅族孫登以太元十一年僭即皇帝位登字文高在位九年年五十二爲姚興所滅始建以穆帝永和七年僭立至登五世凡四十四年

後秦姚弋仲南安赤亭羌人也其先有虞氏之苗裔禹封舜少子於西戎世爲羌酋其後燒當雄於洮罕之間七世孫塡虞漢中元末寇擾西州爲楊虛侯馬武所敗徙出塞虞九世孫遷那率種人內附漢朝嘉之假冠軍將軍西羌較尉歸順王處之於南安之赤亭那玄孫柯廻爲魏鎮西將軍綏戎較尉西羌都督廻生弋仲仕石季龍爲征西大將軍封西平郡公晉穆帝永和七年遣使降晉拜六夷大都督大單于封高陵郡公八年弋仲卒子襄嗣襄字景國升平元年爲苻堅所殺弟萇降堅萇字景茂堅以爲楊武將軍

累遷龍驤將軍孝武大元九年自稱大將軍大單于萬年秦王以大元十一年僭卽皇帝位在位八年年六十四長子興嗣自稱大將軍明年僭卽皇帝位興字子畧在位二十二年年五十一長子泓嗣以義興十一年僭卽皇帝位泓字元子在位二十年年三十爲晉所滅始萇以孝武大元九年僭立至萇三世凡三十三年

後蜀李特字玄休巴西宕渠人其先廩君之苗裔也昔武落鍾離山崩有石穴二所其一赤如丹一黑如漆有人出於赤穴者名曰務相姓巴氏有出於黑穴者凡四姓曰瞫氏樊氏柘氏鄭氏五姓俱出皆爭爲神於是相與以劍刺穴屋能著者以爲廩君四姓莫著而務相之劍懸焉又以土爲船彫畫之而浮水中曰若有船浮存者以爲廩君務相船又獨浮於是遂稱廩君乘其土船將其徒卒當夷水而下至於鹽陽水神女子止廩君曰此魚鹽所有地又廣大與君俱生可止無行廩君曰我當爲君求廩地不能止也鹽神夜從廩君宿旦輒去飛虫諸神皆從其飛蔽日晝昏廩君欲殺之不可別又不知天地東西如此者十日廩君乃以青縷遺鹽神曰嬰此郎宜之與汝俱生弗宜將去汝鹽神受而嬰之廩君立碭石之上望膺

有青縷者跪而射之中鹽神鹽神死羣神與俱飛者皆去天乃開朗廩君復乘土船下及夷城夷城石岸曲泉水亦曲廩君望如穴狀嘆曰我新從穴中出今又入此柰何岸卽爲摧廣三丈餘而階陛相乘廩君登之岸上有平石方一丈長五尺廩君休其上投策計筭皆著石焉因立城其旁而居之其後種類遂繁秦并天下以爲黔中郡薄賦役之口歲出錢四十巴人呼賦爲賨因爲賨人焉特父纂爲東羌獵將特晉武帝元康中隨流人至蜀其後流人特爲主行鎮北大將軍惠帝大安元年自稱益州牧都督梁益二州

諸軍事在位二年爲晉益州刺史羅尚所殺特弟流
自稱大將軍大都督益州牧流字玄通年五十六死
特子雄自稱大都督大將軍益州牧永興元年僭稱
成都王又僭卽帝位雄字仲儁在位三十年年六十
一兄蕩之子班嗣僞位班字世文爲李越所殺在位
一年年四十七遂立雄之子期字世運在位三年年
二十五爲李壽所廢自縊死壽字武考特弟驤之子
在位五年年四十四長子勢嗣僞位勢字子仁在位
五年爲晉所滅始特以惠帝大安元年起兵至勢六世凡四十六年
後凉呂光字世明畧陽氐人也其先呂文和漢文帝

初自沛避難徙焉世爲酋豪父婆樓佐命符堅官至
太尉光仕符堅爲都督五門巴西諸軍事安西將軍
西域較尉堅爲姚萇所害光於是自稱使持節侍中
中外大都督督隴右河西諸軍事大將軍領護匈奴
中郎將凉州牧酒泉公晉孝武大元十四年僭卽三
河王位二十一年僭卽天王位在位十年年六十嫡
子紹嗣僞位爲庶長子纂所殺纂字永緒僭卽天王
位在位三年爲呂超所殺立光弟寶之子隆嗣僞位
隆字永基爲姚興所滅始光以孝武太元十三年定凉州十五年僭立至隆凡十有三歲

後燕慕容垂字道明前燕慕容皝之第五子慕容儁
時封爲吳王慕容暐爲符堅所滅垂在堅朝歷位京
兆尹堅敗垂引兵至滎陽以晉孝武大元八年自稱
大將軍大都督燕王在位十三年年七十一子寶嗣
寶字道祐在位三年年四十四子盛嗣盛字道運在
位三年年二十九垂少子熙嗣熙字道文在位六年
年二十三爲寶養子雲所弒雲字子雨祖父高和居
驪之支庶自云高陽氏之苗裔故以爲高氏焉始垂以孝武大元八年僭立至熙四世凡二十四年
雲尋爲幸臣離班姚仁所殺
西秦乞伏國仁隴西鮮卑人也在昔有如弗斯出連

叱盧三部自漢北南出大陰山遇一巨蟲於路其狀
若神龜大如陵阜乃殺馬而祭之祝曰若善神也便
開路惡神也遂塞不通俄而不見乃有一小兒在焉
時又有乞伏部有老父無子者請養爲子衆咸許之
老父欣然自以有所依憑字之曰紇干紇干者夏言
依倚也年十歲驍勇善射彎弓五百斤四部服其雄
武推爲統主號之曰乞伏可汗託鐸莫何託鐸者言
非神非人之稱也其後有祐鄰者卽國仁五世祖也
晉武帝泰始初率戶五千遷於夏緣部衆稍盛鮮卑
鹿結七萬餘落屯於高平川與祐鄰迭相攻擊鹿結

敗南奔畧陽祐隣盡幷其衆因居高平川祐隣死子結權立徙於牽屯結權死子利鄉立擊鮮卑吐賴於烏樹山討尉遲渴權於大非川收衆三萬餘落利鄉死弟祁埿立祁埿死利鄉子述延立討鮮卑莫侯於苑川大破之降其衆二萬餘落因居苑川以叔父軻埿爲師傅委以國政斯引烏埿爲左輔將軍鍾蔡國川出連高胡爲右輔將軍鍾至便川叱盧鄉胡爲率義將軍鍾牽屯山述延死子傉大寒立會石勒滅劉曜懼而遷於麥田無孤山大寒死子司繁立始遷於度堅山尋爲符堅將王統所襲部衆叛降於統司繁

歎謂左右曰智不距敵德不撫衆斂騎未交而本根已敗見衆分散勢亦難全若奔諸部必不我容吾將爲呼韓邪之計矣乃詣統降於堅堅愴署爲南單于留之長安以司繁叔父吐雷爲勇士護軍撫其部衆俄而鮮卑勃寒侵斥隴右堅以司繁爲使持節都督討西胡諸軍事鎭西將軍以討之勃寒懼而請降司繁遂鎭勇士川甚有威惠司繁卒國仁代鎭孝武大元十年自稱大都督大將軍大單于領秦河二州牧在位四年弟乾歸嗣乾歸在位二十四年子熾磐嗣熾磐在位十五年子慕末嗣慕末在位四年爲赫連言所殺始國仁以孝武大元十年僭位至慕末凡四世四十有六載而滅

北燕馮跋字文起長樂信都人也小字乞直伐其先畢萬之後也萬之子孫有食菜馮鄉者因以氏焉永嘉之亂跋祖父和避地上黨父安雄武有器量慕容永時爲將軍永滅跋東徙和龍家於長谷跋爲慕容雲所署使持節侍中都督中外諸軍事雲爲其幸臣所殺跋乃僭稱天王於昌黎在位二十二年弟弘立九年爲後魏所滅始跋以安帝義熙五年僭立至弘凡二世二十八年

南凉秃髮烏孤西河鮮卑人也其先與後魏同出八世祖匹孤率其部自塞北遷於河西其地東至麥田

牽屯西至濕羅南至澆河北接大漠匹孤卒子壽闐立初壽闐之在孕母胡掖氏因寢而産於被中鮮卑謂被爲秃髮因而氏焉壽闐卒孫樹機能立壯果多謀畧晉武帝泰始中殺秦州刺史胡烈於萬斛堆殺凉州刺史蘇愉於金山盡有凉州之地武帝爲之旰食後爲馬隆所敗部下殺之以隆弟務丸立死孫推斤立死子思復鞬立部衆稍盛烏孤即思復鞬之子也安帝隆安元年自稱大都督大將軍大單于西平王在位三年弟利鹿孤立徙居西平利鹿孤在位三年弟傉檀嗣傉檀僭號凉王遷於樂都在位十三年

年五十一爲乞伏熾磐所滅始烏孤以安帝隆安元年僭立凡三世十有九年

南燕慕容德字玄明後燕慕容垂之弟垂稱燕王以德爲車騎大將軍垂死子寶嗣寶以德爲丞相領冀州牧承制南夏晉安帝隆安四年僭即皇帝位在位五年年七十兄子超嗣超字祖明在位六年爲晉所滅始德以安帝隆安四年僭立至超二世凡十一年

北凉沮渠蒙遜臨松盧水胡人也其先世爲匈奴左沮渠遂以官爲氏焉蒙遜仕段業爲張掖太守晉安帝隆安五年梁中庸等推爲使持節大都督大將軍

凉州牧義熙八年僭立在僞位三十三年年六十六子茂虔立六年爲後魏所擒凡二世三十九載

夏赫連勃勃字屈子匈奴右賢王去卑之後劉元海之族也曾祖武劉聰世以宗室封樓煩公拜安北將軍監鮮卑諸軍事丁零中郎將雄據肆盧川爲代王猗盧所敗遂出塞表祖豹子招集種落復爲諸部之雄石季龍遣使就拜平北將軍左賢王丁零單于父衛辰入居塞內苻堅以爲西單于督攝河西諸虜屯於代來城及堅國亂遂有朔方之地控弦之士三萬八千後魏師伐之辰令其子力俟提距戰爲魏所敗魏人乘勝濟河尅代來執辰殺之勃勃乃奔於叱干部晉安帝義熙三年僭稱天王大單于自以匈奴夏后氏之苗裔也國稱大夏又下書曰朕之皇祖自北遷幽朔姓改姒氏音殊中國故從母氏爲劉子而從母之姓非禮也古人氏族無常或以因生爲氏或以王父之名朕將以義易之帝王者係天爲子是爲徽赫實與天連今改姓曰赫連氏庶協皇天之意永享無疆之慶係天之尊不可令支庶同之其非正統皆以鐵伐爲氏庶朕宗族子孫剛銳如鐵皆堪伐人勃勃在位十三年子昌嗣僞位尋爲後魏所擒弟定僭

號於平凉遂爲魏所滅自勃勃至定凡二十有六載

閩王審知字信通光州固始人父恁世爲農民唐僖宗廣明中黃巢犯闕江淮盜賊蜂起有賊帥王緒者自稱將軍陷固始縣審知兄潮時爲縣佐緒署爲軍正蔡賊秦宗權以緒爲光州刺史尋遣兵攻緒緒率衆渡江所在剽畧自南康轉至閩中入臨汀自稱刺史緒多疑忌爲部將所殺唐僖宗光啓二年福建觀察使陳巖表潮爲泉州刺史昭宗大順中巖卒子壻范暉自稱留後潮遣審知將兵攻之斬暉而降遜是盡有閩嶺五州之地潮卽表其事昭宗因建威武軍

於福州以潮爲節度福建管內觀察使命審知爲副乾寧中潮卒審知遂繼兄位封瑯邪郡王梁開平中封閩王後唐同光元年審知卒子延翰嗣爲弟延均所殺延均自稱帝國號大閩末帝清泰二年遇弒子昶嗣昶遇弒審知少子延羲嗣延羲遇弒兄延政自稱帝於建州晉開運三年爲李景所滅（始王氏以唐光啓丙午歲據有閩越凡二世七主通六十年）

前蜀王建字光圖陳州項城人也父慶里之豪右唐僖宗光啓元年入蜀州爲壁州刺史率兵攻陷閬利二州又攻陷成都昭宗隆紀元年授西川節度副大

使知節度事梁太祖開平二年建自帝於成都國稱大蜀在位十二年年七十二子衍嗣衍字化源在位七年年二十五爲後唐所滅（建自唐光啓初入蜀父子相承凡四十年）

吳楊行密廬州人唐僖宗光啓初秦宗權擾淮右郡將募能致戰擒賊者行密應募補爲隊長因殺郡將自權州兵朝廷因正授廬州刺史大順二年畧有淮南之地乾寧二年授淮南節度副太使知節度事封弘農郡王哀帝天祐三年卒子渥襲其位自稱吳王在位三年爲大將張顥所殺別將徐温殺顥立渥弟渭凡十餘年温乃册渭爲天子國號大吳渭僭號三年而卒温乃推行密幼子溥爲主晉天福二年溥遜位温養子李昪（自唐大順二年至晉天福二年凡四十七年）

前漢劉陟其先彭城人祖仁安仕唐爲潮州長史因家嶺表父謙爲廣州牙較以軍功拜封州刺史領賀水鎮使謙卒子隱復領賀水鎮兼封州刺史唐末嶺南節度使徐彥若薨表隱爲兩使留後梁太祖爲梁王時表陟爲嶺南節度使開平初累封南海王四年卒陟隱之弟也代據其位梁末帝貞明二年僭號於廣州國號大漢後改曰龔（龔讀爲儼古文無此字蓋妄撰也）晉高祖天福七年卒年五十四長子玢嗣玢在位一年陟弟

二子晟殺玢自立晟周顯德五年卒長子鋹嗣皇朝開寶三年爲王師所滅（始陟自梁貞明三年僭號歷三世四主凡五十五年）

後蜀孟知祥字保裔邢州龍岡人也祖察父道世爲郡較伯父方立終於邢雒節度使從父遷位至澤潞節度使知祥後唐莊宗同光三年授西川節度副大使知節度事愍帝應順元年正月稱帝於蜀七月卒年六十一其子昶襲僞位皇朝乾德三年爲王師所平（知祥自後唐同光三年入蜀父子相承凡四十年）

後唐李昪本海州人僞吳大丞相徐温之養子也温字敦美亦海州人初從淮南節度使楊行密起兵於

廬州漸至軍校唐末青州王師範爲梁祖所攻乞師於淮南楊行密發兵赴之溫時爲小將亦預行其師次青之南鄙師範已敗淮兵大掠而還昇時幼稺爲溫所虜溫愛其惠黠遂育爲己子名曰知誥溫仕吳至大丞相都督中外諸軍事諸道都統封東海王溫卒昇爲中書令累封齊王晉高祖天福二年楊溥遜位於昇國號大齊昇自云唐玄宗第六子永王璘之裔天寶末安祿山連陷兩京玄宗幸蜀詔璘爲山南嶺南黔中江南四道節度採訪等使璘至廣陵大募兵甲有窺圖江右之志後爲官軍所敗死於大庾嶺

北故昇指以爲遠祖因還姓李氏始改名曰昇國號大唐昇僭位七年卒長子景嗣位皇朝建隆二年卒子煜襲僞位開寶八年爲王師所平（始昇以晉天福二年僭位凡三世三十九年）

後漢劉崇大原人漢高之從弟也乾祐初爲北京留守周太祖廣順元年崇僭號於河東稱漢改名旻世宗顯德二年卒子承均襲僞位承均卒子繼元嗣皇朝太平興國四年爲王師所平

年號

自晉氏失馭中原乏主瞻烏逐鹿亂靡有定綠是五胡乘釁爲天下倡屬而和之者十有六焉洎土德淩遲五代喪亂跨州連郡僭竊相高咸建號紀年以傳制度前代策書悉載其事今之論次所以明其叛換之迹爲將來之戒耳

前凉張軌晉永寧元年爲凉州刺史都姑臧惠帝封西平公自軌至耀靈六世稱晉建興年號至四十二年張祚僭卽帝位始改元和平祚爲張權所殺立耀子玄靚

張玄靚自號凉州牧西平公復稱建興四十三年至四十九年改始元升平三年爲張天錫所殺

張天錫自號凉州牧西平公請命於晉在僞位十三年爲苻堅所滅（本傳無年號）

西凉李暠字玄盛（唐以暠爲祖故載紀稱字）晉安帝隆安四年晉昌太守唐瑤推玄盛爲大都督凉公領秦凉二州牧玄盛乃赦其境內建元爲唐子義熙元年改爲建初在位十八年（唐子五年建初十三年）子歆嗣

李歆字士業嗣位凉公領凉州牧改元嘉興在位四年爲沮渠蒙遜所滅歆弟恂爲敦煌人郡所立本傳無年號（按帝王眞僞記年號永建二年）

前趙劉淵字元海（唐高祖諱淵故載紀稱其字）晉惠帝永興元年僭

即漢王位於左國城南郊赦其境内年號元熙永嘉二年僭即皇帝位於蒲改元永鳳是年遷都平陽汾水中得玉璽文曰有新保之蓋王莽時璽也得者因增泉海光三字元海爲巳瑞大赦境内改平河瑞元海在位六年永嘉四年元海死子和嗣僞位爲弟聰所殺無年號

劉聰僭即皇帝位大赦境内改元光興二年劉曜陷雒陽遷晉懷帝及惠帝羊后傳國六璽於平陽聰大赦改年嘉平三年以大廟新成大赦境内改年建元三年改元麟嘉聰在位九年永興元年聰死子粲嗣

劉粲既嗣僞位大赦境内改元漢昌在位一月爲僞大將軍錄尚書事靳準所殺準自號漢大王稱藩於晉

劉曜元海之族子以僞相國都督中外諸軍事鎮長安靳準既殺劉粲曜自長安赴之至於赤壁僞太尉范隆等上尊號僭即皇帝位晉太興元年大赦境内唯準一門不在赦限改元光初曜在位十年而敗

後趙石勒晉大興二年僞稱趙王依春秋列國漢初侯王毋世稱元改稱趙王元年至十一年改元太和三年僭即皇帝位大赦境内改元建平在位十五年太子弘嗣

石弘既嗣位改元延熙晉咸和七年二年石勒從子季龍曲之逼禪於季龍石虎字季龍唐太祖諱虎故載記稱字以晉咸康元年廢石弘羣臣勸稱尊號季龍下書曰朕聞道合乾坤者稱皇德協人神者稱帝皇帝之號非所敢聞但可稱居攝趙天王以副天人之望於是赦其境内改年建武至十四年僭即皇帝位於南郊大赦境内建元曰大寧明年季龍死凡在位一十五年子世嗣晉永和五年石世在僞位三十三年爲兄遵所殺無年號

石遵在僞位一百八十三日爲弟鑒所殺無年號

石鑒在僞位一百三日爲季龍養孫冉閔所殺年號青龍

石祇聞鑒死僭尊號於襄國爲冉閔所滅無年號

冉閔殺石鑒自立改國號大魏建元曰永興復姓冉氏明年爲慕容儁所滅

前燕慕容儁晉永和五年僭即燕王位依春秋列國故事稱元年二年儁既尅冉閔蔣幹以傳國璽送於建業儁欲神其事業言歷運在巳乃詐云閔妻得之以獻賜號曰奉璽君因以永和八年僭即皇帝位大

赦境内建元曰元璽其後僞太子曄死復立次子暐爲皇太子赦其境内改元曰光壽在位十一年（元璽五年光壽六年）雋死子暐嗣

慕容暐晉升平四年僭即皇帝位大赦境内改元曰建熙暐在位十一年以晉太和五年爲符堅所滅

前秦符健晉永和七年僭稱天王大單于赦境内死罪建元皇始明年健僭皇帝位于太極殿在位四年子生嗣

符生僭皇帝位大赦境内改元壽光時晉永和十二年也在位二年爲從弟堅所殺

符堅晉升平元年僭稱大秦天王赦其境内改元曰永興後南遊覇陵大赦改元爲甘露又改元爲建元在位三十年（永興三年甘露六年建元二十三年）晉大元十年爲姚萇所殺

符丕堅之長庶子也堅死丕僭即皇帝位於晉陽南立堅行廟大赦境内改元曰大安明年爲慕容永所殺（晉太元十一年）

符登堅之族子丕死尚書寇遺等推立登僭即皇帝位大赦境内改元曰太初在位九年爲姚興所殺（太元十九年）

符崇登之子登敗奔於湟中僭稱尊號改元延初爲乞伏乾歸所殺

後秦姚萇晉太元九年自稱大將軍大單于萬年秦王年號白雀稱制行事十一年僭即皇帝位於長安大赦改元建初國號大秦在位八年（白雀二年建初六年）萇死太子興嗣

姚興僭即帝位於槐里大赦境内改元曰皇初遂如安定其後以日月薄蝕降號稱王大赦改元弘始在位二十二年（皇初四年弘始十八年）晉義熙十一年死子泓嗣

姚泓僭即皇帝位改元永和在位二年爲晉所滅（晉義

熙十三年也）

後蜀李特晉永安元年自稱益州牧都督梁益二州諸軍事大將軍大都督改元建初赦其境内明年特死弟流嗣

李流無年號

李雄特第二年流死雄自稱大都督大將軍益州牧晉永興元年僭稱成都王赦其境内建元爲建興丞相范長生勸雄稱尊號雄於是僭即帝位赦其境内改元大武（按帝王真僞記云晏平）又改玉衡雄在位三十年（建興二年大武四年玉衡二十四年）太子班嗣

李班嗣僞位爲弟越所殺無年號

李期雄第四子越既殺班以期雄妻任氏所養乃讓位於期僭即帝位大赦境内改元玉恒期在位三年

李壽晉咸康四年僭即僞位赦其境内改元爲漢興壽在位五年子勢嗣

李勢嗣僞位赦其境内改元曰太和其後爲太保李奕自晉壽舉兵反勢誅奕大赦境内改元嘉寧勢在位五年（太和三年嘉寧二年）爲晉所滅

後凉呂光初爲符堅安西將軍既入姑臧自領凉州刺史晉太元十年堅死光於是大赦境内建元曰太

安自稱凉州牧酒泉公是時麟見金澤縣百獸從之光以爲己瑞以晉孝武大元十四年僭即三河王位置百官自丞郎已下赦其境内年號麟嘉太元二十一年僭即天王位改元龍飛在位十年（麟嘉七年龍飛三年太安不預）因疾甚立太子紹爲天王自號太上皇帝

呂紹嗣僞位數月爲庶兄纂所殺無年號

呂纂晉隆安四年僭即天王位改元爲咸寧在位三年爲番禾太守呂超所殺

呂隆光弟寶之子與呂超同殺纂隆既僭即位超先於番禾得小鼎以爲神瑞大赦改元爲神鼎在位四年爲姚興所滅

後燕慕容垂初爲符堅將晉太元八年自稱燕王建元曰燕元十一年僭即帝位改元建興至二十一年垂死子寶嗣

慕容寶嗣僞位改元永康在位三年爲蘭汗所殺（晉隆安三年也）

慕容盛寶之庶長子誅蘭汗僭即僞位改元長樂在位三年爲段璣所殺（隆安五年也）叔父熙嗣

慕容熙垂之少子嗣立誅段璣等赦殊死已下改年曰光始在位六年爲垂養子雲所殺

慕容雲即天王位復姓高氏大赦境内殊死已下改元正始國號大燕爲幸臣離班姚仁等所殺

西秦乞伏國仁初爲符堅秦川牧以晉孝武太元十年自稱大都督大將軍大單于領秦河二州牧改元曰建義明年符登遣使署國仁苑川王在位四年弟乾歸立

乞伏乾歸自爲大單于河東王赦其境内改元曰太初晉義熙三年僭稱秦王赦其境内改元曰更始在位二十四年（太初二十年更始四年）子熾磐嗣

乞伏熾磐僞位太赦改元曰永康（晉義熙六年也）

晉元熙元年熾磐立其第二子慕末爲太子領撫軍大將軍都督中外諸軍事大赦境内改元曰建弘熾磐在位十五年

乞伏慕末嗣僞位三年爲赫連定所殺本傳無年號

北燕馮跋初爲高雲征北大將軍録尚書事雲爲其幸臣離班姚仁所殺跋帳下督張泰李桑斬班仁推跋爲王晉太元二十年乃僭稱天王於昌黎赦其境内建元曰太平在位二十三年宋元嘉七年跋死

馮弘跋之弟跋死弘殺其子翼自立後爲魏所伐奔高句麗在位六年僞號大興

南凉秃髮烏孤初爲吕光將晉安帝隆安元年自稱大都督大將軍大單于西平王赦其境内年號太初在位三年弟利鹿孤立

秃髮利鹿孤晉隆安三年立既逾年赦其境内改元曰建和在位三年弟傉檀嗣

秃髮傉檀以晉元興元年僭號凉王還於樂都改元弘昌又改嘉平在位十三年弘昌六年嘉平七年爲乞伏熾磐所滅

南燕慕容德垂之弟垂臨終勅其子寶以鄴城委德寶既嗣位以德爲丞相冀州牧承制南夏晉隆安二年自鄴徙於滑臺明年寶爲蘭汗所殺德依燕元故事稱元年赦殊死已下置百官四年僭即皇帝位於南郊大赦改元爲建平在位五年兄子超嗣位

慕容超即位改元曰太上在位六年爲晉所滅

北凉沮渠蒙遜等初推段業爲凉州牧建康公改吕光龍飛二年爲神璽元年業後僭稱凉王蒙遜殺之晉安帝隆安五年蒙遜僭稱凉州牧張掖公赦其境内改元永康義熙八年僭即河西王位大赦境内改元玄始置官寮如吕光爲三河王故事在僞位三十三年永安十二年玄始十六年承玄三年義和三年記不書承玄義和三年號據帝王眞僞記編入

子茂乾嗣

沮渠茂乾在僞位七年年號承和爲後魏所滅

夏赫連勃勃初爲姚興安北將軍五原公晉義熙二年僭稱天王大單于建元曰隆昇署置百官自以匈奴氏之苗裔也國稱大夏其後改元爲鳳翔勃勃既入長安爲壇於灞上僭即皇帝位赦其境内改元爲昌武自長安還統萬以宮殿大成於是赦其境内又改元曰眞興勃勃在位十八年龍昇六年鳳翔五年昌武元年眞興七年

子昌嗣

赫連昌嗣僞位年號承光四年爲魏所擒弟定立

赫連定僭僞位於平凉年號勝光四年爲魏所滅
吳揚渭淮南節度使弘農郡王行密次子行密唐天祐三年卒長子渥繼襲是歲梁太祖旣受唐禪改元開平而渥猶稱天祐至五年渥爲大將張顥所殺顥自稱留後將納款於梁又爲别將徐温所殺以渭爲王至十六年温册渭爲天子改元武義（盡二年）
楊溥温之弟渭卒溥嗣僞位改元順義（盡七年）又改乾貞（盡二年）又改太和（盡二年）又改天祚（盡二年）遜位於李昇
前蜀王建梁開平三年以劍東南西川節度使蜀王僭卽皇帝位於成都改元武成三年改元永平五年

改元通正是年冬改元天漢又改元光天
王衍建之幼子嗣僞位改元乾德六年十二月改明年爲咸康
漢劉陟青海靜海兩軍節度使南海王隱之弟隱以梁開平四年卒陟代據其位貞明三年陟號於廣州國號大漢改元乾亨九年白龍見於南海改元白龍四年改元大有凡僭號二十六年
劉玢陟長子陟卒玢嗣僞位改元光天在位一年爲弟晟所殺
劉晟卽僞位改元應乾又改元乾和
劉鋹晟之長子襲僞位改元大寶
閩王延均福建節度使閩王審知次子審知卒長子延翰嗣爲延均所殺延均襲位後唐長興三年上言吳越國王錢鏐薨乞封爲吳越王不報遂自稱皇帝國號大閩改元龍啓在位十一年
王昶延均之子嗣僞位改元通文
王延羲審知之少子嗣僞位改元永隆在位六年
後蜀孟知祥後唐應順六年以劍東南西川節度使蜀王稱帝於蜀改元明德在位一年
孟昶知祥第三子嗣僞位猶稱明德至四年冬改明

年爲廣政（盡二十八年歸皇朝）
唐李昇晉天福二年以僞吳太尉録尚事齊王受吳禪僭卽尊位國號大齊改元昇元建都於金陵尋改國爲唐在位七年
李景昇之長子嗣僞位改元保大周世宗南伐遂稱唐國主行顯德年號
後漢劉崇周廣順元年以河東節度使僭號於太原稱漢改名旻仍以乾祐爲年號崇卒子均襲僞位（本紀不書年號）

冊府元龜

巡按福建監察御史臣李嗣京訂正
新建縣舉人臣戴國士条閱
知建陽縣事臣黃國琦較釋

僭僞部二

形貌　聰識　令德　才藝

形貌

夫人之生也鍾五行之秀肖二儀之形所稟雖同厥貌則異乃有偶晉室之衰圯幸中原之俶擾保聚羣黨僭竊位號雖邪謀宄德有亂於天常而奇姿偉狀或同於人傑斯所以資彼姦雄之氣成其悖戾之咎耳故仲尼有言曰以貌取人失之子羽是知取人之道不在乎形貌也明矣

前涼張軌字士彥有器望姿儀

前趙劉淵字元海左手文有其名猿臂善射膂力過人姿儀魁偉身長八尺四寸鬚長三尺餘當心有赤毫毛三根長三尺六寸

劉和字玄泰元海子身長雄毅美姿儀

劉聰字玄明形體非常左耳有一白毫毛長二尺餘甚光澤

劉曜字永明身長九尺三寸垂手過膝生而眉白目有赤光鬚髯不過百餘根而皆長五尺弱冠游於雒陽坐事當誅亡匿朝鮮遇赦而歸自以形質異衆恐不容於世乃隱迹管涔山

後趙石勒字世龍初名訇上黨武鄉羯人長而壯健父老及相者皆曰此胡狀貌奇異志度非常其終不可量也勸邑人厚遇之而賣與茌平人師懽爲奴有一老父謂勒曰君魚龍髮際上四道已成當貴爲人主懽亦奇其狀貌而免之

石虎字季龍年六七歲有善相者曰此兒貌奇有壯骨貴不可言年十八身長七尺五寸

冉閔字永曾身長八尺勇力絕人

前燕慕容廆字奕雒瑰幼而魁岸美姿貌身長八尺雄傑有太度

慕容皝字元真龍顏版齒身長七尺八寸

慕容儁字宣英骨相不常身長八尺二寸姿貌魁偉

前秦符生字長生生無一目爲兒童時父洪戲之問侍者曰吾聞瞎兒一淚信乎侍者曰然生怒引佩刀自刺出血曰此亦一淚也洪大驚鞭之

符堅字永固臂垂過膝目有紫光祖洪愛之名曰堅

頭每日此兒姿貌魁偉質性過人非常相也
後秦姚襄字景國年十七身長八尺五寸臂垂過膝
後蜀李特字玄休身長八尺雄武善騎射沈毅有大度
李雄字仲儁身長八尺三寸美容貌少以烈氣聞每周旋鄉里識達之士皆器重之
李勢字子仁身長七尺九寸腰帶十四圍善於俯仰時人異之
後凉呂光字世期身長八尺四寸目重瞳子左肘有肉印

呂隆字永基美姿貌善騎射
南燕慕容垂字道明少岐嶷有器度身長七尺七寸手垂過膝
慕容德字玄明年未弱冠身長八尺二寸姿貌雄偉額有日角偃月重文
慕容超字祖明身長八尺腰帶九圍精彩秀發容止可觀
夏赫連勃勃字屈孑身長八尺五寸腰帶十圍性辯慧美風儀姚興見而奇之深加禮敬宋高祖入長安遣使遺勃勃書請通和好使者還言勃勃容儀瓌偉英武絕人高祖歎曰吾所不如也
蜀王建字光圖隆眉廣額龍睛虎視嘗於武當山遇僧處嘗謂建曰子骨相甚貴何不從軍自求豹變而乃區區爲盜掇賊之號
閩王審知身長七尺六寸紫色方口隆準

聰識

夫鍾五行之秀爲萬物之靈者其人矣乎自晉室版蕩羣雄肇亂竊據郡國僭稱位號者比比而有雖復乘夫否運内包逆節亦有性識穎悟器局閎遠稽古好學摛文屬辭或留神於政治或騁辨於談議或折

節自勗或發言垂戒至於揣摩事幾必有於先見褒貶前哲名出於衆意斯亦豪爽自負超越倫萃者哉
前凉張駿幼而奇偉晉愍帝建興四年封霸城侯十歲能屬文卓越不羈及嗣位勤脩庶政摠御文武咸得其用遠近嘉詠號曰積賢君
前趙劉元海嘗謂同門生朱紀范隆曰吾每觀書傳嘗鄙隨陸無武絳灌無文道繇人弘一物之不知者固君子之所耻也二生遇高皇而不能建封侯之業兩公值文帝而不能開庠序之美惜哉於是遂學武事妙絕於衆

劉曜幼而聰慧有奇度年八歲從父元海獵於西山遇雨止樹下迅雷震樹旁人莫不顛仆曜神色自若元海異之曰此吾家千里駒也從兄爲不亡矣

後趙石勒雅好學雖在軍旅嘗令儒生讀史書而聽之每以其意論古帝王善惡朝賢儒士聽者莫不歸美焉嘗使人讀漢書聞酈食其勸立六國後大驚曰此法當失何得遂成天下至留侯諫乃曰賴有此耳其天姿英達如此

前秦苻堅七歲聰敏好施舉止不踰規矩每侍其祖父洪側輒量洪舉措取與不失機候高平徐統遇堅

於路異之執其手曰苻郎此官之御街小兒敢戲於此不畏司隷縛邪堅曰司隷縛罪人不縛小兒戲也及卽僞位出游霸陵顧謂羣臣曰漢祖起自布衣廓平四海佐命功臣孰爲首乎權翼進曰漢書以蕭曹爲功臣之冠堅曰漢祖與項羽爭天下困於京索之間身被七十餘創通中六七父母妻子爲楚所囚平城之下七日不火食賴陳平之謀太上妻子克全免匈奴禍二相不得獨高也雖有人狗之喻豈黃中之言乎於是酣飲極歡命羣臣賦詩又時匈奴左賢王衛辰遣使降於堅遂請田内地堅許之雲朔護軍賈雍遣其司馬徐斌率騎襲之因縱兵掠奪堅怒曰朕方脩魏絳和戎之術不可以小利忘大信昔荆吳之戰事興蠶婦澆瓜之惠梁宋息兵夫怨不在大事不在小擾邊動衆非國之利也所獲貲産其悉以歸之免雍官以白衣領護軍遣使脩和示之信義辰於是入居塞内貢獻相尋又遣符雒等伐代王涉翼犍其子翼圭縛父請降堅曰翼犍荒俗未叅仁義令入太學習禮以翼圭執父不孝遷之於蜀散其部落堅嘗之太學召涉翼犍問曰中國以學養性而人壽考漢北噉牛羊而人不壽何也翼犍不能荅又問卿種人

有堪者可召爲國家用對曰漢北人能捕六畜善馳走逐水草而已何堪爲將又問好學否對曰若不好學陛下用教何爲堅善其對又聞桓温廢海西公也謂羣臣曰温前敗灞上後敗枋頭十五年間再傾國師六十歲翁舉動如此不能思愆免退以謝百姓方廢立以自悅將如四海何諺云怒其室而作色於父者其桓温之謂乎又梁熈遣使西域稱揚堅之威德并以繒綵賜諸國王於是朝獻者十有餘國大宛獻天馬千里駒皆汗血朱鬣五色鳳膺麟身及諸珍異五百餘種堅曰吾思漢文之返千里馬咨嗟美詠今

所獻馬其悉返之慶克念前王髣髴古人矣乃命羣
臣作止馬詩而遣之示無欲也其下以爲盛德之事
遠同漢文於是獻詩者四百餘人
苻登初爲長安令坐事黜爲狄道長及關中亂去縣
歸毛興登兄同成言於興請以登爲司馬常在營部
登度量不羣好爲奇畧同成常謂之曰汝聞不在其
位不謀其政無數干時將爲博識者不許吾非疾汝
恐或不喜人妄預耳是可止汝後得政自可專意時
人聞同成言多以爲疾登而抑蔽之登乃屛迹不妄
交游與有事則召之戲謂之曰小司馬可坐評事登

出言輙折理中興內服焉然敬憚而不能委任
前燕慕容廆嘗從容言曰獄者人命之所懸也不可
以不愼賢人君子國家之基也不可以不敬稼穡者
國之本也不可以不急酒色便佞亂德之甚也不可
以不戒乃著家令數千言以申其旨
後秦姚興既僭位晉大司馬桓玄遣使來聘請辛恭
靖何澹之興留恭靖而遣澹之謂曰桓玄不推計歷
運將圖篡逆天未忘晉必將有義舉以吾觀之終當
傾覆卿今馳往必逢其敗相見之期避不云遠未幾
桓玄誅澹之等奔於興

後凉呂光年十歲與諸童兒游戲邑里爲戰陣之法
儔類咸推爲主部分詳平羣童歎服
後燕慕容盛少沈敏多謀畧苻堅誅慕容氏盛年十
二隨慕容永東如長子謂叔父柔曰今崎嶇於鋒刃
之間在疑忌之際愚則爲人所猜智則危甚巢幕當
如鴻鵠高飛一舉萬里不可坐待罟網也於是與柔
及弟會間行東歸於慕容垂後遼西太守李郎在郡
十年威制境內盛疑之累徵不赴以冊在龍城未敢
顯叛乃陰引魏軍將爲自安之計因表請發兵以距
寇盛曰此必詐也召其使而詰之果驗又嘗引中書

令嘗忠尚書陽瓚秘書監郎敷於東堂問曰古來君
子皆謂周公忠聖豈不謬哉瓚曰周公居攝政之重
而能達君臣之名及流言之謗致烈風以悟主道契
神靈義光萬代故累葉稱其高後王無以奪其美盛
曰嘗令以爲何如忠曰昔武王疾篤周公有請命之
誠流言之際義感天地楚撻伯禽以訓就王德周公
爲臣之忠聖達之美詩書以來未之有也盛曰異哉
二君之言朕見周公之詐未見其忠聖也昔武王得
九齡之夢白文王文王曰我百爾九十吾與爾三焉
及文王之終已驗武王之壽矣武王之笑未盡而求

代其死是非詐乎若惑於天命是不聖也據攝天位而丹誠不見致兄弟之間有干戈之事夫文王之化自近及遠故曰刑于寡妻至於兄弟周公親遺聖父之典而蹈嫌疑之蹤戮罰同氣以逞私忿何忠之有乎但時無直筆之史後儒承其謬談故也忠曰啓金縢而返風亦足以明其不詐遭二叔流言之變而能大義滅親終安宗國復子明辟輔成大業以致太平制禮作樂流慶無窮亦不可謂非至德也盛曰卿徒因成文而未原大理朕今相爲論之昔周公自后稷積德累仁至於文武文武以大聖應期遂有天下生

靈仰其德四海歸其仁成王雖幼統洪業而卜世脩長加呂召毛畢爲之師傅若無周公攝政王道足以成也周公無故以安危爲已任專臨朝之權闕北面之禮管蔡忠存王室以爲周公代王非人臣之道故言公將不利於孺子周公當明大順之節陳誠義以曉羣疑而乃阻兵都邑擅行誅戮不臣之罪彰於海內方貽王鴟鴞之詩歸非於王是何謂乎又周公舉事稱告二公足明周公之無罪而坐觀成王之疑此則二公之心亦有猜於周公也但以疎不間親故寄言於管蔡可謂忠不見於當時仁不及於兄弟知羣

望之有歸天命之不在已然後返政成王以爲忠耳大風拔木之徵乃皇天祐存周道不忘文武之德是以赦周公之始愆欲成周室之大美考周公之心原周公之行乃天下之罪人何至德之謂也周公復位二公所以杜口不言其本心者以明管蔡之忠也又謂嘗忠曰伊尹周公孰賢忠曰伊尹非有周公之親而功濟一代太甲亂德放於桐宮思愆改善然後復之使王無怨言臣無流謗道存社稷美溢來今臣謂伊尹之勲有高周旦盛曰伊尹以舊臣之重顯阿衡之任太甲嗣位君道未洽不能竭忠輔導而放黜桐

宮事同夷羿何周公之可擬乎郎敷曰伊尹處人臣之位不能輔制其君恐成湯之道墜而莫就是以居之桐宮與小人從事使知稼穡之艱難然後返天位此其忠也盛曰伊尹能廢而立之何不能輔之以至於善乎若太甲性同桀紂則三載之間未應便成賢后如其性本休明義心易發當務盡規贊之理以弼成君德安有人臣幽主而據其位哉且臣之事君惟力是視柰何挾智藏仁以成君惡夫太甲之事朕已鑒之矣太甲至賢之主也以伊尹歷奉三朝績無異稱將失顯祖委授之功故匿其日月之明受伊尹之

黜所以濟其忠貞之美夫非常之人然後能立非常之事非常人之所見也亦猶泰伯之三讓人無德而稱焉歎曰泰伯三以天下讓至仲尼而後顯其至德太甲受謗於天下遺陛下乃申其美因而誄讚賦詩賜金帛各有差

南凉禿髮傉檀利鹿孤之子初姚興遣使拜車騎將軍傉檀少機警有才畧其父奇之謂諸子曰傉檀明識幹藝非汝等輩也是以諸兄不以授子欲傳之於傉檀後爲赫連勃勃所敗姚興以傉檀外有陽武之敗内有邊梁之亂遣其尚書郎韋宗來觀釁傉檀與

宗論六國縱橫之規三家戰爭之畧遠言天命廢興近陳人事成敗機變無窮辭致清辯宗出而歎曰命世大才經綸名教者不必華宗夏士撥煩理亂澄氛濟世者亦未必八索九丘五經之外冠冕之表復自有人車騎神機秀發信一代之偉人繇余日磾豈足爲多也

令德

六胡僭夏五馬渡江先王維桑分割有素中州舊物吞噬無餘二趙四燕蝟毛而起三秦五凉蠶食以生李特王蜀赫連稱夏竊帝圖王時聞令德連衡共誓各負英猷書云萬夫之長可以觀政矧據有上字僭稱名器宜欲有拳拳之善以服蚩蚩之心

前凉張重華自稱凉州牧輕賦斂除關稅省園囿以恤貧窮

張天錫數宴園池政事頗廢盪難將軍較書祭酒索商上疏極諫天錫荅曰吾非好行行有得也觀朝榮則敬才秀之士翫芝蘭則愛德行之臣覩松竹則思貞操之賢臨清流則貴廉絜之行覽蔓草則賤貪穢之吏逢飇風則惡凶佞之徒若引而申之觸類而長之庶無遺漏矣

西凉李暠字玄盛少而好學性沈敏寬和美器度暠既遷於酒泉沮渠蒙遜每年侵寇不止玄盛志在以德撫其境内但與通和立盟弗之較也又與辛景辛恭靖同志友善景等歸晉遇害江南玄盛聞而弔之

前趙劉曜嘗燕羣臣於東堂語及平生泫然流涕遂下書曰蓋褒德惟舊聖后之所先念惠録孤明王之嘗典是以世祖草創河北而致封於嚴尤之孫魏武勒兵梁宋追慟於橋公之墓前所贈大司徒烈愍公崔岳中書令曹恂晉陽太守王忠太子洗馬劉綏等或識朕於童亂之中或濟朕於艱窘之極言念君子

實傷我心詩不云乎中心藏之何日忘之岳漢昌之
初雖有褒贈屬否運之際禮章莫備今可贈岳使持
節侍中大司徒遼東公恂大司空南郡公綏左光祿
大夫平昌公忠鎮軍將軍安平侯並加散騎常侍但
皆丘墓夷滅申哀莫孫有司其速班訪岳等子孫授
以茅土稱朕意焉初曜弱冠遊於雒陽坐事當誅與
曹恂奔於劉綏綏匿之於書匱載送於王忠忠送之
朝鮮歲餘饑窘變姓名客爲縣卒岳爲朝鮮令見而
異之推問所繇曜叩頭自首流涕求哀岳曰卿謂崔
元嵩不如孫賓碩乎何懼之甚也今詔捕狀甚峻百

姓間不可保也此縣幽僻勢能相濟縱有大急不過
解印綬與卿俱去耳吾既門衰無兄弟之累身又薄
祜未有兒子卿猶吾子弟也勿爲過憂大丈夫處身
立世鳥獸投人要欲濟之而況君子乎給以衣服資
供書傳曜遂從岳質通疑滯恩顧甚厚岳從容謂曜
曰劉生姿宇神調命世之才也四海脫有微風搖之
者英雄之魁卿其人矣曹恂雖於屯厄之中事曜有
君臣之禮故皆德之

後趙石勒大興三年僞稱趙王下令曰武鄉吾之豐
沛萬歲之後魂靈當歸之其復之三世又少時避危
難賴郭敬而濟後勒攻乞活李惲于上白斬之將坑
其降卒見郭敬而識之曰汝郭季子乎敬叩頭曰是
也勒下馬執其手泣曰今日相遇豈非天邪賜衣服
車馬署敬上將軍悉免降者以配之又時大旱勒親
臨廷尉錄囚徒五歲刑已下皆輕決遣之重者賜酒
食聽沐浴一須秋論還未及宮澍雨大降

石季龍時冀州八郡大蝗司隷請坐守宰季龍曰此
政之失和朕之不德而欲委咎于守宰豈禹湯罪已
之義邪司隷不進讜言佐朕不逮而歸咎無辜所以
重吾之責可白衣領司隷

前秦苻堅既平慕容暐自鄴如枋頭讌諸父老改枋
頭爲永昌縣復之終世又遣驍騎呂光率兵七萬討
定西域光發長堅送於建章宮謂光曰西戎荒俗非
禮義之邦羈縻之道服而赦之示以中國之威導以
王化之法勿極武窮兵過深殘掠又所司奏劉蘭討
蝗幽州經秋冬不滅請徵下廷尉詔獄堅曰災降自
天殆非人力所能除也此自朕之政違所致蘭何罪
焉

後秦姚萇僭即僞位後大雪下書深自責罰散後宮
文綺珍寶以供戎事身食一味妻不重采立太學禮

先賢之後敗符登於安定東置酒高會諸將咸曰若
值魏武王不令此賊至今陛下奬勞太過耳萇笑曰
吾不如亍兄有四身長八尺五寸臂垂過膝人望而
畏之一也當十萬之衆與天下爭衡望麾而進前無
横陣二也温古知今講論道藝駕馭英雄收羅儁異
三也董率大衆履險若夷上下咸允人盡死力四也
所以得建立功業策任羣賢者正望筭畧中一片耳
羣臣咸稱萬歲
姚興時西秦乞伏乾歸爲其下人所殺子熾盤新立
羣下咸勸興取之興曰乾歸先已返善吾方當招懷

因喪代之非朕本志也興性儉約車馬無金玉之飾
臣下化之莫不敦尚清素又客星入東井所在地震
前後一百五十六公卿抗表請罪興曰災譴之來咎
在元首近代或歸罪三公甚無謂也公等其悉冠復
位後興以日月薄蝕災眚屢見降號稱王下書令羣
公卿士將牧守宰各降一等於是其大尉趙公旻等
五十三人上疏諫曰伏惟陛下勲格皇天功濟四海
威靈振於殊域聲教塈於遐方雖成湯之隆殷基武
王之崇周業未足比諭方當廓靖江吳告成中岳豈
宜過垂冲損違皇天之眷命乎興曰殷湯夏禹德冠

百王然猶順守謙冲未君崇極況朕寡昧安可以處
之哉乃遣旻告於社稷宗廟大赦改元弘始賜孤老
鰥寡粟帛有差年七十已上加衣杖
姚泓字元子旣僭卽帝位將封功臣十五六人等子
男姚讃諫曰東宮文武自當有守忠之誠未有赫然
之効何受封之多乎泓曰懸爵於朝所以懲勸來効
標明盛德元子遭家不造與宮臣同此百憂獨享其
福得不愧於心乎讃黙然姚紹進曰陛下不忘報德
封之是也古者敬其事命之以始須來春然後議之
乃止時姚懿以叛被囚姚恢復叛姚紹率輕騎先赴

難使姚治司馬國璠將步卒三萬赴長安恢從曲牢
進屯杜成紹與恢相持於靈臺姚讃聞恢漸逼留寧
朔尹雅爲弘農太守守潼關率諸軍還長安泓謝讃
曰元子不能崇明德義導率羣下致禍起蕭墻變自
同氣旣上負祖宗亦無顔見諸父懿始搆逆滅亍恢
復擁衆内叛將若之何讃因攘袂大泣曰臣不滅此
賊終不持面復見陛下於是班賜軍士而遣之讃大
破恢幷其二弟殺之泓哭之悲慟葬以公禮
後蜀李雄僭卽帝位巴郡嘗告急云有東軍雄曰吾
嘗慮石勒跋扈侵逼瑯邪以爲耿耿不圖乃能舉兵

使人欣然雄之雅譚多如此類雄後遣安北李雅中領軍李稚討楊難敵難敵遣兵斷其歸道四面攻之獲稚雅死者數千人稚雅雄兄蕩之子也雄深悼之不食者數日則流涕深自咎責焉

西秦乞伏乾歸遣其將乞伏益州討羌乳於上邽邊芮王松壽言於乾歸曰益州屢有戰功嘗有驕色未宜專任乾歸卒遣之益州果敗乾歸曰孤違蹇叔以至於此將士何爲孤之罪也皆赦之

北燕馮跋幼而懿重少言寬仁有大度飲酒一石不亂三弟皆任俠不修行業惟跋恭慎勤於家產父毋

器之

南凉禿髮傉檀僭號凉王姚興凉州刺史王尚遣主簿宗敞來聘敞父燮呂光時自湟河太守入爲尚書郎見傉檀於廣武執其手曰君神爽宏拔逸氣凌雲命世之傑也必當剋清世難恨吾年老不及見耳以敞兄弟託君至是傉檀謂敞曰孤以常才謬爲尊先君所見稱每自恐有累大人水鏡之明及忝家業竊有懷君子詩云中心藏之何日忘之不圖今日得見卿也敞曰大王仁侔魏祖存念先人雖朱暉眄張堪之孤叔向撫汝齊之子無以加也酒酣語及生平傉檀曰卿魯子敬之儔恨不與卿共成大業耳

才藝

夫僭稱名號據有山河長百萬之衆跨數州之域生殺在手彊弱繇心或學通經史暗會孫吳或藝精騎射兼該象緯而文飾之以詞翰輔之以度量釐明政事固多才藝亦可謂人傑矣不然曷以臣伏黨類駕馭羣豪者乎

前凉張軌少明敏好學有器望

張祚博學雄武有政事之才

西凉李暠少而好學性沈敏寬和美器度通涉經史

尤善文義及長頗習武藝誦孫吳兵法

前趙劉元海幼好學師事上黨崔游習毛詩周易二禮及尚書尤好春秋左氏傳孫吳兵法畧皆誦之史漢諸子無不綜覽猿臂善射膂力過人

劉和好學夙習毛詩左氏春秋鄭氏易

劉聰幼而聰悟好學博士朱紀大奇之年十四究通經史兼綜百家之言孫吳兵法靡不誦之工草隷善屬文著述懷詩百餘篇賦頌五十餘篇十五習擊剌猿臂善射彎弓三百斤膂力驍捷冠絶一時

劉粲少而儁傑才兼文武

劉曜幼而聰慧有奇度性拓落高亮與衆不羣讀書
志於廣覽不精思章句善於屬文工草隸雄武過人
鐵厚一寸射而洞之于時號爲神射尤好兵書畧皆
闇誦弱冠遊於雒陽坐事當誅亡匿朝鮮遇赦而歸
隱迹管涔山以琴書爲事
後趙石勒長而壯健有膽力雄武好騎射
石季龍尤善彈髊提便弓馬勇冠當時
前燕慕容皝雄毅多權畧尚經學善天文
慕容儁博觀圖書有文武幹畧
慕容恪幼而謹厚深沈有大度雄毅嚴重每所言及

輙經綸世務
前秦苻洪多權畧驍武善騎射
苻健勇果便弓馬
苻生力舉千鈞雄勇好殺手格猛獸走及奔馬擊刺
騎射冠絶一時
苻堅博學多才藝有經濟大志
苻丕少而聰慧好學博綜經史父堅與言將畧嘉之
命鄧羌教以兵法文武才幹亞于苻融
苻登少而雄勇有壯氣不修細行長而折節謹厚頗
覽書傳

後秦姚襄雄武多才藝明察善撫納士衆愛敬之
姚泓博學善談論尤好詩詠受經於博士淳于岐
後蜀李特雄武善騎射沈毅有大度
李流少好學便弓馬初東羌校尉何攀稱流有賁育
之勇舉爲東羌督
李期聰慧好學弱冠能屬文
李壽敏而好學雅量豁然少尚禮容異於李氏諸子
父雄奇其才以爲足寄重任
後凉呂篡少便弓馬好鷹犬
呂隆善騎射

後燕慕容寶自爲太子砥礪自修敦崇儒學工談論
善屬文
慕容盛驍勇剛毅有伯父全之風烈
慕容雲沈深有局量厚重希言慕容寶之爲太子雲
以武藝給事侍東宮
西秦乞伏國仁年十歲驍勇善騎射彎弓五百斤四
部服其雄武
乞伏乾歸雄武英傑沈雅有度量
乞伏熾磐性勇果英毅臨機能斷
北凉沮渠蒙遜博涉羣史頗曉天文雄傑有英畧滑

稽善權變

南燕慕容德博觀羣書性清慎多才藝

吳楊行密少孤貧有膂力日行三百里唐末秦宗權擾淮否類忠盧壽部將募能致戰擒賊者計級賞之行密以膽力應募往必有獲

蜀王建機畧拳勇出於流輩

後蜀孟知祥自幼温厚知書樂善

冊府元龜

巡按福建監察御史臣李嗣京　訂正
分守建南道左布政使臣胡維霖　參閱
知建陽縣事臣黄國琦較釋

僭僞部　三

勳伐

非常之績待豪傑而後成不世之才因艱虞而斯顯莫不扶大義以立節上忠本朝掃群兇而戡難外勤遠略於是多士慕嚮四遠向風用能赫然奮庸光於當世使其念德不忌居安思危知乎大不可逆盈難

久恃牧邪謀于改物頓隔心于問鼎考存亡之至數審邪正之大倫則康定之功參伊周而論德忠厚之節亘鍾鼎以垂芳者矣此之不爲亡於何有觀其通變之略制勝之謀寧前智而後愚固百慮而一致蓋貪惡詭趣安危異效其故何哉逆順之勢殊而億兆之心異也

前涼張軌初爲晉散騎常侍欲求涼州公卿亦舉軌才堪御遠惠帝永寧初出爲護羌校尉涼州刺史于時鮮卑反叛寇盜縱橫軌到官即討破之斬首萬餘級遂威著西州化行河右以宋配陰充汜瑗陰濬爲股肱謀主永興中鮮卑若羅拔能皆爲寇軌遣司馬宋配擊之斬拔能俘十餘萬口威名大震惠帝遣加安西將軍封安樂鄉侯邑千户於是大城姑臧懷帝永嘉初會東羌校尉韓稚殺秦州刺史張輔軌少府司馬楊胤言於軌曰今日韓稚逆命擅殺張輔明公杖鉞一方宜懲不恪此亦春秋之義諸侯相滅亡桓公不能救則桓公耻之軌從焉遣中督護汜瑗率衆二萬討之先遣稚書曰今王綱紛撓牧守宜戮力勤王逆得雍州檄云卿稱兵内侮吾董任一方義在伐叛武旅三萬駱驛繼發伐木之感心豈可言古之行師

全國爲上卿若單馬軍門者當與卿共平世難也稚得書而降軌後患風口不能言使子茂攝州事酒泉太守張鎮潛引秦州刺史賈龕以代軌密使詣京師請尚書侍郎曹祛爲西平太守圖爲輔車之勢軌別駕麴晁欲專威福又遣使詣長安告南陽王模稱軌廢疾以請賈龕而龕將受之其兄讓龕曰張涼州一時名士威著西州汝何得以代之龕乃止更以侍中爰瑜爲涼州刺史治中楊澹馳詣長安割耳盤上訴軌之被誣模乃表停之晉昌張越涼州大族讖言張氏霸涼自以才力應之從隴西内史遷涼州刺史越

志在涼州遂託病歸河西陰圖代軌乃遣兄鎮及曹袪麴佩移檄廢軌以軍司杜耽攝州事使耽表越爲刺史軌令曰吾在州八年不能綏靖區域又值中州兵亂秦隴倒懸加以寢患委篤實思斂迹避賢但負荷任重未便輙遂不圖諸人横興此變是不明吾心也吾視去貴州如脫屣耳卻遣主簿尉髦奉表詣闕便速脂轄將歸老宜陽長史王融參軍孟暢蹋折鎮檄排閤入諫曰晉室多故人神塗炭實賴明公撫寧西夏張鎮兄弟敢肆凶逆宜聲其罪而戮之不可成其志也軌嘿然融等出而戒嚴武威太守張寔遣子

坦馳詣京表曰魏尚安邊而獲戾撫國盡忠而被譴昔前史之所譏今日之明鑒也順陽之思劉陶守闕者千人刺史之蒞臣州若慈母之於赤子百姓之愛臣軌若旱苗之得膏雨伏聞信惑流言當有遷代民情嗷嗷如失父母今戎夷猾夏不宜騷動一方尋以子寔爲中督護率兵討鎮遣外甥太府主簿令狐亞前喻鎮曰舅何不審安危明成敗主公西河著德兵馬如雲此猶烈火已焚待江漢之水溺于洪流望越人之助其何及哉今數萬之軍已臨近境今唯全老親存門戶輸誠歸官必保萬全之福鎮涕流曰人悞我也乃委罪功曹魯連而斬之詣寔歸罪南討曹袪走之張坦至京師帝優詔勞軌依模所表命誅曹袪軌大悅赦州內殊死已下命寔率尹員宋配步騎三萬討袪別遣從事田迴王豊率騎八百自姑臧西南出石驢據長寧袪遣麴晁距戰于黃阪寔詭道出浩亹戰于破羌軌斬袪及牙門田囂遣治中張閬送義兵五千及群國秀孝貢計器甲方物歸于京師

張實初仕晉爲議郎及還姑臧以討曹袪初封建武寧侯進爵福祿縣侯累除西中郎將領護羌校尉父軌卒州人推實攝位愍帝因下策書授持節都督涼

州諸軍事涼州刺史西平公實遣都護王該送諸群貢計獻名馬方珍經史圖籍于京師會劉曜逼長安實將軍王該率衆以援京城帝嘉之拜都督陝西諸軍事寔知劉曜逼遷天子大臨三日遣大府司馬韓璞滅寇將軍田齊撫戎將軍張閬前鋒都護陰預步騎一萬東赴國難命討虜將軍陳安故太守賈騫隴西太守吳紹各統群兵爲璞前驅戒璞曰前遣諸將多違機信所執不同致有乖異內不和親焉能服物今遣卿督五將兵事當如一體不得令乖異之聞達孤耳也璞次南安諸羌斷軍路璞與張閬夾擊大敗

會愍帝討問至南陽王保鎮上邽自稱晉王遣使拜
寔征西大將軍儀同三司增邑三千戶俄而保爲陳
安所敗氐羌皆應之保窮迫遂去上邽遷祁山寔遣
將韓璞步騎五千赴難陳安退保綿諸保歸上邽未
幾保復爲安所敗使詣寔乞師寔遣宋毅赴之而安
退會保爲劉曜所逼遷于桑城將謀奔寔寔以宗室
之望若至河右必動物情遣其將陰監逆保聲言翼
衛寔禦之也會保薨其衆散奔凉州者萬餘人寔雖
是恃險遠頗自驕恣
張茂嗣其兄寔爲凉州牧晉元帝永昌初使將軍韓

璞率衆取隴西南安之地以置秦州張駿嗣其季父
茂爲凉州牧觀兵新鄉狩于北野因討軻沒虜破之
又使其將楊宣率衆越流沙伐龜茲鄯善於是西域
並降初戊巳校尉趙貞不附于駿駿擊擒之以其地
爲高昌郡及石勒殺劉曜駿因長安亂復收河南地
至于狄道置武衛石門候和灕州甘松五屯護軍與
勒分境
前趙劉元海初仕晉爲建威將軍五部都督封漢光
鄉侯惠帝元康末坐部人叛出塞免官成都王穎鎮鄴
表元海行寧朔將軍監五部軍事惠帝失馭寇盜蜂
起元海從祖故北部都尉左賢王劉宣等竊議曰昔
我先人與漢約爲兄弟憂泰同之自漢亡以來魏晉
代興我單于雖有虛號無復尺土之業自諸侯王下
同編戶今司馬氏骨肉相殘四海鼎沸興邦復業此
其時矣左賢王元海姿器絕人幹宇超世天若不恢
崇單于終不虛生此人也于是密共推元海爲大單
于乃使其黨呼延攸詣鄴以謀告之元海請歸會葬
穎弗許乃令攸先歸告宣等招集五部引會宜陽諸
胡聲言應穎實背之也穎爲皇太子以元海爲太弟
屯較尉惠帝伐穎次於蕩陰穎假元海輔國將軍督

北城守事及六軍敗績穎以元海爲冠軍將軍封盧
奴伯并州刺史東瀛公騰安北將軍王俊起兵伐穎
元海說穎曰今二鎮跋扈衆餘十萬恐非宿衛及近
都士庶所能禦之請爲殿下還說五部以赴國難穎
曰五部之衆可保發以不縱能發之鮮卑烏丸勁速
如風雲何易當耶吾欲奉乘輿還雒陽避其鋒鋭徐
傳檄天下以逆順制之君意何如元海曰殿下武皇
帝之子有殊勳於王室威恩光洽四海欽風孰不思
爲殿下沒命投軀者哉何難發之有王浚豎子東
瀛疎屬豈能與殿下爭衡耶殿下一發鄴宮示弱於

人雒陽可復至乎縱達雒陽威權不復在殿下也紙檄尺書誰爲人奉之且東胡之悍不踰五部願殿下勉撫士衆靖以鎮之當爲殿下以二部摧東嬴三部梟王浚二豎之首可指日而懸矣穎悅拜元海爲北單于參丞相軍事元海至左國城劉宣等上太單于之號二旬之間衆已五萬都于離石王浚使將軍祁弘率鮮卑攻鄴穎敗挾天子南奔雒陽元海曰穎不用吾言軍自奔潰真奴才也然吾與其言矣不可不救於是命右於陸王劉景左獨鹿王劉延年率步騎二萬將討鮮卑劉宣等固諫曰晉爲無道奴隸禦我

是以右賢王猛不勝其忿屬晉綱未弛大事不遂右賢塗地單于之恥也今司馬氏父子兄弟自相魚肉此天厭晉德授之於我單于積德在躬爲晉人所服方當興我邦族復呼韓邪之業鮮卑烏丸可以爲援柰何距之而拯仇敵今天假手于於我不可違也違天不祥逆衆不濟天與不取反受其咎願單于勿疑元海曰善當爲崇岡阜何能爲培塿乎夫帝王豈有常哉大禹出于西戎文王生於東夷顧惟德所授耳今見衆十餘萬皆一當晉十鼓行而摧亂晉猶拉枯耳上可成漢高之業下不失爲魏氏雖然晉人未必同我漢有天下世長恩德結於人心是以昭烈崎嶇於一州之地而能抗衡於天下吳又漢氏之甥約爲兄弟兄亡弟紹不亦可乎且可稱漢追尊後主以懷人望乃遷於左國城遠人歸附者數萬永興元年元海乃爲壇於南郊僭即漢王位立漢高以下三祖五宗神主以祭之東嬴公騰使將軍聶玄討之戰于大陵玄師敗績騰懼率并州二萬餘戶下山東所在爲寇元海遣其建武將軍劉曜寇太原泫氏屯留長子中都皆陷之二年騰又遣司馬瑜周良石鮮等討之次於離石汾城元海遣其武牙將軍劉欽等六軍距

瑜等四戰瑜皆敗欽振旅而歸遂進據河東攻寇蒲阪平陽皆陷之元海入都蒲阪懷帝永嘉二年元海僭即皇帝位遷都平陽

後趙石勒晉末以胡奴招集王陽夔安支雄冀保吳豫劉膺桃豹逯明等八騎爲群盜後郭敖劉徵劉寶張噎僕呼延莫郭黑略張越孔豚趙鹿支屈六等又赴之號爲十八騎復東如赤龍騄驥諸苑中乘苑馬遠掠繒寶以賂汲桑及成都王穎敗乘輿于蕩陰退惠帝如鄴宮王浚以穎陵辱天子使鮮卑擊之穎懼挾帝南奔雒陽帝復爲張方所逼遷于長安關東所在

兵起皆以誅穎爲名河間王顒懼東師之盛欲輯懐東憂乃奏議廢穎是歲劉元海稱漢王于黎亭穎故將陽平人公師藩等自稱將軍起兵趙魏衆至數萬勒與汲桑帥牧人乘苑馬數百騎以赴之桑始命勒以石爲姓勒爲名焉藩拜爲前隊督從攻平昌公模於鄴模使將軍馮嵩逆戰敗之藩濟自白馬而南濮陽太守苟晞討藩斬之勒與桑亡潛苑中桑以勒爲伏夜牙門帥牧人刼掠郡縣繫囚又招山澤亡命多附勒勒率以應之桑乃自號大將軍稱爲成都王穎誅東海王越東瀛公騰爲名桑以勒爲前驅屢有戰

功署爲掃虜將軍忠明亭侯桑進軍攻鄴以勒爲前鋒都督大敗騰將馮嵩因長驅入鄴遂害騰殺萬餘人掠婦女珍寶而去濟自延津南擊兗州越大懼使苟晞王讚等討之桑勒攻幽州刺史石尠於樂陵尠死之乞活田禋帥衆五萬救尠勒逆戰敗禋與晞等相持於平原陽平間數月大小三十餘戰戰互有勝負越懼次于官渡爲晞聲援桑勒爲晞所敗死者萬餘人乃收餘衆將奔劉元海冀州刺史丁紹要之于赤橋又大敗之桑奔馬牧勒奔樂平王師斬桑于平原時胡部大張匐督馮莫突等擁衆數千壁于上黨

勒往從之深爲所昵因說匐督曰劉單于舉兵誅晉部大距而不從豈能獨立乎曰不能勒曰如其不能者兵馬皆有所屬今部落皆已被單于賞募往往聚議欲叛部大而歸單于矣宜早爲之計匐督等素無智略懼部衆之貳已也乃潛隨勒單騎歸元海元海署匐督爲親漢王莫突爲都督部大以勒爲輔漢將軍平晉王以統之勒於是命匐督爲兄賜姓石氏名之曰會言其遇已也烏丸張伏利度亦有衆三千壁于樂平劉元海屢招而不能致勒僞獲罪於元海因奔伏利度利度大悅度結爲兄弟使勒率諸胡寇掠所

向無前諸胡畏服勒知衆心之服已也乃因會執伏利度告諸胡曰今起大事我與伏利度孰堪爲主諸胡咸以推勒勒於是釋伏利度率其部衆歸元海加勒督山東征討諸軍事以伏利度之衆配之元海使劉聰攻壺關命勒率所統七千爲前鋒都督劉琨遣護軍黃秀等救壺關勒敗秀於白田秀死之勒遂陷壺關元海命勒與劉零閻羆等七將率衆三萬寇魏郡頓丘諸壘壁多陷之及元海僭號授勒平東大將軍於是勒幷軍寇鄴鄴潰執魏郡太守王粹于三臺進攻趙郡中丘進軍攻鉅鹿常山陷冀州郡縣堡壁

百餘衆至十餘萬使其將張斯率騎詣幷州山北諸
郡縣說諸胡羯曉以安危諸胡懼勒威名有附者進
軍甞山分遣諸將攻中山博陵高陽諸縣降之者數
萬人分命諸將攻諸未下及叛者降三十餘壁置守
宰以撫之進寇信都害冀州刺史王斌於是軍騎將
軍王堪北中郎將裴憲自雒陽率衆討勒勒燒營幷
糧迴軍距之次于黄牛壘魏郡太守劉矩以郡附于
勒勒使矩統其壘衆爲中軍左翼勒至黎陽裴憲棄
其軍奔于淮南王堪退堡倉垣勒與閻羆攻滑圏苑
市二壘陷之并統其衆潜自石橋濟河攻陷白馬東

襲鄄城因攻倉垣遂渡河攻廣宗淸河平原陽平諸
縣降勒者九萬餘口復南濟河時劉聰攻河内勒率
騎會之攻武德及元海兗劉聰授勒幷州刺史及郡
公劉粲率衆四萬寇雒陽勒率騎二萬會之遂至雒
川粲出環轅勒出成臯關圍陳留太守王贊於倉垣
爲贊所敗退屯文石津將北攻王浚會浚將王甲始
率遼西鮮卑萬餘騎敗趙固于津北勒乃燒船棄營
濟河攻襄城先是雍州流人王如侯脫嚴嶷等起兵
江淮間聞勒之來也懼遣衆一萬屯襄城以距勒勒
擊敗之盡俘其衆勒至南陽屯于宛北山如懼勒之

攻穰也使送珍寶車馬犒師結爲兄弟勒納之如與
侯脫不平說勒攻脫勒夜令三軍鷄鳴而駕晨壓宛
門攻之旬有三日而尅嚴嶷率衆救脫至則無及遂
降于勒勒斬脫囚嶷送于平陽盡幷其衆軍勢彌盛
勒南寇襄陽陷江西壘壁三十餘所留刁膺守襄陽
躬率精騎三萬攻王如憚如之盛遂趣襄城如知之
遣弟璃率騎二萬五千詐言犒軍實欲襲勒勒逆擊
滅之比寇新蔡進陷許昌矜東海王越率雒陽之衆
二十萬討勒越薨于軍衆推太尉王衍爲主率衆東
下勒輕騎追及之衍軍大潰勒分騎圍而射之相登

如山無一免者因率精騎三萬入自成臯關會劉曜
王彌寇雒陽陷之勒出轘轅屯于許昌劉聰授勒征
東大將軍幽州牧固辭將軍不受先是彌納劉暾之
說將先誅勒東王青州使暾徵其將曹嶷於齊勒遊
騎獲暾得彌所與嶷書勒殺之密有圖彌之計矣會
彌將徐邈輙引部兵去彌彌漸削弱及勒之獲苟晞
也彌惡之爲卑辭使謂勒曰公獲苟晞而赦之何其
神也使晞爲公左彌爲公右天下不足定勒謂張賓
曰王彌位重言卑恐其遂成前狗意也賓曰觀王公
有青州之心桑梓本邦固人情之所樂明公獨無幷

州之思乎王公遲迴未發者懼明公躡其後已有窺明公之志但未獲便耳今不圖之恐曹嶷復至共爲羽翼後雖欲悔何所及邪徐邈既去軍勢稍弱觀其控御之懷猶盛可誘而滅之勒以爲然勒時與陳午相攻於蓬關王彌亦與劉瑞相持甚急彌請救於勒勒未之許張賓進曰明公嘗恐不得王公之便今天以其便授我矣陳午小豎何能爲寇王彌人傑將爲我害勒因迴車擊瑞斬之彌大悅謂勒深心推奉無復疑也勒引師攻陳午于肥澤司馬上黨李頭說勒曰公天生神武當平定四海士庶皆仰屬明公望濟

于塗炭有與公爭天下者公不早圖之而返攻我曹流人我曹鄉黨終當奉戴何遽見逼乎勒心然之詰朝引退詭請王彌讌于已吾彌長史張嵩諫彌勿就恐有專諸孫峻之禍彌不從既入酒酣勒手斬彌而幷其衆啓聰稱彌叛逆之狀聰署勒鎮東大將軍督幷幽二州諸軍事領幷州刺史持節征討都督校尉開府幽州牧公如固苟晞王贊謀叛勒勒害之以將軍左伏肅爲前鋒都尉攻掠豫州諸郡臨江而還屯于葛陂降諸夷楚署將軍二千石以下稅其義穀以供軍士勒侵壽春無功而還行達東燕聞汲郡向冰有衆數千壁于枋頭勒將於棘津北潛渡懼冰邀之會諸將問計張賓進曰如聞冰船盡在瀆中未上枋內可簡壯勇者千人詭道潛渡襲取其船以濟大軍大軍既濟冰必可擒也勒從之使支雄孔萇等從文石津縛筏潛渡勒引其衆自酸棗向棘津冰聞勒軍至始欲內其船會雄等已渡屯其壘門下船三十餘艘以濟其軍令主簿鮮于豐挑戰設三伏以待之冰怒乃出軍將戰而三伏齊發夾擊攻之又因其資軍事豐振長驅寇鄴攻北中郎將劉演于三台演部將臨深牟穆等率衆數萬降于勒劉聰署勒爲冀州牧

進封上黨郡公邑五萬戶時廣平游綸張豺擁衆數萬受王浚假署保據苑鄉勒使首政安支雄等七將攻之破其外壘浚遣督護王昌及鮮卑段就六眷末柸匹磾等部衆五萬餘以討勒時城隍未脩乃于襄國築隔城重柵設障以待之就六眷屯于渚陽勒分遣諸將連出挑戰頻爲就六眷所敗又聞其大造攻具勒顧謂其將佐曰今寇來轉逼彼衆我寡恐圍不解外救不至內糧罄絕縱孫吳重生亦不能固也吾將簡練將士大陣於野以決之何如諸將皆曰宜固守以疲寇彼師老自退追而擊之蔑不克矣勒顧謂

張賓孔萇曰君以爲何如賓萇俱曰聞就六眷尅來月上旬送死北城其大衆遠來戰守連日以我軍勢寡弱謂不敢出戰意必懈怠今段氏種衆之悍末柸尤最其卒之精勇悉在末柸所可勿復出戰示之以弱速鑿北壘爲突門二十餘道候賊列守未定出其不意直衝末柸帳敵必震惶計不及設所謂迅雷不及掩耳末柸之衆既奔餘自摧散擒末柸之後彭祖可指辰而定勒笑而納之即以萇爲攻戰都督造突門于北城鮮卑入屯北壘勒候其陣未定躬率將士鼓譟于城上會孔萇督諸突門伏兵俱出擊之生擒

末柸就六眷等衆遂奔散萇乘勝追擊枕尸三十餘里獲鎧馬五千匹就六眷收其遺衆屯于渚陽遣使求和送鎧馬金銀并以末柸三弟爲質而末柸諸將僉勸勒殺末柸以挫之勒曰遼東鮮卑健國也與我素無怨讐爲王浚所使耳今殺一人結怨一國非計也放之必悅不復爲浚用矣於是納其質遣石季龍盟就六眷于渚陽結爲兄弟就六眷等引還使參軍閻綜獻捷于劉聰建興元年石季龍攻鄴三臺鄴潰劉演奔于廪丘將軍謝胥田青郎牧等率三臺流人降于勒勒以挑豹爲魏郡太守以撫之時王浚署置百官奢縱淫虐勒有吞并之意遣其舍人王子春董肇等多齎珍寶奉表推崇浚爲天子浚大悅勒於是陘騎襲幽州晨至薊叱門者開門升其聽事命甲士執浚送襄國市斬之以晉尚書劉翰行幽州刺史劉聰以平幽州之勳署勒大都督陝東諸軍事驃騎大將軍勒之在襄國劉聰疾甚驛召勒爲大將軍錄尚書事受遺詔輔政勒固辭乃止聰又遣其使人持節署勒大將軍持節鉞都督侍中校尉二州牧公如故增封十郡不受聰死其子粲襲僞位其大將軍靳準殺粲於平陽勒命張敬率騎五千爲前鋒以討準勒

統精銳五萬繼之據襄陵北原羌羯降者四萬餘落準數挑戰勒堅壁以挫之劉曜自長安屯于蒲阪曜後僭號署勒大司馬大將軍加九錫增封十郡并前十三郡進爵趙公勒攻準于平陽小城平陽大守周置等率雜戶六千降于勒巴帥及諸羌羯降者十餘萬落徙之州司諸縣準使卜泰送乘輿服御請和勒與劉曜競有招懷之計乃送泰于曜使知城內無歸曜之意以挫其軍勢曜潛與泰結盟使還平陽宣慰諸部落勒疑泰與曜有謀欲斬泰以速降之諸將皆日今斬卜泰準必不復降就令泰宜漢要盟於城中

使相率誅靳準必懼而速降矣勒久乃從諸將議遣卜泰入平陽與準將喬春馬忠等起兵攻準殺之推靳明爲盟主遣泰及卜玄奉傳國六璽送于劉曜勒大怒遣令史羊升使平陽責明殺準之狀明怒斬升勒怒甚進軍攻明明出戰勒擊敗之枕尸二里明築城門堅守不復出戰勒遣其左長史王修獻捷于劉曜晉彭城内史周堅害沛内史周默以彭沛降于勒石季龍率幽冀州兵會勒攻平陽劉曜遣軍征東劉暢救明勒令舍師於蕭上靳明率平陽之衆奔于劉曜曜西奔粟邑勒焚平陽宮室使裴憲石會修復元

海聦二墓收劉粲已下百餘尸葬之徙渾儀樂器于襄國劉曜又遣其使人郭汜等持節署勒太宰領大將軍進爵趙王增封七郡并前二十郡出入警蹕冕有十二旒乘金根車駕六馬如曹公輔漢故事勒舍人曹平樂因使留仕於曜日大司馬遣王修等來外表至虔内覘大駕彊弱謀待修之返將輕襲乘輿時曜勢實殘弊懼修宣之曜大怒追汜等還斬修于粟邑停太宰之授勒怒甚下令曰孤兄弟之奉劉家人臣之道過矣若微孤兄弟豈能南面稱朕哉根基既立便欲相圖天不助惡使假于靳手孤惟事君之體當資舜奉瞽叟之義故復推樂令主齊好如初何圖長惡不悛殺奉誠之使帝王之起復何嘗哉趙王趙帝孤自取之名號大小豈其所節耶於是置大醫尚方御府諸令及挈壺署石季龍與張敬張賓及諸將佐百餘人勸勒稱尊號勒五讓而後許之

石季龍初以勒從子拜征虜將軍御衆嚴而不煩莫敢犯者指授攻討所向無前故勒寵之信任彌隆使以專征之任勒之居襄國署季龍爲魏郡太守鎮鄴三臺攻劉演于廪丘支雄逯明擊寧黑于東武陽陷之黑赴河而死徙其衆萬餘于襄國郡續使文鴦救

演季龍退止廬關津避之文鴦弗能進屯于景亭兗豫豪右張平等起兵救演季龍夜棄營設伏於外揚聲將歸河北平等以爲信然入于空營季龍廻擊敗之遂陷廪丘演奔文鴦軍獲演弟啟送于襄國累封中山公攻段疋磾于厭次降之又統中外精卒四萬討徐龕攻陷之又統中外步騎四萬討曹嶷于廣固降之及劉曜子胤等去長安奔于上邽勒遣季龍討之季龍尅上邽進攻集木且羌于河西尅之俘獲數萬秦隴悉平勒僭號天王以季龍爲大尉守尚書令進封中山王

冊府元龜

巡按福建監察御史臣李嗣京　訂正
知長樂縣事　臣　夏允彝　參閱
知建陽縣事　臣　黃國琦　較釋

僭僞部

勳伐第二

前燕慕容廆晉武帝時爲鮮卑都督大康十年遷于徒河之青山廆以大棘城即帝顓頊之墟也惠帝元康四年乃移居之太安初宇文莫圭遣弟屈雲寇邊城雲别帥大素延攻掠諸部廆親擊敗之素延怒率

衆圍棘城廆乃躬貫甲冑馳出擊之素延大敗追奔百里俘斬萬餘人懷帝永嘉初廆自稱鮮卑大單于時遼東太守龐本以私憾殺東夷校尉李臻附塞鮮卑素連木津等託爲臻報讐實欲因而爲亂遂攻陷諸縣殺掠士庶太守袁謙頻戰失利校尉封釋懼而請和連歲寇掠百姓失業流亡爭歸附者日月相繼廆子翰言曰諸侯莫如勤王自古有爲之君靡不伏此以成事業者也今連津跋扈王師覆敗蒼生屠膾豈甚此乎豎子外以龐本爲辭內實幸而爲寇封使君以誅本請和而毒害滋甚遼東傾没已二周中原兵亂州師屢敗勤王仗義今其時也單于宜明九伐之威救倒懸之命數連津之罪合義兵以誅之上則興復遼邦下則并吞二部忠義彰於本朝私利歸於我國此則吾鴻漸之始也終可以得志于諸侯廆從之是日率騎討連津大敗斬之二部悉降徙之棘城立遼東郡而歸其後平州刺史東夷校尉崔毖陰結高句驪及宇文段國等謀滅廆以分其地元帝大興初三國伐廆廆以計間之二國引兵而歸唯宇文悉獨官攻之盡衆逼城連營三十里廆簡銳士配世子皝推鋒於前庶長子翰領精騎爲奇兵從旁出直衝其

營廆方陣而進悉獨官乃自恃其衆不設備見廆軍之至方率兵拒之前鋒始交翰已入其營縱火焚之其衆皆震擾不知所爲遂大敗悉獨官僅以身免盡俘其衆元帝遣使者拜廆平州牧遼東郡公段末波初統其國而不修備廆遣皝襲之入令支收其名馬寶物而還石勒遣使通和廆距之送其使於建業勒怒遣宇文乞得龜擊廆廆遣皝拒之以裴嶷爲右部都率索頭爲右翼命其少子仁自平郭趣伯林爲左翼攻乞得龜尅之悉虜其衆乘勝拔其國城收其資用億計徙其人數萬戶以歸慕容皝初爲平北將軍

封朝鮮公嗣父廆行平州刺史督攝部內尋而宇文乞得龜爲別部逸豆歸所逐奔死於外皝率騎討之逸豆歸懼而請和遂築榆陰安晉二城而還其後皝又自征遼東尅襄平徙遼東大姓於棘城置和陽武次西樂三縣而歸段遼弟蘭擁衆數萬屯于曲水亭將攻柳城宇文歸寇安晉爲蘭聲援皝以步騎五萬擊之師次柳城蘭歸皆遁遣封奕率輕騎追擊敗之收其軍實館穀二旬而還謂諸將曰二虜恥無功而歸必復重至宜於柳城左右設伏以待之遣封奕率騎潛于馬兜山諸道俄而遼騎果至奕夾擊大敗之斬

其將榮保遣兼長史劉斌郎中令陽景送徐孟歸于京師皝以段遼屢爲邊患遣將軍宋回稱藩于石季龍請師討遼季龍於是揔衆而至皝率諸軍攻遼令支以北諸城遼遣其將段蘭來距大戰敗之斬級數千掠五千餘戶而歸季龍至徐無遼奔密雲山季龍進入令支怒皝之不會師也進軍擊之至于棘城戎率數十萬四面進攻郡縣諸部叛應季龍者二十六城相持旬餘左右勸皝降龍皝曰孤方取天下何乃降人乎遣其子恪等率騎三千晨出擊之季龍諸軍驚擾棄甲而遁恪乘勝追之斬獲二萬餘級築戍凡城而還成帝拜皝大將軍封燕王成帝咸康七年遷都龍城率勁卒四萬入自南陝以伐宇文高句麗又使庶兄翰及子垂爲前鋒遣長史王寓勒衆萬五千從北置而進高句麗王釗謂皝軍之從北路也乃遣其弟武統精鋭五萬距北置躬率弱卒以防南陝翰與釗戰于木底大敗之乘勝遂入凡都釗單馬而遁皝掘釗父利墓載其尸幷其母妻珍寶掠男女五萬餘口焚其宮室毀凡都而歸明年釗遣使臣稱於皝貢其方物乃歸其父尸宇文歸遣其國相莫淺渾伐皝皝遣翰擊之渾大敗僅以身免盡俘其衆尋又

率騎一萬親伐宇文歸以翰及子垂爲前鋒歸使其驍將涉奕于盡衆距翰翰斬奕于盡俘其衆歸遠遁漠北皝又遣慕容恪攻高句麗南蘇尅之置戍而還三年遣其世子儁與恪率騎萬七千東襲夫餘尅之虜其王及部衆五萬餘口以還

慕容儁嗣其父皝爲大將軍大單于燕王明年儁率三軍南伐出自盧龍次于無終石季龍幽州刺史王午棄城走留其將王他守薊儁攻陷其城斬他因而都之徙廣寧上谷人于徐無代郡人于凡城而還及冉閔殺石祇僭稱大號儁遣慕容恪畧地中山慕容

評攻王午于魯口降之遂進攻鄴尅其城送冉閔妻子僚屬及其文物于中山晉穆帝永和八年遂僭卽帝位

前秦苻洪本姓蒲父懷歸爲部落小帥永嘉之亂洪乃散千金召英傑之士訪安危變通之術宗人蒲光蒲突遂推洪爲盟主劉曜僭號長安光等逼洪歸曜拜率義侯曜敗洪西保隴山石季龍將攻上邽洪又請降季龍大悅拜冠軍委以西方之事季龍滅石生洪說季龍宜徙関中豪傑及羌戎內實京師季龍從之以洪爲龍驤將軍流人都督處于枋頭累有戰功

封西平郡公其部下賜爵關內侯者二千餘人以洪爲關內領侯季龍死石遵卽位洪遣使降晉後石鑒殺遵所在兵起洪有衆十萬餘永和六年穆帝以洪爲征北大將軍都督河北諸軍事冀州刺史封廣川郡公時有說洪稱尊號者洪亦以讖文有草付應王又其孫堅背有草付字遂改姓苻氏自稱大將軍大單于三秦王苻健嗣父洪位去秦王稱晉爵時京兆杜洪竊據長安自稱晉征北將軍雍州刺史戎夏多歸之健密圖關中懼洪知之乃僞受石祇官繕宮室於枋頭課所部種麥示無西意有知而不種者健殺之以徇既而自稱晉征西大將軍都督關中諸軍事雍州刺史盡衆西行起浮橋于盟津以濟遣其弟雄率步騎五千入潼關兄子菁自軹關入河東健執菁手曰事若不捷汝死河北我死河南不及黃泉無相見也既濟焚橋自統大衆繼雄而進杜洪遣其將張先要健於潼關健逆擊破之健雖戰勝猶修牋於洪并送名馬珍寶請至長安上尊號洪曰常重言甘誘我也乃盡召關中之衆來距健筮之遇泰之臨健曰小往大來吉亨昔往東而小今還西而大吉孰大焉是時衆星夾河西流占者以爲百姓還西之象健遂

進軍次赤水遣雄畧地渭北又敗張先於陰槃擒之諸城盡陷菁所至無不降者三輔畧定健引兵至長安洪奔司竹健入而都之遣使獻捷京師并修好於桓温穆帝永和七年僭稱天王大單于八年僭卽帝位

後秦姚弋仲父迴爲鎮西將軍綏戎校尉西羌都督永嘉之亂弋仲東徙榆眉戎夏襁負隨之者數萬自稱護西羌校尉雍州刺史扶風公劉曜之平陳安也以弋仲爲平西將軍封平襄公邑之於隴上及石季龍尅上邽說石勒以弋仲行安西將軍六夷左都督季龍執權弋仲率部衆數萬遷于清河拜奮武將軍

西羌大都督封襄平縣公遷持節十郡六夷大都督冠軍大將軍季龍末梁犢敗李農於滎陽季龍大懼馳召弋仲弋仲率其部衆八千餘人屯于南郊輕騎至鄴謂季龍曰犢等因思歸之心共爲姦盜所行殘賊此成擒耳老羌請効死前鋒使一舉而了乃授使持節侍中征西大將軍賜以鎧馬弋仲曰汝看老羌堪破賊不（弋仲姓狷直俗無尊卑皆汝之季龍怒而不責）於是貫甲跨馬于庭中策馬南馳不辭而出遂滅梁犢以功加劒履上殿入朝不趨進封西平郡公

姚萇初爲符堅揚武將軍累遷步兵校尉封益都侯

爲堅將累自有大功及堅寇晉以萇爲龍驤將軍督益梁州諸軍事堅既敗于淮南歸長安慕容泓起兵叛堅堅遣子叡討之以萇爲司馬爲泓所敗叡死之萇遣龍驤長史趙都詣堅謝罪堅殺之萇懼奔于渭北遂如馬收西州豪族尹詳趙曜王欽盧牛雙狄廣張乾等率五萬餘家咸推萇爲盟主晉孝武大元九年自稱大將軍大單于萬年秦王堅寧朔將軍宋方率騎三千從雲中將赴長安萇自貳縣要敗之方單馬奔免其司馬田晃率衆降萇萇遣諸將攻新平枕之因署地至安定鎮北諸城盡降之時符堅爲慕容冲所逼走入五將山冲入長安堅司隸校尉權翼等文武數百人奔于萇萇遣驍騎將軍吳忠率騎圍堅萇如新平俄而忠執堅送之慕容冲遣其車騎大將軍高蓋率衆五萬來伐戰于新平南大破之盖率麾下數千人來降遂僭卽帝位

姚興嗣父萇僞位使征西姚碩德率隴右諸軍伐乞伏乾歸興潛軍赴之乾歸敗走降其部衆三萬六千收鎧馬六萬匹軍無私掠百姓懷之興進如枹罕乾歸以窮蹙來降拜鎮遠將軍河州刺史歸義侯復以其部衆配之興如貳城將討赫連勃勃遣姚詳等分

督租運諸軍事未集而勃勃騎大至興乃遣左將軍姚文宗率禁兵拒戰中壘齊莫統氐兵以繼之文宗與莫皆果敢兼人以死力戰勃勃乃退留禁兵五千配姚詳守貳戎興還長安

後蜀李特初居略陽晉惠帝元年中隨流人入蜀永康元年詔徵益州刺史趙廞爲太常秋以成都內史耿滕代廞廞遂謀叛自稱大都督大將軍益州牧特弟庠與兄弟及妹夫李含任回上官惇扶風李攀始平費它氐符成隗伯等以四千騎降廞廞以庠爲威寇將軍使斷北道其後廞惡庠齊整以事誅之并殺

子姪宗族三十餘人厥慮特等爲難遣人喻之日庠非所宜言罪應至死不及兄弟以庠尸還特復以特兄弟爲督將以安其衆牙門將許弇求爲巴東監軍杜淑張粲固執不許弇怒于厥閤下手殺淑粲淑粲左右又殺弇皆厥心腹也特兄弟旣以怨厥引兵歸縣竹厥恐朝廷討已遣長史費遠犍爲太守李苾督護常俊督萬餘人斷北道次縣竹之石亭特密收合得七十餘人夜襲遠軍遠大潰因放火燒之死者十八九進攻成都厥聞兵至驚恐不知所爲李苾張徵等夜斬關走出文武盡散厥獨與妻子乘船走至廣

都爲下人朱竺所殺特至成都縱兵大掠害西夷護軍姜發殺厥長史袁合及厥所置守長遣其牙門王角李基詣雒陽陳厥之罪狀先是惠帝以京州刺史羅尚爲平西將軍領護西夷校尉益州刺史督牙門將王敦上庸都尉義歆蜀郡太守徐儉廣漢太守辛冉等凡七十餘人入蜀特等聞尚來甚懼使其弟驤於道奉迎幷貢寶物尚甚悅以驤爲騎督特及弟流復以牛酒勞尚於縣竹王敦辛冉並說尚曰特等流人專爲盜賊急宜梟除可因會斬之尚不納冉先與特有舊因謂特曰故人相逢不吉當凶矣特深自猜懼尋有符下秦雍州凡流人入漢川者皆下所在召還特兄輔素留鄉里託言迎家旣至蜀謂特曰中國方亂不足復還特以爲然乃有雄據巴蜀之意朝廷以討趙厥功拜特宣威將軍封長樂鄉侯流爲宣威將軍武陽侯璽書下益州條例六郡流人與特協同討厥者將加封賞會辛冉以非次見徵不願應召又欲以滅厥爲已功乃寢朝命不以實上衆咸怨之羅尚遣從事催遣流人限七月上道辛冉性貪暴欲殺流人首領取其資貨乃移檄發遣又令梓潼太守張演于諸要施關搜索寶貨特等固請求至秋收流人

布在梁益爲人傭力及聞郡逼遣人人愁怨不知所爲又知特兄弟頻請求停皆感而恃之且水雨將降年谷未登流人無以爲行資遂相與詣特特乃結大營於縣竹以處流人移冉求自寬冉大怒遣人分牓通逵購募特兄弟許以重賞特見大懼悉取以歸與驤改其購云能送六部之豪李任閻趙楊上官及氐叟侯王一首賞百匹流人旣不樂移咸往歸特騁馬屬鞬同聲雲集旬月間衆過二萬流亦聚衆數千特乃分爲二營特居北營流居東營特遣閻式詣羅尚求申期式旣至見冉營栅衝要謀掩流人嘆曰無寇而城

讐必報焉今而速之亂將作矣又知冉及李苾意不可𢌞乃辭尚還縣竹尚謂式曰子且以吾意告諸流人今聽寬矣式曰明公惑於奸說恐無寬理弱而不可輕者百姓也今從之不以理衆怒難犯恐爲禍不淺尚曰然吾不欺子其行矣式至縣竹言於特曰尚雖云爾然未可必信也何者尚威刑不立冉等各擁彊兵一旦爲變亦非尚所能制深宜爲備特納之冉苾相與謀曰羅侯貪而無斷日復一日流人得展姦計李特兄弟並有雄才吾屬將爲豎子虜矣宜爲决矣不足復問之乃遣廣漢都尉曾元才門張顯劉並

等潛率步騎三萬襲特營羅尚聞之亦遣都護田佐助元特素知之乃繕甲厲兵嚴戒以待之元等至特安卧不動待其衆半入發兵擊之殺傷者甚衆害田佐曾元張顯傳首以示尚冉尚謂將佐曰此虜城去矣而廣漢不用吾言以張賊勢今將若之何於是六郡流人推特爲主特命六郡大部曲督李含上邽令任臧始昌令閻式諫議大夫李攀陳倉令李武陰平令李遠將兵都尉楊褒等上書請依梁統奉竇融故事推特行鎮東將軍以相鎮統於是進兵攻冉於廣漢冉衆出戰特每破之尚遣李苾及費遠率衆救冉憚特不敢進冉智力既窮出奔江陽特入據廣漢以李超爲太守進兵攻尚于成都閻式遺書與尚責其信用綏構欲討流人又陳特兄弟立功王室以寧益土尚覽書知特等將有大志嬰城固守求救于梁寧二州於是特自稱使持節大都督鎮北大將軍承制封拜一依竇融在河西故事兄輔爲驃騎將軍弟驤爲驍騎將軍長子始爲威武將軍次子蕩爲鎮軍將軍少子雄爲前將軍李含爲西夷校尉含子國離任回李恭上官晶李攀費佗等爲將帥任臧上官惇楊褒楊珪王達麴歆等爲爪牙李遠李博夕斌嚴檉上

官琦李濤王懷等爲僚屬閻式爲謀主何巨趙肅爲腹心時羅尚貪殘爲百姓患而特與蜀人約法三章施捨賑貸禮賢拔滯軍政肅然百姓爲之謡曰李特尚可羅尚殺我尚頻爲特所敗乃阻長圍緣水作營自都安至犍爲七百里與特相距河間王顒遣都護衙博廣漢太守張徵討特南夷校尉李毅又遣兵五千助尚尚遣都護張龜軍繁城三道攻特特命蕩雄襲博特射擊張龜龜敗績死者大半蕩又與博接戰連日博亦敗績死者大半蕩追博至漢德博走葭萌進寇巴西巴西郡承毛植五官襄珍以郡降蕩撫恤

矜附百姓安之蕩進攻葭萌傳又達遁其衆盡降于蕩晉孝武大安元年特自稱益州牧都督梁益二州諸軍事大將軍大都督改年建初大赦其境内

李流兄特承制以流爲鎮東將軍特既死蜀人多叛流人大懼流與兄子蕩雄收遺衆還赤祖流保東營蕩雄保北營流自稱大將軍大都督益州牧時宋岱水軍三萬次于墊江前鋒孫阜破德陽獲特所置守將蹇碩太守任臧等退屯涪陵縣羅尚遣督護常深軍毗橋牙門左汜黄訇何冲二道攻北營流身率蕩雄攻深柵尅之深士衆星散追至成郡尚閉門自守

蕩馳馬追擊皐倚矛被傷死流以特蕩並死而岱阜又至甚懼太守李含又勸流降流將從之雄與李驤迭諫不納流遣子世及含子胡質於阜軍胡兄含子離聞父欲降自梓潼馳還欲諫不及退與雄謀襲阜軍曰若功成事濟約與君三年迭爲主雄曰今計可定二翁不從將若之何離曰今當制之若不可制便行大事翁雖是君叔勢不得已老父在君夫復何言雄大喜乃攻尚軍尚保大城雄渡江害汶山太守陳圖遂入郫城流移營據之三蜀百姓並保險結塢城邑皆空流野無所畧士衆饑困涪陵人范長生率衆千餘家依青城山尚參軍涪陵徐轝求爲汶山欲要結長生等與尚犄角討流尚不許轝怨之求使江西遂降于流說長生等使資結流軍粮長生從之故流軍復振流素重雄有長者之德每云興吾家者必此人也勅諸子尊奉之流疾篤謂諸將曰驍騎高明仁愛識斷多奇固足以濟大事然前軍英武殆天所相可共受事於前軍以爲成都王

李雄父特承制以雄爲前將軍特弟流死雄自稱大都督大將軍益州牧都於郫城羅尚遣將攻雄雄擊走之李驤攻犍爲斷尚運道尚軍大餒攻之又急遂

留牙門羅特固守尚委城夜遁特開門内雄遂尅成都于時雄軍饑甚乃率衆就穀於郪掘野芋而食之蜀人流散東下江陽南入七郡僭稱成都王又僭即帝位遣李國李雲等率衆二萬寇漢中梁州刺史張殷奔于長安國等陷南鄭盡徙漢中人於蜀先是南土頻歲饑疫死者十萬討南夷校尉李毅等固守不降雄誘建寧夷使討之毅病卒城陷殺壯士三千餘人送婦女千口於城都時李離據梓潼其部將羅羕張金苟等殺離反閻式以梓潼歸于尚尚遣其將向奮屯安漢之宜福以逼雄雄率衆攻奮不尅時李國鎮

巴西其帳下文碩又殺國以巴西降尚雄乃引歸遣
其將張寶襲梓潼陷之會羅尚卒巴郡亂李驤攻涪
又陷之執梓潼太守譙登遂乘勝進軍討文碩害之
大赦改元
後秦呂光略陽氐人初仕符堅舉賢良除美陽令夷
夏愛服遷鷹揚將軍從堅征張平戰于銅壁刺平養
子蚝中之自是威名大著又從王猛滅慕容暐封都
亭侯符重之鎮雒陽以光爲長入爲太子右率蜀人
李馬聚衆二萬攻逼益州堅乃以光爲破虜將軍率
兵討滅之遷步兵校尉符落反光入擊平之拜驍騎

將軍堅旣平山東士馬彊盛遂有圖西域之志乃授
光使持節都督西討諸軍事率將軍姜飛彭晃杜進
康盛等揔兵七萬鐵騎五千以討西域以隴西董方
馮翊郭抱武威賈虔弘農楊穎爲西府佐將行堅太
守宏執光手曰君器相非常必有大福宜深保愛光
行至高昌聞堅寇晉光欲更須後命部將杜進曰節
下受任金方赴機宜速有何不了而更留乎光乃進
及流沙三百餘里無水將士失色光曰吾聞李廣利
精誠玄感飛泉涌出吾等豈獨無感致乎皇天必將有
濟諸軍不足憂也俄而大雨平地三尺進兵至焉耆
其王泥流率其旁國請降龜茲王帛純距光光軍其
城南五里爲一營深溝高壘廣設疑兵以木爲人被
之以甲羅之壘上帛純驅徙城外人入于城中附庸
侯王各嬰城自守光攻城旣急帛純乃傾國財寶請
救獪胡獪胡弟吶龍侯將馗率騎二十萬幷溫宿尉
頭等國王合七十餘萬以救之胡便弓馬善矛矟鎧
如連鎖射不可入以革索爲羂策馬擲人多有中者
衆甚憚之諸將咸欲每營結陣案兵以距之光曰彼
衆我寡營又相遠勢分力散非良策也於是遷營相
接陣爲勾鎖之狀精騎爲遊軍彌縫其闕戰于城西

大敗之斬萬餘級帛純收其珍寶而走王侯降者三
十餘國光入其城諸國憚光威名貢款屬路乃立帛
純弟震爲王以安之光撫寧西域威恩甚著桀黠胡
王昔所未賓者不遠萬里皆來歸附上漢所賜節傳
光皆表而易之堅聞光平西域以爲使持節散騎常
侍都督玉門巴西諸軍事安西將軍西域校尉道絕
不通光旣平龜茲有駝二萬餘頭致外國珍寶及奇
伎異戲殊禽怪獸千餘品駿馬萬餘匹而符堅高昌
太守楊翰說其涼州刺史梁熙距守高桐伊吾二關
熙不從光至高昌翰以郡迎降及玉門梁熙傳檄責

光擅命纂使遣子裔與振威姚晧別駕衛翰率衆五萬距光于酒泉光報檄涼州責熙無赴難之誠數其遏歸師之罪遣彭晃杜進姜飛等爲前鋒擊裔大敗裔輕將麾下數百騎東奔杜進追擒之於是四山胡夷皆來款附武威太守彭濟執熙請降光入姑臧自領涼州刺史護羌校尉表杜進爲輔國將軍武威太守封武始侯其餘封拜各有差以主簿尉祐爲寧遠將軍金城太守祐自允吾襲據外城以叛祐從弟隨據鸇陰以應之光遣其將魏真討之隨敗奔祐光將姜飛又擊敗祐衆祐奔據興城扇動百姓夷夏多從之

飛司馬張象參軍郭雅謀殺飛應祐發覺逃奔祐苻堅之敗張天錫南奔其世子大豫爲長水校尉王穆所匿及堅還長安穆將大豫奔禿髮思復鞬思復鞬送之魏安是月魏安人焦松齊肅張濟等起兵數千迎大豫於揟次陷昌松郡光遣其將杜進討之爲大豫所敗大豫遂進逼姑臧求決勝負王穆諫曰呂光糧豐城固甲兵精銳逼之非利不如席卷嶺西厲兵積粟東向而爭不及碁年可以平也大豫不從乃遣穆求救於嶺西諸郡建康太守李隰祁連都尉嚴純及閻襲起兵應之大豫進屯城西王穆率衆三萬及思復鞬子奚于等陣于城南光出擊破之斬奚于等二萬餘級光謂諸將曰大豫若用王穆之言恐未可平也諸將曰大豫豈不及此耶皇天欲贊成明公八百之業故令大豫迷于良筭爾光大悅賜金帛有差大豫自西郡詣臨洮驅畧百姓五千餘戸保據俱城光將彭晃徐裔攻破之大豫奔廣武穆奔建康廣武人執大豫送之斬于姑臧而光至是始聞苻堅爲姚萇所害乃建元曰太安自稱使持節侍中中外大都督督隴右河西諸軍事大將軍領護匈奴中郎將涼州牧酒泉公

册府元龜

巡按福建監察御史臣李嗣京　訂正

知閩縣事臣曹峀臣叅閱

知建陽縣事臣黃國琦較釋

僭偽部五

勳伐第三

後燕慕容垂慕容皝子也以滅宇文之功封都鄉侯石季龍來伐旣還猶有兼并之志遣將鄧恒率衆數萬屯于樂安營攻取之備垂戍徒河與恒相持恒憚而不敢侵石季龍之死也趙魏亂垂說慕容儁伐之

儁以垂爲前鋒都督儁僭稱尊號封垂吳王徙鎮信都以侍中右禁將軍錄留臺事大收東北之利又爲征南將軍荆兖二州牧有聲于梁楚之南再爲司隸偽王公巳下莫不累迹及慕容暐嗣位垂敗晉將桓温于枋頭威名大振慕容評深忌惡之乃謀誅垂垂懼禍及巳與世子金奔于符堅堅以垂爲冠軍將軍封賓都侯食華陰之五百戸垂在堅朝歷京兆尹進封泉州侯所在征伐皆有大功堅之敗於淮南也垂軍獨全堅以萬餘騎奔垂垂以兵屬堅至澠池垂請至鄴展拜陵墓因張國威刑以安戎狄堅許之遣其將李蠻閔亮尹國率衆三千送垂又遣石越戍鄴張蚝戍并州時堅子丕先在鄴及垂至丕館之於鄴西垂具說淮南敗狀會堅將符暉告丁零翟斌聚衆謀逼洛陽丕配垂兵二千遣其將符飛龍率氐騎一千爲垂之副以討之垂請入鄴城拜廟丕不許乃潛服而入亭吏禁之垂怒斬吏燒亭而去至河内殺飛龍悉誅氐兵召募遠近衆至三萬濟河焚橋令曰吾本外假秦聲内規興復亂法者軍有常刑奉命者賞不踰日天下旣定封爵有差不相負也翟斌聞垂之將濟河也遣使推垂爲盟主及至洛陽率衆會垂勸稱

尊號垂謀于衆曰洛陽四面受敵北阻大河至於控馭燕趙非形勝之便不如北取鄴都據之而制天下衆咸以爲然乃引師而東至滎陽以晉孝武太元八年自稱大將軍都督燕王承制行事攻拔鄴郛丕固守中城垂塹而圍之擁漳水以灌之翟斌宻應符丕決防潰水事洩垂誅之於是引師去鄴北屯新城開其西奔之路垂將有北都中山之意慕容農率衆數萬迎之群僚聞慕容暐爲符堅所殺勸垂僭位垂以慕容冲稱號關中不許其後符丕棄鄴城奔于并州垂定都中山以太元十一年僭即位遣其征西慕容

偕衛軍慕容麟鎮南慕容紹征虜慕容宙等攻符堅冀州牧符定鎮東符紹幽州牧符謨鎮北符亮等悉降慕容盛初以慕容寶庶長子封長樂王寶如龍城盛留在後寶為蘭汗所殺盛馳進赴哀因斬蘭汗以長樂王稱制先是慕容奇聚衆于建安亦將討汗百姓翕然從之汗遣兄子全討奇奇擊滅之進屯乙連盛旣斬汗命奇罷兵奇遂與丁零嚴生烏丸王龍之阻兵叛盛引軍至橫溝去龍城十里盛出兵擊敗之執奇而還斬龍生等百餘人盛于是僭即尊位西秦乞伏國仁代其父司繁為符堅鎮西將軍鎮勇士川

及堅與壽春之役徵為將軍領先鋒騎會國仁叔父步頹叛於隴西堅遣國仁還討之步頹聞而大悅迎國仁於路國仁置酒高會攘袂大言曰符氏往因趙石之亂遂妄竊名號窮兵極武號僭八州疆宇旣寧宜綏以德方虐廣威聲勤心遠略騷動蒼生疲弊中國違天怒人將何以濟且物極則虧禍盈而覆者天之道也以吾量之是役也難以免矣當與諸君成一方之業及堅敗歸國仁乃招集諸部有不附者討而幷之衆至十餘萬及堅為姚萇所殺國仁謂其豪帥曰符氏以高世之姿而困於烏合之衆可謂天也夫守嘗迷運先達耻之見機而作英豪之舉吾雖薄德藉累世之資豈可覩時變之運而不作乎以太元十年自稱大都督大將軍大單于領秦河二州牧置武城武陽安固武始漢陽天水畧陽漒川甘松匡明白馬苑川十二郡築勇士城以居之

南燕慕容德初以慕容儁之弟封范陽王後從慕容垂如鄴及垂稱王以德為車騎大將軍遷司徒垂臨終勑其子寶以鄴城委德寶旣嗣位以德為冀州牧領南蠻校尉鎮鄴魏將拓拔章攻鄴德遣南安王慕容青等夜擊敗之魏師退次新城又遣遼西公賀賴

盧率騎與章圍鄴德遣將追破章軍時魏師入中山慕容寶出奔於薊慕容詳又僭號中山寶以德為丞相領冀州攻承制南夏隆安二年乃率戶四萬七千乘自鄴徙于滑臺依燕元故事稱元年

北凉沮渠蒙遜雄傑有英略會伯叔羅仇麹粥從呂光征河西光前軍大敗麹粥言於兄羅仇曰主上荒耄驕縱諸子朋黨相傾讒人側目今軍敗將死正是智勇見猜之日可不懼乎吾兄弟素為所憚與其輕死溝瀆豈若勒衆向西平出苕藋奮臂大呼凉州不足定也羅仇曰理如汝言但吾家累世忠孝為一方

所歸寧人負我無我負人俄而皆爲光所殺宗姻諸部會葬者萬餘人蒙遜哭謂衆曰昔漢祚中微吾之乃祖翼奬竇融保寧河右呂王昬耄荒虐無道豈可不上繼先祖安世之志使有恨黄泉衆咸稱萬歲遂斬光中田護軍馬邃臨松令并祥以盟一旬之間衆至萬餘屯據金山與從兄男成推光建康太守段業爲使持節大都督龍驤大將軍凉州牧建康公改呂光龍飛二年爲神璽元年業以蒙遜爲張掖太守男成爲輔國將軍委以軍國之任業僭稱凉王以蒙遜爲尚書左承業憚蒙遜雄武微欲遠之乃以蒙遜從

叔益生爲酒泉太守蒙遜爲臨池太守業既殺門下侍郎馬權蒙遜不自安請爲西安太守業亦以蒙遜有大志懼爲朝夕之變乃許焉蒙遜期與男成同祭蘭門山密遣司馬許成告業曰男成欲謀叛許以取假日作逆若求祭蘭門山神言驗矣至期果然業收男成令自殺蒙遜聞男成死泣告衆曰男成忠於段公枉見屠害諸君能爲報仇乎且州土兵亂似非業所能濟吾所以務奉之者以之爲陳吳耳而信讒多忌枉害忠良豈可安枕卧觀使百姓懼於塗炭男成素有恩信衆皆憤泣而從之非至氐池衆逾一萬鎮

軍臧莫孩率部衆附之羌胡多起兵響應蒙遜壁于侯塢業先疑其右將軍田昂幽之於内至是謝而赦之使與武衛梁中庸等攻蒙遜昂至侯塢率騎五百歸于蒙遜蒙遜至張掖昂兄子承爱斬關内之業左右皆散蒙遜大呼曰鎮西何在軍人曰在此蒙遜斬之晉安帝隆安五年梁中庸田昂等推蒙遜爲大都督大將軍凉州牧張掖公義熙八年僭即西河王位夏赫連勃勃初以西單于子爲後魏所敗奔於叱于部叱干他斗伏送勃勃於姚興高平公没奕于奕于以女妻之姚興以爲安邊將軍封陽川侯遷持節安

北將軍五原公配以三交五部鮮卑及雜虜二萬餘落鎮朔方時河西鮮卑杜崙獻馬八千匹于姚興濟河至大城勃勃留之召其衆三萬餘人僞獵高平川襲殺没奕于而并其衆衆至數萬義熙二年僭稱天王大單于自以匈奴夏后氏苗裔也國稱大夏其年討鮮卑薛干等三部破之降衆數萬遍試姚興三城已北諸戍斬其將楊丕姚石等勃勃初僭號求婚于禿髮傉檀傉檀弗許勃勃怒率騎二萬餘衆伐之殺傷萬餘人掠二萬七千口牛馬羊數十萬而還傉檀追之勃勃逆擊大敗之追奔八千里殺傷萬計斬其

大將十餘人又與姚興將張佛生戰于青石原又敗之俘斬五千七百人與遣將齊難率衆二萬來伐勃勃退如河曲難以去勃勃旣遠縱兵掠野勃勃潛軍覆之俘獲七千餘人收其戎馬兵杖難引軍而退勃勃復追擊于木城拔之擒難俘其將士萬有三千戎馬萬匹嶺北夷夏降附者數萬計於是拜置守宰以撫之勃勃又率騎二萬入高岡及于五井掠平凉雜胡七千餘戸以配後軍進屯依力川姚興來伐至三城勃勃候興諸軍未集率騎擊之興大懼遣其將姚文宗距戰勃勃設伏擒之興將王奚聚羌胡三千餘

戸于勑奇堡勃勃進攻之堡人窮迫執奚出降勃勃又攻興將金雒生于黃石固彌祖豪地于我羅城悉皆拔之徙七千餘家於大城以其丞相右地代領幽州牧以鎮之勃勃兄子左將軍羅提率步騎一萬攻興將姚廣都于定陽尅之勃勃又攻興將姚壽都于清水城壽都奔上邽徙其人萬六千家於大城勃勃率騎三萬攻安定與姚興將楊佛嵩戰于青石北原降其衆四萬五千戎馬二萬匹進攻興將党知隆于東鄉降之徙其三千餘戸于二城姚興鎮北參軍王買德來奔勃勃以爲軍師中郎將又攻興將姚逵于杏城二旬尅之執逵及其將姚大用姚安和姚利僕尹敵等姚興死子泓立泓將姚嵩與氐王楊盛相持率騎四萬襲上邽未至而嵩爲盛所殺勃勃攻上邽二旬尅之殺泓秦州刺史姚平都及將士五千人毁城而去進攻陰密又殺其將姚良子及將士萬餘人泓將姚恢棄安定奔于長安安定胡儼華韜率戸五萬據安定降于勃勃其後姚泓爲宋高祖所滅高祖留子義眞鎮長安勃勃以子璝都督前鋒諸軍事領撫軍大將軍率騎二萬南伐關中郡縣悉降宋高祖召義眞東鎮雒陽以朱齡石守長安百姓逐逐齡石

而迎勃勃入于長安爲壇于灞上僭即皇帝位

吳楊行密廬州人唐僖宗廣明之亂天子幸蜀郡將遣行密徒步奏事如期而復光啓初秦宗權擾淮右頻寇廬壽郡將募能致戰擒賊者計級賞之行密以膽力應募往必有獲得補爲隊長行密乃自募百餘人皆虓勇無行者殺都將自權州兵郡將即以符印付之而去朝廷因正授行密廬州刺史光啓三年楊州節度使高駢失政委任祆人呂用之之輩牙將畢師鐸懼爲用之所譖自高郵起兵襲廣陵爲用之所却乃乞師於宣州秦彥且言事克之日願以楊州師

之彦先遣將秦裯以兵三千助師鐸攻陷廣陵高駢遂署師鐸爲行軍司馬未幾秦彦率大衆并家屬渡江入據楊州自稱節度使初楊州未陷呂用之詐爲高駢撤徵兵於廬州及城陷行密以軍萬人奄至畢師鐸之入廣陵也呂用之出於外至是委質於行密行密攻廣陵營於大明寺秦畢出兵以攻行密之營短兵纔接行密僞遁秦畢之兵爭出其柵以取金帛行密發伏兵以擊之秦畢大敗退走其壁自是不復出戰其年九月秦畢害高駢於幽州少長皆死同坎瘞於道院北垣下行密攻圍彌急城中食盡米斗四

十千居人相啗畧盡十月城陷秦畢走東塘行密入廣陵輦外寨之粟以食饑民卽日米價減至三千十一月蔡賊孫儒以衆萬人自淮西奄至還據外寨行密輜重牛羊軍食未入城者皆爲儒所有時秦畢來自東塘與儒軍合自是西門之外復爲敵境矣初呂用之遇行密於長給行密日用之有白金五千挺瘞於所居之廡下冦平日願備將士倡樓一醉之資至是行密閱兵用之在側謂用之日僕射許此輩銀何負心也據命斬於三橋之丁夷其族行密既有廣陵遣使至大梁陳歸附之意是時梁太祖兼領淮南乃遣牙將張廷範使于淮南與行密結盟尋遣行軍司馬李璠權知淮南留後令都將郭信以兵援送行密初則厚禮廷範及聞李璠之行浡然有拒命之意梁祖乃追李璠等還卽表行密爲淮南留後文德元年正月孫儒殺秦彦畢師鐸於高郵引軍襲廣陵下之儒自稱節度使行密收其衆歸於盧江龍紀元年孫儒出攻宣州行密乘虛襲據楊州孫儒引軍復攻行密大順元年行密危蹙率衆夜遁出據宣州儒復入楊州一年乃蒐練兵甲以攻行密屬江淮疾疫師人多死儒亦卧病爲部下所執送於行密殺之行密自宣

城長驅入于廣陵盡得孫儒之衆乾寧二年行密盡有淮南之地昭宗乃降制授淮南節度副大使知節度事晉內營田觀察處置等使同中書門下平章事封弘農郡王至子渭乃僭號漢劉隱唐末爲廣州右都押衙領賀水鎮將兼封州刺史用法清肅威望頗振昭宗以嗣薛王知柔石門扈蹕功授清海軍節度使詔下有府之牙將盧琚譚玘謀不稟朝命隱舉部兵誅琚玘以聞知柔至深德之辟爲行軍司馬委以兵賦昭宗命宰相徐彦若代知柔復署前職彦若在鎮二年臨薨手表奏隱爲兩使留後昭宗未之許命宰

相雀遠爲節度使遠行及江陵聞嶺表多盜懼隱遽詔遲留不進會遠復入相乃詔以隱爲留後然久未即真及梁祖爲元帥隱遣使持重賂以求保薦梁祖即表其事遂降旄節梁開平初恩寵殊厚遷簡較太尉兼侍中封大彭郡王梁祖郊禋禮畢加簡較太師兼中書令又命兼領安南郡護充清海靜海兩軍節度使進封南海王

蜀王建陳州項城人唐末隸名於忠武軍秦宗權據蔡州懸重賞以募之建始自行間得補軍候廣明中黄巢陷長安僖宗幸蜀時梁祖爲巢將領衆攻襄鄧

宗權遣小較鹿晏弘從監軍楊復光率師攻之建亦預行是歲復光入援京師明年破賊收京城初復光以忠武軍八千人立爲八都晏弘與建各一都較也復光死晏弘率八都迎扈行在至山南乃攻剽金商諸郡縣得兵數萬進逼興元節度使牛叢棄城而去晏弘因自爲留後以建等屬郡刺史不令之任俄而晏弘正授節旄恐部下謀已多行恐虐繇是部衆離心建與別將韓建友善晏弘益猜二建僞待之厚引人臥內二建懼夜登城慰守牌者因月下共謀所向謂韓建曰僕射其言厚德意疑我也禍難無日矣早宜擇利而行韓曰善因率三千人趨行在僖宗嘉之賜與巨萬分其兵爲五都仍以舊較主之即晉暉李師泰張造與二建也因號曰隨駕五都田令孜皆錄爲假子及僖宗還宮建等分典神策軍皆遙領刺史光啓初從僖宗再幸興元令孜懼逼求爲西川監軍楊復恭代爲觀軍容使建等素爲令孜所厚復恭懼不附已乃出五將爲郡守以建爲壁州刺史天子還京復恭以楊守亮鎭興元尤畏建侵已屢召之建不安其郡因招合谿洞豪猾有衆八千寇閬州陷之復攻利州刺史王珙棄城而去建播剽二郡所至殺掠

守亮不能制東州節度使顧彦郎初於關輔破賊時與建相聞每遣人勞問分貨幣軍食以給之故建不侵梓遂西川節度使陳敬宣憂其膠固謀於監軍田令孜曰王八吾子也彼無他腸作賊山南實進退無歸故也吾馳咫尺之書可以坐置麾下即飛書招建建大喜遣使謂彦郎曰十軍阿父遣信見招僕欲詣城都省阿父因依陳太師才一大郡是所願也即之梓州見彦郎留家寄東川選精甲三千之成都行次鹿頭或謂敬宣曰建今之劇賊鴟視狼顧專謀人國邑儻其即至公以何等處之彼建雄心終不居人之

下公如以將校遇之是養虎自貽其患也敬宣懼乃遣人止建遽脩城守建怒遂據漢州領輕兵至成都敬宣讓之曰彼何為者而犯吾疆理建軍吏報曰閬州司徒比寄東州而軍容大師使者繼召今復拒絶何也司徒不惜改轅而東但拜省大師反為拒絶慮顧梓州復相嫌間謂我何心故也使我來報且欲寄食漢州公勿復疑時光啓三年居浹旬建盡取東川之衆設梯衝攻成都三日不尅而退復保漢州月餘大剽蜀土進逼彭州百道攻之敬宣出兵來援建解圍縱兵大掠十一州皆懼其毒民不聊生建軍勢日

盛復攻成都敬宣患之顧彥郎亦懼侵已昭宗即位彥郎表請雪建擇大臣為蜀帥移敬宣他鎮乃詔宰臣韋昭度鎮蜀以代敬宣敬宣不受代天子怒命顧彥郎楊守亮討之時昭度以建為牙内都較董其部兵及王師無功建謂昭度曰相公興數萬之衆討賊未効餉運交不相屬近聞維陽以來藩鎮相噬朝廷姑息不暇與其勞師以事蛮方不如從而赦之且以兵威靖中原是國之本也相公盍歸朝覲面與主上畫之昭度持疑未决一日建陰令軍士於行府門外擒昭度親吏臠而食之建徐啟昭度曰蓋軍士乏食以至於是耶昭度大懼遂留符節與建即日東還緜出劔門建即嚴兵守門不納東師月餘建攻西州管内八州所至響應遂急攻成都田令孜登城謂建曰老夫與八哥相厚太師乆以知聞有何嫌恨如是困我之甚耶建曰軍容父子之恩心何敢忘但天子付以兵柄太師孤絶朝廷故也苟大師悉心改圖何福如之又曰吾欲與八哥軍中相欵如何曰父子之義何嫌也是夜令孜攜蜀師符印入建軍授建建泣謝曰太師初心太過致有今日相戾既此推心一切如舊翌日敬宣啓關迎建以蜀師讓之建乃自稱留後

表陳其事明年春制授簡較太傅成都尹西川節度副大使知節度事管内觀察處置雲南八國招撫等使時龍紀元年也移敬宣於雅州安置仍以其子為刺史既行建令人殺之於路令孜仍舊監軍事數月或告令孜通鳳翔書問下獄餓死建雄猜多機畧意甞難測既有蜀土復欲窺伺東川又以彥郎婚姻之舊未果行會彥郎卒弟彥暉代為梓帥交情稍怠李茂貞秉其有間密搆彥暉因與茂貞連盟鬭征疆吏之間與蜀人得失大順末建出師攻梓州彥暉求援於鳳翔李茂貞出師援之建即圍解自是兩川交惡

者累年後建大起蜀軍敗岐梓之兵於利州彦暉懼乞和請與岐人絶許之景福中山南之師寇東川彦暉求援於建建出兵赴之大敗興元之衆洎軍旋建乘虛奄襲梓州虜彦暉置於成都遂兼有兩川自此軍鋒益熾天福初李茂貞韓全誨劫遷車駕在鳳翔梁祖攻圍歷年建外脩好於汴指茂貞罪狀又陰與茂貞間使往來且言堅壁勿和許以出師赴援因分命諸軍攻取興元比及梁祖解圍茂貞山南諸州皆爲建所有因自置守將及茂貞垂翅天子遷雒陽建復攻茂貞之秦隴等州茂貞削弱不能守或勸建因

取鳳翔建曰此言失策吾所得巳多不俟復增岐下茂貞雖嘗才然名望宿素與朱公力爭不足守謹有餘韓生所謂入爲扞蔽出爲席藉是也適宜援而固之爲吾盾鹵耳及梁祖將謀强禪建與諸藩同謀興復乃令其將康晏率兵三萬會於鳳翔數與汴將王重師戰不利而還趙凝之失荆襄也弟明以其奴奔蜀建因得夔峽忠萬等州及梁祖開國蜀人請建行劉備故事建自帝於成都

閩王審知光州固始人唐廣明中黄巢犯闕江淮盜賊蜂起有賊率王緒者自稱將軍陷固始縣審知兄潮時爲縣佐緒署爲軍正蔡賊秦宗權以緒爲光州刺史尋遣兵攻緒率衆渡江所在剽掠自南康轉至閩中入臨汀自稱刺史緒多疑忌部將有出巳之右者皆誅之潮與豪首數輩共殺緒其衆求帥乃刑牲歃血爲盟植劍於前祝曰拜此劍動者爲將軍至潮拜劍躍於地衆以爲神異即奉潮爲帥時泉州刺史廖彦若爲政貪暴軍民苦之聞潮爲理所整肅耆老乃奉牛酒遮道請留潮因引兵圍彦若歲餘克之又平狼山賊帥薛蘊兵鋒日盛唐光啓二年福建觀察使陳巖表潮爲泉州刺史大順中巖卒子婿范暉自

稱留後潮遣審知將兵攻之踰年城中食盡乃斬暉而降繇是盡有閩嶺五州之地潮即表其事昭宗因建威武軍於福州以潮爲節度福建管内觀察使審知爲副乾寧中潮卒審知遂繼兄位梁祖開國累加中書令封閩王審知卒子延鈞乃僭即帝位

唐李昪海州人僞吳大丞相徐温之養子本名知誥唐大祐初楊行密卒其子渥嗣會佐衛都指揮使張顥殺渥立其弟渭爲帥温尋殺顥渭僞授温嘗州刺史温留廣陵遣昇知州事其後温出鎮潤州以其子知訓知政事時昪爲温屬郡昇州刺史乃大理郡廨

温表移其治於金陵僞授温大都督府長史充鎮海軍節度副大使知節度事以昪爲鎮海軍節度副使行潤州刺史充本州團練使内外馬步軍都指揮使通判軍府事居無何知訓爲大將朱瑾所殺温以昪代知政事明年温册楊渭爲天子僭稱大吳渭死又迎丹陽王溥於潤州即僞位自是温父子愈盛中外共辜其國楊氏主祭而已温累官至守太師中書令封東海王後唐天成二年卒昪乃知内外左右軍至守太尉中書令尋封東海王晉天福二年楊溥遜位于昪因還姓李氏始改名昪國號大唐尊徐温爲義祖

冊府元龜

冊府元龜

巡按福建監察御史臣李嗣京　訂正

知甌寧縣事臣孫以敬　叅閲

知建陽縣事臣黄國琦　較釋

僭僞部

奉先　孝友　宗族

奉先

夫有國家者必尊尊親親以敦厚風教雖盜有皇器竊據神鄉亦考尋古昔稽合禮文以爲宗薦之事不可忘歸尊之義不可廢所以表孝饗而慰神靈也乃

至追宗廟之號上園寢之名升陽位以配皇天居明堂以侑上帝陳其樂舞豐其粢盛奉顯相之客竭祇肅之意誠追遠而斯在顧假名而焉如

前凉張茂嗣兄寔爲凉州牧私謚寔曰昭公

張駿嗣季父茂爲凉州牧私謚茂曰成公

張重華嗣父駿爲凉州牧私謚駿曰文公

張耀靈嗣父重華爲西平公私謚重華曰昭公後改桓公

張祚僭稱帝追崇曾祖軌爲武王祖寔爲昭王從祖茂爲成王父駿爲文王弟重華爲明王

前趙劉元海初僭漢王位追尊蜀後主爲孝懷皇帝立漢高祖以下三祖五宗神主而祭之

劉和嗣父元海僭帝位僞謚元海爲光文皇帝廟號高祖墓號永光陵

劉聰僭即帝位新作太廟

劉粲嗣父聰即僞位謚聰曰昭武皇帝廟號烈宗

劉曜既即僞位使劉雅迎母胡氏喪于平陽還葬粟邑墓號陽陵僞謚宣明皇太后僭尊高祖父亮爲景皇帝曾祖父廣爲獻皇帝祖防爲懿皇帝考曰宣成皇帝都長安繕宗廟以冒頓配天元海配上帝

後趙石勒初爲侍中征東大將軍母王氏死潛窆山谷莫詳其所既而備九命之禮虛葬于襄國城南後僭稱趙王始立宗廟及僭號趙天王行皇帝事尊其祖邪曰宣王父周曰元王勒僭即皇帝位追尊其高祖曰順皇曾祖曰威皇祖曰宣皇父曰世宗元皇帝妣曰元昭皇太后

石弘嗣父勒僞位號勒墓爲高平陵僞謚明皇帝廟號高祖

石季龍僭稱大趙天王追尊祖匐邪武皇帝父寇覓太宗孝皇帝其後藉田畢遂如襄國謁勒墓

石遵即僞位號季龍墓爲顯原陵僞謚武帝廟號太祖
石閔僭即僞位國號大魏復姓冉氏追尊其祖隆元皇帝考瞻烈祖高皇帝
前燕慕容儁旣即僞位追尊祖廆爲高祖武宣皇帝父皝爲太祖文皇帝使昌黎遼東二郡營起廆廟范陽燕郡構皝廟以其護軍平熙領將作大匠監造二廟焉
慕容暐嗣父儁僞位謚儁爲景昭皇帝廟號烈祖墓號龍陵

前秦苻健僭帝僞位謚父洪爲惠武帝
苻生嗣父健僞位謚健明皇帝廟號世宗後改曰高祖
苻堅僭稱大秦天王追謚父雄爲文桓皇帝起明堂繕南北郊郊祀其祖洪以配天宗祀其伯健於明堂以配上帝
苻丕僭即帝位追謚父堅曰世祖宣昭皇帝
苻登僭即帝位僞謚族父丕爲哀平皇帝
苻崇僭稱尊號僞謚父登曰高皇帝廟號太宗
後秦姚萇僭即帝位追謚父弋仲曰景元皇帝廟號始祖墓曰高陵置園邑五百家又謚兄襄魏武王
姚興嗣父萇僞位謚萇爲武昭皇帝廟號太祖墓稱原陵
姚泓嗣父興僞位謚興爲文桓皇帝廟號高祖墓曰偶陵
後蜀李雄僭稱成都王追尊其曾祖武曰巴郡桓公祖慕隴西襄王父特成都景王及僭號追尊特曰景皇帝廟號始祖又追謚弟流秦文王
李班嗣叔父雄僞位謚雄武帝廟曰太宗墓號安都陵

李壽僭即帝位追尊父驤爲獻帝後改立宗廟以驤爲漢始祖廟（以初封漢王欲改國號）特雄爲大成廟
李勢嗣父壽位僞謚壽爲昭文皇帝廟曰中宗墓曰安昌陵
後凉呂光旣僭即三河王位以太廟新成追尊其高祖爲敬公曾祖爲恭公祖爲桓公父婆樓爲景昭王母曰昭烈妃其中書侍郎楊頴上疏請依三代故事追尊呂望爲始祖永爲不遷之廟從之
呂紹嗣父光位僞謚光爲懿武皇帝廟號太祖墓曰高陵

呂隆嗣兄纂僭卽天王位僞謚纂靈皇帝墓曰石陵
後燕慕容垂僭卽皇帝位繕宗廟追尊母蘭氏爲文
昭皇后
慕容寶嗣父垂位僞謚垂武成皇帝廟號世祖墓曰
宣平陵
慕容盛嗣父寶位僞謚寶惠愍皇帝廟號烈宗追尊
伯考獻莊太子全爲獻莊皇帝
慕容熙僭卽帝位僞謚慕容盛昭武皇帝墓號興平
陵廟號中宗
西秦乞伏乾歸嗣兄國仁位自稱河南僞謚國仁宣

烈王廟號烈祖
乞伏熾盤嗣父乾歸位僞謚乾歸武元王
北燕馮跋僭稱太王追尊祖和爲元皇帝父安爲宣
皇帝遣其太常丞劉軒徙北部人五百戶于長谷爲
祖父園邑
南凉禿髮利鹿孤嗣兄烏孤位僞謚烏孤曰武王廟
號烈祖
禿髮傉檀嗣兄利鹿孤位僞謚利鹿孤曰康王
南燕慕容德僭卽帝位于廣固設行廟於宮南遣使
奉策告成

慕容超嗣叔父德位僞謚德獻武皇帝
夏赫連勃勃僭卽帝位追尊其高祖訓兒曰元皇帝
曾祖武曰景皇帝祖豹子曰宣皇帝父衛辰曰桓皇
帝廟號太祖母苻氏曰桓文皇后
吳楊渭僭卽帝位追尊父行密爲太祖武皇帝兄渥
爲景帝
楊溥嗣兄渭位僞謚渭宣帝
閩王延鈞僭卽帝位追尊父審知爲武皇帝
王昶嗣父延鈞位僞謚延鈞爲惠帝
前蜀王衍嗣父建位僞謚建爲神武聖文孝德明惠

皇帝廟號高祖墓曰永陵
後蜀孟昶嗣父知祥位僞謚知祥爲文武聖德英烈
明孝皇帝廟號高祖陵曰和陵
前漢劉玢襲父陟位僞謚陟爲太皇大帝廟號高祖
陵曰康陵
劉鋹嗣父晟位僞謚晟文武光聖明孝皇帝廟號中
宗陵曰昭陵

孝友

四星東聚五馬南浮獯醜阻兵姦渠盜土昬迷自恣
忿鷙甞生亦有懷孝愛之情知友于之分居喪過禮

臨難相先雖非仁義之所成固亦染習而斯至

前趙劉元海斸亂英惠七歲遭母憂擗踴號叫哀感旁鄰宗族部落咸共歎賞司空太原王昶等聞而嘉之並遣弔賻

前秦符堅率衆向鄴至安陽過舊閭引諸耆老語及祖父之事泫然流涕乃停信宿

後秦姚萇襄之弟也嘗從襄征伐襄之敗于麻田也馬中流矢死萇下馬以授襄襄曰汝何以自免萇曰但令兄濟豎子安敢害萇會救至俱免

姚興母虵氏死興哀毁過禮不親庶政群臣議請依

漢魏故事既葬即吉尚書郎李嵩上疏曰三王異制五帝殊禮孝治天下先王之高事也宏遵聖性以光遺訓既葬之後應素服臨朝率先天下仁孝之舉也尹緯駁曰帝王喪制漢魏爲準嵩矯嘗越禮愆于軌度請付有司以專擅論既葬即吉乞依前議興曰嵩忠臣孝子有何咎乎尹僕射棄先王之典而欲尊漢魏之權制豈所望於朝賢哉其一依嵩議興班告境內及在朝文武立名不得犯叔父緒及碩德之名以彰殊禮興謙恭孝友每見緒及碩德如家人之禮緒碩德皆興之叔父也

後蜀李雄母羅氏死雄欲申三年之禮群臣固諫雄弗許李驤謂司空上官惇曰今方難未弭吾欲固請不聽主上終諒闇君以爲何如惇曰三年之喪自天子達故孔子曰何必高宗古之人皆然但漢魏以來天下多難宗廟至重不可久曠故釋縗絰至哀而已驤曰任回方至任回爲至南也此人决於行事且上嘗難違其言待其至當與俱請及回至驤與回俱見雄驤免冠流涕固請公除雄號泣不許回跪而進曰今王業初建凡百草創一日無主天下惶惶昔武王素甲觀兵晉襄墨絰從戎豈所願哉爲天下屈已故也願陛

下割情從權永隆天保遂强扶雄起釋服親政

南燕慕容德僭立於廣固德母兄先在長安遣平原人杜弘如長安問存否弘曰臣至長安若不奉太后動止便即西如張掖以死爲効臣父雄年踰六十未沾榮貴乞本縣之祿以申烏鳥之情張華進曰杜弘未行而求祿要利情深不可使也德曰吾方散所輕之財招所重之死况爲親尊而可吝乎且弘爲君迎親爲父求祿雖外如要利內實忠孝乃以雄爲平原令弘至張掖爲盜所殺德聞而悲之厚撫其妻子及故吏趙融自長安來始知母兄凶問德號慟吐血因

而寢疾

宗族

典午失馭羣雄構亂茫茫九土一唱千和於是跨州連郡鴟張蟻聚盜王者之位擬乘輿之制以樹立子弟列爲藩輔式是古訓以隆邦翰展親之義靡或闕如疆幹之術於是乎在乃有柔夫公望隆其寵數靡容濟濟之讓克厚尊尊之權惇睦無間情禮兼至者焉

前凉張祚僭帝位以弟天錫爲長樂王子庭堅爲建康王弟子靓爲凉武侯

張天錫自稱西平公以從弟憲爲從事中郎

西凉李暠僭稱凉公以其子讓爲敦煌太守

李歆嗣僞位旣爲沮渠所敗諸弟酒泉太守翻新城太守預領羽林右監密左將軍朓右將軍亮等西奔敦煌太守恂與諸子棄敦煌奔于北山歆子重耳奔于江左仕于宋復歸魏爲弘農太守蒙遜徙翻子寶等于姑臧

前趙劉元海僭卽帝位以子和爲大司馬封梁王又以劉歡樂爲大司徒封陳留王宗室以親疎爲等悉封郡縣王又封子裕爲齊王隆爲魯王又爲北海王後以子聰爲大司徒劉歡樂爲太傅劉延年爲大司空劉洋爲大司馬及元海寢疾將爲顧託之計以歡樂爲太宰洋爲太傅延年爲太保聰爲大司馬大單于錄尚書事置單于臺于平陽西以其子裕爲大司馬（臣欽若等曰自歡樂已下載記不書於元海何親故并姓言之後皆放此）又有衛尉西昌王劉銳領軍劉盛侍中劉乘武衛劉歆劉濬及劉安國劉宣宣子士則祕爲左賢王元海卽王位宣之謀也故特荷尊重勳戚莫二軍國内外靡不專之

劉聰僭卽帝位封其子粲爲河内王使持節撫軍大將軍都督中外諸軍易河間王翼彭城王悝高平王

後以劉易爲太尉遷太宰

劉曜僭卽帝位封子襲爲長樂王闡太原王冲淮南王敞齊王高魯王徽楚王徵諸宗室皆封郡王又封子裔爲永安王署侍中衛大將軍都督二宮禁衛諸軍事開府儀同三司錄尚書事領太子太傅後爲大司馬進封南陽王以漢陽諸郡十三爲國又有大宰劉雅鎮軍劉鍚右軍劉幹侍中中山王劉岳大尉汝南王劉咸大司徒劉綏

後趙石勒僞稱天王行皇帝事署其子宏爲持節散騎常侍都督中外諸軍事驃騎大將軍大單于封秦

王左衛將軍斌大原王少子恢爲輔國將軍南陽王又封石生河東王石琪彭城王又以中山王石季龍子遼爲冀州刺史封齊王加散騎常侍武衛將軍宣爲左將軍挺爲侍中梁王

石季龍僭稱大趙天王親王皆貶封郡公以子宣爲河間公韜爲樂安公斌爲燕公遵爲彭城公鑒爲義陽公宣後爲皇太子韜爲司徒又加太尉與太子宣迭日省可尚書奏事斌爲使持節侍中大司馬錄尚書事又命宣韜生殺拜除皆迭日省決不復啟也其後季龍僭即帝位諸子進爵郡王及疾甚以遵爲大將

軍鎮關右斌爲丞相錄尚書事

前燕慕容儁初僭稱王以弟恪爲輔國將軍評爲輔弼將軍及僭帝位以恪爲侍中封太原王評爲都督秦雍益梁江揚荆徐兗豫十州河南諸軍事封子臧爲樂安王泓爲濟北王冲爲中山王

慕容暐僭即帝位以慕容恪爲大宰錄尚書行周公事慕容評爲太傅副贊朝政初慕容皝將終謂子儁日今中原未一方建大事恪智勇俱濟汝其委之及儁嗣位彌加親任累戰有大功儁寢疾引恪與慕容評屬以後事儁死群臣欲立恪恪辭曰國有儲君非吾節也及暐之世總攝朝權恪虛襟待物諮詢善道量才處任使人不踰位朝廷謹肅進止有常度雖執權政每事必諮之於評罷朝歸第則盡心色養手不釋卷其百僚有過未嘗顯之自是庶僚化德稀有犯者其後暐境內多水旱恪評並稽首歸政請遜位還第暐斷其讓表恪評等乃止恪臨終暐親臨問以後事恪曰臣聞報恩莫大薦士板築猶可而況國之懿藩吳王文武兼才管蕭之亞陛下若任之以政國其少安不然臣恐二寇必有闚關之計言終而死

前秦苻健僭稱天王大單于以弟雄爲丞相都督中

外諸軍事車騎大將軍領雍州刺史及僭即帝位雄爲佐命元勳權侔人主而謙恭奉法健嘗曰元才吾姬旦也及卒健哭之歐血曰天不欲吾定四海邪何奪元才之速也

苻生僭即帝位以苻安領大尉苻柳爲征東大將軍并州牧鎮蒲坂苻謏爲征東大將軍豫州牧鎮陝城

苻堅僭稱天王以兄法爲使持節侍中都督中外諸軍事丞相錄尚書從祖侯爲太尉從兄柳爲車騎大將軍尚書令封弟融爲平陽公雙河南公子暉平原公熈廣平公叡鉅鹿公楊東海公敷清河公馳字傳

休符徙之世封安樂王融上疏固辭徙深奇之曰且
成吾兒箕山之操乃止符生愛其器貌嘗侍左右未
弱冠便有台輔之望長而令譽彌高爲朝野所屬後
拜侍中中書監都督中外諸軍事車騎大將軍司隷
較尉太子太傅領宗正錄尚書事俄轉司徒融苦讓
不受後爲鎮東大將軍冀州牧融將發堅祖於覇東
奏樂賦詩初爲侍中中軍將軍銓綜內外刑政脩理
進才理滯王景畧之流也尤善斷獄姦無所容故爲
堅所委任雖鎮關東朝之大事靡不馳馹與融議之
始議伐晉融曰與不可伐堅不納及淝水之戰融馳

騎略陣馬倒被殺軍遂大敗堅還次于長安東之行
宮哭融而後入贈融大司馬謚曰襄公
符丕僭即帝位封子懿爲勃海王昶爲濟北王又以
符冲爲左光祿大夫尚書左僕射封西平王符纂爲
太尉東海王纂爲符堅尚書令封魏長公堅敗自關
中來奔故有是拜又以阜城侯符定爲征東將軍冀
州牧高城侯符紹爲鎮東將軍督冀州諸軍事重合
侯符謨爲征西將軍幽州牧高邑侯符亮爲鎮北大
將軍督幽平二州諸軍事並進爵郡公定紹據信都
謨亮先據常山慕容垂之圍鄴城也並降于垂聞丕
稱尊號遣使謝罪故有是命其後又以符纂爲大司
馬符冲爲車騎大將軍尚書令儀同三司及丕敗纂
及弟師奴率丕餘衆數萬奔據杏城
符登僭即帝位遣使拜符纂爲使持節侍中都督中
外諸軍事太師領大司馬進封魯王纂弟師奴爲撫
軍大將軍并州牧朔方公纂怒謂使者曰渤海王世
祖之孫先帝之子南安王何爲不立而自尊乎纂長
史王旅諫曰南安已立理無中改賊虜未平不可宗
室之中自爲仇敵願大王遠蹤光武推聖公之義梟
二虜之後徐更圖之纂乃受命登又封子弁爲南安

王尚爲北海王
後秦姚萇僭即帝位以弟緒爲司隷較尉鎮長安碩
德爲征西將軍秦州刺史都督隴右諸軍事領護羌
較尉鎮上邽後以安定地狹且逼符登使碩德鎮安
定徙安定千餘家于陰密遣弟征南靖鎮之
姚興僭即帝位封叔父征虜緒爲晉王征西碩德爲
隴西王征南靖爲公不書國名又以碩德爲秦州牧領護
東羌較尉鎮上邽興班告境內及在朝文武立名不
得犯叔父緒及碩德之名以彰殊禮興謙恭孝友每
見緒及碩德如家人之禮整服傾悚言則稱字直馬

服玩必先二叔然後服其次者朝之大政必諮之而後行後興以日月薄蝕災眚屢見降號稱王緒與碩德同讓王爵興弗許緒等又固讓許之又子懿弼詵宣諶愔璞質達裕國兒皆爲公

姚泓僭即帝位以姚紹爲大宰大將軍大都督都督中外諸軍事假黃鉞改封魯公侍中司隸宗正節錄並如故朝之大政皆往决焉紹固辭弗許紹泓之叔父也泓聞姚懿將襲長安召紹等密謀於朝堂紹曰懿情識鄙近從物推移造成此事惟當孫暢耳但馳使徵暢遣撫軍讚據陜城臣向潼關爲諸軍節度若

暢奉詔而至者臣當遣懿率河東見兵共平呉寇如其逆黨已成違距勑旨當明其罪於天下聲鼓以擊之泓曰叔父之言社稷之計後果執懿因之誅孫暢等及泓之敗其子佛念年十一兵至泓欲降佛念謂泓曰晋人將逞其欲終必不全願自裁決泓憮然不荅佛念遂登宮墻自投而死

蜀李特自稱大都督以兄輔爲驃騎將軍弟驤爲驍騎將軍長子始爲武威將軍次子蕩爲鎮軍將軍

李雄僭稱成都王以其叔父驤爲太傅兄始爲太保折衝李離爲太尉建威李雲爲司徒翊軍李璜爲司空等官李國爲太宰

李期僭即帝位封兄越建寧王拜相國大將軍錄尚書事

李勢僭即帝位其弟大將軍漢王廣以勢無子求爲太弟勢弗許

後凉呂光僭即三河王位以其子左將軍他武賁中郎將纂討北虜及僭即帝位諸子弟爲公侯者二十人時羣議以高昌雖在西垂地居形勝外接胡虜易生翻覆宜遣子弟鎮之光以子覆爲使持節鎮西將軍都督玉門已西諸軍事西域大都護鎮高昌命大

臣子弟隨之其後光疾甚立其太子紹爲天王以呂纂爲太尉呂弘爲司徒謂紹曰吾疾病唯增恐將不濟三寇闚闟迭伺國隙吾終之後使纂統六軍弘管朝政汝恭已無爲委重二兄庶可以濟若内相猜貳釁起蕭墻則晋趙之變旦夕至矣又謂纂弘曰永業紹字才非撥亂直以正嫡有當猥居元首今外有强寇人心未寧汝兄弟緝穆則貽厥萬世若内自相圖則禍不旋踵纂弘泣曰不敢有二心

呂纂旣僭立以弟弘爲使持節侍中大都督都督中外諸軍事大司馬車騎大將軍司隸較尉錄尚書事

改封番禾郡公
呂隆僭稱天王以弟超有佐命之勲拜使持節侍中都督中外諸軍事輔國大將軍司隷較尉録尚書事封安定公
後燕慕容垂自稱燕王以弟德爲車騎大將軍封范陽王兄子楷爲征西大將軍封太原王其後有左將軍慕容固平北慕容佐衛軍慕容麟鎮南慕容紹樂浪王宙高陽王隆廾陽王瓚開封公詳及慕容鍾慕容永慕容農不書何親
慕容寶嗣僞位庶子清河公會長樂公盛僉進王爵

西秦乞伏乾歸僭稱河南王有弟益州爲前將軍秦州牧軻殫爲凉州牧軻殫與益州不平奔于呂光又有弟廣武智逵揚武木奕于乾歸長子熾磐次子中軍審虔
熾磐襲僞位署弟延祚爲禁中録事
北燕馮跋僭稱天王署弟素弗爲侍中車騎大將軍録尚書事弘爲侍中征東大將軍尚書右僕射及郡公從兄萬泥爲驃騎大將軍幽平二州牧素弗後爲大司馬改封遼西公弘爲驃騎大將軍改封中山公跋之僞業素弗所建也跋之七年素弗死跋哭之哀慟比葬七臨之跋弟丕先是因亂投於高句麗跋迎致之至龍城以爲右僕射常山公跋從兄買從弟睹自長樂率五千餘戸來奔署買爲衛尉封城陽伯睹爲太常高城伯
南凉禿髮烏孤僭稱武威王署弟利鹿孤爲驃騎大將軍西平公鎮安夷傉檀爲車騎大將軍廣武公鎮西平後以利鹿孤爲凉州牧鎮西平傉檀入録府國事
禿髮傉檀僭稱凉王爲乞伏熾磐所降其少子保周臘于破羌俱延子覆龍鹿孤孫副周烏孤承鉢皆奔

沮渠蒙遜乆之歸魏魏以保周爲張掖王覆龍酒泉公破羌西平公副周永平公承鉢昌松公
南燕慕容德僭稱燕王以慕容麟爲司空領尚書令慕容法爲中軍將軍及僭即帝位以慕容鍾爲司徒鍾字道明德從弟也臨難對敵智勇兼濟累進奇策德用之頗中繇是政無大小皆以委之遂爲佐命元勲
慕容超嗣僞位以慕容鍾爲都督中外諸軍務録尚書事加青州牧又以慕容法爲征南都督徐兖揚南兖四州諸軍事慕容鍾加開府儀同三司又有侍中

慕容統布衛慕容根及慕容昱慕容堯
北凉沮渠蒙遜爲沙州刺史以其弟拏爲護羌校尉秦州刺史封安平侯鎭姑臧旬餘而拏死又以從祖益子爲鎭京將軍護羌校尉秦州刺史鎭姑臧及僭即河西王位西祀金山遣沮渠廣宗率騎一萬襲烏啼虜大捷而還又遣前將軍沮渠成都將騎五千襲卑利虜降之
夏赫連勃勃僭稱天王以其長兄右地代爲丞相代公次兄萬侯提爲大將軍魏公叱干阿利爲御史大夫梁公弟阿利羅引爲征南將軍司隸校尉若門爲

尚書令叱以韃爲征西將軍尚書左僕射乙斗爲征北將軍尚書右僕射兄子羅提爲右將軍其後以叱干阿利領將作大匠封子延陽平公昌太原公倫酒泉公定平原公蒲河南公安中山公又以其子璝都督前鋒諸軍事領撫軍大將軍率騎二萬南伐長安及尅長安僭即帝位以侯提爲并州刺史鎭蒲坂于長安置南臺以璝領大將軍雍州牧錄南臺尚書事
閩王延鈞初封閩王表兄延稟爲建州節度使累官至中書令頃之延稟以軍州委長子繼雄退居別第
王昶僭號以其子繼恭爲福州節度使
王延正僭號其子繼勳爲泉州刺史
唐李景僭號以仲弟遂爲皇太弟季弟達爲齊王
前蜀王衍襲父建僞位封建子宗壽爲嘉王宗弼爲六軍使又有宗勳宗儼宗昱王爵不書
後漢劉崇僭號於河東署其子承鈞爲侍衛親軍都指揮使太原尹

册府元龜終

冊府元龜

巡按福建監察御史臣李嗣京 訂正
新建縣舉人 臣 戴國士 叅閱
知建陽縣事 臣 黄國琦 較釋

僭僞部 七

世子

自晉人失御群雄競逐山河跨據率僭尊極之稱子弟世及亦蹈儲兩之制其間篡害廢立十嘗七八雖蜀有世文趙有大雅好文愛士而不免于禍固與夫貞萬邦繼大統者異矣今以世子命篇者亦猶吳楚

稱王春秋書其爵以子之義也唐季諸國弁附出焉

前凉張軌既爲梁州牧表立子實爲世子軌卒實紹位

張駿寔之弟爲梁州牧西平公境内皆稱之爲王駿立子重華爲世子時中堅將軍宋輯言於駿曰禮急儲君者蓋重宗廟之故周成漢昭立於襁褓誠以國嗣不可曠儲宫當素定也昔武王始有國元王作儲君建興之禮先王在位殿下正名統况今社稷彌崇聖躬介立大業遂殷繼貳闕然哉臣竊以爲國有累卵之危而殿下以安踰太山非所謂也駿納之及駿卒重華紹位

張祚重華之庶兄既篡耀靈僭即帝位立其子太和爲皇太子祚爲玄靚所殺并誅太和張天錫駿之少子玄靚死國人立之爲凉州刺史西平公以子大懷爲世子其後廢爲高昌公更立嬖子大豫爲世子

西凉李暠領秦梁二州牧世子譚早卒以第二子士業爲世子表假撫軍將軍護羌校尉暠卒士業嗣

前趙劉元海既僭號立其子和爲太子元海死和嗣僞位爲弟聰所殺

劉聰既殺兄和即僞位立其弟北海王乂爲皇太弟

領大單于其後用血於其東宫延明殿徹厇在地者深五寸乂惡之以訪其太師盧志太傅崔瑋太保許遐志等曰主上往以殿下爲太弟者蓋以安衆望也志在晉王乂矣晉王聰子粲也王公以下莫不希旨歸之相國之位自魏武以來非後人臣之官主上本發明詔置之爲贈官今忽以晉王居之羽儀威尊踰於東宫萬機之事無不蹂之置太宰大將軍及諸王之營以爲羽翼此事勢去矣殿下不得立明也然非止不得立而已不測之危厄在於旦夕宜早爲之所四衞精兵不臧五千餘昔諸主皆年齒尚幼可奪而取之相

國輕佻正可煩一刺客耳大將軍無日不出其營可襲而得也殿下但當有意二萬精兵立便可得鼓行向雲龍門宿衛之士孰不倒戈奉迎大司馬不慮爲異也乂弗從乃止東宮舍人荀裕告盧志等勸乂誅反乂不從之狀聰於是收志瑋遐於詔獄假以他事殺之使冠威卜抽監守東宮禁乂朝賀乂憂懼不知所爲乃上表自陳乞爲黔首并免諸子之封褒美晉王粲宏登儲副抽又抑而弗通時中宮僕射郭猗等皆寵幸用事靳準合宗内外諂以事之郭猗有憾於乂謂晉王粲曰太弟于主上之世猶懷不逞之志此

則殿下父子之深仇四海蒼生之重怨也而主上過垂寬仁猶不替二尊之位一旦有風塵之變臣妄爲殿下寒心且殿下高祖之世孫主上之嫡寵凡在含齒孰不係仰萬機事大何可與人臣昨聞太弟與大將軍相見極有言矣若事成許以主上爲太上皇大將軍爲太子乂又許衛將軍爲大單于二王已許之矣二王居不疑之地并握重兵以此舉事事何不成臣謂二王玆舉禽獸之不若也背父親人人豈親之今又苟貪其一切之力耳事成之後主上豈有全理殿下兄弟故在忠言東宮相國單于在武陵兄弟何肯與人許以三月上巳因讌作難事淹變生宜早爲之所春秋傳曰蔓草猶不可除况君之寵弟乎臣屢啓主上主上性敦友于謂臣言不實刑臣刀鋸之餘而蒙主上殿下成造之恩故不慮逆鱗之誅每所聞必言冀垂採納臣當入言之願殿下不泄密表其狀也若不信臣言可呼大將軍從事中郎王皮衛軍司馬劉惇假之恩顧通其歸善之路以問之必可知也粲深然之猗密謂皮惇曰二王逆狀主相已具知之矣卿同之乎二人驚曰無之猗曰此事必無疑吾憐卿親舊并見族耳於是歔欷流涕皮惇大懼叩頭求

哀猗曰吾爲卿作計卿能用不二人皆曰謹奉大人之教猗曰相國必問卿但云有之若責卿何不先啓卿即答曰臣誠負死罪然仰惟主上聖性寛慈殿下篤於骨肉恐言成誑僞故也皮惇許諾粲俄而召問二人至不同時而辭若畫一粲以爲信然初靳準從妹爲乂孺子淫于侍人乂怒殺之而屢以嘲準準深慙恚說粲曰東宮萬機之副殿下宜自居之以領相國使天下之早有所繫也至是準又說粲曰昔孝成距子政之言使王氏卒成簒逆可乎粲曰何可之有準曰然誠如聖旨下官亟欲有所言矣但以德非更

生親非皇宗恐忠言暫出霜威已及故不敢耳粲曰君但言之準曰聞風塵之言謂大將軍衛將軍及左右輔皆謀奉太弟尅季春構變殿下宜爲之備不然恐有商臣之禍粲曰爲之柰何準曰主上愛信於太弟恐卒聞未必信也如下官愚意宜緩東宮之禁固勿絕太弟賓客使輕薄之徒得與交游太弟既素好待士必不思防此嫌輕薄小人不能無逆意以勸太弟之心小人有始無終不能如貫高之流也然後下官爲殿下露表其罪殿下與太宰拘太弟所與交通者考問之窮其事原主上必以無將之罪罪之不然

今朝望多歸太弟主上一旦晏駕恐殿下不得立矣於是粲命卜抽引兵去東宮後聰譏群臣於光極前殿引見太弟乂容貌毀悴鬢髮蒼然涕泣陳謝聰亦對之悲慟縱酒極歡待之如初粲使王平謂乂曰適奉中詔云京師將有變勑裹甲以備之乂以爲信然令命宮臣裹甲以居粲馳遣告靳準王沉等曰向也王平告云東宮陰備非常將若之何準白之聰大驚曰豈有此乎王沉等同聲曰臣等久聞但恐言之陛下弗信於是使粲遣臣準收氐羌酋長十餘人窮問之皆懸首高格燒鐵灼目乃自誣與乂同造逆謀聰謂沉等言曰而今而後吾知卿等忠於朕也當念知無不言勿恨往日言不用也於是誅乂素所親厚大臣及東宮官屬數十人皆靳準及閹豎所怨也廢乂爲北部王粲使準賊殺之坑士衆萬五千餘人平陽街巷爲之空遂立粲爲皇太子領相國大單于總攝朝政

劉粲嗣僞位立其子元公爲太子粲既爲靳準所殺劉氏無少長皆斬之

劉曜元海之族子即僞位立其子熙爲皇太子曜既爲石季龍所敗熙與將相諸侯皆殺之

後趙石勒初爲上黨郡公以其長子興爲上黨國世子興死立第一子弘爲世子領中軍及僭號趙天王行皇帝事立爲太子弘字大雅虛襟愛士好爲文詠其所親昵莫非儒素勒謂徐光曰大雅愔愔殊不似將家子光曰漢祖以馬上取天下孝文以玄默守之聖人之後必世勝殘天之道也勒大悅勒死弘嗣僞位爲石季龍所廢後殺之

石季龍既廢弘自稱居攝趙王立其子邃爲太子及僭稱大趙天王皇太子季龍荒游廢政多所營繕使邃省可尚書奏事選牧守祀郊廟唯征伐刑斷乃親

覽之遂自總百揆之後荒酒淫色驕恣無道或盤游於田懸管而入或夜出於宮臣家淫其妻妾粧飾宮人美淑者斬首洗血置於盤上傳共視之又內諸比丘尼有姿色者與其交褻而殺之合牛羊肉煮而食之亦賜左右以識其味也河間王宣樂安公韜有寵於季龍遂疾之如仇季龍荒耽內游威刑失度遂以事爲可呈呈之季龍恚曰此小事何足呈也時有所不聞復怒曰何以不呈誚責杖棰月至再三遂甚恨私謂常從無窮長生中庶子李顏等曰官家難稱吾欲行冒頓之事卿從我乎顏等伏不敢對遂稱疾不

省事率宮臣文武五百餘騎宴於李顏別舍謂顏等曰我欲至冀州斬石宣有不從者斬行數里騎皆逃散李顏叩頭固諫遂亦昏醉而歸遂母鄭氏聞之私遣中人責遂遂怒殺其使季龍聞遂有疾遣所親任女尚書察之遂呼前與語抽劍擊之季龍大怒收李顏等詰問顏具言始末誅顏等三十餘人幽遂於東宮既而赦之引見大武東堂遂朝而不謝俄而便出季龍遣吏謂遂曰太子應入朝中宮何以便去遂逕出不顧季龍大怒廢遂爲庶人其夜殺遂及妻張氏并男女二十六人埋於一棺之中誅其宮臣支黨一百餘人廢鄭氏爲東海太妃立其子宣爲皇太子宣母杜昭儀爲天王皇后以石韜爲太尉與太子迭日省可尚書奏事右僕射張離領五兵尚書求媚於宣因說之曰令諸公侯吏部過限宜漸削弱以盛儲威宣素疾石韜之寵乃使離奏奪諸公府吏秦燕義陽樂平四公（王欽若等曰秦公韜燕公斌義陽公鑒樂平公皆季龍子）所置吏一百九十七人帳下兵二百人自此已下三分置一餘兵五萬悉配東宮於是諸公咸怨爲大釁之漸其後宣淫虐日甚而莫敢以告領軍王朗言之於季龍曰今隆冬雪寒而皇太子使人斫伐宮材引於漳水功役

數萬士衆吁嗟陛下宜因游觀而罷之也季龍如其言永和中季龍命宣祈於山川因而游獵乘大輅羽葆華蓋建天子旌旗十月六軍戎卒十八萬出自今明門季龍從其後宮升陵霄觀望之笑曰我家父子如是自非天傾地陷當復何愁但抱子弄孫日爲樂耳宣既馳逐無厭所在陳列行宮四面各以百里爲度驅圍禽獸皆暮集其所文武跪立圍守重行烽炬星羅光燭如晝命勁騎百餘馳射其中宣與嬖姬顯德美人乘輦觀之嬉娛忘反獸殫乃止季龍復命石韜亦如之出自并州游於秦晉宣素惡韜寵是行也

疾之彌甚宦者趙生得幸於宣而無寵于韜微勸宣除之於是相圖之計起矣韜起堂於太尉府號曰宣光殿梁長九丈宣視而大怒斬匠截梁而去韜怒增之十丈宣聞之恚甚謂所幸楊柸牟成曰韜凶豎勃逆敢違我如是女能殺之者吾入西宮當盡以韜之國邑分封汝等韜既死主上必親臨喪因行大事蔑不濟矣柸等許諾因韜夜宿於佛精舍宣使柸成及牟皮趙生等緣獼猴梯而入殺韜置其刀箭而去旦宣奏之季龍哀驚氣絶久之方蘇將出臨之其司空李農諫曰害秦公者恐在蕭墻之內慮生非常不可以

出季龍乃止嚴兵發哀於天武殿宣乘素車從千人臨韜不哭直言呵呵使舉衾看尸大笑而去收大將軍記室參軍鄭靖尹武等將委之以罪季龍疑宣之害韜也謀召之懼其不入乃僞言其母哀過危惙宣不虞已之見疑也入朝中宮因而止之建興人史科告稱韜死夜宿東宮楊柸家柸夜與五人從外來相語曰大事已定但願大家老壽吾等何患不富貴語訖科便寢關中柸不見也科尋出逃匿俄而柸乃出求科不得柸曰宿客聞人向語當除之斷口舌今而後得去作大事矣科踰墻獲免季龍馳使收之獲楊

柸牟皮趙生等柸皮尋皆亡去執趙生詰之生具首服季龍悲彌甚幽宣於席庫以鐵環穿其頷而鏁之作數斗米糟和羹飯以豬狗法食之取害韜刀箭舐其血哀號震動宮殿積柴鄴北樹標其上標末置轆轤穿之以繩倚梯積柴送於標所使韜親官者郝稚劉伯拔其髮抽其舌牽之登梯上於柴積郝稚以繩貫其頷轆轤絞上劉霸斷其手足斫眼潰腹如韜之四面縱火煙炎際天季龍從昭儀已下數千登中臺以觀之火滅取灰分置諸門交道中殺其妻子九人宣小子年數歲季龍甚愛之抱之而泣兒曰非兒罪

季龍欲赦之其大臣不聽遂於抱中取而戮之兒猶挽季龍而大叫時人莫不爲之流涕又誅其四率已下三百人宦者五十人洿其東宮養豬牛廢宣母杜氏爲庶人季龍議立太子其太尉張舉進曰燕公斌彭城公遵竝有武藝文德陛下神齒已衰四海未一請擇二公而樹之初昭武張豺之破上邽也獲劉曜幼女年十二有殊色季龍得而嬖之生子世封齊公至是豺以季龍年長多疾既立世爲嗣劉當爲太后已得輔政說季龍曰陛下再立儲宮皆出自娼賤是以禍亂相尋今宜擇母貴子孝者立之季龍曰卿且

勿言吾知太子處矣又議於東堂季龍曰吾欲以純灰三斛洗吾腹腸穢惡故生凶子兒年二十餘便欲殺父今世方十歲比其二十吾已老矣於是與張舉李農定議勑公卿上書請立世大司農曹莫不署名季龍使張豺問其故莫頓首曰天下業重不宜立少是以不敢署也季龍曰莫忠臣也然未達朕意張舉李農知吾心矣其令諭之遂立世爲皇太子劉氏爲皇后季龍死世卽僞位爲兄遵所廢石遵季龍子旣簒世卽僞位以燕王斌子衍爲太子俄爲石鑒所殺冉閔季龍之養孫旣殺石鑒僭卽皇帝位國號大魏

復姓冉氏立子智爲皇太子

前燕慕容廆爲遼東公立子皝爲世子

慕容皝爲燕王以子儁假節安北將軍東夷校尉左賢王燕王世子

慕容儁僭卽皇帝位立其世子曄爲皇太子後曄死謚獻懷復立次子暐爲太子後讌群臣於蒲池酒酣賦詩因談經史語及周太子晋潛然流涕顧謂群臣曰昔魏武追痛倉舒孫權悼登無已孤嘗謂二主緣愛稱奇無大雅之體自曄亾以來孤鬢髮中白始知二主有以而然卿等言曄定何如也孤今悼之得無貽將來乎其司徒左長史李緒對曰獻懷之在東宮臣爲中庶子旣忝近侍聖質志業臣實不敢不知臣聞道備而無愆其唯聖人乎先太子大德有八未見其闕也儁曰卿言亦以過矣然試言之緒曰至孝自天性與道合此其一也聰敏慧悟機思若流此其二也沈毅好斷理詣無幽此其三也疾諛亮物雅說直言此其四也好學愛賢不恥下問此其五也英姿邁古藝業趨時此其六也虛襟恭讓尊師重道此其七也輕財好施惻恤民隱此其八也儁泣曰卿雖褒譽然此兒若在吾死無憂也

前秦苻健僭卽皇帝位立子萇爲太子萇旣死健以讖言三羊五眼符應故立第三子生爲太子（苻氏本氐人洪生健健生生故曰三羊生無一目故曰五眼）苻堅旣殺生遂卽號以其子宏爲皇太子其後慕容冲攻長安堅出如五將付宏以後事宏將母妻宗室男女數千騎出奔歸其南秦州刺史楊壁於下辨壁距之乃奔武都氐豪張熙假道歸於晋處宏於江州宏立位輔國將軍桓玄簒位以宏爲梁州刺史義熙初以謀叛被誅

苻登堅之族孫旣卽僞位以弟懿爲太弟後立其子崇爲皇太子登爲姚興所敗崇奔於湟中僭號爲乞

伏乾歸逐殺

後秦姚萇僭即皇帝位立長子興爲皇太子興字子畧苻堅時爲太子舍人萇之在馬牧興自長安冒難奔萇遂立之萇出征討嘗留統後事與其中舍人梁喜洗馬范勗等講論經籍不以兵難廢業時人咸化之後萇討苻登遣姚碩德鎮李潤碩德萇弟李潤地名尹緯守長安召興詣行營征南姚方城言於興曰今寇賊未滅上復寢疾王統苻胤等皆有部曲終爲人害宜盡除之興於是誅苻胤王統徐成毛盛乃赴召興至萇怒曰王統兄弟是吾州里無他遠志徐成等昔在秦

朝竝爲名將天下小定吾方任之柰何輙便誅害令人喪氣會苻登與竇衝相持萇議擊之尹緯言於萇曰太子純厚之稱著於遐邇將領英畧未爲遠近所知宜遣太子親行可以漸廣威武防闚闟之原萇從之戒興曰賊徒知汝轉近必相驅入堡聚而掩之無不尅矣比至胡空堡衝圍自解登聞興向胡空堡引還興因襲平凉大獲而歸咸如萇策使興還鎮長安甚有威惠萇死遂嗣位

姚興僭即皇帝位立其長子泓爲皇太子泓字元子孝友寬和而無經世之用又多疾病興將以爲嗣而疑焉久之乃立爲太子興每征伐巡游嘗留總後事泓博學善談論尤好詩詠尚書王尚黃門郎段章尚書富允文以儒術侍講胡義周夏侯稚以文章游集泓受經博士淳于岐岐病泓親詣省疾拜於床下自是公侯見師傅皆拜焉興之如平凉也泓留總後事馮翊人劉厥聚衆數千據萬年以叛泓遣鎮軍彭白狼率東宮禁兵討之斬厥赦其餘黨諸將咸勸泓曰殿下神筭電發蕩平醜逆其宜露布表言廣其首級以慰遠近之情泓曰主上委吾後事使式遏寇逆吾綏馭失和以長姦寇方當引咎責躬歸罪行間安敢

過自矜誕以重罪責乎其右僕射韋華聞而謂河南太守慕容筑曰皇太子實有恭惠之德社稷之福也時尚書王敏右丞郭播以刑政過寬議欲峻制泓曰人情挫辱則壯厲之心生政教煩苛則苟免之行立上之化下如風靡草君等參贊朝化弘明政軌不務仁恕之道惟欲嚴濬酷刑是豈安上馭下之理乎敏等遂止其後廣平公弼弼泓弟謀害泓泓稱疾不朝集兵於第興聞之怒甚收其黨殿中侍御史唐盛孫玄等殺之泓言於興曰臣誠不肖不能訓諧於弟致弼構造是非仰慙天日陛下若以臣爲社稷之憂除臣

而國寧亦家之福也若垂天性之恩不忍加臣刑戮者乞聽臣守藩輿櫬然改容召冠軍姚讚右僕射梁喜京兆尹尹昭輔國斂曼嵬於諮議堂密謀收弼時姚紹屯兵雍城馳遣告之速日不決弼黨恂懼興慮其變乃收弼囚之中曹窮責黨與將殺之泓流涕固請之乃止

蜀李雄既僭號將立兄蕩子班爲太子時雄有子十餘人群臣咸欲立雄所生雄曰起兵之初舉手扞頭本不希帝王之業也値天下喪亂晉氏播蕩群情義舉志濟塗炭而諸君遂見推逼處王公之上本之基

業功繇先帝吾兄適統丕祚所歸恢懿明叡殆天所命大事垂尅甍於戎陣班姿性仁孝好學夙成必爲名器李驤與司徒王達諫曰先王樹家適者所以防篡奪之萌不可不愼吳子捨其子而立其弟所以有專諸之禍宋宣不立與夷而立穆公卒有宋督之變猶子之言豈若子深願陛下思之雄不從竟立班驤退而流涕曰亂自此始矣班字世文謙虛博納敬愛儒賢自何點李釗班皆師之又引名士王嘏及隴西董融天水文夔等以爲賓友每謂融等曰觀周景王太子晉魏太子丕吳太子孫登文章鑒識超然卓絶未嘗不有慚色何古賢之高朗後人莫之逮也班爲性汎愛動循軌度時諸李子弟皆尚奢靡而班常戒厲之每有大議雄輒令豫之班以古者懇田均平貧富獲所今貴者廣占荒田貧者種植無地富者以已所餘而賣之此豈王者大均之義乎雄納之以班爲撫軍及雄寢疾班晝夜侍側雄少數攻戰多被傷夷至是疾甚瘢皆膿潰雄子越等惡而遠之班爲吮膿殊無難色每嘗藥流涕不脫衣冠其孝誠如此雄死嗣僞位以李壽錄尚書事輔政班居中執喪禮政事皆委壽及司徒何點尚書令王瓌等尋爲李越所殺

李壽雄叔父驤之子既僭即僞位以其子勢爲太子尋領大將軍錄尚書事壽死勢嗣位

後凉呂光僭即三河王位立子紹爲世子既僭天王遂立爲太子後光疾甚以紹爲天王自號爲太上皇帝光死紹即位爲庶兄纂所篡自殺

後燕慕容垂初僭即燕王位立子寶爲王太子及僭帝號以寶爲皇太子爲寶起丞華觀以寶錄尚書政事巨細皆委之垂總大綱而已又以寶領侍中大單于驃騎大將軍幽州牧建留臺於龍城以高陽王慕容隆錄留臺尚書事寶字道祐垂之第四子也少輕

果無志操奸人佞巳符堅時爲太子洗馬萬年令堅淮淝之役寶爲陵江將軍及爲太子砥礪自脩敦崇儒學工談論善屬文曲事垂左右小臣以求美譽垂之朝士翕然稱之垂亦以爲克保家業甚賢之垂死嗣位

慕容寶既嗣立以少子濮陽公策爲太子初垂以寶冢嗣未建憂之寶庶子清河公會多材藝有雄畧垂深奇之及寶之北伐使會代攝宮事總錄禮遇一同太子所以見定旨也垂之伐魏以龍城舊都宗廟所在後使會鎮幽州委以東北之重高選寮屬以崇威

冊府元龜　僭僞部　世子　卷之二百二十九　十七

望垂臨死顧命以會爲寶嗣而寶寵愛策意不在會寶庶長子長樂公盛自以同生年長耻會先之乃盛稱策宜爲儲貳而非毀會焉寶大悅乃訪其趙王麟高陽王隆麟等咸希旨贊成之寶遂與麟等定計立策策母段氏爲皇后策爲皇太子盛會進爵爲王策字道符年十一美姿貌而惷弱不慧及寶爲蘭汗所殺策亦遇害至盛即僞位謚曰哀太子

慕容盛寶之庶長子僭位立其子遼西公定爲太子及盛死其太后丁氏以國多難宜立長君意在於熙遂廢定迎熙熙字道文垂之少子也

慕容雲寶之養子既弒熙自立復姓高氏以彭爲太子

西秦乞伏乾歸既僭號秦王立其長子熾盤爲太子初乾歸降姚興熾盤拜建武將軍行西夷校尉留其衆鎮苑州及乾歸返政遂立熾盤爲太子領冠軍大將軍都中外諸軍錄尚書事乞伏熾盤既嗣僞位立其第二子慕末爲太子領撫軍大將軍都督中外諸軍事熾盤死慕末嗣僞位

北燕馮跋僭稱天王立其子永爲太子尋領大單于置四輔

南涼禿髮傉檀僭即涼王位立世子武臺爲太子

冊府元龜　僭僞部　世子　卷之二百二十五　十八

南燕慕容德僭即皇帝位立其兄子超爲皇太子初德迎超于長安及至德夢其父曰汝既無子何不早立超爲太子不爾恐生人心竊而告其妻曰先帝神明所勑覩此夢意吾將死矣乃下書立超其月德果死超嗣位

北凉沮渠蒙遜僭即河西王位立其子政德爲世子加鎮衛大將軍錄尚書事

夏赫連勃勃僭稱天王立子璝爲太子

巡按福建監察御史臣李嗣京　訂正
分守建南道左布政使臣胡維霖　叅閱
知建陽縣事臣黃國琦較釋

僭僞部八

知人　寛恕　恩宥　戒懼

知人

傳曰人不易知書曰知人則哲是知非精鑒深識度越群萃者安能善其人倫哉昔晋室衰圮中原僠擾群雄開纂盜竊位號乃有觀貌察言視表知裏揣摩

其器能探賾於度量淑慝斯辨用舍惟允斯亦臻賞識之奥得旌别之旨者焉

前趙劉元海族子曜聰惠有奇度年八歲從元海獵於西山遇雨止樹下迅雷震樹旁人莫不顛仆曜神色自若元海異之曰吾家千里駒也從兄爲不亡矣

劉聰族弟曜字永明嘗輕吳鄧而自比樂毅蕭曹時人莫之許也惟聰每曰永明世祖魏武之流何數公足道哉

後趙石季龍滅遼西得公卿人士多殺之其見擢用終至大官者唯有河東裴憲渤海石璞滎陽鄭系潁川荀綽北地傅暢劉群崔悅盧諶等十餘人而已

前燕慕容廆嘗言吾積福累仁子孫當有中原旣而生孫儁廆曰此兒骨相不當吾家得之矣

慕容皝即王位時陽騖字士秋少淸素好學器識宏遠起家爲平州别駕屢獻守睦疆國之術事多納用慕容廆甚奇之皝遷爲左長史東西征伐參謀帷幄皝臨終謂儁曰陽士秋忠幹貞固可付託大事汝善待之慕容儁之將圖中原也騖制勝之功並于慕容恪又皝第五子垂少岐嶷有器度身長七尺七寸手垂過膝皝甚寵之常目而謂諸弟曰此兒闊達好奇

終能破人之家或能成人家故名霸字道業恩遇踰于世子儁故儁不能平之

前秦苻洪其孫堅年七歲洪每日此兒姿貌俊偉質性過人非常人相也

苻堅以苻重之鎮雒陽以呂光爲長史及重謀反堅聞之曰呂光忠孝方正必不同也馳使命光檻重送之

後秦姚弋仲初爲石祗右丞相祗與冉閔相攻弋仲遣其子襄救祗戒襄曰汝才十倍於閔若不梟擒不須復見我也襄擊閔於常盧澤大破之而歸弋仲怒

襄之不撿閔也杖之一百

姚興時以楊佛嵩都督嶺北討虜諸軍事安遠將軍雍州刺史率嶺北見兵以討赫連勃勃佛嵩發數日興謂群臣曰佛嵩驍猛果鋭每臨敵對寇不可制抑吾嘗節之配兵不過五千今衆旅既多遇賊必敗今去已遠追之無及吾深憂之其下咸以爲不然佛嵩果爲勃勃所執絶吭而死

後蜀李流素重兄子雄有長者之德每云興吾家者必此人矣勑諸子尊奉之流疾篤謂諸將曰驍騎高明仁愛識斷多奇固足以濟大事然前軍英武殆天

所相可共受事於前軍以爲成都王

後燕慕容盛垂之庶孫盛之僭位征高句驪契丹慕容熙從征皆勇冠諸將盛曰叔父雄果英壯有世祖之風但弘畧不如耳

寬恕

仲尼有言曰爲君者寬裕以容其民又曰寬以得衆恕以利物斯居上之道也若乃跨據山河盜竊名器征伐自出禮樂自用亦能恢其大體成其衆務至有覆敗師旅抵觸忌諱或引已而自責或開心而容受至於奔亡越境則歸其妻孥過惡雖彰而復其位過故人必爲用下無猜心夫所以能致於成功亦克永世者良爲此也

前涼張駿爲涼州牧遣武威太守竇濤等東會韓璞等攻討劉曜所陷秦州諸郡曜將劉胤來距璞軍糧竭遣武興太守辛巖督運於金城劉胤率騎三千襲巖于沃干嶺敗之璞軍遂潰死者二萬餘人面縛歸罪駿曰孤之罪也將軍何辱皆赦之西域長史李柏請擊叛將趙貞所敗議者以柏造謀致敗請誅之駿曰吾每以漢世宗之殺王恢不如秦穆之赦孟明竟以減死論群心咸悅

後趙石勒初僭稱趙王宮殿及諸門始就制法令甚嚴諱胡尤峻有醉胡乘馬突入止車門勒大怒謂宮門小執法馮翥曰夫人君爲令尚望威行天下況宮闕之間乎向馳馬入門爲是何人而勿彈白邪翥惶懼忘諱對曰向有醉胡乘馬馳入甚呵禦之而不可與語勒笑曰胡人正自難與言恕而不罪勒以參軍樊坦清貧擢授章武内史既而入辭勒見坦衣冠敝壞大驚曰樊參軍何貧之甚也坦性誠朴率然而對曰頃遭羯賊無道資財蕩盡勒笑曰羯賊乃爾暴掠邪今當相償耳坦大懼叩頭泣謝勒曰孤律自防俗

士不閑鄉輩老書生也
前秦苻堅僭稱天王慕容垂初爲慕容儁所封吳王與世子全奔於堅堅相王猛伐鄴引全爲參軍猛乃令人詭傳垂語於全曰吾已東還汝可爲計全信之乃奔暉猛表全叛狀垂懼而東奔及藍田爲追騎所獲堅立引見東堂慰勉之曰卿家國失和委身投朕賢子志不忘本猶懷首丘書不云乎父子無相及也卿何爲過懼而狼狽若斯也於是復垂爵位待如初
堅兄法子東海公陽與王猛子散騎侍郎皮謀反事洩堅問反狀陽曰禮云父母之仇不同天地臣父哀

公死不以罪齊襄復九世之仇而況臣也皮曰臣父丞相有佐命之勳而臣不免貧餓所以圖富也堅流涕謂陽曰哀公之薨事不在朕卿寧不知之讓皮曰丞相臨終託卿以十具牛爲田不聞爲卿求位知子莫如父何斯言之徵也皆赦不誅徙陽於高昌皮於朔方之北
後秦姚弋仲初爲石祗右丞相部曲馬何羅博學有文才張豺之輔石氏也背弋仲歸豺豺以爲尚書郎豺敗復歸咸勸殺之弋仲曰今正是招才納奇之日當收其力用不足害也以爲參軍其寬恕如此

姚興嗣僞位徵涼州刺史王尚還長安既至坐匿呂氏宮人擅殺逃人薄禾等禁止南臺涼州別駕宗敞治中張穆主簿邊憲胡威等上疏理之興乃赦尚之罪以爲尚書
後蜀李雄僭稱成都王性寬厚簡刑約法甚有名稱氐符成文隗既降復叛手傷雄母及其來也咸釋其罪厚加待之由是夷夏安之威震西土時海內大亂而蜀獨無事故歸之者相尋
後燕慕容盛僭稱燕王遣輔國將軍李早討遼西及還聞盛殺其將魏雙懼棄軍奔走既而歸罪復其爵

位盛謂侍中孫勍曰早總三軍之任荷專征之重不能杖節死綏無故逃亡考之軍正不赦之罪也然當先帝之避難衆情離貳骨肉忘其親股肱失忠節早以刑餘之體効力盡命忠款之至精貫白日朕故錄其忘身之功免其丘山之罪
北涼沮渠蒙遜僭稱涼王西郡太守梁中庸西奔李玄盛蒙遜聞之笑曰吾與中庸義深一體而不信我但自負耳孤豈怪之乃盡歸其妻孥又張掖太守句呼勒出奔西涼後復奔還待之如初

恩宥

金行中圮壥醜亂華鴟義荐張梟巢競啓恣用虐戮
咸罹無辜亦有僭據之初慶賚之際懼上帝之弗祐
慮下民之有辭殫秋荼之刑縱凝脂之網布維新之
令示更始之仁小惠未孚衆弗懷也
前凉張茂凉州牧寔之弟晉大興三年寔爲閻沙等
所害州人推茂爲凉州牧乃誅閻沙及黨與數百人
赦其境内
駿茂之弟晉大寧三年黄門侍郎史淑在姑臧拜駿
爲凉州牧西平公駿赦其境内其後劉曜遣將劉喬
入據振武河西大震遣皇甫該禦之赦其境内

重華駿之子晉永和二年自稱持節大都督大尉護
羌校尉凉州牧西平公假凉王赦其境内
祚重華之庶兄晉永和十年廢重華之子耀靈僭稱
帝號赦殊死已下
玄靚重華之子晉永和十二年自號大都督大將軍
校尉凉州牧西平公赦其境内
前趙劉元海晉永興元年僭即漢王位赦其境内永
喜二年僭即皇帝位大赦境内是年遷都平陽汾水
中得玉璽文曰有新保之蓋王莽時璽也得者因增
泉海光三字元海以爲己瑞大赦境内

聰元海之子晉永嘉四年僭即皇帝位大赦境内嘉
平中以太廟新成改元建元大赦境内及劉曜陷長
安外城愍帝使侍中宋敞送牋于曜帝出降至平陽
聰使子粲告于大廟改年麟嘉大赦境内後聰殺僞
大弟乂立粲爲太子大赦殊死已下
粲聰之子太興元年嗣僞位大赦境内
曜元海之族子晉太興元年僭即皇帝位大赦境内
唯靳準一門不在赦例是年繕宗廟社稷南北郊大
赦境内殊死已下後終南山摧長安人劉終於摧所
得白玉方一尺有文字曰皇亡皇亡敗趙昌井水竭

構五梁咢酉小衰困嚻喪嗚呼嗚呼赤牛奮靷其盡
乎時郡臣咸賀以爲勒滅之徵曜大悅齋七日後受
之於大廟又大赦境内及葬其父墓號永垣陵葬妻
羊氏墓號顯平陵大赦境内殊死已下又嘗因疾瘳
曲赦長安殊死已下咸和三年躬親二郊餙繕神祠
望秩山川靡不周及大赦殊死已下復百姓租稅之
半
後趙石勒晉太興二年即僞趙王位赦殊死已下稱
元年至十一年茌平獲黑兎獻之於勒於是大悅赦
境内改元太和三年僭即皇帝位改元建平大赦境

內其後泰州送白獸白鹿荊州送白雉白兎齊陰木連理甘露降苑鄉勒以休瑞並臻遐方慕義赦三歲刑已下均百姓去年租調特赦涼州殊死勒南郊有白氣自壇屬天勒大悅還宮赦四歲刑勒又耕籍田還宮赦五歲刑

弘勒之子晉咸和七年嗣僞位改元延熙赦其境內殊死已下

季龍勒之弟晉咸康元年廢石弘稱居攝趙天王改元建武赦其境內是年遷僞鄴宮澍雨周洽季龍大悅赦殊死已下二年使牙門將張彌徙雒陽鍾簴九

龍翁仲銅駝飛廉于鄴季龍大悅赦二歲刑三年僭稱大趙天王即位于南郊大赦殊死已下六年大旱季龍下書曰前以豐國澠池二冶初建炎刑徙配之權救時務而主者循爲舊法致起怨聲自今罪犯流徙皆當申奏不得輒配也京獄見四非手殺一人一皆原遣其日澍雨永和五年僭即皇帝位于南郊大赦境內建元曰太寧

遵季龍之子晉永和六年僭即皇帝位于大武殿前大赦殊死已下

鑒亦季龍之子晉永和六年篡遵即僞位大赦殊死已下

冉閔晉永和六年殺石鑒僭即皇帝位于南郊大赦改國號大魏

後蜀李特晉大安元年自稱益州牧都督梁益二州諸軍事大將軍大都督赦其境內

雄特之子既尅成都諸將固請雄即尊位以晉元興元年僭稱成都王赦其境內是年僭即帝位赦其境內其後遣鎮南任回征木落分寧州之援寧州刺史尹奉降遂有南中之地雄於是赦其境內又執梓潼太守譙登遂乘勝進軍討文碩害之雄大悅赦其境

內

期雄弟四子晉咸和九年僭即皇帝位大赦境內

壽特弟驤之子晉咸康四年僭即僞位赦其境內

勢壽之子晉咸康八年嗣僞位赦其境內太保李奕自晉壽舉兵反之蜀人多有從者衆至數萬勢登城距戰奕單騎突門門者射而殺之衆乃潰散勢既誅奕大赦境內改元嘉寧

前燕慕容皝晉咸康三年僭即王位赦其境內

儁皝之子晉永和五年嗣僞燕王赦其境內八年僭即皇帝位大赦境內其後太子曄死立次子暐爲皇

太子赦其境内
暐儁之子晉昇平四年僭即皇帝位大赦境内是歲
太師慕容根謀爲亂於是使其侍中皇甫真護軍傅
顏收根等於禁中斬之大赦境内
後燕慕容垂晉大元十一年僭即帝位赦其境内
寶垂之子大元二十一年嗣僞位大赦境内
盛寶之子晉隆安二年以長樂王稱制赦其境内是
年僭即帝位大赦殊死已下其後立子遼西公爲太
子赦殊死已下
熙垂之子嗣僞位赦殊死已下其後立貴嬪符氏爲

皇后赦殊死已下
雲寶之養子晉義熙二年僭即天王位復姓高氏大
赦境内殊死已下
南燕慕容德晉隆安四年僭立爲燕王大赦境内殊
死已下稱元年四年僭即皇帝位于南郊大赦義熙
元年立兄子超爲太子太赦境内子爲父後者人爵
二級
超德之兄子晉義熙元年僭即僞位大赦境内其後
祀南郊將登壇有獸大如馬狀類鼠而色赤集於圜
丘之側俄而不知所在須臾大風暴起天地晝昏其
行宮羽儀皆震裂超懼問於太史令成公綏對曰陛
下信用姦臣誅戮賢良賦歛繁多事役殷苦所致超
懼而大赦
北燕馮跋晉大元二十年僭稱天王于昌黎赦其境
内
前秦符健晉永和七年僭稱天王大單于赦境内死
罪
生健第三子晉永和十二年僭即皇帝位大赦境内
堅生之從弟晉升平元年僭即大秦天王赦其境内
三年南游霸陵大赦五年鳳凰集於東闕大赦其境

内百寮進位一級太和五年平鄴都赦慕容暐及其
王公已下皆徙于長安封授有差
丕堅之子晉太元十年僭即皇帝位於晉陽大赦境
内
登堅之族孫晉大元十一年僭即皇帝位大赦境内
後秦姚萇晉太元九年自稱大將軍大單于萬年秦
王大悦赦境内十一年僭即皇帝位於長安大赦
姚興萇之子晉太元十九年僭即皇帝位於槐里大
赦境内其後以日月薄蝕降號稱王大赦境内因立
其子泓爲皇太子大赦境内賜男子爲父後者爵一

級又以姚碩德來朝大赦境内
姚泓興之子晉義熙十二年僭即皇帝位大赦殊死已下
西秦乞伏乾歸晉太元十三年自立爲大都督大將軍大單于河南王赦其境内十七年平隴西巴西之地赦其境内殊死已下義熙三年僭稱秦王赦其境内
熾盤乾歸之子晉義熙六年襲位大赦元熙元年立其第二子慕末爲太子領撫軍大將都督中外諸軍事大赦境内其臣佐等多所封授

後涼呂光晉太元十三年入姑臧自稱涼州牧酒泉公大赦境内十四年僭即三河王位赦其境内二十一年僭即天王位大赦境内
纂光之子晉隆安四年僭即天王位大赦境内
隆光弟寶之子晉元興元年僭即天王位大赦
西涼李暠晉隆平四年晉昌太守唐瑶推暠爲大都督大將軍涼公赦其境内
歆暠之子宋永初元年嗣公僞位大赦境内
南凉秃髮烏孤晉隆安元年自稱大都督大將軍大單于西平王赦其境内
利鹿孤烏孤之弟晉隆安三年即僞位赦其境内殊死已下旣踰年改元赦其境内
傉檀利鹿孤之弟晉元興元年僭即涼王位赦其境内
北凉沮渠蒙遜晉隆安五年自稱使持節大都督大將軍涼州牧張掖公赦其境内義熙八年僭即河西王位大赦境内及蒙遜母車氏疾篤大赦殊死已下其後以歲旱下書曰頃自春炎旱害及時苗碧原青野倏爲枯壤將刑政失中下有寃獄乎役繁賦重上天所譴乎内省多缺孤之罪也書不云乎百姓有過

在予一人可大赦殊死已下
夏赫連勃勃晉義熙二年僭稱天王大單于赦其境内時姚興鎭北將軍王買德來奔謂勃勃曰今秦政雖衰藩鎭猶固深願蓄力待時詳而後舉勃勃善之乃赦其境内其後雍州百姓逐刺史朱齡石而迎勃勃入長安爲壇于灞上僭即皇帝位赦其境内及自長安還統萬以宫殿大成於是赦其境内

戒懼

夫戒慎乎其所不覩恐懼乎其所不聞蓋君子防微而深慮者也若乃典午中圮諸國蚩蚩各擅土宇自

署君長亦能見異知戒臨事而懼或博訪于政治或詢求于讜直兢兢惕怵有爲國之風雖修德之不足亦力行之可見矣

前趙劉淵建號令其子聰寇雒陽聰等至宜陽恃連勝不設備弘農太守垣延詐降夜襲聰軍大敗而還淵素服迎師

劉聰時流星起於牽牛入紫微龍形委蛇其光照地落于平陽北十里視之則有肉長三十步廣二十七步臭聞平陽肉旁常有哭聲聰甚惡之延公卿已下問曰朕之不德致有斯異其各極言勿有所諱

劉曜旣塋其父大雨霖震基門屋大風飄發其寢堂于壇外五十餘步曜避正殿素服哭於東堂五日使其鎮軍劉襲大營梁胥繕復之松栢衆木殖已成林至是悉枯時武功豕生犬上邽馬生牛及諸妖變不可勝記曜命其公卿各舉博識直言之士一人司空劉均舉參軍臺產曜親臨東堂遣中黃門策問之產極言其故曜覽而嘉之引見東堂訪以政事產流涕歔欷具陳災變之禍政化之闕辭旨諒直曜改容禮之曜夢三人金面丹脣東向逡巡不言而退曜拜而履其跡旦召公卿已下議之朝臣咸賀以爲吉祥惟太史令任義進曰三者曆運統之極也東震位王者之始次也金爲兌位物衰落也脣丹不言事之畢也逡巡揖讓退舍之道也爲之拜者屈伏於人也履跡而行懼不出疆也東井秦木也五車趙分也秦兵必暴起亡主喪師留敗趙地遠至三年近七百日其應不遠願陛下思而防之曜大懼於是躬親二郊飭繕神祠望秩山川靡不周及大赦殊死已下復百姓稅租之半

後趙石勒以日蝕避正殿三日令群公卿士各上封事勒時暴風大雨震電建德殿端門襄國市西門殺

五人雹起西河介山大如鷄子平地三尺洿下丈餘行人禽獸死者萬數大原樂平武鄉趙郡廣平鉅鹿千餘里樹木摧折禾稼蕩然勒正服于東堂以問徐光曰歷代已來有斯災幾也光對曰周漢魏晉皆有之雖天地之常然明主未始不爲變所以敬天怒也去年禁寒食介推帝鄉之神也歷代所尊或者以爲未宜替也一人吁嗟王道尚爲之虧況群神怨憾而不怒動上帝乎縱不令天下同爾介山左右晉文之所封也宜任百姓奉之勒境內大夜死者十二三乃罷徽文殿作

石季龍嗣僞位以冀州百郡雨雹大傷秋稼下書深
自咎責遣御史所在發水次倉麥振給秋種尤甚之
處差復一年時旱白虹經天季龍下書曰朕在位六
載不能上和乾象下濟黎元以致是虹之變其令百
僚各上封事解西山之禁蒲葦魚鹽除歲供之外皆
無禁固公侯卿牧不得規占山澤奪百姓之利時白
虹出自大社經鳳陽門東南連天十餘刻乃滅季龍
下書曰蓋古明王之理天下也政以均平爲首化以
仁惠爲本故能允協人和緝熙神物朕以眇薄君臨
萬邦夕惕乾乾思遵古烈是以每下書蠲除徭賦休

息黎元、庶俯懷百姓仰禀三光而中年已來變責彌
顯天文錯亂時氣不應斯由人怨於下譴感皇天雖
朕之不明亦群后不能翼獎之所致也昔楚相修政
洪災旋弭鄭卿釐道氣祲自消股肱之良用康群變
而群公卿士各懷道迷邦拱默成敗豈所望於台輔
百司哉其各上封事極言無隱於是閉鳳陽門唯元
日乃開

前秦苻健時蝗蟲大起自華澤至隴山食百草無遺
牛馬相噉毛猛獸及狼食人行路斷絶健自蠲百姓
租稅減膳徹懸素服避正殿苻堅時秦雍二州地震
裂水湧出金象生毛長安大風震雹壞屋殺人堅懼
而愈修德政焉時秋大旱堅減膳徹懸金玉綺繡皆
散之戎士後宮悉去羅紈衣不曳地開山澤之利公
私共之偃甲息兵與境内休息又課百姓區種懼歲
不登省節穀帛之費大官後宮減常度二等百寮之
秩以次降之

後秦姚萇時天大雪萇下書深自責罰散後宮文綺
珍寶以供戎事身食一味妻不重綵姚興嗣位以日
月薄蝕降號稱王大赦改元

後蜀李壽既僭即帝位時大風暴雨震其端門壽深

自悔責命群司極盡忠言勿拘忌諱

冊府元龜

冊府元龜

巡按福建監察御史臣李嗣京　訂正
知長樂縣事　臣　夏允彝　叅閱
知建陽縣事　臣　黃國琦　較釋

僭僞部　二百二十七

謀略　倚任

謀略

夫巨僭乘時偸安天位雖目下裁物終底於阽危而臨事制機多擅於權譎合奇正於樽俎料虛實於帷幄聰如神契夐出人表惜乎志除其量任過於力禍

不盈皆禍重於地借使識寶命之有數知神器之難移而能戮力勤王奮庸熙載忠略兼茂功名並劭則可謂知終以存義可以立德與夫僭竊苟得禍移宗族者異矣噫叔皮之論王命士衡之賦豪士者蓋謂此也

前凉張茂爲凉州牧雅有志節能斷大事凉州大姓賈摹寔之妻弟也勢傾西土先是謠曰手莫頭圖凉州茂以爲信誘而殺之於是豪右屛迹威行凉域

前趙劉曜僭即帝位旣破隴右賊陳安時劉曜與凉州刺史張茂相持於河上曜自隴長驅至西河戍卒二十八萬五千臨河列營百餘里中鐘鼓之聲沸河動地自古軍旅之盛未有斯比茂臨河諸戍皆望風奔退揚聲欲百道俱渡直至姑臧凉州大怖人無固志諸將咸欲速濟曜曰吾軍旅雖盛不踰魏武之東也畏威西來者三有二焉中軍宿衛巳皆疲老不可用也張氏以吾新平陳安師徒殷盛以形聲言之非彼五軍之衆所能抗也必怖而歸命受制稱藩吾復何求卿等試觀之不出中旬張茂之表不至者吾爲負卿矣茂懼果遣使稱藩餘具僭僞事大門

後趙石勒初爲劉聰冀州牧旣攻取鄴三臺以從子

季龍爲魏郡太守鎭鄴三臺時幽州王浚署置百官奢縱淫虐勒有吞幷之意欲先遣使以觀察之議者僉曰宜如羊祜陸抗書相聞時長史張賓有疾勒就而謀之賓曰王浚假三部之力稱制南面雖曰晉藩實懷僭逆之志必思協英雄圖濟事業將軍威聲震于海內去就爲存亡所在爲輕重浚之欲將軍猶楚之招韓信也今權譎遣使無誠款形脫生猜疑圖之兆露後雖奇略無所設也夫立大事者必先爲之卑當稱藩推奉尚恐未信羊陸之事臣未見其可勒曰右侯之計是也乃遣其舍人王子春董肇等多齎珍

實奉表推崇浚爲天子曰勒本小胡出自戎裔值晉綱弛御海内饑亂流離也厄窮命冀州共相帥合以救性命今晉祚淪夷遠播吳會中原無主蒼生無繫伏惟明公殿下州鄉貴望四海所宗爲帝王者非公復誰勒所以捐軀命典義兵誅暴亂者正爲明公驅除耳伏願陛下應天順時踐登皇祚勒奉戴明公如天地父母公當察勒微心慈眄如子也亦遺棗嵩書而厚賂之浚謂子春等曰石公一時英武據趙舊都成鼎峙之勢何爲稱藩于孤其可信乎子春對曰石將軍英才俊拔士馬雄盛實如聖旨仰惟明公州鄉

貴望累葉重光出鎮藩嶽威聲播于八表固以胡越欽風戎夷歌德豈爲區區小府而敢不斂衽神闕者乎昔陳嬰豈其鄙王而不王韓信薄帝而不帝者哉但以知帝王不可以智力爭故也石將軍之擬明公猶陰精之比太陽江河之比洪海爾項籍子陽覆車不遠是石將軍之明鑒明公何怪乎且自古胡人而爲名臣者實有之帝王則未之有也石將軍非所以惡帝王而讓名公也顧取之不爲天人之所許耳願公勿疑浚大悅封子春等爲列侯遣使報勒答以方物浚司馬游統時鎮范陽陰叛浚馳使降于勒勒斬其使送于浚以表誠實浚雖不罪統彌信勒之忠誠無復疑矣子春等與王浚使至勒命匿勁卒精甲虛府羸師以示之北面拜使而受浚書浚遺勒麈尾勒僞不敢執懸之于壁朝夕拜之云我不得見王公見王公所賜如見公也復遣董肇奉表于浚期親詣幽州奉上尊號亦修牋于棗嵩乞并州牧廣平公以見必信之誠者也於是輕騎襲幽州浚將佐咸請出擊勒浚怒曰石公來正欲奉戴我也敢言擊者斬乃命設饗以待之於是勒晨至薊叱門者開門疑有伏先驅牛羊數千頭聲言上禮實欲塡諸街巷使兵不得

發浚乃或坐或起勒升其廳事命甲士執浚驛送襄國市斬之

前燕慕容廆初爲鮮卑部督晉惠帝太安初宇文莫圭遣弟屈雲寇邊城雲別帥大素延攻掠諸部廆親擊敗之素延怒率衆十萬圍棘城衆咸懼人無距志廆曰素延雖犬羊蟻聚然軍無法制已在吾計中矣諸君但爲力戰無所憂也乃躬貫甲冑馳出擊之素延大敗追奔百里俘斬萬餘人懷帝永嘉初廆自稱鮮卑大單于時平州刺史東夷校尉崔毖自以爲南州士望意存懷集而流亡者莫有赴之毖意廆拘留

乃陰結高句驪及宇文段國等謀滅廆以分其地元帝大興初三國伐廆廆曰彼信崔毖虛說邀一時之利烏合而來耳既無統一莫相歸伏吾今破之必矣彼軍初合其鋒甚銳幸我速戰若逆擊之落其計矣靖以待之必懷疑貳迭相猜防一則疑吾與毖譎而覆之二則自疑三國之中與吾有韓魏之謀者待其人情沮惑然後取之必矣於是三國攻棘城廆閉門不戰遣使送牛酒以犒宇文大言於衆曰崔毖昨有使至於是二國果疑宇文同於廆也引兵而歸廆簡銳士配世子皝推鋒於前次子翰領精騎爲奇兵從

旁出直衝其營大敗之宇文悉獨官僅以身免盡俘其衆於其營

慕容皝既爲燕王將圖石氏從容謂諸將曰石季龍自以安樂諸城守防嚴重城之南北必不設備今若詭路出其不意冀之北土盡可破也於是率騎二萬出蠮螉塞長驅至於薊城進渡武遂津入于高陽所過燒焚積聚掠徙幽冀三萬餘戶

慕容儁僭即帝位自和龍至薊城幽冀之人以爲東遷互相驚擾所在屯結其下請討之儁曰群小以朕東巡故相惑耳今朕既至尋當自定然不虞之備亦不可不爲於是內外戒嚴

前秦苻堅僭即天王位密謀兼弁欲觀審慕容暐釁隙乃遣其西戎主簿郭辯僭結匈奴左賢王曹轂令轂遣使詣鄴辯因從之燕大尉侍中皇甫真兄典仕堅爲散騎常侍從子奮覆並顯關西辯既至鄴歷造公卿言於真曰辯家爲秦所誅故寄命曹王貴兄常侍及奮覆兄弟並相知在素真怒曰臣無境外之交斯言何以及我君似姦人得無因緣假託乎乃白慕容暐請窮詰之暐弁不許辯還謂堅曰燕朝無綱紀實可圖之鑒機識變唯皇甫真耳堅曰以六州之地

豈無智識一人哉真亦秦人而燕用之固知關西多君子矣

後秦姚萇初僭稱萬年秦王聞慕容沖攻長安議進趨之計群下咸曰宜先據咸陽以制天下萇曰燕因懷舊之士而起兵若功成事捷咸有東歸之思安能久固秦川吾欲移兵嶺北廣收資實須秦弊燕廻然後垂拱取之兵不血刃坐定天下此卞莊得二虎之義也萇遣諸將攻新平克之因畧地至安定嶺北諸城盡降之乃執苻堅遂僭即帝位還安定以其太子興鎮長安而與登相距登馮翊太子蘭櫝與苻師奴

離貳慕容求攻之績遣使請救萇將赴之尚書令姚旻左僕射尹緯等言於萇曰苻登近在瓦亭陛下未宜輕舉萇曰登遲重少決每失時機聞吾自行正當廣集兵資必不能輕軍深入兩月之間足可克此三豎吾事必濟矣遂帥師于湟源師奴率衆來距大戰敗之盡俘其衆又擒蘭櫝收其士馬及苻登進逼安定諸將勸萇決戰萇曰與窮寇競勝兵家之下吾將以計取之於是留其尚書令姚旻至安定夜襲登輜重于大界克之諸將咸欲因登駭亂擊之萇曰登衆雖亂怒氣猶盛未可輕也遂止登將雷惡地率衆降

萇拜爲鎮東將軍魏褐飛自稱大將軍衝天王率氐胡數萬人攻安北姚當城於杏城雷惡地應之攻鎮東姚漢得於李潤萇議將討之群臣咸曰陛下不憂六十里苻登乃憂六百里褐飛萇曰登非可卒殄吾城亦非登所能卒圖惡地多智非常人也南引褐飛東結董成甘言美說以成姦謀若得杏城李潤惡地據之控制遠近相爲羽翼長安東北非復吾有於是潛軍赴之萇時衆不滿二千褐飛惡地衆至數萬氐胡赴之者首尾不絕萇每見一軍至輙有喜色群下怪而問之萇曰今同惡相濟皆來會集吾得乘勝席卷一舉而覆其巢穴東北無復餘也褐飛等以萇兵少盡衆來攻萇固壘不戰示之以弱潛遣子崇率騎數百出其不意以乘其後褐飛兵擾亂萇遣鎮遠王超平遠譚亮率步騎擊之褐飛衆大潰斬褐飛及首級萬餘時鎮東苟曜據逆萬堡密引苻登萇與登戰敗於馬頭原收衆復戰姚碩德謂諸將曰上愼於輕戰每欲以計取之今戰既失利而更逼賊者必有餘也萇聞而謂碩德曰登用兵遲緩不識虛實今輕兵直進逕據吾東必苟曜豎子與之連結也事久變成其禍難測所以速戰者欲使豎子謀之未就好之未

深散敗其事耳進戰大敗之登退屯于郿萇如陰密攻登勑其太子興曰苟曜好姧變將爲國害聞吾還北必來見汝汝使執之曜果見興於長安興遣尹緯讓而誅之苻登與竇衝相持萇議擊之尹緯言於萇曰太子純厚之稱著於遐邇將領英畧未爲遠近所知宜遣太子親行可以漸廣威武防闚闟之原萇從之戒興曰賊徒知汝轉近必相驅入堡聚而掩之無不尅矣比至欲空堡衝圍自解登聞興向胡空堡引還而興因襲平涼大獲而歸咸如萇策使興還鎮長安

後凉呂光初仕苻登爲鷹揚將軍會苻雙反於秦州堅將楊世成爲雙將荀興所敗光與王鑒欲速戰光曰興初破世成姦氣漸張宜持重以待其弊興乘勝輕來粮竭必退退而擊之可以破也二旬而興退諸將不知所爲光曰揆其奸計必攻榆眉若得榆眉據城斷路資儲復贍非國之利也宜速進師若興攻城尤須赴救如其奔也彼粮既盡可以滅之鑒從焉果敗興軍

西秦乞伏國仁自稱大都督領秦河二州牧明年長安秘宜及諸羌虜來擊國仁四面而至國仁謂諸將

曰先人有奪人之心不可坐待其至宜抑威餌敵羸師以張之軍法所謂怒我而怠寇也於是勒衆五千襲其不意大敗之秘宜奔還南安尋與其弟莫侯悌率衆三萬餘戶降於國仁

乞伏乾歸自稱大將軍河南王爲呂光所伐咸勸其東奔成紀乾歸不從謂諸將曰昔曹孟德敗袁本初於官渡陸伯言摧劉玄德於白帝皆以權畧取之豈在衆乎光雖舉全州之軍無經遠之算不足憚也且其精卒盡在呂延雖勇而愚易以奇策制之延軍若敗光亦遁還乘勝追奔可以得志衆咸曰非所及也隆安元年光遣其子纂伐乾歸使呂延爲前鋒乾歸泣謂衆曰今事勢窮蹙逃命無所死中求生正在今日凉軍雖四面而至然相去遼遠山河既沮力不周接敗其一軍而衆軍自退乃縱反間稱秦王乾歸衆潰東奔成紀延信之引師輕進爲乾歸所敗遂斬之

北燕馮跋初爲慕容熙所怒密欲誅跋兄弟跋兄弟謀曰熙今昏虐兼忌吾兄弟既還首無路不可坐受誅滅當及時而起立公侯之業事若不成死其晚乎遂與萬泥等二十二人結謀跋與二弟乘車使婦人御潛入龍城匿于北部司馬孫護之室遂殺熙立高

雲爲主

南凉禿髮烏孤自稱武威王從容謂其群下曰隴右區區數郡地耳因其兵亂分裂遂至十餘乾歸擅命河南段業阻兵張掖呂氏假息據姑藏吾藉父兄遺烈思廓清西夏兼弱攻昧三者何先楊統進曰乾歸本我所部終必歸服段業儒生才非經世權臣擅命制不繇已千里伐之粮運懸絶且與我鄰仔許以分災共患乘其危弊非義舉也呂光衰老嗣紹冲闇二子纂弘雖頗有文武而內相猜忌若天威臨之必應鋒瓦解宜遣車騎鎮浩亹鎮北據廉川乘虛迭出多

方以誤之救右則擊其左救左則擊其右使纂疲於奔命人不得安其農業兼弱攻昧於是乎在不出二年可以坐定姑臧姑臧既拔二寇不待兵戈自然服矣烏孤然之遂陰有并吞之志

南燕慕容德初爲慕容暐所封范陽王俄而苻堅將苻雙據陝以叛堅將苻柳起兵抱罕將應之德勸暐乘釁討堅辭旨慷慨識者言其有遠畧暐竟不能用後遇暐敗徙于長安及苻堅以兵臨江拜德爲奮威將軍堅之敗也還次滎陽德言於暐曰昔勾踐棲於會稽終獲吳國聖人相時而動百舉百全天將悔禍

故使秦師喪敗宜乘弊以復社稷暐不納

北凉沮渠蒙遜自稱凉州牧率步騎三萬伐禿髮傉檀次于西郡大風從西北來氣有五色俄而晝昏至顯美徙數千戶而還傉檀追及蒙遜于窮泉蒙遜將擊之諸將皆曰賊已安營弗可犯也蒙遜曰傉檀謂吾遠來疲弊必輕而無備及其壘壁未成可以一鼓而滅進擊敗之乘勝至于姑臧夷夏降者萬千餘戶傉檀懼請和許之而歸其後蒙遜攻浩亹而蛇盤于帳前蒙遜笑曰前爲騰蛇今盤在吾帳天意欲吾廻師先定酒泉燒攻具而還次于川巖聞李士業徵兵欲攻張掖蒙遜曰入吾計矣但恐聞吾廻軍不敢前也兵事尚權乃露布西境稱得浩亹將進軍黃谷士業聞而大悅進入都瀆澗蒙遜潛軍逆之敗士業于壞城

夏赫連勃勃僭稱天王大單于諸將言於勃勃曰陛下將欲經營宇內南取長安宜先固根本使人心有所憑系然後大業可成高平險固山川沃饒可以都也勃勃曰卿徒知其一未知其二吾大業草創衆旅未多姚興亦一時之雄關中未可圖也且其諸鎮用命我若專固一城彼必并力於我衆非其敵亡可立

待吾以雲騎風馳出其不意救前則擊其後救後則擊其前使彼疲於奔命我則游食自若不及十年嶺北河東盡我有也待姚興死後徐取長安姚泓凡弱小兒擒之方畧已在吾計中矣昔軒轅氏亦遷居無常二十餘年豈獨我乎於是侵掠嶺北其後宋高祖爲晉將將兵伐後秦姚泓勃勃謂群臣曰劉裕伐秦水陸兼進且裕有高世之畧姚泓豈能自固吾驗以天時人事必當尅之又其兄弟內叛安可以距人裕既克長安利在速返正可留子弟及諸將守關中待裕發軫吾取之若拾芥耳不足復勞吾士馬於是秣

馬厲兵休養士卒尋進據安定姚泓嶺北鎮戍郡縣悉降勃勃於是盡有嶺北之地遂僭即帝位群臣勸都長安勃勃曰朕豈不知長安累帝舊都有山河四塞之固但荆吳僻遠勢不能爲人之患東魏與我同壤境去北京裁數百餘里若都長安北京恐有不守之憂朕在統萬彼終不敢濟河諸卿適未見此耳其下咸曰非所及也

前蜀王建初爲西川節度使大起蜀軍敗岐梓之兵於利州東川節度使顧彦暉懼而乞和請與岐人絶建許之其後山南之節兊東川彦暉求援於建建出

兵赴之大敗興元之衆洎軍旋建乘虚掩襲梓州虜彦暉置於成都遂兼有两川自此軍鋒益熾山南諸州皆爲建所有復攻秦隴等州李茂貞削弱不能守或勸建因取鳳翔建曰此言失策吾所得巳多不俟復增岐下茂貞雖甞才然名望宿著與朱公力爭不足僅守有餘韓生所謂入爲扞敵出爲席籍是也適宜援而固之爲吾盾鹵耳

後蜀孟知祥初爲西川節度使後唐天成中安重誨專權用事以知祥莊宗舊識方據大藩慮久而難制潛欲圖之是時客省使李嚴以甞使於蜀洞知其利病因獻謀於重誨請以巳爲西川監軍庶效方略以制知祥朝廷可之及嚴至蜀知祥延揖甚至徐謂嚴日都監前因奉使請兵伐蜀遂使東西两朝俱至破滅三川之人其怨巳深今旣復來人情大駭固奉爲不暇也即遣人縛下階斬於階前其後朝廷每除劒南牧守皆令提兵而往或千或百分守郡城時董璋作鎮東川巳數年矣亦有雄據之意會唐朝以夏魯奇鎮遂州李仁矩鎮閬州皆領兵數千人赴鎮復授以密旨令制禦两川董璋覺之乃與知祥通好結爲婚家以固輔車之勢知祥慮唐軍驟至與遂閬兵合

則勢不可支吾遂與璋協謀令璋以本部軍先取閬州知祥遣大將軍李仁罕趙廷隱等率軍圍遂州長興元年冬唐軍伐蜀至劒門二年二月以遂閬旣陷又粮運不接乃班師三年知祥又破董璋乃自領東西两川節度使

倚任

書曰任賢勿二傳曰知臣莫若君則知魚水之契小大之用何莫繇斯觀夫僭竊之主委任所至絶疑慮之心杜讒邪之口用其方畧倚以事權或致效於當時或建功於不世開地千里專制一方幸獲保全未

至覆滅者亦可謂得信任之效也

前涼張軌爲涼州刺史威著西州化行河右以宋配陰克氾瑗陰澹爲股肱謀主

張天錫襲涼州牧燉煌索泮世爲冠族天錫輔政以泮爲冠軍記室參軍天錫即位拜司賓歷位禁中錄事執法御椽州府肅然郡縣改迹遷羽林左監有勤幹之稱出爲中壘將軍西郡武威太守典戎較尉政務寬和戎夏懷其惠天錫甚敬之

前趙劉元海初即漢王位皆從祖劉宣之謀也故以宣爲丞相特荷尊重勳戚莫二軍國内外靡不專之

王彌叛亂進逼雒陽既敗走謂其黨劉靈曰晉兵尚強歸無所厝劉元海昔爲質子我與之周旋京師深有分契今稱漢王將歸之可乎靈然之乃渡河歸元海元海聞而大悅遣其侍中兼御史大夫郊迎致書於彌曰以將軍有不世之功超時之德故有此迎耳遲望將軍之來孤今親行將軍之館輒拂席洗爵敬待將軍及彌見元海勸稱尊號元海謂彌曰孤本謂將軍如竇周公耳今真吾孔明仲華也烈祖有云吾之有將軍如魚之有水於是署彌司隸較尉加侍中

劉聰僭即帝位使劉曜攻郭默于懷城收其米粟八十餘萬斛列三屯以守之聰遣使謂曜曰今長安假息劉琨游魂此國家所尤宜先除也郭默小醜何足以勞公神略可留征虜將軍貝丘王翼光守之公其還也於是曜歸蒲坂俄而徵聘輔政永嘉之亂劉殷沒於聰聰奇其才而擢用之累至侍中太保錄尚書事

後趙石勒初爲劉元海輔漢將軍引張賓爲謀主機不虛發算無遺策成勒之基業皆賓之勳也及勒爲趙王累加賓右長史大執法封濮陽侯專總朝政位冠百寮嘗呼曰右侯謂賓曰吾所未了右侯已了復

何疑哉

石季龍僭稱居攝趙天王使太子邃省可尚書奏事選牧守祀郊廟唯征伐刑斷乃親覽之及殺邃立子宣爲太子以石韜爲大尉與太子宣迭日省可尚書奏事又命石宣石韜生殺拜除皆迭日省决不復啓也時豪戚侵恣賄託公行季龍患之擢殿中侍御史李巨爲御史中丞特親任之自此百寮震慴州郡肅然

前燕慕容廆初爲大單于既立四郡以統流人於是推賢才委以庶政以河東裴嶷代郡魯昌北平陽耽

爲謀主北平逢羨廣平游邃北平西方虔勃海封抽西河宋奭河東裴開爲股肱勃海封奕平原宋該安定皇甫岌蘭陵繆愷以文章才儁任居樞要以裴嶷爲長史委以軍國之謀廆後謂群僚曰裴長史名重中朝而降屈于此豈非天以授孤也

慕容皝僭即王位以陽裕爲郎中令遷大將軍左司馬破高句麗北滅宇文歸皆豫其謀皝甚器重之

慕容儁僭即帝位既寢疾謂慕容恪曰吾所疾惙然當恐不濟修短命也復何所恨但二寇未除景茂冲幼景茂暐字慮其未堪多難吾欲遠追宋宣以社稷屬汝

恪曰太子雖幼天縱聰聖必能勝殘刑措不可以亂正統也儁怒曰兄弟之間豈虚飾也恪曰陛下若以臣堪荷天下之任者寧不能輔少主乎儁曰汝行周公之事吾復何憂李績清方忠亮堪任大事汝善遇之

慕容暐既嗣僞位以慕容恪爲大宰錄尚書事行周公事慕容評爲大傅副贊朝政暐既庸弱國事皆委之於恪其後暐境内多水旱恪評立稽首歸政請遜位還弟暐斷其讓表恪評等乃止

前秦苻健僭即帝位弟雄字元才爲佐命元勳健嘗曰元才吾姬旦也及卒健哭之歐血曰天不欲吾定四海邪何奪元才之速也又以中書令王堕著匪躬之稱健嘗嘆曰天下群官皆如王令君者陰陽曷不和乎甚敬重之

苻堅僭即苻秦天王位以王猛爲中書侍郎累遷尚書左僕射輔國將軍司隸校尉加騎都尉居中宿衛時猛年三十六歲中五遷權傾内外宗戚舊臣皆害其寵尚書仇騰丞相長史席寶數譖毁之堅大怒黜騰爲甘松護軍寶白衣領長史爾後上下咸服莫有敢言堅既平慕容暐命猛留鎮冀州堅遣猛鎮於六

州之内聽以便宜從事簡召英儁以補關東守宰授訖言臺除王猛爲丞相加都督中外諸軍事猛表讓久之堅曰卿昔螭蟠布衣朕龍潛弱冠屬世事紛紜厲事之際顛覆厥德朕奇卿於暫見擬卿爲卧龍卿以異朕於一言廻考盤之雅志豈不精契神交千載之會雖傅岩入夢姜公悟兆今古一時亦不殊也自卿輔政幾將二紀内釐百揆外蕩群凶天下向定彝倫始敘朕且欲從容於上望卿勞心於下弘濟之務非卿而誰遂不許其後數年復授司徒猛上疏讓不從乃受命軍國内外萬機之務事無巨細莫不歸之

猛宰政公平流放尸素拔幽滯顯賢才外修兵革內崇儒學勸課農桑教以廉恥無罪而不刑無才而不任庶績咸熙百揆時叙於是兵強國富垂及升平猛之力也猛死堅哭之慟謂太子宏曰天不欲使吾平一六合邪何奪吾景略之速也堅季弟融封安樂王固辭堅以爲侍中錄內外刑政修理進才理滯王景畧之流也尤善斷獄姦無所容故爲堅所委任

後秦姚襄初爲并州刺史以王亮爲長史俄而亮卒襄哭之甚慟曰天將不欲成吾事乎王亮捨我去也

姚萇初僭稱萬年秦王稱制行事以南安姚晃尹緯

爲左右司馬天水狄伯友爲師及僭即帝位以緯爲左僕射晃爲右僕射佔友爲尚書萇疾篤召太尉姚旻及緯晃伯友等入受遺輔政萇謂興曰有毀此諸人者愼無受之姚興初爲姚萇僞太子萇死興秘不發喪自稱大將軍以左僕射尹緯爲長史緯與興滅苻登成興之業皆緯之力也及緯死興甚悼之

後蜀李班既嗣僞位以李壽錄尚書事輔政班居中執喪禮政事皆委壽及司徒何點尚書令王瓌等

後燕慕容垂僭即帝位以僞太子寶錄尚書政事巨細皆委之垂揔大綱而已又以寶領侍中大單于驃騎大將軍幽州牧建留臺于龍城以高陽王慕容隆錄留臺尚書事

北燕馮跋僭稱天王以弟素弗爲侍中車騎大將軍錄尚書事跋之僞業素弗所建也素弗死跋哭之哀慟比葬七臨之

南凉禿髮利鹿孤嗣僞王位垂拱而已軍國大事皆委其弟車騎將軍傉檀及利鹿孤寢疾令日內外多虞國機務廣其令車騎嗣業

南燕慕容德僭即帝位以慕容鍾爲司徒累進奇策德用之頗中繇是政無大小皆以委之遂爲佐命元

勲德平青州王莒城渤海太守封孚出降德曰朕平青州不以爲慶嘉於得卿也甞外揔機事內參密謀

北凉沮渠蒙遜自稱凉州牧以燉煌張穆博通經史才藻清贍擢拜中書侍郎委以機密之任後僭稱河西王平酒泉得宋繇曰孤不喜尅李歆欣得宋繇耳拜尚書吏部郎中委以銓衡之任蒙遜將死也以子牧犍委託之

僞燕劉守光僭竊於幽州有雲州人張萬進初爲本州小較亡命投幽州守光厚遇之任爲裨將守光兼有滄景之地令其子繼威王留務繼威年幼未能政

事以萬進佐之比闕軍政一皆委任

冊府元龜

冊府元龜 僭偽部 倚任 卷之二百二十七

巡按福建監察御史臣李嗣京 訂正
知閩縣事臣曹𦙶臣參閱
知建陽縣事臣黄國琦較釋

僭僞部

崇儒 務農 好文 禮士

崇儒

夫設庠序之教振洙泗之風有國者所以化民成俗也自晉室板蕩群雄競起跨州連縣僭竊大號而或崇尚儒術建設學校明飲射之禮旌鴻碩之才亦區區之至也

前趙劉曜既僭即皇帝位立太學於長樂宮東小學於未央宮西簡百姓年二十五已下十三已上神志可教者千五百人選朝賢宿儒明經篤學以教之以中書監劉均領國子祭酒置崇文祭酒秩次國子散騎侍郎董景道以明經擢爲崇文祭酒以游子遠爲大司徒又嘗臨大學引試學生之上第者拜郎中

後趙石勒初爲征東大將軍幽州牧立太學簡明經善書吏署爲文學掾選將佐子弟三百人教之及爲趙王增置宣文宣教崇儒崇訓十餘小學于襄國四門簡將佐豪右子弟百餘人以教之且備擊柝之衛又親臨大小學考諸學生經義尤高者賞帛有差既僭帝位命郡國立學官每郡置博士祭酒二人弟子百五十人三考修成顯升台府於是擢拜大學生五人爲佐著作郎錄述時事

石季龍僭稱大趙天王下書令諸郡國立五經博士初勒置大小博士至是復置國子博士助教季龍昏虐無道頗慕經學遣國子博士詣雒陽寫石經校中經于秘書國子祭酒聶熊注穀梁春秋列于學官

前燕慕容廆初爲大單于目黎公以平原劉讚儒學

該通引爲東庠祭酒其世子皝率國胄東修受業焉廆覽政之暇親臨聽之於是路有頌聲禮讓興矣

慕容皝既爲燕王賜其大臣子弟爲官學生者號高門生立東庠于舊宮以行鄉射之禮每月臨觀考試優劣皝雅好文籍勤於講授學徒甚盛至千餘人著典誡十五篇以教胄子又親臨東庠考試學生其經通秀異者擢充近侍

慕容儁僭即皇帝位立小學于顯賢里以教胄子

前趙苻堅既僭皇帝位立學校廣修學官召郡國學生通一經以上充之公卿以下子孫並遣受業其學

為通儒才堪幹事清修廉直孝弟力田者皆旌表之於是人思勸厲號稱多士又親臨太學考諸生經義優劣品而第之問難五經博士多不能對堅謂博士王寔曰朕一月三臨太學黜陟幽明躬親獎勵罔敢勸遣庶幾周孔微言不由朕而墜漢之二武其可追乎寔對曰自劉石擾覆華畿二都鞠爲茂草儒生罕有或存墳籍滅而莫紀經綸學廢奄若秦皇陛下神武撥亂道隆虞夏開庠序之美政弘儒教之風化盛隆周世垂馨千祀漢之二武焉足論哉堅自是每月一臨太學諸生競勸焉其後臨太學考學生經義上

第擢叙者八十三人自永嘉之亂庠序無聞及堅之僭頗留心儒學王猛整齊風俗政理稱舉學校漸興又令中外四禁二衛四軍長上將士皆令修學課後宮置典學立內司以授于掖庭選閹人及女隸有聰識者署博士以授經又行禮于辟雍祀先師孔子其太子及公卿大夫士之元子皆束修釋奠焉

後秦姚萇既僭即皇帝位乃立太學禮先賢之後其後破苻登乃下書令留臺諸鎮各置學官勿有所廢考試優劣隨才擢叙姚興既僭帝位時天水姜龕東平淳于岐馮翊郭高等皆耆儒碩德經明行修各門徒數百教授長安諸生自遠而至者萬數千人興每於聽政之暇引龕等于東堂講論道藝錯綜名理涼州胡辯苻堅之末東徙雒陽講授弟子千有餘人關中復進多赴之請業興勑關尉曰諸生諮訪道義修己厲身往來出入勿拘常限於是學者咸勸儒風盛焉其後立律學于長安召郡縣散吏以授之其通明者還之郡縣論決刑獄

後蜀李雄既僭即帝位是時海內大亂而蜀獨無事故歸之者相尋雄乃興學校置吏館聽覽之暇手不釋卷

北燕馮跋既僭稱天王下書曰武以平亂文以經務寧國濟俗寔所憑焉自頃喪難禮崩樂壞閭閻絕諷誦之音後生無庠序之教子衿之歎復興于今豈所以穆章風化崇闡斯文可營建太學以長樂劉軒營丘張熾成周翟崇爲博士郎中簡二千石已下子弟年十五已上教之

南凉秃髮利鹿孤既僭稱西河王謂其群下曰二三君子其極言無諱吾將覽焉祠部郎中史暠對曰古之王者行師以全軍爲上破軍次之拯溺救焚東征西怨今不以綏寧爲先唯以徙戶爲務安土重遷故

有離叛所以斬將尅城士不加廣今取士拔才必先弓馬文章學藝爲無用之條非所以來遠人埀不朽也孔子曰不學禮無以立宜建學挍開庠序選耆德碩儒以訓冑子利鹿孤善之於是以田玄冲趙誕爲博士祭酒以教冑子

南燕慕容德旣僭帝位建立學官簡公卿以下子弟及二品士門二百人爲太學生

務農

夫僭竊之國疆宇尤隘武功是用兵食是資則有勸課區種引利溝瀆設官以勉之嚴罰以督之蓋亦承

天勢取地利勞來農事以豊年穀使國有儲峙民無流散爲有國者之計矣故能抗拒征伐苟延歲月良在茲乎至於舉王者之事竊耕耘之名斯爲僭禮何足尚也

前凉張駿爲凉州牧以晉明帝太寧元年親耕籍田

西凉李暠稱凉州牧旣遷酒泉乃敦勸稼穡群寮以年穀頻登百姓樂業請勒銘酒泉暠許之於是使儒林祭酒劉彦明爲文刻石頌德

後趙石勒爲趙王元年遣使循行州郡勸課農桑其後以右常侍霍晧爲勸課大夫與典農使者朱表典勸都尉陸充等循行州郡核定戶籍勸課農桑最修者賜爵五大夫及僭卽帝位親耕籍田

石季龍初稱大趙天王如長樂衛有田疇不闢桑業不脩者貶其守宰而還及僭卽帝位親耕籍田于其桑梓苑其妻杜氏祠先蠶于近郊

前燕慕容皝僭稱燕王躬巡郡縣勸課農桑以牧牛給貧家田于苑中公收其八二分入私有牛而無地者亦田苑中公收其七三分入私皝記室參軍封裕諫之皝乃令曰君以黎元爲國黎元以穀爲命然則農者國之本也而二千石令長不遵孟春之令惰農

弗勸宜以尤不修闢者措之刑罰肅厲屬城主者明詳推檢具狀以聞苑囿悉可罷之以給百姓無田業者貧者全無資産不能自存各賜牧牛一頭若私有餘力樂取官牛懇官田者其依魏晉舊法溝洫溉灌有益官私主者量造務盡水陸之勢中州未平兵難不息勳誠旣多官僚不可以減也待尅平凶醜徐更議之百工商賈數四佐與列將速定大員餘者還農學生不任訓教者亦除員祿

前秦苻堅僭稱大秦天王課農桑又親耕籍田其妻苟氏親蠶于近郊其後又遣使廵察四方勸課農桑

又以境內旱課百姓區種又以關中水旱不時議依鄭白故事發其王侯已下及豪望富室僮隸二萬人開涇水上源鑿山起堤通渠引瀆以溉岡鹵之田及春而成百姓賴其利

北燕馮跋僭稱天王勵意農桑勤心政事乃下書省徭薄賦惰農者戮之力田者褒賞命尚書紀達爲之條制又下書曰今海宇無虞百姓寧業而田畝荒穢有司不隨時督察欲令家給人足不亦難乎桑柘之益有生之本此土少桑人未見其利可令百姓植桑一百根柘二十根

北涼沮渠蒙遜稱涼州牧下書曰孤以虛薄假忝時運未能弘闡大猷戡蕩群孽使桃蟲鼓翼東京封豕烝涉西裔戎車屢動干戈未戢農失三時之業百姓戶不粒食可戶省百徭專功南畝明設科條務盡地利

好文

昔十六國之君皆以晉室衰微拓據境土然而居禮義之鄉襲衣冠之俗積習生常遂革其性或著述詞賦或善工草隸延詞學之士游集於文義聚經史之言討論於典訓故先聖之言曰有教無類誠不誣哉

前涼張駿十歲能屬文張天錫少有文才流譽遠近

西涼李暠少而好學通涉經史尤善文義及爲涼公於南門外臨水起靖恭堂圖自古聖帝明王忠臣孝子烈士貞女暠親爲序頌以明鑒戒之義後遷居酒泉上巳日宴于曲水命群僚賦詩而親爲之序既而禿髮傉檀入據姑臧沮渠蒙遜基宇稍廣於是慨然著述志賦先是河右不生楸槐柏漆張駿之世取於秦隴而植之終而皆死而酒泉宮之西北隅有槐樹生焉暠又著槐樹賦以寄情蓋歎僻陋遐方立功非所也亦命主簿梁中庸及劉彥明等並作又感兵難

繁興時俗諠競乃著大酒容賦以表恬豁之懷前妻同郡辛納女卒暠親爲之誄自題詩賦又數十篇

前趙劉元海幼好學師事上黨崔游習毛詩京氏易馬氏尚書尤好春秋左氏傳孫吳兵法略皆誦之史漢諸子無不綜覽

劉聰幼而聰悟好學博士朱紀大奇之年十四究通經史兼綜百家之言孫吳兵法靡不誦之工草隸善屬文著述懷詩百餘篇賦頌五十餘篇

劉曜讀書志於廣覽不精思章句而善屬文

前秦苻堅八歲請師就學祖洪曰汝戎狄異類世知

飲食今乃求學邪欣而許之及僭卽位親臨大學考學生經義優劣品而第之問難五經博士多不能對符丕少而聰慧好學博綜經史

後秦姚興博學善談論尤好詩詠初爲僞太子與其中舍人梁喜洗馬范最等講論不以兵難廢業時人化之又與黄門郎叚章尚書郎富允文以儒術侍講胡義周夏侯稚以文章游集及僭卽位其給事黄門侍郎古成詵中書侍郎王尚尚書郎馬岱等以文章雅正參管機密時凉州剌史王尚有罪禁南臺别駕宗敞等上表理之興謂其黄門侍郎姚文祖曰卿知

宗敞乎文祖曰與臣州里西方之英儁興日有表理王尚文義甚佳當王尚研思耳文祖曰尚在南臺禁止不與賓客交通敞寓於楊桓非常明矣興日若爾桓爲措手乎文祖曰西方評敞甚重優於楊桓敞昔與呂超周旋陛下試可問之興因謂超曰宗敞文才何如可是誰輩超曰敞在西土時論甚美方敞魏之陳徐晉之潘陸卽以表示超曰京州小地寧有此才乎超曰臣以敞餘文比之未足稱多琳瑯出于崑巖明珠生于海濱若必以地求人則文命大夏之棄夫姬昌東夷之擯士但當問其文采如何不可以區宇

格物與悅赦敞之罪以爲尚書

後蜀李雄僭僞位聽覽之暇手不釋卷

李班初爲僞太子引名士王嘏及隴西董融天水文聶等以爲賓友每謂融等曰觀周景王太子晉魏太子丕吳太子孫登文章鑒識超然卓絶未嘗不有慙色何古賢之高朗後人之莫逮也

李期聰慧好學弱冠能屬文

後涼呂光既破龜茲入其城大饗將士賦詩言志見其宮室壯麗命參軍京兆叚業著龜茲宮賦以譏之

後燕慕容寶初爲僞太子砥礪自修敦崇儒學工談

論善屬文

蜀王衍自童年卽能屬文甚有才思尤能爲豔歌或有所著蜀人皆傳誦焉

禮士

聘名士禮賢才蓋有國之大方王者之盛德觀夫僭號假名之主亦乃備玄纁之禮馳蒲版之書搜隱遯旌巖穴或任高於義士或諮謀於全才善話是遵構詭靡間故能專制土宇少延歲月天未悔禍何斯言之不誣

前凉張祚僭卽帝位遣使者張興備禮徵宋纖爲太

子友纖時年八十篤學不倦與逷喩甚切纖喟然嘆曰德非莊生才非干木何敢稽停明命遂隨與至姑臧祚遣其太子泰和以執友禮造之纖稱疾不見贈遺皆不受尋遷太子太傅

前趙劉元海初爲左賢王時後部人陳元達少孤貧常躬耕兼誦書樂道行詠忻忻如也至四十不與人交通元海招之達不答及元海僭號又徵爲黄門郎

劉曜僭即帝位徙都長安時天水楊軻少好易長而不娶學業精微養徒數百曜徵拜太常軻固辭不起曜亦敬而不逼遂隱于隴山

後趙石勒初爲劉元海安東大將軍開府置左右長史司馬從事中郎進軍攻鉅鹿常山害二郡守將陷冀州郡縣堡壁百餘衆至十餘萬其衣冠人物集爲君子營乃引張賓爲謀主始署軍功曹以刁膺張敬爲股肱夔安孔萇爲爪牙支雄呼延莫王楊桃豹逯明吳豫等爲將率後以張賓爲右長史大執法封濮陽侯任遇優顯寵冠當時入則格言出則歸美勒甚重之每朝常爲之正容貌簡辭令呼曰右侯而不名之勸朝莫與爲比也勒謂賓曰鄴魏之舊都吾將營建既風俗殷雜須賢望以綏之誰可任也賓曰晉故東萊太守南陽趙彭忠亮篤敏有功佐時良幹將軍若任之必能允副神規勒於是徵彭署爲魏郡太守彭至入泣而辭曰臣往策名晉室食其祿矣犬馬戀主竊不敢忘誠知晉之宗廟鞠爲茂草亦猶洪川東逝往而不還明公應符受命可謂攀龍之會但受人之榮復事二姓臣志所不爲恐亦明公之所不許若賜臣餘年全臣一介之願者明公大造之惠也勒默然張賓進曰自將軍神旗所經衣冠之士靡不變節未有能以大義進退者至如此賢以將軍爲高祖自擬爲四公所謂君臣相知此足成將軍不世之高何

必吏之勒大悅曰右侯之言得孤心矣於是賜安車駟馬養以卿祿辟其子明爲參軍

石季龍既嗣僞位時天水楊軻隱遁劉曜徵不就居長安中季龍備玄纁束帛安車徵之軻以疾辭迫之乃發既見季龍不拜與語不言命舍之于永昌邑第有司以軻倨傲請從大不敬論季龍不從下書任軻所尚輒在永昌季龍每有饋餼輒口授弟子使爲表謝其文甚美覽者歎有深致

冉閔既僭帝位備禮徵仇道辛謚爲太常謚不食因卒

前燕慕容廆初爲遼東公時晉昌黎太守裴嶷與兄子開投廆廆甚悅以爲長史後謂羣僚曰裴長史名重中朝而降屈于此豈非天以授孤也有高瞻者隨晉東夷校尉崔毖伐廆于棘城毖奔敗瞻隨衆降于廆廆署爲將軍瞻稱疾不起廆敬其姿數臨候之

慕容儁僭即僞位平范陽得太守李産歷位尚書儁敬其儒雅後與韓恒俱傳東宮從太子曄入朝儁顧謂左右曰此二傅一代偉人未易繼也其見重如此

慕容暐僭即帝位以安車徵上谷公孫鳳鳳初隱于昌黎之九城山至鄴見暐不言不拜衣食舉動如在

九城賓客造請歎得與言數年病卒又徵平郭公孫永至鄴永見暐不拜王公已下造之皆不與言雖經隆冬盛暑端然自若一歲餘詐狂暐送之平郭

前秦苻堅初鎮關中將有大志聞華山王猛名遣呂婆樓招之一見便若平生語及廢興大事異符同契若玄德之遇孔明也及僭即帝位遣使徵泰山張忠及至長安堅賜以衣冠忠辭曰年朽髮落不堪衣冠請以野服入覲從之及見堅謂之曰先生考槃山林研精道素獨善之美有餘兼濟之功未也故遠屈先生將任齊尚父父忠曰昔因喪亂避太山與鳥獸爲侶以全朝夕之命屬堯舜之世思一奉聖顏年衰志謝不堪展効尚父之況非敢竊擬山棲之性情存巖岫乞還餘齒歸死岱宗堅以安車送之至又聞平郭山公孫永年餘九十將備禮徵之歎其年老路遠乃遣使者致問未至而亡堅深悼之謚曰崇虛先生後平襄陽堅素聞習鑿齒名與釋道安俱輿而致焉既見與語大悅之賜遺甚厚又以其蹇疾與諸鎮書曰昔晉氏平吳利在二陸今破漢南獲士裁一人半耳及堅爲慕容所圖乃遣鴻臚郝稚徵處士王嘉于到獸山既至召於外殿與道安動靜咨問之

後秦姚興如三原顧謂羣臣曰古人有言關東出相關西出將三秦饒儁異汝潁多奇士吾應天明命跨據中原自流沙已東淮漢以北未嘗不傾己招求與扶不逮然明不照下弗感懸魚至於智効一官行著一善歷級而進之不使有俟門之嘆卿等宜明揚側陋助吾舉之梁喜對曰奉旨求賢弗曾休倦未見儒亮大才王佐之器可謂世之乏賢興曰自古霸王之起也莫不將則韓吳相兼蕭鄧終不採將於往賢求相於後哲卿自識拔不明求之不至柰何厚誣四海乎羣臣咸悅

後蜀李雄自稱益州牧既尅成都以山西范長生巖居穴處求道養志欲迎立爲君而臣之長生固辭及雄稱僭成都王長生自山西乘素輿詣成都雄迎之于門執版延坐拜丞相尊曰范長生勸雄稱尊號雄於是僭即帝位加長生爲天地大師封西山侯復其部曲不豫軍征租稅一入其家

南燕慕容德僭即帝位先是封孚幼而聰敏和裕有士君子之稱慕容寶僭位累遷吏部尚書及蘭汗之篡南奔辟閭渾渾表爲渤海太守德至莒城孚出降德曰朕平青州不以爲慶喜於得卿也

北凉沮渠蒙遜即西河王位平酒泉得宋繇繇初仕李歆歷位通顯蒙遜入繇室得書數千卷鹽米數十斛而已乃歎曰孤不喜尅李歆欣得宋繇耳拜尚書吏部郎中委以銓衡之任蒙遜將死也以子牧犍委之

冊府元龜

巡按福建監察御史臣李嗣京　訂正
知甌寧縣事臣孫以敬參閱
知建陽縣事臣黃國琦較釋

僭僞部

政治　求諫　聽納

政治

三代之道不可尚已一國之風有足觀者蓋爲政之本在人則舉矣自五馬南渡六胡亂華國異政家殊

俗法禁賦歛猶議其重輕武事文經各立乎制度故能總攬賢俊修定律令俾夫一方之氓知所歸嚮四境之內咸致樂康孟子曰國無小夫子曰雖蠻貊之邦行之矣信哉

前涼張軌爲凉州刺史威著西州化行河右中州避難來者日月相繼分武威置武興郡以居之

張駿爲凉州牧下令境中曰昔鯀殛而禹興芮誅而缺進唐帝所以殄洪災晉侯所以成五霸法律犯死罪朞親不得在朝今盡聽之唯不宜內參宿衞耳於是刑清國富駿有計畧勤修庶政總御文武咸得其用遠近嘉詠號曰積賢君自軌據凉州屬天下之亂所在征伐軍無寧歲至駿境內漸平

張重華自稱假凉王輕賦歛除關稅省園囿以恤孤窮

西凉李暠自稱秦凉二州牧於南門外臨水起堂名曰靖恭之堂以議朝政閱武事圖讃自古聖帝明王忠臣孝子烈士貞女暠親爲序頌以明鑒戒之義當時文武群僚亦皆圖焉有白雀翔于靖恭堂暠觀之大悅又起嘉納堂於後園以圖讃所志暠既遷酒泉乃敦勸稼穡群僚以年穀頻登百姓樂業請勒銘酒

泉暠許之

前趙劉聰初置相國官上公有殊勳德者死乃贈之於是大定百官置太師丞相自大司馬以上七公位祿綟綬遠游冠置輔漢都護中軍上軍撫鎮衞軍前後左右上下軍輔國冠軍龍驤武牙大將軍營各配兵二千皆以諸子爲之置左右司隷各領戶二十餘萬萬戶置一內史凡內史四十三單于左右凡左右輔王六夷十萬落萬落置一郡尉省吏部置左右選曹尚書自司隷以下六官皆位次僕射置御史大夫及州牧位皆上公

劉曜襲僞位省酆水囿以與貧戶禁無官者不聽乘馬祿八百石以上婦女乃得衣錦繡自季秋農功畢乃聽飲酒宗廟社稷之祭不得殺牛犯者皆死

後趙石勒初爲趙王下書曰今大亂之後律令滋煩其採集律令之要爲施行條制於是命法曹令史貫志造辛亥制度五千文施行十餘歲乃用律令後依春秋列國漢初侯王每世稱元胡人出內重其禁法不得侮易衣冠華族號胡爲國人署前將軍李寒領司兵勳教國子擊刺騎射之法又下書禁國人不聽報嫂及在喪婚娶其燒葬令如本俗又清定五品以

張賓領選後續定九品署張班爲左執法郎孟卓爲右執法郎典定士族副選舉之任令群寮及州郡縣歲各舉秀才至孝廉清賢良直言武勇之士各一人置都部從事各一部一州秩二十石職準丞相司直又以百姓復業資儲未豐於是重制禁釀郊祀宗廟皆以醴酒行之數年無釀者又令州郡有壙發掘不掩覆者推劾之骸骨暴露者縣爲備棺衾之具以牙門將王波爲記室參軍典定九流始立秀孝試經之制及僭稱天王行皇帝事下書曰自今有疑難大事八座及委丞郎齋詣東堂詮評平決其有軍國要務須啓自今僕射尚書隨局入陳勿避寒暑昏夜也勒旣僭卽皇帝位下書曰自今諸有處法悉依科令吾所忿戮怒發中旨者若德位已高不宜刑罰或服勤死事之孤邂逅罹譴門下皆各列奏之吾當思擇而行也又禁州郡諸祠堂非正典者皆除之其能興雲致雨有益於百姓者郡縣更爲立祠堂殖嘉樹準嶽瀆已下爲差等又下書令公卿百寮歲薦賢良方正直言秀異至孝廉清各一人答策上第者拜議郎中第中郎下第郎中其舉人得遞相薦引廣招賢之路

石季龍僭稱居攝趙天王始制散騎常侍已上得乘

軺軒王公郊祀乘副車駕四馬龍旌八旒朔望朝會卽乘軺軒季龍如長樂衛國有田疇不闢農業不修者貶其守宰而還禁郡國不得私學星讖敢有犯者誅後稱大趙天王以吏部選舉斥外耆德而勢門童幼多爲美官免郎中魏夔爲庶人時豪戚侵恣賄託公行季龍患之擢殿中侍御史李臣爲御史中丞特親任之自此百寮震懾州郡肅然

前燕慕容廆初爲大單于時二京傾覆幽冀淪滔廆刑政修明虛懷引納流亡士庶多襁負歸之廆乃立郡以統流人冀州人爲冀陽郡豫州人爲成州郡青

州人爲營丘郡幷州人爲唐國郡廆嘗從容言曰獄者人命之所懸也不可以不愼賢人君子國家之基也不可以不敬稼穡國之本也不可以不急酒色便佞亂德之甚也不可以不戒乃著家令數千言以申其肯

慕容皝嗣廆位籍田於朝陽門東置官司以主之立納諫之木以開讜言之路以久旱丐百姓田租

前秦苻健僭卽帝位起靈臺於杜門與百姓約法三章薄賦卑官垂心政事優禮耆老修尚儒學而關右稱來蘇焉

苻堅僭號大秦天王於是修廢職繼絕世禮百神課農桑立學校其殊方異行孝友忠義德業可稱者令所在以聞又遣使巡行四方觀風俗問政道明黜陟恤孤獨不能自存者及戎狄種落州郡有高年孤寡不能自存長史刑罰失中爲百姓所苦清修疾惡課農桑有便於俗篤學至孝義烈力田者皆令具條以聞堅以王猛卒罷聽訟觀於未央之南禁老莊圖讖之學

後秦姚萇僭卽帝位自長安還安定修德政而行惠化省非急之費以救時弊閭閻之士有豪介之善者皆顯異之及破苻登後下書兵吏從征伐戶在大營者世世復其家無所豫將帥死王事者加秩二等士卒戰沒皆有褒贈下書有復私仇者誅之將吏亡沒者各隨所親以立後賑給長育之又下書除妖謗之言及赦前姦穢有相劾舉者皆以其罪罪之

姚興襲僞位令郡國各歲貢清行孝廉一人下書禁百姓造錦繡及淫祀又下書令士卒戰亡者守宰所在埋藏之求其近親爲之立後又班命郡國百姓因荒自賣爲奴婢者悉免爲良人始平太守周班槐理令李清皆以贓貨誅於是郡國肅然矣興下書聽祖

父母昆弟得相容隱命百寮舉殊才異行之士刑政有不便於時者皆除之立律學於長安召郡縣散吏以授之其通明者還之郡縣論決刑獄若州郡縣所不能決者讞之廷尉興嘗臨諮議堂聽斷疑獄于時號無寃滯興下書將帥遭大喪非在疆場險要之所皆聽奔赴及朞乃從王役臨戎遭喪聽假百日若身爲邊將家有大變交代未至敢輒去者以擅去官之罪罪之

姚泓旣襲僞位下書士卒死於王事贈以爵位永復其家

後蜀李特自稱使持節大都督承制封拜時益州刺史羅尚貪殘爲百姓患而特與蜀人約法三章施捨賑貸禮賢拔滯軍政肅然百姓爲之謠曰李特尚可羅尚殺我

李雄僭稱成都王除晉約法七章雄性寬厚簡刑約法甚有名稱氐苻成文隗皎降復叛手傷雄母及其來也咸釋其罪厚加待納繇是夷夏安之威震西土時海內大亂而蜀獨無事故歸之者相尋其賦男丁歲穀三斛女丁半之戶調絹不過數丈綿數兩事少役稀百姓富實閭門不閉無相侵盜

後燕慕容盛僭即帝位有犯罪者十日一決自無檛捶之罰而獄情多實後去皇帝之號稱庶人大王引見百寮于東堂考詳覊藝超拔者十有二人命有司舉文武之士才堪佐世者各一人

北燕馮跋僭稱天王下書曰自頃多故事難相尋賦役繁苦百姓困窮宜加寬宥務從簡易前朝苛政皆悉除之守宰當垂仁惠無得侵害百姓蘭臺都官明加澄察分遣使者巡行郡國觀察風俗孤老久疾不能自存者賑穀帛有差孝悌力田閨門和順者皆褒顯之每遣守宰必親見東堂問爲政之要令極言無隱以觀其志於是朝野競觀焉又下書曰聖人制禮送終有度重其衣衾厚其棺槨將何用乎人之亡也精魂上歸於天骨肉下歸於地朝終夕壞無寒煖之期衣以錦綉服以羅紈寧有知哉厚於送終貴而改葬皆無益亡者有損於生是以祖考因舊立廟皆不敢營陵寢申下境內自今皆令奉之

南燕慕容德僭即位於廣固遣其度支尚書封愷中書侍郎封逞觀省風俗所在大饗將士

北涼沮渠蒙遜僭稱河西王命征南姚艾尚書左丞房晷撰朝堂制行之旬月百寮振肅及剋酒泉百姓

安堵軍無私焉

閩王審知起自壟畝以至富貴每以節儉自處選任良吏省刑惜費輕傜薄斂與民休息三十年間一境晏然

求諫

經曰士有爭友則身不離於令名父有爭子則身不陷於不義況僭其位號據有邦域虔鞏於強大恐懼乎闕漏者也而有下令求言樹鼓招諫懸封爵箱篚之科級俟工瞽士農之損益信而克行豈不盛哉

前涼張寔既襲父位爲涼州牧下令國中曰㕘紹前

跛庶事有缺竊慕箴誦之言以補不逮自今有面刺孤罪者酬以東帛翰墨陳孤過者答以箱篚謗言於市者報以羊米

後趙石勒僞稱趙王令遠近牧守宣告屬城諸所欲言靡有隱諱使知區區之朝虛渴讜言也及僭即帝位以日蝕避正殿三日令群公卿士各上封事

石季龍僭襲趙天王時白虹出自大社經鳳陽門東南連天十餘刻乃赦季龍下書曰蓋古明王之理天下也政以均平爲首化以仁惠爲本故能允協人和緝熙神物朕以眇薄君臨萬邦夕惕乾乾思遵古烈

是以每下書蠲除徭賦休息黎元庶俯懷百姓仰禀三光而中年已來變眚彌顯天文錯亂時氣不應斯繇人怨于下譴感皇天雖朕之不明亦群后不能翼獎之所致也昔楚相修政洪災旋弭鄭卿厲道氣祲自消皆股肱之良用康群變而群公卿士各懷道迷邦拱默成敗豈所望於台輔百司哉其各上封事極言無隱

前燕慕容皝初爲大單于立納諫之木以開讜言之路及僭即王位以牧牛給貧家田于苑中公收其八二分入私記室參軍封裕諫之皝賜裕錢五萬明宣內外有欲陳孤過者不拘貴賤勿有所諱

後秦姚泓僭即帝位令文武各盡直言政有不便於時事有光益宗廟者極言勿有所諱

後蜀李壽僭即帝位大風暴雨震其端門壽深自悔責命群司極盡忠言勿拘忌諱

南涼禿髮利鹿孤僭稱西凉王謂其群下曰吾無經濟之才忝承業統自負乘在位三載于茲雖夙夜惟寅思弘道化而刑政未能允中風俗尚多凋弊戎事屢駕無闢境之功務進賢彥而下猶蓄滯豈所任非才將吾不明所致也二三君子其極言無諱吾將覽

焉

北涼沮渠蒙遜自稱涼州牧下令曰養老乞言晉文納輿人之誦所以能招禮英彥致時雍之美况孤寡德智不經遠而可不思聞讜言以自鏡哉內外群寮其各搜揚賢儁廣進芻蕘以匡孤不逮

聽納

典午之中圮也藩籬非固姦宄並作亂華于紀竊號假名據千里之疆僭稱我理感一顧之士各爲其主日尋戈戟專用俎詐戰謀國體自任其胷臆庭諍庶議尚資於豪傑若乃動有過舉事非乘便激切以規

正周旋以引喻而能遷思廻慮虛受兼容雖不足徵亦各從其類者也

前凉張寔爲凉州牧賊曹佐高昌隗瑾進言曰聖王將舉大事必崇三訊之法朝置諫官以佐大理凝丞輔弼以補闕拾遺今事無巨細盡决聖慮興軍布令朝中不知若有謬闕則下無分謗竊謂宜偃聰塞智開納群言政刑大小與衆共知若嘗內斷聖心則群寮畏威而面從矣善惡專歸於上雖賞千金終無言也寔納之增位三等賜帛四十疋

張駿寔之弟爲凉州牧時劉曜東討石生長安空虛

大蒐講武將襲秦雍理曹郎中索詢諫曰曜雖東征劉裔猶守本險阻路遥爲主人甚易劉若輕騎憑氐羌以距我者則奔突難測輟彼東合而逆戰者則寇我未已頃年頻出戎馬生郊外有饑羸內資虛耗豈是殿下子物之謂邪駿曰每患忠言不獻面從背違吾政教缺然而莫我救者盡辭規諫深副孤之所望以羊酒禮之駿境內嘗大饑穀價踊貴市長譚詳請出倉穀與百姓秋收三陪徵之從事陰據諫曰昔西門豹宰鄴積之於人解扁莅東封之邑計入三陪文侯以豹有罪而可賞扁有功可罰今群欲因人之乏饑要三倍之利反裘傷皮未足喻之駿納之駿議欲嚴刑峻制衆咸以爲宜參軍黃斌進曰臣未見其可駿問其故斌曰夫法制所以經綸邦國篤俗齊物既立必行不可窪降也若尊者犯令則法不行矣駿憑几改容曰夫法唯上行制無高下且徵黃君吾不聞過矣黃君可謂忠之至也於是擢爲敦煌太守又辛晏阻兵於枹罕駿讌群寮于閑豫堂命竇濤等進討辛晏從事劉慶諫曰霸王不以喜怒興師不以乾沒取勝必須天時人事然後起也辛晏父子安忍凶狂其亡可待柰何以饑年大舉猛寒攻城昔周武廻戈

以須亡殷之期曹公緩袁氏使自斃何獨殿下以旋兵爲恥乎駿納之

張重華駿之子爲凉州牧假凉王石季龍將麻秋攻枹罕有衆十二萬進屯河內遣王擢畧地晉興廣武越洪池嶺至於曲柳姑臧大震重華議欲親出距之謝艾固諫以爲不可别駕從事索遐進曰賊衆甚盛漸逼京畿君者國之鎮也不可以親動左長史謝艾文武兼資國之方邵宜委以推轂之任殿下居中作鎮授以筭畧小賊不足平也重華納之

前趙劉元海僭即漢王位都離石會歲大饑遷于黎

亭以就郥閣穀留其大尉劉宏護軍馬景守離石使大司農卜豫運糧以給之以其前將軍劉景爲使持節征討大都督大將軍要擊并州刺史劉琨于版橋爲琨所敗琨遂據晉陽其侍中劉殷王育進諫元海曰殿下自起兵以來漸已一周而顓守偏方王威未震誠能命將四出決機一擲梟劉琨定河東建帝號鼓行而南尅長安而都之以關中之衆席卷雒陽如指掌耳此高皇帝之所以創啓鴻基尅殄彊楚者也元海悦曰此孤心也遂據進河東攻寇蒲阪平陽皆陷之元海遂入都蒲子

劉曜命起鄷明觀立西宮建陵霄臺於滈池又將覇陵西南營壽陵侍中喬豫和苞上疏切諫曜覽之大悦下書曰二侍中懇懇有古人之風烈矣可謂社稷之臣也非二君朕安聞此言乎以孝明於承平之世四海無虞之日尚納鍾離一言而罷北宫之役况朕之闇耿當今極弊而可不敬從明誨乎今勑悉停壽陵制度一遵覇陵之法詩不云乎無言不讎無德不報其封豫安昌子苞平輿子並領諫議大夫可敷告天下使知區區之朝思聞過也自今政法有便於時不利社稷者其詣闕極言勿有所諱尋而終南山摧獲玉有隱文群臣以爲瑞中書監劉均獨以爲亡國之象辯而言之曜憮然改容御史劾均狂言瞽説誣罔詳瑞請依大不敬論曜曰此之災瑞誠不可知深戒朕之不德朕收其忠惠多矣何罪之有乎

後蜀李雄意在招致遠方國用不足故諸將每進金銀珍寶多有以得官者丞相楊褒諫曰陛下爲天下主當羅網四海何有以官買金邪雄遜辭謝之後雄嘗酒醉而推中書令杖太官令褒進曰天子穆穆諸侯皇皇安有天子而爲酗也雄即捨之雄無事小出褒於後持矛馳馬過雄雄怪問之對曰夫統天下之

重如臣乘惡馬而持矛也急之則慮自傷緩之則懼其失是以馬馳而不制也雄寤即還

李壽遣其散騎常侍王嘏中常侍王廣聘於石季龍先是季龍遺壽書欲連横入寇約分天下壽大悦乃大修船艦嚴兵繕甲吏卒皆備餱糧以其尚書令馬當爲六軍都督假節鉞營東場大閱軍士七萬餘人舟師泝江而上過成都鼓譟盈江壽憑城觀之其群臣咸曰我國小衆寡吳險遠圖之未易解思明又切諫懇至壽於是命群臣議其利害龔壯諫曰陛下與胡通孰如與晉通胡豺狼國也晉旣滅不得不北面

事之若與之爭天下則強弱勢異此虞虢之成範巳然之明戒願陛下熟慮之群臣以莊之言爲然叩頭泣諫壽乃止士衆咸稱萬歲

前燕慕容皝以牧牛給貧家田于苑中公收其八二分入私有牛而無地者亦田苑中公收其七記室封裕以收入太重上書諫皝皝乃令曰覽封記室之諫孤實懼焉君以黎元爲國黎元以穀爲命然則農者國之本也而二千石令長不遵孟春之令墮農弗勸宜以尤不脩闕者措之刑罰肅厲屬城主者明詳推撿具狀以聞苑囿悉可罷之以給百姓無田業者貧

者全無資產不能自存各賜牧牛一頭若私有餘力樂取官牛墾官田者其依魏晉舊法溝洫溉灌有益官私主者量造務盡水陸之勢中州未平兵難不息勳臣旣多官寮不可以減也待尅平凶醜徐更議之百工商賈數四佐與列將速定大員餘者還農學生不任訓教者亦除員錄夫人臣關言於人主至難也妖妄不經之事皆應蕩然不問擇其善者而從之王憲劉明雖其罪應禁黜亦猶孫之無大量也可悉復本官仍居諫司封生謇謇深得王臣之體詩不云乎無言不讎其賜錢五萬明宣內外有欲陳孤過者不拘貴賤勿有所諱

慕容儁欲經畧關西乃令州郡較閱見丁精覆隱漏率戶留一丁餘悉發之欲使步卒滿一百五十萬期明年大集將進臨雒陽爲三方節度武邑劉貴上書極諫陳百姓凋弊召兵非法恐人不堪命有土分之禍幷陳時政不便于時者十有三事儁覽而悅之付公卿博議事多納用乃改爲三五占兵寬戎備一周悉令明年季冬赴集鄴都

前秦苻生時將苻產旣爲姚襄所殺襄遣使從生假道將還隴西生將許之苻堅諫曰姚襄人傑也今還

隴西必爲深慮不如誘以厚利伺隙而擊之生乃止

苻堅時以樊世辱王猛旣殺之諸氐紛紜競陳猛短堅恚甚慢罵或有鞭撻於殿庭者權翼進曰陛下洪達大度善馭英豪神武卓犖錄功捨過有漢高祖之風然慢易之言所宜除之堅笑曰朕之過也時烏丸獨孤鮮卑沒奕于率衆數萬降于堅堅初欲處之塞內苻融以匈奴爲患其與自古北虜馬不敢南首者畏威故也今處之於內地見其弱矣方當闚兵郡縣爲北邊之害不如徙之塞外以存荒服之義堅從之堅嘗如鄴狩于西山旬餘樂而忘返伶人王雒叩馬

而諫堅曰善昔文公悟愆於虞人朕聞罪於王維吾過也自是遂不復獵堅旣遣苻丕寇襄陽堅將親率衆助丕等使苻融將關東甲卒會于壽春梁熙統河西之衆以繼中軍融熙並上言以爲未可興師乃止

堅自平諸國之後國内殷實遂示人以侈懸珠簾于正殿以朝群臣宫宇車乘品物服御悉以珠璣琅玕奇寶珍怪飾之尚書郎裴元略諫曰臣聞堯舜茅茨周卑室故致和平慶除八百始皇窮極奢麗嗣不及孫願陛下則采椽之不琢鄙瓊室而不居敷純風于天下流休範於無窮賤金玉珍穀帛勤恤人隱勸農

桑捐無用之器棄難得之貨敦至道以厲薄俗修文德以懷遠人然後一軌九州同風天下刑措旣登告成東嶽蹤軒皇以齊美哂二漢之徙封臣之願也堅大悦命去珠簾以元畧爲諫議大夫

後秦姚萇性簡率群下有過或面加罵辱太常權翼言於萇曰陛下弘遠自任不修小節駕馭群雄包羅儁異棄嫌録善有高祖之量然輕慢之風所宜除也萇曰吾之性也吾於舜之美未有片焉漢祖之短已收其一若不聞讜言安知過也

姚興如武城將討赫連勃勃遣安遠姚祥及斂曼嵬鎮軍彭白狼分督租運諸軍未集而勃勃騎大至興欲留步運輕如嵬營衆咸惶懼群臣固諫以爲不可興弗納尚書郎韋宗希旨勸興行蘭臺侍御史姜楞越次而進曰帝宗傾險不忠沮敗國計宜先腰斬以謝天下脫車駕動軫六軍駭懼人無守志取危之道也宜遣單使以徵祥等興黙然右僕射常華等諫曰若車騎輕動必不戰自潰嵬營亦必可至惟陛下圖之興乃遣左將軍姚文宗率禁兵距戰中壘齊莫統氐兵以繼之文宗與莫皆勇果兼人以死力戰勃勃乃退留禁兵五千配姚祥守武城興還長安興留心

政事包容廣納一言之善咸見禮異京兆杜瑾馮翊吉黙始平周寶等上陳時事皆擢處美官

後凉呂光宴群寮酒酣語及政事時刑法峻重叅軍段業進曰嚴刑重憲非明王之義也光曰商鞅之法至峻而兼諸侯吳起之術無親而荆蠻以覇何也業曰明公受天眷命方君臨四海景行堯舜猶懼有弊柰何欲以商申之末法臨道義之神州豈此州士女所望於明公哉光改容謝之於是下令責躬乃崇寬簡之政

西凉李歆旣嗣凉州牧將謀東征左長史張體順切

諫止之及沮渠蒙遜伐歆歆將出距之體順固諫乃
止蒙遜大芟秋稼而還
北凉段業僭稱凉王以沮渠蒙遜爲尚書左丞梁中
庸爲右丞呂光遣其二子紹纂伐業請救於禿髮烏
孤烏孤遣其弟鹿孤及楊軌救業紹等軍盛欲從三
門關挾山而東纂曰挾山示弱取敗之道不如結陣
衝之彼必憚我而不戰也紹乃引軍而南業將擊之
蒙遜諫曰楊軌恃虜騎之強有窺覦之志紹纂兵在
死地必決戰求生不戰則有太山之安戰則有累卵
之危業曰卿言是也乃案兵不戰紹亦難之各引兵

歸
沮渠蒙遜爲西凉李歆敗於解支澗復收散卒欲戰
前將軍成都諫曰臣聞高祖有彭城之敗終成大業
宜旋師以爲後圖蒙遜從之城建康而歸
夏赫連勃勃議討乞伏熾盤王買德諫曰明王之行
師也執物以德不以暴且熾盤我之與國新遭大喪
今若伐之豈所謂乘理而動上感靈和之義乎苟恃
衆力因人喪難匹夫猶恥爲之而況萬乘哉勃勃曰
甚善微卿朕安聞此言

冊府元龜

巡按福建監察御史臣李嗣京　訂正
新建縣舉人臣戴國士叅閱
知建陽縣事臣黃國琦較釋

僭僞部

襃賞　慶賜　飲讌　交好
和好　懷附

襃賞

金行中否諸戎内侮擁衆據勢竊地稱尊然以假借義聲驅駕豪傑繇是軍旅之事變左衽之舊俗爵賞

之柄僭先王之甲令論勲績之大小定名數之繁簡形於言獎著于命令雖開國建號方正統而有殊然而班政勸能亦餘烈而可尚也

前凉張寔既爲西平公賊曹佐隗瑾進言請偃聰塞智開納群言刑政小大與衆共之寔納之增位三等賜帛四十疋

張重華自稱假凉王遣中堅將軍謝艾配歩騎五千擊後趙石季龍將麻秋破之斬首五千級重華封艾爲福祿伯善待之季龍又令麻秋進陷大夏重華以謝艾爲軍師將軍率歩騎三萬擊大敗之重華論功以謝艾爲大府左長史進封福祿縣伯邑五千戸帛八十疋

前趙劉曜僭卽帝位命起酆明觀立西宫建陵霄臺於滈池又將於覇陵西南營壽陵侍中喬豫和苞上疏諫之曜大悦封豫安昌子苞平輿子竝領諫議大夫

後趙石勒初爲東單于旣平幽州封左長史張敬等十一人爲伯子侯文武進位有差時司冀幷兖州流人數萬戸在于遼西迭相招引人不安業勒將孔萇等攻馬嚴馮睹久而不尅勒問計於右長史張賓張

賓對曰馮睹等本非相公之深仇遼西流人悉有戀本之思今宜班師息甲差選良守任之以龔遂之事不拘常制奉宣仁澤奮揚威武幽冀之寇可翹足而静遼西流人可指時而至勒曰右侯計是也召萇等署武遂令李回爲易北督護及馬嚴溺死馮睹降勒日移居易京流人降者歲常數千勒甚嘉之封回弋陽子邑三百戸加賓封一千戸進賓位前將軍勒旣稱趙王群臣議請論功勒曰自孤起軍十六年于茲矣文武將士從孤征伐者莫不蒙犯矢石備嘗艱阻其在葛陂之役厥功尤著宜爲賞之先也若身見存

爵封輕重隨功位爲差死事之孤賞加一等庶足以
慰荅存亡申孤之心也
勒以參軍樊坦清貧擢授章武内史賜車馬衣服裝
錢三百萬以厲貪俗銘佐命功臣三十九人于石函
置于建德前殿及僭號趙天王行皇帝事論功封爵
開國郡公文武二十一人侯二十四人縣公二十六
人侯二十三人其餘文武有差勒嘗夜微行簡察營
衛齎繒帛金銀以賂門者求出永昌門門候王假欲
收捕之從者至乃止旦召假以爲振忠都尉爵關内
侯

石季龍僭稱大趙天王既平遼西入宮論功封賞各
有差
前燕慕容皝既受晉命爲燕王封諸功臣百餘人後
親伐宇文歸盡俘其衆行飲至之禮論功行賞各有
差以牧牛給貧家田于苑中公收其八二分入私有
牛而無地者亦田于苑中公收其七三分入私記室
參軍封裕諫之皝賜錢五萬平州别駕皇甫真以破
趙將麻秋之功拜奉車都尉
前秦苻堅僭即帝位遣尚書令太子大傅王猛伐慕
容暐于鄴堅又躬率精鋭十萬向鄴攻陷之堅入鄴
宮散暐宮人珍寶以賜將士論功封賞各有差以王
猛爲使持節都督關東六州諸軍事車騎大將軍開
府儀同三司冀州牧軍還以功封清江郡侯賜以美
女五人上女妓十六中妓三十八人馬八匹車十乘
猛疏固辭不受及平張天錫五品稅百姓金銀一萬
三千斤以賞軍士餘皆安堵如故
後秦姚興僭即帝位下書封其先朝舊臣姚驢碓趙
惡地王平馬萬載黄世等子爲五等子男以司隷較
尉郭撫扶風大守強超長安令魚佩槐里令彭明倉
部郎王年等清勤貞白下書褒美增撫邑一百戶賜

超爵關内侯佩等進位一級興嘗從朝門遊于文武
苑及昏而還將自平朔門入前驅既至城門較尉王
蒲聰被甲持杖閉門距之曰今以昏闇姦良不辨有
死而已門不可開興乃迴從朝門而入旦而召蒲聰
進位二等又下書以其故丞相姚緒太宰姚碩德大
傅姚旻大司馬姚崇司徒尹緯等二十四人配饗於
姚萇是時尚書令廣平公姚弼謀害大子詹事王周
亦虛襟引士樹黨東宮弼惡之每陷害周周抗志確
然不爲之屈興嘉其守正以周爲中書監
後凉呂隆既僭即位以弟超有佐命之勲拜使持節

侍中都督中外諸軍事輔國大將軍司隸較尉錄尚
書事封安定公
夏赫連勃勃僭位謂軍師將軍王買德曰朕將進圖
長安卿試言取之方略買德言一旬之間必面縛麾
下勃勃乃以買德爲撫軍長史南斷青泥勃勃旣入
長安大饗將士舉觴謂買德曰卿往日之言一周而
果效可謂筭無遺策矣雖宗廟社稷之靈亦卿謀猷
之力也此觴所集非卿而誰於是拜買德都官尚書
加冠軍將軍封河陽侯

慶賜

昔典午中圮瑯琊饗國衣冠之儀僅存於舊物甲兵
之勢罔能於四臨故五胡得以迭興中州縣其分據
當其僭位之初尅敵之際乃須命令以悅人心則有
赦境内之殊死蠲積年之逋調加文武之爵賚内外
之帛或歡浹於酺宴或惠洽於牛酒比夫肆虐劉以
逞威任狂暴而無節者亦可尚矣
前凉張祚旣僭稱帝號稱和平元年赦殊死賜鰥寡
帛加文武爵各一級
前趙劉曜旣葬其父墓大赦境内殊死已下賜人爵
二級孤老貧病不能自存者帛各有差
後趙石勒旣稱趙王元年赦殊死已下均百姓田租
之半賜孝悌力田死義之孤帛各有差孤老鰥寡穀
人三石大酺七日太和中勒巡行冀州諸郡引見高
年孝悌力田文學之士班賜穀帛有差建平中泰州
送白獸白鹿荆州送白雉白兎濟陰木連理甘露降
苑鄉勒以休瑞並臻遐方慕義赦三歲刑已下均百
姓去年逋調特赦凉州殊死凉州計吏皆拜郎中賜
絹十疋綿十斤是年勒親耕籍田賜其公卿已下金
帛有差
石弘旣立改年延義文武百寮進位一等

石季龍初爲居攝趙天王使牙門將張彌徙雒陽鍾
虡九龍翁仲銅駝飛廉于鄴赦二歲刑賚百官穀帛
百姓爵一級明年僭稱大趙天王卽位於南郊大赦
殊死已下百官封署各有差其後伐慕容皝還朝其
群臣於襄國建德前殿復從征文武有差至鄴設飲
至之禮賜俘偏於丞郎及僭皇帝位于南郊百官增
位一等
冉閔旣僭卽皇帝位于南郊文武進位三等封爵有
差
前燕慕容皝旣僭爲燕王伐宇文歸盡俘其衆行飲

至之禮論功行賞各有差
慕容儁既僭即皇帝位其從行文武諸藩使人及登號之日悉增位三級泒河之師守鄴之軍下及戰士賜各有差臨陣戰亡者將士加增二等士卒復其子孫殿中舊人隨才擢叙其後讌群臣於蒲池因問高年疾苦孤寡不能自存者賜穀帛有差
前秦苻堅僭即皇帝位其後自臨晉還長安賜爲父後者爵一級鰥寡高年穀帛有差均所過田租之半又以凉州新附復租賦一年爲父後者賜爵一級孝悌力田爵二級孤寡高年穀帛有差女子百戶牛酒

大酺三日
後秦姚萇時因天大雪下書將帥死王事加秩二等士卒戰沒皆有褒贈及立社稷於長安百姓年七十有德行者拜爲中大夫歲賜牛酒
姚興時以日月薄蝕災眚屢見降號稱王賜孤老鰥寡粟帛有差年七十以上加衣杖其後伐乞伏乾歸敗之進如抱罕班賜王公以下徧于卒伍既立其子泓爲皇太子賜子爲父後者爵一級
姚泓既僭即帝位大赦殊死已下內外百寮增位一等

後蜀李雄既僭即帝位復其部曲不預軍征租稅一入其家
後凉呂纂僭即天王位大赦境內封拜有差
慕容盛時引中書令常忠等宴于東堂賜金帛有差
慕容垂僭即天王位大赦境內殊死已下封伯子男卿亭侯五十餘人士卒賜穀帛有差
西秦乞伏國仁自稱大單于拜授各有差
乞伏乾歸自稱河南王封拜各有差
乞伏熾盤時立第二子慕末爲太子大赦境內其臣佐等多所封授

北燕馮跋僭稱天王位赦其境內文武進位各有差
南燕慕容超既嗣僞位大赦境內封拜各有差
北凉沮渠蒙遜平姑臧焦郎執而宥之饗文武將士于謙光殿賜金馬有差

飲讌

在昔典午道喪僭僞競起或竊據於中土或稱制於一方然而臣既擇君民有定主展上下之禮陳宴飲之儀或咨訪謀猷或策試文義或令時紀節用以申恩或鞠旅成功因之頒慶雖云最陋之拜亦協慈惠之舉其或務彼佚遊糜茲政事宜其敗也亦奚取焉

前凉張駿初爲凉州牧西平公劉曜又使人拜駿凉州牧凉王時辛晏阻兵於抱罕駿宴群寮于閑豫堂命竇濤等進討辛晏

張天錫旣襲位爲西平公數宴園池政事頗廢盪難將軍較書祭酒索商上疏極諫天錫答曰吾非好行行有得也觀朝榮則敬才秀之士翫芝蘭則愛德行之臣覩松竹則思貞操之賢臨清流則貴廉潔之行覽蔓草則賤貪穢之吏逢飈風則惡凶狡之徒若引而申之觸類而長之庶無遺漏矣

前趙劉聰僞嘉平二年正旦宴群臣于光極前殿

劉曜光初中平氐羌權渠大悅宴群臣于東堂

前燕慕容儁光壽中宴群臣于蒲池酒酣賦詩

前秦符生壽光中饗群臣于太極前殿飲酣樂奏生親歌以和之命其尚書辛牢典勸又讌群臣于咸陽故城

符堅永興中南游霸陵酣飲極歡命群臣賦詩後平慕容暐于鄴堅自鄴如枋頭讌諸父老改枋頭爲永昌縣復之終世堅至自永昌行飲至之禮歌勞止之詩以饗其群臣又以符融爲冀州牧融將發堅祖於霸東奏樂賦詩其後堅饗群臣于前殿樂奏賦詩秦州別駕天水姜子平詩有丁字直而不曲堅問其故子平曰臣丁至剛不可以屈且曲下者不正之物未足獻也堅笑曰名不虛行因擢爲上第

後秦姚萇大敗符登于安定東置酒高會

後梁呂光攻龜茲其王帛純出奔光乃入城大饗將士賦詩言志及僭位改爲麟嘉元年其妻石氏子紹弟德世至自仇池光迎于城東大饗群臣因立石氏爲王妃子紹爲世子讌其群臣于内苑新堂

後燕慕容盛長樂中引中書令常忠等于東堂談宴賦詩賜金帛各有差又讌群臣于新昌殿

南凉禿髮傉檀大饗文武于謙光殿班賜金馬各有差

南燕慕容德建平初讌其群臣明年入齊城讌庶老于申池北登社首山大集諸生親臨策試旣而宴饗乘高遠矚

慕容超爲宋高祖所圍明年朔旦超登天門朝群臣于城上殺馬以饗將士文武皆有遷授

北凉沮渠蒙遜饗文武將士于謙光殿班賜金馬有差

西凉李暠上巳日宴于曲水命群寮賦詩而親爲之

序

交好

自西晉失馭中壤分褱鳴鏑控弦乘間竊號恃桀黠爲長策肆強暴爲盟主繇是名器之重互專於豺貙聘問之儀奔走於戈戟或根本未固暫欽於鄰好或首尾是畏中變於野心義亦何嘗質無益也智出大僞不其然乎

前凉張駿自稱凉州牧時前趙劉曜僭號又使人拜駿凉州牧凉王駿遣參軍王騭聘于曜晉成帝咸和初懼爲曜所逼使聘於後蜀李雄修隣好又使趙石

勒遣使拜駿官爵駿不受留其使後懼勒彊遣使稱臣於勒兼貢方物遣其使歸

後趙石勒兵鋒日盛劉聰授勒侍中征東大將軍餘如故拜其母王氏爲上黨國夫人妻劉氏爲上黨國夫人章綬首飾一同王妃勒還襄國劉聰以平幽州之勳乃遣其使人榔純持節部署勒大都督陝東諸軍事驃騎大將軍東單于侍中使持節開府校尉二州牧公如故加金鉦黃鉞前後鼓吹二部增封十二郡勒固辭受二郡而已勒兵益強盛劉聰遣其使人范龕持節策命勒賜以弓矢加崇爲陝東伯得專征伐拜封刺史將軍守宰列侯歲盡集上署其長子興爲上黨國世子加翼軍將軍爲驃騎副貳

西秦乞伏國仁自稱大都督大將軍秦河二州牧苻登遣使者署國仁使持節大都督雜夷諸軍事大將軍大單于苑川王

乞伏乾歸國仁死乾歸立爲河南王遂遷于金城晉孝武太元十四年苻登遣使署乾歸大將軍大單于金城王後又遣使署乾歸假黃鉞大都督隴右河西諸軍事左丞相大將軍河南王領秦梁益凉沙五州牧加九錫之禮乾歸僭稱秦王姚興力未能西討恐

更爲邊害遣使署乾歸使持節散騎常侍都督隴西嶺北匈奴雜胡諸軍事征西大將軍河州牧大單于河南王乾歸方圖河右權宜受之遂稱藩於興時呂光率衆十萬將戰乾歸左輔密貴周左衛莫者羖羝言於乾歸曰光旦夕將至陛下以命世雄姿開業洮罕剋翦群兇威振遐邇將鼓淳風於東夏建八百之鴻慶不忍小屈與姦豎競於一時若機事不捷非國家利也宜遣愛子以退之乾歸乃稱藩於光遣子勑勃爲質旣而悔之遂誅周等

南凉秃髮烏孤嗣位務農桑修鄰好呂光遣使署爲

假節冠軍大將軍河西鮮卑大都督廣武縣侯烏孤謂諸將曰呂氏遠來假授當可受不衆咸曰吾士衆不少何故屬人烏孤將從之其將石真善留曰今本根未固理宜隨時光德刑修明境内無虞若致死於我者大小不敵後雖悔之無所及也不如受而遵養之以待其釁烏孤乃受之

禿髮傉檀僭稱號涼王姚興遣使拜傉檀車騎將軍廣武公又加散騎常侍傉檀大城樂都興遣將齊難率衆迎呂隆于姑臧傉檀攝昌松魏安二戍以避之傉檀以姚興之盛又密圖姑臧乃去年號罷尚書丞

郎官遣參軍關尚聘于興獻興馬三千匹羊二萬頭興乃署傉檀爲持節都督河右諸軍事車騎大將軍領護匈奴中郎將涼州刺史常侍公如故鎮姑臧傉檀雖受制於姚興然車服禮章一如王者以宗敞爲太府主簿錄記室事

北涼沮渠蒙遜爲涼州牧姚興遣使人梁斐張構拜蒙遜鎮西大將軍沙州刺史西海侯時興亦拜禿髮傉檀爲車騎將軍封廣武公蒙遜聞之不悅謂斐等曰傉檀上公之位而身爲侯者何也構對曰傉檀輕狡不仁欵誠未著聖朝所以加其重爵者褒其歸善即叙之義耳將軍忠貫白日勳高一時當入諷鼎味輔贊帝室安可以不信待也聖朝爵必稱功官不越德如尹緯姚晃佐命初基齊難徐維元勳驍將並位纔二品爵止侯伯將軍何以先之乎竇融殷懃固讓不欲居舊臣之右未解將軍忽有此問蒙遜曰朝廷何不即以張掖見封乃更遠封西海邪構曰張掖規畫之内將軍已自有之所以遠授西海者蓋欲廣大將軍之國耳蒙遜大悅乃受拜

和好

金晉中微獯醜猾夏竊據土宇盜弄干盾亦有協比

隣境倚爲聲援連姻納質勤贈問之儀救患連衡崇盟載之義所以苟延歲月共固巢窟而勢去其壞復爲寇讎其有約以大義勸削僞號雖欲挾正又何贖焉

前燕慕容暐僭即帝位時晉大司馬桓温伐暐次于枋頭暐衆屢敗遣使乞師于苻堅請割武牢以西之地堅亦欲與暐連横乃遣其將苟池等率步騎二萬救暐王師尋敗引歸池亦還

前秦苻登僭即帝位爲姚興所逼遣使請兵于乞伏乾歸以其妹東平長公主爲梁王后乾歸特遣其前

將軍乞伏益州冠軍翟德瑥率騎二萬救之會登爲興所殺乃還師

後秦姚萇初僭稱萬年秦王時慕容冲與符堅相攻衆甚盛萇將西上恐冲遏之乃遣使通好以子崇爲質於冲進屯北地厲兵積粟以觀時變

姚興既襲僞位會晉師伐蜀譙縱大敗之縱遣使乞師於興興遣平西姚賞南梁州刺史王敏率衆二萬救之王師引還

蜀李雄僭即帝位前凉張駿遣使遺雄書勸去尊號稱藩於晉雄復書曰吾過爲士大夫所推然本無心

於帝王也進思爲晉室元功之臣退思共爲守藩之將掃除氛埃以康帝宇而晉室凌遲德聲不振引領東望有年月矣會獲來貺情在闇室有何巳巳知欲遠遵楚漢尊崇義帝春秋之義於斯莫大駿重其言使聘相繼

李壽既襲僞位遣其散騎常侍王嘏中常侍王廣聘於石季龍先是季龍遺壽書欲連横入寇約分天下故也

西秦乞伏乾歸初稱河南王時南凉禿髮烏孤遣使來結和親乞伏熾盤既襲父乾歸僞位攻南羌之彌川師次沓中沮渠蒙遜率衆攻石泉以救之熾盤聞而引還遣將曇達與其將出連虔率騎五千赴之蒙遜聞曇達至引歸遣使聘于熾盤遂結和親

北燕馮跋僭即帝位蠕蠕男斛律遣使求跋女僞樂浪公主獻馬三千匹跋命其群下議之素弗等諫曰前代舊事皆以宗女妻六夷宜許以妃嬪之女樂浪公主不宜下降非類跋曰女生從夫千里豈遠朕方崇信殊俗柰何欺之乃許焉遣其游擊秦都率騎二千送其女歸于蠕蠕

西凉李暠因稱凉公時北凉沮渠蒙遜每年侵寇不

止暠志在以德撫其境內但與通和立盟不之較也暠之初西也留女敬愛養於外祖尹文文既東遷暠從姑梁褒之母養之其後禿髮傉檀假道於北山鮮卑遣褒送敬愛于酒泉并通和好暠遣使報聘贈以方物

北凉沮渠蒙遜僭稱河西王時姚興遣將姚碩德攻呂隆于姑臧蒙遜遣從事中郎李典聘于興以通和好

夏赫連勃勃僭稱天王大單于遣其御史丞烏雒孤盟於沮渠蒙遜曰自金晋數終禍纏九服趙魏爲長

蛇之墟秦隴爲豺狼之穴二都神京鞠爲茂草蠢爾群生罔知憑賴賴上天悔禍運屬二家封疆密爾道會義親宜敦和好弘康世難爰自終古有國有家非盟誓無以昭神祇之心非斷金無以定終始之好然晉楚之成吳蜀之約咸口血未乾而尋背之今我二家契殊曩日言未發而有篤愛之心音一交而懷傾蓋之顧息風塵之警同克濟之誠戮力一心共濟六合若天下有事則雙振義旗區域旣清則並敦魯衛夷險相赴交易有無爰及子孫永崇斯好蒙遜遣其將沮渠漢平來盟

懷附

金統失御昴祚南播江淮以北氊帳雜俗金革恃力或跨有數郡豺狼肆志或雄視廣野政非以德民無定居然而竊弔伐之名專威惠之柄用能引納轉徙懷集降附卑詞以待敵境優禮以求絕俗推誠於向背之類卹隱於禽獲之輩靡愛爵賞務取綏懷設以激勸之方開以誘掖之道所謂行忠信於蠻貊假仁義爲蘧廬者已

前凉張軌爲凉州刺史時王彌陷京都中州避難來者日月相繼分武威置武興郡以居之

張駿爲凉州牧西域諸國獻汗血馬火浣布犎牛孔雀巨象及諸珍異二百餘品又鄯善王元孟獻女號日美人立賓遐觀以處之焉耆前部于寘王並遣使貢其方物

西凉武昭王暠遷居酒泉鄯善前部王遣貢其方物

前趙劉元海僭即漢王位入部蒲子河東平陽屬縣壘壁盡降時汲桑起兵趙魏上郡四部鮮卑陸逐延氐酋大單于徵東萊王彌及石勒等並相次降之元海悉署其官爵

劉曜旣僭位氐楊伯之斬姜冲兒以隴城降宋亭斬

趙募以上邽降徙秦州大姓楊姜族二千餘戶于長安氐羌悉下並送質任

後趙石勒在襄國時曹嶷據有青州旣叛劉聰南禀王命以建業懸遠勢援不接懼勒襲之故遣通和勸受嶷東州大將軍青州牧封琅琊公又旣擒段末柸乃赦而歸之命末柸爲子署爲使持節安北將軍北平公遣還遼西末柸感勒厚恩在途日南面而拜者三段氏遂專心歸附自是王俊威勢漸衰石季龍得晉邵續遣使追續於勒勒使徐光讓之曰國家應符撥亂八表宅心遺晉怖威遠竄揚越而續蟻封海阿

踐區王命以夷狄不足爲君邪何無上之甚也國有常刑於分其平續對曰晉末饑亂奔控無所保合鄉宗庶全老幼屬大王龍飛之始委命納質精誠無感不掌慈恕言歸遺晉仍荷寵授誓盡忠節實無二心且受彼厚榮而復二三其趣者恐亦不容于明朝矣周文生于東夷大禹出於西羌帝王之興蓋惟天命所屬德之所招當何常邪伏惟大王聖武自天道隆虞夏凡有含生孰不延首神化恥隔皇風而况囚乎使囚去真即僞不得早叩天門者大王負囚囚不負大王也釁鼓之刑囚之當分但恨天實爲之謂之何

哉勒曰其言慨至孤愧之多矣夫忠于其君者乃吾之所求也命張賓延之于館厚撫之尋以爲從事中郎令自後諸越敵擒俊皆送之不得輒害冀獲如續之流初季龍之攻續也朝廷有王敦之逼不遑救恤續既爲勒所執身灌園鬻菜以供衣食勒屢遣察之歎曰此真高人矣不知是安足貴乎嘉其清苦數賜穀帛每臨朝嗟歎以勵群臣

前燕慕容廆初爲鮮卑都督時東胡宇文鮮卑段部以廆威德日廣懼有并吞之計因爲寇掠往來不絕廆卑辭厚幣以撫之時二京傾覆幽冀淪陷廆刑政修明虛懷引納流亡士庶多襁負歸之廆乃立郡以統流人冀州人爲冀陽郡豫州人爲周成郡青州人爲營丘郡并州人爲唐國郡

慕容雋車騎六將軍范陽公劉寧屯據薊城降于苻氏至此率戶二千詣薊歸罪拜後將軍

慕容暐將呂護奔于晉尋復叛歸于暐暐待之如初因遣傅顔與護率衆據河陰頴北襲勅勒大獲而還護攻雒陽中流矢而死

前秦苻健時西虜乞沒軍邪遣子入侍健於是置來賓館於平朔門以懷遠人

苻堅時車師前部王彌寘鄯善王休密馱朝于堅堅賜以朝服引見西堂寘等觀其宫宇壯麗儀衛嚴肅甚懼因請年年貢獻堅以西域遼不許令三年一貢九年一朝以爲永制時王猛獲張天錫將敦煌陰據及甲士五千旣東平六州西擒楊纂欲以德懷遠且跨威河右至是悉送所獲還凉州天錫懼而遣使謝罪稱藩堅大悦即署天錫爲使持節散騎常侍都督河右諸軍事驃騎大將軍開府儀同三司凉州刺史西域都護西平公吐谷渾碎奚以楊纂既降懼而遣使送馬五千匹金銀百斤堅拜纂安遠將軍漒川侯

堅遣符雒等伐代王涉翼犍其子翼圭縛父請降堅以翼犍荒俗未參仁義令入大學習禮堅嘗之大學召涉翼犍問曰中國以學養性而人壽考漠北噉牛羊而人不壽何也翼犍不能答又問鄉種人有堪將者可召爲國家用對曰北人能捕六畜善馳走逐水草而已何堪爲將又問好學否對曰若不好學陛下用教臣何爲堅善其答先是梁熙遣使西域稱揚堅之威德并以繒綵賜諸國王於朝獻者十有餘國大宛獻天馬千里駒皆汗血朱鬣五色鳳膺麟身及諸珍異五百餘種堅曰吾思漢文之返千里馬咨嗟美

詠今所獻馬其悉返之庶克念前王髣髴古人矣乃命群臣作止馬詩而遣之示無欲也其下以爲盛德之事遠同漢文於是獻詩者四百餘人又張平以并州叛堅率衆討之以其建節將軍鄧羌爲前鋒率騎五千據汾上堅至銅壁平盡衆距戰爲羌所敗獲其養子蚝送之平懼乃降于堅堅赦其罪署爲右將軍蚝武賁中郎將加廣武將軍從其所部三千餘戶于長安後秦姚萇與苻登相持登將金槌以新平降萇萇輕將數百騎入槌營群下諫之萇曰槌既去苻登復欲圖我將安所歸且懷德初附推疑委質吾復以不信待之何以御物乎群氐果有異謀槌不從而止姚興時晉荊州司馬休之襄州魯宗之爲宋武帝所敗引歸休之宗之等遂與譙王文思新蔡王道賜寧朔將軍梁州刺史馬敬輔國將軍竟陵太守會軌寧朔將軍南陽太守魯軌奔于興休之等至長安興謂之曰劉裕崇奉晉帝豈便有闕乎休之曰臣前下都瑯琊王德文泣謂臣曰劉裕供御主上克薄苛深以事勢推之社稷之憂方未可測將以休之爲荊州刺史任以東南之事休之固辭請與魯宗之等擾動襄陽淮漢乃以休之爲鎮南將軍揚州刺史宗之等並

有拜授休之將行侍御史唐盛言於興曰符命所記司馬氏應復河雒休之既得濯鱗南翔恐非復池中之物可以崇禮不宜放之興曰司馬氏脫如所記留之適足爲患遂遣之楊武安鄉侯康宦驅略白鹿原氐胡數百家奔上雒太守宋林距之商雒人黃金等起義兵以擒宦宦乃率衆歸罪興赦之復其爵位又乞伏乾歸遣使送所掠守宰謝罪請降興以赫連勃勃之難權宜許之假乾歸及其子熾盤官爵又晉河間王子國璠章武王子叔道來奔興謂之曰劉裕與復晉室卿等何故來也國璠等曰裕與不逞之徒削

弱王室宗門能自修立者莫不害之是避之來實非誠欵所以避死耳興嘉之以國璠爲建義將軍揚州刺史叔道爲平南將軍交州刺史賜以甲第又蜀譙縱遣使稱藩請桓謙欲令順流東伐劉裕興以問謙謙請行遂許之興既僭號楊盛保仇池遣使請命拜使持節鎮南將軍仇池公鮮卑越質詰歸率戶二萬叛乞伏乾歸降于興處之于成紀拜使持節鎮西將軍平襄公時京兆韋華譙郡夏侯軌始平龐眺等率襄陽流人一萬叛晉奔于興興引見東堂謂華曰晉自南遷承平已久今政化風俗何如華曰晉主雖有

南面之尊無總御之實宰輔執政政出多門權去公家遂成習俗刑綱峻急風俗奢宕自桓溫謝安已後未見寬猛之中興大悅拜華中書令興遣散騎侍郎席確詣涼州徵呂隆弟超入侍隆遣之呂隆懼禿髮傉檀之逼表請內徙興遣齊難及鎮西姚詰鎮遠乞伏乾歸鎮遠趙曜等步騎四萬迎隆于河西難至姑臧以其司馬王尚行涼州刺史配兵三千鎮姑臧以將閻松爲倉松太守郭將爲番禾太守分戍二城徙隆及其宗室僚屬于長安沮渠蒙遜遣弟如子貢其方物王尚綏撫遺黎導以信義百姓懷其惠化翕然歸之北部鮮卑並遣使貢欵又晉輔國將軍袁虔之寧朔將軍劉壽冠軍將軍高長寧龍驤將軍郭恭等貳于桓玄懼而奔興興臨東堂引見謂虔之等曰桓玄雖名晉臣其實晉賊其才度定何如父也能辦成大事否虔之曰玄藉世資雄據荊楚屬晉朝失政遂偷竊宰衡安忍無親多忌好殺位不才授爵以愛加無公平之度不如其父遠矣今既握朝權必行篡奪既非命世之才正可爲它人驅除耳此天以機便授之陛下願速加經畧廓清吳楚興大悅以虔之爲大司農餘皆有拜授虔之固讓請疆埸自效改授假節

鉞寧南將軍廣州刺史興又遣大鴻臚梁斐以新平張構爲副拜禿髮傉檀車騎將軍廣武公沮渠蒙遜鎮西將軍沙州刺史西海侯李玄盛安西將軍高昌侯興遣鎮遠趙曜率衆二萬西屯金城建節王松忽率騎助呂隆等守姑臧松忽至魏安爲傉檀弟文眞所圍衆潰執松忽送于傉檀傉檀大怒送松忽還長安歸罪文眞深自陳謝

姚泓爲太子也其弟弼有奪嫡之謀泓恩撫如初未嘗見于色姚紹每爲弼羽翼泓亦推心宗事弗以爲嫌及僭位任紹以兵權紹亦感而歸誠卒守其忠烈

其明識寛裕皆此類也
後凉呂光郭黁旣叛推後將軍楊軌爲盟主軌自稱大將軍凉州牧光遺軌書曰自羌胡不靖郭黁叛逆南藩安否音問兩絶行人風傳云卿擁逼百姓爲黁脣齒卿雅志忠貞有史魚之操鑒察成敗遂侔古人豈宜聽納姦邪以虧大美陵霜不彫者松栢也臨難不移者君子也何圖松栢彫於微霜雞鳴已於風雨郭黁巫卜小數時或誤中考之大理率多虚謬朕宰化寡方澤不逮遠致世事紛紜百城離叛戮力一心同濟巨海者望之於卿也今中倉積粟數千百萬東

人戰士一當百餘入則言笑晏晏出則虎步凉州吞黁咀業綽有餘暇但與卿形雖君臣心過父子欲全卿名節不使貽笑將來軌不答
北燕馮跋時蠕蠕斛律爲其弟大但所逐盡室奔跋乃館之于遼東郡待之以客禮跋納其女爲昭儀
南燕慕容垂遣其征西大將軍大原王慕容楷衛軍慕容麟鎮南慕容紹征虜慕容宙等攻苻堅冀州牧苻定鎮東苻紹幽州牧苻謨鎮北苻亮楷與定等書喩以禍福定等悉降垂留其太子寶守中山率諸將南攻翟遼以楷爲前鋒前督遼之部衆皆燕趙人也感曰太原王之子吾之父母相率歸附遼懼遣使請降垂至黎陽遼肉袒謝罪垂厚撫之
北凉沮渠蒙遜時禿髮傉檀來伐蒙遜敗之於若厚塢傉檀湟河太守文支據湟川護軍成宜侯率衆降之署文鎮東大將軍廣武太守振武侯成宜侯爲振威將軍湟川太守以殿中將軍王建爲湟河太守蒙遜攻禿髮西郡太守楊統於日勒統降拜爲右長史寵踰勳舊
僞吳楊行密唐乾寧四年梁祖平兖鄆朱瑾及沙陀將李承嗣史儼等皆奔淮南行密待之優厚任爲將

瑾與承嗣皆位至方伯

冊府元龜

巡按福建監察御史臣李嗣京訂正
分守建南道左布政使臣胡維霖參閱
知建陽縣事臣黃國琦較釋

僭僞部二十三

征伐

昔晉室不造中原多故秦雍之郊左衽爲孽各矜雄盛競事甲兵或偏據一方或開地千里借大號以踰度率無名以出師交相侵凌迺搆傷殺以強威弱以衆暴寡生民塗炭寓縣分離雖人不聊生咸嬰多難

而天將悔禍終亦自亡蓋異時雨之行奉亂之義矣垂於是也可不鑒哉

前凉張茂嗣其兄寔爲凉州牧會前趙劉曜遣其將劉咸攻茂將韓璞於冀城呼延寔攻寧羌護軍陰鑒於桑壁臨洮人翟楷石琮等逐令長以縣應曜河西大震茂以參軍陳珍爲平虜護軍率卒騎一千八百救韓璞曜陰欲引歸聲言要先取隴西後迴滅桑壁珍募發氐羌之衆擊曜走之尅復南安永昌初復命將軍韓璞率衆取隴西南安之地以攻秦州

張駿嗣其季父茂爲凉州牧咸和初秦州諸郡皆屬劉曜駿遣武威太守竇濤金城太守張閬武興太守辛巖揚烈將軍宋輯等率衆東會韓璞攻討之曜遣其將劉胤來距屯於狄道城韓璞進渡沃千嶺爲胤所敗事具僭僞兵敗門

張重華嗣其父駿爲凉州牧自稱凉王會後趙石季龍使王擢麻秋孫伏都等侵寇不輟金城太守張冲降於秋於是凉州振動重華以王簿謝艾爲中監將軍配步騎五千擊秋大破之斬首五千級俄而麻秋進攻枹罕不拔退保大夏重華以謝艾爲使持節軍師將軍率步騎三萬進軍臨河秋以萬衆距之艾奔

擊大敗之秋匹馬奔大夏其後麻秋又據枹罕有衆十二萬進屯河內遣王擢略地晉興廣武越洪池嶺至於曲柳姑臧大震於是以艾爲使持節都督征討諸軍事行衛將軍以索遐爲軍正將軍率步騎二萬距王擢等擢與前鋒戰敗遁還河南還討叛虜斯骨眞萬餘落破之斬首千餘級俘擒三千八百

張天錫僭嗣凉州牧時羌廉岐自稱益州刺史率略陽四千家背苻堅就李儼天錫自往討之以別駕楊遹爲監前鋒軍事前將軍趙金城晉興相常據爲使持節征東將軍向左南游擊將軍張統出白土天錫

自率三萬人攻倉松伐儼儼大敗入城固守

前趙劉曜僭即帝位時黄石屠各路松多起兵於新平扶風聚衆數千附於南陽王保保以其將楊曼爲雍州刺史王連爲太守據陳倉張顗爲新平太守周庸爲安定太守據陰密松多下草壁秦隴氐羌多歸之曜遣其車騎劉雅平西劉厚攻楊曼于陳倉二旬不尅曜率中外精鋭以赴之行次雍城太史令弁廣明言於曜曰昨夜妖星犯月師不宜行乃止勅雅等攝圍固壘以待大將軍三年曜發雍攻陳倉曼連謀曰諜者適還云其五牛旗建多言胡主自來其鋒恐

不可當也吾糧廪既少無以支久若頓軍城下圍人百日不待兵刃而吾自喪滅不如率見衆以一戰如其勝也闗中不待檄而至如其敗也一等死早晚無在遂盡衆背城而陣爲曜所敗王連死之楊曼奔於南氐曜進攻草壁又陷之松多奔隴城進陷安定保懼遷於桑城氐羌悉從之曜振旅歸於長安其後曜親征氐羌仇池楊難敵率衆來距前鋒擊敗之難敵退保仇池仇池諸氐羌多降於曜曜後復西討楊韜於南安韜懼與隴西太守梁勛等降於曜皆封列侯使侍中喬豫率甲士五千遷韜等及隴右萬餘戶於長安曜又進攻仇池時曜寢疾兼癘疫甚議欲班師恐難敵躡其後乃以其尚書郎王擴爲光國中郎將使於仇池以說難敵難敵於是遣使稱藩會陳安叛於隴上自稱梁王曜親征之圍於隴城安頻出挑戰累擊敗之斬獲八千餘級右軍劉幹攻平襄尅之隴上諸縣悉降曲赦隴右殊死以下惟陳安逃募不在其列安留楊伯友姜冲兒等守隴城帥騎數百突圍而出欲引上邽平襄之衆還解隴城之圍安既出知上邽被圍平襄已敗乃南走陜中曜使其將軍平先丘中伯率勁騎追安頻戰敗之俘斬四百餘級安與

壯士十餘騎於陜中格戰安左手奮八尺大刀右手執丈八蛇矛近交則刀矛俱發輒害五六遠則雙帶鞬服左右馳射而走平先亦壯健絶人勇捷如飛與安愽戰三交奪其蛇矛而退會日暮雨甚安棄馬與左右五六人步踰山嶺匿于溪澗翌日尋之遂不知所在會連雨始霽輔威呼延青尋其徑迹斬安於澗曲曜大悦曜遣其武衛劉郎率騎三萬襲楊難敵於仇池弗尅掠三千餘戶而歸張駿聞曜軍爲石氏所敗乃去曜官號復稱晉大將軍凉州牧遣金城太守張閬及枹罕護軍辛晏韓璞等率衆數萬人自大夏

攻掠秦州諸郡曜遣劉胤率步騎四萬擊之夾洮相
持七十餘日冠軍呼延邪鷄率親御郎三千騎絕其
運路胤濟師逼之璞軍大潰奔還涼州胤追之及於
令居斬級二萬張閬辛晏率衆數萬降於曜皆拜將
軍封列侯石勒遣石季龍率衆四萬自軹關西入伐
曜河東應之五十餘縣進攻蒲坂曜將東救蒲坂懼
張駿楊難敵承虛襲長安遣其河間王述發氐羌之
衆屯於秦州曜盡中外精銳水陸赴之自衛關北濟
季龍懼引師而退追之及於高候大戰敗之斬其將
軍石瞻枕尸二百餘里收其資仗億計季龍奔于朝

歌
後趙石勒僭稱趙王使石季龍擊託候部掘咄哪於
研北大破之俘獲牛馬二十餘萬尋署季龍爲車騎
將軍率騎三萬討鮮卑鬱粥於離石俘獲牛馬十餘
萬鬱粥奔烏丸悉降其衆城又遣季龍統中外精卒
四萬討徐龕龕堅守不戰於是築室反耕列長圍以
守之其後季龍攻陷龕送之襄國又遣季龍統中外
步騎四萬討曹嶷降之劉曜於燕等去長安奔于上
邽遣季龍討尅之
石季龍僭稱居攝趙天王時菟簿句大循保險未賓

季龍遣其子章武王斌帥精騎二萬并秦雍二州兵
以討之其後季龍又僭稱大趙天王將伐遼西鮮卑
段遼募有勇力者三萬人皆拜龍驤中郎遼遣從弟
屈雲襲幽州刺史李孟退奔易京季龍以桃豹爲橫
海將軍王華爲渡遼將軍統舟師十萬出漂渝津支
雄爲龍驤大將軍姚弋仲爲冠軍將軍統步騎十萬
爲前鋒以伐段遼季龍衆次金臺支雄長驅入薊遼
漁陽太守馬鮑代相張牧北平相楊裕上谷相侯龕
等四十餘城並率衆降於季龍支雄攻安次斬其部
大夫那樓奇遼懼棄令支奔於密雲山遼左右長史

劉群盧諶司馬崔悅等封其府庫遣使請降季龍遣
將軍郭太等輕騎二萬追遼及之戰於密雲獲其母
妻斬級三千遼單馬竄險遣子乞特眞送表及名馬
季龍納之乃遷其戶二萬餘於雍司兗豫四州之地
諸有才行者皆擢叙之先是北單于乙回爲鮮卑郭
那所逐既平遼西遣其將李穆擊那破之復立乙回
而還又遣石宣率步騎二萬擊朔方鮮卑斛摩頭破
之斬首四萬餘級季龍將討慕容皝令司冀青徐幽
并雍兼復之家五丁取三四丁取二合鄴城舊軍滿
五十萬具船萬艘自河通海運穀豆千一百萬斛於

安樂城以備征軍之調徙遼西北平漁陽萬餘戶于
兗豫雍雒四州之地又遣征北張舉自鴈門討索頭
郁鞠尅之其後又遣麻秋討張華重以中書監石寧
爲征西將軍率并司州兵二萬餘人爲麻秋等後繼
張華重將宋秦等率戶二萬餘人來降河湄湟氐羌
十餘萬落與張璩相首尾麻秋憚之不進華重金城
太守張仲又以郡降石寧麻秋屯次曲柳劉寧王擢
進攻始興武衛華重將楊康等與寧戰於沙阜寧敗
續乃引還金城王擢尅武衛執華重護軍曹權胡宣
徙七千餘戶于雍州其後麻秋又襲華重將張瑁於

河陝敗之斬首三千餘級枹罕護軍李逵率衆七千
降於季龍自河已南氐羌皆降
前燕慕容儁僭卽帝位先是後趙段龕因冉閔之亂
擁衆東屯廣固自號齊王稱藩於建業遣書抗中表
之儀非儁正位儁遣慕容恪慕容塵討之恪遇龕於
濟水之南與戰大敗之遂斬其弟欽盡俘其衆恪進
圍廣固尅之初冉閔之僭號也石季龍將李歷張平
高昌等竝率所部稱藩於儁遣子入侍旣而投款建
業結援苻堅竝受爵位羈縻自固雖貢使不絕而誠
節未盡呂護之走野王也遣弟奉表謝罪於儁拜寧

南將軍河內太守又上黨馮鴦自稱太守附于張平
平屢言之儁以平故赦其罪以爲京兆太守護鴦亦
陰通京師張平跨有新興鴈門西河太原上黨上郡
之北壘壁三百餘胡晉十餘萬戶遂拜置征鎭爲鼎
峙之勢儁遣其司徒慕容評討平領軍慕容根討鴦
司空陽騖討昌撫軍慕容臧攻歷并州壘壁降者百
餘所以尚書右僕射悅綰爲安西將軍領護匈奴中
郎將并州刺史以撫之平所署征西諸葛驤鎭北蘇
象寧東喬庶鎭南石賢等率壘壁百三十八降于儁
大悅皆復其官爵旣而平率衆三千奔于平陽鴦奔

于野王歷走滎陽昌奔邵陵悉降其衆
前秦苻健僭帝位時杜洪屯宜秋爲其將張琚所殺
琚自立爲秦王置百官健率步騎二萬攻琚斬其首
健至自宜秋遣雄菁率衆掠關東并援石季龍豫州
刺史張遇於許昌與晉鎭西將軍謝尚戰於潁水之
上王師敗自稱益州刺史率部落四千餘家西依張
天錫叛將李儼堅京兆尹王猛與隴西太守姜衡南
安大守邵羌討斂岐於略陽攻破之斂岐奔白馬邵
羌擒之會苻雙據上邽苻柳據蒲坂叛於苻堅庾據
陜苻武據安定竝應之將兵伐長安堅遣使諭之各

醬梨以爲信皆不受堅命阻兵自守堅遣後禁將軍楊成世左將軍毛嵩等討雙武王猛鄧羌攻蒲坂楊安張蚝攻陝城成世毛嵩爲雙武所敗堅又遣其武衛王鑒寧朔呂光等率中外精銳以討之左衛苻雄左禁竇衝率羽林騎七千繼發雙武乘勝至于榆眉鑒等擊敗之斬獲萬五千人武棄安定隨雙奔上邽鑒等攻之苻柳出挑戰猛閉壘不應柳以猛爲憚巳留其世子良守蒲坂率衆二萬將攻長安長安去蒲坂百餘里鄧羌率勁騎七千夜襲敗之柳引軍還猛又盡衆邀擊悉俘其卒柳與數百騎入於蒲坂鑒守

攻上邽尅之斬雙武猛又尋破蒲坂斬柳及其妻子傳首長安猛屯蒲坂遣鄧羌與王鑒等攻陷陝城尅之送庾於長安殺之慕容暐爲晉所伐乞師於堅請割武牢以西之地王師旣旋暐遣使謂堅曰頃者割地行人失辭有國有家分災救患理之常也堅大怒遣王猛與建滅梁成鄧羌率步騎三萬署慕容垂爲冠軍將軍以爲鄉導攻暐雒州刺史慕容筑於雒陽暐遣其將慕容臧率精卒十萬將解筑圍猛使梁成等以精銳萬人卷甲赴之大破臧於滎陽筑懼而請降猛陳師以受之大和五年又遣猛率楊安張蚝鄧羌等十將率步騎六萬伐暐旣圖鄴堅躬率精銳十萬攻陷之暐出奔高陽堅將郭慶執而送之初仇池氐楊世以地降於堅堅署爲平南將軍秦州刺史仇池公旣而歸順於晉世死子纂代立遂受天子爵命而絶於堅世弟統驍武得衆起兵武都與纂分爭堅遣其將苻雅楊安與益州刺史王統率步騎七萬先取仇池進圖寧益雅等次於鷲陜纂率衆五萬距雅晉梁州刺史楊亮遣督護郭寶率騎千餘人救之戰於陜中爲雅等所敗纂收衆奔還雅進攻仇池楊統率武都之衆降於雅纂將楊佗遣子碩密降於雅請

爲內應纂懼面縛出降雅釋其縛送之長安以楊統爲平遠將軍南秦州刺史加楊安都督鎭仇池時蜀人張育楊光等起兵與巴獠相應以叛於堅晉益州刺史竺瑤威遠將軍桓石虔率衆三萬據墊江育乃自號蜀王遣使歸順與巴獠酋帥張重尹萬等五萬餘人進圍成都尋而育與萬爭權舉兵相持堅遣鄧羌與楊安等擊敗之育光退屯緜竹安又敗張重尹萬於成都南重死之及首級二萬三千鄧羌復擊張育楊光於緜竹皆害之其後堅又遣其武衞將軍苟萇左將軍毛盛中書令梁熈步兵較尉姚萇等率騎

率十萬伐張天錫於姑臧又遣其秦州刺史苟池河州刺史李辯涼州刺史王統率三州之衆以繼之天錫遣將軍馬建掌據司兵趙克晳與萇等戰大敗懼而奔還致牋請降堅旣平涼州又遣其安北將軍幽州刺史苻雒爲北討大都督率幽州兵十萬討伐王涉翼揵又遣後將軍俱難與鄧羌等率步騎二十萬東出和龍西出上郡與雒會於涉翼揵庭翼揵戰敗遁於弱水苻雒逐之勢窘迫退還陰山其子翼圭縛父請降雒等振旅而還

後秦姚萇僭即帝位以弟征虜緒爲司隸校尉鎮長

安萇如安定擊平涼胡金熙鮮卑沒奕于大破之遂如秦州與苻堅秦州刺史王統相持天水屠各略陽羌胡應萇者二萬餘戶統懼乃降其時苻登僭即帝位遣使拜苻纂爲太師領大司馬纂敗萇將姚碩德於涇陽萇自陰密距纂纂退屯敷陸登將竇衝攻萇汧雍二城尅之又與萇戰於汧東爲萇所敗登次於瓦亭萇攻彭沛穀堡陷之沛穀奔杏城萇遷陰密登將征虜馮翊太守蘭犢率衆二萬自頻陽入於和寧與苻纂首尾將圖長安皆爲萇所敗登進據胡空堡萇遣其將軍姚方城攻陷徐嵩堡嵩被殺悉坑戍士

登率衆下隴入朝那萇據武都相持累戰互有勝負其後登進據苟頭原以逼安定萇率騎三萬夜襲大界營陷之殺登妻毛氏及其子弁尚擒名將數十人驅掠男女五萬餘口而去登收合餘兵退據胡空堡遣竇衝率見衆爲先驅自繁川趣長安登率衆從新平徑據新豐之千戶因使楊定率隴上諸軍爲其後繼楊璧留守仇池又命其并州刺史楊政冀州刺史楊楷率所統大會長安萇遣其將軍王破虜略地秦州楊定及破虜戰於清水之格奴坂大敗之萇退歸還安定登就食新平留其大軍於胡空堡率騎萬餘

圍萇營四面大哭哀聲動人萇惡之乃命三軍哭以應登乃引退萇又陷登新羅堡萇扶風太守齊益男奔登登將軍路柴強武等並以衆降於萇登攻萇將張業生於隴東萇救之不尅而退

姚興僭即帝位安南強熙鎮逵楊多叛推竇衝爲盟主所在擾亂興率諸將討之軍次武功多兒子良國殺多而降衝弟彰武與衝離貳衝奔強熙熙聞興將至率戶二千奔秦州衝走汧川汧川氐仇高執送之衡從弟統率其衆降於興興將姚碩德討平涼胡金豹於雒城尅之慕容永旣爲慕容垂所滅河東太守

柳恭等各阻兵自守興遣姚緒討降之鮮卑薛敦叛奔嶺北上郡貳川雜胡皆應之遂圍安遠將軍姚詳於金城遣姚崇尹緯討之敦自三交趨金城興率步騎二萬親討之敦懼棄其衆奔於高平公沒奕于于執而送之武都氐屠飛啖鐵等殺隴東太守姚迴略三千餘家據方山以叛興遣姚紹等討之斬飛鐵遣狄伯支迎流人曹會牛壽萬餘戶于漢中又使姚碩德率隴右諸軍伐乞伏乾歸興潛軍赴之乾歸敗走降其部衆三萬六千乾歸以窮促來降姚碩德姚穆率步騎六萬伐呂隆於姑臧大敗之俘斬一萬隆將

呂佗等率衆二萬五千以東苑來降興又遣姚碩德姚歆成姚壽都等率衆三萬伐楊盛於仇池壽都等入自岩目歆成從下辯而進盛遣其弟壽距成從子斌距都都逆擊擒之盡俘其衆楊壽等懼率衆請降其後赫連勃勃殺高平公沒奕于收其衆以叛秃髮傉檀沮渠蒙遜迭相攻擊傉檀遂東招河州刺史西羌彭奚念阻河以叛興使中軍姚弼後軍歛成鎮遠乞伏乾歸等率步騎三萬伐傉檀左僕射齊難等率騎二萬討勃勃退保河曲弼濟自金城進攝昌松長驅至姑臧傉檀嬰城固守出其兵擊弼弼敗退據西苑興又遣衛大將軍姚顯率騎二萬爲諸軍節度至高平聞弼敗續兼道赴撫慰河外率衆而還興又遣平北姚沖征虜狄伯支輔國斂曼嵬鎮東楊佛嵩率騎四萬討勃勃沖次于嶺北欲迴師襲長安伯支不從乃止興自平涼如朝那聞沖謀逆乃下書賜沖死興如貳城而勃勃騎大至興遣左將軍姚文宗率禁兵距戰中壘齊莫統氐兵以繼之勃勃乃追留禁兵五千配姚詳守貳城與還長安其後勃勃遣其將胡金纂將萬餘騎攻平涼興如貳城因救平涼纂衆大潰生擒纂勃勃遣兄子提攻陷定陽執北中郎將姚

廣都興將曹熾曹雲王肆佛等各將數千戶避勃勃內徙興處佛於湟山澤熾雲於陳倉勃勃冦隴右攻白崖堡破之遂趣清水略陽太守姚壽都委守奔秦州勃勃又收其衆而歸興自安定追之至壽渠川不及而還仇池公楊盛叛擾祁山遣建威趙琨率騎五千爲前鋒立節楊伯壽統步卒繼之前將軍姚恢左將軍姚文宗入自鷲峽鎮西秦州刺史姚嵩入羊頭峽右衛胡翼度從陰密出自汧城討盛興將輕騎五千自雍赴之與諸將軍會於隴口盛與琨相持伯壽畏懦弗進爲盛所敗興斬伯壽而還興寢疾妖賊李

弘反於貳原貳原氏佌嘗起兵應弘與輿疾討之斬
嘗執弘而還徙嘗部人五百餘戶於許昌
姚泓嗣其父輿即僞位初輿徙李閏羌三千家於安
定尋徙新支至是羌酋嘗容率所部叛還遣撫軍姚
讚討之容降徙其豪右數百戶于長安餘遣還李閏
并州定陽貳城胡數萬落叛泓入于平陽攻立義姚
成都于匈奴曹弘爲大單于所在殘掠征東姚懿自
蒲坂討弘戰於平陽大破之執弘送於長安徙其豪
右萬五千落於雍州仇池公楊盛攻陷祁山執建節
王恐遂逼秦川泓遣後將軍姚平救之盛引退赫連

勃勃攻陷陰密進兵侵雍嶺北雜戶悉奔五將山征
北姚恢棄安定率戶五千奔新平安定人胡儼華韜
等率衆距恢恢單騎歸長安立節彌姐成建武裴岐
爲儼所殺鎮西姚諶委鎮東走勃勃遂據雍抄掠郿
城姚紹及征虜尹昭鎮軍姚洽等率步騎五萬討勃
勃姚恢以精騎一萬繼之軍次横水勃勃退保安定
胡儼閉門距之殺鮮卑數千人據安定以降紹進兵
躡勃勃戰於馬鞍坂敗之追至朝那不及而還平陽
氐苟渴聚衆千餘據五丈原以判遣鎮遠姚萬恢武
姚難討之爲渴所敗姚諶討渴擒之楊盛遣兄子倦
入寇長蛇泓使輔國斂曼嵬前將軍姚光兒討之於
陳倉倦奔於散關勃勃遣兄子提南俘池陽車騎姚
裕前將軍彭白狼建義蛇玄距却之

後蜀李雄僭即帝位仇池氐楊難敵初爲劉曜所破
奔於葭萌遣子入質其後恃險多爲不法雄安北李
稚請討之雄遣中領軍李琀及將軍樂次費佗李乾
等由白水橋攻下辯征東李壽督琀弟玝攻陰平難
敵遣軍距之雄又遣太子班討平寧州夷以班爲撫
軍

後凉呂光僭即三河王位遣其子左將軍佗武賁中

郎將纂討北虜匹勤於三巖山大破之南羌彭奚念
入攻白土都尉孫峙退奔興城光遣其南中郎將呂
方及其弟右將軍呂寶振威楊範彊弩竇苟討乞伏
乾歸於金城方屯河寶進師濟河爲乾歸所敗光親
討乾歸奚念遣楊武楊軌建忠沮渠羅仇建武梁恭
軍於左南奚念大懼於白土津累石爲隄以水自固
遣精兵一萬距守河津先遣將軍王寶潛趣上津夜
渡湟河濟自石隄攻尅枹罕奚念單騎奔甘松光振
旅而還

呂纂僭即天王位伐禿髮利鹿孤圖張掖略地建康

闍傉檀冦姑臧乃還
後燕慕容垂僭即帝位遣其征西慕容楷衛軍慕容麟鎮南慕容紹征虜慕容宙等攻符堅兾州牧符定鎮州牧符紹幽州牧符謨鎮北符亮楷與定等盡諭以禍福定等悉降
慕容盛既襲僞位討庫莫奚大虜獲而還嘗率衆三萬伐高句驪襲其新城南蘇皆尅之散其積聚徙其五千餘戶於遼西
西秦乞伏乾歸僭稱河南王楊定之死也天水姜乳襲據上邽乾歸遣乞伏益州討之其後又使益州攻

尅支楊鸇武允吾三城俘獲萬餘人而還又遣益州與武衛慕容允冠軍翟緼率騎三萬伐吐谷渾視羆至于度周川大破之
乞伏熾磐襲其父乾歸僞位遣其龍驤乞伏智達平東王松壽討吐谷渾樹雒于於澆河大破之獲其將呼那烏提虜三千餘戶而還又遣其鎮東郎呂破胡于白石川虜其男女萬餘口進據白石城休官降者萬餘人又遣安北烏地延冠軍翟紹討吐谷渾別統苟旁於泣勤川大破之俘獲甚衆熾磐率諸將討吐谷渾別統支旁於長栁川掘逵於渴渾川皆破之前後俘獲男女二萬八千聞禿髮傉檀西征乞弗投袂而起曰可以行矣率步騎二萬襲樂都禿髮武臺憑城距守熾磐攻之一旬而尅遂入樂都遣平遠揵虔率騎五千追傉檀徙武臺與其文武及百姓萬餘戶於抱罕傉檀遂降又遣其將曇達王松壽等討南羗彌姐康簿於赤水降之又遣曇達王松壽等率騎一萬伐姚艾於上邽曇達進據灉水艾距戰大敗之艾奔上邽曇達進屯大利破黃石大羗二戍徙五千餘戶於抱罕令其安果木奕於率騎七千討吐谷渾樹雒于于塞上破其弟阿柴於尭扞川俘獲五千餘口

而還雒于奔保白蘭山而死又遣曇達元基東討姚艾降之又使征西孔子討吐谷渾覔地於弱水南大破之覔地率衆六千降於熾磐
南凉禿髮烏孤潛稱大單于西平王曜兵廣武攻尅金城呂光遣將軍竇苟來伐戰於街亭大敗之降光樂都湟河澆河三郡
禿髮利鹿孤襲其兄烏孤僞位呂纂來伐使弟傉檀距之與纂戰敗之斬首二千餘級纂西擊段業傉檀率騎一萬乘虛襲姑臧纂弟緯守南北城以自固傉檀耀兵於青陽門虜八千餘戶而歸其後僭稱河西

王率師伐呂隆大敗之又遣傉檀攻呂隆昌松大守孟禕於顯美尅之

禿髮傉檀嗣其兄利鹿孤位僭稱凉王遣其將文支討南羌西虜大破之傉檀於是率師伐沮渠蒙遜次於氐池蒙遜嬰城固守芟其禾苗至于赤泉而還傉檀僞游澆河襲徙西平湟河諸羌三萬餘戶於武興番禾武威昌松四郡姚興遣其將姚弼及斂成等率步騎三萬來伐又使其將姚顯爲弼等後繼遣傉檀書云遣尚書左僕射齊難討赫連勃勃懼其西逸故令弼等於河西邀之傉檀以爲然遂不設備弼至姑

臧屯於西苑傉檀命諸郡縣悉驅牛羊於野斂成縱兵虜掠傉檀遣其鎮北俱延鎮軍敬歸等十將率騎分擊大敗之斬首七千餘級姚弼固壘不出傉檀攻之未尅乃斷水上流欲以持久斃之會雨甚堰壞弼軍乃振姚顯聞弼敗兼道赴之軍勢甚盛遣射將孟欽等五人挑戰於凉風門張未及發材官將軍朱益等馳擊斬之顯乃委罪斂成遣使謝傉檀引師而歸又遣其左將軍枯木駙馬都尉胡康伐沮渠蒙遜掠臨松人千餘戶而還蒙遜大怒率騎五千至于顯美方亭破車蓋鮮卑而退

南燕慕容超僭卽帝位時慕容法鎮梁父與超有隙因與慕容鍾段宏等謀反超知而徵之鍾稱疾不赴於是取其黨侍中慕容統右衞慕容根散騎常侍段封誅之車裂僕射封嵩於東門之外西中郎將封融奔於魏超乃遣慕容鎮等攻青州慕容昱等攻徐州慕容凝韓範攻梁父昱等攻莒城拔之徐州刺史段宏奔於魏封融又集群盜襲石塞城殺鎮西大將軍餘鬱青土振恐人懷異議慕容凝謀殺韓範將襲廣固範知而攻之凝奔梁父範幷其衆攻梁父尅之凝命姚興慕容法出奔於魏慕容鍾尅青州鍾殺其妻

子爲地道而出單馬奔姚興

西凉李暠僭稱凉王遣折衝將軍宋繇東伐凉興幷擊玉門已西諸城皆下之遂屯玉門陽關廣田積谷爲東伐之資其後暠親率騎二萬略地至於建東沮渠蒙遜來侵至於建康掠三千餘戶而歸暠大怒率騎追之及於彌安大敗之盡收所掠之戶李歆嗣其父暠爲凉公沮渠蒙遜遣其張掖太守沮渠廣宗詐降誘歆歆遣武衞溫宜等赴之親勒大軍爲之後繼蒙遜率衆三萬設伏於蓼泉歆聞引兵還爲遜所逼歆親貫甲先登大敗之追奔百餘里俘斬七千餘級

北凉沮渠蒙遜僭稱河西王禿髪傉檀來伐蒙遜敗之於若厚塢傉檀湟河太守文友抜湟川護軍成宜侯率衆降之蒙遜西如若蕫遣冠軍伏恩率騎一萬襲卑和烏啼二虜大破之俘二千餘落而還蒙遜遣其將運糧於湟河自率衆攻尅乞伏熾磐廣武郡以運糧不繼自廣武如湟河度浩亹熾磐遣將乞伏魋尼寅拒蒙遜蒙遜擊斬之熾磐又遣將王衛拆裴魏景等率騎一萬據勒姐嶺蒙遜且戰且前大破之擒拆裴等七百餘人魏景奔還蒙遜以弟漢平爲拆衝將軍湟河太守乃引還蒙遜伐西凉李歆歆將出距

之左長史張體順固諫乃止蒙遜大芟秋稼而還其後太史令張衍言於蒙遜曰今歲臨澤城西當有破兵蒙遜乃遣其世子政德屯兵若厚塢蒙遜西至白岸遂攻浩亹還次川巖聞李歆徵兵欲攻張掖蒙遜潜軍逆之敗歆於壞城遂進尅酒泉

前蜀王建僭即帝位初汴將劉知俊奔鳳翔李茂貞以爲大將稍侵建之興鳳皆沒焉後知俊自岐奔蜀建厚禮之任爲上將令擊茂貞復收興鳳二州茂貞登陴自守知俊修兵攻其屬郡茂貞之秦隴階涇皆陷於蜀

前漢劉晟襲其父陟僞位會湖南馬氏昆弟無戈晟因其釁遣兵攻桂林管內諸郡及郴連梧賀等州皆尅之自此全有南越之地

唐李景襲其父昪僞位遣其將邊鎬帥師攻閩王延政於建安延政乞降鎬使人送于金陵會湖南馬希萼爲牙將陸孟俊所廢送於衡陽三軍立馬希崇爲帥希萼至衡陽月餘衡州都指揮使廖偃招合蠻獠復立希萼爲楚王於縣署行府據湘川上游乃令人求援於景景遣邊鎬率衆東入希萼乘湘流而下合勢攻長沙陷之希萼望吳人復立爲潭帥潭人同恚

希萼請邊鎬爲帥鎬既稱帥乃令希萼希崇入於金陵馬氏諸族千餘人及豪族皆徙焉

册府元龜

巡按福建監察御史臣李嗣京　訂正
知長樂縣事臣夏允彝　叅閱
知建陽縣事臣黄國琦　較釋

僭僞部二十四

稱藩

粤自晋氏中微生靈板蕩致滔天之乘間咸割地以爭雄莫不竊號假王開祊建社據都會之要擁嘯聚之衆人自爲國沛焉肆志然而永嘉南遷天命未改晋之恩德尚結人心號令所行威懷不遠則有請命

述職乃心本朝假寵乞靈以備外禦雖負固專制崎嶇退阻而通使奉貢恭達款誠斯所以示義于天下拱衛於隣國者也若乃宋氏嗣興元魏方盛爲敵境所附者咸亦取焉

前凉張軌初爲凉州刺史及河間成都二王之難遣兵三千東赴京師又遣主簿令狐亞聘南陽王模模甚悦遺軌以帝所賜劒謂軌曰自隴以西征伐斷割悉以相委如此劒矣會王彌寇雒陽軌遣北宮純張纂馬魴陰濬等率州軍擊破之又敗劉聰于河東京師歌之曰凉州大馬横行天下凉州鴟若寇賊消鴟苕翩翩怖殺人帝嘉其忠進封西平郡公不受于時天下既亂所在使命莫有至者軌遣使貢獻歲時不替朝廷嘉之屢降璽書慰勞光祿傳至太常摯虞遺軌書告京師饑匱軌卽遣叅軍杜勳獻馬五百匹毯布三萬疋遣使者進拜鎮西將軍都督隴右諸軍事封霸城侯進車騎大將軍開府辟召儀同三司策未至而王彌遂逼雒陽軌遣將軍張斐北宮純郭敷等率精騎五千來衛京師陷斐等皆沒於賊太府主簿馬魴言於軌曰四海傾覆乘輿未反明公以全州之力徑造平陽必當萬里風波有征無戰未審何憚不

爲此舉軌曰是孤心也又聞秦王入關乃馳檄關中曰主上遘危遷幸非所普天分離率土喪氣秦王天挺聖德神武應期世祖之孫王今爲長凡我晋人食土之類龜筮克從幽明同款宜簡令辰奉登皇位今遣前鋒督護宋配步騎二萬徑至長安翼衛乘輿折衝左右西中郎實中軍三萬武威太守張璵胡騎二萬駱驛繼發仲秋中旬會于臨晋俄而秦王爲皇太子遣使拜軌爲驃騎大將軍儀同三司固辭是歲皇太子遣使重申前授固辭愍帝卽位進位司空固辭是歲劉曜寇北地軌又遣叅軍麴陶領三千人衛長

安帝遣大鴻臚辛攀拜軌侍中太尉涼州牧西平公軌又固辭張寔嗣父軌爲涼州牧晉愍帝下策書曰維乃父武公著勳西夏項胡賊狡猾侵逼近甸義兵銳卒萬里相尋方貢遠珍府無虛歲方委專征蕩清九域昊天不弔周餘藩后朕用悼厥心維爾俊劭英毅宜世表西海今授持節都督涼州諸軍事西中郎將涼州刺史領護羌校尉西平公往欽哉其闡弘先緒俾屏王室又蘭池長趙奭上軍士張冰得璽文曰皇帝璽群僚上慶稱德寔曰孤常忿袁本初擬肘諸君何忽有此言因送于京師又遣督護王該送諸郡

貢計獻名馬方珍經史圖籍于京師會劉曜逼長安寔遣將軍王該率衆以援京城帝嘉之拜都督陝西諸軍事後寔知劉曜逼遷天子大臨三日遣大府司馬韓璞滅寇將軍田齊撫戎將軍張閬前鋒都督陰預步騎一萬東赴國難命討虜將軍陳安故太守賈騫隴西太守吳紹各統郡兵爲璞等前驅戒璞曰前遣諸將多違機信所執不同致有乖阻且內不和親焉能服物今遣卿督五將兵事當如一體不得令乖興之聞達孤耳也復遣南陽王保書曰王室有事不忘投身孤州遠域首尾多難是以前遣賈騫望公舉中被符命勑騫還軍忽聞北地陷沒寇逼長安胡崧不進麴允持金五百請救於崧是以決遣騫等進軍度嶺會聞朝廷傾覆爲忠不達於主遣兵不及於難痛慨之深死有餘責今更遣韓璞等唯公命是從時焦崧陳安逼上邽南陽王保遣使告急以金城太守竇濤爲輕車將軍率威遠將軍宋毅及和苞張閬宋輯辛韜張選董廣步騎二萬赴之軍次新陽會愍帝凶問至素服舉哀大臨三日時南陽王保謀稱尊號破羌都尉張詵言於寔曰南陽王忘莫大之耻而欲自尊天不授其圖籙德不足以應運終非濟時救難

者也晉王明德昭藩先帝憑屬宜表稱聖德勸即尊號傳檄諸藩副言相府則欲競之心息未合之徒散矣從之於是馳檄天下推崇晉王爲天子遣牙門蔡忠奉表江南勸即尊位

張駿嗣其季父茂爲涼州牧猶稱建興十二年承元帝凶問駿大臨三日群寮勸駿稱涼王領秦涼二州牧置公卿百官如魏武晉文故事駿曰此非人臣所宜言也敢有言此者罪在不赦然境內皆稱之爲王後晉成帝遣治書御史耿訪拜駿鎮西大將軍咸和八年始達涼州駿受詔遣部曲督王豐等報謝上疏

稱臣而不奉正朔猶稱建興二十一年九月復使訪隨豐等齎印板進駿大將軍自是每歲使命不絕後駿遣參軍麴護上疏曰東西隔塞踰歷年載夙承聖德心繫本朝而江吳寂蔑餘波莫及雖肆力脩塗同盟靡恤奉詔之日悲喜交并天恩光被褒崇輝渥即以臣爲大將軍都督陝西雍秦凉州諸軍事休寵振赫萬里懷戴嘉命顯至銜感屏營伏惟陛下天挺岐嶷堂構晉室遺家不造播幸吳楚宗廟有黍離之哀園陵有殄廢之痛普天咨嗟含氣悲傷臣專命一方職在斧鉞遐域僻陋勢極秦隴勒雄既死人懷反正

謂石虎李期之命曾不崇朝而皆篡繼凶逆鴟張有年東西遼曠聲援不接遂使桃蟲鼓翼四夷諠譁向義之徒更思背誕鈆刀有干將之志螢燭希日月之光是以臣前章懇切欲齊力時討而陛下雍容江表坐觀禍敗懷目前之安替四祖之業馳檄布告徒設空文臣所以霄吟荒漠痛心長路者也且兆庶離主漸冥經世先老消落後生靡識忠良受梟懸之罰群凶貪縱橫之利懷君戀故日月告流雖時有尚義之士畏逼首領哀歎窮廬臣聞少康中興繇於一旅光武嗣漢衆不盈百祀夏配天不失舊物況以荆揚慓悍神州突騎吞噬遺羯在於掌握哉願陛下敷弘臣慮永念先績勅司空鑒征西亮等泛舟江沔使首尾俱至也自後駿遣使多爲季龍所獲不達張重華嗣父駿爲凉州牧凉王晉遣侍御史俞歸拜重華凉州刺史假節重華遣使上疏曰季龍自斃遺燼遊魂取亂侮亡覩機則發臣今遣前鋒都督裴垣步騎七萬逕出隴上以俟聖朝赫然之威山東騷擾不足屑懷長安膏腴宜速平蕩臣守任西荒山川悠遠大誓六軍不及聽受之末猛將鷹揚不豫告成之次瞻雲望日孤憤義傷彈劍慷慨中情蘊結於是康獻皇后詔

報遣使進重華爲凉州牧

張天錫自號大將軍校尉凉州牧西平公遣司馬綸騫奉章請命并送御史俞歸還京都海西公太和初詔以天錫爲大將軍大都督隴右關中諸軍事護羌校尉凉州刺史西平公時苻堅強盛每攻之兵無寧歲天錫甚懼乃立壇刑牲率典軍將軍張寧中堅將軍馬芮等遥與晉三公盟誓獻書大司馬桓溫剋六年夏誓同大舉遣從事中郎韓博奮節將軍康妙奉表并送盟文孝武寧康元年天錫貢方物

西凉李暠字玄盛衆推凉公秦凉二州牧改元爲建

初遣舍人黄始梁典間行奉表詣闕昔漢運將終三國鼎峙釣天之歷數鍾皇晉高祖闡鴻基景文弘帝業嗣武受終要荒率服六合同風宇宙齊貫而惠皇失馭權臣亂紀懷愍屯邅蒙塵於外懸象上分九服干裂眷言顧之普天同感伏惟中宗元皇帝基天紹命遷幸江表荆楊蒙弘覆之矜五都爲荒榛之藪故太尉西平武功軌當元康之初屬擾攘之際受命典方出撫北州威略所振聲蓋海内明盛繼統不隕前志長旌所指仍闕三秦義立兵強拓境萬里文桓嗣位奕葉載德囊括関西化被崐裔遐邇欵藩世脩職

貢晉德之遠揚繄此州是賴大都督大將軍天錫以英挺之姿承七世之業志扶時難克隆先勳而中年降災兵寇侵境皇威遐邈同獎弗及以一方之師抗七州之衆兵孤力屈社稷以喪臣聞歷數相推歸餘於終帝王之典必有閏位是以共工亂象於黄農之間秦項篡竊於周漢之際皆機不轉踵覆餗成凶自戎狄陵華已涉百齡百胡僭襲期運將抄四海顒顒懸心象魏故師次東關趙魏莫不企踵淮南大捷三方欣然引領伏惟陛下道協少康德侔光武繼天統位志清函夏至如此州世篤忠義臣之群僚以臣高祖東莞大守雍曾祖北地太守柔荷寵前朝忝恭時務伯祖龍驤將軍廣晉大守長寧侯卓亡祖武衛將軍天水大守安世亭侯弇毗佐凉州著功秦隴殊寵之隆勳于天府妄臣無庸輙依竇融故事迫臣以義而上臣大都督大將軍凉公領秦凉二州牧護羌校尉臣以爲荆楚替貢齊桓興邵陵之師諸侯不恭晉文起城濮之役用能勳光踐土業隆一匡九域賴其弘猷春秋恕其專命功冠當時美垂千祀况今帝居未復諸夏昏墊大禹所經奄爲戎墟五嶽神山狄汗其三九州名都夷狄其七辛有所言於茲而驗微臣所

以叩心絶氣忘寢與食彤肝焦慮不遑寧息者也江凉雖遼義誠密邇風雲苟通實如脣齒臣雖名未結於天臺量未著於海内然憑頼累祖寵光餘烈義不細辭以稽大務輙順群議亡身即事輭弱任重懼忝威命昔在春秋諸侯宗周國皆稱元以布時令今天臺邈遠正朔未加發號施令無以紀數輙年冠建初以崇國憲輿櫬寵靈全制一方使義誠著於所天玄風扇于九壤殉命灰身隕越慷慨又以前表未報復遣沙門法泉間行奉表曰江山悠隔朝宗無階延首雲極翹企遐方伏惟陛下應期踐位景福自天臣去

乙巳歲順從群議假統方城時遣舍人黄始奉表遏誠遥途嶮曠未知達不吳凉懸邈蜂蠆克衛方珍貢使無繇展御謹副寫來章或希簡達臣以其歲進師酒泉戒戎廣平庶攘茨穢而黠虜恣睢未率威教憑守巢穴咀臣前路且以諸事草創倉帑未盈故息兵按甲務農養士時移節邁荏苒三年撫劒歎憤以日成歲今資儲已足器械已充西招城郭之兵北引丁零之衆冀憑國威席卷河隴楊旌秦川承望詔吉盡節竭誠隕越爲效又臣州界迥遠勍寇未除當須鎮副爲行留部分輙假臣世子士業監前鋒諸軍事撫

軍將軍護羌校尉督攝前軍爲臣先驅又燉煌郡大衆殷制御西域管轄萬里爲軍國之本輙以次子讓爲寧朔將軍西夷校尉燉煌大守統攝崐裔輯寧殊方自餘諸子皆在戎間率先士伍臣總督大綱畢在輸力臨機制命動靖續聞晉義熙元年又遣使奉表稱藩

李歆字士業暠之子暠卒府寮奉爲凉公凉州牧朝廷以士業爲持節都督七郡諸軍事鎮西大將軍護羌校尉酒泉公

前燕慕容廆父涉歸以全柳城之功進拜鮮卑單于遷邑於遼東北於是漸慕諸夏之風廆初立數寇遼西及伐滅扶餘東夷校尉何龕遣督護賈沉戰敗之廆謀於衆曰吾先公以來世奉中國且華裔理殊強弱固别豈能與晉競乎何爲不和以害吾百姓耶乃遣使來降晉武帝嘉之拜鮮卑都督建武初元帝爲瑯邪王承制拜廆假節散騎常侍都督遼左雜夷流人諸軍事龍驤將軍大單于昌黎公廆讓而不受征虜將軍魯昌說廆曰今兩京傾沒天子蒙塵瑯邪承制江東實人命所系明公雄據海朔跨總一方而諸部首衆稱兵未遵化者盖以官非王命又自以爲強

今宜通使瑯邪勸承大統然後敷宣帝命以伐有罪誰敢不從廆善之乃遣其長史王濟浮海勸進及元帝即尊位遣謁者陶遼重申前命廆固讓公封及平宇文悉獨官俘其衆獲皇帝玉璽三紐遣長史裴嶷送建鄴晉遣使者拜廆監平州諸軍事安北將軍平州刺史增邑二千戶尋加使持節都督幽州東夷諸軍事車騎將軍平州牧進封遼東郡公邑一萬戶常侍單于並故如丹書鐵券承制海東命備官司置平州守宰成帝即位加廆侍中位特進咸和五年又加開府儀同三司固辭不受又遣使與太尉陶侃箋曰

明公使君轂下振德曜威撫寧方夏勞心文武士馬
無恙欽高仰止注情彌久王塗嶮遠隔以燕越每瞻
江湄延首遐外天降艱難禍害屢臻舊都不守奄為
虜庭使皇輿遷幸假勢吳楚大晉啓基祚流萬世天
命未改玄象著明是以義烈之士深懷憤勇假以功
薄受國殊寵上不能掃除群羯下不能身赴國難仍
縱賊臣屢逼京輦王敦唱禍於前蘇峻肆毒於後凶
暴過於董卓惡逆甚於崔氾普天率土誰不同忿深
怪文武之士過荷朝榮不能滅中原之寇刷天下之
恥君侯植根江陽發曜荆衡杖葉公之權有包胥之

志而令白公伍員各得極其暴竊為丘明恥之區區
楚國子重之徒猶恥君弱群臣不及先大夫厲己戒
衆以服陳鄭越之種蠡尚能弼佐句踐取威黃池況
今吳士英賢比肩而不輔翼聖主陵江北伐以義聲
之直討逆暴之羯檄命舊邦之士招懷存本之人豈
不若因風振落頓坂走輪哉且孫氏之初以長沙之
衆摧破董卓志扶漢室雖中遇寇害雅志不遂原其
誠心乃忽身命及權據揚越外收周張內馮顧陸距
魏赤壁尅取襄陽自茲以降世主相襲咸能侵逼徐
豫令魏朝旰食不知今之江表為賢儁匿智藏其勇

略邪將呂蒙淩統高蹤曠世哉況今凶羯虐暴中州
人士過促其顛沛之危甚於累卵假號之强衆心所
去敵有釁矣易可震蕩王郎袁術雖自詐偽皆基淺
根微禍不旋踵此皆君侯之所聞見者矣王司徒清
虛寡欲善於全己昔曹參亦崇此道著畫一之稱也
庾公居元舅之尊處申伯之任超然高蹈明智之權
廆於寇難之際受大晉累世之恩自恨絕域無益聖
朝徒繫心萬里望風懷憤今海內之望足為楚漢輕
重者惟在君侯若戮力盡心悉五州之衆據兗豫之
郊使向義之士倒戈釋甲則羯寇必滅國恥必除廆

在一方敢不竭命孤軍輕進不足使勒畏首畏尾則
懷舊之士欲為內應無緣自發故也故遠陳寫言不
宣盡廆使者遭風沒海其後廆更寫前箋并齎其東
夷校尉封抽行遼東相韓矯等三十餘人疏上侃府
日自古有國有家鮮不極盛而衰自大晉龍興尅平
崏會神武之略邁蹤前史惠皇之末后黨構難禍結
京畿釁成公族遂使羯寇三虛傾覆諸夏舊都淪滅
山陵毁掘人神悲悼幽明發憤昔獫狁之强匈奴之
盛未有如今日羯寇之暴跨躡華裔盜稱尊號者也
天祚有晉挺授英傑車騎將軍慕容廆自弱冠蒞國

忠於王室明允恭肅志在立勳屬海內分離皇輿遷幸元皇中興剏唱大業肅祖繼統蕩平江外廆雖限以山海隔以羯寇翹首引領係心京師軰假寤寐欲憂國忘身貢篚相尋連舟載路戎不稅駕動成義舉今羯寇滔天怙其醜類樹基趙魏跨略燕齊廆雖率義衆誅討大逆然管仲相齊猶曰寵不足以御下況廆輔翼王室有定霸之功而位卑爵輕九命未加非所以寵異藩翰崇獎殊勳也方今詔命隔絕王路嶮遠貢使往來動彌年載今燕之舊壤北周沙漠東盡樂浪西暨代山南極冀方而悉爲虜庭非復國家之

域將佐等以爲宜遠遵周室近準漢剏進封廆爲燕王行大將軍事上以總統諸部下以割損賊境使冀州之人望風向化廆得抵承詔命率合諸國奉辭夷逆以成桓文之功苟利社稷專之可也而廆固執謙光守節彌高每詔所加讓動積年非將佐等所能敦逼今區區所陳不欲苟相崇重而愚情至心實爲國計侃報抽等書其略曰車騎將軍憂國忘身貢篚載路羯賊求和執使送之西討段國北征塞外遠綏索頭荒服以獻惟北部未賓屢遣征伐又知東方官號高下齊班進無統攝之權退無等差之降欲進車騎爲燕王一二具之夫功成進爵古之成制也車騎雖未能爲官權勒然忠義竭誠今騰牋上聽可否遲速當任天臺也朝議未定八年廆卒乃止

慕容皝嗣父位晉成帝遣謁者徐孟閭丘幸等持節拜皝鎮軍大將軍平州刺史大單于遼東公持節都督承制封拜一如廆故事皝遣長史劉斌郎中令陽景送徐孟等歸於京師成帝又遣使進皝爲征北大將軍幽州牧領平州刺史加散騎常侍增邑萬戶持節都督單于公如故皝雖稱燕王未有朝命乃遣其長史劉祥獻捷京師兼言權假之意并請大舉討平

中原晉庾永以其絕遠非所能制遂與何充等奏聽皝稱燕王於是成帝使兼大鴻臚郭希持節拜慕容皝侍中大都督河北諸軍事大將軍燕王其餘官皆如故封諸功臣百餘人

慕容儁僭即燕王位穆帝使謁者陳沈拜儁爲使持節侍中大都督都督河北諸軍事幽冀并平四州牧大將軍大單于燕王承制封拜一如廆皝故事

前秦苻健嗣父洪位去秦王之號稱晉爵遣使告喪于京師且聽王命時京兆杜洪竊據長安健自稱晉征西大將軍都督關中諸軍事雍州刺史盡衆西行

兵至長安洪奔司竹健入而都之遣使獻捷京師并修好於桓溫

後秦姚興僭卽帝位宋高祖誅桓玄遣參軍衡抗之詣姚顯請通和顯遣吉默報之自是聘使不絶晉求南鄉諸郡興許之羣臣咸諫以爲不可興曰天下之善一也劉裕拔萃起微匡輔晉室吾何惜數郡而不成其美乎遂割南鄉順陽新野舞陰等十二郡歸於晉後興遣晉將軍劉嵩等二百三十七人歸于建鄴時魏遣使聘于興且請婚興大悦遣其吏部郎嚴康報聘并致方物

後蜀李雄僭卽帝位凉州張駿遣使遺雄書勸去尊號稱藩於晉雄復書曰吾過爲士大夫所推然本無心於帝王也進思爲晉室元功之臣退思共爲守藩之將掃除氛埃以康帝宇而晉室陵遲德聲不振引領東望積有年月矣會獲來貺情在闇至有何已已如欲遠遵楚漢尊崇義帝春秋之義於斯莫大駿重其言使聘相繼雄以中原喪亂乃頻遣使朝貢與晉穆帝分天下張駿先遣傳頡假道于蜀通表京師雄弗許駿又遣治中從事張淳稱藩于雄託以假道雄大悦謂淳曰貴主英名蓋世土險兵强何不自稱帝王乎淳曰寡君以乃祖世濟忠良未能雪天下之恥解衆人之倒懸日昃忘食枕戈待旦以琅琊中興江東故萬里翼戴將成桓文之事何言自取邪雄有慙色曰我乃祖乃父亦是晉臣往與六郡避難此地爲同盟所推遂有今日琅琊若能中興大晉於中夏亦當率衆輔之淳還通表京師天子嘉之

北凉沮渠蒙遜僭稱河西王晉益州刺史朱齡石遣使來聘蒙遜遣舍人黄迅報聘益州因表曰上天降禍四海分離靈耀擁于南裔蒼生沒于醜虜陛下累聖重光道邁周漢純風所被八表宅心臣雖被髮邊

徼才非時雋謬爲河右遺黎推爲盟主臣之先人世荷恩寵雖歷夷嶮執義不回首傾朝陽乃心王室去冬益州刺史朱齡石遣使詣臣始具朝廷休問承車騎將軍劉裕秣馬揮戈以中原爲事可謂天贊大晉篤生英輔臣聞少康之興大夏光武之復漢業皆奮劒而起衆無一旅猶能成配天之功著車攻之詠陛下據全楚之地擁荆楊之鋭而可垂拱晏然棄二京資戎虜若六軍非軫尅復有期臣請率河西戎爲晉右翼前驅宋高祖卽位蒙遜爲凉州牧河西王遣使奉表求周易及子集諸書太祖並賜之合四百七十

五卷又孰司徒王弘求搜神記弘寫與之
沮渠茂虔蒙遜第三子衆議推之爲主宋太祖時上
表奉獻方物並獻周生子十三卷時務論十二卷三
國總二十卷俗問十一卷十二州志十卷文檢六卷
四科傳四卷燉煌實錄十卷凉書十卷漢皇德傳二
十五卷亡典七卷魏駁九卷謝文集八卷古今字二
卷桑丘先生三卷周髀一卷皇帝王曆三合紀一卷
趙岐傳并甲寅元曆一卷孔子讚一卷合一百五十
四卷茂虔又求晉趙起居注諸雜書數十件
閩王延鈞審知子也審知唐末爲威武軍節度福建

觀察使累遷簡較大保封瑯琊郡王累朝開國累加
中書令封閩王是時楊氏據江淮故閩中與中國隔
越審知每歲遣使朝貢汎海至登萊抵岸往復頗有
風水之患漂溺者十四五後唐莊宗即位遣使奉貢
制加功臣進爵邑審知卒延鈞襲父位未幾自稱帝
國號大閩改元龍啓然猶稱藩於朝廷
王昶嗣僞位朝廷因授昶福建節度使晉天福三年
遣使貢奉至闕止稱閩王其子繼恭稱節度使晉祖
乃下制封昶爲閩國王
吳楊溥襲其兄渥僭號後唐同光元年莊宗平梁遷
都雒陽十一月溥遣司農卿盧蘋入貢金器二百兩
銀器三千兩羅錦一千二百疋龍腦香五斤龍鳳絲
鞋一百事細茶白檀丁香藥物等又遣使章景來朝
稱大吳國主致書上大唐皇帝其辭旨卑遜有同牋
表二年八月甲申復遣司農卿盧蘋獻方物上皇太
后金花銀器衣段等二年三月壬子又遣使來朝四
月丙寅又遣使貢方物丁丑獻鵶山茶含膏茶己丑
上皇太后賀書爲帝廵幸還宮八月遣使雷峴獻新
茶九月壬寅以皇太妃喪獻慰禮銀絹二千九月癸
丑淮南使張彥鑄對於中興殿賜分物十月以皇太

后喪遣使張璩奉慰致禮三年閏十二月甲辰遣使
貢長至賀禮乙卯遣使雷峴獻賀正禮幣金銀二千
兩羅錦千疋四年貳月辛亥遣右驍衛將軍蘇虔獻
金花銀器錦綺綾羅千段丁酉淮南使進奉繼銀御
服賀平蜀四月庚子明宗初即位遣使楊殷進新茶
天成二年四月差右威衛將軍雷峴進銀千兩綾羅
錦綺千疋脩重午之禮賜雷峴酒食於客省賜絹五
十疋鈔羅五子各一隻五月進新茶九月差人獻應
聖節金器百兩金花銀器千兩雜色綾錦千疋三年
二月庚辰差通事舍人劉傳忠進賀收復汴州禮物

明宗以荆南旅拒通連淮夷不納其使命放還之
前蜀王衍襲其父建僞號後唐莊宗平梁遣使告捷於蜀蜀人恟懼致禮復命稱大蜀國王致書上大唐皇帝
劉陟僭號于廣州及聞莊宗平梁遣僞宮苑使何同來聘稱大漢國王致書上大唐皇帝
李景襲其父昇僞號周顯德三年世宗親征淮南二月壬午景遣其臣鍾謨李德明等奉表來上表云臣聞捨短從長乃推通理以小事大著在格言實徵自古之來即有爲臣之禮旣逢昭代幸屬良途伏惟皇

帝陛下體上聖之姿膺下武之運協一千而命世繼八百以卜年化被區中恩加海外虎步則時欽英主龍飛則圖應真人臣僻在一方謬承餘業比御軍民之欲乃居后辟之崇雖仰慕華風而莫通上國伏自矜勞將帥遠涉封疆叙甘誠則去使甚艱於間路則單函兩獻載惟素願方候宸慈遽審大駕天臨六師雷動猥以遐陬之俗親爲跋履之行循省伏深兢畏無所豈因薄質有累蒸人伏惟皇帝陛下義在寧民心惟庇物臣儻或不思信順何以上協寬仁今則仰望高明俯存億兆虔將下國永附天朝已命邊城各令固守見於諸路皆俾戢軍仰期宸旨纔須當發專人布告伏冀詔虎賁而歸國於雉堞以廻兵萬乘千官免驅馳於原隰地征土貢嘗奔走於歲時質在神明誓於天地庶使闔境荷咸寧之德大君有光被之功凡在炤臨孰不歸慕謹令翰林學士戶部侍郎臣鍾謨工部侍郎文理院學士臣李德明奉表以聞仍進金器一千兩銀器五千兩錦綺綾羅二千疋及御衣犀帶茶茗藥物等又進犒軍牛五百頭酒二千石
丙午景遣其臣孫晟王崇質等奉表來上表云伏自上將遠臨六師每至始貢書於間道旋奉表於行宮

虔仰天光實祈膚旨伏聞朝陽委炤爝火收光春雷發音蟄戶知令惟變通之有在則去就以斯存所以徘徊下風瞻望時雨載傾捧日輒叙攀鱗伏惟皇帝陛下受命上玄門階中立仗武功而戡亂略敷文德以化遠人故得九鼎慶基復昌於寶位十年嘉運允正於璿衡實帝道之昭融知真人之有立臣幸因順動敢慕文明特遣翰林學士尚書戶部侍郎臣鍾謨尚書工部侍郎文理院學士臣李德明同奉表章且申獻贄請從臣事仍備歲輸冀闔境之咸寧識人君之廣覆不遥日下恭達御前既推向化之誠更露孫

衷之願臣伏念天祐之後率土分推或跨據江山或華遷朝代皆爲司牧各拯黎元臣繇是以嗣先基獲安江表誠以瞻烏未定附鳳何從今則青雲之候明懸白水之符斯應仰祈聲教俯被遐方豈可遠動和鑾上勞薄伐有拒懷來之德非誠信順之心臣自遣鍾謨李德明入奏天朝具陳懇款便於水陸皆戢兵師方冀寛仁下安億兆旋進歷陽之旌旆又屯脩茹之車徒緣臣既寫傾依悉曾止約令罷警嚴之備不爲悍禦之謀其或皇帝陛下未息雷霆靡矜葵藿人當積懼衆必貪生若接前鋒偶成小競在其非敵固

亦可知但以無所爲圖出於不獲必於軍旅重見傷殘豈唯瀆大君亭育之慈抑乃增下臣咎釁之責進退惟谷夙夜靡遑臣復思東則會稽南惟湘楚盡承正朔俾主封疆自皇帝陛下允屬天飛方知海納雖無外之化徒仰祝於皇風而事大之儀闕畢通於疆吏惟憑玄造假念後期方今八表未同一戎茲始儻或首於下國許作外臣則柔遠之風其誰不服無戰之勝自古獨高臣幸與黎人共依聖政蚩蚩之俗期息於江淮蕩蕩之風廣流於華裔永將菲薄長奉欽明白日誓心皇天可質虔輸肺腑上祈冕旒顒俟聖

言以聽朝命今遣守司空臣孫晟守禮部尚書臣王崇質部署宣給軍士物上進金一千兩銀十萬兩羅綺二千疋三月己未景以王崇質等歸國復遣使奉表來上表云臣叨居舊邦獲嗣先業聖人有作曾無先見之明王癸弗供果致後時之責六龍電邁萬騎雲屯舉國震驚群臣惴悚遂馳下使徑詣行宮乞停薄伐之師請預外臣之籍天聽懸邈聖問未回逼霄九驚一食三歎繇是繼飛密表再遣行人叙江河羨海之心指葵藿向陽之意皇帝陛下自天生德命世應期含容每法於方輿亭育不遺於下國先令副介

密導宸慈綸旨優隆乾文炳煥仰認懷來之道喜則可知浮惟事大之言服之無斁五年三月丙午景遣其臣僞宰相馮延巳僞給事中田霖奉表進銀一十萬兩絹一十萬疋錢一十萬貫茶五十萬斤米三十萬石表云臣聞盟津初會仗黃鉞以臨戎銅馬既歸推赤心而服衆一則顯周君之雄武一則表漢后之仁慈用能定大業於一戎紹洪基於四百兼資具美允屬聖君伏惟皇帝陛下量包終古德合上玄子育黎民風行號令以其執迷未復則薄賜徂征以其向化知歸則俯垂信納仰荷含容之施彌堅傾附之念

然以淮海遐陬東南下國親勞翠蓋久駐王師以是憂懸不遑啓處今旣六師返斾萬乘還京合申解甲之儀粗表克庭之實但以自經保境今已累年供給旣繁困虛頗甚曾無厚幣可達深誠然又思內附已來聖慈益厚雖在炤臨之下有如骨肉之恩縱悉力以貢輸終厚顏於徵斂今有少物色以備宣給軍士謹遣左僕射平章事臣馮延巳給事中臣田霖部署上進延巳因稱李景命進納漢陽汝川二縣是二縣在大江之北元隸鄂州景以旣畫江爲界故歸于我辛亥景遣其臣僞臨汝郡公徐遼僞客省使尚全恭

奉表來上買宴錢二百萬表云臣聞聖人制禮重尊獎之心王者會朝宗燕享之事是以此日輒薦微誠竊以臣幸能迷復方認懷來決心旣嚮於皇風注目每瞻於淸蹕伏自陪臣入奉帝詰薦臨頻安下國之生靈俱荷大君之化育雖復彝令宰輔專拜冕旒少傾貢奉之儀仰荅含容之德然臣靜思內附欣奉至尊旣推示其赤心又迴隆於乃睠豈將常禮可表深衷是以別命使臣更伸誠懇俾展犒師之禮仍陳買宴之儀躬詣行朝聊資高會庶盡傾於臣節如得面於天顏伏惟皇帝陛下承天子民濤恩廣施四海識眞人之應萬方知王澤之深固以包括古今絲綸典刑盛矣美矣無得而稱凡仰炤臨孰不懽悅今遣客省使臣尚全恭專詣行闕進獻犒軍買宴物色又表云臣幸將下國仰奉聖朝特沐膺慈俯垂開納已陳歎禮請展御筵因思盡竭於深衷是敢別陳於至懇伏以柘梁高會宸極居尊朝臣咸侍於冕旒天樂盛張於金石莫不競輸庭實齊獻壽盃而臣僻處遐陬迥承乃睠雖心存於魏闕奈日遠於長安無繇親咫尺之顏何以罄勤拳之意遂令戚屬躬拜殿庭庶代外臣獲叅執事納忠則厚致禮甚微誠懇野老之芹

願獻華封之祝謹差臨汝郡公臣徐遼部署宴上進獻物色詣闕時景又選伶官五十人各賷樂器與遼偕至且言來獻壽觴四月癸丑帝以江南遣使買宴是日乃宣召從官及江南進奉使馮延巳巳下宴于行宮奏江南樂江南僞命臨汝郡公徐遼代李景捧壽觴以獻仍進上金酒器一副御衣一襲戲衣魚犀帶一條金器五百兩銀器五千兩銀龍一座銀鳳二隻錦綺千段細馬二匹金銀鞍轡各一副玉鞭玳瑁鞭各一五月己亥侍御使李重進自淮南差人上言李景令人賷牛酒來犒師五月戊子景遣僞供奉官

傳滁奉表起居仍進細茶五百斤清酒百餅八月甲申遣其臣陸昭符始置邸於京師辛丑太府卿馮延巳魯衛尉少卿鍾謨自江南使廻奉李景手表來上手表者蓋景親書以表其虔懇也表云臣謬承先業僻在一隅不識天命得罪上國困而後伏何足可多許以不亡臣之幸也豈意皇帝陛下厚異嘗之顧垂不世之私外雖君臣内若骨肉殊恩異禮無得而言退自揣循何階及此且古人有一飯之恩必報臣竊慕之故自結髮已來未嘗敢輕受人惠雖往事君父亦嘗以退讓自居不圖今辰頻受殊遇此臣所以朝

夕懸恨恐上報之無從也然天地之功厚矣父母之恩深矣而子不謝恩於父人且何報於天以此思之則惟有赤心可酬大造況臣嘗嗟世網别貯素懷方以子孫託於陛下區區之意可勝言哉兼臣比乞鍾謨過江蓋有情事上告鍾謨又已奉聖旨許其放廻伏乞纔到京師即令單騎歸國庶於所奏早奉敕裁瞻望冕旒不勝懇禱又表云臣聞天秩有禮位已定於高卑王者無私事必循於軌轍儻臣下稍踰名分則朝廷實案等夷情所難安理須上訴竊以臣比承舊制有昧先機勞萬乘之時巡方傾攺事憂千年之

嘉會固已知歸伏惟皇帝陛下禀上聖之姿有高世之行囊括四海澤潤先民明目達聰道均有截東征西怨化被無垠已覩混一之期即仰登封之盛而臣爰從款附屢奉德音陛下煦嫗情深優容義切全却藩方之禮惟頒咫尺之書粤在事初便知恩遇向者未進堅讓今茲敢瀝至誠且臣頃以德薄道乖時危事蹙獻誠以奉陛下請命以庇國人養保先基賜之南服莫大之惠曠古未聞微臣退思所享已極豈於殊禮可以久當伏乞皇帝陛下深鑒卑衷終全舊制比廻詔命乞降詔書庶無屈於至尊且稍安於遠服

乃心懇禱無所寄言又貢謝賜欽天曆及歲候曆日表各一函又表乞賜史館書目九月遣其臣吏部尚書商崇義進賀天清節御衣金帶及金器千兩銀器五千兩錦綺綾羅共千疋辛未又遣其臣禮部尚書朱鞏來進銀一萬兩綾絹共二萬疋稱謝恩賜國信壬子天清節廣壽殿上壽崇義捧景表於殿前進旛檀佛象一軀細衣叚千疋乳香三百斤崇義又代李景捧壽觴以獻甲戌景之世子冀進謝恩賜國信銀器五千兩錦綺綾絹五千疋十月乙巳遣其臣僞屯田郎中龔慎儀進賀冬銀器二千兩錦綺綾絹共五

百疋十二月癸卯遣其臣僞工部郎中揚元鼎進賀正銀三千兩錦綺綾絹一千疋辛巳江南進奉使朱鞏商崇義等辭各賜器幣鞍馬甚厚五年閏七月景所署泉州節度使留從效遣部將蔡仲贇繇間道奉絹表起居從效本閩中王氏之偏將也王氏失國從效據漳泉二州附庸於金陵金陵僞署爲清源軍節度使兼中書令封晉江王已十餘年矣至是聞帝平定江淮欲歸附於我故先遣使奉表來上帝優詔以荅之六年五月壬子從效遣別駕黃禹錫奉表來上表云臣聞日月貞明萬方咸炤帝王英䇿無所不通

竊以閩嶺五州古來一鎮僻陋雖居於遐服梯航長奉於上京尋因王氏末年建城失守干戈擾攘民庶蒼黃臣此際收聚餘兵保全兩郡北連甌越南接番禺况屬貢路未通所以親隣是附今則伏遇皇帝陛下道侔諸聖運應千年布文德於中原紹武王之丕業憶昨上遵天意聊議南征剋以金陵巳歸皇化莫不華夷賓服文軌混同然臣嘗覽此書略知往昔竊見孫權與分列國地有三吳及于季年臣于大晉諸道各仍於舊貫隨方率貢於中朝惟彼前規無殊此日臣生居海嶠實慕華風輒傾葵藿之心恭向炤臨之德仍進犀象通犀帶一條白龍腦香十斤

冊府元龜

巡按福建監察御史臣李嗣京訂正
知閩縣事臣曹冑臣參閱
知建陽縣事臣黃國琦較釋

僭僞部 二十五

好土功 悔過 矜大 失策

好土功

一馬化龍五湖猾夏姦雄竝鶩逆節相婷變巢穴爲城池易穹廬爲宮室務極奢僭弗率典常逼晝夜以責功雜寶玉以加飾皷鍾未息荆棘旋生肆恣之蹤

蓋可醜也

前凉張茂築靈均臺周輪八十餘堵基高九仞武陵人閻曾夜叩門呼曰武公遣我來曰何故勞百姓而築臺乎姑臧令辛巖以曾妖妄請殺之茂曰吾信勞人曾稱先君之令何爲妖乎

張駿西域鄯善王元孟獻女號曰美人駿立賓遐觀以處之

前趙劉曜命起酆明觀立西宮建凌霄樓於滈池於霸陵西南營壽陵侍中喬豫和苞上疏曰臣聞人主之興作也必仰準乾象俯順人時是以衞文承亂下之後宗廟流漂無所而猶上候營室以構楚宮彼其急也猶尚若茲故能興康叔武公之迹以延九百之慶今奉詔書將營酆明觀而道芻蕘咸以非之曰一觀之費足以平凉州矣又奉勑旨復欲擬阿房而建西宮模瓊樓而起凌霄以此功費亦可以吞吳蜀翦齊魏矣曜大悅

後趙石勒將營鄴宮廷尉續咸上書切諫勒大怒曰不斬此老臣朕宮不得成也勑御史收之中書令徐光進曰陛下天資聰睿超邁唐虞而更不欲聞忠臣之言豈夏癸商辛之君耶其言可用用之不可用故

當容之柰何一旦以直言而斬列卿乎勒歎曰爲人君不得自專如是豈不識此言之忠乎向戲之耳人家有百匹資尚欲市別宅況有天下之富萬乘之尊乎終當繕之耳且勑停作成吾直臣之氣也時大雨霖中山西北暴水流漂巨木百餘萬根集于堂陽勒大悅謂公卿知不此非爲災也天意欲吾營鄴都耳於是令少府任汪都水使者張漸等監營鄴宮勒親將規矩

石季龍於襄國起大武殿於鄴造東西宮大武殿基高二丈八尺以文石綷之下穿伏室置衞士五百人

於其中東西七十步南北六十五步皆漆瓦金鐺銀楹金柱珠簾玉壁窮極伎巧又起靈風臺九殿於顯陽殿後選士庶之女以充之後庭服綺縠玩珍奇者萬餘人內置女官十有八等教宮人星占及馬步射置女史太史於靈臺仰觀災祥以考外太史之虛實又觀雀臺崩殺典匠少府任汪復使脩之倍於常度又盛興宮室於鄴起臺觀四十餘所營長安雒陽二宮作者四十餘萬人又發雍雒秦并州十六萬人及安未央宮時涉門吳進言于季龍曰胡運將衰晉當復興宜苦役人以厭其氣季龍於是使尚書張群發

近郡男女十六萬車十萬乘運土築華林苑及長墻于鄴北廣長十里趙攬申鍾石璞等上疏陳天文錯亂蒼生凋獘及固引文面諫辭旨甚切季龍大怒曰墻朝成夕沒無恨矣乃促張群以燭夜作三觀四門三門通漳水皆爲鐵扉暴風大雨死者數萬人又鑿城北引水于華林園城壞壓死者百餘人

南燕慕容熙大築龍騰苑廣袤十餘里役徒二萬人起景雲山于苑內基廣五百步峯高十七丈又起逍遥宮甘露殿連房數百觀閣相交鑿天河渠引水入宮又爲其昭儀符氏鑿曲光海清涼池季夏盛暑士卒不得休息暍死者大半又起承光殿負土北門土與穀同價

後涼李暠於南門外臨水起堂名曰靖恭之堂以議朝政又起嘉納堂於後圃

悔過

書重改過勿吝語稱過而能改不遠之復聖哲攸許乃有據有方隅竊居位號鐏柄在手慘舒所繫故窮極武力放肆滛志詔令一出國命是司則有忠臣奮發嘉謨啓沃雖雄擊之勢必濡然廻慮盈於感歎革其非心至乎錫幣加號以旌厥功茲所以用區區之

國能守其社稷者矣

前涼張茂爲涼州牧歲餘築靈鈞臺周輪八十餘堵基高九仞武陵人閻曾夜叩門呼曰武公遣我來曰何故勞百姓而築臺乎姑臧令辛巖以曾妖妄請殺之茂曰吾信勞人曾稱先君之令何謂妖乎大府主簿馬紡諫曰今世難未夷唯當弘尚道素不宜勞役崇飾臺榭且比年已來轉覺衆務日奢於往每所經營輕違雅度實非士女所望於明公茂曰吾過也命止作役

張駿性卓越不羈而淫縱過度嘗夜微行於邑里國

中化之及嗣位爲凉州牧欲嚴刑峻制參軍黄斌進諫駿於是厲操改節勤修庶政總御文武咸得其用

前趙劉聰爲皇后劉氏起䳍儀殿於後庭廷尉陳元達諫聰大怒將出斬之時在逍遥園李中堂元達先鎻腰而入及至卽以鎻繞樹左右曳之不能動聰怒甚劉氏時在後堂聞之密遣中常侍私勑左右停刑於是手疏切諫聰乃解引元達而謝之易逍遥園爲納賢園李中堂爲愧賢堂

後趙石勒時從事中郎將劉奥坐營建德殿井木斜縮斬于殿勒悔之贈太常勒將狩於近郊主簿陳琅

諫曰劉馬刺客離布如林變起倉卒帝王亦一夫之敵耳孫策之禍可不慮乎且枯木朽株盡能爲害馳騁之弊今古戒之勒勃然曰吾幹力自可足能裁量但知卿文書事不須白此輩也是日遂獸馬觸木而死勒亦幾殆乃曰不用忠臣吾之過也乃賜琅朝服錦絹爵關内侯於是朝臣謁見忠言競進矣勒命參軍冕讃成正陽門俄而門壞勒大怒斬讃旣怒刑倉卒尋亦悔之賜以棺服贈大鴻臚

冉閔率步騎十萬攻石祗于襄國署其子大原王裔爲大單于驃騎大將軍以降胡一千配爲麾下光祿大夫韋謏啓諫甚切閔覽之大怒誅謏及其子孫後閔悔之贈謏大司徒

前燕慕容皝以牧牛給貧家田于苑中公收其八二分入私有牛而無地者亦田苑中公收其七三分入私記室參軍封紹切諫以聖王之宰國也薄賦而藏於百姓分之以三等之田十一而稅之自永嘉喪亂百姓流亡中原蕭條千里無煙且魏晉雖道消之世猶削百姓不至於七八持官牛田者官得六分百姓四分私牛而官田者與官中分百姓安之臣猶曰非明王之道而况增乎又諫曰王憲劉明忠臣也願宥

忤鱗之愆收其藥石之效皝乃令曰覽封記室之諫孤實懼焉苑囿悉可罷之以給百姓

前秦苻堅銳意荆楊將謀入寇其左僕射權翼征南大將軍苻融沙門道安其融太子宏少子詵等諫皆不納堅爲晉師所敗又爲流矢所中單騎遁還淮北饑甚人有進壺飧豚髀者堅食之大悅曰昔公孫豆粥何以加也命賜帛十疋緜十斤辭曰臣聞白龍厭天池之樂而見困豫且陛下目所覩也今蒙塵之難豈自天乎且妄施不爲惠妄受不爲忠陛下臣之父也安有子養而求報哉弗顧而退堅大慙顧其夫人

張氏曰朕若用朝臣之言豈見今日之事邪當何面目復臨天下乎潸然流涕而去自淮南次於長安東之行宮哭符融而後入告罪於其大廟厲兵課農存恤孤老諸士卒不返者皆復其家終世贈融大司馬謚曰哀公及姚萇壬盟遣尹緯說堅求禪代之事堅問緯曰卿於朕何官緯曰尚書令史堅歎曰卿宰相才也王景略之儔而朕不知卿亡也不亦宜乎

後秦姚興以赫連勃勃爲安遠將軍以部衆三萬配之弟邕固諫以爲不可後勃勃僭稱天王侵略嶺北諸城門不晝啓興嘆曰吾不用黃兒之言以至於此

黃兒姚邕小字也

南凉禿髮利鹿孤時乞伏乾歸爲姚興所敗率騎數百來奔處之晉興待以上賓之禮鎮北將軍俱延言於利鹿孤曰乾歸本我之屬國妄自尊立理窮歸命非有款誠若奔東秦必引歸西侵非我利也宜徙於乙弗之間防其越逸之路利鹿孤曰吾力弘信義以收天下之心乾歸投誠而徙之四海將謂我不可以誠信託也俄而乾歸果奔於姚興利鹿孤謂延曰不用卿言乾歸果叛卿爲吾行也延追乾歸至河不及而還

禿髮傉檀利鹿孤弟也既襲僞位將率衆攻北凉沮渠蒙遜太史令景保諫以天文不順難以伐人傉檀不聽果大敗景保爲蒙遜所擒讓之曰卿明於天文爲彼國所任違天犯順智安存乎保曰臣匪爲無智但言而不從蒙遜乃免之至姑臧傉檀謝之曰卿孤之蓍龜也不能從之深罪封保安亭侯

矜大

君臣之序邦家之大倫也逆順之理存亡之要道也夫以王政不綱姦臣擅命挾桀黠之小智幸傾圮之大災謂神器可以力移以天命在乎己有去順效逆

以臣代君借使懼而思危民猶弗與矧乃磑然自滿亡於何逃以神禹之茂功而納誨於矜伐以宣尼之上聖而見戒於驕奢況茲醜德自蹈禍機有一於斯不敗奚待

前凉張駿爲凉州牧得玉璽於河其文曰執萬國建無極時駿盡有隴西之地士馬強盛雖稱臣於晉而不行中興正朔舞六佾建豹尾所置官僚府寺擬於王者而微異其名又分州西界三郡置沙州東界六郡置河州王府官僚莫不稱臣又與姑臧城南築城起謙光殿畫以五色飾以金玉窮盡珍巧殿之四面

各起一殿東曰宜陽青殿以春三月居之章服器物皆依方色南曰朱陽赤殿夏三月居之西曰政刑白殿秋三月居之北曰玄武黑殿冬三月居之其傍皆有直省內官寺署一同方色及末年任所遊處不復於四時而居

後趙石勒僭卽帝位因饗高句麗宇文屋孤使酒酣謂中書令徐光曰朕方自古開基何等主也對曰陛下神武籌略邁於高皇雄藝卓犖超絕魏祖自三王以來無可比也其軒轅之亞乎勒笑曰人豈不自知卿言亦以大過朕若逢高皇當北面而事之與韓彭

競鞭而爭先耳脫遇光武當並驅於中原未知鹿死誰手大丈夫行事當磊磊落落如日月皎然不能如曹孟德司馬仲達父子欺他孤兒寡婦狐媚以取天下也朕當在二劉之間耳軒轅豈所擬乎其群臣皆頓首稱萬歲

前秦苻堅僭卽天王位引群臣會議伐晉左衛韋石越進言不可堅曰昔夫差威凌上國而爲勾踐所滅仲謀澤洽全吳孫皓因三代之業龍驤一世君臣面縛雖有長江其能固乎以吾之衆旅投鞭於江足斷其流

後秦姚興僭卽天王位時潁川太守姚平都自許昌來朝言於興曰劉裕敢懷姦計屯聚芍陂有擾邊之志宜遣燒之以散其衆謀興曰裕之輕弱安敢窺吾疆埸苟有姦心其在子孫乎召其尚書楊佛嵩謂之曰騃兒不自知乃有非分之意待至孟冬當遣卿率精騎三萬焚其積聚嵩曰陛下若任臣以此役者當從肥口濟淮直趣壽春舉大衆以屯城縱輕騎以掠野使淮南蕭條兵粟俱了足令吳兒俯仰回惶神輿飛越興大悅

後蜀李壽僭卽帝位其將李宏自晉奔於石季龍壽

致書請之題曰趙王石君季龍不悅付外議之多有異同中書監王波議曰本李宏以死自誓若得反魂蜀漢當鳩率宗族混同王化若遣而果也則不煩一旅之師而坐定梁益就有進退豈有逃命一夫壽既號並日月跨僭一方今若制詔或敵讎反則取誚戎裔宜書答之并贈以楛矢使壽知我遐荒必臻也於是遣宏備物以讐之宏既至蜀漢壽欲誇其境內下令云羯使來庭獻其楛矢季龍聞之怒甚黜王波以白衣守中書監

北涼沮渠蒙遜僭稱河西王下書曰古先哲王以應期

擬亂者莫不經略八表然後光闡淳風孤雖智非靖
難職在濟時而狡虜僭擅鴟峙舊京毒加夷夏東死
之戮酷甚長平邊城之禍害深獫狁每念蒼生之無
辜是以不遑啓處身疲甲冑體倦風塵雖傾其巢穴
僭擅猶未授首僭擅弟文支追項伯歸漢之義據彼
重藩請爲臣妾自西平已南連城繼順惟僭擅窮獸
守死樂都四支旣落命豈久全五緯之會已應清一
之期無餘方散馬金山黎元永逸可露布遠近咸使
聞知
夏赫連勃勃僭稱天王大單于時姚興鎭北參軍王

買得來奔勃勃謂買得曰朕大禹之後世居幽朔祖
宗重暉常與漢魏爲敵國中世不競受制於人逮朕
不肖不能紹隆先構外厚遷簡較大尉兼侍中封大
彭郡王梁祖郊禋祀畢加簡較大師兼中書令又命
兼領安南都護克淸海淨海兩軍節度使進封南海
王
蜀王建陳州項城人唐末隸名於忠武軍秦宗權據
秦州懸重賞以募之建始自行間得補軍候廣明中
黃巢陷長安僖宗幸蜀時梁祖爲巢將領衆攻襄都
宗權遣小較鹿晏弘從監軍楊復光率師攻之建亦

預行是歲復光入援京師明年破賊收京城初復光
以忠武軍八千人立爲八都晏弘與建各一都較也
復光死晏弘率八都迎扈行在至山南乃攻剽金商
諸郡縣得兵數萬進逼興元節度使牛叢奔城而去
晏弘因自爲留後以建等爲屬郡刺史不令之任俄
而晏弘正授節旄恐部下謀已多行恐雪踩是部衆
離心建與別將韓建友善晏弘益猜二建僞待之厚
引入臥內二建懼夜登城慰守陴者因月下共謀所
向謂韓建曰僕射甘言厚意疑我也禍難無日矣早
宜擇利而行韓曰善因率三千人夜遁而去

閩王昶天福四年十月庚戌昶威武軍節度使王繼
恭使僚佐鄭元弼來朝貢其方物致書於執政曰閩
國一從與建久歷年華見北辰之星位頻移致東海
之風帆多阻願言遐想丈不逮誠餘遣邸吏林恩列
狀中述壬子詔曰朕仰承天命肇啓帝圖黃屋非尊
蒼生在念旰食宵衣而脩庶政推恩示信以御萬方
要荒未綏責躬勤止誕慕文德不僣夙心乃睠甌閩
素惟藩翰王昶昨修傾向來効貢輸朕亦釋以前非
待之厚禮越群方之嘗例崇列國之眞風爰及繼恭
竝昇方伯不謂恃其險阻肆彼僭差矯誣上天狎侮

君子左散騎常侍盧損等泛舟陽海持節還販王昶自大自尊不迎不見寢停詔命脅辱使臣遣鄭郕再詣闕庭使林恩別陳狀訴襄君臣之事體希書扎以往來悖禮慢言長無畏忌朕顧惟寡昧虔賀景靈所慮德之不修豈患人之未服然以失道懲義引惡紊當人祇之心憤怒俱至是用懲其跋扈何須振以威刑鄭元弼等處此亂邦僅茲虐政諒非獲已良可哀矜宜令所司切加安撫所齎文字及諸貢物不在通進并諸州綱運等勅林恩鄭元弼管押速歸兵部員外郎李知損等奏曰王昶僭踰名器褻瀆朝廷雖天

罰之未行在國章而當正所須詔命過示寬恩且匹夫犯法之贓尚猶徵納而還齎不臣之物豈可放還伏請禁錮來人籍沒綱運帝可其奏林恩等即時下獄

前蜀王衍襲父建僞位後唐莊宗同光二年七月遣戸部侍郎歐陽彬朝貢稱大蜀皇帝上書大唐皇帝書詞旨驕慢三年八月戊辰客省使李嚴使蜀廻初帝令嚴市蜀中珍玩蜀法嚴峻不許奇貨東出其許市者謂之入草物嚴不獲珍貨歸而奏之帝大怒曰物歸中夏者命之日入草王衍寧免爲入草之人耶蹤是伐蜀之意銳矣

後蜀孟知祥後唐末帝清泰元年鳳翔進知祥來書稱蜀皇帝獻書於大唐皇帝且言見迫群情以今年四月十二日即帝位帝不答

漢劉陟僭稱於廣州改名龔又改名龑（龑讀爲儼古文無此字蓋妄撰也）每對北人自言家本咸秦恥爲蠻夷之王又呼中國帝王爲洛州刺史其妄自尊大皆此類也

失策

昔西晉之末群胡亂華分裂土宇竊僭名號然而習獷悍之性當百六之會恃彼強暴大爲虐害慎太史

之切諫遠寘于刑感術士之狂言以至於敗棄人貴畜失河湟之輿壞背信殺降致巴氐之盡叛遂使士女塗於原野耕桑鞠爲榛莽國祚短促覆於旋踵良有繇哉

前趙劉曜僭位其長水校尉尹車謀反潛結巴酋徐庫彭曜乃誅車囚庫彭等五千餘人于阿房將殺之光祿大夫游子遠固諫曜不從子遠叩頭流血曜大怒幽子遠而盡殺庫彭尸諸街巷之中十日乃投之於水於是巴氐盡叛推巴氐歸善王句渠爲主四氏羌氐巴羯應之者三十餘萬關中大亂

後趙石勒僭位旣得三臺乃以石季龍爲魏郡太守鎭鄴三臺季龍簒奪之萌兆於此矣石季龍僭立將伐燕天竺佛圖澄進曰燕福德之國未可加兵季龍作色曰以此攻城何城不尅以此衆戰誰能禦之區區小豎何所逃也太史令趙攬固諫曰燕地歲星所守行師無功必受其禍季龍怒鞭之黜爲肥如長進師攻棘城旬餘不尅燕王慕容皝遣子恪帥胡騎二千晨出挑戰諸門皆若有師出者四面如雲季龍大驚棄甲而遁

冉閔僭立其將胡睦孫威爲石琨所敗士卒略盡睦

威單騎而還琨等軍且至閔將出擊之衛將軍王泰等曰窮寇狂迷希望外援今强救雲集欲吾出戰腹背擊我宜固壘勿出觀勢而動以挫其謀今陛下親戎如失萬全大事去矣請愼無出臣請率諸將爲陛下滅之閔將從之道士法饒進曰太白經昴當殺胡王一戰百尅不可失也閔攘袂大言曰吾決矣敢諫者斬於是衆盡出戰姚襄悅綰石琨等三面攻之石祗衝其後閔師大敗閔潛於襄國行宮與十餘騎奔鄴降胡栗特康等執冉胤及左僕射劉琦等送於祗盡殺之司空石璞尚書令徐機車騎胡睦侍中李琳中書監盧諶少府王鬱尚書劉琰劉休等及諸將士死者十餘萬人於是人物殲矣賊盜蜂起司冀大饑人相食自季龍末年而閔盡散倉庫以樹私恩於羌胡相攻無月不戰青雍幽荆州徙戶及諸氐羌胡蠻數百餘萬各還本土道路交錯互相殺掠且饑疫死亡其能達者十有二三諸夏紛亂無復農者閔悔之誅法饒父子支解之

前秦符堅旣爲晉師所敗諸軍悉潰惟慕容垂一軍獨全堅以千餘騎赴之垂子寶欲殺堅垂不從乃以兵屬堅收離散比至雒陽衆十餘萬百官威儀軍容

粗備未及關而垂有貳志說堅請巡撫燕岱并求拜墓堅許之權翼固諫以爲不可堅不從尋懼垂爲變悔之遣驍騎石越率卒三千戍鄴驃騎張蚝率羽林五千戍并州留兵四千配鎭軍蚝當戍雒陽後衛軍從事中郎丁零翟斌反于河南長樂公符丕遣垂及符飛龍討之垂南結丁零殺飛龍盡坑其衆遂叛

後秦姚興僭立使中軍姚弼後軍斂成鎭遠乞伏乾歸等率步騎三萬伐禿髪傉檀左僕射齊莫等率騎二萬討赫連勃勃吏部尚書尹昭諫曰傉檀恃遠輕敵遣逆宜詔蒙遜及李玄盛使自相攻擊待其斃也

然後取之此卞莊之舉也典不從勃勃退保河曲弼濟自金城進拔昌松長驅至姑臧傉檀嬰城固守出奇兵擊弼弼敗退據西苑典又遣大將軍姚顯率騎二萬爲諸節度至高平聞弼敗績兼道赴之撫慰河外率衆而還傉檀遣使人徐宿詣典謝罪齊莫爲勃勃所擒後禿髮傉檀獻典馬三千匹羊三萬頭典以爲忠於已乃署傉檀爲凉州刺史王尚還長安凉州人申屠英等二百餘人遣主簿胡威詣典請留尚典弗許引威見之威流涕謂典曰臣州奉國五年王威不接御賸捿氷孤城獨守者仰恃陛下威靈俯伏良

攸惠化忽遺天人之心以華土資狄若傉檀才望應代臣豈敢言竊聞乃以臣等貨馬三千疋羊三萬口如所傳實者是爲棄人貴畜苟以馬供軍國直煩尚書一符三千餘家戶輸一匹朝下夕辦何故以彼方華土委此姦胡昔漢武傾天下之資開建河西隔絶諸戎斷匈奴右臂所以終能大宛王毋寡今陛下方布政玉門流化西域柰何以五郡之地資之獫狁忠誠華族棄之虐虜非但臣州里塗炭懼方爲聖朝旰食之憂典乃遣西平人車普馳止王尚又遣使喻傉檀會傉檀已至姑臧普以狀先告之傉檀懼普遺王尚遂入姑臧

後凉呂纂既僭位將伐禿髮利鹿孤中書令楊潁諫曰夫起師動衆必參之天人苟非其時聖賢所不爲禿髮利鹿孤上下用命國未有釁不可以伐宜繕甲養銳觀課農殖待可乘之機然後一舉蕩滅比年多事公私罄竭不深根固本恐爲患將來願抑赫斯之怒思萬全之筭纂不從度浩亹河爲鹿孤弟傉檀所敗

後蜀李雄僭位初楊難敵之奔葭萌也安北李稚厚撫之縱其兄弟還武都難敵遂恃險多爲不法稚請

討之雄遣中領軍琀及將軍樂次費他李乾等繇白水橋攻下辨征東李壽督琀弟玝攻陰平難敵遣軍距之壽不得進而琀稚長驅至武街難敵遣兵斷其歸道四面攻之獲琀稚死者數千人琀稚雄兄蕩之子也雄深悼之不食者數日言則流涕深自咎責焉

冊府元龜

巡按福建監察御史臣李嗣京　訂正

知甌寧縣事臣孫以敬　条閲

知建陽縣事臣黄國琦　較釋

僭僞部二十六

兵敗

兵法云賢智不用上下不親賞罰不當勞逸無别覘候不審奇正不分此敗之道也若乃乘亂投隙僭竊名器日恃於武力爭勝於危事於是徇佳兵之志犯黷武之戒封執獨見斥去忠言以至昏醉而御戎誅

殺以徇衆繇此喪衆至於失邦者蓋本無德義輕肆倔強自速其咎非不幸也易所謂投戈散地六親不能相保者良爲此哉

前凉張駿自稱凉州牧遣武威太守竇濤金城太守張閬武興太守辛巖揚烈將軍宋輯等率衆東會將軍韓璞攻討秦州諸郡時劉曜遣其將劉胤來距屯於狄道城韓璞進度沃千嶺辛巖曰我握衆數萬藉氐羌之鋭宜速戰以滅之不可以久久則變生璞曰自夏末以來太白犯月辰星逆行白虹貫日皆變之大者不可以輕動而不捷爲禍更深吾將久而斃之且曜與石勒相攻胤亦不能久也積七十餘日軍粮竭遣辛巖督運於金城胤聞之大悦謂其諸士曰韓璞之衆十倍於吾羌胡皆叛不爲之用吾粮廪將懸難以持久今虜分兵運粮可謂天授吾也若敗辛巖璞等自潰彼衆我寡宜以死戰戰而不捷當匹馬得還宜厲爾戈矛竭汝智力衆咸奮於是率騎三萬襲巖於沃千嶺敗之璞軍遂潰死者二萬人面縛歸罪駿曰孤之罪也將軍何辱皆赦之

張祚自稱凉州牧遣其將和昊率衆伐驪靬戎於南山大敗而還祚宗人張瓘時鎮抱罕祚惡其彊遣其

將易揣張玲率步騎萬三千以襲之時張掖人王鸞頗知神道言於祚曰軍出不復還凉國將有不利矣祚大怒以鸞妖言沮衆斬之以徇三軍及發鸞臨刑曰我死不二十日軍必敗後果爲瓘所敗

張天錫爲凉州牧時羌廉岐自稱益州刺史率略得四千家背符堅就李儼天錫自往討之儼大敗入城固守遣子純求救於符堅堅使其將王猛救之天錫敗績死者十二三晉大元元年符堅遣其將苟萇毛當梁熈姚萇來寇天錫率萬人頓金昌城龍驤將軍馬逵率萬人逆萇等因請降兵人散走征東嘗據中

錄事席仂皆戰死司兵趙克哲與萇苦戰又死中衞
將軍史景亦沒于陣天錫大懼出城自戰城內又反
天錫窘迫降于萇等

前趙劉聰僭即帝位以劉曜爲雍州牧據長安安定
太守賈疋及諸氐羌皆送質任雍州刺史麴特新平
太守竺恢固守不降護軍麴允平陽令梁肅自京兆
南山將奔安定遇疋任子於陰密擁還臨涇推疋爲
平西將軍率衆五萬攻曜於長安扶風太守梁綜及
麴特竺恢等亦率衆十萬會之曜遣劉雅趙染來距
敗績而還曜又盡長安鋭卒與諸軍戰於黃丘曜衆

大敗聰又使劉粲劉曜攻劉琨于晉陽晉陽降粲琨
與左右數十騎攜其妻子奔於趙郡之亭頭遂如常
山告敗於猗盧且乞師猗盧遣子曰利孫賓六須及
將軍衞雄姬澹等率衆數萬攻晉陽琨收散卒千餘
爲之鄉導猗盧率衆六萬至於狼猛曜及賓六須戰
於汾東曜墜馬中流矢自被七創乃入晉陽夜與劉
粲等掠百姓踰蒙山遁歸猗盧率騎追之戰于藍谷
粲敗績斬其征虜邢延獲其鎮北劉豐猗盧伐之而
還

劉曜僭即帝位遣其將劉岳攻石勒將石生于金墉
石季龍率步騎四萬入自成皐關岳陳兵以待之戰
於雒西岳師敗績岳中流矢退保石梁季龍遂塹柵
列圍遏絕內外曜親率軍援岳季龍率騎三萬來距
曜次於金谷無故大驚軍中潰散乃退如澠池夜中
又驚士卒奔潰遂歸長安季龍執劉岳及其將王勝
等八十餘人并氐羌三千餘人送于襄國坑士卒一
萬六千曜自至澠池素服郊哭七日乃入城其後曜
攻石生於金墉聞季龍進據石門續知石勒自率大
衆已濟始議增滎陽戍杜黃馬關俄而雒水候者與
勒前鋒交戰擒羯送之曜問曰大胡自來邪其衆大

小復何如羯曰大胡自來軍盛不可當也曜色變使
攝金墉之圍陳于洛西南北十餘里曜少而淫酒末
年尤甚勒至曜將戰飲酒數斗常乘赤馬無故跼頓
乃乘小馬比出復飲酒斗餘至于西陽門撝陣就平
勒將石堪因而乘之師遂大潰曜昏醉奔退馬陷石
渠墜於水上被槍十餘通中者三爲堪所執送于勒
所

後趙石勒初僭稱趙王遣將孔萇攻陷文鴦十餘營
萇不設備鴦夜擊之大敗而歸其後劉曜敗石季龍
于高候遂圍雒陽勒滎陽太守尹矩野王太守張進

等皆降之襄國大震乃僭卽帝位秦州休屠王羗叛於勒刺史臨深遣司馬管光帥州軍討之爲羗所敗隴右大擾氐羗悉叛

石季龍僭稱天王以西平張伏屠爲都督征討諸軍事帥步騎三萬擊凉州既濟河與張駿將謝艾大戰於河西伏屠敗績及僭卽帝位凉州戍卒高力梁犢等起兵東還犢自稱晉征東大將軍率衆攻臨下辯逼張茂爲大都督大司馬載以軺車安西劉寧自安定擊之大敗而還泰雍間戍卒無不摧陷斬二千石長史長驅而東高力等皆多力善射一當十餘人雖

無兵甲所在掠百姓大斧施一丈柯攻戰若神所向皆潰戍卒皆隨之比至長安衆已十萬其樂平王石苞時鎮長安盡鋭拒之一戰而敗犢遂東出潼關進如雒川季龍以李農爲大都督行大將軍事統衛軍張賀度征西張良征虜石閔等率步騎十萬討之戰於新安農師不利又戰於雒陽農師又敗乃退壁成皋

冉閔僭卽帝位攻石祗於襄國祗遣使詣慕容儁姚弋仲以乞師會石琨自冀州援祗弋仲復遣其子襄率騎三萬八千至濁頭儁遣將軍悦綰率甲卒三萬自龍城三方勁卒合十餘萬閔遣車騎胡睦拒襄於長盧將軍孫威候琨于黄丘皆爲敵所敗士卒畧盡睦威單騎而還琨等軍且至閔盡衆出戰姚襄悦綰石琨等三面攻之祗衝其後閔師大敗閔潛於襄國行宫與十餘騎奔鄴降胡栗特康等執冉胤及左僕射劉琦等送於祗盡殺之司空石璞尚書令徐機車騎胡睦侍中李琳中書監盧諶少府王欝尚書劉欽劉休等及諸將士死者十餘萬人

前燕慕容暐僭卽帝位晉南陽督護趙弘以宛降於暐暐遣其南中郎將趙盤自魯陽戍宛比至晉右將

軍桓豁攻宛拔之趙盤退奔魯陽豁遣輕騎追盤及於雉城大戰大敗之執盤戍宛而歸其後晉大司馬桓温江州刺史桓冲豫州刺史袁真率衆五萬伐暐前兗州刺史孫元起兵應之温部將檀玄攻胡陸執暐寧東慕容忠暐遣其將慕容厲與温戰於黄墟厲師大敗單馬奔還高平太守徐翻以郡歸順温前鋒朱序又破暐將傅顔於林渚苻堅又使其將王猛楊安率衆伐暐猛攻壺關安攻晉陽暐使慕容評率中外精卒四十餘萬拒之與猛戰於潞州評師大敗死者五萬餘人評等單騎遁還猛遂長驅至鄴堅復率

衆十萬會猛攻暐散騎侍郎徐蔚等率扶餘高句麗及上黨質子五百餘人夜開城門以納堅軍暐與評等數十騎奔於昌黎堅遣郭慶追及暐於高陽縛送於堅

前秦苻堅僭稱天王時苻雙據上邽苻柳據蒲坂叛於堅苻庾據陝城苻武據安定並應之將共伐長安堅遣後禁將軍楊成世左將軍毛嵩等討雙武爲其所敗末年遣征南苻融驃騎張蚝撫軍苻方衛軍梁成平慕容暐冠軍慕容垂率步騎三十五萬爲前鋒堅發長安戎卒六十餘萬騎二十七萬前後千里旗

鼓相望晉遣都督謝石徐州刺史謝玄豫州刺史桓伊輔國謝琰等水陸七萬相繼距融去雒澗二十五里憚梁成不敢進龍驤將軍劉牢之率勁卒五千夜襲城壘尅之斬成及王顯王詠等十將士卒死者萬五千謝石等以旣敗梁成水陸繼進堅與苻融登城而望王師見部陣齊整將士精鋭又北望八公山上草木皆類人形時張蚝敗謝石於淝南謝玄謝琰勒卒數萬陣以待之蚝乃退列陣逼淝水王師不得渡遣使謂融曰君懸軍深入置陣逼水此持久之計豈欲戰者乎若小退師令將士周旋僕與君公緩轡而觀之不亦美乎融於是麾軍却陣欲因其濟水覆而取之軍遂奔退制之不可止融馳騎畧陣馬倒被殺軍遂大敗王師乘勝追擊至於青岡死者相枕堅爲流矢所中单騎遁還於淮北饑甚人有進壺飧豚髀者堅食之悅曰昔公孫豆粥何以加也命賜帛十疋緜十斤辭曰臣聞白龍厭天池之樂而見困豫且陛下目所覩也耳所聞也今蒙塵之難豈自天乎且妄施不爲惠妄受不爲忠陛下臣之父也安有子養而求報哉弗顧而退堅大慙顧謂其夫人張氏曰朕若用朝臣之言豈見今日之事邪當何面目復臨天下

乎潸然流涕而去聞風聲鶴唳皆謂晉師之至堅還長安後爲慕容冲所逼冲率衆登城堅身貫甲冑率戰距之飛矢滿身流血被體三輔人爲冲所畧者咸遣使告堅請放火以爲內應堅遣騎七百應之而冲營放火者爲風焰所燒其能免者十一二城中有書曰古苻傳賈録載帝出五將久長得先是人謠曰堅入五將山長得堅大信之告其太子宏曰朕如此言天或導余今留汝兼總戎政勿與賊爭利吾當出隴收兵運粮以給汝天其或者正訓予也於是遣衛將軍定楊擊冲於城西爲冲所擒堅彌懼付宏以後事

將中山公詵張夫人率騎數百出如五將宣告州郡
期以孟冬救長安宏等母妻宗室男女數千騎出奔
百僚逃散慕容冲入據長安縱兵大掠死者不可勝
計堅至五將山爲姚萇慕容忠所執符丕僭即帝位
於晉陽及進據平陽遣將王永及符纂攻慕容永於
襄陵王永大敗及前鋒都督俱石子皆死之初符纂
之奔丕也部下壯士三千餘丕猜而忌之及永之敗
懼爲纂所殺率騎數千南奔東垣晉揚威將軍馮該
自陝要擊敗之斬丕首執其太子寧長樂王壽送於
京師

符登僭即帝位遣騎大將軍竇衝攻姚萇與萇戰於
汧東爲萇所敗登征虜馮翊太守蘭犢率衆二萬自
頻陽入於和寧與符纂首尾將圖長安纂弟師奴殺
纂自立爲秦公蘭犢絕之皆爲萇所敗其後登以尚
書符碩原爲前禁將軍滅羌較尉戍平京登進據苟
頭原以逼安定萇率騎三萬夜襲大界營陷之殺登
妻毛氏及其子弁尚書名將數十人驅掠男女五萬
餘口而去登收合餘兵退據胡空堡其後進攻新平
萇率衆救之登引退復攻安定爲萇所敗據路承堡
及姚萇死登聞之喜曰姚興小兒吾將折杖以笞之
於是大赦盡衆而東攻屠各姚奴帛蒲二堡尅之自
甘泉向關中興追登不及數十里登從六陌趣廢橋
興將尹緯據橋以待之登爭水不得衆渴死者十二
三與緯大戰爲緯所敗其夜衆潰登單馬奔雍乞伏
乾歸遣騎二萬救登登引軍出迎興戰於山南爲興
所敗被殺

後秦姚興僭即帝位仇池公楊盛叛擾祁山遣建威
趙琨率騎五千爲前鋒立節楊伯壽統步卒繼之前
將軍姚恢左將軍姚文宗入自鷲峽鎮西秦州刺史
姚嵩入羊頭峽右衛胡翼度從陰密出自汧城討盛

興將輕騎五千自雍赴之盛率衆與琨相持伯壽畏
懦弗進琨衆寡不敵爲盛所敗興斬伯壽而還

姚泓僭襲父位仇池公楊盛攻陷祁山執建節王摠
遂逼秦州泓遣後將軍姚平救之盛引退姚嵩與平
追盛及于竹嶺姚讚率隴西太守姚秦都維陽太守
王煥以禁兵赴之讚至清水嵩爲盛所敗嵩及秦都
王煥皆戰死其後晉太尉劉裕摠大軍伐泓王師至
成皐征南姚洸時鎮維陽馳使請救泓遣越騎較尉
閻生率騎三千以赴之武衛姚益男將步卒一萬助
守維陽又遣征東并州牧姚懿南屯陝津爲之聲援

洸遣部將趙玄率精兵千餘南守相谷塢廣武石無譎東戍鞏城以距王師會陽城及成皐滎陽武牢諸城悉降晉將檀道濟等長驅而至無譎至石關奔還玄與晉將毛德祖戰於柏谷以衆寡而敗姚禹踰城奔于王師道濟進至雒陽洸懼遂降其後泓遣轄國胡翼度據東原武衞姚鸞營於大路與晉軍相接晉將沈林子簡精銳卹枚夜襲之鸞衆潰戰死士卒死者九千餘人姚讚屯于河上讚爲林子所敗單馬奔定城姚紹遣左長史姚洽及姚墨蠡等率騎三千屯於河北之九原林子率衆八千要洽於河上洽戰死

衆皆沒紹聞洽等敗嘔血而死林子率精兵萬餘越山開道會沈田子於靑泥將攻姚柳泓使姚裕率步騎八千距之泓躬將大衆繼發裕爲田子所敗鎭北姚疆率郡人數千與姚難陣於涇上以拒晉將王鎭惡遣毛德祖擊疆大敗疆戰死難遁還長安劉裕進據鄭城泓使姚裕及尚書龐純屯兵營中姚洸屯於灃西尚書姚白瓜徙四軍雜戶入長安姚丕守渭橋胡翼度屯石積姚讚屯霸東泓軍於逍遙園夾渭進兵破姚丕於渭橋泓自逍遙園赴之逼水地狹因丕之敗遂相踐而退姚諶及前軍姚烈左衞姚寶安散騎王帛建武姚進揚威姚蚝尚書左丞孫玄等皆死於陣泓單馬還宮鎭惡入自平朔門泓與姚裕等數百騎出奔於石橋因將妻子詣壘門而降

後蜀李特僭稱益州牧攻成都益州刺史羅尚城守晉遣漢州刺史宋岱建平太守孫阜救尚阜已次德陽特遣蕩督李璜助任臧距阜尚遣大衆奄襲特營連戰二日衆少不敵特軍大敗收合餘卒引趣新繁尚軍引退特復追之轉戰三十餘里尚出大軍逆戰牧軍敗績斬特傳首雒陽

李雄僭卽帝位遣大傅李驤征越巂旣降之驤進軍

繇小會攻寧州刺史王遜遜使其將姚岳悉衆距戰驤軍不利又遇霖雨驤引軍還爭濟瀘水士衆多死又遣中領軍李琀及將軍樂次費他李乾李稚等討陽難敵繇白水橋攻下辨征東李壽督琀弟玝攻陰平難敵遣軍距之壽不得進而琀稚長驅至武街難敵遣兵斷其歸道四面攻之獲稚死者數千人

後凉呂隆僭卽天王位魏安人焦郎遣使說姚興將姚碩德伐之碩德遂率衆至姑臧隆遣弟輔國呂超出戰大敗遁還隆收集離散嬰城固守於是群臣表求與姚興通好隆從之伏請降于碩德

後燕慕容垂僭即帝位遣其太子寶及慕容農慕容麟等率衆八萬伐魏慕容德慕容紹以步騎一萬八千爲寶後繼魏聞寶將至徙往河西寶進師臨河懼不敢濟還次參合忽有大風黑氣狀若隄防或高或下臨覆軍上沙門支曇猛言於寶曰風氣暴迅魏軍將至之候宜遣兵禦之寶笑而不納曇猛固以爲言乃遣麟率騎游徼俄而黄霧四塞日月晦冥是夜魏師大至三軍奔潰寶與德等數千騎奔免士衆死者十一二紹死之

慕容寶襲僞位魏伐并州驃騎李農逆戰敗績還于

晉陽司馬慕容嵩閉門距之農率騎數千奔中山行及潞州爲魏追軍所及餘騎盡没單馬遁還其後寶聞魏有内難乃盡衆出距步卒十二萬騎三萬七千次於曲陽柏津魏軍進至新梁寶憚魏師之鋭及遣征北隆夜襲魏軍敗績而還軍方軌而至對營相持上下兇懼三軍奪氣農麟勸寶還中山乃引歸魏軍追擊之寶農等棄大軍率騎二萬奔還時大風雪凍死者相枕於道寶恐爲魏軍所及命去袍仗戎器寸刃無返

西秦乞伏乾歸僭稱河南王姚興遣姚碩德率衆五萬伐之入自南安峽乾歸次於隴西以距碩德興潛師繼發乾歸聞興將至遣其衛軍慕容允率中軍二萬遷於柏陽鎮軍羅邪將外軍四萬遷于候辰谷乾歸自率輕騎數千候興軍勢俄而大風昏霧遂與中軍相失爲興追騎所逼入於外軍旦而交戰爲興所敗乾歸遁還苑川遂走金城率騎數百馳至允吾禿髮利鹿孤處之於晉興乾歸後懼爲利鹿孤所害遂奔長安

南凉禿髮傉檀僭稱河西王徵集戎夏之兵五萬餘人大閲於方亭遂伐沮渠蒙遜入西陜蒙遜率衆來

距戰于均石爲蒙遜所敗傉檀率騎二萬運穀四萬石以給西郡蒙遜攻西郡陷之其後傉檀又與赫連勃勃戰于陽武爲勃勃所敗將佐死者十餘人傉檀與數騎奔南田幾爲追騎所得蒙遜進圍姑臧百姓懲東苑之戮悉皆驚散疊掘麥田車蓋諸部盡降于蒙遜傉檀遣使請和蒙遜許之乃遣司隸校尉敬歸及子他爲質歸至胡坑逃還他爲追兵所執蒙遜徙其衆八千餘戶而歸吐谷渾樹雒千率衆來伐傉檀遣其太子武臺距之爲雒千所敗傉檀又將伐蒙遜邯川護軍孟愷諫曰蒙遜初并姑臧凶勢甚盛宜固

守伺隙不可妄動不從五道俱進至番禾苕藋掠五千餘戶其將屈在進曰陛下轉鬬千里前無完陣徙戶資財盈溢僞路宜倍道旋師早度嶮崄崇遜善於用兵士衆習戰若輕車卒至出吾慮表大敵外逼徙戶內攻危之道也衛尉伊力延曰我軍勢方盛將士勇氣固倍彼徙我驕勢不相及若倍道旋師必捐棄資財示人以弱非計也屈在出而告其諸弟曰吾言不用天命也此吾兄弟死地俄而昏霧風雨蒙遜軍大至傉檀敗績而還赫連勃勃求婚於傉檀傉檀弗許勃勃怒率騎二萬來伐殺傷萬餘人傉檀率衆追

之其將焦朗謂傉檀曰勃勃天姿雄驁御軍齊肅未可輕也今因抄掠之資率思歸之士人自爲戰難與爭鋒不如從溫圍北渡趣萬斛堆阻水結營制其咽喉百戰百勝之術也傉檀將賀連怒曰勃勃以死亡之餘率烏合之衆犯順結禍幸有大功今牛羊塞路財寶若山窘弊之餘人懷貪競不能督厲士衆以抗我也我以大軍臨之必士傾魚潰今引軍避之示敵以弱我衆氣銳宜在速追傉檀曰吾追計決矣敢諫者斬勃勃聞而大喜乃於陽武下峽鑿陵埋車以塞路傉檀遣善射者射之中勃勃左臂勃勃乃勒衆逆擊大破之追奔八十餘里殺傷萬計斬其大將十餘人以爲京觀號髑髏臺

南燕慕容超僭即帝位晉將劉裕率師將討之師次東莞超遣其左軍段暉輔國賀刺盧等六將步騎五萬進據臨朐俄而晉師度峴超懼率卒四萬就暉等於臨朐謂公孫五樓曰宜進據川源晉軍至而失水亦不能戰矣五樓馳騎據之晉前驅將軍孟龍符已至川源五樓戰敗而返晉將檀韶率銳卒攻破臨朐超大懼單騎奔段暉於城南暉衆又戰敗超又奔還廣固使郭內人入保小城未幾晉師圍四面皆合江

南繼兵相尋而至超尚書悅壽開門以納王師超與左右數十騎出亡爲晉軍所執

前蜀王建僭帝位於成都梁將劉知俊奔鳳翔李茂貞以爲大將稍侵建之東川建出兵拒戰爲知俊所敗與鳳皆没焉

江南李景僭襲父位周世宗顯德三年春親征淮甸大敗淮寇於正陽遂進攻壽州四年春世宗再駕南征三月大敗江南援軍於紫金山尋降下壽州是年十月世宗復臨淮甸連下濠泗二郡進攻楚州五年春拔之景乃上表以盧舒蘄黃等四州來上乞畫江

爲界

河東劉崇僭稱帝位遣兵三千餘衆寇府州爲節度使折德扆所破其所部嵐軍爲德扆所取周世宗嗣位崇乞師于虜與虜將楊兗合勢大舉來迫潞州顯德元年三月世宗親征與崇戰于高平大敗之崇與親騎十數人踰山而遁中夜迷惜不知所適刼村民使爲鄉導誤趨晉州路行百餘里方覺崇怒殺鄉導者得他路而去距太原一舍其子承鈞夜以兵百人迎之而入及周師至城下崇氣懾自固閉壘不出月餘世宗乃旋軍

冊府元龜

巡按福建監察御史臣李嗣京　訂正

新建縣舉人臣戴國士參閱

知建陽縣事臣黄國琦較釋

列國君部

總序

易之比象曰先王以建萬國親諸侯自黄帝制城畫野得百里之國萬區帝堯在位協和萬邦禹會塗山執玉萬國以至于桀存者三千商氏之起大明憲法立公侯伯子男凡五等之爵其分土則公侯地方百

里伯七十里子男五十里爲三等之制其不能五十里者附於諸侯曰附庸九州之地各方千里州建二百一十國天子之縣內建九十三國而附庸不與焉千里之外設方伯五國以爲屬屬有長十國以爲連連有帥三十國以爲卒卒有正二百一十國以爲州州有伯八州八百五十六正百六十八帥三百十六長八伯各以其屬屬於天子之老二人分天下以爲左右曰二伯其縣內諸侯選賢以置於位食其國祿而不得世外諸侯以功而封象賢繼立周承商制所封凡八百國同姓五十有餘所以親親賢賢褒美功

德播於雅頌關諸盛衰深根固本爲不可拔者也幽平之後日以陵替分爲二周天下謂之共王諸侯雖强大猶不敢窺周鼎蓋枝葉相持藩垣外固聯制法於在昔得長世之善經而使之然也故仲尼之删定典籍約史記以脩春秋丘明受經爲諸傳述其槩見之大國者周公之子伯禽封曲阜爲魯侯武王之子唐叔虞封太原爲晉侯文王之子四人康叔封朝歌爲衞侯度封上蔡爲蔡侯又振鐸之後封陶丘爲曹伯繡之後封滕爲滕侯宣王母弟友封鄭爲鄭伯召公奭之後封薊爲北燕伯仲雍之孫周章封吳爲吳

子太公望之後封營丘爲齊侯有熊之曾孫熊繹封丹陽爲楚子非子之後封岐之地爲秦伯紂兄微子封商丘爲宋公胡公封陳爲陳侯伯夷之後封許爲許男少昊之後封莒爲莒子顓頊之後封邾爲邾子又别封邾俠之後居郳爲小邾子夏禹之後封杞爲杞伯少康之後封會稽爲越子凡大國二十其薛伯虞公虢公紀侯邢侯息侯鄅伯鄧侯賈伯隨侯郳伯徐子郇子沈子邘子唐侯胡子鄅子南燕伯宿男蔿子巴子州公宗子鄀子穀伯荀侯賴子譚子滑伯鄀子弦子須句子鄫子麇子鄣子黎侯偪陽子鍾吾子

凡三十九國又紀莒東虢蕭萊羅夷管凡八國亡其
爵其小國凡四十七焉又有申共向極戴魏遂鄣黃
貳軫州絞六蔦於餘兵蓼牟權霍耿陽江冀舒蓼巢
道柏厲微項賨崇英顓叟甯雍任鄅郱邢畢黎昆吾
茅應鄀寒鄅蔣根牟胙郇瑕有莘闞輩介斟灌偪過
庸郜與鳩焦鄎邾有鬲庸斟尋函戈韓鑄楊邳觀褒
姺緡豕韋岐仍商奄騶房大庭邑桐密須窮豕封父
甲父凡九十四國但存爵號而無世次其間亦有虞
夏商周之所封皆春秋之依著者也當其各受分土
保有疆域歲時述職率遵王命洎周德微弱國綱寖

弛而猶五伯更起迭主夏盟尊獎微討存亡繼絕政
令有所稟小陋賴其庇既而霸道交衰庶邦力攻上
有虐位之恥下無方伯之勢強弱相吞莫知能救春
秋之後其存者魯衛齊楚宋鄭燕秦趙魏中山凡十
二國焉其後楚考烈王滅魯頃公遷於卞遂為家人
而魯絕祀秦從衛元君於野王而并其地為東郡不
得列於諸侯齊湣王與楚伐宋殺王偃滅宋而三分
其地韓哀侯滅鄭而併其國魏文侯使樂羊拔中山
凡亡五國其存者秦楚燕魏韓齊趙七國而已終為
秦所併為今之所紀自春秋以來列國君臣善敗之

跡志于七國為列國君部凡四十門

建國　錫命　奉先

建國

古者並建諸侯以承天子所以尊宗廟重社稷也自
黃帝之畫野分州得百里之國萬區蓋封建之舊制
矣然而史氏闕紀莫得而詳爰及姬氏周監於二代
乃設五等之爵為九服之辨列樹勳戚作深根固本
之計重之以分器祚之以世族大者著乎賜履小亦
權乎一同藩屏輔衛於是乎在至於建侯裂壤以申
畫郊圻壽土立疆而肇建宗祀職方之志斯著輿地

之圖足徵故始封遷卜之諸侯以詳述之矣

吳太伯之後荊蠻自號句吳及周武王克殷求太伯
仲雍之後得周章已君吳因而封之乃封周章弟虞
仲於周之北故夏虛（在河東大陽縣）是為虞仲列為諸侯

魯周公旦武王弟也周公佐武王破殷封旦於少昊
之虛曲阜是為魯公不就封周公卒子伯禽因以前
受封是為魯公

燕召公奭與周同姓姓姬氏周武王之滅紂封召公
於北燕（有南燕故云北燕）居廣陽薊縣

管叔鮮周文王子而武王弟也武王克殷紂平天下

封叔鮮於管今滎陽京縣東北管城

蔡叔度周文王子而武王弟也武王克殷平天下封叔度於蔡初居上蔡蔡平侯徙新蔡（並汝南縣也）後二世殺上蔡

衛康叔名封周武王同母少弟成王伐殷殺武庚祿父管叔放蔡叔以武庚殷餘民封康叔為衛君居河淇間故商墟衛成公自楚丘徙濮陽

鄶故國今滎陽密縣東北鄶城

唐叔虞者周武王子成王弟成王封叔虞於唐唐在河汾之東方百里故曰唐叔虞都於冀（世本曰居鄂宋志曰鄂地）

今在大夏昭侯封文侯弟成師於曲沃是為曲沃武公武公後併晉地而有之

鄭桓公友宣王庶弟（年表云母弟）宣王立二十二年初封於鄭（地里志云京兆鄭桓公封於此）太伯曰王室多故子安逃死乎對曰獨雒之東土河濟之南可居桓公卒言王東徙其民雒東而虢鄶果獻十邑（十邑謂虢鄶鄢蔽補丹依疇歷華）竟國之（今河西新鄭也）

曹姬姓文王子叔振鐸之後武王封之陶丘（今濟陰定陶）

滕姬姓周文王子叔繡之後武王封之居滕今沛郡公丘縣

虢姬姓文王弟虢仲之後治今弘農陝縣

應周武王弟所封今在潁川城父應鄉（又左傳云邘晉應韓武之穆也此則應為武王之子）

魏姬姓國（史一載所封為誰）其地虞舜夏禹所都之域在古冀州雷首之北析城之西南沇河曲北涉汾水（後為晉所滅）其後晉獻公滅魏以封畢萬萬從其國為魏氏文公時為列大夫魏悼子徙治霍晉悼公時魏昭子徙治安邑其後惠王徙治大梁（畢萬之先畢公高與周同姓武王伐紂高封於畢畢在長安縣西）

耿姬姓國（平陽皮氏縣東南有耿鄉為晉所滅）趙氏之先造父幸於周

繆王賜以趙城縣此為趙氏叔帶去周事晉始建趙氏于晉國（地理志何東永安故地周穆王封造父之趙城）晉獻公滅耿以賜趙夙至浣自耿徙中牟至敬侯始都邯鄲

韓氏之先與周同姓其後裔事晉封於韓原周末韓景侯自新鄭徙陽翟

齊太公望其先祖虞夏之際封於呂（呂在南陽宛縣西）或封於申姓姜氏佐周武王伐商封於齊營丘其後獻公因徙薄姑都治臨淄田完初自陳奔齊始食釆於田故為田氏其後以田常彊盛割齊自安平土以東至瑯琊自為封邑至田和并有齊國為諸侯

楚熊繹芊氏周成王舉文武勤勞後祠封於楚蠻以子男之田居丹陽（在南郡枝江縣）其後文王熊貲始都郢襄王橫爲秦所敗東北保於陳城考烈王東徙都壽春

秦非子初居大丘周孝王分土爲附庸邑之秦（今天水隴西縣秦亭是者也）後世秦襄公以兵送周平王徙雒邑平王賜之岐以西之地於是始得國公初居雍城獻公城櫟陽而都之（今萬年是也）孝公十二年作爲咸陽築冀闕徙都之

杞夏禹之後周武王克殷紂求禹之後得東樓公封之於杞杞今陳留雍丘

越其先夏少康之庶子封於會稽以奉守禹之祀

陳胡公蒲者虞帝舜之後姓嬀氏周武王克殷乃求舜後得嬀蒲封之於陳

宋微子開者殷帝乙之首子紂之庶兄也成王誅武庚殺管叔放蔡叔乃命微子開代殷後國于宋都商丘大辰之墟今梁國睢陽

許姜姓堯四岳伯夷之後武王封其苗裔文叔於許今潁川許昌是靈公徙葉悼公遷于夷一名城父又居析一名白羽許男斯處容城

莒嬴姓少昊之後武王封茲輿於莒初都計斤後徙莒今城陽莒縣（計斤今春秋所謂介根）

邾國曹姓顓頊之後武王封其苗裔邾俠爲附庸居邾（邾今魯國鄒縣也）文公徙於繹

小邾邾俠後夷父顏有功其子友別封附庸居東平昌慮東北郳城

共國汲郡共縣

宿國東平無鹽縣任姓

中山國南陽宛縣

夷國城陽莊武縣所治夷女城

向國龍元縣東向城姜姓炎帝後

南燕國東郡燕縣姬姓黃帝後

凡國汲郡共縣東南凡城

戴國陳留外黃縣東南戴城

息國汝陰新息縣故息國東徙故加新

郜國濟陰城武縣東南北郜城

芮國漢之馮翊臨晉魏之河東河北縣芮鄉

鄅國東海鄅縣盈姓

州國東莞淳于縣又州國南郡華容縣東南州陵城

穀國南陽筑陽縣穀城

巴國巴郡江州縣

廖國儀陽棗陽縣東南湖陽城後廖歷亦作凡

羅國南郡宜城縣西山後徙南郡枝江縣

牟國泰山牟縣魯附庸

葛國梁郡寧陵縣東北葛鄉

譚國濟南平陵縣西南譚城

蕭國沛郡蕭縣故蕭叔國宋別封附庸

隧國濟北蛇丘縣東北遂鄉

滑國都費在河南緱氏縣

權國南郡當陽縣東南權城

鄣國東平無鹽縣東北鄣城

霍國平陽永安縣東北霍太山

江國汝南安陽江亭

冀國平陽皮氏縣東北冀亭

弦國弋陽軑縣東南弦亭一云在江夏軑

道國汝南陽安縣南道亭

柏國汝南西平縣柏亭

徵國東平壽張縣西北徵鄉

繒國瑯邪繒縣禹後

厲國儀陽遂陽縣北厲鄉厲讀曰賴

項國汝陰項縣

密國滎陽密縣姬姓之國也顏師古謂此密即春秋傳六年圍商密者也詩所云密人即左傳所謂密須之故者也在安定陰密

任國東平任城縣

須句國東平須昌縣西北句城風姓大昊後

顓史國泰山南陽縣東北顓史城

頓國汝南南頓縣頓子姬姓頓迫於陳其後南徙故號南頓

雍國河南內山陽西雍城

畢國京兆長安縣西北

豐國始平鄠縣東豐邑臺

邢國河內野王縣西北邢城姬姓

應國襄城城父縣西南應城

蔣國弋陽期思縣蔣鄉城

茅國高平昌邑縣西北茅鄉城

胙國東郡燕縣東北胙城

夔國建平秭歸縣

介國城陽黔陬縣

焦國弘農陜縣故焦城

鄧國南郡鄧縣鄧侯國

鄾國南陽鄧鄾縣聚古鄾國

歸國南郡秭歸鄉
邔國南郡軑東南邔城
郳國南郡雲杜郳城
廬國廬江郡故廬子國
下邳國東海郡下邳邳初在薛其後徙師故日下邳
鍾離國九江郡古鍾離子邑
過當國樂安壽光過鄉
州萊國沛郡下蔡
淳于國北海淳于
鼓國鉅鹿郡下曲陽鼓聚故翟鼓子國

肥國泰山肥城（又云淄川劇故肥國今肥亭是）肥國鉅鹿郡下曲陽
西南肥累城
古肥國白狄別種後奔燕封於遼西郡肥如
鑄國濟北宛丘鑄鄉堯後周武王所封
紀國北海劇紀亭
棠國北海郡卽墨棠鄉
夷國北海郡壯武
萊國東萊郡
鄅國東海郡開陽
徐國臨淮郡徐盈姓

無終國右北平無終
朝鮮國樂浪郡朝鮮周武王封箕子
鮮虞國中山國新市
陽國城陽都陽城
郰國梁國穀熟郰亭
沈國汝南平輿沈亭
蓼國廬江蓼皐繇後
六國廬江六縣皐繇後姬姓
巢國廬江六縣居巢城
根牟國瑯邪陽都縣東牟鄉城

唐國義陽安昌縣東南上唐鄉（唐國又在太原晉陽縣）
黎國上黨壺關縣黎亭
郇國河東解縣西北郇城
鬲國平原鬲縣
斟國北海郡斟鬲後
斟灌國樂安壽光縣東南灌亭禹後
斟尋國北海郡平壽縣東南斟亭禹後
過國東萊掖縣北過鄉
弋國宋鄭之間有弋邑
偪陽國彭城傅陽縣妘姓

郜國任城亢父縣詩亭郜亦作詩
杜國京兆杜縣
楊國平陽楊縣
鄶國新平漆縣東北邠城
觀國頓丘衛縣姓姚
黃國汝南弋陽北黃城
房國汝南吳房本房子國楚靈王遷房於楚後封吳
闔閭弟夫槩故曰吳房
胡國汝陰縣西北胡城
黎國汝南魏郡黎陽縣或云東夷國又漢書地理志黎侯國上黨壺關

密須國安定陰密
甲父國高平昌邑縣東南甲父亭
梁國伯翳之後與秦同祖秦取梁改曰夏陽今馮翊
夏陽是也
鍾吾國在東海司吾左傳曰吾執鍾吾子
桐國廬江舒縣西南桐鄉
荀國河東荀城古荀國曰下邶亡國
潞國上黨潞即潞子國
虢國滎陽河南虢亭
程國河南雒陽上程聚古程國重黎之後伯休甫之國關中吏有程聚文王居程徙都豐故上爲上程
鞏國河南鞏縣即鞏伯國
豕韋國東郡白馬韋鄉古豕韋氏之國
塗山國九江當塗禹所聚塗山國有禹虛
寒國北海郡平壽寒亭寒浞所封
令支國遼支令西孤竹城故伯夷國
防風國吳興武康
奚仲國魯國薛後遷於邳陽
彭祖國彭城
奄國魯古奄國

錫命

天子建德昭乎利用諸侯正封是爲述職積茂勳之允格故殊命之乃錫粵若厲階斯作得專四履之征外虞以寧始重一卣之錫其或紹休前烈厥政用舉納忠王室多儀克享肇啓公侯之士緯著兵戰之績繇是申之豐報昭其寵數嘉言淑令藹諸簡冊至於傳遐盛族欽成姻好茲率厥典俶纂舊服非有私於名器實攸賴其夾輔者爾

齊太公周成王時管蔡作亂淮夷叛周乃使召康公召公奭命太公曰東至海西至河南至穆陵北至無棣

是皆太公始受封土地疆境所至也五侯九伯實得征之五等諸侯九州之伯皆得征討其罪繇此得征伐爲大國

晉文侯周平王錫以秬鬯圭瓚以圭爲杓柄謂之圭瓚作文侯之命幽王爲犬戎所殺平王立而東遷雒邑晉文侯迎遜安定之故錫命焉王若曰父義和順其功而命之文侯同姓故稱曰父義和字也丕顯文武克愼明德大明乎文王武王之道能詳審顯用有德昭升于上敷聞在下惟時上帝集厥命于文王言文王聖德明升于天而布聞在下民惟以是故上天集成其王命德流子孫亦惟先正克左右昭事厥辟言君旣聖明亦惟先正官賢臣能左右明事其君所以終越小大謀猷罔不率從肆先祖懷在位言文王君聖臣良於小大所謀道德天下無不循從其化故我後世先祖歸在王位嗚呼閔予小子嗣

造天丕愆言我小子之遭天大罪過父死國敗祖業隤隕殄資澤于下民侵戎我國家純言周邦喪亂絕其資用惠澤于下民侵兵傷我國其禍甚大卽我御事罔或耆壽俊在厥服予則罔克所以遇禍卽戎治事之臣無有耆宿壽耇俊德在其服位我則劣務無能之致曰惟祖惟父其伊恤朕躬嗚呼有績予一人永綏在位王曰同姓諸侯在我惟祖惟父列者其惟當憂念我身嗚呼能有成功則我一人長安在王位言恃諸侯父義和汝克昭乃顯祖重稱字親之不稱名尊之言汝能明汝顯祖唐叔之道獎之汝肇刑文武用會紹乃辟追孝于前文人言汝今始發文武之道矣當用是道合會繼汝君以善使追孝于前文德之人汝君平王自謂也繼先祖之志爲孝汝多脩扞我于艱若汝予嘉戰功日多言汝之功多甚脩矣乃扞我於艱難謂救周誅犬戎汝功我所嘉王曰父義和其

歸視爾師寧爾邦遣令還晉國其歸視汝衆安汝國內上下用賚爾秬鬯一卣黑黍曰秬釀以鬯草不言圭瓚可知卣中尊也當以錫命告其始祖故錫鬯彤弓一彤矢百盧弓一盧矢百彤赤盧黑也諸侯有大功賜弓矢後專征伐彤弓以講德朝會藏示子孫馬四匹馬供武用四匹曰乘侯伯之賜無嘗以功大小爲度父往哉柔遠能邇惠康小民無荒寧父往歸國哉懷柔遠人必以文德能柔遠者必能柔近然後國安安小人之道必以順無荒廢人事而自安簡恤爾都用成爾顯德當簡核汝所自治都鄙之人人和致治則汝顯用有德之功成矣不言鄙繇近以及遠

韓侯宣王時錫命尹吉甫作韓奕以美之曰王錫韓侯淑旂綏章簟茀錯衡玄袞赤舄鉤膺鏤錫鞹鞃淺幭鞗革金厄淑善也蛟龍爲旂綏大綏也錯衡文衡鏤錫有金鏤其錫也鞹革也鞹軾巾也

淺虎皮淺文也幭覆軾也厄烏蠋也簟茀漆簟以爲車蔽今之藩也鉤膺樊纓也楯上曰錫刻金飾之今當盧也鞗革謂轡以金爲小環往往纏搤之又曰以先祖受命因時百蠻王錫韓侯其追其貊奄受北國因以其伯韓侯之先祖武王之子也因時百蠻長是蠻服之百國也追貊戎狄國也奄撫也諸侯先祖有功德者受先王之命封爲韓侯爲侯伯其州界外接蠻服因得使持節百蠻貢獻之往來後君微弱用失其業今王以韓侯先祖之事如是而韓侯賢故欲入覲使復其先祖之舊職錫之蠻服追貊之戎狄令撫柔其所受王畿北面之國因以其先祖侯伯之事盡予之皆美其爲人子孫能興復先祖之舊功

楚成王惲卽位布德施惠結舊好於諸侯周惠王五年使人獻天子天子錫胙曰鎭爾南方夷越之亂無侵中國

齊桓公惠王十年王使召伯廖賜齊王命召伯廖王卿士賜命
爲侯伯王欽若等曰齊侯桓公也
襄王元年桓公葵丘之會天子使宰孔致胙於桓公
宰孔宰周公也曰余一人之命有事于文武使孔致胙且有
後命曰以爾自卑勞謂爾伯舅無下拜天子稱王官之伯異姓曰
伯舅無下拜無堂下拜賜也桓公召管子而謀管子對曰爲君不
君爲臣不臣亂之本也桓公懼出見客曰天威不違
顏咫尺違違顏眉目之間八寸曰咫小白余敢承天子之命曰爾
無下拜恐隕越于下以爲天子羞遂下拜升受命賞
服大輅龍旗九旒渠門赤旂大輅諸侯朝服之車謂金帶鉤樊纓九就龍旗

九旒也渠門赤旂所建爲軍門若今牙門赤旗大旗諸侯稱順焉
晉惠公襄王二年王使召武公內史過賜晉侯命召武
公周卿士內史過周大夫諸侯即位天子賜之命圭爲瑞王欽若等曰魯僖公十一年也晉侯晉惠也
文公襄王二十年獻楚俘于王駟介百乘徒兵千駟介
四馬被甲徒兵步卒鄭伯傳王用平禮也傳相也以周平王享晉文侯仇之禮享晉
侯己酉王享醴命晉侯宥既饗又命晉侯助以束帛以將厚意王命尹
氏及王子虎內史叔興父策命晉侯爲侯伯以策書命晉侯
爲伯也周禮九命作伯尹氏王子虎皆王卿士也叔興父大夫也三官命之以寵晉賜之大輅
之服戎輅之服大輅金輅戎輅戎車二輅各有服彤弓一彤矢百玈
弓一玈矢千彤赤弓玈黑弓弓一矢百則矢千弓十矣諸侯賜弓矢然後專征伐秬鬯

一卣秬黑黍鬯香酒所以降神卣器名虎賁三百人曰王謂叔父敬
服王命以綏四國糾逖王慝逖遠也有惡於王者糾而遠之晉侯二
辭從命曰重耳敢再拜稽首奉揚天子之丕顯休命
稽首首至地丕大也休美也受策以出
魯僖公襄王二十六年公即位天王使毛伯來錫公
命毛伯爵諸侯爲王卿士者
成公八年秋簡公三年也天子使召伯來錫王命諸侯
即位天子賜以命圭與之合瑞八年乃來緩也天子天王王者之通稱
齊靈公靈王十三年王使劉定公賜齊侯命將昏於齊故也
定公劉夏位賤以能而使之傳稱論其終曰昔伯舅太公右我先王股肱

周室師保萬民世胙太師以表東海胙報也表顯也謂顯封東海以
報大師之功王室之不壞緊是賴緊發聲今余命汝環環齊靈公
名茲率舅氏之典纂乃祖考無忝乃舊敬之哉無廢
朕命纂繼也因昏而加褒顯也傳言王室不能命有功
越王句踐已平吳乃以兵北渡淮與齊晉諸侯會於
徐州致貢於周元王使人賜句踐胙命爲伯
秦孝公十九年顯王二十六年也天子致胙諸侯畢
賀

奉先

夫祀者國之大事孝者人之本與邦君敦行史册書

美譽諸善政尤爲盛烈奉先之誠不匱昭享之義有叙惟馨之薦豐而且潔非有諂也致美之服章而有量不圖奢也然後能保其社稷和其民人蓋諸侯之孝也

魯隱公五年九月考仲子之宮初獻六羽成仲子之宮安其主而祭之惠公以仲子手文而娶之欲以爲夫人諸侯無二嫡蓋隱公成父之志爲別立宮也公問羽數故書羽婦人無謚因姓以名宮初仲子宮成將萬焉萬舞也公問羽數於衆仲問執羽人數對曰天子用八八八六十四人諸侯用六六六三十六人大夫四四四十六人士二二二四人士有功賜用樂夫舞所以節八音而行八風八音金石絲竹匏土革木也八風八方之風也以八音之氣播八方之風

手之舞之足之蹈之節其制而叙其情故自八以下唯天子得盡物數故以八爲列諸侯則不致用八公從之於是初獻六羽始用六佾也魯唯文王周公廟得用八而他公遂因僭而用之今隱公特因此婦人之廟詳問衆仲因明大典故言始用六佾

桓公八年五月丁丑蒸

十四年八月壬申御廩災御廩藏公所親耕以奉粢盛之倉也天火曰災乙亥嘗既戒日致齋御廩雖災苟不害嘉穀則祭不應廢故書以示法

僖公八年七月禘于太廟用致夫人禘三年大祭祭名太廟周公之廟致者致新主于廟而列之昭穆夫人姜氏薨於寢僖公疑其禮歷三禘今果行之公能復周公之宇宇居也故魯頌閟宮有侐實實枚枚閟閉也先妣姜嫄之廟孟仲子曰是禖宮也侐清淨也實實廣大也枚枚礱密也一云閟神也姜嫄神所依故廟曰神宮

周公之孫莊公之子龍旂承祀六轡耳耳春秋匪解享祀不忒周公之孫莊公之子謂僖公也耳耳然至盛也交龍爲旂承祀謂視祭祀也四馬故六轡春秋猶言四時忒變

二十四年二月晉公子文公復入于晉丁未朝于武宮文公之祖武公廟

文公二年二月丁丑作僖公主主者殷人以栢周人以栗三年喪終則遷入於廟傳云過葬十月而作主書其不時

宣公八年六月辛巳有事于太廟公子遂卒於垂齊地名壬午猶繹萬入去籥繹明日又祭萬舞名籥管也猶可止之思魯人之卿佐之喪不宜作樂而不廢繹故萬舞去籥

成公三年二月甲子新宮災三日哭宣公新神主入廟故謂之新宮

書三日哭善得禮宗廟親之神靈所憑居而遇災故哀而哭之

襄公元年晉悼公立正月辛巳朝武宮武宮曲沃耶命居

十五年晉平公即位烝于曲沃悼公既葬平公改服曲沃晉祖廟烝冬祭也諸侯五月而塟作主然後烝嘗于廟今晉踰月塟作主而烝嘗祭言晉將有盟會故速塟

昭公二年十二月晉烝烝冬祭也

十五年二月癸酉禘于武宮魯武公廟成公立六年復立之叔弓涖事籥入而卒去樂卒事禮也大臣卒故爲之去樂

定公八年冬從祀先公從順也先公閔公僖公將正二公之位次所順非一親盡故通言先公

册府元龜

巡按福建監察御史臣李嗣京　訂正
分守建南道左布政使臣胡維霖　參閱
知建陽縣事臣黄國琦較釋

列國君部二

嗣襲

昔三五之際封建列國而年祀茫昧墳典殘缺故其世系嗣襲不可得而詳也降及姬周史官謹職諸侯晉楚皆有記籍故孔子約魯史而脩春秋丘明爲之傳司馬遷又祖述其事列之以世家故其苗裔之嗣

續子弟之繼及皆可得而徵矣至於以德以長之制年鈞義鈞之説或越次而承世嫡或自外而紹大宗或勸讓以興邦或承亂而續緒自吳太伯而下以訖於六國咸有條而不紊云

吳太伯（武王追封爲吳伯故曰吳太伯）太伯弟仲雍周太王之子而王季歷之兄也季歷賢而有聖子昌太王欲立季歷以及昌於是太伯仲雍二人乃犇荆蠻文身斷髮示不可用（當在水中故斷其髮文其身以象龍子故不見傷害）以避季歷季歷果立是爲王季而昌爲文王太伯之犇于荆蠻自號勾吳（勾吳太伯始所居也）荆蠻義之從而歸之千餘家立爲吳太伯太伯卒無子弟仲雍立是爲吳仲雍仲雍卒子季簡立季簡卒子叔達立叔達卒子周章立是時周武王克殷求太伯仲雍之後得周章周章已君吳因而封之乃封周章弟虞仲於周之北故夏虛（在河東太陽縣）是爲虞仲列爲諸侯周章卒子熊遂立熊遂卒子柯相立柯相卒子彊鳩夷立彊鳩夷卒子餘橋疑吾立餘橋疑吾卒子柯盧立柯盧卒子周繇立周繇卒子屈羽立屈羽卒子夷吾立夷吾卒子禽處立禽處卒子轉立轉卒子頗高立頗高卒子句卑立是時晉獻公滅北虞公句卑卒子去齊立去齊卒子壽夢立而吳

始益大稱王自太伯作吳五世而武王克殷封其後爲二其一虞在中國其一吳在夷蠻十五世而晉滅中國之虞中國之虞滅二世而夷蠻之吳興大凡從太伯至壽夢十九世壽夢二十五年卒壽夢有四子長曰諸樊次曰餘祭次曰餘眜次曰季札壽夢知季札賢欲立之季札讓於是乃立長子諸樊攝行事當國諸樊立十三年卒有命授弟餘祭欲以此傳季札餘祭立十七年卒弟餘眜立餘眜立四年卒欲授弟季札季札逃去吳人乃立餘眜子僚爲王諸樊之子公子光嘗以爲吾父兄弟四人當傳至季子季子卽

不受闔光當立陰納賢士欲以襲王僚十三年光弑僚自立為王是為闔閭十九年與越戰傷而死子夫差立二十三年越敗吳夫差自剄死吳遂滅

齊太公望呂尚者東海上人呂氏春秋曰東夷之士其先祖嘗為四嶽佐禹平水土甚有功虞夏之際封於呂呂在南陽宛縣西或封於申姓姜氏夏商之時申呂或封枝庶子孫或為庶人尚其後苗裔也本姓姜氏從其封姓故曰呂尚佐武王伐紂謀居多武王王天下封於齊尚卒子丁公伋伋作及立丁公卒子乙公得立乙公卒子癸公慈母立癸公卒子哀公不辰立哀公紀侯譖之

周周烹哀公立其弟靜是為胡公當周夷王之時哀公同母少弟山襲殺胡公而自立是為獻公獻公立九年卒子武公壽立武公立二十六年卒子厲公無忌立九年厲公暴虐故胡公子復入齊攻殺厲公胡公子亦戰死齊人立厲公子赤是為文公文公十二年卒子成公脫立成公九年卒子莊公購立莊公六十四年卒子釐公祿甫立釐公三十三年卒子襄公諸兒立襄公十二年釐公弟子公孫無知弑襄公而自立雍林人襲殺無知襄公次弟小白自莒入高傒立之是為桓公桓公立四十三年卒桓公子十餘人長衛姬生無詭少衛姬生惠公元鄭姬生孝公昭葛嬴生昭公潘密姬生懿公商人宋華子生公子雍桓公與管仲屬孝公於宋襄公以為太子桓公卒易牙與豎刁立公子無詭無詭立三月宋襄公率諸侯兵伐齊立公子昭是為孝公孝公十年卒孝公弟潘殺孝公子而立是為昭公十九年卒子舍立昭公之弟商人殺舍而自立是為懿公四年齊人殺懿公迎公子元於衛立之是為惠公惠公十年卒子頃公無野立頃公十七年卒子靈公環立靈公娶于魯曰顏懿姬無子其姪鬷聲姬生光以為太子兄子曰姪鬷顏皆二姬母姓因

以為號懿聲皆謚諸子仲子戎子戎子嬖諸子諸姪者子二子皆宋女仲子生牙屬諸戎子屬託之戎子請以為太子許之齊侯許之仲子曰不可廢常不祥廢立嫡之常間諸侯難事難成也光之立也列於諸侯矣列諸侯之會今無故而廢之是專黜諸侯謂光已有諸侯之尊而以始犯不祥也君必悔之公曰在我而已遂東太子光徙之東陲也使高厚傅牙以為太子夙沙衛為少傅二十八年靈公疾崔杼迎公子光而立之是為莊公莊公六年崔杼弑莊公而立莊公異母弟杵臼是為景公五十八年夏景公夫人莊姬適子死景公寵妾芮姬生子荼荼少母賤無行諸大夫恐

其爲嗣乃言擇諸子長者賢者爲太子景公老惡言嗣事又愛荼母欲立之憚發之口乃謂諸大夫曰爲樂耳國何患無君乎秋景公病命國惠子高昭子立少子荼爲太子逐諸子遷萊萊齊東鄙邑景公卒太子荼立是爲晏孺子景公子陽生奔魯晏孺子元年八月田乞召公子陽生於魯而立之是爲悼公悼公四年鮑牧弑悼公齊人共立悼公子壬是爲簡公一云二公子壬景公之子也簡公四年田常弑簡公立簡公之弟驁是爲平公平公二十五年卒子宣公積立宣公五十一年卒子康公貸立康公十九年田常曾孫田和始爲諸

侯遷康公海濱二十六年康公卒呂氏遂絶其祀

魯周公旦者周武王弟也以太王所居周地爲其采邑故爲周公自文王在時旦爲子孝篤仁異於群子及武王卽位旦常輔翼武王用事甚多武王九年東伐至盟津周公輔行十一年伐紂至牧野周公佐武王作牧誓破殷入商宮已殺紂武王徧封功臣同姓戚者封周公旦於少昊之虛曲阜是爲魯公周公不就封留佐武王子伯禽受封之魯是爲魯公伯禽卒子考公酋立考公四年卒立弟熙是爲煬公煬公六年卒子幽公宰立幽公十四年幽公弟潰殺幽公而自立是爲魏公世本作微公魏公五十年卒子厲公擢立厲公三十七年卒魯人立其弟具是爲獻公獻公三十二年卒子貞公濞立貞公三十年卒弟傲立是爲武公武公九年春魯公與長子括少子戲西朝周宣王宣王愛戲欲立戲爲魯太子周之樊仲山父諫宣王曰廢長立少不順不順必犯王命犯王命必誅故出令不可不順也令之不行政之不立令不行則政不立行而不順民將棄上使長事少故民將棄上夫下事上少事長所以爲順今天子建諸侯立其少是敎民逆也言不敎之順而敎之逆若魯從之諸侯效之王命將有所壅言先王立長之命將壅塞不行也若弗從而

誅之是自誅王命也先王之命立長今魯亦立長若誅之是自誅王命誅之亦失不誅亦失誅之誅已命不誅則王命廢王其圖之宣王弗聽卒立戲爲魯太子夏魯公歸而戲卒立是爲懿公懿公九年括之子伯御與魯人殺懿公而立伯御爲君伯御立十一年周宣王伐魯殺伯御而問魯公子能道順一作訓諸侯者以爲魯後樊穆仲曰穆仲仲山父之謚也魯懿公弟稱肅恭明神敬事耆老賦事行刑必問於遺訓而咨於國實國一作固不干所問宣王曰然能訓治其民矣乃立稱於夷宮夷宮者宣王祖夷王之廟古者爵命必於祖廟是爲孝公孝公二十七年卒子弗湟一云弗生立是爲惠公惠公

四十六年卒惠公元妃孟子卒繼室以聲子生子息宋武公生仲子仲子生而有文在其手曰爲魯夫人故仲子歸於我生子允而惠公薨是以息攝當國行君事是爲隱公隱公十一年公子揮殺隱公而立公弟允是爲桓公桓公十八年公如齊齊襄公饗公公醉使公子彭生搚其脅公死于車立太子同是爲莊公莊公立三十二年卒子班立莊公弟慶父使人殺班立莊公子開是爲湣公湣公二年慶父使卜齮襲殺湣公莊公弟季友奉莊公子申立之是爲釐公釐公立三十三年卒子興立是爲文公文公十八年卒

文公有二妃齊女哀姜生子惡及視次妃敬嬴嬖愛生子倭一作綏文公卒公子遂殺子惡及視而立倭是爲宣公宣公十八年卒子成公黑肱立十八年卒子襄公午立襄公年三歲而立三十一年襄公卒其九月太子野卒魯人立齊歸之子稠一名裯是爲昭公昭公年十九猶有童心穆叔不欲曰稠非適嗣且又居喪不戚而有喜色若果立必爲季氏憂季武子弗聽卒立之二十五年九月昭公伐季氏弗勝奔於齊齊伐魯取鄆而居昭公二十八年晉止昭公於乾侯三十二年而昭公卒於乾侯魯人立其弟宋是爲定公十五年卒子蔣立是爲哀公二十七年哀公患三桓欲因諸侯以刼之公如隱氏三桓攻公公奔于衛去如鄒遂如越國人迎哀公復國卒於有山氏子悼公寧立魯如小侯卑於三桓之家二十七年悼公卒子元公嘉立二十一年卒子穆公顯立三十三年卒子共公奮立二十二年卒子康公屯立九年卒子景公匽立二十九年卒子平公叔立是時六國皆稱王二十二年平公卒子文公賈立二十三年卒子傾公讐立二十四年楚考烈王伐滅魯傾公亡遷於沂邑一作下爲家人魯絶祀傾公卒于柯魯起周公至傾公凡三十四世

燕召公奭與周同姓姬氏周之支子食邑於召謂之召公周武王滅紂封於北燕有南燕故云北燕自召公以下九世至惠侯惠侯卒子釐侯立三十六年釐侯卒子頃侯立頃侯二十四年卒子哀侯立哀侯二年卒子鄭侯立鄭侯三十六年卒子繆侯立繆侯十八年卒子宣侯立宣侯十三年卒子桓侯立古史考曰世家自宣侯以下不說其屬以其難明故也桓侯七年卒子莊公立莊公三十三年卒子襄公立襄公四十年卒桓公立桓公十六年卒宣公立宣公十五年卒昭公立昭公十三年卒武公立武公十九年卒文公立文公六年卒懿公立懿公四年卒子惠公

立六年惠公多寵姬欲去諸大夫而立寵姬宋大夫共誅姬宋惠公懼奔齊四年齊高偃如晉請共伐燕入其君晉平公許與齊伐燕入惠公年表公欲殺辛臣公卿誅辛臣公恐出奔齊惠公至燕而死左氏云燕人多嬖寵欲去諸大夫而立其寵人燕大夫比以殺公之外嬖公懼奔齊燕人立悼公悼公七年卒共公立共公五年卒平公立平公十九年卒簡公立簡公十二年卒獻公立獻公二十八年卒孝公立孝公十五年卒成公立成公十六年卒涽公立涽公三十一年卒釐公立釐公三十年卒桓公立桓公十一年卒文公立文公二十九年卒太子立是爲易王易王立十二年

卒子燕噲立噲立五年以國讓其臣子之三年國大亂將軍市被與太子平謀攻子之不克市被死因搆難數月死者數萬衆齊王令章子將兵伐燕燕君噲死子之亡二年燕人共立太子平是爲燕昭王昭王三十三年卒子惠王立惠王七年卒武成王立武成王十四年卒子孝王立孝王三年卒子令王喜立二十三年太子丹質於秦亡歸燕二十五年秦滅韓王二十七年秦虜趙王遷滅趙燕見秦且滅六國秦兵臨易水禍且至燕太子丹陰養壯士二十人使荆軻獻督亢地圖於秦因襲刺秦王秦王覺殺軻使將軍王翦擊燕二十九年秦拔我薊燕王亡徙居遼東斬丹以獻秦三十三年秦拔遼東虜燕王喜卒滅燕

蔡叔度者周文王子而武王同母弟也武王已克殷紂封叔度於蔡世本曰居上蔡後成王少周公旦專王室管叔蔡叔挾紂子武庚作亂周公誅武庚而放蔡叔遷之蔡叔既遷而死其子曰胡胡乃改行率德馴善周公聞之而舉胡以爲魯卿士魯國治於是周公言於成王復封胡於蔡以奉蔡叔之祀是爲蔡仲蔡仲卒子蔡伯荒立荒卒子宮侯立宮侯卒子厲侯立厲侯卒子武侯立武侯卒子夷侯立夷侯二十八年卒子

釐侯所事立四十八年卒子共侯興立二年卒子戴侯立十年卒子宣侯措父立三十五年卒子桓侯封人立二十年卒弟哀侯獻舞立哀侯十一年楚文王擊蔡虜哀侯留九歲死於楚凡立二十年卒蔡人立其子肸是爲繆侯二十九年卒子莊侯甲午立三十四年卒子文侯申立二十八年卒子景侯同立二十九年太子般殺景侯而自立是爲靈侯靈侯十二年楚靈王誘蔡靈侯於申伏甲飲之醉而殺之令公子棄疾滅蔡二歲楚公子棄疾立爲楚平王乃求蔡景侯少子廬立之是爲平侯平侯九年卒靈侯般之孫

秉國攻平侯子而自立是爲悼侯悼侯三年卒弟昭侯申立二十六年吳遷蔡于州來二十八年昭侯將朝於吳大夫恐其復遷乃令賊殺昭侯而立昭侯子朔是爲成侯十九年成侯卒子聲侯產立聲侯十五年卒子元侯立元侯六年卒子侯齊立侯齊四年楚惠王滅蔡侯齊卒蔡遂絕祀

曹叔振鐸者周武王弟也武王克殷紂封叔振鐸於曹叔振鐸卒子太伯脾立太伯卒子仲君平立仲君平卒子宮伯侯立宮伯侯卒子孝伯雲立雲卒子夷伯喜立夷伯三十年卒弟幽伯強立幽伯九年弟蘇

殺幽伯代立是爲戴伯戴伯三十年卒子惠伯兕立三十六年卒子石甫立其弟武攻之代立是爲繆公繆公三年卒子桓公終生立（一作終湦 湦音生）五十五年卒子莊公夕姑立三十一年卒子釐公夷立九年卒子昭公班立九年卒子共公襄立三十五年卒子文公壽立文公二十三年卒子宣公彊立宣公十七年卒弟成公負芻立二十三年卒子武公勝立二十七年卒子平公頃立平公四年卒子悼公午立九年悼公朝於宋宋囚之曹立其弟野是爲聲公悼公死於宋歸葬聲公五年平公弟通弒聲公代立是爲隱公隱公四年聲公弟露弒隱公代立是爲靖公靖公四年卒子伯陽立十五年宋滅曹執曹伯陽以歸曹遂絕祀

陳胡公滿者虞帝舜之後也昔舜爲庶人時堯妻之以二女居于嬀汭其後因爲氏姓姓嬀氏舜傳禹天下而舜子商均爲封國夏后時或失或續至於周武王克殷紂復求舜後乃得嬀滿封之於陳以奉帝舜祀是爲胡公胡公卒子申公犀侯立申公卒弟相公皐羊立相公卒立申公子突是爲孝公孝公卒子慎公圉戎立慎公卒子幽公寧立三十三年卒子釐公

孝立釐公三十六年卒子武公靈立十五年卒子夷公說立三年卒弟平公燮立二十三年卒子文公圉立文公元年取蔡女生子佗十年文公卒長子桓公鮑立三十八年桓公卒桓公弟佗其母蔡女故蔡人爲佗殺五父及桓公太子免而立佗是爲厲公厲公二年生子敬仲完厲公取蔡女蔡女與蔡人亂厲公數如蔡淫七年厲公所殺桓公太子免之三弟長曰躍中曰林少曰杵臼共令蔡人誘厲公以好女與蔡人共殺厲公而立躍是爲利公利公立五月卒立中弟林是爲莊公七年卒少弟杵臼立是爲宣公二十

一年宣公後有嬖姬生子欵欲立之乃殺其太子禦寇禦寇素愛厲公子完完乃奔齊四十五年宣公卒子欵立是爲穆公十六年卒子共公朔立十八年卒子靈公平國立十四年靈公與其大夫孔寧儀行父皆通於夏姬十五年靈公與二子飲於夏氏公戲二子曰徵舒似汝二子曰亦似公徵舒怒靈公罷酒出徵舒伏弩廄門射殺靈公孔寧儀行父皆奔楚靈公太子午奔晉徵舒自立爲陳侯楚莊王爲夏徵舒殺靈公率諸侯伐陳謂陳曰無驚吾誅徵舒而已已誅徵舒因縣陳而有之群臣畢賀申叔時使於齊來還

獨不賀莊王問其故對曰語有之牽牛蹊人田田主奪之牛蹊則有罪矣奪之牛不亦甚乎今王以徵舒爲賊殺君故徵兵諸侯以義伐之已而取之以利其地則後何以令於天下是以不賀莊王曰善乃迎陳靈公太子午於晉而立之復君陳如故是爲成公成公卒子哀公弱立初哀公娶鄭長姬生悼太子師少姬生偃二嬖妾長妾生留少妾生勝留有寵哀公屬之弟司徒招三十四年哀公病三月招殺悼太子立留爲太子哀公怒欲誅招招發兵圍守哀公哀公自經殺（徐廣曰三十五年也）招卒立留爲陳君四月陳使使赴楚楚靈王聞陳亂乃殺陳使者使公子棄疾發兵伐陳陳君留奔鄭九月楚圍陳十一月滅陳使棄疾爲陳公招之殺悼太子也太子之子名吳出奔晉晉平公問太史趙曰陳遂亡乎對曰陳顓頊之族陳氏得政於齊乃卒亡自幕至于瞽瞍無違命舜重之以明德至於遂世守之及胡公周賜之姓使祀虞帝且盛德之後必百世祀虞之世未也其在齊乎楚靈王滅陳五歲楚公子棄疾弒靈王代立是爲平王平王初立欲得和諸侯乃求故陳悼太子師之子吳立爲陳侯是爲惠公惠公立探續哀公卒時年而爲元空籍五

年矣三十八年惠公卒子懷公柳立懷公元年吳破楚在郢召陳侯陳侯欲往大夫曰吳新得意楚王雖亡與陳有所不可背懷公乃以疾謝吳四年吳復召懷公懷公如吳怒其前不往留之因卒吳陳乃立懷公之子越是爲湣公二十四年楚惠王以兵北伐殺陳湣公遂滅陳而有之

杞東樓公者夏后禹之後苗裔也殷時或封或絕周武王克殷紂求禹之後得東樓公封之於杞（杞今陳留雍丘縣也）以奉夏后氏祀東樓生西樓公西樓公生題公題公生謀娶公（謀一作謀）謀娶公生武公武公立四十七年

卒子靖公立二十三年卒子共公立八年卒子德公立（冊本日惠公）德公十八年卒弟桓公姑容立（冊本日惠公立十八年生成公及桓公成公立十八年桓公立十七年）桓公十七年卒子孝公匄立十七年卒弟文公益姑立十四年卒弟平公鬱立十八年卒子悼公成立十二年卒子隱公乞立七月隱公弟遂弑隱公自立是爲釐公十九年卒子滑公維立十六年滑公弟閔路弑滑公代立是爲哀公哀公十年卒滑公子剌立（剌作遬）是爲出公十二年卒子簡公春立一年楚惠王滅杞

衛康叔名封周武王同母少弟也武王已克殷復以殷餘民封紂子武庚祿父周公旦代成王治當國管

叔蔡叔與武庚祿父作亂欲攻成周周公旦以成王命興師伐殷殺武庚祿父以殷餘民封康叔爲衛君居河淇間故商墟康叔卒子康伯代立康伯卒子考伯立考伯卒子嗣伯立嗣伯卒子庭伯立庭伯卒子靖伯立靖伯卒子貞伯立貞伯卒子頃侯立頃侯厚賂周夷王王命衛爲侯頃侯十二年卒子釐侯立四十二年卒太子共伯餘立爲君共伯弟和有寵於釐侯多予之賂和以其賂賂王以襲攻共伯於墓上共伯入釐侯墓自殺衛人因葬之釐侯旁謚曰共伯而立和爲衛侯是爲武公武公即位修康叔之政百姓和集四十二年犬戎殺周幽王武公將兵往佐周平戎甚有功周平王命武公爲公五十五年卒子莊公揚立五年娶齊女爲夫人好而無子又取陳女爲夫人有子蚤死陳女娣亦幸於莊公而生子完完母死莊公令夫人齊女子之立爲太子莊公有寵妾生子州吁二十三年莊公卒太子完立是爲桓公十六年弟州吁收聚衛亡人以襲殺桓公州吁自立爲衛君石碏（衛上卿）與陳侯共謀使右宰醜進食因殺州吁于濮而迎桓公弟晉於邢而立之是爲宣公宣公夫人

夷姜生子伋以爲太子而令右公子傅之右公子爲太子取齊女未入室而宣公見所欲爲太子婦者好說而自取之更爲太子娶他女宣公得齊女生子壽子朔令右公子傅之太子伋母死齊女與朔共讒惡太子宣公自以其奪太子妻也心惡太子欲廢之及聞其惡大怒乃使太子伋於齊而令盜遮界上殺之與太子白旄而告界盜見持白旄者殺之且行子朔之兄壽太子異母弟也知朔之惡太子而君欲殺之乃謂太子曰界盜見太子白旄即殺太子可毋行太子曰逆父命不可遂行壽見太子不止乃盜其白旄

而先驅至界盜見其驗即殺之壽已死而太子伋又至曰所當殺乃我也盜并殺之宣公乃以子朔爲太子十九年宣公卒太子朔立是爲惠公左右公子不平朔之立也惠公四年左右公子作亂攻惠公立太子伋之弟黔牟爲君惠公奔齊衛君黔牟立八年齊襄公率諸侯奉王命共伐衛納惠公立三年出亡十年復入與前通惠公凡十三矣三十三年卒子懿公赤立九年翟伐衛殺懿公懿公之立也百姓大臣皆不服自懿公父惠公朔之讒殺太子伋代立至於懿公常欲敗之卒滅惠公之後而更立黔牟之弟昭伯

頑之子申爲君是爲戴公元年卒齊桓公立戴公弟燬爲衛君是爲文公二十五年卒子成公鄭立三十五年成公卒子穆公遬立十一年卒其子定公臧立定公十二年卒定公有疾使孔成子甯惠子立敬姒之子衎以爲太子成子孔達之孫敬姒定公妾衎獻公是爲獻公獻公立十八年孫林父文子也攻出獻公奔齊孫文子甯殖惠子也共立定公弟秋爲衛君是爲殤公一云獻公弟焱殤公立甯喜與孫林父爭寵相惡殤公使甯喜攻孫林父林父奔晉復求入故衛獻公齊景公聞之與衛獻公如晉求入晉爲伐衛誘與盟衛殤公會平公平公執

殤公與甯喜復入衛獻公獻公亡在外十二年而復入三年卒子襄公惡立九年卒子靈公元立初襄公夫人姜氏無子姜氏宣姜嬖人婤姶生孟縶孔成子夢康叔謂己立元成子衛卿孔烝鉏也元孟縶弟夢時元未生余使羈之孫圉與史苟相之羈孫鉏子苟史朝子史朝亦夢康叔謂己余將命而子苟與孔烝鉏之曾孫圉相元史朝見成子告之夢夢協協合也晉韓宣子爲政聘于諸侯之歲昭二年婤姶生子以周易筮之曰元尚享衛國主其社稷今縶辭著遇屯䷂震下坎上屯又曰余尚立縶尚克嘉之嘉善也遇屯之比䷇坤下坎上比屯初九爻比變以示史朝史朝曰元亨又何

疑焉周易曰屯元亨成子曰非長之謂乎言屯之元亨謂年長非謂名元對曰康叔名之可謂長矣善之長也孟非人也將不列於宗不可謂長足跛非全人不可列爲宗主且其繇曰利建侯繇卦辭嗣吉何建建非嗣也嗣子有嘗位故無所卜無所建今以位不定卜嗣得吉利當從吉而建之也二卦皆云謂兩得屯卦皆有建侯之文子其建之康叔命之二卦告之筮襲於夢武王所用也弗從何爲外傳云太誓曰朕夢協朕卜襲於休祥戎商必克此武王辭弱足者居跛則偏弱居其家不能行侯主社稷臨祭祀奉人民事鬼神從會朝又焉得居各以所利不亦可乎孟跛利居元吉利建故孔成子立靈公一云襄公有嬖妾幸之有身夢有人謂曰我康叔也今若子必有衛名而子曰元妾怪之問孔成子成子曰康叔衛祖也

（及生子男也以告襄公襄公曰天所置也名之曰元夫人無子於是立元爲嗣）靈公三十九年太子蒯聵與靈公夫人南子有惡太子奔宋四十二年靈公卒衛乃以蒯聵之子輒爲君是爲出公初孔圉取太子蒯聵之姊生悝出公十二年悝母使孔氏之豎渾良夫使於太子良夫與太子入舍孔氏之外圃遂入適伯姬氏出公輒奔魯孔悝立太子蒯聵是爲莊公莊公三年晉趙簡子圍衛莊公出奔衛人立子班師爲衛君（左傳云班師襄公之孫）齊伐衛虜班師更立公子起爲衛君（起靈公子）起元年衛石曼專逐其君起起奔齊衛出公輒自齊復歸立初出公立十二年亡在

外四年復入二十一年卒出公季父黚攻出公子而自立是爲悼公悼公五年卒子敬公弗（一云敬公費）立敬公十九年卒子昭公糾立昭公六年公子亹弑之代立是爲懷公懷公十一年公子穨弑懷公而代立是爲慎公慎公父公子適適父敬公也慎公四十二年卒子聲公訓立聲公十一年卒子成侯遬立十六年衛貶號曰侯二十九年成侯卒子平侯立平侯八年卒子嗣君立更貶號曰君四十二年卒子懷君立懷君三十一年朝魏魏因殺懷君更立嗣君弟是爲元君（一云元君懷君之弟）二十五年元君卒子君角立九年秦并天下始皇帝二十一年二世廢君角爲庶人衛絕祀

宋微子開者（微畿內國名子爵也爲紂卿士）殷帝乙之首子而紂之庶兄也紂既立不明微子度紂終不可諫乃去武王伐紂微子持其祭器造於軍門武王乃釋微子復位如故成王少武庚作亂周公既承王命誅武庚乃命微子開代殷後奉其先祀開卒立其弟衍是爲微仲（微子舍其孫腯而立衍鄭玄曰微子適子死立弟殷道也）微仲卒子宋公穆立穆卒子丁公申立申卒子湣公共立共卒弟煬公熙立煬公即位湣公子鮒祀（鮒一作魴）弑煬公而自立曰我當立是爲厲公厲公卒子釐公舉立二十八年卒子惠

公覸立三十年卒子哀公立哀公元年卒子戴公立三十四年卒子武公司空立十八年卒子宣公力立宣公有太子與夷十九年宣公病讓其弟和曰父死子繼兄死弟及天下通義也我其立和和亦三讓而受之宣公卒弟和立是爲穆公九年病召大司馬孔父而屬殤公曰先君舍與夷而立寡人（先君穆公兄宣公與夷宣公子即所屬殤公）寡人弗敢忘若以大夫之靈得保首領以沒先君若問與夷其將何辭以對請子奉之以主社稷寡人雖死亦無悔然對曰群臣願奉馮也（馮穆公子莊公）公曰不可先君以寡人爲賢使主社稷若棄德不

讓是廢先君之舉也豈曰能賢（言不讓則不足稱賢）光昭先君之令德可不務乎吾子其無廢先君之功（先君以舉賢爲功我君不賢是廢之）使公子馮出居於鄭（辟殤公也）穆公卒殤公即位君子曰宋宣公可謂知人矣立宣公其子饗之命以義夫殤之十年太宰華督殺殤公而迎公子馮於鄭而立之是爲莊公十九年卒子湣公捷立十一年南宮萬殺湣公于蒙澤更立公子游爲君宋之諸公子共擊殺南宮牟弑宋新君游而立湣公弟禦說是爲桓公宋人臨南宮萬三十一年桓公卒太子茲甫立是爲襄公十三年與楚成王戰于泓大敗傷股十四

年病傷於泓而竟卒子成公壬臣立十七年卒成公弟禦殺太子而自立爲君宋人共殺君禦而立成公少子杵臼是爲昭公九年昭公無道國人不附昭公出獵襄公夫人王姬使衛伯攻殺昭公杵臼弟鮑革（一無革字）立是爲文公二十二年卒子共公瑕立十三年卒司馬唐山攻殺太子肥右師誅唐山乃立共公少子成是爲平公四十四年平公卒子元公佐立公佐立十五年魯昭公避季氏居外爲之求入魯行道卒子景公頭曼立六十四年卒宋公子特攻殺太子而自立是爲昭公昭公者元公之曾庶孫也昭父公孫糾糾父公子褍（音端）秦褍秦即元公少子也景公殺昭公父糾故昭公怨殺太子而自立昭公四十七年卒子悼公購繇立（一云四十九年）八年卒子休公田立二十三年卒子辟公辟兵立（一云辟公兵）三年卒子剔成立剔成四十一年剔成弟偃攻襲剔成剔成敗犇齊偃自立爲宋君十一年自立爲王四十七年齊湣王與魏楚伐宋殺王偃遂滅宋而三分其地

册府元龜

巡按福建監察御史臣李嗣京　訂正
知長樂縣事　臣　夏允彝　叅閱
知建陽縣事　臣　黄國琦　較釋

列國君部

嗣襲第二

晉唐叔虞者周武王子而成王弟成王封叔虞於唐故曰唐叔虞叔虞姓姬氏字子于唐叔子燮是爲晉侯晉侯子寧是爲武侯武侯之子服人是爲成侯成侯子福是爲厲侯厲侯子宜臼是爲靖侯靖侯已來

年紀可推自唐叔至靖侯五世無其年數靖侯十八年卒子釐侯司徒立十八年卒子獻侯籍立十一年卒子穆侯費王立穆侯四年取齊女姜氏爲夫人七年伐條生太子仇（條晉地）十年伐千畝有功（西河界休縣南有地名千畝）生少子名曰成師（意取能成其衆也）師服曰（晉大夫）異哉君之命子也太子曰仇仇者讎也少子曰成師成師大號成之者也名自命也物自定也今適庶名反逆此後晉其能無亂乎二十七年穆侯卒弟殤叔自立太子仇出奔殤叔四年穆侯太子仇率其徒襲殤叔而立是爲文侯三十五年卒子昭侯伯立昭侯元年封文侯弟成師于曲沃曲沃邑大於翼翼晉君都邑也成師封曲沃號爲桓叔靖侯庶孫欒賓相桓叔桓叔是時年五十八矣好德晉國之衆皆附焉君子曰晉之亂其在曲沃矣末大於本而得民心不亂何待七年晉大臣潘父弑其君昭侯而迎曲沃桓叔桓叔欲入晉晉人發兵攻桓叔桓叔敗歸還曲沃晉人共立昭侯子平爲君是爲孝侯誅潘父孝侯八年曲沃桓叔卒子鱓代桓叔是爲曲沃莊伯孝侯十五年曲沃莊伯弑其君晉孝侯于翼晉人攻曲沃莊伯莊伯復入曲沃晉人復立孝侯子郄爲君是爲鄂侯鄂侯

六年卒曲沃莊伯聞晉鄂侯卒乃興兵伐晉周平王使虢公將兵伐曲沃莊伯莊伯走保曲沃晉人共立鄂侯子光爲哀侯哀侯二年曲沃莊伯卒子稱代莊伯立是爲曲沃武公弑其君隱公哀侯八年晉侵陘廷（翼南鄙邑名）陘廷與曲沃武公謀九年伐晉于汾旁虜哀侯晉人乃立哀侯子小子爲君是爲小子小子元年曲沃武公使韓萬殺所虜晉哀侯（韓萬曲沃桓叔之子莊伯弟）曲沃益彊晉無如之何晉小子之四年曲沃武公誘召晉小子殺之周桓公使虢仲伐曲沃武公武公入于曲沃乃立晉哀侯弟緡爲晉侯晉侯二十八年曲沃武

公伐晉侯緡滅之盡以其寶器賂獻于周釐王釐王命曲沃武公爲晉君列爲諸侯盡倂晉地而有之曲沃武公已卽位三十七年矣更號曰晉武公晉武公始都晉國前卽位曲沃通三十八年公稱者先穆侯曾孫也曲沃桓叔孫也桓叔者始封曲沃武公莊伯子也自桓叔初封曲沃以至武公滅晉凡六十七歲而卒代晉爲諸侯武公伐晉二歲卒于曲沃通年卽位凡三十九年而卒子獻公詭立獻公五年伐驪戎得驪姬（西戎之別在驪山也）驪姬弟俱愛幸之八年士蔿說公曰（士蔿晉大夫）故晉之群公子多不誅亂且起乃使晉殺

諸公子而城聚都之（聚晉邑）命曰絳始都絳十二年驪姬生奚齊獻公有意廢太子乃曰曲沃吾先祖宗廟所在而蒲邊秦屈邊翟（蒲今蒲阪屈北屈皆在河東一曰蒲今平陽蒲子縣是）不使諸子居之我懼焉於是使太子申生居曲沃公子重耳居蒲公子夷吾居屈獻公與驪姬子奚齊居絳晉國以此知太子不立也太子申生其母齊桓公女也曰齊姜早死申生同母女弟爲秦繆公夫人重耳母翟之狐氏女也夷吾母重耳母女弟也獻公子八人而太子申生重耳夷吾皆有賢行及得驪姬乃遠此三子十九年獻公私謂驪姬曰吾欲廢太子以奚齊代之驪姬泣曰太子之立諸侯皆已知之而數將兵百姓附之奈何以賤妾之故廢適立庶君必行之妾自殺也驪姬徉譽太子而陰令人譖惡太子而欲立其子二十一年驪姬謂太子曰君夢見齊姜太子速祭曲沃（齊姜廟所在）歸釐於君太子於是祭其母齊姜於曲沃上其薦胙於獻公獻公時出獵置胙於宮中驪姬使人置毒藥胙中居二日獻公從獵來還宰人上胙獻公獻公欲饗之驪姬從旁止之曰胙所從來遠宜試之祭地地墳（將飲先祭示有先也墳起也）與犬犬死與小臣小臣死（小臣官名掌陰事今閹士也）驪姬泣曰太子何忍也

其父而欲弒代之況他人乎且君老矣旦暮之人曾不能待而欲弒之謂獻公曰太子所以然者不過以妾及奚齊之故妾願母子辟之他國若早自殺毋徒使母子爲太子所魚肉也始君欲廢之妾猶恨之至於今妾殊自失於此太子聞之奔新城（新城曲沃也新爲太子城）獻公怒乃誅其傅杜原款或謂太子曰爲此藥者乃驪姬也太子何不自辭明之可也太子曰吾君老矣非驪姬寢不安食不甘卽辭之君且怒之不可或謂太子曰可奔他國太子曰被此惡名以出人誰內我我自殺耳十二月戊申申生自殺於新城此時重耳夷

吾來朝人或告驪姬曰二公子怨驪姬譖殺太子恐
因譖二公子申生之藥胙二公子知之二子聞之恐
重耳走蒲夷吾走屈保其城自備守二十二年獻公
怒二子不辭而去果有謀矣乃使兵伐蒲重耳遂奔
翟使人伐屈屈城守不可下二十三年獻公遂發賈
華等伐屈（賈華晉右行大夫）屈潰夷吾將奔翟冀芮曰不
可（韋昭曰冀芮晉大夫）重耳巳在矣今往晉必移兵伐翟翟畏
晉禍且及不如走梁梁近於秦秦彊吾君百歲後可
以求入焉遂奔梁二十五年驪姬娣生卓子二十六
年獻公病甚乃謂荀息曰吾以奚齊爲後年少諸大

夫不服恐亂起子能立之乎荀息曰能獻公曰何以
爲驗對曰使死者復生生者不慙爲之驗於是遂屬
奚齊於荀息荀息爲相主國獻公卒里克邳鄭欲內
重耳以三公子之徒作亂（邳鄭晉大夫三公子申生重耳夷吾）謂荀息
曰三怨將起秦晉輔之子將何如荀息曰吾不負先
君言十月里克殺奚齊於喪次獻公未葬也荀息將
死之或曰不如立奚齊弟卓子而傳之荀息立卓子
而葬公十一月里克弒悼公于朝（列女傳曰鞭殺驪姬於市）荀息
死之里克使迎夷吾於梁郤芮使夷吾重賂秦以求
入（郤芮郤克祖又從夷吾者）曰人實有國我何愛焉（言國非巳有何愛而不以
賂秦）入而能民土於何有從之（能得民不患無土）齊隰朋帥師
會秦師納晉惠公惠公立十四年卒太子圉立是爲
懷公懷公初質於秦惠公病亡歸秦怨之乃求公子
重耳欲納之秦穆公乃發兵送重耳使人告欒郤之
黨爲內應殺懷公於高梁入重耳重耳立是爲文公
秦穆公乃發兵與重耳歸晉晉聞秦兵來亦發兵拒
之然皆陰知公子重耳入也唯惠公之故貴臣呂郤
之屬不欲立重耳重耳出亡凡十九歲而得入時年
六十二矣晉人多附焉文公立九年卒子襄公歡立
七年八月襄公卒太子夷皋少晉人以難故（晉國數有患難）

欲立長君趙盾曰立襄公弟雍好善而長先君愛之
且近於秦秦故好也立善則固事長則順奉愛則孝
結舊好則安賈季曰不如其弟樂辰嬴嬖於二君（辰嬴
懷嬴也二君懷公文公）立其子民必安之趙盾曰辰嬴賤班在
九人下（班次也）其子何震之有（震威也）且爲二君嬖淫也
爲先君子不能求大而出在小國辟也母淫子辟無
威陳小而遠無援將何可也使士會如秦迎公子雍
賈季亦使人召公子樂於陳趙盾廢賈季殺楊處父
（此時賈佗爲大師陽處父爲太傅）十月葬襄公十一月賈季奔翟是
歲秦穆公亦卒靈公元年四月秦康公曰昔文公之

入也無衞故有呂郤之患乃多與公子雍衞太子母繆嬴日夜抱太子以號泣於朝曰先君何罪其嗣亦何罪舍適而外求君將安置此（此太子）出朝則抱以適趙盾所頓首曰先君奉此子而屬之子曰此子材吾受其賜不材吾慫子（慫其教導不至）今君卒言猶在耳（在宣子之耳）而棄之若何趙盾與諸大夫皆患穆嬴且畏能乃背所迎而立太子夷皋是爲靈公十四年靈公壯厚歛以雕墻將軍趙穿襲殺靈公於桃園趙盾使趙穿迎襄公弟黑臀于周而立是爲成公成公者文公少子其母周女也七年成公卒子景公據立十九年夏

景公病立其太子壽曼爲君是爲厲公後月餘景公卒厲公多外嬖姬欲盡去群大夫而立諸姬兄弟八年欒書中行偃弑厲公使人迎公子周（一曰作糾）而立之是爲悼公悼公周者其大父捷晉末公少子也不得立號爲桓叔桓叔最愛桓叔生惠伯談談生悼公周周之立年十四矣初欒武子旣弑厲公使智武子彘恭子如周迎悼公庚午大夫迎于清原公言於諸大夫曰孤始願不及此孤之及此天也且人之有元君將稟命焉若稟而棄之是焚轂也其稟而不材是轂不成也轂之不成孤之咎也成而焚之二三子之虐也孤之不元廢也其誰慫也元而以虐奉之二三子之制也若欲奉以濟大義將在今日若欲暴虐以離百姓及易民嘗亦在今日圖之進退願繇今日大夫對曰君鎮撫群臣而大庇廕之無乃不堪君訓而陷於大戮以煩刑吏辱君之允令敢不承業乃盟而入卽位十五年卒子平公彪立二十六年卒子昭公夷立六年卒子頃公去疾立十四年卒子定公午立三十七年卒子出公鑿立出公立十七年（年表云十八年或云二十年）知伯與韓趙魏共分范仲行地以爲邑出公怒告齊魯欲以伐四卿四卿恐遂反攻出公出公奔齊道

病死故知伯乃立昭公曾孫驕爲晉君是爲哀公哀公大父雍晉昭侯少子也號爲戴子戴子生忌忌生哀公哀公十八年卒子幽公柳立十八年盜殺幽公魏文侯以兵誅晉亂立幽公子止是爲烈公二十七年卒子孝公頎立十七年卒子靜公俱酒立靜公二年魏武侯韓哀侯趙敬侯滅晉而三分其地

泰之先帝顓頊之苗裔孫曰女修織玄鳥隕卵女修呑之生子大業大業取少典之子曰女華女華生大費與禹平水土已成帝錫玄圭禹受曰非予能成亦大費爲輔帝舜曰咨爾費贊禹功其錫爾皁游爾後

嗣將大出乃妻之姚姓之玉女（賜之玄圭妻以姚姓之女也）大費拜受佐舜調馴鳥獸鳥獸多馴服是爲柏翳舜賜姓嬴氏大費生子二人一曰大廉實鳥俗氏二曰若木實費氏其玄孫曰費昌子孫或在中國或在夷狄費昌當夏桀之時去夏歸商爲湯御以敗桀於鳴條大廉玄孫曰孟戲中衍鳥身人言帝太戊聞而卜之使御吉遂致使御而妻之自太戊以下中衍之後遂世有功以佐殷國故嬴姓多顯遂爲諸侯其玄孫曰中潏（一作滑）在西戎保西垂生蜚廉蜚廉生惡來惡來有力（手擊虎兒）蜚廉善走父子俱以才力事紂惡來革早死

有子曰女防女防生旁皐旁皐生大几大几生大駱太駱生非子以造父之寵皆蒙趙城姓趙氏非子居大丘（居槐里也）好馬及畜養息之大丘人言之周孝王孝王召使主馬于汧渭之閒馬大蕃息孝王欲以爲大駱適嗣申侯之女爲大駱妻生子成爲適申侯乃言孝王曰昔我先酈山之女爲戎胥軒妻生中潏以親故歸周保西垂以其故和睦今我復與大駱妻生適子成申駱重婚西戎皆服所以爲王王其圖之於是孝王曰昔柏翳爲舜主畜畜多息故有土賜嬴姓今其後世亦爲朕息馬朕其分土爲附庸邑之秦（今天水隴西縣秦亭也）使復續嬴氏祀號曰秦嬴秦嬴亦不廢申侯之女子爲駱適者以和西戎秦嬴生秦侯秦侯立十年卒生公伯公伯立三年卒生秦仲秦仲立三年周厲王無道諸侯或叛之西戎反王室滅大駱大丘之族周宣王即位（秦仲之十八年也）乃以秦仲爲大夫誅西戎西戎殺秦仲秦仲立二十二年死於戎（秦仲始大有車馬禮樂侍御之好也）有子五人其長者曰莊公周宣王乃召莊公昆弟五人與兵七千人使伐西戎破之於是復予秦仲後及其先大駱地大丘幷有之爲西垂大夫莊公居其故西戎丘生子三人其長男世父世父曰戎殺我大父

仲我非殺戎王則不敢入邑遂將西戎讓其弟襄公襄公爲太子莊公立四十四年卒太子襄公代立西戎犬戎與申侯伐周殺幽王酈山下而秦襄公將兵救周戰甚力有功周避犬戎難東徙雒邑襄公以兵送周平王平王封襄公爲諸侯十二年卒子文公立四十八年文公太子卒賜謚爲竫公竫公之長子爲太子是文公孫也五十年文公卒竫公子立是爲寧公十二年卒生子三人長男武公爲太子武公弟德公同母魯姬子生出子寧公卒大庶長弗忌威壘三父廢太子而立出子爲君出子六年三父等復共令

人賊殺出子出子生五歲立六歲卒三父等乃復立故太子武公二十年武公卒立其弟德公德公生三十三歲而立立二年卒子三人長子宣公中子成公少子穆公宣公立十二年卒立其弟成公成公立四年卒立其弟穆公任好三十九年繆公卒太子罃代立是爲康公康公立十二年卒子共公立共公立五年卒子桓公立桓公二十七年卒子景公立景公四十年卒子哀公立三十六年卒太子夷公早死不得立立夷公子是爲惠公惠公十年卒子悼公立十四年卒子厲公共立三十四年卒子躁公立十四年躁

公卒立其弟懷公懷公四年庶長鼂與大臣圍懷公懷公自殺懷公太子曰昭子蚤死大臣乃立太子昭子之子是爲靈公十年卒立子獻公不得立立靈公季父悼子是爲簡公十六年卒子惠公立十三年卒子出子立出子二年庶長改迎靈公之子獻公于河西而立之殺出子二十四年獻公卒子孝公立二十四年卒子惠文王立二十八年卒子武王立四年武王死立異母弟是爲昭襄王（卽昭王也）昭王四十年太子死四十二年以次子安國君爲太子安國君有子二十餘人安國君有所甚愛姬立以爲正夫人號曰華陽夫人華陽夫人無子安國君中男名子楚子楚母曰夏姬毋愛子楚爲秦質子於趙秦數攻趙趙不甚禮子楚子楚秦諸庶孽孫質於諸侯車乘進用不饒居處困不得意呂不韋賈邯鄲見而憐之曰此奇貨可居（以此子楚方財貨也）乃往見子楚說曰吾能大子之門子楚笑曰且自大君之門而乃大吾門呂不韋曰子不知也吾門待子門而大子楚心知所謂乃引與坐深語呂不韋曰秦王老矣安國君得爲太子竊聞安國君愛幸華陽夫人華陽夫人無子能立適嗣者獨華陽夫人耳今子兄弟二十餘人子又居中不甚見幸久

質諸侯卽大王薨安國君立爲王則子無幾得與長子諸子旦暮在前者爭爲太子矣子楚曰然爲之奈何呂不韋曰子貧客於此非有以奉獻於親及結賓客也不韋雖貧請以千金爲子西遊事安國君及華陽夫人立子爲適嗣子楚乃頓首曰必如君策請得分秦國與君共之呂不韋乃以五百金與子楚進用結賓客而復以五百金買奇物玩好自奉而西遊秦求見華陽夫人姊而皆以其物獻華陽夫人因言子楚賢智結諸侯賓客徧天下嘗曰楚也以夫人爲天日夜泣思太子及夫人夫人大喜不韋因使其姊說

夫人曰吾聞之以色事人者色衰而愛弛今夫人事太子甚愛而無子不以此時蚤自結於諸子中賢孝者舉立以爲適而子之夫在則重尊夫百歲之後所子者爲王終不失勢此所謂一言而萬世之利也不以繁華時樹本即色衰愛弛後雖欲開一語尚可得乎今子楚賢而自知中男也次不得爲適其母又不得幸自附夫人夫人誠以此時拔以爲適夫人則竟世有寵於秦矣華陽夫人以爲然乘太子閒從容言子楚質於趙者絕賢來往者皆稱譽之乃因涕泣曰妾幸得充後宮不幸無子願得子楚立爲適嗣以托

妾身安國君許之乃與夫人刻玉符約以爲適嗣安國君及夫人因厚饋遺子楚而請呂不韋傅之子楚以此名譽益盛於諸侯呂不韋取邯鄲諸姬絕好善舞與居知有身子楚從不韋飲見而說之因起爲壽請之不韋怒念業已破家爲子楚欲以釣奇乃遂獻其姬姬自匿有身至大期時（徐廣曰十二月也）生子政子楚遂立姬爲夫人秦昭王五十年使王齮圍邯鄲急趙欲殺子楚子楚與呂不韋謀行金六百斤予守者吏得脫亡赴秦軍遂以得歸趙欲殺子楚妻子子楚夫人趙豪家女也得匿以故母子竟得活秦昭王五十六年卒太子安國君立是爲孝文王即位三日卒子莊襄公立四年卒子政立是爲秦始皇帝

楚之先祖出自帝顓頊高陽高陽者黃帝之孫昌意之子也高陽生稱稱生卷章卷章生重黎（世本云老童生重黎及吳回譙周曰老童即卷章也）重黎爲帝嚳高辛居火正甚有功能光融天下帝嚳命曰祝融（祝大融明也一曰祝始也）共工氏作亂帝乃使重黎誅之而不盡帝乃以庚寅日誅重黎而以其弟吳回爲重黎後復居火正爲祝融吳回生陸終陸終生子六人坼剖而生焉（于寶曰先儒學士多疑此事譙允南通才達學精該數理者也作古史考以爲作者妄記廢而不論余亦尤其生之異也然案六子之世子孫有國

升降六代數千年間迭至霸王天將興之必有尤物乎若夫前志傳修已背坼而生禹簡狄胷剖而生契歷代久遠莫足相證近魏黃初五年汝南屈雍妻王氏生男兒從右胳下小腹上出而平和自若數月創合母子無恙斯蓋近事之信也以今況古固知傳記者之不妄也天地絪縕爲陰陽變化安可守之一端槩以常理乎詩云不坼不副無災無害原詩人之旨明古之婦人常有坼腹而產者矣又有因產而遇災害者故美其無害也）其一曰昆吾（昆吾名樊爲己姓封昆吾世本曰昆吾者衛是也）二曰參胡（世本曰參胡者韓是也）三曰彭祖（彭祖名籛爲彭姓封於大彭世本曰彭祖者彭城是也）四曰會人（世本曰會人者鄭是也）五曰曹姓（世本曰曹姓者鄭是也）六曰季連芈姓楚其後也昆吾氏夏之時嘗爲侯伯桀之時湯滅之彭祖氏殷之時嘗爲侯伯殷之末世滅彭祖氏季連生附沮（孫衜曰一作祖）附沮生穴熊其後中

微或在中國或在蠻夷弗能紀其世周文王之時季連之苗裔曰鬻熊鬻熊子事文王蚤卒其子曰熊麗熊麗生熊狂熊狂生熊繹熊繹當周成王之時舉文武勤勞之後嗣封熊繹於楚蠻封以子男田姓芉氏居丹陽楚子熊繹生熊艾熊艾生熊𪏭熊𪏭生熊勝熊勝以弟熊楊爲後熊楊生熊渠熊渠生子三人當周夷王時王室微諸侯或不朝相伐熊渠甚得江漢閒民和乃興兵伐庸（庸今上庸地）楊粵至於鄂熊渠曰我蠻夷也不與中國之號謚乃立其長子康句爲亶王（今江陵也）中子紅爲鄂王（九州記曰鄂今武昌）少子執疵爲越章王

皆在江上楚蠻之地及周厲王之時暴虐熊渠畏其伐楚亦去其王後爲熊毋康（郎渠之長王）毋康早死熊渠卒子熊摯紅立摯紅卒其弟弒而代立曰熊延熊延生熊勇熊勇十年卒弟熊嚴爲後熊嚴十年卒有子四人長子伯霜中子仲虐次子叔堪少子季徇熊嚴卒長子伯霜代立是爲熊霜熊霜六年卒三弟爭立仲虐死叔堪亡避難於濮（建寧郡南有卜夷）而少弟季徇立是爲熊徇二十二年卒子熊咢立熊咢九年卒子熊儀立是爲若敖二十七年卒子熊坎立是爲霄敖六年卒子熊眗立（眗音舜）是爲蚡冒十七年卒蚡冒弟熊通弒蚡冒子而代立是爲楚武王五十一年卒子文王熊貲立始都郢十三年卒子熊囏立（囏古艱字）是爲林敖林敖五年欲殺其弟熊惲惲奔隨與隨襲殺林敖代立是爲成王立四十六年欲立公子職絀公子商臣商臣以宮衛兵圍成王成王自絞殺商臣代立是爲穆王十二年卒子莊王侶立二十三年卒子共王審立三十一年卒子康王昭立十五年卒子員立是爲郟敖康王寵弟公子圍子比子晳棄疾郟敖三年以其季父康王弟公子圍爲令尹主兵事四年圍使鄭道聞王疾而還圍入問王疾絞而弒之圍立是爲

靈王靈王自殺公子棄疾即位爲王十一年使蕩侯等圍徐以恐吳靈王次於乾谿以待之十二年春王樂乾谿不能去也公子比公子棄疾作亂入殺太子祿立子比爲公子晳爲令尹棄疾爲司馬靈王獨徬徨山中野人莫敢入王遂死於芋尹申亥家是時楚國雖立比爲王畏靈王復來又不聞靈王死國人每夜驚曰靈王入矣五月乙卯夜棄疾使船人楚江上走呼曰靈王至矣國人愈驚又使曼成然告初王比及令尹子晳曰王至矣君蚤自圖無取辱焉初王及子晳遂自殺棄疾即位改名熊居是爲平王平王二

年使費無忌如秦爲太子建娶婦婦好來未至無忌先歸說平王曰秦女好可自娶王聽之自娶秦女生熊珍更爲太子娶無忌又譖太子建建奔宋十三年卒太子珍立是爲昭王二十七年昭王病甚乃召諸公子大夫曰孤不佞再辱楚國之師今乃得以天壽終孤之幸也讓其弟公子申爲王不可又讓次弟公子結亦不可又讓次弟公子閭五讓乃後許爲王將戰庚寅昭王卒於軍中子閭曰王病甚舍其子讓羣臣臣所以許王以廣王意也今君王卒臣豈敢忘君王之意乎乃與子西子綦謀伏師閉塗（一作壁）逆越女

之子章立之（閉塗不通外使也　越女昭王之妾）是爲惠王然後罷兵歸葬昭王惠王五十七年卒子簡王中立二十四年卒子聲王當立六年盜殺聲王子悼王熊疑立二十一年卒子肅王臧立十一年卒無子立其弟熊良夫是爲宣王三十年卒子威王熊商立十一年卒子懷王槐立三十年秦昭王遺楚王書曰願與諸王會武關西相約盟而去寡人之願也懷王往會秦昭王昭王詐令一將軍伏兵武關號爲秦王楚王至則閉武關遂與至咸陽秦因留之楚大臣患之乃相與謀立太子橫是爲頃襄王頃襄王三年懷王發病卒於秦三十六年頃襄王卒太子熊元代立是爲考烈王二十五年卒子幽王悍立十年卒同母弟猶代立是爲哀王哀王二月餘哀王庶兄負芻之徒襲殺哀王而自立負芻爲王五年秦將王翦蒙武遂破楚國虜楚王負芻滅楚名爲楚郡云

越王句踐其先禹之苗裔而夏后帝少康之庶子也封於會稽以奉守禹之祀文身斷髮披草萊而邑焉後二十餘世至於允常允常之時與吳王闔閭戰而相怨伐允常允常卒子句踐立及爲越王句踐句踐卒子王鼫與立王鼫與卒子王不壽立王不壽卒子

王翁立王翁卒子王翳立王翳卒子王之侯立王之侯卒子王無彊立王無彊伐楚楚威王興兵而伐之大敗越殺王無彊而越以此散諸侯子爭立或爲王或爲君濱於江南海上服朝於楚後七世至閩君搖佐諸侯平秦漢高帝復以搖爲越王以奉越後東越閩君皆其後也

鄭桓公友者周厲王世子而宣王之庶弟也（年表云母弟）宣王立二十二年友初封於鄭封三十三歲百姓皆便愛之幽王以爲司徒（幽王八年爲司徒）和集周民周民皆說幽王時王室多難桓公問太史伯曰子安逃死乎

太史伯曰獨雒之東土河濟之南可居桓公於是卒言王東徙其民雒東而虢鄶果獻十邑竟國之十邑衞虢鄶鄢蔽丹依果歷華也二歲犬戎殺桓公鄭人共立其子掘突是爲武公二十七年卒子寤生立是爲莊公四十三年卒太子忽立是爲昭公初祭仲有寵於莊公莊公使爲卿公使娶鄧女生昭公忽故祭仲立莊公又娶宋雍氏女生突雍氏有寵於宋爲宋正卿故曰有寵宋莊公聞祭仲立忽乃使人誘召祭仲而執之曰不立突將死亦執突以求賂焉祭仲許宋與宋盟以突歸立之昭公出奔衞突立是爲厲公厲公四年祭仲專國政公

患之陰使其壻雍糾欲殺祭仲糾妻祭仲女也告祭仲祭仲乃殺雍糾戮之於市厲公無奈祭仲何出居邊邑曰櫟遂居之祭仲迎昭公忽復入鄭即位自昭公爲太子時惡高渠彌及昭公即位渠彌懼其殺已三年冬渠彌與昭公出獵射殺昭公於野祭仲與渠彌不敢入厲公乃更立昭公弟子亹爲君子亹爲諡號子亹元年齊襄公會諸侯於首止子亹往會子亹自齊襄公爲公子時嘗會鬬相仇子亹至不謝齊侯齊侯怒遂伏甲而殺子亹高渠彌與祭仲謀召子亹弟公子嬰於陳而立之是爲鄭子鄭子十四年厲公在櫟

使人誘刼鄭大夫傅瑕要以求入瑕殺鄭子而迎厲公厲公自櫟復入即位厲公初立四歲亡居櫟居櫟十七歲復入立七歲卒子文公踕立初文公子蘭出奔晉蘭鄭穆公從晉文公伐鄭請無與圍鄭許之使待命於東晉東界鄭石田父侯宣多迎以爲太子以求成于晉晉文公欲入蘭爲太子以告鄭鄭大夫石癸曰吾聞姞姓乃后稷之元妃姞姓之女爲后稷妃其後當有興者子蘭毋其後也且夫人子盡已死餘庶子無如蘭賢今圍急晉以爲請利孰大焉遂許晉與盟卒而立子蘭爲太子晉兵乃罷去子蘭立是爲繆公二十二年卒

子夷立是爲靈公元年子公弒靈公鄭人立靈公庶弟公子堅是爲襄公十年卒子悼公濆立二年卒立其弟睔是爲成公十四年卒子惲立是爲釐公釐公五年鄭相子駟使廚人藥殺釐公年表云子駟使賊夜弒僖公立釐公子嘉嘉時年五歲是爲簡公三十六年卒子定公寧立十三年卒子獻公蠆立十三年卒子聲公勝立三十七年聲公卒子哀公易立八年鄭人弒哀公而立聲公弟丑是爲共公三十年卒子幽公已立幽公元年韓武子伐鄭殺幽公鄭人立幽公弟駘是爲繻公年表云鄭人立幽公于駘繻或作縩鄭君殺其相子陽二十年子

陽之黨共弒繻公駘而立幽公弟乙爲君是爲鄭君二十一年韓哀侯滅鄭并其國

趙氏之先與秦共祖至中衍爲帝大戊御其後世蜚廉有子二人而命其一子曰惡來事紂爲周所殺其後爲秦惡來弟曰季勝其後爲趙季勝生孟增孟增幸於周成王是爲宅皋狼（或云皋狼地名在西河）皋狼生衡父衡父生造父造父見幸於周繆王造父取驥之乘匹與桃林盜驪驊騮綠耳獻之繆王繆王使造父御西巡狩見西王母樂之忘歸而徐偃王反繆王日馳千里馬攻徐偃王大破之乃賜造父以趙城繇此爲趙

氏自造父而下六世至奄父曰公仲公仲爲宣王御奄父生叔帶叔帶幽王無道叔帶去周如晉始建趙氏于晉自叔帶以下趙宗益興五世而生趙夙夙生共孟共孟生趙衰趙衰生盾盾生朔朔生武武生景叔景叔生趙鞅是爲簡子簡子生毋卹毋卹母賤翟婢也簡子盡召諸子與語毋卹最賢簡子乃告諸子曰吾藏寶符於常山上先得者賞諸子馳之常山上求無所得毋卹還曰已得符矣簡子曰奏之毋卹曰從常山上臨代代可取也簡子於是知毋卹果賢乃廢太子伯魯而以毋卹爲太子是爲趙襄子趙襄子以爲伯魯之不立也不肯立子且必欲傳位與伯魯子代武公周周先死乃取周子浣立爲太子是爲獻侯十五年獻侯卒子烈侯籍立烈侯六年魏韓趙皆相立爲諸侯九年烈侯卒弟武侯立十三年卒趙復立烈侯太子章是爲敬侯十二年卒子成侯種立二十五年卒太子肅侯立二十四年卒子武靈王立十六年王遊大陵他日王夢見處女鼓瑟而歌異日王飲酒樂數言所夢想見其狀吳廣聞之因夫人而內女娃嬴孟姚也甚有寵生子何二十七年大朝於東宮傳國立王子何以爲王是爲惠文王武靈自號爲主父

封長子章爲代安陽君惠文王十三年主父死三十三年惠文王卒太子丹立是爲孝成王二十一年王卒子偃立是爲悼襄王九年卒子幽繆王遷立遷其母倡也嬖於悼襄王悼襄王廢適子嘉而立遷遷立七年秦人攻趙趙王遷降流於房陵秦既虜遷趙之亡大夫共立嘉爲王王代六年秦進兵破嘉遂滅趙

魏之先畢公高之後也畢公高與周同姓武王之伐紂而高封於畢（畢在長安縣西北）於是爲畢姓其後絕封爲庶人或在中國或在夷狄其苗裔曰畢萬事晉獻公獻公之十六年趙夙爲御畢萬爲右以伐霍耿魏滅

之以耿封趙夙以魏封畢萬爲大夫而畢萬之世彌大從其國名爲魏氏生武子武子生悼子魏悼子徙居霍悼子生絳絳生嬴嬴生獻子獻子生魏侈侈之孫曰魏桓子桓子之孫曰文侯都（世本作斯）文侯二十二年魏趙韓列爲諸侯三十八年文侯卒子擊立是爲武侯十六年卒子罃立是爲惠王三十年以太子申爲上將與齊人戰齊人虜太子申三十二年以公子赫爲太子三十六年惠王卒子襄王立十六年卒子哀王立二十三年卒子昭王立十九年卒子安釐王立三十四年卒太子增立是爲景湣王十五年卒子

王假立王假三年秦灌大梁虜王假遂滅以爲郡縣

韓之先與周同姓其後苗裔事晉得封於韓原曰韓武子武子後三世有韓厥從封姓爲韓氏韓厥卒子宣子代立宣子卒子貞子代立貞子卒子簡子代立（史記無簡子莊子云貞子生康子班氏亦同）簡子卒子莊子代莊子卒子康子代康子卒子武子代武子卒子景侯虔立景侯六年與趙魏俱列爲諸侯九年景侯卒子列侯取立十三年卒子文侯立十年卒子哀侯立六年韓嚴弑其君哀侯而子懿侯立十二年卒子昭侯立二十六年卒子宣惠王立二十一年卒太子倉立是爲襄王十二年太子嬰死公子咎公子蟣蝨爭爲太子時蟣蝨質於楚蘇代謂韓咎曰蟣蝨亡在楚楚王欲內之甚今楚兵十餘萬在方城之外公何不令楚王築萬室之都雍氏之旁（莊陽翟）韓必起兵以救之公必將矣公因以韓楚之兵奉蟣蝨而內之其聽公必矣必以楚韓封公也韓咎從其計楚圍雍氏（秦本紀後元十三年周赧王三年楚懷王十七年秦昬王十二年皆云楚圍雍氏紀年於此亦說楚景翠圍雍氏韓宣子卒秦取韓共敗楚屈丐又云齊宋圍煑棗皆與史記年表及田完世家符同然則此卷所云襄王十三年韓咎從其計以上是楚後圍雍氏赧王之十五年事也又說楚圍雍氏以下是楚前圍雍氏赧王之二年事也）韓求救於秦秦未爲發使公孫眛入韓公仲曰子以秦爲

且救韓乎對曰秦王之言曰請道南鄭藍田出兵於楚以待公仲殆不合矣公仲曰子以爲果乎對曰秦王必祖張儀之故智（祖者守之習之謂也故智猶前時謀計也）楚威王攻梁也張儀謂秦王曰與楚攻魏魏折而入於楚韓固與其國也是秦孤也不如出兵以待之魏楚大戰秦取西河之外以歸今拔宜陽言與韓其實陰善楚公待秦而至必輕與楚戰楚陰得秦之不用也必易與公相支也公戰而勝楚楚遂與公乘楚施三川而歸公戰不勝楚楚塞三川守之公不能救也竊爲公患之司馬庚（一作唐）二反於郢甘茂與昭魚（楚相）遇於商

於其言收璽實類有約也公仲恐曰然則奈何曰公
必先韓而後東先身而後張儀公不如亟以國合於
齊楚齊楚必委國於公公之所惡者張儀也其實猶
不無秦也於是楚解雍氏圍甘茂傳曰楚懷王以兵圍韓雍氏韓使公仲告急於秦秦昭王新立不肯救甘茂爲韓言之乃下師於殽以救韓也又曰周赧王十五年韓襄王十二年秦擊楚斬首二萬敗楚襄成殺景缺周本紀赧當年之後云楚圍雍氏此當韓襄王十三年魏哀王十九年紀年於此亦說楚入雍氏楚人敗然耳時張儀已死十年矣蘇代又謂秦太后弟
羋戎號新城君曰公叔伯嬰恐秦楚之內蟣虱也公何不
爲韓求質於楚楚王聽入質子於韓則公叔伯嬰知
秦楚之不以蟣虱爲事必以韓合於秦楚秦楚挾韓

以窘魏魏氏不敢合於齊是齊孤也公又謂秦求質
子於楚楚不聽結怨於韓韓挾齊魏以圍楚楚必重
公公挾秦楚之重以積德於韓公叔伯嬰必以國
待公於是蟣虱肓不得歸韓韓立咎爲太子十六年
襄王卒太子咎立是爲釐王二十三年卒子桓惠王
立三十四年卒子王安立九年秦虜王安盡入其地
爲潁川郡
齊陳完者陳厲公佗之子也完生周太史過陳陳厲
公使卜完卦得觀之否是爲觀國之光利用賓於王
此其代陳有國乎不在此而在異國乎非此其身也
在其子孫若在異國必姜姓姜姓四嶽之後物莫能
兩大陳衰此其昌乎厲公者陳文公少子也其母蔡
女文公卒厲公兄鮑立是爲桓公桓公與佗異母及
桓公病蔡人爲佗殺桓公鮑及太子勉而立佗爲厲
公厲公既立娶蔡女蔡女淫於蔡人數歸厲公亦數
如蔡桓公之少子林怨厲公殺其父與兄乃令蔡人
誘厲公而殺之林自立是爲莊公故陳完不得立爲
陳大夫莊公卒子宣公立宣公十一年殺其太子禦
寇禦寇與桓相愛恐禍及已完故奔齊齊桓公使爲
公正完卒謚爲敬仲仲生穉孟夷敬仲之如齊以陳

字爲田始食采地繇是改姓田氏田穉孟夷生湣孟莊一作莊湣孟
莊生文子須無須無生桓子無宇無宇生武子開與
釐子乞乞爲齊相專齊政乞生常是爲成子成子卒
子襄子盤一作暨代相齊襄子卒子莊子白立莊子卒
子太公和立和遷齊於海上食一城以光其先祀三
年和與魏文會濁澤康公之十六年求爲諸侯魏文侯乃使
使言周天子及諸侯請立齊相田和爲諸侯周天子
許之康公之十九年和立爲齊侯列於周室二年和
卒子桓公午立六年卒子威王因齊立三十六年卒
子宣王辟疆立十九年卒子湣王地立四十年湣王

爲相淖齒所弑子法章變名姓爲莒太史敫家庸淖齒既以去莒中人及齊亡臣相聚求湣王子欲立之法章懼其誅已也久之乃敢自言我湣王子也於是莒人共立法章是爲襄王十九年卒子建立四十四年秦兵擊齊齊王聽相后勝計不戰以兵降秦秦虜王建遷之共河南有共縣

冊府元龜

冊府元龜 列國君部 嗣襲二 卷之二百三十七 二十七

冊府元龜

巡按福建監察御史臣李嗣京 訂正

知閩縣事臣曹冑臣參閱

知建陽縣事臣黃國琦較釋

列國君部

智識 謀畧 任謀

智識

夫智周物表識洞機先持世保民前訓之謂明哲安時利物君子用爲謀猷則列土之君享國之主任用靡失法令罔愆勵勤王之誠廣先世之業封疆不擾

兵賦自疆則智識之有餘而思慮之無忽者也

鄭莊公以魯隱公十一年七月會齊侯隱公伐許庚辰傳於許（傳于許城下）壬午遂入許許莊公奔衛齊侯以許讓公公曰君謂許不共故從君討之許既伏其罪矣雖君有令寡人弗敢與聞乃與鄭伯鄭伯使許大夫百里奉許叔以居許東偏曰天禍許國鬼神實不逞於許君而假手於我寡人寡人惟是一二父兄不能共億其敢以許自爲功乎寡人有弟不能和協而使餬口於四方其況能久有許乎吾子其奉許叔以撫柔此民也吾將使獲也佐吾子（獲鄭大夫公孫獲）若寡人得歿于地天其以禮悔禍於許無寧茲許公復奉其社稷唯我鄭國之有請謁焉如舊婚媾其能降之相從也（降心以相從）無滋他族實逼處此以與我鄭國爭此土也吾之子孫其覆亡之不暇而況能禋祀許乎寡人之使吾子處此不唯許國之爲亦聊以固吾圉也（圉邊垂）乃使公孫獲處許西偏曰凡有器用財賄無寘於許我死乃亟去之曰吾先君新邑於此（此今河南新鄭舊鄭在京兆）王室而既卑矣周之子孫日失其序夫許大嶽之胤也天而既厭周德矣吾其能與許爭乎君子謂鄭莊公於是乎有禮

楚文王以魯莊公十七年卒初申侯申出也（姊妹之子有出）有寵於楚文王文王將死與之璧使行曰唯我知女女專利而不厭予取予求不女疵瑕也（從我取從我求我不以女爲罪釁）後之人將求多於女（後人謂嗣君也求多於女女謂以禮義大望責之）女必不免我死女必速行無適小國將不女容焉（政狹法政）旣葬出奔鄭又有寵於厲公魯僖公七年鄭殺申侯子文聞其死也古人有言曰知臣莫若君弗可改也已

秦穆公時晉殺平鄭平鄭奔秦（平豹平鄭之子）言於秦伯曰晉侯背大王而忌小怨民弗與也伐之必出（大王秦也小怨

里平公曰失衆焉能殺謂殺里平之黨違禍誰能出君謂豹辟禍也楚成王時晉公子重耳之楚楚成王以適諸侯禮待之重耳謝不敢當趙衰曰子亡在外十餘年小國輕子況大國乎今楚大國而固遇子子其母讓此天開子也遂以客禮見之成王厚遇重耳重耳甚卑成王曰子即反國何以報寡人重耳曰羽毛齒角玉帛君王所餘未知所以報王曰雖然何以報不穀重耳曰即不得已與君王以兵車會平原廣澤請辟王三舍司馬法曰從遯不過三舍九十里也楚將子玉怒曰王遇晉公子至厚今重耳言不孫請殺之成王曰晉公子賢而困於外

久從者皆國器此天所置庸可殺乎且言何以易之莊王伐宋晉文公殺宋楚子入居王於申申在方城内故曰申使申叔去穀僖公二十六年申叔茂穀使子玉去宋曰無從晉師晉侯在外十九年矣而果得晉國晉侯生十七年而亡十九年而反凡三十六年至此四十矣險阻艱難備嘗之矣民之情僞盡知之矣天假之年獻公之子九人唯文公在故曰天假之年而除其害除惠懷呂郤天之所置其可廢乎軍志曰允當則歸無求過分軍志兵書又曰知難而退又曰有德不可敵此三志者晉之謂矣子玉使請戰王怒少與之師楚師敗績魯宣公二十年及晉師戰於鄢晉師敗績楚子次于衡雍潘黨曰君盍築武軍築軍營以彰武功而收晉尸以爲京觀積尸封土其上謂之京觀臣聞克敵必示子孫以無忘武功楚子曰非爾所知也夫止戈爲武文字武王克商作頌曰載戢干戈載櫜弓矢戢藏也櫜韜也詩美武王能誅滅暴亂也我求懿德肆于時夏允王保之肆遂也夏大也言武王既息兵又能求美德故遂大而信王保天下又作武其卒章曰耆定爾功武頌篇名耆致也言武王誅計致定其功其三曰鋪時繹思我徂惟求定其三三篇鋪布也繹陳也時是也思辭也頌美武王能布政陳敎使天帥往求定安也其六曰綏萬邦屢豐年其六六篇綏安也屢數也言武王既安天下數致豐年此三六之數與今詩頌篇次不同蓋楚樂歌之篇夫武禁暴戢兵保大定功安民和衆豐財者也此武七德故使子孫無忘

其章若之篇章使子孫不忘今使我二國暴露骨矣觀兵以威諸侯兵不戢矣暴而不戢安能保大猶有晉存焉得定功所違民欲猶多民何安焉無德而彊爭諸侯何以和衆利人之幾幾危也而安人之亂以爲己榮何以豐財兵動則年荒武有七德我無一焉何以示子孫其爲先君宮告成事而已祀先君告戰勝武非吾功也古者明王伐不敬取其鯨鯢而封之以爲大戮於是乎有京觀以懲淫慝鯨鯢大魚以喻不義之人呑食小國今罪無所晉罪無所犯也而民皆盡忠以死君命又可以爲京乎祀於可作先君宮告成事而還

晉文公敗楚於城濮子玉及連穀而死晉侯聞之而後喜可知也（喜見顏色）曰莫余毒也已蔿呂臣實爲令尹奉己而已不在民矣楚共王時申公巫臣奔晉而因郤至（郤至克族子）以臣於晉晉人使爲邢大夫（邢晉邑）楚子反請以重幣錮之（禁錮勿令仕）王曰止其自爲謀也則過矣其爲吾先君謀也則忠忠社稷之固也所蓋多矣（蓋覆也）且彼若能利國家雖重幣晉將可乎（言不許）若無益於晉晉將棄之何勞錮焉（爲七年楚滅巫臣族晉南通吳張本）

齊湣王欲爲從長楚惡之與秦合乃使使遺楚王書曰寡人患楚之不察於尊名也今秦惠王死武王立

張儀走魏樗里疾公孫衍用而楚事秦夫樗里疾善乎韓而公孫衍善乎魏楚必事秦韓魏恐必因二人求合於秦則燕趙亦宜事秦四國爭事秦則楚爲郡縣矣王何不與寡人并力救韓魏燕趙與爲從而尊周室以安兵息民令於天下天下莫敢不樂聽則王名成矣王率諸侯並伐破秦必矣王取武關蜀漢之地私吳越之富而擅江海之利韓魏割上黨西薄函谷則楚之疆百萬也且王欺於張儀亡地漢中兵挫藍田天下莫不代王懷怒今乃欲先事秦願大王熟計之楚王業已欲和於秦見齊王書猶豫不決下其議群臣群臣或言和秦或言聽齊昭睢曰王雖東取地於越不足以雪恥必且取地於秦而後足以雪恥於諸侯王如不深善之齊韓以重樗里疾如是則王得齊韓之重以求地矣秦破韓宜陽而韓猶復事秦者以先王墓在平陽而秦之武遂去之七十里以故尤畏秦不然秦攻三川趙攻上黨楚攻河外韓必亡楚之救韓不能使韓不亡然存韓者楚也韓已得武遂於秦以河山爲塞所報德莫如楚厚臣以爲其事王必疾齊之所信於韓者以韓公子眛爲齊相也韓已得武遂於秦王甚善之使之以齊韓重樗里疾疾得

齊韓之重其主弗敢棄疾也今又益之以楚之重樗里子必言秦復與楚侵地矣於是懷王許之竟不合齊以善韓

謀畧

班固有言權謀者以正守國以奇用兵先計而後戰故春秋之世疆霸之君兼弱攻昧行是道也乃有割天性之親以結其私愛乘事機之變以致其震恐或陽善而弛其備或求成而紓其難片言激怒三軍爲之鼓行單介致命千乘爲之罷舉故能敵大以小圖安於危是皆變詐出乎其心幾微究乎其表乃至自

為之使以入疆國親改其服以從異俗孟子所謂五霸之罪人也其信然乎

鄭武公欲伐胡迺以其子妻之因問群臣曰吾欲用兵誰可伐者關其思曰胡可伐迺戮關其思曰胡兄弟之國也子言伐之何也胡君聞之以鄭為已親而不備鄭鄭人襲胡取之

晉文公初奔狄惠公畏文公乃使宦者履鞮與壯士欲殺重耳（文公名）重耳聞之乃謀趙衰等曰始吾奔狄非以為可用欲以近易通故且休足久矣故願徙之大國夫齊桓公好善志在霸王收恤諸侯今聞管仲

隰朋死此亦欲得賢佐盍往乎於是遂行後反國伐曹門焉多死（攻曹城門）曹人尸諸城上（磔晉死人於城上）晉侯患之聽輿人之謀曰稱舍於墓（輿眾也舍墓為將發冢）師遷焉曹人兇懼（遷至曹人墓兇懼恐懼聲）為其所得者棺而出之因其兇也而攻之遂入曹

楚文公欲取息與蔡（息蔡二國名）乃先詐善蔡侯而與之謀曰吾欲得息奈何蔡侯曰息夫人吾妻之姨（蔡侯昭侯也妻之姊為姨）吾請為饗俱入息因以甲徂遂取息旋會于蔡又取蔡（不勞師徒得之曰取言易也）

莊王九年令尹子越椒以若敖氏處烝野將攻王王與若敖氏戰于皋滸（楚地名）伯楚射王汰輈及鼓跗著於丁寧（伯楚越椒也輈車轅汰過也箭過車轅上丁寧鉦也）又射汰輈以貫笠轂（兵車無蓋尊者則邊人執笠依轂而立以禦寒暑名曰笠轂言箭及王之蓋）師懼退王使巡師曰吾先君文王克息獲三矢焉伯楚竊其二盡於是矣鼓而進之遂滅若敖氏

吳闔閭六年桐叛楚（桐小國盧江舒縣西南有桐鄉）吳子使舒鳩氏誘楚人（舒鳩楚屬國）曰以師臨我（故舒鳩誘楚使以師臨吳）我伐桐為之使之無忌（吳伐桐也偽若畏楚師之臨已而為伐其叛國以取媚者也欲使楚不忌吳所謂多方以誤之）秋楚囊瓦伐吳師於豫章（從舒鳩言）吳人見周於豫章（偽將為楚伐桐）而潛師于巢（實欲以擊楚）冬十月吳軍楚師

戰于豫章敗之（楚不忌故）遂圍巢克之獲公子繁（繁守巢大夫）

越王句踐元年吳伐越（楚五年越入吳）越子句踐禦之陳于檇李句踐患吳之整也使死士再禽焉不動（使敢死之士往輒為吳所禽欲使吳師亂取之而吳不動）使罪人三行屬劍於頸（以劍注頸）而辭曰二君有治（治軍旅）臣奸旗鼓（犯軍令）不敏於君之前不敢逃刑敢歸死遂自剄也師屬之目越子因而伐之大敗之射傷吳王闔閭闔閭且死告其子夫差曰必毋忘越三年句踐興師伐吳吳王聞之悉發精兵擊越敗之夫椒越王以餘兵五千棲於會稽之上使大夫種行成於吳曰寡君句踐乏無所使使下臣種

不敢徹聲聞於大王私於下執事曰寡君之師徒不足以辱君矣願以金玉子女賂君之辱請句踐女女於王大夫女女於大夫士女女於士越國之寶器畢從寡君師越之衆以從君之師徒唯君左右之有帶甲五千人將以致之死罪唯不可救也將焚宗廟係妻孥沉金玉于江有帶甲五千人將以致死乃必有偶是以帶甲萬人事君也無乃卽傷君王之所愛乎與其殺是人也寧其得此國也其孰利也夫差將欲聽與之行成子胥諫不聽遂許之後越伐吳吳子禦於笠澤夾水而陣越爲左右勾卒（勾卒五相著別爲左右屯也）使

夜或左或右鼓譟而進吳師分以禦之越以二軍潛涉當吳中軍而鼓之吳大亂遂敗之（左右勾卒爲聲勢以分吳而三軍精兵弁立擊其中軍故得勝）

趙武靈王十九年正月大朝信武公召肥義與議天下五日而畢王北畧中山之地至房子遂之代北至無窮西至河登黃華之上召樓緩謀曰我先土因世之變以長南藩之地屬阻漳滏之險立長城又取藺郭狼敗林人於荏而功未遂今中山在我腹心北有燕東有胡西有林胡樓煩秦朝之邊而無彊兵之救是亡社稷奈何夫有高世之名必有遺俗之累吾欲胡服樓緩曰善羣臣皆不欲於是肥義侍王曰簡襄王之烈計胡翟之利爲人臣者寵有孝弟長幼順明之節通有補民益主之業此兩者臣之分也今吾欲計襄王之跡開於胡翟之鄉而卒世不見也爲敵弱用力少而功多可以毋盡百姓之勞而序往古之勳夫有高世之功者負遺俗之累有獨智之慮者任驁民之怨今吾將胡服騎射以教百姓而世必議寡人奈何肥義曰臣聞疑事無功疑行無名王旣定負遺俗之慮殆無顧天下之議矣夫論至德者不和於俗成大功者不謀於衆昔舜舞有苗禹袒裸國非以養

欲而樂志也務以論德而約功也愚者闇成事智者覩未形則王何疑焉王曰吾不疑胡服也吾恐天下笑我也狂夫之樂智者哀焉愚者所笑賢者察焉世有順我者胡服之功未可知也雖驅世以笑我胡地中山吾必有之於是遂胡服矣使王緤告公子成曰寡人胡服將以朝也亦欲叔服之家聽於親而國聽於君古今之公行也子不反親臣不逆君兄弟之通義也（兄弟一作元夷元始也夷平也）今寡人作教易服而叔不服吾恐天下議之也制國有常利民爲本從政有經令行爲上明德先論於賤而行政先信於貴今胡服之意

非以養欲而樂志也事有所止而功有所出事成功立然後善也今寡人恐叔之逆從政之經以輔叔之議且寡人聞之事利國者行無邪因貴戚者名不累故願慕公叔之義以成胡服之功使使緤謁之叔請服焉公子成再拜稽首曰臣固聞王之胡服也臣不佞寢疾未能趨走以滋進也王命之臣敢對因竭其愚忠曰臣聞中國者蓋聰明徇智之所居也五帝本紀云幼而徇齊萬物財用之所聚也賢聖之所教也仁義之所施也詩書禮樂之所用也異敏技能之所試也遠方之所觀赴也蠻夷之所義行也今王舍此而襲遠方

之服變古之教易古之道逆人之心而悖學者離中國故臣願王圖之也使者以報王曰臣固聞叔之疾也我將自往請之王遂往之公子成家因自謂之曰夫服者所以便用也禮者所以便事也聖人觀鄉而順宜因事而制禮所以利其民而厚其國也夫剪髮文身錯臂左衽甌越之民也黑齒雕題以葛染齒角白作黑雕文謂刻其肌以丹青涅之却冠株絀戰國策作株縫絀亦縫之別名也鉥者綦鍼也古字假借故作株縫耳此蓋言其女功鍼縷之麤拙也又一本作鮭冠黎緤也大吳之國也故禮服莫同其便一也鄉異而用變事異而禮易是以聖人果可以利其國不一其用果可以便其事不同其

禮儒者一師而俗異中國同禮而教離況於山谷之便乎故去就之變愚智不能一遠近之服賢聖不能同窮鄉多異曲學多辨不知而不疑異於己而不非者公焉而衆求盡善也今叔之所言者俗也吾所言者所以制俗也吾國東有河薄谿之水安平經縣西有流水津名薄谿津與齊中山同之無舟楫之用自常山以至代上黨一云自常山以東下代上黨以東東有燕東胡之境而西有樓煩秦韓之邊今無騎射之備故寡人無舟楫之用夾水居之民將何以守河薄谿之水變服騎射以備燕三胡秦韓之邊且昔者簡主不塞晉陽以及上黨而襄

王并戎取代以攘諸胡此愚智所明也先時中山負齊之彊兵侵暴吾地係累吾民引水圍鄗微社稷之神靈則鄗幾於不守也先王醜之而怨未能報也今騎射之備近可以便上黨之形而遠可以報中山之怨而叔順中國之俗以逆簡襄之意惡變服之名以忘鄗事之醜非寡人之所望也公子成再拜稽首曰臣愚不達於王之義敢道世俗之聞臣之罪也今王將繼簡襄之意以順先王之志臣敢不聽命乎再拜稽首乃賜胡服明日服而朝於是始出胡服令也趙文趙造周袑戰國策作紹袑音紹趙俊皆諫止王毋胡服如故

法便王曰先王不同俗何古之法帝王不相襲何禮之循虙戲神農敎而不誅黃帝堯舜誅而不怒及至三王隨時制法因事制禮法度制令各順其宜衣服器械各便其用故禮也不必一道而便國不必古聖人之興也不相襲而王夏殷之衰也不易禮而滅然則反古未可非而循禮未足多也且服奇者志淫則是鄒魯無奇行也俗辟者民易則是吳越無秀士也且聖人利身謂之服便事謂之禮夫進退之節衣服之制者所以齊常民也非所以論賢者也故齊民與俗流賢者與變俱故諺曰以書御馬者不盡馬之情以

古制今者不達事之變循法之功不足以高世法古之學不足以制今子不及也遂胡服招騎射其後武靈王傳國於子惠文王乃自號主父主父欲令子主治國而身胡服將士大夫西北略胡地而欲從雲中九原直南襲秦於是詐自爲使者入秦秦昭王不知已而怪其狀甚偉非人臣之度使人逐之而主父馳已脫關矣審問之乃主父也秦人大驚主父所以入秦者欲自畧地形因觀秦王之爲人也惠文王二年主父行新地遂出代西遇樓煩王於西河而致其兵三年滅中山遷其王於膚施（在上郡）起靈壽（在常山）地北方從大道大通還歸行賞大赦

任謀

詩曰周爰咨謀書曰謀及卿士自周之東遷諸侯力攻征伐自出權譎相傾彊凌弱大侵小以至於戰國謀臣辨士比比而有乃能詢求聽納用其所長規轉川流風行霆斷繇是克敵而益壤和戎以靖國持危以紓難治煩而解紛至於反間變詐陰詭奇巧以濟一時之務者有之矣蓋利之所在見幾而作夫豈服膺道家之所忌哉

晉獻公朝諸大夫而問焉曰寡人夜者寢而不寐其

意何也諸大夫有進對者曰寢不安與其諸侍御有不在側者與獻公不應荀息進曰虞郭見與（猶曰虞郭豈見於君之心乎荀息素知獻公欲伐此國故云耳）獻公揖而進之（以手通指曰揖）遂與之入而謀曰吾欲攻虢則虞救之攻虞則虢救之如之何願與子慮之荀息對曰君若用臣之謀則今日取虢而明日取虞爾君何憂焉獻公曰然則奈何荀息曰請以屈產之乘（屈產出名馬之地乘備駟也）與垂棘之白璧（垂棘出美玉之地王以尚白爲美）往必可得也則寶出之內府藏之外府（如虞可得猶外府藏也）馬出之內廏繫之外廏爾君何喪焉獻公曰諾雖然宮之奇存焉如之何荀息曰宮之

奇知則知矣（君欲言其知實知也）雖然虞公貪而好寶必不從其言請必以往於是終以往虞公見寶許諾宮之奇果諫云記曰脣亡則齒寒（記史記也）虞虢之相救非相爲賜（賜猶恩也）則晉今日取虢而明日虞從而亡耳君請勿許也虞公不從其言終假之道以取虢（明虢非虞不滅虞當坐滅人）還四年反取虞（還復往故云反）虞公抱寶牽馬而至荀息見曰臣之謀何如獻公曰子之謀則已行矣寶則吾寶也則馬之齒亦已長矣蓋戲之也（以馬齒長戲之喻荀息之年老道此者以終荀息宮之奇言且以爲戒）悼公五年無終子嘉父使孟樂如晉（無終山戎國名孟樂其使臣）因魏莊子納虎豹之皮以請和

諸戎（欲戎與晉和莊子魏絳）晉侯曰戎狄無親而貪不如伐之魏絳曰諸侯新服陳新來和將觀於我我德則睦否則攜貳勞師於戎而楚伐陳必弗能救是棄陳也諸華必叛（諸華中國）戎禽獸也獲戎失華無乃不可乎公曰然則莫知和戎乎對曰和戎有五利焉戎狄薦居貴貨易土（薦聚也易猶輕也）土可賈焉一也邊鄙不聳民狎其野穡人成功二也（聳懼狎習也）戎狄事晉四鄰振動諸侯威懷三也以德綏戎師徒不勤甲兵不頓四也（頓壞也）鑒於后羿而用德度（以后羿爲鑒戒）遠至邇安五也君其圖之公說使魏絳盟諸戎脩民事田以時（傳言晉侯能用善謀）

楚襄王爲太子之時質於齊懷王薨太子辭於齊王而歸齊王隘之曰予我東地五百里乃歸子子不與我不得歸太子曰臣有傅請追而問傅慎子曰獻之地所以爲身也愛地不送死父不義臣故曰獻之便太子入致命齊王曰敬獻地五百里齊王歸楚太子太子歸郎位爲王齊使車五十乘來取東地於楚楚王告慎子曰齊使求地爲之奈何慎子曰王明日朝群臣皆令獻其計上柱國子良入見王曰寡人之得求反王莫之復群臣歸社稷也以東地五百里許齊齊令使來求地爲之奈何子良曰王不可不與也王

身出玉聲許彊萬乘之齊而不與則不信後不可以約結諸侯請與而復攻之與之信攻之武臣故曰與之子良出昭常入見王曰齊使來求東地五百里爲之奈何昭常曰不可與也萬乘者以地大爲萬乘今去東地五百里是去戰國之半也有萬乘之號而無千乘之用也不可臣故曰勿與常請守之昭常出景鯉入見王曰齊使來求東地五百里爲之奈何景鯉曰不可與也雖然楚不能獨守王身出玉聲許萬乘之齊也而不與負不義於天下楚亦不能獨守臣請西索救於秦景鯉出王入以三大夫計告慎子曰子

良見寡人曰不可不與也與而復攻之嘗見寡人曰不可與也長請守之鯉見寡人曰不可與也雖然楚不能獨守也臣請索救於秦寡人誰用於三子之計慎子對曰王皆用之王怫然作色曰何謂也慎子曰臣請效其說而王且見其誠然也王發上柱國子良車五十乘而北獻地五百里於齊發子良之明日遣昭嘗為大司馬命往守東地遣昭嘗之明日遣景鯉車五十乘西索救於秦王曰善乃遣子良北獻地於齊遣子良之明日立昭嘗為大司馬使守東地又遣景鯉西索救於秦子良至齊齊使人以甲受東地昭

嘗應齊使曰我典主東地且與死生悉五尺至六尺三十餘萬弊甲銖兵願承下塵齊王謂子良曰大夫來獻地今嘗守之何如子良曰臣身受命弊邑之王是嘗矯也王攻之齊王大興兵攻東地伐昭嘗未涉境疆秦以五十萬臨齊右壤曰夫隘楚太子弗出不仁又欲奪之東地五百里不義其縮甲則可不然則願待戰王恐焉乃請子良南道楚西使秦解齊患士卒不用東地復全

秦繆公時戎王使繇余於秦繇余其先晉人也亡入戎能晉言聞繆公賢故使繇余觀秦繆公示以宮室積聚繇余曰使鬼為之則勞神矣使人為之亦苦民矣繆公怪之問曰中國以詩書禮樂法度為政然嘗時亂今戎夷無此何以為治不亦難乎繇余曰此乃中國所以亂也夫自上聖黃帝作為禮樂法度身以先之僅以小治及其後世日以驕淫阻法度之威以責督於下下罷極則以仁義怨望於上上下交爭怨而相篡弒至於滅宗皆以此類也夫戎夷不離上含淳德以遇其下下懷忠信以事其上一國之政猶一身之治不知所以治此真聖人之治也於是繆公退而問內史廖曰（內史周官也）孤聞鄰國有聖人敵國之憂

也今繇余賢寡人之害將奈之何內史廖曰戎王處辟匿未聞中國之聲君試遺其女樂以奪其志（奪一作循）為繇余請以疏其間留而莫遣以失其期戎王怪之必疑繇余君臣有間乃可虜也且戎王好樂必怠於政繆公曰善因繇余曲席而坐傳器而食問其地形與其兵勢盡詧而後令內史廖以女樂二人遺戎王戎王受而說之終年不還於是秦乃歸繇余繇余數諫不聽繆公又數使人間要繇余繇余遂去降秦繆公以客禮禮之問伐戎之形於是益國十二開地千里遂霸西戎

張儀旣相秦苴蜀相攻擊苴讀爲苞藜之苞音與巴相近以爲今之巴郡各來告急於秦秦惠王欲發兵以伐蜀以爲道險狹難至而韓又來侵秦秦惠王欲先伐韓後伐蜀恐不利欲先伐蜀恐韓襲秦之弊猶豫未決司馬錯與張儀爭論於惠王之前司馬錯欲伐蜀張儀曰不如伐韓王曰請聞其說儀曰親魏善楚下兵三川塞什谷之口一作尋城皇輩縣有尋口當屯留之道魏絕南陽楚臨南鄭秦伐新城宜陽以臨二周之郊誅周王之罪侵楚魏之地周自知不能救九鼎寶器必出據九鼎案圖籍挾天子以令於天下天下莫敢不聽此王業也今夫蜀西

僻之國而戎狄之倫也弊兵勞衆不足以成名得其地不足以爲利臣聞爭名者於朝爭利者於市今三川周室天下之朝市也而王不爭焉顧爭於戎狄去王業遠矣司馬錯曰不然臣聞之欲富國者務廣其地欲彊兵者務富其民欲王者務博其德三寶者備而王隨之矣今王地小民貧故臣願先從事於易夫蜀西僻之國也而戎狄之長也有桀紂之亂以秦攻之譬如使豺狼逐群羊得其地足以廣國取其財足以富民繕兵不傷衆而彼已服焉拔一國而天下不以爲暴利盡西海而天下不以爲貪是我一舉而名實附也而又有禁暴止亂之名今攻韓劫天子惡名也而未必利也又有不義之名而攻天下所不欲危矣臣請論其故周天下之宗室也齊韓之與國也周自知失九鼎韓自知亡三川將二國幷力合謀以因乎齊趙而求解乎楚魏以鼎與楚以地與魏王弗能止也此臣之所謂危也不如伐蜀先惠王曰善寡人請聽子卒起兵伐蜀十月取之遂定蜀貶蜀王更號爲侯而使陳莊相蜀旣屬秦秦以益彊富厚輕諸侯

齊桓公十五年秦魏攻韓韓求救於齊桓公召大臣而謀曰蚤救之孰與晚救之騶忌子曰不若勿救段干

朋曰不救則韓且折而入於魏不若救之田臣思曰過矣君之謀也秦魏攻韓楚趙必救之是天以燕予齊也桓公曰善乃陰告韓使者而遣之韓自以爲得齊之救因與秦魏戰楚趙聞之果起兵而救之齊因起兵襲燕國取桑丘

威王二十六年魏惠王圍邯鄲趙求救於齊齊威王召大臣而謀曰救趙孰與勿救騶忌子曰不如勿救段干朋曰不救則不義且不利威王曰何也對曰夫魏氏幷邯鄲其與齊何利哉且夫救趙而軍其郊是趙不伐而魏全也故不如南攻襄陵以弊魏邯鄲拔

而乘魏之弊威王從其計
宣王二年魏伐趙趙與韓親共擊趙不利戰於南陽宣王召田忌復故位韓氏請救於齊宣王召大臣而謀曰蚤救孰與晚救騶忌子曰不如勿救田忌曰弗救則韓且折而入於魏不如早救之孫子曰夫韓魏之兵未弊而救之是吾代韓受魏之兵顧反聽命於韓也且魏有破國之志韓見忌必東面而愬於齊矣吾因深結韓之親而晚承魏之弊則可必重利而得尊名也宣王曰善乃陰告韓之使者而遣之韓因恃齊五戰不勝而東委國於齊因起兵使田忌田嬰將

嬰一作勝孫子為帥救韓趙以擊魏大敗之馬陵殺其將龐涓虜魏太子申
襄王立田單相之過菑水有老人涉菑而寒出不能行坐沙中田單見其寒欲使後車分之衣無可以分者單解裘而衣之襄王惡之曰田單之施將欲以取我國乎不早圖恐後之左右顧無人聲不有貫珠者襄王呼而問之曰女聞言乎對曰聞之王曰女以為何若對曰王不如因以為己善王嘉單之善下令曰寡人憂民之饑也單收而食之寡人憂民之寒也單解裘而衣之寡人憂勞百姓而單亦憂之稱寡人之意單有是善而王嘉之善單之善亦王之善已王曰善乃賜單牛酒嘉其行後數日貫珠者復見王曰王至朝日宜召田單而揖之於庭口勞之乃布令求百姓之饑寒者收穀之乃使人聽於閭里聞丈夫之相與語曰田單之愛人嗟乃王之教也

册府元龜

册府元龜

巡按福建監察御史臣李嗣京 訂正

知甌寧縣事臣孫以敬叅閱

知建陽縣事臣黄國琦較釋

列國君部

政令 任賢 有禮

政令

書曰德惟善政政在養民則千乘之君五等之制忠爲令德而夾輔王室道在齊時而寬明政理至於興利除害務財訓農救災恤患而振滯淹薄賦斂而省徭

役懲惡以勸善繼好以息民作周孚先爲諸侯率不亦美哉

周初封康叔于衛周公旦懼康叔齒少乃申告康叔曰必求殷之賢人君子長者問其先殷所以興所以亡而務愛民告以紂所以亡者以淫酗於酒之失婦人是用故紂之亂自此始爲梓材亦君子可法則故謂之康誥酒誥梓材以命之康叔之國旣以此命能和集其民民大説

魯公伯禽之初受封之魯三年而後報政周公周公曰何遲也伯禽曰變其俗革其禮喪三年然後除之故遲太公亦封於齊五月而報政周公周公曰何疾也曰吾簡其君臣禮從其俗爲也後聞伯禽報政遲乃歎曰嗚呼魯後世其北面事齊矣夫政不簡不易民不有近平易近民民乃歸之（徐廣曰一本云政不簡不行不樂不樂則不平易平易近民民必歸之又一本云夫民不簡不易有簡近乎易民必歸之）

衛武公卽位脩康叔之政百姓和集

齊桓公旣得管仲與鮑叔隰朋高傒脩齊國政連五家之兵（國語曰管仲制國五家爲軌十軌爲里四里爲連十連爲鄉以爲軍令）設輕重魚鹽之利以贍貧窮祿賢能齊人皆説正月之朝五屬大夫復事公擇其寡功者而譙之曰列地民者若

一何故獨寡功何以不及人教訓不善政事不治一再則宥三則不赦公又問焉曰於子之屬有居處爲好學聰明賢仁慈孝於父母長弟聞於鄉里者有則以告有而不以告謂之蔽賢其罪五有司已於事而竣公又問焉曰於子之屬有拳勇股肱之力秀出於衆者有則以告有而不以告謂之蔽才其罪五有司已事而竣公又問焉曰於子之屬有不慈不孝於父母不長弟於鄉里驕躁淫暴不用上令者有則以告有而不以告謂之下比其罪五有司已事而竣於是乎五屬大夫退而脩屬屬退而脩連連退而脩鄉鄉

退而脩卒卒退而脩邑邑退而脩家是故匹夫有善而可舉有不善而可誅政成國安以守則彊封內治百姓親可以出征四方立一王矣（可立一霸王之功）桓公曰卒伍定矣事已成矣吾從事於諸侯其可乎管子對曰未可若軍令則吾既寄諸內政矣夫齊國寡甲兵吾欲輕重罪而移之于甲兵公曰爲之奈何管子對曰制重罪入以甲兵𩊚脅二戟輕罪入蘭盾鞈革二戟（蘭即所謂蘭錡兵架也鞈革重革當心著之所以禦矢也）小罪入以金鈞（三十斤曰鈞）分宥薄罪入以半鈞（分宥謂從坐者分其首犯而寛宥之）無坐抑而訟獄者正三禁之而不直則入一束矢以罰之（謂其人自

無所坐而被抑屈爲獄訟者正當禁之二日得其不直者則令入束矢也）美金以鑄戈劍矛戟試諸狗馬惡金以鑄斤斧鉏夷居欘試諸木土（夷鉏類也居欘钁類）桓公曰甲兵大足矣吾欲從事於諸侯可乎管仲對曰未可治內者未具也爲外者未備也故使鮑叔牙爲大諫（所以諫正君）王子城父爲將弦子旗爲理（理獄官）甯戚爲田（教以農事自此已上理內已下理外）隰朋爲行（行謂行人也使以通使諸侯）曹宿孫處楚商客處宋秀勞處魯徐開封處衛匽尚處燕審支處晉（令此諸賢各處諸侯之國者所以調勸之令歸齊）又游士八十人奉之以車馬衣裘多其資糧財幣足之使出周游於四方以號召收求天下之賢士飾玩好使出周游於四方以鬻之諸侯以觀其上下之所貴好擇其沈亂者而先政之（以政正之）公曰外內定矣可乎管子對曰未可鄰國未吾親也公曰親之奈何管子對曰審吾疆埸反其侵地正其封界毋受其貨財而美爲皮幣以極聘覜（覜見）于諸侯以安鄰國則鄰國親我矣桓公曰甲兵大足矣吾欲南伐何主（謂以何國爲征伐之主）管子對曰以魯爲主反其侵地棠潛（棠潛地名）使海于有蔽（或遇水災教令泄水於海使存蔽盡）渠弭于有渚（復教之穿渠弭亘于河渚）繼山于有牢（教之立國城必依山以爲繼而有牢固）桓公曰吾欲西伐何主對曰以衞爲主反其侵地臺原姑與柒里（皆地名）伐

海于有蔽渠弭于有渚繼山於有牢桓公曰吾欲北伐何主管子對曰以燕爲主反其侵地柴夫吠狗（赤地名）使海于有蔽渠弭于有渚繼山于有牢四鄰大親既反其侵地正其封疆南至于岱陰（謂岱山北）西至于濟北至于海東至於紀隨（紀隨地名）地方三百六十里三歲治定四歲教成五歲出有教士三萬人革車八百乘諸侯多沉亂不服於天子於是乎桓公東救徐州分吳半（分吳地之半）有魯蔡陵（蔡陵地名）割越地南據宋鄭（既割越地又據宋鄭之國以爲親援）征伐楚濟汝水（伐楚時渡汝水）踰方地（謂方城之地）望文山（楚山）使貢絲于周室（使楚貢絲即所謂纁絲著也堪爲琴瑟絃）城用

反胙于隆岳荆州諸侯莫不來服中救晉公禽狄王敗胡貉破屠何屠何東胡之先也而騎寇始服北地以騎爲寇北伐山戎制令支斬孤竹而九夷始聽海濱諸侯莫不來服西征攘白狄之地遂至於西河謂龍門之西河方舟投柎乘桴濟河至于石沉石沉地名縣車束馬踰太行與卑耳之貉拘秦夏與卑耳之貉共拘秦夏之不服者西服流沙西虞西虞國名而秦戎始從故兵一出而大功十二自救徐州已下有十二故東夷西戎南蠻北狄中國諸侯莫不賓服與諸侯飾牲爲載書書謂要盟之辭載之於册以誓要于上下薦神謂以上下之神祇爲盟誓又以其牲薦之於神然後率天下定周室大朝諸侯于陽

冊府元龜　列國君部　政令　卷之二百三十九　五

穀故兵車之會六乘車之會三九合諸侯一正天下甲不解壘兵不解翳翳所以蔽兵謂脅盾之屬不解甲於壘不解兵於翳言不用也弢無弓服無矢弢弓衣也無弓無矢亦言不用寢武事行文道以朝天子又云桓公憂天下諸侯魯自夫人慶父之亂二君弒死國絕無後公聞之使高子存之男女不淫馬牛選其執玉以見請爲關內之諸侯而桓公不使也狄人攻邢桓公築夷儀以封之男女不淫馬牛選具執玉以見請爲關內之諸侯而桓公不使也狄人攻衛衛人出旅於曹桓公城楚丘無封之其畜以散亡故桓公予之繫馬三百匹天下諸侯稱仁焉于是天下諸侯知桓公之爲已勤也是故諸侯之歸已也故使輕其幣而重其禮故使天下諸侯以罷馬犬羊爲幣齊以良報諸侯以縷帛布鹿皮四分以爲幣齊以文錦虎豹皮報諸侯使垂橐而入操載而歸故鈞之以愛致之以利結之以信示之以武是故天下小國諸侯旣服桓公莫敢之倍而歸之喜其愛而信其信而畏其武桓公知天下小國諸侯之多與已也于是又大施惠焉可爲之憂者爲之憂可爲謀者爲之謀可爲動者爲之動伐譚來而不有也諸侯稱仁焉通齊國之魚鹽東萊使關市譏而不征廛而不稅以爲諸侯之利諸侯稱寬焉

衛文公公子頑之子也魯閔公二年秋攻衛懿公滅衛立文公齊桓公封於楚丘文公大布之衣大帛之冠大布麤布大帛厚繒蓋用諸侯諒闇之服務材訓農通商惠工加惠於百工賞其利器用敬教勸學授方任能方百事之宜也元年革車三十乘季年乃三百乘文公初立輕賦平罪身自勞與百姓同勞苦以救衛民文公能以道化其民淫奔之恥國人不齒也不齒者不相與長

秦穆公十六年爲河東置官司

齊項公施苑囿薄賦斂振孤問疾虛積聚以救民民

冊府元龜　列國君部　政令　卷之二百三十九　六

亦大說厚禮諸侯竟項公卒百姓附諸侯不犯

晉文公自始入教其民二年欲用之子犯曰民未知義未安其居無義則苟生於是乎出定襄王十五年定襄王以示事君之意入務利民民懷生矣欲用之子犯曰民未知信未宣其用宣明也未明於見用之信於是乎伐原以示之信伐原在二十五年民易資者不求豐焉不詐以求多明徵其辭重言信公曰可矣乎子犯曰民未知禮未生其共於是乎大蒐以示之禮蒐順少長明貴賤作執秩以正其官執秩主爵秩之官民聽不惑而後用之出穀戍釋宋圍楚子使申叔去穀子玉去宋一戰而霸文之教也

楚共王救齊將起師子重曰君弱傳曰寡人生十年而喪先君共王卽位至是三年蓋年十三矣群臣不如先大夫師衆而後可詩曰濟濟多士文王以寧詩大雅言文王以寧士安夫文王猶用衆況吾儕乎儕衆且先君莊王屬之曰無德以及遠方莫如惠恤其民而善用之乃大戶閱民戶口已責棄責逮鰥施及老鰥救乏赦罪悉師卒盡行

晉景公作六軍爲六軍僭王也萬二千五百人爲軍韓厥趙括鞏朔韓穿荀騅趙旃皆爲卿賞鞌之功也韓厥爲新中軍趙括佐之鞏朔爲新上軍韓穿佐之荀騅爲新下軍趙旃佐之晉舊自有三軍今增此故爲六軍

悼公元年二月乙酉朔卽位于朝朝廟五日而卽位也厲公殺子絕故悼

公不以嗣子居喪始命百官始爲政施舍已責施恩惠舍勞役止逋責逮鰥寡惠及微振廢滯起舊德康乏困救災患康亦救也禁淫慝薄賦斂宥罪戾宥寬也節器用節省時用民使民以時欲無犯時不縱私欲使魏相士魴魏頡趙武爲卿相魏錡子魴士會子頡魏顆子武趙朔子此四人其父祖皆有勞於晉國荀會欒黶韓無忌爲公族大夫使訓卿之子弟共儉孝弟韓厥子使士渥濁爲太傅使脩范武子之法渥濁士貞子武子爲景公太傅右行辛爲司空使脩士蔿之法辛將右行因以爲氏士蔿獻公司空也弁糾御戎校正屬焉弁糾欒糾也校正主馬官使訓諸御知義戎事尚節義荀賓爲右司士屬焉司士車右之官使訓勇力之士時使勇力皆車右士勇力多不順命訓之共時之使卿無共御立軍尉以攝之省卿戎御令軍尉攝御而已祁奚爲中軍尉羊舌職佐之魏絳爲司馬魏犨子也張老爲候奄鐸遏寇爲上軍尉籍偃爲之司馬籍偃談父爲上軍司馬使訓卒乘親以聽命相親以聽上命程鄭爲乘馬御六騶屬焉使訓群騶知禮程鄭荀氏別族乘馬御乘車之僕也六騶六閑之騶周禮諸侯有六閑馬乘車尚禮容故訓群騶使知禮凡六官之長皆民譽也大國三卿晉時置六卿爲軍師故總舉六官則知群臣無非其人舉不失職官不易方官守其業無相踰易爵不踰德量德授爵師不陵正旅不偪師正軍將命卿也師二千五百人之師也旅五百人之旅也言上下有禮不相陵偪民無謗言所以復霸也此以通言悼公所行未必皆在卽位之年

八年春會襄公來朝且聽朝聘之數晉悼復修霸業故朝而禀其多少五月甲辰會于邢丘以命朝聘之數使諸侯之大夫聽命季孫宿齊高厚宋向戌衛甯殖邾大夫會之晉難重煩諸侯故使大夫聽命又蒐于綿上以治兵使趙武將上軍武自新軍超四等代荀偃韓起佐之位如故欒黶將下軍魏絳佐之黶亦如故絳自新軍佐超一等代士魴新軍無帥將佐皆遷晉侯難其人使其什吏率其卒乘官屬以從於下軍禮也得愼舉之禮又

悼公歸自伐秦晉侯舍新軍禮也成國不過半天子之軍成國大國周爲六軍諸侯之大者三軍可也於是知朔生盈而死朔知罃之長子盈朔弟也盈生而朔死盈生六年而武子

卒毙喪亦幼皆未可立也新軍無帥故舍之 喪士魴子也十三年荀罃士魴卒其子皆幼未任爲卿故新軍無帥遂舍之 初悼公既立悼公曰大父父皆不得立而避難於周客死焉寡人自以疎遠毋幾爲君今大夫不忘文襄之意而惠立桓叔之後賴宗廟大夫之靈得奉晉祀豈敢不戰戰乎大夫其亦佐寡人於是逐不臣者七人脩舊功施德惠收文公入時功臣後旣立定百事立百官育門子選賢良興舊族出滯賞畢故刑赦故囚宥問罪薦德積逮鰥寡振廢滯養老幼恤孤疾年過七十公親見之稱曰王父王父不敢不承 稱曰王父尊而稱之所以盡其心故王父不敢不承命

冊府元龜 列國君部 政令 卷之二百三十九 九

平公即位 平公悼公子彪 羊舌肹爲傅 肹叔向也代士渥濁 張君臣爲中軍司馬 張老子代其父 祁奚韓襄欒盈士鞅爲公族大夫 祁奚去中軍尉爲公族大夫去劇職就閒官韓襄無忌子 虞丘書爲乘馬御 代程鄭 改服修官烝於曲沃 既葬改喪服脩官選賢能曲沃晉祖廟烝冬祭也諸侯五月而葬既葬卒哭作主然後烝嘗於廟今晉踰月葬作主而烝嘗祭傳言晉將有溴梁之會故速葬 警守而下會于溴梁 順河東行故曰下 命歸侵田 諸侯相侵取之田

楚成王惲元年初即位布德施惠結舊好於諸侯使人獻天子天子賜胙曰鎭爾南方夷越之亂無侵中國於是楚地千里平王即位封陳蔡復還邑 復九年所遷邑 致群賂 始舉事時所貨賂 施舍寬民宥罪舉職 舉職脩廢官 初平王以詐弒兩王而自立恐國人及諸侯叛之乃施惠百姓復陳蔡之地而立其後如故歸鄭之侵地存郵國中脩政教平吳滅州來令尹子旗請伐吳王弗許曰吾未撫民人未事鬼神未脩守備未定國家而用民力敗不可悔州來在吳猶在楚也子姑待之 言平王所以能有國 二年平王使然丹簡上國之兵於宗丘且撫其民 上國在國都之西西方居上流故謂之上國宗丘楚地 分貧振窮 分與也振救也 長孤幼養老疾收介特 介特單身民也收聚不使流散 救災患宥孤寡 寛其賦稅 赦罪戾詰姦慝 詰責問也 舉淹滯 有才德而未敘者曰淹滯 禮新敘舊 新羇旅也 祿勳合親 勳功也親九族 任良物官 物事也 使屈罷

冊府元龜 列國君部 政令 卷之二百三十九 十

簡東國之兵於召陵 兵在國都之東 亦如之 如然丹 好於邊疆 結好四鄰 息民五年而後用師禮也

宋元公時華氏之亂諸侯之成謀請出華氏宋人從之宋公使公孫忌爲司馬 代華費遂 邊卬爲大司徒 卬平公曾孫代華定 樂祁爲司城 祁子罕孫樂祁黎 仲幾爲佐師 仲幾江孫代向寧 樂大心爲右師 代華亥 樂輓爲大司寇 輓子罕孫 以靖國人

楚昭王時吳師在陳楚大夫皆懼曰闔廬惟能用其民以敗我於柏舉今聞其嗣又甚焉將若之何子西曰二三子恤不能睦無患吳矣昔闔廬食不二味居不重席室不重壇 平地作室不起壇也 器不雕鏤 雕篆也鏤刻也 室不

觀（觀臺榭）舟車不飾衣服財用擇不敢費（選取堅厚不尚細靡）在國天有菑癘（癘疾疫也）親巡孤寡而供其乏困在軍熟食者分而後敢食（必須軍士皆分熟食不敢先食分猶徧也）其所嘗者卒乘與焉（所嘗甘珍非嘗食）勤恤其民而與之勞逸是以民不罷勞死知不曠（知身死不見曠棄）吾先大夫子常易之所以敗我也

越王勾踐與吳戰敗吳赦之勾踐反國乃苦身焦思置膽於坐坐臥仰飲膽曰女忘會稽之恥邪身自耕作夫人自織食不加肉衣不重采折節下賢人厚遇賓客振貧吊死（徐廣曰吊或作弔）與百姓同其勞

秦簡公六年初令吏帶劍

獻公元年止從死

齊威王初即位以來不治委政卿大夫九年之間諸侯並伐國人不治於是威王召即墨大夫而語之曰自子之居即墨也毀言日至然吾使人視即墨田野闢民人給官無留事東方以寧是子不事吾左右以求譽也封之萬家召阿大夫語之曰自子之守阿譽言日聞然使人視阿田野不闢民貧苦甚趙攻甄子弗能救衛取薛陵子弗知是子以幣厚吾左右以求譽也是日烹阿大夫及左右嘗譽者皆並烹之遂起兵西擊趙衛敗魏於濁澤而圍惠王惠王請獻觀以和解趙人歸我長城於是齊國震懼人人不敢飾非務盡其誠齊國大治諸侯聞之莫敢致兵於齊二十餘年

秦孝公元年（庚申也）河山以東彊國六與齊威楚宣魏惠燕悼韓哀趙成侯並淮泗之間小國十餘楚魏與秦接界魏築長城自鄭濱雒以北有上郡楚自漢中南有巴黔中周室微諸侯力政爭相併秦僻在雍州不與中國諸侯之會盟夷翟遇之孝公於是布惠振孤寡招戰士明功賞下令國中曰昔我穆公自岐雍

之間脩德行武東平晉亂以河為界西霸戎翟廣地千里天子致伯諸侯畢賀為後世開業甚光美會往者厲躁簡公出子之不寧國家內憂未遑外事三晉攻奪我先君河西地諸侯卑秦醜莫大焉獻公即位鎮撫邊境徙治櫟陽且欲東伐復穆公之故地脩穆公之政令寡人思念先君之意常痛於心賓客群臣有能出奇計彊秦者吾且尊官與之分土於是乃出兵東圍陝城西斬戎之獂王（地理志天水有獂道縣應劭曰獂戎邑音桓）衛鞅聞是令下西入秦因景監求見孝公二年天子致胙三年衛鞅說孝公變法脩刑內務耕稼外勸戰

死之賞罰孝公善之甘龍杜摯等怫然相與之爭卒用鞅法百姓苦之居三年百姓便乃拜鞅爲左庶長二年天子致胙十二年并諸小鄉聚集爲大縣縣一令（漢書百官表曰縣令長皆秦官萬户以上爲令秩千石至六百減萬户爲長秩五百石至三百石皆有丞尉）四十一縣爲田開阡陌東地渡雒十三年初爲有秩史十九年天子致文武胙二十年諸侯畢賀初孝公令商鞅爲法於秦戰斬一首賜爵一級欲爲官者五千石其爵名一爲公士二上造三簪褭四不更五大夫六公大夫七官大夫八公乘九五大夫十左庶長十一右庶長十二左更十三中更十四右更十

五少上造十六太上造十七駟車庶長十八大庶長十九關内侯二十徹侯孝公既任商鞅乃令民父子兄弟同室内息者爲禁集小都鄉邑聚爲縣置令丞凡三十一縣爲田開阡陌封疆而賦稅平斗桶（今之斛也）權衡丈尺

惠王十二年初臘

孝文王元年赦罪人修先王功臣褒厚親戚弛苑囿

韓昭侯時申子請仕其從兄官昭侯不許也申子有怨色昭侯曰所謂學於子者也聽之子之謁而廢子之道乎又亡其行子之所術而廢子之謁乎子嘗教寡人循功勞視次第今有所求此我將奚聽乎申子乃辟舍請罪曰君真其人也

燕昭王立弔死問孤與百姓同甘苦二十八年燕國殷富士卒樂軼輕戰

趙武靈王少未能聽政博聞師三人左右司過三人及聽政先問先王貴臣徵義加其秩國三老年八十月致其禮二十五年使周袑胡服傳王子何

秦莊襄王元年大赦罪人脩先王功臣施德厚親骨肉而布惠於民

任賢

東周之後諸侯力政大以啚霸業小以保封畧禮樂征伐既繇巳而出佐佑輔弼必得士而疆乃能洛求髦俊申之委任極尊禮之數推倚屬之重授之以政而一二必循其謀待之以誠而疏戚莫間其寵錄是淪感於骨髓竭智於精明磨厲以須彌縫其闕用能康事典而經邦政輯武經而暢戎畧庇民以成化闢國而矢謀集臣伐以奮庸垂令聞而長世任能之效不其偉歟

魯閔公卽位公及齊侯盟于落姑請復季友（閔公初立國家多以季友忠賢故請霸王而復之）齊侯許之使召諸陳公次於郎以

待之春秋書曰季子來歸嘉之也
齊桓公歸國管子束縛在魯鮑叔曰君若欲霸王則
臣不若管夷吾桓公曰夷吾寡人之賊也射我者也
不可鮑叔曰夷吾爲其君射人君若得之則彼亦將
爲君射人公不聽鮑叔固讓果聽之於是使人告魯
曰管仲寡人讐也願得之親加手焉魯許諾乃使吏
鞹其拳膠其目盛之以鴟夷置之甲中至齊境桓公
使人以朝車迎之祓以爟火釁以犧猳謂之仲父使
與鮑叔隰朋高傒脩齊國政連五家之兵（管子制國五家爲軌十軌爲里四里爲連十連爲鄉以爲軍令）設輕重魚鹽之利以贍貧窮祿

賢能齊人皆說有司請事於齊桓公公曰以告仲父
有司又請桓公公又曰以告仲父若是者三其近習
者曰一則仲父二則仲父易哉爲君桓公曰吾未得
仲父則難已得仲父之後何爲而不易也又甯戚見
桓公說以合境內明日復見說桓公以爲天下桓公
大悅將任之群臣爭之曰客衛人去齊五百里不遠
不若使人問之而固賢者也用之未晚也桓公曰不
然問之恐其有小惡以其小惡忘人之大美此人主
所以失天下之士也且人固難全權用其長者遂舉
大用之而授之以爲卿桓公定三革隱五刃（定藏也三華甲冑盾五刃刀劍矛戟矢）朝服以濟河而無怵惕焉（西行渡河以平晉）
是故大國慙媿小國附協唯能用管夷吾甯戚隰朋
賓胥無鮑叔之屬而伯功立（五子皆齊卿大夫一云齊桓公得管仲隰朋南面而立桓公曰吾得三子也吾目加明吾耳加聰不敢獨擅進之先祖此祖比聞至道而恐不能行者也又晉平公問於叔向曰昔者齊桓公九合諸侯一正天下不識其君之力乎其臣之力乎叔向對曰管仲善制割隰朋善削縫賓胥無善純緣桓公知衣而已以其臣之力也師曠侍曰臣請譬之以五味管仲善斷割之隰朋善煎熬之賓胥無善齊和之羹已熟矣奉而進之而君不食誰能強之亦君之力也又管仲言於桓公曰夫墾田弗巳闢土殖穀盡地之利則臣不若甯戚請置以爲田官登降揖讓進退閑習則臣不若隰朋請置以爲大行早入晏出犯君顏色進諫必忠不重富貴不避死亡則臣不若東郭牙請置以爲諫臣決獄折中不誣無罪不殺無辜則臣不若弦甯請置以爲大理平原廣囿車不結軌事不旋踵鼓

之而三軍之士視死若歸則臣不若王子成甫請置以爲大司馬如欲治國強兵則此五子者足矣如欲霸王則夷吾氏）
威王與魏王會田於郊魏王問曰王亦有寶乎威王
曰無有梁惠王曰若寡人國小也尚有徑寸之珠炤
車前後各十二乘者十枚奈何以萬乘之國而無寶
乎威王曰寡人之所以爲寶與王異吾臣有檀子者
使守南城則楚人不敢寇東取泗上十二諸侯皆來
朝吾臣有盼子者使守高唐則趙人不敢東漁於河
吾吏有黔夫者使守徐州則燕人祭北門趙人祭西
門（齊之北門西門也言燕趙之人畏見侵伐故祭以求福）徙而從者七千餘家

吾臣有種首者使備盜賊則道不拾遺將以炤千乘豈特十二乘哉梁惠王慚不懌而去

宣王為太子威王令成侯鄒忌及田忌將以救韓伐魏成侯與田忌爭寵成侯責田忌田忌懼襲齊之邊邑不勝亡走會威王卒宣王立知成侯責田忌乃復召田忌以為將

晉文公蒐于被廬（晉嘗以春蒐禮政令敍其始也被廬晉地）作三軍（晉獻公作三軍令復大國之禮）謀元帥（中軍帥）趙衰曰郤縠可臣亟聞其言矣說禮樂而敦詩書詩書義之府也禮樂德之則也德義利之本也夏書曰數納以言明試以功車服以

庸（尚書虞夏書也敷納以言觀其志也明試以功考其事也車服以庸報其勞也試猶攷也庸功也）君其試之乃使郤縠將中軍郤溱佐之使狐偃將上軍讓於狐毛而佐之（狐毛偃之兄）命趙衰為卿讓於欒枝先軫（欒枝子貞也欒賓之孫）使欒枝將下軍先軫佐之荀林父御戎魏犨為右明年郤縠卒又以原軫將中軍胥臣佐下軍上德也（先軫以下軍佐超將中軍故曰上德胥臣司空季子）

襄公蒐于夷舍二軍（魯僖公三十年晉蒐清原作五軍今舍二軍復三軍之制夷晉也前年四卿卒故蒐以謀軍帥）使狐射姑將中軍（代先且居）趙盾佐之（代趙衰也盾趙衰子）陽處父至自溫（往年聘衛過溫今始至）改蒐于董易中軍（易以趙盾為神射姑佐之河東汾陰縣有董亭）陽子成季之屬也（處父嘗為趙衰屬大夫）故黨於趙氏且謂趙盾能曰使能國之利也是以上之宣子於是乎始為國政（宣趙盾謚）制事典（典常也）正法罪（輕重當）辟獄刑（辟猶理也）董逋逃（董督也）繇質要（繇用也質要券也）治舊洿（治理汙穢）本秩禮（貴賤不失其本）續常職（脩廢官）出滯淹（拔賢能也）既成以授太傅陽子與太師賈佗使行諸晉國以為常法

悼公即位於朝使魏相士魴魏頡趙武為卿（魏相錡子魴士會子頡魏顆子武趙朔子此四人其父皆有勞於晉國）荀家荀會欒黶韓無忌為公族大夫使訓卿之子弟共儉孝弟（無忌韓厥子）使士渥濁為太傅使脩范武子之法（渥濁士貞子武子為景公太傅）石行

辛為司空使脩士蔿之法（辛將石行因以為氏士蔿獻公司空也）弁糾御戎較正屬焉（弁糾欒糾也較正主馬官）使訓諸御知義（戎事尚義）荀賓為右司士屬焉（司士車右之官）使訓勇力之士時使（勇力皆車右士勇力多不順命訓之共時之使）卿無共御立軍尉以攝之（省卿戎御令軍尉攝御而已）祁奚為中軍尉羊舌職佐之魏絳為司馬（魏犨子也）張老為候奄鐸遏寇為上軍尉籍偃為之司馬（籍偃談父為上軍司馬）使訓卒乘親以聽命（相親以聽上命）程鄭為乘馬御六騶屬焉使訓群騶知禮（程鄭荀氏別族乘馬御乘車之僕也六閑之騶周禮諸侯有六閑馬乘車尚禮容故訓群騶使知禮）凡六官之長皆民譽也（大國三卿晉時置六卿為軍帥故總舉六官則知群官無非其人）舉不失職官不易方（官守

其業無相踰易爵不踰德量德授爵師不陵正旅不偪師正軍將命卿也師二千五百人之師也旅五百人之旅也言上下有禮不相陵偪民無謗言所以霸也國語載悼公即位使呂宣子佐下軍日邲之役呂錡佐智莊子於上軍獲楚公子穀臣與連尹襄老以免子羽鄭之殺親射楚王而敗楚師定晉國而無後子孫不可不崇使彘恭子將所軍日武子之季文子之母弟也武子宣武以定晉國至於今是用文子勤身以定諸侯至於今是賴夫二三子之德其可忘乎故以昆季弁其宗使令狐文子佐之昔克路之役秦來圖敗晉魏顆以其身却退秦師於輔氏親止杜回其勳銘于景鍾至於子今不育遂也其子不可不興也樂伯請公族大夫公日荀家惇惠荀檜文敏黶也果敢無忌鎮靜使兹四人者爲之夫膏粱之難正也故使惇惠者教之則偏而不倦使文敏者道之則婉而趣又使果敢者諭之則過急使鎮靜者修之則一使兹四人者爲公族大夫公知祁奚之果而不淫也使爲元尉知羊舌職之聰敏肅給也使爲佐士知魏絳之勇而不亂也使爲元司馬知張老之智而不詐也使

爲元侯知鐸遏寇之恭敬而信彊也使爲輿尉知籍偃之惇師舊職而共給使爲輿司馬以程鄭爲端而不淫且好諫而不隱使爲贊僕始合諸侯於虛朾以救宋使張老延君譽於四方且觀道逆者公以趙文子爲文而能大事使佐新軍宣子呂錡之子也彘恭子士魴也荀會荀家之族也悼公方會諸侯悼公弟陽干亂行行陳也魏絳爲司馬戮其僕僕御也悼公怒或諫公公卒賢絳任之政使和戎戎大親

附

秦繆公既得百里奚與語國事謝日臣亡國之臣何足問繆公日虞君不用子故亡非子罪也故問語三日繆公大悅授之國政號日五羖大夫百里奚讓日臣不及臣友蹇叔賢而世莫知臣嘗游困於齊而乞食餁人餁一作至蹇叔收臣臣因而欲事齊君無知蹇叔止臣臣得脫齊難遂之周周王子頹好牛臣以養牛干之及頹欲用臣蹇叔止臣臣去得不誅事虞君蹇叔止臣臣知虞君不用臣臣誠私利祿爵且留再用其言得脫一不用及虞公難是以知其賢於是繆公使人厚幣迎蹇叔以爲上大夫繆公使孟明襲鄭師敗于殽晉人歸秦師秦大夫及左右皆日是敗也孟明之罪也必殺之繆公日是孤之罪也用芮良夫之詩日大風有隧貪人敗類詩大雅隧蹊徑也周大夫芮良刺厲王日貪人之敗善類若火用之行毀壞衆物所在成蹊徑聽言則對誦言如醉言昏亂之君不好與

誦正言聞之若醉得道聽塗說之言則喜而答對匪用其良覆俾我悖覆反也俾使也不用良臣之言反使我爲悖亂是貪故也孤之謂矣孤實貪以禍夫子夫子何罪復使爲政又使帥師伐晉敗於彭衙秦伯猶用孟明孟明增修國政重施於民又伐晉濟河焚舟示必死也取王官及郊王官郊晉地晉人不出遂自茅津濟封殽尸而還茅津在河東大陽縣西封埋藏之遂霸西戎用孟明也

楚莊王好周遊田獵馳騁弋射觀樂無遺遺靡也盡付其境内之勞與諸侯之憂於孫叔敖事功日勞盡付孫叔敖使憂之孫叔敖日夜不休不得以便主爲故休息也不以欲得便利爲主故

日夜不休息也故莊王功迹著乎竹帛傳乎後世莊王之霸功傳聞於後世乃孫叔敖日夜不休以廣其君德之所成也康王時公子午爲令尹代子襄公子罷戎爲右尹蔿子馮爲大司馬子馮叔敖從子公子槖師爲右司馬公子成爲左司馬屈到爲莫敖屈到屈蕩子公子追舒爲箴尹追舒莊子子南屈蕩爲連尹養繇基爲廄尹以靖國人君子謂楚於是乎能官人是時齊崔氏之亂申鮮虞來奔僕賃於野以喪莊公爲齊莊公服喪康王又召之爲右尹傳言楚能用賢昭公聞秦欲伐楚使使者往觀楚之寶器王召令尹子西而問焉曰秦欲觀楚之寶器吾和氏之璧隋侯

之珠可以示諸令尹子西對曰不知也召昭奚恤而問焉昭奚恤對曰此欲觀國得失而圖之不在寶器在賢臣珠玉玩好之物非寶重者王遂使昭奚恤應之昭奚恤發精兵三百人陳於西門之内爲東面之壇二爲南面之壇四爲西面之壇一秦使者至昭奚恤曰君客也請就上位東面令尹子西南面大宗子敖次之葉公子高次之司馬子反次之昭奚恤自居西面之壇稱曰客欲觀楚之寶器楚國之所寶者賢臣理百姓實倉廩使民各得其所令尹子西在此奉珪璧使諸侯解忿消之難交兩國之歡使無兵革之憂大宗子敖在此守封疆謹境界不侵隣國隣國亦不見侵葉公子高在此理師旅整兵戎以當疆敵提枹鼓以動百萬之衆使皆趨湯火蹈白刃出萬死不顧一生之難司馬子反在此懷霸王之餘議酌治亂之遺風昭奚恤在此唯大國之觀秦使者懼然無以對昭奚恤遂揖而去秦使者反言於秦君曰楚多賢臣未可謀遂不伐楚

惠王初卜右司馬子國觀瞻曰如志子國未爲令尹時卜爲右司馬得吉兆如其志觀瞻楚國卜大夫故命之命以爲右司馬及巴師伐楚圍鄾鄾楚邑將卜師王曰寧如志何卜焉寧子國也使帥師而行

請承承佐王曰寢尹工尹勤先君者也伯舉之役寢尹吳申子以皆受尹工尹因執燧象奔吳皆爲先君勤勞敗巴師于鄾故封子國于析尹子曰惠王知志知用其志夏書曰官占唯先蔽於志昆命於元龜官占卜筮之官蔽斷也昆後也言當先斷意後用龜也其是之謂乎志曰聖人不煩卜筮惠王其用焉不疑故不卜又白公之亂陳人恃其衆而侵楚衆多也楚旣寧將取陳麥楚子問帥於大師子穀與葉公諸梁子穀曰右領差車與左史老皆相令尹司馬以伐陳其可使也言此二人皆嘗輔相子西子期伐陳令復可使子高曰率賤民慢之懼不可命焉右領左史皆楚賤官子穀曰觀丁父鄀俘也武王以爲軍帥楚武王是以

克州蓼服隋唐大啓群蠻彭仲爽申俘也文王以爲令尹實縣申息楚文王滅申息以爲縣朝陳蔡封畛於汝封畛北至汝水惟其仕也何賤之有子高曰天命不謟謟疑也令尹有憾於陳十五年子西伐吳陳使身子弟吳以此爲恨天若亡之其必令尹之子是與君盍舍焉舍在右領與左史臣懼右領與左史有二俘之賤而無其令德也王卜之武成尹吉武城尹子西子公孫朝使帥師取陳麥陳人禦之敗遂圍陳滅之

悼王素聞吳起賢及起爲魏西河守武侯疑之吳起懼罪遂去卽之楚至則相楚明法審令捐不急之官廢公族疏遠者以撫養戰鬬之士要在強兵破馳說

之言縱横者於是南平有越北并陳蔡却三晉西伐秦

宋襄公卽位以公子目夷爲仁使位左師以聽政於是宋治故魚氏世爲左師

衛懿公與狄戰公與石祁子玦與甯莊子矢使守莊子甯速也玦玉玦曰以此贊國擇利而爲之贊助也玦示以當決斷矢示以禦難與夫人繡衣曰聽於二子

靈公無道季康子問於孔子曰夫如是奚而不喪孔子曰仲叔圉治賓客祝鮀治宗廟王孫賈治軍旅夫如是奚其喪言雖無道所任者各當其才何爲喪亡

鄭簡公爲命裨諶草創之裨諶鄭大夫名氏也謀於野則獲於國則否鄭國將有諸侯之事使乘車以適野而謀作盟會之辭世叔討論之行人子羽脩飾之東里子產潤色之世叔鄭大夫游吉也討治也裨諶旣造謀世叔復因而論之詳而審之行人掌使之官子羽公孫揮子產居東郡因以爲號更此四賢而成故鮮有敗事

吳王闔廬時孫武以兵法見吳王吳人出宮中美人令武試之武斬其二寵姬吳王不說武曰王徒好其言不能用其實於是闔廬知武能用兵法卒以爲將西破強楚入郢北威齊晉顯名諸侯孫子有力焉

越王勾踐棲於會稽之上乃號令三軍曰凡我父兄昆弟及國子姓有能助寡人謀而退吳者吾與之共

知越國之政大夫種進對曰臣聞之賈人夏則資皮冬則資絺旱則資舟水則資車以待乏也雖四方之憂然謀臣與爪牙之士不可不養而擇之也譬如簑笠時雨至必求之今者君旣棲於會稽之上然後乃求謀臣無乃後乎勾踐曰苟得聞子大夫之言何後之有執其手而與之謀遂使之行成於吳勾踐自會稽歸欲使范蠡治國政蠡對曰兵甲之事種不如蠡鎮撫國家親附百姓蠡不如種於是舉國政屬大夫種而使范蠡與大夫拓稽行成爲質於吳二歲而吳歸

趙烈侯籍好音謂相國公仲連曰寡人有愛可以貴之乎公仲曰富之可貴之則否烈侯曰然夫鄭歌者槍石二人吾賜之田八萬畝公仲曰諾不與居一月烈侯從代來問歌者田公仲曰求未有可者有頃烈侯復問公仲終不與乃稱疾不朝番吾君徐廣曰番音盤嘗山有番吾縣自代來謂公仲曰君實知好善而未知所持今公仲相趙於今四年亦有進士乎公仲曰未也番吾君曰牛畜荀欣徐越皆可公仲乃進三人及朝烈侯復問歌者田何如公仲曰方使擇其善者牛畜侍烈侯以仁義約以王道烈侯逌然明日荀欣侍以選練

舉賢任官使能明日徐越侍以節財儉用察度功德所與無不充君說烈侯使使謂相國曰歌者之田且止官牛畜為師荀欣為中尉徐越為內史賜相國衣二襲單復具為一襲

孝成王時趙奢者趙之田部吏也平原君以為賢言之於王王用之治國賦國賦太平民富而府庫實

魏文侯聞吳起賢而欲事之文侯問李克曰吳起何如人哉李克曰起貪而好色然用兵司馬穰苴不能過也於是以為將文侯又使西門豹守鄴而河內稱治又使樂羊將而攻中山三年而拔之樂羊返而論功文侯示之謗書一篋樂羊再拜稽首曰此非臣之功也主君之力也文侯謂李克曰先生常教寡人曰家貧則思良妻國亂則思良臣今所置非成則璜文侯弟名成二子何如李克對曰臣聞之卑不謀尊疎不謀戚臣在闕門之外不敢當命文侯曰先生臨事勿讓李克曰君不察故也居視其所親富視其所與達視其所舉窮視其所不為貧視其所不取五者足以定之矣何待克哉文侯曰先生就舍寡人之相定矣李克趨而出過翟璜之家翟璜曰今者聞君召先生而卜相果誰為之李克曰魏成子為相翟璜忿然作色

曰以耳目之所覩記臣何負於魏成子西河守臣之所進也君內以鄴為憂臣進西門豹君謀伐中山臣進樂羊中山已拔無使守之臣進先生君之子無傅臣進屈侯鮒臣何負於魏成子李克曰且子之言克於子之君也豈將比周以求大官哉君問而置相非成則璜二子何如克對曰君不察故也居視其所親富視其所與達視其所舉窮視其所不為貧視其所不取五者足以定之矣何待克哉是以知魏成子之食祿千鍾什九在外什一在內是以東得卜子夏田子方段干木此三人者君皆師之子之所進五人者

君皆臣之子惡得與魏成子比也翟璜逡巡再拜曰璜鄙人也失對願卒爲弟子又云魏文侯弟曰季成友曰翟璜文侯欲相之而未能決問李克李克對曰君欲卜相則問樂商與王孫圍荀端孰賢文侯曰善以王孫圍荀端爲賢翟璜進之以樂商爲賢季成進之故相季成故知人則哲進賢受上賞季成以爲知賢故文侯以爲相季成翟璜皆近臣親屬也以所進者賢別之故李克之言是也

安釐王見公子無忌自趙而歸相與泣而以上將軍印授公子公子遂將公子使使遍告諸侯諸侯聞公子將各遣將將兵救魏公子率五國之兵破秦軍於河外走蒙驁遂乘勝逐秦軍至函谷關抑秦兵秦兵不敢出當是時公子威振天下

有禮

夫禮者國之經也故曰有禮則安無禮則危若乃受裂地之封膺折珪之位有人民焉有社稷焉所以班朝治軍講信脩睦和邦國統百官莫大於禮者也至於重王者之命恤鄰國之災唁其奔亡安其降附雖軍旅之際郊野之間造次不違進退有度使其隄防不失手足有措勸於斯者皆幾於霸焉

魯隱公六年冬京師來告饑公爲之請糴於宋衛齊鄭禮也告饑不以王命故言京師公以已國不足旁請鄰國故曰禮也傳見隱公之賢

八年齊人平宋衛於鄭會盟於瓦屋使來告成三國齊侯來告和三國魯隱公使衆仲對曰君釋三國之圖以鳩其民君之惠也寡君聞命矣敢不承受君之明德

鄭莊公與魯隱公會齊侯伐許許莊公奔衛齊侯以許讓魯魯弗敢乃與鄭鄭使許大夫百里奉許叔以居許東偏君子謂鄭莊公於是乎有禮

宋閔公九年大水魯莊公使弔焉曰天作淫雨害於粢盛若之何不弔不爲天所愍弔對曰孤實不恭天降之災又以爲君憂拜命之辱謝辱厚命臧文仲曰宋其興乎臧文仲魯大夫禹湯罪己其興也浡焉浡盛貌桀紂罪人其亡也忽焉忽速貌且列國有凶稱孤禮也言懼而名禮其庶

乎既而聞之公子御說之辭也宋莊公子

楚成王十八年秋圍許以救鄭魯僖公六年諸侯救許乃還冬蔡穆侯將許僖公以見楚子於武城楚子退舍武城猶有忿志而諸侯各罷故蔡許二君歸楚武城也在南陽宛縣北許男面縛銜璧大夫衰絰士輿櫬縛手於後唯見其面以璧爲贄手縛故銜之櫬棺也受死故衰絰楚子問諸逢伯逢伯楚大夫對曰昔武王克殷微子啓如是微子啓封宋紂之庶兄也武王親釋其縛受其璧而祓之祓除凶之禮焚其櫬而命之使復其所楚子從之

齊桓公二十三年山戎伐燕燕告急於齊桓公救燕遂伐山戎至于孤竹而還燕莊公遂送桓公入齊境

桓公曰非天子諸侯相送不出境吾不可以無禮於
燕於是分溝割燕君所至與燕君復修召公之政納
貢於周如成康之時諸侯聞之皆從齊
三十五年桓公會諸侯于葵丘王使宰孔賜齊侯胙
曰天子有事於文武有祭事也使孔賜伯舅胙天子謂異姓諸侯曰伯舅
齊侯將下拜孔曰且有後命天子使孔曰以伯舅
耋老加勞賜一級無下拜七十曰耋級等也對曰天威不違
顏咫尺言天鑒察不遠威嚴常在顏面之前八寸曰咫小白余敢貪天子之
命無下拜小白齊侯名余身也恐隕越于下隕越顛墜也天王居上故言恐顛墜于下
以遺天子羞敢不下拜下拜登受拜堂下受胙於堂上

晉文公重耳獻公子也獻公之喪秦穆公使人弔公
子重耳獻公殺其世子申生重耳辟難出奔是時在翟就弔之且曰寡人聞之
亡國常於斯得國常於斯言在喪代之際雖吾子儼然在憂
服之中喪亦不可久也時亦不可失也孺子其圖之
勸其反國意欲納之喪謂亡失位孺稚也以告舅犯舅犯重耳之舅狐偃也字子犯舅犯
曰孺子其辭焉喪人無寶仁親以為寶寶謂善道可守者仁親親行仁義
父死之謂何又因以為利欲反國求為後是利父死而天下
其孰能說之孺子其辭焉說猶解也公子重耳對客曰君
惠弔亡臣重耳身喪父亡不得與於哭泣之哀以為
君憂謝之父死之謂何或敢有他志以辱君義稽顙而
不拜哭而起起而不私他志謂私心子顯以致命於穆公
使者文子縶也盧氏云古者相犯顯當作黶穆公曰仁夫公子重耳夫稽
顙而不拜則未為後也故不成拜哭而起則愛父也
起而不私則遠利也
魯僖公二十七年齊孝公卒魯有齊怨前年齊伐魯也不廢
喪紀禮也
秦穆公三十七年楚人滅江魯文公四年秦伯為之降服
出次不舉過數降服素服也出次辟正寢不舉去成饌鄰國之禮有數今秦伯過之大
夫諫公曰同盟滅雖不能救敢不矜乎吾自懼也
楚莊王伐鄭克之魯宣公十二年鄭伯肉袒左執旄旌右執

鸞刀以逆莊王曰寡人無良邊鄙之臣以干天禍是
以使君王昧焉辱到敝邑君如憐此喪人錫之不毛
之地唯君王之命莊王曰君之不令臣交易為言是
以使寡人得見君之玉面也而微至乎此莊王親自
手旌左右麾軍退舍七里將軍子重進諫曰夫南郢
之與鄭相去數千里諸大夫死者數人廝役死者
數百人今尅而不有無乃失民力乎莊王曰吾聞古
者盂不穿皮不蠹不出四方以是見君子之重禮而
賤利也要其人不要其土人告從而不救不祥也吾
以不祥立乎天下菑之及吾身何日之有矣既而晉

之救鄭者至日請戰莊王許之將軍子重進諫曰晉彊國也道近力新楚師勞罷君請勿許莊王曰不可彊者我避之弱者我威之是寡人無以立乎天下也遂還師以迎晉寇莊王援枹而鼓之晉師大敗晉人來渡河而南及敗奔走欲渡而北卒爭舟舟重以刃擊引舟中之指可掬也莊王曰嘻吾兩君之不相能也百姓何罪乃退師以軼晉寇

晉悼公即位魯成公朝晉公至自晉晉范宣子來聘且拜朝也拜謝公朝君子謂晉於是乎有禮有卑讓之禮

楚共王二十二年陳成公卒晉襄四年楚人將伐陳聞喪

乃止軍禮不伐喪陳人不聽命臧武仲聞之曰陳不服於楚必亡大國行禮焉而不服在大猶有咎而況小乎夏楚彭名侵陳陳無禮故也

魯襄公十二年吳子壽夢卒公臨於周廟禮也周廟文王廟也周公出文王故魯王其廟吳始通故曰廟

衛獻公出奔齊魯襄公使厚成叔弔於衛曰寡君使瘠聞君不撫社稷而越在他境越遠也瘠厚成叔名若之何不弔以同盟之故使瘠敢私於執事執事謂諸大夫曰有君不弔弔恤也有臣不敏敏達也君不赦宥臣亦不帥職增淫發洩其若之何衛人使大叔儀對曰大叔儀衛大夫群臣不佞得罪於寡君寡君不以即刑而悼棄之以爲君憂君不忘先君之好辱弔群臣又重恤之重恤謂愍其不達也敢拜君命之辱重拜大貺謝重恤之賜厚孫歸復命語臧武仲曰衛君其必歸乎有大叔儀以守守於國有母弟鱄以出或撫其內或營其外能無歸乎

魯昭公六年杞文公卒弔如同盟禮也魯怨杞因晉取其田而今不廢喪紀故禮之

十五年正月有事于武宮叔弓涖事籥入而卒去樂卒事禮也大臣卒故爲之去樂穀梁云有事武宮籥入叔弓卒去樂卒事君在祭樂之中聞大夫之喪事則去樂卒事禮也

二十五年公孫于齊次於陽州齊侯唁公於野井曰

奈何君去魯國之社稷昭公曰喪人自謂亡人不佞不善失守魯國之社稷執事以羞謙自此齊不執事言以羞及君再拜顙顙猶今亡頭矣謝見言也慶子家駒慶賀曰慶子免君於大難矣子家駒曰臣不佞陷君於大難君不忍加之以鐵鑕賜之以死鐵鑕腰斬之罪即所賜之以死再拜顙謝爲齊侯所慶高子執簞食簞竹器圓曰簞方曰笥食即所致粮也與四脡脯屈曰脯申曰脡國子執壺漿壺禮器腹方口圓曰壺反之曰方壺有爵飾曰吾寡君聞君在外餕饔未就餕饔熟食未就未成者解所以致糗意敢致糗于從者糗糧也謙不敢斥魯侯故言從者昭公曰君不忘吾先君延及喪人錫之以大禮再拜稽首以袵受袵衣下裳當前者之器謙不敢求索也高子曰有夫不

祥猶云人皆有夫不善者君無所辱大禮禮臣受君賜答拜謂之拜命之辱高子見昭公拜辱太甲故曰君無所辱大禮昭公蓋祭而不嘗食必祭者謙不敢便嘗示有所先不嘗者待禮讓也景公曰寡人有不腆先君之服未之敢服腆厚也服謂齊侯所著衣服也言未敢服者見魯侯乃敢服之謙辭也禮天子朝皮弁夕玄端朝服以聽朝玄端以燕皮弁以征不義取禽獸行射諸侯朝朝服夕深衣玄端以燕皮弁冕以朝天子以祭其祖禰卿大夫冕服而助君祭朝服祭其祖禰士爵弁黼衣裳以助君祭玄端以祭其祖禰有不腆先君之器器謂上所執箪壺未之敢用敢以請請行禮昭公曰喪人不佞失守魯國之社稷執事以羞敢辱大禮敢辭不敢當大禮故敢辭景公曰寡人不腆先君之服未之敢服有不腆先君之器未之敢用固以請昭公曰以吾宗廟

之在魯也以守我宗廟在魯時有先君之服未之能以服有先君之器未之能以出敢固辭已有時未能以事人今已無時義不可以受人之禮景公曰寡人有不腆先君之服未之敢服有不腆先君之器未之敢用請以饗于從者欲令受之故益謙言從者昭公曰喪人其何稱行禮賓主當各有所稱時齊侯以諸侯遇禮接昭公昭公自嫌失國不敢以故稱自稱故執謙問之公於是乎噭然而哭噭然哭聲貌感景公言而自傷諸大夫皆哭魯諸大夫從昭公者既哭以人為菑菑周平坦也所以分别內外衛威儀今大學辟雍作則字以幦為席幦車覆笭以鞌為几以遇禮相見以諸侯出相遇之禮相見孔子曰禮與其辭足觀矣言昭公素能若此禍不至是主書者喜為大國所唁也

吳王夫差伐齊南鄙師于鄎鄎齊地邾郯不書兵并蜀吳不列於諸侯齊人殺悼公赴于師以說吳吳子三日哭于軍門之外

冊府元龜

巡按福建監察御史臣李嗣京訂正

新建縣舉人臣戴國士叅閲

知建陽縣事臣黃國琦較釋

列國君部

勤王　獻捷　救患

勤王

自周室微弱諸侯力政征伐之出靡繇天子勤王之舉兆於此矣乃有爲兵車之會以尊王室平戎狄之亂以救猾夏或修政貢朝聘之禮或興仗順伐罪之

師以至糾合齊盟繕完都邑請糴鄭國備預天災益夾輔之所存亦大義之可見桓文之舉未或不繇斯道也

韓侯以時覲于宣王故韓奕之詩曰韓侯入覲以其介圭入覲于王

秦襄公七年春周幽王用褒姒廢太子立褒姒子爲適數欺諸侯諸侯叛之西戎犬戎與申侯伐周殺幽王驪山下而秦襄公將兵救周戰甚力有功周避犬戎難東徙雒邑襄公以兵送周平王平王封襄公爲諸侯

衛武公四十二年犬戎殺周幽王武公將兵往佐周平戎甚有功周平王命武公爲侯

魯隱公六年冬京師來告饑隱公爲之請糴於宋衛齊鄭禮也鄭伯如周始朝桓王也桓王即位周鄭交惡至是乃朝故曰始

八年八月丙戌鄭伯以齊人朝王禮也初鄭武公莊公爲平王卿士王貳爲虢桓王立周人將畀虢公政周鄭交惡鄭伯不以虢公得政而背王故禮之

九年夏宋殤公不王不共職鄭伯爲王佐卿士以王命討之秋鄭人以王命告魯伐宋遣使致王命也伐宋未得志故復更告也

冬公會齊侯於防謀伐宋也

十年正月公會齊侯鄭伯于中丘癸丑盟于鄧爲師期尋九年會于防謀伐宋也魯公既會而盟盟不書非後也蓋公還告會而不告盟鄧魯地六月戊申公會齊侯鄭伯于老桃會不書不告于廟也老桃宋地六月無戊申戊申五月二十三日誤壬戌公敗宋師于菅庚午鄭師入郜辛未歸魯庚辰鄭師入防辛巳歸于魯壬戌六月七日庚午十五日庚辰二十五日莊公後期而魯公獨敗宋師故鄭頻獨進兵以入郜防入而不有命魯取之推公上爵讓以自替不有其實故經但書魯取以成鄭志善之也君子謂鄭莊公於是乎可謂正矣以王命討不庭下之事上皆成禮於庭中不貪其土以勞王爵正之體也蔡人衛人郕人不會王命冬齊人鄭人入郕討違王命也

桓公五年秋蔡人衛人陳人從王伐鄭王自爲伐鄭之主君臣之辭也

莊公十八年春虢公晉侯朝王

十九年秋周惠王之五大夫奉子頹以伐王不克出奔溫蘇子奉子頹以奔衛衛師燕師伐周冬立子頹

二十年冬王子頹享五大夫樂及徧舞皆舞六代之樂鄭伯聞之見虢叔虢叔公子曰寡人聞之哀樂失時殃咎必至今王子頹歌舞不倦樂禍也夫司寇行戮司寇刑官君爲之不舉去盛饌而況敢樂禍乎奸王之位禍孰大焉臨禍忘憂憂必及之盍納王乎虢公曰寡人之願也

二十一年春胥命于弭夏同伐王城鄭虢相命弭鄭地鄭伯將惠王自圉門入虢叔自北門入殺王子頹及五大夫五月王巡虢守巡守於虢國也天子省方謂之巡守虢公爲王宮于玤玤虢地

三十年山戎來侵燕齊桓公伐山戎救燕因割燕所至地與燕使燕共貢天子如成周時職使燕復修召公之法

僖公四年春齊侯以諸侯之師侵蔡蔡潰遂伐楚楚子使與師言曰君處北海寡人處南海唯是風馬牛不相及也楚界猶未至南海因齊處北海遂稱所近牛馬風逸蓋末界之微事故以取喻不虞君之涉吾地也何故管仲對曰昔召康公命我先君太公召康公周太保召公奭也曰五侯九伯女實征之以夾輔周室五等諸侯九州之伯皆得征討其罪齊桓因此命以誇楚賜我先君履東至于海西至于河南至于穆陵北至于無棣穆陵無棣皆齊境也履所踐履之界齊桓又因以自言其盛爾貢包茅不入王祭不共無以縮酒寡人是徵包裹束也茅菁茅也束茅而灌之以酒爲縮酒尚書包匭菁茅茅之爲異未審昭王南征而不復寡人是問昭王成王之孫南巡守涉漢船壞而溺周人諱而不赴諸侯不知其故故問之對曰貢之不入寡君之罪也敢不共給昭王之不復君其問諸水濱昭王時漢非楚境故不受罪

五年夏公及齊侯宋公陳侯衛侯鄭伯許男曹伯會

王世子于首止惠王太子鄭也不名而殊會尊之也首止衛地陳留襄邑縣東南有首鄉秋八月諸侯盟于首止會王太子鄭謀寧周惠王以惠后故將廢太子鄭而立王子帶故齊桓公帥諸侯會王太子以定其位

七年閏六月襄王惡太叔帶之難懼不立不發惠王喪而告難于齊

八年正月公會王人齊侯宋公衛侯許男曹伯陳世子款盟于洮謀王室也鄭伯乞盟請服也襄王定位而後發喪

十一年夏揚拒泉皐伊雒之戎同伐京師入王城焚東門揚拒泉皐皆戎邑及諸雜戎居伊水雒水之間者今伊闕北有泉亭王子帶召之

也（王子帶昭公也召戎欲因以簒位）秦晉伐戎以救周晉惠公平戎于王

十三年春齊侯使仲孫湫聘于周且言王子帶（前年王子帶奔齊言欲復之）夏公會齊侯宋公陳侯衞侯鄭伯許男曹伯于鹹（鹹衞地東郡濮陽縣東南有鹹城）淮夷病杞故且謀王室也秋爲戎難故諸侯戍周齊仲孫湫致之（戍守也致諸侯戍申于周）

十六年秋王以戎難告于齊齊徵諸侯而戍周（十一年戎伐京師以來遂爲王室難）

二十四年秋太叔以狄師伐周（太叔王子帶）王出適鄭處于氾

二十五年春秦伯師于河上將納王狐偃言於晉侯曰求諸侯莫如勤王諸侯信之且大義也繼文之業而信宣於諸侯今爲可矣（晉文侯仇爲平王侯伯禆輔周室）使卜偃卜之吉晉侯辭秦師而下（辭讓秦師使還順流故曰下）三月甲辰次于陽樊右師圍溫（太叔在溫故）左師逆王四月丁巳王入於王城取太叔於溫殺之于隰城戊午晉侯朝王

二十八年四月己巳晉文公敗楚于城濮癸酉而還甲午至于衡雍作王宮于踐土癸亥王子虎盟諸侯于王庭（踐土宮之庭書踐土別於京師）要言曰皆獎王室無相害也有渝此盟神明殛之俾隊其師無克祚國（獎助也渝變也殛誅也俾使也隊隕也克能也）及而玄孫無有老幼君子謂是盟也信（合義信）謂晉於是役也能以德攻五月公朝於王所（王在踐土非京師故曰所）冬諸侯會于溫晉侯召王以諸侯見且使王狩（晉侯大會諸侯而欲尊事天子以爲名義自嫌彊大不敢朝周喻王出狩因得盡群臣之禮皆譎而不正之事）

三十年冬天王使宰周公來聘（周公太子三公兼冢宰）公子遂如京師遂如晉（如京師報宰周公）

文公元年夏天王使毛伯來錫公命（毛國伯爵諸侯爲士卿士者諸侯即位天子賜以命圭合瑞爲信）公孫得臣如周拜（謝賜命）

宣公九年夏孟獻子聘於周王以爲有禮

十六年冬晉侯使士會平王定定王享之

成公元年春晉侯使瑕嘉平戎于王（晉文十七年平垂之後詹嘉處瑕故謂之瑕嘉）單襄公如晉拜成（謂謝晉爲平戎）

十三年三月公如京師

十五年春會于齊討曹成公（討其殺太子而自立事）執而歸諸京師

襄公五年王使王叔陳生愬戎於晉（王叔周卿士也武陵周室故告愬盟王）晉人執之士魴如京師言王叔之貳於戎也（王叔反有二心於戎失奉使之義故晉執之）

二十四年冬齊人城郲（郲王城也於是穀雒鬬毀王宮齊叛晉欲求媚於天子故

為王城之穆叔如周聘且賀城

二十六年冬晉韓宣子聘于周王使請事問何事來聘對

曰晉士起將歸時事於宰旅無他事矣起宣子名禮諸侯大夫入天子國稱士時事四時貢職宰旅冢宰之下士言獻職貢於宰旅不敢斥尊王聞之曰韓氏其昌阜於晉乎辭不失舊阜大也言閼周衰諸侯莫能知禮唯韓起不失

昭公二十二年六月壬子朝因舊官王工之喪職秩者與靈景之族以作亂單子逆悼王于莊宮以歸悼王王猛也魯叔鞅至自京師言王室之亂十月晉籍談荀躒帥九州之戎九州戎陸渾戎也州鄉屬也五州為鄉及焦瑕溫原之師日邑舍以納王于王城十一月乙酉王子猛卒巳丑

敬王即位十二月庚戌晉籍談荀躒賈辛司馬督司馬帥師軍于陰籍談所軍于侯氏荀躒所軍于谿泉賈辛所軍次于社司馬督所次王師軍于氾于解次于任人五師分在三邑閏月晉箕遺躒徵右行詭濟師取前城三子晉大夫濟師渡河雒軍其東南王師軍于京楚辛丑伐京毀其西南京楚子朝所在

二十三年正月壬寅二師圍郊二師王師晉師也癸卯郊鄩潰二邑皆所朝所得丁未晉師在平陰王師在澤邑王使告間子朝敗故庚戌還晉師還六月壬午子朝入于尹自京入尹氏之邑庚寅單子劉子樊齊以王如劉辟子朝出居劉子邑甲午王子朝入于王城次于左巷近東城七月戊申鄩羅納諸莊宮鄩羅周大夫鄩肸之子

二十四年三月庚戌晉侯使士景伯涖問周故涖臨也就向也朝敬王知誰曲直士伯立于乾祭而問於介衆乾祭王城北門介大也晉人乃辭王子朝不納其使衆言子朝曲入六月壬申王子朝之師攻瑕及杏皆潰瑕杏敬王邑鄭伯如晉子太叔相見范獻子獻子曰若王室何對曰老夫其國家不能恤敢及王室抑人亦有言曰嫠不恤其緯嫠寡婦也織者嘗若緯少寡所宜憂而憂宗周之隕為將及焉恐禍及己今王室實蠢蠢焉蠢蠢動擾貌吾小國懼矣然大國之憂也吾儕何知焉吾子其早圖之詩曰缾之罄矣惟罍之恥詩小雅罍

大器缾小器嘗稟於罍者而所受罄則盡則罍為無餘故恥之王室之不寧晉之恥也獻子懼而於宣子圖之宣子韓起乃徵會於諸侯期以明年為明年黃父傳

二十五年夏叔詣會晉趙鞅宋樂大心衛北宮喜鄭游吉曹人邾人滕人薛人小邾人于黃父謀王室也王室有子朝亂謀定之趙簡子令諸侯之大夫簡子趙鞅輸王粟具戍人曰明年將納王納王於王城

二十六年四月單子如晉告急七月巳巳劉子以王出師敗懼而出庚午次于渠渠周地王城人焚劉燒劉子邑丙子王宿于褚氏雒陽縣南有褚氏亭丁丑王次於萑谷庚辰王入

于胥靡辛巳王次於滑崔谷胥靡皆周地胥靡滑本鄭邑晉知躒趙鞅帥師納王使女寬守闕塞女寬晉大夫闕塞雒南西南伊闕口也守之備子朝十月丙申王師起於滑辛丑在郊郊子朝邑遂次于戶十一月辛酉晉師克鞏知躒趙鞅之師召伯盈逆王子朝伯盈本黨子朝晉師克鞏知子朝不成更逐之而逆敬王王子朝及召氏之族毛伯得尹氏固南宮嚚奉周之典籍以奔楚尹召二族皆奔故稱氏重見尹固名者為後還見殺陰忌奔莒以叛陰忌子朝黨莒周邑召伯逆王于尸及劉子單子盟召伯新還故盟遂軍圉澤次于隄上圉澤隄上皆周地癸酉王入于成周成周今雒陽甲戌盟于襄宮襄王之廟晉師使成公般戍周而還般晉大夫十二月癸未王入于

莊宮莊宮在王城

二十七年十二月晉籍秦致諸侯之戍于周

三十二年秋八月王使富辛與石張如晉請城成周子朝之亂其餘黨多在王城敬王畏之徙都成周成周狹小故請城之天子曰天降禍于周俾我兄弟並有亂心以為伯父憂俾使也兄弟謂子朝也伯父謂晉侯我一二親暱甥舅不遑啓處於今十年謂二十二年二師圍郊至於今勤戍五年謂二十八年晉籍秦致諸侯之所至于今余一人無日忘之念諸侯勞閔閔焉如農夫之望歲懼以待時閔閔憂貌遺亂嘗閔閔與望安定如農夫之憂饑與望來歲之將熟伯父若肆大惠復二文之業弛周室之憂肆展放也二文謂文侯仇文公重耳也弛猶釋也徼文武之福以固盟主宣昭令名則余一人有大願矣昔成王合諸侯城成周以為東都崇文德焉作成周遷殷民以為京師之東都所以崇文王之德今我欲徼福假靈於成王脩成周之城俾戍人無勤諸侯用寧蝥賊遠屏晉之力也蝥賊覦災害其委諸伯父使伯父實重圖之俾我一人無徼怨于百姓徼召也而伯父有榮施先王庸之庸功也徼先王之靈以為大功范獻子謂魏獻子曰與其戍周不如城之天子實云云欲罷戍而城雖有後事晉勿與知可也從王命以紓諸侯晉國無憂是之不務而又焉從事魏獻子曰善使伯音對伯音韓不信曰天子有命敢不奉承以奔告於諸侯遲

速衰序衰差也序次也於是焉在在周所命冬十一月晉魏舒韓不信如京師合諸侯之大夫于狄泉尋盟且令城成周己丑士彌牟營成周計丈數計所營城之丈數揣高卑度高曰揣度厚薄仞溝洫度深曰仞物土方議遠邇物相也相取土之方面遠近之宜量事期知事幾時畢計徒庸知用幾人功慮材用知費幾材用書餱糧知用幾粮食以令役於諸侯屬役賦丈丈所營城尺丈書以授帥帥諸侯之大夫而效諸劉子效致也韓簡子臨之以為成命

定公六年四月周儋翩率王子朝之徒因鄭人將以作亂于周儋翩子朝餘黨鄭於是乎伐馮滑胥靡負黍狐人

闕外鄭伐周六邑陽城縣西南有負黍亭六月晉閻沒戍周且城胥靡爲下天王出居姑蕕十二月天王處于姑蕕姑蕕周地辟儋翩之亂
也
七年十一月戊午單子劉子逆王子慶氏慶氏守姑蕕大夫
晉籍秦送王巳巳王入于王城
秦孝公十九年天子致伯者公使公子少官率師會
諸侯于逢澤開封東北有逢澤朝天子

獻捷

春秋之義凡諸侯有四夷之功則獻捷於王所以表
綏猷之爲果示我武之惟揚繇是操仗大功懸首槀

則愷歌斯作用警不庭者矣至有尊奉霸王協比同
盟爰行執訊之儀用敦睦鄰之好旣瀆遺俘之禮有
娓不汙之典褒貶之義舊典存焉
魯莊公三十一年六月齊侯來獻戎捷
僖公二十一年冬楚子伐宋楚人使宜申來獻捷
二十八年晉文公敗楚于城濮獻楚俘于王振旅愷
以入于晉愷樂也獻俘授馘飲至大賞授馘也獻楚俘於廟
晉宣公十五年七月晉侯使趙同獻狄俘於周
十六年春晉士會帥師滅赤狄甲氏及留吁鐸辰鐸辰留吁戍屬三月獻狄俘獻于王也

成公二年十一月晉師及諸侯之師戰于鞌齊師敗
績晉景公使鞏朔獻齊捷于周王弗見使單襄公辭
焉曰蠻夷戎狄不式王命式用也淫湎毀常王命伐之
則有獻捷王親受而勞之所以懲不敬勸有功也兄
弟甥舅侵敗王畧兄弟同姓國甥舅異姓國畧經畧法度王命伐之告
事而已不獻其功所以敬親暱告戍事而不獻囚俘禁淫慝也
淫慝爲賊掠百姓取囚也今叔父克遂有功于齊克能也而不使命
卿鎮撫王室所使來撫余一人而鞏伯實來未有職
司于王室鞏朔上軍大夫非命卿名位不達于王室又奸先王之禮謂獻齊捷
余雖欲於鞏伯欲受其獻其敢廢舊典以忝叔父夫齊甥

舅之國也而大師之後也齊世與周昏故曰甥舅寧不亦淫從
其欲以怒叔父抑其不可諫誨士莊伯不能對莊伯鞏朔
王使委於三吏委屬也三吏三公也禮之如侯伯克敵使大夫
告慶之禮降於卿禮一等王以鞏伯宴而私賄之使
相告之曰非禮也勿籍相相禮者籍書也王畏晉故私宴賄以慰鞏朔
十六年晉厲公與楚戰於鄢陵楚師敗績十二月晉
侯使郤至獻楚捷于周
襄公十五年六月鄭子展子產帥師伐陳入之八月
子產獻捷于晉獻入陳之功而不獻其俘戎服將事戎服軍旅之衣異於朝服
晉人問陳之罪對曰昔虞閼父爲周陶正以服事我

先王閼父舜之後當周之興閼父爲武王陶我先王賴其利器用也與其神明之後也舜聖故謂之神明庸以元女大姬配胡公庸用也元女武王之長女胡公閼父之子滿也而封諸陳以備三恪周得天下封夏殷二王後又封舜後謂之恪并二王後爲三國其禮轉降示敬而已故曰三恪則我周之自出至於今是賴言陳周之甥至今賴周德桓公之亂蔡人欲立其出陳桓公鮑卒於是陳亂事在魯桓五年蔡出桓公之子厲公也我先君莊公奉五父而立之五父佗桓公弟殺太子免而代之鄭莊公因就定其位蔡人殺之欲立其出故我又與蔡人奉戴厲公奉戴猶奉事至於莊宣皆我之自立陳莊公宣公皆厲公子夏氏之亂成公播蕩又我之自入君所知也播蕩流移也所知宣公十一年陳夏徵舒殺靈公靈公之子成公奔晉自晉因鄭而

入也今陳忘周之大德蔑我大惠棄我姻親介恃楚衆以馮陵我敝邑不可億逞億度也逞盡也我是以有往年之告謂鄭伯稽首告晉請伐陳未獲成命未得伐陳命則有我東門之役前年陳從楚伐鄭東門當陳隧者井堙木刊敝邑大懼不競而恥大姬上辱大姬之靈天誘其衷啓敝邑心啓開也開道其心故得勝陳知其罪授手于我用敢獻功晉人曰何故侵小對曰先王之命唯罪所在各致其辟辟誅也且昔天子之地一圻方千里列國一同方百里自是以衰衰差降今大國多數圻矣若無侵小何以至焉晉人曰何故戎服對曰我先君武莊爲平桓卿士鄭武公莊公爲周平王桓王卿士城濮之役文公布命曰各復舊職晉文公命我文公戎服輔王以受楚捷不敢廢王命故也城濮在僖公二十八年士莊伯不能詰士莊伯士弱也復於趙文子文子曰其辭順犯順不祥乃受之

定公六年夏季桓子如晉獻鄭俘也獻此春取長垣之俘

救患

親仁善鄰有國之本也周亟卹患諸侯之禮也蓋夫天道難諶災沴或作地利不至饑饉遂臻必當通其有無行其彼此歲凶則告糴以紓其難國富則餼粟以矜其民故雖天災流行而乃人用不匱若其兵戈

互舉強弱相弊則必救以師旅釋圍解鬬立其宗社興滅固存或以定霸之安或以同盟之故仗其大義矜其無資斯乃侯伯之道也其或以暴易暴以衆凌寡亦五霸之罪人也

魯桓公六年夏北伐戎齊侯使乞師於鄭鄭太子忽帥師救齊六月大敗戎師獲其二帥大良少良甲首三百以獻於齊甲首被甲者首於是諸侯之大夫戍齊

莊公三十二年夏宋公齊侯遇于梁丘初齊侯爲楚伐鄭之故請會于諸侯楚伐鄭在二十八年謀爲鄭報楚宋公請先見於齊侯故夏遇于梁丘齊善宋之謀見故進其班

閔公元年正月狄人伐邢（狄伐邢在往年冬）管敬仲言於齊侯曰戎狄豺狠不可厭也（敬仲管夷吾）諸夏親暱不可棄也（諸夏中國也暱近也）宴安酖毒不可懷也（以宴安比之酖毒）詩云豈不懷歸畏此簡書（詩小雅也文王爲西伯勞來諸侯之詩）簡書同惡相恤之謂也（同恤所惡）請救邢以從簡書齊人救邢

僖公元年春齊率諸侯之師救邢次于聶北邢人潰出奔師（奔聶北之書也邢潰不書不告也）師遂逐狄人具邢器用遷之師無私焉（皆撰具還之無所私也）夏邢遷于夷儀諸侯城之救患也凡諸侯伯救患分災討罪禮也

二年春諸侯城楚丘而封衛焉（君死國滅故傳言封）衛國有狄

人之敗出處於曹齊桓公救而封之遺之車馬器服焉衛人思之欲厚報之作木瓜之詩

六年秋楚人圍許以救鄭（楚子不圍以圍者告）諸侯救許乃還

十二年春諸侯城衛楚丘之俘懼狄難也

十三年冬晉薦饑（麥禾皆不熟）使乞糴于秦秦伯謂子桑與諸乎對曰重施而報君將何求（言不指秦）重施而不報其民必攜攜而討焉無衆必敗（不義故民不從之）謂百里與諸乎（百里秦大夫）對曰天災流行國家代有救災卹鄰道也行道有福丕鄭之子豹在秦請伐晉（欲爲父報仇）秦伯曰其君是惡其民何罪秦於是乎輸粟于晉自雍及絳相繼（雍秦國都絳晉國都）命之曰汎舟之役

十五年春楚人伐徐徐即諸夏故也三月諸侯盟于牡丘尋葵丘之盟且救徐也（葵丘盟在九年）孟穆伯帥師及諸侯之師救徐諸侯次于康以待之秋伐厲以救徐也

是年秦伐晉獲晉侯秦與晉平晉又饑秦伯又餼之粟曰吾怨其君而矜其民且吾聞唐叔之封也箕子曰其後必大晉其庸可冀乎（唐叔晉始封之君武王之子箕子商王帝乙之子紂之庶兄）姑樹德焉以待能者於是秦始征晉河東置官司焉

十八年春宋公曹伯衛人伐齊夏師救齊狄救齊（師魯師也）

二十年秋齊狄盟于邢爲邢謀衛難也於是衛方病邢

二十二年宋公衛侯許男滕子伐鄭楚人伐宋以救鄭

二十七年冬楚子及諸侯圍宋宋公孫固如晉告急先軫曰報施救患取威定霸於是乎在矣（先軫晉下軍之佐）狐偃曰楚始得曹而新昏於衛若伐曹衛楚必救之則齊宋危矣於是乎蒐于被廬作三軍謀元帥出穀

戍釋宋圍一戰而霸文之教也

二十八年春晉侯伐衛楚人救衛不克晉執衛侯公爲之請納玉於王與晉侯皆十瑴王許復之

三十三年秋晉陽處父侵蔡楚子上救之

文公三年冬公如晉十有二月己巳公及晉侯盟晉陽處父帥師伐楚救江時楚人圍江晉師伐楚楚國有難則江圍自解

宣公元年六月陳靈公受盟于晉秋楚子侵陳遂侵宋趙盾帥師救陳宋會于棐林以伐鄭也楚蔿賈救鄭遇于北林與晉師相遇滎陽中牟縣西南有林亭在鄭北囚晉解揚晉人乃還

二年春秦師伐晉以報崇也伐崇在元年遂圍焦焦晉河外邑夏晉趙盾救焦遂自陰地及諸侯之師侵鄭陰地晉河南山北自上雒以東至陸渾以報大棘之役楚鬭椒救鄭曰能欲諸侯而惡其難乎遂次于鄭以待晉師趙盾曰彼宗競于楚殆將斃矣競彊也鬭椒若敖之族自子文以來世爲令尹始益其疾乃去之欲示弱以驕之

十年冬楚子伐鄭晉士會救鄭逐楚師于潁北潁水出河南陽城之下蔡入淮諸侯之師戍鄭

成公十七年正月鄭子駟侵晉虛滑虛滑晉二邑滑故國爲秦所滅時屬晉後屬周衛北宮括救晉侵鄭至于高氏不書救以侵高氏在陽翟縣西南五月楚公子成公子寅戍鄭公會尹武公單襄公及諸侯伐鄭自戲童至于曲洧今新汲縣治曲洧六月楚子重救鄭師于首止諸侯還畏楚強冬諸侯伐鄭前夏未得志故十月庚午圍鄭楚公子申救鄭師于汝上十一月諸侯還不書圍畏楚救不成而還

十八年冬十一月楚子重救彭城伐宋使偏師與鄭人侵宋公子重爲後鎮宋華元如晉告急韓獻子爲政於是欒書卒韓厥代將中軍曰欲求得人必先從之勤恤其急成霸安彊自宋始矣晉侯師于台谷以救宋台谷北闕遇楚師于靡角之谷楚師還畏晉強也靡角宋地晉士魴來乞師將救宋季文子問師數於臧

武仲武仲宣叔之子對曰伐鄭之役知伯實來下軍之佐也知伯荀瑩今彘季亦佐下軍彘季士魴如伐鄭可也伐鄭在十七年事大國無失班爵而加敬焉禮也從之從武仲言十二月孟獻子會于虛村謀救宋宋人辭諸侯而請師以圍彭城不敢煩諸侯故但請其師襄公元年圍彭城

襄公元年夏五月晉韓厥荀偃帥諸侯之師伐鄭入其郛荀偃經不書非元帥敗其徒兵於洧上徒兵步兵洧水出密縣東南至長平入潁於是東諸侯之師次于鄫以待晉師齊魯曹邾晉師自鄭以鄫之師侵楚焦夷及陳於是孟獻子自鄭先歸不與侵陳楚故不書晉侯衛侯次于戚以爲之援爲韓厥援秋楚子辛救鄭侵

宋呂留 呂留二縣今屬彭城郡 鄭子然侵宋大丘

五年九月丙午盟于戚會吳且命戍陳也 公及其會而不及盟 非公後會蓋不以盟告廟 楚子囊爲令尹 公子辛 范宣子曰我喪陳矣楚人討貳而立子囊必改行 改子辛所行 而疾討陳 疾陳急也 陳近於楚民朝夕急能無往乎有陳非吾事也無之而後可 言晉力不能及陳故七年陳侯逃歸 冬諸侯戍陳 衛楚子囊伐陳十一月甲午會于城棣以救之

七年楚子囊圍陳會于鄬以救之

十年冬諸侯之師城虎牢而戍之晉師城梧及制士魴魏絳戍之鄭及晉平楚子囊救鄭

冊府元龜 列國君部 救患　卷之二百四十　十九

十四年春吳告敗于晉 前年爲楚所敗 會于向爲吳謀楚故也 謀爲吳伐楚 范宣子數吳之不得也以退吳人 吳伐楚喪故以爲不得數而遣之辛不爲伐楚

二十三年秋齊侯伐衛遂伐晉 兩事故言遂 八月叔孫豹帥師救晉次于雍榆 豹救晉待命于雍榆故書次雍榆晉地汲郡朝歌縣東有雍城

二十四年秋齊侯聞將有晉師使陳無宇從薳啓疆如楚辭且乞師冬楚子伐鄭以救齊門于東門次于棘澤 以齊無宇乞師故也 諸侯還救鄭 夷儀諸侯

昭公十一年秋季孫意如會晉韓起齊國弱宋華亥衛北宮佗鄭罕虎曹人杞人于厥憖謀救蔡 不書救蔡蔡不果救

二十二年春宋華氏之亂方侯之戍謀曰若華氏知困而致死楚恥無功而疾戰非吾利也不如出之以爲楚功其亦無能爲也已 言華氏不能復爲宋患 救宋而除其害又何求乃固請出之宋人從之巳巳宋華亥向寧華定華豹華登皇奄傷省臧士平出奔楚 華豹已下五子不書非卿

二十五年九月巳亥公孫于齊次于陽州齊侯將唁公于平陰公先至於野井齊侯曰寡人之罪也使有司待于平陰爲近故也 齊侯自咎本不勑有司遠詣陽州而欲近會于平陰

冊府元龜 列國君部 救患　卷之二百四十　二十

故令魯侯過共先至野井遠見迎逆自咎以謝公 書曰公孫于齊次于陽州齊侯唁公于野井禮也將求於人則先下之禮之善物也 物事也謂先至于野井 齊侯曰自莒疆以西請致千社 二十五家爲里千社二萬五千家欲以給公 以待君命 待君伐季氏之命 寡人將帥敝賦以從執事唯命是聽君之憂寡人之憂也十一月庚辰齊侯圍鄆 欲取以居公不書圍鄆人自服不成圍

定公五年夏歸粟于蔡 蔡爲楚所圍饑乏故魯歸之粟 以周亟務無資 亟急資也

六月申包以秦師至秦子蒲子虎帥車五百乘以救楚 五百乘三萬七千五百人 子蒲曰吾未知吳道 道猶法術 使楚人先

與吳人戰而自稷會之大敗夫槩王于沂（稷沂皆楚地）吳
人獲薳射於柏舉（薳射楚大夫）其子帥奔徒（奔徒楚散卒）以從
子西敗吳師於軍祥（楚地）
八年夏齊國夏高張伐我西鄙（報上二侵）晉士鞅趙鞅荀
寅救我（救不書齊師已去未入境）
十五年夏鄭罕達敗宋師于老丘（罕達子齹之子老丘宋地宋公子地
奔鄭鄭人爲之伐宋欲取此以處之見哀公十二年）齊侯衛侯次于蘧蒢謀救
宋也
哀公六年春吳伐陳復修舊怨也（元年未得志故也）楚子曰
吾先君與陳有盟不可以不救乃救陳師于城父（陳盟在昭

公十三年）秋七月楚子在城父將救陳卜戰不吉卜退不
吉王曰然則死也再敗楚師不如死（前已敗於柏舉今若退還亦是
敗）棄盟逃讐亦不如死死一也其死讐乎命公子申
爲王不可則命公子結亦不可則命公子啓（申子西結子期
啓子閭皆昭王兄）五辭而後許將戰王有疾庚寅昭王攻大
冥卒于城父（大冥陳地吳師在所）
七年八月宋人圍曹鄭桓子思曰宋人有曹鄭之患
也不可以不救（桓諡）冬鄭師救曹侵宋
十年冬楚子期伐陳（陳即吳故）吳延州來季子救陳謂子
期曰二君不務德（二君吳楚）而力爭諸侯民何罪焉我請
退以爲子名務德而安民乃還
十七年夏六月趙鞅圍衛齊國觀陳瓘救衛（國觀國書之子）
得晉人之政師者子王使服見之（釋因服其因本服）曰國子
實執齊柄而命瓘曰無辟晉師豈敢廢命（欲必敵晉）子又
何辱（言不煩來致師自將往戰）簡子曰我卜伐衛未卜與齊戰乃
還（畏子三）
二十七年夏晉荀瑤帥師伐鄭次于桐丘鄭駟弘請
救于齊（弘駟歂子）齊師將興陳成子屬孤子三日朝（屬會死事
者之子使朝三日以禮之）設乘車兩馬繫五色焉（乘車兩馬大夫服又加之五色）
召顏涿聚之子晉曰隰之役而父死焉（隰役在二十二年）以

國之多難未女恤也今君命女以是邑也服車而朝
毋廢前勞乃救鄭及留舒違穀七里穀人不知（言其齊地）
（違去也）及濮雨不涉（濮水自陳留酸棗縣傍河東北經齊地至高平入濟水）子思
曰大國在敝邑之宇下是以告急今師不行恐無及
也（子思國參）成子衣製秋戈（製雨衣也）立於阪上馬不出者助
之鞭之知伯聞之乃還（畏其得衆心）曰我卜伐鄭不卜敵
齊
秦昭王立王母宣太后楚女也楚懷王怨前秦敗楚
於丹陽而韓不救乃以兵圍韓雍氏韓使公仲侈告
急於秦秦昭王新立太后楚人不肯救公仲因甘茂

爲韓言於秦昭王曰公仲方有得秦救故敢扞楚也今雍氏圍秦師不下殽公仲且仰首而不朝公叔且以國南合於楚楚韓爲一魏氏不敢不聽然則伐秦之形成矣不識坐而待伐孰與伐人之利秦王曰善乃下師於殽以救韓楚兵去

齊威王八年楚大發兵加齊齊王使淳于髡之趙請救兵齎黃金千鎰白璧十雙車馬百駟髡辭而行至趙趙王與精兵十萬革車千乘楚聞之夜引兵而去威王大悅

冊府元龜

巡按福建監察御史臣李嗣京　訂正
分守建南道左布政使臣胡維霖　叅閱
知建陽縣事臣黃國琦　較釋

列國君部

崇祀　旌表　禮士

崇祀

祀爲大事乃有國之通規祭不越望實諸侯之常禮故山川神祇於是乎禜之水旱癘疫於是乎禱之享以克誠薦以備物是以祭則受福民賴其賜然而魯

郊上帝蓋以周公故秦作西畤始僭王者之義自茲已降與爲益多矣若乃薦事不時將命不肅慢神瀆祀葢有司之過也

虢公當魯莊公三十二年七月有神降於莘虢公使祝宗應區史嚚享焉曰神賜之土田祝太祝也宗宗人也史太史應區嚚皆名

晉獻公十六年伐霍魏耿而趙夙爲將伐霍霍公求犇齊求一作來晉太旱卜之曰霍太山爲祟使趙夙召霍君於齊復之以奉霍太山之祀

晉復穫二十二年滅虞虜虞公而修虞祀虞所祭祀命祀也

魯僖公三十一年四月四卜郊不從乃免牲一日卜不從不吉也卜郊不吉故免牲免猶縱也猶三望三望分野之星國中山川皆因郊祀望而祭之魯廢郊天而修其小祀故日猶猶者可止之辭望郊之細也不郊亦無望可也諸侯不得郊天魯以周公故得天子禮樂故郊爲魯常祀魯頌曰周公之孫莊公之子龍旂承祀六轡耳耳春秋匪解享祀不忒周公之孫莊公之子謂僖公也耳耳然至盛也文龍爲旂承祀謂視祭祀也四馬故六轡春秋猶言四時也忒變也皇皇后帝皇祖后稷享以騂犧是饗是宜降福既多騂赤犧純也皇皇后帝謂天也成王以周公功大命魯郊祭天亦配之以君祖后稷其牲用赤牛純色與天子同也天亦享之宜之多予之福

宣公三年王正月郊牛之口傷改卜牛牛死乃不郊

牛不稱牲未卜日也猶三望其言之何據食角不言之緩也辭閒用之故爲緩不若食角急也別天牲主以角書者識宣公養牲不謹敬不潔清而灾重事至尊故詳錄其簡甚易爲不復卜據定十五年牛死故卜牛養牲養二卜二卜語在下帝牲不吉帝皇天大帝在北辰之中主總領天地五帝群臣也不吉者有灾則板稷牲而卜之先卜帝牲養之有灾更引稷牲卜之以爲天牲養之凡當二卜爾復不吉不復郊帝牲在于滌三月滌宮名養帝牲三牢之處也謂之滌者取其蕩滌潔清三牢者各主一月取三月一時足以充其天牲於稷者唯具是視視其身體具無灾而已不特養于滌宮所以降稷尊帝郊則曷爲必祭稷據郊者主爲祭天王者必以其祖配祖謂后稷周之始祖姜嫄履大人之所生配配食也王者則曷爲必以其祖配據方父事天自內出者無匹不行匹合也無所與會合則不行自外至者

無王不止(必得主人乃止天道闇昧故道以接之不以文王配者重本尊始之義也故孝經曰郊祀后稷以配天宗祀文王於明堂以配上帝五帝在太微之中迭生子孫更王天下書改卜者善其應變得禮)

成公七年正月鼷鼠食郊牛角改卜牛鼷鼠又食牛角乃免牛(稱牛未卜日免放也免牛可也不郊非禮也)冬大雩(書過)

十七年九月辛丑用郊夏之始可以承春以秋之末承春之始蓋不可失(郊春事也僖公時四月小郊不從傳曰四月不時春言可者方明秋末之不可故以是爲猶可也)九月用郊者不宜用也宮室不設不可以祭衣服不修不可以祭車馬器械不備不可以祭有司一人不備其職不可以祭祭者薦其時也

薦其美也非享味

襄公七年四月三卜郊不從乃免牲孟獻子曰吾今而後知有卜筮矣郊祀后稷以祈農事也是故啓蟄而郊郊而後耕今既耕而卜郊宜其不從也(啓蟄夏正建寅之月耕謂春分)

昭公三年八月大雩旱也

八年秋大雩(不旱而雩過也)

十六年九月大雩旱也鄭大旱使屠繫祝款豎柎有事於桑山(三子鄭大夫有事祭也)斬其木不雨子產曰有事於山蓺山林也(蓺養護令繁殖)而斬其木其罪大矣奪其官邑

二十五年七月上辛大雩季者有中之亂也(不言中辛中平無事)又有繼之辭也(緣有上辛大雩故言又也)

定公十五年正月鼷鼠食郊牛牛死改卜牛(不言所食處舉死重也改卜禮也)五月辛丑郊(書過)

哀公元年鼷鼠食郊牛改卜牛夏四月辛巳郊(書過也不言所食所食非一處)

晉平公二十三年(魯昭公七年也)晉侯有疾韓宣子逆客私焉(私語)曰寡君寢疾於今三月矣並走群望(晉所望祀山川皆走往祈禱)有加而無瘳今夢黃熊入於寢門其何厲鬼也對曰以君之明子爲大政其何厲之

有昔堯殛鯀于羽山(羽山在東海祝其縣西南)其神化爲黃熊以入于羽淵實爲夏郊三代祀之(鯀禹父夏家郊祀之歷殷周二代又通在群神之數並見祀)晉爲盟主其或者未之祀也乎(言周衰晉爲盟主)韓子祀夏郊晉侯有間(間差也)賜子產莒之二方鼎(方鼎莒所貢)

楚共王無冢適有寵子五人無適立焉乃大有事於群望(群望星辰山川)而祈曰請神擇於五人者使主社稷乃遍以璧見于群望曰當璧而拜者神所立也誰敢違之既乃與巴姬密埋璧於太室之庭使五人齊而長幼入拜康王跨之靈王肘加焉子干子晳皆遠之平

王弱抱而入再拜皆壓紐

秦襄公八年攻戎救周列爲諸侯而居西八年自以爲主少昊之神作西畤祠白帝其牲用騮駒黄牛羝羊各一云（騮赤馬黑鬣尾也羝牡羊也）

文公十年東獵汧渭之間（汧渭二水名）卜居之而吉文公夢黄蛇自天下屬地（屬著也）其口止於鄜衍（鄜音孚三輔謂山陵間爲衍今之鄜州葢取名於此也）文公問史敦（敦秦之太史敦其名也）敦曰此上帝之君其祠之於是作鄜畤用三牲郊祭白帝焉自未作鄜畤而雍旁故有吳陽武畤（雍旁有吳陽地也）雍東有好畤皆廢無祀或曰自古以雍州積高神明之隩（土之

可居曰隩）故立畤郊上帝諸神祠皆聚云

十九年獲若石云于陳倉北阪城祠云（其質如石似肝陳倉之北阪上城中也云語助也）其神或歲不至或歲數來也嘗以夜光輝若流星從東方來集于祠城若雄雉其聲殷殷云野雞夜鳴（殷殷聲也云傳聲之亂也野雞亦雉也避呂后諱故曰野雞言陳寶若來而有聲則野雞皆鳴以應之也上言雄雉下言野雞史駮文也殷聲音隱）以一牢祠之名陳寶（陳倉縣有寶夫人祠或一歲二歲與葉君合葉君神來時天爲之殷殷雷鳴雉爲之雊也）作陳寶祠

靈公三年作上下畤上畤祭黄帝下畤祭炎帝

德公立卜居雍（即今之雍縣）子孫飲馬於河遂都雍雍之諸祠自此興用三百牢於鄜畤作伏祠（六月伏日也周時無至此乃有之伏者謂陰氣將起迫於殘陽而未得升故爲藏伏因名伏日也立秋之後以爲代火金畏於火故至庚日必伏庚金也）磔狗邑四門以御蠱災

宣公四年作密畤於渭南祭青帝

獻公十七年櫟陽雨金獻公自以爲得金瑞故作畦畤櫟陽而祀白帝

昭襄王五十四年郊見上帝於雍

趙襄子爲知伯所攻奔于晉陽原過從後至於王澤見三人自帶以上可見自帶以下不可見與原過竹二節莫通曰爲我以是遺趙毋卹原過既至以告襄子襄子齋三日親自剖竹有朱書曰趙毋卹余霍泰

山（在江東永安縣）山陽侯天使也三月丙戌余將使女反滅知氏女亦立我百邑余將使女林胡之地至于後世且有伉王赤黑龍面而鳥噣鬢麋髭頿大膺大胸修下而馮左袵界乘（修或作隨界一作介）奄有河宗至于休溷諸貉南伐晉別北滅黑姑襄子再拜受三神之令後滅知氏遂祀三神於百邑使原過主霍泰山祀祠

旌表

古者友邦冢君莫不奉天子贊教化椎之彌廣四海是準然則肴善競勸之道莫過乎旌別良淑表章功行則有報乃忠力褒其高節顯揚茂烈昭明嘉績錄

是辭刑銘篆恩崇賞典尊寵姝品封賜特厚逮夫既往禮亦異數生榮死哀而盡在懿德英風而可尚賢哲之嗣靡絕社稷之功用答垂裕後昆率爲彝制俾夫千載之下義聲凜然矣

魯莊公及宋人戰于乘丘縣賁父御卜國爲右（縣卜皆氏也凡車右勇力者爲之）馬驚敗績（驚奔失列）公隊左車授綏（戎車之二日左授綏乘公）公曰末之卜也（末之猶言卜國無勇）縣賁父曰他日不敗績今日敗績是無勇也（公他日戰其御未嘗驚奔）遂死之（因即赴敵而死）圉人浴馬有流矢在白肉（圉人掌養馬者白肉股裏肉）公曰非其罪也（流矢中馬非御與右之罪）遂誅之（誄其赴敵之功）士之有誄自此始也

晉文公初返國賞從士及功臣大者封邑小者尊爵未盡行賞周襄王以弟帶難出居鄭地來告急晉初定欲發兵恐他亂起是以賞從士未至隱者介子推推亦不言祿祿亦不及推曰獻公之子九人唯君在矣惠懷無親外內棄之天未絕晉必將有主主晉祀者非君而誰天實開之二三子以爲己力不亦誣乎竊人之財猶曰是盜況貪天之功以爲己力乎下冒其罪上賞其姦上下相蒙（蒙欺也）難與處矣其母曰盍亦求之以死誰懟推曰尤而效之罪又甚焉且出怨言不食其祿母曰亦使知之若何對曰言身之文也身欲隱安用文之文之是求顯也其母曰能如此乎與女皆隱至死不復見介子推從者憐之乃懸書宮門曰龍欲上天五蛇輔之龍已升去四蛇各入其宇一蛇獨怨終不見處所文公出見其書曰此介子推也吾方憂王室未圖其功使人召之則亡遂求所在聞其入綿上山中（綿上晉地在西河介休縣南）於是文公環綿上山中而封之以爲介推田號曰介山以記吾過且旌善人

楚莊王時令尹子楊（子楊子文之子）爲司馬子越譖而殺之（子越姓鬬名椒）子越既爲令尹將攻王戰于皐滸遂滅若敖氏其孫箴尹克黃（箴尹官名克黃子楊之子）使於齊還及宋聞亂其人曰不可以入矣箴尹曰棄君之命獨誰受之君天也天可逃乎遂歸復命而自拘於司敗王思子文之治楚國也曰子文無後何以勸善使復其所改命曰生（易其名也）孫叔敖爲楚相既卒數年莊王欲以優孟爲相優孟曰楚相孫叔敖持廉至死方今妻子窮困負薪而食不足爲也於是莊王謝優孟乃召孫叔敖子封之寢丘（在固始）四百戶以奉其祀

衛獻公時太史柳莊寢疾公曰若疾革雖當祭必告（革急也）公再拜稽首請於尸曰有臣柳莊也者非寡人之臣社稷之臣也聞之死請往（急弔賢者）不釋服而往遂以襚之（脫君祭服以襚臣親賢也所以襚之者以其不用襲也凡襚以斂之）與之邑裘氏與縣潘氏書而納諸棺曰世世萬子孫毋變也

公子鱄字子鮮獻公弟也獻公出奔子鮮與甯喜言納公公入而甯喜專公患之公孫免餘攻甯氏殺喜及右宰穀尸諸朝子鮮終身不仕公喪之如稅服終身（稅卽繐也喪朽繐繐裳縷細而希非五服之裳本無月數痛愍子鮮故特爲此服無月數而獻公尊甏故言終身）

齊景公時伐晉夷儀敝無存先登死齊侯請夷儀人曰得敝無存者以五家免（給其五家令常不共役事）乃得其尸公三襚之（襚衣也此三加襚深禮厚）與之犀軒與直蓋（犀軒車右）而先歸之坐引者以師哭之（停喪車以盡哀也君前爲位而哭故挽喪者不敢上之）親推之三（齊侯自推喪車輪三轉）

衛莊公得孔悝立已依孔寠之故孔悝之鼎銘曰六月丁亥公假於太廟（孔悝大夫）公曰叔舅乃祖莊叔左右成公乃命莊叔隨難于漢陽卽宮于宗周奔走無射啓佑獻公獻公乃命成叔纂乃祖服乃考文叔興舊嗜欲作率慶士躬恤衛國其勤公家夙夜不解民咸曰休哉公曰叔舅予女銘若纂乃考服悝拜稽首曰對揚以辟之勤大命施于烝彝鼎

魯哀公十一年齊伐魯戰于郊公叔禺人（昭公子）與其鄰重汪踦往皆死焉（奔敵死齊冠隣里也重童也重當爲未冠者之稱姓汪名踦鄰可爲鄰春秋傳曰童汪踦）魯人欲勿殤重汪踦（見其死君事有士行欲以成人之喪治之言魯人者死君事國爲斂葬）問於仲尼仲尼曰能執干戈以衛社稷雖欲勿殤也不亦可乎（善之）

十六年孔丘卒公誄之曰旻天不弔不憖遺一老俾屏余一人以在位（仁覆閔下故稱旻天弔至也憖且也俾使也屏蔽也）煢煢余在疚嗚呼哀哉尼父無自律（疚病也律法也言喪尼父無以自爲法）

越王勾踐既滅吳范蠡乘輕舟以浮於五湖勾踐令工以良金寫范蠡之狀而朝禮之浹日而令大夫朝之環會稽三百里以爲范蠡地曰後世子孫有敢侵蠡之地者使無終沒於國皇天后土四鄉地主正之

魏惠王時公叔座爲將西與韓趙戰澮北禽樂祚王說郊迎以賞田百萬祿之公叔座反走再拜辭曰夫使士卒不奔直而不倚橈揀不辟者此吳起餘教也臣不能爲也王曰善於是索吳起之後賜之田萬

禮士

古人有言曰霸者與其友處故北面等禮不乘之以

勢以求其臣則友朋之才至矣孟子曰用上敬下謂之尊賢若乃千乘之國能下布衣之士者曷嘗不恢道德之政隆邦家之基以至任之以事而舉國爾治當乎其世而南面稱霸者率用此道也故有甲體折節以致其恭分庭曲坐以厚其遇乃至玉帛無所愛館舍極其盛詢其謀猷任其智力繇是威宣於鄰壤惠浹於四封名聲章明稱爲賢王向使驕而且吝則天下之士至者蓋鮮矣

齊桓公田至於麥丘見麥丘邑人問之子何爲者也對曰麥丘邑人也公曰年幾何對曰八十有三矣公

曰美哉壽乎子其以子之壽祝寡人麥丘邑人曰祝主君使主君甚壽金玉是賤人爲寶桓公曰善哉至德不孤善言必再吾子一復之麥丘邑人曰祝主君使主君無羞學無惡下問賢者在旁諫者得入桓公曰善哉至德不孤善言必三吾子一復之麥丘邑人曰祝主君使主君無得罪於群臣百姓桓公怫然作色曰吾聞之子得罪於父臣得罪於君未嘗聞君得罪於臣者也此一言者非夫二言者之匹子更之麥丘邑人坐拜而起曰此一言者夫二言者之長也子得罪於父可以因姑姊叔父而解之父能赦之臣得罪於君可以因便辟左右而謝之君能赦之昔者桀得罪於湯紂得罪於武王此則君之得罪於其臣者也莫爲謝至今不赦公曰善賴國家之福社稷之靈也寡人得吾子於此扶而載之自御以歸禮之於朝封之以麥丘而斷政焉

管仲齊人隨公子糾在魯桓公使鮑叔求管仲於魯魯乃束縛而押以予齊（押檻）至于堂阜之上（堂阜地名）鮑叔祓而浴之三（祓謂除其凶邪之氣）桓公親迎之郊管仲詘纓捷衽（示將就戮）使人操斧而立其後（操斧者欲受斧鉞之誅）公辭斧三然後退之（退操斧者）公曰垂纓下衽寡人將見管仲再拜

稽首曰應公之賜殺之黃泉死且不朽（言君賜之死尚感恩不朽況生之乎）公遂與歸禮之於廟三酌而問爲政焉其後公謂管仲曰請致仲父（仲父者尊老有德之稱桓公欲尊事管仲故以仲父之號致也）公與管仲而將飲之（行飲酒禮以尊顯之）掘新井而柴焉（新井而以柴蓋之欲以潔清示教）十日齋戒召管仲管仲至公執爵大夫執尊觴三行管仲趨出公怒曰寡人齋戒十日而飲仲父寡人自以爲修矣仲父不告寡人而出其故何也（謂不辭而出所以怒）鮑叔隰朋趨而出及管仲于途曰公怒管仲反入倍屏而立公不與言少進中庭不與言少進傳堂公曰寡人齋戒十日而飲仲父自以爲脫於

罪矣仲父不告寡人而出未知其故也對曰臣聞之沈於樂者洽於憂（樂過則憂傳）厚于味者薄于行慢于朝者緩於政害於國者危於社稷臣是以敢出也公遽下堂曰寡人非敢自以爲修也仲父年長雖寡人亦衰矣吾願一朝安仲父也（言俱至於衰老故欲一朝樂飲而爲安也）對曰臣聞壯者無怠老者無偷順天之道必以善終者也三王失之也非一朝之萃（其所由來者漸矣非一朝萃集也）君奈何其偷乎管仲走出公以賓客之禮再拜送之

桓公設庭燎爲士之欲造見者朞年而士不至於是東野有以九九見者桓公使戲之曰九九何足以見

曰臣聞君設庭燎以待士朞年而士不至夫士之所以不至者君天下之賢也而四方之士皆自以爲不及君故不至也夫九九薄能爾而君猶禮之况賢於九九者乎夫太山不讓礫石江海不辭小流所以成其大也詩曰先民有言詢于芻蕘博謀也桓公曰善乃因禮之朞月四方之士相遝而至矣

桓公見小臣三往不得見左右曰小臣國之賤臣也君三往而不得見其可止矣桓公曰惡是何言也吾聞之布衣之士不欲富貴不輕身於萬乘之君萬乘之君不好仁義不輕身於布衣之士縱夫子不欲富貴可也君不好仁義不可也吾往而得見也

甯越衛人欲干齊桓公困窮無以自達於是爲商旅將任車（任載也詩曰我任我輦）以商於齊暮宿於郭門之外桓公郊迎客夜開門辟任車爝火甚盛（爝火也）從者甚衆甯越飯牛車下望見桓公而悲擊牛角而疾商歌桓公聞之撫其僕之手曰異哉歌非常人也命後車載之桓公反至從者以請桓公贛之衣冠而見説以爲天下桓公大説

秦繆公時戎王使繇余於秦繆公示以宮室積聚繇余曰使鬼爲之則勞神矣使人爲之亦苦人矣繆公

於是與繇余曲席而坐傳器而食其後繇余遂去降秦繆公以客禮禮之

百里奚爲秦繆公夫人媵既而亡秦走宛（南陽有宛縣）楚鄙人執之繆公聞百里奚賢欲重贖之恐楚人不與乃使人謂楚曰吾媵臣百里奚在焉請以五羖羊皮贖之楚人遂許與之當是時百里奚年巳七十餘繆公釋其囚與語國事百里奚曰臣友蹇叔賢而時莫知繆公使人厚幣迎蹇叔以爲上大夫

晉文公自少好士有賢士五人曰趙衰狐偃咎犯賈佗先軫其餘不名者數十人

平公時亥唐隱居陋巷中平公往造唐言入公乃入言坐乃坐言食乃食雖蔬食菜羹未嘗不飽蓋不敢不飽也然終於此而已矣

衛靈公三十五年孔子至衛靈公問孔子居魯得祿幾何對曰奉粟六萬衛人亦致粟六萬

魯哀公時孔子自衛反魯歸至其舍哀公就而以禮館之

季孫爲曾大夫其母死哀公弔焉曾子與子貢弔焉閽人爲君在弗內也（閽人守門者）曾子與子貢入於其廐而修容焉（更莊飾）子貢先入閽人曰鄉者已告矣（既不敢止

以言下之）曾子後入閽人辟之（見兩賢相隨彌益恭也）涉內霤卿大夫皆辟位公降一等而揖之（禮之）

周豐魯人也哀公執贄請見之（下賢也贄禽贄也諸侯而用禽贄降尊從卑之義）而曰不可（避君以尊見卑士禮先生異爵者請見之則辟）公曰我其已夫（已止也）

魏文侯受子夏於西河之上而文侯擁篲

田子方居西河魏文侯友之公季成曰田子方雖賢人然而非有仕君也君常與之齊禮假之有賢於子方者君又何以加之侯曰如子方者非成所得議也子方仁人也仁人也者國之寶也智士也智士也者國之器也博通士也博通士也者國之尊也故國有仁人則群臣不爭國有智士則無四鄰諸侯之患國有博通之士則人主尊固非成之所議也公季成自退於郊三日請罪

段干木辟祿而處家魏文侯過段干木之閭而軾其僕曰君胡爲軾曰此非段干木之閭與段干木蓋賢者也吾安敢勿軾且吾聞段干木未嘗肯以己易寡人也吾安敢驕之段干木光乎德寡人光乎地段干木富乎義寡人富乎財其僕曰然則君何不相之於是請相之段干木不肯受君乃置祿百萬而時往館

之國人皆喜相與誦之曰吾君好正段干木之敬吾君好忠段干木之隆居無幾何秦興兵欲攻魏司馬唐且諫秦君曰段干木賢者也而魏禮之天下莫不聞舉兵伐之無乃妨於義乎乃按兵而輟不敢攻

費惠公（費魯附庸之國）曰吾於子思則師之矣吾於顏般則友之矣

齊威王時孫臏與龐涓俱學兵法田忌進孫子於威王王問兵法遂以爲師

楚威王聞莊周賢使使厚幣迎之許以爲相

魏惠王數被於軍旅卑禮厚幣以招賢者鄒衍淳于

髡孟軻皆至鄒衍適魏惠王郊迎執賓主之禮

燕昭王即位於破燕之後卑禮厚幣以招賢者謂郭隗曰齊因孤之國亂而襲破燕孤極知燕小力少不足以報然誠得賢士以共國以雪先王之恥孤之願也先生視可者得以身事之郭隗曰臣聞古之人君有以千金求千里馬者三年不能得涓人言於君曰請求之君遣之三月得千里馬馬已死買其骨五百金反以報君君大怒曰所求者生馬安用死馬而捐五百金涓人對曰死馬且市五百金况生馬乎天下必以王為市馬馬今至耳於是不能朞年千里馬至

冊府元龜　列國君部　禮士　卷之二百四十一　十七

者三今王誠欲致士請從隗始隗且見事况賢於隗者乎豈遠千里哉於是昭王為隗築宫而師之樂毅自魏往（毅為使於燕昭王以客禮待之毅辭讓遂委質為臣昭王以為亞卿）鄒衍自齊往劇辛自趙往士爭走燕燕王弔死問孤與百姓同甘苦二十八年燕國殷富士卒樂軼輕戰於是遂以樂毅為上將軍與秦楚三晉合謀以伐齊用樂毅之策得賢之功也

鄒衍齊人如燕昭王擁篲先驅請列弟子之坐而受業築碣石宫身親往師之

齊宣王喜文學游説之士自如鄒衍淳于髡田駢辛子慎到環淵之徒七十六人皆賜列第為上大夫不治而議論是以齊稷下學士復盛且數百千人（齊有稷門城門也談説之士期會於稷下也）

王斗齊人造門而欲見宣王宣王使謁者延入王斗曰斗趨見王為好勢王趨見斗為好士於王何如使者復還報王曰先生徐之寡人請從宣王因趨而迎之（一作王蠋）

騶奭齊諸騶子頗采騶衍之術以紀文於是齊王嘉之自如淳于髡以下皆下命曰列大夫為開第康莊之衢（爾雅曰四達謂之衢五達謂之康六達謂之莊）高門大屋尊寵之覽天

冊府元龜　列國君部　禮士　卷之二百四十一　十八

下諸侯賓客言齊能致天下賢士也

趙武靈王即位少未能聽政博聞師三人左右司過三人及聽政先問先王貴臣肥義加其秩國三老八十月致其禮

孝成王時虞卿以游説之士躡蹻擔簦説王一見賜黄金百鎰白璧一雙再見為上卿故號虞卿

冊府元龜

冊府元龜

巡按福建監察御史臣李嗣京 訂正

知長樂縣事 臣夏允彜 參閱

知建陽縣事 臣黄國琦 較釋

列國君部

聽諫 明賞

聽諫

夫稽衆舍己垂於格言虛懷從善謂之吉德而況奄宅分土建邦延世有人民焉有社稷焉斯不可以不愼矣乃有勤求治道思聞過失咨詢嘉言以廣其聰明詳擇臧謀式資於政典應若答響疾如轉規用能導壅遏之情救過誤之舉懲忿窒欲以格其非心弼違糾繆以成於善行至于俊彦咸至名聲日聞長諸侯而主夏盟尊王室而成霸業曷不由是者已

齊桓公五年伐魯魯莊公請獻遂邑以平（遂在濟北蛇丘縣東北）桓公許與魯會柯而盟（柯今濟北東阿齊之阿邑猶祝柯今爲祝阿）魯將盟曹沬以匕首劫桓公於壇上（上基三陛三等曰壇會必有壇者爲升降揖讓稱先君以相接也）曰反魯之侵地桓公許之已而曹沬去匕首北面就臣位桓公後悔欲無與魯地而殺曹沬管仲曰夫劫許之而倍信殺之（一云已許之而背信殺劫也）愈

一小快耳而棄信於諸侯失天下之援不可於是遂與曹沬三敗所亡地於魯諸侯聞之皆信齊而欲附焉七年諸侯會桓公于鄄（鄄衞地今東郡鄄城也）而桓公於是始霸焉又會諸侯於葵丘而欲封禪管仲諫乃止

桓公嘗問於管仲曰寡人幼弱惛愚不通四鄰諸侯之義仲父不當盡語我昔者有道之君乎吾亦監焉管子對曰夷吾之所能與所不能盡在君所矣君胡有辱命桓公又問曰仲父寡人幼弱惛愚不通四鄰諸侯之義仲父不當盡告我昔者有道之君乎吾亦監焉管子對曰夷吾聞之於徐伯曰昔有道之君敬

其山川宗廟社稷及至先故之大臣牧最以忠而大富之因其武臣宣用其力聖人在前貞廉在側競稱于義上下皆飭刑政明察四時不貸民亦不憂五穀蕃殖外內均和諸侯臣服國家安寧不用兵革受其幣帛以懷其德昭受其令以爲法式此亦可謂昔者有道之君矣桓公曰善哉桓公曰仲父既已語我昔者有道之君矣不當盡語我昔者無道之君乎吾亦監焉管子對曰今若吾君之美好而宣通也既官職美道又何以問惡爲桓公曰是何言耶以繢緣繢吾何以知其美也以素緣素吾何以知其善也仲父已

語我有善而不語我其惡吾豈知美之爲善也管子對曰夷吾聞之於徐伯曰昔者無道之君大其宮室高其臺榭良臣不使讒賊是用有家不治借人爲圖政令不善墨墨若夜譬若野獸無所就處不脩天道不監四方有國不治譬若生狂衆所怨詛希不滅亡進其俳優繁其鍾鼓流于博塞戲其工瞽誅其良臣傲其婦女狩獵畢弋暴遇諸父馳騁毋度戲樂笑語式政既輮刑罰則烈内削其民以爲公伐譬猶漏釜豈能無竭此亦可謂昔者無道之君矣桓公曰善哉桓公曰仲父既已語我昔者有道之君昔者無道之

君矣仲父不當盡語我昔者有道之臣乎吾亦監焉管子對曰夷吾聞之於徐伯曰昔者有道之臣委贄爲臣不賓事左右君知則事不知則已若有事必圖國家徧其發揮循其祖德辨其順逆推育賢人讒慝不作事君有義天下有禮貴賤相親若兄弟忠于國家上下得體居處則思義語言則謀動作則事君國則富處軍則哀臨難據事雖死不悔近君爲拂遠君爲輔義以與交廉以與處臨官則治酒食則慈不謗其君不諱其辭君若有過進諫不疑君若有憂則臣服之此亦可謂昔者有道之臣矣桓公曰善哉桓公

曰仲父既已語我昔者有道之臣矣不當盡語我昔者無道之臣乎吾亦監焉管子對曰夷吾聞之於徐伯曰昔者無道之臣委贄爲臣賓事左右執說以進不蘄亡已遂進不退假寵鬻貴尊其貨賄卑其爵位進曰輔之退曰不可以敗其君皆曰非我不仁群處以攻賢者見賢若貨見賤若過貪于貨賄競于酒食不與善人唯其所作事倨傲不慤不交善上讒賊與通不殄人爭唯趣人訟湛湎于酒行義不從不修先故變易國常擅創爲令迷惑其君生奪之政葆貴寵矜遷損善士捕援貨人入則乘等出則黨駢貨賄相

入酒食相親俱亂其君君若有過各奉其身此亦可謂昔者無道之臣矣桓公曰善哉管仲又曰東郭有狗嘊嘊旦暮欲齧我猳而不使也今夫易牙子之不能愛將安能愛君君必去之公曰諾（東郭之狗喻易牙言其小人殘忍同於狗矣猳韻爲枷謂以太連狗取聲爲義卽國家也言易牙終能亡國滅家此不宜使必須去之爲宜）管仲又言曰北郭有狗嘊嘊旦暮欲齧我猳而不使也今夫豎刁其身之不愛焉能愛君君必去之公曰諾管子又言曰西郭有狗嘊嘊旦暮欲齧我猳而不使也今夫衛公子開方去其千乘之太子而臣事君是所願也得其君者是將欲過其千乘（開方在衛當嗣君之）

位今棄而事齊則所望不只千乘也其意必得齊國然後稱所望也君必去之桓公曰諾

景公之時雨雪三日而不霽公被狐白之裘坐堂側階晏子入見立有間公曰怪哉雨雪三日而天不寒晏子對曰天不寒乎公笑晏子曰嬰聞古之賢君飽而知人之饑溫而知人之寒逸而知人之勞也君不知也公曰善寡人聞命矣乃令出裘發粟以與饑寒令所睹於塗者無問其鄉所睹於里者無問其家修國計數無言其名士既事者兼月疾者兼歲孔子聞之曰晏子能明其所欲景公能行其所善也齊有彗

星景公使禳之晏子曰無益也祇取誣焉誣欺也天道不諂諂疑也不貳其命若之何禳之公説乃已景公欲更晏子之宅曰子之宅近市湫隘囂塵不可居辭曰且小人近市朝夕得所求小人之利也公笑曰子近市識貴賤乎對曰既利之敢不識乎公曰何貴何賤於是景公繁於刑有鬻踊者故對曰踊貴屨賤景公是時省於刑景公疥遂痁期而不瘳諸侯之賓問疾者多在多在齊梁丘據與裔款二子齊嬖大夫言於公曰吾事鬼神豐於先君有加矣今君疾病爲諸侯憂是祝史之罪也盍誅於祝固史嚚以辭賓公説告晏子晏子曰君若欲誅於祝史修德而後可公説使有司寬政毁關去禁薄刑已責除逋責景公宿於路寢之宮夜分聞西方有男子哭者景公悲之明日朝問於晏子曰寡人夜聞西方有男子哭者甚疾聲氣甚悲是奚爲者也寡人哀之晏子對曰西郭徒居布衣之士盆成逆也父之孝子兄之順弟也又嘗爲孔子門人今其母不幸而死祔柩未葬家貧身老子孺恐力不能合祔是以悲也公曰子爲寡人弔之因問之祔何所在晏子奉命往弔而問偏祔於何存盆成逆再拜稽首而不起曰偏祔寄於路寢得爲地下之臣擁札操筆

給事宮殿中在階之下願以某日未得君之意也窮困無與圖之布唇枯舌焦心熱中今君不辱而臨之願君圖之晏子曰然此甚人之重者也而恐君不許也盆成逆憮然曰凡在君耳且臣聞之越王好勇而民輕死楚靈王好細腰其朝饑死人子胥忠其君故天下皆願得以爲臣曾参孝巳愛其親故天下願得以爲子今乃令子臣而離散其親戚孝乎哉足以爲臣乎若此而得祔是生臣之毋也若此而不得則臣請輓尸車而寄之於國門外宇溜之下才不敢飲食推轅執輅木乾鳥栖露肉暴骸以望君愍之賤臣雖

愚竊意明君哀而不忍也晏子入復乎公忿然作色而怒曰子何必以若患言教寡人乎晏子對曰嬰聞之忠不避危愛無惡言且嬰固已難之矣今君宮處爲游既奪人有又禁其葬非仁也肆心傲聽不恤民憂非義也若何勿聽因道盆成逆之辭公喟然大息曰悲乎哉子勿復言乃使男子免袒女子髽笄者以百數爲門以迎盆成逆盆成逆脫縗絰冠絛纓黑緣以見乎公公曰吾聞之五子不滿隅一子滿朝非乃子耶盆成逆於是臨事不敢哭奉事以禮畢出門然後舉聲焉景公成路寢之臺逢於何遭喪遇晏子塗

再拜乎馬前晏子下車對之曰子何以命嬰也對曰於何之母死兆在路寢之臺牖下願請命合骨晏子曰嘻難然嬰將爲子復之適爲不得子將若何對曰夫君子則有以如我者儕小人吾將左手擁格右手捆心立我枯槁而死以告四方之士曰於何不能葬其母者也晏子曰諾遂入見公曰有逢於何者母死兆在路寢當牖之下願合骨公作色不悅曰自古及今子亦嘗聞請葬人主之宮者乎晏子對曰古之人君者其宮室節不侵生人之居其臺榭儉不殘死人之墓故未嘗聞請葬人主之室者也今君侈爲宮室

奪人之居廣爲臺榭殘人之墓是生者愁憂不得驩處死者離易不得合骨豐樂侈遊兼傲生死非人君之行也遂欲滿求不顧細民非存之道也且嬰聞之生者不安命之曰蓄憂死者不葬命之曰蓄哀憂者危君不如許之公曰諾晏子出梁丘據曰自昔及今未嘗聞求葬公宮者若何許之曰削人之居殘人之墓凌人之喪而禁其葬是於生者無施於死者無禮詩云穀則異室死則同穴吾敢不許乎逢於何遂葬路寢室之牖下解縗去絰布衣勝履玄冠紫武踊而不哭辭而不拜乃涕洟而去之景公問晏子曰古之

聖君其行何如對曰薄於身而厚於民約於身而廣於世其處上也足以明政行教不以威天下其取財也權有無均貧富不以養嗜欲誅不避貴賞不避賤不淫於樂不遁於哀盡知道民而不伐焉勞力事民而不責焉政尚相和故下不以相害爲行教尚相愛故民不以相惡爲名刑罰中於法廢罪順於民是以賢者處上而不華不肖者處下而不怨四海之內社稷粒食之民一意同欲若夫利家之政生有厚利死有遺教此盛君之行也而公不圖晏子又曰臣聞道者更正又聞道者更容今君稅斂重故民心離市買

悖故商旅絶玩好充故家貨單積邪在上畜怨藏於民嗜欲備於側毀非滿於國而公不圖公曰善於是令玩好不御公市不豫宮室不飾業工不成上役輕稅上下行之而百姓親之也景公外傲諸侯內輕百姓好勇力崇樂以從嗜欲諸侯不說百姓不親公患之問於晏子曰古之聖王其行若何對曰其行公正而無邪故讒人不得入阿黨不私色故群徒之卒不得容薄身厚人故聚斂之術不得行不侵大國之地不耗小國之君故諸侯皆欲其尊不劫人以兵甲不威人以衆彊故天下皆欲其彊德行教訓加於諸侯

慈愛利澤加於百姓故海內歸之若流今世衰君人者辟邪阿黨故讒諂群從之卒繁厚身養薄視民故聚斂之人行侵大國之地耗小國之君故諸侯不欲其尊劫人以兵甲威人以衆彊故天下不欲其彊災害加於諸侯勞苦施於百姓故仇敵進伐天下不救貴戚離散百姓不與公曰然則何若對曰請卑辭厚幣以說於諸侯輕罪省功以謝於百姓其可乎公曰諾於是卑辭重幣而諸侯附輕罪省功而百姓親故小國入朝燕魯共貢墨子聞之曰晏子知道道在爲人而適爲己爲人者重自爲者輕景公自爲而小國不與晏子爲人諸侯爲役則道在爲人而行在反己矣故晏子知道矣景公問晏子曰吾欲和臣親下奈何對曰君得臣而任使之而必信順其令赦其過任大毋多責焉使爾臣無求嬖焉毋以嗜欲貧其家毋以讒人傷其心家不外求而足事君不因人而進則臣和矣儉於籍斂節於貨財作工不歷時使民不盡力百官節適關市省征山林陂澤不專其利領民治民勿使煩亂知其貧富勿使凍餒則民親矣公曰善寡人聞命矣故令諸君毋外諸碎梁據無使受報百官節適關市省征陂澤不禁冤報者過留獄者詰焉

景公嘗出遊問於晏子曰吾欲遊於轉附朝舞遵海而南至於琅琊寡人何修則夫先王之游晏子再拜曰善哉君之問也嬰聞之天子之諸侯爲巡狩諸侯之天子爲述職故春省耕而補不足者謂之游秋省斂而助不給者謂之豫夏諺曰吾君不游我何以休吾君不豫我何以助一游一豫爲諸侯度今君之游不然師行而糧食貧者不補勞者不息夫從而歷時而不反謂之流從不歷時而不反謂之連從獸而不歸謂之荒從樂而忘歸謂之亡古者聖王無流連之游無荒亡之行公曰善命吏計公掌之粟數長幼貧

萌之敷吏所委粟發廩出粟以予貧萌者三千鍾公所身見名老者十七人然後歸也

景公問政於孔子孔子對曰君君臣臣父父子子公曰善哉信如君不君臣不臣父不父子不子雖有粟吾得而食諸

威王時欲伐魏淳于髡謂王曰韓子盧者天下之疾犬也東郭逡者海内之狡兎也韓子盧逐東郭逡環山者三騰山者五兎極於前犬廢於後犬兎俱罷各死其處田父見之無勞勸之苦而擅其功今齊魏久相持以頓其兵弊其衆臣恐彊秦大楚承其後有田

父之功齊王懼謝將休士也

宣王時先生王斗造門而欲見宣王宣王使謁者延入王斗曰斗趨見王爲好勢王趨見斗爲好士於王何如使者復還報王曰先生徐之寡人請從宣王因趨而迎之於門與入曰寡人奉先君之宗廟守社稷聞先生直言正諫不諱王斗對曰王聞之過斗生於亂世事亂君焉敢直言正諫宣王忿然作色不說有間王斗曰昔先君桓公所好者九合諸侯一正天下天子受籍立爲大伯今王有四焉宣王說曰寡人愚陋守齊國唯恐失亡之焉能有四焉王斗曰否先君好馬王亦好馬先君好狗王亦好狗先君好酒王亦好酒先君好色王亦好色先君好士王不好士宣王曰當今之世無士寡人何好王斗曰世無騏驎騄耳王駟已備矣世無東郭逡盧氏之狗王之走狗已具矣世無毛嬙西施王宫已充矣王亦不好士也王曰寡人憂國愛民固願得士以治之王斗曰王之憂國愛民不若王愛尺之縠也王曰何謂也王斗曰使人爲冠不使左右便辟而使工者何也爲工能之今王治齊非左右便辟無使也臣故曰不如愛尺之縠也宣王謝曰寡人有罪國家於是舉士五人任官齊國

大治

孟嘗君在薛荆人攻之淳于髡爲齊使於荆還反過薛而孟嘗君令人體貌而親郊迎之謂淳于髡曰敬聞命矣至齊畢報王曰（宣王也）何見對曰荆甚固而薛亦不量其力王曰何謂也對曰薛不量其力爲先王立清廟（先王威王）荆固而攻之清廟不免故曰薛不量力而荆亦甚固齊王和其顔色曰譆先君之廟在焉疾出兵救之

晉文公田於虢遇一老夫而問曰虢之爲虢久矣子處此故矣虢亡其有說乎對曰虢君斷則不能諫則

不聽也不能斷又不能用人此禍之所以亡文公以
畋田而歸遇趙襄而告之趙襄曰今其人安在君曰
吾不與之來也趙襄曰古之君子聽其言而用其人
今之君子聽其言而棄其身哀哉晉國之憂也文公
乃召賞之於是晉國樂納善言文公卒以霸
襄公蒐于夷將登箕鄭父先登(登之於上軍也)而使士穀梁
益耳將中軍(士穀本司空)先克曰狐趙之勳不可廢也從
之使狐射姑將中軍(代先且居)趙盾佐之(代趙衰也盾趙衰子)
靈公造九層臺費用千億孫息諫公乃壞臺
景公時邲之戰晉敗荀林父曰臣爲督將軍敗當誅

請死景公欲許之隨會曰昔文公之與楚戰城濮成
王歸殺子玉而文公乃喜今楚已敗我師又誅其將
是助楚殺仇也乃止
平公射鴳不死使竪襄搏之失公怒拘將殺之叔向
諫公乃趣赦之
楚公子棄疾如晉報韓子之聘初韓宣子之適楚也
楚人弗逆公子棄疾及晉境晉侯(平公)將亦弗逆叔向
諫乃逆之
晉荀盈如齊逆女還卒于戲陽殯于絳未葬晉侯(平公)
飲酒樂膳宰屠蒯趨入請佐公使尊(公之侍人鼎尊酌酒請爲之佐)
許之而遂酌以飲工(工樂師師曠也)公說徹酒平公嘗問於
叔向曰國家之患孰爲大對曰大臣重祿而不及諫
近臣畏罪而不敢言下情不上通此患之大者也公
曰善於是令國曰欲進善言謁者不通罪當死
魯襄公如楚還及方城季武子襲弁公還出楚師以
伐魯榮成伯曰不可君之於其威大夫不能令於國
而恃諸侯諸侯其誰暱之若得楚師以伐魯魯旣不
違夙之取也夙武必用命焉守必固矣若楚之克魯
不獲闕焉而況君乎彼無亦置其同類以東夷而大
攘諸夏將天下是王而何德於其子君也若不克魯

君以蠻夷伐之而又入焉必不獲矣不如予之夙之
事君也不敢不後醉而怒醒而喜庸何傷君其入乃
歸
衞靈公以天寒鑿池苑春諫公乃罷役
楚莊王有愛馬衣以文繡置之華屋席以露牀啗以
棗脯馬病肥死使群臣喪之欲以棺槨大夫禮葬之
優孟諫乃止
靈王之爲令尹也爲王旌以田(析羽爲旌王游至於軫)
芋尹無宇斷之曰一國兩君其誰堪之及卽位
爲章華之宮納亡人以實之(章華南郡華容縣)無宇之閽入
焉(有罪亡入章華宮)無宇執之有司弗與(王有司也)曰執人於王

宮其罪大矣執而謂諸王（執無宇也）王將飲酒（過其歡也）無宇
辭曰天子經略（經營天下略有四海故曰經略）諸侯正封（封疆有定分）古
之制也封略之内何非君土食土之毛誰非君臣（毛草也）故詩曰普天之下莫非王土率土之濱莫非王臣
（詩小雅濱涯也）天有十日（甲至癸）人有十等（王至臺）下所以事上
上所以共神也故王臣公公臣大夫大夫臣士士臣
皁皁臣輿輿臣隸隸臣僚僚臣僕僕臣臺馬有圉牛
有牧（養馬曰圉養牛曰牧）以待百事今有司曰女胡執人於王
宮將焉執之周文王之法曰有亡荒閱（荒大也閱蒐也有亡人當大蒐其衆）
所以得天下也吾先君文王作僕區之法（僕區刑書）

（名）曰盜所隱器（隱盜所得器）與盜同罪所以封汝也（行善法故）
（能啓疆北至汝水）若從有司是無所執逃臣也逃而舍之是
無陪臺也（言皆將逃）王事無乃闕乎昔武王數紂之罪以
告諸侯曰紂為天下逋逃主萃淵藪（萃聚也天下逋逃悉以紂為淵藪集而歸之）
故夫致死焉（人欲致死討紂）君王始求諸侯而討紂
無乃不可乎若以二文之法取之盜有所在矣（言王亦為盜）
王曰取而臣以往（往去也）盜有寵未可得也（盜有寵王自為為葬靈王張本）
遂赦之令尹子瑕言蹶繇於靈王（蹶繇吳王弟五年靈王執以歸）
曰彼何罪諺所謂室於怒市於色者楚之謂矣
（言靈王怒其子而執其弟猶人忿於室家而作色於市人）舍前之忿可也乃歸蹶
繇（言楚子能用善言故也）又左尹王子勝言於靈王曰許於鄭
仇敵也而居楚地以不禮於鄭（平王復遷邑許自夷還居楚恃楚而不事鄭）
晉鄭方睦鄭若伐許而晉助之楚喪地矣君盍遷
許許不專於楚（自以為舊國不專心事楚）鄭方有令政許曰余舊
國也（許先鄭封）鄭曰余俘邑也（鄭滅許而復存之故曰我俘也）葉在楚國
方城外之蔽也（為方城外之蔽）上不可易（易輕也）國不可小（謂鄭）
許不可俘讐不可啓君其圖之楚子說使王子勝遷
許於析實白羽（於傳時曰羽政為析）晉韓宣子如楚送女叔向
為介及楚楚朝其大夫曰晉吾仇敵也今其來者上
卿大夫也若吾以韓起為閽以羊舌肸為司宮足以

辱晉薳啓彊諫乃止
越王勾踐自會稽歸七年拊循其士民欲用以報吳
大夫逢同諫曰國新流亡今乃復殷給繕飾備利吳
必懼懼則難必至且鷙鳥之擊也必匿其形今夫吳
兵加齊晉怨深於楚越名高天下實害周室德少而
功多必淫自矜為越計莫若結齊親楚附晉以厚吳
吳之志廣必輕戰是我連其權三國伐之越承其弊
可克也勾踐曰善
趙肅侯游大陵出於鹿門大戊午扣馬曰耕事方急
一日不作百日不食肅侯下車謝

魏文侯與田子方飲酒而稱樂文侯曰鍾聲不比乎左高田子方笑文侯曰奚笑子方曰臣聞之君明則樂官不明則樂音今君審於聲臣恐君之聾於官也文侯曰善敬聞命

武侯與諸大夫浮於西河稱曰河山之險豈不亦信固哉王鍾侍曰此晉國之所以彊也若善脩之則霸王之業基矣吳起對曰吾君之言危國之道也而子又附之是重危也武侯忿然曰子之言有說乎吳起對曰河山之險信不足也是伯王之業不從也昔者三苗之居左有彭蠡之波右有洞庭之水文山在其

南而衡山在其北恃此險也爲政不善而禹放逐之夫夏桀之國左天門之陰右天谿之陽廬睪在其北伊雒出其南有此險也然爲政不善而湯伐之殷紂之國左孟門而右漳滏前帶河後被山有此險也然爲政不善而武王伐之且君親從臣而勝降城城非不高人民非不衆也然而可得幷者政惡故也從而觀之地形險阻奚足以霸王矣武侯曰善吾乃今日聞聖人之言也西河之政專委子矣

梁襄王爲太子時惠王死葬有日矣天大雨雪至於半月壞城郭且爲棧道而葬群臣多諫太子者曰雪甚如此而喪行民必甚疲之官費又恐不給請弛期更日太子曰爲人子而以民勞與官費用之故而不行先王之喪不義子勿復言群臣皆不敢言而以告犀首犀首曰吾未有以言之也是其唯薛公乎請告薛公薛公曰諾駕而見太子曰葬有日矣太子曰然薛公曰王季歷葬於楚山尾欒水齧其墓見棺之前和文王曰譆先君必欲一見群臣百姓也夫故使欒水見之於是出而爲之張朝百姓皆見之三日而後更葬此文王之義也今葬有日矣而雪及其半月難以行太子爲及日之故得無嫌於欲亟葬乎願太子

更日先王必少留而扶社稷安黔首也故使雪甚因弛期而更爲日此文王之義也若此而弗爲意者羞法文王乎太子曰甚善敬弛期更擇日

梁君出獵見白鴈群梁君下車彀弩欲射之道有行者梁君謂行者止行者不止白鴈群駭梁君怒欲射行者其御公孫襲下車撫矢曰君止梁君忿然作色而怒曰襲不與君而顧與他人何也公孫襲對曰昔者齊景公之時天下大旱三年卜之日必以人祠乃雨景公下堂頓首曰吾所以求雨者爲吾民也必使吾以人祠乃且雨寡人願自當之言未卒而天大雨

方千里者何也為有德於天而惠於民也今主君以白鳫之故而欲射殺人主君譬無異於虎狼梁君援其手與上車歸入廟門呼萬歲曰幸哉今日也他人獵皆得禽獸吾獵得善言而歸

明賞

惟五等之君刑一國之事立家者百乘食土者萬民苟章程之不修將風化之幾墜建侯之利懋賞攸先有能舉不失勞動足有勸使夫為善者信不命而承忠力之臣厲貞規而犯難謀能之士吐嘉猷以沃心則書勳之文足光於盟府計功之典克烈於鼎鍾者

矣

宋武公之世鄋瞞伐宋司徒皇父帥師禦之耏班御皇父充石（皇父戴公子充石皇父名）公子穀甥為右司寇牛父駟乘以敗狄于長丘（長丘宋地）獲長狄緣斯（緣斯僑如之先）皇父及二子死焉（皇父與穀甥及牛父皆死故耏班獨受賞）宋公於是以門賞耏班使食其征（門關門之征稅也）謂之耏門

晉獻公十六年作二軍公將上軍太子申生將下軍趙夙御戎畢萬為右（為公御右也夙趙衰兄畢萬魏犨祖父）以滅耿滅霍滅魏（平陽皮氏縣東有耿鄉永安縣東北有霍太山三國皆姬姓）還為太子城曲沃賜趙夙耿賜畢萬魏以為大夫

文公既即位從亡賤臣壺叔曰君三行賞賞不及臣敢請罪文公報曰夫導我以仁義防我以德惠於此受上賞輔我以行卒以成立此受次賞矢石之難汗馬之勞此復受次賞若以力事我而無補鈌者此受次賞三賞之後故且及子吾人聞之皆說五年文公與楚戰城濮楚兵敗歸國行賞狐偃為首或曰城濮之事先軫之謀文公曰城濮之事偃說我毋失信先軫曰軍事勝為右吾用之以勝然此一時之說偃言萬世之功奈何以一時之利而加萬世之功乎是以先之

魯僖公元年莒人求賂（求還慶父之賂）公子季友敗諸酈獲莒子之弟挐非卿也嘉獲之也（莒既不能為魯封慶父受魯之賂而又重求其求無厭故嘉季友之獲而書之）公賜季友汶陽之田及費

三十一年晉文公解曹地以分諸侯僖公使臧文仲往宿於重館重館人告曰晉始伯而欲固諸侯故解有罪之地以分諸侯諸侯莫不望分而欲親晉皆將爭先晉晉不以故班必親先者吾子不可以不速行魯之班長而又先諸侯其誰望之若少安可無及也從之獲地於諸侯為多及既復命為之請曰地之多也重館人之力也臣聞曰善有章雖重賞也惡有釁

雖貴罰也今言而辟境其章大矣請賞之乃賞之爵
晉襄公元年敗狄于箕反自箕公以三命命先且居將中軍且居先軫之子其父死敵故進之以再命命先茅之縣賞胥臣曰舉郤缺子之功也先茅絕後故取其縣以賞胥臣以一命命郤缺爲卿復與冀還其父故邑
景公時荀林父敗赤狄于曲梁公賞之狄臣千室林父桓子名千室千家也亦賞士伯以瓜衍之縣士伯士身子曰吾獲狄士子之功也微子吾喪伯氏矣伯桓子字邲之敗晉侯將殺林父士伯諫而止羊舌職說是賞也職叔向父曰周書所謂庸庸祇祇者謂此物也夫

魯成公二年晉使齊還魯汶陽之田公會晉師于上鄍上鄍地闕賜三帥先路三命之服三帥郤克士燮欒書也嘗受王先路之賜今改而易新并此車所建所服之物司馬司空輿師候正亞旅皆受一命之服晉司馬司空皆大夫輿師主兵車候正主斥候亞旅亦大夫也皆魯侯賜
晉悼公三年會諸侯於雞澤悼公之弟揚干亂行於曲沃行次也魏絳戮其僕僕御也公怒魏絳授僕人書將伏劍公跣而出曰子無重寡人之過以絳爲能以刑佐民矣及後與之禮食使佐新軍君臣旅會今欲顯絳故特爲設禮食
十二年公伐鄭軍于蕭魚鄭伯嘉來納女工妾三十人女樂二人歌鍾二肆及寶鎛路車五十乘公賜魏絳女樂一人歌鍾一肆曰子教寡人和戎翟而正諸華於今八年七合諸侯寡人無不得志請與子樂之絳辭曰夫和戎翟君之幸也八年七合諸侯君之靈也二三子之勞也臣焉得之公曰微子寡人無以待戎無以濟河二三子何勞焉子其受之
平公十九年鄭伯如晉公孫段相甚敬而卑禮無違者晉侯嘉焉授之以策曰子豐有勞於晉國子豐段之父余聞而弗忘賜女州田以胙乃舊勳州縣屬河內郡伯石再拜稽首受策以出
楚莊王十三年以臧舒鳩賞子木辭曰先大夫蔿子

之功也以與蔿掩往年楚子將伐舒鳩蔿子馮請退旣以須其叛楚子從之卒獲舒鳩故子木辭賞以與其子
鄭定公十二年入陳十四年賞入陳之功三月甲寅朔享子度賜之先路三命之服先路次路皆王所賜車之總名蓋請之於王先八邑以路及命服爲邑先八邑二十二井賜子產次路再命之服先六邑子產辭邑曰自上以下降殺以之不也臣之位在四上卿子展次卿子西十一年良宵見經十九年乃立子產爲卿故位在四且子展之功也臣不敢及賞禮請辭邑賞禮以禮見賞謂六邑也公固予之乃受三邑位次當受二邑以公因與之乃受三邑公孫揮曰子產其將知政矣知國政讓不失禮

齊威王九年召即墨大夫而語之曰自子之居即墨也毀言日至然吾使人視即墨田野闢民人給官無留事東方以寧是子不事吾左右以求譽也封之萬家

襄王在莒五年田單以即墨攻破燕軍迎襄王於莒入臨菑齊復屬齊封田單爲安平君

趙惠文王二十九年秦韓相攻而圍閼與趙使趙奢將擊秦大破秦軍閼與下賜號爲馬服君

孝成王五年燕兵擊趙趙使廉頗將大破燕軍於鄗殺栗腹燕將遂圍燕燕割五城請和乃聽之趙以尉文

邑名封廉頗爲信平君爲假相國

幽繆王三年大將軍李牧擊秦軍於宜安大破秦軍走秦將桓齮封李牧爲武安君

魏安釐王時公叔座爲魏將西與韓趙戰澮北禽樂祚魏王說郊迎以賞田百萬祿之公叔座反走再拜辭曰夫使士卒不奔直而不倚撓揀不辟者此吳起餘教也臣不能爲也前脉地形之險阻決利害之備使三軍之士不迷惑者巴寧爨襄之力也縣賞罰於前使民昭然信之於後者王之明法也見敵之兵鼓之不敢怠倦者臣也王特爲臣之右手之倦賞臣可也若以臣之有功臣何力之有乎王曰善於是索吳起之後賜之田萬巴寧爨襄田各十萬王曰公叔豈非長者哉既爲寡人勝敵矣又不遺賢者之後不掩能士之迹公叔何可無益乎故又與田四十萬加之百萬之上使百四十萬

燕昭王用樂毅并護趙楚韓魏燕之兵以伐齊毅入臨淄盡取齊財寶物器輸之燕王大悅親至濟上勞軍行賞享士封毅於昌國號爲昌國君

冊府元龜

冊府元龜

巡按福建監察御史臣李嗣京　訂正

知閩縣事臣曹冉臣　參閱

知建陽縣事臣黄國琦較釋

列國君部

務德　宴享

務德

夫中庸之道人倫之貴扶三綱而首五常者惟立德而已矣故云德者得也匹夫得之揚名潤身物無不服況千乘之雄一國之覇衆臣之師長百姓之歸仰

可不務乎傳曰雖有其位茍無其德不敢作禮樂斯之謂矣昔三代相公五等並制盟會有儀征伐有名聘享有禮蒐狩有度大夫相之良史記之則有降志以興讓宥過以推誠縱敵以示信損欲以利民彰善癉惡克己復禮者多矣斯之謂令德不亦韙乎

衛武公有文章又能聽其規諫以禮自防故能入相于周作淇澳之詩

文公能以道化其民淫奔之恥國人不齒〔不齒者不與長相推〕作蝃蝀之詩公之臣子多好善賢者樂告以善道作干旄之詩郎位十八年邢人狄人伐衛圍菟圃〔魯僖公十八年〕公以國讓父兄子弟及朝衆曰茍能治之燬請從焉〔燬衛文公名〕衆不可〔不聽衛侯讓〕而後師于訾婁〔陳師訾婁訾婁衛邑〕狄師還

魯莊公八年夏師及齊師圍郕郕降于齊師仲慶父請伐齊師〔齊不與魯共共功故欲伐之〕莊公曰不可我實不德齊師何罪罪我之繇虞書曰皐陶邁種德〔虞書大禹謨禹稱皐陶能力行布德邁力行也〕德乃降令齊脩德以待時乎〔言身有德乃爲人所降服〕秋師還君子是以善魯莊公

僖公能遵伯禽之法儉以足用寬以愛民務農重穀牧于坰野魯人遵之於是季孫行父請命于周而史

克作駉頌〔季孫行父季文子也史克魯史也〕君臣之有道作有駜頌能脩泮宮作泮水頌能復周公之宇作閟宮頌〔宇居也〕

秦繆公與晉惠公合戰于韓地晉君弃其軍與秦爭利還而馬鷙繆公與麾下馳追之不能得繆公反爲晉軍所圍晉擊繆公繆公傷於是岐下食善馬者三百人馳冒于軍晉軍解圍遂脫繆公而反生得晉君初繆公亡善馬岐下野人共得而食之者三百餘人吏逐得欲法之繆公曰君子不以畜產害人吾聞食善馬肉不飲酒傷人乃皆賜酒而赦之三百人者聞秦擊晉皆求從從而見繆公窘亦皆推鋒爭死以報

食馬之德於是繆公虜晉君以歸
晉文公三年圍原 魯僖公二十五年 命三日之糧原不降命去之諜出日原將降矣軍吏請待之公曰信國之寶也民之庇也得原失信何以庇之所亡滋多退一舍而原降四年楚子圍宋晉救宋楚子玉從晉師退三舍避之初文公出奔及楚楚子享之曰公若反晉國則何以報不穀對曰子女玉帛則君有之羽旄齒革則君地生焉其波及晉國者君之餘也其何以報君雖然何以報我對曰若以君之靈得反晉國晉楚治兵遇於中原其辟君三舍若不獲命 三退不得楚之命也 其左

執鞭弭右屬櫜鞬以與君周旋 弭弓末無緣者櫜以受箭鞬以受弓屬著也周旋相追逐也 五年伐曹初文公亡過曹曹君無禮欲觀其駢脇 駢脇幷幹也 釐負羈諫不聽私善於重耳 謂饋盤飱寘璧焉重耳受飱反璧 至是伐曹虜共公以歸令軍毋入釐負羈之宗族閻初文公之豎頭須守藏者也 頭須一曰里亮須豎左右小史 其出也竊藏以逃 文公出時 盡用以求納之 求納文公 及入求見公辭以沐謂謁者曰沐則心覆心覆則圖反宜吾不得見也從者爲羈泄之僕居者爲社稷之守必罪居者國君而讐匹夫懼者衆矣公遽見之七年秦伯圍鄭鄭使燭之武見秦伯秦伯說與鄭人盟而還

子犯請擊之 請擊秦也 文公曰不可微夫人之力不及此 夫人謂秦穆公 因人之力而敝之不仁失其所與不知以亂易整不武 秦晉和整而還相攻更爲亂也 吾其還也亦去之
襄公三年討衛 魯文公二年 陳侯爲衛請成于晉執孔達以說 陳始與衛謀謂可以強得免今晉不聽故更執孔達以苟免也 五年晉人歸孔達于衛以爲衛之良也故免之
邾文公卜遷于繹 魯文公十三年繹邾邑魯國鄒縣北有繹山 史曰利於民而不利於君邾子曰苟利於民孤之利也天生民而樹之君以利之也民既利矣孤必與焉左右曰命可長也君何弗爲邾子曰命在養民死之短長時也

民苟利矣遷也吉莫如之 左右以一人之命爲言文公以百姓之命爲主一人之命時有短長不可加何百姓之命乃傳世無窮故從之 遂遷于繹五月邾文公卒君子曰知命
楚莊王十六年爲陳夏徵舒殺靈公 魯宣公十一年 率諸侯伐陳謂陳曰無驚吾誅徵舒而已已誅徵舒因縣陳而有之群臣畢賀申叔時使於齊來還獨不賀 叔時楚大夫 莊王問其故對曰鄙語有之牽牛蹊人田田主奪之牛蹊則有罪矣奪之牛不亦甚乎今王以徵舒殺君故徵兵諸侯以義伐之已而取之以利其地則後何以令于天下是以不賀莊王曰善乃迎陳靈公太

子午于晉而立復居陳如故是爲成公孔子讀史記至楚復陳曰賢哉楚莊王輕千乘之國而重一言十七年春莊王以鄭與晉盟來伐鄭圍三月以城降楚楚王入自皇門鄭襄公肉袒牽羊以迎曰孤不能事邊邑使君王懷怒以及敝邑孤之罪也敢不惟命是聽君王遷之江南及以賜諸侯亦惟命是聽若君王不忘厲宣王桓武公哀不忍絕其社稷錫不毛之地使復得改事君王孤之願也然非所敢望也敢布腹心惟命是聽莊王爲却三十里而後舍楚群臣曰自郢至此士大夫亦久勞以今得國舍之何如莊王曰

所謂伐伐不服也今已服尚何求乎卒去是年夏及晉師戰于邲既敗晉師次于衡大夫潘黨曰君盍築武軍築軍營以章武功而收晉尸以爲京觀積尸封土其上謂之京觀臣聞克敵必示子孫以無忘武功楚子曰非爾所知也夫文止戈爲武文字武王克商作頌曰載戢干戈載櫜弓矢戢藏也櫜韜也詩美武公能誅滅暴亂而息兵矣我求懿德肆于時夏允王保之肆遂也夏大也言武王既息兵又能求美德故遂大而信王保天下又作武其卒章曰耆定爾功武頌故名耆致也言武王誅討致定其功其三曰鋪時繹思我徂惟求定其三一篇鋪布也敷陳也時是也思辭也頌美武王能布施善政使天下歸往求定其六曰綏萬邦屢豐年其六六篇綏安也屢數也言武王既安天下數致豐年王三六之數與今詩頌篇次不同蓋楚樂歌之集夫武禁暴戢兵保大定功安民和衆豐財者也此武七德故使子孫無忘其章著之篇章使子孫不忘今我使二國暴矣觀兵以威諸侯兵不戢矣暴而不戢安能保大猶有晉在焉得定功所違民猶欲多民何安焉無德而強爭諸侯何以和衆利人之幾幾危也而安人之亂以爲己榮何以豐財兵動則年荒武有七德我無一焉何以示子孫其爲先君宮告成事而已祀先君告戰勝武非吾功也古者明王伐不敬取其鯨鯢而封之以爲大戮於是乎有京觀以懲淫慝鯨鯢大魚名以喻不義之人吞食小國今罪無所晉罪無所犯也而民皆盡

忠以死君命又何以爲京乎祀于河作先君宮告成事而還二十年圍宋以殺楚使也宋城中食盡易子而食析骨而炊華元出告以情莊王曰君子哉遂罷兵去先是晉伐楚三舍不止大夫擊之莊王曰先君之時晉不伐楚及孤之身而晉伐楚是孤之過也告何其辱群大夫曰先臣之時晉不伐楚今臣之身而晉伐楚此臣之罪也請擊之王俛而泣涕沾衿起而拜群大夫晉人聞之曰君臣爭以過爲在己且輕下其臣不可伐也夜還師而歸平王棄疾即位魯昭公十三年召觀從楚大夫王曰唯爾所欲觀從子午殺棄疾棄疾今召用之明在君爲君

之義對曰臣之先佐開卜乃使爲卜尹
昭王十一年秦救楚敗吳師楚子入于郢王賞鬭辛
王孫繇子王孫圉鍾建鬭巢申包胥王孫賈休木鬭
懷子西曰請舍懷也王曰大德滅小怨道也二十七
年王在城父將救陳卜戰不吉卜退不吉王曰然則
死也再敗楚師不如死將戰王有疾攻大冥卒于城
父是歲也有雲如衆赤烏夾日以飛三日昭王使問
諸周大史周大史曰其當王身乎日爲人君怒氣守之故以爲當王身
雲在楚唯楚見之故禍不及它國若禜之可移於令尹司馬禜禳祭王
曰除腹心之疾而寘諸股肱何益不穀不有大過天

其忍諸有罪受罰又焉移之遂弗禜初昭王有疾卜
曰河爲祟王弗祭大夫請祭諸郊王曰三代命祀祭
不越望諸侯望祀境山川星辰江漢睢章楚之望也禍福之至
不是過也不穀雖不德河非所獲罪也遂弗祭孔子
曰楚昭王知大道矣其不失國也宜哉夏書曰惟彼
陶唐帥彼天常五子歌言堯循天之常道有此冀方今失其道亂
其紀綱乃滅而亡滅亡謂夏桀也唐虞及夏皆都冀州不易地而亡繇於不知大道故
又曰允出茲在茲繇已率常可矣又禹謨言信出已則禍亦在已
惠王食寒葅而得蛭因遂吞之腹有疾而不能食令
尹入問曰王安得此疾也王曰我食寒葅而得蛭念

譴之不行其罪乎是法廢而威不立也非所以使國
聞也譴而行其誅乎則庖宰監食法皆當死心又不
忍也故吾恐蛭之見也因遂吞之令尹辟席再拜而
賀曰臣聞天道無親唯德是輔王有仁德天之所奉
也病不爲傷是夕也惠王之腹蛭出故其久病心腹
之積皆愈天之視聽不可謂不察也
齊景公時熒惑守於虛朞年不去公異之召晏子而
問曰吾聞之人行善者天賞之行不善者天殃之熒
惑天罰也今留虛其孰當之晏子曰齊當之公不悅
曰天下大國十二同曰諸侯齊何以獨當之晏子曰

虛齊野也且天之下殃固於富強爲善不用出政不
行賢人使遠讒人反昌百姓疾怨悉爲灾祥祿祿強
食進死何傷是以列舍無次變星不當熒惑廻逆孽
星在旁有賢不用安得不亡公曰可去乎對曰可致
者可去公曰寡人爲之若何對曰蓋出究聚之獄使
反田矣散百官之財施之已矣振孤而敬老人矣夫
若是者百惡可去獨孽星乎公曰善行之三月而熒
惑遷
宋景公時熒惑在心懼召子韋而問曰熒惑在心何
也子韋曰熒惑天罰也心宋分野也禍當君雖然可

移於宰相公曰宰相所使治國也（一曰宰相吾之股肱）而移死焉不祥寡人請自當之子韋曰可移于民公曰民死寡人將誰爲君乎（一說君者待民）寧獨死耳子韋曰可移於歲公曰歲饑民餓必死爲人君欲殺其民以自活其誰以我爲君乎（一說歲饑民困我誰爲君）是寡人之命固盡矣子無復言矣子韋還走北面再拜曰臣敢賀君天之處高而聽卑君有仁人之言三天必三賞君今夕星必徙舍（一說君有君人之言三熒惑有動）君延壽二十一歲公曰子何以知之對曰君有三善故有三賞星必三舍舍行七星星當一年三七二十一歲故曰君延壽二十一歲

册府元龜　列國君部 務德　卷之二百四十三　九

臣伏於階下以伺之星不徙臣請死之公曰可是夕也星三徙舍也如子韋言

魏文侯與虞人期獵是日飲酒樂天雨文侯將出左右曰今日飲酒樂天又雨君將焉之文侯曰吾與虞人期獵雖雨豈可無一會期哉乃往身自罷之魏於是乎始強初韓趙相難韓索兵於魏曰願得借師以伐趙文侯曰寡人與趙兄弟不敢從趙又索兵以攻韓文侯曰寡人與韓兄弟不敢從二國不得兵怒而反已乃知文侯以講於已也皆朝魏

鄒穆公有令食鳧鴈必以粃無得以粟于是倉無粃而求易于民二石粟而得一石粃吏以爲費請以粟食之穆公曰去非汝所知也夫百姓飽牛而耕暴背而耘勤而不惰者豈爲禽獸哉粟米人之上食柰何其以養鳥且爾知小計不知大會周彦曰囊漏貯中而獨不聞歟夫君者人之父母取倉之粟移之於民此非吾之粟乎鳥苟食鄒之粃不害鄒之粟也粟之在倉與在民於我何擇鄒民聞之皆知私積與公家爲一躰也此之謂知富邦

趙武靈王三年五國相王趙獨否曰無其實敢處其名乎令國人謂〻曰君

册府元龜　列國君部 宴享　卷之二百四十三　十

宴享

夫春秋所載有宴享之義焉所以備物象德交事觀禮合歡〻賓示慈布政之謂也自一戎大定勳戚竝建東遷之後諸〻力政小則撫封而保姓大則定霸而主盟朝聘有嘗使介交驁飲食宴樂迨浹於家陪升降揖讓無廢於兵革繇是豊豆觴以爲好諸金石以飾喜聲詩見志所貴乎必類節折有品乃知其多文既以覘其盡心且將申其嘉好故其流風遺辭可觀也已至乃禮義之或愆形於規諫禍福之先兆發於言動蓋夫賓旅酬酢之際不可以不慎焉

周之先公劉居於京築宮室既成與群臣士大夫飲酒以落之詩曰篤公劉于京斯依蹌蹌濟濟俾筵俾几(蹌蹌濟濟士大夫威儀也篤厚俾使也公劉君于此京依而築宮室其既成也與群臣士大夫飲酒以落之群臣則相使爲公劉設几筵使之外坐)既登乃依乃造其曹執豕于牢酌之用匏(賓已登席坐矣乃依几矣曹群也執豕于牢新國告殺禮也酌之用匏儉以質也公劉既登堂負扆而立群臣乃適其牧群搏豕于牢中以爲飲酒之殺酌酒以匏爲爵言忠敬也)食之飲之君之宗之(爲之君爲之大宗也宗尊也公劉雖去邰國來遷群臣從而君之尊之猶在邰也)

魯莊公六年楚文王伐申過鄧鄧祁侯曰吾甥也止而享之

二十二年齊桓公使敬仲爲工正(掌百工之官)飲桓公酒樂(齊桓賢之故就其家會據主人之辭故言飲桓公酒)公曰以火繼之辭曰臣卜其晝未卜其夜不敢

僖公時燕飲於內寢則善其妻壽其母詩曰魯侯燕喜令妻壽母與群臣宴則欲與之相宜詩曰宜大夫庶士邦國是有既多受祉黃髮兒齒

二十二年楚與宋戰於泓楚子入享于鄭(爲鄭所享)九獻用畢(用上公之禮九獻伯而禮畢)庭實旅百(庭中所陳品數曰也)加籩豆六品(食物六品加于籩豆籩豆禮食器)

二十三年晉公子重耳如楚楚成王以周禮享之九獻庭實百公子欲辭子犯曰天命也君其享之亡人而國薦之非敵而君設之非天誰啓之心公子重耳適秦秦伯享之子犯曰不如襄之文也(有文辭襄趙襄也)請使襄從公子賦河水(河水逸詩義取河水朝宗于海二喻)公賦六月(六月詩小雅道尹吉甫佐宣王征伐喻公子還晉必能補王國古者禮會因古詩以見意故言賦詩斷章也其全稱詩篇者多取首章之義)趙襄曰重耳拜賜公子降拜稽首公降一級而辭焉(下階一級公子稽首)辭襄曰君稱所以佐天子者命重耳重耳敢不拜(詩首章言正王國末章言佐天子故趙衰因通言之)

二十四年宋成公如楚還入於鄭鄭伯將享之問禮於皇武子(皇武子鄭卿)對曰宋先代之後也於周爲客天

子有事膰焉(有事祭宗廟也膰祭肉尊之故賜以祭胙)有喪拜焉(宋吊周喪王待拜謝也)豐厚可也鄭伯從之享宋公有加禮也

三十年周襄王使周公閱來聘饗有昌歜白黑形鹽(昌歜昌蒲葅白熬稻黑熬黍形鹽鹽形象虎)辭曰國君文足昭也武可畏也則有備物之享以象其德薦五味羞嘉穀鹽虎形(嘉穀熬稻黍也以象其文也鹽虎形以象武也)以獻其功吾何以堪之

文公三年公如晉晉侯享公賦菁菁者莪(菁菁者莪詩小雅取其既見君子樂且有儀)莊叔以降謝拜(其以公君子也)曰小國受命於大國敢不慎儀君貺之以大禮何樂如之抑小國之樂大國之惠也晉侯降辭(降階辭讓公)登成拜(俱還上成拜禮)公

賦嘉樂大雅取顯顯令德宜民宜人受祿于天

四年衛甯武子來聘公與之宴爲賦湛露及彤弓非禮之常公特命樂人以示意故言爲賦湛露彤弓詩小雅不辭又不答賦使行人私焉私問之對曰臣以爲肄業之及也肄習也魯人失所賦甯武子佯不知此其愚不可及昔諸侯朝正於王朝而受政教也王宴樂之於是乎賦湛露則天子當陽諸侯用命也湛露曰湛湛露斯匪陽不晞晞乾也言露見日而乾猶諸侯稟天子命而行諸侯敵王所愾而獻其功敵猶當也愾恨怒也王於是乎賜之彤弓一彤矢百玈弓矢千以覺報宴覺明也謂諸侯有四夷之功王賜之弓矢又爲歌彤弓以明報公宴樂今陪臣來繼舊好方論天子之樂故自稱陪臣君辱貺之其敢干大禮以自取戾

十三年公如晉還鄭伯與公宴于棐子家賦鴻鴈子家鄭大夫公子歸生也鴻鴈詩小雅義取侯伯哀恤鰥寡有征行之勞言鄭伯寡弱欲使魯侯還晉恤之季文子曰寡君未免於此言亦同有微弱之憂文子賦四月四月詩小雅義取行役踰時思歸祭祀不欲爲還晉子家賦載馳之四章載馳詩鄘國四章以下義取小國有急欲引大國以求助文子賦采薇之四章取其豈敢定居一月三捷許爲鄭還不敢安車鄭伯拜謝公爲行公答拜

十五年春宋司馬華孫來盟公與之宴

成公九年季文子如宋致女復命公享之賦韓奕之五章韓奕言蹶父嫁女韓於侯爲女相所居莫如韓樂文子喻魯侯有蹶父之德宋公如韓侯宋王如韓樂

十二年晉郤至如楚聘且涖盟楚子享之子反相爲地室而縣焉縣鍾鼓也郤至將登登堂金奏作於下擊鍾而奏樂驚而走出子反曰日云暮矣寡君須矣吾子其入也賓曰君不忘先君之好施及下臣貺之以大禮重之以備樂貺賜也如天之福兩君相見何以代此下臣不敢言此兩君相見之禮子反曰如天之福兩君相見無亦惟是一矢以相加遺焉用樂言兩君戰乃相見無用此樂寡君須矣吾子其入也賓曰傳諸交讓得賓主辭者多曰賓以明之若讓之以一矢禍之大者其何福之爲世之治也諸侯間於天子之

事則相朝聘也事間缺修私好於是乎有享宴之禮享以訓共儉享肴躰薦設几而不倚爵盈而不飲肴乾而不食所以訓共儉宴以示慈惠宴則折俎相與共食共儉以行禮而慈惠以布政政以禮成民是以息百官承事朝而不夕不夕言無事此公侯之所以扞城其民也扞蔽也言宴享結好鄰國所以蔽扞其民故詩曰赳赳武夫公侯干城詩周南之風赳赳武貌干扞以言公侯之與武夫止于扞難而已及其亂也諸侯貪冒侵欲不忌爭尋常以盡其民八尺曰尋倍尋曰常言爭尺丈之地以相攻伐畧其武夫以爲己腹心股肱爪牙畧取也言世亂則公侯制禦武夫以從己志使侵害鄰國爲博噬之用無已故詩曰赳赳武夫公侯腹心舉詩之正以駁亂義詩言治世則武夫能合得公侯外爲扞城內制其腹心天下

有道則公侯能爲民干城而制其腹心亂則反之畧其武夫以爲己腹心爪牙今吾子之言亂之道也不可以爲法然吾子主也至敢不從遂入卒事

十四年晉侯使郤犫於衛衛侯享苦成叔成叔郤犫甯惠子相相佐禮惠甯殖苦成叔敖甯子曰苦成家其忘乎古之爲享食也以觀威儀省禍福也故曰兕觵其觩旨酒思柔詩小雅言君子好禮旨酒皆思柔德雖設兕觵觩然不用以兕角爲觵所以罰不敬觩陳設之貌彼交匪傲萬福來求彼之好于事而不惰傲乃萬福之所求今夫子傲取禍之道也

襄公四年穆叔如晉報知武子之聘也武子聘在元年晉侯

享之金奏肆夏之三不拜肆夏樂曲名周禮以鍾鼓奏九夏其二曰肆夏一名樊三曰韶夏一名道四名納夏一名渠蓋擊鍾而奏此三夏曲工歌文王之三又不拜工樂人也文王之三大雅之首文王大明緜歌鹿鳴之三三拜小雅之首鹿鳴四牡皇皇者華韓獻子使行人子員問之行人通使之官曰子之君命辱於敝邑先君之禮藉之以樂以辱吾子藉薦也吾子舍其大而重拜其細敢問何禮也對曰三夏天子所享元侯也使臣弗敢與聞元侯牧伯文王兩君相見之樂也臣不敢及及與也文王之三皆稱文王之德受命作周故諸侯會同以相樂鹿鳴君所以嘉寡君也敢不拜嘉晉以叔孫爲嘉賓故歌鹿鳴之詩取其我有嘉賓叔孫奉君命而來嘉叔孫乃所以嘉魯君四牡君所以勞使臣也敢不重拜詩言使臣乘四牡騑騑然行不止勤勞也晉以叔孫來聘故以此勞之皇皇者華君教使臣曰必咨於周皇皇者華君聘使臣之詩言忠臣奉使能光輝君命如華之皇皇然又當諮于忠信以補己不及忠信爲周其詩曰周爰咨諏周爰咨謀周爰咨度周爰咨詢言必于忠信之人諮此四事臣聞之訪問於善爲咨問善道咨親爲詢問親戚之善咨禮爲度問禮宜咨事爲諏問政事咨難爲謀問患難臣獲五善敢不重拜五善爲咨詢度諏謀

八年晉范宣子來聘公享之宣子賦摽有梅摽有梅詩召南摽落也梅盛極則落詩人以與女色盛則有衰衆士求之宜及其時宣子欲魯及時共討鄭取其汲汲相赴季武子曰誰敢哉言誰敢不從命今譬於草木寡君在君君之臭味也言同類歡以承命何時之有遲速無時武子賦

彤弓彤弓天子賜有功諸侯之詩欲使晉君繼文之業復受彤弓於王宣子曰城濮之役在僖二十八年我先君文公獻功於衡雍受彤弓於襄王以爲子孫藏藏之以示子孫匄也先君守官之嗣也敢不承命言己嗣其父祖爲先君守官不敢廢命欲正晉君君子以爲知禮彤弓之義在晉君故范匄受之所謂知禮

十年宋公享晉侯於楚丘請以桑林桑林殷天子之樂名荀罃辭辭讓之荀偃士匄曰諸侯宋魯於是觀禮宋王者後魯以周公故皆用天子禮樂故可觀魯有禘樂賓祭之禘三年大祭則作四代之樂別祭群公則用諸侯樂宋以桑林享君不亦可乎言俱天子樂也舞師題以旌夏師帥也旌夏大旌也題識也以大旌表識其行列晉侯懼而退入于房

旌夏非常卒見之人心偶有所畏去旌卒享而還及著雍疾晉侯疾也著雍晉地卜桑林見祟見於卜兆荀偃士匄欲奔請禱焉奔走還宋禱謝荀罃不可曰我辭禮矣彼則以之以用也猶有鬼神於彼加之言自當加罪于宋晉侯有間間疾差也

十六年晉侯與諸侯宴于溫使諸大夫舞曰歌詩必類歌古詩當使各從義類

十九年正月晉侯會諸侯於泝上取邾南自漷水歸之于我晉侯先歸公享晉六卿于蒲圃六卿過魯賜之三命之服軍尉司馬司空輿尉侯奄皆受一命之服如鞍戰還之賜唯無先輅賄荀偃束錦加璧乘馬先吳壽夢之鼎荀偃

中軍元帥故特賄之五匹爲束四馬爲乘壽夢吳子乘也獻鼎於魯因以爲名古之獻物必有以先今以璧馬爲鼎之先

二月季武子如晉拜師謝討齊晉侯享之范宣子爲政賦黍苗黍苗詩小雅美召伯勞來諸侯如陰雨之長黍苗也喻晉君憂勞魯國猶召伯伐荀偃將中軍季武子興再拜稽首曰小國之仰大國也如百穀之仰膏雨焉若常膏之其天下輯睦豈惟敝邑賦六月六月尹吉甫佐天子征伐之詩以晉侯比吉甫出征以匡王國

二十年季武子如宋報向戌之聘也向戌聘在十五年褚師段逆以受享段共公子石也逆以入國受享禮賦棠棣之七章以卒武子賦也七章以卒盡八章取其妻子好合如鼓瑟琴宜爾室家樂爾妻孥言二國好合宜其室家相親如兄弟宋人重賄之歸復命公享之賦魚麗之卒章魚麗小雅卒章曰物其有矣維其時矣喻聘宋得其事公賦南山有臺南山有臺詩小雅取其樂只君子邦家之基邦家之光喻武子奉使能爲國光輝武子去所曰臣不堪也去所辟席

二十六年衛侯如晉晉人執而囚之秋七月齊侯鄭伯爲衛侯故如晉欲共請之晉侯兼享之晉武賦嘉樂國景子相齊侯景子國弱賦蓼蕭蓼蕭詩小雅言太平澤及遠若露之在蕭以喻晉君恩澤及諸侯子展相鄭伯賦緇衣緇衣詩鄭風義取適子之館兮還予授子之粲兮言不敢違遠晉叔向命晉侯拜二君曰寡君敢拜齊君之安我先君之宗祧也敢拜鄭君之不貳也蓼蕭緇衣二詩所取

各不同故拜二君辭異

二十七年宋向戌欲弭諸侯之兵如晉告趙孟晉人許之如楚楚亦許之五月晉趙武至於宋宋人享趙文子叔向爲介司馬置折俎禮也折俎體解節折升之於俎合卿宴享之禮故曰禮也周禮司馬掌會同之事仲尼使舉是禮也以爲多文辭宋向戌自美弭兵之意敬逆趙武叔向因宴享之令張賓主之辭故仲尼以爲多文辭

七月宋公兼享晉楚之大夫趙孟爲客客一坐所尊故季孫飲大夫酒藏紘爲客子木與之言弗能對使叔向侍言焉子木亦不能對也鄭伯享趙孟于垂隴自宋還過鄭子展伯有子西子產子大叔二子石從二子石印段公孫段趙孟曰七子從

君以寵武也請皆賦以卒君貺武亦以觀七子之志詩以言志子展賦草蟲（草蟲詩召南曰未見君子憂心忡忡亦既見止我心則降以趙孟爲君子）趙孟曰善哉民之主也（在上不忘降故可以主民）抑武也不足以當之（辭君子）伯有賦鶉之賁賁（鶉之賁賁詩鄘風衛人刺其君淫亂鶉鵲之不若義取人之無良我以爲君我以爲君也）趙孟曰牀笫之言不踰閾況在野乎非使人之所得聞也（笫簀也此詩刺淫亂故云牀笫之言閾門限使人趙孟自謂）子西賦黍苗之四章（黍苗詩小雅四章曰肅肅謝功召伯營之列列征師召伯成之比趙孟於召伯）趙孟曰寡君在武何能焉（推善於其君）子產賦隰桑（隰桑詩小雅義取思見君子盡心以事之曰既見君子其樂如何）趙孟曰武請受其卒章（卒章曰心乎愛矣遐不謂矣中心藏之何日忘之趙武欲子產之見規誨）

子大叔賦野有蔓草（野有蔓草詩鄭風取其邂逅相遇適我願兮）趙孟曰吾子之惠也（大叔嘉於相遇故趙孟受其惠）印段賦蟋蟀（蟋蟀詩唐風曰無已大康職思其居好樂無荒良士瞿瞿言瞿瞿然顧禮儀）趙孟曰善哉保家之主也有望矣（戒懼不荒所以保家）公孫段賦桑扈（桑扈詩小雅義取君子有禮文故能受天之祐）趙孟曰匪交匪敖福將焉往（此桑扈詩卒章趙孟因以取義）若保是言也欲辭福祿得乎卒享文子告叔向曰伯有將爲戮矣詩以言志志誣其上而公怨之以爲賓榮（言誣則鄭伯未有實趙倡賦詩以自寵故言公怨之以爲賓榮）其能久乎幸而後亡（言必先亡）叔向曰然已侈所謂不及五稔者夫子之謂矣（稔年也爲三十年鄭殺良霄傳）文子曰其餘皆數世之主也子展其後亡者也在上不忘降（謂賦草蟲曰我心則降）印氏其次也樂而不荒（謂賦蟋蟀曰好樂無荒）樂以安民不淫以使之後亡不亦可乎又九月楚薳罷如晉涖盟（罷令尹子蕩報荀盈也）晉侯享之將出賦既醉（既醉詩大雅曰既醉以酒既飽以德君子萬年介爾景福以美晉侯比之太平君子也）叔向曰薳氏之有後於楚國也宜哉承君命不忘敏子蕩將知政矣敏以事君必能養民政其焉往（言政必歸之）

二十八年八月蔡侯自晉入于鄭鄭伯享之

二十九年范獻子來聘拜城杞也（謝魯爲杞城）公享之展莊叔執幣（公將以酬賓）

昭公元年諸侯盟于虢夏四月趙孟叔孫豹曹大夫入于鄭（會罷過鄭）鄭伯兼享之子皮戒趙孟（戒享期）禮終趙孟賦瓠葉（受所戒禮畢而賦詩瓠葉詩小雅義取古人不以微薄廢禮雖瓠葉兔首猶賓客爲享之）子皮遂戒穆叔且告之（告以趙孟賦瓠葉）穆叔曰趙孟一獻（瓠葉詩義取薄物而以獻酬知欲一獻）子其從之子皮曰敢乎（言不敢）穆叔曰夫人之所欲也又何不敢（夫人趙孟）及享具五獻之籩豆於幕下（朝聘之制大國之卿五獻）趙孟辭（趙孟自以今非五聘鄭故辭獻）私於子產（私語）曰武請於冢宰矣（冢宰子皮請謂賦瓠葉）乃用一獻趙孟爲客禮終乃宴（卿宴公侯享宴皆折俎不體薦）穆叔賦鵲巢（鵲巢詩召南言鵲有巢而鳩居之喻晉君有國趙孟治之）趙孟曰武不堪也又賦

采蘩亦詩召南義取蘩菜薄物可以薦公侯享其信不求其厚曰小國爲蘩大國省穡而用之其何實非命穆叔言小國微薄猶蘩菜大國能省愛用之而不棄則何敢不從命穡愛也子皮賦野有死麕之卒章野有死麕詩召南卒章曰舒而脫脫兮無感我帨兮無使尨也吠脫脫安徐帨佩巾義取君子徐以禮來無使我失節而使狗驚吠喻趙孟以義撫諸侯無以非禮相加陵趙孟賦棠棣棠棣詩小雅取其凡今之人莫如兄弟言欲親兄弟之國且曰吾兄弟比以安尨也可使無吠受子皮之詩穆叔子皮及曹大夫興拜三大夫皆兄弟國與起也擧兕爵曰小國賴子知免於戾矣兕爵所以罰不敬言小國蒙趙孟息以安比自知其免此罰戮飲酒樂趙孟出曰吾不復此矣不復見此樂

二年晉侯使韓宣子來聘公享之季武子賦緜之卒

章緜詩大雅卒章義取文王有四臣故能以緜緜致興盛以晉侯比文王以韓宣子比四輔韓子賦角弓角弓詩小雅取其兄弟婚姻無胥遠矣言兄弟之國宜相親矣季武子拜曰敢拜子之彌縫敝邑寡君有望矣彌縫猶補合也謂以兄弟之義武子賦節之卒章節詩小雅卒章取式訛爾心以畜萬年以言晉德可以畜萬邦旣享宴于季氏有嘉樹焉宣子譽之譽其好也武子曰宿敢不封殖此樹以無忘角弓封厚也殖長也遂賦甘棠甘棠詩云召伯息于甘棠之下詩人思之而愛其樹武子欲封殖嘉樹如甘棠以宣子比召公宣子曰起不堪也無以及召公宣子聘於衞衞侯享之北宮文子賦淇澳淇澳詩衞風美武公也言宣子有武公之德宣子賦木瓜木瓜亦衞風義取於欲原報以爲好

三年鄭伯如楚子產相楚子享之賦吉日吉日詩小雅宣王田獵之詩楚王欲與鄭伯共田故賦之旣享子產乃共田備王以蹶江南之夢楚之雲夢跨江南北

六年夏季孫宿如晉拜莒田也謝前年受牟夷邑不見討晉侯享之有加籩籩豆之數多於常禮武子退使行人告曰小國之事大國也苟免於討不敢求貺貺賜也得貺不過三獻周禮大夫三獻今豆有加下臣弗堪無乃戾也懼以不堪爲罪韓宣子曰寡君以爲驩也以加禮致驩心對曰寡君猶未敢未敢當此加也況下臣君之隸也敢聞加貺固請徹加而後卒事晉人以爲知禮重其好貨宴好之貨

七年三月公如楚楚子享公于新臺章華臺也使長鬣者相鬣鬚也欲光夸魯侯好以大屈宴好之賜大屈弓名

十二年夏宋華定來聘通嗣君宋元公新即位享之爲賦蓼蕭弗知不答賦蓼蕭詩小雅義取燕笑語兮是以有譽處兮樂與華定燕語也又曰旣見君子爲龍爲光欲以龍光賓也又曰宜兄宜弟令德壽凱言賓有令德可以壽樂也又曰和鸞雝雝萬福攸同言欲與賓同福祿也昭子曰必亡宴語之不懷懷思也龍光之不宣宣揚也令德之不知同福之不受將何以在

齊侯衞侯鄭伯如晉朝嗣君也晉昭公新立公如晉晉辭公公子憖遂如晉憖魯大夫如晉不書還不復命而奔故史不書於策晉侯享諸侯子產相鄭伯辭於享請免喪而後聽命簡公未葬晉

人許之禮也善晉不奪孝子之情晉侯以齊侯宴中行穆子相穆子荀吳投壺晉侯先穆子曰有酒如淮有肉如坻淮水名坻山名寡君中此為諸侯師中之齊侯舉矢曰有酒如澠有肉如陵澠水出齊國臨淄縣北入時水陵大阜也寡人中此與君代興代更也亦中之伯瑕請穆子伯瑕士文伯曰子失辭吾固師諸侯矣壺何為焉其以中雋也言投壺中不足為雋異齊侯弱吾君歸弗來矣欲與見弱之欲與晉君代興是弱之穆子曰吾君師彊禦卒乘競勸今猶古也齊將何事言晉德不衰於古齊不事晉將無所事公孫傁趨進曰日旰君勤可以出矣以齊侯出傁齊大夫傳言晉之衰

十六年三月晉韓起聘于鄭鄭伯享之子產戒曰苟有位於朝無有不共恪孔張後至立於客間孔張子孔之孫執政禦之執政掌位列者山也適客後又禦之適縣間縣樂肆客從而笑之事畢富子諫富子鄭大夫諫子產也曰夫大國之人不可不慎也幾為之笑而不陵我言數見笑則心陵侮我我皆有禮夫猶鄙我鄙賤也國而無禮何以求榮孔張失位吾子之恥也子產怒曰發命之不衷衷當也出令之不信刑之頗類參事類以成偏頗獄之放紛放從也紛亂也會朝之不敬謂國無禮敬之爾使命之不聽下不從上命取陵於大國罷民而無功罪及而弗知僑之恥也孔張君之昆孫子孔之後也昆兄也子孔鄭襄公兄孔張之祖父執政之嗣也子孔嘗執鄭國之政為嗣大夫承命以使周於諸侯國人所尊諸侯所知立於朝而祀於家卿得自立廟於家有祿於國受祿邑有賦於軍軍六鄉賦百乘喪祭有職有祈王受脤歸脤受脤謂君祭以肉賜大夫歸脤謂大夫祭歸肉於公皆社之戎祭也其祭在廟已有著位在位數世世守其業而忘其所僑焉得恥之其祭在廟謂助君祭辟邪之人而皆及執政是先王無刑罰也言為過謬者自應用刑罰子寧以他規我規正也

十七年春小邾穆公來朝公與之燕季平子賦采菽采菽詩小雅取其君子來朝何賜與之以穆公喻君子穆公賦菁菁者莪菁菁取其

既見君子樂且有儀以答采菽昭子曰不有以國其能久乎嘉其能答賦言其賢故能又有國秋郯子來朝公與之宴

二十五年春叔孫婼聘于宋宋公享昭子賦新宮逸詩昭子賦車轄詩小雅周人思得賢女以配君子昭子將為季孫迎宋公女故賦之明日宴飲酒樂宋公使昭子右坐坐宋公右以相近言改禮坐語語相泣也樂祁左助宴禮退而告人曰今茲君與叔孫其皆死乎吾聞之哀樂可樂而哀而樂哀可哀而樂皆喪心也心之精爽是謂魂魄魂魄去之何以能久此冬叔孫婼宋公卒

定公十四年叔孫武叔聘于齊齊侯享之

巡按福建監察御史臣李嗣京　訂正

知甌寧縣事臣孫以敬參閱

知建陽縣事臣黃國琦較釋

列國君部

休徵　戒懼　悔過

休徵

東周之際列國之君其有服强敵而恢霸功糾諸侯而奬王室者皆宗社之所佑神祇之所扶故休徵兆於前功業著於後影響之報毫釐靡差至於天與巳

蘭文在其手紀諸油素煥若丹青所以先聖脩春秋使亂臣賊子懼者蓋俾其知運歷之定分非僥倖之所及小既尚爾况其大者乎

唐叔虞者周武王子而成王弟初武王與叔虞母會時（左傳曰邑姜方娠大叔邑姜武王后齊太公女）夢天謂武王曰余命汝生子名虞余與之唐及生子文在其手曰虞故遂因而命之曰虞成王立遂封叔虞於唐

齊桓公北征孤竹未至卑耳之谿十里闟然止瞪然視（闟任立貌瞪驚視貌）援弓將射引而未敢發也謂左右曰見是前人乎左右對曰不見也公曰事其不濟乎寡人大惑今者寡人見人長尺而人物具焉冠右祛衣走馬前疾事其不濟乎寡人大惑豈有人若此者乎管仲對曰臣聞登山之神有俞兒者長尺而人物具焉霸王之君與而登山之神見且走馬前道也祛衣示前有水也右祛衣示從右方涉也至卑耳之谿有贊水者（謂贊引渡水者）曰從左方涉其深也及冠從右方涉其深至滕也巳涉其大濟桓公坐拜管仲之馬前曰仲父之聖至若此寡人之抵罪也久矣（抵當也不知仲父之聖是寡人當有罪久矣）管仲對曰夷吾聞之聖人先知無形今巳有形而後知之臣非聖也善承教也（善承古人之教也）

秦文公出獵獲黑龍又夢黃虵自天下屬地（屬著也音之欲反）其口止於鄜衍（三輔謂山陵間爲衍左馮翊鄜縣之衍也）文公問史敦（秦之太史也敦名）敦曰此上帝之徵君其祠之後九年文公獲寶若石云于陳倉北阪城祠之（質如石似玗云語）其神或歲數來也常以夜光輝若流星從東方來集于祠城若雄雉其聲殷殷野雞夜鳴以一牢祠之名陳寶（陳倉縣有寶夫人祠或一歲二歲與葉君合葉君神來將天爲之殷殷雷聲雉爲之雊也）

穆公病臥五日不寤（寤覺也覺音公孝反）寤乃言夢見上帝（上帝謂天也）上帝命穆公平晉亂史書而藏之府（府藏書之處也）而後世皆曰上天

獻公十八年櫟陽雨金自以爲得金瑞

晉文公初爲公子避驪姬之難在翟十二年而去過衞衞文公不禮公出於五鹿五鹿衞地今衞縣西北有地名五鹿陽平元城縣東亦有五鹿乞食於野人野人與之塊公子怒欲鞭之子犯曰天賜也得土有國之祥故以爲天賜民以土服又何求焉天事必象十有二年必獲此土復十二年必得五鹿二三子志之歲在壽星及鶉尾其有此土乎天以命矣復於壽星必獲諸侯天之道也繇是始之有此其以戊申乎所以申土也再拜稽首受而載之拜受天賜受塊而載之也及即位後與楚子戰于城濮夢與楚子搏搏手搏也楚子伏巳而

監其腦監唼也子犯曰我得天楚伏其罪吾且柔之矣晉侯上向故得天楚子下向地故伏其罪腦所以柔物楚師果敗

楚平王棄疾恭王子也恭王有寵子五人無適立乃望祭群神請神決之使主社稷而陰與巴姬恭王妾埋璧於室內召五子齊而入康王跨之兩足爲跨璧一邊過其上靈王肘加之子比子晳皆遠之平王幼抱其上而拜壓紐故康王以長立其子失之靈王及身而弒子比爲王十餘日子晳不得立又俱誅四子皆絕無後唯獨棄疾後立爲平王竟續楚祀如其神符

鄭穆公母曰燕姞文公之賤妾也夢天使與巳蘭曰余爲伯鯈余而祖也以是爲而子以蘭有國香人服媚之如是既而文公見之與之蘭而御之生穆公名之曰蘭

宋昭公得公孫周之子也景公無子取得與啓啓得弟也畜諸公宮未有立焉公卒得夢啓北首而寢於盧門之外盧門宋東門也北首死象在門外失國也巳爲烏而集於其上味加於南門尾加於桐門桐門北門曰余夢美必立乃立得大尹奉啓以奔

趙簡子疾五日不知人大夫皆懼醫扁鵲視之出董安于問安于簡子家臣扁鵲曰血脉治也而何怪在昔秦繆

公嘗如此七日而寤寤之日告公孫支與子輿曰我之帝所甚樂吾所以久者適有學也帝告我晉國將大亂五世不安其後將霸未老而死霸者之子且令而國男女無別公孫支書而藏之秦讖於是出矣獻公之亂文公之霸而襄公敗秦師於殽而歸縱淫此子之所聞今主君之疾與之同不出三日疾必間間必有言也居二日半簡子寤語大夫曰我之帝所甚樂與百神遊于鈞天廣樂九奏萬舞不類三代之樂其聲動人心有一熊欲來援我帝命我射之中熊熊死又有一羆來我又射之中羆羆死帝甚喜賜我一

筍皆有副吾見兒在帝側帝屬我一翟犬曰及而子之壯也以賜之帝告我晉國且世衰七世而亡嬴姓將大敗周人於范魁之西而亦不能有也今余思虞舜之勳適余將以其胄女孟姚配而七世之孫董安于受言而書藏之以扁鵲言告簡子簡子賜扁鵲田四萬畝他日簡子出有人當道辟之不去從者怒將刃之當道者曰吾欲有謁于主君從者以聞簡子召之曰譆吾有所見子晰也當道者曰屏左右願有謁簡子屏人當道者曰主君之疾臣在帝側簡子曰然有之子之見我我何爲當道者曰帝令主君射熊與

羆皆死簡子曰是且何也當道者曰晉國且有大難主君首之帝令主君滅二卿夫熊與羆皆其祖也簡子曰帝賜我二笥皆有副何也當道者曰主君之子將克二國於翟皆子姓也簡子曰吾見兒在帝側帝屬我一翟犬曰及而子之長以賜之夫兒何謂以賜翟犬當道者曰兒主君之子也翟犬者代之先也主君之子且必有代及主君之後嗣且有革政而胡服并二國於翟簡子問其姓而延之以官當道者曰臣野人致帝命耳遂不見簡子書藏之府

襄子爲智伯所攻奔保晉陽原過從後（原過趙臣）至于王澤見三人自帶以上可見自帶以下不可見與原過竹二節莫通曰爲我以是遺趙毋卹（襄子名）原過既至以告襄子襄子齋三日親自剖竹有朱書曰趙毋卹余霍泰山（在河東永安縣）山陽侯天使也三月丙戌余將使汝反滅智氏汝亦立我百邑余將賜汝林胡之地至于後世且有伉王赤黑龍面而鳥噣鬢麋髭頿大膺大胷修下而馮左衽界乘（修或作鬢　界一作介）奄有河宗至于林澗諸貉南伐晉別北滅黑姑襄子再拜受三神之令智伯率韓魏攻晉陽歲餘襄子懼乃夜使相張孟同私于韓魏韓魏與合謀以三月丙戌三國反滅智

氏共分其地

戒懼

夫安不忘危治不忘亂蓋先聖之格言有國之攸先也無災而懼所以爲賢有凶稱孤於焉中禮至於彗星旣出則薄賦斂而緩刑罰旿雨屢愆則絀女謁而放讒佞因戰勝而增惕顧高臺而慮危則知懼天災重民命而召亂者未之有也

宋湣公九年大水魯莊公使臧文仲弔焉曰天作淫雨害於粢盛若之何不弔（不爲大恐懼弔）對曰孤實不敬天降之災又以爲君憂拜命之辱（謝辱原命）臧文仲曰宋其

興乎（臧文仲魯大夫）禹湯罪已其興也浡然（浡盛貌）桀紂罪人其亡也忽然（忽速貌）且列國有凶稱孤禮也（列國諸侯無凶則常稱寡人）言懼而名禮庶乎（言懼已名禮稱孤其庶幾於興）既而聞之曰公子御說之辭也（宋莊公子）臧孫達曰是宜爲君有恤民之心

齊桓公夜半不嗛易牙乃煎熬燔炙和調五味而進之桓公食飽至旦不覺曰後世必有以味亡其國者

景公時彗星出公謂晏子曰寡人聞之彗星出其所向之國君當之今彗星出而向吾國我是以悲晏子曰君之行義回邪無德於國穿闕池則欲其深以廣

也爲臺榭則欲其高且大也賦斂撝奪誅僇仇讐自是觀之茀又將出天之變彗星之出庸何傷乎於是公懼乃歸填闕池減臺榭薄賦斂緩刑罰三十七日而彗星亡也

魯僖公時雨澤不澍至于九月人大驚懼率群臣禱山川以有事謝過自讓絀女謁放讒佞郭都之等十三人誅領人之吏受貨賂趙祝等九人曰辜在寡人方天旱野無生稼寡人當死百姓何謗請以身塞無狀也

秦穆公時楚人滅江公爲之降服出次不舉過數（降服素服也出次辟正寢不舉去盛饌鄰國之禮有數今秦伯過之）大夫諫公曰同盟滅雖不能救敢不矜乎吾自懼也

晉文公得南之威三日不聽朝遂推南之威而遠之曰後世必有以色亡其國者又嘗與楚得臣戰于城濮焚楚軍火數日不息文公歎左右曰勝楚而君猶憂何文公曰吾聞能戰勝安者唯聖人是以懼且子玉猶在庸可喜乎子玉之敗而歸楚成王怒而不用其言貪與晉戰讓責子玉子玉自殺文公曰我擊其外楚誅其內於是乃喜

楚王（史失其諡）登強臺而望山川左江右湖以臨彷徨其

樂忘死遂盟強臺而弗登曰後世必有以高臺陂池亡其國者

莊王見天不見妖地不出孽則禱于山川曰天其忘余歟

越王勾踐與吳戰大敗之兼有南夷當是之時也南面而立近臣三遠臣五令諸侯大夫曰聞過而不以告我者爲上戮此處尊位而恐不聞其過也

悔過

過而能改春秋之所韙不遠而復大易之所載蓋君子省躬責已彰往察來唯道是從聞義則服斯可尚

也巳昔者宗周監二代之制列五等之爵叶利建之象崇夾輔之義東遷之後庶邦力政刑威慶賞繇巳而出乃有席千乘之勢居三揖之上咈讜正之議失防閑之道或知其謀而不用或察其賢而見狹或肆一時之忿或舉無名之役而能知非引咎負愧懷恥飜然內省務修厥德大則成定霸之業小則得爲君之體遷善之益斯可見焉

魯隱公五年春公將如棠觀魚者臧僖伯諫公曰吾將畧地焉孫辭以畧地遂往陳魚而觀之大設捕魚之備而觀之僖伯稱疾不從冬僖伯卒公曰叔父有憾於寡人諸侯稱同

姓大夫長曰伯父次曰叔父有慽諫觀魚不聽寡人弗敢忘葢之加一等加命服之等

鄭莊公母曰武姜生莊公及共叔段莊公寤生驚姜氏遂惡之愛共叔段及莊公即位爲之請京使居之大叔命西鄙北鄙貳於巳鄙鄭邊邑貳兩屬大叔完聚繕甲兵具卒乘將襲鄭夫人將啓之啓開也公聞其期命子封帥車二百乘以伐京京叛大叔段段入于鄢公伐諸鄢大叔出奔共共國今汲郡共縣遂寘姜氏於城潁城潁鄭邑而誓之曰不及黃泉無相見也地中之泉故曰黃泉既而悔之潁考叔爲潁谷封人封人典封疆者聞之有獻於公公賜之食食舍肉公問之對曰小人有母皆嘗小人之食矣未嘗君之羹請以遺之食而不啜羹欲以發問也宋華元殺羊爲羹享盖古賜官之嘗公曰爾有母遺繄我獨無繄語助潁考叔曰敢問何謂也據武姜在設疑也公語之故且告之悔對曰君何患焉若闕地及泉隧而相見其誰曰不然隧今延道公從之公入而賦大隧之中其樂也融融賦賦詩也融融和樂也姜出而賦大隧之外其樂也洩洩洩洩舒散也遂爲母子如初君子曰潁考叔純孝也純猶篤也愛其母施及莊公詩曰孝子不匱永錫爾類其是之謂乎不匱純孝也莊公雖先之於初孝心不忘考叔感而通之所謂永錫爾類詩人之化各以情言君子論之不以文害意故春秋傳引詩不皆與今說

詩者同餘皆倣此

文公十二年晉文公秦穆公圍鄭佚之狐言於鄭伯曰國危矣若使燭之武見秦君師必退佚之狐燭之武皆鄭大夫公從之辭曰臣之壯也猶不如人今老矣無能爲也已公曰吾不能早用子今急而求子是寡人之過也然鄭亡子亦有不利焉許之夜縋而出見秦伯秦伯乃還

晉惠公既殺里克而悔之曰芮也使寡人過殺我社稷之鎮芮冀芮鎮重也

文公之豎頭須守藏者也頭須一曰里鳧須豎左右小吏其出也竊

藏以逃（文公出奔）盡用以求納之（求納文公）及入求見公辭焉以沐謂僕人曰沐則心覆心覆則圖反宜吾不得見也居者爲社稷之守行者爲羈紲之僕其亦可也何必罪居者國君而讐匹夫懼者其衆矣僕人以告公遽見之（言華小怨以能安衆）

文公反國賞從亡者介之推不言祿祿亦弗及與母偕隱而死晉侯求之弗獲以緜上爲之田曰以志吾過且旌善人

悼公二年會單項公及諸侯同盟于鷄澤（單項公王卿士）公之弟楊干亂行于曲梁（行陳次）魏絳戮其僕（僕御也）公怒

謂羊舌赤曰合諸侯以爲榮也楊干爲戮何辱如之必殺魏絳無失也對曰絳無二志事君不辟難有罪不逃刑其將來辭何辱命焉言終魏絳至授僕人書（僕人晉侯御僕）將伏劒士魴張老止之公讀其書曰日君乏使使臣斯司馬（斯此也）臣聞師衆以順爲武（順莫敢違）軍事有死無犯爲敬（守官行法雖死不敢有違）君命合諸侯臣敢不敬居師不武執事不敬罪莫大焉臣懼其罪以及楊干無所逃罪（懼自犯不武不敬之罪）不能致訓至於用鉞（用鉞斬楊干之僕）臣之罪重敢有不從以怒君心（言不敢不從戮）請歸死於司寇（致命於司寇使戮之）公跣而出曰寡人之言親愛也吾子之討軍禮也寡人有弟弗能敎訓使干大命寡人之過也子無重寡人之過（聽絳爲重過）敢以爲請（請使無死）晉侯以魏絳爲能以刑佐民矣反役與之禮食使佐新軍（群臣旅會今欲顯絳故特爲設禮食）張老爲中軍司馬（代魏絳）士富爲侯奄（代張老士富士會別族）

衛成公三年晉文公將伐曹假道於衛衛人弗許晉侯齊侯盟于斂孟（衛地）衛侯請盟晉人弗許衛侯欲與楚國人不欲故出其君以說於晉衛侯出居襄牛聞楚師敗懼出奔楚遂適陳使元咺奉叔武以受盟（奉使攝君事也）或訴元咺於衛侯曰立叔武矣其子角從公公

使殺之咺不廢命奉夷叔以入守（夷諡）晉侯復衛侯衛侯先期入（不言叔武）甯子先長牂守門以爲使也與之乘而入（長牂衛大夫甯子悉公之欲速故先入欲安喻國人）公子歂大華仲前驅（衛使遂驅奄甯子未備二子衛大夫）叔武將沐聞君至喜捉髮走出前驅射而殺之公知其無罪也枕其股而哭之（公以叔武尸枕其股）歂大走出（手射叔武故）公使殺之

秦穆公三十二年將襲鄭訪諸蹇叔蹇叔曰勞師以襲遠非所聞也公辭焉（辭不受其言）召孟明西乞白乙使出師蹇叔哭之曰孟子吾見師之出而不見其入也公使謂之曰爾何知中壽爾墓之木拱矣秦師遂東

晉襄公敗秦師于殽獲百里孟明視西乞術白乙丙以歸文嬴請三帥文嬴晉文公始適秦秦穆公所妻夫人襄公嫡母公許之秦伯素服郊次待之於郊鄉師而哭曰孤違蹇叔以辱二三子孤之罪也不替孟明孤之過也大夫何罪且吾不以一眚掩大德秦大夫及左右皆言於秦伯曰是敗孟明之罪也必殺之秦伯曰是孤之罪也周芮良夫之詩曰大風有隧貪人敗類詩大雅隧蹊徑也周大夫芮伯刺厲王言貪人之敗善類如大風之行毀壞衆物所在成蹊徑聽言則對誦言如醉言昏亂之君不好典誦之言聞之若醉得道聽塗說之言則喜而對答匪用其良覆俾我悖覆反也俾使也不用良臣之言反使爲悖亂是貪故也孤之謂矣孤實貪

以禍夫子夫子何罪復使爲政乃作秦誓晉舍三帥還歸穆公悔過作誓公曰嗟我士聽無譁誓其群臣通稱士也予誓告汝群言之首衆言之本要古人有言曰民訖自若是多盤言民之行已盡用順道是多樂稱古人言悔前不順忠臣責人斯無難惟受責俾如流是惟艱哉人之有罪以義責之此無難也若已有非惟受人責即放之如水流下是惟艱哉我心之憂日月逾邁若弗云來言我心之憂欲改過自新如日月並行過如不復云來雖欲改悔恐死及之無所益惟古之謀人則曰未就予忌惟爲我執古義之謀人謂忠賢蹇叔等也則曰未成我所欲反忌之耳惟今之謀人姑將以爲親惟指今事爲我所謀之人我且將以爲親而用之悔前違古從今以取破敗也雖則云然尚猷詢茲黃髮則罔所愆言前雖則有云然之過今我庶幾以道謀此黃髮賢老則行事無所過矣番番良士旅力既愆我尚有之老成番番之良士雖衆力已過老我今庶幾欲有此人而用之仡仡勇夫射御不違我尚不欲仡仡壯勇之夫雖射御不違我庶幾不欲用自悔之至惟截截善諞言俾君子易辭我皇多有之昧昧我思之惟察察便功善爲辯佞之言使君子回心易辭我前多有之以我昧昧思之不明故也如有一介臣斷斷兮無他技其心休休焉其如有容焉如有一介斷斷猗然專一之臣雖無他技藝其心休休焉樂善其如是則能有所容言將任之人之有技若己有之人之彥聖其心好之不啻若自其口出寔能容之人之有技若己有之樂善之至也人之彥聖其心好之不啻若自其口出必好之至也是人必能容之以保我子孫黎民尚亦有利哉用此好技聖之人安我子孫衆人亦主有利哉言能興國人

之有技娼疾以惡之人之彥聖而違之俾不通見人之有技藝蔽冒疾害以惡之人之彥聖而違背壅塞之使不得上通寔不能容以不能保我子孫黎民亦曰殆哉娼疾之人寔不能容人豈能安我子孫衆人亦曰危殆哉邦之杌隉曰由一人杌隉不安言危也一人所任用國之傾危日由所在不任賢邦之榮懷亦尚一人之慶國之光榮爲民所歸亦庶幾其所任用賢之善也穆公陳戒誓賢則危用賢則榮自誓改前過之意一說穆公復使孟明視等將兵伐晉戰于彭衙彭衙馮翊郃陽縣西北有衙城秦不利引兵歸三十六年穆公復益厚孟明等使將兵伐晉渡河焚舟大敗晉人取王官及鄗以報殽之役晉人皆城守不敢出於是繆公乃自茅津在大陽渡河封殽中尸封識之爲

發喪哭之三日乃誓於軍曰嗟士卒聽無譁余誓告汝古之人謀黃髮番番則無所過以申思不用蹇叔百里奚之謀故作此誓令後世以記吾過君子聞之皆爲垂涕曰嗟乎秦穆公之與人周也（周備也）卒得孟明之慶

齊頃公魯成公八年晉侯使韓穿來言汶陽之田歸之於齊來言者何內辭也脅我使我歸之也曷爲使我歸之（據本魯邑）鞌之戰齊師大敗齊侯歸弔死視疾七年不飲酒不食肉晉侯聞之曰嘻奈何使人之君七年不飲酒不食肉請皆反其所取侵地（晉侯聞齊侯悔過自責高

其義畏其德使諸侯還獻之所喪邑魯見使畢有恥故諱不言使者因爲其義諸侯不得相奪土地晉適可來議語之魯宜聞義自歸之爾不得使也士書者善晉之義齊）

楚武王使莫敖伐羅大敗縊於荒谷群師囚于冶父（縊自經也荒谷冶父皆楚地）以聽刑楚子曰孤之罪也皆免之

莊王即位三年不出號令日夜爲樂令國中曰有敢諫者死無赦伍舉入諫莊王左抱鄭姬右抱越女坐鐘鼓之間伍舉曰願有進隱（隱謂隱藏其言）曰有鳥在於阜三年不蜚不鳴是何鳥也莊王曰三年不蜚蜚將沖天三年不鳴鳴將驚人舉退吾知之矣居數月淫益甚大夫蘇從乃入諫王曰若不聞令乎對曰殺身以明君臣之願也於是乃罷淫樂聽政所誅者數百人所進者數百人任伍舉蘇從以政國人大說

恭王有疾召令尹曰常侍筦蘇與我處常忠我以道正我以義吾與處不安也不見不思也雖然吾有得也其功不細必厚爵之申侯伯與我處常縱恣吾所樂者勸吾爲之吾所好者先吾服之吾與處歡樂之不得則感雖然吾終無得也其過不細必亟遣之令尹曰諾明日王薨令尹即拜筦蘇爲上卿而逐申侯伯出之境曾子曰鳥之將死其鳴也哀人之將死其言也善言反其本性恭王之謂也故孔子曰朝聞道

夕死可矣於以開後嗣覺來世猶愈没身不寤者也

昭王十年吳蔡伐楚昭王亡十一年復入于郢初王之奔隨也將涉于成臼（江夏竟陵縣西有白水出聊屈山西南入漢）藍尹亹涉其帑（亹楚大夫）不與王舟及寧王欲殺之（寧安定也）子西曰子嘗唯思舊怨以敗君何效焉王曰善使復其所吾以志前惡（惡過也）

宋昭公出亡至於鄙喟然歎曰吾知所以亡矣吾朝臣千人發政舉吏無不曰吾君聖者侍御者數百人被服以立無不曰吾君麗者內外不聞吾過是以至此

齊景公與魯定公爲夾谷之會知義不若歸而大恐告其群臣曰魯以君子之道輔其君而子獨以夷狄之道敎寡人使得罪於魯君爲之柰何有司進對曰君子有過則謝以質小人有過則謝以文君若悼之則謝以實于是齊侯乃歸所侵魯之鄆汶陽龜陰之田以謝過

晏子化東阿三年景公召而數之晏子請改道易行明年上計景公迎而賀之晏子對曰臣前之化東阿也屬託不行貨賂不至君反以罪臣今則反是而更蒙賀景公下席而謝

魏惠王時魏相公叔座薦公孫鞅於王不能用遂西入秦事秦孝公孝公使將兵擊魏軍盡破之以歸秦魏懸是徙都大梁惠王曰寡人恨不用公叔座之言也

燕惠王昭王子也初樂毅爲昭王謀必待諸侯兵齊乃可伐也於是乃使樂毅使諸侯遂合連四國之兵以伐齊大破之閔王亡逃僅以身脫匿莒樂毅追之遂屠七十餘城臨淄盡降唯莒卽墨未下盡復收燕寶器而歸復易王之辱樂毅請罷諸侯之兵獨圍莒卽墨時田單爲卽墨令患樂毅善爲兵田單不能詐也欲去之昭王又賢不肯聽讒會昭王死惠王立田單使人讒之惠王惠王聽讒使騎劫代樂毅將而召毅毅畏誅西降趙田單與騎劫戰遂破劫逐燕北至河上盡復得齊城惠王後悔使騎劫代樂毅以故破軍亡將失齊又恐樂毅之降趙恐趙用樂毅而乘燕之弊以伐燕惠王乃使讓樂毅且謝之曰先王舉國而委將軍爲燕破齊報先王之讐天下莫不震動寡人豈敢一日而忘將軍之功哉會先王棄群臣寡人新卽位左右誤寡人寡人之使騎劫代將軍爲將軍久暴露於外故召將軍且休計事將軍過聽以與寡

人有隙遂捐燕歸趙將軍自爲計則可矣而亦何以報先王所以遇將軍之意乎樂毅報遺惠王書曰臣不佞不能奉承王命以順左右之心恐傷先王之明有害足下之義故遁逃走趙今足下使人數之以罪臣恐侍御者不察先王之所以畜幸臣之理又不白臣之所以事先王之心故敢以書對臣聞聖賢之君不以祿私親其功多者賞之其能當者處之故察能而授官者成功之君也論行而結交者立名之士也臣竊觀先王之舉也見有高世主之心故假節於魏而以身得察於燕先王過舉廁之賓客之中立之群

臣之上不謀父兄以爲亞卿臣竊不自知自以爲奉令承教可幸無罪故受令而不辭先王命之曰我有積怨深怒於齊不量輕弱而欲以齊爲事臣曰夫齊霸國之餘業而最勝之遺事也練於兵甲習於戰攻王若欲伐之必與天下圖之與天下圖之莫若於結趙且又淮北宋地楚魏之所欲也趙若許而約四國攻之齊可大破也先王以爲然具符節南使臣于趙顧反命起兵擊齊以天之道先王之靈河北之地隨先王而舉之濟上濟上之軍受命擊齊大敗齊人輕卒銳兵長驅至國齊王遁而走莒僅以身免珠玉財

寶車甲珍器盡收入于燕齊器設于靈臺大呂陳于元英故鼎反乎磿室（磨歷心）薊丘之植植於汶篁（竹田曰篁）（謂燕人疆界移于齊之汶水）自五伯已來功未有及先王者也先王以爲慊於志故裂地而封之使得比小國諸侯臣竊不自知自以爲奉命承教可幸無罪是以受命不辭臣聞聖賢之君功立而不廢故著於春秋蚤知之士名成而不毀故稱於後世若先王之報怨雪恥夷萬乘之疆國收八百歲之畜積及至棄群臣之日餘教未衰執政任事之臣修法令慎庶孽施及乎萌隸皆可以教後世臣聞之善作者不必善成善始者不必善終昔伍子胥說聽於闔閭而吳王遠迹至郢夫差弗是也賜之鴟夷而浮之江湖吳王不悟先論之可以立功故沈子胥而不悔子胥不蚤見主之不同量是以至於入江而不化夫勉身立功以明先王之迹者臣之上計也離毀辱之誹謗墮先王之名臣之所大恐也臨不測之罪以幸爲利義之所不敢出也臣聞古之君子交絶不出惡聲忠臣去國不潔其名臣雖不佞數奉教於君子矣恐侍御者之親左右之說不察疏遠之行故敢獻書以聞唯君王之留意焉於是燕王復以樂毅子樂間爲昌國君而樂毅往來

復通燕趙以爲客卿樂毅卒於趙

燕王喜用其相栗腹之計欲攻趙而問昌國君樂間樂間曰趙四戰之國也其民習兵伐之不可燕王不聽遂伐趙趙使廉頗大破栗腹之軍於鄗禽栗腹樂乘者樂間之宗也于是樂間奔趙趙遂圍燕燕重割地以與和趙乃解而去燕王恨不用樂間樂間既在趙乃遺樂間書曰紂之時箕子不用犯諫不怠以冀其聽商容不達身祇辱焉以冀其變及民志不入獄囚自出然後二子退隱故紂負桀暴之累二子不失忠聖之名何者其憂患之盡矣今寡人雖愚不若紂

之暴也燕民之亂不若殷民之甚也室有語不相盡
以告鄰里二者寡人不爲君取也樂間樂乘怨燕不
聽其計二人卒留趙

册府元龜

冊府元龜

巡按福建監察御史臣李嗣京訂正

新建縣舉人臣戴國士參閱

知建陽縣事臣黃國琦較釋

列國君部

朝聘　姻好

朝聘

傳曰諸侯三歲而聘五歲而朝又曰歲聘以志業間朝以講禮繇是評貢賦之職講班爵之義宴享以示惠采章而慎儀蓋小所以事大大所以字小乃周室

之舊制列國之遺範也原夫竝建之始胙土相繼著之典法納於軌物其後力政專命強弱異勢以至獻物薦賄旅百而有加共職歸事駿奔而不暇當夫鄰國之繼好霸令之不煩固宜講信修睦謀事補闕其流風話言可觀也已

魯隱公元年十二月祭伯來祭伯諸侯爲王卿士者祭國伯爵傳曰非王命也

七年夏齊侯使夷仲年來聘

十一年春滕侯薛侯來朝爭長薛魯國薛縣薛侯曰我先封薛祖奚仲夏所封在周之前滕侯曰我周之卜正也卜正卜官之長薛庶姓也我不可以後之庶姓非周之同姓公使羽父請於薛侯曰君與薛君辱在寡人周諺有之曰山有木工則度之賓有禮主則擇之擇所宜而行之周之宗盟異姓爲後盟載書皆先同姓例在定四年寡君若朝于薛不敢與諸任齒薛任姓齒列也君若辱貺寡人則願以滕君爲請薛侯許之乃長滕侯

桓公二年春正月滕子來朝隱十一年稱侯今稱子者蓋時王所黜

七年杞侯來朝公卽位而來朝

三年冬齊侯使其弟年來聘

五年夏齊侯鄭伯如紀外相朝皆言如

六年冬紀侯來朝請王命以求成於齊公告不能紀微弱不能通於天子欲因公以請王命公無寵於王故告不能

九年秋七月曹伯使其子射姑來朝曹伯有疾故使其子來朝賓之以上卿禮也

十有五年夏邾人牟人葛人來朝三人皆附庸之世子也其君應稱名故其子降稱人

莊公五年秋郳犂來朝附庸國也東海昌慮縣東北有郳城犂來名

二十三年夏荊人來聘不書荊子使其來聘君臣同辭者蓋楚之始通未成其禮

二十五年春陳侯使女叔來聘女叔陳卿女氏叔字始結陳好也

二十七年冬杞伯來朝 杞稱伯者時王所黜
閔公元年冬齊仲孫湫來省難
僖公七年夏小邾子來朝 郳犁來始得王命而來朝也邾之別封故曰小邾
秋七月公子友如齊 公會齊侯盟于甯母罷盟而聘謝不敏也
十年春正月公如齊
十有三年冬公子友如齊
十有四年六月季姬及鄫子遇于防使鄫子來朝 季姬魯女鄫夫人也鄫子本無朝忠為季姬所召而來故言使鄫子來朝鄫國今瑯邪鄫縣
十有五年正月公如齊 諸侯五年再相廟禮也
二十年夏郜子來朝

二十二年三月鄭伯如楚
二十四年宋及楚平宋成公如楚
二十七年春杞子來朝杞桓公也用夷禮故曰子 杞先代之後而迫於東夷風俗雜壞言語衣服有時而夷今稱朝者始用周禮終而不全故貶其爵 公卑杞杞不共也
二十八年秋公子遂如齊 聘也
二十九年春介葛盧來朝舍于昌衍之上 魯縣東南有昌平城 公在會饋之芻米禮也 嫌公行不當致餼故曰禮也 冬介葛盧來以未見公故復來朝禮之加燕好
三十年冬東門襄仲 公子遂也 將聘于周遂初聘于晉 公既命襄仲聘周未行故曰將又命自周聘晉故曰遂魯始聘晉故曰初
三十一年春取濟西田分曹地也 晉文討曹分其地以賜諸侯 公子遂如晉拜曹田也
三十二年春楚鬬章請平于晉晉陽處父報之晉楚始通 陽處父晉大夫晉楚自春秋以來始交使命為和同
三十三年齊國莊子來聘自郊勞至于贈賄禮成而加之以敏 迎來曰郊勞送去曰贈賄敏審于事 臧文仲言於公曰國子為政齊猶有禮君其朝焉臣聞之服於有禮社稷之衛也冬公如齊朝且弔有狄師也 狄侵齊也
文公元年冬十月穆伯如齊始聘焉禮也 穆伯公孫敖 凡

君即位卿出並聘踐修舊好要結外援 踐猶履行也 好事鄰國以衛社稷忠信卑讓之道也忠德之正也信德之固也卑德之基也
三年春衛侯如陳拜晉成也 二年陳侯如衛請成于晉
冬公如晉
四年春晉人歸孔達于衛以為衛之良故免之 三年衛執孔達以說進 夏衛侯如晉 拜謝歸孔達
曹伯如晉會正 會授貢賦之政也傳言襄公能繼文之業而諸侯服從
秋衛侯使甯俞來聘
五年夏公孫敖如晉

冬晉陽處父聘于衛
六年春臧文仲以陳衛之睦也欲求好于陳
夏季文子聘于陳
秋季文子如晉
九年冬楚子使椒來聘椒子越椒也椒不書姓史畧文
十一年秋曹文公來朝卽位而來見也襄仲聘于宋
且言司城蕩意諸而復之八年意諸來奔因賀楚師之不害往來楚次厥貉將以伐宋
十二年春杞桓公來朝始朝公也秋滕昭公來朝亦
始朝公也

秋秦伯使西乞術來聘且言將伐晉
十四年冬公如晉朝禮也諸侯五年再相朝以脩王
命古之制也
十七年冬襄仲如齊拜穀之盟六月公及齊侯盟于穀
十八年秋襄仲莊叔如齊惠公立故且拜葬也襄公賀惠
公立莊叔謝齊來會葬
宣公元年夏東門襄仲如齊拜成齊侯與公會于平州以定公立故襄
仲如齊謝得會也
四年秋公如齊
五年春公如齊
九年春公如齊
十年春公如齊齊侯以我服故歸我齊西之田公比年朝
齊政
夏齊惠王卒公如齊奔喪公親奔喪非禮也公出朝會奔喪會葬皆書如不言
其事史之常也
秋季文子初聘齊齊侯初卽位
冬子家如齊伐邾故也魯侵小恐爲齊所討故往謝國武子來朝
報聘
十四年秋楚子圍宋孟獻子言於公曰臣聞小國之
免於大國也聘而獻物物玉帛皮幣也於是有庭實旅百主人

亦設籩豆百品實于庭以答賓朝而獻功獻其治國若征伐之功於牧伯於是有容
貌采章嘉淑而加貨容貌威儀容顏也采章車服文章也嘉淑令辭稱贊也加貨命
宥幣帛也言往兵則未報亦備謀其不免也謀而薦賄則無及也薦追也見責而往則不足解罪
今楚在宋君其圖之公說明年春公孫
歸父會楚于宋
成公三年夏公如晉拜汶陽之田前年晉侯齊歸魯汶陽田故
冬十一月晉侯使荀庚來聘衛侯使孫良夫來聘
十二月齊侯朝於晉將授玉行朝禮郤克趨進曰此行
也君爲婦人之笑辱也寡君未之敢任言齊侯之來以謝婦人之笑非爲修好故云晉公不任當此惠一云齊頃公朝晉欲尊上晉景公

晉景公不敢受乃歸

四年春宋公使華元來聘通嗣君也宋共公即位

三月杞伯來朝

夏公如晉晉侯見公不敬秋公至自晉欲求成於楚

而叛晉季文曰不可乃止

五年春孟獻子仲孫蔑也如宋報華元也

六年春鄭伯如晉拜成謝前年再盟

夏邾子來朝

魯公孫嬰齊如晉

冬季文子如晉賀遷也四月晉去故絳遷于新田

冊府元龜 列國君部 朝聘 卷之二百四十五 七

七年夏曹宣公來朝

冬衛侯如晉晉反戚焉戚衛孫林父邑林父去奔晉戚隨屬晉

八年春公孫嬰齊如莒

宋公使華元來聘

九年冬楚子使公子辰如晉請修好結成

十年春晉使羅茂如楚報太宰子商之使也子商楚公子辰

秋公如晉

十一年春晉侯使郤犨來聘夏季文子如晉報聘

秋叔孫僑如宣伯也聘于齊以修前好穀以前之好

十一年秋晉郤至如楚聘

冬楚公子罷如晉聘報郤至

十八年春晉悼公即位公如晉朝嗣君也

夏公至自晉晉范宣子來聘且拜朝也拜謝公朝君子謂

晉於是乎有禮有卑讓之禮

秋杞桓公來朝勞公且問晉故公以晉君語之語其德政

杞伯於是驟朝于政而請為婚

八月邾宣公來朝即位而來見也

襄公元年九月邾子來朝禮也邾宣公

冬衛子叔晉知武子來聘禮也凡諸侯即位小國朝

之大國聘焉以繼好結信謀事補闕禮之大者也

冊府元龜 列國君部 朝聘 卷之二百四十五 八

二年七月穆叔聘於宋通嗣君也

三年春公如晉始朝也公即位而朝孟獻子相公稽首相儀

也稽首首至地也知武子曰天子在而君辱稽首寡君懼矣

稽首事天子之禮孟獻子曰以敝邑介在東表密邇佗讐佗讐

謂齊楚與晉爭寡君將君是望敢不稽首傳言獻子能固事盟主

四年三月穆叔如晉報知武子之聘也武子聘在元年

冬公如晉聽政受貢賦多少之政晉侯享公公請屬鄫鄫小國也

欲得使屬魯如須句顓臾之北使助魯出貢賦公時年七歲蓋用昔為之言鄫今琅邪鄫縣晉侯

不許孟獻子曰以寡君之密邇於佗讐而願固事君

無失官命晉侯徵發之命鄫無賦於司馬晉司馬又掌諸侯之賦為執

事朝夕之命敝邑敝邑褊小闕而爲罪闕不共也寡君畏以願借助夫借鄭以自助晉侯許之五年夏穆叔覿鄫太子于晉以成屬鄫覿見也前年屬鄫故鄫太子巫如晉以成之書曰叔孫豹鄫太子巫如晉言比諸魯大夫也豹與巫俱受命於魯經不書及比之魯大夫

五年夏鄭子國來聘通嗣君也鄭僖公初即位

六年秋滕成公來朝始朝公也

冬穆叔如邾聘且修平平四年狐駘戰

七年春郯子來朝始朝公也

夏小邾穆公來朝亦始朝公也亦郯子也

秋季武子如衛報子叔之聘且辭緩報非貳也子叔聘在元年言國家多難故不時報

冬衛孫文子來聘且拜武子之言緩報非貳之言

八年春公如晉朝且聽朝聘之數晉悼復修伯業故朝而稟其多少

冬晉范宣子來聘且拜公之辱謝公春朝告將用師于鄭

九年夏季武子如晉報宣子之聘也宣子聘在八年

十二年夏晉士魴來聘且拜師謝前年伐鄭師

冬公如晉朝且拜士魴之辱禮也士魴在此年夏嫌君臣不敵故禮之

十三年春公至自晉孟獻子書勞于廟禮也

十五年春宋公使向戌來聘

十六年冬穆叔如晉聘且言齊故言齊伐魯

十八年春白狄始來白狄狄之別名宋嘗與魯接故曰始

十九年二月季武子如晉拜師謝討齊

二十年秋齊子叔左也初聘于齊禮也齊魯有怨朝聘禮絕今始復通故曰初繼好息民故曰禮

冬季武子如宋報向戌之聘也聘在十五年

二十一年春公如晉拜師及取邾田也謝十八年伐齊之師齊水之田

冬曹伯來朝始見也即位三年始來見公

二十有四年春叔孫豹如晉賀免欒氏

二月鄭伯朝晉且請伐陳也鄭伯稽首宣子辭子西相曰陳國之介恃大國而陵虐於敝邑介因也大國楚也寡君是以請罪焉謂得罪于陳也敢不稽首爲明年鄭入陳傳

夏齊侯既伐晉而懼欲見楚子楚子使薳啓疆如齊聘且請期請會期

冬鄭行人公孫揮如晉聘

二十五年十月鄭子辰相鄭伯如晉拜陳之功謝晉受莘功六月公孫命之師師入陳子産獻陳捷下晉晉受之

二十有六年夏晉侯使荀吳來聘荀吳偃子召公也召公爲澶淵也

六月衞侯如晉晉人執之鄭伯爲衞侯故如晉晉侯許歸衞侯秋七月鄭伯歸自晉請衞侯歸使子西如晉聘辭曰寡君來煩執事懼不免於戾言自懼失敬於大國而得罪使夏謝不敢夏子西名君子曰善事大國將求於人必先下之言鄭所以能自安

二十七年春齊侯使慶封來聘景公即位通嗣君也

二十八年夏齊侯陳侯蔡侯北燕伯杞伯胡子沈子白狄朝于晉宋之盟故也二十七年晉楚同盟于宋曰晉楚之從交相見也故楚屬陳蔡故沈朝晉齊侯將行慶封曰我不與盟何爲如晉陳文子曰先事後賄禮也事大國當先從其政事而後薦賄以副已心小事

大未獲事焉從之如志禮也言當從大國請事以煩其志雖不與盟敢叛晉乎重丘之盟未可忘也子其勸行

邾悼公來朝時事也來朝非宋盟宋盟唯於施朝晉楚

秋孟孝伯仲孫羯也如晉告將爲宋之盟故如楚也

九月鄭游吉如晉告朝于楚以從宋之盟子産相鄭伯如楚舍不爲壇至敵國郊除地封土爲壇以受郊勞外僕言曰昔先大夫相先君適四國未嘗不爲壇外僕掌次舍者自是至今亦皆循之今子草舍無乃不可乎子産曰大適小則爲壇小適大苟舍其已焉用壇僑聞之大適小有五美宥其罪戾赦其過失救其菑患賞其德刑刑法也教其不及小國不困懷服如歸是故作壇以昭其功宣告後人無怠於德怠懈也小適大有五惡說其罪戾自辭說也請其不足行其政事奉行大國之政供其職貢從其時命從朝會之命不然則重其幣帛以賀其福而弔其凶皆小國之禍也焉用作壇以昭其禍所以告子孫無昭禍焉可也無昭禍以告子孫

十二月魯襄公爲宋之盟故公及宋公陳侯鄭伯許男如楚及漢楚康王卒公欲反叔仲昭伯曰我楚國之爲豈爲一人行也昭伯叔仲帶子服惠伯曰君子有遠慮小人從邇邇近也饑寒之不恤誰遑其後遑暇也不如

姑歸也叔孫穆子曰叔仲子專之矣言足專任子服子始學者也言未識遠榮成伯曰遠圖者忠也成伯榮駕鵝公遂行從昭伯謀宋向戌曰我一人之爲非爲楚也饑寒之不恤誰能恤楚姑歸而息民待其立君而爲之備宋公遂反

二十九年五月晉范獻子來聘士鞅也拜城杞也謝魯爲城杞

吳子使公子季札來聘通嗣君也吳子餘祭嗣立故遂聘齊鄭適衞自衞適晉

冬孟孝伯如晉報范叔也范叔士鞅也此年夏來聘

三十年春王正月楚子使薳罷來聘通嗣君也（郟敖即位）

三十一年十月鄭子產相鄭伯以如晉子皮使印段如楚以適晉告禮也（得事大國之禮）

十一月吳子使屈狐庸聘于晉通路也（通吳晉之路）

十二月衛北宮文子相衛襄公以如楚（文子北宮佗襄公獻公子）宋之盟故也（晉楚之從交相見也）過鄭印段逆勞于棐林如聘禮而以勞辭文子入聘（報印段）子羽為行人馮簡子與子太叔逆客事畢而出言于衛侯曰鄭有禮其數世之福也其無大國之討乎

昭公元年春楚公子圍聘于鄭伍舉為介

冬楚公子圍將聘于鄭伍舉為介未出境聞王有疾而還伍舉遂聘

十一月鄭游吉如楚葬郟敖且聘立君（郟敖楚子麇）

二年春晉侯使韓起來聘（公即位故）且告為政而來見禮也遂如齊自齊聘于衛

四月叔弓聘于晉報韓宣子也（宣子韓起也）

秋晉少姜卒公如晉及河晉侯使士文伯來辭曰非伉儷也（晉侯溺於所幸為少姜行夫人之服故諸侯弔不敢以私煩諸侯故止之）請君無辱公還季孫宿遂致服焉（致少姜之襚服）

十一月鄭印段如晉（弔少姜）

三年正月鄭游吉如晉送少姜之葬梁丙與張趯見之（二子皆大夫）梁丙曰甚矣哉子之為此來也（卿共妾葬過甚禮）子太叔曰將得已乎（言不得止）昔文襄之霸也（晉文公襄公）其務不煩諸侯三歲而聘五歲而朝有事而會不協而盟（明王之制歲聘間朝在十三年今簡之）君薨大夫弔卿共葬事夫人士弔大夫送葬（先王之制諸侯之喪士弔大夫送葬在三十年蓋時俗之制故文襄雖節之猶過於古）足以昭禮命事謀闕而已（朝會以昭禮盟會以謀闕）無加命矣（命有常）今嬖寵之喪不敢擇位而數於守適（不敢以其臣卑而令禮教加守適夫人然則時適夫人之喪送葬之禮已過文襄之制）唯懼獲戾豈敢憚煩少姜有寵而死齊必繼室（繼室復為女）今茲吾又

將來賀不唯此行也

夏四月陳伯如晉公孫段相甚敬而卑禮無違者

秋七月鄭罕虎如晉賀夫人且告曰楚人日徵敝邑以不朝立王故（楚靈王新立）敝邑之往則畏執事其謂寡君而固有外心其不往則宋之盟云（云交相見）進退罪也寡君使虎布之（布陳也）宣子使叔向對曰君若辱有寡君在楚何害修宋盟也君苟思盟寡君乃知免於戾矣君若不有寡君雖朝夕辱於敝邑寡君猜焉（猜疑也）君實有心何辱命焉（言若有事晉心至楚可不須告）君其往也苟有寡君在楚猶在晉也

小邾穆公來朝季武子欲卑之不欲以諸侯待之穆叔曰不可曹滕二邾實不忘我好敬以逆之猶懼其二又卑一睦焉一睦謂小邾逆群好也其如舊而加敬焉志曰能敬無災又曰敬逆來者天所福也季孫從之

五年春公如晉郎位而往見自郊勞至于贈賄往有郊勞去有贈賄無失禮揖讓之禮晉侯謂女叔齊曰魯侯不亦善於禮乎

六年夏季孫宿如晉拜莒田也

六月楚公子棄疾如晉報韓子也報前年韓起送女

九月徐儀楚聘于楚儀楚徐大夫

冬叔弓如楚聘且弔敗也弔爲吳所敗

十一月齊侯如晉請伐北燕也告盟主士匄相士鞅逆諸河禮也士匄晉大夫相爲介得敬逆來者之禮

七年春三月公如楚楚子成章華之臺願與諸侯落之宮室始成祭之爲落臺今在華容城内太宰薳啓彊曰臣能得魯侯薳啓彊來召公辭曰昔先君成公命我先大夫嬰齊曰吾不忘先君之好將使衡父炤臨楚國鎮撫其社稷以輯寧爾民嬰齊受命于蜀蜀盟在成二年衛父衛公奉承以來弗敢失隕而致諸宗祧言奉成公此語以告宗廟曰我先君共王引領北望日月以冀冀魯朝傳序相授於今四王矣四王共康郟敖靈王嘉惠未至唯襄公之辱臨我喪襄公二十八年如楚臨康王喪孤與其二三臣悼心失圖在哀喪故社稷之不遑況能懷思君德遑暇也言有大喪多不暇今君若步玉趾辱見寡君寵靈楚國以信蜀之役致君之嘉惠是寡君既受貺矣何蜀之敢望言但欲使君來不敢望如蜀復有質子其先君鬼神實嘉賴之豈唯寡君君若不來使臣請問行期問魯其伐之期寡君將奉質幣而見于蜀以請先君之貺請問也公將往夢襄公祖祖祭家神梓慎曰君不果行襄公之適楚也夢周公祖而行今襄公實祖君其不行子服惠伯曰行先君未嘗適楚故周公祖以道之襄公適楚矣而祖以道君不行何之三月公如楚四月鄭子產聘于晉

八年夏叔弓如晉賀虒祁也賀宮成游吉相鄭伯如晉亦賀虒祁也史趙見子太叔曰甚哉其相蒙也蒙欺也可弔也而又賀之子太叔曰若何弔之其非唯我賀將天下實賀言諸侯畏晉非獨鄭

九年八月孟僖子如齊殷聘禮也自叔老聘齊至今二十年禮意久曠今修成聘以無忘舊好故曰禮

十年秋七月晉平公鄭伯如晉及河晉人辭之游吉遂如晉禮諸侯不相弔故辭九月叔孫諾齊國弱宋華定衛北宮嘉鄭罕虎許人曹人莒人邾人滕人薛人杞人小

邾人如晉葬平公也經不書諸侯大夫者非盟會

十一年春王正月叔弓如宋葬平公也

十二年夏宋公使華定來聘通嗣君也宋元公新即位齊侯衛侯鄭伯如晉朝嗣君也晉昭公新立

十三年楚平王使枝如子躬聘于鄭且致犨櫟之田

冬公如晉荀吳謂韓宣子曰諸侯相朝講舊好也執其卿八月平丘之會公不與盟晉人執季孫意如而朝其君有不好焉不如辭之乃使士景伯辭公于河

十五年冬公如晉平丘之會故也平丘會公不與盟季孫見執今既得免故往謝之

十六年三月晉韓起聘于鄭

冬季平子如晉葬昭公

十七年春小邾穆公來朝秋郯子來

十九年五月楚令尹子瑕聘于秦

二十年齊侯使公孫青聘于衛

二十有一年夏晉侯使士鞅來聘晉頃公即位通嗣君

冬公如晉及河鼓叛晉鼓叛晉屬鮮虞晉將伐鮮虞故辭公將有軍事無暇可待賓且懼洩軍謀

二十二年晉執叔孫婼公爲叔孫故如晉及河有疾而復此年春晉謂邾人執叔孫故公如晉謝之

二十四年六月鄭伯如晉子太叔相

二十五年春叔孫婼聘于宋

二十七年吳子使延州來季子聘于上國季子本封延陵後復封州來故曰延州來遂聘于晉以觀諸侯觀彊弱

定公十年冬叔孫武叔聘于齊武叔名州仇

十五年春正月邾子來朝隱公也

哀公二年四月滕子來朝

二十五年五月越人始來越既勝吳霸中國始遣使適魯

二十三年秋八月叔青如越始使越也越諸鞅來聘報叔青也

二十四年閏月公如越

二十七年越子使后庸來聘

魏惠王十五年魯衛宋鄭來朝

哀王十二年太子朝于秦

趙武靈王元年梁襄王與太子嗣韓宣王與太子倉來朝信宮

韓襄王十年太子嬰朝秦而還徐廣曰與秦會臨晉因至咸陽而還

十二年齊魏王來朝

秦成公元年梁伯芮伯來朝

惠文君元年楚韓趙蜀人來朝

後三年韓魏太子來朝

昭襄王五年魏王來朝

楚考列王十二年春昭王卒楚王使春申君吊祠于秦

姻好

夫婚姻者合二姓之好上以爲宗廟下以爲繼後世者也則有受分器之重居秉圭之位修先君之好結大國之援因其嘉會申以同盟玉帛之用斯備榛栗之贄是修以奉其粢盛以章乎物采成晃迎之重崇廟見之儀所以篤其惠好爲之與國至於不由禮以

加伐止其君而強求貽後世之譏非好逑之義禮之失者其在茲乎

魯惠公元妃孟子言元妃明始適夫人也子宋姓孟子卒繼室以聲子聲孟子之姪娣也諸侯始娶則同姓之國以姪娣媵元妃死則次妃攝治內事不得稱夫人故謂之繼室

宋武公生仲子仲子生而有文在其手曰爲魯夫人故仲子歸于我婦人以嫁曰歸以手理自然成字有若天命欲嫁之於魯

十四年衛莊公娶于齊東宮得臣之妹曰莊姜得臣齊太子也太子不敢居上位故常處東宮美而無子衛人所爲賦碩人也碩人詩義取莊姜美于色賢于德而不見荅終以無子國人憂之又娶于陳曰厲嬀生

孝伯早死陳今陳國陳縣

隱公二年九月紀裂繻來逆女裂繻紀大夫卿爲君逆也冬十月伯姬歸于紀伯姬魯女裂繻所逆者

七年陳鄭平鄭公子忽在王所故陳侯請妻之以忽有王寵故也鄭伯許之乃成婚八年四月甲辰鄭公子忽如陳逆婦嬀辛亥以嬀氏歸甲寅入于鄭陳鍼子送女先配而後祖鍼子曰是以不爲夫婦誣其祖矣非禮也何以能育鍼子陳大夫禮逆婦必先告祖廟而後行鄭忽先逆婦而後告廟故曰先配而後祖

桓公三年春公會齊侯于讙成婚於齊也公不由媒介自與齊

侯會而成婚非禮也秋公子翬如齊逆女修先君之好故曰公子婚禮雖奉時君之命其言必稱先君以爲禮辭故公子翬逆女傳稱修先君之好公子遂逆女傳稱尊君命互舉其義齊侯送姜氏非禮也凡公女嫁於敵國姊妹則上卿送之以禮于先君公子則下卿送之於大國雖公子亦上卿送之於天子則諸卿皆行公不自送於小國則上大夫送之冬齊仲年來聘致夫人也古者女出嫁又使大夫隨加聘問存謙敬序殷勤也在魯而出則曰致女在他國而來則總曰聘故傳以致夫人釋之

十年冬十有二月丙午齊侯衛侯鄭伯來戰于郎公之未昏於齊也齊侯欲以文姜妻鄭太子忽太子忽

辭人問其故太子曰人各有耦齊大非吾耦也詩云
自求多福詩大雅文王言求福繇巳非繇人在我而巳大國何爲君
子曰善自爲謀言獨潔其身謀不及國及其敗戎師也齊侯又
請妻之欲以他女妻之固辭人問其故太子曰無事於齊吾
猶不敢今以君命奔齊之急而受室以歸是以師昏
也民其謂我何言民見怪於我遂辭諸鄭伯假我之命以爲辭
莊公十年夏六月蔡哀侯娶于陳息侯亦娶焉息嬀
將歸過蔡蔡侯曰吾姨也妻之姊妹曰姨止而見之弗賓不禮
敬也息侯聞之怒使謂楚文王曰伐我吾求救於蔡而
伐之楚子從之

十一年冬王姬歸于齊魯主婚也齊侯逆不見公
十二年三月紀叔姬歸于酅紀侯去國而死叔姬歸魯紀季自定于齊而後
歸之
二十四年夏公如齊逆女秋哀姜至公使宗婦覿用
幣非禮也御孫曰男贄大者玉帛公侯伯子男執玉諸侯世子附庸孤
卿執帛小者禽鳥卿執羔大夫執鴈士執雉以章物也章所執之物別貴賤女
贄不過榛栗棗修以告虔也榛小栗修脯虔敬也告取其名以示敬今
男女同贄是無別也男女之別國之大節也而繇夫
人亂之無乃不可乎
僖公二十四年三月晉侯逆夫人嬴氏以歸秦穆公女文嬴之
兄初晉懷公自秦逃歸秦伯召晉公子重耳于楚楚
子厚幣以送公子于秦秦伯歸女五人懷嬴與焉公
子使沃盥既而揮之嬴怒曰秦晉匹也何以卑我公
子懼降服用命用命自四以聽命秦伯見公子曰寡人之嫡
此爲才子圉之辱備嬪嬙焉欲以成昏而懼離其惡
非此則無故不敢以禮致之歡之故也公子有辱寡
人之罪也唯命是聽公子欲辭司空季子曰同姓爲
兄弟黃帝之子二十五人其同姓者二人而巳唯青
陽與夷鼓皆爲巳姓昔少典娶于有蟜氏生黃帝炎
帝黃帝以姬水成炎帝以姜水成成而異德故黃帝

爲姬炎帝爲姜二帝用師以相濟也異德之故也異
姓則異德異德則異類異類雖近男女相及以生民
也同姓則同德同德則同心同心則同志同志雖遠
男女不相及畏黷敬也黷則生怨怨亂毓災災毓滅
姓是故娶妻避其同姓畏亂災也故異德合姓同德
合義今子于子圉道路之人也言德姓不同也取其所棄以
濟大事不亦可乎公子謂子犯曰何如對曰將奪其
國何有於妻唯秦所從命也謂子餘曰何如對曰禮
志有之曰將有請於人必先有入焉欲人之愛巳也
必先愛人欲人之從巳也必先從人今將昏媾以從

秦受好以愛之聽從以德之懼其未可也又何疑焉乃歸女而納幣且逆歸女納幣更主昏禮逆親迎也至是重耳返國故逆以歸焉

二十五年夏四月宋蕩伯姬來逆婦伯姬魯女爲宋夫人蕩氏妻也自謂其子來逆稱婦姑存之辭婦人越境逆女非禮

三十有一年冬杞伯姬來求婦自爲其子成昏

文公二年冬襄仲如齊納幣禮也凡君即位好舅甥修昏姻娶元妃以奉粢盛孝也謂諒闇既終嘉好之事通于內外之禮始備禮比除凶即位也於是遣卿申好舅甥之國修禮以昏姻也元妃敵夫人奉粢盛共祭也孝禮之始也

四年夏逆婦姜于齊稱婦有姑之辭卿不行非禮也禮諸侯有故則使卿逆

宣公元年春正月公子遂如齊逆女尊君命也諸侯之卿出入稱名氏所以尊君命也傳於此發者與還文不同故釋之三月遂以夫人歸姜至自齊尊夫人也遂不言公子替其尊稱所以成小君之尊也公子當時之寵號非族也故傳不言舍族

五年春公如齊高固使齊侯止公請叔姬焉留公彊成昏

成公八年冬衛人來媵共姬禮也凡諸侯嫁女同姓媵之異姓則否必以同姓者三骨肉至親所以息陰訟

九年夏季文子如宋致女女加三月又使大夫隨加聘問請之至女所以致成婦禮篤昏姻之好

十一年春聲伯之母不聘聲伯之母叔肹之妻不聘無媒禮穆姜曰吾不以妾爲姒昆弟之妻相謂爲姒穆姜宣公夫人宣公聘同母昆弟生聲伯聲伯以其外弟爲大夫外弟管子奚之子爲魯大夫而嫁其外妹於施孝叔孝叔魯惠公五世孫郤犨來聘求婦於聲伯聲伯奪施氏婦以與之婦人曰鳥獸猶不失儷儷耦也子將若何曰吾不能死亡言不與郤犨婦懼能忿致禍婦人遂行生二子於郤氏

十四年秋宣伯如齊逆女稱族尊君命也九月僑如以夫人歸姜氏至自齊舍族尊夫人也舍族謂不稱叔孫

昭公二年春晉侯使韓宣子如齊納幣爲平公納少姜夏韓須如齊逆女逆少姜齊陳無宇送女致少姜少姜有寵於晉侯晉侯謂之少齊秋少姜卒

三年正月齊侯使晏嬰請繼室於晉復以女繼少姜曰寡人願事君朝夕不倦將奉質帛以無失時則國家多難是以不獲不得自來不腆先君之適謂少姜以備內官焜燿寡人之望則又無祿早世隕命寡人失望君若不忘先君之好惠顧齊國辱收寡人徼福於太公丁公徼要也二公齊先君言收恤寡人則先君與之福也照臨敝邑鎮撫其社稷則猶有先君之適適夫人之女及遺姑姊妹遺餘也若而人言如若人

不致譽君若不棄敝邑而辱使董振擇之以備嬪嬙寡人之望也（董正也振整也嬪嬙婦言）韓宣子使叔向對曰寡君之望也寡君不能獨任其社稷之事未有伉儷在縗絰之中是以未敢請（制夫人服則葬訖君臣乃祥服）君有辱命惠莫大焉若惠顧敝邑撫有晉國賜之內主豈唯寡君舉國群臣實受其貺其自唐叔以下實寵嘉之（唐叔晉之祖）旣成昏（許昏成）晏子受禮（受賓享之禮）叔向從之宴

五月晉韓起如齊逆女（爲平公逆）公孫蠆爲少姜之有寵也以其子更公女而嫁公子（更嫁主女）人謂宣子子尾欺晉晉胡受之宣子曰我欲得齊而遠其寵寵將來乎

（寵謂子尾）

五年正月楚子以屈生爲莫敖（屈生屈建子）使與令尹子蕩如晉逆女過鄭鄭伯勞子蕩于汜勞屈生于菟氏（汜菟氏皆鄭地）晉侯送女于邢丘子產相鄭伯會晉侯于邢丘（言楚強諸侯畏敬其使）

秦厲共公二十八年越人來迎女

楚惠王七年迎婦於秦

頃襄王六年秦使白起伐韓於伊闕斬首二十四萬秦乃遺楚王書曰楚倍秦秦且率諸侯伐楚楚王患之乃謀復與秦平七年楚迎婦於秦秦楚復平十古四年頃襄王與秦昭王好會于宛結和親

懷王二十四年秦來迎婦

齊湣王四年迎婦于秦

趙武靈王五年娶韓女爲夫人

巡按福建監察御史臣李嗣京 訂正

分守建南道左布政使臣胡維霖 參閱

知建陽縣事臣黃國琦 較釋

列國君部

盟會

傳稱詛誓不及五帝盟詛不及三王自周室東遷諸侯力政疆陵弱大侵小或夷狄交亂於中國或霸王臨長於庶邦繇是坎牲歃血之事作矣若夫稱之以先代要之以明神形於載書以著其信誓及後世以圖其終固宜守之而勿渝奉之而可久其或假壁易田乃成於詐諼捧盤執耳或至於紛紜可尋可寒逮乎長亂是糾是殛晉之空言自非仗仁義之名保冊青之誓恤病討貳以存亡國而討不睦勤王尊主以翼天子而訓諸侯苟異於斯亦鮮以濟

魯隱公元年三月公及邾儀父盟於蔑 蔑姑蔑魯地魯國卞縣南在姑蔑城 公攝位而欲求好於邾故爲蔑之盟 儀父邾子未奉王命故不書爵

九月及宋人盟于宿 客主無名皆微者也宿小國東平無鹽縣也 始通也 初惠公之季年敗宋師于黃公立而求成焉故曰始通也

二年春公會戎于潛 戎狄蠻夷皆氏羌之別種也戎而書會者順其俗以爲禮皆謂居中國若戎子駒支陳留濟陽縣東南有戎城潛魯地 脩惠公之好也戎請盟公辭 許其脩好而不許其盟

八月公及戎于唐 高平方與縣北有武唐亭 復脩戎好也

冬十月紀子帛莒子盟于密魯故也 子帛裂繻子也莒魯有怨紀侯既昏於魯使大夫盟莒以和解之子帛爲魯結好息民故曰魯故也密莒邑淳于城陽縣東北有密鄉

三年十二月齊侯鄭伯盟于石門 石門齊地或曰濟北盧縣故城西南 尋盧之盟也

四年春公與宋公爲會將尋宿之盟未及期衛人來告亂夏公及宋公過于清 宿盟在元年

六年五月公會齊侯盟于艾 泰山牟縣東南有艾山 始平于齊也 春秋前魯與齊不平今乃棄惡脩好故言始平于齊

七年夏齊侯使夷仲年來聘艾之盟也 艾盟在六年

秋宋及鄭平七月盟于宿

冬陳及鄭平 六年鄭侵陳大獲今乃平 十二月陳五父如鄭蒞盟 蒞臨也 壬申及鄭伯盟歃如忘 忘不在於歃血 洩伯曰五父不免不賴盟矣 洩伯鄭洩駕 鄭良佐如陳蒞盟 良佐鄭大夫 辛巳及陳侯盟亦知陳之將亂也

八年春齊侯將平宋衛 平宋衛於鄭 有會期宋公以幣請於衛請先相見 宋敬齊命 衛侯許之故遇於大丘夏齊人

卒平宋衛於鄭秋會于溫盟于尾屋以釋東門之役
禮也定國息民故曰禮也平宋衛二國忿鄭之謀
八月公及莒人盟于浮來以成紀好也二年紀莒盟于密爲魯故
今公尋之故日以成紀好
冬齊侯使來告成三國齊侯冬來告稱必和三國公使衆仲對曰
君釋三國之圖以鳩其民君之惠也寡君聞命矣敢
不承受君之明德
九年七月公會齊侯于防防魯地在琅邪華縣南時宋公不王
不供王職鄭伯爲王佐卿士以王命討之伐宋宋以入郛
之役怨公不告命入郛在五年公以七年伐邾欲以說宋而宋猶不和也公怒

絕宋秋鄭人以王命來告伐宋故會防以謀伐宋
十年三月公會齊侯鄭伯于中丘盟于鄧爲師期尋九
年會防謀伐宋鄧魯地五月羽父先會齊侯鄭伯伐宋
六月公會齊侯鄭伯于左桃左桃宋地
十一年夏公會鄭伯于時來時來郲也滎陽縣東有釐城鄭地謀伐
許也鄭伯將伐許七月公會齊侯鄭伯伐許
桓公元年春公卽位脩好于鄭鄭人請復祀周公卒
易祊田公許之三月鄭伯以璧假許田爲周公祊故
也魯不宜聽鄭祀周公又不宜易取祊田犯二不宜以動故隱其實不言祊稱璧假言若進璧以假田
非久易也四月公及鄭伯盟于越結祊成也結成二易田之事也傳以

經不書祊故獨見祊盟曰渝盟無享國冬鄭伯拜盟
二年七月蔡伯鄭伯會于鄧潁川召陵縣西南有鄧城始懼楚也
楚國今南郡江陵縣北紀南城也楚武王始僭號稱王欲害中國蔡鄭姬姓近楚故懼而會謀
九月公及戎盟于唐脩舊好也
三年正月公會齊侯于嬴嬴齊邑今太山嬴縣成昏於齊也公不
由媒介自與齊侯會而成昏非禮也
夏齊侯衛侯胥命于蒲申約言以相命而不歃血也蒲衛地在陳留長垣縣西南
不盟也又公會杞侯于郕杞求成也二年入衛今求成也
六年四月公會杞侯于成成魯城在太山鉅平縣東南來諮謀齊
難也齊欲滅紀故來謀之

七年夏盟向求成于鄭旣而背之盟向二邑名隱十一年王以與鄭故求與仲成
八月秋隨及楚平楚子將不許鬬伯比曰天去其疾
矣去疾謂少師見獲而死隨未可克也乃盟而還
十年秋公會衛侯于桃丘弗遇衛侯與公爲會期中背公更與齊鄭故公獨在而不相遇也桃丘衛地齊北東阿縣東南有桃城
十一年春齊侯鄭宋盟于惡曹惡曹地名
九月魯大夫柔會宋公陳侯蔡侯叔盟于析蔡叔蔡大夫叔名也析北地名
公會宋公于夫鍾夫鍾成地十二月公會宋于闞闞魯地在東平須昌縣東南

十二年六月公會杞侯莒子盟于曲池平杞莒也曲池魯地魯國汶陽縣北有曲水亭隱四年莒人伐杞自是遂不平公欲平宋鄭秋公及宋公盟于句瀆之丘句瀆之丘郎一丘也宋公以立利公故多責賂於鄭鄭人不堪故不平宋成未可知也秋又會于虛冬又會于龜宋公辭平故與鄭伯盟于武父宋公貪鄭賂故與三會而卒辭不與鄭平

十四年春公會鄭公于曹脩十二年武公之好以曹地曹與會曹人致餼禮也熟日食生日餼夏鄭子人來尋盟且脩曹之會子人鄭弟語也其後爲子人氏

十五年六月乙亥昭公入許叔于許公會齊侯于艾謀定許也

十一月公會宋公衛侯陳侯于袲謀伐鄭將屬公也弗克而還

十六年正月公會宋公蔡侯衛侯于曹謀伐鄭也前年冬謀納厲公不克故復更謀四月公會宋公衛侯陳侯蔡侯伐鄭春既謀之今書會者魯言議納不正蔡當在衛上今序陳下蓋後至

十七年正月公會齊侯紀侯盟于黄黄齊地平齊紀且謀衛故也齊欲滅紀衛逐其君二月公會邾儀父盟于趡尋滅之盟也趡魯地稱字義與滅盟同

莊公三年秋紀季以酅入于齊紀於是乎始判判分也言分爲附庸始於此冬公次于滑將會鄭伯謀紀故也鄭伯辭以難厲公在櫟故也

四年三月楚武王伐隨令尹鬭祁莫敖屈重除道梁溠營軍臨隨隨人懼行成時秘王喪故爲奇兵更開直道溠水在義陽厥縣西南東入鄭水梁橋也隨人不意其至故懼而行成莫敖以下命入盟隨侯且請爲會于漢汭而還汭内也謂漢西夏齊侯陳侯鄭伯遇于垂

九年春公及齊大夫盟于蔇齊亂無君故大夫得敵於公蓋欲迎子糾也來者非一人故不稱名蔇魯地琅邪繒縣北有蔇亭

十三年春齊侯宋人陳人蔡人邾人會于北杏北杏齊地以平宋亂宋有弑君之亂齊桓欲脩霸業冬公會齊侯盟于柯此柯今濟北東河齊之阿邑猶祝柯今爲祝柯始及齊平也始與齊桓通好

十四年冬周大夫單伯會齊侯宋公衛侯鄭伯于鄄鄄衛地今東郡鄄城也齊桓脩霸業卒平宋亂宋人服從欲歸功天子故赴以單伯會諸侯爲文

十五年春齊侯宋公陳侯衛侯鄭伯會于鄄齊始霸也始爲諸侯長

十六年十二月會齊侯宋公陳侯衛侯鄭伯許男滑伯滕子同盟于幽鄭成也書會魯會之不書其人微者也言同盟服異也陳國

小每盟會皆在衛下齊桓始霸楚亦始強陳侯介於二大國之間而爲三恪之客故齊桓因而進之遂班在衛上終於春秋滑國都今在河南緱氏縣幽宋地

十九年秋公子結媵陳人之婦于鄄遂及齊侯宋公盟公子結魯大夫公羊穀梁皆以爲魯女媵陳侯之婦其稱陳人之婦未入國畧言也大夫出境有可以安社稷利國家者則專之可也結在鄄聞齊宋有會權事之宜去其本職遂與二君爲盟故備書之

二十二年七月丙申及齊高傒盟于防高傒齊之貴卿而與魯之微者盟齊桓謙接諸侯以崇霸業

二十三年夏公及齊侯遇于穀

十有二月公會齊侯盟于扈扈鄭地在滎陽卷縣西北

二十七年六月公會齊侯宋公陳侯鄭伯同盟于幽

陳鄭服也二十二年齊亂而齊納敬二十五年鄭文公之四年獲成于楚皆有二心于齊今始服也

冬公會齊侯于城濮城濮衛地將討衛也

二十八年秋荊伐鄭公會齊人宋人救鄭

三十年冬公及齊侯遇于魯濟濟水歷齊魯界在齊界爲齊濟在魯界爲魯濟蓋魯地謀山戎也以其病燕故也齊桓行霸故欲爲燕討難燕國今薊縣

三十二年春齊侯爲楚伐鄭之故請會于諸侯楚伐鄭在二十八年謀爲鄭報楚宋公請先見于齊侯夏遇于梁丘齊善宋之請見故進其班梁丘在高平昌邑縣西南

閔公元年八月公及齊侯盟于落姑落姑齊地請復季友也閔公初立國家多難以季子忠賢故請霸主而復之齊侯許之使召請陳公次于郎以待之非師旅之事故不書次季子來歸嘉之也

二年冬齊高子來盟蓋高傒也齊侯使來平魯亂僖公新立因遂結盟故不稱使也魯人貴之故不書名子男子之美稱

僖公元年八月公會齊侯宋公鄭公曹伯邾人于檉檉宋地陳國陳縣西北有檉城盟于犖謀救鄭犖郎檉也地有二名

二年九月齊侯宋公江人黄人盟于貫服江黄也貫宋地梁國蒙縣西北有貫城貫與貫字相似江國在汝南安陽縣

三年秋齊侯宋公江人黄人會于陽穀謀伐楚也陽穀

齊地在東平須昌縣北三年楚侵鄭故齊侯爲陽穀之會來尋盟冬公子友如齊涖盟公時不會陽穀故齊侯自陽穀遣人也魯求尋盟魯使上卿詣齊受盟謙也

四年正月公會齊侯宋公陳侯衛侯鄭伯許男曹伯侵蔡潰齊侯以諸侯之師伐楚蔡師次于陘楚使屈完如師完及諸侯盟于召陵屈完楚大夫也楚子遣完如師以觀齊屈完覩齊之盛因而求盟故不稱使以完來盟爲文齊桓退舍以禮楚故盟召陵召陵潁川

冬十有二月公孫茲帥師會齊人宋人衛人鄭人許人曹人侵陳公孫茲叔牙子叔孫戴伯

五年夏公及齊侯宋公陳侯衛侯鄭伯許男曹伯會

王世子于首止 惠王太子鄭也不名而書爵尊首也首止衛地陳留襄邑縣東南有首鄉
謀寧周也 惠王以惠后故將廢太子鄭而立王子帶故齊桓帥諸侯會王太子以定其位 八
月諸侯盟于首止 復稱諸侯者王世子不盟故也王之世子尊與王同齊桓行霸翼戴天子尊崇王室故殊貴世子 鄭伯逃歸不盟
六年夏公會齊侯宋公陳侯衛侯曹伯伐鄭以其逃
首止之盟故也
七年七月公會齊侯宋公陳世子款鄭世子華盟于
甯母謀鄭也 高平方與縣東有甯母亭音如甯
八年春王正月公會王人齊侯宋公衛侯許男曹伯
陳世子款盟于洮謀王室也 王人與諸侯盟不讓者王室有難故洮曹地

鄭伯乞盟請服也襄王定位而後發喪 王人會洮還而後王位定
九年夏公會宰周公齊侯宋子衛侯鄭伯許男曹伯
于葵丘尋盟且脩好禮也 周公宰孔也宰官周采也天子三公不字宋子襄公也在喪公侯曰子陳留外黃縣東有葵丘
九月齊侯盟諸侯于葵丘曰凡我同盟之人既盟之
後言歸于好 義取修好故顯其盟辭 宰孔先歸 既會先諸侯去 遇晉侯
曰可無會也 晉侯欲來會葵丘 齊侯不務德而勤遠略故北
伐山戎 在莊三十一年 南伐楚 在四年 西爲此會也東略之不
知西則否矣 言或向東必不能復西略 晉侯乃還 不復會齊
十三年夏公會齊侯宋公陳侯衛侯鄭伯許男曹伯

于鹹 鹹衛地東郡濮陽縣東南有鹹城 淮夷病杞故且謀王室也秋
爲戎難故諸侯戍周齊仲孫湫致之 戍守也致諸侯戍卒于周
十五年三月公會齊侯宋公陳侯衛侯鄭伯許男曹
伯于莊丘 莊丘地名 尋葵丘之盟且救徐也
十六年十二月公會齊侯宋公陳侯衛侯鄭伯許男
邢侯曹伯于淮 臨淮左右 謀鄫且東略也 鄫爲淮夷所病故
十九年夏六月宋公曹人邾人盟于曹南 曹雖與盟而猶不服不肯致餼無地主之禮故不以國地而日南 鄫子會盟于邾 不及曹南之盟諸侯既罷鄫乃會之于邾故不言如會 冬會陳人蔡人楚人鄭人盟于齊 地於齊齊亦與盟
脩桓公之好也

二十年秋齊人狄人盟于邢爲邢謀衛難也於是衛
方病邢
二十一年春宋人齊人楚人盟于鹿上 鹿上宋地汝陰有原鹿縣 宋爲盟主故在齊人上 以求諸侯於楚楚人許之公子目夷曰
小國爭盟禍也宋其亡乎幸而後敗 謂軍敗績 秋宋公楚
子陳侯蔡侯鄭伯許男曹伯會于盂 盂宋地楚始與中國行禮會故稱爵
二十五年冬衛人平莒于我十二月盟于洮脩衛文
公之好且及莒平也 莒以元年酈之役怨魯衛文公將平之未及而卒成公追成父志降名以行事故曰脩文公之好

二十六年正月公會莒兹平公兹平時君之號莒美無謚以號爲稱寗莊子盟于向莊子寗速衞大夫向莒地尋洮之盟也
二十七年十二月公會諸侯盟于宋諸侯伐宋公與楚有好而往會之非后期宋方見圍無嫌於與故有以宋地盟
二十八年二月晉侯齊侯盟于斂盂斂盂衞地衞侯請盟晉侯弗許
四月晉楚戰于城濮鄉役之三月鄉猶屬也城濮后之前三月鄭伯如楚致其師爲楚師旣敗而懼使子人九行成于晉子人氏九名晉欒枝入盟鄭伯
五月丙午晉侯及鄭伯盟于衡雍

冊府元龜列國君部盟會　卷之二百四十六　十一

丁未晉侯獻楚俘于王衞侯聞楚師敗懼出奔楚遂適陳自襄牛出使元咺奉武叔以受盟奉使攝君事
癸亥王子虎盟諸侯于王庭踐土宮之庭書踐土則於京師要言曰皆奬王室無相害也有渝此盟明神殛之俾隊其師無克祚國奬助也渝變也殛誅也俾使也隊隕也克能也及而玄孫無有老幼君子謂是盟也信合義信
六月晉人復衞侯以叔武受盟于踐土故聽衞侯歸寗武子與衞人盟于宛濮武子寗渝也陳留長垣縣西南有宛亭近濮水曰天禍衞國君臣不協以及此憂也衞侯欲與楚國人不欲故不和也今天誘其衷衷中也使皆降心以相從也不有居者誰守社稷不有行者誰扞牧圉牛曰牧馬曰圉不協之故用昭乞盟於爾大神以誘天衷自今日已往旣盟之後行者無保其力居者無懼其罪有渝此盟以相及也以惡相反明神先君是糾是殛國人聞此盟也而後不貳言叔武之賢寗俞之忠衞侯所以書復歸
冬公會晉侯齊侯宋公蔡侯鄭伯陳子莒子邾子秦人于溫討不服也討衞許
二十九年夏公會王子虎晉狐偃宋公孫固齊國歸父陳轅濤塗秦小子慭盟于翟泉翟泉今雒陽城內大倉西南池水也尋踐土之盟且謀伐鄭也秦小子慭在蔡下者若宋向戌之後會卿不

冊府元龜列國君部盟會　卷之二百四十六　十二

書罪之也晉侯始覇翼戴天子諸侯輯睦王室無虞而王子虎下盟列國以故瀆大典諸侯大夫上敵公侯虧禮傷教故貶諸大夫諱公與盟在禮卿不會公侯會伯子男可也大國之卿當小國之君故可以會伯子男諸卿之見貶亦兼有此會故傳重發之
三十二年夏狄有亂衞人侵狄狄請平焉秋衞人及狄盟不地者就狄廬張盟
文公元年秋公孫敖會晉侯于戚戚衞在頓丘衞縣西禮卿不會公侯春秋魯大夫皆不貶者據用魯史成文而已晉侯疆齊田故公孫敖會之晉取衞田正其疆界
二年三月及晉處父盟處父爲晉正卿不能規君以禮而親與公盟故貶其族去則非卿以微人常稱爲耦以直厭不地者盟晉都晉人以公不朝來討公如

晉四月晉使陽處父盟公以耻之以大夫盟欲以耻辱魯也

六月公孫敖會宋公陳侯鄭伯及晉司空士穀盟于垂隴垂隴鄭地滎陽東有隴城士出盟諸侯受成於衞故貴而書名氏晉討衞故也討元年衞人伐晉士穀士蔿子書士穀堪其事也晉司空非卿也士穀能堪卿士故書

三年春正月衞侯如陳拜晉成也二年陳侯爲衞請成于晉秋晉人懼其無禮於公也請改盟改二年處父之盟公如晉及晉侯盟晉侯享公賦菁菁者莪菁菁者莪詩小雅取其旣見君子樂且有儀莊叔以公降請拜謝其以公比君子也曰小國受命於大國敢不慎儀君貺之大禮何樂如之抑小國樂大國之惠也晉侯降辭降階辭讓公登成拜俱還上成拜禮公賦嘉樂嘉樂詩大

雅取其顯顯令德宜民宜人受祿于天

七年八月公會諸侯晉大夫盟于扈扈鄭地滎陽卷縣西有扈亭不分別書會人總言諸侯晉大夫盟者公後會而及其盟晉侯立故也冬徐伐莒莒人來請盟穆伯如莒涖盟穆伯公孫敖

八年冬十月壬午公子遂會晉趙盾盟于衡雍乙酉公子遂會雒戎盟于暴傳云晉人以扈之盟來討前年盟扈公後至冬襄仲會晉趙孟盟于衡雍報扈之盟也遂會伊雒之戎伊雒之戎將伐魯公子遂不及復君故專命與之盟書曰公子遂珍之也

十年七月及蘇子盟于女栗女栗地名蘇子周卿士頃王新立故與魯盟親諸侯也

十一年夏叔彭生會晉郤缺于承康承康宋地在陳留襄邑縣西彭生叔孫仲會伯郤缺冀缺謀諸侯之從於楚者九年陳鄭及楚平十年宋聽楚命

十三年冬公如晉朝且尋盟衞侯會公于沓沓地名請平于晉公還鄭伯會公于棐棐鄭地亦請平于晉公皆成之鄭衞二於楚故因公請平鄭伯與公宴于棐子家賦鴻鴈子家鄭大夫公子歸生也鴻鴈詩小雅義取諸侯哀鰥寡有征行之勞言鄭國寡弱欲使魯侯還晉恤之季文子曰寡君未免於此亦有同微弱之憂文子賦四月四月詩小雅義取行役踰時思祭祀不欲爲還晉文家賦載馳之四章載馳詩鄘風之四章以下義取小國有急欲引大國以救助文子賦采薇之四章采薇詩小雅取其豈

敢定居一月三捷許爲鄭還不敢安居鄭伯拜謝公爲行公答拜

十四年六月公會宋公陳侯衞侯鄭伯許男曹伯晉趙盾同盟于新城新城宋地在梁國穀熟縣西從於楚者服從楚者陳鄭宋

十五年三月宋司馬華孫來盟華孫奉使隣國能臨事制宜至魯而後定盟故不稱使其官皆從故書司馬貴之也古之盟會必備威儀崇贄幣賓主以成禮爲敬故曰卿行旅從春秋時率多不能備威儀華孫能率其屬以從古典所以敬事而自重使重而敬事則魯尊而體篤故貴而不名公與之宴辭曰君之先臣督得罪於宋殤公名在諸侯之策臣承其祀其敢辱君謂華督魯孫也督殺殤公在桓二年耦自以罪人子故不敢屈魯君對共宴會請承命於亞旅亞旅上大夫魯

人以爲敏無故揚其先祖之罪是不敏魯人以爲敏明君子所不與也
六月晉以新城之盟在前年蔡人不與不會盟晉郤缺以
軍下軍伐蔡兼師二軍曰君弱不可以怠怠懈也戊申入
以城下之盟而還
十一月晉侯宋公衛侯蔡侯陳侯鄭伯許男曹伯盟
于扈尋新城之盟且謀伐齊也齊人執使且數伐魯齊人賂晉
侯故不克而還於是有齊難是以公不會明令不序諸侯不以
公不會書曰諸侯盟于扈無能爲故也惡其受賂不能討齊
十六年正月及齊平齊前年再伐魯魯爲受弱故平公有疾使季孫
行父季文子會齊侯于陽穀請盟齊侯不肯曰請俟君
冊府元龜　列國君部　盟會　卷之二百四十六　十五
間間疾瘳公使襄仲納賂于齊侯故盟于郪丘郪丘齊地
十七年四月齊侯伐我北鄙襄仲請盟六月盟于穀晉不能救魯故請服
六月晉侯蒐于黃父一名黑壤晉地遂復合諸侯于扈平宋
也傳不列諸侯而言復合則如上十五年會扈之諸侯可知也公不與會齊難故
也十月襄仲如齊拜穀之盟
宣公元年夏季文子如齊納賂以請會宣公簒立未列於會故以
賂請之公會齊侯會於平州平州齊地在泰山牟縣西以定公位簒立
者諸侯旣與之會則不得復討臣子殺之與弒君同故公與齊會而位定東門襄仲如齊
拜成也謝得會宋人之弒昭公也在文十六年晉荀林父以

諸侯之師伐宋宋及晉平宋文公受盟于晉又會諸
侯于扈將爲魯討齊皆取賂而還文十五年十七年二扈之盟皆受賂
鄭穆公曰晉不足與也遂盟于楚
三年春齊侯伐鄭及延鄭及晉平士會于盟延鄭地爲夏楚
侵鄭
七年春衛侯使孫良夫來盟孫桓子也始通且謀會晉也
公即位衛始修好鄭及晉平公子宋之謀也故相鄭伯以會
冬盟于黑壤王叔桓公臨之以謀不睦王叔桓公周卿士御天子
之命以監臨諸侯不同歃者尊卑之別也晉侯之立也在二年公不朝焉又
不使大夫聘晉人止公于會盟于黃父盟公不與盟
冊府元龜　列國君部　盟會　卷之二百四十六　十六
以賂免黃父即黑壤也故黑壤之盟不書諱之也慢盟主以取執止之
辱故諱之
九年九月晉侯宋公衛侯鄭伯曹伯會于扈討不睦
也謀齊陳
十一年夏楚子陳侯鄭伯盟于辰陵楚復伐鄭故受盟也辰陵陳地
潁州長平縣東南有辰亭陳鄭服也言楚與晉狎主盟
秋晉侯會狄于欑函郤成子求成于衆狄衆狄疾赤
狄之役遂服于晉赤狄路氏最強故服役衆狄會于欑函衆狄服
也欑函狄地
十二年十二月晉人宋人衛人曹人同盟于淸丘晉衛

背盟故大夫稱人宋華椒承羣僞之言以誤其國宋雖有守信之善而椒猶不免譏清丘衛地在今濮陽縣東南)曰恤病討貳於卿不書不實其言也(宋伐陳衛取之不討貳也楚伐宋晉不取不恤病也)宋為盟主故伐陳(陳貳於楚故)衛人救之孔達曰先君有約言焉若大國討我則死之(衛成公與陳共公有舊好故孔達欲背盟救陳而以死謝晉十四年衛殺孔達)

十三年夏楚子伐宋以其救蕭(救蕭在前年)君子曰清丘之盟唯宋可以免焉(宋討陳之貳今宋見我晉衛不顧盟以恤宋而春秋貶宋大夫傳豫華椒之罪累反其國故曰唯宋可以免)

十四年冬公孫歸父會齊侯于穀

十五年春公孫歸父會楚子于宋五月楚師伐宋宋

人懼使華元夜入楚師登子反之牀起之曰寡君使元以病告(兵法因其鄉人而用之必先知其守將左右謁者門者舍人之名因而利道之華元蓋用此術得以自通)曰敝邑易子而食析骸以爨(爨炊也)雖然城下之盟有以國斃不能從也(寧以國斃不從城下之盟)去我三十里唯命是聽子反懼與之盟而告王退三十里宋及楚平華元為質盟曰我無爾詐爾無我虞(楚不詐宋宋不備楚)

秋仲孫蔑會齊高固于無婁(無婁杞邑)

十七年六月公會晉侯曹伯邾子同衛侯盟于斷道(斷道晉地)討貳師也

十八年春齊侯會晉侯盟于繒以公子彊為質于晉晉師還蔡子朝南郭偃逃歸(晉既與齊盟守者解緩故得逃)

成公元年夏臧孫許及晉侯盟于赤棘(晉地與晉盟懼齊楚)

二年六月季孫行父臧孫許叔孫僑如公孫嬰齊帥師會晉郤克衛孫良夫曹公子首及齊侯戰于鞌齊師敗績

七月齊侯使國佐如師己酉及國佐盟于袁婁(鞌去齊五百里袁婁去齊五十里)使齊人歸我汶陽之田公會晉師于上鄍(上鄍地名)冬楚侵魯及楊橋孟孫請往賂之(楚侵遂深故孟孫請以賂往孟孫獻子也)以執斲執鍼織紝(執斲匠人執鍼女工織紝織繒布者)皆百人公衛為質(公衛成公子)以請盟楚人許平

十一月公會楚公子嬰齊于蜀(公與大夫會不貶嬰齊者時有許蔡之君故然也)丙申公及楚人秦人宋人陳人衛人鄭人齊人曹人邾人薛人鄫人盟于蜀(齊在鄭下非卿下所謂卿不書匱盟也然則楚於是始與中國準自此以下楚不書卿貶惡也)卿不書匱盟也於是乎畏晉而竊與楚盟故曰匱盟(匱乏也)蔡侯許男不書乘楚車也謂之失位(乘楚王車為左右則失位也卿不書則稱人諸侯不書君臣之別)

三年十二月晉侯使荀庚來聘且尋盟(尋元年赤棘盟荀庚林父之子)衛侯使孫良夫來聘且尋盟(尋宣七年盟)公問諸臧宣叔曰中行伯之於晉也其位在三(下卿)孫子之於衛也位為上卿將誰先對曰次國之上卿當大國之中中

當其下下當其上大夫降一等小國之上卿當大國之
下卿中當其上大夫下當其下大夫降大國二等上下如
是古之制也古制公爲大國侯伯爲次國子男爲小國衞在晉不爲次國
春秋時以強弱爲大小故衞雖侯爵猶爲小國晉爲盟主其將先之許等則二人位
敵以盟主故先晉丙午盟晉丁未盟衞禮也
五年十二月公會晉侯齊侯宋公衞侯鄭伯曹伯邾
子杞伯同盟于蟲牢蟲牢鄭地陳留丘縣北有桐牢鄭服也諸侯謀
復會宋公使向爲人辭以子靈之難子靈圍龜也宋公不欲會以新
誅子靈爲辭爲明年侵宋
七年秋楚子子嬰齊帥師伐鄭公會晉侯齊侯宋公

冊府元龜　列國君部　盟會　卷之二百四十六　十九

衞侯曹侯莒子邾子杞伯救鄭八月同盟于馬陵馬陵
衞地陽平元城縣東南有地名馬陵尋蟲牢之盟且莒服故也蟲牢盟在五年
莒本屬齊齊服故莒從之
九年正月公會晉侯齊侯宋公衞侯鄭伯曹伯莒子
杞伯同盟于蒲蒲衞地在長垣縣西南爲歸汶陽之田故諸侯
貳於晉歸田在前年晉人懼會于蒲以尋馬陵之盟馬陵盟在
七年季文子謂范文子曰德則不競尋盟何爲競強也范
文子曰勤以撫之寬以待之堅疆以御之明神以要
之柔服而伐貳德之次也是行也將始會吳吳人不
至

十年五月公會晉侯齊侯宋公衞侯曹伯伐鄭晉侯太子
州蒲也稱爵見其生代父居位失人子之禮爲晉立太子州蒲以爲君故
會諸侯伐鄭生立子爲君父不父子不子書晉侯其惡名鄭子罕賂以襄
鍾子罕穆公子襄鍾鄭襄公之廟鍾子然盟于脩澤子駟爲質子然子駟
皆穆公子滎陽卷縣東有脩武亭辛巳鄭伯歸
十一年春公在晉人以爲貳於楚故止公公請受盟
而後使歸前年七月如晉弔至是乃得歸
三月晉侯使郤犨來聘己丑及郤犨盟郤犨郤克從父兄弟
夏季文子如晉報聘且涖盟也郤犨文子交盟魯晉之君其意一也故但
書來盟舉重畧輕

冊府元龜　列國君部　盟會　卷之二百四十六　二十

冬宋華元如楚遂如晉合晉楚之成爲明年盟宋西門外張本
秦晉爲成將會於令狐晉侯先至焉秦伯不肯涉河
次于王城使史顆盟晉侯于河東史顆秦大夫晉郤犨盟
秦伯于河西就王城范文子曰是盟也何益齊盟所以
質信也齊一心質成也會所信之始也始之不從其可質乎
秦伯歸而背晉成
十二年五月晉士燮會楚公子罷許偃二子楚大夫癸亥
盟于宋西門之外曰凡晉楚無相加戎好惡同之同
恤菑危備救凶患若有害楚則晉伐之在晉楚亦如
之交贄往來道路無壅贄幣也謀其不協而討不庭討背

叛不來王庭者有渝此盟明神殛之殛誅也俾隊其師無克胙國俾使也隊失也鄭伯如晉聽成聽猶受也晉楚既成鄭往受命會于瑣澤成故也晉既與楚成合諸侯以申成好

冬楚公子罷如聘且涖盟報郤至十二月晉侯及楚公子罷盟于赤棘赤棘晉地

十五年三月公會晉侯衛侯及鄭伯曹伯世子成齊國佐邾人同盟于戚討曹成公也討其殺太子而自立其事在十二年

十六年春楚子自武城使公子成以汝陰之田求成于鄭汝水之南近鄭地鄭叛晉子駟從楚子盟于武城為晉伐鄭起

秋公會晉侯齊侯衛侯宋華元邾人于沙隨沙隨宋地梁國寧陵縣北有沙隨亭不見公不及鄢陵戰故不公諱者恥輕於執止公會尹子晉侯齊國佐邾人伐鄭尹子王卿士子爵

十二月季孫行父晉郤犨盟于扈晉許魯平故盟

十七年夏公會尹子單子晉侯齊侯宋公衛侯曹伯邾人同盟于柯陵柯陵鄭西地尋戚之盟也

冬公會單子晉侯宋公衛侯曹伯邾人伐鄭

十八年十二月仲孫蔑會晉侯宋公衛侯邾子齊崔杼同盟于虛朾虛朾地謀救宋也

襄公元年春仲孫蔑會晉欒黶宋華元衛甯殖曹人莒人邾人滕人薛人圍宋彭城

二年七月仲孫蔑會晉荀罃宋華元衛孫林父曹人邾人于戚齊崔武子及滕薛小邾之大夫皆會知武子之言故也武子將在齊齊人懼帥小國而會之遂城虎牢鄭人乃成

三年四月公及晉侯盟于長樗晉侯出其國都與公盟于外孟獻子相公稽首相儀也稽首首至地知武子曰天子在而君辱稽首寡君懼矣稽首事天子之禮孟獻子曰以敝邑介在東表密邇仇讎仇讎謂齊楚與晉爭寡君將君是望敢不稽首言獻子能固事盟主晉為鄭服故且欲脩吳好鄭服在前年將合諸侯使士匄告于齊曰寡君使匄以歲之不易不虞之不戒

寡君願與一二兄弟相見不易多難也虞度也戒備也列國之君相謂兄弟以謀不協請君臨之使匄乞盟齊侯欲勿許而難為不協乃盟于耏外與士匄盟耏水名

六月公會單頃公及諸侯己未同盟于雞澤單頃公王卿士晉侯使荀會逆吳子於淮吳子不至道遠多難楚子辛為令尹侵於欲小國陳成公使袁僑如會求成患楚侵欲袁僑濤塗四世孫晉侯使和組父告于諸侯告陳服秋叔孫豹及諸侯之大夫及陳袁僑盟陳請服也其君不來使大夫盟之匹敵之宜

五年夏仲孫蔑衛孫林父會吳于善道初吳子使壽

越如晉 壽越大夫 辭不會于雞澤之故 三年會雞澤吳不至今來謝之 且
請聽諸侯之好 更請會 晉人將為之合諸侯使魯衛先
會吳且告會期 以其道遠故使魯衛先告期 二大夫皆受晉命而
會吳九月盟于戚會且盟吳戍陳也 公及其會而不書盟非公後會 蓋不以盟告廟
穆叔以屬鄫為不利使鄫大夫聽命于會 鄫近魯境故欲以為屬國既而與莒有忿魯不能救恐致譴責故復乞還之
七年十月衛孫文子來聘且拜武子之言 緩報非貳之言 而
尋孫桓子之盟 盟在成二年 公登亦登 禮登階臣後君一等 叔孫桓
子相趨進曰諸侯之會寡君未嘗後衛君 敵體並登 今吾
子不後寡君寡君未知所過吾子其少安 安徐也 孫子

無辭亦無悛容 悛改也 穆叔曰孫子必亡為臣而君過
而不悛亡之本也詩曰退食自公委蛇委蛇 委蛇順貌詩召南言人臣自公門入私門無不順禮
謂從者也 從順也 衡而委蛇必折 衡橫也橫不順道必毀折
八年五月季孫宿會晉侯鄭伯齊人宋人衛人邾人
于邢丘 時公在晉晉悼難勞諸侯唯使大夫聽命故季孫在會而公先歸 以命朝聘
之數使諸侯之大夫聽命鄭伯獻捷于會故親聽命 獻蔡捷也
九年冬公會晉侯宋公衛侯曹伯莒子邾子滕子薛
伯杞伯小邾子齊世子光伐鄭甲戌師于氾 衆軍還聚氾氾
鄭地東氾 令於諸侯曰脩器備 兵器戰備 盛餱糧 餱乾食 歸老幼
居疾于虎牢 示將久師 諸侯已取鄭虎牢故使諸軍疾病息其中 肆眚圍鄭 肆緩也眚過也不書圍鄭逆服不成圍
鄭人恐乃行成 與晉成也 中行獻子曰
遂圍之以待楚人之救也而與之戰不然無成 獻子荀偃也恐楚救鄭復屬之
知武子曰許之盟而還師以敝楚人 敝罷也
吾三分四軍 分四軍為三部 與諸侯之銳以逆來者 來者楚也 於
我未病楚不能矣 晉各二動而楚三來故曰不能 猶愈於戰 驟擊戰 暴
骨以逞不可以爭 言爭當以謀不可以暴骨 大勞未艾君子勞心
小人勞力先王之制也 艾息也言當從勞心之勞 諸侯皆不欲戰
乃許鄭成十二月同盟于戲鄭服也 鄭服故言同 將盟鄭

六卿公子騑 子駟 公子發 子國 公子嘉 子孔 公子輒 子耳 公孫
蠆 子蟜 公孫舍之 子展 及其大夫門子皆從鄭伯 門子卿之適子
晉士莊子為載書 莊子士弱載書盟書 曰自今日既盟之後鄭
國而不唯晉命是聽而或有異志者有如此盟 如違盟之罰
公子騑趨進曰天禍鄭國使介居二大國之間 介猶間也
大國不加德音而亂以要之 謂以兵亂力強要鄭 使其鬼神
不獲歆其禋祀其人民不獲享其土利夫婦辛苦墊
隘無所底告 墊隘猶委頓底至也 自今日既盟之後鄭國而不
唯有禮與彊可以庇民者是從而敢有異志者亦如
之 亦如此盟 荀偃曰改載書 子駟亦以所言載於策故改之 公孫舍之曰

昭大神要言焉要誓以告神若可改也大國亦可叛也知
武子謂獻子曰我實不德而要之以盟豈禮也哉非
禮何以主盟姑盟而退脩德息師而來終必獲鄭何
必今日我之不德民將棄我豈唯鄭若能休和遠人
將至何恃於鄭乃盟而還遂兩用載書
十二月楚子伐鄭與晉成故子駟將及楚平子孔子僑曰
與大國盟口血未乾而背之可乎子駟子展曰吾盟
固云唯彊是從今楚師至晉不我救則楚彊矣盟誓
之言豈敢背之且要盟無質神弗臨也質主也所臨唯
信信者言之瑞也瑞符也善之主也是故臨之神臨也明

神不蠲要盟蠲潔也背之可也乃及楚平公子罷戎人
同盟於中分中分鄭地中里名罷戎楚大夫
十年春公會晉侯宋公衛侯曹伯莒子邾子滕子薛
伯杞伯小邾子齊世子光會吳于柤吳子在柤晉以諸侯往會之故
日會吳吳不稱子從所稱也柤楚地也會吳子壽夢也壽夢吳子乘
十一年四月公會晉侯宋公衛侯曹伯齊世子光莒
子邾子滕子薛伯杞伯小邾子伐鄭鄭人懼乃行成
秋七月同盟于亳范宣子曰不慎必失諸侯慎敬威儀謹辭
令諸侯道敝而無成能無二乎數伐鄭皆罷于道路乃盟載書
曰凡我同盟無蘊年蘊積年穀而不分災毋壅利專山川之利毋保

姦藏罪人毋留慝速去惡救災患恤禍亂同好惡獎王室
獎助也或間茲命司慎司盟名山名川二司天神羣臣羣祀
羣祀在祀典者先王先公先生諸侯之大祖宋祖帝乙鄭祖厲王之比也先公始封君七
姓十二國之祖七姓晉魯衛鄭曹滕姬姓邾小邾曹姓宋子姓齊姜姓莒己姓杞似姓薛
任姓實十三國言十二誤也明神殛之殛誅俾失其民隊命亡氏
踣其國家踣斃也
九年諸侯悉師以復伐鄭諸侯之師觀兵于鄭東門
鄭人使王子伯駢行成甲戌晉趙武入盟鄭伯冬十
月丁亥鄭子展出盟晉侯二盟不書不告十二月戊寅會于
肖魚經書秋史失之庚辰赦鄭囚皆禮而歸之納斥候不相備也

禁侵掠
十四年正月季孫宿叔老會晉士匄齊人宋人衛人
鄭公孫蠆曹人莒人邾人滕人薛人杞人小邾人會
吳于向叔老聲伯子也魯使二卿會晉敬事霸國晉人自是輕魯幣而益敬其使故叔老雖介亦
列於會也齊崔杼宋華閱衛北宮括在會惰慢不攝故貶稱人蓋欲以督率諸侯獎成霸功也吳來在向
諸侯會之故也會吳向鄭地爲吳謀楚故也謀爲吳伐楚范宣之數吳
之不德也以退吳人吳伐楚喪故以爲不德數而遣之卒不爲伐楚將執戎
子駒支駒支戎子名范宣子親數諸朝行之所在亦設朝位曰來姜
戎氏昔秦人廹逐乃祖吾離于瓜州四嶽之後皆姜姓又別爲允姓
瓜州地在今燉煌乃祖吾離被苦蓋蓋苫之別名蓋荊棘以來歸

我先君蒙月也我先君惠公有不腆之田腆厚也與女剖
分而食之中分爲剖今諸侯之事我寡君不若昔者蓋言
語漏洩則職女之繇職主也詰朝之事爾無與焉詰朝明旦
不使復得與會事與將執女對曰昔秦人負恃其衆貪于土
地逐我諸戎惠公蠲其大德蠲明也謂我諸戎是四嶽
之裔胄也四嶽堯時方伯姜姓也裔遠也胄後也毋是翦棄翦削也賜我
南鄙之田狐狸所居豺狼所嘷我諸戎除翦其荊棘
驅其狐狸豺狼以爲小君不侵不叛之臣至于今不
貳不內侵亦不外叛昔文公與秦伐鄭秦人竊與鄭盟而舍
戍焉在僖三十年於是乎有殽之師在僖三十三年晉禦其上戎

亢其下亢猶當也秦人師不復我諸戎實然譬如捕鹿晉
人角之諸戎掎之掎其足也與晉踣之踣僵也戎何以不免
自是以來晉之百役與我諸戎相繼于時言給晉役不曠時
以從執政猶殽志也意常加殽無中二也豈敢離遏今官之師
旅無乃實有所闕以攜諸侯而罪我諸戎我諸戎飲
食衣服不與華同贄幣不通言語不達何惡之能爲
不與於會亦無瞢焉瞢悶也賦青蠅而退青蠅詩小雅取其愷悌君
子無信讒言宣子辭焉亂謝使即事於會成愷悌也成愷悌信讒也
不書者戎爲晉屬不得特書於是子齊叔爲季武子介以會自是
晉人輕魯幣而益敬其使齊子叔老字也言晉敬魯使經所以並書二卿冬

季孫宿會晉士匄宋華閱衛孫林父鄭公孫蠆莒人
邾人于戚
十五年春正月宋公使向戌來聘二月巳亥及戌盟
于劉
十六年三月公會晉侯宋公衛侯鄭伯曹伯莒子邾
人薛伯杞伯小邾子于溴梁不書高厚逃歸故也溴水出河內軹縣東南溫
入河戊寅大夫盟諸大夫卒欲盟高厚高厚逃歸故遂自共盟雞澤會重序諸侯今此閒無
異事卽上諸侯大夫可知晉侯與諸侯宴于溫使諸大夫舞曰歌
詩必類歌古詩當使各從義類齊高厚之詩不類齊有二心故荀偃
怒且曰諸侯有異志矣使諸大夫盟高厚高厚逃歸

齊爲大國高厚若此知小國必當有從者於是叔孫豹晉荀偃宋向戌衛
寗殖鄭公孫蠆小邾之大夫盟曰同討不庭自曹以下大夫
不書故傳舉小邾以包之
十九年春諸侯還自沂上盟于督揚曰大毋侵小督揚
卽祝柯也執邾悼公以其伐我故遂次于泗上疆我田正邾
魯之界也四水名取邾田自漷水歸之于我
十一月齊及晉平盟于大隧大隧地名故穆叔會范宣子
于柯齊晉平魯懼齊故爲柯會以自固穆叔見叔向賦載馳之四章
四章曰控于大邦誰引誰極控引也取其欲引大國以自救助叔向曰肹敢不承命
叔向度齊未肯以盟服故許救魯穆叔歸曰齊猶未也不可以不懼

乃城武城

冊府元龜

冊府元龜 列國君部 盟會 卷之二百四十六 二十九

冊府元龜

巡按福建監察御史臣李嗣京　訂正
知長樂縣事臣夏允彝　參閱
知建陽縣事臣黃國琦　較釋

列國君部

盟會第二

襄公二十年春及莒平孟莊子會莒人盟于向督楊之盟故也（莒數伐魯前年諸侯盟督楊以和解之故二國自復共盟結其好）六月公會晉侯齊侯宋公衛侯鄭伯曹伯莒子邾子滕子薛伯杞伯小邾子盟于澶淵（澶淵在頓丘縣南今名繁汙北衛地

又近戚田）齊城故也（齊與晉平）

二十一年十月公會晉侯齊侯宋公衛侯鄭伯曹伯莒子邾子于商任（商任地名）錮欒氏也（禁錮欒盈使諸侯不得受）

二十二年冬公會晉侯齊侯宋公衛侯鄭伯曹伯莒子邾子薛伯杞伯小邾子于沙隨復錮欒氏也（晉知欒盈在齊故復錮也）

二十四年八月公會晉侯宋公衛侯鄭伯曹伯莒子邾子滕伯薛伯杞伯小邾子于夷儀將以伐齊水不克（晉合諸侯以報前年見伐）

二十五年五月公會晉侯宋公衛侯鄭伯曹伯莒子邾子滕子薛伯杞伯小邾子于夷儀伐齊以報朝歌之役（朝歌役在二十三年）秦晉爲成晉韓起如秦涖盟秦伯車如晉涖盟（伯車秦伯之弟鍼也）成而不結（不結固也）八月諸侯同盟于重丘（夷儀之諸侯也重丘齊地）齊成故也（伐齊而無同盟以明齊以同盟）

二十六年夏公會晉人鄭良霄宋人曹人于澶淵（鄭會公侯皆應貶方責宋向戌後期故書良霄以駁之若皆鄭人則嫌向戌直以會公貶之）以討衛疆戚田（正戚之封疆）取衛西鄙懿氏六十以與孫氏（戚城西北五十里有意城因姓以名城田六十井）趙氏不書尊公也（罪武會公侯）向戌不書後也（後會期）鄭先宋不失所也（此期至）於是衛侯會

之（晉將執之不得與會故不書）

二十七年夏叔孫豹會晉趙武楚屈建蔡公孫歸生衛石惡陳孔奐鄭良霄許人曹人于宋（按傳會者十四國齊秦不交相見邾滕爲私屬皆不與盟宋爲主人地與宋則與盟可知經唯序歷國大夫楚先晉歃而書先晉貞信也陳與晉會嘗在衛上孔奐非上卿故在石惡下）宋向戌善於趙文子又善於令尹子木欲弭諸侯之兵以爲名（欲獲息民之名）如晉告趙孟孟謀於諸大夫韓宣子曰兵民之殘也則用之蠹（蠹害物之虫）小國之大菑也將或弭之雖曰不可必將許之（言雖知兵不得久弭今不可不許）弗許楚將許之以召諸侯則我失爲盟主矣晉人許之如楚楚亦許之如齊齊人

難之陳文子曰晉楚許之我焉得已且人曰弭兵而我弗許則固攜吾民矣將焉用之齊人許之告於秦秦亦許之皆告於小國爲會於宋五月甲辰晉趙武至於宋丙午鄭良霄至六月丁未朔宋人享趙文子叔向爲介司馬置折俎禮也折俎體解節折升之於俎合卿享宴之禮故曰禮也周禮司馬掌會同之事仲尼使舉是禮也以爲多文辭宋向戌自美弭兵之意敬逆趙武趙武叔向因享宴之會展賓主之辭故仲尼以爲多文辭戊申叔孫豹齊慶封陳須無衛石惡至須無陳文子甲寅晉荀盈從趙武至趙武命盈追已故言從趙武後武遣盈如是丙辰邾悼公至小國故君自來壬戌楚公子黑肱先至成言於晉時令尹子木止陳遣黑肱就晉

大夫盛盟載之言兩相然可丁卯宋向戌如陳從子木成言於楚就於陳成楚之要言戊辰滕成公至亦小國君自來子木謂向戌請晉楚之從交相見也使諸侯從晉楚者更相朝見庚午向戌復於趙孟趙孟曰晉楚齊秦四也晉之不能於齊猶楚之不能於秦也不能服而使之楚君若能使秦君辱於敝邑寡君敢不固請於齊請齊使朝楚壬申左師復言於子木子木使驛謁諸王驛傳也謁告也王曰釋齊秦他國請相見也弭所以下書齊秦秋七月戊寅左師至從使還是夜也趙孟及晳盟以齊言子晳公子黑肱素要齊其辭至盟辭不得復訟爭庚辰子木至自陳陳孔奐蔡公孫歸生至二國大夫與子木俱至曹許之大夫皆至以藩爲軍示不相忌晉楚各從其偏看處北楚處南伯夙謂趙孟伯夙荀盈曰楚氛甚惡懼難氛氣也言楚有襲晉之氣趙孟曰吾左還入於宋若我何營在宋北東頭爲上故晉營在東有急可左回入宋東門辛巳將盟於宋西門之外楚人衷甲甲在衣中欲因會擊晉伯州犂曰合諸侯之師以爲不信無乃不可乎夫諸侯望信於楚是以求服若不信是棄其所以服諸侯也固請釋甲子木曰晉楚無信久矣事利而已苟得志焉用有信太宰退大宰伯州犂告人曰令尹將死矣不及三年求逞志而棄信則志將逞乎志以發言言以出信信以立志參以定之志言信三者具而後身安信亡何以及三爲明

年子木死起本趙孟患楚衷甲以告叔向叔向曰何害也匹夫一爲不信猶不可單斃其死單盡也斃踣也若合諸侯之卿以爲不信不捷矣食言者不病不病者單斃於死非子之患也楚食言當死晉不食言故無患夫以信召人而以僭濟之濟成也必莫之與也安能害我且吾因宋以守病爲楚所病則欲入宋城則夫能致死與宋致死雖倍楚可也宋爲地主致死助我則力可倍楚子何懼焉又不及是日弭兵以召諸侯而稱兵以害我稱舉也吾庸多矣非所患也晉獨取信故其功多季武子使謂叔孫以公命曰視邾滕兩事晉楚則貢賦重故欲比小國武子恐叔孫不從其言故假公命以敎之旣而齊人請邾宋人請滕皆不與盟

私屬二國故叔孫曰邾滕人私也我列國也何故視之宋衛吾匹也乃盟故不書其族言違命也季孫專政於國魯君非所得命今君惟以此命告豹豹宜崇大順以顯弱命之君而遂其小是故貶之晉楚爭先爭先歃血晉人曰晉固爲諸侯盟主未有先晉者也楚人曰子言晉楚匹也若晉常先是楚弱也且晉楚狎主諸侯之盟也久矣狎更也豈專在晉叔向謂趙孟曰諸侯歸晉之德只只辭非歸其尸盟也尸主子務德無爭先且諸侯盟小國固必有尸盟者小國主辨具楚爲晉細不可乎欲推使楚主盟乃先楚人書先晉晉有信也蓋孔子追正之乙酉宋公及諸侯之大夫盟于蒙門之外前盟諸大夫不敢敵公禮也今

宋公以近在其國故謙而重盟故不書蒙門宋城門也子木問於趙孟曰范武子之德何如士會賢聞於諸侯故問之對曰夫子之家事治言於晉國無隱情其祝史陳信於鬼神無愧辭祝陳馨香德足副之故不愧子木歸以語王王曰尚矣哉尚上也能歆神人歆享也使神享其祭人懷其德宜其光輔五君以爲盟主也五君謂文襄靈成景子木又語王曰宜晉之伯也有叔向以佐其卿楚無以當之不可與爭晉荀盈遂如楚涖盟

七月辛巳叔孫豹及諸侯之大夫盟于宋夏會之大夫也豹不倚順以顯弱命之君而命小是以自從故以違命而貶之釋例論之甚備矣九月楚遠罷如晉涖盟罷令尹子蕩報荀盈

二十八年夏齊侯陳侯蔡侯北燕伯杞伯胡子沈子白狄朝于晉宋之盟故也陳侯蔡侯胡子沈子楚屬也宋盟日晉楚從之交相見故得朝燕國今薊縣齊侯將行慶封曰我不與盟何爲於晉以宋盟釋齊秦陳文子曰先事後賄禮也事大國當先從其政事而後薦賄以副己心小事大未獲事焉從之如志禮也言當從大國請事以順其志雖不與盟敢叛晉乎重丘之盟未可忘也子其勸行重丘盟在二十五年九月鄭游吉如晉告將朝于楚以從宋之盟

二十九年五月仲孫羯會晉荀盈齊高止宋華定衛世叔儀鄭公孫段曹人莒人滕人薛人小邾人城杞

公孫段百石也三十年伯有死乃命爲卿今蓋攝行卿事杞子來盟文公也杞復稱子用夷禮也魯歸其田故來盟

三十年十月晉人齊人宋人衛人鄭人曹人莒人邾人滕人薛人杞人小邾人會于澶淵宋災故也會未有言其事者此言宋災故以惡宋人不克已自責而出會求財諸侯之大夫會以謀歸宋財

昭公元年正月叔孫豹會晉趙武楚公子圍齊國弱宋向戌衛齊惡陳公子招蔡公孫歸生鄭罕虎許人曹人于虢招實陳侯母弟不稱弟者義與莊二十五年公子友同今讀舊書則楚當先晉而先書趙武者亦取宋盟貴武之信故尚之也衛在陳蔡上先至於會尋宋之盟也宋盟在襄

二十七年祁午謂趙文子曰宋之盟楚人得志於晉得志謂先歃午祁奚子今令尹之不信諸侯之所聞也子弗戒懼又如宋恐楚復得志子木之信稱於諸侯猶詐晉而駕焉駕猶陵也詐謂裹甲況不信之尤者乎尤甚也楚重得志於晉晉之恥也子相晉國以為盟主於今七年矣襄二十五年始為政以春言故云七年再合諸侯襄二十五年會夷儀二十六年會澶淵三合大夫襄二十七年會于宋三十年會澶淵及今會虢也服齊狄寧東夏襄二十八年齊侯白狄朝晉平秦亂襄二十六年秦晉為成城淳于襄二十九年城杞之淳于杞遷都師徒不頓國家不罷民無謗讟讟誹也諸侯無怨天無大災子之力也有令名矣而終之以恥午也是懼吾子

其不可以不戒文子曰武受賜矣受午言然宋之盟子木有禍人之心武有仁人之心是楚所以駕於晉也今武猶是心也楚又行僭僭不信非所害也武將信以為本循而行之譬如農夫是穮是蔉穮耘也壅苗為蔉雖有饑饉必有豐年言耕鋤不以水旱息必獲豐年之收且吾聞之能信不為人下吾未能也自恐未能信也詩曰不僭不賊鮮不為則信也詩大雅僭不信賊害人也能為人則者不為人下矣吾不能是雖楚不為患楚令尹圍請用牲讀舊書加于牲上而已舊書宋之盟楚恐晉先歃故欲從舊書加于牲上不歃血經所以不書盟晉人許之

三月甲辰盟

四年六月楚子蔡侯陳侯鄭伯許男徐子滕子頓子胡子沈子小邾子宋世子佐淮夷會于申楚靈王始合諸侯椒舉言於楚子曰臣聞諸侯無歸禮以為歸今君始得諸侯其慎禮矣霸之濟否在此會也夏啓有鈞臺之享啓禹子也河南陽翟縣南有鈞臺陂蓋啓享諸侯於此商湯有景亳之命河南鞏縣西南有湯亭或言亳即偃師周武有孟津之誓將伐紂也成有岐陽之蒐周武王歸自奄大蒐於岐山之陽岐山在扶風美陽縣西北康有酆宮之朝酆在始平鄠縣東有靈臺康王於是朝諸侯穆有塗山之會周穆王會諸侯于塗山塗山在壽春東北齊桓有召陵之師在僖四年晉人有踐土之盟在僖二十八年君其何用宋向戌鄭公孫僑在諸侯之良也

君其選焉選擇所用王曰吾用齊桓用會召陵之禮王使問禮於左師與子產左師曰小國習之大國用之敢不薦聞言聽聞謙示所未行獻公合諸侯之禮六其禮六儀也宋爵公故獻公禮子產曰小國共職敢不薦守獻伯子男會公之禮六鄭爵伯故獻伯子男會公之禮其禮耳所從言之異君子謂合左師善守先代子產善相小國王使椒舉侍於後以規過規正二子之過卒事不規王問其故對曰禮吾所未見者有六焉又何以規左師子產所獻六禮楚皆未嘗行宋太子佐後至王田於武城久而弗見椒舉請辭焉請王辭謝之王使往曰屬有宗祧之事於武城言為宗廟田獵寡君將墮幣焉敢謝後見恨其後至故曰

將因諸侯會布幣乃相見經并書宋太子佐知此言在命前徐子吳出也以爲貳焉故執諸申言楚子以疑罪執諸侯楚子示諸侯侈自奢侈椒舉曰夫六王二公之事六王啓湯武成康穆也二公齊桓晉文皆所以示諸侯禮也諸侯所繇用命也夏桀爲仍之會有緡叛之仍緡皆國名商紂爲黎之蒐東夷叛之黎東夷國名周幽爲大室之盟戎狄叛之大室中嶽皆所以示諸汏也諸侯所繇棄命也今君以汏無乃不濟乎王弗聽子產見左師曰吾不患楚矣汏而愎諫愎很也不過十年左師曰然不十年侈其惡不遠遠惡而後棄惡及遠方則人棄之善亦如之德而後興爲十三年楚弒其君傳

六年十二月齊侯伐北燕七年正月癸巳燕人行成曰敝邑知罪敢不聽命先君之敝器請以謝罪敝器瑤罋玉櫝之屬公孫晳曰受服而退俟釁而動可也晳齊大夫二月戊午盟于濡上濡水出高陽縣東北至河間鄚縣入易水燕人歸燕姬嫁女與齊侯賂以瑤罋玉櫝斝耳不克而還瑤玉也櫝匱也斝一耳玉爵

三月公如楚叔孫婼如齊涖盟公孫遠適楚故叔孫如齊尋舊好

九年春叔孫弓宋華亥鄭游吉衛趙黶會楚子于陳楚子在陳故四國大夫往非盟主所召不行會禮故不總書

十一年五月仲孫貜會邾子盟于祲祥祲祥地名修好禮也秋季孫意如會晉韓趙齊國弱宋華亥衛北宮佗鄭罕虎曹人杞人于厥憖厥憖地名謀救蔡地

十有三年秋公會劉子晉侯齊侯宋公衛侯鄭伯曹伯莒子邾子滕子薛伯杞伯小邾子于平丘平丘在陳留長垣縣西南晉治兵於邾南甲車四千乘三十萬人羊舌鮒攝司馬鮒叔向弟也攝兼官遂合諸侯于平丘晉人將尋盟齊人不可有二心故晉侯使叔向告劉獻公獻公王卿士劉子曰抑齊人不盟若之何對曰盟以底信底致也君苟有信諸侯不貳何患焉告之以文辭董之以武師雖齊不許君庸多矣董督也庸功也詩之有辭故功多也天子之老請帥王賦元戎十乘以先啓行天子大夫稱老元戎車在前者啓開也行道也遲速唯君欲佐晉討

齊叔向告于齊曰諸侯求盟已在此矣今君弗利寡君以爲請對曰諸侯討貳則有尋盟若皆用命何盟之尋託用命以拒晉叔向曰國家之敗有事而無業事則不經業貢賦之業有業而無禮經則不序須禮而有次序有禮而無威序則不共禮須威嚴而後共有威而不昭共則不明威須昭告神明而後信義者不明棄其百事不終所繇傾覆也信義不明則棄威不威棄禮無禮無經無經無業故百事不成是故明王之制使諸侯歲聘以志業志識也歲聘以脩其職業間朝以講禮三年而一朝正班爵之義率長幼之序再朝而會以示威六年而一會以訓上下之則制財用之節再會而盟以顯昭明十二年而一盟所以昭信義也凡八聘四朝再會王一巡狩盟于方嶽之下志

業於好 聘也 講禮於等 朝也 示威於衆 會也 昭明于神 盟也 自
古以來未之或失也存亡之道嘗繇是興晉禮主盟 侯先王先公舊禮主諸侯盟 懼有不治奉承齊犧 齊盟之犧牲 而布諸
君求終事也 終竟也 君曰余必廢之何齊之有唯君圖
之寡君聞命矣齊人懼對曰小國言之大國制之敢
不聽從既聞命矣敬共以往遲速唯君叔向曰諸侯
有閒矣 閒隙也 不可以不示衆八月辛未治兵 習戰 建而
不旆 建立旌旗不曳其旆旆游也 壬申復旆之諸侯畏之 軍將戰則旆故曳旆以恐之 邾人莒人愬于晉曰魯朝夕伐我幾亡矣 自昭公即位邾魯同好又不朝夕伐莒無故怨懟晉人信之所謂讒慝弘多也 我之不共魯故

之以 不共晉貢以魯故也 晉侯不見公使叔向來辭曰諸侯將
以甲戌盟寡君知不得事君矣請君無勤 託謙辭以絕魯 子
服惠伯對曰君信蠻夷之訴 蠻夷謂邾莒 以絕兄弟之國
棄周公之後亦唯君寡君聞命矣叔向曰寡君有甲
車四千乘在雖以無道行之必可畏也况其率道其
何敵之有牛雖瘠僨於豚上其畏不死 僨仆也 南蒯子
仲之憂其庸可棄乎 棄猶忘也 若奉晉之衆用諸侯之師
因莒邾杞鄫之怒 四國近魯數以小事相忿鄫已滅其民猶存故并以恐魯 以討
魯罪閒其二憂 因南蒯子仲之憂爲閒隙 何求而弗克魯人懼聽
命 不敢與盟 甲戌同盟于平丘齊服也令諸侯曰中造于

除 除地爲壇盟會處 癸酉退朝 先盟再晉 子產命外僕速張於除
張 張幄幕 子大叔止之使待明日及夕子產聞其未張也
使速往乃無所張矣 地已滿也言子產每事欲於太叔 及盟子產爭
承 承貢賦之次 曰昔天子班貢輕重以列 列位也 列尊貢重
周之制也 公侯地廣故所貢者多 卑而貢重者甸服也 甸服謂天子畿內共職貢者
鄭伯男也而使從諸侯之貢 言鄭國在甸服外爵列伯子男不應出公侯之貢
懼弗給也敢以爲請諸侯靖兵以好爲事 靖息也
行禮之命 行禮之命通聘問者 無月不至貢之無藝 藝法制
小國有闕所以得罪也諸侯脩盟存小國也貢獻無
極亡可待也存亡之制將在今矣自日中以爭至于

昏晉人許之既盟子大叔咎之曰諸侯若討其可瀆
乎 瀆易也 子產曰晉政多門 政不出一家 二偷之不暇何暇
討 二不一偷苟且 國不競亦陵何國之有爲 不競爭則爲人所侵陵不成爲國
公不與盟 言邾莒之欲討魯故
十六年正月齊侯伐徐二月丙申齊師至于蒲隧 蒲隧徐地下邳取慮縣東有蒲如陂 徐人行成徐子及郯人莒人會齊侯
盟于蒲隧
十九年五月邾人郳人徐人會宋公乙亥同盟于蟲 終宋公伐邾事
二十二年齊侯伐莒莒子行成司馬竈如莒涖盟 竈齊

大夫莒子如齊涖盟盟于稷門之外稷門齊城門也莒於是乎大惡其君

二十五年春叔孫婼如宋夏叔詣晉會趙鞅宋樂大心衛北宮喜鄭游吉曹人邾人滕人薛人小邾人于黄父謀王室也王室有子朝亂謀定之

二十六年三月公至自齊處下鄆秋公會齊侯莒子邾子杞伯盟于鄟陵鄟陵地名謀納公也齊侯謀

二十七年春公如齊自鄆行公至自齊居于鄆秋晉士鞅宋樂祁犂衛北宮喜曹人邾人滕人會于扈令戍周且謀納公也宋衛皆利納公固請之范獻子取貨於季孫謂司城子梁與北宮貞子子梁宋樂祁也貞子衛北宮喜曰

季孫未知其罪而君伐之請囚請亡於是乎不獲君又弗克而自出也夫豈無備而能出君乎季氏之復天救之也猶復安也休公徒之怒休息也而啓叔孫氏之心不然豈其伐人而說甲執冰以游叔孫氏懼禍之濫而自同於季氏天之道也魯君守齊三年而無成季氏甚得其民淮夷與之淮夷魯東夷有十年之備有齊楚之援公雖在齊言齊不致力有天之贊有民之助有堅守之心有列國之權而弗敢宣也宣用也事君如在國書公行告至是也故鞅以爲難二子皆圖國者也而欲納魯君鞅之願也請從二子以圍魯無成死之二子懼皆辭小國而以難復以難納自晉君

三十二年冬仲孫何忌會晉韓不信齊高張宋仲幾衛世叔申鄭國參曹人莒人薛人杞人小邾人世叔申世叔儀孫也國參子產之子尋盟尋平丘盟城成周也

定公三年冬仲孫何忌及邾子盟于拔拔地名脩邾好也公即位故脩好

四年三月公會劉子晉侯宋公蔡侯衛侯陳子鄭伯許男曹伯莒子邾子頓子胡子滕子薛子杞伯小邾子齊國夏于召陵侵楚於召陵先行會禮入楚境故書侵五月公及

諸侯盟于臯鼬召陵會劉子諸侯揔言之也繁昌縣東南有城臯亭復稱公者會盟異處故也

七年四月秋齊侯鄭伯盟于鹹衛地徵會于衛徵召也衛侯欲叛晉屬齊鄭也諸大夫不可使北宮結如齊而私於齊侯曰執結以侵我欲以齊師懼諸大夫齊侯從之乃盟于沙叛晉也陽平元城縣東南有沙亭

八年夏齊國夏帥師伐我西鄙公會晉師于瓦瓦衛地將來救魯公逆會之東郡燕縣東北有瓦亭范獻子執羔趙簡子中行文子皆執鴈魯於是始尚羔獻子士鞅也簡子趙鞅也中行文子荀寅也禮卿執羔大夫執鴈魯則同之今始知執羔之尊也鄭不書禮不敵公史略之晉師將盟衛侯于

鄟澤（自瓦還就衛地盟）趙簡子曰群臣誰敢盟衛君者（前年衛叛晉推齊簡子意欲屬辱之）涉佗成何曰我能盟之（二子晉大夫）衛人請執牛耳（盟禮尊者涖牛耳主次盟者衛侯與晉大夫盟自以當涖牛耳故請之）成何曰衛吾温原也焉得視諸侯（言衛小可比晉縣不得從諸侯禮）將歃涉佗捘衛侯之手及捥（捘擠也血至捥）衛侯怒王孫賈趨進（賈衛大夫）曰盟以信禮也（信猶明也）有如衛君其不敢唯禮是事而受此盟也（言晉無禮不欲受其盟）冬衛侯鄭伯盟于曲濮（結叛晉曲濮衛地）

九年春宋公使樂大心盟于晉且逆樂祁之尸辭僞有疾乃使向巢如晉盟且逆子梁之尸（巢向戌曾孫）

十年春及齊平夏公會齊侯于祝其實夾谷（夾谷即祝其也）孔丘相（相會儀也）犂彌言於齊侯曰孔丘知禮而無勇若使萊人以兵劫魯侯必得志焉（萊人齊所滅萊夷也）齊侯從之孔子以公退曰士兵之（以兵擊萊人）兩君合好而裔夷之俘以兵亂之（裔遠也）非齊君所以命諸侯也裔不謀夏夷不亂華俘不干盟兵不偪好於神爲不祥（盟將告神犯之爲不善）於德爲愆義於人爲失禮君必不然齊侯聞之遽辟之（辟去萊兵）將盟齊人加於載書曰齊師出境而不以甲車三百乘從我者有如此盟（如此盟詛之禍）孔丘使茲無還揖對（茲無還魯大夫）曰而不反我汶陽之田吾以共命者亦如之（須齊歸汶陽田乃當共齊命於是孔子以公退賤者終其事要盟不潔故略不書）齊侯將享公孔丘謂梁丘據曰齊魯之故吾子何不聞焉（故舊典）事既成矣（會事成）而又享之是勤執事也且犧象不出門嘉樂不野合（犧象酒器犧尊象尊也嘉樂鐘磬也）饗而既具是棄禮也若其不具用秕稗也（秕穀不成者稗草之似穀者言享不具禮穢薄若秕稗）用秕稗君辱棄禮名惡子盍圖之夫享所以昭德也不昭不如其已也乃不果享（孔子知齊侯懷詐故以禮沮之）

冬齊侯衛侯鄭游速會于安甫（安甫地名）

十一年冬及鄭平（六年侵鄭之怨）始叛晉也（魯自僖公以來世服於晉至今

而叛故日始）叔還如鄭涖盟（還叔詣曾孫）

十二年冬十月癸亥公會齊侯盟于黄（結叛晉）

十四年五月公會齊侯衛侯于牽（魏郡黎陽縣東北有牽城）謀救范中行氏（齊魯叛晉故助范中行也）

秋齊侯宋公會于洮（洮曹地）范氏故也（謀救范氏）

哀公元年八月齊侯衛侯會于乾侯救范氏

二年春伐邾將伐絞（絞邾邑）邾人受其土故賂以漷沂之田而受盟癸巳叔孫州仇仲孫何忌及邾子盟于句繹（句繹邾地取邑盟以要之）

六年春叔還會吳于柤

七年夏公會吳于鄫（鄫今瑯琊鄫縣）

八年秋及齊平九月臧賓如如齊涖盟（賓如臧會子）齊閭丘明來涖盟（閭丘盟嬰之子）

十二年夏公會吳于橐皋吳子使太宰嚭請尋盟（尋盟）公不欲使子貢對曰盟所以周信也（周固也）故心以制之（制其義）玉帛以奉之（奉贄神明）言以結之（結其信）明神以要之（要以禍福）寡君以爲苟有盟焉弗可改也已若猶可改日盟何益今吾子曰必尋盟若可尋也亦可寒也（尋重也寒歇也）乃不尋盟吳徵會于衛初衛人殺吳行人且姚而懼謀於行人子羽（子羽衛大夫）子羽曰吳方無道無

乃辱君吾不如止也子木曰吳方無道（子木衛大夫）國無道必棄疾於人吳雖無道猶足以患衛（爲衛患也）往也長木之斃無不摽也（摽擊）國狗之瘈無不噬也（瘈狂也噬齧也）而况大國乎秋衛侯會吳于鄖公及衛侯宋皇瑗盟（不盟書辟吳竊盟）而卒辭吳盟吳人藩衛人之舍（藩籬）子服景伯謂子貢曰夫諸侯之會事既畢矣侯伯致禮地主歸餼（侯伯致禮以禮賓地主所會主人也餼生物）以相辭也（各以禮相辭讓）今吾不行禮於衛而藩其君舍以難之（難苦困也）子盍見大宰乃請束錦以行（以賂吳）語及衛故（若本不爲衛請者）大宰嚭曰寡君願事衛君衛君之來也緩寡君懼故將止之（止執）子貢曰衛君之來必謀於其衆其衆或欲或否是以緩來其欲來者子之黨也其欲不來者子之讎也若執衛君是墮黨而崇讎也（墮毀也）夫墮子者得其志矣且合諸侯而執衛君誰敢不懼墮黨崇讎而懼諸侯或者難以霸乎大宰嚭說乃舍衛侯

十三年夏公會單平公晉定公吳夫差于黃池七月辛丑盟吳晉爭先（爭歃血先後）吳人曰於周室我爲長（吳爲大伯後故爲長）晉人曰於姬姓我爲伯（爲侯伯）趙鞅呼司馬寅（寅晉大夫）曰日旰矣（旰晚也）大事未成二臣之罪也（大事盟也二臣鞅與寅）建鼓整列二臣死之長幼必可知也對曰請姑

視之反曰肉食者無墨（墨氣色下）今吳王有墨國勝乎（國爲敵所勝）太子死乎且夷德輕不忍久請少待之（小待無與爭）乃先晉人（盟不書諸侯恥之故不錄）

十七年十二月公會齊侯盟于蒙（齊侯簡公弟平公驁也蒙在東莞蒙陰縣西故蒙陰城也）孟武伯相齊侯稽首公拜齊人怒武伯曰非天子寡君無所稽首孟武伯問於高柴曰諸侯盟誰執牛耳（執牛耳尸盟者）季羔曰鄫衍之役吳公子姑曹（季羔高柴也鄫衍在七年）發陽之役衛石魋（發陽鄖也在十二年石魋石曼姑之子）武伯曰然則彘也（彘武伯名鄫衍則大國執發則小國據時執者無當故武伯自以爲可執）

二十一年八月公及齊侯邾子盟于顧

二十七年春越子使后庸來聘且言邾田封于駘上欲使魯還邾田封境至駘二月盟于平陽西平陽三子皆從季康子叔孫文子孟武伯皆從后庸盟之康子病之恥從蠻夷盟言及子贛思子贛曰若在此吾不及此夫不及與越盟武伯曰然何不召曰固將召之文子曰他日請念言季孫不能用子贛臨難而思之

齊宣公四十九年與鄭會于西城

康公十六年與晉衛會濁澤

趙成侯十三年與韓昭侯遇上黨

十七年與魏惠王遇葛孽左氏丘年表曰十八年趙孟入齊

十九年與齊宋會平陸與燕會河

秦孝公七年與魏王會杜平

二十年會諸侯于澤朝天子

齊威王二十四年與魏王會田于郊

魏惠王五年與韓會宅陽城武都

十四年與趙會鄗

二十年歸趙邯鄲與盟漳水上

二十一年與秦會彤

二十七年丹封名會丹魏大臣

齊宣王七年與魏王會干河南

八年與魏王會於甄

魏襄王元年與諸侯會徐州以相王

秦惠文王九年與魏會應

十二年會龍門

初更二年與齊楚會齧桑

趙武靈王四年與韓會于區鼠

秦武王三年與韓襄王會臨晉

魏哀公六年秦求立公子政爲太子與秦會臨晉

十一年與秦武王會應

十七年與秦會臨晉

二十年與齊王會於韓

楚懷王二十五年懷王入與秦昭王盟約於黃棘

韓襄王十年太子嬰與秦王會臨晉因至咸陽而歸

楚頃襄王十四年與秦昭王好會于宛結和親

魏昭王十二年與秦擊齊濟西與秦王會西周

韓釐王十四年與秦會兩周間

趙惠文王十四年與秦會中陽

十六年與秦王會穰

二十年王與秦昭王遇西河外年表云與秦會澠也先是秦王使使者告趙王欲與王爲好會遇於西河外澠池趙王畏秦欲毋行廉頗藺相如計曰王不行示趙弱且

怯趙王遂行與秦王會澠池秦王飲酒酣曰寡人竊聞趙王好音請奏瑟趙王鼓瑟秦御史前書曰某年月日秦王與趙王會飲令趙王鼓瑟藺相如前曰趙王竊聞秦王善爲秦聲請奉盆缻秦王以相娛樂（風俗通義曰缶者瓦器所以盛酒漿秦王鼓之以節歌也）秦王怒不許於是相如前進缻跪跪請秦王秦王不肯擊缻相如曰五步之內相如請得以頸血濺大王矣左右欲刃相如相如張目叱之左右皆靡於是秦王不懌爲一擊缻相如顧召趙御史書曰某年月日秦王爲趙王擊缻相秦之群從曰請以趙十五城爲秦王壽藺相如亦曰請以秦之咸陽爲趙王壽秦王竟酒終不能加勝於趙趙亦盛設兵以待秦秦不敢動

趙悼相王三年趙相魏相會魯柯盟

八年入秦置酒

齊王建二十八年入秦置酒

册府元龜

巡按福建監察御史臣李嗣京　訂正
知閩縣事臣曹咢臣參閱
知建陽縣事臣黃國琦較釋

列國君部

攻伐

書曰列爵惟五分土惟三所以錫壤開封建賢立德乃用其制以爲藩屏暨夫衰世交相攻伐陳師鞠旅或勤王而討不庭遣將帥戎或主覇而存危國斯則近於仁義之舉得乎節制之道矣及乎以彊暴弱以

曲凌直生民之肝腦塗地而靡顧覲降之盟誓在耳而遽絕哀世之弊一至於此故仲尼曰天下有道禮樂征伐自天子出天下無道禮樂征伐自諸侯出信哉斯言之可徵也

魯公伯禽宅曲阜(今兖州)徐夷並興東郊不開(徐戎淮夷並起爲寇於魯故東郊不開)作費誓(魯侯征之於費地而誓衆也費魯東郊之地名)公曰嗟人無譁聽命(伯禽爲方伯監七百里內之諸侯帥之以征歎而勑之無使喧譁欲其靜聽誓命)徂茲淮夷徐戎並興(今往征此)善敹乃甲冑敿乃干無敢不弔(言當善簡汝甲鎧冑敿無敢不至令攻堅使可用)備乃弓矢鍛乃戈矛礪乃鋒刃無敢不善(備調弓矢鍛鍊戈矛磨礪鋒刃皆使無敢不功善)今惟淫舍牿牛馬(今軍人惟大放舍牿牢之牛馬言軍所在必放牧之)杜乃擭敜乃穽無敢傷牿牿之傷汝則有常刑(擭捕獸機檻當杜塞之穽穿地以陷獸當敜塞之無敢令傷所放牿牢之牛馬牛馬之傷汝則有殘人之畜當)馬牛其風臣妾逋逃勿敢越逐(馬牛其有奔佚臣妾逋亡勿敢棄越壘伍而求逐之役人賤者男曰臣女臣妾)祗復之我商賚汝(衆人其有得佚馬牛逃臣妾皆還敬復之我則商度汝功賜與汝)乃越逐不復汝則有常刑(越逐爲失伍不還爲無攘盜汝則有此常刑)無敢寇攘踰垣墻(軍人無敢暴劫人無越人墻物有自來者無敢取之)竊馬牛誘臣妾汝則有常刑(軍人盜竊馬牛誘偷奴婢汝則有犯軍令之常刑)甲戌我惟征徐戎(誓後甲戌之日我惟征之)峙乃糗糧無敢不逮汝則有大刑(皆當儲峙糗備汝之糧使足食無敢不相逮及汝則有乏軍興之死刑)魯人三郊

三遂峙乃楨幹甲戌我惟築(稍諸國之兵而但稱魯人峙具楨幹道近也題曰楨旁曰幹言三郊三遂明東郊距守不時甲戌日當築攻敵壘距堙之屬)無敢不供汝則有無餘刑非殺(時具楨幹無敢不供不供汝則有無餘之刑刑者非一也然亦非殺汝)魯人三郊三遂峙乃芻茭無敢不多汝則有大刑(郊遂多積芻茭供軍牛馬不多汝則亦有乏軍興之大刑)作此費誓遂平徐戎定魯

隱公元年五月鄭伯克段于鄢初鄭莊公弟京城太叔(京鄭邑今滎陽京縣大叔卽段也)繕甲兵具卒乘(步曰卒車曰乘)將襲鄭公命子封帥車二百乘以伐京(古者兵車一乘甲士三人步卒七十二人)京叛太叔段段入于鄢公伐諸鄢太叔出奔共(共國今汲

郡共縣

八月紀人伐夷夷國在城陽莊武陽紀國在東莞劇縣

十月鄭共叔之亂公孫滑出奔衛公孫滑共叔段之子衛人爲之伐鄭取廩延鄭人以王師虢師伐衛南鄙虢西虢國也弘農陜縣東南有虢城

二年十二月鄭人伐衛討公孫滑之亂也治元年取廩延之亂

四年二月莒人伐杞取牟婁杞國本陳留雍丘縣牟婁杞邑城陽諸縣東北有婁鄉

夏宋公陳侯蔡人衛人伐鄭初宋殤公之卽位也公子馮出奔鄭鄭人欲納之及衛州吁立將修先君之怨於鄭謂二年鄭人伐衛之怨而求寵於諸侯以和其民

諸篡立者諸侯旣與之會則不復討故欲求此寵使告於宋曰君若伐鄭以除君害害諸宋公子馮君爲主敝邑以賦與陳蔡從則衛國之願也言舉國之賦調宋人許之於是陳蔡方睦於衛蔡今河南上蔡縣故宋公陳侯蔡人衛人伐鄭圍其東門五日而還

五年四月鄭人侵衛牧牧衛邑以報東門之役衛人以燕師伐鄭南燕國今東郡燕縣鄭祭足原繁洩駕以三軍軍其前使曼伯與子元潛軍軍其後燕人畏鄭三軍而不虞制人北制鄭邑今河南成皋縣

六月鄭二公子以制人敗燕師於北制二公子曼伯子元

秋衛師入郕衛之亂也郕人侵衛故衛師入郕郕國也東平父縣西南

九月邾人鄭人伐宋邾主兵故序鄭上宋人取邾田邾人告於鄭曰請君釋憾於宋敝邑爲道釋四年再見伐之也鄭人以王師會之伐宋入其郛以報東門之役郛郭也

十二月宋人伐鄭圍長葛以報入郛之役

六年五月庚申鄭伯侵陳大獲

冬宋人取長葛秋取冬乃告也前年冬圍不克而還今冬乘長葛無備而取之言易也

七年七月公伐邾爲宋討也公距宋而更與鄭平欲以爲援今鄭復與宋盟故懼而乃欲求宋故曰爲宋討

九年冬北戎侵鄭鄭伯禦之患戎師曰彼徒我車懼其侵軼我也徒步兵也軼突也公子突曰使勇而無剛者嘗寇而速去之公子突鄭厲公也嘗試也勇則能往剛不耻退君爲三覆以待之覆伏兵也戎輕而不整貪而無親勝不相讓敗不相救先者見獲必務進進而遇覆必速奔後者不救則無繼矣乃可以逞逞解也從之戎人之前遇覆者奔祝聃逐之祝聃鄭大夫衷戎師前後擊之盡殪爲三部伏兵祝聃帥勇而無剛者先犯戎而速奔以遇三伏兵至後伏兵起戎還走祝聃反逐之戎前後及中三處受敵故曰衷戎師殪死也戎師大奔復驅軍不復繼也十月甲寅鄭人大敗戎師

十年夏翬帥師會齊人鄭人伐宋公子翬不待公命而貪會二國之君

㳄其專進故去氏齊鄭以公不至故亦更使微者從之伐宋不及言明翬專行非鄭之謀也壬戌公敗宋師于管齊鄭後期故公獨敗宋師書敗宋未陳也辛未取郜辛巳取防鄭後至得郜防二邑歸功於魯故書取明不用師徒也齊陰成武縣東南有郜城高平昌邑縣西南有西防城七月庚寅鄭師入郊猶在郊鄭師還駐兵於遠郊宋人衛人入鄭宋奇兵承虛入鄭蔡人從之伐戴從宋衛伐戴也八月壬戌鄭伯圍戴癸亥克之取三師焉三國之軍在戴故鄭伯合圍之師者軍旅之通稱宋衛既入鄭而以伐戴召蔡人伐戴乃召之蔡人怒故不和而敗言鄭取之易也九月戊寅鄭人入宋

十月壬申齊人鄭人入郕討違王命也

十一年夏公會鄭伯于時來時來郲也滎陽縣東有釐城鄭地也謀伐許也鄭伯將伐許五月甲辰授兵於大宮大宮鄭祖廟七月公會齊侯鄭伯伐許潁考叔取鄭伯之旗蝥弧以先登子都自下射之顛瑕叔盈又以蝥弧登瑕叔盈鄭大夫周麾而呼曰君登矣周偏也麾招也鄭師畢登壬午遂入許許莊公奔衛齊侯以許讓公公曰君謂許不共不共職貢故從君討之許既伏其罪矣雖君有命寡人弗敢與聞乃與鄭伯使許大夫百里奉許叔以君許東偏許叔許莊公之弟東偏東鄙也曰天禍許國鬼神實不逞於許君而假手於我寡人借手於我寡德之人以討許寡人唯是一二父兄不能共億父兄周姓羣臣共給億安也其敢以許自為功乎寡人有弟不能和協而使餬其口於四方弟共叔段也餬鬻也出奔在元年其況能久有許乎吾子其奉許叔以撫柔此民也吾將使獲也佐吾子獲鄭大夫公孫獲若寡人得沒於地以壽終天其以禮悔禍於許言天加禮于許而悔禍之無寧茲許公復奉其社稷無寧寧也茲此也唯我鄭國之有請謁焉如舊昏媾謁告也婦之夫曰昏重婚曰媾其能降以相從也降降心也無滋他族實偪處此以與我鄭國爭此土也吾子孫其覆亡之不暇而況能禋祀許乎潔齊以享謂之禋祀謂許山川之衛寡人之使吾子處此不唯許國之為亦聊以固吾圉也圉邊陲也乃使

公孫獲處許西偏曰凡而器用財賄無寘於許我死乃亟去之吾先君新邑於此此今河南新鄭舊鄭在京兆王室而既卑矣周之子孫日失其序鄭亦周之子孫夫許大岳之胤也大岳神農之後堯四岳也胤繼也天而既厭周德矣吾其能與許爭乎

是年鄭息有違言以言語相違恨息侯伐鄭鄭伯與戰于竟息師大敗而還息國汝南新息縣君子是以知息之將亡也不度德鄭莊賢不量力息國弱不親親鄭息同姓之國不徵辭不察有罪言語相恨當明徵其辭以審曲直不宜輕鬬犯五不韙而以伐人其喪師也不亦宜乎

十月鄭伯以虢師伐宋壬戌大敗宋師以報其入鄭也

桓公二年秋七月杞侯來朝不敬公即位而來朝杞侯歸乃謀伐之九月入杞討不敬也

三年春晉曲沃武公伐翼次于陘庭韓萬御戎梁弘爲右武公曲沃莊伯子也韓萬莊伯弟也御戎僕也右戎車之右逐翼侯於汾隰汾隰汾水邊驂絓而止驂騑馬夜獲之及欒共叔共叔桓叔之傳欒賓之子也身傳翼侯父子各殉所奉之主故并見獲而死

六年春楚武王侵隨隨國今義陽隨縣使薳章求成焉薳章楚大夫軍於瑕以待之瑕隨地也隨人使少師董成少師隨大夫董正也

夏北戎伐齊齊侯使乞師於鄭鄭太子忽帥師救齊六月大敗戎師獲其二師大良少良甲首三百以獻於齊甲首被甲者首

七年夏盟向求成于鄭旣而背之盟向二邑名隱公十一年王以與鄭故求與鄭成秋鄭人齊人衛人伐盟向王遷盟向之民于郟郟王城

八年春滅翼曲沃滅之

夏楚子合諸侯于沈鹿沈鹿楚地黃隨不會黃國今代陽使薳章讓黃責其不會楚子伐隨軍於漢淮之間季良請下之弗許而後戰下之請服也所以怒我而怠寇也少師謂隨侯曰必速戰不然將失楚師隨侯禦之望楚師遙見楚師季梁曰楚人上左君必左君楚君也無與王遇且攻其右右無良焉必敗偏敗衆乃攜矣少師曰不當王非敵也弗從不從季良謀戰于速杞隨師敗績隨侯逸速杞隨地逸逃也鬭丹獲其戎車與其戎右少師鬭丹楚大夫戎車君所乘兵車也戎右車右也章之故以爲右秋隨及楚平楚子將不許鬭伯比曰天去其疾矣去疾謂少師見獲而死隨未可克也乃盟而還

九年春巴子使韓服告于楚請與鄧爲好韓服巴行人巴國在巴郡江州縣楚子使道朔將巴客以聘於鄧道朔楚大夫巴客韓服鄧南鄙鄾人攻而奪之幣鄾在今鄧縣南沔水之北殺道朔及巴

行人楚子使薳章讓於鄧鄧人弗受言非鄾人所攻夏楚使鬭廉帥師及巴師圍鄾鬭廉楚大夫鄧養甥聃甥帥師救鄾三逐巴師不克二甥皆鄧大夫鬭廉衡陳其師於巴師之中以戰而北衡橫也分巴師爲二部鬭廉衡陳於其間以與鄧師戰而僞北北走也鄧師逐之背巴師而夾攻之楚師僞走鄧師逐之背巴師巴師攻之楚師自前還與戰鄧師大敗鄾人宵潰

秋虢仲芮伯梁伯荀侯賈伯伐曲沃梁國在馮翊夏陽縣荀賈皆國名

十年十二月丙午齊侯衛侯鄭伯來攻于郎故侵伐而書來戰善魯之用周班初北戎病齊在六年諸侯救之鄭公子忽有

功爲齊人餼諸侯使魯次之魯以周班後鄭鄭人怒
請師于齊齊人以衛師助之
十一年春楚屈瑕將盟貳軫貳軫二國名 鄖人軍於蒲騷鄖國在江夏雲杜縣東南有鄖城蒲騷鄖邑
將與隨絞州蓼伐楚師絞國名州國在南郡華容縣東南蓼國今義陽棘陽縣東南湖陽城 莫敖患之莫敖楚官名卽屈瑕 鬭
廉曰鄖人軍其郊必不誡且日虞四邑之至也虞度也四邑隨絞州蓼也邑亦國也
君次于郊郢以禦四邑君謂屈瑕也郊郢楚地 我
以銳師宵加於鄖鄖有虞心而恃其城恃近其城 莫有鬭
志若敗鄖師四邑必離遂敗鄖師于蒲騷卒盟而還卒盟貳軫

十二年冬公會宋公于龜宋地 欲平宋鄭宋公辭平故
與鄭伯盟于武父宋公貪鄭賂與公三會而卒辭不與鄭平 遂帥師而伐
宋戰焉宋無信也
是冬楚伐絞軍其南門莫敖屈瑕曰絞小而輕輕則
寡謀請無扞采樵者以誘之扞衛也樵薪也 從之絞獲三十
人獲楚人也 明日絞人爭出驅楚役徒於山中楚人坐其
北門而覆諸山下坐猶守也覆設伏兵而待之 大敗之爲城下之
盟而還
十三年春二月己巳及齊侯宋公衛侯燕人戰齊師
宋師衛師燕師敗績或稱人或稱師史異辭也

是春楚屈瑕伐羅及鄢亂次以濟鄢水在襄陽宜城縣入漢 及羅
羅與盧戎兩軍之盧戎南蠻 大敗之莫敖縊于荒谷
十二月宋人以齊人蔡人衛人陳人伐鄭凡師能左右之曰以
報宋之戰也在二十年 焚渠門入及大逵渠門鄭城門逵道方九軌 伐
東郊取牛首東郊鄭郊牛首鄭邑 以大宮之椽歸爲盧門之椽
大宮鄭祖廟盧門宋城門
十六年四月公會宋公衛侯陳侯蔡侯伐鄭春既謀之今書
會者魯諱議納不正蔡嘗在衛上今序陳下蓋後至 夏伐鄭秋七月公至自伐
鄭以飮至之禮也
十七年五月丙午及齊師戰于奚奚魯地皆陳曰戰 疆事也

爭疆界也 於是齊人侵魯疆疆吏來告公曰疆埸之事愼
守其一而備其不虞虞度也不度猶不意也 姑盡所備焉事至
而戰又何謁焉齊背盟而來公以信待故不書侵伐 秋伐邾宋志也邾宋
爭疆魯從宋志皆趣之盟
莊公元年冬齊師遷紀郱鄑郚齊欲滅紀故徙其三邑之名而取其地郱
在東莞臨朐縣東南郚在朱虛縣東南北海都昌縣西有訾城
二年夏公子慶父帥師伐於餘丘於餘丘國名也
三年正月溺會齊師伐衛溺魯大夫疾其專命而行故去氏
四年三月楚武王荊尸授師子焉以伐隨尸陳也荊亦楚也更
爲楚陳兵之法揚雄方言子者戟也然則楚於此始用戟爲陳 王行卒於樠木之下

楠木木名令尹鬬祈莫致屈重除道梁溠營軍臨隨隨人
懼行成時楚王喪故爲其兵更開直道溠水名梁橋也莫敖以王命入盟隨
侯且請爲會於漢汭而還汭內也謂漢西濟漢而後發喪
五年冬公會齊人宋人陳人蔡人伐衛納惠公也惠公
朔也桓公十六年出奔齊
八年正月師次于郎以俟陳人蔡人期共伐郕陳蔡不至駐師于郎
以待之甲午治兵治兵于廟習號號將以圍郕夏師及齊師圍郕郕
降于齊師二國同討而齊獨納郕秋師還
九年夏公伐齊納子糾齊小白入于齊二公子各有黨子糾黨須
伐乃得入又出在小白之後小白稱入從國逆之文本無位秋師及齊戰于乾時
册府元龜　列國君部　攻伐一　卷之二百四十八　十一
我師敗績公喪戎路傳乘而歸戎路兵車傳乘乘他車秦子梁
子以公旗辟于下道二公子御及我戎右也以誤齊師是以皆止止獲
也鮑叔帥師來言曰子糾親也請君討之鮑叔乘勝而進軍志
在生得管仲故託不忍之辭管召讐也請受而甘心焉管仲射桓公故曰讐
甘心言欲快意殺之乃殺子糾於生竇生竇魯地召忽死之
十年春齊師伐魯夏六月齊師宋師次于郎公子偃
曰宋師不整可敗也公子偃魯大夫宋敗齊必還請擊之公
弗許自雩門竊出蒙臯比而先犯之雩門魯城南門臯比虎皮公
從之大敗宋師于乘丘齊師乃還
九月荊敗蔡師于莘荊楚本號後改爲楚莘蔡地以蔡侯獻舞歸
獻舞蔡季
十月齊師滅譚譚國在濟南平陵縣西南齊侯之出過譚譚不禮
焉及其入也諸侯皆賀譚又不至遂滅譚譚子奔莒
十一年五月戊寅公敗宋師于鄑鄑魯地宋爲乘丘之
後故侵我公禦之宋師未陳而薄之敗諸鄑
十三年春齊侯宋人陳人蔡人邾人會於北杏北杏齊地
以平宋亂宋有殺君之亂齊桓欲修霸業遂人不至夏齊人滅遂而
戍之戍守也
十四年春齊人陳人曹人伐宋北杏會齊請師于周齊欲
崇天子故請師假王命以示大順夏單伯會之取成于宋而還夏楚
册府元龜　列國君部　攻伐一　卷之二百四十八　十二
子以蔡侯滅息遂伐蔡七月楚入蔡
十五年秋宋人齊人邾人伐郳郳州原屬宋而叛故齊桓爲之伐郳鄭
人間之而侵宋
十六年夏宋人衛人伐鄭宋故也鄭侵宋也鄭伯自櫟入
緩告于楚秋楚伐鄭及櫟爲不禮故也
十八年冬巴人伐楚初楚武王克權使鬬緡尹之權國
名南郡當陽縣東南有權城鬬緡楚大夫以叛圍而殺之緡以權叛遷權於那
處那處楚地在郡編縣東南有那口城使閻敖尹之閻敖楚大夫及文王即
位與巴人伐申而驚其師驚巴師巴人叛楚而伐那處
取之遂門于楚攻楚城門閻敖游涌而逸涌水在南郡華容縣閻敖不能

守城又游涌水而逸楚子殺之其族爲亂巴人因之以伐楚楚
子禦之大敗於津爲巴人所敗津楚地
十九年冬齊人宋人陳人伐魯西鄙幽之盟魯使欲者會鄄之盟使陵臣行所以受敵鄙邊邑二十六年秋會宋人齊人伐徐宋序齊上主兵
虢人侵晉冬虢人又侵晉
二十八年三月甲寅齊人伐衛衛人及齊人戰衛人
敗績數之以王命取賂而還
秋楚令尹子元以車六百乘伐鄭入于桔秩之門桔秩鄭遠郊之門也諸侯救鄭楚師夜遁鄭人將奔桐丘許昌縣東北有桐丘城諜告曰楚幕有烏乃止諜間也幕帳也

二十九年夏鄭人侵許
閔公元年冬晉侯作二軍晉本一軍公將上軍太子申生
將下軍趙夙御戎畢萬爲右爲公卿右也夙趙衰兄畢萬魏犨祖父以
滅耿滅霍滅魏平陽皮氏縣東南有耿鄉永安縣東北有霍州三國皆姬姓
僖公元年七月楚人伐鄭荊姓改號曰楚鄭即齊故也九月
公敗邾師于偃虛丘之伐將歸者也虛丘邾地邾人旣送哀公還齊人殺之因戍虛丘欲以侵魯公以義求齊送姜師之喪邾人懼乃歸故公要而敗之
十月壬午公子友帥師敗莒師于酈獲莒挐莒人來求還慶父之賂挐莒子之弟
二年春晉獻公使荀息以屈產之乘與垂棘之璧假
道於虞以伐虢公曰冀爲不道入自顛軨伐鄍三門前是冀伐虞至鄍鄍虞邑河東大陽縣東北有顛軨坂冀之旣病則亦唯君故言虞報伐冀使病將欲假道故稱虞彊以說其心冀國名平陽皮氏縣東北有冀亭今虢爲不
道保於逆旅逆旅客舍也虢稍遣人分依客舍以聚衆抄晉邊邑以侵敝邑之
南鄙敢請假道以請罪于虢問虢伐己以何罪虞公許之且
請先伐虢喜於厚賂而欲求媚宮之奇諫不聽遂起師夏晉里
克荀息帥師會虞師伐虢滅陽晉猶主兵不信虞
冬楚人伐鄭鬭章囚鄭聃伯經書侵傳言伐本以伐興權行侵掠
三年四月徐人取舒徐國在下邳僮縣東南舒國今廬江舒縣勝國而不用大師亦曰取冬楚人伐鄭鄭伯欲成孔叔不可曰齊方勤我孔叔鄭大夫勤恤鄭

棄德不祥祥善也
四年正月公會齊侯宋公陳侯衛侯鄭伯許男曹伯
侵蔡蔡潰民逃其上曰潰遂伐楚次于陘楚子使與師言曰
君處北海寡人處南海唯是風馬牛不相及也楚界猶未至南海因齊處北海遂稱所近牛馬風逸蓋末界之微事故以取喻不虞君之涉吾地
也何故管仲對曰昔召康公命我先君太公召康公周太保召公奭也曰五侯九伯女實征之以夾輔周室五等諸侯九州之伯皆得征討其罪齊桓因此命以夸楚賜我先君履東至于海西至于河
南至于穆陵北至于無棣穆陵無棣皆齊境也履所踐履之界齊桓又因以自言其盛爾貢苞茅不入王祭不共無以縮酒寡人是徵

苞褁束也毛萇茅也束茅而灌之以酒爲縮酒尚書苞匭菁茅茅之爲異未審昭王南征而
不復寡人是問昭王成王之孫南巡狩涉漢船壞而溺周人諱而不赴諸侯不知其故故
問之對曰貢之不入寡君之罪也敢不共給昭王之不
復君其問諸水濱昭王時漢非楚境故不受罪師進次于陘楚不服罪
故進師夏楚子使屈完如師如陘之師觀強弱師退次于召陵
完請盟故屈完及諸侯盟陳轅濤塗謂鄭申侯曰師出於
陳鄭之間國必甚病申侯鄭大夫當有共給之費故若出於東方觀
兵於東夷循海而歸其可也東夷郯莒徐夷也觀兵示威申侯曰
善濤塗以告齊侯許之許出東方申侯見曰師老矣若出
於東方而遇敵懼不可用也若出于陳鄭之間共其

糧資屝屨其可也屝草屨齊侯說與之虎牢還以鄭邑賜之執
轅濤塗秋伐陳討不忠也以濤塗爲誤軍道冬孫叔戴伯帥
師會諸侯之師侵陳伐陳討不忠也
十五年夏秦伯伐晉晉侯三敗慶鄭諫弗聽及戰于
韓原公號慶鄭慶鄭曰愎諫違卜固敗是求又何逃
焉遂去之秦獲晉侯以歸及晉侯歸臣欽若等曰晉惠公即位六年
爲秦所虜復立之殺慶鄭而後入
二十八年春晉侯伐曹令無入僖負羈之宮而免其
族報施也報飧璧之施臣欽若等曰晉文公亡過曹僖負羈饋飧寘璧焉魏犨顛頡
怒曰勞之不圖報於何有二子各有從亡之勞爇僖負羈氏爇燒

也魏犨傷於胷公欲殺之而愛其材材力使問且視之
病將殺之魏犨束胷見使者曰以君之靈不有寧也
言不以病故自安寧距躍三百曲踊三百距躍超越也曲踊跳踊也百猶勵也乃
舍之殺顛頡以徇于師夏與楚戰于城濮晉中軍風
于澤牛馬因風而走皆失之亡大旆之左旃大旆旗名繫旐曰旆通帛曰旃祁
瞞奸命掌此二事而不修爲奸軍令司馬殺之以徇于諸侯使茅
茷代之師還濟河舟之僑先歸士會攝右權代舟之僑也士會
隨武子士燮之孫秋七月振旅愷以入於晉殺舟之僑以徇
于國民於是大服君子謂文公其能刑矣三罪而民
服三罪顛頡祁瞞舟之僑詩云惠此中國以綏四方不失賞刑

之謂也
是年夏楚令尹子玉與晉戰敗于城濮楚成齊
九年十一月齊侯以諸侯之師伐晉及高梁而還討
晉亂也高梁晉地在平陽縣西南
十一年冬楚人伐黃黃恃齊故
十二年夏齊人滅黃黃人恃諸侯之睦於齊也不共
楚職曰自郢及我九百里焉能害我
十五年春楚人伐徐徐即諸夏故也三月孟穆伯
帥師及諸侯之師救徐次于長垣以待之秋伐厲以
救徐也

冬宋人伐曹討舊怨也莊十四年曹與諸侯伐宋楚敗徐於婁林徐恃救也

十一月壬戌晉侯及秦伯戰于韓韓晉地獲晉侯初晉侯許賂中大夫中大夫國內執政但本等旣而皆背之賂秦伯以河外列城五東盡虢略南及華山內及解梁城旣而不與河外河南也東盡虢界從河南而東盡虢界也解梁城今河東解縣也晉饑秦輸之粟在十三年秦饑晉閉之糴故秦伯伐晉戰于韓原晉戎馬還濘而止濘泥也還便旋也小駟不調故陷泥中秦獲晉侯以歸

十六年夏齊伐厲不克救徐而還十五年齊伐徐救厲

十七年春齊人爲徐伐英氏以報婁林之役也英氏楚與

國婁林役在十五年夏師滅項師魯師項國今汝陰項縣淮之會公有諸侯之事未歸而取項淮會在前年冬諸侯之事會同講禮之事齊人以爲討而止公內諱執皆言止

十月齊桓公卒立公子無虧孝公奔宋故伐齊以納孝公

十八年正月宋襄公以曹伯衛人邾人伐齊三月齊人殺無虧以說宋齊人將立孝公不勝四公子之徒無虧已死故曰四公子遂與宋人戰五月戊寅宋師及齊師戰于甗甗齊地齊師敗績立孝公而還冬邢人狄人伐衛狄稱人者史異辭圍菟圃衛侯以國讓父兄子弟及朝衆曰苟能治之燬請從焉燬衛文公名衆不可不聽衛侯讓而後歸于訾婁衛邑狄師還獨言狄還則邢留距衛邢所以終爲衛所滅

十九年秋衛人伐邢以報菟圃之役邢不速退所以獨見伐於是衛大旱卜有事於山川不吉有事祭也甯莊子曰昔周饑克殷而年豐今邢方無道諸侯無伯伯長也天其或者欲使衛討邢乎從之師興而雨秋宋人圍曹討不服也曹南盟不修地主禮故

二十年春滑人叛鄭而服於衛夏鄭公子士洩堵寇帥師入滑公子士鄭文公子洩堵寇鄭大夫鄭之入滑也滑人聽命師還又卽衛鄭公子士洩堵俞彌帥師伐滑堵俞彌鄭大夫

伐滑在二十四年

冬楚人伐鄭初隨以漢東諸侯叛楚冬楚鬬穀於菟帥師伐隨取成而還君子曰隨之見伐不量力也量力而動其過鮮矣善敗繇己而繇人乎哉

二十一年秋宋公楚子陳侯蔡侯鄭伯許男曹伯會于盂盂宋地子魚曰禍其在此乎君欲已甚其何以堪之於是楚執宋公以伐宋

冬邾人滅須句須句子來奔公伐邾爲邾滅須句故

二十二年春公伐邾取須句反其君焉禮也得恤寡小之禮

夏宋公衛侯許男滕子伐鄭子魚曰所謂禍在此矣

八月丁未公及邾戰于升陘我師敗績邾人獲公冑懸諸魚門魚門邾城門是月楚人伐宋以救鄭大司馬固諫曰大司馬固莊公之孫公孫固也天之棄商久矣君將興之弗敢赦也已弗聽十一月己巳朔宋公及楚人戰于泓宋人旣成列楚人未旣濟司馬曰子魚也彼衆我寡及其未旣濟也請擊之公曰不可旣濟而未成列又以告公曰未可旣陳而後擊之宋師敗績公傷股門官殲焉門官守門者師行則在軍左右

二十三年春齊侯伐宋圍緡緡宋邑高平昌邑縣東南有東緡城以討其不與盟十九年盟于齊而宋獨不會復召齊盟于鹿上故今討之

秋楚成得臣帥師伐陳討其貳於宋也成得臣子玉也遂取焦夷城頓而還焦今譙縣也夷一名城父今譙郡城父縣頓國今汝陰南頓也

二十五年正月丙午衛侯燬滅邢邢同姓也故名

秋晉秦伐鄀鄀本在商密秦楚界上小國其後遷於南郡鄀縣楚鬭克屈禦寇以申息之師戍商密鬭克申公子儀屈禦寇息公子邊商密鄀別邑今南鄉丹水縣戍守也二子兵於息邑爲商密援秦人過析隈入而係輿人以圍商密昏而傳焉析楚邑一名白羽今南鄉析縣隈隱蔽處係縛輿人詐爲克析得其囚俘者昏而傳城不城不欲令商密知囚非析人宵坎血加書僞與子儀子邊盟者掘城爲坎以埋盟之餘血加盟書其上商密人懼曰秦取析矣戍人反矣乃降秦師秦囚申公子儀息公子邊以歸商密旣降析戍亦敗故得囚二子楚令尹子玉追秦師弗及不復言晉者秦爲兵主遂圍陳納頓子于頓爲頓圍陳

二十六年春齊師侵魯西鄙公追齊師至酅弗及齊北穀城縣西有地名酅下

夏齊孝公伐魯北鄙公使展喜犒師勞齊師使受命于展禽柳下惠齊侯未入竟展喜從之

衛人伐齊洮之盟故也洮盟在三年

秋楚人滅夔夔楚同姓國今建平秭歸縣夔子不祀祝融與鬻熊楚之遠祖也夔楚之別封楚人讓之對曰我先王熊摯有疾鬼神弗赦而自竄于夔吾是以失楚又何祀焉夔共嘗祀而餙禮文

過楚成得臣鬭宜申帥師滅夔以夔子歸成得臣令尹子玉也鬭宜申司馬子西也

冬楚令尹子玉司馬子西帥師伐宋圍緡初東門襄仲臧文仲如楚乞師臧孫見子玉道之伐齊宋以其不臣也言其不臣事周室可以此罪責而伐之也公以楚師伐齊取穀師能左右之曰以寘桓公子雍於穀易牙奉之以爲魯援雍本與孝公爭空故使居穀以復齊

二十七年春杞桓公來朝用夷禮公卑杞杞不共也

八月乙巳公子遂帥師入杞責禮也責不共也

冬楚人陳侯蔡侯鄭伯許男圍宋公孫固如晉告急

二十八年春晉侯將伐曹假道于衛（曹在衛東故）衛人弗許還自南河濟（從汲郡南渡出衛南而東）侵曹伐衛正月戊申取五鹿（五鹿衛地）晉侯圍曹門焉多死（攻曹城門）曹人尸諸城上（磔晉死人於城上）晉侯患之聽輿人之謀曰稱舍於墓（輿衆也舍墓爲將發冢）師遷焉曹人兇懼（遷至曹人墓兇兇恐懼聲）爲其所得者棺而出之因其兇也而攻之三月丙午入曹數之以其不用僖負羈而乘軒者三百人也四月戊辰晉侯宋公齊國歸父崔夭秦小子憖次于城濮（國歸父崔夭齊大夫也小子憖秦穆公子也城濮衛地）楚師背酅而舍（酅丘陵險阻名）晉侯患之斥輿人之誦（恐衆畏險故聽其歌誦）曰原田每每舍其舊而新

是謀（高平曰原喻晉君美盛若原田之草每每然可以謀立新功不足念舊惠）公疑焉（疑衆謂巳背舊謀新）子犯曰戰也戰而捷必得諸侯若其不捷表裏山河必無害也（晉國外河而內山）公曰若楚惠何欒貞子曰漢陽諸姬楚實盡之（貞子欒枝也水北曰陽姬姓之國在漢北者楚盡滅之）思小惠而忘大恥不如戰也楚子玉使鬭勃請戰（鬭勃楚大夫）曰請與君之士戲君馮軾而觀之得臣與寓目焉（寓寄也）晉侯使欒枝對曰寡君聞命矣楚君之惠未之敢忘是以在此爲大夫退其敢當君乎既不獲命矣（不獲止命）敢煩大夫謂二三子（傾問勑令戒勑子玉子西之屬也）戒爾車乘敬爾軍事詰朝將見（詰朝平旦）晉車七百乘韅靷鞅靽（五萬二千五百人在背曰韅在胷曰靷在腹曰鞅在後曰靽言駕車脩備也）晉侯登有莘之虛以觀師曰少長有禮其可用也（有莘故國名少長猶言大小）遂伐其木以益其兵（伐木以益攻戰之具輿曳柴亦是也）己巳晉師陳于莘北胥臣以下軍之佐當陳蔡子玉以若敖之六卒將中軍曰今日必無晉矣子西將左子上將右（子西鬭宜申子上鬭勃）胥臣蒙馬以虎皮先犯陳蔡陳蔡奔楚右師潰（陳蔡屬楚右師）狐毛設二旆而退之（旆大旗也又建二旆而退使若大將稍却）欒枝使輿曳柴而僞遁（曳柴起塵詐爲衆走）楚師馳之原軫郤溱以中軍公族橫擊之（公族公所率之軍）狐毛狐偃以上軍夾攻子西楚左師潰楚師敗績子玉收其卒而止

故不敗（三軍唯中軍完）晉師三日館穀

冬諸侯圍許（會溫諸侯也許比再會不至故因會共伐之）

三十年春晉人侵鄭以觀其可攻與否

九月甲午晉侯秦伯圍鄭以其無禮于晉（文公亡過鄭不禮之）且貳於楚也

三十二年夏狄有亂衛人侵狄（報前年以圍鄭）狄請平焉

三十三年二月秦人入滑夏四月晉人入姜戎敗秦師于殽（姜戎姜姓之戎）初晉文公卒（三十一年冬）杞子自鄭使告于秦（三十年秦使戍鄭）曰鄭人使我掌其北門之管若潛師以來國可得也穆公召孟明西乞白乙使出師於東

門之外蹇叔哭之曰孟子吾見師之出而不見其入
也秦師遂東晉原軫曰秦違蹇叔而以貪勤民天奉
我也奉與也奉不可失敵不可縱縱敵患生違天不祥
必伐秦師欒枝曰未報秦施而伐其師其爲死君乎
言以君死故亡秦師先軫曰秦不哀吾喪而伐吾同姓秦則無
禮何施之爲言秦以無禮加己施不足顧吾聞之一日縱敵數世
之患也謀及子孫可謂死君乎言不可謂背君遂發命遽興
姜戎子墨衰絰晉文公未葬故襄公稱子以凶服從戎故墨之梁弘御戎萊
駒爲右四月辛巳敗秦師於殽獲百里孟明視西乞
術白乙丙以歸

是月公伐邾取訾婁以報升陘之役在二十二年邾人不
設備秋襄仲復伐邾魯因晉喪以陵小國
十二月晉人陳人鄭人伐許討其貳於楚也楚令尹
子上侵陳蔡陳蔡成遂伐鄭晉陽處父侵蔡楚子上
救之與晉師夾泜而軍泜水出魯陽縣東經襄城定陵入汝陽子患之
使謂子上曰吾聞之文不犯順武不違敵子若欲戰
則吾退舍子濟而陳欲避楚使渡成陳而後戰遲速唯命不然紓
我不獲止命紓緩也老師費財亦無益也師久爲老乃駕以待子
上欲涉大孫伯曰不可晉人無信半涉而薄我悔敗
何及不如紓之乃退舍楚退欲使晉渡陽子宣言曰楚師遁
矣遂歸楚師亦歸
文公元年四月晉侯伐衛初晉文公之季年諸侯朝
晉衛成公不朝使孔達侵鄭孔達衛大夫伐緜訾及長垣
邑名在潁州新及縣東北晉襄公既祥諸侯諒闇亦因祥祭爲位而哭使告於
諸侯而伐衛及南陽今河內地先且居曰效尤禍也尤衛不朝
故我今不朝王是致衛禍時王在溫故勸之請君朝王臣從師晉侯朝王
於溫先且居胥臣伐衛五月辛酉朔晉師圍戚六月
戊戌取之獲孫昭子昭子衛大夫食戚邑衛使人告於陳陳共
公曰更伐之我辭之見伐求救大故以使之伐示己力足以距晉衛孔達
帥師伐晉君子以爲合古者越國而謀今古之道而失今事霸王

之禮故圍食其邑身見執辱
二年春秦孟明視帥師以伐晉以報殽之役二月晉
侯禦之先且居將中軍趙衰佐之代郤溱王官無地御
戎代梁弘狐鞫居爲右鞫居續簡伯甲子及晉師戰于彭衙
秦師敗績晉人謂秦拜賜之師以孟明言三年將拜君賜故冬晉
先且居宋公子成陳轅選鄭公子歸生伐秦取汪及
彭衙而還以報彭衙之役
三年正月叔孫得臣會晉人宋人陳人衛人鄭人伐
沈沈國名汝南平輿縣北有沈亭以其服於楚也沈潰
夏秦伯伐晉濟河焚舟示必死也取王官及郊王官郊晉地晉

人不出遂自茅津濟封殽尸而還茅津在河東大陽縣西埋藏之遂覇西戎用孟明也秋楚師圍江晉先僕伐楚以救江冬晉以江故告于周欲假天子之威以伐楚王叔桓公晉陽處父伐楚以救江桓公周卿王叔文公之子門于方城遇息公子朱而還子朱楚大夫伐江之師也聞晉師起而江兵解故晉以還四年秋晉侯伐秦圍祁新城以報王官之役祁新城秦邑也王官役在前年楚人滅江五年夏秦人入鄀鄀叛楚卽秦又貳於楚也秋楚人滅六六國今盧江六縣六人叛楚卽東夷楚成大心仲歸帥師滅六仲歸子家

冬楚公子燮滅蓼蓼國今安豐蓼縣

七年春公伐邾間晉難也公因覇國有難而侵小國三月甲戌取須句寘文公子焉非禮也邾文公子叛在魯故公使爲守須句大夫也絶大皥之祀以與鄰國叛臣故曰非禮冬徐伐莒

八年夏秦人伐晉取武城以報令狐之役令狐役在七年

秋晉人以扈之盟來討前年盟扈公後至

九年春楚人伐鄭楚子師於狼淵不親伐初楚范山言於楚子曰晉君少不在諸侯北方可圖也范山楚大夫楚子師于狼淵以伐鄭陳師狼淵爲伐鄭援也潁川潁陰縣西有狼陂囚公子堅公子龍及樂耳三子鄭大夫鄭及楚平夏侵陳克壺丘壺丘陳邑以其服晉也

秋楚公子朱自東夷伐陳子朱息公也陳人敗之獲公子茂陳懼及楚平以小勝大故懼而請平

十年春晉人伐陳取少梁少梁馮翊夏陽縣

夏秦伯伐晉取北徵報少梁

十一年春楚子伐麇討前年逃厥貉會成大心敗麇師于防渚成大心子玉之子大孫伯也防渚麇地潘崇復伐麇至錫穴錫穴也

十二年春羣舒叛楚羣舒偃姓舒庸舒鳩之屬今盧江南有舒城西南有龍舒夏子孔執舒子平及宗子遂圍巢子孔楚令尹若敖曾孫平舒君名宗巢二國羣舒之屬

冬十二月戊午秦人晉人戰于河曲秦爲令狐之役故伐晉取羈馬令狐役在七年羈馬晉邑晉人禦之趙盾將中軍荀林父佐之林父代先克郤缺將上軍代箕鄭臾駢佐之代林父欒盾將下軍欒枝子代先蔑胥甲佐之胥臣子代先都范無恤御戎代步招以從秦師於河曲臾駢曰秦不能久請深壘固軍以待之從之秦人欲戰秦伯謂士會曰若何而戰晉士會七年奔秦對曰趙氏新出其屬曰臾駢必實爲此謀將以老我師也臾駢趙盾屬大夫新出佐上軍趙有側室曰穿晉君之壻也側室支子穿趙夙庶孫有寵而弱不在軍事弱年少也未嘗涉知軍事好勇而狂且惡臾駢之佐上軍也若使輕者肆

焉其可(肆暫往而退也)秦伯以璧祈戰於河(祈求勝也)
十二月戊午秦軍掩晉上軍趙穿追之不及(上軍不動趙穿獨追之)反怒曰裹糧坐甲固敵是求敵至不擊將何俟焉軍吏曰將有待也(待可擊)穿曰我不知謀將獨出乃以其屬出宣子曰秦獲穿也獲一卿矣(傳三十三年晉侯以一命命郤缺為卿不任軍師之數然則晉自有散位從卿者)秦以勝歸我何以報乃皆出戰交綏(司馬法曰逐奔不遠從綏不及逐奔不遠則難誘從綏不及則難陷然則古名退軍為綏秦晉志未能堅戰短兵未致爭而兩退故曰交綏)秦行人夜戒晉師曰兩君之士皆未憖也明日請相見也(憖缺也)臾駢曰使者目動而言肆懼我也(目動心不安言肆聲放失常節)將遁矣薄諸

河必敗之(薄迫也)胥甲趙穿當軍門呼曰死傷未收而棄之不惠也不待期而薄人於險無勇也乃止(晉師止為)(宣元年正月)秦師夜遁復侵晉入瑕
十四年春伐邾邾文公之卒也(在前年)公使弔焉不敬邾人來伐我南鄙故惠伯伐邾
十五年夏秦伐蔡初新城之盟(在前年)蔡人不與(不會盟)晉郤缺以上軍下軍伐蔡(兼帥二軍)曰君弱不可以怠(怠解也)戊申入蔡以城下之盟而還
秋齊侯侵魯西鄙謂諸侯不能也(不能討己)遂伐曹入其郛討其來朝也(此年夏朝)

十六年秋楚人秦人巴人滅庸(庸今上庸縣屬楚之小國率群蠻叛楚也)自廬以往振廩同食(往往伐庸也振發也廩食也同食上下無異饌)次于句澨(句澨楚西界也)使廬戢黎侵庸(戢黎廬大夫)及庸方城(方城庸地上庸縣東有方城亭)庸人逐之囚子楊窻(窻戢黎官屬)三宿而逸曰庸師衆群蠻聚焉不如復大師(還如句澨師)且起王卒合而後進師叔曰不可(師叔楚大夫潘尫也)姑又與之遇以驕之彼驕我怒而後可克先君蚡冒所以服陘隰也(蚡冒楚武王父陘隰地名)又與之遇七遇皆北(軍走曰北)唯裨鯈魚人實逐之(裨鯈魚庸三邑魚魚復縣東今巴東永安縣輕楚故使三邑人逐之)庸人曰楚不足與戰矣遂不設備楚子乘馹會師于臨品(馹傳車也臨品地名)分為

二隊(隊部也兩道攻之)子越自石溪子貝自仞以伐庸(子越鬬叔也石溪仞入庸道)秦人巴人從楚師群蠻從楚子盟(蠻見楚強故)遂滅庸
十七年春晉荀林父衛孔達陳公孫寧鄭石楚伐宋討曰何故殺君猶立文公而還宋人弒昭公(十六年冬)趙宣子請師於靈公以伐宋公曰非晉國之急也對曰大者天地其次君臣所以謂明訓也今宋人弒其君是反天地而逆民則也天必誅焉晉為盟主而不脩天罰將懼及焉公許之乃發令於太廟召軍吏而戒樂正令三軍之鐘鼓必備趙同曰國有大役不鎮撫

民而備鐘鼓也何宣子曰大罪伐之小罪憚之襲侵之事陵也是故伐備鐘鼓聲其罪也戰以錞于丁寧儆其民也錞于形如碓頭與鼓相和丁寧令丁也儆戒也唐尚書云錞于鐲非也鐲于錞于名異物襲侵密聲爲暫事也暫暫其無備今宋人弒其君罪莫大焉明聲之猶恐其不聞也吾備鐘鼓爲君故也乃使旁告於諸侯治兵振旅鳴鐘鼓以至於宋

夏齊侯伐魯北鄙襄仲請盟晉不能救魯故請服

宣公元年秋楚子鄭人侵陳遂侵宋晉趙盾帥師救陳宋會于棐林以伐鄭楚蔿賈救鄭遇於北林與晉師相遇滎陽中牟縣西南有林亭在鄭北因晉解揚晉人乃還

冬晉趙穿帥師侵崇初晉欲求成於晉趙穿曰我侵崇秦急崇必救之崇秦之與國吾以求成焉旣而趙穿侵崇秦弗與成

晉人伐鄭以報北林之役報囚解揚

二年春鄭公子歸生受命于楚伐宋受楚命也宋華元樂呂御之二月壬子戰于大棘宋師敗績囚華元獲樂呂樂呂司寇獲不書非元帥也獲生死通名經言獲華元故傳特獲之日囚以名其生獲故得見贖而還及甲車四百六十乘俘二百五十人馘百人狂狡輅鄭人鄭人入其井狂狡宋大夫輅迎也倒戟而出之獲狂狡秦師伐晉以報崇也伐崇在元年遂圍焦焦晉河外邑

夏晉趙盾救焦遂自陰地及諸侯之師侵鄭陰地晉河南地北自上雒以東至陸渾以報大棘之役楚鬬椒救鄭曰能欲諸侯而惡其難乎遂次于鄭以待晉師趙盾曰彼宗競于楚殆將斃矣競強也鬬椒若敖之族自子文以來世爲令尹姑益其疾乃去之欲示弱以驕之傳言趙盾所以稱人且爲四年楚滅若敖氏張本

三年夏楚人侵鄭鄭卽晉故也

秋宋師圍曹初宋文公卽位三年殺母弟須及昭公子武氏之謀也武氏謀奉弟須及昭公子以作亂事在文十七年使戴桓之族攻武氏於司馬子伯之館盡逐武穆之族武穆之族以曹氏伐宋宋師圍曹報武氏之亂也

四年正月公及齊侯平莒及郯莒人不肯公伐莒取向莒郯二國相怨故公與齊侯共平之向莒邑非禮也平國以禮不以亂伐而不治亂也責公不先以禮治之而用伐以亂平亂何治之有無治何以行禮

冬楚子伐鄭鄭未服也前年楚侵鄭不獲成故日未服

五年冬楚子伐鄭陳及楚平晉荀林父救鄭伐陳

六年春晉衛侵陳陳卽楚故也

冬楚人伐鄭取成而還

七年夏公會齊侯伐萊不與謀也凡師出與謀曰及不與謀曰會

八年夏晉侯白狄伐秦

楚人滅舒蓼楚爲衆舒叛故伐舒蓼滅之(舒蓼二國名)楚子疆之(正其界也)及滑汭(滑水名)盟吳越而還

冬楚人伐陳陳及晉平楚師伐陳取成而還(言晉楚爭強)

九年夏齊侯伐蔡

九月晉侯宋公衞侯鄭伯曹伯會于扈討不睦也(謀齊陳)陳侯不會(前年與楚成故)晉荀林父以諸侯之師伐陳(不書諸侯師林父帥之無將帥)晉侯卒于扈乃還

冬晉人圍滕因其喪也

楚子伐鄭(六年楚伐鄭取成於厲既成鄭伯逃歸事見十一年)晉郤缺救鄭鄭伯敗楚師于柳棼(鄭地)

十年六月宋師伐滕滕人恃晉而不事宋也宋是月晉人宋人衞人曹人伐鄭(鄭及楚平故)取成而還

秋公孫歸父帥師伐邾取繹(繹邾邑)

冬楚子伐鄭晉士會救鄭逐楚師於潁北(潁水出河南陽城至下蔡入淮)諸侯之師伐鄭

十一年春楚子伐鄭及櫟子良曰晉楚不務德而兵爭與其來者可也晉楚無信我焉得有信乃從楚

夏公孫歸父會齊人伐莒

楚左尹子重侵宋(子重公子嬰齊莊王弟)王待諸郔(郔楚)

冬楚子爲陳夏氏亂故伐陳(十年夏徵舒殺之)遂入陳殺夏徵舒轘諸栗門(轘車裂也栗門陳城門)因縣陳(滅陳以爲楚縣)申叔時曰諸侯之從也曰討有罪也今縣陳貪其富也以討召諸侯而以貪歸之無乃不可乎公復封陳鄉取一人焉以歸謂之夏州(州鄉屬示討夏氏所獲也)

十二年春楚子圍鄭(前年盟辰陵而又徼事晉故)旬有七日鄭人卜行成不吉卜臨於大宮(臨哭也大宮鄭祖廟)且巷出車吉(出車於巷示將見遷不得安居)國人大臨守陴者皆哭(陴城上俾倪皆哭所以告楚窮也)楚子退師鄭人脩城進復圍之三月克之(哀其窮哭故爲退師而猶不服故圍之)入自皇門至於逵路(塗方九軌曰逵)鄭伯肉袒牽羊以逆(肉袒牽羊示服爲臣僕)楚子退三十里而

許之平(退一舍以禮之)

夏六月乙卯晉孫林父帥師及楚子戰于邲(邲鄭地)林父將中軍(代郤缺)先縠佐之(彘季代林父)士會將上軍郤克佐之(郤缺之子代臾駢)趙朔將下軍(代欒盾)欒書佐之(欒盾之子代趙朔)趙括趙嬰齊爲中軍大夫(括嬰齊皆趙盾異母弟)鞏朔韓穿爲上軍大夫荀首趙同爲下軍大夫(荀首林父弟趙同趙嬰兄)韓厥爲司馬(韓萬玄孫)晉楚戰于邲晉師敗績及昏楚師軍于邲晉之餘師不能軍(不能成營也)宵濟亦終夜有聲(言其兵衆將不能用)丙辰楚重至于邲(重輜重也)遂次於衡雍祀於河作先君宮告成事而還

冬楚子滅蕭蕭宋附庸國初宋華椒以蔡人救蕭蕭人囚
熊相宜僚及公子丙王曰勿殺吾退蕭人殺之王怒
遂圍蕭蕭潰申公巫臣曰師人多寒王巡三軍拊而
勉之撫拊慰勉之三軍之士皆如挾纊纊綿也言說以忘寒遂傳於
蕭滅之
宋師伐陳背清丘之盟衛人救之孔達曰先君有約言焉
若大國討我則死之衛成公與陳共公有舊好故孔達欲背盟救陳而以死謝晉
十三年春齊師伐莒莒恃晉而不事齊故也
夏楚子伐宋以其救蕭也救蕭在前年
十四年夏晉侯伐鄭爲邲故也晉敗於邲鄭遂屬楚告於諸侯

蒐焉而還蒐簡閱車馬中行桓子之謀也曰示之以整使
謀而來鄭人懼使子張伐子良于楚十二年子爲質于楚
秋九月楚子圍宋初楚子使申舟聘于齊曰無假道
于宋申舟母畏亦使公子馮聘于晉不假道于鄭申舟以
孟諸之役惡宋文十年楚子田孟諸毋畏抶宋公僕曰鄭昭宋聾昭明聾闇
晉使不害我則必死王曰殺女我伐之見犀而行及
宋宋人止之華元曰犀申舟之子過我而不假道鄙我也
鄙我亡也以我比其邊鄙是與亡國同殺其使者必伐我我伐亦亡
也亡一也乃殺之楚子聞之投袂而起投振也袂袖也屨及
於窒皇窒皇寢闕門劍及於寢門之外車及於蒲胥之市

十五年夏五月楚師將去宋在宋積九月不能服宋故申犀稽首
於王之馬前曰毋畏知死而不敢廢王命王棄言焉
王不能答未服宋而去故曰棄言申叔時僕僕御也曰築室反耕
者宋必聽命從之築室於宋分共歸田示無去志宋人懼使華元夜
入楚師登子反之牀起之曰寡人使元以病告曰城
下之盟有以國斃不能從也寧以國斃不從城下盟去我三十
里惟命是聽子反懼與之盟而告王退三十里宋及
楚平
六月秦人伐晉
七月秦桓公伐晉次于輔氏晉地壬戌諸侯治兵于稷

以略狄土立黎侯而還狄奪其地故晉復立之及雒魏顆敗秦
師于輔氏晉侯還及雒也雒晉地獲杜回秦之力人也
十八年春晉侯衛太子臧伐齊至於陽穀齊侯會晉
侯盟于繒以公子強質于晉晉師還
夏公使如楚乞師欲以伐齊公不事齊齊與晉盟故懼而乞師于楚楚
莊王卒楚師不出旣而用晉師成二年戰于鞌是

册府元龜

巡按福建監察御史臣李嗣京　訂正
知甌寧縣事臣孫以敬參閱
知建陽縣事臣黃國琦較釋

列國君部

攻伐第二

成公二年春齊侯伐我北鄙圍龍（龍魯邑在泰山博縣西南）頃公之嬖人盧蒲就魁門馬（龍門也）龍人囚之齊侯曰勿殺吾與而盟無入而封（封竟）弗聽殺而膊諸城上（膊磔也）齊侯親鼓士陵城三日取龍遂南侵及巢丘

夏四月丙戌衞孫良夫帥師及齊師戰于新築衞師敗績（新築衞地）初衞侯使孫良夫石稷寗相禽將侵齊與齊師遇（齊伐魯還相遇於衞也）石子欲還孫子曰不可以師伐人遇其師而還將謂君何（言無以答君）若知不能則如無出今旣遇矣不如戰也石成子曰師敗矣子不少須衆懼盡（成子石稷也）子喪師徒何以復命皆不對又曰子國卿也隕子辱矣（隕見會獲）子以衆退我此乃止（我於此止禦齊師）且告車來甚衆（新築人救孫桓子故並告令軍衆）齊師乃止次于鞫居（鞫居衞地）新築人仲孫于奚救孫桓子桓子是以免（于奚守新築大夫）

六月癸酉季孫行父臧孫許叔孫僑如公孫嬰齊帥師會晉郤克衞孫良夫曹公子首及齊侯戰于鞌（鞌齊邑）初魯衞乞師於晉晉侯許之師從齊師于莘（莘齊地）六月壬申師至于靡笄之下（靡笄山名）癸酉師陳于鞌齊師敗績

冬楚師鄭伯侵衞遂侵我于蜀使臧孫往（臧孫宣叔）辭曰楚遠而久固將退矣無功而受名臣不敢當楚侵及陽僑（魯地）孟孫請往賂之以執斲執鍼織紝（執斲匠人執鍼女工織紝繒布者）皆百人公衡爲質以請盟楚人許平

三年春正月公會晉侯宋公衞侯曹伯伐鄭次于伯

牛討邲之役也（伯牛鄭地）遂東侵鄭（晉春軍深入）鄭公子偃帥師禦之（偃穆公子）使東鄙覆諸鄤（覆伏兵）敗諸丘輿（鄤丘輿皆鄭地晉偏軍爲鄭所敗）

夏鄭公子去疾帥師伐許許恃楚而不事鄭鄭子良伐許

秋叔孫僑如圍棘取汶陽之田棘不服故圍之（僑如叔孫得臣子）

四年冬十一月鄭公孫申帥師疆許田許人敗諸展陂鄭伯伐許取鉏任冷敦之田（展陂許地）晉欒書將中軍荀首佐之士燮佐上軍以救許伐鄭取氾祭（氾祭鄭地成皋

縣東有汜水楚子反救鄭
六年二月取鄟附庸國也言易也
三月晉伯宗夏陽說衛孫良夫寗相鄭人伊雒之戎
陸渾蠻氏侵宋夏陽說晉大夫蠻氏戎別種以其辭會也辭會前年師
于鍼衛人不保說欲襲衛曰雖不可入多俘而歸有
罪不及死伯宗曰不可衛唯信晉故師在郊而不設
備若襲之是棄信也雖多衛俘而晉無信何以求諸
侯乃止師還衛人登陴聞說謀
秋孟獻子叔孫宣伯侵宋晉命也楚子重伐鄭鄭從
晉故也

冬晉欒書救鄭與楚師遇于繞角鄭地楚師還晉師遂
侵蔡楚公子申公子成以申息之師救蔡申息楚二縣禦
諸桑隧汝南郞陵縣東有桑里
七年春吳伐郯郯成季文子曰中國不振旅蠻夷入
伐而莫之或恤無弔者也夫詩曰不弔昊天亂靡有
定其此之謂乎
秋楚公子嬰齊帥師伐鄭師于汜汜鄭地在襄城縣南諸侯救鄭
鄭共仲侯羽軍楚師二子鄭大夫囚鄖公鍾儀獻諸晉
八年春晉欒書帥師侵蔡六年未得志故遂侵楚獲申驪楚大
夫楚師之還也謂六年遇於繞角時晉侵沈獲沈子揖初從之

范韓也沈國今汝南平輿縣是行也鄭伯將會晉師會伐蔡之師門
于許東門大獲焉過許見其無備因攻之
冬叔孫僑如會晉士燮齊人邾人伐郯初士燮來聘
言伐郯也以其事吳故十年郯與吳成公賂之請緩師文子
不可文子士燮曰君命無貳失信不立禮無加貨事無二
成公私不兩立君後諸侯是寡君不得事君也欲與魯絕燮將
復之季孫懼使宣伯帥師會伐郯
九年秋鄭伯如鄭晉人討其貳於楚也執諸銅鞮欒
書伐鄭鄭人使伯蠲行成
是秋楚子重公子嬰齊侵陳以救鄭陳與晉故

冬十一月楚子重自陳伐莒圍渠丘渠丘城惡衆潰
奔莒戊申楚入渠丘明年莒人囚楚公子平楚人曰
勿殺吾歸而俘莒人殺之楚人圍莒莒城亦惡庚申
莒潰楚遂入鄆莒無備故也
是月秦人白狄伐晉諸侯二故也鄭人圍許示晉不
君者也此秋晉執鄭伯是則公孫申謀之曰我出師以圍許
示不畏晉爲將改立君者而紓晉使紓緩也勿亟使詣晉示欲更立君晉
必歸君明年晉歸鄭伯
十年春衛子叔黑背侵鄭晉命也晉命衛使侵鄭
五月公會晉侯齊侯宋公衛侯曹伯伐鄭初鄭人殺

繻立髡頑子如奔許髡頑成公太子欒武子曰鄭人立君我執一人焉何益不如伐鄭而歸其君以求成焉晉立太子州蒲以爲君而會諸侯伐鄭鄭子罕賂以襄鍾子罕穆公子襄鍾鄭伯廟鍾子然盟于脩澤子駟爲質子然子駟皆穆公子滎陽卷縣東有脩武亭辛巳鄭伯歸

十三年五月公會晉侯齊侯宋公衛侯鄭伯曹伯邾人滕人伐秦及秦師戰于麻隧秦師敗績獲秦成差及不更女父不更秦爵曹宣公卒于師師遂濟涇及侯麗而還涇水出安定東南經扶風京兆高六縣入渭也

十四年八月鄭子罕伐許敗焉爲許所敗戊戌鄭伯復伐

許庚子入其郛郛郭也許人平以叔申之封四年鄭公孫申疆許田許人敗之不得定其封疆今許以是所封田求於鄭

十五年三月癸丑公會晉侯衛侯鄭伯曹伯宋世子成齊國佐邾人同盟于戚討曹成公也討其殺大子自立事在十五年晉侯執曹伯歸于京師不稱人以執者曹伯罪不及民歸之京師禮也

六月楚子侵鄭及暴隧遂侵衛及首止鄭子罕侵楚取新石新石楚邑欒武子欲報楚韓獻子曰無庸庸用也使重其罪民將叛之背盟數戰罪也無民孰戰明年晉敗楚於鄢陵

十六年四月鄭子罕伐宋滕宋之與國鄭因滕有喪而伐宋宋將鉏樂懼敗諸汋陂敗鄭師也樂懼戴公六世孫將鉏樂氏族退舍於夫渠不儆宋師不儆備鄭人覆之敗諸汋陵獲將鉏樂懼宋恃勝也汋陂夫渠汋陵皆宋地

是月衛侯伐鄭至于鳴鴈爲晉故也鳴鴈在陳留雍丘縣西北

是月晉侯將伐鄭范文子曰若逞吾願諸侯皆叛晉可以逞逞快也晉厲公無道三郤驕故欲使諸侯叛冀其懼而思德若唯鄭叛晉國之憂可立俟也欒武子曰不可以當吾世而失諸侯必伐鄭乃興師欒書將中軍士燮佐之代荀庚郤錡將上軍代士燮荀偃佐之代荀錡偃荀庚子韓厥將下軍郤至佐新軍荀罃居守荀罃下軍佐於是郤犨代趙旃將新軍上下軍罷矣郤犨如衛遂如齊皆乞師焉欒黶來乞師孟獻子曰有勝矣卑讓

有禮故其其將勝楚戊寅晉師起鄭人聞之晉師使告于楚姚句耳與往句耳鄭大夫與往非使也爲先歸張本楚子救鄭司馬將中軍子反令尹將左子重右尹子辛將右公子壬夫

五月晉師濟河聞楚師將至范文子欲反曰我僞逃楚可以紓憂紓緩也夫合諸侯非吾所能也以遺能者我若群臣輯睦以事君多矣武子曰不可六月晉楚過于鄢陵范文子不欲戰郤至曰韓之戰惠公不振旅衆散敗也在僖十五年箕之役先軫不反命死於狄也在僖三十三年邲之師荀伯不復從荀林父奔走不復故道在宣十二年皆晉之恥也子亦見先君之事矣見先君成敗之事今我辟楚又益恥也文

子曰吾先君之亟戰也有故亟數也秦狄齊楚皆彊不盡力子孫將弱今三彊服矣齊秦狄敵楚而已唯聖人能外內無患自非聖人外寧必有內憂驕亢則憂患生盍釋楚以爲外懼乎甲午晦楚晨壓晉軍而陳壓笮其未備軍吏患之范匃進匃士燮子曰塞井夷竈陳於軍中而疏行首疏行首者當陳前決開營壘爲戰道晉楚唯天所授何患焉文子執戈逐之曰國之存亡天也童子何知焉欒書曰楚師輕窕固壘而待之三日必退退而擊之必獲勝焉郤至曰楚有六間不可失也其二卿相惡子重子反王卒以舊罷老不代鄭陳而不整不整列蠻軍而不陳蠻夷從楚者不結陳陳

不違晦晦月終陰之盡故家以爲忌在陳而囂囂喧華也合而加囂陳合宜靜而益有聲各顧其後莫有鬭心人恤其所庇舊不必良以犯天忌我必克之楚子登巢車以望晉軍巢車車上爲櫓子重使太宰伯州犂侍于王後州犂晉伯宗子前年奔楚王曰騁而左右何也騁走也曰召軍吏也皆聚於中軍矣曰合謀也張幕矣曰虔卜於先君也虔敬也徹幕矣曰將發命也甚囂且塵上矣曰將塞井夷竈而爲行也夷平也皆乘矣左右兵而下矣曰聽誓矣左將帥右軍右戰乎曰未可知也乘而左右皆下矣曰戰禱也禱請鬼神伯州犂以公卒告王公晉侯苗賁皇在晉侯之側亦以卒告賁皇楚鬬叔子宣五年奔晉皆曰國士在且厚不可當也晉侯左右皆以伯州犂在楚知晉之情且謂楚衆名故憚合戰與苗賁皇意異苗賁皇言於晉侯曰楚之良在其中軍王族而已請分良以擊其左右而三軍萃於王卒萃集也必大敗之有淖於前淖泥也乃皆左右相違於淖違辟也步毅御晉厲公欒鍼爲右步毅郤毅彭名御楚共王潘黨爲右石首御鄭公唐苟爲右欒范以其族夾公行二族強故在公左右陷於淖欒書將載晉侯鍼曰書退國有大任焉得專之在君前故子名其父大任謂元帥之職且侵官冒也載公爲侵官失官慢也去將而御失官也離局姦也遠其部曲爲離曲有三罪也不可犯也乃掀公以出於淖掀舉也癸巳

潘尫之黨與養繇基蹲甲而射之徹七札焉黨潘尫之子蹲聚也一發達上相言其能陷堅以示王曰君有三臣如此何憂於戰二子以射夸王王怒曰大辱國賤其不尚知謀詰朝爾射死藝言女以射自多必當以藝死也詰朝猶明朝是戰日呂錡夢射月中之退入於泥呂錡衛錡占之曰姬姓日也周世姬姓尊異姓月也異姓卑必楚王也射而中之退入於泥亦死矣錡自入亦死及戰射共王中目王召養繇基與之兩矢使射呂錡中項伏弢弢弓衣以一矢復命言一發而復郤至三遇楚子之卒見楚子必下免冑而趨風疾如風楚子使工尹襄問之以弓問遺曰方事之殷也殷盛也有韎韋之跗注君子也韎

色黚汪戎服若袴而屬於黚與袴連識見不穀而趨無乃傷乎恐其傷郤
至見客免冑承命曰君之外臣至從寡君之戎事以
君之靈間蒙甲冑間猶近也不敢拜命介者不拜敢告不寧君
命之辱以君辱賜命故不敢自安爲事之故敢肅使者言君辱命來問以有
軍事不得答故肅使者肅手至地若今揖三肅使者而退晉韓厥從鄭伯
從逐也其御杜溷羅曰速從之其御屢顧不在馬可及
也韓厥曰不可以再辱國君乃止二年鞌戰厥已辱齊侯郤至
從鄭伯其右茀翰胡曰諜輅之余從之乘而俘以下
欲遣輕兵单進以距鄭伯車前而自後登其車以執之郤至曰傷國君有刑亦
止石首曰衛懿公唯不去其旗是以敗於熒乃内旌

於弢中熒戰在閔二年唐苟謂石首曰子在君側敗者壹大
我不如子子以君免我請止乃死敗者壹大謂君大敗也言石首以君
之親臣而執御與車右不同故首當御君以退已當死戰楚師薄於險薄迫此叔山
冉謂養繇基曰雖君有命爲國故子必射王有死藝命乃
射再發盡殪叔山冉搏人以投中車折軾晉師乃止
言二子皆有過人之能囚楚公子茷爲御至見譜張本欒鍼見子重之
旌請曰楚人謂夫旌子重之麾也彼其子重也日陳
之使於楚也子重問晉國之勇臣對曰好以衆整曰
又何如又問其餘臣對曰好以暇暇閑暇今兩國治戎行人
不使不可謂整臨事而食言不可謂暇食好整之言請攝

飲焉攝持也持食往飲子重公許之使行人執榼承飲造于子
重承奉也曰寡君乏使使鍼御持矛御侍也是以不得犒
從者使某攝飲子重曰夫子嘗與吾言於楚必是故
也不亦識乎知其以往言好暇故致飲受而飲之免使者而復鼓
免脫也旦而戰見星未已子反命軍吏察夷傷夷亦傷也補
卒乘補死士也繕甲兵繕治也展車馬展陳也鷄鳴而食唯命
是聽欲復戰晉人患之苗賁皇狥曰蒐乘補卒蒐閱也秣
馬利兵秣穀馬也脩陳固列固堅也蓐食申禱申重也明日復
戰乃逸楚囚逸縱也王聞之召子反謀穀陽豎獻飲於
子反子反醉而不能見穀陽子反内豎王曰天敗楚也夫余

不可以待乃宵遁晉入楚軍三日穀食楚粟三日也范文子
立於戎馬之前曰君幼諸臣不佞佞才也何以及此君
其戒之戒勿驕周書曰惟命不于常有德之謂周書康誥言天
無常命惟德是與楚師還及瑕瑕地名王使謂子反曰先大夫
之覆師徒者君不在謂子王敗城濮時王不在单子無以爲過不
穀之罪也子反再拜稽首曰君賜臣死死且不朽王引
過亦所以責子反臣之卒實奔臣之罪也子重使謂子反曰
初隕師徒者而亦聞之矣盍圖之聞子王自殺終一卿相惡對曰
雖微先大夫有之大夫命側側敢不義言以命已不敢不受側
亡君師敢忘其死王使止之弗及而卒

秋公會尹子晉侯齊國佐邾人伐鄭尹子王卿士子爵遷于制田滎陽宛陵縣東有制澤知武子佐下軍武子荀罃以諸侯之師侵陳至鳴于鹿陳國武平縣西南有鹿邑遂侵蔡未反侵陳蔡不書公不與諸侯遷于潁上戊午鄭子罕宵軍之宋齊衛皆失軍將至與軍相失宋衛不書後也

十七年正月鄭子駟侵晉虛滑虛滑晉仁邑滑國爲秦所滅時屬晉後屬周衛北宮括救晉侵鄭至高氏高氏高陽翟縣西南

五月楚公子成公子寅戍鄭公會尹武公單襄公及諸侯伐鄭自戲童至于曲洧晉未能服鄭故假天子之威周使二卿會之今新汲縣治曲洧城

六月楚子重救鄭師于首止諸侯還畏楚強

冬諸侯伐鄭前夏未得志故十月庚午圍鄭楚公子申救鄭師于汝上

十一月諸侯還畏楚救不成圍還

是月齊侯使崔杼爲大夫使慶克佐之帥師圍盧討高強

十二月楚人滅舒庸舒庸人以楚師之敗也敗於鄢陵舒庸東夷國道吳人圍巢伐駕圍釐虺巢駕釐虺楚四邑遂恃吳而不設備楚公子橐師襲舒庸滅之

十八年六月鄭伯侵宋及曹門外曹門宋城門遂會楚伐宋取朝郟楚子辛鄭皇辰侵陳郜取幽丘同伐彭城朝郟陳郜幽丘彭城皆宋邑納宋魚石向爲人鱗朱向帶魚府焉五子一十五年出奔楚獨書魚石爲帥告以三百乘戍之而還

襄公元年春正月仲孫蔑會晉欒黶宋華元衛甯殖曹人莒人邾人滕人薛人圍宋彭城成十八年楚取彭城以封魚石夫子治春秋追書爲宋此爲宋討也彭城降晉晉人以宋五大夫在彭城者歸貧諸瓠丘瓠丘晉地河東東垣縣東南有壺丘五大夫魚石向爲人鱗朱同帶魚府齊人不會彭城晉人以爲討

夏五月晉侯韓厥荀偃帥諸侯之師伐鄭入其郛敗其徒兵於洧上徒兵步兵洧水出密縣東南至長平入潁於是東諸侯之

師次于鄫以待晉師齊魯曹邾杞晉師自鄭以鄫之師侵楚焦夷及陳晉衛侯侯次于戚以爲之援爲韓厥援

秋楚子辛公子壬夫救鄭侵宋呂留呂留一縣今屬彭城郡鄭子然侵宋取犬丘譙國酇縣東北有大丘城

二年春正月鄭師侵宋楚令也以彭城故

齊侯伐萊萊人使正輿子賂夙沙衛以索馬牛皆百匹齊師乃還

六月晉師宋師衛甯殖侵鄭鄭成公疾子駟請息肩於晉欲辟楚役以負擔喻公曰楚君以鄭故親集矢於其目謂鄢陵戰喻晉射楚王目非異人任寡人也言楚子任以患不爲他人故也君背之

是棄力與言其誰暱我言盟誓之言免寡人唯二三子秋
七月庚辰鄭伯睔卒於是子罕當國攝君事子駟爲政
爲政卿子國爲司馬晉師侵鄭晉伐喪非禮諸大夫欲從晉
子駟曰官命未改成公未葬嗣君未免喪故言未改不欲違先君意
三年春楚子重伐吳爲簡之師簡選練克鳩茲至于衡
山鳩茲吳邑在丹陽蕪湖縣東今臯夷也衡山在吳烏程縣南使鄧廖師組甲三
百被練三千以侵吳吳人要而擊之獲鄧廖其能免
者組甲八十被練三百而已子重歸既飲至三日吳
人伐楚取駕駕良邑也鄧廖亦楚之良也君子謂子
重於是役也所獲不如所亡當時君子

秋楚司馬公子何忌侵陳陳叛故也
冬晉知武子帥師伐許許靈公事楚不會于雞澤
四年三月陳成公卒楚人將伐陳聞喪乃止軍禮不伐喪
陳人不聽命不聽楚命臧武仲聞之曰陳不服于楚必亡
大國行禮焉而不服在大猶有咎而況小乎
夏楚彭名侵陳陳無禮故也
秋楚人使頓間陳而侵伐之故陳人圍頓間何間缺
冬十一月邾人莒人伐鄫臧紇救鄫侵邾敗於狐駘
臧紇武仲也鄫屬魯故救之狐駘邾地魯國番縣東南有目台亭國人逆喪者皆髽
魯於是乎始髽髽麻髮合結也遭喪者多故不能備凶服髽而已國人誦之

曰臧之狐裘敗我於狐駘臧紇時服狐裘我君小子朱儒是
使朱儒朱儒使我敗於邾襄公幼弱故曰小子臧紇短小故曰朱儒
五年冬諸侯戍陳備楚楚公子貞帥師伐陳初子囊爲
令尹公子貞范宣子曰我喪陳矣楚人討貳而立子囊
必改行改子辛所行而疾討陳疾惡也陳近於楚民朝夕急
能無往乎有陳非吾事也無之而後可言晉力不能及陳故十
一月甲午公會晉侯宋公衛侯鄭伯曹伯齊世子光
于城棣以救之城棣鄭地陳留酸棗縣西南有城棣
六年秋莒人滅鄫鄫恃賂也鄫有貢賦之賂在魯恃之而慢莒故滅之
十二月齊侯滅萊萊恃謀也恃賂夙沙衛之謀也事在二年於鄭子

國之來聘也子國聘在五年二年四月晏弱城東陽而遂圍萊
晏弱城東陽至五年四月復託治城因遂圍萊甲寅堙之環城傅於堞堞女牆也
堙土山也周城爲土山及女牆及杞桓公卒之月此年三月乙未王湫帥
師及正輿子棠人軍齊師王湫故齊人十八年奔萊正輿子萊大夫棠萊邑也
北海即墨縣有棠鄉三人帥別邑兵來解圍齊師大敗之敗湫等丁未入萊
萊共公浮柔奔棠正輿子王湫奔莒莒人殺之四月
陳無宇獻萊宮器于襄宮無宇桓子陳鼈玄孫襄宮齊襄公廟晏弱圍
棠十一月丙辰而滅之遷萊于郳遷萊子于郳國高厚崔杼
定其田定其彊界高厚高固子
七年冬楚公子帥師圍陳十二月會晉侯宋公陳侯

衛侯曹伯莒子邾子于鄬以救之晉會諸侯

八年夏四月庚寅鄭子國子耳侵蔡獲蔡司馬公子燮鄭侵蔡欲以求媚于晉子耳子良之子不言敗唯以獲告鄭人皆喜唯子產不順子產子國子不順衆而喜曰小國無文德而有武功禍莫大焉楚人來討能無從乎從之晉師必至晉楚伐鄭自今鄭國不四五年弗得寧矣子國怒之曰爾何知國有大命而有正卿童子言焉將爲戮矣大命起師行軍之命

五月莒人伐我東鄙以疆鄫田莒既滅鄫魯侵其西界故伐魯東鄙以正其封疆

冬楚子囊伐鄭討其侵蔡也子駟子國子耳欲從楚子孔子蟜子展欲待晉待晉來救子孔發公子子蟜子游子子展子罕子子乃及楚平

九年秋秦人侵晉晉饑弗能報也

冬十月公會晉侯宋公衛侯曹伯莒子邾子滕子薛伯杞伯小邾子齊世子光伐鄭鄭從楚也庚午季武子齊崔杼宋皇鄖從荀罃士匄門于鄟門鄭城門也三國從中軍衛北宮括曹人邾人從荀偃韓起門于師之梁師之梁亦鄭城門三國從上軍滕人薛人從欒黶士魴門于北門二國從下軍杞人郳人從趙武魏降斬行栗二國從新軍行栗表道樹甲戌師于氾衆軍還聚氾氾鄭地東氾令於諸侯曰脩器備兵器戰備盛餱糧餱乾歸老幼示將久師居疾于虎牢諸侯以取鄭虎牢故使諸軍疾病息其中肆眚圍鄭肆緩也眚過也不書圍鄭逆服不成圍鄭人恐乃行成與晉成也中行獻子曰遂圍之以待楚人之救也而與之戰不然無成獻子荀偃也恐楚救鄭復之屬知武子曰許之盟而還師以楚人敝罷也吾三分四軍分四軍爲三部與諸侯之銳以逆來者來者楚也於我未病楚不能矣晉名一動而楚三來故日不能猶愈於戰勝聚戰暴骨以逞不可以爭言爭當以謀不可以暴骨大勞未艾君子勞心小人勞力先王之制也艾息也言當從勞心之勞諸侯皆不欲戰乃許鄭成晉人不得志於鄭以諸侯復伐之

十二月癸亥門其三門三門鄟門師之梁北門也癸亥月五日晉果三分其軍各攻一門閏月戊寅濟于陰阪侵鄭以此歷參校上下此年不得有閏月戊寅

戊寅是十一月二十日疑閏月當爲門五日以癸亥始攻攻輙五日凡十五日鄭故不服而去明日戊寅濟于陰阪復侵鄭外邑陰阪洧津次于陰口而還陰口鄭地名子孔曰晉師可擊也師老而勞且有歸志必大克之子展曰不可

是月楚子伐鄭與晉成故子駟將及楚平子孔子蟜曰與大國盟口血未乾而背之可乎子駟子展曰吾盟故云唯彊是從今楚師至晉不我救則楚彊矣盟誓之言豈敢背之且要盟無質神弗臨也質主也及楚平楚莊夫人卒王未能定鄭而歸王共王也

十年夏四月戊子諸侯會于柤經書春書始行也戊午月一日晉荀

偃士匄請伐偪陽而封宋向戌焉（以宋常事晉而向戌有賢行故欲封之為附庸）荀罃曰城小而固勝之不武弗勝為笑固請丙寅圍之弗克（丙寅四月九日）孟氏之臣秦堇父輦重如役（堇父孟獻子家臣步挽重車以從師）偪陽人啓門諸侯之士門焉（見門開故攻之）縣門發郰人紇抶之以出門者（門者諸侯之士在門內者也紇郰邑大夫仲尼父叔梁紇也郰邑魯縣東南莝城是也言紇多力抶舉縣門出在內者）狄虎彌建大車之輪而蒙之以甲以為櫓（狄虎彌魯人也蒙覆也）左執之右拔戟以成一隊（百人為隊）孟獻子曰詩所謂有力如虎者也（詩邶風也）主人縣布堇父登之及堞而絕之（偪陽人縣布以試外勇者）隊則又縣之蘇而復上者三主人辭焉乃退（主人嘉其

勇故辭謝不復縣布）帶其斷以徇于君三日（帶其斷布以示勇）諸侯之師久於偪陽荀偃士匄請於荀罃曰水潦將降懼不能歸（向憂恐其久南從丙寅至庚寅二十五日故曰久）請班師（班還也）知伯怒（知伯荀罃）投之以機出於其間（出偃匄之間）曰女成二事而告余（二事伐偪陽封向戌）余恐亂命以不女違（既成敗之為亂命）女既勤君而興諸侯牽帥老夫以至於此既無武守（無武功可執守）而又欲易余罪曰是實班師不然克矣（謂偃荀將言爾）余羸老也可重任乎（不任受女此責）七日不克必爾乎取之（言當取女以謝不克之罪）五月庚寅荀偃士匄師卒攻偪陽親受矢石（躬在矢石間）甲午滅之

六月楚子囊鄭子耳伐宋師于訾毋庚午圍宋門于桐門衛侯救宋師于襄牛子展曰必伐衛不然是不與楚也鄭得罪於晉又得罪於楚國將若之何子駟曰國病矣（師數出疲病也）子展曰得罪於二大國必亡病不猶愈於亡乎諸大夫皆以為然故鄭皇耳帥師侵衛楚令也（亦兼受楚之勅命也皇耳戍子）孫文子卜追之獻兆於定姜姜氏問繇（繇兆辭）曰兆如山陵有夫出征而喪其雄姜氏曰征者喪雄禦寇之利也大夫圖之衛人追之孫蒯獲鄭皇耳於大丘（蒯孫林父也）

是月晉荀罃伐秦報其侵也（侵在九年）

秋七月楚子囊鄭子耳侵我西鄙還圍蕭八月丙寅克之（蕭宋邑）

九月鄭子耳侵宋北鄙孟獻子曰鄭其有災乎師競已甚（競爭競也）周猶不堪競況鄭乎（周謂天王）有災其執政之三士乎（鄭簡公幼少子駟子國子耳秉政故知三士任其咎為下盜殺三大夫）莒人間諸侯之有事也故伐我東鄙（諸侯有討之事）諸侯伐鄭齊杼使太子光先至于師故長於滕（太子宜賓之上卿而晉悼以一時之宜令在滕侯故得徙而擇之）己酉師于牛首（鄭地也）冬諸侯之師城虎牢而戍之晉師城梧及制（欲以偪鄭也不書城魯不與也梧制皆鄭舊地）士魴魏絳戍之書曰戍鄭虎牢非鄭地也言將歸焉（二年晉城

牢而居之今鄭復叛故修其城而置戍鄭服則欲以還鄭故夫子追書繫之欲以見晉志也鄭及晉平楚子囊救鄭十一月諸侯之師還鄭而南至于陽陵還繞也陽陵鄭地楚師不退知武子欲退曰今我逃楚楚必驕驕則可與戰矣武子荀罃欒黶曰逃楚晉之恥也合諸侯以益恥不如死我將獨進師遂進己亥與楚師夾潁而軍潁水出城陽至下蔡入淮子蟜曰諸侯既有成行必不戰矣言有成去之志從之將退不從亦退從猶服也退楚必圍我猶將退也不如從楚亦以退之以退楚宵涉潁與楚人盟夜渡畏晉知之欒黶欲伐鄭師伐涉潁者荀罃不可曰我實不能禦楚又不能庇鄭鄭何罪不如致怨焉而還致怨

爲後伐之資今伐其師楚必救之戰而不克爲諸侯笑克不可命勝負難要不可命以必克不如還也丁未諸侯之師還侵鄭北鄙而歸欲以致怨楚人亦還鄭服故也

十一年四月鄭孫公舍之帥師侵宋初宋向戌侵鄭大獲子展曰師而伐宋可矣若我伐宋諸侯之伐我必疾吾乃聽命焉且告于楚師至吾又與之盟而重賂晉師乃免矣言如此乃免於晉楚之難是月諸侯伐鄭己亥齊太子光宋向戌先至于鄭門于東門傳釋齊太子光所以序莒上也向戌不書鄭公在會故其莫晉荀罃至西郊東侵舊許許之舊國鄭新邑衛孫林父侵其北鄙六月諸侯會于北林師于向向地在潁川長在縣東地右還次于瑣北行而西爲右還滎陽宛陵縣西有瑣侯亭圍鄭觀兵于南門觀示也西濟于濟隧濟隧水名鄭人懼乃行成楚子囊乞旅于秦乞師旅于秦秦右大夫詹帥師從楚子將以伐鄭鄭逆之丙子伐宋鄭逆服故更伐宋也秦師不書不與伐宋而還九月諸侯悉師以復伐鄭此夏諸侯告鄭來故曰悉師鄭人使良宵大宰石㚟如楚告將服于晉曰孤以社稷之故不能懷君君若能以玉帛綏晉不然則武震以攝威之孤之願也楚人執之諸侯之師觀兵于鄭東門鄭人使王子伯駢行成十月庚辰赦鄭四皆禮而歸之納斥候不相備也禁侵掠秦庶長鮑庶長武帥師伐晉以救

鄭庶長秦爵也不書鄭邑屬晉無所救鮑先入晉地士魴禦之少秦師而弗設備壬午武濟自輔氏從輔氏渡河與鮑交伐晉師己丑秦晉戰于櫟晉師敗績易秦故也

十二年春莒人伐魯東鄙圍台季武子救台遂入戰取其鍾以爲公盤

冬楚子囊庶長無地伐宋師于陽梁以報晉之取鄭也取鄭在前年梁國睢陽縣東有地名楊梁

十三年夏取邿邿亂分爲三師國分爲三志力各異救邿遂取之

秋吳侵楚養繇基奔命子庚以師繼之子庚鄭楚司馬養叔

曰吳乘我喪謂我不能師也(養叔養由基也)必易我而不戒(戒備也)子爲三覆以待我(覆伏兵)我請誘之子庚從之戰于庸浦(庸浦楚地)大敗吳師獲公子黨君子以吳爲不弔(不用天道相弔恤)詩曰不弔昊天亂靡有定(言不爲昊天所恤則致罪也)

十四年夏四月孫叔豹會晉荀偃齊人宋人衛北宮括鄭公孫蠆曹人莒人邾人滕人薛人杞人小邾人伐秦以報櫟之役也(櫟役在十三年)晉侯待于竟使六卿帥諸侯之師以進(言經所以不稱晉侯)及涇不濟(諸侯之師不肯渡也涇水出安定朝那縣至京兆高陸縣至渭)叔向見叔孫穆子穆子賦匏有苦葉(詩邶風也義取於深則厲淺則揭言已志在於必濟)叔向退而具舟魯人莒人

先濟鄭子蟜見衛北宮懿子曰與人而不固取惡莫甚焉若社稷何懿子說二子見諸侯而勸之濟濟涇而次(傳言北宮括所以書於伐宋)秦人毒涇上流師人多死(飲毒水故)鄭司馬子蟜帥鄭師以進師皆從之至于棫林(棫林秦地)不獲成焉荀偃令曰雞鳴而駕塞井夷竈(示不反)唯余馬首是瞻(言進退從己)欒黶曰晉國之命未有是也余馬首欲東乃歸(黶惡偃自專故棄之歸)下軍從之左史謂魏莊子曰不待中行伯乎(中行伯荀偃也莊子魏絳也左史晉太史)莊子曰夫子命從帥(夫子謂荀偃)欒伯吾帥也吾將從之從帥所以待夫子也(以從命謂待也欒黶下軍帥莊子爲佐故曰吾帥)伯游曰吾令實過悔之何及多遺秦禽(軍帥不和恐多爲秦所禽獲)乃命大還晉人謂之遷延之役(遷延却退)欒鍼曰此役也報櫟之敗也役又無功晉之恥也吾有二位於戎路(欒鍼欒黶弟也二位謂黶將下軍鍼爲戎右)敢不恥乎與士鞅馳秦師死焉士鞅反(鞅士匄子)欒黶謂士匄曰余弟不欲往而子召之余弟死而子來是而子殺余之弟也弗逐余亦將殺之士鞅奔秦(欒黶汰侈誣逐士鞅)

秋楚公子貞帥師伐吳楚子爲庸浦之役故(在前年)子囊師於棠以伐吳吳不出而還子囊殿(殿軍後)以吳爲不能而弗儆吳人自皋舟之隘要而擊之(皋舟吳險阨之道)

楚人不能相救吳人敗之獲楚公子宜穀(傳言不備不可以師)

十五年夏齊侯伐我北鄙圍成公救成至遇(遇魯地書至遇畏齊不敢至成)

秋邾人伐我南鄙(亦貳於晉故)使告于晉晉將爲會以討邾莒(十二年十四年莒人伐魯未之討也)晉侯有疾乃止

十六年春齊侯伐我北鄙(齊貳晉故)

是春許男請遷于晉(許欲叛楚)諸侯遂遷許許大夫不可晉人歸諸侯(唯以其師討許之不肯遷)鄭子蟜聞將伐許遂相鄭伯以從諸侯之師(鄭與許有宿怨故其君親行)穆叔從公(從公歸)齊子帥師會荀偃

夏六月次于棫林庚寅伐許次于函氏棫林函氏皆許地晉荀偃欒黶帥師伐楚以報宋楊梁之役晉師獨進楊梁役在十二年楚公子格帥師及晉師戰于湛阪襄城昆陽縣北有湛水東入汝楚師敗績晉師遂侵方城之外復伐許而還

秋齊侯伐我北鄙圍成成魯孟氏邑貳晉故伐魯孟孺子速徼之孟獻子之子莊子速也徼要也齊侯曰是好勇去之以爲之名速遂塞海陘而還海陘魯陘道

十七年春宋莊朝伐陳獲司徒卬卑宋也司徒卬陳大夫卑宋不設備

夏衛石買帥師伐曹買石稷子衛孫蒯田于曹隧越竟而獵孫蒯

林父之子飲馬于重丘重丘曹邑毁其瓶重丘人閉門而不詬之詬罵曰親逐而君爾父爲厲厲惡鬼林父逐君在十四年是之不憂而何以田爲衛石買孫蒯伐曹取重丘曹人愬于晉明年晉人執石買

秋齊侯伐我北鄙前年圍成辟孟孺子圍桃弁縣東南有桃虛高厚圍臧紇于防防臧紇邑師自陽關逆臧孫至于旅松陽關在泰山鉅平縣東旅松近防地也魯師畏齊不敢至防叔紇臧疇臧賈帥甲三百宵犯齊師送之而復郰叔紇叔梁紇臧疇臧賈臧紇之兄弟也三子與臧紇共在防故夜送臧紇於旅松而復還乎防齊師去之失臧紇故齊師獲臧堅堅臧紇之旅齊侯使夙沙衛唁之且曰無死使無自殺堅稽首曰拜命之辱抑君賜不終始又使其刑臣禮於士以杙抉其傷而死言使賤人來言已是惠賜不終也夙沙衛奄人故謂之刑臣

冬邾人伐我南鄙爲齊故也齊未得志於魯故邾助之

十八年秋齊人伐我北鄙

冬十月公會晉侯宋公衛侯鄭伯曹伯莒子邾子滕子薛伯杞伯小邾子同圍齊齊數行不義諸侯同心俱圍之齊侯禦諸平陰塹防門而守之廣里平陰城在濟北盧縣東北其城南有防防有門於門外作塹橫行廣一里故經書圍夙沙衛曰不能戰莫如險守謂防門不足於險弗聽諸侯之士門焉齊人多死范宣子告析文子析文子齊大夫子家曰吾知子敢匿情乎魯人莒人皆請以

車千乘自其鄉入既許之矣若入君必失國子盍圖之家子以告公公恐晏嬰聞之曰君固無勇而又聞是弗能久矣不能久敵晉齊侯登巫山而望晉師巫山在盧縣東北晉人使司馬斥山澤之險雖所不至必旆而疏陳之使乘車者左實右僞以旆先僞以衣物爲人形也建旆以先驅輿曳柴而從之以揚塵齊侯見之畏其衆也乃脫歸脫不張旗幟丙寅晦齊師夜遁師曠告晉侯曰鳥烏之聲樂齊師其遁鳥烏得空營故樂也邢伯告中行伯邢伯晉大夫邢侯也中行伯獻子曰有班馬之聲夜遁馬不相見故鳴班別也齊師其遁叔向告晉侯曰城上有烏齊師其遁十一月丁卯朔入平陰遂從

師夙沙衛連大車以塞隧而殿此衛所欲下險殖綽郭最曰
子殿國師齊之辱也奄人殿師故以為辱子姑先乎乃伐之殿
衛殺馬於隘以塞道恨二子故塞其道欲使晉得之晉州綽及之射
殖綽中肩兩矢夾脰脰頸也曰止將為三軍獲不止將
取其衷不止復欲射兩矢中央顧曰為私誓州綽曰有如日言必
不殺女門如日乃弛弓而自後縛之反縛之其右具丙州綽之右亦
舍兵而縛郭最皆衿甲面縛衿甲不解甲坐於中軍之鼓
下晉人欲逐歸者魯衛請攻險險固城守者巳卯荀偃士
匄以中軍克爾茲在平陰城縣城東南乙酉魏絳欒盈以下軍
克郝欒黶死其子盈佐下軍平陰西有郝山趙武韓起以上軍圍盧弗

克十二月戊戌及秦周伐雍門之荻秦周魯大夫趙武及之共伐荻
也雍門齊城門范鞅門于雍門其御追喜以戈殺犬于門中
殺犬示間暇孟莊子斬其楢以為公琴莊子需予遬也楢木名巳亥
楚雍門及西郭劉難士弱率諸侯之師焚申池之竹
木二子晉大夫壬寅焚東郭北郭范鞅門于揚門齊西門州
綽門于東閭齊東門左驂迫還于門中以枚數闔枚馬撾也
闔門扇也數其板示不恐齊侯駕將走郵棠郵棠齊邑太子與郭榮扣
馬太子光也榮齊大夫曰師速而疾畧也言欲畧其行地無久攻意將退矣
君何懼焉且社稷之主不可以輕輕則失衆君必待
之將犯之大子抽劍斷鞅乃止甲辰東侵及濰南及

沂濰水在東北至北海都昌縣入海沂水出東莞蓋縣至下邳入泗
是月楚公子午帥師伐鄭初鄭子孔欲去諸侯大夫
欲專權將叛晉而起楚師以去之使告子庚子庚弗許
子庚楚令尹公子午楚子聞之使楊豚尹宜告子庚曰國人謂
不穀主社稷而不出師死不從禮不能承先君之業死將不得從先君
之禮大夫圖之其若之何子庚歎曰君王其謂午懷安
乎吾以利社稷也帥師兵於汾襄城東北有汾丘城於是子蟜
伯有子張從鄭伯伐齊子張公子黑肱子孔子展子西守二
子知子孔之謀二子子展子西完守入保子孔不敢會楚師
楚師伐鄭次于魚陵魚陵魚齒山也在南陽犨縣北鄭地右師城上棘

遂涉潁次于旃然將涉潁故於水邊權築小城以為進退之備旃然水出滎陽成皋縣
東入汴蔿子馮公子格率鋭師侵費滑胥靡獻于雍梁
胥靡獻于雍梁皆鄭邑河南陽翟縣東北有雍氏城右回梅山在滎縣密縣東北侵鄭
東北至于蟲牢而反子庚門于純門信于城下而還
信再宿涉于魚齒之下魚齒山之下有滍水故言涉甚雨及之楚師
多陳役徒幾盡
十九年二月晉欒魴帥師從衛孫文子伐齊欒魴欒氏族
七月晉士匄帥師侵齊至穀聞齊侯卒乃還
二十年秋孟莊子伐邾以報之既盟而又伐之非初邾人驟
至以諸侯之事弗能報也驟數也謂十五年十七年伐魯

二十三年秋齊侯伐衛先驅穀榮王孫揮召揚爲右
先驅前鋒軍申驅成秩御莒當申鮮虞之傳摯爲右申驅次前
軍傳摯申鮮虞之子曹開御戎晏父戎爲右公御右也貳廣上之登
御刑公盧蒲癸爲右貳廣公副車啓牢成御襄罷師狼蘧
疏爲右左虞日啓胠商子車御侯朝桓跳爲右右翼日胠大殿
商子游御夏之御寇崔如爲右大殿後軍燭庸之越駟乘
四人共乘殿車也傳具載此言莊公廢舊臣任武力自衛將遂伐晉晏平仲曰
君恃勇力以伐盟主若不濟國之福也不德而有功
憂必及君崔杼諫曰不可臣聞之小國間大國之敗
而毀焉必受其咎君其圖之弗聽陳文子見崔武子

文子陳完之孫須無武子崔杼也曰將如君何武子曰吾言於君君
弗聽也以爲盟主而利其難群臣若急君於何有言有
急不能顧君欲殺之以說晉子姑止之文子退告其人曰崔子將
死乎謂君甚而又過之殺君之惡過於背盟主不得其死過君
以義猶自抑也況以惡乎自抑損齊侯遂伐晉取朝歌
朝歌今屬汲郡爲二隊入孟門登大行二隊分兵爲二部孟門晉隘道太行山在
河南郡北張武軍於熒庭張武軍築壘壁熒庭晉地戍郫邵取晉邑而守之封
少水封晉君於少水爲以京觀以報平陰之役乃還平陰役在十八年趙
勝帥東陽之師以追之獲晏氂趙勝趙旃之子東陽晉之山東魏郡廣平
以北晏氂齊大夫八月叔孫豹帥師救晉次于雍榆禮也

主故日禮冬齊侯還自晉不入不入國遂襲莒門于且于且于
莒邑傷股而退明日將復戰期于壽舒壽舒莒地杞殖華還
載甲夜入且于之隧宿於莒郊二子齊大夫隧徑路明日先
遇莒子於蒲侯氏蒲侯氏近莒之役莒子重賂之使無死曰
請有盟華周對曰華周即華還貪貨棄命亦君之所惡也
莒子親鼓之從而伐之獲杞梁梁即杞殖莒人懼行成勝大
國益懼故行成

二十四年春仲孫羯帥師侵齊
夏楚子爲舟師以伐吳舟師水軍不爲軍政不設賞罰之差無功
而還爲下吳召舒鳩起本

秋齊崔杼帥師伐莒初齊侯聞將有晉師使陳無宇
從薳啓彊如楚辭且乞師辭有晉師未得相見崔杼帥師送之
遂伐莒侵介根介根莒邑
冬楚子蔡侯陳侯許男伐鄭以救齊門于東門次于
棘澤以齊無宇乞師故

二十五年春齊崔杼伐我北鄙以報孝伯之師也前年
魯使孟孝伯爲晉伐齊
六月壬子鄭公孫舍之帥師入陳初陳侯會楚子伐
鄭在前年當陳隧者井堙木刊隧徑也堙塞也刊除也鄭人怨之
使子展子產帥車七百乘伐陳宵突陳城突穿也遂入

之陳侯扶其大子偃師奔墓(欲逃冢間)遇司馬桓子曰載余(陳之司馬)曰將巡城(不欲載公以巡城辭)遇賈獲(賈獲陳大夫)載其母妻下之而授公車公曰舍而母辭曰不祥(雖急猶不欲男女無別)與其妻扶其母以奔墓亦免子展命師無入公宮與子產親御諸門(欲服之而已故禁侵掠)陳侯使司馬桓子賂以宗器陳侯免擁社(免喪服擁社抱社主亦服)使其衆男女別而纍以待於朝(纍自囚係以待命)子展執縶而見(見陳侯)再拜稽首承飲而進獻(承飲奉觴示不失臣敬)子美入數俘而出(子美子產也但數其所獲人數不將以歸)祝祓社司徒致民司馬致節司空致地乃還(祓除也節兵符陳亂故正其衆官修其所職以安定之乃還也)

秋楚屈建帥師滅舒鳩

冬鄭公孫夏帥師伐陳陳及鄭平(前雖入陳服之而已故更伐以結成)

十有二月吳子遏(遏諸樊也)伐楚以報舟師之役(舟師在二十四年)門于巢

二十六年二月衛人侵戚東鄙(以孫林父叛故)孫氏愬于晉晉戍茅氏(茅氏戚東鄙)殖綽伐茅氏殺晉戍三百人孫蒯(蒯林父子)追之敗之圉雍鉏獲殖綽(雍鉏孫氏臣)復愬于晉(爲下晉討衛張本)

夏楚子秦人侵吳及雩婁聞吳有備而還(雩婁縣今屬安豐郡)遂侵鄭

五月至于城麇鄭皇頡戍之(皇頡鄭大夫守城麇之邑)出與楚師戰敗穿封戌囚皇頡

六月公會晉趙武宋向戌鄭良霄曹人于澶淵以討衛疆戚田(正齊之封疆)取衛西鄙懿氏六十以與孫氏

冬楚子蔡侯陳侯伐鄭初許靈公如楚請伐鄭(十六年晉伐許他國皆大夫獨鄭伯自行故許恚欲以報之)曰師不與孤不歸矣八月卒于楚楚子曰不伐鄭何以求諸侯

十月伐鄭(爲許)十二月乙酉入南里墮其城(南里鄭邑)涉於樂氏(樂氏津名)門於師之梁(鄭城門)縣門發獲九人焉涉於汜而歸(於汜城下涉汝水南歸)而後葬許靈公(卒靈公之志而後葬之)

昭公元年三月季武子伐莒取鄆(兵未加莒而鄆服故言取)

四年秋七月楚子蔡侯陳侯許男頓子胡子沈子淮夷伐吳宋太子鄭伯先歸(皆晉之屬國皆歸獨言二國者鄭伯久於楚宋太子不得見故慰遣之)宋華費遂鄭大夫從(從伐吳以答見慰)使屈申圍朱方(朱方吳邑齊慶封所封也屈申屈蕩之子)八月甲申克之執齊慶封而盡滅其族(慶封以襄二十八年奔吳)遂以諸侯滅賴賴子面縛啣璧士袒輿櫬從之造於中軍(中軍王所將)王問諸椒舉對曰成王克許(在僖六年)許僖公如是王親釋其縛受其璧焚其櫬王從之(從舉言)遷賴于鄢(鄢楚邑)九月取鄫(鄫莒邑)莒亂著丘公立而不撫鄫鄫叛而來(著丘公去疾也)

冬吳伐楚入棘櫟麻（棘櫟麻皆楚東鄙邑譙國酇縣東北有棘亭汝陰新蔡縣東北有櫟亭）以報朱方之役（朱方役在此年秋）楚沈尹射奔命於夏汭（夏汭濮水曲入江今夏口也吳兵在東北楚勝兵在東南以絕其後）箴尹宜咎城鍾離（宜咎本陳大夫襄二十四年奔楚）薳啓疆城巢然丹城州來（然丹鄭穆公孫襄十九年奔楚）東國水不可以城彭生罷賴之師（彭生楚大夫罷闗章龜城賴之師）

五年秋莒人來討初莒牟夷以牟婁及防茲來奔（城陽平昌縣西南有防亭姑幕縣東北有茲亭）莒人愬于晉（愬魯受牟夷）晉侯欲止公范獻子曰不可人朝而執之誘也討不以師而誘以成之惰也為盟主而犯此二者無乃不可乎請歸

之閒而以師討焉（閒暇也）乃歸公七月公至自晉莒人來討不設備戊辰叔弓敗諸蚡泉莒未陳也

冬十月楚子蔡侯陳侯許男頓子沈子徐人越人及陳夷伐吳以報棘櫟麻之役（役在四年）薳射以繁楊之師會于夏汭（會楚子）越大夫常壽過帥師會楚子於瑣（瑣楚地）聞吳師出薳啓疆帥師從之（從吳師也）遽不設備吳人敗諸鵲岸（廬江舒縣有鵲尾渚）楚子以驛至于羅汭（驛傳也羅水名）吳子使其弟蹶由犒師（犒勞）楚人執之將以釁鼓王使問焉曰汝卜來吉乎對曰吉寡君聞君將治兵於敝邑卜之以守龜曰余亟使人犒師請行以觀王怒之疾徐而為之備尚克知之（言吳今卜龜如此）龜兆告吉曰克可知也君若驩焉好逆使臣滋敝邑休怠（休解也）而忘其死亡無日矣今君奮焉震電馮怒（馮盛也）虐執使臣將以釁鼓則吳知所備矣邑雖羸敝若早脩完（完器備）其可以息師（息楚之師）難亦有備可謂吉矣且吳社稷是卜豈為一人使臣獲釁君鼓而敝邑知備以禦不虞其為吉孰大焉國之守龜其何事不卜（言當卜）一臧一否其誰能常之城濮之兆其報在邲（城濮戰楚卜吉其郯乃在邲）今此行也其庸有報志（言吳有報楚意）乃弗殺楚師濟於羅汭沈尹赤會楚子次于萊山薳射帥繁楊之師先入淮南

楚師從之及汝清（南淮汝清皆是界）吳不可入（有備）楚子遂觀兵於坻箕之山（觀示也）是行也吳早設備楚無功而還以蹶由歸楚子懼吳使沈尹射待命于巢薳啓疆待命于雩婁禮也（善有備）

六年秋楚還帥師伐吳初徐儀楚聘於楚（儀楚徐大夫）楚子執之逃歸懼其叛也使薳泄伐徐（薳泄楚大夫）吳人救之令尹子蕩帥師伐吳師于豫章而次于乾谿（乾谿在譙國城父縣南楚東竟）吳人敗其師於房鍾（房鍾吳城）獲宮廄尹棄疾（闘韋龜之父）子蕩歸罪於薳泄而殺之

十二月齊侯伐北燕將納簡公（簡公北燕伯三年出奔齊）晏子曰

十月吳滅州來楚邑令尹子旗請伐吳王弗許曰州來在吳猶在楚也子姑待之

十五年秋晉荀吳帥師伐鮮虞圍鼓三月鼓人或請降使其民見曰猶有食色姑脩而城鼓人告食竭力盡而後取之克鼓而反不戮一人以鼓子鳶鞮歸

十六年春正月齊侯伐徐二月丙申齊師至于蒲隧

十七年秋晉侯使屠蒯如周請有事於雒與三塗屠蒯晉侯之膳宰也以忠諫見進雒水也三塗山名在六渾南萇弘謂劉子曰客容猛非祭也其伐戎乎陸渾氏甚睦於楚必是故也君其備之乃警戎備警戒以備戎欲因晉以合勢

九月丁卯晉荀吳帥師涉自棘津河津水名使祭史先用牲于雒陸渾人弗知師從之庚午遂滅陸渾數之以其二於楚也陸渾子奔楚其衆奔甘鹿甘鹿周也周大獲先警戒備故獲宣子夢文公攜荀吳而授之陸渾故使穆子帥師獻俘於文公欲以應夢

冬吳伐楚楚陽匄爲令尹卜戰不吉陽匄穆王曾孫令尹子瑕司馬子魚曰我得上流何故不吉子魚公子魴也順江而下易用勝敵且楚故司馬令龜我請改卜令曰魴也以其屬死之楚師繼之尚大克之吉得吉兆戰于長岸子魚先死楚師繼之大敗吳師獲其乘舟餘皇餘皇舟名使隨人後與至

不入燕有君矣民不貳吾君賄左右諂諛作大事不以信未嘗可也明年暨齊平

八年九月楚公子棄疾帥師奉孫吳圍陳孫吳傳子偃師之子惠公宋戴惡會之戴惡宋大夫十一月壬午滅陳

十月秋七月季孫意如叔弓仲孫貜帥師伐莒三大夫皆卿季孫爲主二子從之取鄆鄆莒邑

十一年夏四月楚公子棄疾帥師圍蔡傳言楚子無道晉人使狐父請蔡于楚弗聽狐父晉大夫

冬十一月丁酉楚師滅蔡執蔡世子有以歸用之用之殺以祭山

十二年春齊高偃帥師納北燕伯欵于陽三年燕伯出奔齊高偃齊大夫陽卽唐燕別邑因其衆也言因唐衆欲納之固得先入唐

冬十月楚子狩于州來狩冬獵也次于潁尾潁水之尾在下蔡西使蕩侯潘子司馬督囂尹午陵尹喜帥師圍徐以懼吳五子楚大夫徐吳與國故圍之以偪吳楚子次于乾谿在譙國城父縣南以爲之援是冬晉伐鮮虞因肥之役也肥役在此年

十三年春叔弓帥師圍費弗克敗焉爲費人所殺

夏楚師還自徐前年圍徐之師吳人敗諸豫章獲其五師定二年楚人伐吳師于豫章而潛師于巢以軍楚師於豫章又栢舉之後吳人捨舟于淮汭而自豫章與楚夾漢此皆當在江北淮水南蓋後徙在江南豫章

者守之環而塹之及泉環周也盈其隧炭陳以待命隧出入道吳公子光光諸樊子闔廬請於其衆曰喪先王之乘舟豈唯光之罪衆亦有焉請籍取之以救死藉衆之力以取舟衆許之使長鬣者三人長鬣多鬚與吳人異狀詐爲楚人潛伏於舟側曰我呼餘皇則對師夜從之師吳師也三呼皆迭對迭更也楚人從而殺之楚師亂吳人大敗之取餘皇以歸傳言吳光有謀

十八年六月鄅人藉稻鄅妘姓國今瑯邪開陽縣其君自出藉稻蓋履行之邾人襲其鄅鄅人將閉門邾人之羅攝其首焉斬得閉門者頭遂入之盡俘以歸鄅子曰余無歸矣從帑於邾邾莊

公反鄅夫人而舍其女鄅夫人宋向戌之女也故向寧請師寧向戌子也請於宋公伐邾

十九年二月宋公伐邾圍蟲三月取之蟲邾邑乃盡歸鄅俘

秋齊高發師師伐莒莒不事齊故莒子奔于郚紀鄣莒邑也東海贛榆縣東北有紀城使孫書伐之孫書陳無宇之子子占也初莒有婦人莒子殺其夫已爲嫠婦寡婦爲嫠及老託於紀鄣紡焉以度而去之因紡纑連所紡以度城而藏之以待外攻者欲以報讎及師至則投諸外投纑城外隨之而出或獻諸子占子占使師夜縋而登緣纑登城登者六十人縋絕師鼓譟城上之人亦譟莒共公懼啓西門而出七月丙子齊師入紀傳言怨不在大

二十一年冬十月丙子齊師宋師敗吳師于鴻口梁國睢陽縣東有鴻口亭初宋元公惡華向而攻之華登奔吳登費遂之子黨華向者明年以吳師救華氏齊烏枝鳴戍宋烏枝鳴齊之大夫厨人濮曰濮宋厨邑大夫軍志有之先人有奪人之志後人有待其衰盍及其勞且未定也伐諸若入而固則華氏衆矣悔無及也從之丙寅敗吳于鴻口獲其二帥公子苦雂偃州員二帥吳大夫華登帥其餘其餘師以敗宋師厨人濮以裳裹首荷以走曰得華登矣遂敗華氏于新里華氏所取邑十一月癸未公子城以晉師至城以

前年奔晉今還救宋曹翰胡曹大夫會晉荀吳中行穆子齊苑何忌齊大夫衛公子朝前年春奔晉今還衛救宋丙戌與華氏戰于赭丘鄭翩願爲鸛其御願爲鵞鄭翩華氏黨鸛鵞皆陳名子祿御公子城莊堇爲右子祿何宜干犨御呂封人華豹張匄爲右呂封人華豹華氏黨相遇城還華豹曰城也城怒而反之怒其呼己反還將注豹則關矣注傳矢關引弓曰平公之靈尚輔相余平公公子城之父豹射出其間出子城子祿之間將注則又關矣曰不狎鄙狎甲也抽矢豹止射城射之殪豹死張匄抽殳而下殳長丈二在車邊射之折股扶伏而擊之折軫城折車軫又射之死匄死干犨請一矢求死城曰余言女於君欲活之對曰不

死伍乘軍之大刑也司乘共伍當皆死干刑而從子君焉用
之子速諸乃射之殪犨又死大敗華氏圍諸南里華亥
搏膺而呼見華豹曰吾爲欒氏矣晉欒盈遂入作亂而死
二十二年春王二月甲子齊北郭啓帥師伐莒啓齊大夫
北郭佐之後莒子將戰苑羊牧之諫牧之莒大夫曰齊師賤其
求不多不如下之大國不可怒也弗聽敗齊師于壽
餘莒地也齊侯伐莒怒敗莒子行成司馬竈如涖盟竈齊大夫六
月晉籍鼓初晉之取鼓也在十五年旣獻而反鼓子焉獻于
廟又叛於鮮虞叛晉屬鮮虞六月荀吳略東陽略行也東陽晉之山
東邑使師僞糴者負甲息于昔陽之門外遂襲鼓滅之

以鼓子鳶鞮歸使涉佗守之守鼓之地涉佗晉大夫
二十三年七月吳人伐州來楚薳越帥師令尹以疾從戎故薳
越攝其事及諸侯之師奔命救州來吳人禦諸鍾離子瑕
卒楚師熸子瑕卽令尹不起所疾也吳楚之間謂火滅爲熸軍之重主喪亡故其軍人無復氣
勢吳公子光曰諸侯從於楚者衆而皆小國也畏楚
而不獲已是以來吾聞之曰作事威克其愛雖小必
濟克勝也軍事尚威胡沈之君幼而狂性無常陳大夫齧壯而
頑頓與許蔡疾楚政楚令尹死其師熸師賤多寵政
令不壹賤師薳越非正卿也軍多寵人政令不壹故越七國同役而不同心
七國楚頓胡沈蔡陳許師賤而不能整無大威命楚可敗也若

分師先以犯胡沈與陳必先奔三國敗諸侯之師乃
搖心矣諸侯乖亂楚必大奔請先者去備薄威武之以不
整誘之後者郭陳整旅郭厚也吳子從之戊辰晦戰于雞
父七月二十九日違兵忌晦戰擊楚所不意吳子以罪人三千先犯胡沈
與陳囚徒不習戰以示不整三國爭之吳爲三軍以擊於後中
軍從王從吳王光師右掩餘師左掩餘吳王壽夢子吳之罪人
或奔或止三國亂吳師擊之三國敗獲胡之君及陳
大夫舍胡沈之囚使奔許與蔡頓曰吾君死矣師譟
而從之三國奔三國許蔡頓楚師大奔
二十四年冬吳滅巢楚邑初楚子舟師以略吳疆略行也行

吳界將侵之沈尹戌曰此行也楚必亡邑不撫民而勞之
吳不動而速之速召也吳踵楚躡楚踵跡而疆場無備邑能
無亡乎楚大夫胥犴勞生於豫章之汭汭水曲越公子
倉歸王乘舟歸遺也倉及壽夢帥師從王壽夢越大夫王及
圉陽而還圉陽楚地吳人踵楚而邊人不備遂滅巢及鍾
離而還鍾離不書告敗畧沈尹戌曰亡郢之始於此在矣王
壹動而亡二姓之師二姓之師守巢鍾離大夫幾如是而不及郢
詩曰誰生厲階至今爲梗詩大雅厲惡階道梗病也其王之謂乎
二十五年十二月庚辰齊侯取鄆公爲季氏所逐齊取鄆以居公
二十六年夏齊侯將納公使公子鉏帥師從公鉏齊大夫

成大夫公孫朝謂平子曰有都以衞國也請我受師許之（以成邑禦齊師）請納質（恐見疑）弗許曰信女足矣告於齊師曰孟氏魯之敝室（敝壞也）周成巳甚弗能忍也請息肩于齊（公孫朝詐齊師言欲降使來取陳）齊師圍成成人伐齊師之飲馬于淄者曰將以厭衆（以厭衆心不欲使知巳降也淄水出泰山梁父縣西北入汶）魯成備而後告曰不勝衆（告齊言衆不欲降巳不能勝）師及齊師戰于炊鼻（季氏師距公非公命則不書炊鼻魯地）齊子淵捷從洩聲子（聲子魯大夫）射之中楯瓦（瓦楯脊）繇朐汰輈巳入者三寸（人楯瓦也朐車軛輈章轅繇過也矢鏃也）聲子射其馬斬鞅殪（殪死）改駕人以爲鬷戾也而助之（人魯人也鬷戾叔孫氏司馬）子車曰齊

人也（子車即子淵捷）將擊子車子車之射殪其御曰又之（又欲使射餘人）子車曰衆可懼也而不可怒也子囊帶從野洩叱之（囊帶齊大夫野洩即聲子）洩曰軍無私怒報乃私也將亢子（欲以公戰禦子不欲私報其叱）又叱之（子囊復叱之）亦叱之（野洩亦叱之言齊無戰心沮相叱）冉豎射陳武子中手（冉豎季氏臣）失弓而罵（武子罵）以告平子曰有君子白皙鬒鬚眉甚口平子曰必子彊也無乃亢諸（子彊武子字）對曰謂之君子何敢亢之（爲言不敢逢季氏）林雍羞爲顏鳴右下（皆魯人羞爲右故下車戰）苑何忌取其耳（何忌魯大夫不欲殺雍但截其耳以辱之）顏鳴去之（其右見獲懼而去之）苑子之御曰視下顧（後欲使苑子擊其足）苑子刜林雍斷其足鑋而乘

于他車以歸（鑋一足行）顏鳴三入齊師呼曰林雍乘（言魯人皆致力于季氏不以私怨而相棄）

二十七年春吳子欲因楚喪而伐之（前年楚平王卒）使公子掩餘公子燭庸帥師圍潛（二子皆王僚母弟潛楚邑在廬江六縣西南）楚莠尹然工尹麇帥師救潛（二尹楚官然麇其名）左司馬沈尹戌師都君子與王馬之屬以濟師（都君子在都邑之士有復除者王馬之屬王養官馬屬按人也濟益也）與吳師遇于窮令尹子常以舟師及沙汭而還（沙水也）左尹郤宛工尹壽帥師至于潛吳師不能退

三十年冬十二月吳滅徐初吳子使徐人執掩餘使

鍾吾人執燭庸（二十七年奔敵）二公子奔楚子大封而定其徙（大封與土田定其所徙之居）使監馬尹大心逆吳公子使居養（二子奔楚楚使逆之于竟也養即所封之地）莠尹然左司馬沈尹戌城之（城養）取於城父與胡田以與之（胡田故胡子之地）將以害吳也子西諫曰吳光新得國而親其民視民如子辛苦同之將用之也若好吾邊疆使柔服焉猶懼其至（柔服謂不與吳構怨）吾又彊其讎以重怒之無乃不可乎（讎爲二公子）吳周之胄裔也而棄在海濱不與姬通今而始大比於諸華光又甚文將自同于先王（先王謂大王王季亦自西戎始比諸華）不知天將以爲雹乎使剪喪吳國而封夫異姓乎

其抑亦以祚吳乎其終不遠矣(言其行事可知不久)我盍姑億吾鬼神(億安也)而寧吾族姓以待其歸(善惡之歸)將焉用自播揚(播揚猶勞動也)王弗聽吳子怒執鍾吾子遂伐徐防山以水之(防壅山水以灌徐)已卯城徐徐子章禹斷其髮(斷髮自刑示懼)携其夫人以逆吳子吳子唁而送之使其邇臣從之遂奔楚(邇近也)楚沈尹戌帥師救徐弗及遂城夷使徐子處之(夷城父也)吳子問於伍員曰初而言伐楚(在十二年)余知其可也而恐其使余往也又惡人之有余之功也今余將自有之矣伐楚何如對曰楚執政衆而乖莫適任患者若為三師以肄焉(肄猶勞也)一師至彼必皆

出彼出則歸彼歸則出楚必道敝(罷敝於道)亟肄以罷之(亟數也)多方以誤之既罷而後以三軍繼之必克大之闔廬從之楚於是乎始病(定四年吳入楚)

三十一年秋吳人侵楚伐夷侵潛六(皆楚邑)楚沈尹戌帥師救潛吳師還楚師遷潛於南岡而還吳師圍弦左司馬戌右司馬稽帥師救弦及豫章(左司馬沈尹戌)吳師還始用子胥之謀也(謀在前年)

三十二年夏吳伐越始用師於越也(自此之前雖疆事小爭未嘗用大兵)史墨曰不及四十年越其有吳乎(存亡之數不過紀歲星三周三十六歲故曰不及四十年哀三十向越滅吳至此三十八歲)越得歲而吳伐之必受其凶(此年歲在星紀星紀吳越之分也歲星近在其國有福吳先用兵故反受其殃)

冊府元龜

巡按福建監察御史臣李嗣京訂正
新建縣舉人臣戴國士參閱
知建陽縣事臣黃國琦較釋

列國君部一十六

攻伐第三

定公二年四月桐叛楚（桐小國盧江舒縣西南有桐縣）吳子使舒鳩氏誘楚人（舒鳩楚屬）曰以師臨我我伐桐爲我使之無忌（吳伐桐也僞若畏楚師之臨已而爲伐其叛國以取媚者也欲使楚不忌吳所謂多方以誤之）秋楚囊瓦伐吳師于豫章（從舒鳩言）吳人見舟于

豫章（僞將爲楚伐桐）而潛師于巢（實欲以擊楚）冬十月吳軍楚師于豫章敗之（楚不忌故）遂圍巢克之獲楚公子繁（繁守巢大夫）三年秋九月鮮虞人敗晉師于平仲（平仲晉地）獲晉觀虎恃其勇也（爲五年士鞅圍鮮虞張本）四年春三月公會劉子晉侯宋公蔡侯衛侯陳子鄭伯許男曹伯莒子邾子頓子胡子滕子薛伯杞伯小邾子齊國夏于召陵侵楚（於召陵先行會禮入楚境）夏四月庚辰蔡公孫姓帥師滅沈以沈子嘉歸殺之沈人不會于召陵晉人使蔡伐之秋楚圍蔡爲沈故晉士鞅衛孔圉帥師伐鮮虞（孔圉孔羈孫士鞅卽范鞅）冬十一月庚午蔡侯以吳子及楚人戰于柏舉（楚地）庚辰吳入郢初伍員爲吳行人以謀楚楚之殺郤宛也（在昭二十七年）伯氏之族出（郤宛黨）伯州犂之孫嚭爲吳太宰以謀楚楚自昭王卽位無歲不有吳師蔡侯因之以其子乾與其大夫之子爲質於吳冬蔡侯吳子唐侯伐楚舍舟于淮汭（吳乘舟從淮來過蔡而舍之）自豫章與楚夾漢（豫章漢東江北地名）左司馬戍謂子常曰子沿漢而與之上下（沿緣也緣漢上下遮使勿渡）我悉方城外以毀其舟（以方城外人毀吳所舍舟）還塞大隧直轅冥阨（二者漢東之隘道）子濟漢而伐之我自

後擊之必大敗之旣謀而行武城黑謂子常（黑楚武城大夫）曰吳用木也我用革也不可久也不如速戰史皇謂子常楚人惡子而好司馬（史皇楚大夫司馬沈尹戌）若司馬毀吳舟于淮塞城口而入（城口三隘道之捴名）是獨克吳也子必速戰不然不免乃濟漢而陳自小別之于大別（二別在江夏界）三戰子常知不可欲奔（知吳不可勝）史皇曰安求其事（求知政事）難而逃之將何所入子必死之初罪必盡說十一月庚午二師陳于柏舉闔盧之弟夫槩王晨請於闔盧曰楚瓦不仁（瓦子常名）其臣莫有死志先伐之其卒必奔而後大師繼之必克弗許夫槩王曰所謂臣義而

行不待命者其此之謂也今日我死楚可入也以其屬五千先擊子常之卒子常之卒奔楚師亂吳師大敗之子常奔鄭史皇以其乘廣死以戰死吳從楚師及清發水名將擊之夫槩王曰困獸猶鬭况人乎若知不免而致死必敗我若使先濟者知免後者慕之蔑有鬭心矣半濟而後可擊也從之又敗之楚人爲食吳人及之奔食而從之敗諸雍澨五戰及郢奔食食者走不陳故不在單已卯楚子取其妹季芉畀我以出涉雎雎水出新城昌魏縣東南至枝江縣入江鍼尹固與王同舟王使執燧象以奔吳師燒火燧繫象尾使赴吳師驚却之庚辰吳入郢以班處宮以尊卑班

次處楚王宮室子山處令尹之宮子山吳王子夫槩王欲攻之懼而去之夫槩王入之入令尹宮也言吳無禮所以不同遂克左司馬戌及息而還息汝南新息縣開楚敗故退敗吳師于雍澨傷司馬先敗吳師而身被創初司馬臣闔廬故耻爲禽焉司馬常在吳爲闔閭臣謂其臣曰誰能免吾首吳句畀曰臣賤可乎司馬曰我實失子可哉失不知子賢三戰皆傷曰吾不可用也已句畀布裳剄而裹之司馬已死剄取其首藏其身而以其首免傳言司馬之忠壯楚子涉雎濟江入于雲中入雲夢澤中王寢盜攻之以戈擊王王孫繇于以背受之中肩王奔雲中員季芉以從繇于徐蘇而從之以背受伐故當時悶絶鬭辛與其弟巢以王奔隨吳人從之謂隨人曰周之子孫在漢川者楚實盡之天誘其衷致罰於楚而君又竄之竄匿也周室何罪君若顧報周室施及寡人以奬天衷奬成也君之惠也漢陽之田君實有之楚子在公宮之北隨公宮也吳人在其南子期似王子期昭王兄公結結也逃王而已王曰以我與之王必免隨人卜與之不吉乃辭吳曰以隨之辟小而密邇於楚楚實存之世有盟誓至于今未改若難而棄之何以事君執事之患不唯一人一人楚王若鳩楚竟敢不聽命吳人乃退鳩安集也鑪今初宦於子期氏實與隨人要言要言無以楚王與吳并欲脫子期王使見辭

曰不敢以約爲利此約爲要言也王割子期之心以與隨人盟當心前割取血以盟示其志也

五年六月申包胥楚大夫以秦師至秦子蒲子虎帥車五百乘以救楚五百乘三萬七千五百人子蒲曰吾未知吳道道猶去術使楚人先與吳人戰而自稷會之大敗夫槩王于沂稷沂皆楚也吳人獲薳射于栢舉薳射楚大夫其子帥奔徒奔徒楚散卒以從子西敗吳師于軍祥楚地秋七月子期子蒲滅唐從吳伐楚故九月夫槩王歸自立也以與王戰而敗自立爲吳王號夫槩奔楚爲堂谿氏傳終言之吳師敗楚師于雍澨秦師又敗吳師吳師居麇麇地名子期將

熒之子西曰父兄親暴骨焉不能收又焚之不可前年
焚人與吳戰多死麇中言不可并焚子期曰國亡矣死者若有知也可
以歆舊祀言楚與復楚則祭祀不廢豈憚焚之焚之而又戰吳師
敗又戰于公壻之谿楚地名吳師大敗吳子乃歸囚闉
與罷闉與罷請先遂逃歸與罷楚大夫請先至吳而逃歸言吳唯得楚一大夫
復先之所以不克楚子入于郢吳師已歸
冬晉士鞅圍鮮虞報觀虎之敗也三年鮮虞獲晉觀虎
六年正月癸亥鄭游速帥師滅許以許男斯歸游速奴子
因楚敗也
二月公侵鄭取長坦鄭地名爲晉討鄭之伐胥靡也胥靡

周地也周儋翩因鄭人以作亂鄭爲之伐胥靡故晉使魯討之
四月己丑吳大子終纍敗楚舟師終纍闔廬子夫差兄舟師水戰獲
潘子臣小惟子二子楚舟師之帥及大夫七人楚國大惕懼
亡子期又以陵師敗于繁揚陵師陸重
冬季孫斯仲孫忌帥師圍鄆何忌不言何闕文鄆貳于齊故圍之
七年秋齊人執衛行人北宮結以侵衛初齊侯鄭伯
盟于鹹徵會于衛衛侯欲叛晉屬齊鄭也諸大夫不可使
北宮結如齊而私于齊侯曰執結以侵我欲以齊師懼諸大夫
齊侯從之乃盟于瑣瑣郎沙也
是秋齊國夏帥師伐我西鄙夏國佐孫陽虎御季桓子公

斂處父御孟懿子處父孟氏家臣成宰公斂陽將宵軍齊師齊師
聞之墮伏而待之墮毀其軍以誘敵而設伏兵處父曰虎不圖禍
而必死而汝也苫夷曰虎陷二子于難苫夷季氏家臣二子季孟不
待有司余必殺汝虎懼乃還不敗
八年春王正月公侵齊報前年伐我西鄙門于楊州攻其門士
皆坐列言無鬬志曰顏高之弓六鈞皆取而傳之觀陽州
人出顏高奪之弱弓籍丘子鉏擊之與一人俱斃子鉏
齊人斃仆也偃且射子鉏中頰殪子鉏死顏息射人中眉顏息
魯人退曰我無勇吾志其目也以自矜師退冉猛僞傷足
而先猛魯人欲先歸其兄會乃呼曰猛也殿會見師退而猛不在列乃詐言

殿也
二月公侵齊未得志做攻廩丘之郛郛郭也主人焚衝衝戰車
或濡馬褐以救之馬褐馬衣遂毀之毀郛主人出師奔攻郛人步
故遣後師走往助陽虎僞不見冉猛者曰猛在此必敗陽州之役
猛先歸言若在此必復敗猛逐之顧而無繼僞顛逐廩丘人虎曰盡客
氣也言皆客氣非勇
夏齊國夏高張伐我西鄙郭上二侵晉士鞅趙鞅荀寅救
我公會晉師于瓦瓦衛地東郡燕樂北有瓦亭
九年六月伐陽關討陽虎也陽虎使萊門陽關邑也師驚犯之
而出奔齊秋齊侯伐晉夷儀爲衛討也敝無存之父將室

之辭以與其弟（無存齊人室之爲取婦）曰此役也不死反必娶于高國（高氏國氏齊貴族也）先登求自門出死于雷下（既入城夷儀人不服故鬬死于門星雷下）東郭書讓登（登城非人所樂故讓衆使後而已先登也）犂彌從之曰子讓而左我讓而右使登者絕而後下（恐書先下故又論以讓之下入城也）書左彌先下（書從彌言左彌遂自先下亦讓也）書與王猛息（戰訖共止息）猛曰我先登書斂甲曰曩者之難今又難焉（斂甲起欲擊猛）猛笑曰吾從子如驂之靳（靳車中馬也言已從書如驂馬之隨靳傳言齊師和所以能克）晉車千乘在中牟（救夷儀也今滎陽有中牟縣迴遠疑非也）衞侯將如五氏（齊侯在五氏將往助之）卜過之龜焦（衞王五氏道過中牟畏晉故卜龜焦兆不成不可以行事也）衞侯曰可以衞車當其半

寡人當其半敵矣（衞侯怒晉甚不復顧卜欲以身當五百乘）乃過中牟中牟人欲伐之衞褚師圃巳在其中牟曰衞雖小其君在焉未可勝也齊師克城而驕其師又賤（城謂夷儀也師謂東郭也）過必敗之不如從齊乃伐齊師敗之（獲齊車五百乘）齊侯致禚媚杏于衞（三邑皆齊西界以答謝衞意）齊侯賞犂彌犂彌辭曰有先登者臣從之皙幘而衣貍製（皙白也幘齒上下相值製裘也）公使視東郭書曰乃夫子也吾貺子公賞東郭書辭曰彼賓旅也（言彼與我若賓主相讓旅俱進退）乃賞犂彌

十年夏晉趙鞅圍衞報夷儀也初衞侯伐邯鄲午于寒氏（邯鄲廣平縣也午晉邯鄲大夫寒氏即五氏也前年衞人助齊人五氏）城其西北而守之齊燔（午衆胥散）及晉圍衞午以徒七十人門于衞西門殺人于門中曰請報寒氏之役（衞開門與午鬬）涉佗曰夫子則勇矣然我往必不敢啓門亦以徒七十人旦門焉步左右皆至而立如植（至其門下步行門左右然後立如立木不動以示整）日中不啓門乃退

十二年夏衞公孟彄帥師伐曹克郊（郊曹邑）還滑羅殿（羅衞大夫）未出不退于列（未出曹境羅不退在行列之後）其御曰殿而在列其爲無勇乎羅曰與其素厲寧爲無勇（素空也厲猛也言伐小國當如畏者以誘致之）

十二月公圍成（成彊若列國興動大衆故出入皆告廟）初仲繇爲季氏

宰（仲由子路）將墮三都（三都費郈成也彊盛將爲國害故仲繇欲毁之）於是叔孫氏墮郈季氏將墮費公山不狃叔孫輒帥費人以襲魯（不狃費宰也輒不得志于叔孫氏）公與三子入于季氏之宮登武子之臺費人攻之弗克入及公側（至臺下）仲尼命申句須樂頎下伐之（二子魯大夫仲尼時爲司寇）費人北國人追之敗諸姑蔑二子奔齊（二子不狃叔孫輒）遂墮費將墮成公斂處父謂孟孫墮成齊人必至于北門（成在魯北境故）且成孟氏之保障也無成是無孟氏也子僞不知（佯不知）我將不墮公圍之弗克

十三年春齊侯衞侯次于垂葭實郥氏（垂葭改名郥氏高平鉅野）

縣西南有鄍亭使師伐晉將濟河諸大夫皆曰不可邴意茲
曰可意茲齊大夫銳師伐河內今河內汲郡傳必數日而後及
絳傳告晉絳不三月不能出河則我既濟水矣乃伐河
內夏衛公孟彄師師伐曹
十一月荀躒韓不信魏曼多奉公以伐范氏中行氏
弗克
十四年二月辛巳楚公子結陳公孫佗人帥師滅頓
以頓子牂歸頓子牂欲事晉背楚而絕陳好也
夏吳伐越報五年越入吳越子勾踐禦之陳于檇李勾踐越王允官
子勾踐患吳之整也使死士再禽焉不動使敢死之士生輒爲

吳所禽欲使吳師亂取之而吳不動使罪人三行屬劒于頸以劒注頸而辭
曰二君有治治軍旅臣奸旗鼓死軍令不敏于君之行前
不敢逃刑敢歸死遂自剄也師屬之目越子因而伐
之大敗之靈姑浮以戈擊闔廬姑浮越大夫闔廬傷將指
取其一屨其足大指見斬遂失屨姑浮取之還卒於陘去檇李七里
十五年十一月辛丑楚子滅胡以胡子豹歸吳之入
楚也在四年胡子盡俘楚邑之近胡者俘取也楚既定胡
子豹又不事楚曰存亡有命事楚何爲多取費焉傳言
小不事大所以亡
五月鄭罕達帥師伐敗宋師于老丘罕達子齹之子老丘宋地宋公
子地奔鄭鄭人爲之伐宋欲取地以處之
哀公元年春楚子陳侯隨侯許男圍蔡報柏舉也在定
四年里而栽栽設板築爲圍壘周西去蔡城一里廣丈高倍壘厚一丈高二丈夫
屯晝夜九日夫猶兵也壘未成故令人在壘裏屯守蔡如子西之素子西本許
爲壘當用九日而成蔡人男女辨辨別也男女各別係壘而出降使疆于江海
之間而還楚欲使蔡徙國在江水之北海水之南求田以自安也蔡權聽命故楚師還蔡
于是乎請遷于吳蔡既還蔡人更叛楚就吳
是春吳王夫差敗越于夫椒報檇李也檇李在定十四年夫椒吳
郡吳縣西南大湖中椒山遂入越越子以甲楯五千保于會稽上會
稽山也在會稽山陰縣南使大夫種因吳大宰嚭以行成吳子將

以許之伍員曰不可臣聞之樹德莫如滋去疾莫如
盡昔有過澆殺斟灌以伐斟鄩澆寒浞子封於過者二斟夏同姓諸侯襄
四年傳曰澆用師滅斟灌滅夏后相夏后相啓孫也后相失國依于二斟復爲澆所滅后
緡方娠逃出自竇后緡相妻娠懷身也歸于有仍后緡有仍氏女生少
康焉爲仍牧正牧官之長甚澆能戒之甚毒也戒備也澆使椒求
之椒澆臣逃奔有虞爲之庖正以除其害虞舜後諸侯也梁國有虞
縣庖正掌膳饈之官賴此以得除其害虞思於是妻之以二姚思有虞君也虞
思自以二女妻少康姚虞姓而邑諸綸綸虞邑有田一成有衆一旅
方十里爲成五百人爲旅能布其德而兆其謀兆始以收夏衆撫其
官職襄四年傳曰靡自有鬲氏收二國之燼以滅浞而立少康使女艾諜澆女艾少康

臣謀侯也使季杼誘豷豷澆弟也季杼少康子后杼也遂滅過戈後禹之
績過澆國戈豷國祀夏配天不失舊物物事也今吳不如過而
越大于少康或將豐之不亦難乎言與越成是使越豐大必爲吳難
勾踐能親而務施不失人所加惠賜皆得其人親不棄勞推親愛之
誠則不遺小勞與我同壤而世爲仇讎于是乎克而弗取將
又存之違天而長寇讎讎言天與不取後雖悔之不可食已
食消也已止也姬之衰也日可俟也姬吳姓言可計日而得介在蠻夷
而長寇讎以是求伯必不行矣弗聽退而告人曰越
十年生聚十年教訓生民聚財富而後教之二十年之外吳其
爲沼乎謂吳宮室廢壞當爲汚地爲二十二年越入吳起本三月越及吳平

冊府元龜　列國君部　攻伐三　卷之二百五十　十一

夏四月齊侯衞侯救邯鄲圍五鹿趙稷以邯鄲叛范中行氏之黨也五
鹿晉邑
秋八月吳侵陳修舊怨也初吳之入楚也在定四年使召
陳懷公懷公朝國人而問焉曰欲與楚者右欲與吳
者左陳人從田無田從黨都邑之人無田者隨黨而立不知所與故直從所居
在西者居右在東者居左逢滑當公而進當公不左不右曰臣聞國之興
也以福其亡也以禍今吳未有福楚未有禍楚未可
從陳侯從之及夫差克越乃脩先君之怨
是秋師及齊師衞孔圉鮮虞人伐晉取棘蒲孔圉孔烝鉏曾
孫鮮虞狄師

冬仲孫何忌帥師伐邾
二年春季孫斯叔孫州仇仲孫何忌帥師伐邾將伐
絞絞邾邑邾人愛其士故賂以漷沂之田而受盟
三年春齊國夏衞石曼姑帥師圍戚曼姑爲子圍父知其義故推齊
使爲兵首求于中山中山鮮虞
夏宋樂髠帥師伐曹
冬叔孫州仇仲孫何忌帥師圍邾
四年夏楚人既克夷虎夷虎蠻夷叛楚者乃謀北方左司馬
販申公壽餘葉公諸梁致蔡于負函三子楚大夫也此蔡之故地人
民楚因以爲邑致之者會其衆也致方城之外於繒關負函繒關皆楚地曰

冊府元龜　列國君部　攻伐三　卷之二百五十　十二

吳將泝江入郢逆流曰泝將奔命焉爲一昔之期襲梁及
霍爲辭當備吳夜結其旅明日便襲梁霍使不知之梁河南梁縣西南故城也梁南有霍陽山皆蠻子
之邑也單浮餘圍蠻氏蠻氏潰浮餘楚大夫蠻子赤奔晉陰
地陰地河南山北自上雒以東至陸渾司馬起豐析與狄戎楚司馬販也析縣屬
南鄉郡析南有豐鄉皆楚邑發此二邑人及戎狄以臨上雒左師軍于菟和
菟和山在上雒東也右師軍于倉野倉也在上雒縣使謂陰地之命大
夫士蔑命大夫別縣監尹曰晉楚有盟好惡同之若將不廢
寡君之願也不然將通于少習以聽命少習商縣武關也將大開
武關道以伐晉士蔑請趙孟趙孟曰晉國未寧安能惡於楚
必速與之未寧時有范中行之難士蔑乃致九州之戎九州戎在晉陰

地六渾將裂田以與蠻子而城之以詐蠻子且將爲之卜卜城蠻子聽卜遂執之與其五大夫以畀楚師于三戶今丹水縣北三戶亭司馬致邑立宗焉以誘其遺民楚復詐爲蠻子作邑立其宗王而盡俘以歸

五年夏齊侯伐宋晉趙鞅伐衛范氏之故也遂圍中牟衛助范氏故地

六年春晉趙鞅帥師伐鮮虞治范氏之亂也四年鮮虞納荀寅于柏人吳伐陳復脩舊怨也元年末得志故楚子曰吾先君與陳有盟不可以不救乃救陳師于城父卜戰不吉卜退不吉王曰然則死也再敗楚師不如死前已則于柏舉今若

退還亦是敗棄盟逃讎亦不如死一也其死讎乎將戰王有疾攻大冥卒于城父大冥陳也吳師所在仲孫何忌帥師伐邾宋向巢帥師伐曹

七年春宋皇瑗帥師侵鄭叛晉故也定八年鄭始叛晉衛曼多帥師侵衛衛不服也五年晉伐衛至今未服

秋公伐邾初季康子欲伐邾乃饗大夫以謀之子服景伯曰小所以事大信也大所以保小仁也背大國不信大國吳也伐小國不仁民保于城城保于德失二德者危將爲保二德信與仁也孟孫曰二三子以爲何如怪諸大夫不言故指問之惡賢而逆之孟孫賢景伯欲使大夫不逆其言惡猶安也對曰禹合諸侯於塗山執玉帛者萬國諸大夫對也諸侯執玉附庸執帛塗山在壽春東北今其存者無數十焉唯大不字小小不事大也言諸侯相伐古來以然知必危何故不言知伐邾必危自當言今不言者不危故也大夫以荅孟孫所怪且阿附季孫魯德如邾而以衆加之可乎孟孫忿荅大夫今魯德無以勝邾但欲恃衆可乎言不可不樂而出季孟意異俟直不同故罷饗秋伐邾及范門邾郭門也猶聞鐘聲邾不禦寇大夫諫不聽茅成子請告于吳成子邾大夫茅夷鴻不許曰魯擊柝聞于邾言以諫近吳二千里不三月不至何及于我且國內豈不足言足以距魯成子以茅叛高平西南有茅鄉亭師遂入邾處其公宮衆師晝掠虜掠取財物也邾衆保于繹繹邾山也在鄒縣北師宵掠以邾

子益來益邾隱公也晝夜掠傳言康子無法獻于亳社以其亡國與殷同囚諸負瑕故有繹負瑕魯邑高平南平陽縣西北有瑕丘城前者魯得邾之繹民使在負瑕故使相就以辱之

是秋宋人圍曹鄭桓子思曰宋人有曹鄭之患也不可以不救冬鄭師救曹侵宋

八年春宋公伐曹將還褚師子肥殿子肥宋大夫曹人詬之不行詬詈辱也不行殿止也師待之公聞之怒命反之遂滅曹伯及司城彊以歸

是春吳伐我初吳爲邾故將伐魯問于叔孫輒問可伐不輒故魯人叔孫輒對曰魯有名而無情有大國名無情實伐之必

得志焉退而告公山不狃不狃亦故魯人公山不狃曰非禮也君子違不適讎國違奔士也未臣而有伐之奔命焉死之可也未臣所敵之國若有伐本國者則可還奔命死其難所託也則隱曾所因託則爲之隱蔽且夫人之行也不以所惡廢鄉不以其私怨惡廢棄其鄉黨之好今子以小惡而欲覆宗國不亦難乎軌魯公族故謂之宗國若使子率子必辭王將使我子張病之子張軌也王問于子洩子洩不狃對曰魯雖無與立緩時若無能自立必有死斃悉則人人知懼皆將同死戰諸侯將救之未可以得志焉晉與齊楚輔之是四讎也與魯而四夫魯齊晉之脣脣亡齒寒君所知也不救何爲三月吳伐我子洩率故道險從武

城故由險道欲使魯城備初武城或有因于吳竟田焉僑田吳界拘鄫人之漚管者曰何故使吾水滋鄫人以僑田吳滋濁也及吳師至拘者道之以伐武城克之鄫人敵吳必可克王犯嘗爲之宰澹臺子羽之父好焉國人懼王犯吳大夫故嘗奔魯爲武城宰澹臺子羽武城人孔子弟子也其父與王犯相善國人懼其爲內應懿子謂景伯若之何對曰吳師來斯與之戰何患焉且召之而至又何求焉言犯盟伐邾所以召吳吳師克東陽而進舍于五梧明日舍于蠶室三邑魯地公賓庚公甲叔子與戰于夷獲叔子與析朱鉏公賓庚公甲叔子并析邾鉏爲三人皆同車傳去言之獻于王王曰此同車必使能國未可望也同車能俱死是國能使人故不可望得明日舍于庚宗遂次于泗上微虎欲宵攻王舍微虎魯大夫私屬徒七百人三踊於幕庭于帳前設格令士誠躍之卒三百人有若與焉卒終也終得三百人任行有若孔子弟子與在三百人中及稷門之内三百人行至稷門或謂季孫曰不足以害吳而多殺國士不如已也乃止之吳子聞之一夕三遷畏微虎吳人行成求與魯成將盟景伯曰楚人圍宋易子而食析骸而爨在宣十五年猶無城下之盟我未及虧而有城下之盟是棄國也吳輕而遠不能久將歸矣請少待之弗從景伯負載造于萊門以言不見從故負載書將欲出盟乃請釋子服何于吳吳人許之以王子姑曹當之而後止釋舍也魯人不以盟爲子

欲因留景伯爲質既得吳之許復求吳王之子以交質吳不欲留王子遂兩止吳人盟而還

夏五月齊人取讙及闡宣元年傳曰內不言取言取授之也以是爲賂齊言取蓋亦賂也魯前年伐邾以邾乙來蓋齊之甥吳齊故賂之惡內也初齊悼公之來也在五年季康子以其妹妻之卽位而逆之季魴侯通焉魴侯康子叔父女言其情弗敢與也齊侯怒鮑牧帥師伐我取讙及闡

六月齊使如吳請師將以伐我乃歸邾子齊未得季姬故請師也吳前爲邾討魯懼二國同心故歸邾子邾子又無道吳子使大宰子餘討之子餘大宰嚭囚諸坤臺栫之以棘栫雍也使諸大夫奉太子革以爲政革邾太子桓公也

終

冊府元龜

巡按福建監察御史臣李嗣京　訂正
分守建南道左布政使臣胡維霖　參閱
知建陽縣事臣黃國琦較釋

列國君部

攻伐第四

魯哀公九年春宋皇瑗帥師取鄭師于雍丘（陳留縣）初鄭武子賸之嬖許瑕求邑無以與之（賸罕達也瑕武子之屬）請外取許之故圍宋雍丘宋皇瑗圍鄭師每遷舍壘合鄭師哭子姚救之大敗（子姚武子賸也）

二月甲戌宋取鄭師于雍丘使有能者無死（惜其能也）以郟張與鄭羅歸（鄭之有能者）

夏楚人伐陳陳即吳故也秋宋公伐鄭（報雍丘）

冬吳子使來儆師伐齊（前年齊與吳謀伐魯齊既與魯成而止故吳恨之反與魯謀伐齊）

十年春公會吳子邾子郯子伐齊南鄙師于鄎（鄎齊地）齊人殺悼公赴于師（以說吳）吳子三日哭于軍門之外徐承帥舟師將自海入齊齊人敗之吳師乃還（承吳大夫）

夏宋人伐鄭晉趙鞅帥師伐齊（經書侵以侵告）大夫請卜之趙孟曰吾卜於此起兵（謂往歲卜伐宋不吉利以伐姜故今興兵）事不再令（再令瀆也）卜不襲吉（襲重也）行也於是乎取犂及轅（犂一名隰濟南有隰陰縣祝阿縣西有轅成）毀高唐之郭侵及賴而還

秋吳子使來復儆師（伐齊未得志故）

冬楚子期伐陳（陳即吳故）吳延州來季子救陳謂子期曰二君不務德（二君吳楚）而力爭諸侯民何罪焉我請退以為子名務德而安民乃還（季子吳王壽夢少子）

十一年春齊為鄎故（鄎在前年）國書高無本帥師伐我及清（清齊地齊北盧縣東有清亭）師及齊師戰于郊齊師自稷曲（稷曲郊地名）師不踰溝樊遲曰非不能也不信子也（樊遲魯人孔子弟子樊須）如之眾從之（如樊遲言乃踰溝）師入齊軍（冉求之師）右師奔

齊人從之（逐右師）陳瓘陳莊涉泗（二陳齊大夫）師獲甲首八十（冉求所得）齊人不能師（不能整其師）冉有用矛於齊師故能入其軍

五月公會吳子伐齊（為郊戰欲報報也）克博壬申至於嬴（博嬴齊邑也二縣皆屬泰山）中軍從王（吳中軍）胥門巢將上軍王子姑曹將下軍展如將右軍（三將吳大夫）齊國書將中軍高無本將上軍宗樓將下軍陳僖子謂其弟書爾死我必得志（書子占也欲獲死事之功）宗子陽與閭丘明相厲也（相勸厲致死子陽宗樓也）桑掩胥御國子（國子國書）公孫夏曰二子必死（亦勸勉之）將戰公孫夏命其徒歌虞殯（虞殯送葬歌西示必死）陳子行命

其徒具含玉（子行陳逆也具含玉亦示必死）公孫揮命其徒曰人尋約吴髮短（約繩也八尺爲尋吴短髮欲以繩貫其首）東郭書曰三戰必死于此三矣（三戰夷儀五氏與今）使問弦多以琴（弦多齊人也六年奔魯問遺也）曰吾不復見子矣（言將戰死）陳書曰此行也吾聞鼓而已不聞金矣（鼓以進軍金以退軍不聞金言將死也傳言吴師彊齊人皆自知將敗）甲戌戰于艾陵展於敗高子（齊上軍敗）國子敗胥門巢（吴上軍亦敗）王卒助之大敗齊師獲國書公孫夏閭丘明陳書東郭書革軍八百乘甲首三千以獻于公（公以兵從故以勞公）

十二年秋宋向巢帥師伐鄭初宋鄭之間有隙地焉曰彌作頃丘玉暢嵒戈錫（凡六邑）子産與宋人爲成曰

勿有是（俱棄之）及宋平元之族自蕭奔鄭（在定十五年）鄭人爲之城嵒戈錫（城以處平元之族）九月宋向巢伐鄭取錫殺元公之孫遂圍嵒十二月鄭罕達救嵒丙申圍宋師

十三年春宋向魋救其師（救前年圍嵒師）鄭子賸使徇曰得桓魋者有賞魋也逃歸遂取宋師于嵒獲成讙郜延（二子宋大夫）以六邑爲虚（空虚之名不有）

夏楚公子申帥師伐陳

六月丙子越子伐吴爲二隧（隧道也）疇無餘謳陽自南方（二子越大夫）先及郊吴大子友王子地王孫彌庸壽於姚自泓上觀之（觀越師泓水名）彌庸見姑蔑之旗（姑蔑越地今東陽大末縣）曰吾父之旗也（彌庸父爲越所獲姑蔑人得其旌旗）不可以見讎而弗殺也太子曰戰而不克將亡國請待之彌庸不可屬徒五千（屬會也）王子地助之乙酉戰彌庸獲疇無餘地獲謳陽越子至王子地守丙戌復戰大敗吴師獲大子友王孫彌庸壽於姚（地守故不獲）丁亥入吴（又云夫差發申胥不稔於歲乃會晉公午於黄池於是越王勾踐乃令范蠡后庸率師沿海泝淮以絶吴路敗子友於姑熊夷勾踐乃率中軍泝江以襲吴入其郛焚其姑蘇徙其大舟）

秋晉魏曼多帥師侵衛

十四年秋晉趙鞅帥師伐衛

十五年夏鄭伯伐宋楚子西子期伐吴及桐汭（宣城廣德

縣西南有桐水出白石山西北入丹陽湖）

秋晉趙鞅帥師伐衛

冬晉侯伐鄭

十七年三月越子伐吴吴子禦之笠澤夾水而陳越子爲左右句卒（句卒鉤五相著別爲左右屯）使夜或左或右鼓譟而進吴師分以御之越子以三軍潛涉當吴中軍而鼓之吴師大亂遂敗之（左右句卒以分吴軍而三軍精卒并力擊其中故得勝也）

六月晉趙鞅圍衛齊國觀陳瓘救衛（國觀國書之子）得晉人之致師者子玉使服而見之（釋四服服其本原）曰國子實執齊柄而命瓘曰無辟晉師豈敢廢命（欲必敵晉）子又何辱

言不須來致師自將往戰簡子曰我卜伐衛未卜與齊戰乃還畏子王

七月己卯楚公孫朝帥師滅陳初曰公之亂陳人恃其聚而侵楚聚積聚也楚既寧將取陳麥楚子問帥於大師子穀與葉公諸梁子穀曰右領差車與左史老皆相令尹司馬以伐陳其可使也言此二人皆嘗輔相子西子期伐陳今復可使子高曰率賤民慢之懼不用命焉右領左史皆楚賤官子穀曰觀丁父鄀俘也武王以爲軍率楚武王是以克州蓼服隨唐大啓群蠻彭仲爽申俘也文王以爲令尹實縣申息楚文王滅申息以爲縣朝陳蔡封畛於汝開封畛北至汝水唯

其任也何賤之有子高曰天命不諂諂疑也令尹有憾於陳十五年子西伐吳陳使貞子弔吳以此爲恨天若亡之其必令尹之子與君盍舍焉舍有領與左史臣懼右領與左史有二俘之賤而無其令德也王卜之武城尹吉武城尹子西子公孫朝使帥師取陳麥陳人御之敗遂圍陳滅之

冬十月晉復伐衛春伐未得志故入其郛將入城簡子曰止叔向有言曰怙亂滅國者無後不欲乘人之衰衛人出莊公而與晉平晉立襄公之孫般師而還十一月衛侯自鄄入般師出辟蒯聵也初公登城以望見戎州戎州戎邑問之以告公曰我姬姓也何戎之有焉言姬姓國何故有戎邑翦之削壞其邑聚公使匠久久不休息公欲逐石圃石圃衛卿石惡從子未及而難作辛巳石圃因匠氏攻公公閉門而請弗許踰于北方而隊折股終如卜言乃自後踰戎州人攻之太子疾公子青踰從公青疾弟戎州人殺之公入于戎州己氏己氏戎人姓初公自城上見己氏之妻髮美使髡之以爲呂姜髢呂姜莊公夫人髢髮也既入焉而示之璧曰活我吾與女璧己氏曰殺女璧其焉往遂殺之而取其璧衛人復公孫般師而立之十二月齊人伐衛衛人請平立公子起起靈公子執般師以歸舍諸潞潞齊邑

十八年春巴人伐楚圍鄾鄾楚邑初右司馬子國之卜

也觀瞻曰如志子國未爲令尹時卜爲右司馬得吉兆如其志觀瞻楚開卜大夫觀從之後故命之命以爲右司馬及巴師至將卜帥王曰寧如志何卜焉寧子國也使帥師而行請承承佐王曰寢尹工尹勤先君者也柏舉之役寢尹吳由于以背受戈工尹固執燧象奔吳皆爲先君勤勞三月楚公孫寧吳由于薳固敗巴師于鄾故封子國於鄀君子曰惠王知志知用其憂夏書曰官占唯能蔽志昆命于元龜逸書也官占卜筮之官蔽斷也昆後也言當先斷意後用龜也其是之謂乎志曰聖人不煩卜筮惠王其有焉不疑故不卜

十九年春越人侵楚以誤吳也誤吳也不爲備夏楚公子慶公孫寬追越師至冥不及乃還冥越地是

年吳伐楚

二十年十一月越圍吳

二十二年十一月丁卯越滅吳請使吳王居甬東辭曰孤老矣焉能事君乃縊越人以歸（以其尸歸又云越王勾踐伐吳）吳王師其賢良尚其重祿以上姑蘇使王孫雄成行於越曰昔者上天降禍於吳得罪於會稽令君其圖不穀不穀請復會稽之和王弗忍許之范蠡進諫曰臣聞之聖人之功時爲之庸得時不成天有還刑天節不遠五年復反小凶則近大凶則遠先人有言曰伐柯者其則不遠今君王不斷其忘會稽之事乎王曰諾不許使者往而復來辭愈卑禮愈尊王又欲許之蠡諫曰孰使我蚤朝而晏罷者非吳乎與我爭三江五湖之利者非吳乎夫十年謀之一而朝而棄之其可乎王姑勿許其事將易冀已王曰吳欲勿許而難對其使者子其對之范蠡乃左提鼓右援枹以應其使者曰昔者上天降禍於越委制於吳而吳不受

今將反此義以報此禍吾王敢無聽天之命乎王孫雄曰子范子先人有言曰無助天爲虐助天爲雲者不祥今吾稻蟹不遺種子將助天爲虐不忌其不祥乎蠡曰王孫子昔吾先君固周室之不成子也故濱於東海之波黿鼉魚鱉之與處而鼃黽之與同者余雖靦然而人面吾猶禽獸也又安知是諓諓王孫雄請反辭於王蠡曰君王以制於執事之人矣子往矣無使執事之人得罪於子使者辭反蠡不報於王擊鼓興師以隨使者至於姑蘇之宮不許吳成遂滅吳

二十三年夏六月晉荀瑤伐齊（荀瑤荀躒之孫知伯襄子）高無卒帥師御之知伯視齊師馬駭遂驅之曰齊人知余旗其謂余畏而反也及壘而還將戰長武子請卜（武子晉大夫）知伯曰君告于天子而卜之以守龜於宗祧吉矣吾又何卜焉且齊人取我英丘君命瑤非敢耀武也治英丘也（治齊取英丘）以辭伐罪足矣何必卜壬辰戰于犂丘（犂丘隰也）齊師敗績知伯親禽顏庚（顏庚齊大夫顏涿聚）

二十四年夏四月晉侯將伐齊使來乞師曰昔臧文仲以楚師伐齊取穀（在僖二十六年）宣叔以晉師伐齊取汶陽（在成二年）寡君欲徼福於周公願乞靈於臧氏（欲臧氏世勝齊故欲乞其威靈）臧石帥師會之取廩丘（臧石臧賓如之子）軍吏令繕將進（晉軍吏也繕治戰備）萊章曰君卑政暴（萊章齊大夫）往歲克敵（禽顏庚）今又勝都（取廩丘）天奉多矣又焉能進是躗言也（躗過也）役將班矣晉師乃還餼臧石牛（生曰餼）太史謝之（晉太史）曰以寡君之在行（在軍行）牢禮不度（不如禮度）敢展謝之

二十六年夏五月叔孫舒帥師會越皐如后庸宋樂茷納衛侯（舒武叔之子文子也皐如后庸越大夫樂茷宋司城子潞衛侯輒也）文子欲納之懿子曰君愎而虐少待之必毒於民（愎很也）乃睦於子矣（民睦）師侵外州大獲（越納輒之師）出禦之大敗（衛師大敗）掘褚師定子之墓焚之於平莊之上（定子褚師比之父也平莊陵名也）文子使王孫齊私於皐如（齊衛大夫王孫賈之子昭子也）曰子物大滅衛乎抑納君而已乎皐如曰寡君之命無他納衛君而已文子致衆而問焉曰君以蠻夷伐國國幾亡矣請納之衆曰勿納曰彌牟亡而有益請自北門出（欲以觀衆心）衆曰勿出重賂越人申開守陴而納公（申重

也閉重門而嚴設守備欲以恐公使不敢入 公不敢入師還立悼公 悼公蒯聵
庶弟公子黜也 南氏相之以城鉏與越人公曰期則爲此 司徒
期也 令苟有怨於夫人者報之 夫人期姊也怨期而不得加戮故勑宮女令若
因期姊 司徒期聘於越 爲悼公聘 公攻而奪之幣期告王 越王
也 王命取之期以衆取之公怒殺期之甥之爲太子
者 怨期而及其姊爲夫人者遂復及夫人之子 遂卒于越 終言之也終效夷言死于夷
二十七年夏晉荀瑤帥師伐鄭次于桐丘鄭駟弘請
救于齊 弘駟歆于 齊師將與陳成子屬孤子三日朝 屬會死事
者之子使朝三日以禮之 設乘車兩馬繫五色焉 乘車兩馬大夫五服五又加之
五色 召顏涿聚之子晉曰隰之役而父死焉 隰役在二十三年

冊府元龜　列國君部　攻伐四　卷之二百五十一　九

以國之多難未女役也今君命女以是役也服車而
朝毋廢前勞乃救鄭及留舒違穀七里穀人不知 言其
整也留舒齊地違去也 及濮雨不涉 濮水自陳留酸棗縣傍河東北經齊至高平入濟
子思曰大國在敝邑之宇下是以告急今師不行恐
無及也 子思國參 成子衣製杖戈 製雨衣也 立於阪上馬不出
者助之鞭之知伯聞之乃還 畏其得衆心 曰我卜伐鄭不
卜敵齊
周定王二年秦庶長將兵拔魏城 秦厲共公十年臣欽若等曰是歲魯
哀公卒此後依六國年表以周年爲首
十二年秦厲共公將師與緜諸戰

二十二年楚滅蔡 楚惠王二十二年蔡侯齊四年
二十四年楚滅杞杞夏之後
孝王十年楚滅莒 楚簡王元年
威烈王八年秦與魏戰少梁 秦靈公七年晉城少梁秦擊之
十三年秦與晉戰敗鄭下 秦簡公二年
是年齊伐晉毀黃城圍陽狐 齊宣公四十三年
十四年魏公子擊圍繁龎 魏文侯十三年
是年齊伐魯莒及安陽 一作安陵
十五年齊伐魯取一城
十七年魏伐秦

冊府元龜　列國君部　攻伐四　卷之二百五十一　十

十八年魏擊宋中山伐秦至鄭而還
是年韓伐鄭取雍丘 韓景侯元年 齊伐魯郕
十九年鄭伐韓敗韓丘於負黍 在陽城
是年齊伐衛取毋丘
安王元年秦伐魏至陽孤
二年鄭圍韓之陽翟晉伐楚至桑丘 楚悼公二年
四年楚敗鄭師
七年秦伐緜諸 秦惠公五年
八年齊伐魯取宬 齊康公十一年
九年魏伐鄭

十一年秦伐韓宜陽取六邑韓列侯九年
十二年秦與晉戰武城
是年齊伐魏魏取襄陽魯敗齊于平陸在東平
十三年秦侵晉
十五年秦伐蜀取南鄭
十六年魏襲邯鄲戰敗魏武侯元年
十七年韓伐鄭取陽城伐宋到彭城執宋君韓文侯二年
是年齊伐魯破之趙敗齊于靈丘趙敬侯二年
十八年趙救魏于廩丘大敗齊人
十九年魏敗趙免臺趙築剛平以侵衛

二十一年趙借兵於楚伐魏取棘蒲
二十二年魏韓趙伐齊至桑丘鄭敗晉
是年齊伐燕取桑丘是時秦魏攻韓韓求救於齊齊桓公午召大臣而謀曰蚤救之孰與晚救之騶忌曰不若勿救段干日不救則韓且折而入于魏不若救之田臣思曰過矣君之謀也秦魏攻韓楚趙必救之是天以燕予齊也桓公曰善乃陰告韓使者而遣之韓自以爲得齊之救因與魏秦戰楚趙聞之果起兵而救之齊因起兵襲燕取桑丘
二十三年趙襲衛不克拔魏黃城在陳留
二十四年魏韓趙伐齊至靈丘齊威王元年因康公喪來伐
二十五年蜀伐楚茲方楚肅王四年
是年齊伐燕趙救之與中山戰于房子
二十六年趙伐中山戰于中人中山唐縣有中人亭
烈王元年韓滅鄭因徙都鄭韓哀侯二年
三年燕敗齊林狐一作林營燕釐公三十年
是年魯伐齊入陽關在鉅平晉伐齊至博陵
四年趙伐衛取都鄙一作鄉邑七十三趙成侯三年
是年衛敗趙于蘭魏伐齊取薛陵
五年魏伐楚取魯陽道與秦戰高安敗之

六年趙伐齊于甄
是年魏敗趙于懷韓惠王元年趙攻鄭敗之以與韓韓與趙長子
三年魏敗韓于馬陵韓懿侯二年
是年趙敗魏涿澤一作濁澤初魏武侯卒子罃惠王也與公中緩爭爲太子公孫頎自宋入趙自趙入韓謂韓懿侯曰魏罃與公中緩爭太子君亦聞之乎今魏罃得王錯魏大夫挾上黨固半國也因而除之除一作倍破魏必矣不可失也懿侯說乃與趙成侯合軍竝兵以伐魏戰於涿澤在長社魏氏大敗魏君圍趙謂韓曰除魏君

立公中緩割地而退我且利韓曰不可殺魏君人必曰暴割地而退人必曰貪不如兩分之魏分爲兩不強於宋衛則我終無魏之患矣趙不聽韓不說以其少卒夜去惠王之所以身不死國不分者二家謀不和也若從一家之謀則魏必分矣故曰君終無適子其國可破也

顯王元年齊伐魏取觀津（今之衛縣一說獻觀以和齊）

是年趙侵齊至長城

三年秦敗韓魏洛陽（秦獻公十二年一說魏城武堵爲秦所敗）

是年趙與齊戰阿下

四年魏伐宋取儀臺（一作義臺）

是年魏伐衛取甄

五年秦章蟜（一云車騎）與晉戰于石門斬首六萬

是年秦攻魏趙救之石河

六年秦攻魏少梁趙救之

七年魏伐韓敗于澮（一作會）

是年秦使庶長國伐魏戰少梁虜其太子（一云虜魏將公孫）取龐

八年魏伐趙取皮牢趙與韓攻秦

九年趙助魏

十一年秦敗韓西山（秦孝公四年韓昭侯元年）

十二年宋取韓黃池（在平丘）魏取蔡朱

十四年秦魏侵宋黃池宋復取之

十五年秦與魏戰元里斬首七千取魏少梁是年魏圍趙邯鄲

十六年魏拔邯鄲趙求救於齊齊威王召大臣而謀曰救趙孰與勿救騶忌子曰不如勿救段干朋曰不救則不義且不利威王曰何也對曰夫魏氏并邯鄲其於齊何利哉且夫救趙而軍其救是趙不伐而魏全也故不如南攻襄陵以獘魏邯鄲拔而乘魏之獘

威王從其計使田忌南攻襄陵十月邯鄲拔齊因起兵擊魏大敗之桂陵

十七年秦衛鞅爲大良造將兵伐魏安邑降之

是年諸侯圍魏襄陽

十八年秦衛鞅圍固陽降之秦攻趙藺

二十二年趙公子范襲邯鄲不勝

二十五年趙攻齊拔高唐

二十七年趙公子刻攻魏

二十八年魏伐趙（趙肅侯九年）趙告急齊宣王用孫子計救趙擊魏魏遂大興師使龐涓將而令太子申爲上

將軍過外黃外黃徐子徐子外黃人也外黃屬宋謂太子曰臣有百戰百勝之術太子曰可得聞乎客曰固願効之曰太子自將攻齊大勝并莒則富不過有魏貴不益爲王若戰不勝齊則萬世無魏矣此臣之百戰百勝之術也太子曰諾請必從公之言而還矣客曰太子雖欲還不得矣彼勸太子戰攻欲啜汁者衆太子雖欲還恐不得矣太子因欲還其御曰將出而還與北同太子果與齊人戰敗於馬陵在元城齊虜魏太子申殺將軍涓軍遂大破

二十九年秦趙齊共伐魏秦將商君詐魏將軍公子

卬而襲奪其軍而破之

三十年秦與晉戰岸門

三十四年秦拔韓宜陽

三十六年秦敗魏將龍賈軍四萬五千于雕陰在上郡

是年楚圍齊於徐州楚威王七年趙圍魏黃不克

三十七年魏與齊伐趙魏襄王三年齊宣王十一年趙決河水灌之兵去

是年齊伐燕取十城燕易王元年齊宣王十一年因燕喪伐之蘇秦說齊還燕十年

三十九年秦圍魏焦曲沃秦惠文王八年于秦河西之地

四十年秦渡河取魏汾陰皮氏圍焦降之

是年魏伐楚敗之陘山在容縣楚圍王十一年

四十一年秦公子桑圍魏蒲陽降之

是年趙疪與秦戰敗秦殺疪河西取趙藺離石

四十四年魏敗韓韓舉韓宣惠王八年

四十五年秦相張儀將兵取陜

四十六年楚使柱國昭陽將軍而攻魏破之於襄陵得八邑又移兵而攻齊齊王患之懷王六年昭陽移和而攻齊軍門曰和陳軫適爲秦使齊齊王曰爲之奈何陳軫曰王勿憂請令罷之即往說昭陽昭陽引兵去

四十七年秦取魏曲沃平周

慎靚王二年秦擊韓取鄢於乾切今鄢陵縣

三年魏韓趙楚燕五國擊秦不勝而去是歲秦惠文王後七年魏哀王元年韓宣惠王十五年趙武靈王八年楚懷王十一年燕王噲三年

四年趙韓魏共擊秦秦敗趙斬首八萬級又敗韓于脩魚虜得韓將鯫申差於濁澤一云鯫申差長社有濁澤韓氏急公仲謂韓王曰與國非可恃也今秦之欲伐楚久矣王不如因張儀爲和於秦賂以一名都具甲與之南伐楚此以一易二之計也韓王曰善乃警公仲之行將西購於秦楚王聞之大恐召陳軫告之陳軫曰秦之欲伐楚久矣今又得韓之名都一而具甲秦韓并

兵而伐楚此秦所禱祀而求也今已得之矣楚國必伐矣王聽臣爲之警四境之内起師言救韓命戰車滿道路發信臣多其車重其幣使信王之救已也縱韓不能聽我韓必德王也必不爲鴈行以來是秦韓不和也兵雖至楚不大病也爲能聽我絶和於秦秦必大怒以厚怨韓韓之南交楚必輕秦輕秦其應秦必不敬是因秦韓之兵而免楚國之患也楚王曰善乃警四境之内興師言救韓命戰車滿道路發信臣多其車重其幣謂韓王曰不穀國雖小已悉發之矣願大國遂肆志於秦不穀將以楚徇韓韓王聞之大

說乃止公仲之行公仲曰不可夫以實伐我者秦也以虛名救我者楚也王恃楚之虛名而輕絶彊秦之敵王者爲天下大笑且楚韓非兄弟之國也又非素約而謀伐秦也已有伐形因發兵言救韓此必陳軫之謀也且王已使人報於秦矣今不行是欺秦也夫輕彊秦而信楚之謀臣恐王必悔之韓王不聽遂絶於秦秦因大怒益早伐韓大戰楚救不至

是年齊敗魏趙於觀澤一作觀津齊湣王七年

五年秦使司馬錯擊濁滅之

是年秦取趙中都西安陽邑一云西都及中陽又云中都西陽

六年秦伐取韓石章敗趙將軍英一作趙將泥一作趙將莊

赧王元年秦使樗里子伐魏焦降之一云取曲沃敗韓岸門斬首萬其將犀首走

二年秦樗里子擊趙藺陽虜趙將公子繇通一云虜將又趙莊

三年秦庶長章與韓擊楚於丹陽虜其將屈匄斬首八萬又攻楚漢中取地六百里置漢中郡楚圍雍氏秦使庶長疾樗里子也助韓而東攻齊到蒲助魏攻燕

是年齊趙攻魏魏擊齊虜聲子於濮與秦擊燕初燕王噲立以國讓其相子之事皆決於子之三年國大

亂將軍市被與太子平攻子之不克將軍市被及百姓反攻太子平將軍市被死以徇因構難數月死者數萬衆人恫恐百姓離志孟軻謂齊王曰今伐燕此文武之時不可失也王因令章子將五都之兵章子齊人見孟子以因北地之衆以伐燕王卒不戰城門不閉燕君噲死齊大勝年表云君及太子噲子之皆死汲冢紀年田齊人擒子之而醢其身

四年秦伐楚取召陵魏圍衛

七年秦使甘茂庶長封伐韓宜陽秦武王三年韓襄王四年

八年秦拔宜陽斬首六萬涉河城武遂

是年趙王北略中山之地至房子遂之伐北至無窮

西至河登黃華之上

九年秦擊魏皮氏未拔而解秦昭王元年

是年趙王略中山地至寧葭西略胡地至榆中林胡王獻馬歸使樓緩之秦仇液之韓王賁之楚富丁之魏趙爵之齊代相趙固主胡致其兵

十一年趙王攻中山趙袑爲右軍許鈞爲左軍公子章爲中軍王并將之牛翦將軍騎趙希并將胡代趙與之陘一作陵又陘或宣言趙與之陘陘者山絕之名常山有井陘中山有苦陘上黨有閼與攻取丹丘華陽鴟之塞華一作夾鴟一作鴻王軍取鄗石邑在當山封龍東垣中山獻四邑和王許之罷兵

十二年秦拔魏蒲坂晉陽封陵取韓武遂

是年趙攻中山

十四年蜀反秦司馬錯往誅蜀守惲一作煇

是年秦取韓穰趙攻中山魏韓齊與秦擊楚敗楚將軍唐昧於重丘齊使公子將大有攻秦庶長奐斬首二萬

十五年秦擊楚斬首三萬攻襄城一作斬成殺景缺一作景快

是年趙攻中山穰地北至燕代至雲中九原

十六年秦使將軍芊戎攻楚取新市八城汝夏有新市縣

十七年魏韓齊共擊秦於函谷敗之

是年秦敗楚十六城楚頃襄王元年

十九年魏韓齊宋中山五國擊秦至鹽氏而還一作監氏秦與韓武遂和一云秦與韓魏河北及封陵

二十年秦尉錯拔魏襄城魏昭王元年

是年趙與齊燕共滅中山遷其王於膚施在上郡是年趙惠文王四年一說在三年

二十一年魏與秦戰解不利

是年秦向壽伐韓武始魏郡有武始縣左更白起攻新城

二十二年韓使公孫喜率周魏擊秦秦左更白起敗韓魏二十四萬于伊闕虜公孫喜拔五城韓釐王三年

二十三年秦大良造白起攻魏取垣復予之攻楚取宛

二十四年秦左更錯取軹及鄧河內有軹縣南陽有鄧縣拔韓宛城

二十五年趙梁將與齊合軍攻韓至魯關下

二十六年秦客卿錯擊魏至軹取城大小六十一

二十七年秦拔趙梗陽在太原

是年趙董叔與魏氏伐宋得河陽於魏

二十八年秦拔魏新垣曲陽之城

是年趙趙梁將兵攻齊

二十九年秦將錯攻魏魏安邑秦出其人又敗韓兵
夏山趙韓徐爲將攻齊
是年齊伐宋秦昭王怒曰吾愛宋與愛新城陽晉同
韓聶與吾友也而攻吾所愛何也蘇代爲齊謂秦王
曰韓聶之攻宋所以爲王也齊彊輔之以宋魏楚必
恐恐必西事秦是王不煩一兵不傷一士無事而割
安邑也此韓聶之所禱於王也秦王曰吾患齊之難
知一從一衡其說何也對曰天下國令齊可知乎齊
以攻宋其知事秦以萬乘之國自輔不西事秦則宋
治不安中國白頭遊敖之士皆積智欲離齊秦之後

伏軾結靷西馳者未有一人言善齊者也伏式東馳
者未有一人言善秦者也何則皆不欲齊秦之合也
何晉楚之智而秦之愚也晉楚合議齊秦齊秦合必
圖晉楚請以此使事秦王曰諾於是齊伐宋宋王出
亡死於溫
三十年秦將蒙武拔齊列城九 一云趙相國樂毅將趙秦韓魏燕攻齊取靈丘
三十一年秦尉斯離與韓魏燕趙共擊齊攻之是時
燕以樂毅爲上將軍與晉楚三秦合謀以伐齊齊兵
敗湣王出亡於外燕兵獨追北入至臨菑盡取齊寶
燒其宮室宗廟城之不下者獨唯聊莒卽墨其餘盡
屬燕
三十二年秦拔魏安城 汝南有安城縣 兵至大梁而還 燕趙救之
是年趙廉頗將攻齊昔陽取之 樂平治縣有昔陽縣
三十三年齊拔趙兩城是時樂毅將趙師攻魏伯陽
而秦怨趙不與已擊齊乃伐趙
三十四年秦拔趙石城 在北平有石城縣
是年趙王再之衛東決河水伐魏氏
三十五年秦白起擊趙取光狼城首二萬 一云三萬 地動
壞城趙將趙奢將攻齊麥丘取之

是年秦將錯發隴西因屬擊楚黔中拔之楚與秦漢
及上庸地 楚頃襄王十九年
三十六年秦拔楚鄢西陵 一云鄢鄧赦罪人遷之
是年趙廉頗將攻齊
三十七年秦白起擊楚拔郢燒夷陵更東竟陵以爲
南郡楚頃襄王亡走陳
三十八年秦蜀守若伐楚拔巫黔中
三十九年秦白起擊魏南城 一作兩城魏安釐王元年 又拔楚丘
旁
是年趙樓昌將攻魏幾不能取廉頗將攻幾取之

四十年秦拔魏兩城軍大梁城韓使暴鳶救爲秦所敗與秦溫以和

是年趙廉頗將攻魏房子（屬常山）拔之因城而還又攻安陽取之

四十一年趙與魏共擊秦秦將白起破趙華陽得一將軍又拔魏四城斬首四萬

四十二年秦客卿胡傷攻魏卷（河南有卷縣）蔡陽長社取之擊芒卯華陽破之（華陽亭名在密縣）斬首十五萬魏入南陽以和

四十三年楚使三萬人助三晉伐燕

四十四年趙藺相如伐齊至平邑

四十五年秦韓相攻而圍趙閼與（音焉與在上黨）趙使趙奢將擊秦大敗之

是年秦客卿竈攻齊取剛壽予穰侯

四十六年秦中更胡傷攻趙閼與不拔

四十七年秦聽范雎謀使五大夫魏綰伐魏拔懷城

四十九年秦拔魏廩丘懷（或作邢丘又作郪丘）

五十年秦拔趙三城（趙孝成王元年）趙王新立太后用事秦急攻之趙氏求救於齊齊曰必以長安君爲質乃出太后不肯左師觸龍諫之於是爲長安君約車百乘質於齊齊兵乃出

是年齊田單將趙師攻燕中陽（一作中人）拔之又攻韓注人拔之（韓惠王七年）

五十一年秦拔韓陘城汾旁（一云白起攻韓拔九城斬首五萬）

五十二年秦擊韓於太行

五十三年秦五大夫賁攻韓取十城取楚州

五十四年趙使廉頗距秦於長平初秦擊韓於太行上黨守馮亭使者至趙曰韓不能守上黨入之於秦其吏民皆安爲趙不欲爲秦有城邑十七願再拜入之趙財王所以賜吏民王大喜召平陽君豹告之曰

馮亭入城市邑十七受之何如對曰聖人甚禍無故之利王曰人懷吾德何謂無故乎對曰夫秦蠶食韓氏地中絕不令相通固自以爲坐而受上黨之地也韓氏所以不入於秦者欲嫁其禍於趙也秦服其勞而趙受其利雖彊大不能得之於小弱小弱顧能得之於彊大乎豈可謂非無故之利哉且夫秦以牛田之水通糧蠶食上乘倍戰者裂上國之地其政行不可與爲難必勿受也王曰今發百乘之軍而攻踰年歷歲未得一地也今以城市邑十七幣吾國此大利也趙豹出趙王召平原君與趙禹而告之對曰發百

萬之軍而攻踰歲未得一城今坐受城市邑十七此大利不可失也王曰善乃令趙勝受地告馮亭曰敝國使者臣勝敝國君使勝致命以萬戸都三封太守千戸都三封縣令皆世世爲侯吏民皆益爵三級吏民能相安皆賜之六金馮亭垂涕不見使者曰吾不處三不義也爲主守地不能死固不義一矣入之秦不聽主令不義二矣賣主地而食之不義三矣趙遂發兵取上黨廉頗將軍軍長平

五十五年秦將白起破趙齊楚救之秦計曰齊楚救趙親則退兵不親遂攻之趙無食請粟於齊齊不聽

周子曰不如聽之以退秦兵不聽則秦兵不却是秦之計中而齊楚之計過也且趙之於齊楚扞蔽也猶齒之有脣也脣亡則齒寒今日亡趙明日患及齊楚且救趙之務宜若奉漏甕沃焦釜也夫救趙高義也却秦顯名也義救亡國威却彊秦之兵不務爲此而務愛粟爲國計者過矣齊王弗聽秦破趙於長平四十餘萬遂圍邯鄲

五十六年秦軍分爲三軍白起歸王齕將伐趙白起攻皮牢拔之司馬梗北定太原盡有韓上黨正月兵罷復守上黨其十月五大夫陵攻趙邯鄲

五十七年正月秦益發卒佐陵陵戰不善令王齕代將其十月將軍張唐攻魏爲蔡尉捐弗守

五十八年十月秦張唐攻鄭拔之十二月益發卒軍汾城旁王齕攻邯鄲不拔一云魏公子無忌楚春申君救邯鄲秦兵解去還奔汾軍餘攻秦軍斬首六千晉楚流死河二萬人楚一作走攻汾城郎從唐拔寧一作曼趙邑也新中寧新中更名安陽魏郡有安陽縣

五十九年秦將軍摎攻韓取陽城負黍斬首四萬攻趙取二十餘縣首虜九萬

是年燕攻趙昌壯一作五月拔之趙將樂乘慶舍攻秦

信梁破之韓魏楚救趙新中秦兵罷是歲周赧王卒此後以秦年爲首

秦昭王五十二年楚取魯楚考烈王八年

五十六年燕伐趙燕王喜四年爲趙所破殺栗腹初燕王令丞相栗腹約驩以五百金爲趙王酒還歸報燕王曰趙氏壯者皆死長平其孤未壯可伐也王召昌國君樂閒而問之對曰趙四戰之國也其民習兵伐之不可王曰吾以衆伐寡二而伐一可乎對曰不可王曰吾即以五而伐一可乎對曰不可燕王大怒羣臣皆以爲可燕卒起二軍車二千乘栗腹將而攻鄗在常川今高邑鄉秦將而攻代廉頗爲趙將破殺栗腹虜鄉秦

樂閒世家云廉頗圍燕

莊襄王元年秦使蒙驁伐韓韓獻成皐滎陽秦界至大梁

是年楚滅魯趙假相大將武襄君樂乘攻燕圍其國

三年趙延陵鈞率師從相國信平君助魏攻燕

是年秦使蒙驁攻魏高都拔之又攻趙榆次新城狼孟取三十七城

三年秦將王齕擊韓上黨拔之

是年魏公子無忌率五國兵敗秦軍河外走蒙驁

趙孝成王二十一年趙廉頗將攻繁陽在頓丘取之是歲

秦始皇三年此後秦諸侯並入閏位勳業門

悼襄王二年趙使李牧將攻燕拔武遂屬河間一云屬安平方城屬有督亢亭

三年趙使龐煖將攻燕禽其將劇辛初劇辛故居趙與龐煖善已而亡走燕燕見趙數困于秦而廉頗去令龐煖將也故因趙獘攻之問劇辛辛曰龐煖易與耳燕使劇辛將擊趙趙使龐煖擊之取燕軍二萬殺劇辛

四年龐煖將趙楚魏燕之銳師攻秦蕞在新豐不拔移攻齊取饒安在渤海又云饒屬北海安屬平原

五年傅抵將居平邑慶舍將東陽河外師守河梁河門右

九年趙攻燕取貍陽城兵未除秦攻鄴拔之今饒云拔閼與鄴九城

冊府元龜

巡按福建監察御史臣李嗣京 訂正

知長樂縣事臣夏允彝參閱

知建陽縣事臣黄國琦較釋

列國君部十八

復邦　訓諫

禦備　交質禦備

行罰

復邦

古之諸侯選賢立嫡樹之成法所以寅奉宗廟長守

富貴者也乃有立嗣靡淑怠棄先業流離奔走不保其社稷者矣復有貽謀弗臧延及後嗣艱難勤苦克復其疆土者焉昔周室之興也列爵分土及其衰也以衆暴寡攻戰守禦日不暇給民棄不保府而有之至於國人以興或大其祚脩德以復或啓其宗或覇主以大義國存或國人以衆心見納縣是再奉齋酎以見宗祏不失舊物而處於民上傳曰或多難以固其國非德義孰能之哉

魯隱公五年春晋曲沃莊伯以鄭人邢人伐翼王使尹氏武氏助之翼侯（曲沃晋別封文侯弟成師之邑莊伯成師之子翼晋舊都尹氏武氏周大夫也晋侯君翼故謂之翼侯）六年翼九宗五正須父之子嘉父逆晋侯于隨（五正五官之長九宗一姓爲九族須父之子嘉父晋大夫）納諸鄂晋人謂之鄂侯（鄂侯晋別邑不得復入翼故別居鄂）

十一年七月公會齊侯鄭伯伐許壬午入許許公奔衛鄭伯使許大夫百里奉許叔以居許東偏（許叔許莊公之弟）

桓公十六年許叔入于許

桓公三年芮伯萬之母芮姜惡芮伯之多寵人也故逐之出居于魏四年秋秦師侵芮敗焉冬王師秦師圍魏執芮伯以歸（芮伯出居魏芮更立君秦爲芮所敗故以芮伯歸將欲納之）十

年秋秦人納芮伯萬于芮

十一年夏鄭莊公卒初祭封人仲足有寵於莊公莊公使爲卿爲公取鄧曼生昭公故祭仲立之（曼鄧姓昭公名忽）宋雍氏女於鄭莊公曰雍姞生厲公（雍氏姞姓宋大夫也）雍氏宗有寵於宋莊公故誘祭仲而執之曰不立突將死（突厲公名）亦執厲公求賂焉祭仲於宋人盟以厲公歸而立之九月丁亥昭公奔衛己亥厲公立十五年春祭仲專鄭伯患之使其壻雍糾殺之雍姬知之遂告祭仲祭仲殺雍糾厲公出奔蔡六月乙亥昭公入九月鄭伯突因櫟人殺檀伯而遂居櫟（櫟鄭別都也檀伯鄭守櫟大夫）

十七年鄭高渠彌殺昭公而立公子亹十八年齊人殺子亹祭仲逆鄭子于陳而立之昭公弟子儀也莊公十四年春厲公自櫟侵鄭及大陵獲傅瑕傅瑕曰苟舍我吾請納君與之盟而赦之六月甲子瑕殺鄭子及其二子而納厲公

十六年十一月衛侯朔出奔齊惠公名朔初衛宣公烝於夷姜生急子屬諸右公子爲之娶於齊而美宣公取之生壽及朔屬諸左公子宣姜與公子朔構急子宣公宣姜所娶似子妻公使諸齊使盜待諸莘將殺之壽子載其旌以先盜殺之急子至又殺之二公子公怨惠公左

公子洩右公子職立公子黔牟惠公奔齊莊公五年公會齊人宋人陳人蔡人伐衛納惠公六年夏六月衛侯入于衛放黔牟殺左右公子僖公十五年九月晉惠公與秦穆公戰于韓原秦獲晉侯以歸晉大夫反首拔舍反首髮亂垂下也拔草舍止壞形毀服秦伯使辭焉曰二三子何其戚也寡人之從君而西也亦晉之妖夢是踐豈敢以至狐突不寐而與神言故曰妖夢突與申生言帝許罰有罪今將晉君而西以厭息此語踐厭也晉大夫三拜稽首曰君履后土而戴皇天后土實聞君之言穆姬聞晉侯至以太子罃弘與女簡璧登樓而履薪焉罃康公名弘其母弟也簡璧罃弘姊妹古之宮閉官皆居之臺以杭絕之穆姬惠公之妹欲自罪故登臺而薦之以薪左右上下者皆履柴乃得使以免服衰絰逆且告免衰絰遭喪之服令行人服此服迎秦伯耳告將以取辱自殺曰上天降災使我兩君匪以玉帛相見而以興戎若晉君朝以入則婢子夕以死夕以入則朝以死唯君裁之乃舍諸靈臺在京兆鄠縣周之故臺亦所以抗絕令不得通外內大夫請以入公曰獲晉侯以厚歸也既而喪歸焉用之若將晉侯入則夫人或自殺大夫其何有焉何有猶何得且晉人慼憂以重我謂反首拔舍天地以要我不圖晉憂重其怒也我食吾言背天地也食消也重怒難任背天不祥必歸晉君任當也公子縶曰不如殺之無聚慝焉公子縶晉大夫恐英吾歸復相聚爲惡子

桑曰歸之而質其太子必得大成晉未可滅而殺其君祇以成惡祇適也且史佚有言無始禍史佚周武王時太史尹佚無怙亂恃人亂爲己利無重怒重怒難任陵人不祥乃許晉平晉侯使郤乞告瑕呂飴甥且告之郤乞晉大夫也瑕呂飴甥郎呂飴甥字子金晉侯聞秦甥也蓋姓瑕口將許之平故告呂甥召使迎已子金教之言曰朝國人而以君命賞恐國人不從故先賞之於朝且告之曰孤雖歸辱社稷矣其卜貳圉也貳代也圉公惠公太子懷公衆皆哭哀國君不還晉於是乎作爰田分公田之稅應入公者爰之於所賞之衆呂甥曰君亡之不恤而群臣是憂惠之至也將若君何衆曰何爲而可對曰征繕以輔孺子征賦也繕治也孺子太子圉諸侯

聞之喪君有群臣輯睦甲兵益多好我者勸惡我者懼庶有益乎衆說晉陰飴甥會衆伯盟于王城陰飴甥即呂生也食采於陰故曰陰飴甥王城秦地馮翊臨晉陽縣東有王城今古武鄉秦伯曰晉國和乎對曰不和小人耻失其君而悼喪其親痛其親為秦所殺不憚征繕以立圉也曰必報讐寧事戎狄君子愛其君而知其罪不憚征繕以待秦命曰必報德有死無二是以不和秦伯曰國謂君何對曰小人慼謂之不免君子恕以為必歸小人曰我毒秦秦豈歸君毒謂三施不報君子曰我知罪矣秦必歸君貳而執之服而舍之德莫厚焉刑莫威焉服者懷德貳者畏刑此一役也言懷惠公使諸侯威服復可當一事之功秦可以霸納而不定廢而不立以德為怨秦不其然秦伯曰是吾心也改館晉侯饋七牢焉十一月晉侯歸

二十一年邾人滅須句須句子來奔因成風也須句成風家成風為之言於公曰崇明祀保小寡周禮也明祀大皞有濟之祀保安也蠻夷猾夏周禍也此邾滅須句而曰蠻夷昭二十三年叔孫豹曰邾又夷也然則邾雖曹姓之國廼近諸戎雜用夷禮故極言之猾夏亂諸夷若封須句是崇皞濟而脩祀紓禍也二十二年春伐邾取須句反其君焉禮也得恤寡小之禮

二十八年夏晉侯及楚戰于城濮衛侯鄭出奔楚初文公將伐曹假道于衛衛人弗許還自南河濟侵曹伐衛取五鹿五鹿衛地城濮之戰楚師敗衛成公聞之懼出奔楚遂適陳使元咺奉叔武以受盟或訴元咺於衛侯曰立叔武矣其子角從公公殺之咺不廢命奉夷叔以入守夷叔武謚六月晉人復衛侯甯武子與衛人盟于宛濮衛侯先期入叔武將沐聞君至喜捉髮走出前驅射而殺之元咺出奔晉元咺以諸侯驅入殺叔武故至晉愬之衛侯與元咺訟不勝執衛侯歸之于京師三十年魯公為請納玉於王與晉侯皆十㲉王許之乃釋衛侯歸于衛衛侯使賂周歂冶廑曰苟能納我吾使爾為

卿二子鄭大夫周冶殺元咺及子適子儀子儀假母弟公不書殺賊也入祀先君周冶既服將命服卿服將入廟受命周歂先入及門遇疾而死冶廑辭卿見周歂死而懼

是年晉文公執曹伯晉侯有疾曹伯之豎侯獳貨筮史豎掌通內外史晉大夫使曰以曹為解以滅曹為解故齊桓為會而封異姓封邢衛今君為會而滅同姓曹叔振鐸文之昭也叔振鐸曹始封君文王之子先君唐叔武之穆也且合諸侯而滅兄弟非禮也與衛偕會私許復曹衛而不與偕復非信也同罪異罰非刑也衛已復曹衛故禮以行義信以守禮刑以正邪舍此三者君將若之何公復曹伯

成公九年秋鄭伯如晉晉人討其貳於楚也執諸銅鞮公孫申謀之曰我出師以圍許（示不畏晉）爲將改立君者而紓晉使（紓緩也勿亟遣使詣晉示欲更立君）晉必歸君十年四月欒武子曰鄭人立君我執一人焉何益不如伐鄭而歸其以來成晉侯有疾五月晉立太子州蒲以爲君而會諸侯伐鄭鄭子罕賂以襄鐘（子罕穆公子襄鐘鄭襄公之廟鐘）子然盟于脩澤子駟爲質（子然子駟皆穆公子滎陽卷縣東有脩武亭）辛巳鄭伯歸

十三年五月公會諸侯伐秦曹伯盧卒于師（盧曹宣公也）曹人使公子負芻守使公子欣時逆曹伯之喪（負芻曹成

公也）秋負芻殺其太子而自立也諸侯乃請討之晉人以共役之勞請俟他年

十五年三月公會諸侯盟于戚晉人執曹伯歸于京師

十六年六月曹師歸自京師（爲晉侯所赦故書歸）

襄公十四年二月衛侯（衛獻公也名衎）出奔齊初獻公戒孫文子甯惠子食皆服而朝（朝服待命而朝）日旰不召射鴻於囿二子從之不釋皮冠而與之言二子怒孫文子如戚孫蒯入使（蒯文子之子）公飲之酒使大師歌巧言之卒章（其詩云彼何人斯居何之麋無拳無勇職爲亂階喻文子居河上而欲爲亂太師掌樂大夫）蒯懼告文子文子曰君忌我矣弗先必死（欲先公作亂）公使子蟜子伯子皮與孫子盟于丘宮（丘宮近戚六地）孫子皆殺之四月己未公如鄄使子行於孫子孫子又殺之公出奔孫氏追之敗公徒于阿澤衛人立公孫剽（剽穆公孫公也）二十年衛甯惠子疾召悼子（悼子甯喜）曰吾得罪於君悔而無及也各藏在諸侯之策曰孫林父甯殖出其君君入則掩之（若能掩之）則吾子也若不能猶有鬼神吾餒而已不來食矣悼子許諾惠子遂卒二十五年八月獻公入于夷儀使與甯喜言（求復國也）甯喜許之右宰穀曰不可獲罪於兩君（前出獻公今殺剽）天下誰畜之悼

子曰吾受命於先人不可以貳二十六年二月庚寅甯喜右宰穀伐孫氏不克甯子出舍於郊（欲奔）國人召甯子復攻孫氏克之孫林父以戚如晉（以邑屬晉）甲午衛侯入（又云衛獻公奔齊殤公立封公孫林父於伯十二年甯喜與孫林父爭寵相惡殤公使甯喜攻孫林父林父奔晉復求入故衛獻公在齊景公聞之與獻公如晉求入晉爲伐衛誘與盟衛殤公會晉晉公平執殤公與甯喜而復入衛獻公亡在外十二年而後入）

昭公三年北燕伯款出奔齊（簡公也）公多嬖寵欲去諸大夫而立其寵人燕大夫比以殺公之外嬖（比相親也）公懼奔齊十二年高偃帥師納北燕伯于唐因其衆也（言因唐衆欲納之故得先入唐唐燕別邑也不言於燕未得國）

二十年六月衛公孟縶狎齊豹公孟靈公兄也狎輕也奪之司
寇與鄄鄄豹邑也有役則反之無則取之縶足不良故反役則以官邑還
豹使行公孟惡北宮喜褚師圃欲去之喜貞子也丙辰衛侯
在平壽衛侯靈公元也衛公孟有事於蓋獲之門外齊氏子
帷於門外而伏甲焉用戈擊公孟殺之公聞亂乘驅
自閱門入公載寶以出如死鳥死鳥衛地也齊氏之宰渠
子召北宮子北宮喜也北宮氏之宰不與聞謀殺渠子
遂伐齊氏滅之子巳晦公入與北宮喜盟于彭水之
上七月戊午朔盟國人
定公四年冬蔡侯吳子唐侯伐楚十一月庚午二師

陳于柏舉楚師亂吳師大敗之五戰反郢己卯楚子
楚昭王名王居取其妹季芊畀我以出涉睢庚寅吳入郢楚
子奔鄖鄖公之弟懷曰平王殺吾父父曼成然今我殺其
子不亦可乎鄖公止之然恐其殺昭王乃與王出奔
隨昭王之出郢也使申包胥楚大夫王孫包胥請救于秦秦
以車五百乘救楚楚亦收餘散兵與秦擊吳十一年
六月敗吳於魏楚地會吳王弟夫槩見吳王兵傷敗乃
亡歸自立為王闔閭聞之引兵出楚歸擊夫槩夫槩
敗奔楚楚封之堂谿號為堂谿氏九月昭王歸入郢
哀公二年衛侯元卒乃立輒輒元之孫蒯聵之子六月晉趙鞅
納衛太子戚衛太子蒯聵也是為莊王十五年冬孔文子之豎渾
良夫與太子入欒寧泰衛侯輒來奔十七年三月晉
趙鞅使告于衛曰君之在晉也志父為主請君若太
子來以免志父不然寡君其曰志父之為也恐晉君謂志父
殺不來使衛臣辭以難太子又使椓之椓訴父故速得其處六月趙
鞅圍衛十月復伐衛入其郛將入城衛人出莊公而
與晉平晉立襄公之孫般師而還十一月衛侯自鄄
入莊公也般師入辛巳石圃作難公入于戎州己氏己氏
戎人生遂殺之衛人復般師而立之十二月齊人伐衛
立公子起起靈公子執般師以歸舍諸潞十八年衛石圃

逐其君起起奔齊衛侯輒自齊復歸
七年魯人伐邾遂入邾以邾子益來益邾隱公也獻于亳
社以其亡國與殷同囚諸負瑕故有繹負瑕魯邑高平南平陽府西北有瑕丘城
前者魯得邾之繹氏使在負瑕故使相就以辱之邾茅夷鴻以束帛韋自請
救于吳無君命故言比
八年吳伐我為邾故伐魯吳人行成未與魯成齊侯使如
吳請師將以伐魯乃歸邾子邾子又無道吳子使太
宰子餘討之囚諸樓臺栫之以棘栫擁也使諸大夫奉
太子革以為政十年邾隱公來奔遂奔齊二十二年
自齊奔越曰吳為無道執父立子越人歸之太子革

奔齊

訓練

昔祿去周室王道寖衰故禮樂征伐自諸侯出衆者得以暴寡彊者以淩弱其國大者或僭作五軍其土狹者或竊置三卿其有以大閱於秋治兵於廟定霸爭雄更勝迭負蓋有黷武佳兵之志無民民罔罪之舉徒使蟣虱生於甲冑肝腦橫於原野覽之信史良有悲夫

魯桓公六年秋大閱（齊爲大國以戎事徵諸侯之城魯人懼之故以非時簡車馬）

莊公八年正月甲午治兵（治兵於廟習號令將以圍成）治兵於廟

禮也

僖公二十七年秋楚子將圍宋使令尹子文治兵於睽（子文時不爲令尹故云使治兵習號令也睽楚之邑）終朝而畢不戮一人（終朝自旦及食時也子文欲委重於子玉故其事）子玉復治兵於蔿（子玉爲令尹故蔿楚邑）終日而畢鞭七人貫三人耳冬楚子及諸侯圍宋宋公孫固如晉告急於是乎蒐于被廬（晉常以春蒐禮改政令敬其始也被廬晉地）作三軍（閔元年晉獻公作三軍今復大國之禮）

二十八年冬晉侯作三行以禦狄荀林父將中行屠擊將右行先蔑將左行（晉置上中上三軍今復置三行以辟太子六軍之名王行無佐疑大夫將）

三十一年秋晉蒐于清原作五軍以禦狄（前作三行今罷之更爲上下親軍河東聞喜縣有清源）

文公六年春晉蒐于夷舍二軍（前作五軍今舍二軍復三軍之制夷晉地）

宣公十四年夏晉侯伐鄭告於諸侯蒐焉而還（蒐簡閱車馬）

昭公八年秋大蒐于紅自根牟至於商衛革車千乘（大蒐數軍實簡車馬也根牟魯東界琅琊陽都縣有牟鄉商宋地商宋地魯西竟接宋衛也言千乘明大蒐且見魯衆之多數也）

十年秋七月伐莒取郠（郠莒邑名也）

十三年夏晉將以諸侯來討叔向曰諸侯不可以不

示威（鄉晉德薄欲以威服之）乃竝徵會會于良七月治兵于邾南甲車四千乘（三十萬人）叔向曰諸侯有間矣不可以不示衆八月辛未治兵（習戰）建而不旆（建立旌旗不曳其旆旆斿也）壬申復旆之諸侯畏之（軍將戰則曳旆以恐之）

十一年五月大蒐于比蒲

二十二年大蒐于昌間

定公十三年夏大蒐于比蒲（夏蒐非時）

禦備

春秋左氏傳曰預備不虞古之善政又曰無備雖衆不可恃也是知禦備之略有國者之所悉也矧周室

既衰諸侯立政疆凌弱衆暴寡交相侵伐無歲不有申嚴警備惟敵是禦於是乎興版築之役以峻其城壘行蒐田之令以簡其軍實斯所以謹其武守固其邦國者焉

魯隱公七年夏城中丘 中丘在琅邪臨沂縣東北 九年夏城郎

桓公五年城祝丘 齊鄭將襲紀紀人懼而來告故城祝丘

十六年冬城向書時也

莊公二十八年冬築郿 郿魯下邑 非都也凡邑有宗廟先君之主曰都無曰邑邑曰築都曰城

二十九年十二月城諸及防 諸防皆魯地

僖公二年春王正月城楚丘 楚丘衛邑不言城衛衛未遷

十有四年春諸侯城緣陵 緣陵杞邑辟淮夷遷都於緣陵

三十一年秋晉蒐于清原作五軍以禦狄 二十八年晉作三行今罷之更爲上下新軍河東聞喜縣北清原

文公七年三月城郚 因伐邾師以城郚郚魯邑下縣南有郚城備邾難

十二年冬季孫行父帥師城及鄆 鄆莒魯所爭者城也以幕縣南有負亭即鄆陽以其遠偪外國故帥師城之

十三年春晉侯使詹嘉處瑕以守桃林之塞

襄公十三年冬城防書事時也 土功雖有常節通以事閒爲時 於是將早城臧武仲請俟畢農事禮也

十五年夏齊侯圍成貳於晉故也 不畏霸王故敢伐魯 於是乎成城郛 郛郭也

十九年冬十一月城西郛懼齊也 前年與晉伐齊又鑄其器爲鐘故 齊及晉平盟于大隧 大隧地名 故穆叔會范宣子于柯穆叔歸曰齊猶未也不可以不懼乃城武城

昭公元年六月楚公子圍使公子黑肱伯州犂城犨櫟郟 黑肱王子圍之弟皙也犨縣屬南陽郟縣屬城櫟今河南陽翟縣三邑本鄭地

四年冬吳伐楚入棘櫟麻 棘櫟麻皆楚東鄙邑譙國酇縣東北有棘亭汝陰新蔡縣東北有櫟亭 以報諸方之役 諸方役在七年秋 楚沈尹射奔命於夏汭 夏汭漢水之入江今夏口也吳兵在東北楚盛兵在東南以絶其後 葴尹宜咎

城鍾離 宜咎本陳大夫襄二十四年奔楚 薳啓彊城巢然丹城州來 然丹鄭穆公孫襄十九年奔楚 東國水不可以城彭生罷賴之師 彭生楚大夫罷闕韋龜城賴之師

十九年楚工尹赤遷陰於下陰 陰縣今屬南鄉郡 令尹子瑕城郟叔孫昭子曰楚不在諸侯矣其僅自完也以持其世而已 遷陰城郟皆欲以自完守

二十三年冬楚囊瓦爲令尹 囊瓦子囊之孫子常也伐陽年 城郢 楚用子囊遺言曰築城矣今畏吳復增脩以自固

二十九年冬晉趙鞅荀寅帥師城汝濱 趙鞅趙武孫也荀寅中行荀吳之子汝濱晉所取陸渾地

定公六年冬城中城（公爲晉侵鄭故懼而城之）

十四年秋城莒父及霄（公叛晉助范氏故懼而城二邑也）

哀公三年五月季孫斯叔孫州仇帥師城啓陽（魯黨范氏故懼晉城啓陽今琅琊開陽縣）四年城西郛（魯西郭備晉也）

五年春城（北備晉田也）

六年春城邾瑕（備晉也任城亢父縣北有邾婁城）

十一年夏公會吳子伐齊大敗齊師秋季孫命備守備曰小勝大禍也齊至無日矣（善有備）

鄭繻公十五年韓景侯伐鄭取雍丘鄭城京

趙獻侯十三年城平邑

肅侯十七年築長城

武靈王二年城鄗

惠文王八年城南行唐（在常山）

孝惠王十一年城元氏（常山有元氏縣）

幽繆王遷元年城柏人

悼襄王元年大備（一作脩）魏欲通平邑中牟之道不城

二年城韓皐

魏文侯六年城少梁

武侯二年城安邑王垣（垣縣有王屋山也）

八年復城少梁

十六年伐秦築臨晉元里

十七年擊宋中山伐秦至鄭還築雒陽（一云擊中山置合陽又世家云攻秦至鄭而還築合陽雒陽）

三十二年伐鄭城酸棗

惠王五年城武都

十九年諸侯圍我襄陵築長陵塞固陽

秦厲公十六年塹阿旁補龐戲城（紀作阿旁）

二十六年城南鄭

靈公元年城塹河瀨

十年補龐城籍姑

簡公七年塹雒城重泉

獻公二年城櫟陽

孝公十九年城武城

惠王五年城武都

十九年築長城塞固陽

武王四年拔韓宜陽涉河城武遂

楚懷王十年城廣陵

交質

戰國之時諸侯竝爭干戈日尋變詐鋒起旣失盟誓之信乃有交質之約或因危以結好或匿詐以圖勳

綈結未已禍敗隨焉雖其至親無所顧惜禮所謂大
信不約傳有云信不繇中苟非其時何救於患
鄭武公莊公爲平王卿士王貳于虢鄭伯怨王王曰
無之故周鄭交質王子狐爲質於鄭公子忽爲質於
周（王子狐平王子）
魯文公十七年晉鞏朔行成於鄭趙穿公壻也爲質
焉十月鄭太子夷石楚爲質於晉
宣公十二年楚子圍鄭三月克之許之平潘尫入盟
子良出質（潘尫楚大夫子良鄭伯弟）
成公二年九月楚侵魯及陽橋（陽橋魯地）孟孫請往賂之

公衡爲質（公衡成公子）
十七年夏五月鄭太子髡頑侯儒爲質於楚（侯儒鄭大夫）
襄公元年正月諸侯之師圍宋彭城齊人不會彭城
晉人以爲討二月齊太子光爲質於晉（光齊靈公太子）
定公三年蔡侯如晉以其子元與其大夫之子爲質
焉而請伐楚初蔡昭侯爲兩佩與兩裘（佩佩玉也）以如楚
獻一佩一裘於昭王昭王服之以享蔡侯蔡侯亦服
其一子常欲之弗與三年止之蔡人固請獻佩于子
常蔡侯歸及漢執玉而沈曰余所以濟漢而南者有
若大川

四年晉人使蔡滅沈楚爲沈故圍蔡蔡昭侯以其子
乾與其大夫之子爲質於吳與吳子伐楚
越王勾踐自會稽反國使范蠡爲大夫柘稽行成爲
質於吳二歲而吳歸蠡
韓宣惠王十九年秦伐韓韓太子倉質於秦以和
楚懷王二十六年齊韓魏三國兵伐楚楚使太子入
質於秦而請救秦遣兵救楚三國引兵去
二十七年秦大夫有私與楚太子鬭楚太子殺之而
亡歸
二十九年秦復攻楚大破楚軍死者二萬殺將軍景

缺懐王恐乃使太子爲質於齊以求平
楚頃襄王二十七年復與秦平而入太子爲質於秦
楚使左徒待太子於秦三十六年頃襄王病太子亡
歸
齊湣王二十四年秦使涇陽君質於齊二十五年歸
涇陽君于燕陳翠合齊將令燕王之弟爲質於齊燕
王許諾太后聞之大怒曰陳公不能爲人之國則亦
已矣焉有離人子母者老婦欲得志焉陳翠欲見太
后王曰太后方怒子子其待之陳翠曰無害也遂入
見太后曰何臞也太后曰賴得先王鴈鶩之餘食不

宜罷者憂公子之且爲質於齊也陳翠曰人主之愛子也不如布衣之甚也非徒不愛子也又不愛丈夫子獨甚太后曰何也對曰太后嫁女諸侯奉以千金齎壐百里以爲人之終今王願封公子百官持職群臣效忠曰公子無功不當封今王之以公子爲質也且以爲公子功而封之也而太后弗聽臣是以知人主之不愛丈夫子獨甚也且太后與王幸而在故公子貴太后千秋之後王棄國家而太子即位公子賤於布衣故非及太后與王封公子則公子終身不封矣太后曰老婦不知長者之計乃命公子東車制衣

爲行具

晉惠公八年使太子圉質秦秦歸河東而妻之

趙孝成王元年秦伐趙拔三城趙王新立太后用事秦急攻之趙求救於齊齊曰必以長安君爲質兵乃出太后不肯伏臣彊諫太后謂左右曰復言長安君爲質者老婦必唾其面左師觸龍言願見太后太后盛氣而胥之入（胥猶須也穀梁傳曰胥其出也）徐趨而坐自謝曰老臣病足曾不能疾走不得見久矣竊自恐太后體之有所苦也故願望見太后太后曰老婦恃輦而行曰食得毋衰乎曰恃鬻耳曰老臣間者殊不欲食乃彊步日三四里少益嗜食和於身也太后曰老婦不能太后不和之色少解左師公曰老臣賤息舒祺最少不肖而臣衰竊憐愛之願得補黑衣之缺以衛王宮昧死以聞太后曰敬諾年幾何矣對曰十五歲矣雖少願及未填溝壑而託之太后曰丈夫亦愛憐少子乎對曰甚於婦人太后笑曰婦人異甚對曰老臣竊以爲媼之愛燕后賢於長安君太后曰君過矣不若長安君之甚左師公曰父母愛子則爲之計深遠媼之送燕后也持其踵爲之泣念其遠也亦哀之矣已行非不思也祭祀則祝之曰必無使及豈計長久爲

子孫相繼爲王也哉太后曰然左師公曰今三世以前至於趙王之子孫爲侯者其繼有在者乎曰無有曰微獨趙諸侯有在者乎曰老婦不聞也曰此其近者禍及其身遠者及其子孫豈人主之子侯則不善哉位尊而無功奉厚而無勞而挾重器多也今媼尊長安君之位而封之以膏腴之地多與之重器而不及今令有功於國一旦山陵摧長安君何以自託於趙老臣以媼爲長去君之計短也故以爲愛之不若燕后太后曰諾恣君之所使之於是爲長安君約車百乘質於齊齊兵乃出

魏安釐王三十年信陵君無忌率五國兵敗秦軍河外時魏太子增質於秦秦怒欲囚魏太子增或爲增謂秦王曰公孫喜固謂魏相曰請以魏疾擊秦秦王怒必囚增魏王又怒擊秦秦傷今王囚增以喜之計中也故不若貴增而合魏以疑之於齊韓秦乃止

秦昭襄王爲質於燕武王死燕人送歸得立

四十年悼太子質于魏者死歸葬芷陽

四十二年立次子安國君爲太子太子有子二十餘人中男子楚爲質於趙昭王五十年使王齮圍邯鄲急趙欲殺子楚子楚與呂不韋謀行金六百斤予守

者吏得脫亡赴秦軍遂以得歸一云秦質子異人質於趙處於聊城

始皇四年秦質子歸自趙趙太子出歸國趙世家云秦召春平君因而畱之世鈞爲之請文信侯曰春平君者趙王甚愛之而郎中妬之故相與謀曰春平君入秦秦必畱之故相與謀而內之秦也今君畱之是絶趙而郎中之計中也君不如遣春平君而畱平都春平君者言行信於王王必厚割趙而贖平都文信侯曰善因遣之

十五年燕太子丹入質於秦丹亡歸

行罰

夫作刑之意法天之震曜明罰之義本易之噬嗑蓋所以齊衆而禁暴輔世而助治者焉春秋列國力政專命至於結姦討貳閑邪懲敗亦必昭其罪戾寘于典刑繇是定覇之舉衆心以服于紀之戮一成不變斯所以臨長臣庶申明憲度寧四封之守宰糾諸司之邪慝至於保世以滋大靖國而永命者曷甞不繇是哉

魯莊公六年夏衛侯入臣欽若等曰衛惠公即位四年左公子洩右公子職立公子黔牟惠公奔齊八年而後復入放公子黔牟於周放寗跪于秦殺左公子洩右公子職寗跪衛大夫宥之以遠日放乃即位

十六年夏鄭伯治與于雍糾之亂者臣欽若等曰鄭厲公即位四年祭仲專政公令雍糾殺之雍姬祭仲之女告其父遂殺之糾公出居櫟七歲復入九月殺公子閼刖强鉏二子祭仲黨刖足曰刖公父定叔出奔衛共叔段之孫定

諡也三年而復之曰不可使共叔無後於鄭使以十月入曰良月也就盈數焉數滿於十君子謂强鉏不能衛其足言其不能早避害

十八年夏楚子殺其大夫閻敖初楚武王遷權于那處權國名南郡當陽縣東南有權城那處南郡編縣東南有那口城使閻敖尹之及文王即位巴人伐申而驚其師驚巴師巴人叛楚而伐那處取之遂門于楚攻楚城門閻敖游涌而逸涌水在南郡華容縣閻敖旣不能守城又游涌水而出楚子殺之

僖公四年夏齊人報陳轅濤塗初齊侯以諸侯之師伐楚楚屈完及諸侯盟陳轅濤塗謂鄭申侯曰師出

於陳鄭之間國必甚病申侯鄭大夫當有共給之費故若出於東方
觀兵於東夷循海而歸其可也東夷郯莒徐夷也觀兵示威申侯
曰善濤塗以告齊侯許之許出東方申侯見曰師老矣若
出於東方而遇敵懼不可用也若出於陳鄭之間共
其資糧扉屨其可也扉草也齊侯誂與之虎牢還以鄭邑賜之
執轅濤塗秋伐陳討不忠也以濤塗爲誤軍道
十五年夏秦伯伐晉晉侯三敗慶鄭諫弗聽及戰于
韓原公號慶鄭慶鄭曰愎諫違卜固敗是求又何逃
焉遂去之秦獲晉侯以歸及晉侯歸臣欽若等曰晉惠公即位六年爲秦所虜復之殺慶鄭而後入

二十八年春晉侯伐曹令無入僖負羈之宮而免其
族報施也報飧璧之施臣欽若等曰晉文公亡過曹僖負羈饋飧寘璧焉魏犫顛頡
怒曰勞之不圖報於何有二子各有從亡之勞爇僖負羈氏爇燒也
魏犫傷於胷中公欲殺之而愛其材材力使問且視
之病將殺之魏犫束胷見使者曰以君之靈不有寧
也言不以病故自安寧距躍三百曲踊三百距躍越也曲踊跳踊也百猶勵也
乃舍之殺顛頡以徇于師夏與楚戰于濮城晉中軍
風于澤牛馬因風而走皆失之亡大旆之左旃大旆旗名擊旐曰旆通帛曰旃
祁瞞奸命掌軍旅事而不修爲奸軍令司馬殺之以徇于諸侯使
茅茷代之師還濟河舟之僑先歸士會攝右權茷舟之僑也
士會隋武子士蔿之孫秋七月振旅愷以入于晉殺舟之僑以
徇乎國民於是大服君子謂文公其能刑矣三罪而
民服三罪顛頡祁瞞舟之僑詩云惠此中國以綏四方不失賞刑
之謂也
是年夏楚令尹子玉與晉戰敗于城濮楚王使謂之
曰大夫若入其若申息之老何申息二邑子弟皆從子玉而死言何以見其父老
子西孫伯曰得臣將死二臣止之曰君其將以
爲戮孫伯即大心子玉子也二子以此答王使欲令子玉往就君戮及連穀而死至連穀王無赦命故自殺
是年冬衛侯與元咺訟爭殺叔武事甯武子爲轉鍼莊子

爲坐士榮爲大士衛侯不勝殺士榮刖鍼莊子謂甯
俞忠而免之
文公九年正月己酉晉箕鄭父先都士穀梁益耳蒯
得使賊殺先克乙丑靈公殺先都梁益耳三月甲戌
靈公殺其箕鄭父士穀蒯得初文公六年夷之蒐晉侯將登箕鄭父先都而使士穀梁益耳將中君先克曰狐趙之勳不可廢也從之先克奪蒯得田於董陰故箕鄭父先都士穀梁益耳蒯得作亂
十八年冬宋武氏之族道昭公子將奉司城須以作
亂文公殺昭公故武族欲因其子以作亂司城須文公弟十二月宋公殺母弟
須及昭公子使戴莊桓之族攻武氏于司馬子伯之

館載族華樂也莊族公孫師桓族向魚鱗蕩也司馬子伯華偶也遂出武穆之族穆族黨於武氏故

宣公元年夏晉人討不用命者放胥甲父于衛胥甲下軍佐文十二年戰河曲不肯薄秦於險而立胥克克甲之子先辛奔齊辛甲之屬大夫

十三年冬晉人殺其大夫先穀初十二年晉師救鄭荀林父爲中軍先穀佐之及河聞鄭及楚平桓子欲還先穀曰不可以中軍佐濟故敗是年赤狄伐晉及清先穀召之也冬晉人討邲之敗與清之師歸罪於先穀而殺之盡滅其族君子曰惡之來也已則取之其先穀之謂乎

成公六年秋宋公子圍龜爲質于楚而歸圍龜文公子華元享之請鼓譟而出鼓譟以復入出入輙擊鼓曰習攻華氏宋公殺之宣公十五年宋楚平後元使圍龜代已爲質故怨而欲攻之

十八年春正月晉周子立悼公朝于武宮武宮曲沃始命君逐不臣者七人夷羊五之屬臣欽若等曰皆厲公嬖臣也

是月齊爲慶氏之難前年國佐殺慶克故甲申晦齊侯使士華免以戈殺國佐于內宮之朝華免齊大夫內宮夫人宮師逃于夫人之宮伏兵內宮恐不勝書曰齊殺其大夫國佐棄命專殺以穀叛故也國佐本疾淫亂殺慶克齊以是討之嫌其罪不及死故明言其三罪使清人殺國勝國勝佐子前年待命於清者國弱奔魯弱勝之弟王湫奔萊湫國佐黨

襄公三年冬楚公子申爲右司馬多受小國之賂以偪于重子辛偪奪其權勢楚人殺之故書曰楚殺其大夫公子申言所以致國討之失

六年春宋華弱與樂轡少相狎長相優又相謗也子蕩怒以弓梏華弱于朝子蕩樂轡也張弓以貫其頸若械之在手故曰梏平公見之曰司武而梏於朝難以勝矣司武司馬言其懦弱不足以勝敵遂逐之華弱奔魯司城子空曰同罪異罰非刑也專戮于朝罪孰大焉亦逐子蕩

十九年秋鄭子孔于爲政也專國人患之乃討西宮

之難十年尉止等作難於西宮子孔知不言與純門之師前年子孔召楚師至於純門子孔當罪以其甲及子革子良氏之甲守子產子西率國人伐之殺子孔

二十一年晉欒盈出奔初箕遺及黃淵嘉父作亂不克而死箕遺黃淵嘉父皆晉大夫欒壓娶范宣子之女曰欒祁生盈黶卒祁歸其老州賓通盈患之祁懼愬諸宣子曰盈將爲亂盈好施士歸之宣子執政畏其多士使城著將逐之箕遺黃淵等知之而作亂宣子殺遺淵嘉父及司空靜羊舌虎等十人公遂逐群賊群賊欒盈之黨知起中行加州綽刑蒯之屬遂之出奔齊謂陽畢曰自穆侯以至於今兵亂不輟陽畢晉大夫穆侯唐叔八世之孫桓叔之父也晉亂自桓叔始輟止也民志無厭禍敗無已厭極已止離民且速寇恐及吾身若之何速召陽畢

對曰本根猶樹本根亂木謂欒氏猶尚樹木也枝葉蓋長本根益茂
是以難已也今若大其柯柯斧所執以伐木去其枝葉絕其
本根可以少閒閒息也謂滅欒氏而去其黨公曰子實圖之陽畢
曰圖在明訓訓教也明訓在威權言既有明教當有威權以行之也威
權在君言不在臣君論賢人之後有常位於國者而立之
論擇也常位謂世有功列於國而中微者亦論逞志虧君以亂國者之後
而去之逞快是遂威而遠權遂申遠也權權及後嗣也民畏其威而
懷其德莫能勿從言皆從君也若從則民心皆可畜皆可畜養
而教之畜其心而知其欲惡民孰偷生欲惡情欲好惡偷苟也若
不偷生則莫思亂矣且夫欒氏之誣晉國久矣誣罔也以

惡取善曰誣謂欒雖殺厲公然民被其德不以爲惡傳曰武子之德在民若周人之思邵公也欒書
實覆宗殺厲公以厚其家覆敗也宗大宗也謂殺厲立悼以取重於國厚其家
也若滅欒氏則民威矣威畏也今吾若起瑕原韓魏之
右而賞立之則民懷矣瑕瑕嘉原原軫韓韓萬魏畢萬之後皆晉賢人有常位於
國者也威與懷各當其所則國安矣君治而國安欲作
亂者誰與君曰欒書立吾先君先君悼公欒盈不獲罪如
何言盈不得罪於國爲其母范其所譖耳如何可滅也陽畢曰夫正國者不可
以暱于權暱近也言當遠權爲久長計也行權者不可以隱於私以私
恩隱蔽其罪無以正國也暱于權則民不導不可導訓也行權隱於私
則政不行政不行何以道民民之不道亦無君矣與亡

君同則其爲暱與隱也復產害矣且勤身復反也勤勞也反勞於國
而勞君身也君其圖之若愛欒盈則明逐群賊而以國倫
數而遣之群賊盈之黨倫理也厚戒箴國以待之箴猶勑待倫也彼若
求逞志而圖報於君罪孰大焉滅之猶少猶少滅之恐少彼
若不敢而遠逃乃厚其外交而勉之以報其德不亦
可乎謂賂其所適之國厚寄託之而勸勉焉公許諾盡逐群賊而使祁
午及陽畢適曲沃逐欒盈祁午中軍尉曲沃欒盈邑欒盈出奔楚
遂令於國人曰自文公以來之有功於先君而孫子
不育者將授立之得之者賞授之爵位而立之也居三年後三年也
欒盈晝入爲賊于絳欒盈在楚一年而奔魯襄二十三年齊莊公使祁歸父以蕃載

爲士納之曲沃夏四月盈帥曲沃之甲因魏獻子以晝入絳也范宣子以公入于襄
公之宮襄公完固故就之傳日奉公以如固宮也欒盈不克出奔曲沃傳日
晉人圍曲沃也遂刺欒盈滅欒氏刺殺也傳日晉人尅欒盈於曲沃盡殺欒氏之族黨
也是以沒平公之身無內亂
一十六年夏齊烏餘以廩丘奔晉烏餘齊大夫廩丘今東郡廩丘縣故
城是襲衛羊角取之今廩丘縣所治羊角城是遂襲魯高魚高魚城在廩丘
縣東有大雨自其竇入雨故水竇開介于其庫入高魚庫而介其甲以
登其城克而取之取魯高魚無所諱而不書其義未聞又取邑于宋於
是范宣子卒宣子范匄諸侯弗能治也及趙文子爲政其
卒治之文子言於晉侯曰晉爲盟主諸侯或相侵也

則討而使歸其地今為餘之邑皆討類也（言於此類宜見討）而貪之是無以為盟主也請歸之公曰誰可使也對曰胥梁帶能無用師晉侯使往（胥梁帶晉大夫能無用師言有權謀）

至二十七年春胥梁帶使諸喪邑者具車徒以受地必周（諸喪邑謂齊魯宋也周密也必密來勿以授地為名）使烏餘具車徒以受封（烏餘以地來故詐許封之）烏餘以其衆出（出受封也）使諸侯偽效烏餘之封者（效致也使齊魯宋為若致邑封烏餘者）而遂執之盡獲之（皆獲其徒衆）皆取其邑而歸諸侯諸侯是以睦於晉（傳言趙文子賢故平公雖失政而諸侯猶睦）

昭公十四年八月楚令尹子旗（鬬成然）有德於王不知

度（有佐立之德）與養氏比而求無厭（養氏子旗之黨養繇基之後）王患之九年甲午楚子殺鬬成然而滅養氏之族使鬬辛居鄖以無忘舊勳（辛子旗之子鄖公辛）

定公十年夏晉人討衛之叛故曰繇涉佗成何（鄟澤之盟盛何曰衛吾溫原也焉得視諸侯涉佗接衛侯手故）於是執涉佗以求成於衛衛人不許晉人遂殺涉佗成何奔燕君子曰此之謂棄禮不必均（言必見殺不得與人等）詩曰人而無禮胡不遄死涉佗亦遄矣哉（詩鄘風遄速也）

哀公二十二年十一月越王勾踐既滅吳而誅太宰嚭以不忠於其君而受重賂與己比周也

冊府元龜

巡按福建監察御史臣李嗣京　訂正

知閩縣事臣曹鳴臣參閱

知建陽縣事臣黄國琦較釋

列國君部十九

識闇　奢侈　信讒

識闇

夫分土于社以啓疆宇受爵于朝以治人民皆親親賢賢褒德報功之舉也及乎象賢以主祀繼世而爲邦於是無克肖之姿罔愼脩之志或惰於知臣所任

而非允或昧於察己所作而靡成或用武無謀以自受其弊或出令不愼以終致其凶至於禍難將成尚忽忠臣之諫回邪已熾方思古人之功大以覆宗小以失位軍旅亡於外宗祐廢其祀蓋智有所不至謀有所不臧雖天命之難知故人事之可鑒者也

鄭文公大夫高克好利而不顧其君文公惡而欲遠之不能使高克將兵而禦狄于竟（音境）陳其師旅翺翔河上久而不召衆散而歸（清人之詩）

齊襄公無禮義而求大功不脩德而求諸侯志大心勞所以求者非其道（甫田之詩刺襄公也）

陳僖公愿而無立志（故作衡門之詩以誘掖其君也）

宋襄公伐鄭楚伐宋以救之襄公與楚成王戰於泓楚人未濟公子目夷曰彼衆我寡及其未濟擊之公不聽已濟未陳又曰可擊公曰待其已陳陳成宋人擊之宋師大敗襄公傷股國人皆咎公公曰君子不困人於阨不鼓不成列（軍治于鼓戰以金止不鼓不戰也不成列未成陳）子魚曰（子魚目夷字）兵以勝爲功何常言與（一云尚何言與）必如公卽奴事之耳又何戰爲

晉厲公令胥童以兵八百攻殺三郤胥童因以刼欒書中行偃於朝曰不殺二子患必及公公曰一旦殺

三卿寡人不忍益也對曰人將忍君公弗聽謝欒書等以誅郤氏罪大夫復位厲公游匠驪氏欒書中行偃以其黨襲厲公而殺胥童迎公子周而立之

陳厲公佗取蔡女數如蔡厲公所殺桓公太子免之三弟共令蔡人誘厲公以好女與蔡人共殺厲公

齊景公與衛伐晉將濟河諸大夫皆曰不可邴意茲曰可乃伐河內齊侯皆飲諸大夫之軒唯邴意茲乘軒（以其言當）齊侯欲與衛侯乘（共載）與之宴而駕乘廣載甲焉使告曰晉師至矣齊侯曰此君之壯也寡人請攝（以己書攝伐衛車）乃介而與之乘驅之或告曰無晉師乃

止傳言齊侯輕所以不能成出

田乞爲齊大夫其收賦稅於民以小斗受之其粟於民以大斗行陰德於民而景公弗禁繇此田氏得齊衆心宗族益彊晏子數諫景公景公不聽

齊簡公之在魯也闞止有寵焉簡公悼公陽生子壬也闞止子我也事在六年及即位使爲政陳成子憚之驟顧諸朝成子陳恒心不安故諸御鞅言於公曰陳闞不可並也君其擇焉公弗聽後陳恒執公于舒州公曰吾早從鞅之言不及此又云簡公以田常監止一作闞俱爲左右監止幸於簡公田常心害之大夫朝禦鞅諫曰田監不可並也公弗聽監止舍公宮田常兄弟四人公乘欲殺子我子我閉門簡公與婦人飲擅臺將欲擊田常太史子餘曰

田常非敢爲利將除害簡公乃止田常擊子我殺之簡公奔莒

衞靈公將公叔氏以蒲畔靈公聞孔子來喜郊迎問曰蒲可伐乎對曰可靈公曰吾大夫以爲不可今蒲衞之所以待晉楚也以衞伐之無乃不可乎孔子曰其男子有死之志公叔氏欲以蒲適他國而男子欲死之不樂適他婦人有有保西河之志婦人恐懼欲保西河無戰意也吾所伐者過四五人本與公叔同畔者靈公曰善然不伐蒲

魯昭公伐季氏季平子登臺謝曰君以讒不察臣罪誅之請遷沂上弗許請囚於鄪弗許請以五乘亡弗許子家駒曰君其許之政自季氏久矣爲徒者衆將合謀弗聽郈昭伯曰必殺之季氏與叔孫氏孟氏共伐公公奔齊

吳王夫差悉發精兵擊越敗之夫椒越王乃以餘兵五千人保棲於會稽吳王追而圍之越王謂范蠡曰以不聽子故於此爲之奈何蠡對曰持滿者與天定傾者與人節事者以地卑辭厚禮以遺之不許而身與之市勾踐諾乃令大夫曰種行成於吳膝行頓首曰君王亡臣勾踐使陪臣種敢告下執事勾踐請爲臣妻爲妾吳王將許之子胥言於吳王曰天以越賜吳勿許也種還以報勾踐勾踐欲殺妻子燔寶器觸

戰以死種止勾踐曰夫吳太宰嚭貪可誘以利請間行言之於是勾踐乃以美女寶器令種間獻吳太宰嚭嚭受乃見大夫種於吳王種頓首言曰願大王赦勾踐之罪盡入其寶器有倖不赦勾踐將盡殺其妻子燔其寶器悉五千人觸戰必有當也嚭因說吳王曰越以服爲臣若將赦之此國之利也吳王將許之子胥進諫曰今不滅越後必悔之勾踐賢君種蠡良臣若反國將爲亂吳王弗聽卒赦越罷兵而歸

韓宣惠王十六年秦伐韓急韓相公仲謂韓王曰與國非可恃也今秦之欲伐楚久矣王不如因張儀爲

和於秦賂以一名都具甲與之南伐楚此以一易二之計也韓王曰善乃警公仲之行將西講於秦楚王聞之大恐召陳軫告之軫乃警四境之內興師言救韓命戰車滿道路發信臣多其車重其幣謂韓王曰不穀國雖小已悉發之矣願大王遂肆志於秦不穀將以楚徇韓韓王聞之大說乃止公仲之行公仲曰不可夫以實伐我者秦也以虛名救我者楚也王恃楚之虛名而輕絕彊秦之敵王必為天下大笑且楚韓非兄弟之國也又非素約而謀伐秦也已有伐形因發兵言救韓此必陳軫之謀也且王已使人報於

秦矣今不行見欺秦也夫輕欺彊秦而信楚之謀臣恐王必悔之韓王不聽遂絕於秦秦因大怒益甲伐韓大戰楚救不至大次我岸潁陰有岸亭

燕王噲以子之為相貴重主斷蘇秦之在燕與子之為婚而蘇代與子之交蘇秦死蘇代為齊使於燕燕王問曰齊王奚如對曰必不霸燕王曰何也對曰不信其臣蘇代欲以激燕王以尊子之也於是燕王大信子之子之因遺蘇代百金而聽其所使鹿毛壽作厝毛又曰耳陵縣本名厝謂燕王不如以國讓相子之人之謂堯賢者以其讓天下於許繇許繇不受有讓天下之名而實不失天下今王以國讓於子之子之必不敢受是王與堯同行也燕王因屬國於子之子之大重或曰禹薦益已而以啓人為吏及老而以啓人為不足任天下傳之於益已啓與交黨攻益奪之天下謂禹名傳天下於益已而實令啓自取之今言屬國於子之而吏無非太子人者是名屬子之而實太子用事是也王因收印自三百石吏已上而効子之子之南面行王事而噲老不聽政顧為臣國事皆決於子之三年國大亂

齊王建以后勝為相后勝受秦間金多使賓客入秦

又多予金皆為反間勸王去從朝秦不脩攻戰之備不助五國攻秦秦以故得滅五國五國亡秦兵卒入臨淄民莫敢格者王建遂降遷於共故齊人怨王建不蚤與諸侯合從攻秦聽姦臣賓客以亡其國

楚懷王時秦昭王與楚婚欲與懷王會懷王欲行大夫屈平曰秦虎狼之國不可信不如無行懷王稚子子蘭勸王行奈何絕秦歡懷王卒行入武關秦伏兵絕其後因留懷王三十年入秦以求割地懷王怒不聽亡走趙趙不內復之秦竟死於秦

奢僭

列國之君數世而下席祖宗之勳烈承霸王之基扁奢侈萌生驕僭自至瀆宗廟之義廣宮室之制暨乎濫施名器弗顧典彝增飾冠服務夸奇曲蜉蝣之刺於是興焉

曹昭公好奢而任小人將無所依焉故詩人賦蜉蝣以刺之

魯隱公五年九月考仲子之宮初獻六羽（持羽而舞天子八佾諸侯六大夫四魯僭諸公也）桓公惠公之子也禮緇布冠繢緌諸侯之冠也玄冠丹組纓諸侯之齊冠也玄冠紫緌自魯桓公始也（蓋僭王者之服也緌當用繢）

楚子熊通立三十五年伐隨隨曰我無罪楚曰我蠻夷也我有敝甲欲以觀中國之政請王室尊吾號隨人爲之周請尊王楚室不聽還報楚楚熊通怒曰吾先鬻熊文王之師也早終成王舉我先公乃以子男田令居楚蠻夷皆率服而王不加位我自尊耳乃自立爲武王與隨人盟而去

魯莊公二十三年秋丹桓宮楹（楹柱）禮天子諸侯黝堊（黝堊黑色）大夫蒼士黈丹楹非禮也

二十四年春刻桓公桷禮天子之桷斲之礱之加密石焉（以細石礱之）諸侯之桷斲之礱之大夫斲之士斲本刻桷非正也夫人所以崇宗廟也取非禮與非正而加之於宗廟以飾夫人非正也（非禮謂娶讐女非正斲刻桷上楹也本非宗廟之宜故曰加言將親迎欲爲大人飾又非正也）

齊桓公設庭燎之百禮曰庭燎之百繇桓公始也（僭天子也庭燎之差公蓋五十侯伯子男皆三十）

晉靈公壯侈厚斂以雕牆

宋文公卒始厚葬用蜃炭益車馬始用殉（燒蛤爲炭以瘞壙多埋車馬用人從葬也）重器備（重猶多也）椁有四阿棺有翰檜（四阿四注椁石翰旁飾檜上飾皆王禮）

晉景公十二年始作六軍（初作六車僭王也）

楚靈王會諸侯于申楚子示諸侯侈椒舉諫弗聽後使蕩侯等帥師圍徐以懼吳楚子次于乾谿（在譙國城父縣南）以爲之援雨雪王皮冠秦復陶（秦所遺羽衣）翠被（以翠羽飾被）豹舄（以豹皮爲履）

魯昭公將殺季氏（傳言發者從昭公之辭）告子家駒曰季氏爲無道僭於公室久矣（諸侯稱公室）吾欲殺之何如（詔公素畏季氏意者以爲加人君故不言殺）子家駒曰諸侯僭於天子大夫僭於諸侯久矣昭公曰吾何僭矣哉（失禮成俗不自知也）子家駒曰設兩觀（禮天子諸侯臺門天子外闕兩觀諸侯內闕一觀）乘大輅（禮天子大輅諸侯輅車大夫大車上士飾車）朱干（干楯也以朱飾楯）玉戚（戚斧也以玉飾斧）以舞大

夏（大夏夏樂也周所以舞夏樂者王者始起未制作之時取先王之樂與已同者假以風化天下天下大同乃自作樂取夏樂者與已俱文也文者舞文樂於宗廟之中舞先王之樂明有法也舞已之樂明有制也四夷之樂大德廣及之也）八佾以舞大武此皆天子之禮也

齊景公爲西曲潢其深滅軏高三仞橫木龍蛇立木鳥獸公衣黼黻衣素繡之裳一衣而五采具焉帶球玉而冠且被髮亂首南面而立傲然

吳王夫差出師在陳楚大夫皆懼曰闔廬惟能用其民以敗我於栢舉今聞其嗣又甚焉將若之何子西曰二三子恤不相睦無患吳矣今聞夫差次有臺榭陂池焉（積土爲高曰臺木曰榭過再宿曰次）宿有妃嬙嬪御焉（妃嬙貴者嬪御

皆賤者內官）一日之行所欲必成玩好必從珍異是聚觀樂是務視民如讐而用之日新夫自先敗也已安能敗我

信讒

夫讒言敗善君子之所憂偏聽生姦先民之攸戒蓋大凌潤之譖萋斐之謗其言孔甘內深次骨非夫特蘊明識洞察情僞周將詒禍於賢哲兆亂於家邦者焉剡乃分五等之爵臨千乘之國有人民以爲政有家際而就列乃復昵比憸佞寘於左右啓納邪蠱由之誅罰俾含忠守道之士愍然隱憂蒐慝險中之夫得肆其志斯小雅風人之所傷也

陳宣公多信讒君子憂懼焉作防有鵲巢憂讒賊也

鄭厲公時齊人伐鄭孔叔言於鄭伯曰諺有之曰心則不競何憚於病（競強也憚難也）既不能彊又不能弱所以斃也國危矣請下齊以救國公曰吾知其所繇來矣姑少待我（欲以申侯說）對曰朝不及夕何以待君於是鄭殺申侯以說于齊且用陳轅濤塗之譖也（五年濤塗怨鄭申侯反已於召陵故勸之城其賜邑田美城之大名也子孫不忘吾助子請乃爲之請於諸侯而城之美遂譖諸鄭伯曰美城其賜邑乎以叛也申侯繇是得罪）

晉獻公立驪姬爲夫人生奚齊及將立奚齊既與中

夫大成謀姬謂太子曰君夢齊姜必速祭之（齊姜太子母言求食）太子祭于曲沃歸胙于公（胙祭之酒肉）公田姬寘諸宮六日公至毒而獻之（壺酒經宿輒敗而經六日明公之惑）公祭之地地墳與犬犬斃與小臣小臣亦斃姬泣告曰賊繇太子太子奔新城（新城曲沃）公殺其傅杜原款或謂太子子辭君必辯焉（以六日之狀自理）太子曰君非姬氏居不安食不飽我辭姬必有罪君老矣吾又不樂（吾自理則姬死姬死則君必不樂不樂爲自吾也）曰子其行乎太子曰君實不察其罪被此名也以出人誰納我縊于新城姬遂譖二公子曰皆知之重耳奔蒲夷吾奔屈詩之唐風蓋刺獻公好聽

讒焉

楚成王時晉陽處父侵蔡令尹子上救之夾泜而軍子上欲涉大伯伯曰晉人半涉而薄我悔敗何及不如紓之乃退舍陽子宣言曰楚師遁矣遂歸楚師亦歸太子商臣譖子上曰受晉賂而辟之楚之耻也罪莫大焉王殺子上

衛成公出奔楚使元咺奉叔武以受盟于諸侯或訴元咺於衛侯曰立叔武矣其子角從公公使殺之角元咺子咺不廢命奉夷叔以入守

晉厲公五年三郤讒伯宗殺之伯宗晉大夫三郤郤錡郤犨郤至厲

公多外嬖姬歸欲盡群大夫而立諸姬兄弟寵姬兄曰胥童者嘗與郤至有怨及欒書又怨郤至不用其計而遂敗楚欒書欲待楚師退而擊之郤至云楚有六間不可失也乃使人間謝楚楚來詐厲公曰鄢陵之戰實至召楚欲作亂內子周立之會與國不具是以事不成厲公告欒書欒書曰其有殆矣願公試使人之周周京師微考之果使郤至於周欒書又使公子周見郤至郤至不知見賣也厲公驗之信然遂怨郤至欲殺之八年厲公獵與姬飲郤至殺豕奉進宦者奪之郤至射殺宦者公怒曰季氏欺予公反以為郤至奪豕也將誅三郤未發也郤錡欲攻公曰我雖死公亦病矣郤至曰信不反君智不害民勇不作亂失此三者誰與我死耳公令胥童以兵八百人襲攻殺三郤

魯昭公十三年會諸侯于平丘莒人愬于晉曰魯朝夕伐我幾亡矣自昭公即位誅魯同好又不朝兩伐莒無故怨愬晉人信之所謂讒慝弘多我之不共魯故之矣不共晉貢以魯故也晉侯不見公使叔向來辭曰諸侯將以甲戌盟寡君知不得事君矣請君無勤託謙辭以絕魯子服惠伯對曰君信蠻夷之訴蠻夷謂莒以絕兄弟之國棄周公之後亦惟君寡君聞命矣

齊靈公時慶克通于聲孟子與婦人蒙衣乘輦而入于

閎慶克慶封父蒙衣以為婦人服與婦人相冒閎巷門鮑牽見之以告國武子鮑牽鮑叔牙曾孫武子召慶克而謂之慶克久不出慙皆於家夫人所以徑之而告夫人曰國子謫我讁責也夫人怒國子相靈公以會會伐鄭高鮑處守高無咎鮑牽及還將坐閉門而索客蒐索備姦人孟子訴之曰高鮑將不納君而立公子角國子知之靈公刖鮑牽而逐高無咎無咎奔莒

宋平公共公子也初芮司徒生女子芮司徒宋大夫赤而毛棄諸堤下共姬之妾取以入共姬宋伯姬也名之曰棄長而美平公入夕平公共姬子也共姬與之食公見棄也而視之尤尤甚姬納諸御嬖生佐佐元公惡而婉佐貌惡而心順太子

痤美而很（貌美而心很戾）合左師畏而惡之（合左師向戌）寺人惠牆伊戾爲太子內師而無寵（惠牆氏伊戾名）楚客聘於晉過宋太子知之請野享之公使往伊戾請從之公曰夫不惡女乎（夫謂太子也）對曰小人之事君子也惡之不敢遠好之不敢近敬以待命敢有二心乎縱有共其外莫共其內（伊戾爲太子內師不行恐內待廢闕）臣請往也追之至則歃血用牲加書徵之（詐作盟處爲太子反徵驗）而騁告公（騁馳也）曰太子將爲亂與楚客盟矣公曰爲我子又何求對曰欲速（言欲速得公位）公使視之則信有焉（有盟徵）問諸大夫與左師則皆曰固聞之公囚太子太子乃自縊而死

景公時皇瑗之子麇（瑗宋右師）有友曰田丙而奪其兄酁般邑以與之酁般慍而行告桓司馬之臣子儀克（克在下邑不與難之亂故在）子儀克適宋告大夫曰麇將納桓氏公問諸子仲（子仲皇也）初子仲將以杞姒之非我爲子（爲適子杞姒子仲之妻）麇曰必立伯也（伯非我兄）是良材子仲怒弗從故對曰右師則老矣不識麇也（言右師老不能爲亂麇不可知）公執（執麇）皇瑗奔晉

楚靈王時成虎爲大夫或譖成虎於楚子楚子謂虎若敖之餘也遂殺之（成虎令尹子王之孫與鬬氏同出於若敖宣四年鬬椒作亂令楚子信譖而討若敖之餘）

齊景公時田穰苴爲將軍扞燕晉之師晉師罷去燕師度水而解追擊之遂取所亡邦內故境而引兵歸景公既見穰苴尊爲大司馬田氏日以益於齊已而大夫鮑氏高國之屬害之譖於景公景公退穰苴苴發疾而死時景公任用讒佞賞無功罰不辜晏子諫曰臣聞明君望見聖人而信其教不聞聽讒佞以誅賞又問晏子曰治國之患亦有常乎對曰讒夫佞人之在君側者好惡良臣而行與小人比國之常患也公曰讒佞人則亦成不善矣雖然則奚曾與國常患乎晏子曰君以爲耳目而好繆也夫上亂君之耳目下使羣臣皆失其職豈不誠足患哉

楚平王七年殺其大夫伍奢伍尚太子建奔宋初楚子之在蔡也郥陽封人之女奔之生太子建及即位使伍奢爲師費無極爲少師無寵焉欲譖諸王曰建可室矣王爲之聘於秦無極與逆勸王取之又言於楚子曰晉之伯也邇於諸夏而楚僻陋故不能與之爭若大城城父而寘太子焉以通北方王收南方是得天下也王說從之故太子建居于城父無極言於楚子曰建與伍奢將以方城之外叛自以爲猶宋鄭也齊晉又交輔之將以害楚其事集矣王信之問伍

奢伍奢對曰君一過多矣一過納建妻何信於讒王執伍奢忿奢切言使城父司馬奮揚殺太子未至而使之知太子寬故遣令去三月太子建奔宋王召奮揚奮揚使城父人執已以至王曰言出於余口入於爾耳誰告建也對曰臣告之君王命臣曰事建如事余臣不佞佞才也不能苟貳奉初以還奉初命以周旋不忍後命故遣之既而悔之亦無及已王曰而敢來何也對曰使而失命召而不來是再奸也奸犯也逃無所入王曰歸從政如他日善其言舍使還無極曰奢之子材若在吳必憂楚國盍以免其父召之彼仁必來不然將以爲患王使召之曰來吾

免其父棠君尚謂其弟員棠君奢之長子尚也爲棠邑大夫員尚弟子胥曰爾適吳我將歸死吾知不逮我能死爾能報聞免父之命不可以莫之奔也親戚爲戮不可以莫之報也奔死免父孝也度功而行仁也擇任而往知也知死不辟勇也父不可棄名不可廢爾其勉之相從爲愈伍尚歸奢聞員不來曰楚君大夫其旰食乎楚人皆殺之

衛靈公時孔子居衛頃之或譖孔子於靈公靈公使公孫余假一出一入臣欽若等按史記音義日以兵仗入會孔子孔子恐獲罪焉居十月去衛

齊悼公時或譖胡姬於齊侯胡姬景公妾曰安孺子之黨也齊侯殺胡姬安孺子景公太子荼也

吳王夫差時太宰伯嚭數與伍子胥爭越議因讒子胥曰伍員貌忠而實忍人其父兄不顧安能顧王王前欲伐齊員彊諫曰已而有功用是反怨王王不備伍員員必爲亂與逢同共謀讒之王王始不從乃使子胥於齊聞員託子於鮑氏王乃大怒曰伍員果欺寡人欲反使人賜子胥屬鏤劍以自殺子胥大笑曰我令而父霸又立若若初欲分吳國半予我我不受已今若反以讒誅我嗟乎嗟乎一人固不能獨立報

使者曰必取吾眼置東吳門以觀越兵入也

衛出公逐其臣太叔遺初衛侯占夢嬖人以能占夢見愛求酒於太叔僖子僖子大叔遺不得與小人比而告公曰君有大臣在西南隅弗去懼害託占卜夢而言乃逐太叔遺遺奔晉

魯元公時吳起爲將攻齊大破之人或惡吳起曰起之爲人猜忍人也其少時家累千金游仕不遂遂破其家鄉黨笑之吳起殺其謗已者三十餘人而東出衛郭門與其母訣齧臂而盟曰起不爲卿相不復入衛遂事曾子居頃之其母死起終不歸曾子薄之而

與起絕起乃之魯學兵法以事君殺妻以求將夫魯小國而有戰勝之名則諸侯圖魯矣且魯衛兄弟之國也而君用起則是棄魯魯君疑之謝吳起

魏武侯時吳起爲西河守公叔爲相尚魏公主而害吳起公叔之僕曰起易去也公叔曰柰何其僕曰吳起爲人節廉而自喜名也君因先爲武侯言曰夫吳起賢人也而侯之小國又與彊秦壤界臣竊恐起之無留心也武侯即曰柰何君因謂武侯曰試延以公主起有留心則必受之無留心則必辭之以此卜之君因召吳起而與歸即令公主怒而輕君吳起見公主之賤君也則必辭於是吳起見公主之賤魏相果辭魏武侯武侯疑之起懼得罪遂去即之楚

魯平公將出嬖人臧倉者請曰他日君出則必命有司所之今乘輿已駕矣有司未知所之敢請（平益也嬖人愛幸小人也）公曰將見孟子（平公敬孟子有不敢請召將往就見之也）臧倉曰何哉君所爲輕身以先於匹夫者以爲賢乎禮義繇賢者出而孟子之後喪踰前喪君無見焉（匹夫一夫也臧倉言君何爲輕千乘而先匹夫乎以爲君子賢者當行禮義而孟子前喪父約後喪母奢君母見者也）公曰諾

楚懷王時屈原爲左徒博文彊志明於治亂嫻（音閒）於辭令入則與王圖議國事以出號令出則接遇賓客應對諸侯王甚任之上官大夫與之同列爭寵而心害其能懷王使屈原造爲憲令屈原屬草藁未定上官大夫見而欲奪之屈原不與因讒之曰王使屈原爲令衆莫不知每一令出平伐其功曰以爲非吾莫能爲也王怒而疏屈原

燕惠王爲太子時嘗不快於樂毅是時樂毅爲上將軍并護趙楚韓魏燕之兵以伐齊破之濟上而諸侯兵罷歸而燕軍樂毅追至于臨淄下齊七十餘城皆爲郡縣以屬燕惟獨莒即墨未服會惠王即位齊之

田單聞之乃縱反間於燕曰齊城不下者兩城耳然所不早拔者聞樂毅與燕新王有隙欲連兵且留齊南面而王齊齊之所患唯恐他將之來於是燕惠王固已疑樂毅得齊反間乃使騎劫代將

魏安釐王時公子無忌率五國之兵破秦軍於河外走蒙驁遂乘勝逐秦軍至函谷關抑秦兵秦兵不敢出當是時公子威振天下諸侯之客進兵法公子皆名之故世俗稱魏公子兵法秦王患之乃行金萬斤於魏求晉鄙客令毀公子於魏王曰公子亡在外十年矣今爲魏將諸侯將皆屬諸侯徒聞魏公子不聞

魏王公子亦欲因此時定南面而王諸侯畏公子之威方欲共立之秦數使反間僞賀公子得位爲魏王未也魏王日聞其毁不能不信後果使人代公子將公子自知再以毁廢乃謝病不朝與賓客爲長夜飲飲醇酒多近婦女日夜爲樂飲者四歲竟病酒而卒

趙王遷時秦使王翦攻趙趙使李牧司馬尚禦之秦多與趙王寵臣郭開金爲反間言李牧司馬尚欲反趙王乃使趙怱及齊將顔聚代李牧李牧不受命趙使人微捕得李牧斬之廢司馬尚後三月王翦因急擊趙大破之破之殺趙葱虜趙王遷及其將顔聚遂

滅趙

魏王時史不書王諡龐恭與太子質於邯鄲恭謂魏王曰今一人言市有虎王信之乎王曰否二人言市有虎王信之乎王曰寡人疑之矣三人言市有虎王信之乎王曰寡人信之矣龐恭曰夫市之無虎明矣然而三人言而成虎今邯鄲去大梁也遠於市而議臣者過於三人矣願大王察之於是辭行而讒言先至恭果不見魏君矣

冊府元龜

巡按福建監察御史臣李嗣京　訂正
知甌寧縣事臣　孫以敬　參閱
知建陽縣事臣　黄國琦　較釋

列國君部二十

失政　失禮

失政

宗周之季王道厥蕩列國之際亂政亟行或作法於貪而不勝其弊或布賞無藝而不撫其民苟從匪彝罔廸率典繇是蒸黎疲廢田野汙萊禮義不脩讒慝

並進上下黷亂君臣詛盟寵賂是彰女謁度敗及其微弱不能自存以至陵遲莫保其宗社者也

鄭莊公不勝其母以害其弟弟叔失道而公弗制祭仲諫而公弗聽小不忍以致大亂焉（莊公之母謂武姜生莊公及弟叔段好勇而無禮公不早爲之所而使驕慢）國人賦將仲子以刺之叔多才而好勇不義而得衆也又賦大叔于田以刺之其後齊侯伐許頻考叔先登子都自下射之顛莊公使卒出豭行出犬雞以詛射潁考叔者（百人爲卒二十五人爲行行亦卒之行列疾射潁考叔者政令卒及行閒皆理之）君子爲莊公失政刑矣政以治民刑以正邪既無德政又無威刑是以及邪（大臣不睦又不能用刑於邪人）邪而詛之將何益矣

魯桓公六年八月壬午大閱大閱者何閱兵車馬也脩教明諭國道也（脩先王之教以明達於民治國之道）平而脩戎事非正也（禮因四時出獵以習用戎事存不至亡安不忘危之道平謂不因田獵無事而脩之）其曰以爲崇武故謹而日之蓋以觀婦人也

齊襄公無禮義而求大功不脩德而求諸侯志大心勞所以求者若非其道大夫作甫田詩以刺之

魯莊公二十九年春新作延廐書不時也凡馬日中而出日中而入（日中春秋分也治廐當以秋分因馬入而脩之今以春作故曰不時）

鄭文公時大夫高克好利而不顧其君文公惡而欲

遠之不能使高克將兵而禦狄于竟陳其師旅翺翔河上久而不召散還而歸高克奔陳公子素惡高克進之不以禮文公退之不以道危國亡師之本也國人賦清人之詩以刺之

楚成王時鄭伯始朝于楚（中國無霸故）楚子賜之金旣而悔而與之盟曰無以鑄兵（楚金利故）故以鑄三鍾（古者以銅爲兵言楚無霸者遠畧）

魯僖公二十年春新作南門書不時也民啓塞從時

宋襄公十四年疾死泓戰公之不葬何也失民也其失民也何以其不教民戰則是棄其師也爲人君而

棄其師其民孰以爲君哉所謂教民戰者習之也春秋貴偏戰而惡詐戰襄公所以敗于泓者言偏戰也非不教其民也公羊以爲不書葬爲襄公諱背殯出會所以美其有承齊桓尊周室之意鄭君什之曰教民習戰不用是以不教也詐戰謂不期也旣期矣當觀敵爲策倍則正敵則戰少則守今襄公于泓之戰違之又不用其臣之謀而敗故徒善不用賢良不足以興霸王之功是信不知權譎之謀不足以交鄰國會遠疆故易譏鼎折足詩刺不用良此說善也

魯文公二十年自十有二月不雨至于秋七月連年之月猶未爲災曆時而言不雨文不憂雨也僖公憂民歷一時輕書不雨今文公歷四時乃書是不勤雨也不憂雨者無志乎民也無恤民志又二十一年自正月不雨至于秋七月歷時而言不雨文不閔雨者無志乎民也公四不視朔天子告朔于諸侯受

乎禰廟神也每日天子以朔政告于諸侯受而納之禰廟告以羊今公自二月不視朔至王五月是後視朔之禮遂廢故子貢欲去其羊公四不視朔公不臣也以公爲厭政以甚矣天子班朔而公不視是不臣也

陳靈公時定公使單襄公聘于宋王卿士單朝也遂假道於陳以聘於楚火朝覿矣道茀不可行火心星覿見草路爲茀朝見謂之二十月星見于辰也候不在疆候人掌送賓客者也疆司空不視塗掌道路澤不陂陂鄣也古不竇澤故鄣之川不梁流曰川梁渠也古不防川故渠之野有庾積庾露穀也詩云曾孫之庾如坻如京場功未畢道無列樹列樹以表道且爲城守之用也墾田若蓺發田曰墾蓺猶蒔言其稱少若蓺物也膳宰不致餼生曰餼司里不授不館司里里也掌授客館國無寄寓寓亦寄也無寄

寓者不爲廬舍以寄羇旅客也縣無施舍四甸爲縣方十六里施舍者所以施舍賓客負任之虞民將築臺于夏氏夏徵之家也及陳陳靈公孔寧儀行父南冠以如夏氏留賓弗見南冠楚冠也賓單襄公單子歸告王曰陳侯不有大咎國必亡王曰何故夫辰角見而雨畢辰角大辰蒼龍之角角星明見者朝見東方建戌之初寒露節也雨畢者殺氣日盛雨氣盡也天根見而水涸天根亢氐之間也涸竭也謂寒露雨畢之後五日天根朝見水潦盡竭也月令仲冬水始涸天根見乃盡竭也本見而草木節解本氐也謂寒露之後十日陽氣盡草木之枝節皆理解也駟見而隕霜駟天駟房星也隕落也謂見戌之中霜始降火見而清風戒寒謂霜降之後清風至所以戒人爲寒備也故先王之教曰雨畢而除道水涸而成梁草木節解而備藏備藏也隕霜

而冬裘具清風至而修城郭宮室謂火見之後建亥之初故夏令曰九月除道十月成梁夏令夏后氏之令周所因其時儆曰收而場功偫而畚挶時儆時所以儆告其民也收而場功使人修囷倉偫具也畚器名土籠也挶舉土之器其爾畚挶將以築作也營室之中土功其始詩云定之方中火之初見期於司期會也致其築作也具會於司里之官也此先王之所以不用財賄廣施德於天下者也今陳國火朝覿矣而道若塞野場若棄澤不陂鄣川無舟梁是廢先王之教也周制有之曰列樹以表道立鄙食以守路鄙四鄙十里有廬廬有飲食國有郊牧國外曰郊牧牧放之地也疆有寓望畺表界之土有寄寓之舍候望之人也藪有圃草澤無水曰藪圃大則必有茂大之草以備財用囿有

林澤所以禦災也（災兵）其餘無非穀土民無懸耜（言耜嘗用也入土曰耜耜柄曰耒）野無奧草（奧深）不奪其民時不蔑民功（蔑未）有優無匱有逸無罷國有班事（國城邑班次也執事有次也）縣有序民（從所有序事）今陳國道路不可知田在草間功成而不收民罷於逸樂是棄先王之法制者也周之秩官有之（秩官周常官篇名）曰敵國賓至關尹以告行理以節逆之（理吏逆迎執瑞節爲信在迎之也行理小行人也）候人爲導（導賓至於朝出迎入於境）卿出郊勞（聘禮曰賓至於近郊使卿朝服用束帛勞之）門尹除門宗祝執祀也（賓將有事於廟則宗祝執祭祀之禮也）司里授館司徒具徒（具徒役脩道之委積也）司空視塗（視險易也）司寇詰姦虞人入材（祭祀賓客供其材）

册府元龜　列國君部失政　卷之二百五十四　五

何人積薪（何人掌薪蒸之事）火師兼監燎水師監濯（監條濯之事者）膳宰致饔（熟食饔）廩人獻餼（餼禾米也）司馬陳芻（圉人養馬故致芻圉人藏屬司馬）工人展車（展者客車稱傷敗也）百官以物至賓入如歸是故小大莫不懷愛其貴國之賓至則以班加一等益虔至於王吏則皆官正莅事（正官）上卿監之若王巡狩則君親監之今雖朝也不才有分族於周（王之親族也）承王命以爲過賓於陳司事莫至是蔑先王之官也先王之令書有之曰天道賞善而罰淫故凡我造國無從非彝（造爲彝常）無卽慆淫（慆慢卽京）各守爾典以承天休（典常）今陳侯不念嗣續之常棄其伉儷妃嬪而帥其卿佐以淫於夏氏不亦嬻姓矣乎（卿佐孔儀也謂徵舒之父禦叔卽陳公子夏之子靈公之從祖父嬌姓也而靈公淫其妻是爲褻嬻其姓）陳我大姬之後（大姬周武王女虞胡公之妃陳之祖姬也）棄袞冕而南冠以出不亦簡彝乎（略嘗服）是又犯先王之令也（先王令無從非彝）昔先王之教茂師其德猶恐隕越若廢其教而棄其制蔑其官而犯其令將何以守國居大國之間（大國晉楚）而無此四者其能久乎（四者謂教令制官）六年單子入楚（定王六年魯宣之八年也）八年陳侯殺于夏氏九年楚子入陳（楚子莊王也）

齊靈公伐萊萊人使正輿子賂夙沙衛以索馬牛皆百匹（夙沙衛齊寺人索簡擇時者）齊師乃還君子是以知齊靈公

册府元龜　列國君部失政　卷之二百五十四　六

之爲靈也（謚法亂而不整曰靈言謚應其行）

楚康王時爲舟師以伐吳（舟師水軍）不爲軍政（不設賞罰之差）無功而還

魯襄公十一年王正月作三軍作爲也古者天子六師諸侯一軍作三軍非正也（周禮司馬法曰萬有一千五百人爲軍王六軍大國三軍次國二軍小國一軍其將皆命卿二千五百人爲師然則此言天子六師凡萬按有五千人大國三軍則三萬七千五百人諸侯制踰天子非義也又云諸侯一軍又非制也昭五年經曰舍中軍傳曰貴復正也然則魯有二軍今云作三軍增置中軍一魯爲次國於此爲明）

晉平公十一年衛侯如晉晉人執而囚之士弱（士弱晉之獄大夫）衛人歸衛姬于晉乃釋衛侯（衛侯以女說晉而後得歸）君子

是以知平公之失政也（言晉之衰）十四年晉人使知悼子合諸侯之大夫以城杞（平公杞出也故治杞）孟孝伯會之鄭子太叔與伯石往子太叔見太叔文子（文子衛大夫）與之語文子曰甚乎其城杞也子太叔曰若之何哉晉國不恤周宗之闕而夏肄是屏（周宗諸姬也夏肄杞餘也屏城也）其棄諸姬亦可知也已諸姬是棄其誰歸之吉也聞之棄同卽異是謂離德詩曰協比其鄰昏姻孔云（言王者和協近親則婚姻甚歸附）晉不鄰矣其誰云之是年平公又使女叔侯來治杞田（使魯歸前侵杞田）弗盡歸也晉悼夫人慍曰齊也取貨（夫人平公母杞女也謂叔侯取貨於魯故不盡歸杞田）先君若有知也

不尚取之（不尚叔侯之取貨）公告叔侯叔侯曰虞虢焦滑霍楊韓魏皆姬姓也（八國皆晉所滅焦在陜縣陽屬平陽郡）晉是以大若非侵小將何所取武獻以下兼國多矣（武公獻公晉始盛之君）誰得治之杞夏餘也而卽東夷（行夷禮）魯周公之後也而睦於晉以杞封魯猶可而杞何有焉（何有魯歸之）魯之於晉也職貢不乏玩好時至公卿大夫相繼於朝史不絶書（書魯之朝聘）府無虛月（無月不受魯聘）如是可矣何必瘠魯以肥杞且先君而有知也毋寧夫人而焉用老臣（言先君毋寧寧也夫人之所爲先用責我）十五年平公築銅鞮之宮數里（銅鞮晉之宮）而諸侯舍於隸人二十四年成虎祁（在昭八年）諸侯朝而歸者皆有貳心（賤其奢也）爲取鄆故（魯取鄆在昭十年）晉將以諸侯來討叔向曰諸侯不可以不示威（如晉德薄欲以威服人）及蓋徵會于吳秋晉侯會吳子于良（下邳有良城縣）道不可吳子辭乃還（辭不會）

鄭簡公三十三年及其大夫盟（駟良爭故）君子是以知鄭難之不已也（鄭伯微弱不能制其臣下召臣謂盟故亂未已）

陳襄公二十六年鄭子產如陳涖盟歸復命告大夫曰陳亡國也不可與也（不可與結好）聚禾粟繕城郭恃此二者而不撫其民其君弱植公子侈太子卑大夫敖

政多門（政不出一人）以介於大國也（楚晉）能無亡乎不過十年矣

楚靈公二年以諸侯伐吳執齊慶封而盡滅其族（慶封以襄二十八年奔吳）將戮慶封椒舉曰臣聞無瑕者可以戮人慶封唯逆命是以在此（逆命謂不恭順）其播於諸侯焉用之（播之也）王弗聽負之斧鉞以徇於諸侯使言曰無或如齊慶封殺其君弱其孤以盟大夫（齊崔杼弒君慶封其黨也故以殺君非責之）慶封曰無或如楚共王之庶子圍弒其君兄之子麇而代之以盟諸侯王使速殺之七年就章華臺（南郡華容縣有臺在城內）下令內亡人實之八年公子棄疾遷

許于夷實城父此時改城父爲夷城父縣屬譙郡取州來淮北之田以益之益許田伍舉授許男田然丹遷城父人於陳以夷濮西田益之以夷田在濮水西者與城父人遷方城外人於許成十五年許遷於葉因請之許今許遷於夷故以方城外人實其處言靈王使民不安初楚子之爲令尹也殺大司馬薳掩而取其室在襄二十年及即位奪薳居田居掩之族焉薳氏所以然遷許而質許圍遷許在九年圍許大夫蔡洧有寵於王王之滅蔡也其父死焉楚滅蔡在十一年洧仕楚其父在國故王使與於守而行使洧守國王行至乾谿申之會越大夫戮焉申會在昭四年王奪鬭韋龜中犨韋龜令尹子文玄孫中犨邑名又奪成然邑而使爲郊尹成然韋龜子郊尹治郊境大夫蔓成然故事

蔡公蔡公棄疾也故猶舊也韋龜以棄疾有當璧之命故使成然事之故薳氏之族及薳居許圍蔡洧蔓成然皆王所不禮也因羣喪職之族啓越大夫常壽過作亂常壽過申會所戮者圍固城克息舟城而居之息舟楚邑城之堅固者

晉昭公不能脩道以正其國有財不能用有鐘鼓不能以自樂有朝廷不能灑掃政荒民散將以危亡四鄰謀取其國家而不知國人作山有樞詩以刺之

齊景公十二年如晉請伐北燕晉人許之十二月遂伐北燕明年正月癸巳齊侯次于虢虢燕境燕人行成曰敝邑知罪敢不聽命先君之敝器請以謝敝器瑤甕玉櫝之辱公孫晳曰受服而退俟釁而動可也晳齊大夫二月戊午盟于濡上濡水出高縣陽東北至河間鄚縣入易水燕人歸燕姬嫁女寘齊侯賂以瑤甕玉櫝斝耳不克而還瑤玉也櫝匱也斝耳玉爵二十二年伐徐二月丙申齊師至蒲隧蒲隧徐地下邳取慮縣東有蒲如陂徐人行成徐子及郯人莒人會齊侯盟于蒲隧賂以甲父之鼎甲父古國名高平昌邑縣東南有甲父亭徐人得甲父鼎以賂齊叔孫昭子曰諸侯之無伯害哉爲小國害齊君之無道也興師而伐遠方會之有成而還莫之亢也無亢御無伯也夫詩曰宗周既滅靡所止戾正大夫離居莫知我肄戾定也肄勞也言周舊爲天下宗乃今衰滅亂無息定執政大夫離居異心無有念民勞者其是之謂乎

陳惠公十年宋衛陳鄭皆火鄭子產禳火宋衛皆如是陳不救火許不弔災君子是以知陳許之先亡也不義所以亡

楚平王五年城州來沈尹戌曰楚人必敗沈尹戌乃莊王曾孫楚公諸梁父也昔吾滅州來在十三年子旗請伐之王曰吾未撫吾民今亦如之而城州來以挑吳能無敗乎侍者曰王施舍不倦息民五年可撫之矣戌曰吾聞撫民者節用於內而樹德於外民樂其性而無寇讎今宮室無量民人日駭勞罷死轉轉遷徙也忘寢與食非撫之也平王所以不能霸九年大夫薳越使告于宋曰寡君聞君有

不令之臣爲君憂無寧以爲宗羞（無寧寧也言華氏爲宋宗廟之羞耻）寡君請受而戮之對曰孤不佞不能媚於父兄（華向公族也故稱父兄）以爲君憂拜命之辱抑君臣日戰君曰余必臣是助亦唯命人有言曰唯亂門之無過君無惠保敝邑無亢不衷以獎亂人孤之望也唯君圖之楚人患之（患宋以義距）

魯昭公二十九年公在鄆十月鄆潰潰之爲言上下不相得也上下不相得則惡矣亦譏公也（公旣出奔不能改德脩行居鄆小邑復使潰德亂之不見如此之甚）昭公出奔民如釋重負

晉定公六年假羽旄於鄭鄭人與之（析羽爲旌王者遊幸之所建鄭

弑有之因爲之羽旄借觀之）明日或旆以會（或賤者也繼旄曰旆令賤人施其旆執以從會示早鄭）晉繇是乎失諸侯（晉無禮所以以遂弱）

曹伯陽十年宋人圍曹初曹人或夢衆君子立于社宮（社宮也）而謀亡曹曹叔振鐸請待公孫彊許之（振鐸曹始祖）且而求之曹無之戒其子曰我死爾聞公孫彊爲政必去之及曹伯陽卽位好田弋曹鄙人公孫彊好弋獲白鴈獻之且言田弋說之因訪政事大說之有寵使爲司城以聽政彊言覇說於曹伯曹伯從之乃背晉以奸宋宋人伐之晉人不救築五邑於其郊曰黍丘揖丘大成鍾邘（梁國下邑縣西南有黍丘亭）明年宋公入曹以曹伯陽歸

衞莊公元年飲孔悝酒於平陽（東郡燕縣東北有平陽亭）重酬之大夫皆有納焉（納財賄也）醉而送之夜半而遣之（夜遣者暫負孔悝不欲令人見）載伯姬於平陽而行（載其母俱去）孔悝出奔宋

邾隱公自齊奔越曰吳爲無道執父立子越人歸之太子華奔越邾子又無道越人執之以歸而立公子何何亦無道（何太子華弟）

燕易王卒燕子噲旣立齊人殺蘇秦蘇秦之在燕與其相子之爲昏而蘇代與子之交及蘇秦死而齊宣王復用蘇代子之相燕貴重主斷蘇代爲齊使於燕

燕王問曰齊王奚如對曰必不覇燕王曰何也對曰不信其臣蘇代欲以激燕王以尊子之也於是燕王大信子之子之因遺蘇代百金聽其所使鹿毛壽（一作陵毛又曰甘陵縣本名厝）謂燕王不如以國讓相子之人之謂堯賢者以其讓天下於許繇許繇不受其讓天下之名而實不失天下今王以國讓於子之子之必不敢受是王與堯同行也燕王因屬國於子之子之大重或曰禹薦益已而以啓人爲吏及老而以啓爲不足任天下傳之於益已啓與交黨攻益奪之天下謂禹名傳天下於益已而實令啓自取之今王言屬國於子

之而吏無非太子者是名屬子之而實太子用事也王因收印自三百石吏以上而效子之子之南面行王事而噲老不聽政顧爲臣國事皆決於子之三年國大亂

失禮

夫宅天衷建皇極誕爲民紀率繇禮經若乃制度云爲適其會節軌量物采陳之表儀然後百度彝爕庶功明審所以治政何莫繇斯道不虛行人存則舉崖夫胙土命氏體國君民將以寅亮帝功光輔王室然或功虧爲翰業墮象賢滅德立違長傲縱欲徇耳目

之嘗視忽經紀之遠圖謂權衡爲可欺以舊坊爲無用非獨何見既自取於寘行無邦而耕終靡成於昏作國家之敗於是在焉期示方來用從詮次

魯桓公二年夏四月取郜大鼎于宋戊申納于太廟非禮也

三年秋公子翬如齊逆女齊侯送姜氏非禮也凡公嫁女于敵國姊妹則上卿送之以禮於先君公子則下卿送之於大國雖公子亦上卿送之于天子則諸卿皆行公不自送於小國則上大夫送之

十八年春桓公將有行遂與姜氏如齊始議行事申繻曰男有家女有室無相瀆也謂之有禮易此必敗女安夫之家夫安妻之室違此則爲瀆今公將姜氏如齊故知其當致禍亂

莊公四年秋七月公及齊人狩于禚越竟與齊微者俱狩失禮可知

十年冬齊師滅譚譚無禮也初齊侯之出也過譚譚不禮焉及其入也諸侯皆賀譚又不至

二十二年冬莊公如齊納幣公不使卿而親納幣非禮也母喪未再期而圖昏

二十四年秋哀姜至莊公使宗婦覿用幣非禮也傳不言大夫唯舉非常

二十五年夏六月辛未朔日有食之用牲于社非常

也非常古之月長曆推之辛未實七月朔置閏失所故致月錯唯正月之朔慝未作正月夏之四月周之六月謂正陽之月今書六月而傳云唯者明此月非正陽月也慝陰氣有食之於是乎用幣于社伐鼓于朝日食曆之常也然食于正陽之月則諸侯用幣于社請救於上公伐鼓于朝退而自責以明陰不宜侵陽臣不宜掩君以示大義

是年秋大水鼓用牲于社于門亦非常也失常禮也凡天災有幣無牲天災日月食大水也祈請而已不用牲也非日月之眚不鼓眚猶災也月侵日爲眚陰陽逆順之事賢聖所重故特鼓之

二十七年春公會杞伯姬于洮非事也非諸侯之事天子非展義不巡守天子巡守所以宣布德義諸侯非民事不舉卿非君命不越竟

二十一年夏六月齊侯來獻戎捷非禮也凡諸侯有
四夷之功則獻于王王以警于夷以警懼夷狄中國則否
諸侯不相遺俘雖夷狄俘猶不以相遺
閔公二年夏吉禘于莊公速也三年喪畢致新死者之主于廟廟之遠主當遷大祖因是大祭以審昭穆謂之禘莊公喪制未闋時別立廟廟成而告祭又不于太廟故詳書以示譏
僖公八年秋禘而祭哀姜焉非禮也凡夫人不薨于
寢不殯于廟不赴于同不祔于姑則弗致也
九年夏公會宰周公齊侯宋子衛侯鄭伯許男曹伯
于葵丘宋其稱子何也未葬之辭也禮柩在堂上孤

無外事今背殯而出會以宋子爲無哀矣攢木如椁塗之曰殯殷人殯于兩楹之間周人殯于西階之上宋殷後也
二十二年十一月宋公及楚人戰于泓鄭文夫人芈
氏姜氏勞楚子於柯澤楚子過還鄭文公夫人芈氏楚女姜氏齊女也柯澤鄭也
楚子使師縉示之俘馘縉楚樂師也俘所得囚馘所截耳君子曰非
禮也婦人送迎不出門見兄弟不踰閾閾門限戎事不
邇女器邇近器物也言俘馘非近婦人之物丁丑楚子入享于鄭爲鄭所享
九獻用上公之禮九獻酒而禮畢庭實旅百庭中所陳品數百也加籩豆六
品食物六品加於籩豆籩豆禮食器享畢夜出文芈送于軍取鄭二
姬以歸二姬文芈女也叔詹曰楚王其不沒乎以壽終爲禮卒

于無別無別不可謂禮將何以沒諸侯是以知其不
遂霸也
二十三年夏五月宋公茲父卒宋襄公初襄公葬其夫
人醯醢百甕曾子曰旣曰明器矣而又實之言名之爲明器而與祭器皆實之是亂鬼器與人器
文公二年冬公子遂如齊納幣譏喪娶也在三年之
外則何譏乎喪娶招逆在四年三年之內不圖婚僖公以十二月薨至此未滿二十五月又禮先納采問名納吉召納釆此四者皆在二年之內故云爾吉禘于
莊公譏然則何爲不于祭焉譏據吉禘于莊公譏始不三年大事圖婚俱不三年大事獨從吉禘不復譏三年之恩疾矣疾痛非虛加之也非虛加責

之以人心爲皆有之以人心爲皆有痛疾不忍娶以人心爲皆有
之則曷爲獨於娶焉譏據孝子痛疾吉事皆不當爲非獨娶也娶者大
吉也合二姓之好傳之于無窮故爲大吉非常吉也與大事異其爲吉者主
于巳主于巳身不知祭祀尚有念先人之心以爲有人心焉者則宜于
此爲變矣變者變動哭泣也有人心念親者聞有欲爲巳圖婚則當變動哭泣矣況乃至于納幣成婚哉
四年夏逆婦姜于齊卿不行非禮也禮諸侯有故則使卿逆君
子是以知出姜之不允於魯也允信也始來不見尊貴故終不爲國人所敬信也文公薨而見出故曰出姜曰貴聘而賤逆之公子遂納幣是貴聘也君
而卑之立而廢之君小君也不以夫人禮迎是卑廢之棄信而壞其主

在國必亂在家必亡（主内主也）不允宜哉詩云畏天之威于時保之敬主之謂也

六月閏月不告朔猶朝于廟（諸侯每月必告朔聽政因朝宗廟文公以閏非常月故不告朔）閏　閏月不告朔非禮也（經稱告月傳稱告朔明告月必以朔）閏以正時（四時漸差則致閏以正之）時以作事（順事命時）事以厚生（事不失時則年豐）生民之道於是乎在矣不告閏朔棄時政也何以為民

七年春伐邾間晉難也（公因霸國有難而侵小）三月取須句寘文公子焉非禮也（邾文公子叛在魯故公使為守須句大夫也絕大皞之祀以與鄰國叛臣故曰非禮）

十五年六月辛丑朔日有食之鼓用牲于社非禮也（得嘗鼓之月而於社用牲為非禮）日有食之天子不舉（去盛饌）伐鼓于社（責群陰）諸侯用幣于社（社尊於諸侯故請救而不敢責之）伐鼓於廟（退自責）以昭事神訓民事君（天子不舉諸侯用幣所以事神尊卑異制所以訓民）示有等威古之道也

是年秋齊侯（懿公）侵魯西鄙謂諸侯不能也（不能討也）遂伐曹入其郛討其來朝也魯季文子曰齊侯其不免乎已則無禮（執王使伐無罪）而討於有禮者曰女何故行禮禮以順天天之道也已則反天而又以討人難以免矣詩曰胡不相畏不畏於天畏天之威于時保之不畏於天將何能保以亂取國奉禮以守猶懼不終多行無禮弗在以

宣公三年春正月郊牛之口傷改卜牛牛死乃不郊猶三望不郊而望皆非禮也（言牛雖傷死當更改卜取其真者郊不可廢也）望郊之屬也不郊亦無望可也

八年夏六月辛巳有事于太廟仲遂卒於垂（有事祭也仲遂卒與祭同日畧書有事垂齊地非魯境故書地）壬午猶繹萬入去籥（繹又祭陳昨日之禮所以賓尸萬舞名籥管也猶者可止之辭魯人知卿佐之喪不宜作樂而不知廢繹故內舞去籥惡其聲聞）非禮也

十七年春晉侯（景公）使郤克徵會于齊（徵召也欲為斷道會）齊頃

公帷婦人使觀之郤子登婦人笑於房（跛而登府故笑之）獻子出怒而誓曰所不此報無能涉（不復渡河而去）

成公二年十一月晉侯（景公）使景朔獻齊捷于周王弗見使單襄公辭焉曰蠻夷戎狄不式王命（式用也）淫湎毁常王命伐之則有獻捷王親受而勞之所以懲不敬勸有功也兄弟甥舅侵敗王略（兄弟同姓國甥舅異姓國略經略法度）王命伐之告事而已不獻其功所以敬親暱（告伐事而不獻囚俘）禁淫慝也今叔父克遂有功于齊（克能也）而不使命卿鎮撫王室所使來撫余一人而鞏伯實來未有職司於王室（鞏朔上軍大夫非命卿名位不達于王室）又奸先王之禮（謂獻

齊捷余雖欲于鞏伯欲受其獻其敢廢舊典以忝叔父夫齊甥舅之國也而大師之後也齊世與周昏故曰甥舅寧不易淫從其欲以怒叔父抑豈不可諫誨士莊伯不能對莊伯鞏朔王使委于三吏委屬也三吏三公禮之如侯伯克敵使大夫告慶之禮降於卿禮一等王以鞏伯宴而私賄之使相告之曰非禮也勿籍相相禮者籍書也

六年二月季文子以鞌之功立武宮非禮也鞌戰在二年聽于人以救其難而以立武立武繇己非繇人也言請人救難非己功

十七年晉侯田厲公與婦人先殺而飲酒後使大夫殺

傳言厲公無道先婦人而後卿佐

襄公二年夏齊姜薨齊侯靈公使諸姜宗婦來送葬宗婦同姓大夫之婦婦人越疆送葬非禮

四年春楚師爲陳叛故猶在繁陽前年何忌之師侵陳今猶未還繁陽楚地在汝南銅陽縣南陳成公卒楚人將伐陳聞喪乃止軍禮不伐喪陳人不聽命襄公魯大夫臧武仲聞之曰陳不服于楚必亡大國行禮焉而不服在大猶有咎而況小乎夏楚彭名侵陳陳無禮故也

二十三年春杞孝公卒晉悼大夫喪之悼大夫晉平公母杞孝公姊妹平公不徹樂非禮也徹去也禮爲鄰國闕禮諸侯絕其故有鄰國責之

二十九年春公在楚楚人使公親襚諸侯有遺使賜襚之禮今楚欲依遺使之比時使康王也公患之穆叔曰祓殯而襚則布幣卒先使巫祓除殯之凶邪而行襚禮與朝而布幣無異乃使巫以桃茢先祓殯茢黍穰楚人弗禁既而悔之禮君臨臣喪乃祓殯故楚悔之

昭公九年晉知悼子卒未葬悼子晉大夫荀盈平公飲酒與羣臣燕平公晉侯彪之師曠李調侍侍與君飲也燕禮記曰請旅侍臣鼓鐘樂則也燕禮賓入門奉肆夏既歛而樂闋君亦如之杜蕢自外來聞鐘聲曰安在佐之也杜蕢或作屠蒯曰在寢燕于寢杜蕢入寢歷階而升酌曰曠飲斯又酌曰調飲斯又酌堂上北面坐飲之降趨而

出三酌自罰平公呼而進之曰蕢曩者爾心或開予是以不與爾言曩鄉也始來入時開謂諫諍有所發起爾飲曠何也曰子卯不樂紂以甲子死桀以乙卯亡王者謂之疾不以舉爲吉事所以自戒懼知悼子在堂斯其爲子卯也大矣言大臣喪重於疾日也雜記曰君於卿大夫比葬不食肉比卒哭不舉樂曠也太師也不以詔是以飲之也詔告也太師與奏樂爾飲調何也曰調也君之褻臣也爲一飲一食忘君之疾是以飲之也言調貪酒食褻嬖近臣亦當規君疾憂爾飲何也曰蕢也宰夫也非刀匕是共又敢與知防是以飲之也防禁放諡平公曰寡人亦有過焉酌而飲寡人聞義則服杜蕢洗而揚觶舉爵而言也禮揚作騰揚舉也騰送也揚近得之公謂侍者曰如我

死則必毋廢斯爵也欲後世以爲戒至于今既畢獻斯揚觶
之謂杜舉此爵遂因杜蕢爲名畢獻獻賓與君
定公元年秋立煬宮煬宮伯禽子廟毀已久立者不宜立者也
十五年春邾子來朝邾子名益子貢觀焉邾子執玉高其
容仰公受玉卑其容俯子貢曰以禮觀之二人者皆
有死亡焉夫禮死生存亡之體也將左右周旋進退
俯仰於是乎取之朝祀喪戎於是乎觀之今正月相
朝而皆不度不合法度心已亡矣嘉事不體何以能久乎
高仰驕也卑俯替也驕近亂替近疾君爲主其先亡
乎爲此年公薨哀七年以邾子益歸傳

哀公十二年夏五月甲辰孟子卒孟子者何據魯大夫無孟
子昭公之夫人也其稱孟子何據不稱夫人某氏諱娶同姓
蓋吳女也禮不娶同姓買妾不知其姓則卜之爲同宗共祖亂人倫與禽獸無別昭公既娶諱
而謂之吳孟子春秋不繫吳者禮婦人繫姓不繫國雖不諱猶不繫國也不稱夫人不言薨不書葬者深諱
之
二十四年公子荆之母嬖荆哀子庶子將以爲夫人使宗
宗釁夏獻其禮宗人禮官對曰無之公怒曰女爲宗司立
夫人國之大禮也何故無之對曰周公及武公娶於
薛武公敖也孝惠娶於商孝公惠公弗皇商宋也自桓以下娶於齊
桓公始娶文姜此禮也則有若以姜爲夫人則固無其禮也

公卒立之而以爲太子國人始惡之惡公

冊府元龜

冊府元龜

巡按福建監察御史臣李嗣京 訂正

新建縣舉人臣 戴國士 叅閱

知建陽縣事臣 黃國琦 較釋

列國君部

失賢 拒諫 害賢

失賢

古語曰千里一賢猶云比肩言希有也又曰黃金累千不如一賢謂難得也必能遇而禮之得而任之則治無不勝道無不臧觀其簡兮之詩適彼之句邦君

失道賢人退藏欲霸盛不其難哉

衛頃公時仁人不遇小人在側不遇者君不受已之志也君近小人則賢者見侵害詩人賦栢舟言其不遇也又簡兮刺不用賢也衛之賢者仕於伶官皆可以仕於王者也伶官樂官也伶氏世掌樂官而善焉故後世多號樂官為伶官又北門刺仕不得志也言衛之忠臣不得其志爾不得其志者君不知已志而遇困苦也

鄭莊公不能繼先公之業使賢者退而窮處窮猶終也詩人賦考槃刺莊公也又羔裘刺朝也言古之君子以風其朝焉鄭自莊公而賢者陵之朝無忠正之臣故刺之又遵大路詩思君子也莊公失道君子去之國人思望焉

昭公不能與賢人圖事權臣擅命祭仲專權詩人賦狡童刺忽也忽昭公也又楊之水君子閔忽之無忠臣良士終以死亡而作是詩也曹共公遠君子而好近小人詩人賦候人以刺之

虞公史不書名及謚時晉侯復假道於虞以伐虢大夫宮之奇諫曰虢虞之表也虢亡虞必從之虞公不聽宮之奇以其族行曰虞不臘矣又云虞不用百里而亡一云百里奚而去虞公之不可諫奚知之

秦康公亡穆公之業始棄其賢臣詩人賦晨風以刺之又權輿刺康公忘先君之舊臣與賢者有始而無

終也是時晉大夫士會奔秦晉人患秦之用士會也六卿相見於諸浮諸浮晉地趙宣子曰隨會在秦賈季在秋難日至賢若之何賈季亦晉大夫奔狄中行桓子曰請復賈季中行桓子荀林父也能外事且繇舊勳有狐偃之舊郤成子曰賈季亂且罪大殺羊處父故不如隨會能賤而有耻辱而不犯不可犯以不義其知足使也且無罪及使魏壽餘偽以魏叛者以誘士會執其孥於晉使夜逸魏壽餘畢萬之後孥壽餘子也請自歸於秦秦伯許之許受其邑履士會之足於朝躡士會足欲使行秦伯使于河西將取魏魏人在東今河北縣於秦為在河之東壽餘曰請東人之能與夫二三有司言者吾與之先

欲與晉人在秦者共先吉謀魏有司使士會士會辭曰晉人虎狼也若背其言臣死妻子爲戮無益於君不可悔辭行示已無去心秦伯曰若背其言所不歸爾孥者有如何言必歸其妻子明白如何乃行繞朝贈之以策策馬撾臨別授之馬撾並示已所策以展情繞朝秦大夫曰子無謂秦無人吾謀適不用也示已覺其情既濟魏人譟而還喜得士會

齊景公時孔子適齊景公止孔子曰奉子以季氏吾不能以季孟之間待之魯三卿季氏爲上卿最貴孟氏爲下卿不用事言待之以二者之閒也齊大夫欲害孔子孔子聞之景公曰吾老矣不能用也孔子遂行以聖道難成故云吾能不用

衛靈公時孔子適衛靈公問孔子居魯得祿幾何對曰奉粟六萬衛人亦致粟六萬居頃之或譖孔子於靈公靈公使公孫余假一出一入孔子恐獲罪焉居十月去衛其後自陳還衛靈公老怠於政不用孔子孔子喟然嘆曰苟有用我者期月而已三年有成言誠有用我於政事者朞月而可以行其政教必三年乃有成也孔子既行不得用於衛將西見趙簡子至於河聞竇鳴犢舜華之死也乃還反乎衛靈公與孔子語見蜚鴈仰視之色不在孔子孔子遂行

魯哀公時孔子之去魯凡十四歲而反乎魯哀公問政對曰政在選臣然魯終不能用孔子孔子亦不求仕

魏惠王時相公叔痤病惠王親往問病曰公叔病有如不可諱將奈社稷何公叔痤曰痤之中庶子公孫鞅年雖少有奇才願王舉國而聽之王默然王且去痤屏人言王卽不聽用鞅必殺之無令出境王許諾而去公叔痤召鞅謝曰今者王問可以爲相者我言若王色不許我我方先君後臣因謂王卽弗用鞅當殺之王許我汝可疾去矣且見禽鞅曰彼王不能用君之言任臣又安能用君之言殺臣乎卒不去惠王

既去而謂左右曰公叔病甚悲乎欲令寡人以國聽公孫鞅也豈不悖哉公孫鞅乃西入秦

齊宣王時鄒人孟軻受業子思之門人道既通游事齊王王不能用適梁

襄王時荀卿最爲老師齊尚脩列大夫之缺而荀卿三爲祭酒齊人或讒荀卿乃適楚

楚懷王時屈平爲左徒博聞彊志明於治亂懷王聽上官大夫之讒疏之及頃襄王立以其弟子蘭爲令尹楚人既咎子蘭以勸懷王入秦而不反也屈平既嫉之雖放流睠顧楚國繫心懷王不忘欲反冀幸君

之一悟俗之一改也其存君與國而欲反覆之一篇之中三致志焉然終無可奈何故不可以反卒以此見懷王之終不悟也

拒諫

夫四海之富重畜也故天子建德以藩屏丕緒千乘之國厚位也故諸侯立家以保佑王爵所以彌縫其闕而圖惟厥終者也故曰諸侯有諍臣五人雖無道不失其國矣噫禮義下衰風流殊軼或臣能承命摩勵之志屢申而君匪從流忠力之臣罕諒傳曰法語之言能無從乎改之爲貴從而不改亂之階也其自

用甚者則唯戮是聞故有進思盡忠之臣萌禍心以爲報謀以衛國之士賞刑典而勿捨在愎諫之斯甚咸貪亂以自喪民之無援禍不旋踵斯可哀也哉

衛莊公時公子州吁有寵而好兵公弗禁莊姜惡之石碏諫之弗聽（魯隱公三年臣欽若等曰自此已後諫辭並具陪臣規諷門）

魯隱公將如棠觀魚者（五年）臧僖伯諫之公曰吾將略地焉（僞辭以畧地揔攝巡幸之名傳曰東畧之不知西則否矣）遂往陳魚而觀之（陳設張也公大設捕魚之備而觀之）僖伯稱疾不從書曰矢魚于棠非禮也

陳桓公時鄭伯請成于陳（成猶平也魯隱公六年）陳侯不許五父諫曰親仁善鄰國之寶也君其許鄭（五父陳公子佗）陳侯曰宋衛實難（可畏難也）鄭何能爲遂不許

魯桓公取郜大鼎于宋（二年）納于太廟非禮也臧哀伯諫之（大夫僖伯之子）公不聽

莊公如齊觀社（二十三年）曹劌諫之公不聽遂如齊是年丹桓公之楹而刻其桷匠師慶言於公曰臣聞聖王公之先封者遺後人之法令先君儉而君侈之令德替矣公曰吾屬欲美之對曰無益於君而替前之令德臣故曰庶可以已乎公弗聽又哀姜至公使大夫宗婦覿用幣御孫曰男女同贄是無別也男女之別

國之大節也而繇夫人亂之無乃不可乎弗聽

宋昭公將去群公子（魯文公八年）樂豫曰不可公族公室枝葉也若去之則本根無所庇廕矣葛藟猶能庇其本根（葛之能藟蔓繁滋者以其本支廕之也）故君子以爲比（謂詩人取以喻九族兄弟）況國君乎此諺所謂庇焉而縱尋斧焉者也（縱放也）必不可君其圖之親之以德皆股肱也誰敢攜二若之何去之不聽

齊景公時晉大夫欒盈自楚適齊晏平仲言於齊侯曰商任之會受命於晉（受錮欒氏之命）今納欒氏將安用之小所以事大信也失信不立君其圖之弗聽退告陳

文子曰君人執信臣人執共忠信篤敬上下同之天之道也君自棄也弗能久也

魯昭公自齊如晉將如乾侯（齊侯卑公故適晉）子家子曰有求於人而即其安人孰矜之其造於境（欲使次於境以待命）弗聽使請逆於晉晉人曰天禍魯國君淹恤在外君亦不使一介辱在寡人（一介單使）而即安於甥舅其亦使逆君（言自使齊逆君）使公復于竟後逆之（逆侯也言公不能用子家所以見辱）

獻公使太子申生伐東山皋落氏（赤狄別種也皋落其氏族）里克諫曰君之嗣適不可以帥師君失其官帥師不威將焉用之（太子統帥是失其官也命則不孝是爲帥必不威）且臣聞皋落氏將戰君其舍之公曰寡人有子未知其誰立焉不對而退

惠公時秦饑使乞糴于晉（魯僖公十四年）晉人弗與慶鄭曰背施無親幸災不仁貪愛不祥怒鄰不義四德皆失何以守國弗聽退曰君其悔哉明年秦伐晉惠公乘小駟鄭入也（鄭所獻馬名小駟）慶鄭曰馬者大事必乘其產生其水土而知其人心安其教訓而服習其道惟所納之無不如志今乘異產以從戎事及懼而變將與人易（變易人心）亂氣狡憤陰血周作張脈憤興外彊中乾（狡戾也憤動也氣狡憤於外則血脈必周身而作隨氣躍動外雖有彊形而內實乾竭）進退不可周旋不能君必悔之弗聽及戰于韓原戎馬還濘而止（濘泥淹還便旋也小駟不調故情泥中）秦獲晉侯以歸

鄭文公時晉公子重耳過鄭文公不禮焉叔瞻諫之弗聽叔瞻曰若不禮焉則請殺之諺曰黍稷無成不能爲榮黍不爲黍不能蕃廡稷不爲稷不能蕃殖所生不疑唯德之基弗聽

曹共公時晉公子重耳自衛過共公不禮焉聞其駢脅欲觀其狀止其舍諜其浴設微薄而觀之僖負羈言於曹伯曰晉公子生十七年而亡卿才三人從之可謂賢矣而君蔑之不用賢也謂晉公之亡不可不

憐也比之賓客不可不禮也失此二者是不禮賓不憐窮也玉帛酒食猶糞土也愛糞土以毀三嘗（政之幹禮之宗歸之嘗）無乃不可乎君其圖之公弗聽

宋襄公時楚人伐宋以救鄭宋公將戰大司馬固諫（大司馬固莊公之孫）曰天之棄商久矣君將興之弗可救也已（公孫固也言君與天所棄必不可不如赦楚勿與戰）弗聽

魯僖公時邾人以須句故出師僖公卑邾不設備而禦之（卑小也）臧文仲曰國無小不可易也無備雖衆不可恃也弗聽公及邾師戰于升陘我師敗績

晉靈公時趙宣子爲政（魯文公時）驟諫而不入（宣子趙盾）靈公

壯侈厚歛彫牆彫畫也從臺上彈人觀其逃丸也宰夫胹熊蹯不熟熊蹯熊掌其肉難熟靈公怒殺宰夫使婦人持其屍出棄之過朝趙盾隨會前數諫靈公患之使鉏麑刺趙盾

楚靈王虔靈王會昭公時白公子張驟諫子張楚大夫白公王患之謂史老曰吾欲已子張之諫若何史老子亹也對曰用之實難已之易矣若諫君則曰余左執鬼中右執殤宮中身也禮曰其中退然天死曰殤宮殤之居也執謂記其錄籍制服其身如其居處若今世云能使殤賢凡百箴諫也吾盡聞之矣寧聞佗言不欲聞諫白公又諫王如史老之言對曰臣懼民之不信君也故不敢不言

不然何憂其以言取罪也王病之曰子復語病不能然故復使語不穀雖不能用吾慭寘之於耳慭猶願寘置也對曰賴君之用之也故言賴恃不然巴浦之犀犛兕象其可盡乎其又以規爲瑱也犛犛牛規見也瑱所以塞耳言四獸之牙角可以爲難盡而又以規諫爲之乎今象出徼外其三獸則荆交有也浦地名或曰巴浦巴郡合浦遂趣而退歸杜門不出七月乃有乾谿之亂靈王死之

吳王夫差伐越越王勾踐敗於會稽請委國爲臣妾吳王將許之伍子胥諫曰勾踐爲人能辛苦今不滅後必悔之吳王不聽又聞齊景公死而大臣爭寵嗣君弱乃興師北伐齊子胥諫曰越王勾踐食不重味衣不重彩弔死問疾且欲有所用其衆此人不死必爲吳患今越王腹心疾而王不先而務齊不亦謬乎吳王不聽其後越王勾踐率其衆以朝吳厚獻遺之吳王喜唯子胥懼曰是棄吳也諫曰越在腹心今得志於齊猶石田無所用石田不可耕且盤庚之誥有顛越勿遺顛隕也越墜也隕越無道則割絶無遺也商之以興一本作盤庚之誥有顛之越之商以之興子胥傳語日有隕越商之興也吳王不聽果爲越所滅

楚懷王聽張儀計欲許秦易黔中之地屈原曰前大王見欺於張儀張儀至臣以爲大王烹之今縱弗忍殺之又聽其邪說不可懷王曰許儀而得黔中美利

也後而背之不可故卒許張儀與秦親後懷王怒張儀之詐興師將伐秦陳軫又曰伐秦非也不如因賂之一名都與之伐齊是我亡於秦取償於齊也吾國尚可全今王也絶於齊而責欺於秦是吾合秦齊之交而來天下之兵也國必大傷矣楚王不聽遂絶和於秦發兵而西攻秦秦亦發兵擊之興秦戰丹陽秦大敗我軍斬甲士八萬虜我大將軍屈匄裨將軍逢侯丑等七十人遂取漢中之郡

齊王建時秦攻趙齊楚救之秦計曰齊楚救趙親則退兵不親遂攻之趙無食請粟於齊齊不聽周子曰

不如聽之以退秦兵不聽則秦兵不卻是秦之計中而齊楚之計過也且趙之於齊楚扞蔽也猶齒之有脣也脣亡則齒寒今日亡趙明日患於齊楚且救趙之務宜若奉漏甕沃焦釜也夫救趙高義也卻秦兵顯名也義救亡國威卻彊秦之兵不務爲此而務愛粟爲國計者過矣齊弗聽

燕王喜時秦破趙於長平四十餘萬遂圍邯鄲燕王命相栗腹約歡趙以五百金爲趙王酒還報燕王曰趙王壯者皆死長平其孤未壯可伐也王召昌國君樂閒問之對曰不可趙王國其民習兵不可伐也曰

吾以五而伐一對曰不可燕王怒群臣皆以爲可卒起二軍車二十乘栗腹將而攻鄗徐廣曰在恒山今曰高邑卿秦攻代唯獨大夫將渠謂燕王曰與人通關約交以五百金飲人之王使者報而反攻之不祥兵無成功燕王不聽自將偏軍隨之將渠引燕王綬止之曰王必無自往往無成功王蹴以足將渠泣曰臣非以自爲爲王也燕軍至宋子徐廣曰屬鉅鹿趙使廉頗將擊破栗腹於鄗破卿秦樂乘於代樂閒奔趙廉頗逐之五百餘里圍其國

夫賢者國之紀人之望興亡治亂之所繫焉在昔周道陵遲諸侯彊盛家部之任惟儁是擇斯所以建定霸之業成夾輔之勳者也乃有昧則哲之鑒孤遺託之命或忿其忠讜之諫或乘於委任之道而皆非辜受禍沒地無告以至悲傷其士庶殞絕其宗祏千古之下覽之者固可掩卷而嘆息矣

晉懷公立魯僖公二十三年畏秦之伐也乃令國中諸從重耳亡者與期期盡不到者盡滅其家狐突之子毛及偃從重耳在秦弗肯召懷公怒囚狐突曰子來則免曰臣之子事重耳有年數矣今召之是教之反君也

何以教之懷公卒殺狐突

秦穆公卒魯文公六年以子車氏之三子奄息仲行鍼虎子車秦大夫氏也爲殉以人從葬爲殉皆秦之良也國人哀之爲之賦黃鳥黃鳥詩秦風義取黃鳥止于棘桑往來得其所傷三良不然君子曰秦穆之不爲盟主也宜哉死而棄民先王遺世猶詒之法而況奪之善人乎詩曰人之云亡邦國殄瘁詩大雅言善人亡則國瘁病無善人之謂若之何奪之秦穆公葬雍橐穆公冢在橐泉宮祈年觀下

晉靈公不君失君道也趙宣子驟諫公患之魯宣公二年使鉏麑賊之鉏麑晉力士晨往寢門闢矣盛服將朝尚早坐而

假寐不解衣冠而睡鉏麑觸槐而死槐趙盾庭樹鉏麑具總錄部義側門是年
秋晉侯飲趙盾酒伏甲將攻之其右提彌明知之右
右車右趨登曰臣侍君宴過三爵非禮也遂扶以下公
嗾夫獒焉明搏而殺之獒猛犬也
陳靈公與孔寧儀行父通於夏姬魯宣公九年皆衷其衵
服以戲于朝二子陳卿夏姬鄭穆公女大夫御叔妻衷懷也衵近身衣洩野諫
日公卿宣淫民無效焉宣示也且聞不令君其納之納
衣服也公曰吾改能矣公告二子二子請殺之公弗禁
遂殺洩野一云洩野聞之入諫曰使國人聞之則猶可使仁人聞之則不可君愧於洩野不能
用其言而殺之

晉厲公五年魯成公十五年三郤譖伯宗殺之三郤郤錡郤犫郤至伯
宗以好直諫得此禍國人以是不附厲公
吳王夫差將伐齊子胥諫曰未可臣聞勾踐食不重
味與百姓同苦樂此人不死必爲國患吳有越腹心
之疾齊與吳疥癬也願王釋齊先越吳王弗聽遂伐
齊敗之艾陵虜齊高國以歸讓子胥子胥曰王毋喜
王怒子胥欲自殺王聞而止之越大夫種曰臣觀吳
王政驕矣請試嘗之貸粟以卜其事請貸吳王欲與
子胥諫勿與遂與之越乃私喜子胥言曰王不聽諫
後三年吳其墟乎太宰嚭聞之乃數與子胥爭越議

因讒子胥曰伍員貌忠而實忍人其父兄不顧安能
顧王王前欲伐齊員彊諫已而有功用是反怨王王
不備伍員員必爲亂與逢同謀其讒之王王始不從
乃使子胥於齊聞其託子於鮑氏王乃大怒曰伍員
果欺寡人欲反使人賜子胥屬鏤劍以自殺子胥大
笑曰我令而父霸我又立若若初欲分吳國半予我
我不受已今若反以讒誅我嗟乎嗟乎一人固不能
獨立報使者曰必取吾眼置吳東門以觀越兵入也
吳太宰嚭既與伍子胥有隙因讒于夫差曰子胥爲人剛暴少恩猜賊怨望恐爲深禍也前日王欲伐齊
子胥以爲不可王卒伐之而有大功子胥耻其計謀不用乃反怨望而今王又復伐齊子胥復彊諫沮自

呂郯毀用事徒幸吳之敗以自勝其計謀耳今王自行悉國中武力以伐齊而子胥諫不用因輟謝佯病
不行王不可不備此起禍不難且嚭使人微伺之其使於齊也乃屬其子於齊之鮑氏夫爲人臣內不得
意外倚諸侯自以爲先王之謀臣今不見用常鞅怏有怨望願王早圖之吳王曰微子之言吾亦疑之乃
使賜伍子胥屬鏤劍曰子以此死子胥仰天嘆曰嗟乎讒臣嚭爲亂矣王乃反誅我我令若父霸若未立
時諸公子爭立我以死爭之於先王幾不得立若既得立欲分吳國與我我顧不敢望也然既若聽讒臣
言以殺長者乃告其舍人必樹吾墓上以梓梓可以爲器而必置吾眼懸吳東門之上以觀越寇之入滅
吳也乃自剄
越王勾踐既平吳范蠡遂去自齊遺大夫種書曰蜚
鳥盡良弓藏狡兔死走狗烹狡兔作郊越王爲人長頸烏
喙可與共患難不可共樂子何不去種見書稱病不

郭人或讒種且作亂越王乃賜種劍曰子教寡人伐吳七術寡人用其三而敗吳其四存子子爲從先王試之種自殺

秦昭王發兵使五大夫王陵攻趙邯鄲是時武安君病不任行攻陵邯鄲少利秦益發兵佐陵兵亡五校武安君病愈秦王欲使武安君代陵將武安君言曰邯鄲實未易攻也且諸侯救日至彼諸侯怨秦之日久矣今秦雖破長平軍秦卒死者過半國内空遠絕河山而爭人國都趙應其内諸侯攻其外破秦軍必矣不可秦王自命不行乃使應侯請之武安君終

辭不肯行遂稱病秦王使王齕代陵將九月圍邯鄲不能拔楚使春申君及魏公子將兵數十萬攻秦軍秦軍多失亡武安君言曰秦不聽臣計今如何矣秦王聞之怒彊起武安君武安君遂稱病篤應侯請之不起於是免武安君爲士伍遷之陰密屬安定府武安君病未能行居三月諸侯攻秦軍急秦軍數却使者日至秦王乃使人遣武安君不得留咸陽中武安君既行出咸陽西門十里至杜郵秦昭王與應侯群臣議曰白起之遷其意尚怏怏不服有餘言秦王乃使使者賜之劍遂自殺

齊閔王時負郭之民有狐咺者正議王斮之檀衢百姓不附齊宗室子陳舉直言殺之東閭宗族離心司馬穰苴爲政者也殺之大臣不親

趙王遷七年秦使王翦攻趙趙使李牧司馬尚禦之秦多與趙王寵臣郭開金爲反間言李牧司馬尚欲反趙王乃使趙葱及齊將顏聚代李牧李牧不受命趙使人微捕得李牧斬之廢司馬尚後三月王翦因急擊趙大破殺趙葱虜趙王遷及其將顏聚遂滅趙

巡按福建監察御史臣李嗣京　訂正
分守建南道左布政使臣胡維霖　參閱
知建陽縣事臣黃國琦　較釋

儲宮部一

總序

昔三王家天下以傳於子司馬遷作本紀載夏商之世系詳矣而姒氏多父子繼立商人率兄弟相及儲嫡之制無聞焉禮有文王世子之篇春秋傳載王世子會于首止而諸侯之嫡子亦稱世子蓋成周之制

天王之子稱王世子諸侯之子稱世子又皆有太子之稱秦併六國兼皇帝而建號漢承秦法崇建儲貳以嫡嗣爲皇太子諸侯王之嫡子稱世子焉歷世以還遵其位號蓋大易述主器之義寔長於震宮書紀元良之重以正于萬國前星少海之家著乎穹厚撫軍監國之任備乎出處繼明承序于以顯守祧之貴廟趨郊見于以彰率禮之教授經齒學所以敦道義之則安車金璽所以異車服之等至於宮朝之設則承華傳望越藩邸之範官屬之次則保傅三少峻天秩之品其後加四率之衛益坊寺之職命爵之敘倖於上臺奉養之給亞於尊極良以其承萬代之業居群后之上帝宸之貳體率土之系心當副君之任爲天下之本故其禮秩之尤重而安危之斯屬焉今之所紀者自文武而降包舉列國并敘南北以迄于前唐凡膺明兩之重司匕鬯之祀類其行事辨其淑慝若夫少陽毓德終正南面而有發誕彌之祥慶挺淵穆之儀表因心形于孝友作事彰乎令德智量越于群品辭學炤乎世譽係乎一人之善者比不復徵其於建樹明嫡之始尊異師傅之禮出統兵旅居掌國政賓待賢雋諷諫違失及夫曹延之尚齒宮臣之講

學公朝之崇奬優制之旌飾成用論次以著于編凡儲公部一十七門

建立

王者建立儲貳所以重宗廟社稷而安天下也自内禪已還或弟或子尊尊親親各以其道故周文三朝之事著于禮經漢明四重之德形于詩什書曰一人元良萬邦以貞易曰明兩作離大人以繼明炤于四方此之謂也若乃東海辭讓劉氏隆於永平晉王矯飾楊宗覆于大業以愛則臨淄京兆幾移覬嗣之賢以功則貞觀開元卒致唐祚之盛繇斯而言主匕鬯

承大統者非徒人事蓋亦有天意焉然自周以前不載建儲之事故以漢氏為首

漢高祖初為漢王二年六月壬午立子盈為太子（即惠帝也）

文帝元年正月有司請蚤建太子所以尊宗廟也詔曰朕既不德上帝神明未歆饗也天下人民未有慝志（慝快也）今從不能傳求天下賢聖有德之人而嬗天下焉而曰豫建太子是重吾不德也（重謂增益也）謂天下何（猶言何以稱天下之望）其安之（安猶徐也言不宜汲汲耳）有司曰豫建太子所以重宗廟社稷不忘天下也帝曰楚王季父也

春秋高閱天下之義理多矣（閱猶更歷也）明於國家之體吳王於朕兄也淮南王弟也皆秉德以陪朕（陪輔也）豈為不豫哉諸侯王宗室昆弟有功臣多賢及有德義者若舉有德以陪朕之不能終是社稷之靈天下之福也今不選舉焉而曰必子（必將傳位於子）人其以朕為忘賢有德者而專於子非所以憂天下也朕甚不取有司固請曰古者殷周有國治安皆且千歲（治安言治理而且安寧也）有天下者莫長焉（言上古已來國祚長久無及殷周者也）用此道也（所以能爾者以承嗣相傳故也）立嗣必子所從來遠矣高帝始平天下建諸侯為帝者太祖諸侯王列侯始受國者亦皆以其國祖子孫繼嗣世世不絕天下之大義也故高帝設之以撫四海（設置立也）今釋宜建（釋捨也宜建立也）而更選於諸侯宗室非高帝之志也更議不宜（不當更議）子啓最長敦厚慈仁請建以為太子帝乃許之因賜天下民當為父後者爵一級

景帝四年四月己巳立皇子榮為皇太子

七年正月廢太子榮為臨江王二月丁丑立膠東王徹為皇太子（即武帝也）

武帝元狩元年四月丁卯立皇子據為太子（即戾太子也）

後元二年二月乙丑立皇子弗陵為皇太子（昭帝也後單名弗）

太子年八歲以侍中奉車都尉霍光為大司馬大將軍受命遺詔輔少主初衛太子（即太子據也其母衛氏）為江充所敗而燕王旦廣陵王胥皆多過失是時帝年老寵姬鉤弋趙倢伃有男（倢伃居鉤弋宮故稱之）帝心欲以為嗣命大臣輔之察群臣唯光任大重可屬社稷（任堪也屬委也）帝乃使黃門畫周公輔成王朝諸侯以賜光（黃門之者職任親近以供天子百物在焉故亦有畫工）及帝病篤光涕泣問曰如有不諱誰當嗣者帝曰君未諭前畫意邪立少子君行周公之事

宣帝地節三年四月戊申立皇太子奭（即成帝也）

成帝綏和元年二月癸丑詔曰朕承太祖鴻業奉宗廟二十五年德不能綏理宇内百姓怨恨者衆不蒙天祐至今未有繼嗣天下無所係心觀于往古近事之戒禍亂之萌皆踩斯焉（始生曰萌）定陶王欣於朕爲子慈愛孝順可以承天繼序祭祀其立欣爲皇太子（即哀帝也）初王祖母傅太后隨王來朝私賂遺帝所幸趙昭儀及帝舅驃騎將軍曲陽侯王根昭儀及根見帝亡子亦欲豫自結爲長久計皆更稱定陶王勸帝以爲嗣帝於是召丞相翟方進御史大夫孔光右將軍廉褒後將軍朱博皆引入禁中議中山定陶王誰宜爲

嗣者方進根以爲定陶王帝弟之子禮曰弟之子猶子也爲其後者爲之子也定陶王宜爲嗣襄博皆如方進根議光獨以爲禮立嗣以親中山王先帝之子帝親弟也以尚書盤庚殷之及王爲此（師古曰兄終弟及也此必案及）中山王宜爲嗣帝以禮兄弟不相入廟又皇后昭儀欲立定陶王故遂立爲太子爲加元服而遣之時年七十矣明年使執金吾任宏守太鴻臚持節徵定陶王立爲皇太子王謝曰臣幸得繼父守藩爲諸侯王材質不足以假充太子之官（謙不敢言爲太子故云假充若言非王）陛下聖德寬仁敬承祖宗奉順神祇宜蒙福祐子孫千億之報（詩曰千祿百福子孫千億言成王宜民宜人天之所保佑永得福祿故子孫衆多也）臣願且得留國邸旦夕奉問起居俟有聖嗣歸國守藩書奏天子報聞後日餘立楚孝王孫景爲定陶王奉恭王祀所以獎厲太子專爲後之誼

後漢光武建武二年六月戊戌立子彊爲皇太子

十九年六月戊申詔曰春秋之義立子以貴東海王陽皇后之子宜承大統皇太子彊崇執謙退願備藩國父子之情重久遺之以其彊爲東海王立陽爲皇太子改名莊（即明帝也時樂人作歌詩四章曰重光月重輪星重暉海重潤以贊太子之德）

明帝永平三年二月甲子立皇子炟爲皇太子（即章帝也）

章帝建初四年四月戊子立皇子慶爲皇太子

七年六月甲寅廢皇太子慶爲清河王立皇子肇爲皇太子（即和帝也）詔曰皇子肇保育皇后承順懷任遵達善性將成其器蓋庶子慈母尚有終身之恩豈若嫡后事正義明哉今以肇爲皇太子

和帝元興元年十二月辛未立皇子隆爲皇太子是夜即皇帝位時誕育百餘日（即殤帝也）

安帝永寧元年四月丙寅立皇子保爲皇太子（即順帝也）

順帝建康元年四月辛巳立皇子炳爲皇太子

魏武帝既受漢封爲魏王建安二十二年十月漢獻

帝以五官中郞將曹丕爲魏太子（卽文帝也）初臨淄侯植旣以才見異而丁儀丁廙楊修等爲之羽翼帝狐疑幾爲太子者數矣而植任性而往不自彫勵飲食不節文帝御之以術宮人左右並爲之說故定爲嗣

文帝黃初七年五月丙辰立平原王叡爲皇太子（卽明帝也）丁巳卽皇帝位初太子爲平原王時文帝以郭后無子詔使子養之平原以母不道終意甚不平後不獲已乃敬事郭后旦夕因長遇問起居郭后亦自以無子遂加慈愛文帝始以平原不悅有意欲以他姬子京兆王禮爲嗣故久不拜太子平原嘗從文帝射

殺鹿母使平原射鹿子平原不從曰陛下已殺其母臣不忍復殺其子因泣涕文帝卽放弓箭以此深奇之而樹立之意定至是文帝病篤乃立爲皇太子

明帝景初三年正月丁亥立齊王芳爲皇太子（卽廢帝也）是日卽皇位

蜀先主初爲漢中王立子禪爲皇太子及卽尊號冊爲皇太子

後主延熙元年正月以子璿爲皇太子

吳太帝初受魏封爲吳王立子登爲王太子黃龍元年帝卽皇帝位以吳王太子登爲皇太子

赤烏四年五月太子登卒五年正月立子和爲太子十三年八月廢太子和處故鄣十一月立子亮爲太子亮字子明太帝少子也帝春秋高而亮最少故尤留意姊全公主嘗譖太子和子母心不自安因倚帝意欲豫自結數稱述全尚女勸爲亮納妃和廢帝遂立亮爲太子

景帝休永安五年八月戊子立子𩅦爲太子

後主晧建衡元年正月立子觀爲太子

晉文帝旣受魏封爲晉王咸熙元年十月魏陳留王以中撫軍新昌鄉侯司馬炎爲晉世子二年五月命

世子爲太子（卽武帝也）初文帝以景帝旣宣帝之嫡早世無後以次子攸爲嗣特加愛異自謂攝居相位百年之後大業宜歸攸每曰此景王之天下也吾何與焉將議立世子屬意於攸問孫秀曰太將軍開建未遂吾但承奉後事耳故立攸將歸功於兄何如秀以爲不可又以問山濤濤對曰廢長立少爲禮不祥國之安危常必繇之何曾固爭曰中撫軍聰明神武有超世之財髮委地手過膝此非人臣之相也太子位于是乃定（羊琇涉學有智少與武帝同學甚相親狎每接延同席帝未立爲太子而聲譽不及弟攸文帝素意重攸常有代宗之議琇密爲武帝畫策甚有條理又觀察文帝爲政損益揆度應所顧問之事）

皆令武帝默而識之其後文帝與武帝論當世之務及人間可否武帝答無不允錄是儲位遂定

武帝泰始三年立皇子衷爲皇太子即惠帝也詔曰朕以不德托于四海之上兢祇畏懼無以康濟寓内思與天下式明王度正本清源於置嗣樹嫡非所先務又近世每建太子寛有施惠之事間不獲巳順從王公卿士之議耳方今世運垂平將陳之以德義示之以好惡使百姓蠲多幸之慮篤始終之行曲惠小人故無取焉咸使知聞

七年正月丙午皇太子冠

惠帝永熙元年八月壬午立廣陵王遹爲皇太子即愍

懷太子也

永平元年正月丙午皇太子冠遹字熙祖惠帝長子母曰謝才人幼而聰惠武帝愛之嘗在左右嘗與諸皇子戲共殿上惠帝來朝執諸皇子手次至太子帝曰是汝兒也惠帝乃止元康九年十二月廢爲庶人

永康元年四月立皇孫臨淮王臧爲太孫詔曰咎徵數發奸回作變遹旣逼廢非命而歿今立臧爲皇太孫還妃王氏以母之稱太孫太妃

永寧元年正月趙王倫簒帝位廢太孫臧爲濮陽王

五月立襄陽王尚爲皇太孫

太安元年正月皇太子尚薨六月以清河王遐子覃爲皇太子持齊王冏表曰東宮曠然冢嗣莫繼天下太業帝王神器必建儲副以固洪基今者後宮未有孕育不可庶幸將來而虚天緒非祖宗之遺志社稷之長計也禮兄弟之子猶子故漢成無嗣繼孫是陶孝和之絶安以紹興此先王之令典往代之成式也清河王覃神姿岐嶷慧智早成康王正妃周氏所生先帝眾孫之中於今爲嫡昔薄姬賢明文則承位覃外祖恢世載明德覃宜奉宗廟之重統無窮之祚以寧四海顒顒之望覃兄弟雖並出紹可簡令淑還爲

國裔不替其嗣輒諮大將軍成都王穎及群公卿士成同大願請具禮儀擇日迎拜遂立覃爲皇太子

永興元年九月黜太子覃復爲清河王三月河間王顒表請立成都王穎爲太弟詔曰朕以凉德纂承洪緒于茲十有五年禍亂滔天姦逆仍起至乃幽廢重宮宗廟圮絶成都王穎溫仁惠和尅平暴亂其以穎爲皇太弟都督外中諸軍事丞相如故時穎旣入京師復旋鎮于鄴封二十郡邦丞相河間王顒表穎宜儲副遂廢太子覃立穎爲皇太弟丞相如故

十二月詔曰天禍晉邦冢嗣莫繼成都王穎自在儲

貳政緒虧損四海失望不可承重其以王還弟豫章王熾先帝愛子令問日新四海注意今以皇太弟（即懷帝也）以隆我晉邦時熾以清河王覃本太子也懼不敢當典書令盧陵修肅曰二相經營王室志寧社稷儲貳之重宜歸時望親賢之舉非大王而誰清河幼弱未允衆心是以既升東宮復贊藩國今乘輿播越三宮久曠常恐氐羌飲馬於涇川螘衆控弦於霸水宜及吉辰時登儲副上翼大駕早寧東京下允黔首喁喁之望熾曰卿吾之宋昌也乃從之

懷帝永嘉元年三月庚午立豫章王詮爲皇太子

六年帝蒙塵于平陽前雍州刺史賈匹與京兆太守梁綜共奉秦王鄴爲皇太子於長安（即愍帝也）

元帝建武元年三月辛卯即王位于建康丙辰立世子紹爲晉王太子

太興元年三月丙辰即皇帝位庚午立王太子紹爲皇太子（即明帝也）初帝爲晉王有司奏立太子帝以瑯琊王裒有成人之量過於紹從容謂司空王導曰立子以德不以年導曰世子宣城俱有昭儁之目固當以年於是太子位遂定

明帝大寧三年三月戊辰立皇子衍爲皇太子（即成帝也）

康帝建元二年九月丙申立皇子聃爲皇太子（即穆帝也）戊戌太子即皇帝位

簡文帝咸安二年七月乙未立會稽王昌明爲皇太子（即孝武帝也諱曜字昌明）

孝武帝太原十二年八月立皇子德宗爲太子（即安帝也）

宋高祖初封宋王以子義符爲王太子永初元年六月即皇帝位爲皇太子（即文帝也）

文帝元嘉六年三月丁巳立皇子劭爲皇太子（臣欽若等曰即元凶也）

孝武帝孝建元年正月丙寅立皇子業爲皇太子（即前

廢帝也）未之東宮中庶子二率並入直永福省大明二年出居東宮七年加元服

明帝泰始二年立皇子昱爲皇太子（即後廢帝也）

南齊太子初封齊公時以子賾爲齊國世子建元元年四月太祖即位六月立賾爲皇太子（即武帝也）

武帝以建元四年三月即位六月甲申立皇子長懋爲皇太子（即文惠太子也）

永明十二年正月皇太子長懋薨四月以長懋長子昭業爲皇太孫（即鬱林王也）詔東宮文武臣僚可悉改爲皇太孫官屬

東昏侯永元元年四月己巳立子誦爲皇太子

梁高祖天監元年旣受齊禪有司奏立儲副帝以天下始定百度多闕未之許也群臣固請十一月甲子立長子統爲皇太子(卽昭明太子也)時太子年幼依舊於内拜東宮官屬文武皆入直永福省五年五月皇太子始出居東宮

十四年正月乙巳朔皇太子冠

中大通三年四月乙巳昭明太子薨

五月丙申以晉安王綱爲皇太子(卽簡文帝也)

七月乙亥臨軒策拜以修繕東宮權居東府四年九

月皇太子移還東宮

簡文帝太清三年五月辛巳卽皇帝位立太子器爲皇太子(卽哀太子也)

元帝初封湘東王承聖元年十一月卽位立王太子方矩爲皇太子改名元良(卽愍懷太子也)

後梁宣帝登立子巋爲皇太子(卽明帝也)

明帝卽位立子琮爲皇太子(臣欽若等曰案後周蕭巋傳無年月)

陳文帝永定三年六月卽位九月立皇子伯宗爲皇太子(卽廢帝也)自梁室亂離東宮焚燼太子居于永福省

天嘉六年正月甲午皇太子加元服

廢帝光大元年七月戊申立皇子至澤爲皇太子

宣帝大建元年正月卽位立皇子叔寶爲皇太子(卽後主也)

二月辛未太子謁太廟

後主太建十四年正月卽位四月立皇子永康公胤爲皇太子

至德二年七月甲午太子加元服

禎明二年六月皇太子廢爲吳興王立始安王深爲皇太子

太武延和元年正月丙午立皇子晃爲皇太子(卽景穆太子也)

文成太安二年二月丁巳立皇子弘爲皇太子(卽獻文帝也)

獻文皇興三年六月辛未立皇子宏爲皇太子(孝文帝也)

文帝太和十七年六月立皇子恂爲皇太子及冠恂於廟帝臨光極東堂引恂入見誡以冠義曰夫冠禮表之百代所以正容體齊顏色順辭令容體正顏色齊辭令順故能正君臣親父子和長幼然母見必拜兄弟必敬責以成人之禮字汝元道所寄不輕汝當尋名求義以順吾旨

二十年十二月丙寅廢皇太子恂爲庶人

二十一年正月丙申立皇太子恪爲皇太子(卽宣武帝也)

西魏文帝立子欽爲皇太子(卽廢帝也)
東魏孝靜帝武定七年八月立皇子長仁爲皇太子
北齊文宣帝天保元年六月丁亥立子殷王爲皇太
子(卽廢帝也)
孝昭帝初封常山王以子百年爲世子皇建元年八
月卽帝位十二月辛亥立爲皇太子(卽後主也)
武成帝河清元年正月丙戌以皇子緯爲皇太子(卽後
主也)
後主武平元年六月皇子恒生九月立爲皇太子
後周太祖旣受魏封爲安定公恭帝三年以畧陽公

覺爲安定公世子(卽孝昭也)初太祖嫡嗣未建明帝居長
巳而有成德孝閔處嫡年尚幼冲乃召群公謂之曰
孤欲立子以嫡恐大司馬有疑大司馬卽獨孤信明
帝敬后父也衆皆黙然未有言者左僕射李遠曰夫
立子以嫡不以長禮經明義畧陽公爲世子公何所
疑若以信爲嫌請卽斬信便按刀而起太祖亦起曰
何事至此信又自陳說遠乃止於是群公並從遠議
出外拜謝信曰臨大事不得不爾信亦謝遠曰今日
頼公决此大議
高祖武帝建德元年四月魯國公立贇爲皇太子(卽宣
帝也)帝親告廟冠於阼階
宣帝大象元年正月戊午行幸洛陽立魯王衍爲皇
太子(卽靜帝也)
隋高祖初封隋王以子勇爲王太子開皇元年卽位
立爲皇太子
二十年十月乙丑太子勇廢爲庶人十一月戊子以
晉王廣爲太子(卽煬帝也)是月當受冊高祖曰吾以大興
功成帝業令太子出舍大興縣
煬帝大業元年正月丙申立晉王昭爲皇太子(卽元德太
子也)昭煬帝長子也仁壽三年以晉王領雍州牧煬帝

卽位便幸洛陽宮昭留守京師遣使者立爲皇太子

册府元龜

巡按福建監察御史臣李嗣京　訂正
知長樂縣事臣夏允彝叅閲
知建陽縣事臣黄國琦較釋

儲宫部二

建立第二

唐高祖既受隋封爲唐王義寧元年十一月恭帝以隴西公建成爲唐國世子武德元年五月高祖即位六月庚辰立世子建成爲皇太子（即隱太子也）九年六月癸亥詔曰儲貳之重式固宗祧一有元良

以貞萬國天策上將大尉尚書令陜東道大行臺尚書益州道行臺尚書令雍蒲二州都督領十二衛大將軍中書令上柱國秦王世民器質冲遠風猷昭茂宏圖夙著美業日隆孝惟德本周於百行仁爲重任以安萬物王迹初基經營締構戡翦多難征討不庭嘉謀特舉長筭必魁敷政大邦宣風區輿功高四履道冠二南任總機衡庶績惟允職兼内外彝章載穆遐邇屬意朝野具瞻宜乘鼎業允膺守器可立爲皇太子（即太宗也）

太宗以武德九年八月甲子即位十月癸亥尚書八座奏請立儲貳詔曰尚書奏議以爲少陽作二元良治本虔奉宗祐式固邦家中山王承乾地居嫡長天姿峻嶷仁孝純深業履昭茂早聞叡哲幼觀詩禮允茲守器養德春宫朕欽承景業嗣膺保位寔則前王思隆正緒宜依衆請以答僉望可立承乾爲皇太子

貞觀八年二月己巳皇太子承乾加元服

十七年四月乙酉廢太子承乾爲庶人丙戌詔曰昔者哲王受圖上聖垂範建儲兩以奉宗廟總監撫以寧國家既義出於至公亦事兼於權道故以賢而立則王季興周以貴而升朝明帝定漢詳諸方册豈不

然乎并州都督右武候大將軍晉王治地居茂親才惟明德至性仁孝淑質惠和夙著夢日之祥早流樂善之譽好禮無倦強學不怠今承華虚位率土繫心詢咨文武咸所推載古人云知子莫若父知臣莫若君朕謂此子寔允衆望可以則天作貳可以守器承祧永固百世以言萬國可立治爲皇太子所司備禮册命（即高宗也）甲午臨軒授皇太子册己亥御兩儀殿皇太子侍側陳孝德以戒之謂侍臣曰朕御天下十有七載遂得太子一諸寢門知子唯父父已體之然初立以長不能廢棄今者喪敗其自取之矣初承乾之

將廢也魏王泰日入奉侍太宗面許立爲太子因謂侍臣曰泰昨入見自投我懷中云臣今日始得與陛下爲子更生之日也臣有一孽子臣百年之後當爲陛下殺之傳國晉王父子之道故當天性我見其如此甚憐之褚遂良進曰陛下大失言伏願審思無令錯誤也安有陛下百年之後魏王持國執柄爲天下之主而能殺其愛子傳國於晉王者乎陛下日者立承乾爲太子而復寵愛魏王禮數有踰於承乾者良由嫡庶不分所以至此殷監不遠足爲龜鏡陛下今日既立魏王泰伏願陛下別安置晉王始得安全耳

太宗涕泗交下曰我不能因起入内太宗以晉王仁孝心所鍾愛又以太原瑞石文云李治萬吉意以爲嗣而未發言泰任數知太宗愛晉王因謂之曰汝善於元昌今敗得無於憂色晉王憂之見於顏色太宗怪而屢問方言其故太宗憮然有悔立泰之言矣是日太宗御兩儀殿群官盡出詔留司徒長孫無忌司空房玄齡兵部尚書李勣諫議大夫褚遂良謂曰我三子一弟所爲如此我心無聊因自投於牀引佩刀無忌等爭趨抱持太宗手中爭取佩刀以授晉王無忌等請太宗所欲曰我欲立晉王無忌曰謹奉詔有異議者臣請斬之太宗謂晉王曰汝舅許汝也宜拜謝晉王因下拜太宗謂無忌等既符我意未知物論何如無忌等又曰晉王仁孝天下屬心久矣伏乞召問百僚必無異辭若不手舞同音臣負陛下萬死妃殯列於紘窻内傾耳者數百人聞帝與無忌等立晉王議定一時歡呼響振宮掖太宗於是御太極殿召文武六品以上曰承乾悖逆泰亦敗類朕所觀之皆不可立欲選諸子尤仁孝者立爲家嗣爾其爲朕明言衆咸言晉王忠孝仁愛文德皇后之子立爲儲君無所與讓皆騰躍歡呼不可禁止太宗見衆情所與

顏色甚悅是日泰從百餘騎至永安門詔門司盡辟其騎令引泰於肅章門入出去武門幽於北苑

高宗永徽三年七月丁巳立陳王忠爲皇太子忠高宗長子永徽元年拜雍州牧時王皇后無子其舅中書令柳奭説后謀立忠爲太子以忠母賤冀其親已后然之奭與尚書右僕射褚遂良侍中韓瑗諷太尉長孫無忌左僕射于志寧等固請立忠爲儲后高宗許之

顯慶元年正月辛未立代王弘爲皇太子先是永徽六年十一月丁卯禮部尚書許敬宗奏口臣聞元儲

以貴立嫡之義尤彰罔敢同名正本之文逾顯所以内崇宗廟外重郊社取鑒前王行之自久陛下憲章千古含育萬邦爰立聖慈母儀天下繼而皇后生子合處少陽出自塗山是謂吾君之嗣夙聞胎教宜展問竪之心乃復獲宗降居藩邸從然養德猶韜甲館之符未纂承華尚阻商山之道是使前星匿彩搖岳韜峯臣愚誠竊所未喻且今之守器素非皇嫡永徽爰始國本未生權引彗星越外明兩近者元妃載誕正嗣降神重光有融爝暉宜息安可以茲傍枝叨據温文國有諍臣孰逃其責謹按春秋左氏傳云隱公

元年春不書郎位攝也昔宋武公生仲子有文在其手曰爲魯夫人故仲子歸于我生桓公是以隱公立而奉之自營菟裘遜而歸老孔子褒其讓嫡旌于此事之書又東觀漢史云光武皇帝子彊居長建武之初爲皇太子及皇后陰氏有子曰莊彊是彊不自寧固求遜位帝乃從之封彊爲東海王竟以莊爲太子是爲孝明皇帝竊惟息姑克讓可以思齊劉彊守藩宜遵往軌追蹤太伯不亦休哉踵武延陵故常安矣寧可反植戒幹久易位於天庭倒襲裳衣使違方於震位蠢爾黎庶云誰係心垂裕後昆將何播美又且父子之際人所難言事或批鱗必嬰嚴憲臣竊爲身計苟且隨流尸祿偷榮故知無咎伏自思忖荷眄先朝引於陋巷之中申以後車之禮雲臺畫象十有八人三紀于茲唯臣僅在趨事陛下綿歷二坊叨處調護之流濫齒正人之伍薈璇華於望苑雕朽木以爲容推鑾轂於天衢偶雜樹而徒老常思自勉少報洪恩旣屬天步康寧效況族而無所太階平晏湏焚宗而靡由今茲冢嗣執珪下枝當璧孟侯淪居大典未申臣旣分職文昌典司嘉禮位均宗伯弗敢曠官效命之秋宜在茲日所以思不出位輕叫帝閽冒嚴威

于斧鉞忘忌諱詞精誠天或弗違從其至理朝聞夕殞亦若登僊如塞讜言譴其芻誓煎膏染鼎亦所甘心仍望奉見指陳彝典及召見帝曰卿朕之伯夷也立嫡之義在禮何如對曰正基本則萬事理皇太子國之本也本獨未正萬國無所係心據禮最爲不可且在東宮者所出本微今知國家已有正爲必不自安竊位而懷自疑恐非宗廟之福願陛下熟計之帝曰忠已自讓對曰能爲太伯願速從之

四年十月丙午皇太子弘加元服（後蓋謚字敬皇帝）

上元二年六月戊寅立雍州牧右衛大將軍雍王賢

爲皇太子即章懷太子也
調露二年八月巳丑立左衛大將軍雍州牧共王哲
爲皇太子改名顯即中宗也
永淳元年二月戊午立皇孫重照爲皇太孫重照中
宗長子開耀二年生於東内殿高宗甚悦及蒲月立
爲皇太孫後避則天諱改名重潤降封邵王
中宗嗣聖元年二月壬子以永平王成器爲皇太子
後改名憲降封寧王謚曰讓皇帝
神龍二年七月戊申立左衛大將軍衛王重俊爲皇
太子時以除逺不行冊禮即節愍太子也

睿宗唐隆元年六月丁未以平王隆基有安社稷之
功立爲皇太子即玄宗也制曰舜去四凶而功格天地武
有七德而戡定黎民故知有太勲者受神明之福佽
義高者爲匕鬯之主朕恭臨寶位亭育寰區以萬物
之爲心以兆人之爲命雖承繼之道咸以冢嫡居尊
而無私之懷必推功業爲首然後可保安社稷永奉
宗祧第三子平王隆基孝而克忠義而能勇此以朕
居藩邸虔守國彝貴戚中人都無引接群邪害正凶
黨寔繁利口工言讒説罔極常温延秀朋徒競起晉
卿楚客交搆其間潛結回邪排擠端善居人集木君
子怗危惕日視陰朝不保夕摧羽林萬騎率左右屯
營先害朕躬并及太平公主中外良士咸擬勦屠隆
基密聞其期先難奮發挺身鞠旅衆應如歸呼翕之
間兇渠殄滅安七廟於幾墜濟群生於將殞方舜之
功過四比武之德逾七靈祇德昆弟樂推一人元良
萬邦已定爲副君者非此而誰可立爲皇太子有司
擇日備儀注冊命初睿宗即位議立皇太子以宋王
成器長而平王有誅韋氏之功意久不定成器辭曰
儲副者天下之公器時平則先嫡長國難則歸有功
若乖其宜則海内失望非社稷之計臣敢以死請而

平王聞之累日涕泣固讓言甚切至諸王等咸以平
王有社稷大功神祇僉屬群臣又曰除天下之禍者
享天下之福拯天下之危者受天下之安平王有聖
德定天下宜膺主鬯以副群心睿宗乃從之平王又
抗表讓曰臣聞立嫡以長古之制也豈以臣有薄効
虧失彝章伏願稽古而行臣之願也睿宗不許王又
累表懇辭睿宗固拒之
玄宗開元二年十二月辛未立郢王嗣謙爲皇太子
制曰樹之后王所以輯寧黎獻前立儲副所以安固
宗祧故能崇四術之科爲萬國之本長幼君臣之序

齒胄知歸溫文恭敬之風群生攸屬古之制也其在茲乎郢王嗣謙聰睿夙成端莊特秀三雍禮樂必也生知五官詞藻居然暗合體道爲器非假於學問資靈授德自符於神解夏弦春誦地義天經立人之道旣彰爲子之誠皆著今昇平在運域中咸寧將有事於元良固不踰於三善宜光近日之敏俾則前星之耀來年正月四日備禮册爲皇太子所司准式

七年十一月皇太子將加元服下制曰元良所以主匕鬯奉社稷貞于萬國祝以三加皇太子居長德之地務親仁之道爰就師保克修志業寢門問安而資

敬大學齒胄而徵善大猷且酌元服宜申史稱周頌之年傳紀魯襄之禮粤若徵始謂之成人逮茲建正式展嘉事可以來年正月加元服所司擇日奏聞禮官博士詳考故實允符令典

八年正月甲子皇太子加元服乙丑皇太子謁大廟

十三年制皇太子嗣謙改名鴻二十六年以罪廢爲庶人

二十六年六月庚子制曰太寶曰位實在其丕承萬邦以貞必建於明兩服嗣守鴻業祇嚴永圖恭惟匕鬯之主豈捨人神之望開府儀同三司兼單于大都督河北河東行軍元帥朔方軍節度使兼關內支度營田鹽池押諸蕃部落等大使上柱國忠王璵天假聰明生知仁孝君親一致友悌二成溫文之德合於古訓敬愛之風聞於天下嘗以視其所以察其所安考言有章詢事皆中知子者父允叶於元良以長則順且符於舊典宜膺擇嗣之舉俾受升儲之命可立爲皇太子即肅宗也仍取來月內擇日册命所司准式

七月己巳帝御宣政殿會九品以上文武百官册皇太子忠王璵帝第三子自皇太子瑛得罪廢爲庶人王長而最賢遂立爲皇太子

肅宗乾元元年五月庚寅詔成王俶宜立爲皇太子

改名豫即代宗也所司擇日行册禮

七月壬午皇太子於宣政殿謝册命

十月甲辰帝御宣政殿册皇太子

代宗廣德二年正月己卯立元帥尚書令雍王适爲皇太子甲子雍王表曰臣性本凡愚識無久遠夙承訓誨未達禮經俾踐元良是輕主鬯顧惟孱懦何以克堪然臣頃總戎麾恭憑睿略在臣何力妄欲貪天且五帝三王立嗣殊制王者家天下以傳子帝者官天下以傳賢胡有居五帝之時行三王之禮臣雖不敏竊謂非宜乃知古之正統不以年樹俊不以嫡明

矣若以臣居嫡而廢德在長而捨賢恐大道淳風隱而不見伏以天下之公器不可虛涉宗廟之宏綱不可輕舉伏惟陛下敦三善之本審萬國之貞不可以私授爲心但可以推賢爲慮則陛下享唐虞之德臣蒙伯邑之名乞回聖慈俯寢恩命帝詔答曰立嫡以長繼統惟賢三代成規百王令典惟爾元子敬而溫文孝叶天經學深義府克奉趨庭之訓遂成麟趾之才須總元戎式平巨猾外藩受律群帥叶謀咸推兔苑之賢允負龍樓之拜宜膺德舉勿用勞謙乙丑又上表陳讓答詔不允卽宜斷表

二月己巳帝御宣政殿冊皇太子先是寶應二年五月宰臣及文武百僚上表請立皇太子兩表不從宰臣等又上言曰伏見儲貳未立明兩虛位累有陳請愚誠不從陛下以郊壘多虞羌戎侵軼卽茲大典姑務安邊誠聖王憂勤謙讓之心非國家固本久遠之計易曰重明以麗乎正乃成化天下書曰一人元良萬邦以貞謹案歷代哲王守邦建國未有不先定家嗣以叶群情然後脩禮文緝刑政於是諸侯以秩進戎狄以義敍匕鬯以時主監撫以事明宗祀之本不可暫闕今大盜初滅先零猶狂時號艱虞人懷底定而守嫡不建繼體未孚天下顒顒實有所望陛下固辭未免億兆搖心伏願遠圖百代之謀俯遂群臣之請必冀四夷向化萬國歸誠帝手詔答曰卿等謨明廟堂夾輔王室請正長嫡以崇儲副稱元良之貞固天下之本此謂主鬯誠哉是言但以黎庶不康甲兵久頓憂勞旰昃姑務息人與衆共守斯爲急務冊命之禮輟而未行方俟有年用申盛典高秋玄月平秩不逢因其萬物之成繼以重離之照子孫逢吉是謂大同儲至此時依卿所請宜悉朕懷至是乃降冊命

德宗以大曆十四年正月卽位十二月乙卯詔曰王

器者莫若長子繼明者必建儲兩旣以傳重亦以崇本則君親之大義帝王之弘範無先於此矣朕以耿身纘承丕緒夕惕祇畏惟懷永圖承八葉之耿光居四海而稱大則匕鬯之主粢盛之重樹元貴嫡有邦之先宣王誦生知古制旣賢且長聰明敏博溫恭孝友不自滿假率由憲章慶發高禖兆申甲觀爲子之道惟父能知審其觀志宜承大統固能總戎監撫載乎鼎實不絕馳道謙敬益崇問安必自於因心入學固知其讓齒升茲上嗣庶貞萬國可立爲皇太子卽順宗也宜令所司擇日備禮冊命建中元年正月冊皇太

子

順宗以貞元二十一年正月即位三月癸巳詔曰萬國之本屬在元良主器之重歸于長子所以固社稷正邦統古之制也廣陵郡王淳孝友莊敬慈仁忠恕博厚以容物見明而愛人祗服訓詞文皆合雅講求典禮學必承師言有令聞動無違德朕獲纘丕緒祗若大猷惟懷永圖用建儲貳以承宗廟以奉粢盛爰舉舊章俾膺茂典宜册爲皇太子改名純（即憲宗也）仍令有司擇日備册命

四月乙丑帝御宣政殿册皇太子時帝即位已久而

臣下未有親奏對者内外咸言王伾王叔文專行斷決日有異說又屬頻陰雨皆以爲群小用事之應及將行册禮之夕雨乃止至行事之時天景晴朗有慶雲見識者以爲天意有所歸及覩皇太子儀表班行悚動退無不相慶至有感而泣者其日道路觀悅遍相傳告中外有屬焉

憲宗元和四年閏三月丁卯詔曰朕聞君天下者紹承統業何常不樹建儲貳固安邦家況長子有主器之義元良貞立國之道上以嚴宗社之慶下以順長久之宜歷考前載率由斯道鄧王寧性與忠敬生知孝友秉寬明之度體慈愛之心學師訓謨詞尚經雅動皆中禮慮不違仁稽以舊章允膺上嗣朕獲纘丕緒夙夜虔恭常懼神明未歆政理多闕賴茲茂典亟涉歲時今屬方隅甫寧品物咸遂覽皇王之制詢卿士之謀特瞻大猷莫此爲重是用授之匕鬯位以青宮欽惟永圖俾服休命宜册爲皇太子（即惠昭太子也）仍令有司擇日備禮册命四月令皇太子居少陽院其年有司將行册禮以孟夏孟秋再卜日臨事皆以雨罷至十月方就延册（六年太子薨）

七年七月乙亥制曰承廟祧之尊固邦國之本重其

緒業貞以元良斯今古之通制也乃者春宮曠位已涉歲時將恐禋獻闕主鬯之儀膠庠虛齒學之道其何以懷寧方夏章示教源稽諸往册用舉彝典遂有孝敬忠肅寬明惠和遵保傅之言佩經訓之旨友于兄弟睦于宗親博愛而恕已以誠慎行而儉躬以禮載覩所履克茂厥猷宜升儲闈以對休命朕祗若成憲惟懷永圖法二王垂統之秩紹十聖重光之烈致嚴禋配俾奉粢盛式昭上嗣之宗庶協明離之吉宜册爲皇太子改名常（即穆宗也）仍令有司擇日備禮册命

十月壬寅帝御宣政殿册皇太子百寮退詣皇太子

于崇明門幕殿凡三再拜太子皆荅拜宫寮拜則受
之又赴興慶宫進名奉賀皇太后
穆宗長慶二年十二月癸巳制曰朕聞王者敬承宗
祧欽若天命必建元子用寧邦家所以光協纘明嚴
當主鬯朕纘承聖緒寅奉丕圖永惟國本之安爰在
皇儲之重而青宫久闕望苑未開何以表式元良昭
宣鴻業猶於往册用舉彝章長男景王湛孝愛恭和
忠敬誠肅慈惠特禀寬仁夙彰言通典謨動協儀矩
睦友宗屬遵承傳道克脩令問日茂嘉猷宜踐儲闈
以承休命朕以君尊父嚴每推乾道聞詩學禮用首

人倫嘉翼翼於誠心觀烝烝於孝敬克稱知子無讓
前脩俾奉粢盛式昭元嗣宜冊爲皇太子即敬宗也仍令
有司擇日備禮冊命乙未宰臣百寮並賀皇太后于
興慶宫丙午帝御紫宸殿冊皇太子故事冊太子御
宣政前殿時以帝體未康慮勞登御故從便也是日
備宫懸於紫宸殿廷列而內仗於兩閤門內群臣辦
色序立於宣政門外俄就外廊食訖始具冠服劍履
入日月華門列位於正衙展後一刻方入閤帝臨軒
後以中官列侍太子步自崇明門以宫寮翼從駙馬
二人扶整衣冠禮儀使導以進及樂作扇開群臣拜
訖太子進至龍墀東西再拜受冊攝中書令杜元穎
跪讀冊文以授太子再拜蹈舞乃出歸于崇明門幕
殿群臣賀皇帝訖退詣崇明謁皇太子太子命舉簾
執笏荅拜宫寮拜則受之禮畢群臣赴興慶宫稱賀
初穆宗因擊毬暴得風恙機務稍壅外庭不知宫中
安否者三日京師人情恟然右僕射裴度三上疏請
立儲副兩省官及翰林學士亦繼陳封章門下侍郎
平章事李逢吉與同列因樞密中使梁守謙劉弘規
王守澄同議遂迎置景王於少陽院然後因請穆宗
御紫宸殿以安衆心乃以十二月五日入閤率百寮

稱賀因請立皇子景王爲儲后感激嗚呼聞者莫不
涕零班退又獨進曰景王先聖皇太后嫡長子至正
且順事無可疑伏望即賜宣下臣謹便令有司擇日
冊命時穆宗不能言微有許諾之意逢吉還中書草
奏封進時同列杜元穎先赴太廟宿齋逢吉後出光
範門以所進言請立太子不言請立景王遽廻馬追
之獨改奏狀以進翊日詔下遂以景王爲皇太子
文宗太和六年十月甲子詔曰禮重承祧義存繼體
思崇守器必務建儲王者所以固大本而貞萬國也
魯王永溫仁寬明聰敏孝愛動合至性居無放心樂

善承顔曕度容衆恭勤詩書之教率由忠愿之風懿茲徽猷光我上嗣朕纂奉寳位丕寧聖圖欽若舊章同建儲貳爰俾主鬯以率問安統正龍樓之榮昭宣申觀之兆宜膺茂典允屬元良宜册爲皇太子仍令所司擇日備禮册命太子帝長子也母曰王昭儀帝自卽位承敬宗盤游荒怠之後恭儉惕愼以安天下以晉王謹愿且欲建爲儲貳未幾晉王薨帝哀悼甚不復言東宮事久之方有是命中外慶悅

七年八月庚寅御宣政殿册皇太子禮畢百寮詣興慶宮賀太皇太后義安太后又詣光順門賀皇太后

開成三年十月太子薨

開成四年十月制曰古先哲王之有天下也何嘗不正國本而成天序建儲兩而主重器朕以寡昧祗荷丕圖虔恭寅畏思固鴻業愼擇全懿曠于旬時而卿士獻謀龜筮告吉以爲少陽虛位願擧盛儀列聖垂休俾合予志選賢而立式表無私敬宗皇帝第六男陳王成美天假忠孝日新道德溫文合雅謙敬保和裕端明之體度飭尚書之訓辭言皆中禮行不違仁是可以順考舊章欽若成命授之匕鬯以奉粢盛宜廻朱邸之榮俾踐青宮之重可以爲皇太子宜令所司擇日備禮册命自青宮虛位將相大臣百職言者拜章面陳凡累月帝遂册立陳王宋立與夷之志也

五年正月文宗暴疾兩軍中尉仇士良等矯詔立潁王爲皇太弟廢太子爲陳王

五年正月己卯制曰朕顧耿身獲承丕構嚴恭寅畏十有五年雖宇内小康而大道猶鬱方思砥礪期臻治平而天不祐予夙嬰疾疹政既多闕心不自安近者疑沍所侵久而寖劇臣寮愛我内外一心禱祀畢爲藥石備至亟換旬月有加無瘳懼不能躬總萬機日釐庶政稽于古訓謀及大臣用建親賢以貳神器親弟潁王炎朕昔在藩邸與同師訓動成儀矩深稟

寬仁俾奉昌圖必諧人欲可立爲皇太弟（卽武宗也）應軍國政事便令勾當是日兩軍自十六宅迎帝赴少陽院百官謁于東宮思賢殿分命群臣告天地社稷

武宗會昌六年三月遺詔立光王怡爲皇太叔權句當軍國政事改名忱（卽宣宗也）

宣宗大中十三年八月遺詔立長子鄆王溫爲皇太子監國政名漼（卽懿宗也）

懿宗咸通十四年九月制立第五男晉王儼爲皇太子改名儇（卽僖宗也）

僖宗文德元年三月遺詔立壽王傑爲皇太弟時帝

暴不豫群臣以吉王最賢又在壽王之上將立之惟軍容使楊復恭請立壽王（後改名即昭宗也）

昭宗乾寧四年二月丙辰帝在華州節度使韓建表請立太子巳未制德王裕宜冊爲皇太子（天祐元年八月爲蔣玄暉所害）

天祐元年八月遺詔曰輝王祚幼彰岐嶷長實端身裒然不群予所鍾愛必能克奉丕訓以安兆人宜立爲皇太子改名柷監軍國事（即哀帝也）

冊府元龜

册府元龜

巡按福建監察御史臣李嗣京　訂正
分守建南道左布政使臣胡維霖　參閱
知建陽縣事臣黄國琦校釋

儲宫部三

誕慶　儀貌　令德　孝友　文學
失德

誕慶

夫王者當宇宙之大承基構之重期本枝之克茂故主器而斯尚載誕之始慶賜遂行或立禖祝之祠或

赦囚繫之罪或以之賜爵級或因之錫宴喜所以上祇宗祐下隆基緒者也垂諸竹帛不爲過矣

漢戾太子武帝長子帝春秋二十九廼得皇子群臣喜枚皐與東方朔作皇太子生賦及立皇子禖祝（禮月令祀於高禖高禖求子之神也武帝晚得太子喜而立此禖祠而令皐作祭祀之文也）受詔所爲皆不從故事重皇子也

宋太子劭文帝長子元嘉三年閏正月丙戌生二月乙卯繫囚見徒一皆原赦時元帝猶在諒闇故秘之三年閏正月方云劭生自前代以來有人君即位後皇后生太子惟殷帝乙既踐祚正妃生紂至是又有劭爲體元居正帝甚喜悦

梁昭明太子統字德施高祖長子也母曰丁貴嬪初高祖未有男義師起太子以齊和帝中興元年九月生于襄陽與貴嬪留在州城京邑平乃還京師

哀太子大器字仁宗簡文帝嫡長子普通四年五月丁酉生

陳吳興王胤字承業後主長子也以宣帝大建五年二月乙丑生於東宫母孫姬因産卒沈皇后哀而養之以爲已子是時後主年長未有胤嗣宣帝因命以爲嫡孫其日下詔曰皇孫載誕國祚方熙思與群臣

共同斯慶内外文武賜帛各有差爲父後者賜爵一級

隋元德太子昭煬帝長子也初文帝以開皇三年四月庚午夢神自天亦降云是天將生降籍召納言蘇威以告之及聞蕭妃在并州有振迎置太興宫之客省明年正月戊辰生昭養於宫中（乃大曹主）

唐廢太子承乾太子長子武德初文德皇后生於承乾殿因以名焉

太子忠字正本高宗長子貞觀十七年十一月甲辰生高宗宴宫寮於弘教殿太宗幸東宫顧謂宫臣曰

頃來生業稍可非無酒食而唐突卿等宴會者朕初有此孫故相就爲樂太宗酒酣起舞以屬群臣在位於是遍舞盡日而罷賜物有差

懿德太子重潤中宗長子高宗開耀二年中宗爲皇太子生於東宮内殿高宗甚悦及滿月大赦改元永淳是歲立爲皇太孫

儀貌

夫肖天地之形體雲日之表受最靈之氣有繼明之象故天姿岐嶷出乎自然龍章粹和發於異禀是以居主鬯之重爲天下之本有以見容止可度矣

宋太子劭文帝長子美鬚眉大眼方口長七尺四寸

南齊文惠太子長懋武帝長子也姿容豐美爲高帝所愛從容有風儀音辭和辯體素過壯有官簡於遨遊

梁昭明太子統高祖長子也美姿貌善舉止體素壯腰帶十圍

哀太子大器簡文帝嫡長子也性寛和神用端凝

陳太子深後主第四子也容止儼然雖左右近侍未嘗見喜愠

唐章懷太子賢高宗第六子始出閤容止端雅深爲高宗所嗟賞

令德

夫嘉言善行必垂於後蓋以爲人景慕與世作程矧未登儲貳之尊應兩明之象而孝謹天至温恭日新問安侍膳具瞻三善之姿監國撫軍允副萬邦之望所以妙選羽儀率尊師傅者顯於此矣

吳太子登大帝長子接待寮屬畧用布衣之禮或射獵當繇徑道常遠避良田不踐苗稼至於頓息又擇空閑之地其不欲煩民如此又失盛水金馬盂覺得其主左右以爲不忍致罰呼責數之長遣歸家勑親

近勿言

太子和大帝第三子赤烏五年爲太子都督劉寶白庶子丁晏晏亦白寶和謂晏曰文武在事當能幾人因隙構薄圖相危害豈有福哉遂兩釋之使之從厚

南齊文惠太子長懋自正位東儲善立名尚解聲律工射飲酒至數斗而未嘗舉盃從容有風儀音辭和辯引接朝士人人自以爲得意與景陵王子良俱好釋氏立六疾館以養窮民

梁昭明太子統武帝長子孝謹天至寛和容衆喜愠不行於色年十二於内省見獄官將讞事問左右曰

是皂衣何爲者日廷尉官屬召視其書曰是皆可念我得判否有司以統幼給之日得其獄皆刑罪上統皆署杖五十有司抱具獄不知所爲具言於高祖高祖笑而從之自是數使聽訟每有所寬縱者卽使太子决之每入朝未五鼓治嚴守城開在東宫雖復燕居内殿一坐一起嘗西向臺宿被召當入危坐達旦以時俗稍奢太子欲以己率物服御朴素身衣浣衣膳不兼肉性仁恕見在宫禁防捉剃子者問之云以清道驅人太子恐致傷痛使提手板代之頓食中得蝇蟲之屬密置拌邊恐厨人獲罪不令人知又見後

閤小兒攤戲後屬有獄牒攤者法士人結流徒庶人徒太子曰私錢自戲不犯公物此科太重令刑上三歲士一人免官獄牒應死者必降長徒自此以下莫不減半又性愛山水於玄圃穿築更立亭館與朝士名素者遊其中嘗泛舟後池番禺侯軌盛稱此中宜奏女樂太子不荅詠左思招隱詩曰何必絲與竹山水有清音軌慙而止出宫二十餘年不畜聲樂少時勅賜太樂女伎一部畧非所好時高祖大弘佛教親自講説太子亦崇信三寶徧覽衆經乃於宫内别立慧義殿專爲法集之所招引名僧談論不絶太子自立二諦法身義並有所通普通元年四月甘露降于慧義殿咸以爲至德所感焉會大軍北討京師穀貴太子因命菲衣減膳改常饌爲小食復敬耆老中舍人陸襄母年將八十與蕭琛傳詔陸景每月嘗遣存問加賜𥹋羞衣服自加元服高祖使有萬機平斷法獄多所全宥天下皆稱仁每霖雨積雪遣腹心左右周行閭巷視貧困家有流離道路密加賜與出王衣綿帛多作襦袴冬月以施貧凍若死亾無可以歛者爲備棺櫬每聞遠近百姓賦役勤苦輒歛容色嘗以户口未實重於勞擾及薨朝野惋愕京師男女奔走

宫門號泣滿路四方氓庶及疆徼之民聞喪皆慟哭

陳太子深後主第四子少聰慧有志操容止儼然左右近侍未嘗見其喜愠

隋廢太子勇高祖長子性寛仁和厚率意任情無矯飾之意

元德太子昭煬帝長子大業元年立爲皇太子昭有武力能引強努性謙沖言色恂恂未嘗忿怒有深嫌可責者但云大不是所膳不許多品帷席極儉素臣吏有老父母者必親問其安否歲時皆有惠賜其仁愛如此

唐太子弘高宗第五子性仁孝深爲帝及天后所鍾愛咸亨初駕幸東都留太子於京師監國時大旱關中饑乏令取廊下兵士糧視之見有榆皮蓬實者乃各給米使足又請以同州沙苑地分借貸人詔許之顯慶三年薨年二十四甚爲士庶所痛惜高宗親爲製叡德紀并自書之于石

章懷太子賢高宗第六子始出閤容止端雅深爲高宗所嗟賞上元二年立爲皇太子尋令監國處事明審爲時論所稱

孝友

古者並建師傅奉乎冢嫡所以琢磨懿範輔翼令猷夫父子之親存乎天性兄弟之愛謂之天倫人道之先何尚於此蒸蒸之志克奉於慈顔怡怡之懽溥敦於同氣則正家而定天下推已而形四海粢盛有寄匕鬯無失豈止問安之訓道映於龍樓致美之風事光於甲觀而已哉

吳太子登大帝之子也自武昌遷都建業時登鎮後以弟慮卒登往建業任十餘日欲遣西還深自陳乞以久離定省子道有闕又陳陸遜忠勤無所顧憂帝遂留焉登所生庶賤徐夫人少有母養之恩後徐氏以妒廢處吳而步夫人最寵步氏有賜登不敢辭拜受而已徐氏使至所賜衣服必沐浴服之登將拜太子辭曰本立而道生欲立太子須先立后帝曰卿母安在對曰在吳帝默然及爲皇太子時弟和有寵於帝登親敬待之如兄弟嘗欲讓之心

梁昭明太子性仁孝自出宮嘗思戀不樂高祖知之每五日一朝多便留永福省或五日三日乃還宮普通七年十一月母丁貴嬪有疾太子還永福省朝夕侍疾衣不解帶及薨步從喪還宮至殯水漿不入口每哭輒慟絶高祖遣中書舍人顧協宣旨曰毁不滅

性聖人之制身不勝喪比於不孝有我在那得自毁如此可即強進飮粥太子奉勅乃進數合自是至葬日進麥粥一升高祖又勅曰聞汝所進過以轉就羸瘵我此更無餘病正爲如此胸中亦比塞成疾故應強加饘粥不使我恒爾懸心雖屢奉勅勸逼終喪日止一溢不嘗菜果之味體素壯腰帶十圍至是減削過半每入朝士庶見莫不泣大通三年三月寢疾恐貽高祖憂勅參問輒自力手書啓及稍篤左右欲啓聞猶不許曰云何令至尊知我如此惡因便嗚咽四月乙巳薨時年三十一

哀太子大器簡文帝子性寛和兼神用端嶷在於賊手毎不屈意初侯景西上携太子同行及其敗歸部伍不復振肅太子所乘舡居後不及賊衆左右心腹並勸因此入北太子曰家國喪敗志不圖生主上蒙塵寧忍違離吾今以懸乃是叛父非謂避賊便涕泗嗚咽令即前進賊以太子有器度毎嘗憚之恐爲後患故先及禍

隋元德太子昭煬帝長子也生而高祖養於宮中既長高祖嘗謂曰當爲爾娶婦昭應聲而泣高祖問其故對曰漢王未婚時嘗在至尊所一朝娶婦則便出

冊府元龜 儲宮部 孝友 卷之二百五十八 九

外懼將違離是以啼耳高祖嘆其有至性特鍾愛焉

唐太子弘高帝子顯慶初義陽宣城二公主以母得罪幽于掖庭太子見之驚惻遽奏請令出降會帝幸東都留太子於京師監國駕發數日太子戀慕不已帝聞之遽追赴行所焉弘嘗受春秋左氏傳於率更令郭瑜至楚子商臣之事廢卷而嘆曰此事臣子所不忍聞經籍聖人垂訓何故書此瑜對曰孔子修春秋義存襃貶故善惡必書襃善以示代貶惡以誡後固使商臣之惡顯于千載太子曰非惟口不可道故亦耳不忍聞請改讀餘書瑜再拜賀曰里名勝母曾子不入邑號朝歌墨子回車殿下誠孝寔資睿情天發凶悖之迹黜於視聽循奉德音實深慶躍臣聞安上理人莫善於禮非禮無以事天地之神非禮無以辯君臣之位故先王重焉孔子曰不學禮無以立請停春秋而讀禮記太子從之

才智

禮云一有元良萬邦以貞蓋世子之謂也若乃才繇天縱志本夙成觧經若生知臨事必先覺無假師保之訓自成聰哲之謀而明兩有暉承華作則故可德而稱也

冊府元龜 儲宮部 才智 卷之二百五十八 十

吳太子登嘗乘馬出有彈丸過左右求之有一人孫彈佩丸咸以爲是辭對不服從者欲捶之登不聽使求過丸比之非類乃見釋

孫和爲太子時有司頗以條書問事和以爲姦妄之人將因事錯意以生禍心不可長也宜絶之又嘗言當世士人宜講修術學較習射御以周世務而但交游博奕以妨事業非進取之謂後群僚侍宴言及博奕以爲妨事費日而無益於用勞精損思而終無所成非所以進德修業積累功緒者也且志士愛日惜力君子慕其大者高山景行恥非其次夫以天地

長久而人居其間有白駒過隙之喻年齒一暮榮華不再凡所患者在於人情所不能絕誠能絕無益之欲以奉德義之塗棄不忍之務以修功德之基其於名行豈不善哉夫人情猶不能無嬉娛嬉娛之好亦在於飲宴琴書射御之間何必博奕然後爲歡乃命侍坐者八人各著論以矯之於是中庶子韋曜退而論奏和以示賓客時蔡穎好奕有事在著者頗敎爲故以諷之

晉愍懷太子遹惠帝長子少聰慧武帝時宮中嘗失火武帝登樓望之太子時年五歲牽帝裾入闇中帝

問其故太子曰暮夜倉卒宜備非常不宜令照見人君也繇是奇之嘗從帝觀豕牢言於帝曰豕甚肥何不殺以享士而使久費五穀帝嘉其意即便烹之因撫其背謂廷尉傅祇曰此兒當興我家嘗與群臣稱太子似宣帝於是令譽流於天下惠帝即位立爲皇太子

梁昭明太子統武帝長子天監元年始二歲立爲皇太子三歲受孝經論語五歲徧讀五經悉能諷誦性寬和高祖數使聽訟每有欲寬縱者即使太子決之建康縣讞誣人誘口獄劉縣人太子愛故輕當杖四十令曰彼若得罪便合家拏戮今縱不以其罪之豈可輕罰而已可付治十年自加元服高祖便使省萬機內外百司奏事者塡塞於前太子明於庶事纖毫必曉每所奏有謬誤及巧妄皆即就辨析示其可否徐令改正未嘗彈糾一人

隋元德太子昭煬帝長子也生而高祖命養宮中三歲時於帝武門弄石獅子高祖與文獻皇后至其所高祖適患腰痛擧手憑后昭因避去如此者再三高祖歎曰天生長者誰復教乎繇是大奇之

唐太子承乾太宗長子少敏惠太宗甚愛之貞觀八

年九月太子來朝太宗謂侍臣曰我以承乾多疾病不令讀書但與孔穎達評論古事我試令作數紙書言經國大體立成三紙頗有可觀先論刑獄爲重深得經邦之要也

章懷太子賢高宗第六子處事明審爲時論所稱初爲潞王始出閤高宗嘗謂司空李勣曰此兒已讀得尚書禮記論語誦古詩賦復十餘篇暫經領覽遂即不忘我曾遣讀論語至賢賢易色遂再三復誦我問何爲如此乃言性愛此言方知夙成聰敏出自天性

文學

夫儲貳之建所以重宗祧而承天序也故有師保之訓書禮之教然後溫文著於內英華發於外所謂行一物而三善皆得者其世子齒於學之謂也繇漢而下或通經肄業成於講習或立言著論煥乎義趣或雕章麗藻駿發於豪翰或遺文往行克就於編緝斯固彰郁郁之美播洋洋之譽玉振而金相星曄而海潤者已

漢武帝戾太子據少壯詔受公羊春秋（少壯者言漸長大也）又從瑕丘公受穀梁

南齊文惠太子長懋武帝長子也初太祖好左氏春

秋太子承旨諷誦以爲口實及豫章王嶷薨太子見帝友于旣至造碑文奏之

梁高祖昭明太子統三歲受孝經論語五歲徧讀五經悉能諷誦天監八年於壽安殿講孝經盡通大義游宴祖道賦詩至十數韻或命作劇韻賦之皆屬思便成無所點易嘗自討論篇籍或與文士商確古今間則繼以文章著述率以爲嘗于時東宮有書三萬卷名才並集文章之盛晉宋以來未之有也所著文集二十卷又撰古今典誥文言爲正序十卷五言詩之善者爲文章英華二十卷文選三十卷

愍懷太子方矩元帝子少勤學聰穎有元帝風

陳後主廢太子胤性聰敏好學執經肄業終日不倦博通大義並善屬文

隋高祖廢太子勇頗好學解屬詞賦帝欲徙民北實邊塞勇上書直諫帝覽而嘉之（書具儲宮諫諍門）

唐高宗太子弘初入東宮請於崇賢館置學並置生徒詔許之始置學生二十員東宮三師三少賓客詹事少詹事左右庶子左右衛卒率及崇賢館三品學士子孫亦宜通取弘嘗受春秋左氏傳於率更令郭瑜又讀禮記龍朔元年命中書令兼太子賓客許敬

宗侍中兼太子右庶子許圉師中書侍郎上官儀太子中書舍人楊思儉等於文思殿博採古今文集摘其英詞麗句以類相從勒成五百卷名曰搖山玉彩表上之制賜物三萬段敬宗以下加級賜帛有差

章懷太子賢高宗第六子始出閤高宗謂司空李勣曰此兒已讀得尚書禮記論語誦古詩賦復十餘篇暫經領覽遂即不忘上元二年立爲太子賢招集當時學者太子左庶子張太安洗馬劉訥言雒州司戶格希玄學士許叔牙成玄一史藏諸同寶寧等注范曄後漢書表上之賜物三萬仍以其書付秘閣

太子瑛玄宗子開元二十五年玄宗命瑛題御史大夫李適之所撰河隄記碑額又命永王璘書其碑陰時皇太子與諸王新賦毬場詩序適之乃上言曰臣不工文且非碩學更紆天人之翰以光鄙野之人又見陛下訓以義方教之親睦文王美棠棣之華皇王之際於斯爲盛事連中禁恐良史闕書請編諸典策以光千古帝手詔報曰卿文勤石誠爲可重故令兒子題額及陰何所發揮而勞致謝毬場宴樂咸睦深慈豈伊斐然少能申寫卿爲宗子欲名教有歸記之史冊亦隨卿意

失德

夫反德爲亂棄德不詳故仲尼戒其不修臯陶勸其邁種良有謂也矧復應前星之象當主鬯之重是爲天下之本用承萬代之業乃有居昏長敖犯義踰矩崇侈汰以自恣謀逸豫以無度雖天威有赫臨之而不悛近侍盡規正之而罔顧以至貽厥敗累垂諸編簡噬臍之悔庸可及乎

晉愍懷太子遹惠帝長子不好學惟與左右嬉戲不能尊敬師傅賈后素忌之密勅黄門閹官媚諛於太子曰殿下誠可及壯時極意所欲何爲嘗自拘束於是慢弛益彰或廢朝侍嘗在後園游戲愛埤車小馬令左斷其鞅勒使墮馬爲樂或有犯忤者手自箠擊之性拘小忌不許繕壁修牆正瓦動屋而於宮中爲市使人屠酤手揣斤兩輕重不差其母本屠家女也故太子好之又令西園賣葵菜藍子鷄麪之屬而收其利東宮舊制月請錢五十萬備於衆用太子嘗探取二月以供嬖寵洗馬江統陳五事以諫之太子不納中書舍人杜錫以太子非賈后所生而后性兇暴深以爲憂每盡忠規勸太子修德進善遠於讒謗太子怒使人以針著錫常所坐氊中以制之

南齊文惠太子長懋武帝長子風韻甚和而性頗奢麗宮内殿堂皆雕飾精綺過於上宮開拓玄圃園與臺城北塹等其中樓觀塔宇多聚奇石妙極山水慮上宮望見乃傍門列修竹内施高鄣造游牆數百間施諸機巧宜須鄣蔽須臾成立若應毀撤應手遷徙善製琢玩之物織孔雀毛爲裘光以金翠過於雉頭矣以晉明帝爲太子時立西池乃啓武帝引前例求東田起小苑帝許之永明中二宮兵力全實太子使宮中將吏更番役築宮城苑巷制度之盛觀者傾京師帝性雖嚴多布耳目太子所爲無敢啓者後帝幸

豫章王宅還過太子東田見其彌亘華遠壯麗極目於是大怒收監作主帥太子懼皆藏匿之蘇是見責太子素多疾體又過壯嘗在宮內簡於遨遊玩弄羽儀多所僭擬咫尺及宮禁而帝終不知太子嘗使徐文景造輦及乘輿御物武賁雲罕之屬帝嘗幸東宮忽忽不暇藏輦文景乃以佛像內輦中故帝不疑及太子薨嘗履行東宮見太子服玩過制大怒勅有司隨事毀除以東田殿堂處爲崇壚館

後魏廢太子恂孝文長子不好書學體貌肥大深忌河雒暑熱意每追樂北方中庶子高道悅數苦言致

諫恂甚銜之孝文幸嵩岳恂留守金墉謀欲召牧馬輕騎奔代手刃道悅於禁中領軍元儼勒門防遏夜得寧靜帝聞之駭惋外寢其事仍至汴口而還引恂數罪與咸陽王禧等親杖恂又令禧等更代百餘下

隋廢太子勇高祖長子嘗文飾蜀鎧帝見而不悅恐致奢侈之漸因而誡之其後經冬至百官朝勇張樂受賀帝知之問朝臣曰近聞至節內外百官相率朝東宮是何禮也太常少卿辛亶對曰於東宮是賀不得言朝帝曰改節稱賀止可三數十人隨情各異去何因有司徵召一時普集太子法服設樂以待之東宮如此殊乖禮制於是下詔停斷自此恩寵始衰勇多內寵昭訓雲氏尤稱嬖幸禮匹於嫡勇妃元氏無寵嘗遇心疾二日而薨獻皇后意有佗故甚責望勇自是雲昭訓專擅內政后彌不平頗遣人伺察求勇自過

唐隱太子建成高宗長子外結小人內連嬖幸復與諸公主及六宮親戚驕恣縱橫并兼田宅侵奪犬馬同惡相濟掩蔽聰明苟行已志唯以甘言諛辭承候顏色

太子承乾太宗長子好聲色慢遊無度然懼太宗知

之不敢見其迹每臨朝視事必言忠孝之道退朝後便與群小褻狎有太常樂人年十餘歲美姿容善歌舞承乾特加寵幸號曰稱心太宗知而大怒收殺之承乾痛悼不已於宮中構室立其形像列偶人車馬於前令宮人朝暮奠祭承乾數至其所徘徊流涕仍於宮中起冢而葬并贈官樹碑以申哀悼承乾自此托疾不朝參者輒逾數月常命户奴數十百人專習伎樂學胡人椎髻剪綵而舞衣尋橦跳劍晝夜不絕鼓角之聲日聞於外

册府元龜

巡按福建監察御史臣李嗣京 訂正
分守建南道左布政使臣胡維霖 參閱
知建陽縣事臣黄國琦 較釋

儲宮部 四

監國 將兵

監國

春秋傳曰君行則守守曰監國古之制也所謂君之冢子居明離之位當主鬯之重繼體作貳爲國之本或乘輿巡幸靈旗親征總督留務以隆民望或付之

政事委之獄訟臨聽關决以裁國典蓋所以茂元良之德以貞萬邦昭儲副之義以熈百志然後一宇内之視聽定天下之大本保世延祚垂鴻永命莫不繇斯者已

吴大帝權黄龍二年九月遷都建業徵上大將軍陸遜輔太子登鎮武昌領宮府留事

嘉禾三年大帝征新城使登居守總知留事時年穀不豐頗有盜賊乃表定科令所以防禦甚得止姦之要

宋明帝大豫元年正月帝有疾不朝皇太子會萬國於東宮并受貢計

南齊武帝永明六年正月帝將訊丹陽所領四及南北二百里内獄詔曰獄訟之重政化所先太子立年作貳宜時詳覽此訊事委以親决太子乃於玄圃園宣猷堂録三署囚原宥各有差帝晚年好遊宴尚書曹事亦分送太子省視 即文惠太子也

梁昭明太子統自加元服高祖便使省萬機内外百司奏事者塡塞於是太子明於庶事纖毫必曉

後魏明元帝泰常七年五月詔泰平王燾攝政初帝服寒食散頻年發動不堪萬機故有是命是歲使祭

酒崔浩奉策告宗廟命泰平王爲國副主居正殿臨朝司徒長孫嵩山陽公奚斤北新公安同爲左輔坐東廂西面浩與太尉穆觀散騎常侍丘堆爲右弼坐西廂東面百僚總已以聽焉明元避居西宮將隱而窺之聽其决斷大悦謂左右侍臣曰長孫嵩宿德舊臣歷事四世功存社稷奚斤辯捷智謀名聞遐邇安同曉解俗情明於較練穆觀達政事要識吾旨趣崔浩博聞彊識以此六人輔相吾與汝曹遊行四境伐叛柔服可得志於天下矣臣時奏所疑明元日此非我所知當决之汝曹國主也

太武太元五年六月車駕西討沮渠牧犍侍中宜都王穆壽輔皇太子決留臺事九月蠕蠕犯塞遂至七介山京師大駭皇太子命上黨王長孫道生等拒之
太平眞君四年十一月詔曰夫陰陽有往復四時有代謝授子任賢蓋古今不易之令典也其令皇太子副理萬機總統百揆諸公臣勤勞日久皆當以爵歸第隨時朝請饗宴朕前論道陳謀而已不宜復煩以劇職更舉賢俊以備百官明爲科制以稱朕心五年正月壬寅皇太子始總百揆侍中中書監宜都王穆壽司徒東郡公崔浩侍中廣平公右弼輔太子以決

庶政諸上書者皆稱臣上疏儀與表同
孝文太和十七年立皇子恂爲皇太子帝每歲征幸恂嘗留守主執廟祀
北齊文皇帝天保元年九月庚午帝如晉陽拜辭山陵是日皇太子入居涼風堂監總國事
後周武帝建德三年皇太后喪帝居倚廬詔皇太子贇總釐庶政事後帝每巡幸四方太子嘗留監國
隋文帝開皇初立子勇爲皇太子軍國政事及尚書奏死罪以下皆令太子參決之
唐高祖武德九年六月癸亥立秦王爲皇太子詔曰君臨率土劬勞庶政康且求衣思弘至道而萬機繁委成務殷積當宸日旻寔勞聽覽皇太子世民夙稟生知識量明允文德武功平一宇內九官惟序四門以穆朕付託得人義同釋負遐邇寧泰嘉慰良深自今後軍機兵仗倉糧凡厥庶政事無大小悉委皇太子斷決然後聞奏
太宗貞觀四年五月詔皇太子承乾宜令聽訟在茲恤隱自今以後訴人惟尚書省有不伏者於東宮上啓令承乾斷決令若有固執所見謂理不盡然後聞奏

九年太宗在諒闇之中庶政皆令承乾聽斷頗有大體自此太宗每行幸常令居守監國
十九年二月太宗親征高麗詔曰省方之物旣勞於躬親監國之重允屬於儲貳皇太子治溫文表德膺哲日躋仁孝之誠彰於溫淸弦誦之美著於膠庠禮義旣茂徽猷彌遠委以賞罰之權任以軍國之政詳諸前載寔惟令典發定州巡遼左之後宜令治監國其宗廟社稷百神咸令主祭軍國事務並取斷決時太子太保高士廉侍中劉洎中書令馬周並留輔佐太子下令曰仰惟聖訓奉以周旋虛想與人共康神

化式遵頒纖介驚超車企覩英靈欽聞政道宜須下州郡妙簡賢良其有理識清通執心貞固才高位下德重位輕或孝弟力行㮣行高於州里或洪筆麗藻美譽陳於天庭或學術該通博聞千載或政事明允才爲時斬如斯之倫並堪經務而韜光勿用仕進無階委身蓬蓽深爲可歎所在官僚精加訪採庶使垂綸必察操築無遺一善方旌咸宜舉送於是州郡所舉前以至者數百人

二十年三月庚午詔曰朕粤自弱年時逢道喪懷生之類盡塗原野是用痛心疾首攘袂救焚以戰爲

狙司以干戈爲章服夕不遑息寧濟四方饑不及餐推移一紀幸賴上玄幽贊下士宅心承天嗣曆應精求政蠲百王之積弊振千祀之頹綱旰食宵衣百齡行半洎乎至道方泰塗蓼遽侵自羅九年以來亟罹衰恤又屬高麗逆亂毒被韓夷微物不安無忌隱惻遂復躬行吊伐遠涉遐荒時歷暄寒體覩風雨雖復澄氛海外有慰深衷久倦征途乃多虛弊方今兆庶殷阜六合廓清垂拱無爲允在茲日而皇太子治令德遠彰所有機務可令斷决百辟卿士咸宜受其節度朕當親調五藥暫屏萬機三數月間且自怡懾十一月己丑詔曰朕因東行憂勞幸靈州綏撫月寒來往稍覺疲弊今欲至歲暮以來怡攝宜暫簡節其叅祀及諸方表疏蕃客兵馬宿衞應行魚契給驛授五品以上官及五品以下官降辭斷死罪等事依常式奏聞自餘並取皇太子治處分

二十一年五月壬辰令皇太子依舊百司啓事

二十三年二月丁卯太宗以不豫勅太子於金液門聽政

高祖顯慶四年十月皇太子弘初入東宮及駕幸東都留太子於京師監國

龍朔二年十月丁酉駕幸温湯皇太子監國三年二月庚戌勅京城見禁囚每日將二十人過帝親慮之多所原免慮不盡者仍令皇太子於百福殿慮之

十月辛巳朔詔皇太子弘每五日於光順門内監諸司奏事其小事並太子决之

乾封二年九月庚申皇太子弘監國帝欲服餌故也

咸亨二年正月幸東都詔皇太子弘監國

四年八月辛丑帝以瘧疾令皇太子弘於延福殿内受諸司啓事

上元二年六月立雍王賢爲皇太子尋令監國賢處

事明審爲時所稱手詔褒之
儀鳳四年五月丙戌詔皇太子賢監國
永隆二年閏七月庚申帝以服餌令皇太子監國
永淳二年十一月戊戌命皇太子監國侍中裴炎黄門侍郎劉齊賢中書侍郎郭正一並於東宮平章事
中宗神龍元年爲太子監國分遣十使齎璽書宣勞諸州
睿宗景雲二年二月有術者上言五日内有急兵入宫睿宗顧問侍臣莫有對者張説進曰此是讒人欲揺動東宮耳陛下若使太子監國則君臣分定自然

窺窬路絶災難不生睿宗大悦乃下制曰維天生人牧以元后維皇立國貳以副君將以保綏家邦安固後嗣者也朕纂承鴻業欽奉寶圖夜分不寢日旰忘倦茫茫四海懼一心之未周蒸蒸萬姓恐一物之失所雖卿士竭誠守宰宣化緬懷庶彧仍未小康皇太子隆基仁孝因心温恭成德深達理體能辯皇猷宜令監國俾爾爲政其六品以下授官其徒罪以下並取太子處分
四月戊子制曰政事皆取皇太子處分若軍馬刑政五品以上除授政事與皇太子商量然後奏聞時睿宗欲傳位於皇太子召三品以上謂曰朕素懷淡泊不以宸極爲貴昔居皇嗣已讓中宗及居太弟固辭不就思脱屣於天下爲日久矣今欲傳位太子卿等以爲如何群臣皆唯唯莫有對者皇太子遣右庶子李景伯上疏讓所監不許
肅宗元年建巳月乙丑詔曰天下之本屬於元良四方之明資其冢嗣是有傳歸之義必膺監撫之重克廣前烈與人守器非君父之獨親俾生靈之同戴朕號慕亏劇寢居繞絰頃以疾苦未能康寧殘冦猶虞中原多壘軍國大務理須叅决乃睠睠七鬯恭承宗

祧皇太子天縱聰明日躋聖德中興宸搆已有大功問安寢門知九國之夢制勝戎闘高五品之才時方艱難禮在諒闇且以庶政委之元子宜令權監國
順宗貞元二十一年正月即位七月乙未詔曰朕承九重之烈荷萬邦之重顧以寡德涉道未明虔恭畏懼不克祗荷嘗恐上墜祖宗之訓下貽卿士之憂夙夜祗勤以臨于咎而積疢光復至於經時怡神保和嘗所不暇永惟四方之大萬物之殷不躬不親慮有曠廢加以山陵有日霖潦踰旬是用儆于朕心思荅天戒其軍國政事宜權令皇太子純勾當百辟群后

中外庶僚悉心輔翼同底于理宣布朕意咸所知聞初帝自嗣位即疾患不能言至四月益劇雖時扶坐殿群臣入閤望拜而已未嘗有進見者天下事皆專斷於王叔文而李忠言王伾爲之内主韋執誼行之於外朋黨讙譁榮辱進退生於造次唯意所欲不拘程度既知内外厭毒慮見摧敗即謀兵權欲以自固而人情益疑懼不測其所爲朝夕伺候會其與執誼交惡心腹内離外有西川韋皐荆南裴均東川嚴綬等牋表而中官劉光奇俱文珍薛盈珍尚演解玉等皆先朝任使舊人同心怨憤屢以啓帝帝固厭倦萬機

嫉惡叔文等至是遂召翰林學士鄭絪衛次公王涯等入至金鑾殿撰制詔而發命焉是日皇太子見百僚於東朝堂百僚拜賀皇太子泣涕不荅拜先是連月陰雨既定冊雨遂止及宣詔之時天地大開遠近清霽丙申詔宰臣告西宮告天地社稷皇太子見四方使於麟德殿西亭

武宗會昌六年三月寢疾制以宣宗爲皇太叔冊爲監國

昭宗天祐元年八月以輝王爲皇太子監國

將兵

夫儲嗣之位以貞邦本監撫之制著于前訓自漢而下或總督戎政躬行討伐或出鎮方面以遏戎侮至有乘艱虞之運當否阨之會糾合義勇克清大憝表率禁旅奉衛乘輿允集大勳紹隆景命斯固天啓人與故能功倍時並者也若乃命令有專稟之非師律有臧否之異元良所以毓德嗣適不以臨戎蓋里克之論全琮之諫信美而可徵矣

漢高祖十一年自將征淮南王布乃發上郡北地隴西車騎巴蜀材官及中尉卒三萬人爲皇太子衛軍霸上

吳大帝黃龍中使太子登出軍次于安樂左護軍徐州牧全琮密表曰古來太子未嘗偏征也故從曰撫軍守曰監國今太子東出非古制也臣竊憂疑帝即從之命登旋軍議者咸以爲當

宋文帝元嘉二十七年魏師至瓜步京邑震駭皇太子劭出鎮石頭總統水軍善於撫御

後魏明元泰常七年十一月皇太子親統六軍鎮塞上

太武太平真君十一年九月癸巳皇太子北伐屯于漠南

後周武帝建德五年二月遣皇太子贇巡撫西土仍討吐谷渾戎事節度並日人專决八月戊申太子入吐谷渾至伏俟城而還

隋高祖開皇二年十月皇太子勇屯兵咸陽以備胡

唐高祖初爲唐王隋恭帝義寧二年正月戊辰以唐國世子建成爲撫軍大將軍左元帥總兵十萬徇雒陽四月戊戌班師

武德二年四月司竹群盜祝山海有衆一千自稱護鄉公太子建成率將軍桑顯和進擊山海平之時凉州人安興貴殺賊帥李軌以衆來降令建成往原州

應接之時甚暑而馳獵無度士卒不堪其勞逃者過半

三年七月遣皇太子建成鎮蒲州以備突厥

四年五月詔曰稽胡部類居近北邊習惡之徒未悉從化潜竄山谷竊懷首鼠寇抄居民侵擾亭候可令太子建成總統諸軍以時致討分命驍勇方軌齊驅跨谷彌山窮其巢穴元惡大憝即就誅夷驅略之民復其本業行軍節度期會進止皆委建成處分

八月丁亥遣皇太子建成安撫

五年八月辛未突厥進寇并州庚申皇太子建成出幽州道命太宗出秦州道以禦之突厥寇源州又令雲州總管李子和率兵越雲中以掩可汗左武衛將軍叚德操趣夏州邀其歸路九月乙未班師

十一月甲申遣太子建成總戎討劉黑闥仍下制曰罪止凶渠詿誤脅從並無所問其有棄惡思順自拔而來隨即安置給其優賞咸使附業各令安堵雖賊之魁帥又同叛逆必能臨機効節因事立功並即叙勲班賞量才授任如其不從告諭敢懷迷執然後肅正軍法齊以大刑其陝西東道大行臺及山東道行軍元帥河南河北諸州並受建成處分其間經略籌

筭賞罰科條要在合機皆以便宜從事十二月壬申皇太子建成與劉黑闥戰於魏州城下破之闥抽軍北遁詔尚書右僕射裴寂馳往勞之甲戌皇太子建成及齊王元吉追劉黑闥於毛州賊背永濟渠而陣接戰又大破之赴水死者數千人其衆大潰劉黑闥被葛威擒送于京師其黨北遁

六年七月突厥頡利寇朔州遣皇太子建成帥師屯北邊

九月丙子突厥寇并州命皇太子往幽州以避之

八年六月突厥平皇太子班師

太宗貞觀十七年閏六月丁巳詔曰皇太子治忠孝成德志業光茂地惟儲副寄深監撫兼統禁旅寔允舊章宜知左右屯營兵馬事其大將以下並受處分

中宗爲皇太子則天聖曆元年契丹賊帥李盡滅據營州作亂皇太子表請討之制令持節爲河北道行軍元帥軍未發而賊退

睿宗太極元年二月命皇太子送金仙公主往并州令幽州都督裴懷古節度内發三萬兵赴天武軍凉州都督賀拔延嗣節度内發三萬兵赴黑山道并州長史薛訥節度内發四萬兵於汾州之皇太子右御

史大夫朔方大總管解琬節度内發三萬兵赴軍千道太子既親征諸軍一事以上並取處分按以軍法從事

玄宗天保十四載十二月安祿山叛詔皇太子統兵東討以哥舒翰爲太子先鋒兵馬元帥領河隴兵募守潼關以拒之

十五載七月帝幸蜀次普安郡詔以皇太子充天下兵馬元帥都統朔方河東河北平盧等節度兵馬收復兩京

德宗建中四年十月幸奉天時順宗爲太子倉卒間嘗親執弓矢率禁軍先後導衛備嘗辛苦及賊來攻奉天城中危迫人人恟慄不自保帝朝夕自巡城傅宣慰勞督勵戰士其有用命及死事者登時與入陳奏隨加賞贈故戰士無不感激奮發氣益百倍

册府元龜

巡按福建監察御史臣李嗣京　訂正

新建縣舉人臣戴國士叅閲

知建陽縣事臣黄國琦較釋

儲宮部五

尊師傳　禮士　齒胄　講學

尊師傳

學記曰師嚴然後道尊自周公抗世子之法德教斯著前後出入罔不降禮故能慎成其業克保元吉漢

魏而下史氏所記或有致恭北面親授經義明備法服屈體申誠進見周旋崇尚爵齒以致延宥宮闈與升殿陛訪對請益歡侍隆篤省視疾疢豐潔珍御傷弔淪逝曲申恩禮賜予豐渥備罄寵數自非老成碩望勤宣令範者疇克當之哉

後漢明帝始立爲皇太子世祖拜桓榮爲議郎入使授太子後拜博士常令止宿太子宮榮嘗寢病太子朝夕遣中傳問病賜以珍羞帷帳奴婢謂曰如有不諱無憂家室也（不諱謂死也死者人之常故言不諱也）後爲少傅榮以太子經學成畢上疏謝曰臣幸得侍帷幄執經連年而智學淺短無以補益萬分今皇太子以聰睿之姿通明經義觀覽古今儲君副主莫能專精博學若此者也斯誠國家福祐天下幸甚臣師道已盡皆在太子謹使掾臣汜再拜歸道太子報書曰莊以童蒙學道九載而訓典不明無所曉識夫五經廣大聖言幽遠非天下之至精豈能與於此况以不才敢承誨命昔之先師謝弟子者有矣上則通達經旨分明章句下則去家慕鄉永謝師門今蒙下列不敢有辭願君慎疾加餐重愛玉體

桓郁榮子也爲侍中虎賁中郎將永平五年入授皇

太子經遷越騎校尉太子奉賀致禮

魏文帝爲太子何夔爲太子太傅每月朔太傅入見太子太子正法服而禮焉梁茂亦爲太子太傅甚見禮敬

吳太子和大帝第三子也闞澤爲太傅薛綜爲少傅蔡穎張純等從容侍從和尊敬師傅愛好人物穎等每朝見進賀和常降意歡以待之講校經義綜察是非及訪諮朝臣考績行能以知優劣各有條貫

晉李胤爲太子少傅後爲司徒太康三年愍皇太子命舍人王贊誄之

明帝爲太子時杜夷拜國子祭酒辭疾未嘗朝會皇太子三至夷第執經問義

梁昭明太子天監初尚幼未與臣僚相接高祖勅太子洗馬王錫秘書郎張纘親表英華朝中髦俊可以師友事之

陳周弘正大建五年爲尚書左僕射尋勅侍東宮講論語孝經太子以弘正朝廷舊臣德望素重于是降情屈禮横經請益有師資之敬焉

徐孝克爲國子祭酒至德中皇太子入學釋奠百司陪列孝克發孝經題後主詔皇太子北面致敬

後魏崔光延昌元年遷中書監侍中如故二年宣武幸東宮召光賜坐謂曰卿是朕西臺大臣當令爲太子師傅光起拜固辭詔不許卽命孝明出從者十餘人勅以光爲傳之意令孝明拜光光又拜辭不當受太子拜復不蒙許孝明遂南面再拜詹事王顯啓請從太子拜於是宮臣畢拜光北面立不敢答拜唯西面拜謝而出

北齊馬敬德後主時爲侍講令元子熈待詔文林館轉正員武平中皇太子將講孝經有司請擇師友帝曰馬元熈朕師之子文學不惡可令教兒於是以孝經入授皇太子儒者榮其世載性和厚在内甚得名譽皇太子亦親敬之

唐常山王承乾貞觀初爲太子李綱爲太子少師時綱患脚不能踐履皇太子命三衛輿上殿親拜之訪以得失大見崇重綱於是陳君臣父子之道問寢視膳之方理順詞直聽者忘倦

蕭瑀貞觀十六年爲太子太保後授金紫光祿大夫二十一年卒太子爲之舉哀遣使弔祭

高宗爲皇太子貞觀十九年太宗伐高麗皇太子定州監國高士廉攝太子太傅仍典朝政皇太子下令

曰攝太傅申國公士廉朝望國華儀刑攸屬寡人忝膺監守寔資訓導比日聽政常屈同榻庶因諮詢少袪蒙滯但據按奉對情所未安近已約束不許更進太傅誨誘深至使遵嘗式辭不獲免輒復敬從所司亦宜别以一案供太傅士廉固讓不敢當

順宗爲皇太子禮重師傅引見輒先拜

莊恪太子文宗長子也太和六年冬立爲皇太子八年十月皇太子於崇明門見太師路隨

禮士

夫貴而能降見賢而思齊德之盛者也若夫居元良

之重爲天下之本而能杜驕盈之志守卑損之誠優
禮髦士樂聞善道或推以師友之分或申以談宴之
樂博約以文義容□以致理厚其贈貺形於詠歎加
旌賁之寵舉延辟之命乃至飾終異數懷賢述美形
於筆牘垂之話言用能增明兩之輝成溫文之德萬
方以之風偃群士以之響臻蓋夫貞邦之宏業日躋
之懿望蔑以加於此矣

漢明帝爲太子時桓榮爲博士授太子經嘗令止宿
太子宮積五年榮薦門下生九江胡憲侍講乃聽得
出旦一入而已榮嘗寢病太子朝夕遣中傅問病賜

以珍羞帷帳奴婢謂曰如有不諱無憂家室也（不諱謂死也死者人之常故言不諱也）後病愈復入侍講

魏文帝初爲太子書與元城令吳質曰昔年疾疫親
故多罹其災徐陳應劉一時俱逝觀古今文人類不
護細行鮮能以名節自立而偉長（徐幹字也）獨懷文抱質
恬淡寡欲有箕山之志可謂彬彬君子矣著中論二
十餘篇辭義典雅足傳于後德連（應瑒字也）常斐然著述
作意其才學足以著書美志不遂良可痛惜孔璋（陳琳字也）章表殊健微爲繁富公幹（劉楨字也）有逸氣但未遒耳
元瑜（阮瑀字也）書記翩翩致足樂也仲宣（王粲字也）獨自善於
辭賦惜其體弱不起其文至於所善古人無以遠過
也昔伯牙絶絃於鍾期仲尼覆醢於子路痛知音之
難遇傷門人之莫逮也諸子但爲未及古人自一時
之儁也

邯鄲淳從三輔客荊州荊州内附太祖素聞其名召
與相見甚敬異之時太子亦宿聞淳名因啓淳欲使
在文學官屬中會臨菑侯植亦求淳太祖遣淳詣植

劉廙字恭嗣自楊州歸太祖太祖辟爲丞掾轉五官
將文學太子器之命廙通草書廙荅書曰初以尊卑
有踰禮之常分也是以貪守區區之節不敢修草必

如嚴命誠知勞謙之素不貴殊異若彼之高而惇白
屋如斯之好苟使郭隗不輕於燕九九不忽於齊樂
毅自至霸業以隆虧匹夫之節成巍巍之美雖愚不
敏何敢以辭

陳群爲侍中領丞相東西曹掾太子深敬器焉待以
交友之禮嘗歎曰自吾有回門人日以親

張範爲議郎參丞相軍事太祖征伐嘗令範及邴原
留與太子守太祖謂太子舉動必諮此二人世子執
子孫禮

荀攸爲尚書令太祖謂太子曰荀公達人之師表也

汝嘗盡禮敬之攸曾病世子問病獨拜牀下其見尊與如是

吳孫登爲皇太子諸葛恪張休顧譚陳表等以選入侍登待接寮屬畧用布衣之禮與恪休譚等或同輿而載或共帳而寢太傅張温言於帝曰夫中庶子官最親密切問近對宜用儁德於是乃用表等爲中庶子後又以庶子禮拘復令整巾侍坐及帝即位登爲皇太子恪爲左輔休爲右弼譚爲輔政表爲翼正都尉是爲四友而謝景范愼刁玄羊衜等皆爲賔客於是東宮號爲多文休嘗以漢書授登指摘文義分別

事物並有章條每外堂宴飲酒酣樂作登輒降意與同歡樂休爲人解達登甚愛之嘗在左右

是儀爲吳王所委任及大駕東還太子登留鎮武昌使儀輔太子太子敬之事先諮詢然後施行進封都鄉侯後從太子還建業復拜侍中

孫和爲太子帝命中書令闞澤敎以書藝好學下士甚見稱述

晉明帝爲太子時欽賢愛客雅好文辭當時名臣自王導庾亮温嶠桓彝阮放等咸見親待尚書郎郭璞亦以才學見重論者美之

南齊文惠太子長懋武帝長子既正位東儲善立名尚引接朝士人人自以爲得意文武多士多所招集會稽虞炎濟陽范岫汝南周顒陳郡袁廓並以學行才能應對左右而武人畧陽垣歷生襄陽蔡道貴拳勇秀出當時以比關羽張飛其餘安定梁天惠平原劉孝慶河東王世興趙郡李居士襄陽黄嗣祖魚文康絢之徒並爲後來名將

沈約爲步兵校尉管書記直永壽省校四部圖書時大會東宮多士約特被親遇每入見景斜方出王侯到宮咸不得進約每以爲言太子曰吾生平懶起是

卿所悉得卿談論然後忘寢卿欲我夙興可恒早入

梁昭明太子統武帝長子性寬和容衆喜慍不形於色引納才學之士賞愛無倦初徐勉爲太子中庶子太子尚幼勅知宮事禮之甚重每事詢謀

王筠爲太子洗馬歷中書舍人並掌東宮管記太子嘗與筠及劉孝綽陸倕到洽殷均等好宴玄圃太子獨執筠袖撫孝綽肩而言曰所謂左把浮丘袖右拍洪涯肩其尊異見重如此孝綽爲太子僕射掌東宮管記太子起樂賢堂乃使畫工先圖孝綽形狀太子文章繁富群才咸欲撰錄太子獨使孝綽集而序之

劉勰爲步兵校尉兼太子舍人謝舉爲太子庶子家令掌東宫管記深爲昭明賞接

陸襄爲廬陵王記室參軍太子聞襄業行啓武帝引與游處除太子洗馬遷中書舍人並掌管記

劉杳爲東宫通事舍人遷步兵校尉太子謂杳曰酒非卿所好而爲酒廚之職正爲不媿古人耳太子有瓢食器因以賜焉曰卿有古人之風故遺卿古人之器

陸倕歷太子中舍人中庶子除太常卿明山賓歷太子率更令中庶子右衛率權攝北兖州事到洽歷太

子中舍人家令中庶子出爲雲麾長史張率爲太子家令出爲新安太守倕普通七年山賓洽太通元年倶卒官太子與晉安王令曰明北兖到長史遂相繼彫落傷怛悲惋不能以已去歲陸太常殞歿今茲二賢長謝陸生資貞履忠冰清玉潔文該四始學徧九流高情勝氣貞然直上公明儒學稽古淳厚篤誠立身行道始終如一儻値夫子必升堂到子風神開爽文義可觀當官莅事介然無私皆海内之俊乂東序之秘寶此之嗟惜更復何論但游處周旋並淹歲序造膝忠規豈可勝說幸免祇悔實二三子之力也談對如昨言猶在耳零落相仍皆成異物每一念至何時可言天下之寶理當惻愴近張新安又致故人其文筆弘雅亦足嗟惜闕文東西日乂尤當傷懷也比人物零落特可傷惋屬有今信力復及之又與前司徒左長史殷芸令曰北兖信至明常侍遂至殞逝聞之傷惻此賢儒術該通志用稽古温厚淳和倫雅弘篤授經以來迄今二紀若其上交不諂造膝忠規非顯外迹得之胷懷者蓋亦積矣攝官連率行當歸歟不謂長往耿成疇日追憶譚緒皆爲悲端往矣如何昔經聯事理當酸愴也初山賓自右衛率爲青冀二州

大中正在州所部平陸縣不稔啓出倉米以贍民後刺史簡州曹失籌書以山賓爲耗闕有司追責籍其宅入官山賓默不自理更市地造宅太子聞築室不就有令曰明祭酒雖出撫大藩擁旄推轂珥金拖紫而當屢空聞構宇未成今送薄助并貽詩曰平仲古稱奇夷吾昔擅美今則挺伊賢東秦固多士築室非道傍置宅歸仁里庚桑方有係原生今易擬必來三徑人將招三徑士

陸杲大同七年以母老求去公卿已下祖道於征虜亭皇太子賜黄金五十斤時人方之疏廣

張緬爲太子舍人歷洗馬中庶子旣卒昭明親往臨哭與緬弟纘書曰賢兄學業該通涖事明敏雖倚相之讀墳典郤縠之敦詩書惟今望古蔑以斯過自列青宮二紀將及義雖僚屬情實親友文筵講席朝遊夕宴何曾不同茲勝賞共此言寄如何長謝奄然不追且年甫强仕方中才力摧苗落穎彌可傷惋念天倫素睦一旦相失如何可言及增哽咽攬筆無次

張率爲太子家令丁母憂服未闋而卒昭明太子遣使賜贈

簡文帝初晉安王時劉遵領記室及王爲太子遵隨

入藩爲中庶子以舊恩特蒙寵遇同時莫及及卒太子涕悼惜之與遵從兄陽羨令孝儀令曰賢從中庶奄至殞逝痛可言乎其孝友淳心立身貞固內含玉潤外表瀾清美譽嘉聲流於士友言行相符終始如一文史該富琬琰爲心辭章博贍玄黃成彩旣以鳴謙表性又以難進自居未嘗自請公卿締交榮利是以新沓莫之舉杜武弗之知自阮放之宮野王之職棲遲門下已踰五載同僚已陟後進多升而怡然清淨不以少多爲念確爾之志亦何易得西河觀寶東江獨步書籍所載必不是過吾昔漢南連記及忝從容坐首良辰美景清風月夜鷁舟乍動朱鷺徐鳴未嘗一日而不追隨一時而不會遇酒闌耳熱言志賦詩較覆忠賢搉揚文志蓋者三友此實其人及私道下邑未申善政而能使民結去思野多馴雉此亦威鳳一羽足以驗其五德此在春坊載獲申晤博望無通賓之務司成多節文之科所賴故人永相娛偶而此子溘然實可嗟痛惟與善人此爲虛說天之報施豈若此乎想卿痛悼之情當何已已往矣柰何投筆惻愴吾昨欲爲誌銘并爲撰集吾之劣薄其生也不能揄揚吹噓使得騁其才用今者爲銘爲集何益旣

往故爲痛傷之情不能已已耳

王規字威明爲中書黃門侍郎勑與殷鈞王錫張緬同侍東宮俱爲太子所禮遷太子中庶子卒官太子出臨哭與湘東王繹令曰威明昨宵奄復殂化甚可痛傷其風韻遒上神峯標映千里絕迹百尺無枝文辯縱橫才學優贍跌宕之情彌遠濠梁之氣特多斯實俊民也一爾過隙永歸長夜金刀掩芒長淮絕涸去歲冬中已傷劉子今茲寒孟復悼王生俱往之傷信非虛說

謝嘏爲太子中庶子出守建安於宣猷堂宴餞並召

時才賦詩同用十五劇韻家令蕭愷詩先就其辭又
美太子與湘東王令曰王筠本自舊手後有蕭愷可
稱同爲才子
沈文阿爲國子五經博士太子引爲學士深相禮遇
及撰長春義記多使阿撮異聞以廣之
王元規爲員外散騎侍郎太子引爲賓客每令講論
甚見優禮
庾肩吾爲太子中庶子掌管記東海徐摛爲左衛率肩吾子信
摛子陵並爲妙選學士父子在東宮出入禁闥恩禮莫與比隆
孔休源初爲晉安王府長史後卒太子令曰金紫光

祿大夫孔休源立身中正行已清恪昔歲西浮渚宮
東泊枌壤毗佐蕃政實盡厥誠安國之詳審公儀之
廉白無以過之奄至殞喪情用惻怛今須舉哀外可
備禮
庾仲容初爲晉安王功曹史後爲安成王中記室當
出隨府太子以舊恩特降餞宴賜詩曰孫生陟陽道
夫子朝歌縣未若樊林舉置酒臨華殿時輩榮之
陳後主爲皇太子時岑之敬授東宮儀省學士太子
素聞其名尤隆賞爵時陸瑜爲司徒左西椽掌東宮
管記太子愛瑜才辯深禮遇之

褚玠自太子中庶子出爲山陰令在任歲餘守祿俸
而已去官之日不堪自致太子知玠無還裝手書賜
粟米二百斛於是還都太子愛玠文辭令入直殿
陸琰爲武陵王明威府功曹史兼東宮管記丁母憂
去官而卒太子甚傷悼之爲製誌銘琰弟瑜爲太子
中舍人太子好學欲博覽群書以子集繁多命瑜鈔
撰未就而卒太子爲之流涕仍與詹事江總書曰管
記陸瑜奄然殂化悲傷悼惜此時何已吾生平愛好
卿等所悉自以學涉儒雅不逮古人欽賢慕士是情
尤篤梁室亂離天下糜沸書史殘缺禮樂崩淪晚生

後學匪無牆面卓爾出群斯人而已吾識覽雖局未
曾以言議假人至於片善小才特用嗟賞況復洪識
奇士此故忘言之地論其博綜子史諳究儒墨經耳
無遺觸目成誦一褒一貶一激一揚語玄析理披辭
摛句未嘗不聞者心服聽者解頤會意相得自以爲
布衣之賞吾監撫之暇事隙之辰頗用談笑娛情琴
樽間作雅篇豔什迭互鋒起每清風朗月美景良辰
對群山之參差望巨波之滉瀁或翫新花時觀落葉
既聽春鳥又聆秋雁未嘗不促膝舉觴連情發藻且
代以琢毛間以嘲謔俱怡耳目並留情致而流年甚

速朝露可傷豈謂玉折蘭摧遽從短運以此爲恨當復何言遺迹餘文觸目增泫絶絃投筆但有酸恨以卿與同志聊復敍懷涕之無從言不寫意其見重如此瑜弟玠爲中書舍人兼東宮管記甚見親待尋以疾失明將還鄉里太子觧衣贈玠爲之流涕

姚察爲東宮學士太子深加禮異情越群僚宮內所須方幅手筆皆付察立草又數令共顧野王遍相策問嘗蒙賞擊及卒太子親製誌銘以表惟舊

陸繕太建初爲太子詹事行東宮事後遷左僕射卒太子以繕東宮舊臣特贈祖奠

北齊廢帝初爲皇太子文宣令黃門侍郎朱欽道在東宮時鄭子默以文學見知亦被親寵欽道本學法諳識古今凡有疑事必詢於子默二人幸於兩宮雖諸王貴臣莫不敬憚

天保末文宣在晉陽太子監國集諸儒講孝經令楊愔傳旨謂國子助教許散愁曰先生在世何以自資對曰散愁自少以來不登孌童之牀不入季女之室服膺簡策不知老之將至平生素懷若斯而已太子曰顏子縮屋稱貞柳下嫗而不亂未若此公白首不娶者乃賚絹百疋

隋太子勇文帝長子東宮旣建弘明克讓姚察陸開明等爲之賓友克讓自太子內舍人轉率更令太子以師道處之恩禮甚厚每有四方珍味輒以賜之

元德太子昭煬帝子大業初東宮旣建特高士廉舉人才擢甲科爲太常奉禮郎非其好也太子美其才以本官奏兼通事舍人

唐隱太子建成在東宮李綱爲太子詹事禮遇甚厚建成嘗往溫湯綱時以疾不從有進生魚於建成者將召饔人作膾時唐儉趙元楷在座各自贊能爲膾建成從之旣而謂曰飛刀鱠鯉調和鼎食公實有之

至於審論弼諧固屬於李綱矣於是遣使送絹二百疋以遺之

韋挺武德中累遷太子左衛驃騎將軍簡較左衛率隱太子恩遇甚隆宮臣罕與爲比

岑文本爲中書侍郎是時新立晉王爲皇太子名士多兼領宮官太宗欲令文本兼攝文本不願更希東宮恩澤太宗乃止仍令五日一參東宮皇太子執賓友之禮與之荅拜見待如此

高宗爲皇太子引太學博士馬加運爲崇賢館學士與洗馬秦暐等侍講殿中恩禮甚渥時燕人李敬玄

傅覽群書時善五禮馬周啓薦之召入崇賢館兼領
侍講借御書令讀之
太子賢高宗子也時王勃六歲善屬文未弱冠應幽
遠舉及第乾封初詣闕上表游東岳頌時東都初造
乾元殿勃又上乾元殿頌賢聞其才名奏就府修撰
甚愛重之
中宗爲皇太子永隆二年二月親行釋奠之禮畢上
表請博延耆碩英髦之士爲崇文館學士許之
裴耀卿守貞子也少聰敏數歲解屬文童子舉弱冠
拜秘書正字俄補相王府典籤時睿宗在藩甚重之

令與掾丘悅文學韋利器更直府中以備顧問府中
稱爲學直
玄宗爲皇太子景雲元年十二月表請備禮辟隱士
前太子中舍人王友貞以至孝故也

齒胄

禮太子入學以齒蓋受學之道明長幼辨尊卑也是
知居副君之位當主器之重遵三善之教崇四術之
功親臨於國庠釋奠於先聖講論經義稽合古訓然
後鈞其好賜錫以宴喜弦誦之業斯著元良之德增
茂風教之本其在茲乎

元帝太興三年皇太子（卽明帝也）講論語通太子並親釋
奠以大牢祠孔子顏回配（太子進爵於先師中庶子進爵於顏回）
南齊武帝永明三年十月詔曰皇太子釋奠王公已
下可悉往觀禮（卽文惠太子長懋也）
梁高祖天監八年九月昭明太子於壽安殿講孝經
盡通大義講畢親臨釋奠于國學
九年三月乙未詔曰王子從學著自禮經貴游咸在
實惟前誥所以成廣義方克隆教道今成均大啓元
良齒上自斯以降並宜肄業皇太子及王侯之子年
在從師者可令入學

大同七年皇太子（卽簡文也）表其子寧國臨城公入學時
議者以與太子有齒胄之義疑之侍中尚書令臣敬
容尚書僕射臣纘尚書臣僧旻臣之遴臣筠等以爲
参點並事宣尼回路同諮泗水鄒魯稱盛洙汶無譏
師道既光得一資敬無嫌亞二況於兩公而云不可
制曰可
陳宣帝太建三年八月辛丑皇太子（卽後主也）親釋奠于太學
二傅祭酒以下賚帛各有差
後主至德三年皇太子裔躬出太學講孝經講畢又
釋奠於先師先聖其日設金石之樂於太學王公卿

士及太學生並預宴

唐太宗貞觀二十一年二月丁丑詔皇太子之國學釋奠於先師（即高宗也）皇太子爲初獻國子祭酒張後裔爲亞獻光州刺史攝司業趙弘智爲終獻旣講弘智開講孝經敷弘忠臣孝子之義皇太子歎甚因令宣勞胄子以上言名教之所繇學校之所作君臣父子之義風化訓導之端加之以弘獎因之以誠勵凡數百言詞義甚美聽者竦然無不歎悅更相顧曰此誠德音也於是賜學官胄子帛各有差仍擢其高業者右庶子許敬宗上四言詩以美其事

高宗總章元年二月皇太子弘幸國學釋奠承隆二年二月皇太子親行釋奠之禮（即中宗也）

睿宗景雲二年八月詔皇太子詣國子監行釋奠之禮（即玄宗也）詔曰庠序之興教自元子禮經之最奠始先師中古迄今斯道無替皇太子天資聖敬日就文明紘誦之業已高元良之德斯茂自昇儲博望王器承華執經之問雖勤用幣之意未展今仲丁獻吉有事兩塾備禮三尊宜遵舊章俾緝徽典

太極元年二月皇太子將行釋奠之禮因下令曰夫談講之務貴於名理所以解疑辯惑鑿瞽開聾使聽者聞所未聞視者見所未見爰自近代此道漸微問禮言詩惟以篇章爲主浮詞廣說多以嘲謔爲能遂使講座作俳優之場學堂成調弄之室啻夫利口可以驤首先鳴太玄儁才自當俛首垂翅捨玆確實就彼浮華取悅無知見嗤有識假令曹張重出馬鄭再生終亦藏鋒匿銳閉關却埽者矣寡人今旣親行齒胄躬詣講筵思聞啓沃之談庶叶溫文之德其侍講所有合難釋嫌疑不得別搆虛言用相凌忽如有違者所司量事糾彈

是月丁亥皇太子釋奠於國學追贈顏回爲太子太

師曾參爲太子太保每年春秋釋奠

玄宗開元七年十一月乙丑以貢舉人將謁先師勅皇太子瑛及諸子行齒胄禮庚午勅曰皇太子今月二十四日行齒胄禮所以崇儒重道尚德弘風宜有錫賚以成光寵其在陪位定等差與賜乙亥皇太子入國學行齒胄禮謁先聖太子初獻其亞獻終獻並以胄子充右常侍褚無量開講孝經并禮記文王太子篇初詔侍中宋璟亞獻中書侍郎蘇頲終獻及臨享帝思齒胄之義乃改焉

德宗建中元年正月辛未拜南郊還御丹鳳樓大赦

天下其東宮官宜擇端厚之士皇太子（卽順宗也）時幸太
學行齒胄之禮諫議大夫孔述濬宜充太子侍讀

講學

夫王之教世子必以禮樂春誦夏弦太師詔之緜古
道也是知處儲副之位當主器之重自非傅約於道
義浸潤於經術服聖人之丕訓聞先王之法言資之
以講磚加之以祖習其何以貞天下之本聳民神之
望哉歷代已還踐明兩者或討論方策通其大義臨
習講問精理煥察横經師授令儀允穆皆所以勤諸
習之業茂日新之德崇四術以隆道敦三善而成美

盖元良之懿烈曾何以加於此乎
晉武帝泰始七年皇太子講孝經通
咸寧三年皇太子講詩通
太康三年皇太子講禮記通
惠帝元康三年皇太子講論語通
元帝太興二年皇太子講論語通
宋前廢帝初皇太子講孝經於崇政殿
南齊武帝永明三年皇太子於崇政殿講孝經少傅
王儉令摘句太僕周顒撰爲義疏
五年冬皇太子臨國學親臨策試諸生於坐問少傅

王儉曰曲禮云無不敬尋下之奉上可以盡禮上之
接下慈而非敬今總同敬名將不爲昧儉曰鄭玄云
禮主於敬便當是尊卑所同太子曰若如來說通則
忠惠可以名孝慈不須別稱儉曰尊卑號稱不可悉
同愛敬之名有時相次忠惠之異誠如聖旨孝慈互
舉竊有微據禮云不勝喪比於不慈此卽其義太
日資敬奉君慈愛事親兼此二塗惟在至極今乃移
敬接下豈復在三之義儉曰資敬奉君必同至極移
敬逮下不慢而已太子曰敬明雖同深淺既異而文
無差別彌復增疑儉曰繁文不可備設略言深淺已

見傳云不忘恭敬民之主也書云奉親思孝接下思
恭此又經典明文互相起發太子問金紫光祿大夫
張緒緒曰愚謂恭敬是立身之本尊卑所以並同太
子曰敬雖立身之本要非接下之稱尚書云惠鮮鰥
寡何不言恭敬鰥寡邪緒曰今別言之居然有恭惠
之殊總聞記百所以共同斯稱竟陵王子良曰禮者
敬而已矣自上及下愚謂非嫌太子曰本不謂有嫌
正欲使言與事符輕重有別耳臨川王映曰先舉必
敬以明太禮尊卑事數備列後章亦當不以總略而
疑太子又以此義問諸學生謝幾卿等並以筆對太

子問王儉曰周易乾卦本施天位而說卦云帝出乎震本非天義宰相王儉曰乾健震動天以運動爲德故言帝出震太子曰天以運動爲德君自體天居震雷爲象豈體天所出儉曰主器者莫若長子故受之以震萬物出乎震故亦帝所興焉儉又諮太子曰孝經仲尼居曾子侍夫孝理宏深大賢方盡其致何故不授顔子而寄曾參太子曰曾參雖德慚體二而色養盡禮去物尚近接引非隔弘宣規教義在於此儉曰接引非隔弘宣雖易去聖轉遠其事彌輕既云人能弘道將恐人輕道廢太子曰理既有在不容以人

廢言而況中賢人才弘上聖之教寧有壅塞之嫌臨川王映語曰孝爲德本常時所疑德施萬善孝係天性自然之理豈因積習太子曰不因積習而至所以可爲德本映曰率䜌斯至不俟明德大孝榮親衆德光備以此而言豈得爲本太子曰孝有淺深德有小大因其分而謂之本何所稱疑太子以長年臨學亦前代未有者也

梁高祖天監八年九月昭明太子於壽安殿講孝經盡通大義時徐勉爲太子中庶子侍東宮太子尚幼嘗於殿中講孝經臨川靜惠王尚書令沈約備二傅勉與國子祭酒張元爲執經王瑩張稷柳憕王暕爲侍講

簡文帝初爲太子時張譏爲士林館學士太子出士林館發孝經題譏論義往復甚見嗟賞自是每有講集必遣使召譏又戚袞爲太學博士在東宮召袞講論又嘗置宴集玄儒之士先命道學互相質難次令中庶子徐摛馳騁大義間以劇談摛辭義横難以荅抗諸人懾氣皆失次序袞時聘義摛與往復袞精采自若對荅如流太子深加歎賞又以朱异博通儒學大同六年皇太子又召异於玄圃講易

陳廢帝初爲太子時沈文阿爲通直散騎常侍兼國子博士領羽林監仍令於東宮講孝經論語

後主爲皇太子時王元規爲鄱陽王諮室參軍領國子助教太子引爲東宮學士親授禮記大傳喪服等義賞賜優厚國子祭酒新安王伯固入東宮適會元規將講乃啓請執經時論以爲榮

廢太子胤後主長子至德三年躬出太學講孝經

北齊廢帝初爲皇太子天保九年文宣在晉陽太子監國集諸儒講孝經

唐高宗顯慶四年十月丙子皇太子弘初入東宮請

觀講及讀書詔許敬宗及學士史玄道上官儀郭瑜李善等爲都講令侍講講孝經親臨釋奠禮畢群臣上壽頌賜有差

龍朔二年五月乙亥詔太子端尹左右中護少尹崇賢館學士每日詣虔化門聽進止皇太子若須討論經史則引入講諷時太子受春秋左氏傳於司徒大夫郭瑜至楚子商臣事大驚曰此事臣子所不忍聞經籍聖人垂訓何故書此瑜對曰孔子修春秋義存褒貶故善惡必書褒善以示浩貶惡以示後故使商臣之惡顯於千載太子曰非唯口不可道故亦耳不

忍聞請改讀餘書瑜再拜賀曰理名勝母曾子不入邑號朝歌墨子回車殿下誠孝冥資睿情天發凶悖之迹黙於視聽循奉德音實深慶躍臣聞安上理人莫大於禮非禮無以事天地之神非禮無以辨君臣之位故先王重焉孔子曰不學禮無以立請停春秋而讀禮記太子從之

玄宗初爲皇太子大極元年太子親釋奠於國學命國子司業褚無量開孝經及禮記題太子問疑義數條無量皆依古典以對徵加規諷太子悅賜物百段并紫袍金帶學官及陪位官學生等賜物有差　終

冊府元龜

巡按福建監察御史臣李嗣京　訂正

分守建南道左布政使臣胡維霖　參閱

知建陽縣事臣黃國琦較釋

儲宮部六

忠諫　褒寵　追謚

忠諫

傳曰父有諍子又曰從命不忿微諫不倦可謂孝乎若乃奉冢祀之重居儲副之位義均休戚情兼隱犯共或政令之非便舉動之過差而能內發至誠遠徵

古義周旋規切納君於善上以成愷悌之化下以慰人神之望茂毓明德誕彰令聞此蓋守器之盛美信史之耿光也

周靈王之時穀雒鬬將毀王宮穀雒二水名鬬者兩水格有似於鬬雒在王城南穀在城北毀王之城西南將及王宮王欲壅之欲壅防穀水使北出也太子晉諫曰不可聞古之長民者長猶君也不隳山不崇藪崇高也澤無水曰藪也不防川防鄣也不竇澤澤居水也竇陂也不爲此四者爲反天性夫山土之聚也藪物之歸也物所爲歸川氣之道也道達也澤水之鍾也鍾聚也夫天地成而聚於高歸物於下高山陵也下藪澤也疏爲山谷以道其氣疏通也陂塘汙庳以鍾其美畜水曰陂唐隄也美謂滋潤也是故聚不阤壞而物有所歸大曰壞小曰阤氣不沉滯而亦不散越沉伏滯積越遠也是以民生有財用而死有所葬物有所歸故所有財用山陵不壞故無有所葬無昏夭札瘥短折曰夭在或曰昏疫死曰札瘥病也之憂而無饑寒乏匱之患故上下能相固以待不虞古之聖王唯此之慎昔共工棄此道也顓頊氏衰共工氏侵凌諸侯與高辛氏爭爲王也虞于湛樂虞安也湛淫也淫失其身欲壅防百川墮高堙庳以害天下堙塞也高謂山陵庳謂池澤皇天弗福庶民弗助禍亂並興共工用滅其在有虞有崇伯鯀鯀禹父崇鯀國伯爵時在位而言有虞者鯀之誅舜之爲也播其淫心稱遂共工之過播於稱舉遂共之過者謂彰洪水者也堯用殛

之於羽山殛誅也舜臣堯殛鯀於羽山其後伯禹念前之非度度法釐改制量釐理也量度也象物天地取法天地之物象也在天成象在地成形共之從孫四岳佐之共共工也從孫昆弟之孫四岳官名主四岳之祭爲者侯伯佐禹助禹治水也高高下下流川道滯高高謂封崇九山下下謂陂障九澤流川決江疏河道滯鑿龍門闢伊闕鍾水豐物鍾聚畜水潦所以封百物也封崇九山封大嵩高除其壅塞通其水泉使不隳壞是謂封崇凡此謂宮九者皆九河之中山𡶏澤藪障防也豐殖九藪豐茂也殖長也汨越九原越揚也宅居九隩隩內也九州之內皆可宅居合通四海使之同軌故天無伏陰伏陰夏有霜雹地無散陽散陽李梅冬實水無沉氣無伏積之氣也火無災燀燀焱起貌神無間行間行姦神淫厲之癘民無淫心陰陽調財足用故無淫泆之心時無逆數四時寒暑反逆

物無害生蟥蝗之屬有害嘉穀皇天嘉之祚以天下祚祿也賜姓
曰姒氏曰有夏堯賜禹姓曰姒封之有夏謂其能以嘉祉殷富生
物也以其能以善福殷富天下生育萬物也姒猶祉也夏大也祚四岳國命爲侯
伯堯以四岳佐禹有功封於召命爲侯伯使長諸侯賜姓曰姜姜四岳之者炎帝之姓黃
帝世衰共後變易至四岳有後帝後賜之祁使紹帝之後云氏曰有呂以國爲氏也謂
其能爲禹股肱心膂以養物豐民人也以四岳能輔成禹功比於
股肱心膂呂之爲言者膂也此一王四伯豈繄名寵皆亡王之後
也一王謂禹四伯四岳也言禹鯀之子禹郊鯀追王之四岳共工從孫共工侵陵諸侯以自王言皆無
道而亡禹岳之興非因之及其失之也必有慆淫之心間之慆慢間代
也以慢淫之心代其嘉巧謂若繄之也故亡其氏姓踣斃不振踣僵也振救也

絕後無主無祭主也堙替隸圉堙下替廢隸隸役也圉養馬者夫二亡者
豈繄無寵皆黃炎之後鯀黃帝之後共工炎帝之後及其得之也
必有忠信之心間之以忠信代慆堙也度於天地而順於時
動順四時之令而動和於民神而儀於物則故高朗令終顯
融昭明朗明也終成也融長也命姓受氏而附之以令名附隨也
其興者必有夏呂之功焉其廢者必有共鯀之敗焉
今吾執政無乃實有所避避違也而滑夫二川之神滑音
骨也亂使至於爭明以防王宮明精氣也王而飾之無乃不
可乎人有言曰無過亂人之門亂人狂悖怨亂之人也過其門干其怨也
又曰佐饍者嘗焉佐鬭者傷焉又曰禍不好不能爲

禍儈財色之大生於好也詩曰四牡騤騤旟旐有翩亂生不夷
靡國不泯騤騤行貌鳥隼曰旟龜蛇曰旐翩翩搖動不休之意夷平靡無泯滅也厲王好行征
伐用兵不得其所禍亂不平無國而不滅又曰民之貪亂寧爲荼毒寧安荼苦
也言民疾王之虐貪樂禍亂安爲苦毒之行王將防鬭川以飾害是飾亂
也佐鬭也其無乃章禍且遇傷乎自我先王厲宣幽
平而貪天禍至於今未弭此四王父子相繼厲暴虐而修怨宣不務農而料民
幽昏亂以滅西周平不能修政至於微弱皆已所致弭止也我又章之懼長及子
孫王室其愈卑乎其若之何詩云殷鑒不遠在夏后
之世謂湯伐桀將焉用飾害其以微亂也度之天神則非
祥也比之地物則非義也類之民則則非仁也方之

時動則非順也咨之前訓則非正也時動非順謂逆四時之令觀
之詩書與民之憲言詩書亂生不夷之屬民之憲言無過亂人之門則皆亡
王之爲也夫事大不從象小不從文象天象也文詩書也上非
天刑下非地德刑法也德利也中非民則方非時動而作之
必不節矣作又不節害之道也王卒壅之
漢元帝初爲太子柔仁好儒見宣帝所用多文法吏
以刑名繩下申子學號刑名者以名責實尊君卑臣崇上抑下宣帝好觀其君臣篇繩謂彈
之治耳大臣楊惲蓋寬饒等坐刺譏辭語爲罪而誅太
子嘗侍燕從容言陛下持刑太深宜用儒生宣帝作
色曰漢家自有制度本以霸王道雜之柰何純任德

教用周政乎（繩周之政）且俗儒不達時宜好是古非今使
人眩於名實（眩舌視也）不知所守何足委任乃嘆曰亂我
家者太子也
後漢明帝初爲皇太子光武每旦視朝日昃乃罷數
引公卿郎將講論理道夜分乃寐太子見帝勤勞不
怠承間諫曰陛下有禹湯之明而失黄老養性之福
願頤愛精神優游自寧帝曰我自樂此不爲疲也
吳孫登爲太子時留鎮武昌後弟慮卒大帝爲之降
損登晝夜兼行到頼鄉自聞即時召見見帝悲泣因
諫曰慮寢疾不起此乃命也方今朔土未一四海喁

喁天載陛下而以下流之念减損大官殽饌過於禮
制臣竊憂惶帝納其言爲之加膳時帝信任較事呂
壹壹性苛慘用法深刻登數諫帝不納大臣繇是莫
敢言後姦罪發露伏誅帝引咎責躬赤烏四年太子
卒臨終上疏曰臣以無狀嬰抱篤疾自省微劣懼卒
隕斃臣不自惜念當委離供養埋胔后土長不復奉
望宮省朝覲日月生無益於國死貽陛下重慼以此
爲哽結耳臣聞死生有命長短自天周晉顔囘有上
智之才而尚夭折况臣愚陋年過其壽生爲國嗣没
享榮祚於臣已多亦何慼恨哉方今大事未定逋寇
未討萬國喁喁係命陛下危者望安亂者望治願陛
下棄忘臣身割下流之恩修黄老之術篤養神光加
羞珍膳廣開神明之慮以定無窮之業則率土幸賴
臣死無恨也皇子和仁孝聰哲德行清茂宜早建置
以繫民望諸葛恪才略博達器任佐時張休顧譚謝
景皆通敏有識斷入宜委腹心出可爲爪牙范慎華
融矯矯壯節有國士之風羊衜辯捷有專對之材刁
斋玄優弘志履道真裴欽博記翰采足用蔣修虞翻
志節分明凡此諸臣或宜廊廟或任將帥皆練時事
明習法令守信固義有不可奪之志此皆陛下日月

所照選置臣宮得與從事備知情素敢以陳聞臣重
惟當今方外多虞師旅未休當厲六軍以圖進取軍
以人爲重衆以財爲寶竊聞郡縣頗有荒殘民物彫
斃姦亂萌生是以法令繁滋刑辟重切臣聞爲政聽
民律令與時推移誠宜與將相大臣詳擇時宜博采
衆議寬刑輕賦均息力役以順民望陸遜忠勤於時
出身憂國謇謇在公有匪躬之節諸葛瑾步騭朱然
全琮朱據呂岱吳粲闞澤嚴畯張承孫怡忠於爲國
通達治體可令陳止便宜蠲除苛煩愛養士馬撫循
百姓五年之外十年之内遠者歸復近者盡力兵不

血刃而大事可定也臣聞鳥之將死其鳴也哀人之將死其言也善故子囊臨終遺言戒時君子以爲忠悽况臣登其能已乎願陛下留意聽采臣雖死之日猶生之年也旣絶而後書聞大帝益以摧感言則隕涕

孫和爲太子時有司頗有條書問事和以爲姦妄之人將因事錯意以生禍心不可長也表宜絶之時諸葛豈僞叛以誘魏將諸葛誕大帝潛軍待之和以帝暴露外次又戰者凶事常憂勞憯怛不復會同飲食數上諫戒令持重務在全勝帝還然後敢安

梁昭明太子統武帝大通二年春詔遣前交州刺史王弁假節發吳及吳興信義三郡民丁就役太子上疏曰伏聞當發王弁等上都三郡民丁開漕溝渠導泄震澤使吳興一境無復水災誠矜恤之至仁經畧之遠旨暫勞永逸必獲後利未萌難覩竊有愚懷所聞吳興累年失收民頗流移吳郡十城亦不全熟唯義興去秋有稔復非常役之民即東境穀價猶貴竊盗屢起所在有司皆不聞奏今征戍未歸彊丁疎少此雖小舉竊恐難令吏一呼聞動爲民蠹出丁之處遠近不等皆得齊集已妨蠶農去年稱爲豐歲公私未至足食如復今茲失業慮爲弊更深且草竊多伺候民間虛實若善人從役則抄盜彌增吳興未受其益內地已罹其弊不審可得權停此功否伏望聖心垂矜黎庶神量久已有在臣意見庸淺不識事宜苟有愚心願得上啓帝優詔諭焉

簡文帝爲太子時高祖銳意儒雅疎簡刑法自公卿大臣咸不以鞫獄留意姦吏招權巧文弄法貨賄成市多致枉濫大率二歲刑已上歲至五千人是時徒居作者俱五任無任者著斗械若疾病權解之是後囚徒或有優劇太子在春宮視事見而愍之乃上疏

曰臣以此時奏勅權視京師事竊見南北郊壇材官車府大官下省佐裴等處並啓請四五歲已上輕四助充使役自有刑均罪等愆目不異而甲侍錢署乙配郊壇錢署三所於事爲劇郊壇六處在役則優今聽獄官詳其可否舞文之路自此而生公平難遇其人流舞易啓其齒將恐玉科重輕全關墨綬金書去取更繇丹筆愚謂宜詳五條制以爲永准高祖手勅報曰頃年以來處處之役唯資徒讁遂恐充配若科制繁細義同簡絲切須之處終不可得引例興訟紛紜方始防杜姦巧自是爲難當更別思取其便也

隋房陵王勇初爲皇太子時高祖以民流冗遣使案簡又欲徙民北實邊塞勇上書諫曰竊以導俗當漸非可頓革戀土懷舊人之本情波迸流離盖不獲已有齊之末主闇時昏周平東夏繼以威虐民不堪命致有逃亡非厭家鄉願爲覊旅加以去年三方逆亂賴陛下仁聖區域肅清鋒刃雖屏瘡痍未復若假以數歲沐浴皇風逃竄之徒自然歸本雖北夷猖獗嘗犯邊烽今城鎮峻峙所在嚴固何待遷配以致勞擾臣以庸虛謬當儲貳寸誠管見輙以塵聞帝覽而嘉之遂寢其事是後政不便多所損益帝每納之

唐高宗初爲太子時太宗嘗怒苑西面監穆裕農圃不修命於朝堂斬之侍臣戰慄莫敢進言太子諫之曰人者有生最靈一死不可復活命卽殺之理恐未盡請付法推鞫太宗意解乃笞而釋之司徒長孫無忌進曰自古太子諫其君父者周王子晉漢明帝吳孫登等承間而言事非倉卒今日陛下發天威之怒太子申犯顏之諫斯誠四海之福古今未有太宗曰堯師務成舜師尹壽殷宗周文皆有請益自朕御天下虛心正人卽有魏徵朝夕納諫自徵云亡劉洎繼之太子幼在朕前每見規諫者朕嘗心其言染以成性故有今日之規耳

太子弘高祖第五子也總章中勑征遼軍人逃亡限內不首及更有逃亡者身並處斬家口沒官太子上表諫曰竊聞背軍之人身久不出家口皆擬沒官亦有限外出首未經斷罪諸州因禁人數致多或臨時遇病不及軍伍緣茲怖懼遂有逃亡或因採樵被賊抄掠或度船來去漂沒滄波或深入賊庭有被傷殺軍法嚴重皆須給傔若不給傔及因戰亡卽同隊之人兼合有罪遂有無故死失多注爲逃軍旅之中不暇勘當直據隊司通狀將作眞逃家口令總沒官論

情寔可哀愍書曰與其殺不辜寧失不經伏願逃亡之家免其配沒詔從之

上元三年左威衛大將軍權善才右監門衛中郎將范懷義並爲斫昭陵栢木高宗將殺之太子抗疏善才等嘗預蕃寮先經驅策期於矜貸帝從之善才僅免死除名懷義配流桂州昭陵令孔禎以不能簡察免官

順宗初爲太子於父子間慈孝交結無嫌每以天下爲憂

德宗在位稍久不假宰相權而左右得緣用事外則

裴延齡李齊運韋渠牟等以姦佞相次進用延齡尤
狡險判度支務刻剝聚斂自以爲功天下皆怨怒太
子每進見候顏色輒言其不可及陸贄張滂李充等
以毀譖朝臣懼懼諫議大夫陽城等伏閣極論德宗
怒甚將加城等罪外無敢救者太子獨開解之城等
賴以免德宗卒不相延齡渠牟者太子之力也
德宗嘗泛舟魚藻宮觀水嬉命太子昇舟具皆飾以
金碧丹青使婦人盛飾操篙檝行舟光彩瑛燭絲竹
歌謳俱發德宗顧謂太子曰今日如何對曰極盛退
因以奢爲諫德宗不悅

貞元中中官多詐稱宮市肆奪人物百姓怨苦太子
嘗以爲言德宗雖不能悉聽用而心益賢重太子太
子未嘗假借內官顏色居東宮二十餘年天下陰受
其福

褒寵

傳曰太子奉冢祀社稷之粢盛以朝夕視君膳者聖
人所以重宗廟社稷不忘天下也其有膺監撫之重
茂溫文之德佩服前訓率繇善道日新之美既洽天
性之愛益隆乃至冠服加其異數朝會申其殊制優
錫無算用財不會璽書褒其才智天章譽其仁孝斯
皆尊元良而貞邦本流簡素而揚懿烈者也
漢武帝爲太子元帝嘗急召太子出龍樓門（樓上有銅龍若白鶴飛廉之爲名）不敢絕馳道（道天子所行道也若今之中道絕橫度也）西至直
城門（黃圖西出南頭第二門）得絕乃度入作室門帝遲之問其
故以狀對帝大悅乃著令令太子得絕馳道
南齊鬱王林昭業武帝時爲皇太孫進封音吐甚有
美譽王侯五日一問訊武帝嘗獨呼昭業至幄座別
加撫問呼爲法身鍾愛甚重
梁昭明太子統高祖長子天監十四年正月朔旦高
祖臨軒冠太子於太極殿舊制太子着遠遊冠金蟬

翠緌纓至是詔加金博山
唐廢太子承乾太宗長子貞觀十六年詔曰儲貳不
會自古嘗式近代以來多爲節限求之故實殊非事
宜自皇太子出用庫物所司勿爲限制皇太子承乾
抗表謝詔答曰汝家之冢嫡國之儲兩故有司命以
彰有殊入學齒胄則君臣之義也同之府庫實父子
一體也是以君子富而不驕謙而受益奢則不孫以
約失之者鮮矣勉思守道無煩致謝
高宗爲皇太子貞觀十八年十一月乙酉日南至皇
太子王公已下展賀於貞觀殿太宗曰朕一二年中

始見太子拜賀太子宗社之本四海所繫而治天資仁孝內外傾服朕之此舉無愧於人神也十九年太宗征遼班師十一月丙戌幸定州庚寅詔曰皇太子愛敬所單格於四海仁孝所感周於百姓自春監國既處定州首創德風在乎茲境所以事敬養之道有隱無犯之情爰自中山流于率土地居宣化之本人稟純孝之深有足可嘉特須優異其定州晉內孝行著聞者宜與宗姓老人同賜宴會二十年三月詔皇太子斷決機務每間日聽政於東宮罷朝後侍寢闈嘗藥視膳不離左右乃於太宗寢殿側別置一院令

太子居焉

唐太子賢高宗第六子也咸亨三年立爲皇太子尋令監國賢處事明審爲時論所稱手勅褒之曰皇太子賢自頃監國留心政要撫字之道既盡於哀矜刑網所施務存乎審察加以聽覽餘暇專精墳典往聖遺編咸窺壼奧先王冊府備討菁華好善載彰作禎斯在家國之倚深副所懷可賜物五萬段

中宗爲皇太子長安二年七月丙戌則天以時熱詔皇太子外朝令用扇障日太子抗表固讓優制不許

肅宗爲皇太子天寶八年玄宗製仁孝詩六章札於步障以賜太子令中官高力士以示朝臣宰相李林甫陳希烈等奏曰伏見太子生日撰仁孝詩障子并書臣等伏以宸章煥發睿札凝暉懸日月而齊光自雲霄而下濟驚心靡據動色相歡太子稟自生知備承聖訓中姿有裕令望夙彰陛下示以義方形於翰墨爰於誕育之日授以仁孝之經上揚宗祖之美旁考天人之際錫賚所弘教養斯遠足可發揮前古垂範將來凡在衣冠之流咸知父子之道豈比周稱教喻還齒冑於上庠漢寵元良但招賢於上苑王化之本實此知歸人倫所資罔不申勸臣等愚陋謬典樞

衡特奉鴻私幸覩殊覲捧天書而竊抃仰聖澤以無寧無任悅豫之至仍望具寫六章頒示中外兼編諸簡策傳之不朽上手詔報曰詩者志之所之也將以道達性情宣揚教義耳朕承五聖之業萬方之寄土宇叶於神心元良貞於國本美其克踐仁孝恭修友睦深慰於懷不覺形之諷詠今請具寫六章頒示中外兼編諸簡策以傳不朽亦欲自家刑國以訓人倫宜依來請

追諡

古者諸侯薨則請行以賜諡矧夫明兩之位主器攸

重不幸奄忽震悼於家極易名之典蹤是行焉若乃岐嶷天資溫文秉哲將正萬邦而降年不永適固宗本而誣搆及禍亦有嫉惡發憤矯命不勝遭世中圮或罹兵難莫不申哀節惠追加寵數其或違背師訓稔惡弗華干紀敗度罹於廢黜司籍所紀書法不隱懲勸之義於斯見矣至於崇置園邑升列廟饗亦并叙之

漢戾太子據武帝長子元狩元年立爲皇太子征和二年以槍發長樂宮衛斬江充兵敗自頸於湖今陝州湖城縣及太子孫即位詔曰故皇太子在湖未有號謚歲

時祠其議置園邑有司奏謚請曰謚者行之迹也皇太子謚曰戾置奉邑二百家

吳太子登太帝長子赤烏四年薨謚曰宣太子初葬句容置園邑奉守如法後三年改葬符陵

晉愍懷太子遹惠帝長子即位立爲皇太子元康九年爲賈后中遣廢爲庶人幽於金墉城殺之及賈后廢遹子尚爲皇太孫乃冊復太子曰嗚呼維爾少資岐嶷之質荷先帝殊異之寵大啓土宇奄有淮陵朕奉遵遺旨越建爾儲副以光顯我宗祇爾德行以從保傅事親孝敬禮無違者而朕昧於凶搆致爾於非命之禍俾申生孝己復見於今賴宰相賢明人神憤怨用啓朕心討厥有罪咸伏其辜何補于荼毒冤魂酷痛我是用忉怛悼震動於五内今追復皇太子謚曰愍懷

哀太孫臧愍懷太子子永康元年四月立爲皇太孫永寧元年廢被害大安初追謚曰哀

冲太孫尚愍懷太子子永寧元年立爲皇太孫大安元年薨謚曰冲

南齊文惠太子長懋武帝長子即位立爲皇太子永明十一年薨帝幸東宮臨哭盡哀詔斂以袞冕之服

謚曰文惠

梁昭明太子統武帝長子即位立爲皇太子大通三年薨帝幸東宮臨哭詔斂以袞冕謚曰昭明

哀太子大器簡文帝嫡長子即位立爲皇太子大寶二年爲侯景所害承聖元年追謚曰哀

愍懷太子方矩元帝第四子帝承制拜爲王太子改名元良承聖元年即位爲皇太子及江陵陷爲魏師所害敬帝承製追謚曰愍懷太子

後梁孝惠太子嶚宣帝長子帝初爲梁王立爲世子病卒及帝稱大號追謚孝惠太子

陳孝懷太子克高祖之子帝初封陳王立爲世子及受禪追謚孝惠

唐隱太子建成高祖長子武德九年以謀害太宗伏誅貞觀元年追封息王謚曰隱十六年詔曰昔戾園敗德西都表其號謚楚英干紀東漢錫其湯沐斯皆屈邦國之禁申骨肉之恩也息隱王地乃居長守器運初自貽伊戚陷於禍難日月逾邁松檟成行朕嗣守鴻基頻尋遺烈何嘗不陟彼崗而靡觀瞻同株而疚懷思備哀榮式加禮命可追復皇太子謚仍依前陵曰隱陵置令以下官并加戶守衛

太子弘高宗五子初封代王顯慶元年立爲皇太子上元二年薨於合璧宮之綺雲殿詔曰朕肅承鴻緒無忘馭朽之懷虔奉聖謨每切臨深之懼幸以穹昊垂祐宗社降靈公卿盡叶贊之謀黎庶遂懷生之望故得乾坤交泰日月休徵垂衣而晏九瀛端拱而家六合方將廻鑾峒岫體高尚於軒皇脫屣汾川追逸軌於伊后成功弗處思遵象帝之規守器斯傳用申知子之授皇太子弘生知誕質惟幾毓性肅敬著于三廟仁孝聞於四海若使負荷宗廟寧濟邦家必能永保昌圖克延景曆豈謂遽嬰霧露遂至彌留顧惟輝掌之珍特切鍾心之念庶其痊復以禪鴻名及腠理微和將遜於位而弘天資仁厚孝心純確旣承朕命掩欷不言因茲感結舊疾增甚億兆攸係方崇下武之基五福無徵俄遽上賓之駕天性之重追懷哽咽宜申往命加以尊名夫謚者行之迹也號者事之表也慈惠愛親曰孝死不忘君曰敬可謚爲孝敬皇帝仍遵典故式備徽章布告遐邇使知朕意

神龍元年六月祔神主于大廟號義宗有司奏言義宗孝敬皇帝昇太廟聯祖宗其名准禮合諱從之遂改弘文館爲修文館弘福殿爲崇福殿虢州弘農縣

爲常農縣

章懷太子賢高宗第六子上元二年立爲皇太子調露二年則天令人發其陰事廢於庶人遷於巴州卒中興初追贈司徒使迎其喪柩陪葬乾陵睿宗踐祚追贈皇太子曰章懷廟號陵崗懿德太子重閏中宗長子初生於東宮立爲皇太孫聖曆初改封邵王大足元年爲人所構則天殺之神龍元年追贈皇太子謚曰懿德

節愍太子重俊中宗第三子神龍二年立爲皇太子三年矯制發左右羽林兵殺武三思及其子宗訓入

求韋庶人不克而死景雲元年制曰朕聞曾氏之孝也慈親惑於疑聽趙虜之族也明王哀而望思歷考前聞率繇舊典重俊大行之子元良守器徃罹搆間困於讒嫉莫顧鈇鉞輕盜甲兵有此誅夷無不悲惋今四凶咸服十起何追方申赤暈之冤以紓黃泉之痛可贈皇太子謚曰節愍陪葬定陵時大府少卿韋湊上疏駁之不納事具禮官奏議門

廢太子瑛玄宗第二子開元三年立爲皇太子二十五年爲中書令李林甫所搆廢爲庶人賜死於城東驛寶應元年詔贈爲皇太子

惠昭太子寧憲宗長子元和四年立爲皇太子六年薨謚曰惠昭七年立廟在懷貞坊置官吏四時置享

莊恪太子永文宗長子大和六年立爲皇太子開成三年十一月薨謚曰莊恪十一月太常禮院奏莊恪太子准惠昭太子例合立廟請下有司從之